U0142790

台灣
俗語諺語
辭典

許晉彰、盧玉雯 編著

五南圖書出版公司 印行

 編著者簡介

許晉彰

台灣省台南市人，國立台南大學台灣文化研究所與國立成功大學歷史系畢業。

曾任國中代課老師，出版著作計有《台語每日一句——落台語俗諺簡單》、《分類成語辭典》、《多功能分類成語典》、《常用成語典》、《最新造詞造句辭典》、《台灣常民文化——鄉土節令與民俗活動》……等書。

盧玉雯

台灣省台南市人，國立成功大學中文系畢業。

曾任翰林出版社、南一出版公司編輯，參與教科書與輔助教材之製作，現與朋友一起編寫書籍。

序　言

　　對我而言，「台語」就是我的母語，從小到大，它一直是我用以溝通的工具，每次洗耳聽長者侃侃而談，都會覺得它的音韻非常優美，特別是台語中的成語──台灣諺語，更是其中的佼佼者，這是它令人著迷的地方。

　　簡單的說，台灣諺語是一種句子簡短，音調和諧，能反應出人生道理的流傳俗語。它是一個族群生活經驗的智慧，也是一個族群的風土民情與思想信仰的縮影，透過祖先的「古早話」，可以讓我們了解本土文化的淵源。

　　可惜的是，時下的小孩，已經逐漸失去使用台語的能力，他們對於台語不知所云，更甭說「台灣諺語」會對他們產生多大的吸引力。

　　從小在鄉下長大的我，經常聽老一輩的長者脫口說諺語，在耳濡目染之下，逐漸對前人智慧的結晶產生莫大的興趣；但也憂心，教育單位若無積極投入，擬定務實作法，恐怕母語教育將流於形式，台灣諺語也會點滴失傳。

　　基於對台灣諺語的熱愛，在興趣的驅使下，我花了數年的時間，與同好盧玉雯小姐分工合作，將各自收集的句子一一去蕪存菁，呈現於作品中，希望與讀者一起分享台語的美，同時也藉由本書的出版，對於母語（台灣諺語）的保存與推廣，略盡棉薄之力。

許晉彰

編輯說明

一、適用對象

　　本辭典屬中型台語文工具書，可供台語文教師、台語文自學者、台語文愛好者、社會人士和本土（鄉土）相關學系學生使用。

二、收錄內容

　　本辭典收錄約三千則的台灣俗語諺語，以筆畫檢字法排序，內容遍及前人生活經驗、人生體悟、風俗習慣、自然觀察等面向，可從中學習前人的智慧，窺見台灣的文化。

三、編序

　　本辭典所收錄的俗語諺語，先按首字總筆畫數由小至多編排。若遇首字筆畫數相同時，再依該字部首先後順序排序；若遇首字同筆畫同部首時，則依次字筆畫順序排列。

四、標音符號

　　本辭典的標音符號採用教育部於2006年10月14日公告之《台灣閩南語羅馬字拼音方案》，逐字標音，不使用連字符號，並以數字標記法記錄聲調，以「0」記錄輕聲字。

五、用字

　　本辭典所使用的台語字，以董忠司主編同為五南圖書公司出版的《簡明台灣語字典》為主要參考依據。

六、欄位說明

1.『解釋』：針對俗語諺語中台語的單字或詞彙進行註解。

2.『涵義』：完整解釋俗語諺語的意義。

3.『說明』：對俗語諺語的用法、產生背景或蘊含的哲理提出解釋說明。

4.『補充』：列出俗語諺語中不同於教育部國語推行委員會公布之「台灣閩南語推薦用字第一批、第二批和第三批」的台語用字，讓讀者便於參照使用。

5.『對應華語』：與俗語諺語對照的華語諺語、華語成語或華語說法。

七、附錄

1.教育部公告《台灣閩南語羅馬字拼音方案》。

2.教育部國語推行委員會公布「台灣閩南語推薦用字(第一批)」。

3.教育部國語推行委員會公布「台灣閩南語推薦用字(第二批)」。

4.教育部國語推行委員會公布「台灣閩南語推薦用字(第三批)」。

目　錄

◆編著者簡介 ················· ii

◆序言 ························ iii

◆編輯說明 ··················· iv

◆正文 ························ 1

一畫／1

二畫／46

三畫／78

四畫／139

五畫／201

六畫／259

七畫／342

八畫／372

九畫／426

十畫／502

十一畫／569

十二畫／658

十三畫／737

十四畫／796

十五畫／820

十六畫／845

十七畫／888

十八畫／914

十九畫／928

二十畫／934

二十一畫／940

二十二畫／945

二十三畫／948

二十四畫／952

二十五畫／953

二十七畫／955

二十八畫／956

二十九畫／961

◆**附錄** ···962

 教育部公告

 《台灣閩南語羅馬字拼音方案》／962

 教育部國語推行委員會公布

 「台灣閩南語推薦用字(第一批)」／964

 教育部國語推行委員會公布

 「台灣閩南語推薦用字(第二批)」／982

 教育部國語推行委員會公布

 「台灣閩南語推薦用字(第三批)」／991

一　畫

tsit⁸ lang⁵ tsit⁸ e⁵ sim¹　　bo⁵ tsinn⁵ thang¹ be² tsiam¹

一 人 一 个 心 ， 無 錢 通 買 針

解釋 心：想法。通：可以。

涵義 人多反而成不了事。

說明 在一個團體裡面，如果大家不能同心，各做各的事，就無法集中力量，這樣不僅無法做出任何成績，最後還可能窮得連買針線的錢都沒有。

對應華語 一盤散沙、各自為政、三個和尚沒水喝。

tsit⁸ lang⁵ tsit⁸ ke¹ tai⁷　　kong¹ ma² sui⁵ lang⁵ pai³

一 人 一 家 事 ， 公 媽 隨 人 拜

解釋 家事：指家中的各種雜事。公媽：指祖先的牌位。

涵義 形容每個人都有自己的天地，不容他人干涉。

說明 在傳統的家庭裡，每戶人家都設有廳堂，除了供佛外，也放置祖先的牌位。為了慎終追遠，家人會依先人的祀日來祭拜，這是一個家族的年度盛事，也是一個家庭的內務，旁人不得干涉。正因為如此，前人為了突顯自主性，認為日子要怎麼過與他人無關，就用這句諺語來訓示好管閒事者。

補充 依教育部2007年5月公布之台灣閩南語推薦用字第一批將「事tai⁷」寫成「代tai⁷」。

對應華語 各人自掃門前雪，莫管他人瓦上霜。

tsit⁸ lang⁵ sann¹ kiann²　　lak⁸ tai⁷ tshian¹ ting¹

一 人 三 囝 ， 六 代 千 丁

解釋 囝：兒子。丁：男丁。

涵義 一人生三子，六代下來子孫就綿延不絕。

說明 傳統社會向來有重男輕女的觀念，認為只有男丁才能承挑宗嗣，養生送死，所以男丁越多越好，代表這家族越昌盛。如果一個男丁，生三個兒子，而這三個兒子又各自再生三個兒子，以這樣等比的速度一直繁衍下去，到了第六代當然是百子千孫，子孫滿堂。

對應華語 生生不息、綿延不絕。

tsit⁸ lang⁵ khng³ tsiong³ lang⁵ tshue⁷
一人园眾人揣

解釋 园：放。揣：尋找。

涵義 形容東西很難找。

說明 人都有自己的習性，同樣一件東西，每個人會擺放的地方都不相同，如果要找東西，最好先詢問當事人那件東西的位置，這樣找起來比較省事，不然大家可能找了老半天還是找不到。

tsit⁸ lang⁵ khuann³ tshut⁴ tsit⁸ ke¹ sin¹ pu⁷ khuann³ tshut⁴ ta¹ ke¹
一人看出一家，新婦看出大家

解釋 新婦：媳婦。大家：婆婆。

涵義 從一個人的身上，可以看出一家的教養。

說明 每個人由於生長環境不同，表現出來的舉止、氣質也有所不同，因此一個人在外的表現，就代表整個家庭；同樣的新媳婦進了家門，就是家裡的一份子，自然得接受婆婆的教導，遵守家規，長期潛移默化的結果，從媳婦身上也就可以知道，婆婆是怎樣的人。

tsit⁸ lang⁵ khoo² tsit⁸ hang⁷ bo⁵ lang⁵ khoo² sio¹ kang⁵
一人苦一項，無人苦相仝

解釋 相仝：相同。

涵義 每個人各有自己的苦處，沒有兩個人會有相同的苦處。

說明 每個人由於思想、個性、學識、年齡、家庭背景、外在環境的不同，所苦惱的事也就不同，俗語說：「家家有本難唸的經」，說的就是這個意思。

對應華語 家家有本難唸的經。

tsit⁸ lang⁵ tso³ put⁴ tsi² tshian¹ lang⁵ tsai¹
一人做，不只千人知

解釋 不只：不只有。

涵義 此語有兩義：①形容人做事非常高調，聲勢浩大。②人如果做了

虧心事，將會不只千人知道。

說明 有的人很愛現，做任何事都唯恐天下不知，所以行事非常張揚高調，有時事情還沒做，就已經傳得眾所皆知，其實這樣反而不好，做事如果太高調，做不好大家都會知道，這樣一來就沒有補救的機會。

tsit⁸ lang⁵ tso³ tshat⁸　　tsuan⁵ ke¹ tso¹ iong¹

一 人 做 賊 ， 全 家 遭 殃

解釋 遭殃：遭受禍害。

涵義 形容一個人做壞事，卻連累全部的人。

說明 我們常常可以看到某人因為做壞事上了新聞報紙的頭條，這個消息被披露之後，他的家人出門常會遭受鄰居或路人指指點點，壓力非常的大，這就是一人做賊連累全家的最好例子。

對應華語 一隻壞蛋，臭了一屋、一粒老鼠屎，搞壞一鍋粥、一個螺獅，打壞一鍋湯、一條魚滿鍋腥。

tsit⁸ lang⁵ kann² si²　　ban⁷ lang⁵ m⁷ kann² tong³

一 人 敢 死 ， 萬 人 毋 敢 擋

解釋 敢死：不怕死。毋敢：不敢。擋：阻擋。

涵義 一個人如果敢於拚命，沒有人可以阻擋他。

說明 俗話說：「一夫拚命，萬夫難敵」，一個人如果已經將生死置之度外，就會變得很勇猛，無所畏懼，面對一個不怕死的敵人，即使是本領很高強的人，也不敢去阻擋他。

對應華語 一夫拚命，萬夫難敵、一夫捨死，萬夫莫當、閻王也怕拚命鬼。

tsit⁸ lang⁵ ti³　　m⁷ tat⁸ nng⁷ lang⁵ gi⁷

一 人 智 ， 毋 值 兩 人 議

解釋 智：謀略。議：討論。

涵義 許多人商討出來的辦法，會比自己一個人的想法周全。

說明 凡事如果都自己決斷，難免會有些盲點和疏漏，因為一個人的智力有限，不可能將每件事都看得清楚透徹，所以遇到問題時，最好還是詢問一下別人的意見，大家共同商討之後再做決定會比較

周全。

對應華語 集思廣益、群策群力、一人計短，兩人計長、三個臭皮匠，勝過一個諸葛亮。

tsit⁸ lang⁵ thuan⁵ hi¹　　pah⁴ lang⁵ thuan⁵ sit⁸

一人傳虛，百人傳實

解釋 虛：假的、不實在。實：真的、實在。

涵義 謠言聽多了，我們就會把它當成事實。

說明 人們對於謠言，通常不會加以分辨，常是人云亦云，當第一個人散播不實謠言時，還可以知道它是假的，但是如果第二個，第三個……也都這麼說時，就會越來越信以為真，等到一百個人都這樣說時，就會以假亂真，變成事實。

對應華語 以訛傳訛、曾參殺人、三人成虎、眾議成林、以假為真、謊話說一百遍就是真理。

tsit⁸ lang⁵ huan⁵ lo² tsit⁸ iunn⁷　　bo⁵ nng⁷ lang⁵ huan⁵ lo² tshin¹ tshiunn⁷

一人煩惱一樣，無兩人煩惱親像

解釋 一樣：一種。親像：相似。

涵義 每個人都有不同的煩惱。

說明 人由於思想、個性、學識、年齡、家庭背景、所處環境的不同，煩惱的事也就不一樣，有的煩惱沒錢、有的煩惱沒小孩……雖然煩惱的事很多，但我們仍然要學著去放寬心，才不會每天都被煩惱所困，而損害了健康。

對應華語 家家有本難唸的經。

tsit⁸ lang⁵ hing³ tsit⁸ khuan²

一人興一款

解釋 興：喜歡、高興。款：樣式、種類。

涵義 每個人各有自己喜歡的事物。

說明 世上的人有千百種，由於每個人的個性、年齡、學識都不一樣，所喜歡的東西當然也不相同，就像年輕人喜歡打球，而老年人喜歡散步，每個人都各有自己的喜好。

對應華語 各有所好。

tsit⁸ lang⁵ be⁷ pi² tit⁴ tsit⁸ lang⁵

一 人 繪 比 得 一 人

解釋 繪：不。繪比得：不可以比較。

涵義 每個人都有自己的長處，這是不能比較的。

說明 做人根本不需要去和別人做比較，因為每個人的長處都不一樣，如果硬要去和別人比較，只會讓自己陷入樣樣都不如人的痛苦情境中，俗話說「人比人，氣死人」，就是這個道理。

補充 依教育部2008年5月公布之台灣閩南語推薦用字第二批將「繪be⁷」寫作「袂be⁷」。

對應華語 人比人，氣死人。

tsit⁸ lang⁵ be⁷ tui³ tit⁴ tsiong³ lang⁵

一 人 繪 對 得 眾 人

解釋 繪對得：不能抵擋、對抗。

涵義 只憑一個人的力量，是無法和眾人對抗的。

說明 所謂「雙拳難敵四手」，一個人的力量有限，即使功夫再怎麼高強，還是難以抵擋眾人的攻擊，所以有些人常會在群眾壓力下，妥協自己的意見。

補充 依教育部2008年5月公布之台灣閩南語推薦用字第二批將「繪be⁷」寫作「袂be⁷」。

對應華語 寡不敵眾、猛虎難敵猴群。

tsit⁸ lang⁵ kong² tsit⁸ hang⁷ bo⁵ lang⁵ kong² sio¹ kang⁵

一 人 講 一 項 ， 無 人 講 相 仝

解釋 講：說。相仝：一樣、相同。

涵義 一人說一種話。

說明 每當有打架的案件發生時，警察會將滋事的人員全部帶回警局作筆錄，在描述當時的情況時，常常是各說各話，每個人都有一套說辭，這讓警察很頭疼，不知道該相信誰的話。

對應華語 各說各話。

一 畫　二 畫　三 畫　四 畫　五 畫　六 畫　七 畫　八 畫　九 畫　十 畫　十一畫　十二畫　十三畫　十四畫

一
畫

二
畫

三
畫

四
畫

五
畫

六
畫

七
畫

八
畫

九
畫

十
畫

十一畫

十二畫

十三畫

十四畫

tsit⁸ e⁷ hau⁷　　nng⁷ e⁷ hau⁷　　lak⁸ gueh⁸ tshang¹ pinn³ ku² tshai³ thau⁵

一下候，兩下候，六月蔥變韭菜頭

解釋 候：等候、延置。

涵義 形容人做事懶散，一再的延置，以致錯失良機。

說明 韭菜的外型看起來與蔥有些相似，但比蔥細小。蔥可以食用的部分是葉身和葉鞘（葉身下面，軟白部分），葉身大約在二十到三十天之後，會慢慢開始枯萎。一般來講，青蔥的生長期大概需要三到五個月，如果到了收成期還不採收，蔥就會慢慢枯萎縮水，變成像韭菜頭那麼小。

對應華語 坐失良機。

tsit⁸ tng⁷ lang⁵　　kau² tshioh⁴ bo⁵ loo⁷ ing⁷

一丈人，九尺無路用

解釋 丈：一丈有十尺。無路用：沒有用處。

涵義 形容人長的高大，卻沒什麼用處。

說明 一丈有十尺，一個人身長十尺，但有九尺沒有用處，可想而知，這剩下的一尺也沒有多大的用處，這句諺語是用來責罵那些好吃懶做，不事生產的人，空有十尺人身，卻沒有什麼用處。

對應華語 中看不中用。

tsit⁸ tng⁷ tsha¹ kau² tshioh⁴

一丈差九尺

解釋 丈：一丈有十尺。差：差別、差異。

涵義 形容兩者的差別很大。

說明 一丈有十尺，而十尺之中，有九尺的差別，這樣的差異實在太大，俗語說：「差之毫釐，失之千里」，所以我們做事要特別謹慎小心。

對應華語 大相逕庭、天差地別。

tsit⁸ tng⁷ thui⁵ tioh⁴ lau⁵ sann¹ tshioh⁴ au⁷

一丈槌著留三尺後

解釋 丈：一丈有十尺。著：必須要。

涵義 無論做人做事不要做得太絕，要為別人或自己留些餘地。

說明 木槌的槌子，不可能會有一丈那麼長，這裡的「槌」字，實際上是指木棍。握一丈長的木棍，要留三尺在後面，這樣不僅比較好施展，當敵人反擊時，也有防守的餘地。

對應華語 得饒人處且饒人。

tsit[8]　e[5]　lang[5]　　kau[2]　pha[1]　bue[2]

一个人，九葩尾

解釋 葩：量詞或單位詞。尾：結局。

涵義 形容人生有各種不同的結局。

說明 世事多變，人的一生到底會如何，也只有在蓋棺論定時才知道，所以得意時不要太驕傲，落魄時也不要太悲觀，因為一切都有再變的時候。

對應華語 人生難料。

tsit[8]　e[5]　lang[5]　bo[5]　siang[1]　ting[5]　tsai[5]

一个人無雙重才

解釋 雙重：兩種。才：才幹、才能。

涵義 形容人在某一領域是專才，但在其他方面就不見得也是專才。

說明 這句話並不是否定人會有雙重才能，而是在提醒大家，一個人要具備雙重才能，是很不容易的事，與其每方面都懂一些，但都不專精，倒不如專心一致的去做自己所擅長的事，方能有所成就。

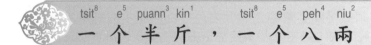

tsit[8]　e[5]　puann[3]　kin[1]　　tsit[8]　e[5]　peh[4]　niu[2]

一个半斤，一个八兩

解釋 个：個。斤：一斤十六兩。

涵義 形容兩者彼此相差無幾。

說明 一斤有十六兩，半斤就是八兩，「半斤」和「八兩」重量相同，兩者根本毫無差別，所以前人就用「半斤八兩」來形容雙方彼此相差無幾。

對應華語 半斤八兩、五十步笑百步、龜笑鱉無尾。

一畫 二畫 三畫 四畫 五畫 六畫 七畫 八畫 九畫 十畫 十一畫 十二畫 十三畫 十四畫

tsit⁸ e⁵ gin² a² khah⁴ lau⁷ jiat⁸ sann¹ e⁵ tua⁷ lang⁵

一个囡仔，較鬧熱三个大人

解釋 囡仔：小孩子。較：更。鬧熱：熱鬧。

涵義 形容只要有小孩子在，氣氛就很熱絡。

說明 小孩子天真活潑，喜歡嬉鬧，他們精力旺盛，沒有一刻閒得下來，大人為了照顧他們，常會忙得團團轉，因此只要有小孩子在的地方，一定都非常的熱鬧。

tsit⁸ e⁵ pang³ sai² tsit⁸ e⁵ tshit⁴ kha¹ tshng¹

一个放屎，一个拭尻川

解釋 放屎：大便。拭尻川：擦拭屁股。

涵義 形容人多做了一些不必要的事情。

說明 一個人大便，另一個幫他擦屁股，大概只有皇帝才有這樣的排場，一般人都是自己大便，自己擦屁股，因為擦屁股只是一件小事，用不著再找另一個人來做，所以前人就用這句諺語，形容人做無謂之事，多此一舉。

對應華語 多此一舉、畫蛇添足、脫褲子放屁。

tsit⁸ e⁵ thi³ thau⁵ tsit⁸ e⁵ pan¹ hinn⁷

一个剃頭，一个扳耳

解釋 个：個。剃頭：理頭髮。扳耳：拉住耳朵。

涵義 形容人多做了一些不必要的事情。

說明 以前剃頭師傅除了幫客人剃頭之外，刮鬍子、掏耳朵都包括在理髮的範圍內，通常這些事情都是由同一個剃頭師傅從頭包辦到尾，所以一個剃頭，一個拉耳朵，根本就是多此一舉。

對應華語 多此一舉、畫蛇添足、脫褲子放屁。

tsit⁸ e⁵ boo² khah⁴ ho² sann¹ e⁵ hut⁸ tsoo²

一个某，較好三个佛祖

解釋 某：妻子、老婆。佛祖：佛教始祖「釋迦牟尼」。

涵義 有一個好太太在身邊，勝過擁有任何東西。

說明 清朝收復台灣後，為了防止台灣再度成為反清的基地，限定只有

領有渡台證的單身男子，才可以到台灣開墾，於是單身男子變得越來越多，但女子的數目還是一樣，在供需失衡的情況下，連平埔族的女子也變得相當的搶手，因此就有這句諺語的產生。

tsit⁸　e⁵　tsa¹　boo²　kiann²　　in²　ji⁷　si³　e⁵　kiann²　sai³

一个查某囝，允二四个囝婿

解釋 查某囝：女兒。允：答應、許配。囝婿：女婿。

涵義 形容一件事同時答應給很多人做。

說明 只有一個女兒，卻同時允諾二十四門親事，這個人不是頭腦有問題，而是被利益沖昏了頭，看到後面的比前面的有利，就忘記前面的約定，答應後面的婚事，這樣的行為不但造成自己的信用破產，也會引起很大的糾紛。

tsit⁸　e⁵　ang⁵　ku¹　an³　tsit⁸　e⁵　ui⁷

一个紅龜按一个位

解釋 紅龜：用麵粉做成的一種紅色圓形的粿，上面印有龜圖，祝壽或祭神時用來當供品。按：預估。位：位置。

涵義 每個東西都有預訂好的用途，不能再挪作他用。

說明 紅龜粿是一種民俗食品，由於外型吉祥，常被用來當作祭神或祝壽的供品，紅龜粿的種類有四十多種，哪一種紅龜粿該祭拜哪一個神明，都有一定的規定。

對應華語 一個蘿蔔一個坑。

tsit⁸　e⁵　tham¹　ti¹　bo²　bah⁴　　tsit⁸　e⁵　tham¹　pah⁴　peh⁴　tshin³

一个貪豬母肉，一个貪百八秤

解釋 个：個。百八：一百八十公斤。秤：重量。

涵義 形容彼此各有圖謀。

說明 豬母肉又韌又難吃，通常沒有人要買，賣肉的人為了能趕快把豬母肉銷出去，價格會賣得特別便宜，而買肉的人看到一百八十公斤的豬肉，竟然賣得那麼便宜，當然會立刻買下來，所以賣肉的人跟買肉的人，雙方彼此各有所貪。

對應華語 各有所圖。

一畫　二畫　三畫　四畫　五畫　六畫　七畫　八畫　九畫　十畫　十一畫　十二畫　十三畫　十四畫

tsit⁸　e⁵　tang⁵　ki¹　　tsit⁸　e⁵　toh⁴　thau⁵

一个童乩，一个桌頭

解釋　童乩：「乩童」，人與神明之間溝通的媒介，神明可以依附在他身上傳達旨意。桌頭：在神案旁邊為乩童翻譯或傳達神意的人。

涵義　形容兩個人一搭一唱，彼此互相應和。

說明　信徒到宮廟問事，神明會藉由乩童起駕來辦事，由於每個神明的神性不同，傳達旨意的方式也不同，有的用吟唱方式，有的則是禁口不語，以手指、香頭等器物在桌上書寫文字，這些吟唱或文字的內容，一般都是隱晦難懂，必須透過桌頭的翻譯，信徒才能了解，因此就用童乩、桌頭來形容兩個人做事一搭一唱，合作無間。

對應華語　一搭一唱、一唱一和。

tsit⁸　e⁵　tiann²　sah⁸　tsit⁸　liap⁸　ah⁴　nng⁷

一个鼎煠一粒鴨卵

解釋　鼎：以前農業社會，用來煮菜、煮飯、燒水的一種大鍋。煠：一種烹調方式，將水煮沸後，投入食物。卵：蛋。

涵義　指做一件小事情，卻勞師動眾的使用大工具。

說明　煮一粒小小的鴨蛋，卻動用大鍋來烹煮，這樣做不僅非常麻煩，也浪費柴火，所以前人就用「一个鼎煠一粒鴨卵」，形容人做事勞師動眾，小題大作。

對應華語　牛鼎烹雞、牛刀割雞、大材小用、小題大作。

tsit⁸　e⁵　tsinn⁵　　tsit⁸　tiam²　hueh⁴

一个錢，一點血

解釋　个：個。一點：一滴。

涵義　形容人視錢如命，捨不得花用。

說明　每個人身上都有固定血液，對一個成年人來說，血液量大約是身體體重的十三分之一，人如果在短時間之內，突然失血超過1000c.c以上，就會有生命危險，所以血對人來說是非常重要的，把錢看作像血那樣的珍貴，可見這個人真是視錢如命。

對應華語　一毛不拔、視錢如命。

tsit⁸　e⁵　tsinn⁵　　si³　niu²　hok⁴

一个錢，四兩福

解釋 福：福氣。

涵義 勸人要珍惜錢財，不可隨便浪費。

說明 福氣的涵義很廣，有錢、吃穿不愁、身體健康、兒孫滿堂、事事順心如意，這些都是福氣所涵蓋的範圍，中國人深信一個人一生有多少福氣都是註定好的，如果浪費錢，就等於是在浪費自己的福氣，所以惜財才會有福氣。

tsit⁸　e⁵　tsinn⁵　　phah⁴　ji⁷　si³　e⁵　kat⁴

一个錢，拍二四个結

解釋 拍：打結。

涵義 形容人極為吝嗇，一毛不拔。

說明 古時候的銅錢是圓形，中間有一個方形的洞，人們為了方便攜帶或計算，常會將銅錢用繩子穿成一串，然後打結，等需要用錢時再將繩子打開，但是現在只有一個銅錢，就打了二十四個結，可見這個人是非常的吝嗇，要他拿出一文錢是多麼的不容易。

對應華語 一毛不拔、視錢如命、一文不與。

tsit⁸　tshing¹　sia¹　m⁷　tat⁸　peh⁴　pah⁴　hian⁷

一千賒，毋值八百現

解釋 賒：欠、掛帳。毋：不。現：現金。

涵義 具體可靠的小利益，勝過不確定的大利益。

說明 做生意寧可損失一點收取現金，也不願意讓別人賒欠，因為做生意風險很大，一不小心可能就會倒閉，所以收那麼多的支票也沒用，萬一到時候都跳票，豈不是虧大了，倒不如收取一些現金放在身邊，也比較安心。

對應華語 賒三不敵現二。

tsit⁸　tshing¹　gin⁵　m⁷　tat⁸　tsit⁸　e⁵　tshin¹　senn¹　kiann²

一千銀毋值一個親生囝

解釋 毋：不。囝：兒子。

一畫　二畫　三畫　四畫　五畫　六畫　七畫　八畫　九畫　十畫　十一畫　十二畫　十三畫　十四畫

11

涵義 形容兒女在父母心中的重要性是千金難換的。

說明 孩子在父母心目中是無價的，沒有任何財物可以取代，父母疼孩子是人類的天性，只是有些父母用錯了方法，認為只要提供最好的物質生活，就是疼他們，其實孩子最需要的是父母的愛和關懷，這些是無法用錢來取代的。

對應華語 千金難換。

it⁴　san¹　put⁴　iong⁵　ji⁷　hoo²
一 山 不 容 二 虎

解釋 容：相容。

涵義 一個團體之中，只能有一個領導者。

說明 老虎是山中之王，所有動物都要聽從老虎的號令，一座山裡面如果有兩隻老虎，一定會打起來，因為雙方誰也不服誰，所以一個團體之中，只能有一個領導者。

對應華語 天無二日，人無二王。

it⁴　put⁴　tso³　　ji⁷　put⁴　hiu¹　　sann¹　put⁴　tso³　　kiat⁴　uan¹　siu⁵
一 不 做 ， 二 不 休 ， 三 不 做 ， 結 冤 仇

解釋 休：罷休。冤仇：怨恨、仇恨。

涵義 事情既然已經做了，就索性做到底。

說明 這句話最常用在對仇家的趕盡殺絕，對仇家報仇若是不徹底，留下後患，將來仇家可能會回來報仇，所以一件事情不做就算了，如果要做就索性做到底，不要留一個尾巴，日後再來收拾。

對應華語 斬草除根、趕盡殺絕。

tsit⁸　sim¹　beh⁴　si²　　tsit⁸　sim¹　beh⁴　tsiah⁸　bi²
一 心 欲 死 ， 一 心 欲 食 米

解釋 欲：想要。食米：吃飯，這裡是指「活著」。

涵義 形容人遇事三心兩意，難以抉擇。

說明 想要自殺的人，一定是萬念俱灰，對這個世界不再有什麼留戀，所以不可能一邊想自殺，又一邊想吃飯，這裡用「食米」，除押韻外，是一種「借代」修辭。

對應華語 三心兩意、猶豫不決。

tsit⁸　ki¹　gu⁵　bue²　jia¹　tsit⁸　e⁵　gu⁵　kha¹　tshng¹

一 支 牛 尾 遮 一 个 牛 尻 川

解釋　尻川：屁股，這裡指肛門。

涵義　形容每個人都有不想讓人知道的事情。

說明　牛的肛門紅紅的非常難看，牛尾巴長在屁股上面，剛好可以遮住這個地方，這裡用牛的屁股來比喻人的短處，「一支牛尾遮一個牛尻川」，形容每個人都有不想讓人知道的私密之事。

tsit⁸　ki¹　tshui³　tshin¹　tshiunn⁷　phua³　ke¹　tshing²

一 支 喙 親 像 破 雞 筅

解釋　喙：嘴。親像：好像。雞筅：竹製的驅趕家禽用具。

涵義　形容人話多，聲音尖銳難聽。

說明　雞筅是一種用來趕雞的竹棍，破的竹棍不僅聲音吵雜難聽，對雞群也沒有嚇阻的功用，所以前人用這句諺語，形容人話多沒有什麼內容，而聲音又尖銳難聽。

對應華語　嘮嘮叨叨、喋喋不休。

tsit⁸　ki¹　tshui³　tshin¹　tshiunn⁷　tsiau²　tsiah⁸　beh⁸

一 支 喙 親 像 鳥 食 麥

解釋　喙：嘴。親像：好像。食：吃。

涵義　形容人嘴巴整天說個不停。

說明　對愛講話的人來說，嘴巴最大的用處不是吃飯而是說話，他們的嘴一天到晚說個不停，辛勤的程度就像小鳥在啄食麥粒一樣，一刻也不得閒。

對應華語　喋喋不休、嘮嘮叨叨。

tsit⁸　tau²　khah⁴　iann⁵　kau²　tsioh⁸

一 斗 較 贏 九 石

解釋　斗：一斗有十升。較贏：勝過。石：一石有十斗。

涵義　形容量少質優的東西反而勝過量多質劣的東西。

說明　「石」跟「斗」都是計算米糧的單位，一石有十斗，「石」比「斗」多，為什麼一斗會贏九石呢，這是因為一斗都是好的米，

一
畫

二
畫

三
畫

四
畫

五
畫

六
畫

七
畫

八
畫

九
畫

十
畫

十
一
畫

十
二
畫

十
三
畫

十
四
畫

而九石之中都是含糠量較高的米，從品質上來看，一斗的質好勝過九石的量多。

對應華語 重質不重量。

一 方 破 一 方

tsit⁸　hng¹　pho³　tsit⁸　hng¹

解釋 方：藥方。破：破解、剋制。

涵義 萬物相生相剋，每種事物皆有破解之法。

說明 依據道家的理論，認為宇宙之間有一循環，萬物相生相剋，相剋相生，世界上沒有無敵的東西，所以有一種藥方出現，就會有另外一種藥方可以破解。

對應華語 一物一制、一物剋一物。

一 日 一 仙 錢 ， 三 年 共 一 千

tsit⁸　jit⁸　tsit⁸　sian²　tsinn⁵　　sann¹　ni⁵　kiong⁷　tsit⁸　tshing¹

解釋 仙：計算錢幣的單位。共：合起來。

涵義 形容每天存一塊錢，可以積少成多。

說明 一天存一塊錢，一年就有三百六十五塊，三年就有一千多塊，所謂「積少成多」，不要小看這小錢，小錢累積久了，一樣能變大錢，很多的富翁都是從累積小錢開始。

對應華語 積少成多、積沙成塔、積腋成裘。

一 日 三 行 情

tsit⁸　jit⁸　sann¹　hang⁵　tsing⁵

解釋 行情：商品在市場交易的價格。

涵義 形容物價變動迅速。

說明 通常物品的價格不會常常變動，只有在供需失調或通貨膨脹時，價格才會有所變動，所以一天之中不可能會有三種價格，這裡只是比喻物價變動快速。

對應華語 一日三市。

tsit⁸　jit⁸　put⁴　kian³　ju⁵　sam¹　tshiu¹

一 日 不 見 如 三 秋

解釋 三秋：三年。

涵義 形容思念之殷切。

說明 一天沒有見面，就好像隔了三年之久，這種情形最常發生在熱戀的情侶身上，熱戀中的情侶常喜歡黏在一起，只要有一會兒不在一起，就覺得好像隔了很久一樣。

對應華語 一日三秋。

tsit⁸　jit⁸　tsau²　pha¹　pha¹　　　tsit⁸　me⁵　tiam²　ting¹　lah⁸

一 日 走 拋 拋 ， 一 暝 點 燈 蠟

解釋 走拋拋：到處亂跑。暝：夜、晚。

涵義 形容人白天不做事到處遊蕩，等到晚上才來挑燈夜戰。

說明 白天不工作，整天在外面遊玩，等到晚上發現事情做不完才來挑燈夜戰，這樣不僅工作沒有效率，也很容易出錯，所以我們不可以沉迷於逸樂，要把握時間，做完該做的事。

對應華語 日不做，夜摸索。

tsit⁸　jit⁸　phah⁴　tsiau²　　　sann¹　jit⁸　ban²　moo¹

一 日 拍 鳥 ， 三 日 挽 毛

解釋 拍鳥：獵鳥。挽：拔。

涵義 形容人非常懶惰，做事缺乏持續力。

說明 打獵和捕魚一樣，必須天天出去巡視守候，才能有所收穫，如果一天打獵，三天休息，到最後一定會餓肚皮，所以我們做事要持之以恆，才能有所成就。

對應華語 一暴十寒、一日打魚，三日曬網。

tsit⁸　jit⁸　tsiah⁸　pa²　m⁷　tho²　than³

一 日 食 飽 毋 討 趁

解釋 食飽：吃飽。毋：不。討趁：賺錢、討生活。

涵義 形容人整日游手好閒，無所事事。

說明 一般正常人都有自己的工作，只有不務正業、好吃懶做的人，才

一畫　二畫　三畫　四畫　五畫　六畫　七畫　八畫　九畫　十畫　十一畫　十二畫　十三畫　十四畫

一畫
二畫
三畫
四畫
五畫
六畫
七畫
八畫
九畫
十畫
十一畫
十二畫
十三畫
十四畫

會有空到處閒逛，「一日食飽毋討趁」，就是形容那些游手好閒，不事生產的人。

對應華語 游手好閒、不務正業、好吃懶做、好逸惡勞。

tsit⁸　jit⁸　tsiah⁸　pa²　sng³　bang³　ta³　bak⁸
一 日 食 飽 算 蠓 罩 目

解釋 食飽：吃飽。蠓罩：蚊帳。目：網眼。

涵義 形容人整日游手好閒，不事生產。

說明 為了防止蚊子飛入，蚊帳的網眼做的非常細，因此一頂蚊帳的網眼，應該多到不可計數，一個人就是吃飽沒事做，才有那麼多的空閒去數網眼。

對應華語 游手好閒、無所事事、不務正業。

tsit⁸　jit⁸　sua²　tsai¹　　sann¹　jit⁸　khia⁷　ng⁵
一 日 徙 栽 ， 三 日 徛 黃

解釋 徙栽：移栽、移植。徛黃：枯黃。

涵義 形容人沒有定性常換工作，以致一事無成。

說明 樹木被移植之後，由於根遭到破壞，需要一段時間來復原跟適應新的土性，因此葉子會產生枯黃的情況，這句諺語是勸人要有恆心和定性，才能有所成就。

對應華語 滾動的石頭不長苔。

tsit⁸　jit⁸　khong¹khong¹　　ji⁷　si³　tiam²
一 日 悾 悾 ， 二 四 點

解釋 悾悾：傻傻的、頭腦不清楚。二四點：二十四小時。

涵義 形容人整天游手好閒，過著渾渾噩噩的生活。

說明 人不可能一天二十四時都傻傻的，除非是精神有問題，這裡只是形容人整天游手好閒，無所事事，簡直就是浪費時光，人生才不過短短的數十年，如果每天都這樣虛度，實在很可惜。

對應華語 渾渾噩噩、醉生夢死。

tsit⁸　jit⁸　bo⁵　su⁷　pian⁷　si⁷　sian¹

一 日 無 事 便 是 仙

解釋 便是：即是。

涵義 人心裡如果沒有煩惱的事，就像神仙一樣的逍遙自在。

說明 在一般人的觀念中，認為無憂無慮、逍遙自在便是神仙的生活，人為了生活，每天忙碌奔波，為俗事操勞，沒一刻得閒，如果有一天可以不用為生活操煩，當然就會像神仙一樣的快樂。

對應華語 無事一身輕。

tsit⁸　jit⁸　bo⁵　kong²　li²　　sann¹　jit⁸　bo⁵　sing¹　li²

一 日 無 講 理 ， 三 日 無 生 理

解釋 講理：講道理。生理：生意。

涵義 做生意若不誠實，下次顧客便不會再來。

說明 生意之道，除了態度要和藹、嘴巴要甜之外，最重要的還是要誠實，童叟無欺，如果只為貪圖一些小利，就偷斤減兩，即使當時沒有被客人發現，但騙得了一次，終究騙不了第二次，等客人發覺後，下次就不會再上門光顧。

tsit⁸　jit⁸　huan⁵　lo²　jit⁸　loh⁸　sin¹　　tsit⁸　me⁵　huan⁵　lo²　ke¹　po³　in⁵

一 日 煩 惱 日 落 申 ， 一 暝 煩 惱 難 報 寅

解釋 申：下午三點到五點。暝：夜、晚。寅：早上三點到五點。

涵義 形容人不論日夜，無時無刻都在煩惱。

說明 白天操心煩惱直到太陽下山，晚上也是徹夜難眠直到天明，有的人就是這樣看不開，成天煩惱，好像天要掉下來一樣，其實人生沒有什麼事是過不了的，凡事要看開一點，日子才會好過。

tsit⁸　jit⁸　sio¹　　nng⁷　jit⁸　tshin³　　sann¹　jit⁸　kio³　be⁷　in³

一 日 燒 ， 兩 日 清 ， 三 日 叫 燴 應

解釋 燒：熱。清：寒冷。燴：不。應：回應、回答。

涵義 形容對別人的態度前後多變，先熱後冷。

說明 媳婦嫁入婆家，剛開始會很殷勤準備熱的菜餚給公婆吃，過了一段時間之後，態度就冷了一半，只準備冷的菜餚給公婆吃，日子

久了連公婆叫她都相應不理。

補充 依教育部2008年5月公布之台灣閩南語推薦用字第二批將「燴be⁷」寫作「袂be⁷」。

對應華語 日久生怠。

tsit⁸　jit⁸　iam¹　kau²　ti¹　　　　kau²　jit⁸　bo⁵　ti¹　iam¹

一日閹九豬，九日無豬閹

解釋 閹：割去雄性動物的生殖器。

涵義 形容工作量或收入相當不平均。

說明 閹豬是過去的一種傳統行業，閹豬人常遊走於各村，幫人閹割小豬，通常在公豬小的時候，飼主就會將牠的睪丸閹割掉，因為小公豬如果沒有經過閹割，長大後就會變成豬哥，豬哥不僅肉質老韌，還有一股腥味，閹豬的工作不是天天都有，所以閹豬人的收入並不穩定。

tsit⁸　ping⁵　pak⁴　too²　　　　tsit⁸　ping⁵　kha¹　tsiah⁴

一爿腹肚，一爿加脊

解釋 爿：邊。腹肚：肚子。加脊：背部。

涵義 形容仲裁者夾在雙方之間，左右為難。

說明 肚子跟背部雖然一個位在前面，一個位在後面，但都是我們身體的一部分，不論哪一邊受傷，都會覺得很痛，所以我們當然不希望，有哪一邊受傷害。

補充 依教育部2008年5月公布之台灣閩南語推薦用字第二批將「加kha¹脊」寫作「尻kha¹脊」。

對應華語 左右為難。

tsit⁸　khian²　pui⁷　iann²　　　　pah⁴　khian²　pui⁷　siann¹

一犬吠影，百犬吠聲

解釋 吠：狗叫。影：影子。

涵義 喻人沒有主見，只會盲目的附和別人。

說明 一般而言，狗看到陌生人都會吠叫，現在有一隻狗，看到黑影，以為是陌生人就開始吠叫，但其他的狗並不知道發生什麼事，只是聽到狗叫聲，就跟著一起狂吠，可見這些狗是多麼的盲目。有

些人也是如此,別人放出謠言,自己不去查證,就盲目的跟著附和,沒有一點主見。

對應華語 人云亦云、鸚鵡學舌、隨聲附和。

---

tsit⁸ si³ lang⁵ tshin¹ tshiunn⁷ tso³ lang⁵ kheh⁴
一 世 人 親 像 做 人 客

解釋 一世人:一輩子。親像:好像。人客:客人。

涵義 形容人生短暫,所以要快樂的生活。

說明 人生在世如同到別人家裡做客一樣,宴會散了就要離開,什麼也帶不走,所以不必太計較一切,應該放開心胸,快快樂樂的過日子才重要。

對應華語 人生如寄。

---

tsit⁸ si³ kuann¹ sann¹ si³ tsuat⁸
一 世 官 , 三 世 絕

解釋 絕:斷絕。

涵義 形容做官為惡會殃及後代子孫。

說明 中國人一向重視陰德,認為祖先如果積善會福蔭後代,祖先如果為惡會報應在後代子孫身上,當官雖然不是作惡,但如果為官不清廉,貪贓枉法,枉判人命,那他的罪過就更甚於那些殺人放火的人。

對應華語 一世為官,三世累。

---

tsit⁸ tai⁷ khiam⁷ tng⁵ neh⁴ too⁷ nng⁷ tai⁷ khuann³ tsinn⁵ na²
一 代 儉 腸 凹 肚 , 兩 代 看 錢 若
thoo⁵ sann¹ tai⁷ tng³ kiann² be² boo²
塗 , 三 代 當 囝 賣 某

解釋 儉腸凹肚:飲食非常的節省。兩:二。若:像。當:典當。囝:兒女。某:妻子、老婆。

涵義 形容人從貧到富,再由富變成貧,三代的興衰變化。

說明 第一代為了創業致富,生活清苦,省吃儉用,第二代不知道創業的艱苦,揮霍無度,終於把家產敗光,到了第三代已經一貧如

洗，只能賣妻當子來過生活。

對應華語 富不過三代。

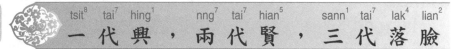

tsit⁸　tai⁷　hing¹　　nng⁷　tai⁷　hian⁵　　sann¹　tai⁷　lak⁴　lian²

一代興，兩代賢，三代落臉

解釋 興：興盛。兩：二。落臉：丟臉。

涵義 形容富貴人家家勢衰敗的過程。

說明 第一代辛勤的建立家業，第二代了解第一代創業的艱辛，所以努力守成，終出賢達，第三代不能體會祖先創業的辛苦，用錢揮霍無度，終於把家產敗光。

對應華語 富不過三代。

tsit⁸　tai⁷　tshin¹　　nng⁷　tai⁷　piau²　　sann¹　tai⁷　m⁷　bat⁴　liau²　liau²

一代親，兩代表，三代毋捌了了

解釋 親：比較親近的血親。兩：二。表：比較平淡疏遠的表親。毋捌：不認識。了了：語尾助詞，「全都」。

涵義 形容親戚之間的關係，一代比一代疏遠，到最後彼此都不認識。

說明 以前農業社會人情味濃厚，親戚之間往來密切，什麼姨婆、叔公、表姑媽……一大堆的親戚，常讓小孩子記的頭昏腦脹，但隨著這些長者的過世，大家變得較少聯絡，感情逐漸疏遠，到最後甚至連見面都不認識。

tsit⁸　ku³　ue⁷　　sann¹　kin¹　lak⁸　tang⁷

一句話，三斤六重

解釋 三斤六：三斤六兩。

涵義 此語有兩義：①形容一個人的話很有份量。②勸誡人說話要謹慎，以免傷人。

說明 話人人會說，但輕重好壞就各有不同，一句好話讓人覺得很溫暖，一句壞話就像拿了三斤六重的東西，砸向人家一樣，會把人砸得頭破血流，所以我們說話要謹慎。

對應華語 ①一言九鼎、一諾千金。

tsit⁸ ku³ ue⁷　　sann¹ tsiam¹ lak⁸ kak⁴

一句話，三尖六角

解釋 尖：尖銳。角：稜角。

涵義 形容人說話非常刻薄，句句帶針帶刺。

說明 一件東西如果有三尖六角，很容易刺傷拿東西的人，一個人說話如果也是三尖六角，往往容易得罪別人，想在這個社會生存，說話必須要圓融，不可太過刻薄，否則會招來小人的報復。

對應華語 尖酸刻薄。

tsit⁸ bak⁸ kuan¹ thian¹ siong⁷

一目觀天象

解釋 目：眼睛。觀：看。天象：天文現象。

涵義 形容人見識狹隘，以偏概全。

說明 一隻眼睛的視力有限，用一隻眼睛看東西會有偏差，一定有某些地方看不到，所以前人就用「一目觀天象」，形容人見識淺薄，以偏概全。

對應華語 以管窺天、以蠡測海、隻眼觀天。

tsit⁸ tsioh⁸　　kau² tau² phann³

一石，九斗冇

解釋 石：一石有十斗。冇：空心、不實。

涵義 形容人說話不實在或言之無物。

說明 「石」跟「斗」都是計算米糧的單位，一石有十斗，十斗米之中有九斗都是空心的，只有一斗是實心的，可見這一石米大部分都是不實在的。

tsit⁸ mia⁵　　thang³ kiann¹ siann⁵

一名，迵京城

解釋 迵：通、達。

涵義 形容人名聲響亮，遠近皆知。

說明 「京城」是古代的首都，也是全國最繁盛的地方，古代交通不發達，訊息傳播很困難，如果一個人的名聲，可以傳到京城，這表

示他很有名氣。

對應華語 聲名遠播、名聞遐邇。

tsit⁸ ho² phue³ tsit⁸ bai²　　bo⁵ nng⁷ ho² thang¹ sio¹ pai⁵

一好配一穤，無兩好通相排

解釋 穤：不好的。無：沒有。通：可以。相排：排在一起。

涵義 好的事情不會同時都一起出現，有好就會有壞。

說明 人生世事很難有兩全，有好就有壞，有福就有禍，好壞禍福都是相伴在一塊，就好像天地有陰陽兩面一樣，所以世上沒有絕對完美的東西，有一好就會配一壞，這樣才是平衡。

對應華語 事無兩全。

tsit⁸ ni⁵ tsit⁸ hue³　　nng⁷ ni⁵ sann¹ hue³　　sann¹ ni⁵ goo⁷ hue³

一年一歲，二年三歲，三年五歲

解釋 歲：歲數。

涵義 人年紀越長，可把握的機會就越少，所剩的光陰也越發的珍貴。

說明 一年一歲，二年三歲，這裡的意思並不是說人的年齡會隨著年歲倍增，而是指人年紀越長，機會就越少，這就好比女人找結婚對象一樣，年紀越大能夠結婚的對象越少，所以我們要把握現在，好好的努力，不要蹉跎光陰。

tsit⁸ ni⁵ uann⁷ ji⁷ si³ e⁵ thau⁵ ke¹

一年換二四个頭家

解釋 頭家：老闆。

涵義 形容人沒定性，常換工作。

說明 一年換二十四個老闆，也就是說平均每半個月就換一次工作，這樣的頻率實在太高，雖說換工作可以學習不同的經驗，但如果每次在一個地方都還沒有做熟，就換工作，根本學習不到什麼。

tsit⁸ ni⁵ sin¹ pu⁷　　nng⁷ ni⁵ ue⁷ tu²　　sann¹ ni⁵ sai¹ hu⁷

一年新婦，二年話拄，三年師父

解釋 新婦：媳婦。拄：頂撞、頂嘴。

涵義 形容人在一個地方待久了，對於那裡的制度、人員都很熟悉，能自在悠遊其中。

說明 新媳婦第一年剛進門，一切都還不熟悉，所以很乖巧聽話，第二年對於環境比較熟悉，開始有自己的想法，所以敢頂撞婆婆，第三年對一切完全熟悉，而且能掌控各種狀況，就如同學成技藝一樣可以出師。

tsit⁸ pah⁴ ki¹ tshiam¹ si¹ tok⁸ thiu¹ tioh⁸ huat⁸ iu⁵
一 百 支 籤 詩 獨 抽 著 罰 油

解釋 籤詩：籤文。罰油：添香油錢。

涵義 形容窮人抽到籤王，卻沒有錢添香油錢。

說明 一般人會到廟裡求籤，通常都是因為諸事不順或有難題不能解決，希望能得到神明的指引。籤詩的吉凶首數分很多種，但不管如何分類，籤王都只有一首，所以能抽到籤王運氣算是非常的好，可是對窮人來說，抽到籤王雖然很開心，但一想到還要添香油錢，這對他們來說是非常頭痛的事。

對應華語 憂喜摻半。

tsit⁸ hinn⁷ jip⁸ tsit⁸ hinn⁷ tshut⁴
一 耳 入 ， 一 耳 出

解釋 入：進去。

涵義 形容人心不在焉，沒把別人的話聽進去。

說明 照理說從耳朵聽到的聲音，就由大腦接收進去，不可能這一耳聽進來，再從另外一耳跑出去，這裡只是形容人沒把別人講的話給聽進去。

對應華語 當耳邊風、左耳入，右耳出。

tsit⁸ bue² hi⁵ loh⁸ tiann²
一 尾 魚 落 鼎

解釋 尾：條。落鼎：下鍋。

涵義 形容人落入別人的手中，只能任人宰割。

說明 魚在水中可以自由自在的游來游去，但是一旦落入人們的手中，沒有選擇的餘地，只能任人宰割，就好比一條魚被放入鍋中，只

能煎煮炒炸任人處理。

對應華語 任人宰割、人為刀俎，我為魚肉。

tsit⁸ kenn¹ po³ hi² ji⁷ kenn¹ po³ si²

一 更 報 喜 ， 二 更 報 死

解釋 一更：晚上七點到九點。二更：晚上九點到十一點。

涵義 喻人生的福禍無常。

說明 所謂「天有不測風雲，人有旦夕禍福」，一更剛聽到某人的喜訊，緊接著二更就聽到他的死訊，人生的變化真是無常，誰也不知道明天會如何，所以應當把握住每一刻，不要讓明天有遺憾。

對應華語 世事無常。

tsit⁸ kenn¹ san³ ji⁷ kenn¹ pu³ sann¹ kenn¹ khi² tua⁷

一 更 散 ， 二 更 富 ， 三 更 起 大

tshu³ si³ kenn¹ thiah⁴ be⁷ hu³

厝 ， 四 更 拆 繪 赴

解釋 一更：晚上七點到九點。散：窮。二更：晚上九點到十一點。三更：晚上十一點到凌晨一點。起大厝：建大房子。四更：凌晨一點到三點。繪赴：來不及。

涵義 此語有兩義：①形容賭徒的暴起暴落。②人生的興衰起落變化快速。

說明 賭博雖然是一夕致富的最快途徑，但十賭九輸，也許在尚未致富之前就已先傾家蕩產，就算運氣好，賭贏發了財，但如果不能見好就收，仍然貪心的繼續賭下去，最後也一定會傾家蕩產。

補充 依教育部2008年5月公布之台灣閩南語推薦用字第二批將「繪be⁷」寫作「袂be⁷」。

對應華語 眼看他樓起，眼看他樓塌。

tsit⁸ poo⁷ tsha¹ poo⁷ poo⁷ tsha¹

一 步 差 ， 步 步 差

解釋 差：差錯、失誤。

涵義 形容人只要做錯一件事，往下就會越來越錯，甚至難以回頭。

說明 俗話說：「一步錯，步步錯」，下棋時，如果走錯一步，下一步會越走越遠，到最後可能整盤都輸掉，做人也是一樣，只要走錯一步，就會越陷越深，到最後難以回頭。

對應華語 失之毫釐，差之千里、一棋錯，全盤皆輸。

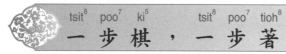

tsit⁸ poo⁷ ki⁵   tsit⁸ poo⁷ tioh⁸

一 步 棋 ， 一 步 著

解釋 著：對。

涵義 做人如同下棋一樣，要步步為營，謀定而後動。

說明 俗語說：「人生如棋」，我們每走一步都必須要小心謹慎，步步為營，因為人生有很多事，一旦做錯了就無法再回頭，就如同下棋一樣，一步錯，滿盤皆輸。

對應華語 步步為營。

tsit⁸ poo⁷ peh⁴ tsiunn⁷ thinn¹

一 步 跖 上 天

解釋 跖：爬。

涵義 形容人好高鶩遠，一步就想成功。

說明 天那麼高，人的步伐這麼小，想要登天必須要一步一步的努力攀爬，才有可能達成，做人如果不腳踏實地的努力，只想一步登天，可能會摔得很慘。

對應華語 一步登天。

tsit⁸ tiau⁵ ti¹ a²   bo⁵ tsit⁸ tsiah⁴ e⁷ thai⁵ tit⁰

一 牢 豬 仔 ， 無 一 隻 會 刣 得

解釋 牢：豢養牲畜的地方。刣：宰、殺。

涵義 意謂在一群人當中，竟然找不到一個可用之材。

說明 農家的生活很儉約，連殘菜剩飯都捨不得丟掉，養豬一方面可以消化殘菜剩飯，另一面又可以賣錢貼補家用，因此以前的農家都以養豬當他們的副業，養豬雖然不需要花費什麼金錢，但仍需用心照顧，如果照顧不好，豬隻會發育不良，就不能賣錢了。

it⁴ lam⁵ it⁴ lu² tsit⁸ ki¹ hua¹　　tse⁷ lam⁵ tse⁷ lu² siu⁷ thua¹ bua⁵

一男一女一枝花，濟男濟女受拖磨

解釋 一男一女：一兒一女。一枝花：指有時間可以打扮自己。濟：
多。拖磨：操勞。

涵義 兒女少，父母的負擔就比較輕；如果兒女太多，父母就得四處奔
波勞累。

說明 以前農業社會需要人力耕種，對於生小孩認為是越多越好，但
小孩一多經濟負擔就會加重，父母要忙於工作賺錢，又要照顧小
孩，這樣兩邊勞累，當然會形容憔悴。現代人觀念改變，對於生
孩子是重質不重量，生一、兩個小孩，父母不僅照顧起來輕鬆，
經濟負擔也比較輕。

對應華語 兩個孩子恰恰好。

it⁴ gian⁵ ki³ tshut⁴　　su³ ma² lan⁵ tui¹

一言既出，駟馬難追

解釋 駟：四匹馬拉的車。

涵義 話說出去了，就一定要算數。

說明 這句諺語是在告誡我們，說話要守信用。一句話講出去，即使
用四匹馬拉的車子去追也追不回來，可見話一說出口，就難以收
回，所以我們不但要守信用，更要慎言。

對應華語 一言駟馬、一諾千金。

tsit⁸ sin¹ si² liau² liau²　　tsi² tshun¹ tsit⁸ ki¹ tshui³

一身死了了，只賰一支喙

解釋 一身：全身。了了：完全沒有了。賰：剩。支：張。喙：嘴。

涵義 此語有兩義：①形容人非常愛說話，但說的都不是好話。②形容
人很好強，不願意認輸。

說明 人死了只剩下一張嘴巴還在動，可見這個人平常是如何用力在運
動他的嘴巴；一個人話多如果有益，那還好，最怕的就是話多，
但內容全都是一些挑撥離間、無中生有的事，這種損人不利己的
話最令人受不了。

對應華語 ②死鴨子嘴硬。

tsit⁸　sian¹　put⁸　a²　　koo³　tsit⁸　e⁵　hiunn¹　loo⁵　be⁷　tioh⁸

一 身 佛 仔 ， 顧 一 个 香 爐 繪 著

解釋 身：尊。佛仔：佛像。顧：看顧。繪著：看不住。

涵義 形容人自身難保，無餘力再去照顧別人。

說明 去廟裡拜拜時，可以看到每一尊佛像的前面都有一個香爐，供信徒插香，現在一尊佛連自己的香爐都顧不了，怎可能還有餘力來保佑信徒。

補充 依教育部2008年5月公布之台灣閩南語推薦用字第二批將「繪be⁷」寫作「袂be⁷」。

對應華語 自顧不暇、泥菩薩過江，自身難保。

tsit⁸　kuai¹　kah⁴　tsit⁸　gai⁵　　bo⁵　nng⁷　ho²　sio¹　pai⁵

一 乖 佮 一 睚 ， 無 兩 好 相 排

解釋 佮：搭配、附帶。睚：用怨恨的眼光看人，引申為凶惡。無：沒有。相排：排在一起。

涵義 形容人生世事，難有兩全其美。

說明 世上的事情很難有兩全其美，有好就會有壞，有白天就會有黑夜，這是陰陽的循環之理，所以乖的人，一定要搭配凶惡的人，才能有所平衡。

對應華語 事無兩全。

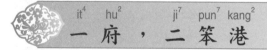

it⁴　hu²　　ji⁷　pun⁷　kang²

一 府 ， 二 笨 港

解釋 府：台南。笨港：北港。

涵義 形容北港興盛時的狀況。

說明 清代台灣的土地拓殖和商業發展，是由南向北逐步的發展，由於台灣商業貿易的興盛，使得港區附近的都市，逐漸成為人口最繁盛的都市。北港兼具這些特色，在乾隆年間，迅速發展成為當時沿海的第二大商業據點，在當時有「小台灣」之稱，因而有「一府，二笨港」的諺語出現。

一 府 ， 二 鹿 ， 三 艋 舺
it⁴　hu²　　ji⁷　lok⁸　　sann¹ bang² kah⁴

解釋　府：台南。鹿：鹿港。艋舺：萬華。

涵義　形容台灣開發初期三個最繁榮的都市。

說明　台灣多山行走相當不便，不論是貿易或交通都以水路為主，因此水運便利之地，常成為聚落和各種商業活動的集散之地。台南、鹿港和萬華，便是具有這些特性，而成為當時三個商業最繁盛的港口都市。

一 府 四 縣 遊 透 透
it⁴　hu²　su³　kuan⁷　iu⁵　thau³ thau³

解釋　一府：台灣府。四縣：彰化、諸羅、台灣、鳳山四縣。透透：遍。

涵義　形容人閱歷多，見識廣。

說明　西元一六三八年鄭克塽降清，清廷在台灣本島和澎湖設置台灣府，府之下設諸羅、台灣、鳳山三個縣，後因漢人墾殖範圍不斷的擴增，以及朱一貴事件的發生，清廷增設了彰化縣、淡水廳，並將澎湖改設為廳，所以走遍一府四縣，幾乎也等於走遍了全台灣。

對應華語　博聞多見、見多識廣、走遍大江南北。

一 枝 也 貓 ， 兩 枝 也 貓
tsit⁸　ki¹　ia⁷ niau¹　　nng⁷　ki¹　ia⁷ niau¹

解釋　枝：根。貓：貓叫聲。

涵義　做事情要果決，長痛不如短痛。

說明　拔一根貓毛，貓會痛的大叫，拔兩根貓毛，貓也會痛的大叫，既然拔一根和拔兩根都一樣會痛，倒不如一次多拔幾根，反而比較省事。

對應華語　長痛不如短痛。

tsit⁸ ki¹ tik⁴ ko¹ kong³ to² tsit⁸ tsun⁵ lang⁵

一 枝 竹 篙 撞 倒 一 船 人

解釋 竹篙：竹竿。撞倒：打翻。

涵義 此語有兩義：①形容一個人壓倒眾人。②形容人以少數或特殊的事例，來概括全部（此義較常使用）。

說明 以前的船都是靠著撐篙前進的，如果船夫的技術不好，整艘船可能會翻覆，這就是一個人做錯事，卻連累全部的人，害其他無辜的人也要跟著落水遭殃。

對應華語 ②一根竹竿壓倒一船人。

tsit⁸ ki¹ pang³ li² khi³ nng⁷ ki¹ phah⁴ tik⁴ tshi³

一 枝 放 你 去， 兩 枝 拍 竹 莿，

sann¹ ki² huat⁸ tsit⁸ penn⁵ hi³

三 枝 罰 一 棚 戲

解釋 放你去：放你走。竹莿：竹鞭。一棚戲：一台戲。

涵義 說明日治時代日本人為了防止台灣人民私自食用甘蔗，所制定的一些罰則。

說明 台灣由於氣候溫潤，很適合甘蔗生長，從荷屬時代開始，砂糖就成為台灣的外銷產品之一。日軍據台之後，為了更進一步榨取台灣殖民資源，還特別實施保護政策，成立製糖株式會社，並立下嚴令不准台灣人民私自食用甘蔗，以確保砂糖的生產來源可以更加穩定，這個諺語就是由此而來。

tsit⁸ ki¹ tshau² tsit⁸ tiam² loo⁷

一 枝 草， 一 點 露

解釋 點：滴。

涵義 每個人都有自己的福分，只要肯努力，天無絕人之路。

說明 上天是公平的，不會特別偏待任何人，每個人一樣都能得到上天的庇佑，而有他的生存之路，就像上天對青草的灌溉，每一株皆是雨露均沾，不偏頗哪一株，所以人只要肯努力，天無絕人之路。

對應華語 個人頭上一片天、天無絕人之路。

一畫 二畫 三畫 四畫 五畫 六畫 七畫 八畫 九畫 十畫 十一畫 十二畫 十三畫 十四畫

tsit⁸　ki¹　io⁵　　　pah⁴　hioh⁸　tong⁷

一 枝 搖 ， 百 葉 動

解釋 搖：搖動。

涵義 只變動一個小地方，卻影響到全部。

說明 樹葉長在樹枝上面，只要一搖動樹枝，全部的葉子都會動起來，這就是所謂的「牽一髮而動全身」，只要移動一個小地方，全部都會受到影響。

對應華語 牽一髮而動全身、一節動而百枝搖。

tsit⁸　khang¹　　　liah⁸　nng⁷　bue²

一 空 ， 掠 兩 尾

解釋 空：洞。掠：抓。尾：條。

涵義 意謂做一件事情，卻得到兩種收穫。

說明 以前農村的小孩休閒時都會跑去田裡捉泥鰍，有時候運氣不好，可能連一條也沒挖到，有時候運氣好，一挖開泥洞，就有好幾條泥鰍在裡面，這種「一空，掠兩尾」的快樂心情，最讓人難忘。

對應華語 一舉兩得、一箭雙鵰、一石二鳥。

tsit⁸　tsainn²　jia¹　bak⁸　　　bo⁵　khuann³　kinn³　tua⁷　suann¹

一 指 遮 目 ， 無 看 見 大 山

解釋 目：眼睛。無：沒有。

涵義 此語有兩義：①比喻因為一個小偏見，而做出錯誤的決定。②形容人只貪圖眼前的小利，卻忽略了長遠的利益。

說明 一隻手指頭並無法把全部的東西遮住，它只能遮住一部分，使眼睛只看到局部的東西，這隻手指就像偏見一樣，會朦蔽我們的眼睛，讓我們對事情做出錯誤的判斷，如果我們想要看到大山，就要去除自我的偏見。

對應華語 見樹不見林、一葉蔽目，不見泰山、兩豆塞耳，不聞雷霆。

tsit⁸　bin⁷　kng¹　kng¹　　　tsit⁸　bin⁷　senn¹　mng⁵

一 面 光 光 ， 一 面 生 毛

解釋 光光：光滑。生毛：長毛。

涵義　形容人表裡不一致，說一套，做的又是另外一套。

說明　一面是光滑的，而另一面卻長毛，就像有的人表面上非常可親，
　　　待人和藹，但背地裡卻非常狠毒，殺人不見血。

對應華語　表裡不一、言行不一。

tsit⁸　bin⁷　buah⁴　piah⁴　　　nng⁷　bin⁷　kng¹

一 面 抹 壁 ， 兩 面 光

解釋　抹壁：塗抹牆壁。

涵義　形容人做一件事，兩邊都討好。

說明　只塗抹一面牆壁，而兩面都發光，這是不可能的事，這句諺語只
　　　是在形容做人很圓融，面面俱到，不管是哪一方，大家都對他很
　　　滿意。

對應華語　刀切豆腐兩面光、八面玲瓏。

it⁴　tsiah⁸　　　ji⁷　tshing⁷

tsit⁸　bin⁷　si⁷　kau¹　　　tsit⁸　bin⁷　si⁷　tsun³

一 面 是 溝 ， 一 面 是 圳

解釋　溝：排水或灌溉用的水道。圳：田邊的水溝。

涵義　形容仲裁者夾在雙方之間，左右為難。

說明　這句話是形容人處事或是幫人仲裁時，陷入困境，左右為難，就
　　　像是站在溝渠的中間，不論走向哪邊都是危險，為了避免掉入溝
　　　渠，我們做人最好保持中立持平的態度。

對應華語　左右為難、進退維谷。

it⁴　tsiah⁸　　　ji⁷　tshing⁷

一 食 ， 二 穿

解釋　食：吃。

涵義　說明衣、食在生活中的重要性。

說明　我們常說食、衣、住、行、育、樂，食、衣排在前頭可見其重要
　　　性，食跟穿是人類生活的基本需求，唯有三餐溫飽，衣食無缺之
　　　後，人們才會想去追求道德、理想，所以孟子說：「衣食足而知
　　　禮儀」，就是這個道理。

一
畫

二
畫

三
畫

四
畫

五
畫

六
畫

七
畫

八
畫

九
畫

十
畫

十一畫

十二畫

十三畫

十四畫

it⁴ kiam¹ ji⁷ koo³　　bong¹ la⁵ a² kiam¹ se² khoo³

一 兼 二 顧 ， 摸 蜊 仔 兼 洗 褲

解釋 兼：同時涉及。蜊仔：蜆。體型比蛤蜊小，是一種軟體動物，平常生活在淺海或河川的泥砂中，可醃漬或煮湯食用。

涵義 形容做一件事可以同時獲取兩種效益。

說明 以前農家經常利用農閒到河裡「摸蜊仔」，然後帶回家煮食。由於蜊仔都躲在泥砂中，欲拾得牠們，得將雙手伸入濁泥中觸摸，方能使牠們現身，並且手到擒來。此外，穿著褲子下水，肯定溼透，於是生性懶惰的人就戲稱：「回家不用再洗褲子了。」因為「摸蜊仔」的同時，河水已經把褲子洗乾淨了。

對應華語 一舉兩得、一箭雙鵰、一石二鳥。

tsit⁸ si⁵ hong¹　　sai² tsit⁸ si⁵ phang⁵

一 時 風 ， 駛 一 時 帆

解釋 帆：風帆。

涵義 要隨著情勢的變化，而採取不同的因應措施。

說明 船在海上航行，要隨時注意風向的變化，有風時就張帆，讓船加速前進，沒風時就划槳，讓船保持在一定的速度下前進。而做事也是一樣，要看清楚目前的情勢，配合情勢的變化，做出因應措施。

對應華語 見風使舵、看風轉篷、因時制宜、相風使帆。

tsit⁸ huann² kue³ sann¹ tang¹　　sann¹ huann² tsit⁸ si³ lang⁵

一 晃 過 三 冬 ， 三 晃 一 世 人

解釋 晃：閃。三冬：三年。一世人：一輩子。

涵義 形容時間過得很快。

說明 俗語說：「光陰似箭，日月如梭」，時間的流逝是很快的，如果不好好把握，轉眼少年就變成白頭，所以我們應該要把握住每一天，努力的工作，用心的生活，這樣就算將來老了，也不會有什麼遺憾，因為我們曾經認真努力的活過。

對應華語 光陰似箭、白駒過隙、日月如梭。

tsit⁸　pun³　ki¹　too⁷　kun²　tu²　tioh⁸　ah⁴　bo²

一　畚　箕　塗　蚓　拄　著　鴨　母

解釋　畚箕：竹做盛土、盛垃圾的用具。塗蚓：蚯蚓。拄著：遇上。

涵義　意謂再多也不夠看。

說明　這句話是出自台語歇後語：「一畚箕塗蚓拄著鴨母——無夠看」。鴨子最喜歡吃蚯蚓，不論有多少蚯蚓，只要放在牠的面前，照樣會被吃光光。

補充　依教育部2007年5月公布之台灣閩南語推薦用字第一批將「塗too⁷蚓」寫作「杜too⁷蚓」。

對應華語　全軍覆沒。

tsit⁸ ang¹ tsit⁸ boo² bo⁵ lang⁵ tsai¹　　tsit⁸ ang¹ nng⁷ boo² sia³ si³ tai⁷

一 翁 一 某 無 人 知 ， 一 翁 兩 某 卸 世 事

解釋　翁：丈夫。某：妻子、老婆。卸世事：丟臉、恥辱。

涵義　形容一夫多妻容易引起家庭糾紛，導致家醜外揚，眾人皆知。

說明　一夫一妻是正常的家庭狀況，娶一個老婆，夫妻恩愛，生活和樂，當然就不會有什麼事情發生，但是如果娶兩個老婆，彼此會爭風吃醋，甚至大打出手，把家事鬧得滿城風雨，而變成別人的笑柄。

補充　依教育部2007年5月公布之台灣閩南語推薦用字第一批將「事tai⁷」寫作「代tai⁷」。

tsit⁸ tsiah⁴ gu⁵ pak⁴ nng⁷ ting⁵ phue⁵

一 隻 牛 剝 兩 重 皮

解釋　兩重：兩層。

涵義　此語有兩義：①形容稅捐苛刻繁瑣。②比喻雙重剝削（此義較常使用）。

說明　古代官府對農民的課稅繁雜，農民既要繳田稅，又繳水稅，這對他們來說，形同雙重剝削，就好像一隻牛，被剝了兩層皮一樣難以忍受，所以才有這句諺語的產生。

對應華語　層層剝削、一隻牛剝兩層皮。

一畫 二畫 三畫 四畫 五畫 六畫 七畫 八畫 九畫 十畫 十一畫 十二畫 十三畫 十四畫

tsit⁸ tsiah⁴ ba⁷ hioh⁸ bik⁸ tshit⁴ li² ke¹ a²

一 隻 覓 鴟 覓 七 里 雞 仔

解釋 覓鴟：鳶，老鷹的一種。覓：找。

涵義 形容人侵入別人的地盤，去謀取屬於別人的利益。

說明 老鷹棲息於平地到低山的地區，因為牠不怕人，所以常可見到牠在天空盤旋等著捕食獵物，但現在由於人們已經很少在放飼小雞，所以越來越難見到老鷹的蹤跡。一隻老鷹的獵食範圍只有五里（一公里約1.5台里），卻要捕食七里內的小雞，這就是掠奪了其他老鷹的地盤。

tsit⁸ tsiah⁴ tsiau² a² liah⁸ tsai⁷ tshiu² khah⁴ ho² tsap⁸ tsiah⁴

一 隻 鳥 仔 掠 在 手 ， 較 好 十 隻

tsiau² a² hioh⁴ tsai⁷ tshiu⁷

鳥 仔 歇 在 樹

解釋 掠：抓。歇：停。

涵義 具體可靠的小利益勝過不確定的大利益。

說明 十隻小鳥停在樹上，還不如一隻抓在手裡，停在樹林中的小鳥，即使有再多隻也沒有用，因為只能看不一定捉得到，而抓在手中的小鳥，雖然只有一隻，但卻是具體可靠的。

tsit⁸ tsiah⁴ sat⁴ bo² pong³ kah⁴ tsui² gu⁵ tua⁷

一 隻 蝨 母 嗙 佮 水 牛 大

解釋 蝨母：蝨子。嗙：吹牛。佮：助詞，無義。

涵義 形容人說話誇大，言過其實。

說明 蝨子的種類雖然眾多，但體長大多都在1~4mm之內，將一隻小蝨子說成像水牛那麼大，這一聽就知道是不可能的事，實在是誇大的太厲害。

補充 依教育部2008年5月公布之台灣閩南語推薦用字第二批將「佮kah⁴」寫作「甲kah⁴」。

對應華語 言過其實、誇大其詞。

it⁴ be² kua³ siang¹ uann¹

一 馬 掛 雙 鞍

解釋 掛：懸。鞍：置放在馬背上的墊子。

涵義 喻一個女子許配二個丈夫。

說明 馬匹上面一定要懸掛一個馬鞍，騎士才能穩坐在馬背上，不會掉下來，所以古人以馬掛鞍來比喻女子答應人家的親事，「一馬掛雙鞍」，形容一個女子答應了兩門親事。

對應華語 一女事二夫。

tsit⁸ tiau⁵ tng⁵ a² thang³ kha¹ tshng¹

一 條 腸 仔 迵 尻 川

解釋 迵：通。尻川：屁股，這裡指肛門。

涵義 形容人直率沒有心機，說話不會拐彎抹角。

說明 人的腸子有很多節，小腸連接著大腸，大腸連接著直腸，直腸再通肛門，所以一條腸子是不可能直接就通到肛門，這裡的意思是指這個人個性率直，說話直來直往，不會拐彎抹角。

對應華語 心直口快、一根腸子通到底。

it⁴ li² thong¹ ban⁷ li² thiat⁴

一 理 通 ， 萬 理 徹

解釋 徹：通徹。

涵義 只要通曉一件事物的關鍵，其他的事皆可依此類推，融會貫通。

說明 世上的道理都有其共通性，只要掌握住它的竅門，就可以舉一反三，觸類旁通，所以不管遇到什麼事情，只要將這基本原理套入，自然就可以「一理通，萬理徹」。

對應華語 舉一反三、觸類旁通、一通百通。

tsit⁸ pan⁵ be⁷ hiang² puann³ pan⁵ hiang² thin¹ tang¹

一 瓶 燴 響 ， 半 瓶 響 叮 噹

解釋 燴響：不會響。叮噹：金屬器物相擊的聲音

涵義 喻人沒有真才實學，卻又喜歡賣弄。

說明 瓶子如果整瓶都裝滿了醋，不論怎麼搖都不會有聲音，相反地

如果只裝了半瓶的醋，一搖動就會叮叮噹噹的響，這就跟做人一樣，真正有實力的人都很謙虛，沒有真才實學的人，反而喜歡賣弄。

補充 依教育部2008年5月公布之台灣閩南語推薦用字第二批將「膾 be⁷」寫作「袂be⁷」。

對應華語 一瓶不會響，半瓶響叮噹。

tsit⁸ liap⁸ tshan⁵ le⁵ tsu² kau² uann² thng¹
一 粒 田 螺 煮 九 碗 湯

解釋 田螺：一種軟體動物，產於田間，其外殼上尖下圓，上有螺紋。

涵義 形容東西的內容乏味或是不實。

說明 以前農業社會生活困苦，沒錢買菜的窮人，就會去田裡撿田螺回來作菜配飯或是煮湯，田螺本身很小，根本沒什麼份量，一碗湯放一粒田螺，都嫌沒味道了，更何況是煮九碗湯。

tsit⁸ liap⁸ bi² pah⁴ liap⁸ kuann⁷
一 粒 米 ， 百 粒 汗

解釋 百：這裡當「眾多」。

涵義 形容米糧得來不易，一飯一粒都要好好珍惜。

說明 這句話是勸人要珍惜米飯，不要隨意浪費，因為每一粒米飯得來不易，要經過耕種、插秧、除草、施肥、收割、去穀這麼多的過程，才能到我們口中，這粒粒都是農人辛苦汗水的結晶。

tsit⁸ liap⁸ png⁷ liap⁸ tan³ si² sann¹ tsiah⁴ oo¹ kau² kang¹
一 粒 飯 粒 ， 擲 死 三 隻 烏 狗 公

解釋 飯粒：飯。擲死：砸死；引申為「打發」。烏：黑色。狗公：公狗。

涵義 喻人非常的吝嗇。

說明 以前農村都會養狗來幫忙看家，對於狗食不會特別準備，只有在吃飯時會順便把吃過的骨頭丟給狗吃，這個「擲」字就是這樣來的；只用一粒米飯就想打發三隻狗，可見這個人是多麼的吝嗇。

對應華語 一毛不拔。

tsit⁸　lok⁸　　　kau²　pian¹

一 鹿 ， 九 鞭

解釋 鞭：雄性動物的性器官。

涵義 此語有兩義：①形容人做生意不老實，以假貨來充當真品。②形容市面上假貨充斥。

說明 中國人一向很喜歡進補，認為吃什麼就可以補什麼，因此男人特別愛吃鞭，在所有的鞭中，以鹿鞭最為珍貴，但一隻鹿也只有一支鞭，所以一些不肖的生意人，常會用假貨來欺騙顧客。

對應華語 以假亂真、魚目混珠。

tsit⁸　tshui³　kua³　siang¹　tsih⁸

一 喙 掛 雙 舌

解釋 喙：嘴。雙：兩。

涵義 此語有兩義：①形容人話多，說個不停。②形容人口才好，說話滔滔不絕（此義較常使用）。

說明 我們說話時得靠著舌頭上下前後的移動，才能把話清楚的說出，所以舌頭和說話的關係是很密切的，一張嘴有兩個舌頭，表示這個人很愛講話，但也可以用來形容人口才很好。

對應華語 ②如簧之舌、舌燦蓮花。

tsit⁸　tshui³　thuan⁵　tsit⁸　tsih⁸

一 喙 傳 一 舌

解釋 喙：嘴。傳：傳播。

涵義 喻消息傳播迅速。

說明 一嘴傳一舌，就是一人傳一人的意思，這種口耳相傳的消息，雖然傳播迅速，但大部分都不太正確，很多事情的內容都是因為這樣口耳相傳而被扭曲了，所以傳到最後真相就變成謠言。

對應華語 口耳相傳、一傳十，十傳百。

tsit⁸　oo⁵　kim¹　hi⁵　　　be⁷　kham¹　tit⁴　tsit⁸　bue²　sam¹　pan¹

一 壺 金 魚 ， 𣍐 堪 得 一 尾 三 斑

解釋 𣍐堪得：無法承受。尾：條。三斑：一種鬥魚。

涵義 形容一個人做壞事，卻連累全部的人。

說明 金魚是一種觀賞魚，性情溫和，喜好和平，三斑是一種鬥魚，生性喜歡打鬥，一壺魚缸裡面如果有一條鬥魚，一定會搞得雞犬不寧。

補充 依教育部2008年5月公布之台灣閩南語推薦用字第二批將「繪be⁷」寫作「袂be⁷」。

對應華語 一隻壞蛋，臭了一屋、一粒老鼠屎，搞壞一鍋粥、一個螺獅，打壞一鍋湯、一條魚滿鍋腥。

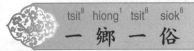

it⁴ tan² ji⁷ kho³ sann¹ lok⁸ khang¹　it⁴ siunn⁷ ji⁷ tso³ sann¹ sing⁵ kong¹

一等二靠三落空，一想二做三成功

解釋 靠：依賴。落空：沒有收穫。想：計畫。

涵義 勉人做事要腳踏實地的實行，才能成功。

說明 心裡如果有計畫，就要馬上去做，一步一步慢慢去努力，這樣才能成功。相反的如果有計畫，卻不去實行，每天只是在那裡等待、空想，這樣到最後一定還是一事無成。

對應華語 坐而言，不如起而行。

it⁴ kui³ pho³ kiu² tsian⁷　it⁴ tsian⁷ pho³ kiu² kui³

一貴破九賤，一賤破九貴

解釋 賤：貧賤。

涵義 做一件好事可以蓋過所有的壞事，但做一件壞事，以前所做的功德全被一筆勾銷。

說明 這句諺語是命相學上的說法，人如果有一個貴相可以抵過其他的賤相，人如果有一個賤相就會破了其他的貴相，就好比一個人如果心地好，可以抵過身上任何的醜陋，一個人如果心地很壞，就算他全部的條件都很好，也沒有人會喜歡他。

tsit⁸ hiong¹ tsit⁸ siok⁸

一鄉一俗

解釋 鄉：地方。俗：風俗。

涵義 形容每個地區各有不同的風俗。

說明 每一個地方都有屬於自己的風俗習慣，這是因為地理環境不同，

造就出來的風俗文化當然也不同，所以我們要入鄉隨俗，對於各地不同的風俗，都要予於尊重。

tsit⁸ hue³ tsit⁸ hue³ tsuah⁸　　to² loh⁸ bo⁵ khun³ ia⁷ khuann³ uah⁸

一歲一歲差，倒落無睏也快活

解釋 倒落：躺下。睏：睡覺。快活：心裡暢快而舒服。

涵義 形容人年紀漸漸大了，體力也就越變越差。

說明 人年紀大了之後，身體的各項功能會慢慢衰退，體力也一年不如一年，年輕時還可以熬夜，但年老時則需要休息，所以即使不睡覺，躺著休息也會覺得舒服。

tsit⁸ hue³ senn¹ tiunn¹　　pah⁴ hue³ tiau⁵ lau⁷

一歲生張，百歲牢老

解釋 生張：與生俱來的個性、長相。牢老：指「到老也難以改變」。

涵義 形容人的個性是與生俱來，即使到老也很難改變。

說明 人的個性雖然是與生俱來的，但如果後天好好的調教，還是可以改變，幼兒期是人生的定型期，人一生的一些行為習慣、人格態度就是在這個時候定型的，所以不論是好習慣或壞習慣，如果在這時候讓它定型，那麼就算到老也很難改變。

tsit⁸ kha¹ hoo⁷ ting⁷ lai⁷　　tsit⁸ kha¹ hoo⁷ ting⁷ gua⁷

一跤戶橂內，一跤戶橂外

解釋 跤：腳。戶橂：門檻。

涵義 形容人猶豫不決。

說明 門檻是門下面高起的部分，不論我們要進來或出去，都必須要先跨過門檻才能進出，一腳在門檻內，一腳在門檻外，表示這個人猶豫不決，難以決定，不知要進還是要出。

對應華語 躊躇不決、三心二意。

tsit⁸ pian³ tshenn¹　　nng⁷ pian³ sik⁸

一遍生，兩遍熟

解釋 遍：回、次。生：生疏。

右側邊欄：一畫　二畫　三畫　四畫　五畫　六畫　七畫　八畫　九畫　十畫　十一畫　十二畫　十三畫　十四畫

涵義 做任何事情，只要反覆練習，必能熟練。

說明 我們剛開始做任何事情的時候，可能會感覺很生疏，甚至覺得非常困難，但是只要我們多練習，一次、二次、三次……，總會有熟練的一天。

對應華語 一回生，兩回熟。

tsit⁸ tng³ ku² ku² nng⁷ tng³ sio¹ tu²
一 頓 久 久 ， 兩 頓 相 拄

解釋 一頓：一頓飯。久久：一段很長的時間。拄：遇上。

涵義 此語有兩義：①形容人三餐不定時（此義較常使用）。②形容人做事懶散，拖拖拉拉。

說明 現代人工作忙碌，三餐常不定時，有時太忙早餐沒吃，中餐時就把兩餐當一餐吃，有時則忙到下午才吃中餐，結果中餐吃完不久，就到了晚餐時間，這時如果又吃下晚餐，兩餐相隔沒多久，肚子一定會撐得很難受，因此吃飯要定時、定量，才不會餓著或太撐。

tsit⁸ me⁵ tsuan⁵ thau⁵ loo⁷ thinn¹ kng¹ bo⁵ puann³ poo⁷
一 暝 全 頭 路 ， 天 光 無 半 步

解釋 暝：夜、晚。頭路：職業，這裡引申為「辦法、計畫」。天光：天亮。

涵義 人不切實際，只會空想。

說明 晚上睡覺時想了很多的構想、計畫，但天亮以後沒有一樣做得到，現代的年輕人大都如此，常把一切計畫的很美好，但真正能去實行的沒幾個，所謂「成功貴在實踐」，若想要夢想成真，就必須要身體力行。

對應華語 光說不練、眼高手低、志大才疏。

tsit⁸ me⁵ khuann³ kau³ thinn¹ kng¹ m⁷ tsai¹ phue⁵ kau⁵ tsit⁸ bak⁸
一 暝 看 到 天 光 ， 毋 知 皮 猴 一 目

解釋 暝：夜、晚。天光：天亮。毋：不。皮猴：皮影戲中所用的戲偶。目：眼睛。

涵義 此語有兩義：①外行人只會看熱鬧，不會看門道。②形容人眼拙

或是漫不經心，對於身邊常見的東西，竟然看不到。

說明 以前節慶或廟會都會邀請皮影戲班來村口表演，皮影戲是利用燈光照射和平面映像的原理，將皮偶影射出來，所以皮偶的造型都是側面的，只有一個眼睛。

tsit⁸ me⁵ bo⁵ bin⁵　　sann¹ me⁵ poo² be⁷ tsin⁷

一暝無眠，三暝補燴盡

解釋 暝：夜、晚。無眠：沒有睡覺。燴：不。

涵義 一個晚上沒有睡覺，三個晚上也補不回來。

說明 這句是說明睡眠的重要性。晚上是身體所有器官的休息時間，也是身體的排毒期，如果我們熬夜沒有讓身體好好的休息，這些毒素便沒有辦法排出，隔天精神會變得很差，腦袋昏昏沉沉，若是長期如此，對身體會造成很大的傷害。

補充 依教育部2008年5月公布之台灣閩南語推薦用字第二批將「燴be⁷」寫作「袂be⁷」。

tsit⁸ nia² khoo³　　sann¹ e⁵ thui²

一領褲，三个腿

解釋 領：件。个：個。腿：褲管。

涵義 喻一個團體之中，發號命令的人很多。

說明 人只有兩條腿，但這件褲子卻有三個褲管，兩條腿要穿三個褲管，真叫人難以處理，這情形就好比一個團體之中，如果發號命令的人太多，會讓下面的人無所適從。

對應華語 令出多人、政出多門、一國三公、多頭政治。

tsit⁸ ji⁷ tio³ siang¹ hi⁵

一餌釣雙魚

解釋 餌：魚餌。雙：兩。

涵義 形容只做一件事情，卻得到兩種收穫。

說明 通常一個魚餌只能釣到一條魚，一個魚餌釣兩條魚的情況，不太可能會發生，這裡「一餌釣雙魚」只是一種比喻，形容人只做一件事情，卻得到兩種結果。

對應華語 一舉兩得、一箭雙鵰、一石二鳥。

一　二　三　四　五　六　七　八　九　十　十一　十二　十三　十四　畫

一　二　三　四　五　六　七　八　九　十　十一　十二　十三　十四
畫　畫　畫　畫　畫　畫　畫　畫　畫　畫　　畫　　畫　　畫　　畫

tsit⁸ iunn⁷ lang⁵ pah⁴ iunn⁷ ue⁷

一樣人，百樣話

解釋 百樣：很多種。

涵義 形容每個人都有自己的想法，所以說出來的意見也都不同。

說明 在亞洲地區雖然大家同是黃皮膚、黑頭髮的黃種人，但光是語言就有台灣話、廣東話、北京話、日語、韓語……這麼多種，更何況是想法，差異一定更多。

對應華語 言人人殊。

tsit⁸ iunn⁷ senn¹ pah⁴ iunn⁷ si²

一樣生，百樣死

解釋 百樣：很多種。

涵義 形容人出生的方式相同，但死亡的方式卻有很多種。

說明 人的出生方式，雖然分成自然產和剖腹產兩種，但大體來說，一樣都是從媽媽的肚子生出來的，而死亡就不同，除了自然死，還有病死、溺死、餓死、意外死……，各種方式都有。

tsit⁸ iunn⁷ bi² tshi⁷ pah⁴ iunn⁷ lang⁵

一樣米飼百樣人

解釋 飼：養。百樣：很多種。

涵義 形容這世界上的人有很多種，每個人的想法、個性各不相同。

說明 所謂「人心不同，各如其面」，人心是複雜多變的，即使大家都是吃同樣的白米飯，也不可能有相同的個性和想法，既然人心是如此多樣，我們就要小心提防，才不會被別人陷害還不知道。

tsit⁸ lui² ho² hue¹ tshah⁴ gu⁵ sai²

一蕊好花插牛屎

解釋 蕊：朵。牛屎：牛糞。

涵義 形容漂亮的女子嫁給外貌醜惡的男人。

說明 一朵美麗芳香的花，插在一坨又臭又髒的牛糞上，其中的不協調可想而知，一般人都認為美女應該配帥哥才完美，其實這都是世俗以貌取人的看法，夫妻在一起，外貌是其次，兩人內心能互相

投合才是最重要的。

對應華語 一朵鮮花插在牛糞上。

it⁴ tshian⁵　　ji⁷ ian⁵　　sann¹ sui²　　si³ siau³ lian⁵
一 錢 ， 二 緣 ， 三 婧 ， 四 少 年

解釋 緣：緣投，即是「英俊」。婧：美、漂亮。少年：年輕。

涵義 說明男女談戀愛的一些條件。

說明 錢是最好用的東西，不管長得多醜，只要有錢，大家就會圍繞在你身邊，如果你沒有錢，但是長得英俊瀟灑或美若天仙，還是有人會願意與你相識，如果前面這三項都沒有，但你的年紀很輕，這就還可以，因為年紀輕，不僅身體強壯，而且青春洋溢，還是一樣受人歡迎。

tsit⁸ thau⁵ tann¹ ke¹　　siang¹ thau⁵ thi⁵
一 頭 擔 雞 ， 雙 頭 啼

解釋 一頭：一端、一邊。擔：挑。啼：叫。

涵義 形容男子失偶之後，要兼顧內外的窘境。

說明 以前都是男主外女主內，男人只負責在外面賺錢，小孩跟家裡都交給女人來管理，但是如果妻子離家出走或是過世，做丈夫的就會比較辛苦，一方面要賺錢養家，另一方面要帶小孩，可能會忙得心力交瘁。

對應華語 蠟燭兩頭燒。

tsit⁸ siann¹thinn¹　　tsit⁸ siann¹ te⁷　　tsit⁸ siann¹ bo²　　tsit⁸ siann¹ pe⁷
一 聲 天 ， 一 聲 地 ， 一 聲 母 ， 一 聲 爸

解釋 爸：父親。

涵義 形容人極其悲傷，大聲啼哭。

說明 在一些喪葬場合中，常可以看到孝子孝女，在父母靈前呼爹喊娘的哀傷痛哭，有些死者含冤未雪，家屬更會哭喊天地不公，因此前人就用這句諺語，形容人非常哀傷，大聲痛哭。

對應華語 呼天搶地、號啕大哭、拊膺大慟。

43

一畫
二畫
三畫
四畫
五畫
六畫
七畫
八畫
九畫
十畫
十一畫
十二畫
十三畫
十四畫

tsit⁸ siann¹ m⁷ tsai¹　　pah⁴ siann¹ bo⁵ tai⁷

一 聲 毋 知 ， 百 聲 無 事

解釋 毋知：不知道。事：事情。

涵義 形容人為了逃避責任或避免遭受牽連，對任何事情一概以一句「不知道」來搪塞。

說明 別人問你任何事情，只要回答一句「不知道」，人家就不會再問，因為再問也得不到答案，所以乾脆就不問了，這樣做不但可以省下許多的麻煩，也不會因為說錯話而受到牽連。

補充 依教育部2007年5月公布之台灣閩南語推薦用字第一批將「事tai⁷」寫作「代tai⁷」。

it⁴ ku² ji⁷ un⁷　　sann¹ pun² su⁷

一 舉 ， 二 運 ， 三 本 事

解釋 舉：推舉、提拔。運：運氣。本事：能力、才幹。

涵義 說明成功所需要具備的條件。

說明 一個人光有才幹沒有用，必須有人推薦、提拔，才能獲得任用的機會，得到這個機會之後，能不能成功，還是得憑一些運氣，如果你沒那個命，即使再怎麼努力也是枉然，雖說成功也必須有才幹才行，但如果缺少前面二項，想成功還是很困難。

tsit⁸ tiam² ia⁷ niau¹　　pah⁴ tiam² ia⁷ niau¹

一 點 也 貓 ， 百 點 也 貓

解釋 貓：貓的花臉，這裡引申為「污點」。

涵義 形容犯一次錯，跟犯一百次錯，都是一樣會留下污點。

說明 人只要做錯一次，身上就會留下污點，而這個污點將會跟隨你一生，永遠也洗刷不掉，即使以後都不再犯錯，但在別人的眼中，犯一次錯跟犯一百次錯，結果都是一樣，所以我們每走一步路，都要小心謹慎。

對應華語 一失足成千古恨。

tsit⁸　pai²　tshat⁸　　　pah⁴　pai²　tshat⁸

一擺賊，百擺賊

解釋　擺：次、回。

涵義　犯一次錯，跟犯一百次錯，都是一樣不再清白。

說明　人不可以做壞事，你做了一次壞事，就會在身上留下污點，而這個污點將會永遠跟著你，就像做過一次賊，之後雖然已經改邪歸正，但只要有竊盜的事發生，人家還是會懷疑到你身上，所以做人千萬要小心，不可以踏錯腳步。

對應華語　一失足成千古恨。

it⁴　ge⁷　　　hong⁵　sin¹　ki²

一藝，防身己

解釋　一藝：一技之長。防身己：養活自己。

涵義　形容習有一技之長，才能讓自己生活有所著落。

說明　俗語說：「萬貫家財，不如一技在身」，這句話說的一點也不錯，即使有萬貫家財，總有一天也會散盡，但是如果你有一技之長，就算現在很貧窮，還是可以靠它生活，不怕會沒有飯吃。

對應華語　萬貫家財，不如一技在身。

二　畫

一畫　二畫　三畫　四畫　五畫　六畫　七畫　八畫　九畫　十畫　十一畫　十二畫　十三畫　十四畫

tshit⁴ tsap⁸ sann¹　　peh⁴ tsap⁸ si³　　giam⁵ ong⁵ bo⁵ kio³ ka¹ ki⁷ khi³

七十三、八十四，閻王無叫家己去

解釋 閻王：掌管地獄之神。家己：自己。

涵義 人到了七十三、八十四歲的時候，特別容易因為一些病痛或災禍而死亡。

說明 這是一種迷信的說法，以前人認為七十三歲、八十四歲是老人最難度過的坎數，只要能挺過這兩個坎數，就可以多活幾年，但為什麼會有這種說法呢？據說「至聖」孔子活了七十三歲，「亞聖」孟子活了八十四歲，既然連聖人都只能活到這個歲數，更何況是我們一般人，怎麼可能會超越聖人，因此就有「七十三、八十四，閻王無叫家己去」的俗語流傳下來。

tshit⁴ khong² be⁷ hu³ tshuan²

七孔艙赴喘

解釋 七孔：兩眼、兩耳、口、鼻等七竅。艙赴：來不及。喘：喘氣。

涵義 形容人生活困頓，每天為三餐奔波。

說明 一般不常運動的人，如果突然跑去跑步，跑完一定會上氣不接下氣，這種喘不過氣來呼吸的情形，就像人為三餐到處奔走，忙碌不堪，連喘口氣的時間都沒有一樣。

補充 依教育部2008年5月公布之台灣閩南語推薦用字第二批將「艙be⁷」寫作「袂be⁷」。

tshit⁴ gueh⁸ puann³ thai⁵ ah⁴ a²　　kui² ma⁷ tsai¹

七月半刣鴨仔，鬼嘛知

解釋 七月半：農曆七月十五。刣：殺。鴨仔：鴨子。嘛：也。

涵義 形容一件事情大家都知道。

說明 農曆七月十五日是一年一度的中元大普渡，這一天各地都會舉行盛大的普渡法會，來普渡眾鬼，鴨子是普渡必備的祭品，所以在七月半殺鴨子，連鬼也知道要做什麼用。

tshit⁴ gueh⁸ puann³ ah⁴ a² m⁷ tsai¹ si² uah⁸

七 月 半 鴨 仔 ， 毋 知 死 活

解釋 七月半：農曆七月十五。鴨仔：鴨子。毋：不。

涵義 意謂人即將大禍臨頭，仍猶不知。

說明 農曆七月十五日是道教的中元節，每年這個時候家家戶戶都會殺豬宰羊，準備豐盛的祭品來普渡眾鬼，雖然各地的習俗不同，但鴨子還是屬於要被宰殺的家禽之一，七月半的鴨子不知自己即將被宰殺，還在那裡悠哉的游來游去。

對應華語 不知死活。

tshit⁴ gueh⁸ tshe¹ it⁴ tsit⁸ lui⁵ kau² thai¹ lai⁵

七 月 初 一 ， 一 雷 九 颱 來

解釋 颱：颱風。來：到。

涵義 形容農曆七月之時，如果有雷雨出現，那麼這年可能會有很多的颱風來襲。

說明 這句是氣候諺語。農曆七月太平洋副熱帶高壓開始減弱，大陸冷高壓開始增強，這兩個高壓之間的鋒面很容易把颱風吸引過來，因為冷鋒南下遇到暖空氣會被迅速抬升而形成雷雨，所以農曆七月只要有雷雨出現，就是颱風來襲的預兆。

tshit⁴ gueh⁸ bo⁵ ing⁵ sai¹ kong¹ kah⁴ hue⁵ siunn⁷

七 月 無 閒 司 公 佮 和 尚

解釋 無：沒有。司公：道士。佮：和、與。

涵義 形容每個人都很忙，沒有一個是閒著的。

說明 農曆七月是傳統習俗中的鬼月，從初一「開鬼門」到三十「關鬼門」這一整個月，各地都會舉辦各式的祭典法會來普渡眾鬼，這時的和尚和道士必須四處趕場，幫人唸經、作法、放焰口，所以沒有一個人是閒著的。

tshit⁴ tse⁷ peh⁴ pe⁵ kau² huat⁴ ge⁵

七 坐 八 爬 九 發 牙

解釋 發牙：長牙齒。

一畫 二畫 三畫 四畫 五畫 六畫 七畫 八畫 九畫 十畫 十一畫 十二畫 十三畫 十四畫

| 涵義 | 形容嬰兒每個階段的成長情形。 |

涵義 形容嬰兒每個階段的成長情形。

說明 嬰兒身體的成長都是一個階段，一個階段的，一般來說，嬰兒長到七個月大的時候，自己就能夠坐立，到八個月大的時候，就會開始爬行，九個月大的時候，就開始長出第一顆牙齒。

tshit⁴ tu² peh⁴ m⁷ tioh⁸　tshuan³ tu² loo² koo² tsioh⁸
七拄八毋著，串拄硓砧石

解釋 拄：遇上、碰到。毋著：不對。串：老是。硓砧：「咕咾石」，一種珊瑚礁岩，質地堅硬，重量很輕，外表崎嶇不平。

涵義 形容人做事不順利，屢做屢錯。

說明 去了七次，有八次沒碰到面，從邏輯上來看，這是不可能的事，這只是一種誇張的形容方式，形容人做事非常的不順利，每次做，每次都失敗碰壁。

對應華語 屢做屢敗。

tshit⁴ hue³ me⁷ peh⁴ hue³ iau² siu⁷
七歲罵八歲夭壽

解釋 夭壽：夭折短命。

涵義 罵人卻罵到自己。

說明 夭壽是指在不該死亡的年紀而死亡，通常用來形容小孩還未成年，便夭折而亡，小孩如果在七、八歲死亡，都算是夭壽，因此七歲的罵八歲的夭壽，就等於是在罵自己一樣。

對應華語 罵人罵己。

tshit⁴ kioh⁴ hi³　po³ ban⁷ ping¹
七腳戲，報萬兵

解釋 腳：角色。七腳戲：由七個人演出全劇。

涵義 以少報多。

說明 以前的野台戲，由於人力和經費不足，在一棚戲中，一個演員往往要扮演好幾個角色，有時需要有千軍萬馬的場景時，就由幾個演員在台上來回奔跑，代表有千軍萬馬，所以前人便以此句諺語，形容人說話誇大其詞，以少報多。

對應華語 誇大其詞。

kau² gueh⁸ kau² nah⁴ jit⁸　　han¹ ban⁷ tsa¹ boo² bu² be⁷ tit⁸
九 月 狗 燃 日 ， 頇 顢 查 某 舞 𣍐 直

解釋 燃日：稍微曬曬太陽。頇顢：愚笨、動作遲緩。查某：女人。舞
𣍐直：事情無法處理妥當。

涵義 形容九月的白晝很短，動作遲緩的婦女，來不及將該做的工作做
完。

說明 以前的婦女每天都有固定的家事要做，如果白天的事做不完，晚
上就不能休息，九月的白晝很短，一些動作慢的婦女，常常來不
及做完白天的工作。

補充 依教育部2008年5月公布之台灣閩南語推薦用字第二批將「𣍐
be⁷」寫作「袂be⁷」。

kau² gueh⁸ thai¹ bo⁵ lang⁵ tsai¹
九 月 颱 無 人 知

解釋 無人知：沒有人知道。

涵義 農曆九月的颱風何時會來，沒有人知道。

說明 這句是出自於氣象諺語。侵襲台灣的颱風大多發生在夏、秋兩
季，由於颱風要有大量的水氣、較高的氣溫、旺盛的對流作用、
不同風向的風等因素方能成形，因此在颱風來襲之前，有很多徵
兆可供判斷，但農曆九月之後，大陸高氣壓增強，雷雨也減少
了，這時又颳起東北季風，在這些因素的影響之下，讓一些颱風
來襲的徵兆，變得不明顯，所以便無法根據徵兆，來判斷颱風何
時會來。

kau² tng³ bi² ko¹ bo⁵ tsiunn⁷ sng³　　tsit⁸ tng³ ling² mue⁵
九 頓 米 糕 無 上 算 ， 一 頓 冷 糜
khioh⁴ khi² lai⁵ khng³
抾 起 來 园

解釋 頓：一餐。米糕：糯米飯。無上算：沒有當一回事。糜：稀飯。
抾：撿。园：存放。

涵義 平常對別人好，人家卻沒有放在心上，而稍微有一點不周到，就
記在心上，懷恨在心。

說明 以前民生困苦，米糕並不是隨便可以吃到的食物，以米糕來招待人算是很高級的，請人家吃了九頓的米糕都不提，偶爾吃了一頓冷稀飯，就記起來放在心上，可見這個人多會記仇。

kau² uan¹ tsap⁸ peh⁴ uat⁴
九 彎 十 八 斡

解釋 九，十八：表示「多」。斡：彎。
涵義 此語有兩義：①形容公路彎彎曲曲，迂迴曲折。②形容人說話不直率，拐彎抹角。
說明 北宜公路是連接台北到宜蘭的主要幹道，因為這一段都是山區道路，迂迴曲折，再加上有七處迴頭彎，所以有「九彎十八拐」的稱號。
對應華語 迂迴曲折、拐彎抹角。

kau² lang² thng⁵ tsap⁸ it⁴ e⁵ thau⁵ ke¹
九 籠 糖 ， 十 一 个 頭 家

解釋 籠：竹籠。頭家：老闆。
涵義 喻一個團體之中，發號命令的人很多。
說明 九個裝砂糖的大竹籠，分別屬於十一個主人，貨物只有九件，但主人卻有十一個，主人竟然比貨物還多，在這樣的情形下，如果貨物出現了問題，就不知道要聽哪個主人的指揮。
對應華語 令出多門、一國三公、多頭馬車。

liau² kang¹ kiam¹ sih⁸ pun²
了 工 兼 蝕 本

解釋 了工：白費工夫。蝕本：虧本。
涵義 形容費神又費錢。
說明 最近這幾次颱風讓許多地方都傳出淹水的災情，有些雞舍整個淹在水中，雞農看著這些浮在水中的雞屍，心中的痛實在很難說出，這些雞淹死了，不僅讓他賠了好多錢，連過去所花費的心血也全都白費。
對應華語 賠了夫人又折兵。

liau² tsinn⁵ koh⁴ bo⁵ the² bin⁷

了 錢 擱 無 體 面

解釋 了錢：賠錢。擱：還、又。體面：面子。

涵義 白費金錢又失掉面子。

說明 有些企業為了建立企業形象，常會和一些媒體機構，舉辦慈善募
款活動，但如果在事前沒有好好的挑選協辦單位，而讓慈善活動
變成掛羊頭賣狗肉的行為，等到這些事情被媒體披露之後，不僅
錢白花，連形象也跟著受損，這就是「了錢擱無體面」的最好例
子。

補充 依教育部2007年5月公布之台灣閩南語推薦用字第一批將「擱
koh⁴」寫作「閣koh⁴」。

對應華語 丟錢又丟面子。

ji⁷ kau² me⁵ goo⁷ liau² tai⁷ su⁷

二 九 暝 誤 了 大 事

解釋 二九暝：除夕夜。

涵義 在最重要的時刻，破壞了大事。

說明 除夕是一年之中最重要的日子，所有在外讀書或工作的家人，都
會回家吃團圓飯，如果在這一天，因為發生某些事情，而導致一
家不能團圓，這就是誤了大事。

ji⁷ peh⁴ luan⁷ tshing⁷ sann¹

二 八 亂 穿 衫

解釋 二八：農曆的二月和八月。衫：衣服。

涵義 形容農曆的二月和八月天氣變化多端，不知道該如何穿衣才算適
宜。

說明 這句是氣候諺語。農曆的二月是春天，農曆的八月是秋天，春天
和秋天剛好都是氣候的轉換期，天氣很不穩定，變化多端，時冷
時熱，讓人不知道衣服該如何穿才適宜。

ji⁷ gueh⁸ tshe¹ ji⁷ tan⁵ lui⁵　　　　tiu⁷ bue² khah⁴ tang⁷ tshin³ thui⁵

二 月 初 二 霆 雷 ， 稻 尾 較 重 秤 錘

解釋　霆雷：打雷。秤錘：秤東西時懸掛在秤桿上，用來決定所秤的東西，有多少重量的金屬塊狀物。

涵義　二月初二當天如果有打雷，當年的農作就會豐收。

說明　農曆二月初的節氣是「驚蟄」，「驚蟄」時節最具代表性的自然現象就是春雷，而此時也正是台灣水稻的插秧期，插秧需要較多的水分，下雷雨有助於春耕，春耕順利，當年的稻米就會豐收，所以農民常以這天是否打雷，來預測今年的農作會不會豐收。

lang⁵ e⁵ tshui³ am¹ be⁷ bat⁸

人 个 喙 掩 獪 密

解釋　喙：嘴。掩：掩蓋。獪：不會。密：密實。

涵義　人是無法阻止別人，不說是非。

說明　人的嘴是藏不住祕密的，不論你用財物賄賂或暴力脅迫，都無法遮住人的嘴巴，想要遮人嘴的最好方法，就是不要做壞事，如此則不須害怕有什麼事情會被人家洩漏出去。

補充　①當「个e⁵」解釋為「的」時，依教育部2007年5月公布之台灣閩南語推薦用字第一批將「个e⁵」寫作「的e⁵」。②依教育部2008年5月公布之台灣閩南語推薦用字第二批將「獪be⁷」寫作「袂be⁷」。

對應華語　難杜悠悠之口。

lang⁵ sim¹ senn¹ ti⁷ pak⁴ lai⁷

人 心 生 佇 腹 內

解釋　生：長。佇：在。腹內：肚子裡面。

涵義　人心難以捉摸。

說明　俗話說「人心隔肚皮」，人的心長在肚子裡面，我們看不到，也摸不著，不論他心裡存有什麼害人的念頭，只要不表現出來，我們根本無法知道，所以防人之心不可無。

對應華語　人心隔肚皮、人心難測。

lang⁵ sim¹ kuann¹　　gu⁵ pak⁴ too²

人 心 肝 ， 牛 腹 肚

解釋 心肝：心、心地。牛腹肚：牛的肚子，牛有四個胃，食量非常大。

涵義 形容人心都是貪得無厭。

說明 人心是貪婪的，所以人的慾望是永無止境的，當一項願望得到滿足之後，另一個欲求又會出現，一個接著一個，就像牛的胃一樣，即使吃很多草依然不覺得飽。

對應華語 貪心不足、貪得無厭、人心不足蛇吞象。

lang⁵ sim¹ kau² tng⁵ too⁷

人 心 狗 腸 肚

解釋 腸肚：心，腸子。

涵義 形容人心腸惡毒。

說明 外表看起來是人的心，但內在卻像狗的肚腸那樣的臭。正常的東西只有在腐壞之後才會發臭，狗的肚腸雖然沒有壞掉，但味道卻是很臭，所以前人便以此句諺語，形容人心腸狠毒。

對應華語 狼心狗肺。

lang⁵ sim¹ si⁷ bah⁴ tso³ e⁰

人 心 是 肉 做 个

解釋 个：的。

涵義 說明人皆有同情之心。

說明 我們看到別人沒飯吃，會拿錢去救濟他，看到別人遭受不幸，心裡也會跟著難過，這就是同情心，同情之心人人都有，只是被一些慾望、冷漠給遮蓋住，如果大家都能發揮同情心，相信這個社會會更溫暖。

補充 當「个e⁰」解釋為「的」時，依教育部2007年5月公布之台灣閩南語推薦用字第一批將「个e⁰」寫作「的e⁰」。

對應華語 惻隱之心，人皆有之。

一
畫

二
畫

三
畫

四
畫

五
畫

六
畫

七
畫

八
畫

九
畫

十
畫

十
一
畫

十
二
畫

十
三
畫

十
四
畫

lang⁵ bue⁷ lo²　　khe¹ bue⁷ kho²

人未老，溪未洘

解釋 未：還沒。洘：乾。

涵義 人只要還年輕，一切都還有機會。

說明 俗話說年輕是最大的本錢，人只要還年輕，不管遇到什麼挫敗，都還有爬起來的機會，而溪水只要還沒完全乾枯，總會有再漲滿的一天。

對應華語 來日方長。

lang⁵ senn¹ lan²　　lan² senn¹ lang⁵

人生咱，咱生人

解釋 咱：我們。

涵義 形容一代傳一代。

說明 傳宗接代，延續祖先的香火，是我們做子孫的責任，父母生育我們，我們再生育下一代，下一代再生育下一代，這樣代代相傳，綿延不絕。

對應華語 代代相傳、生生不息、綿延不絕。

jin⁵ sing¹ tshin¹ tshiunn⁷ tua⁷ bu² tai⁵　　khoo² tshut¹ tshio³ khue¹

人生親像大舞台，苦齣笑詼

long² kong¹ khai¹

攏公開

解釋 親像：好像。苦齣：悲劇。笑詼：好笑，引申為「喜劇」。攏：都、全。

涵義 人生如戲，有喜也有悲。

說明 看戲時如果演員演得很好，我們會跟著入戲，陪她笑，陪她一起掉眼淚；如果演得不好，我們會給他們噓聲，但不論我們給什麼反應，他們還是會盡全力的把戲演好，因為演員的天職就是將戲演好，而人生也是一樣的，我們都是那大舞台上的演員，不論戲份有多少，只要戲還沒落幕，就得盡力做好每次的演出。

對應華語 人生如戲。

lang⁵ kau¹ pue⁵ e⁵ long² si⁷ kuan¹ kong¹ lau⁵ pi⁷ guan²

人 交 陪 个 攏 是 關 公 劉 備 ， 阮

kau¹ pue⁵ e⁵ long² si⁷ na⁵ tau⁵ tik⁴ tshi³

交 陪 个 攏 是 林 投 竹 刺

解釋 交陪：交往。个：的。攏是：全都是。關公劉備：比喻益友。
阮：我。林投：一種常綠灌木，葉子長在枝端呈劍形。竹刺：刺
竹的竹枝上所生的利刺。林投竹刺：比喻損友。

涵義 形容交朋友的重要性。

說明 別人結交的朋友，都是像關公劉備這樣的英雄豪傑，而我結交的
都是雞鳴狗盜之徒，這句諺語是在感嘆自己所結交的朋友，怎麼
都是一些損友。

補充 當「个e⁵」解釋為「的」時，依教育部2007年5月公布之台灣閩南
語推薦用字第一批將「个e⁵」寫作「的e⁵」。

jin⁵ kok⁴ iu² soo² tiong⁵

人 各 有 所 長

解釋 長：專長、長處。

涵義 形容每個人都有可用之處。

說明 俗話說「天生我才必有用」，每個人都有自己的優點和長處，不
必妄自菲薄，認為自己一無是處，只要能將自己的所長，好好的
發揮，還是一樣會有成就。

對應華語 天生我才必有用。

jin⁵ u⁷ jin⁵ tsing⁵ li² tshat⁸ u⁷ tshat⁸ tsing⁵ li²

人 有 人 情 理 ， 賊 有 賊 情 理

解釋 情理：事理、道理。

涵義 正反兩方都各有他自己的道理。

說明 人有人情義理，賊也有自圓其說的歪理。因此這句話是用來形容
正方兩方不管合理與否都有自己的一套說詞。

對應華語 公說公有理，婆說婆有理。

一畫 二畫 三畫 四畫 五畫 六畫 七畫 八畫 九畫 十畫 十一畫 十二畫 十三畫 十四畫

lang⁵ bah⁴ kiam⁵ kiam⁵ be⁷ tsiah⁸ tit⁰
人 肉 鹹 鹹 繪 食 得

解釋 繪食得：不能吃。

涵義 人身無分文，只剩這一副身軀。

說明 這是人欠債還不起，對債主所說的耍賴之詞。有些人欠債不還，債主上門討帳，他就一副無錢可還的樣子，債主對他也無可奈何。

補充 依教育部2008年5月公布之台灣閩南語推薦用字第二批將「繪be⁷」寫作「袂be⁷」。

lang⁵ lai⁵ tsiah⁴ sau³ te³   lang⁵ khi³ tsiah⁴ tsuann¹ te⁵
人 來 才 掃 地 ， 人 去 才 煎 茶

解釋 去：離開。煎茶：泡茶。

涵義 此語有兩義：①形容人所做的一些行為，都是虛情假意。②形容人事前沒有做好準備，以致錯失良機。

說明 通常我們都會先把家裡打掃得乾乾淨淨，再去迎接客人，這樣才不會失禮，如果等客人來了之後才掃地，好像有逐客之意；客人來了，我們會奉茶，表示歡迎之意，但如果客人來了不泡茶，等客人走了才想泡茶，這就太遲了。

對應華語 ①虛情假意。

lang⁵ sin³ ji⁷   gu⁵ sin³ phinn⁷
人 信 字 ， 牛 信 鼻

解釋 字：字據。

涵義 凡事口說無憑，只有立下契約方能算數。

說明 有些人常常說話不算話，答應的事馬上又反悔，所以說凡事口說無憑，只有白紙黑字，立下契約，最為可靠；牛的力氣很大，一旦牠發起牛脾氣來，沒有人可以拉得動，只有牽著牠的鼻環，才會乖乖的跟你走。

對應華語 口說無憑，立此存證。

lang⁵ tsing⁵ tsit⁸ bin⁷ lo⁵　　　lang⁵ au⁷ tsit⁸ bin⁷ koo²

人 前 一 面 鑼 ， 人 後 一 面 鼓

解釋 鑼：用銅鑄成的平圓形樂器。

涵義 形容人虛偽不實，人前人後說辭不一。

說明 鑼跟鼓雖然都是樂器，但聲音卻不相同，鑼聲響亮通徹，鼓聲雄渾厚重，所以人們就用鑼聲跟鼓聲，來形容人說話人前人後說辭不一。

對應華語 前後不一。

---

lang⁵ tsing⁵ m⁷ tsing¹　　　lang⁵ au⁷ hut⁴ tua⁷ uann²

人 前 毋 鍾 ， 人 後 囫 大 碗

解釋 毋：不。鍾：酒杯。囫：狼吞虎嚥。

涵義 形容人非常虛偽，人前人後表現不一。

說明 在別人面前假裝很斯文，吃喝都秀秀氣氣的，但別人離開之後，只剩自己一個人時，就粗魯的大吃大喝，所以前人就用此句諺語，形容人的行為前後不一。

對應華語 矯揉造作。

---

lang⁵ leh⁴ tso³　　　thinn¹ leh⁴ khuann³

人 咧 做 ， 天 咧 看

解釋 咧：在。

涵義 人在做，天在看。

說明 這句諺語是勸人不可以做壞事。中國人的天命觀，認為這天地之間有一個主宰，不論為善為惡都逃不過祂的眼睛，所謂「善惡到頭終有報」，所以做人不可違背良心。

對應華語 舉頭三尺有神明。

---

lang⁵ leh⁴ io⁵ suainn⁷ a²　　　i¹ leh⁴ khioh⁴ suainn⁷ a²

人 咧 搖 檨 仔 ， 伊 咧 抾 檨 仔

解釋 咧：在。檨仔：芒果。伊：他。抾：撿。

涵義 人沒有出半點力，卻坐享別人辛苦的成果。

說明 過去土地還沒有開發的那麼厲害，道路兩旁都會有一些野生的芒

果樹，每到夏天的時候，就會有一堆孩子拿著竹竿到芒果樹下搖芒果，有時芒果太多掉了一地，從旁經過的孩子也會跑來撿拾。

對應華語 坐享其成、坐收漁利、不勞而獲。

jin⁵ ui⁷ tsai⁵ su² niau² ui⁷ sit⁸ bong⁵

人 為 財 死 ， 鳥 為 食 亡

解釋 亡：死。

涵義 人如果太貪心，最後終會為了獲取財物而死。

說明 人的眼中如果只有錢，就會因為太貪心，而去做一些違法的事，例如販毒、綁架……這些都是判死刑的罪，而鳥如果太貪吃，就容易落入獵人的陷阱，成為網下的亡魂。

對應華語 貪夫殉財、求財忘身、見利忘命。

lang⁵ khuann³ lang⁵ kiann¹ kui² khuann³ to³ the³ kiann⁵

人 看 人 驚 ， 鬼 看 倒 退 行

解釋 倒退：往後退。行：走。

涵義 形容情景非常的恐怖，不論人或鬼看了都會害怕。

說明 人受到驚嚇有的會瞪大眼睛張口愣住，有的會吃驚的往後退，而鬼沒有意識，應該不會受到驚嚇，但現在不僅人看了害怕，連鬼看了也會倒退走，可見這情景是多麼的恐怖。

對應華語 退避三舍。

lang⁵ na⁷ sue¹ tsing³ pu⁵ a² senn¹ tshai³ kue¹

人 若 衰 ， 種 匏 仔 生 菜 瓜

解釋 衰：倒楣、運氣不好。匏仔：匏瓜，一種蔓生的蔬菜植物，果實外型類似葫蘆可食用。生：長。菜瓜：絲瓜。

涵義 形容人走楣運時，做任何事都不順利。

說明 吃什麼就拉什麼，種什麼就生什麼，這是不變的道理，所以種了匏瓜，不可能會長出絲瓜，這裡只是形容一個人的運氣壞到極點，倒楣到連種下的東西，都會突變長成別的東西。

對應華語 倒楣透頂。

人食一口氣，佛食一枝香
lang⁵ tsiah⁸ tsit⁸ khau² khui³ hut⁸ tsiah⁸ tsit⁸ ki¹ hiunn¹

解釋 食：吃。佛：神佛。一枝：一炷。

涵義 做人要有志氣。

說明 雖說「佛食一枝香」，但真正的佛是不會在意那一炷香，香只是人們敬佛的一種誠意，而人是靠一口氣存活的，如果這一口氣吸不上來，人就會死亡，所以這一口氣對人來說是很重要的，因此前人便用「人食一口氣」，勸勉我們做人要爭氣。

對應華語 人爭氣，火爭焰、人爭一口氣，佛爭一炷香。

人食妝，佛食扛
lang⁵ tsiah⁸ tsng¹ put⁸ tsiah⁸ kng¹

解釋 食：靠著、注重。妝：妝扮。佛：佛像。扛：抬。

涵義 喻人的外表穿著，會影響別人對他的評價。

說明 人是很勢利的，對於不同穿著的人常有不同的對待方式，所以出門前最好還是打扮、修飾一下，才能給別人一個好印象，這就像神必須要四處出巡，保佑百姓平安，才能增加祂的威儀。

對應華語 人要衣裝，佛要金裝、人是衣，馬是鞍。

人食魚，魚食水
lang⁵ tsiah⁸ hi⁵ hi⁵ tsiah⁸ tsui²

解釋 食：吃。

涵義 形容自然界中生物互相依存的關係。

說明 人吃魚，魚吃水中的微生物，這是一種「食物鏈」的關係，也是一種自然界生物互相依存的關係，人與人之間的關係也是如此，唯有彼此互相合作幫忙，大家才能獲得共同的利益。

人情世事綴俗夠，著愛無鼎佮無灶
jin⁵ tsing⁵ se³ su⁷ tue³ kah⁴ kau³ tioh⁸ ai³ bo⁵ tiann² kah⁴ bo⁵ tsau³

解釋 綴：跟。俗：助詞，無義。夠：頂點。著愛：得要、必須要。佮：與、和。

涵義 形容世俗的交際應酬、人情往來，非常耗費金錢。

說明 人若是愛面子，所有的人情世事都要參與，到最後可能入不敷出，連鍋灶都得拿出來賣，雖然在工商社會中，維繫人際關係是必須的，但也要量力而為，才不會把自己搞得灰頭土臉。

補充 依教育部2008年5月公布之台灣閩南語推薦用字第二批將「佮kah⁴」寫作「甲kah⁴」。

---

jin⁵ tsing⁵ lau⁵ tsit⁸ suann³　　jit⁸ au⁷ ho² sio¹ khuann³

人 情 留 一 線 ， 日 後 好 相 看

解釋 日後：以後。相看：相見。

涵義 做人做事都要留些餘地。

說明 俗語說：「地球是圓的，相遇得到」，所以我們做人做事不可以做的太絕，要留一點餘地，讓別人跟自己都有迴轉的空間，免得日後見面彼此都尷尬。

對應華語 得饒人處且饒人。

---

jin⁵ tsing⁵ khah⁴ tua⁷ thinn¹

人 情 較 大 天

解釋 人情：人際間的一些應酬、往來等常情，這裡當「恩惠」。較大天：比天還要大。

涵義 形容對人的恩惠非常的深重。

說明 人情是不可以計量的，不管大小都是別人對我們的一番心意，別人幫助我們雖然不求回報，但我們仍然要將別人的恩惠牢記在心中，不能做一個忘恩負義的小人。

對應華語 恩重如山、恩比天高。

---

jin⁵ tsing⁵ khah⁴ tua⁷ kha¹ thang²

人 情 較 大 跤 桶

解釋 人情：恩惠。跤桶：洗腳的木桶，亦可用來洗澡、洗衣。

涵義 對人只施一點小恩惠，就拿來邀功。

說明 跤桶是用來洗澡或洗腳的木桶，屬於不登大雅之物，一般人通常都會將其收藏在家中的隱蔽之處，這裡把人情拿來跟跤桶相比，是嘲諷人只施一點小恩，就念念不忘的討人情，實在令人討厭。

lang⁵ liah⁸ tshu³ thiah⁴　　ke¹ a² tsiau² a² thai⁵ kah⁴ bo⁵ puann³ tsiah⁴

人掠厝拆，雞仔鳥仔刣佮無半隻

解釋 掠：抓。厝：房子。刣：宰、殺。佮：助詞，無義。

涵義 比喻人心狠手辣，將一切趕殺殆盡，不留餘地。

說明 以前的封建時代，人權並沒有受到保護，有權有勢者常用野蠻的方式來對待他的仇人，把仇人全家上下不論雞犬全都趕盡殺絕，甚至連房子也拆平，這句諺語即是形容此種情況。

補充 依教育部2008年5月公布之台灣閩南語推薦用字第二批將「佮kah⁴」寫作「甲kah⁴」。

對應華語 斬草除根、趕盡殺絕。

lang⁵ khan¹ m⁷ kiann⁵　　kui² khan¹ liu³ liu³ tsau²

人牽毋行，鬼牽溜溜走

解釋 人：此處指「好人」。毋行：不走。鬼：此處指「壞人」。溜溜走：走得很快。

涵義 形容人不辨善惡，好人的話不聽，反而聽信壞人的話，去做一些錯誤的事。

說明 當一個人的內心充滿著慾望和歹念時，就很難分清楚什麼是善惡，好人的話他聽不進去，壞人的話反而輕易相信，這是因為他心存貪念，才會被壞人牽著走，所以做人要心存正念，才不會讓壞人有可趁之機。

lang⁵ huah⁴ tue³ lang⁵ huah⁴

人喝綴人喝

解釋 喝：喊。綴：跟著。

涵義 喻人沒主見，只會盲目的附和別人。

說明 別人喊，你跟著喊，這種人就是沒有主見，人家說什麼，就跟著說什麼，自己從不加以思考、判斷，只會盲目的附和，人云亦云，很多的謠言都是因為如此，才會迅速傳散開來。

對應華語 人云亦云、鸚鵡學舌、隨聲附和、一犬吠影，百犬吠聲。

lang⁵ bo⁵ tshian¹ jit⁸ ho² hue¹ bo⁵ pah⁴ jit⁸ ang⁵

人無千日好，花無百日紅

解釋 無：沒有、不會。

涵義 形容世事起伏多變，人不可能永遠都處在順境。

說明 花開花落是大自然不變的定律，不管花開得多嬌豔，總有凋謝的時候，就如同人不可能天天都是春風得意，有起就會有落，所以我們更應該好好把握時間，珍惜生命。

對應華語 好景不常。

jin⁵ bo⁵ hai⁷ hoo² sim¹ hoo² iu² siong¹ jin⁵ i³

人無害虎心，虎有傷人意

解釋 無：沒有。害：傷害。

涵義 對人要有防範之心。

說明 人心隔肚皮，別人心裡在想什麼，我們無法從外表得知，我們雖沒有傷害別人之心，但難保別人沒有傷害我們之意，所以與人相處還是要有防備之心。

對應華語 防人之心不可無。

jin⁵ bo⁵ huainn⁵ tsai⁵ be⁷ pu³ be² bo⁵ hiam² tshau² be⁷ pui⁵

人無橫財膾富，馬無險草膾肥

解釋 橫財：用不正當的手段，所獲得的錢財。膾：不。險草：長在懸崖邊的野草。

涵義 形容人如果不使用一些不正當的手段，是發不了財，這是想發不義之財者的錯誤想法。

說明 一般人如果沒有兼其他的副業，只靠著每天上班所領的固定薪水，很難一下子變成富翁，就好比馬如果只吃家中飼料，是無法變肥的，必須帶牠去吃一些鮮翠的野草，才會長的高壯。

補充 依教育部2008年5月公布之台灣閩南語推薦用字第二批將「膾be⁷」寫作「袂be⁷」。

對應華語 人無橫財不富，馬無野草不肥。

lang⁵ bo⁵ siang¹ tsun⁵ tsai³　　tsinn⁵ bo⁵ nng⁷ ping⁵ lai⁵

人 無 雙 船 載 ， 錢 無 兩 爿 來

解釋 雙：兩。載：運。兩爿：兩邊、雙面。

涵義 喻人做事要專一。

說明 人雖然有兩隻腳，卻不能同時踏兩條船，否則劈腿的結果，一定會掉進水裡；而賺錢也是一樣的，先要站穩腳步，一步一步的往上累積，才能有所收穫，如果太貪心想要兩邊一起賺，到最後一定會失敗，因為兩邊是不可能同時兼顧的，所以不論做任何事，先要了解自己的能力，然後專心一致的去做，方能有所成就。

lang⁵ kheh⁴ lang⁵　　kha¹ thiap⁸ kha¹

人 唊 人 ， 跤 疊 跤

解釋 唊：擠。跤：腳。疊：堆。

涵義 形容人數眾多，大家互相擠來擠去。

說明 台灣有插頭香的習俗，每年除夕夜只要一過十二點，各地大廟的門口都會聚集一堆想插頭香的民眾，大家擠來擠去，有時一不小心還會踏到別人的腳。

對應華語 比肩繼踵、駢肩雜遝、挨肩擦背、摩肩繼踵。

jin⁵ sian⁷ pi⁷ jin⁵ khi¹　　ma² sian⁷ pi⁷ jin⁵ khi⁵

人 善 被 人 欺 ， 馬 善 被 人 騎

解釋 善：善良、老實。欺：欺負。

涵義 形容老實善良的人常容易被別人欺負。

說明 沒有經過馴服的野馬，脾氣暴躁，想騎牠的人都會被摔得四腳朝天，而被馴服過的馬，因為脾氣溫馴，所以每個人都喜歡騎牠，這就如同人一樣，越老實善良的人，別人越喜歡欺負他。

jin⁵ kan¹ hu³ kui³ hua¹ kan¹ loo⁷

人 間 富 貴 花 間 露

解釋 露：露水。

涵義 榮華富貴就像過眼雲煙，轉眼就消散。

說明 夜晚的溫度較低，空氣中的水氣容易凝結成水滴，所以清晨我們

一畫 二畫 三畫 四畫 五畫 六畫 七畫 八畫 九畫 十畫 十一畫 十二畫 十三畫 十四畫

常會見到花草的葉子、花瓣上都有一顆顆晶瑩的露珠，這些露珠雖然很明亮耀眼，卻不能持久，只要太陽一出來，就會被蒸發，人世間的富貴也是一樣，看起來雖然華美，但到頭來還是一場空。

對應華語 富貴如浮雲。

---

lang⁵ gau⁵ m⁷ tat⁸ tioh⁸ thinn¹ leh⁴ tso³ tui³ thau⁵
人 勢 毋 值 著 天 咧 做 對 頭

解釋 勢：能幹。毋值著：比不上。咧：在。
涵義 人不管再怎麼能幹，還是無法跟上天相抗衡。
說明 人生有很多事情都是註定好的，人不管再怎麼能幹，還是無法違逆上天的安排，所以不論做任何事情，也只能盡人事，聽天命。
對應華語 天命難違。

---

lang⁵ king³ u⁷ tsinn⁵ kau² king³ pang³ sai² han³
人 敬 有 錢 ， 狗 敬 放 屎 漢

解釋 放屎：大便。
涵義 形容人非常勢利，只會巴結有錢人。
說明 俗話說「有錢人人敬」，只要有錢，不管你身分多麼低下，大家還是把你奉如神明，敬若上賓，這就好比狗尊敬給牠大便吃的人一樣。

---

lang⁵ e⁷ tsau² tshu³ be⁷ tsau²
人 會 走 ， 厝 燴 走

解釋 厝：房子。燴：不。
涵義 人即使可以躲過一時，但最後終究還是跑不掉。
說明 一些作姦犯科的人犯案後，常會畏罪潛逃，但警察只要守在他的老家或是女朋友家附近，最後大多都可以抓到他們，所以說「跑得了和尚，跑不了廟」，不管多會躲，終究還是逃不掉。
補充 依教育部2008年5月公布之台灣閩南語推薦用字第二批將「燴 be⁷」寫作「袂 be⁷」。
對應華語 跑得了和尚，跑不了廟。

lang⁵ e² tsi² si⁷ kha¹ khah⁴ te²　　tsi³ khi³ tsiah⁴ lai⁵ piann³ kuan⁵ ke⁷

人矮只是跤較短，志氣才來拚懸低

解釋 跤：腳。懸低：高低。

涵義 外表並不重要，只有志氣才是決定成功的因素。

說明 一般人對於矮子都有輕視之意，其實矮子和一般人並沒有什麼兩樣，只不過是腳比較短，人矮些而已，所以不要輕視矮子，有時候矮子的成就反而比一般人好，因為他人雖矮，但志氣卻是很高，所以看人不要只重外表，志氣才是最重要的。

對應華語 人小志氣大。

lang⁵ kha¹ jiah⁴ u⁷ pui⁵

人跤跡有肥

解釋 跤跡：腳印。

涵義 喻人多氣旺，財源就廣進。

說明 前人認為人的腳跡帶有肥沃的功能，店鋪裡如果常常人來人往生意會很興旺，這是一定的道理，人多表示生意好，生意好當然財源就廣進。

對應華語 人潮即是錢潮。

lang⁵ khah⁴ tse⁷ kue³ hi³ penn⁵ kha¹

人較濟過戲棚跤

解釋 濟：多。戲棚跤：戲台下。

涵義 形容人數眾多。

說明 以前電視機還沒那麼普遍，看野台戲是一般民眾最大的休閒娛樂，只要廟口或村頭有戲上演，大家就會扶老攜幼的去觀賞，有時遇到比較有名的戲班來演出，台下的觀眾更是爆滿，因此前人就以此句諺語來形容人多的樣子。

對應華語 駢肩雜遝、人山人海。

lang⁵ kue³ si³ tsap⁸ thinn¹ kue³ tau³

人過四十，天過畫

解釋 畫：中午。

涵義　人過了四十歲，身體就開始走下坡。

說明　中午是一天之中陽光最強烈的時候，中午一過陽光就慢慢的減弱，一直到傍晚才消失不見，而人也是一樣，從中年之後，身體就開始慢慢的走下坡，體力也不再像年輕時那麼好。

對應華語　人過中年萬事休。

lang⁵ tshi⁷ lang⁵ tsit⁸ ki¹ kut⁴　thinn¹ tshi⁷ lang⁵ pui⁵ lut⁴ lut⁴

人飼人一支骨，天飼人肥朒朒

解釋　飼：養。一支骨：骨瘦如柴。肥朒朒：肥胖多肉。

涵義　形容人無論再怎麼努力，都比不上天命的安排。

說明　以前農業時代人們是靠天吃飯，如果風調雨順，五穀豐收，人人都可以豐衣足食，這就是「天飼人」，如果風不調雨不順，即使人再怎麼努力的工作，沒有天時的配合，一樣會饑饉連年，這就是「人飼人一支骨」。

lang⁵ tshin¹ tsiann⁵　tsinn⁵ senn³ mia⁷

人親情，錢性命

解釋　親情：親戚。

涵義　形容人非常現實，只重財利沒有一點情義。

說明　我們跟親戚的關係會比一般人來的密切，除了因為有血緣、姻親的關係外，更重要的是彼此之間有著一份濃厚的親情，而錢乃是身外之物再賺就有，所以照理說錢應該比不上親情，但現在卻把錢看做生命，可見這個人是多麼的無情，眼中只有財利，沒有情義。

對應華語　視錢如命。

lang⁵ be⁷ tang³ kua³ bo⁵ su⁷ pai⁵

人繪當掛無事牌

解釋　繪當：不能。

涵義　人不可能永遠都平安無事。

說明　俗語說「人有旦夕禍福」，人生在世有很多的事情，都不是自己能夠預料的，誰也不知道明天會發生什麼事，所以我們對每一天、每件事都應該抱持著戒慎的態度。

補充 依教育部2008年5月公布之台灣閩南語推薦用字第二批將「𣍐
be⁷」寫作「袂be⁷」。

對應華語 福禍無常。

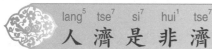

lang⁵ tse⁷ si⁷ hui¹ tse⁷
人 濟 是 非 濟

解釋 濟：多。

涵義 人多就容易產生一些摩擦與衝突。

說明 俗語說「人多嘴雜」，每個人都是不同的個體，意見當然也各不
同，意見多就容易發生一些摩擦與衝突，造成各種事端，所以說
人多，是非也多。

對應華語 人多事煩。

lang⁵ bai² koh⁴ kau⁷ sai²
人 穤 擱 厚 屎

解釋 穤：醜。擱：又。厚屎：屎多。

涵義 形容人不僅長得醜而且毛病又多。

說明 人醜不一定屎就多，這裡把人醜跟屎多放在一起，可能是和一般
人認為「醜人多作怪」的觀念有關，所以前人就用這句諺語，比
喻人長得醜，毛病又多。

補充 依教育部2007年5月公布之台灣閩南語推薦用字第一批將「擱
koh⁴」寫作「閣koh⁴」。

lang⁵ kiann¹ lang⁵　tshat⁸ kiann¹ tshat⁸
人 驚 人 ， 賊 驚 賊

解釋 驚：怕。

涵義 形容人彼此互相猜疑、提防。

說明 人心難以猜測，在這個爾虞我詐的社會中，不知道何時會被別人
陷害，所以彼此都互相的提防，猜疑著對方，就算是賊也會怕被
對方陷害或黑吃黑。

對應華語 互相猜忌。

lang⁵ kiann¹ lau⁷　　ti¹ kiann¹ pui⁵

人驚老，豬驚肥

解釋 驚：怕。

涵義 形容人害怕變老。

說明 人怕老就像豬怕肥一樣，豬長肥了就會被主人拖去宰殺，而人老了身體的各機能就會慢慢的退化，不僅動作不敏捷，連臉上的皺紋也越變越多，所以每個人都會想盡辦法，不讓自己變老，其實外表的老化並不重要，只要內心還是保持著年輕的心態，你就永遠都是年輕人。

jip⁸ suann¹khuann³suann¹ se³　　jip⁸ mng⁵ khuann³ lang⁵ i³

入山看山勢，入門看人意

解釋 山勢：山的形勢。人意：主人的臉色。

涵義 做人處世要懂得察言觀色，隨時制宜。

說明 爬山時要先了解山的形勢走向，才不會走錯路，而掉入山谷，到別人家裡要懂得觀看主人的臉色，了解主人的心意，這樣才能賓主盡歡，所以做人要懂得察言觀色，知所進退，才不會寸步難行。

對應華語 入境問俗。

jip⁸ khenn¹ bue⁷ si² lang⁵ sing¹ tai⁵　　tho² hai² si² liau² bo⁵ thang¹ tai⁵

入坑未死人先埋，討海死了無通埋

解釋 坑：礦坑。無通埋：沒有屍體可埋葬。

涵義 形容採礦跟捕魚是高度危險的工作。

說明 採礦跟捕魚是早期基隆地區居民的兩大經濟來源，但是採礦跟捕魚危險性很高，礦區很容易發生坍崩，一旦發生災變，礦工常會被活埋，而海象變化難測，一旦遇到暴風，船翻覆之後，可能連屍體都找不到。

jip⁸ khenn¹ si² tsit⁸ lang⁵　　m⁷ jip⁸ si² tsuan⁵ ke¹

入坑死一人，毋入死全家

解釋 坑：礦坑。毋入：不進去。

涵義 形容人進退兩難。

說明 採礦是一個高度危險的工作，礦區常會發生災變，一旦礦坑坍崩，礦工都會被活埋，進入礦坑工作隨時有被活埋的危險，但是如果不去礦坑工作，家計又會發生困難，所以為了全家人只能冒險入坑。

對應華語 進退兩難、進退維谷。

pat⁴ sian¹ kue³ hai²　　sui⁵ lang⁵ pian³ thong¹

八 仙 過 海 ， 隨 人 變 通

解釋 八仙：李鐵拐、漢鍾離、張果老、曹國舅、何仙姑、藍采和、呂洞賓、韓湘子。隨人：依照個人。變通：靈活應用。

涵義 遇到事情，每個人都有一套自己解決問題的方式。

說明 八仙過海的故事，最早出現在元雜劇《爭玉板八仙過海》戲中，白雲仙長邀宴八仙到蓬萊仙島賞牡丹，宴罷回程途經東海，八仙一時興起，便各自使出法寶，橫渡東海，因此後人便以此故事，比喻每個人各有一套解決問題的辦法。

對應華語 八仙過海，各顯神通。

peh⁴ ji⁷ hah⁸ tioh⁸ kau² ji⁷

八 字 合 著 九 字

解釋 八字：生辰八字，又稱為「四柱推命數」。

涵義 意謂兩者十分不相配，不適合在一起。

說明 以前沒有自由戀愛，男女雙方結婚都是憑著媒妁之言，所以「合八字」就成了評斷兩人個性是否相配，雙方是否適合結婚的依據，「八字合著九字」表示兩個人非常的不相配。

對應華語 八字不合。

tsap⁸ tshit⁴ niu² khiau³ khiau³

十 七 兩 翹 翹

解釋 翹翹：往上翹。

涵義 形容人死亡。

說明 以前沒有磅秤都是使用秤桿來秤東西，秤桿有大小粗細之分，一個小秤桿只能秤一斤東西，十七兩已經超過了一斤可以秤十六兩

的限度，所以秤尾會往上翹，而「翹」又跟死翹翹的「翹」同音，所以前人就以這句諺語來形容人死亡過世。

對應華語 駕鶴西歸、去蘇州賣鹹鴨蛋。

tsap⁸ ji⁷ gueh⁸ kang¹ bo⁵ ing⁵ se¹ thau⁵ tsang¹

十 二 月 工 無 閒 梳 頭 鬃

解釋 工：時候。無閒：很忙、沒有時間。頭鬃：頭髮。

涵義 形容十二月時農婦忙碌的情況。

說明 十二月是農家最忙碌的時候，這時稻穀雖已收成，但仍需把曬好的稻穀，收進穀倉。除了做這些農事外，還得準備一些節慶慶典的工作，再者十二月過後就是新年，要趕緊把家中打掃乾淨好準備過年，農婦每天都忙著這些事情，當然就沒有多餘的時間打理自己。

tsap⁸ ji⁷ gueh⁸ thinn¹ khun³ tshu³ ting² tang³ sng¹

十 二 月 天 睏 厝 頂 ， 凍 霜

解釋 睏：睡。厝頂：屋頂。凍霜：小氣、吝嗇。

涵義 形容人非常小氣吝嗇。

說明 這句出自歇後語，具有雙關義。我們常說「降霜」，其實霜不是由天而降，是地面的水氣因天冷而凝結成霜，十二月天寒地凍，屋頂都會結一層霜，這時如果睡在屋頂上，一定會被霜雪給凍傷，而「凍傷」與「凍霜」諧音，因此前人便以此句諺語來形容人吝嗇小氣，一毛不拔。

對應華語 一毛不拔、視錢如命、一文不與。

tsap⁸ ji⁷ gueh⁸ bau² bo⁵ kinn³ tshau²

十 二 月 卯 無 見 草

解釋 卯：清晨五點到七點。

涵義 形容十二月晝短夜長。

說明 古代以十二地支「子、丑、寅、卯、辰、巳、午、未、申、酉、戌、亥」來計時，每一個時辰等於現代的二個小時，「卯」時相當於清晨的五點到七點。一般來說夏天的黑夜比較短，大概清晨五、六點時天就亮了，但冬天由於晝短夜長，差不多要到六點多

天才會亮，所以在「卯」時出去，天尚未亮，外面還是一片漆黑，當然連草也看不到。

tsap⁸　ji⁷　gueh⁸　kam¹　tsia³　to³　thau⁵　tinn¹

十 二 月 甘 蔗 倒 頭 甜

解釋 倒頭：尾部。
涵義 喻情況越來越好。
說明 一般甘蔗都是頭部比較甜，但是十二月的時候，由於雨量較少會造成甘蔗缺水，整枝甘蔗的水分會往下集中在根部，這時尾部因為水分比根部少，反而比較甜。
對應華語 漸入佳境、倒吃甘蔗。

tsap⁸　ji⁷　gueh⁸　kua³　tshai³　　u⁷　sim¹

十 二 月 芥 菜 ， 有 心

解釋 芥菜：蔬菜名。
涵義 喻對人非常誠心。
說明 芥菜長到冬天時，菜的中心會長出新的內葉，新葉會逐漸向中心捲起包成結實的一團，這一團就是俗稱的「芥菜仁」或「芥菜心」，因此人們就用十二月的芥菜，形容人真心誠意的對待別人。
對應華語 誠心誠意。

tsap⁸　ji⁷　gueh⁸　sai²　hak⁸　　tsin⁷　piann³

十 二 月 屎 礜 ， 盡 摒

解釋 屎礜：糞坑。盡：全。摒：倒掉。
涵義 意謂把全部的力量都用進去了。
說明 過年之前家家戶戶都會進行大掃除，將家裡整理的煥然一新，以求來年有個好開始，糞坑雖然不需要換新，但裡面已經累積的一年糞便，還是要清除乾淨，才不會滿出來。
對應華語 竭盡全力、窮心竭力、不遺餘力、全力以赴。

一畫
二畫
三畫
四畫
五畫
六畫
七畫
八畫
九畫
十畫
十一畫
十二畫
十三畫
十四畫

tsap⁸ ji⁷ gueh⁸ hong¹ tshue¹　　siau² kah⁴ bo⁵ bue²
十 二 月 風 吹 ， 猾 佫 無 尾

解釋 風吹：風箏。猾：瘋狂。佫：助詞，無義。

涵義 形容人瘋狂到了極點。

說明 十二月正當冬季，東北季風盛行，風勢強大，在十二月放風箏，風箏一飛上天，肯定會被吹得到處亂飛，甚至斷線，所以前人就用這句諺語，形容人極度瘋狂時的一些態樣。

補充 依教育部2008年5月公布之台灣閩南語推薦用字第二批將①「猾siau²」寫作「痟siau²」；②「佫kah⁴」寫作「甲kah⁴」。

tsap⁸ ji⁷ gueh⁸ tsiah⁸ tshai³ thau⁵　　lak⁸ gueh⁸ tsiah⁴ tng² sau³
十 二 月 食 菜 頭 ， 六 月 才 轉 嗽

解釋 食：吃。菜頭：白蘿蔔。轉：變。嗽：咳嗽。

涵義 形容人反應遲鈍。

說明 依據中醫學的說法，白蘿蔔是屬於「寒涼」的食物，不宜多吃，尤其是身體虛弱的人，吃太多可能會引起咳嗽。十二月是蘿蔔的採收期，如果因為貪鮮嫩而吃了太多蘿蔔，此時雖然沒有什麼感覺，但「冷源」已經種下，過不久還是會發作，有的則會遲一些等到六月天熱的時候才轉成咳嗽。

對應華語 反應遲鈍。

tsap⁸ ji⁷ gueh⁸ tshia¹ tshu¹ pinn³ bo⁵ bang²
十 二 月 蚾 蛆 變 無 蠓

解釋 蚾蛆：孑孓，蚊子的幼蟲。蠓：蚊子。

涵義 形容人變不出什麼花樣。

說明 一般蚊子大概在四月左右開始出現，一直到八月中下旬是蚊子活動的高峰期，進入秋天之後，當氣溫逐漸變冷，冷到攝氏十度以下時，蚊子就會停止繁殖，開始進入冬眠期，十二月是蚊子的冬眠期，蚊子停止產卵，既然沒有蟲卵，當然就不會有孑孓產生，所以十二月不可能會有孑孓變成蚊子。

tsap⁸　ji⁷　senn¹　siunn³　pinn³　thau³　thau³
十 二 生 相 變 透 透

解釋 生相：生肖。透透：周遍。

涵義 形容人做過各種不同的職業。

說明 十二生肖是中國特有的屬相紀年，古代採用天干、地支來紀年，十二地支剛好搭配十二生肖，十二生肖中每個屬相都各有其特性，因此人們就用「十二生肖」來比喻各個行業。

tsap⁸　ji⁷　tiau⁵　sin⁵　hun⁵　bo⁵　tsai⁷　king¹
十 二 條 神 魂 無 在 間

解釋 神魂：靈魂。間：人的軀體。

涵義 形容人心思渙散，精神不集中。

說明 依據民間的說法，人有三魂七魄，但也有人說是十二條神魂，當這十二條神魂離開我們的軀體時，人會變得痴痴呆呆，像行屍走肉一樣，所以就用「十二條神魂無在間」，形容人精神渙散，心不在焉。

對應華語 神不守舍、失魂落魄、心不在焉。

tsap⁸　ji⁷　tiam²　kong³　tsap⁸　ji⁷　e⁷
十 二 點 摃 十 二 下

解釋 摃：打。

涵義 喻人做事死板，不知變通。

說明 以前舊式的發條鐘擺時鐘，每一整點都會隨著整點的時間，敲出相同時間點數的鐘響，所以「十二點摃十二下」用來形容人做事死板，不知變通，就如同鐘擺一樣，一板一眼，幾點就敲幾下。

對應華語 一板一眼。

tsap⁸　peh⁴　kang²　kha¹　tsau²　thau³　thau³
十 八 港 跤 走 透 透

解釋 港跤：港口。走透透：走遍。

涵義 形容人經歷豐富，見識廣博。

說明 以前交通不方便，運輸工具也沒有現在便捷，能遊遍十八個港

口，已經算是遊歷廣闊，因此前人就以「十八港跤走透透」，形容人見多識廣，閱歷豐富。

對應華語 博聞多見、見多識廣、走遍大江南北。

---

tsap⁸ tai⁷ kau² tai¹　　bo⁵ tai¹ tsong² ping¹ tsai⁵

十大九獃，無獃總兵才

解釋 獃：呆。才：指具有某項專長。

涵義 形容人身材高大，但頭腦愚蠢。

說明 在一般人的觀念中，認為身材高大的人，十個之中有九個是愚笨的，而不笨的那一個，以他高大的身材，再加上聰明才智，一定是個當總兵的好人才。

補充 依教育部2007年5月公布之台灣閩南語推薦用字第一批將「獃tai¹」寫作「呆tai¹」。

對應華語 大而無當。

---

tsap⁸ goo⁷ ki¹ kuai² a² gia⁵ siang¹ tshiu²　　tshit⁴ kuai² peh⁴ kuai²

十五枝枴仔夯雙手，七拐八拐

解釋 枴仔：枴杖。夯：用肩膀來舉物。拐：拐騙。

涵義 形容人想盡辦法拐騙別人。

說明 這句出自歇後語，具有雙關義。如果要將十五枝枴杖分成兩邊扛，一定是一邊七支，另一邊八支。而「七枴八枴」與「七拐八拐」諧音，所以前人就用這句話來形容人用盡心計拐騙他人。

---

tsap⁸ gueh⁸ jit⁸ senn¹ sit⁸　　han¹ ban⁷ tsa¹ boo² thau⁵ tsang¹ tiau³ piah⁴ khit⁸

十月日生翼，頇顢查某頭鬃吊壁杙

解釋 翼：翅膀。頇顢：愚笨、動作遲緩。查某：女人。頭鬃：頭髮。杙：短木椿。

涵義 形容十月白晝很短，動作慢的婦女，來不及將該做的工作做完。

說明 十月晝短夜長，白天的時間很快就過去，一些動作遲緩的婦女，常來不及做完當天要做的事，因此忙得沒有時間去打扮自己，只能隨便把頭髮打個結盤起來。

tsap⁸ ting¹ ling⁵　　peh⁴ huan¹ hu³

十 叮 嚀 ， 八 吩 咐

解釋 叮嚀：吩咐。吩咐：囑咐。

涵義 形容對人再三的叮嚀吩咐。

說明 「叮嚀」跟「吩咐」是同樣的意思，「十」和「八」是多數的意思。「十叮嚀，八吩咐」形容人對某事十分不放心，所以再三叮囑，要別人特別小心注意。

對應華語 千叮萬囑、一再囑咐、反覆叮嚀、再三交代。

tsap⁸ khiau² bo⁵ thang¹ tsiah⁸　　tsap⁸ ge⁷ kau² put⁴ sing⁵

十 巧 無 通 食 ， 十 藝 九 不 成

解釋 無通：不能、沒有。食：吃。藝：技藝。

涵義 學東西如果貪多，樣樣都想學，反而會變成一技無成。

說明 學習一項技藝必須要投注相當的時間與心力方能學成，若是一次學習太多東西，則無法每一項都學的很深入，到最後可能會變成樣樣不精，而沒有一技之長可謀生。

對應華語 鼯鼠五技。

tsap⁸ kiann² tsap⁸ sin¹ pu⁷　　tshun¹ tsit⁸ e⁵ lau⁷ kuann² hu⁷

十 囝 十 新 婦 ， 賰 一 个 老 寡 婦

解釋 囝：兒子。新婦：媳婦。賰：剩。个：個。寡婦：死了丈夫的女子。

涵義 人多事情反而沒有人做。

說明 十個兒子有十個媳婦，但彼此卻互相的推諉，不願承擔奉養的責任，最後剩下一個老母親沒人奉養，所以兒子生多也沒用，孝順的兒子只要一個就夠了。

對應華語 三個和尚沒水喝。

tsap⁸ tsainn² tshun¹ tshut⁴　　bo⁵ penn⁵ tng⁵

十 指 伸 出 ， 無 平 長

解釋 平長：一樣長。

涵義 此語有兩義：①比喻每個兒女的智慧、性情都不一樣。②形容父

一畫　二畫　三畫　四畫　五畫　六畫　七畫　八畫　九畫　十畫　十一畫　十二畫　十三畫　十四畫

母對待子女，厚此薄彼，是很自然的現象。

說明 兄弟姊妹雖然同是一個父母所生，但每人的才智、性情、喜好、學習能力還是有所不同，所以最後的成就當然也不一樣，這是不需要比較的，就好比十隻手指頭，伸出來都不一樣長。

對應華語 ①一龍九種。

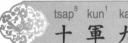

tsap⁸ kun¹ kau² thau⁵ bak⁸

十 軍 九 頭 目

解釋 頭目：領導者。

涵義 喻一個團體中，有多位領導者。

說明 軍隊是最講求紀律的地方，通常都是一個口令，一個動作，一支軍隊中如果同時有很多的領導者，士兵就不曉得該聽誰的指揮，這樣作戰一定會輸。

對應華語 令出多人、政出多門、一國三公、多頭政治。

tsap⁸ an⁷ kau² bo⁵ iann²

十 限 九 無 影

解釋 限：期限。無影：沒有這回事。

涵義 表示人不講信用，說話常不兌現。

說明 跟人家約定十次期限，其中有九次沒有兌現。做人最重要的是誠信，跟人家約定好的事，就要想辦法實現，如果說話不講信用，以後就沒有人會再相信你。

對應華語 言而無信、食言而肥、自食其言、行不顧言。

tsap⁸ tso³ kau² put⁴ sing⁵

十 做 九 不 成

解釋 不成：不成功。

涵義 人做事不用心，以致一事無成。

說明 做了十次事情，有九次是失敗的。人做事如果不能用盡全力，只是抱著一種玩玩的心態去做，那麼即使是做了一百次，也不可能會成功。

76

tsap⁸ tshui³ kau² kha¹ tshng¹

十喙九尻川

解釋 喙：嘴。尻川：屁股。

涵義 形容人多意見也多。

說明 俗語說「集思廣益」，其實並不盡然，因為人多意見也多，七嘴八舌的，真不知道該聽誰的，而且最慘的是，有的人所說的根本談不上是意見，都是廢話而已。

對應華語 七言八語、人多嘴雜、七嘴八舌、言人人殊。

iu⁷ ai³ be² tsau²　　　 iu⁷ ai³ be² m⁷ tsiah⁸ tshau²

又愛馬走，又愛馬毋食草

解釋 愛：希望。毋：不。

涵義 形容想要兩種不可能同時得到的東西。

說明 天下事沒有雙好，想要馬兒能跑，但又希望牠能不吃草，這是不可能的，馬不吃草，哪來力氣奔跑，所以如果想要馬兒能奔跑，就要給牠吃糧草。

對應華語 又要馬兒跑，又要馬兒不吃草。

三　畫

sam¹ tshit⁴ kong²　su³ liok⁸ thiann¹
三 七 講 ， 四 六 聽

解釋 講：說。

涵義 說的人隨便說說，聽的人也隨便聽聽。

說明 「三七講」是指一個人所說的話，只有三分可信，其他七分都是假的，既然這個人的話不真，那聽話的人也就只聽四分，其他的六分就隨便聽聽。

對應華語 姑妄言之，姑妄聽之。

sann¹ lang⁵ kang⁷ tsit⁸ sim¹　oo¹ thoo⁵ pian³ sing⁵ kim¹
三 人 仝 一 心 ， 烏 塗 變 成 金

解釋 仝：同。烏塗：黑土。

涵義 喻只要大家能團結一致，同心協力，任何事都能完成。

說明 「三人」代表眾人。俗語說「團結力量大」，只要大家能同心協力，互助合作，即使是一大片沒有價值的黑色土壤，也能變成像黃金那樣的值錢。

對應華語 眾志成城、三人同心，其利斷金。

sann¹ lang⁵ kang⁷ goo⁷ bak⁸　jit⁸ au⁷ bo⁵ tng⁵ te² kha¹ ue⁷
三 人 共 五 目 ， 日 後 無 長 短 跤 話

解釋 共：總共。目：眼睛。日後：以後。長短跤：跛腳。

涵義 此語有兩義：①說明媒人的話不可以隨便輕信。②現在一件事情的真相，大家都親眼目睹，日後就不能再有任何異議。

說明 這句諺語是出自一個民間故事。有一位媒婆幫一個跛腳的男子和一個獨眼女子作媒，相親時讓他們遮掩各自的缺陷，因此相親的結果彼此都很滿意。結婚當日媒婆為了推卸日後的責任，說了：「三人共五目，日後無長短跤話」，後來這句話常被引申說明，一件事大家都見過了，日後就不可以再有什麼異議。

sann¹ lang⁵ kng¹　　si³ lang⁵ hu⁵

三人扛，四人扶

解釋 扛：以肩抬物。扶：攙扶。

涵義 形容人的排場很大。

說明 以前皇帝出巡時聲勢浩大，不管坐轎或走路都需要一堆人在旁邊服侍他，所以前人就用「三人扛，四人扶」，形容人做事排場很大。

對應華語 前遮後擁、前呼後擁。

sann¹ tsap⁸ lak⁸ ke³ tsau² ui⁵ sian¹

三十六計走為先

解釋 計：計策。為：是。先：首、第一。

涵義 形容事情已經到了無法解決的地步，只好一走了事。

說明 『三十六計』是古代一些行兵用計的謀策，從「瞞天過海」、「圍魏救趙」……到「走為上」，共三十六策，「走為上」策，是指在敵強我弱的情況下，為了避免更大的損失，我方要主動撤退。

對應華語 三十六計走為上計、逃之夭夭。

sann¹ tsap⁸ au⁷　　tsiah⁴ tsai¹ thinn¹ kuan⁵ te⁷ kau⁷

三十後，才知天懸地厚

解釋 懸：高。知天懸地厚：懂得人情世事。

涵義 意謂三十歲之後，才了解人情世事。

說明 孔子說：「三十而立」，到了三十歲這個年紀，每個人差不多都成家立業，也經歷過一些人世的歷練，知道生活的不易、處世的艱難，所以更能珍惜身邊可貴的親情。

sann¹ tsap⁸ iau¹　　si³ tsap⁸ hiau⁵　　goo⁷ tsap⁸ kong³ phua³ lang⁵ ti¹ tiau⁵

三十枵，四十嬈，五十損破人豬牢

解釋 枵：餓。嬈：風騷。損破：打破。豬牢：豬圈。

涵義 說明賣淫女子，在每個年齡的賣淫理由。

說明 女人人老珠黃之後就沒人要，大部分賣淫女子，會趁年輕時，找

個人從良，或自己存些錢，等色衰時轉行做其他工作，所以如果三十歲還在賣淫，可能是生計有困難，四十歲還在賣淫，就是因為她風騷，五十歲如果還在賣淫，那表示她是極度的淫蕩。

三 下 咬 ， 無 見 餡
sann¹ e⁷ ka⁷　bo⁵ kinn³ ann⁷

解釋 餡：料。

涵義 形容人無真才實學，腹中無物。

說明 包子有沒有餡，從外表看不出來，必須咬下去才知道，通常包子一咬，餡就會跑出來，咬了三次還吃不到餡，如果不是沒包餡，就是餡料包得太少。

對應華語 腹笥甚窘、胸無點墨、學識淺薄。

三 个 人 ， 行 五 條 路
sann¹ e⁵ lang⁵　kiann⁵ goo⁷ tiau⁵ loo⁷

解釋 个：個。行：走。

涵義 形容大家不團結。

說明 三個人三條心，不可能有五條路可以走，這五條路是形容大家不能同心，所以三個人才會有五條路。我們不論做什麼事，大家都要團結，齊心合作，這樣事情才能夠成功。

對應華語 各自為政、各行其志、各執其是。

三 个 小 叔 三 擔 柴 ， 三 个 小 姑 奏 喙 媌
sann¹ e⁵ sio² tsik⁴ sann¹ tann³ tsha⁵　sann¹ e⁵ sio² koo¹ tsau³ tshui³ ba⁵

解釋 小叔：丈夫的弟弟。小姑：丈夫的妹妹。奏：進言。媌：婊、妓。

涵義 說明以前農業社會人們對小叔和小姑的印象。

說明 人們對小叔和小姑，總是存著這樣的刻板印象，認為夫家如果有小叔會幫忙做家事，夫家如果有小姑，可能會去婆婆的面前打小報告，所以家中的是非就會很多。

sann¹ e⁵ po² tsing³　　peh⁴ tsap⁸ kin¹

三个保正，八十斤

解釋 保正：即是現今的「里長」。

涵義 描述日治時代日本人欺凌壓榨蔗農的情形。

說明 日治時代日人為了加強對砂糖生產原料的控管，將全島的甘蔗農地予以分區，規定蔗農不能越區買賣，只能將甘蔗賣給政府所指定的區內糖廠，而這些糖廠幾乎都是日本製糖會社所開設的，他們在收購甘蔗時，常以偷斤減兩的方式來壓榨蔗農。有一回甘蔗明明是滿車，但秤出來的重量卻只有一半，在場的三個保正覺得很奇怪，就一起跳上秤去秤，結果秤出來卻只有八十斤，三個人的重量當然不止八十斤，可見這製糖會社偷斤減兩到如此嚴重的地步。

對應華語 偷斤減兩。

sann¹ e⁵ tsinn⁵ too²　　si³ e⁵ tsinn⁵ loo⁷

三个錢賭，四个錢賂

解釋 个：個。賂：賄賂，送財物給人，以請託事情。

涵義 喻賄賂的錢比賭博還多。

說明 不論是文明或落後國家，從古到今賄賂這種行為就未曾間斷過，因為人都是貪婪的，只要有人的地方，就會有這種陋習，通常賄賂我們的原因是因為有求於人家，而對方會接受賄賂是因為貪財，在這種情形下，對方常會獅子大開口，所以賄賂所花費的錢當然比賭博還多。

sann¹ tshing¹ ni⁵ tsit⁸ pai² hai² tiong³

三千年一擺海漲

解釋 擺：次。海漲：海嘯。

涵義 形容難得發生的機會或事情。

說明 海嘯形成的原因，是因為火山爆發或是海底發生地震，引發海床垂直位移、海溝斜坡崩塌等情形而造成，所以海嘯發生的時間並沒有固定，三千年發生一次海嘯，只是一種誇張的說法，比喻事情難得發生。

對應華語 百年不遇、千載一時、千載難逢、萬世一時。

一畫
二畫
三畫
四畫
五畫
六畫
七畫
八畫
九畫
十畫
十一畫
十二畫
十三畫
十四畫

sann¹ tshing¹ ni⁵ tsing⁵ e⁵ kau² sai²　　　ia⁷ khioh⁴ khi² lai⁵ liu⁷

三千年前个狗屎，也抾起來餾

解釋　个：的。抾：撿。餾：重複蒸煮，這裡引申為「重說舊事」。

涵義　形容人重提年代久遠的舊事。

說明　三千年前的狗屎到現在早就消失無蹤了，哪還能撿起來蒸煮，這裡的「三千年」是形容年代久遠，狗屎又臭又硬，人人都討厭，用狗屎來形容「陳年舊事」，表示對方並不喜歡聽你談論這些事，所以最好趕快停止。

補充　當「个e⁵」解釋為「的」時，依教育部2007年5月公布之台灣閩南語推薦用字第一批將「个e⁵」寫作「的e⁵」。

sam¹ si¹ sin⁵ pok⁸ thiau³　　tshit⁴ khong² lai⁷ sing¹ ian¹

三尸神暴跳，七孔內生煙

解釋　三尸神：一種依附在人體上愛作祟的神。七孔：兩眼、兩耳、兩鼻孔、口等七竅。

涵義　形容人非常生氣。

說明　依據道教說法，每個人身上都有一個三尸神，三尸神在每個庚申日會趁著人們熟睡時，上天庭向玉帝報告人的罪惡，人們為了不讓三尸神上天，在庚申日都不睡覺，三尸神錯過上天的時間，只能將這些罪狀憋在肚子，因此非常的生氣。東西起火燃燒會產生煙，七孔內生煙，表示這個人非常生氣，火冒三丈。

對應華語　七竅生煙、暴跳如雷、火冒三丈、怒髮衝冠、大發雷霆。

sann¹ kang¹ tsa²　　tiong⁵ tsit⁸ kang¹　　sann¹ tang¹ tsa²　　tiong⁵ tsit⁸ tang¹

三工早，重一工；三冬早，重一冬

解釋　工：天。重：重複、多。冬：年。

涵義　勸勉人要早起，才能有所收穫。

說明　所謂「早起的鳥兒有蟲吃」，早起就比別人早了一步，當然機會就多一些，尤其以前農業時代在陽光下工作是非常辛苦，因此常常要和太陽比早，每天在太陽出來之前，就得出門去工作，你起的越早能做的工作就越多，每天多做一些，三天就多做了一天的工作量，三年就多做了一年的工作量，所以早起會比別人多一些成功的機會。

對應華語 早起的鳥兒有蟲吃、一日之計在於晨。

sann¹ hun¹ lang⁵　　tshit⁴ hun¹ tsng¹

三 分 人 ， 七 分 妝

解釋 妝：妝扮。

涵義 形容打扮的重要。

說明 天下沒有絕對的美女，再有姿色的女人，也必須要靠妝扮，才能
把自己襯托出來，尤其現在是一個講求包裝的時代，適當的妝
扮，不僅讓自己看得舒服，也可以給別人留下好印象。

對應華語 人要衣裝，佛要金裝、人是衣，馬是鞍。

sann¹ hun¹ thinn¹ tsu³ tiann⁷　　tshit⁴ hun¹ kho³ phah⁴ piann³

三 分 天 註 定 ， 七 分 靠 拍 拚

解釋 拍拚：全力以赴的去做。

涵義 勉勵人要努力奮鬥才能成功。

說明 先天的命運雖然不可改，但後天的命運卻掌握在自己手中，就像
上天註定我們出身貧苦，但只要不怕苦，肯努力，終有成功的一
天。

對應華語 三分天註定，七分靠努力。

sann¹ hun¹ penn⁷　　pong³ si² tsing³

三 分 病 ， 嗙 死 症

解釋 嗙：誇大、吹牛。

涵義 形容人說話誇大其詞。

說明 病人的病症很輕微，只有三分病狀，但醫生卻吹牛誆騙病人，說
他得了絕症，很多醫生為了賺錢，常昧著良心誆騙病人，讓他心
生恐懼，天天來就診，然後藉機賺錢，所以人們就用此句諺語，
形容人說話誇大不實。

對應華語 危言聳聽。

sann¹ tsin¹ bi² inn⁵　　khun³ be⁷ tit⁴ thinn¹ kng¹

三 升 米 圓 ， 睏 𣍐 得 天 光

解釋 米圓：粉圓。睏𣍐得：睡不到。天光：天亮。

涵義 為了一點小事就擔心不已。

說明 手工製作粉圓雖然比機器費時，但整個過程所需花費的時間也不過才二、三小時而已，為了製作這麼一點粉圓，而擔心的睡不著覺，未免太杞人憂天。

補充 依教育部2008年5月公布之台灣閩南語推薦用字第二批將「繪be⁷」寫作「袂be⁷」。

對應華語 庸人自擾、杞人憂天。

---

sann¹ bun⁵ ting¹ sim¹　　kau¹ kuan¹ tsit⁸ kham² tiam³
三 文 燈 心 ， 交 關 一 坎 店

解釋 燈心：燈蕊。交關：光顧捧場。一坎：一間。

涵義 喻人只做了一件小事卻大肆張揚來引起別人注意。

說明 通常一般人去朋友的店光顧，都會消費很高的金額，這才叫捧場，但現在只買了三文便宜的燈蕊，卻到處去宣揚他光顧這家店，讓不知情的人以為他買了很多東西，這種人真是愛吹牛。

---

sann¹ bun⁵ tsinn⁵　　si³ bun⁵ loo⁷
三 文 錢 ， 四 文 路

解釋 文：計算錢的單位。四文路：賺三文錢所花費的功夫。

涵義 形容賺錢必須要花費功夫。

說明 三文錢是很少的錢，即使賺很少的錢，也需要花費一番功夫才能得到，所以說「天下沒有白吃的午餐」，不論做什麼事都要付出心力，才會有收穫。

對應華語 偷雞也要一把米。

---

sann¹ kin¹ niau¹ beh⁴ ka⁷ si³ kin¹ niau² tshi²
三 斤 貓 欲 咬 四 斤 鳥 鼠

解釋 欲：要。鳥鼠：老鼠。

涵義 形容人沒有自知之明，想做超出自己能力範圍的事。

說明 老鼠會怕貓是因為貓的動作靈活，不論牠跑到哪裡，貓都追得到，再加上貓的身軀比牠高大，在貓的面前老鼠只有待宰的份，但現在三斤貓卻想捉四斤的老鼠，真是不自量力。

對應華語 不自量力、螳臂當車、蚍蜉撼樹、夸父逐日、與天競高。

sann¹ jit⁸ phah⁴ kau³ hu²　　　tsit⁸ jit⁸ phah⁴ kau³ tshu³

三 日 拍 到 府 ， 一 日 拍 到 厝

解釋 拍：打。府：台灣府，即「台南」。厝：房子。

涵義 意謂成功與失敗都來得很快。

說明 朱一貴本是一個鴨農，因為看不慣滿清官吏貪污腐敗、欺壓鄉民的行徑，在康熙六十年時於鳳山起兵抗清，由於響應的人數眾多，很快的在三日之內就打到台灣府，清廷為了平亂，調來了軍隊反攻，朱一貴因為不敵大軍節節敗退，在一日之內退到自己老家，最後被叛徒楊旭、楊雄出賣而遭清軍俘虜。

對應華語 暴起暴落。

sann¹ jit⁸ ua² tang¹　　　sann¹ jit⁸ ua² sai¹

三 日 倚 東 ， 三 日 倚 西

解釋 倚：靠。

涵義 形容人善於投機鑽營，看哪邊有利就往哪邊靠。

說明 三日靠向東邊，三日又靠向西邊，這種人沒有自己的原則、立場，只會趨炎附勢，看哪邊有勢有利，就往哪邊靠，這樣的行為，實在讓人覺得很不齒。

對應華語 見風使舵、看風轉篷、相風使帆、牆頭草，隨風倒。

sann¹ jit⁸ sua² tang¹　　　sann¹ jit⁸ sua² sai¹

三 日 徙 東 ， 三 日 徙 西

解釋 徙：遷移。

涵義 形容人時常變換住所。

說明 三日往東邊遷徙，三日之後又往西邊遷徙，搬家是一件累人的事，通常一般人很少會這樣搬來搬去，只有游牧民族需要逐水草而居，才會時常的遷移，所以前人就用這句諺語，形容人居無定所，到處遷移。

對應華語 居無定所。

sann¹ jit⁸ liah⁸ hi⁵　　nng⁷ jit⁸ phak⁸ bang⁷

三 日 掠 魚 ， 兩 日 曝 網

解釋 掠：抓。曝：曬。

涵義 形容人做事缺乏耐心，不能持之以恆。

說明 捕魚全憑運氣，運氣好的時候，一天就可以滿載而歸，但運氣不好的時候，可能一連幾天都捕不到魚，所以捕魚要持之以恆，不能三天捕魚，兩天曬網，這樣永遠也捕不到魚。

對應華語 一暴十寒、有始無終、虎頭蛇尾。

sann¹ jit⁸ bo⁵ liam⁷ tshui³ thau⁵ senn¹　　sann¹ jit⁸ bo⁵ sia² tshiu² thau⁵ nge⁷

三 日 無 唸 喙 頭 生 ， 三 日 無 寫 手 頭 硬

解釋 無：沒有。喙：嘴。生：生疏。

涵義 無論學習任何事物，都要天天複習才不會生疏。

說明 學習語言必須要天天講，天天唸，才能熟悉，如果三天不複習，發音就會變得生疏，學習寫字也是一樣，如果三天不練習，便會覺得手部僵硬書寫不順。

對應華語 三日不唱口生，三日不做手生。

sann¹ jit⁸ bo⁵ liu⁷　　peh⁴ tsiunn⁷ tshiu⁷

三 日 無 餾 ， 跙 上 樹

解釋 餾：重複蒸煮，這裡引申為「複習」。跙：爬。

涵義 無論學習任何事物都要天天複習，不然時間久了就會變得生疏。

說明 「餾」跟「樹」在意義上並沒有什麼關聯，這兩句話會放在一起，純粹是為了押韻跟順口。不管學習任何東西，都需要不斷的複習，才不會有學了後面，忘了前面的事發生。

sann¹ gueh⁸ siau² ma² tsoo²

三 月 猵 媽 祖

解釋 猵：瘋狂。

涵義 描述農曆三月迎媽祖的盛況。

說明 早期漢人渡海來台，為求能平安抵達，常會奉祀一尊媽祖神像在船上隨行，抵台之後就在各地建廟祭祀，由於媽祖威靈顯赫，

解救無數的海難，便成為沿海居民信仰的主要對象。農曆三月二十三日是媽祖的生日，每年這一天各地的信徒都會趕往媽祖廟進香朝拜，一些較有歷史的媽祖廟，常會舉行盛大的遶境活動，來為媽祖暖壽，近年來以大甲媽祖的遶境活動最為熱鬧。

補充 依教育部2008年5月公布之台灣閩南語推薦用字第二批將「猞siau^2」寫作「瘠siau^2」。

sann^1　tai^7　liap^8　tsik^4　　tsit^8　tai^7　khai^1　khang^1
三 代 粒 積 ， 一 代 開 空

解釋 粒積：一點一滴的累積儲存。開空：花光。

涵義 祖先幾代辛苦累積的家產，一代之內就被敗家子孫揮霍殆盡。

說明 祖先在創業時為了能生存下去，多半會省吃儉用的盡量累積財富，而他的後代一出生便處於富裕的環境之中，不知道生活的艱辛，所以用錢奢侈，揮霍無度，在短時間之內，就將祖先辛苦累積的家產給敗光。

對應華語 富不過三代。

sann^1　tai^7　bo^5　hang^1　loo^5　　si^3　tai^7　bo^5　te^5　koo^2
三 代 無 烘 爐 ， 四 代 無 茶 鈷

解釋 烘爐：用泥土砌成的爐子。茶鈷：茶壺。

涵義 詛咒人代代都貧窮。

說明 爐灶是一家三餐煮食的來源，俗話說：「食者，祿也」，所以爐灶是一家財富的象徵；此外中國認為水為財，茶壺是燒水的器具，如果沒有茶壺，代表這家沒有財祿。

對應華語 世代貧窮。

sann^1　hiann^1　ti^7　koo^2　tsit^8　tiau^5　khing^5　ma^5　soh^4
三 兄 弟 股 一 條 瓊 麻 索

解釋 股：絞、捻。索：繩子。

涵義 喻只要大家同心協力任何事都可以完成。

說明 瓊麻樹的纖維堅韌耐水不易斷裂，用它來做繩索，非常堅固耐用。製作細繩索時可以一個人自己來絞，如果是粗繩索則需要用絞索機來製作，絞繩索時前車、後車、羊仔頭這三個部分，各需

一畫　二畫　三畫　四畫　五畫　六畫　七畫　八畫　九畫　十畫　十一畫　十二畫　十三畫　十四畫

要一個人來絞，而且三個人要同時合作，才能絞出一條繩索。

對應華語 眾志成城、團結就是力量、兄弟同心，其利斷金。

---

sann¹ phue⁵ kim¹ tioh⁸ khi² tang⁵

三 皮 金 著 起 童

解釋 三皮金：三張金紙。著：就。起童：神明附著在乩童身上幫信徒辦事。

涵義 形容人個性浮躁，容易被別人煽動。

說明 通常宮廟要請神明降駕幫信徒辦事之前，會先上香、燒金紙稟告神明，有些神明性子較急，金紙還沒燒到一半，就降駕在乩童身上，有些則是要等到金紙完全燒完才會降駕，所以前人就用這句諺語，形容人沉不住氣，容易受人煽動。

---

sann¹ ni⁵ tsit⁸ lun⁷   ho² phainn² tsiau³ lun⁵

三 年 一 閏 ， 好 歹 照 輪

解釋 閏：閏年。歹：壞。照輪：照順序輪流。

涵義 喻人事變化，盛衰無常。

說明 不管陰陽曆都有閏月，陽曆的閏月是固定在二月，但陰曆的閏月，是由十二個月依序輪流，這就如同人的運氣一樣，是好壞相輪替的。

對應華語 十年風水輪流轉、三十年河東，三十年河西。

---

sann¹ ni⁵ e⁵ kau² sai² kuann¹   theh⁸ lai⁵ tso³ gueh⁸ puann³

三 年 个 狗 屎 乾 ， 提 來 做 月 半

解釋 提來：拿來。

涵義 形容人老是喜歡重提一些陳年舊事。

說明 台灣人在每月的初一、十五都會拜門口，犒賞守門的天兵天將，感謝祂們守門的功勞，這個儀式俗稱「犒軍」，又稱為「做月半」，拿三年前的狗屎乾來犒軍，不僅祭品太陳舊，也沒有誠意。

補充 當「个e⁵」解釋為「的」時，依教育部2007年5月公布之台灣閩南語推薦用字第一批將「个e⁵」寫作「的e⁵」。

對應華語 重提往事。

sann¹ ni⁵ tsui² lau⁵ tang¹　　sann¹ ni⁵ tsui² lau⁵ sai¹

三年水流東，三年水流西

解釋 流：流向。

涵義 形容人事變化，盛衰無常。

說明 「三年」只是一種時間的比喻，並不是說真的每隔三年，就會改一次水道，但水會改道而流卻是事實，在歷史上黃河就有多次改道的紀錄，所以水不會長年都往同一個方向流，就如同人不可能永遠都處在顛峰一樣。

對應華語 三十年風水輪流轉、三十年河東，三十年河西。

sann¹ ni⁵ kuann¹　　nng⁷ ni⁵ mua²

三年官，兩年滿

解釋 滿：到期。

涵義 此語有兩義：①形容官吏貪污嚴重。②形容宦海浮沉無常，常是這個任期還未期滿，就又被調到另一個地方。

說明 以前清朝為了怕台灣成為反清復明的基地，對於來台的人都採取嚴格的控管，來台的官兵不准帶家屬過來，而駐台的官員任期一律三年，但常是三年還未到就馬上調離，因為這些因素，使得來台的官吏，把台灣當成是累積財富的地方，貪污收賄樣樣都來，往往不到二年的時間，荷包就已經貪得滿滿的，所以他們在第二年的時候，早就無心料理公務，隨時做好回唐山的準備。

對應華語 ①三年清知府，十萬雪花銀。②宦海浮沉。

sann¹ ni⁵ tioh⁸ tshat⁸ thau¹　　m⁷ tat⁸ tsit⁸ pai² hue² ka¹ lauh⁸

三年著賊偷，毋值一擺火交落

解釋 著：得。毋值：比不上。一擺：一次。交：亦作「加」。火交落：火災。

涵義 形容火災所造成的損害非常的可怕。

說明 家裡連續三年遭小偷所受的損失，不會比一次火災所遭受的損失嚴重，因為小偷只會偷有價值的東西，但火災就不一樣，不管是否有價值，全都會被燒光，所以發生火災的損失會比較慘重。

一畫 二畫 三畫 四畫 五畫 六畫 七畫 八畫 九畫 十畫 十一畫 十二畫 十三畫 十四畫

sann[1] pah[4] lak[8] tsap[8] hang[5]　　hang[5] hang[5] tshut[8] tsiong[7] guan[5]

三百六十行，行行出狀元

解釋 行：行業。行行：每一個行業。狀元：古代科舉考試殿試一甲第一名。

涵義 形容每一個行業都會有傑出的人才。

說明 中國古代認為士人是全部行業中最清高的，而狀元是其中最成功的代表，所有的學子十年寒窗苦讀，就是為了能順利考取狀元，因為考取狀元不僅能光耀門楣，而且從此榮華富貴平步青雲。現在是工商業社會，每個領域都有很好的發展機會，所以不一定要讀書才能有所成就，只要肯努力，不管白領或藍領階級，每個人都會有出頭的一天。

對應華語 行行出狀元。

sann[1] niu[2] ke[1] a[2] kah[4] hong[7] phuann[7] pue[1]

三兩雞仔佮鳳伴飛

解釋 佮：與。鳳：鳳凰。伴：陪伴。

涵義 喻人沒有自知之明，身分低賤卻硬要扮高貴。

說明 鳳凰是百鳥之王，身上的羽毛非常鮮豔美麗，而雞只是一隻普通的禽類，不僅羽毛難看，也無法飛得很高，雞想要和鳳凰一起高飛，簡直是自不量力。

對應華語 不自量力、螳臂當車、蚍蜉撼樹、夸父逐日、與天競高。

sann[1] mng[5] tua[7] tshing[3] bo[5] thian[2] sit[8]

三門大銃無展翼

解釋 門：計量大炮的單位。銃：火炮，跟槍很相似。翼：翅膀。

涵義 形容人處事沉穩，遇到危亂依舊毫不慌亂。

說明 鳥類易受驚嚇，只要稍有聲響，就會展翅飛走，更何況是大炮這麼大的聲音，一定會嚇得四處飛散，所以前人就用「三門大銃無展翼」，形容人遇事沉著，處變不驚。

對應華語 處變不驚、泰然自若、泰山崩於前而色不變。

sann¹ si⁵ hong¹　　nng⁷ si⁵ hoo⁷

三 時 風 ， 兩 時 雨

解釋　兩：二。

涵義　此語有兩義：①形容天氣變化無常。②形容人的性情反覆多變。

說明　一會兒颱風，一會兒下雨，當天氣不穩定的時候，就會出現這種忽晴忽雨的現象，所以前人便用「三時風，兩時雨」，形容人情緒不穩定，就像天氣一樣變化多端。

對應華語　反覆無常、朝三暮四、朝秦暮楚。

sann¹ lau⁵ nng⁷ si² goo⁷ hue⁵ thau⁵

三 留 兩 死 五 回 頭

解釋　回頭：轉回去。

涵義　形容漢人當初開發蘭陽平原的艱困過程。

說明　清乾隆時漢人林漢生進入蘭陽平原墾殖，為噶瑪蘭人所殺，直到嘉慶年間才由吳砂率領漳、泉、閩移民，再度進入蘭陽平原，墾殖的初期，漢人移民不僅要與險惡的環境、風災、瘟疫搏命，還要與當地的原住民爭鬥，在這麼艱苦的情況下，平均每十個移民中，就有二個人犧牲生命，五個人回去原居地，真正留下來開墾的只剩三人，可見當初開墾的過程是多麼的艱辛。

sann¹ tso³ si³ m⁷ tioh⁸

三 做 四 毋 著

解釋　毋著：不對。

涵義　每次做，每次錯。

說明　做了三次，有四次是錯的，從邏輯上來看，做了三次，不可能會有四次的錯誤，這裡這麼說是在強調失敗的次數很多，幾乎每做必錯。

對應華語　屢做屢錯。

sam¹ kok⁴ kui¹ it⁴ thong²

三 國 歸 一 統

解釋　三國：魏、蜀、吳三國。

涵義 一項事情多人爭奪，但最後卻由一人獨得。

說明 東漢滅亡之後，魏、蜀、吳三國紛爭多年，直到諸葛亮死後，蜀漢才被魏所滅，後來司馬炎篡魏，建國號晉，魏國滅亡，西元二七九年晉軍攻吳，隔年孫皓出降，吳國滅亡，至此天下歸於一統。

對應華語 一人獨得。

sam¹ pan¹ jiau² ke¹
三 斑 擾 家

解釋 三斑：蓋斑鬥魚，是一種保育魚類。擾：擾亂。

涵義 蓄養三斑魚，會造成家庭不和。

說明 三斑雖然生性好鬥，但不會和其他的魚類打鬥，只有兩尾雄性三斑在一起的時候，才會互相打鬥，因此一般人認為養鬥魚會影響家運，造成家庭不和。

sann¹ hang⁷ oo¹　　m⁷ thang¹ bong¹
三 項 烏 ， 毋 通 摸

解釋 三項：這裡是指吸食鴉片、賭博、做賊三種行為。烏：黑。毋通：不可以。摸：碰。

涵義 勸誡人千萬不要染上這三種惡習。

說明 俗話說「十賭九輸」，不管賭技再好，到最後一定會傾家蕩產；吸食鴉片、毒品不僅有害健康，還可能送命；而做賊如果被捉到送進監牢，這輩子身上就有污點，所以這三項都不可以碰。

sann¹ te³ tau⁷ kuann¹thiau³ kue³ toh⁴
三 塊 豆 乾 跳 過 桌

涵義 形容人因為一點小利益，就背棄道義，翻臉不認人。

說明 豆乾是一種低賤的東西，價格便宜，隨處可得，但一群人為了三塊豆乾，竟然可以忘記人情義理，跳過桌子去強奪，所以前人便用這句諺語，形容人見利忘義。

對應華語 見利忘義。

sann¹ hue³ kuai¹　si³ hue³ gai⁵　　goo⁷ hue³ liah⁸ lai⁵ thai⁵

三歲乖，四歲睚，五歲掠來刣

解釋 睚：用怨恨的眼光看人。掠來刣：比喻人很生氣，恨不得把對方抓過來殺掉。

涵義 描述幼兒三至五歲時的成長過程。

說明 幼兒三歲的時候還很乖巧聽話，四歲時已開始有自己的情緒和想法，到了五歲的時候開始會調皮搗蛋，對大人說的話也會反抗，這讓大人管教時很頭疼，恨得牙癢癢的。

sann¹ hue³ khuann³ tua⁷　　tshit⁴ hue³ khuann³ lau⁷

三歲看大，七歲看老

解釋 大：長大。老：年老。

涵義 從小就可以看出一個人的習性和未來的發展。

說明 小孩子的大腦在三歲時期基本上都長成了，感官也開始發展，這時的可塑性很強，你給什麼不論好壞，他們全然接受，所以在這個階段接觸或學習到的任何事物，將會影響到他們的一生；七歲時小孩子的一些習性也差不多定型，如果之前沒有給予良好的教育，這些壞習性將跟隨他們到老。

對應華語 由小看大。

sann¹ hue³ ka³ goo⁷ hue³

三歲教五歲

解釋 教：教導。

涵義 喻年紀小的教導年紀大的。

說明 年紀大的一定會比年紀小的厲害，這不盡然，因為每個人的智慧不同，所受的教育高低也不一樣，再加上所處環境的不同，有時年紀小的反而比年紀大的學識更豐富，所以三歲教五歲，也不足為奇。

sann¹ khe¹ tsui²　　se² be⁷ tshing¹

三溪水，洗獪清

解釋 獪：不。

一畫 二畫 三畫 四畫 五畫 六畫 七畫 八畫 九畫 十畫 十一畫 十二畫 十三畫 十四畫

涵義 此語有兩義：①比喻很難將自己的嫌疑澄清。②比喻人身上要是有了污點，一輩子也洗不清。

說明 用三條溪的水也洗不清身上的髒亂，可見這個髒亂已經無法擺脫，做人保持自己的清白最重要，不要因為一時的貪婪，而做違法的事，一旦身上有污點就很難洗刷得掉。

補充 依教育部2008年5月公布之台灣閩南語推薦用字第二批將「嬒be^7」寫作「袂be^7」。

對應華語 百口莫辯、有口難分、跳進黃河洗不清。

---

sann^1 uann^2 png^7　　nng^7 uann^2 tshai^3
三 碗 飯 ， 兩 碗 菜

解釋 兩碗菜：比喻生活清苦。

涵義 勉勵夫妻要互相扶持，同甘共苦。

說明 「三碗飯」用台語念起來，發音跟「相倚傍」的發音很接近，這是前人勉勵我們的諺語，希望夫妻之間，不管貧賤或富貴都能互相扶持，同甘共苦。

對應華語 患難與共、同甘共苦。

---

sam^1 kui^7 kiu^2 khau^3 thau^5
三 跪 九 叩 頭

解釋 叩頭：磕頭。

涵義 形容對人行極隆重的大禮。

說明 古代的臣子拜見國君，一定要行三跪九叩之禮，所以三跪九叩是一種大禮，每逢天公生信徒會在家裡設桌祭拜玉皇大帝，祭祀時信徒會行三跪九叩之禮，來表示自己內心的誠意和崇敬。

對應華語 三跪九叩。

---

sann^1 kha^1 poo^7 tsit^8 kham^2 tiam^3
三 跤 步 ， 一 坎 店

解釋 三跤步：比喻很近的距離。一坎：一間、一家。

涵義 此語有兩義：①形容商店眾多，到處林立。②形容同類的商店很多，三步一家。

說明 一條街之內，有很多的商店林立，這對消費者來說是一件好事，

因為選擇較多，可以貨比三家不吃虧，但對老闆來說則不是一件好事，同類的商家太多，就必須削價競爭，到最後可能會虧本。

對應華語 三步一家，五步一店。

---

sann¹ kha¹ toh⁴ khia⁷ be⁷ tsai⁷
三 跤 桌 徛 艙 在

解釋 跤：腳。徛艙在：站不穩。

涵義 形容人因為理虧而站不住腳。

說明 桌子要有四隻腳才能站得穩，因為四方各代表一個支點，如果少了一隻腳，桌子就會傾斜而不穩，所以人們就用這句諺語，形容人理虧站不住腳。

補充 依教育部2008年5月公布之台灣閩南語推薦用字第二批將「艙be⁷」寫作「袂be⁷」。

對應華語 理屈詞窮。

---

sann¹ kha¹ niau¹ tshio³ tsit⁸ bak⁸ kau²
三 跤 貓 笑 一 目 狗

解釋 跤：腳。一目：一隻眼睛。

涵義 形容人自己具有相同的短處，卻毫不自知，還去嘲笑別人。

說明 三隻腳的貓，不僅走路會一拐一拐的，也捉不到老鼠，但牠卻嘲笑只有一隻眼睛的狗，沒有辦法幫主人看家，三腳貓自己的缺點，跟一目狗差不多，卻還嘲笑人家，這就是犯了不自知的毛病。

對應華語 半斤八兩、五十步笑百步、龜笑鱉無尾。

---

sann¹ tng³ lim¹ tng³ sann¹ lim¹
三 頓 啉 ， 當 衫 啉

解釋 頓：餐。啉：喝酒。當：典當。衫：衣服。

涵義 喝酒過度會將家財給喝光。

說明 喝酒並不一定是件壞事，每天小酌幾杯，反而有益身體健康，但如果喝得太過分，變成每天酗酒，這不僅傷害身體健康，還會把自己給喝窮，所以喝酒還是要適度。

一畫 二畫 三畫 四畫 五畫 六畫 七畫 八畫 九畫 十畫 十一畫 十二畫 十三畫 十四畫

$sann^1$ tng^3 be^7 $tsiau^5$ un^5

三 頓 膾 齊 勻

解釋 三頓：三餐。膾：不。齊勻：均勻。

涵義 形容人因為貧窮，以致三餐難以持續。

說明 窮人因為家境貧寒沒錢買米，只能向人借貸度日，如果運氣好有借到錢，那一餐就有東西吃，如果運氣不好借不到錢，那一餐只好餓肚子。

補充 依教育部2008年5月公布之台灣閩南語推薦用字第二批將「膾be^7」寫作「袂be^7」。

對應華語 三餐不繼。

$sann^1$ me^5 $sann^1$ jit^8 $kong^2$ be^7 uan^5

三 暝 三 日 講 膾 完

解釋 暝：夜。膾：不。

涵義 形容事情曲折複雜，很難用幾句話就敘述詳盡。

說明 看過《天方夜譚》的人，一定都知道這些是美麗王妃謝拉莎德，每晚講給國王聽的故事，這些故事因為太長，花了一千零一夜才講完，所以這本故事又稱作《一千零一夜》，現在一件事講了三天三夜都講不完，可見這件事是多麼的曲折複雜，就像天方夜譚的故事一樣，很難用幾句話將它敘述詳盡。

補充 依教育部2008年5月公布之台灣閩南語推薦用字第二批將「膾be^7」寫作「袂be^7」。

對應華語 一言難盡、說來話長。

---

sam^1 hun^5 $tshit^4$ $phik^4$ $suann^3$ $liau^2$ $liau^2$

三 魂 七 魄 散 了 了

解釋 三魂：胎光、爽靈、幽精。七魄：尸狗、伏尸、雀陰、吞賊、蜚毒、除穢、臭師。了了：完全沒有。

涵義 形容人受到極大的驚嚇，非常恐懼。

說明 依據道教說法，人有三魂七魄，三魂是人的精神之體，七魄是人身的陰濁之氣，三魂與七魄如果都存在人體內，身體就會很健康，相反地如果三魂與七魄無法聚合，時間久了，人就會死亡，

所以前人便以「三魂七魄散了了」，形容人受到極大的驚嚇，魂不附體。

對應華語 魂不附體。

sann[1] ti[5] thau[5]　　nng[7] pun[3] ki[1]

三 鋤 頭 ， 兩 畚 箕

解釋 鋤頭：挖土及除草的農具。畚箕：竹做盛土、盛垃圾的用具。

涵義 形容人說話或做事爽快俐落。

說明 要挖滿兩畚箕的土，至少要鋤五、六下鋤頭，但現在農人只鋤了三下鋤頭，就挖滿了兩畚箕的土，可見他的動作是多麼的快速，乾淨俐落。

對應華語 乾脆俐落、直截了當。

sann[1] kong[2] si[3] lau[3] khui[3]

三 講 四 漏 氣

解釋 漏氣：丟臉。

涵義 形容人說話錯誤百出、前後不合。

說明 講了三次話，有四次是錯的，從邏輯上來看是不可能的，這裡會這麼說，只是在強調人說話錯誤很多，漏洞百出，前後不合。

補充 依教育部2009年10月公布之台灣閩南語推薦用字第三批將「漏lau[3]」寫作「落lau[3]」。

對應華語 前言不搭後語、前後矛盾。

sann[1] thiann[1] kuann[1] be[7] pan[7] tit[4] ka[1] lai[7] su[7]

三 廳 官 𣍐 辦 得 家 內 事

解釋 官：官衙。𣍐辦得：辦不了。

涵義 家庭內部的私事，不是外人可以了解斷定的。

說明 俗話說「清官難斷家務事」，就算是一個清廉的官吏，對於別人的家務事，還是束手無策，難以評斷，因為每個家庭的私事，拉哩拉雜的，複雜難懂，有時候他們自己都理不清了，更何況是外人。

補充 依教育部2008年5月公布之台灣閩南語推薦用字第二批將「𣍐be[7]」寫作「袂be[7]」。

對應華語 清官難斷家務事。

一畫 二畫 三畫 四畫 五畫 六畫 七畫 八畫 九畫 十畫 十一畫 十二畫 十三畫 十四畫

he⁷ than¹ he⁷ o⁵　　kau³ si⁵ long² bo⁵

下蟶下蠔，到時攏無

解釋 下：許諾。蟶：貝類的一種。蠔：牡蠣。到時：到時候。攏：都。

涵義 形容人愛說大話，常許下一些難以兌現的承諾。

說明 蟶與蠔不僅味道鮮美，肉質軟嫩，連營養價值也很高，所以在料理之中算是高級的好菜，請人去吃蟶蠔大餐，聽起來好像是很有誠意，但左等右等到最後也沒有兌現，可見這個人根本就是說話不算話，只會開空頭支票而已。

對應華語 一紙空文、空頭支票、空口說白話。

tiunn⁷ m² khuann³ kiann² sai³　　ju² khuann³ ju² kho² ai³

丈姆看囝婿，愈看愈可愛

解釋 丈姆：丈母娘、岳母。囝婿：女婿。

涵義 丈母娘看女婿，越看越覺得他很可愛。

說明 媽媽疼愛女兒當然希望女兒能有一個好的歸宿，她看到女兒跟女婿夫妻恩愛和樂，生活幸福美滿，心裡感到十分的欣慰，對這個女婿自然就越看越覺得可愛滿意。

對應華語 丈母娘瞧女婿，愈看愈歡喜。

tsiunn⁷ suann¹ ia⁷ tsit⁸ kang¹　　loh⁸ hai² ia⁷ tsit⁸ kang¹

上山也一工，落海也一工

解釋 一工：一天。

涵義 形容不論做這件事或別件事，所需花費的時間都是一樣的。

說明 以前交通不方便，無論是上山工作或出海捕魚，都必須一大早出門，這樣才趕得及在日落之前回家，所以不管上山或是下海，都需要花費一天的時間。

對應華語 既來之，則安之。

tsiunn⁷ suann¹ phah⁴ hoo²　　khah⁴ khuai³ kue³ khui¹ tshui³ kiu⁵ lang⁵

上山拍虎，較快過開喙求人

解釋 拍虎：打老虎。開喙：開口。

涵義 喻求人幫忙是一件困難的事。

說明 上山打虎辛苦又危險，只要稍微一疏忽或是體力不濟，可能就會喪失性命，雖然打虎這麼危險，但是人們還是寧願去打虎，也不願去求人，可見求人比打虎更困難。

對應華語 求人不如求己、上山擒虎易，開口告人難。

siong⁷ put⁴ tsing³　tsik⁴ ha⁷ uai¹
上 不 正 ， 則 下 歪

解釋 歪：不直。

涵義 此語有兩義：①比喻在上位的人如果行為不端正，下面的人就會跟著學壞。②比喻做父母的如果行為不端正，小孩子就會跟著學壞。

說明 俗話說「上行下效」，在上位的人如果喜好某事，下面的人為了討好他，就會開始模仿，在上位的人如果貪贓枉法，下面的人就會跟著違法亂紀，所以說「上樑不正下樑歪」。

對應華語 源濁流濁、有樣學樣、上樑不正下樑歪。

tsiunn⁷ thinn¹ bo⁵ loo⁷　loh⁸ te⁷ bo⁵ poo⁷
上 天 無 路 ， 落 地 無 步

解釋 落：下。

涵義 形容人處境極端困窘無路可走。

說明 天距離我們這麼遙遠，想上天除非是搭飛機，否則當然無路可以上去，但如果想從天上落地，除非是撐降落傘，不然一定會摔得粉身碎骨，所以上天跟落地並不是簡單而隨處可行的事。

對應華語 走投無路、窮途末路、山窮水盡、日暮途窮、上天無路，入地無門。

tsiunn⁷ tah⁸ pang¹ koh⁴ tsiunn⁷ bin⁵ tshng⁵
上 踏 枋 擱 上 眠 床

解釋 踏枋：舊時放在床鋪下面，用來墊腳的一種長形矮櫃。擱：又。眠床：床鋪。

涵義 形容人貪心不知足。

說明 別人來參觀你的房間，看累了讓他坐在踏枋上休息，但他卻連

床也要爬上去，床鋪是很私人的地方，怎麼能隨便就要上人家的床，可見這個人真是貪心又沒禮貌。

補充 依教育部2007年5月公布之台灣閩南語推薦用字第一批將「攔koh⁴」寫作「閣koh⁴」。

對應華語 貪得無厭、得寸進尺、得隴望蜀。

---

tsiunn⁷ kio⁷ tsiah⁴ beh⁴ pang³ jio⁷
上 轎 才 欲 放 尿

解釋 轎：花轎。欲：要。放尿：小便。

涵義 喻事到臨頭才匆忙準備。

說明 古時候沒有汽車，只能用轎子去迎親，轎子是依靠人力來扛的，行進的速度非常緩慢，如果夫家剛好住的很遠，可能要走幾個小時才會到，這段期間新娘要是尿急，也只能忍著，所以一般新娘在上轎之前都會先去方便，以免有半路尿急又不能上的窘況。

對應華語 臨渴掘井、臨陣磨槍、臨難鑄錐、臨淵結網、臨時抱佛腳。

---

tsiunn⁷ kio⁷ tsiah⁴ beh⁴ pak⁸ kha¹
上 轎 才 欲 縛 跤

解釋 轎：花轎。欲：要。縛跤：纏足、裹腳。

涵義 喻事到臨頭才匆忙準備。

說明 「纏足」是古代的一種陋俗，起源於唐宋五代之間，女子在五、六歲時便開始纏腳，每天不可間斷，這樣腳才能保持三吋的大小。如果女孩子從小沒有纏腳，等到出嫁時才要來纏腳，那就太遲了，因為這時腳已經變成天足，再怎麼纏也無法變成三吋的大小。

對應華語 臨渴掘井、臨陣磨槍、臨難鑄錐、臨淵結網、臨時抱佛腳。

---

huan⁵ su⁷ tioh⁸ lau⁵ au⁷ poo⁷
凡 事 著 留 後 步

解釋 著：必須要。後步：後路。

涵義 做人處事不可以太絕，要為自己或別人留些餘地。

說明 無論做任何事都要留一個後路，才能讓自己有轉身的餘地，因為人生禍福無常，變化難料，今天當大官，說不定明天就變成乞

丏，留後路可以讓自己在發生變故時，不至於陷入絕境。

對應華語 留有餘地。

ku² tng⁵ penn⁷ bo⁵ kian³ hau³ tsu²
久 長 病 無 見 孝 子

解釋 久長病：久病。

涵義 父母生病太久，即使是親生兒女，也會心生倦怠，不想服侍。

說明 父母生病最辛苦的就是服侍的兒女，因為白天大家都要上班，下班已經很累了，還要衣不解帶的照顧生病的父母，如果短時間體力還可以負荷，要是長期如此，就算是孝子也會心生厭倦，所以說「久病床前無孝子」。

對應華語 久病無孝子。

ku² penn⁷ sing⁵ liong⁵ i¹
久 病 成 良 醫

解釋 良：好。

涵義 因為長久患病，因而懂得相關的知識和醫療方法。

說明 生病時去看醫生，醫生都會開一些藥讓我們服用，但是病久之後，不用再找醫生，自己也知道該吃什麼藥來治療，所以前人就用這句諺語，形容人經過多次的挫敗之後，學會了解決問題的方法。

對應華語 久病成醫、三折肱成良醫。

ia⁷ beh⁴ ho² ia⁷ beh⁴ han¹ tsi⁵ senn¹ than² to²
也 欲 好 ， 也 欲 番 薯 生 坦 倒

解釋 欲：要。番薯：地瓜，我們食用的是它的地下莖。坦倒：橫倒。

涵義 喻在這邊得到好處，希望在另外一邊也能有好處。

說明 番薯是一種沿著地面生長的爬藤類植物，爬在田地上的範圍越廣，代表番薯的量越多，此處的「番薯生坦倒」就是指番薯豐收。而整句話用來形容人的慾望無窮，在這獲得好處，也希望另一邊有好處可得。

對應華語 好還要更好。

ia⁷ beh⁴ tsiah⁸　　ia⁷ beh⁴ liah⁸

也 欲 食 ， 也 欲 掠

解釋 欲：要。掠：抓、拿。

涵義 形容人貪得無厭，又要吃又要拿。

說明 以前電動玩具行業盛行的時候，有些不肖的警察會向業者收取紅包，照理說業者送了紅包，警察應該不會抓人，但他們為了業績，既收紅包又要抓人，這行徑就如同這句諺語所形容的一樣，又要吃又要拿，真是貪得無厭。

對應華語 貪得無厭、貪心不足。

ia⁷ beh⁴ koo³ tsun⁵　　ia⁷ beh⁴ koo³ tsai³

也 欲 顧 船 ， 也 欲 顧 載

解釋 欲：要。顧：看顧。載：船上的貨物。

涵義 形容人同時做多件事情，以致無法兼顧。

說明 以前交通不發達，一些貨物都採用小型木船來運輸，木船只有船夫一人，遇到大風浪時，船夫一方面要掌舵顧船，另一方面又要擔心貨物會掉落海中，所以兩方面常常無法兼顧。

對應華語 分身乏術。

ia⁷ tioh⁸ sin⁵　　ia⁷ tioh⁸ jin⁵

也 著 神 ， 也 著 人

解釋 著：需要。

涵義 凡事除了請求神明幫助之外，也要靠自己努力。

說明 信神可以但不要太迷信，因為信仰只是讓心靈有個寄託的地方，並不能真正的幫我們解決問題，要解決事情還是得靠人自己去親身處理，就像生病如果不去看醫生，只是一味的求神拜佛，那病永遠也好不了。

對應華語 天助自助。

ia⁷ tioh⁸ tshue⁵　　ia⁷ tioh⁸ mue⁵

也 著 箠 ， 也 著 糜

解釋 箠：竹鞭，引申為教訓、處罰。糜：粥，引申為獎賞。

涵義	此語有兩義：①比喻掌權者領導下屬時，一方面要施加壓力，另一方面要採取懷柔手段，才能有所成效。②比喻父母教養孩子，一方面要用打的，另一方面要用愛心。
說明	管教小孩不能全部都用愛的教育，也必須要有一些適度的體罰，這樣小孩子才會有所忌怕，不敢太過放肆，就如同上司領導下屬，要用恩威並施的手段，才能有實際的成效。
對應華語	獎賞並行、恩威兼濟、恩威並重、軟硬兼施。

ia⁷ be⁷ tann¹ than¹ ia⁷ be⁷ sng³ tsinn⁵

也 袂 擔 蟶 ， 也 袂 算 錢

解釋	袂：不會。擔：用肩挑物。蟶：貝類的一種。算錢：會計。
涵義	形容人一無是處。
說明	擔蟶是一種靠勞力賺錢的工作，而會計是一種勞心的工作，一個人既不會擔蟶，也不會算錢，文不能武又不行，簡直是一無是處。
補充	依教育部2008年5月公布之台灣閩南語推薦用字第二批將「袂 be⁷」寫作「袂be⁷」。
對應華語	一無所能、一無所長。

khit⁴ tsiah⁸ he⁷ tua⁷ guan⁷

乞 食 下 大 願

解釋	乞食：乞丐。下：許。
涵義	形容人沒有自知之明，做超出自己能力範圍的事。
說明	乞丐生活困頓身無分文，每天要靠乞討才能過生活，既然他連自身都無法溫飽，哪還有能力去許大願，所以乞丐許大願根本就是不自量力，只能聽聽而已。
對應華語	不自量力、螳臂當車、蚍蜉撼樹、夸父逐日、與天競高。

khit⁴ tsiah⁸ ia⁷ u⁷ sann¹ ni⁵ ho² un⁷

乞 食 也 有 三 年 好 運

解釋	乞食：乞丐。
涵義	勉勵人不要氣餒，只要努力，總會有出頭的一天。
說明	俗語說：「十年風水輪流轉」，人不可能永遠都有好運，也不可能一輩子都走楣運，就像乞丐這樣歹命的人，也會有三年的好運

一畫 二畫 三畫 四畫 五畫 六畫 七畫 八畫 九畫 十畫 十一畫 十二畫 十三畫 十四畫

氣，更何況是一般人，所以只要肯努力，總有出頭的一天。

對應華語 風水輪流轉、十年河東，十年河西。

---

khit⁴ tsiah⁸ ia⁷ u⁷ sann¹ ko³ gueh⁸ e⁵ tsun⁵ niu⁵
乞 食 也 有 三 個 月 个 存 糧

解釋 乞食：乞丐。个：的。

涵義 勸人平時要做好預防措施，以備不時之需。

說明 乞丐雖然是以乞討為生，但他都會儲存三個月的糧食，以備不時之需，更何況是一般人，所以我們在平時應當要先儲蓄一些錢，這樣就算遇到變故，也不會手足無措。

補充 當「个e⁵」解釋為「的」時，依教育部2007年5月公布之台灣閩南語推薦用字第一批將「个e⁵」寫作「的e⁵」。

對應華語 未雨綢繆、防患未然、有備無患。

---

khit⁴ tsiah⁸ u⁷ tsiah⁸ e⁷ lang⁷ kuainn² a² hue¹
乞 食 有 食 會 弄 柺 仔 花

解釋 乞食：乞丐。弄柺仔花：舞動柺杖。

涵義 形容人一時得志就忘了常態。

說明 乞丐靠乞討為生，三餐時常不繼，當他餓了很久之後，突然乞討到吃的東西，他會興奮得拿起柺杖來揮舞，所以前人就用這句諺語，形容人一時得志便得意忘形。

對應華語 得意忘形、沾沾自喜。

---

khit⁴ tsiah⁸ si² ti⁷ be² tso⁵ li⁰ iau² sng³ be⁷ bai²
乞 食 死 佇 馬 槽 裡 ， 猶 算 獪 穤

解釋 乞食：乞丐。佇：在。獪穤：不錯。

涵義 用來形容人的際遇或運氣，還算不錯尚如人意。

說明 乞丐長年在外乞討居無定所，常常是流浪到哪裡，就睡到哪裡，天氣變冷時常會有乞丐因為受不了飢寒，而被凍死在路邊，死在馬槽裡的乞丐，至少還有一片瓦遮身，比起曝屍路邊的乞丐，已經算很不錯的。

補充 依教育部2008年5月公布之台灣閩南語推薦用字第二批將「獪be⁷」寫作「袂be⁷」。

一畫 二畫 三畫 四畫 五畫 六畫 七畫 八畫 九畫 十畫 十一畫 十二畫 十三畫 十四畫

對應華語 尚如人意、尚合人意、差適人意。

khit⁴ tsiah⁸ tse⁷ hong⁵ te³ ui⁷
乞 食 坐 皇 帝 位

解釋 乞食：乞丐。

涵義 形容人才能低下，卻位居要職。

說明 做皇帝並不容易，除了要有豐富的學識之外，更要有識人和決策的能力，所以當他們還是太子時，就要開始學習當皇帝的一切事宜，乞丐只是一介平民，不但行為粗俗，有的還目不識丁，如果讓乞丐來坐皇帝的帝位，這根本是才不適職。

khit⁴ tsiah⁸ tsau³ ia⁷ u⁷ nng⁷ te³ tsng¹
乞 食 灶 也 有 兩 塊 磚

解釋 乞食：乞丐。

涵義 指人做任何事都需有基本工具。

說明 我們如果想生火，一定要先用幾塊磚頭，把鍋子架高，讓鍋子和地面之間有空隙才能生火，乞丐雖然很窮，沒有錢可以建爐灶，但如果他想生火煮東西，至少也得準備兩塊磚來當灶。

對應華語 偷雞也要一把米。

khit⁴ tsiah⁸ tsau³ bo⁵ lun⁷ ho² phainn² tsha⁵
乞 食 灶 無 論 好 歹 柴

解釋 乞食：乞丐。無論：不論。歹：壞。

涵義 比喻人處境困窮，沒有選擇的餘地。

說明 好柴品質好燃燒容易，爛柴品質不好不容易燃燒，如果拿爛柴來生火，可能要費很多的時間才能點燃，但乞丐因為沒錢買柴，只能撿人家不用的爛柴來當柴火。

khit⁴ tsiah⁸ sin¹ hau³ lam⁵ bin⁷ tsa² khun³ uann³ tsing¹ sin⁵
乞 食 身 ， 孝 男 面 ， 早 睏 晏 精 神

解釋 乞食：乞丐。孝男：居父母喪的男子。睏：睡覺。晏：晚。精神：睡醒。

涵義　形容人懶惰又邋遢，一副討人厭的模樣。

說明　乞丐以乞討為生，四處流浪，居無定所，所以全身髒亂，而孝男因為居父母之喪，所以整天哭喪著臉；一個人很早去睡卻很晚起床，可見他是個懶惰鬼，因此前人便以此，形容人不修邊幅一副邋遢的模樣。

khit⁴ tsiah⁸ sin¹　　hong⁵ te³ mia⁷

乞食身，皇帝命

解釋　乞食：乞丐。

涵義　勸人不可看輕自己，也不可看輕別人。

說明　明朝開國皇帝朱元璋，小時候不僅做過乞丐還有癩痢頭，當時誰也沒想到，他後來可以當上皇帝，所以這句諺語是勸勉人不要看輕自己，更不要看輕出身低賤的人。

khit⁴ tsiah⁸ sin¹　　hong⁵ te³ tshui³

乞食身，皇帝喙

解釋　乞食：乞丐。喙：嘴。

涵義　此語有兩義：①形容人收入不高，卻很會享受物質生活。②形容人身分卑微，說話口氣卻很大。

說明　這裡的「乞食」和「皇帝」並不是指真的乞丐和皇帝，而是形容人所說的話、做的事和他的身分不配合，就如同收入不高的人，卻喜歡戴名錶、開名車一樣。

對應華語　②癩蝦蟆打呵欠。

khit⁴ tsiah⁸ pai³ bong⁷　　sia³ tsoo² kong¹

乞食拜墓，卸祖公

解釋　乞食：乞丐。卸：丟臉。祖公：祖先。

涵義　形容人做出一些讓祖先蒙羞的事情。

說明　每個人都希望自己的後代能有出息，可以光宗耀祖，所以我們常會看到某人當了大官或是做了一件光耀門楣的事，一定會回鄉祭祖，讓祖先知道，而乞丐落魄潦倒，如果去祭祖只會讓祖先蒙羞。

khit⁴ tsiah⁸ sin¹ tsiunn⁷ sin¹

乞食神上身

解釋 上身：附身。

涵義 嘲諷人好吃懶做。

說明 一般人認為乞丐之所以會成為乞丐，就是因為他好吃懶做，不事生產，才會把家產都花光，因此就用「乞食神上身」，形容人好吃懶做。

對應華語 好吃懶做。

khit⁴ tsiah⁸ tso³ ki⁷ bo⁵ puann³ phiat⁴

乞食做忌，無半撇

解釋 忌：死亡的日期。

涵義 形容人沒有半點本事。

說明 這句出自歇後語，具有雙關義。依據民間習俗，每年死者的忌日，家屬要準備一些祭品祭拜死者叫「做忌」，乞丐身無丈物，當然沒有錢準備祭品，所以乞丐做忌，就沒有半盤菜。而「無半砸」和「無半撇」諧音，因此前人便以此來形容沒有半點本事。

對應華語 一無所能、一無所長。

khit⁴ tsiah⁸ tshiunn³ san¹ ko¹

乞食唱山歌

解釋 乞食：乞丐。山歌：山村間的歌謠。

涵義 形容人在困苦中猶能自尋歡樂。

說明 這句出自歇後語，「乞丐唱山歌，窮開心」。一些採茶女、樵夫或船夫，在他們工作時為紓解疲勞，就會唱些山歌來娛己娛人，乞丐身無分文，三餐不繼，每天要到處乞討才能過生活，哪裡還有閒情去唱山歌，所以乞丐唱山歌，只是苦中作樂窮開心罷了。

對應華語 乞丐玩鸚哥、苦中作樂。

khit⁴ tsiah⁸ po⁵ than³ lang⁵ tsau² huan²

乞食婆趁人走反

解釋 趁：模仿。走反：躲避戰亂。

涵義	形容人沒有自知之明，卑賤卻硬要學高貴。
說明	每逢有戰亂發生，一定會殃及百姓，所以一些有錢的人家，在戰亂發生時都會舉家遷移到別處避難，乞丐婆身無分文，竟然也學人家去逃難，真是可笑。
對應華語	東施效顰。

khit⁴ tsiah⁸ king² uann² ti⁷
乞 食 揀 碗 箸

解釋	揀：選。碗箸：碗筷。
涵義	形容人處境困窮，猶不認份，還挑三揀四。
說明	有錢人為了顯示他們尊貴的身分，都會選用一些金碗、銀碗或象牙筷當吃飯的餐具，而乞丐身無分文，如果有碗筷可以盛飯吃東西，就應該要偷笑了，竟然還挑三揀四，真是不認份。
對應華語	不守本分。

khit⁴ tsiah⁸ giah⁸ bang² sut⁴　ke² sian¹
乞 食 揭 蠓 捽 ， 假 仙

解釋	揭：舉。蠓捽：拂塵。
涵義	形容人態度虛偽，假惺惺。
說明	以前我們看路邊的野台戲，神仙的裝扮都是白頭髮、白鬍鬚，手中拿著一枝拂塵，一副慈眉善目的樣子，而乞丐全身髒亂，即使手中拿著拂塵，也不像神仙。
補充	依教育部2008年5月公布之台灣閩南語推薦用字第二批將「揭giah⁸」寫作「攑giah⁸」。
對應華語	惺惺作態。

khit⁴ tsiah⁸ bo⁵ thang¹ ka¹ lauh⁸ kue²
乞 食 無 通 交 落 粿

解釋	無通：沒有、不可能。交落：掉下去。粿：一種用糯米粉或麵粉製成的食品。
涵義	形容人極為吝嗇。
說明	乞丐就是因為沒有錢可以吃飯，才需要去向別人乞討，如果有粿放在他們面前，搶著吃都還不夠，哪還有剩餘的粿，可以掉到地上。

khit⁴ tsiah⁸ kue³ khe¹ hing⁵ li² tse⁷

乞 食 過 溪 行 李 濟

解釋 濟：多。

涵義 嘲笑人外出帶了許多不必要的行李。

說明 乞丐雖然是靠乞討過日，也還是會有一些破衣服、破棉被、破碗
等拉拉雜雜的東西，當乞丐要換地方乞討時，這些東西當然也會
一起搬走，所以用這句諺語，取笑別人出門帶太多行李。

khit⁴ tsiah⁸ kuann² bio⁷ kong¹

乞 食 趕 廟 公

解釋 廟公：廟祝，廟祝是廟的管理人，廟內的大小雜務都是由他負責
處理。

涵義 形容後來的人反客為主佔據了先來之人的地位。

說明 乞丐長年在外面流浪，寺廟常是他們夜宿之處，寺廟是從事慈善
工作的，所以廟祝對於乞丐借宿的要求，當然不會拒絕，只是這
乞丐非但沒有感激廟祝，反而恩將仇報，把廟祝趕出門，將寺廟
佔為己有，這根本就是反客為主的行為。

對應華語 反客為主、喧賓奪主、鳩佔鵲巢。

khit⁴ tsiah⁸ puan⁵ lo⁵ han³ kha¹ ho² bi⁷ ho² soo³

乞 食 盤 羅 漢 跤 ， 好 味 好 素

解釋 盤：結交。羅漢跤：單身漢、流浪漢。好味好素：十分投合。

涵義 形容兩個人具有同樣的思想和習氣，非常合得來。

說明 乞丐靠乞討為生，常常是流浪到哪裡，就乞討到哪裡，所以他的
衣衫破舊全身髒亂，而流浪漢也是到處為家，居無定所，流浪到
哪裡，就在哪裡隨便找個地方安身，乞丐和流浪漢習性相同，兩
者結為朋友非常的投合。

對應華語 氣味相投、臭味相投、沆瀣一氣。

khit⁴ tsiah⁸ koh⁴ tshi⁷ niau¹

乞 食 擱 飼 貓

解釋 擱：又。飼：養。

涵義 形容人沒有自知之明，卑賤卻硬要學高貴。

說明 養貓是有錢人的休閒娛樂，乞丐身無分文，三餐有一頓，沒一頓的，每天都要靠乞討才能過生活，他連自己都養不活了，哪還有閒錢和時間去養貓，所以乞丐養貓是不自量力。

補充 依教育部2007年5月公布之台灣閩南語推薦用字第一批將「攔koh⁴」寫作「閣koh⁴」。

對應華語 東施效顰、自不量力。

khit⁴ tsiah⁸ iann⁵ suan² ho² han³

乞 食 營 選 好 漢

解釋 乞食營：乞丐居住的地方。

涵義 形容人做事方法錯誤。

說明 會淪為乞丐的人，大部分都是因為年老或四肢有缺陷，沒有謀生能力，才會靠行乞來生活，如果年輕而四肢又健全的人，還會淪為乞丐，那他一定是個好吃懶做的人，所以想從乞丐營選好漢，真是選錯地方。

對應華語 竹籃打水、以冰致蠅、緣木求魚。

tshing¹ lang⁵ kinn³ m⁷ tat⁸ tsit⁸ lang⁵ bat⁴

千 人 見 毋 值 一 人 捌

解釋 毋值：不如。捌：認識、了解。

涵義 一個人正確而透徹的見解反而比眾人粗略的見解更有用處。

說明 一千個不了解這樣東西的人，所下的評價，反而比不上一個識貨的人的見解，所以意見的有用與否，不在於數量的多寡，而是內容是否能切中議題。

tshian¹ kin¹ lat⁸ m⁷ tat⁸ si³ niu² mia⁷

千 斤 力 毋 值 四 兩 命

解釋 毋值：不如。四兩命：好的命理。

涵義 有好的命理勝過有一身的本事。

說明 從命相學上來說，如果八字超過四兩就算是很重，八字越重表示這個人的命越好，命好的人就算才能平庸，也能平步青雲，一路順遂，但如果八字生的不好，即使有很大的本事，還是無法富貴。

tshian¹ jit⁸ tso⁷ tsun⁵　　tsit⁸ jit⁸ kue³ kang¹

千 日 造 船 ， 一 日 過 江

解釋 千：多。

涵義 平時多日的儲備、訓練，就是為了有一天可以派上用場。

說明 俗話說：「養軍千日，用在一時」，軍隊每天不停的出操，做那麼多嚴格訓練，就是希望將來有一天能夠派上用場，在戰場上打敗敵人，所以千日造船，就是為了能一日渡江。

對應華語 養軍千日，用在一時。

tshian¹ ho² ban⁷ ho² m⁷ tat⁸ lan² tshu³ ho²

千 好 萬 好 毋 值 咱 厝 好

解釋 毋值：不如。咱：我們。厝：房子。

涵義 不論別人的家多麼得好，還是不如自己的家來得舒適、來得好。

說明 不管別人的家有千萬般好處，終究比不上自己的家舒適，即使這個家沒有別人家那樣富麗堂皇、金碧輝煌，但因為是自己親手佈置的，所以有著別處沒有的舒適與溫情。

對應華語 金窩銀窩，不如自己的狗窩。

tshian¹ ni⁵ thoo² te⁷　　peh⁴ pah⁴ tsu²

千 年 土 地 ， 八 百 主

解釋 主：主人。

涵義 形容世事變化多端。

說明 一塊土地在一千年之中，換了八百個主人，可見世事變化之迅速，一塊土地不可能千年只有一主，因為時代會變遷，而人的生命也有限，所以一塊土地不可能永遠都在一個人手上。

對應華語 滄海桑田、高岸為谷、深谷為陵、白雲蒼狗。

tshing¹ niu² gin⁵ lan⁵ be² tsit⁸ e⁵ tshin¹ senn¹ kiann²

千 兩 銀 難 買 一 个 親 生 囝

解釋 个：個。囝：兒子。

涵義 有錢難買親生兒。

說明 錢雖然是萬能，但有些東西卻是用錢也買不到的，例如：親生

兒，生小孩不是靠錢，也不是想要就會有，這要靠機緣，而且夫妻雙方也必須要有生殖能力才行，所以許多有錢人雖然很富有，但仍是膝下無子。

tshian¹ kim¹ be² tshu³ theh⁸　ban⁷ kim¹ be² tshu³ pinn¹
千金買厝宅，萬金買厝邊

解釋 厝邊：鄰居。

涵義 選擇好鄰居比選擇好房子重要。

說明 千金可以買到豪宅，但萬金卻不一定能買到好鄰居，因為好鄰居是可遇不可求的，從前「孟母三遷」就是為了要幫孟子找一個好的家居環境。

對應華語 擇鄰而居、居必擇鄉、里仁為美。

tshing¹ ke¹ pu³ be⁷ koo³ tit⁴ tsit⁸ ke¹ san³
千家富燴顧得一家散

解釋 燴顧得：顧不了。散：窮。

涵義 勸人要依靠自己的力量來謀生。

說明 社會上的窮人那麼多，而富人就只有少數一些，要用他們的富有來照顧這些窮人，根本就有困難，更何況大部分的富人，是不會去救濟窮人，所以即使富人再多，對窮人也沒有什麼助益。

補充 依教育部2008年5月公布之台灣閩南語推薦用字第二批將「燴be⁷」寫作「袂be⁷」。

tshian¹ kun⁵ kui¹ tsit⁸ loo⁷　ban⁷ penn⁷ kui¹ pi⁵ too⁷
千拳歸一路，萬病歸脾肚

解釋 拳：拳術。脾肚：內臟、臟腑。

涵義 不論形式再怎麼多變，但起源都是一樣的。

說明 中國武術博大精深，光是拳術就有幾百種，雖然各種拳法都有其獨特之處，但歸納來說不外乎是內（內拳）外（外拳）兩家；從中醫的論點來看，認為各種病形成的原因，都是因為外邪侵入臟腑，導致臟腑功能失調，氣血虧損，因而致病。

對應華語 萬變不離其宗。

 tshian¹ su¹ ban⁷ tian²　hau³ sun⁷ ui⁵ sian¹

千書萬典，孝順為先

解釋 先：第一。

涵義 孝順是一切做人處世的根本。

說明 書是教人讀書識字明白做人道理的典籍，而在所有做人道理中，孝順是最重要的德行，所以說世上的書雖然有千萬種，但都以教導孝順為優先。

對應華語 百行孝為先。

 tshian¹ sng³ ban⁷ sng³ m⁷ tat⁸ tioh⁸ thinn¹ tsit⁸ ueh⁸

千算萬算毋值著天一劃

解釋 千算萬算：用盡心思來籌謀。毋值著：比不上。

涵義 形容人再怎麼用盡心思來籌畫，終究比不過天意的安排。

說明 很多人常有這種經驗，已經計畫好要去哪裡旅行，結果臨出發那天颱風來了不能去，人生中有許多事也常這樣，計畫永遠趕不上變化，所以我們只能樂觀的面對。

對應華語 人算不如天算。

 tshian¹ pian³ ban⁷ hua³ m⁷ tat⁸ tioh⁸ tso⁷ hua³

千變萬化毋值著造化

解釋 毋值著：比不上。造化：創造化育，這裡是指「命運」。

涵義 形容人再怎麼能幹，終究敵不過天意的安排。

說明 很多事都是命中註定，即使你再能幹，終究也逃不過命運的安排，就好比有些人滿身才幹，卻得不到伸展的機會，只能鬱鬱而終，有些人資質平庸，卻能榮華富貴一輩子，所以人終究抵不過天命的安排。

 thoo² te⁷ kong¹ tshai⁷ ku² u⁷ siann³

土地公迍久有聖

解釋 迍：立、放。聖：靈驗。

涵義 形容人在一個職位上做了一段時間之後，大家逐漸接受他的身分跟地位。

說明 土地公剛被安放在土地廟中，對人們來說祂只是一個神像而已，等到時間久了，祂的神蹟不斷在各處傳開，人們才逐漸的相信祂是靈驗的。

thoo² te⁷ kong¹ bo⁵ ue⁷ ho⁷　hoo² m⁷ kann² ka⁷ lang⁵
土 地 公 無 畫 號 ， 虎 毋 敢 咬 人

解釋 畫號：作記號。毋敢：不敢。
涵義 惡人敢出來作壞事，背後一定有人為他撐腰。
說明 依據民間傳說，老虎時常在山中為惡到處咬人，被害的山民忍受不住老虎荼毒生靈的行為，便向山中的土地公求助，於是土地公便把老虎收為自己的座騎，以後老虎要咬人，一定要得到土地公的允許，所以前人便以此句諺語形容壞人敢到處為惡，背後一定有後台撐腰。

thoo² te⁷ kong¹ ngiau¹ kha¹ te²
土 地 公 癢 跤 底

解釋 癢：搔癢。跤底：腳底。
涵義 神明預知有禍事即將發生，事先對信徒示警。
說明 據說如果有重大事情要發生，神明會事先向信徒示警，使其預先做防備，每個神明示警的方式不太一樣，有的是發爐、有的是託夢，有的藉由乩身來說明，而土地公則是用搔信徒腳底的方式，來告知信徒。
補充 依教育部2009年10月公布之台灣閩南語推薦用字第三批將「癢ngiau¹」寫作「撓ngiau¹」。

thoo² kun⁵ tit⁸ phah⁴　huainn⁵ tit⁸ long² tioh⁸ lang⁵
土 拳 直 拍 ， 橫 直 攏 著 人

解釋 土：沒有經過訓練、非正式。直拍：直打。攏：都。著：中。
涵義 沒有按照正確的程序章法做事，所以無法達到目的。
說明 每一種拳術都有套路跟規章，沒有經過師父教導的拳法，只能算是一種雜亂無章的土拳，不管是直打或橫打，都容易傷到別人。

thoo² ban⁵ thoo⁵ be⁷ khi² kann³

土饅頭艙起酵

解釋 艙：不。起酵：發酵。

涵義 形容人極為愚笨，無論怎麼教都教不會。

說明 在饅頭的製作過程中，最後送進蒸籠之前，必須把麵團放著發酵二十到四十分鐘，等麵團變得膨脹鬆軟有彈性後，才能送進蒸籠蒸熟，而土饅頭是土做的，因為泥土不會發酵，所以土饅頭並不會膨脹，就算是蒸熟之後，土饅頭還是硬硬小小的一個，因此前人便以此句，形容人頭腦愚笨，不知變通。

補充 依教育部2008年5月公布之台灣閩南語推薦用字第二批將「艙be⁷」寫作「袂be⁷」。

tua⁷ lang⁵ senn¹ jit⁸ tsiah⁸ bah⁴　gin² a² senn¹ jit⁸ tioh⁸ phah⁴

大人生日食肉，囡仔生日著拍

解釋 食：吃。囡仔：小孩子。著：要。拍：打。

涵義 大人生日要吃肉，小孩子生日要打。

說明 大人為了養育小孩，到處奔波勞苦，所以生日那天要好好吃一頓慰勞一下，而小孩子從出生開始，就不斷的讓父母勞心勞力，所以生日那天應該要打一打，而不是慶祝。

tua⁷ lang⁵ khuann³ gu⁵　gin² a² huan¹ hu³

大人看牛，囡仔吩咐

解釋 看牛：放牛。囡仔：小孩子。吩咐：囑咐。

涵義 形容外行教導內行的做事。

說明 放牛是小孩子的工作，小孩子以為大人不會放牛，因此對大人百般的囑咐，其實大人並不是一生下來就是大人，他也是從小孩子慢慢長大變成大人，所以大人當然也有放牛的經驗。

tua⁷ lang⁵ luan⁷ tshau¹ tshau¹　gin² a² ai³ ni⁵ tau¹

大人亂操操，囡仔愛年兜

解釋 亂操操：非常混亂。囡仔：小孩子。愛：喜歡。年兜：過年前後的那段時間。

一
畫

二
畫

三
畫

四
畫

五
畫

六
畫

七
畫

八
畫

九
畫

十
畫

十
一
畫

十
二
畫

十
三
畫

十
四
畫

涵義 形容大人跟小孩在過年時，兩種不同的心情。

說明 一年之中最重要的節日就是過年，從農曆十二月二十四日送神之後，就要開始準備過年的事情，大人手忙腳亂的忙進忙出而小孩子則是因為過年可以領到紅包，開心的等著新年來臨。

tua⁷ lang⁵ e⁷ kham¹ tit⁴ go⁷　　gin² a² be⁷ kham¹ tit⁴ go⁷

大人會堪得餓，囝仔膾堪得餓

解釋 會：可以。囝仔：小孩子。膾堪得：無法承受。

涵義 大人可以挨餓，但小孩子不能挨餓。

說明 以前生活艱困物資常常缺乏，有食物時大人常會先給小孩子吃，因為他們認為小孩子還小，身體所有機能尚未發育完全，是禁不起餓的，不像大人就算餓個幾餐，只要喝些水勉強還撐的下去。

補充 依教育部2008年5月公布之台灣閩南語推薦用字第二批將「膾be⁷」寫作「袂be⁷」。

tua⁷ lang⁵ huan⁵ lo² bo⁵ tsinn⁵　　gin² a² huann¹ hi² kue³ ni⁵

大人煩惱無錢，囝仔歡喜過年

解釋 無錢：沒錢。囝仔：小孩子。歡喜：高興。

涵義 形容大人跟小孩在過年時，兩種不同的心情。

說明 依據民間的習俗在過年之前需將這一年積欠的債全部還清，所以過年前的這段時間，大人必須到處去籌錢來還債和辦年貨，而小孩子則是因為過年可以穿新衣、放鞭炮，因此每天都很高興的期盼新年來到。

tua⁷ lang⁵ peh⁴ khi²　　gin² a² tsiam³ i²

大人跖起，囝仔佔椅

解釋 跖起：站起來。囝仔：小孩子。

涵義 形容小孩子沒有家教。

說明 大人一離開椅子，小孩子就馬上跑過去佔住椅子，這是非常不禮貌，沒有家教的行為，因為這座位是大人坐的，小孩子不可以僭越。

tua⁷ lang⁵ khah⁴ su¹ gin² a²

大 人 較 輸 囡 仔

解釋 較輸：不如。囡仔：小孩子。

涵義 形容大人的能力竟然不如小孩子。

說明 大人比小孩經歷過更多的事情，不論在智慧或能力上，都應該比小孩子更成熟才對，只是有些大人的思想行為，仍然不太成熟，所以前人就用這句諺語來嘲諷別人幼稚的行為。

tua⁷ lang⁵ khiam⁷ tsit⁸ tshui³ gin² a² tsiah⁸ kah⁴ ui³

大 人 儉 一 喙 ， 囡 仔 食 徦 飫

解釋 儉：節省。喙：嘴、口。囡仔：小孩子。徦：到。飫：怕、膩。

涵義 形容大人疼愛小孩子的心情。

說明 以前農業社會生活困窮，有些好吃或有營養的東西，並不是天天都能吃得到，大人因為疼愛小孩，常把自己捨不得吃的東西，都留給小孩。

補充 依教育部2008年5月公布之台灣閩南語推薦用字第二批將「徦 kah⁴」寫作「甲 kah⁴」。

tau⁷ kang¹ tsit⁸ e⁷ tsi² sio² kang¹ bua⁵ puann³ si²

大 工 一 下 指 ， 小 工 磨 半 死

解釋 大工：大師傅。指：指揮。磨半死：折磨得半死。

涵義 形容在上位的人只要一聲令下，下面的人就要忙碌很久。

說明 大師傅是負責計畫跟指揮工作，而小工則是負責做事，常常大師傅一動口，小工就得忙大半天，就像上司只是隨興的下達一個指示，但做部屬卻要忙得焦頭爛額，才能完成任務。

tau⁷ kang¹ bo⁵ lang⁵ tshiann³ sio² kang¹ m⁷ guan⁷ kiann⁵

大 工 無 人 倩 ， 小 工 毋 願 行

解釋 倩：僱用。毋願：不願意。

涵義 形容人在選擇工作或配偶時的心態。

說明 人在選擇工作或配偶時從不會先掂量一下自己的斤兩，往往是挑三揀四，眼高手低，所以條件好的他配不上，條件不好的又不肯

遷就，結果就這樣不上不下的懸在那裡。

對應華語 不上不下、高不成，低不就。

tua⁷ tsui² phuann⁵ tshan⁵ huann⁷

大水盤田岸

解釋 田岸：田埂。

涵義 形容人侵入別人的地盤，謀取屬於別人的利益。

說明 大水本來是在河裡，但現在卻流到田裡來，這超過它應該流動的範圍，所以前人就用「大水盤田岸」，形容人侵入別人的地盤，謀取人家的利益。

tua⁷ tsui² be⁷ lau⁵ tit⁴ tsioh⁸ tsing¹ khu⁷

大水𣍐流得石舂臼

解釋 𣍐流得：流不動。石舂臼：舂米的石臼。

涵義 形容人個性沉穩，不受外在環境影響。

說明 石舂臼是用石頭製成的舂米器具，重量非常重，就算合兩、三人之力，也未必能抬得動它，所以即使大水來了，也不易被沖走，因此前人便以此句，形容人個性沉穩不易為外界所影響。

補充 依教育部2008年5月公布之台灣閩南語推薦用字第二批將「𣍐 be⁷」寫作「袂be⁷」。

對應華語 穩如泰山、堅如磐石、不動如山。

tua⁷ tsui² kham³ tshau² poo¹

大水贛草埔

解釋 贛：遮蓋。草埔：草地。

涵義 形容人掩蓋事實真相。

說明 草地原本是一片綠地，但是淹大水之後，到處變成汪洋一片，整片草地都被大水蓋住，所以「大水贛草埔」是形容人掩蓋事實真相。

補充 當「贛kham³」解釋為「遮蓋」時，依教育部2009年10月公布之台灣閩南語推薦用字第三批將「贛kham³」寫作「崁kham³」。

對應華語 粉飾太平、虛飾繁榮。

tua⁷ gu⁵ bo⁵ sioh⁴ lat⁸

大 牛 無 惜 力

解釋 無：不。

涵義 形容人做事認真，竭盡全力無所保留。

說明 牛是世間上最辛苦的動物，一年四季都在為人們工作，不論犁田或拉車，總是竭盡全力的工作，所以人們就用這句諺語，形容人做事認真，不留遺力。

對應華語 盡心盡力、不留遺力、竭盡全力、全力以赴、盡心竭力。

tua⁷ sian¹ hut⁸ oh⁴ tshiann²

大 仙 佛 僫 請

解釋 僫：難。

涵義 形容有身分地位的人很難被請動。

說明 大仙佛因為地位高，要管的事情很多，所以很難請得動祂們下來幫信徒辦事，因此前人就用這句諺語，形容大人物很難被請動。

tai⁷ kah⁴ khe¹ pang³ tshau² hi⁵　u⁷ khi³ bo⁵ hue⁵ thau⁵

大 甲 溪 放 草 魚 ， 有 去 無 回 頭

解釋 草魚：一種棲息於水底，鰭為青黃色的淡水魚。

涵義 形容人或事物過去了，就不會再回來。

說明 大甲溪是台灣的第三大河流，發源於中央山脈與雪山山脈間，流經仁愛鄉、豐原市、東勢鎮、大甲鎮、清水鎮、和平鄉、新社鄉、石岡鄉、后里鄉、神岡鄉、外埔鄉、大安鄉等地，流域面積廣闊，所以在這麼遼闊的大甲溪放魚，當然是有去無回。

對應華語 一去不返、肉包子打狗，有去無回。

tua⁷ bak⁸ e⁵ tsiunn⁷ tsng¹　se³ bak⁸ e⁵ hue³ hun¹

大 目 个 上 妝 ， 細 目 个 晦 昏

解釋 个：的。細：小。晦昏：沒有精神的樣子。

涵義 形容眼睛大的比眼睛小的容易上妝打扮。

說明 眼睛的大小會影響人的美醜，眼睛大的人兩顆水汪汪的眼睛，只要隨便化一點妝就覺得很漂亮，眼睛小的人兩顆眼睛瞇瞇的，不

論怎麼看都像沒睡飽的樣子。

補充 當「个e⁵」解釋為「的」時，依教育部2007年5月公布之台灣閩南語推薦用字第一批將「个e⁵」寫作「的e⁵」。

tua⁷ bak⁸ sin¹ niu⁵ bo⁵ khuann³ kinn³ tsau³
大 目 新 娘 無 看 見 灶

解釋 大目：大眼睛。無：沒有。灶：火爐。

涵義 形容人心不在焉，對於眼前明顯可見的事物，竟然看不到。

說明 以前的灶都是用磚頭砌成的，體積龐大，在廚房中相當的顯眼，不可能會被忽略而看不見，除非是這個新媳婦心不在焉，所以看不到，或是因為她剛嫁入家門，對一切都還不熟悉，所以找不到廚房在何處。

對應華語 視若無睹、視而不見。

tua⁷ tsioh⁸ ma⁷ tioh⁸ se³ tsioh⁸ lai⁵ king⁷
大 石 嘛 著 細 石 來 捹

解釋 嘛著：也要。細石：小石頭。捹：支撐。

涵義 此語有兩義：①大家必須要分工合作，事情才能成功。②比喻大人物也需要小人物的支持才能成功。

說明 大石頭雖然大又穩固，但兩個大石頭之間還是會有縫隙，這些縫隙若是沒有用小石子去填補，等大水一來，大石頭還是會被水沖得滾動移位，所以大石頭還是必須依靠小石子來支撐。

對應華語 一條好漢三個幫、一節籬笆三個樁、荷花雖好，也要綠葉扶持。

tua⁷ ho² tua⁷ pai⁷ bo⁵ ho² bo⁵ bai² tsiah⁴ tshiang⁵ tsai⁷
大 好 大 敗 ， 無 好 無 穤 才 常 在

解釋 穤：不好。

涵義 平平安安的生活才是最實在。

說明 所謂「物極必反」，大好之後常會伴隨著大敗，與其這樣大好大壞的起落，倒不如平平實實的生活比較實在，所以不論做人做事，凡事持平才是最好的人生態度。

tua⁷ tsih⁸　　　hing³ thih⁸
大舌，興喋

解釋 大舌：說話結巴。喋：話多。

涵義 形容人不知道隱藏自己的缺點。

說明 口吃的人說話本來就比較慢，而且又不清楚，所以應當要藏拙少說話；這句諺語並不是要嘲笑口吃的人，只是借用口吃之人來嘲諷那些口才不好，卻又喜歡到處賣弄的人。

對應華語 不知藏拙。

tua⁷ bue² m⁷ tsiah⁸ tio³　　　se³ bue² tshiak⁸tshiak⁸ tio⁵
大尾毋食釣，細尾嚓嚓趒

解釋 食釣：吃餌。嚓嚓：急促。趒：跳。

涵義 大魚不來吃餌，小魚頻頻上鉤。

說明 雖說釣魚只是一種休閒活動，不論釣到大小魚都沒關係，但大部分釣魚的人還是希望可以釣到大魚，如果釣魚時一直看到小魚來吃餌，心中難免還是會有些失望，所以前人就用這句諺語，形容想要的不來，不想要的卻頻頻出現。

tua⁷ kak⁴ sik⁴ hiong³ giah⁸ ki⁵ kun¹ a² tsioh⁴ tsinn⁵
大角色向揭旗軍仔借錢

解釋 大角色：主角。揭旗軍仔：跑龍套的小角色。

涵義 高收入者向低收入者借錢週轉。

說明 大角色是戲中的主角，戲酬一定比其他小角色高好幾倍，他一齣戲的收入，有可能就是其他小角色一年的收入。但有這麼高的收入，並不代表他就不會向別人借錢，他如果不能儉約，有多少花多少，到最後擁有的錢，可能比小角色所儲蓄的還少，所以錢的累積不在於能賺多少，而是在於能不能節儉。

補充 依教育部2008年5月公布之台灣閩南語推薦用字第二批將「揭giah⁸」寫作「攑giah⁸」。

一畫　二畫　三畫　四畫　五畫　六畫　七畫　八畫　九畫　十畫　十一畫　十二畫　十三畫　十四畫

一畫
二畫
三畫
四畫
五畫
六畫
七畫
八畫
九畫
十畫
十一畫
十二畫
十三畫
十四畫

tua⁷ su⁷ hua³ sio² su⁷　sio² su⁷ hua³ bo⁵ su⁷

大事化小事，小事化無事

解釋 化：化解。

涵義 平息事端、化解糾紛的方法。

說明 中國人愛好和平，凡事講求以和為貴，所以在發生糾紛或爭端的場合上，常會看到旁人出來勸諫當事人，要是沒什麼大損失，一切就大事化小，小事化無。

對應華語 息事寧人、平息事端、大事化小，小事化無。

tua⁷ koo¹ tua⁷ su⁷ po⁵　sio² koo¹ sai³ giam⁵ lo⁵

大姑大似婆，小姑賽閻羅

解釋 大姑：即是「大娘姑」，丈夫的姊姊。小姑：丈夫的妹妹。賽：勝過。閻羅：掌管地獄之神。

涵義 比喻當人家的弟媳或嫂嫂很難為。

說明 以前的傳統社會大姑和小姑都不好侍候，大姑就像婆婆那樣有威嚴，隨時可以挑剔、指正弟媳，而小姑就像閻王那樣凶惡難惹，做嫂嫂的還要讓她三分，所以做人家的弟媳或嫂嫂很難為。

tua⁷ pang⁵ khi¹ hu⁷ se³ pang⁵

大房欺負細房

解釋 房：家族的分支。細：小。

涵義 形容大的欺負小的。

說明 以前農業社會重男輕女，只有兒子可以繼承家產，家產的承繼是以「房」為單位，大房通常是指長子，細房是指小兒子，但有時大房也可以指大老婆的兒女，細房就是細姨的兒女，父母過世之後，為了爭家產，大房常會霸佔細房應得的財產。

對應華語 大欺小。

tua⁷ kau² puann⁵tshiunn⁵　sio² kau² khuann³ iunn⁷

大狗蹻牆，小狗看樣

解釋 蹻牆：翻牆。看樣：有樣學樣。

涵義 形容做父母的如果行為不端正，小孩子也會跟著學壞。

說明 大狗翻牆，小狗在旁邊也學著翻牆，這是一定的，因為小孩子沒有判斷是非善惡的能力，父母做什麼就跟著模仿學習，所以做父母的應該要謹言慎行，以免小孩學到一些不好的惡習。

補充 依教育部2009年10月公布之台灣閩南語推薦用字第三批將「蹯puann5」寫作「盤puann5」。

對應華語 上行下效、有樣學樣、上樑不正下樑歪。

tua7 khang1 e5 tsiann5 lan7 liap4 e5 tsiann5 ban7

大空个成羼，攝个成萬

解釋 大空：揮霍無度。个：的人。羼：男性的生殖器，此處形容人窮到無衣可蔽體。攝：節省。

涵義 勉勵人要節儉方能致富。

說明 從我們日常生活可以看到許多的例子，很多人都是因為揮霍無度，而導致破產變窮，也有人因為非常的節儉，一點一點的累積，而變成大富翁。

補充 當「个e5」解釋為「的」時，依教育部2007年5月公布之台灣閩南語推薦用字第一批將「个e5」寫作「的e5」。

對應華語 積少成多、積沙成塔。

tua7 sai2 piann3 hiat4 tiau7 khioh4 tsiau2 sai2 ing3 pui5

大屎摒抭掉，抾鳥屎壅肥

解釋 摒：倒。抭掉：丟掉。抾：撿。壅肥：施肥。

涵義 形容人做事主次顛倒，捨去根本不用而取枝節。

說明 過去物資缺乏，化學肥料並不普遍，所以農民就用人糞或牛糞來做肥料，因為人和牛的體型比較大，排出來的糞便較多，剛好足夠使用，不像鳥糞只有一點點，必須要累積很久才足夠施肥；現在把大堆的糞便倒掉，再去撿鳥糞回來施肥，根本就是本末倒置的行為。

對應華語 捨本逐末、本末倒置、背本趨末。

tua7 boo2 phah4 kau3 si2 se3 i5 m7 kam1 pi2

大某拍到死，細姨毋甘比

解釋 大某：大老婆。拍：打。細姨：小老婆。毋甘：捨不得。比：用

手比頭，引申為「指責」。

涵義 形容男人薄倖無情，對大小老婆的態度迥然不同。

說明 大部分的男人都是喜新厭舊，對大老婆出手狠毒，把她打到半死，一點也不會加以憐惜，而對小老婆則是疼得像心肝寶貝一樣，連用手比她一下都不捨得。

對應華語 喜新厭舊、只見新人笑，不見舊人哭。

> tua⁷ boo² phah⁴ se³ i⁵　tua⁷ tshut⁴ tshiu²
> # 大某拍細姨，大出手

解釋 大某：大老婆。拍：打。細姨：小老婆。

涵義 形容人出手非常大方。

說明 女人是善忌的，如果知道老公在外面養小老婆，十個之中大概有九個不能忍受，一定會找上門去捉姦，大老婆對小老婆破壞別人家庭的行為，當然是非常的氣憤，所以當大老婆見到小老婆時，通常都會先賞她一巴掌。

> tua⁷ phau³ phah⁴ ba⁵ tshiok⁴　tsin¹ bo⁵ tshai²
> # 大炮拍麻雀，真無彩

解釋 拍：打。無彩：可惜、浪費。

涵義 形容人做一件小事卻動用大工具。

說明 大炮威力很大，只要一炮就可以把房子夷為平地，用大炮來打麻雀，簡直是浪費資源，麻雀的身軀那麼小，用箭或槍來打牠，就綽綽有餘，根本不需要動用到大炮，因此前人便以此句，形容人大材小用。

對應華語 牛鼎烹雞、牛刀割雞、大材小用。

> tua⁷ na² hau⁷　se³ na² tau⁷
> # 大若鱟，細若豆

解釋 鱟：鱟魚，一種外殼堅硬，形似頭盔，尾巴像劍的魚類。

涵義 形容事物大小比例相差甚遠。

說明 鱟魚雖然有個「魚」字，卻不是魚類，牠屬於節肢動物門劍尾科，跟蟹同類，一隻成鱟全長可達五十公分；一堆東西中，最大的像鱟那樣大，最小的像豆子那麼小，可見這些東西的大小比例

相差很大。

對應華語 錯落不齊、參差不齊。

| tua⁷ | tshu³ | tua⁷ | hai² | hai² | | go⁷ | si² | bo⁵ | lang⁵ | tsai¹ |

大厝大海海，餓死無人知

解釋 厝：房子。大海海：像海那樣大。

涵義 形容外表華麗內在卻衰敗不堪。

說明 從外表看起來，房子富麗堂皇好像很富有，但是裡面的人卻因為沒飯吃，餓死了也沒人知道，這是因為人好面子，即使經濟已經非常困難，仍要撐住這個場面，到最後當然餓死沒人知道。

對應華語 虛有其表、羊質虎皮、魚質龍文、外強中乾、金玉其外，敗絮其中。

| tua⁷ | sun¹ | ting² | bue² | kiann² |

大孫頂尾囝

解釋 大孫：長孫。頂：頂替。尾囝：最小的兒子。

涵義 意謂長孫視同最小的兒子。

說明 以前傳統社會如果爺爺奶奶過世，長孫要捧斗，分家產時，長孫也可以分得一份，一般來說只有兒子有資格分家產，而長孫是孫子中唯一可以分家產的，他的身分就等同於兒子，所以才會有「大孫頂尾囝」的諺語產生。

| ta¹ | ke¹ | u⁷ | tshui³ | | sin¹ | pu⁷ | bo⁵ | ue⁷ |

大家有喙，新婦無話

解釋 大家：婆婆。喙：嘴。新婦：媳婦。

涵義 無論上司有什麼說法，做下屬的只能聽從不能辯解。

說明 在以前傳統社會婆婆是很有權威的，做媳婦的不可以忤逆婆婆，所以不論婆婆說什麼，媳婦都得聽從，就算是婆婆有錯，媳婦也不可以回嘴。

tua⁷ keh⁴ tsing² e⁵ ke¹ ban⁷ thi⁵

大 格 種 个 雞 ， 慢 啼

解釋 格：品種。啼：叫。

涵義 形容有大才學的人通常成就會比較晚。

說明 這句話是用來鼓勵、安慰失意或尚無成就的年輕人。體型大的公雞通常要長到很大，才會開始啼叫，但是否所有大格種的雞都會慢啼，就不得而知，不論我們是大格種或小格種的雞，如果想要早啼，努力是不可或缺的。

補充 當「个e⁵」解釋為「的」時，依教育部2007年5月公布之台灣閩南語推薦用字第一批將「个e⁵」寫作「的e⁵」。

對應華語 大器晚成。

tua⁷ hai² m⁷ kiann¹ tua⁷ tsui²

大 海 毋 驚 大 水

解釋 毋驚：不怕。

涵義 形容人度量寬大能容人。

說明 在颱風過後或是幾天暴雨之後，常會聽到某某河川溪水暴漲，但我們從來沒聽過有某個大海，海水暴漲上岸，這就是大海跟河川不同之處，大海碧波萬頃能容萬水，即使流入再多的水，也不見它有什麼變化，所以前人便以此句，形容人大肚能容。

對應華語 肚大能容、有容乃大、寬宏大量、宰相肚裡可撐船。

tua⁷ hai² tsui² be⁷ ta¹ si² khut⁴ a² tsui² e⁷ ta¹

大 海 水 獪 焦 ， 死 窟 仔 水 會 焦

解釋 獪：不會。焦：乾。窟仔：坑洞。

涵義 用來形容如果只有消費而沒有進帳，財用終會枯竭。

說明 萬流歸於一源，大海是所有河川的匯集之地，所以水源源不絕，永遠沒有匱乏的虞慮，而坑洞中的死水就不一樣，因為沒有新水可注入，原來的水會慢慢的乾枯，因此整句話用以形容人只有支出，沒有收入。

補充 依教育部2008年5月公布之台灣閩南語推薦用字第二批將「獪be⁷」寫作「袂be⁷」。

tua⁷ tsiah⁴ tsui² gu⁵　　se³ tiau⁵ soh⁴

大 隻 水 牛 ， 細 條 索

解釋 細：小。索：繩子。

涵義 比喻老婆的身材高大而丈夫的身材矮小。

說明 牛是被牛鼻繩牽著走，這就好比在家裡丈夫是一家之主，妻子要聽從丈夫的決定一樣，所以就用牛來比喻妻子，繩索來比喻丈夫。

tua⁷ pai⁷ pit⁴ iu² tai⁷ hing¹

大 敗 必 有 大 興

解釋 必：一定。

涵義 壞運走到極點，就會轉向好運。

說明 宇宙間的各種事物都是陰陽互相消長、互相作用而形成一個循環，任何現象只要走到極點，就是相反現象的開端，所以在大破壞之後，一定會有大成就。

對應華語 否終則泰、否極泰來、物極必反。

tua⁷ se³ bak⁸　kuan⁵ ke⁷ hinn⁷

大 細 目 ， 懸 低 耳

解釋 細：小。目：眼睛。懸：高。

涵義 形容待人偏心、不公平。

說明 一般人都會有「大細目，懸低耳」的毛病，只是程度輕重不同而已，因為人都有自己的好惡和私慾，要他公平的對待每個人，是不可能的事。

tua⁷ tsun⁵ oh⁴ khi² tiann⁷

大 船 僫 起 碇

解釋 僫：難。碇：固定船隻的大石頭。起碇：啟程。

涵義 形容有身分地位的人很難被請動。

說明 古代的大船大部分都是木製的，重量雖然沒有像現代鋼船那麼重，但至少也有幾百公斤，所以大船船碇的重量一定也要很重，才有辦法讓大船固定不動，既然大船的船碇重量那麼重，起碇的時候，當然也會很困難。

tua⁷ tsua⁵ kue³ tshan⁵ huann⁷

大蛇過田岸

解釋 田岸：田埂。

涵義 形容人動作緩慢。

說明 一條大蛇大概有二、三公尺長，由於身軀龐大，再加上牠是利用身體前後收縮蠕動的方式來前進，所以大蛇移動的速度很緩慢，因此前人便以此句，形容人動作遲緩。

tua⁷ hi⁵ tsiah⁸ sio² hi⁵　sio² hi⁵ tsiah⁸ he⁵ bi²

大魚食小魚，小魚食蝦米

解釋 蝦米：曬乾的小蝦子。

涵義 喻強者欺負弱者。

說明 弱肉強食是大自然的生存法則，大型動物為了生存只能吃比牠小的動物，而小動物則吃比牠更小的動物，如此一直層遞下去，這些雖然都是弱肉強食的行為，但大自然卻借著這個方式，巧妙地維持著各種動物間數量的平衡。

對應華語 弱肉強食、倚強凌弱、大欺小，強凌弱。

tua⁷ beh⁸ khah⁴ kui³ tshun¹ tsing²

大麥較貴春種

解釋 種：播種用的種子。

涵義 形容不值錢的東西卻要賣高價。

說明 大麥是一種雜糧，以前沒有人吃大麥，大麥都被用來做飼料，所以價格便宜，而春種是播種所需的種子，因此價格昂貴，但現在大麥反而賣得比春種貴，這根本就像是庸才佔據大位，實在令人氣結。

tua⁷ pu³ iu⁵ thinn¹　sio² pu³ iu⁵ khin⁵ khiam⁷

大富由天，小富由勤儉

解釋 大富：發大財。

涵義 大富是由天命所定，但小富卻可經由勤儉獲得。

說明 每個人都想變成大富翁，這樣就可以一輩子吃喝不盡，但大富是

由天命所定，不是人人都可以得到的，而小富卻不一樣，只要勤儉努力便可以達到。

tua⁷ tsun¹ tua⁷ se³ tsun¹ se³

大尊大，細尊細

解釋 大：長輩。尊：尊敬。細：晚輩。

涵義 對長輩要尊敬，對晚輩要尊重。

說明 對於年紀比自己大、輩分比自己長、職務比自己高的人要尊敬他們，對於年紀比自己輕、輩分比自己小、職務比自己低的人要尊重他們，這是做人的基本禮貌。

tua⁷ phoo² go⁷ si² kui²

大普餓死鬼

解釋 大普：中元普渡。

涵義 形容空有其名而無實際的內容。

說明 「大普」是指農曆七月十五日的中元普渡，每年到了這一天，各地都會舉辦一些盛大的普渡法會來普渡眾鬼，據說普渡時燈篙撐得越高，來參加的好兄弟就越多，有的人為了做場面就把燈篙撐得很高，但普渡的東西卻沒有增加，結果反而餓死眾鬼，所以前人便以此句諺語，形容事物虛有其名。

對應華語 名不副實、虛有其名、徒具虛名。

tua⁷ kang² bo⁵ kham³ kua³

大港無籛蓋

解釋 籛：遮蓋。

涵義 大港上面沒有蓋蓋子，你為何不跳下去。

說明 這句是罵人的話，叫人家去死的意思。有些丈夫好賭成性，老是把家裡用來買米的錢，搶去當賭資，妻子氣不過常會邊追邊罵，「你這個無路用人，大港無籛蓋，哪毋跳落去死死」。

補充 當「籛kham³」解釋為「遮蓋」時，依教育部2009年10月公布之台灣閩南語推薦用字第三批將「籛kham³」寫作「崁kham³」。

tua⁷ tng⁵ jip⁸ tsut⁸ bi²

大 腸 入 秫 米

解釋 秫米：糯米。

涵義 外表華麗而內在卻衰敗不堪。

說明 糯米大腸是一種相當美味的小吃，它的做法相當簡單，在洗淨的豬大腸中灌入糯米，即可以拿去蒸煮，由於糯米大腸裡面，除了糯米之外，並沒有再添加其他的內餡，內容很單調，所以前人就用這句諺語形容人虛有其表。

對應華語 華而不實、虛有其表、繡花枕頭、銀樣蠟槍頭、金玉其外，敗絮其中。

tua⁷ tshat⁸ kiap⁴ sio² tshat⁸　　sio² tshat⁸ kiap⁴ bak⁸ tsat⁸

大 賊 劫 小 賊 ， 小 賊 劫 墨 賊

解釋 劫：搶劫。墨賊：墨魚、烏賊。

涵義 喻強者欺負弱者。

說明 這是個弱肉強食的世界，不管人或動物都是大欺小、強凌弱，所以大賊搶劫小賊，而小賊再搶劫比他更弱小的賊，這樣一直循環下去。這裡用「墨賊」只是為了押韻，並不是說小賊真的會去搶烏賊。

對應華語 弱肉強食、倚強凌弱、大欺小，強凌弱、大魚吃小魚。

tua⁷ loo⁷ m⁷ kiann⁵ kiann⁵ uan¹ nia²

大 路 毋 行 行 彎 嶺 ，

ho⁷ lang⁵ m⁷ tso³ tso³ phainn² kiann²

好 人 毋 做 做 歹 囝

解釋 毋行：不走。彎嶺：彎曲的山路。歹：壞。歹囝：浪蕩子。

涵義 形容人不求上進，明知是錯誤的路，還是執意往前行。

說明 平常行進我們都會挑大條筆直的路來走，才比較好走，沒有人會故意去挑彎曲的山路來走，彎曲的山路，不僅費時難走，一不小心還可能會掉進谷裡；這裡的「行彎嶺」，是指這個人明知道這路是錯的，還硬往前走，就如同「好人不做，要去做壞人」一樣。

一畫 二畫 三畫 四畫 五畫 六畫 七畫 八畫 九畫 十畫 十一畫 十二畫 十三畫 十四畫

對應華語 自甘墮落。

tua⁷ tiann² bue⁷ kun² se³ tiann² kun² tshiang⁵tshiang⁵
大 鼎 未 滾 ， 細 鼎 滾 沖 沖

解釋 鼎：以前農業社會時，用來煮菜、煮飯、燒水的一種大鍋。未：尚未。滾沖沖：水燒開時水面會不斷的滾動。

涵義 用來形容沒有真才實學的人，才會到處賣弄自己。

說明 水燒開時水面會沸騰滾動，小鼎因為容量小，很快就燒開，而大鼎因為容量較大，燒開的時間會比較長，所以前人就以大、小鼎形容有學問的人和半調子的差異。

對應華語 整瓶醋搖不響，半瓶醋響叮噹。

tua⁷ thiong³ tioh⁸ e⁷ tua⁷ thiann³
大 暢 著 會 大 痛

解釋 暢：爽、高興。著會：就會。

涵義 開心過頭就會遭遇悲傷的事。

說明 人開心不可以太過頭，要知所節制，否則便會樂極生悲，人開心時對於周遭環境並不會去加以留心注意，所以容易因為得意忘形而遭受苦頭。

補充 依教育部2009年10月公布之台灣閩南語推薦用字第三批將「痛thiann³」寫作「疼thiann³」。

對應華語 泰極則否、樂極生悲、物極必反。

tua⁷ khoo¹ tshai³ thau⁵ pong⁷ sim¹
大 箍 菜 頭 蓬 心

解釋 大箍：壯碩。菜頭：白蘿蔔。蓬心：質地鬆脆不結實。

涵義 形容人只有華麗的外表而毫無內涵。

說明 蘿蔔有固定的生長期，當它長到差不多熟的時候，就應該進行採收工作，這時如果不採收讓蘿蔔繼續生長，就會變成過熟，過熟的蘿蔔內部會形成纖維化，它的外表雖然變大，但質地卻鬆脆不結實，已經沒有食用的價值。

對應華語 華而不實、虛有其表、虎皮羊質、繡花枕頭、金玉其外，敗絮其中。

一畫 二畫 三畫 四畫 五畫 六畫 七畫 八畫 九畫 十畫 十一畫 十二畫 十三畫 十四畫

tua⁷ tsang⁵ tshiu⁷ kha¹ ho² im³ iann²

大欉樹跤好蔭影

解釋 欉：計算植物的單位。大欉：大棵。樹跤：樹下。蔭影：乘涼。

涵義 以有權勢的人做靠山，無論做什麼事都可以得到好處。

說明 太陽很大的時候，常可以看到人躲到大樹底下乘涼，因為大樹林蔭茂密，可以遮蔽陽光，就如同在大人物手底下做事，可以受到他的庇蔭一樣。

對應華語 大樹底下好乘涼。

tsu² si⁵ na⁷ khun³ tit⁴ khi³ khah⁴ iann⁵ leh⁴ tsiah⁸ poo² ioh⁸

子時若睏得去，較贏咧食補藥

解釋 子時：半夜十一點到凌晨一點。若：如果。睏得去：睡得著。較贏：勝過。咧：在。

涵義 在晚上十一點之前睡覺比吃補藥對身體更有益。

說明 按照中醫五行相生的原理，每個臟腑都有配合它血氣運行的時辰，半夜十一點到凌晨一點血氣剛好運行到肝臟，而肝臟是身體主要的排毒器官，如果這時候不睡覺，肝臟就無法得到充分的休息，肝功能不好，相對的排毒能力就會減弱，這樣身體就會累積越來越多的毒素，毒素不能排出去，即使吃再多的補藥也沒有用，所以還是早點睡對身體比較有益。

siau² jin⁵ po³ uan¹ sann¹ jit⁸ kun¹ tsu² po³ uan¹ sann¹ ni⁵

小人報冤三日，君子報冤三年

解釋 報冤：報仇。

涵義 做事有詳細規畫的人才能成功，如果太急進反而會失敗。

說明 小人心胸狹小，個性急躁，心中有仇怨忍不到三天，就急著上門找人報仇，由於他行事衝動，沒有周詳計畫，往往很容易失敗，君子個性沉穩，凡事都有詳細規畫，就算要報仇，也會等到一切都佈置妥當才會出手，所以每次都能成功。

對應華語 君子報仇，十年不晚。

sio² kng² hue¹ ki¹ ， bo⁵ hueh⁴ bo⁵ bak⁸ sai²

小 卷 花 枝 ， 無 血 無 目 屎

解釋 小卷：即是「透抽」，槍烏賊的一種，體型細長。花枝：即是「烏賊」，體型圓胖，呈半橢圓形，雄烏賊的背部有橫條紋，雌性的條紋較不明顯。目屎：眼淚。

涵義 形容人心腸冷酷，毫無人性。

說明 烏賊生活在水底之中，跟蛇一樣是屬於無體溫動物，牠的身體構造非常簡單，只有一個圓管，不像人類有血管分佈，牠的雙眼連接著足部，沒有淚腺，所以不會流淚，由於牠有這些特徵，所以就用此句諺語形容人冷血無情，就像小卷花枝一樣。

對應華語 冷血無情、冷血動物。

siau² kui² bo⁵ kinn³ kue³ tua⁷ liap⁸ ti¹ thau⁵

小 鬼 無 見 過 大 粒 豬 頭

解釋 無：沒有。大粒：大顆。豬頭：豬頭是七月普渡中常用的祭品。

涵義 形容人見識淺陋，沒有見過世面。

說明 小鬼只是一個小卒，平常沒有什麼機會，可以接受人類的祭拜，只有在七月普渡時，才能享受到人間的祭品，所以在普渡的祭品中看到這麼大粒的豬頭，覺得很驚訝，而「小鬼無見過大粒豬頭」便被前人用來形容人見識淺薄。

對應華語 見聞淺薄、坐井觀天、以管窺天、少見多怪、蜀犬吠日。

siau² kui² be⁷ kham¹ tit⁴ tua⁷ pah⁴ kim¹

小 鬼 膾 堪 得 大 百 金

解釋 膾堪得：無法承受。百金：金紙的一種。

涵義 形容人不敢領受別人的好意。

說明 依據收受對象的不同，紙錢可分為金紙和銀紙兩種，金紙是用來祭拜神明，銀紙是用來祭拜鬼魂，拿拜神用的金紙燒給小鬼，祂當然無福消受。

補充 依教育部2008年5月公布之台灣閩南語推薦用字第二批將「膾be⁷」寫作「袂be⁷」。

對應華語 無福消受。

一
畫

二
畫

三
畫

四
畫

五
畫

六
畫

七
畫

八
畫

九
畫

十
畫

十
一
畫

十
二
畫

十
三
畫

十
四
畫

sio² tsun⁵ be⁷ kham¹ tit⁴ tang⁷ tsai³

小 船 艙 堪 得 重 載

解釋 艙堪得：無法承受。載：貨物。

涵義 形容才能低下的人，難以承當大任。

說明 小船有承載的極限，如果放了太多的重物，會因為不堪負荷而沉
沒，人也是一樣，當壓力大過所能負荷的極限時，人便會崩潰，
所以每個人做事都應該先了解自己能力的底限量力而為。

補充 依教育部2008年5月公布之台灣閩南語推薦用字第二批將「艙
be⁷」寫作「袂be⁷」。

對應華語 小才難大用。

sio² im² sio² jin⁵ sim¹　tua⁷ im² goo⁷ liau² sin¹

小 飲 小 人 參 ， 大 飲 誤 了 身

解釋 飲：喝酒。誤：耽擱、拖累。

涵義 喝酒只能小酌，喝太多會傷身體。

說明 喝酒喝適量就像吃人參一樣，可以促進血液循環，有益身體健
康，但如果喝過量，不僅容易傷身，還會誤事，更嚴重的可能因
此而喪命。

suann¹ kho² i⁵　sing³ put⁴ kho² kai²

山 可 移 ， 性 不 可 改

解釋 性：性情、本性。

涵義 要改變一個人的本性是很困難的。

說明 山雖然高大，但只要有恆心、有毅力，總有一天能把它移平，
而人的個性是與生俱來的很難改變，就算因為環境的壓力稍作改
變，但過一段時間之後，還是會故態復萌，所以說「江山易改，
本性難移」。

對應華語 江山易改，本性難移。

suann¹ tsiah⁸ ma⁷ e⁷ pang¹

山 食 嘛 會 崩

解釋 嘛：也。崩：崩塌。

涵義 形容只有支出沒有收入，就算有再多的財富終會耗盡。

說明 俗話說「死水會乾」，一個人如果成天好吃懶做，不事生產，即使家裡有像山那樣的財富，總有一天也會被敗光，所以做人還是要工作，免得坐吃山空。

對應華語 坐食山空、坐吃山崩、立吃地陷。

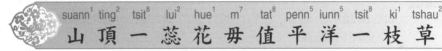

suann¹ ting² tsit⁸ lui² hue¹ m⁷ tat⁸ penn⁵ iunn⁵ tsit⁸ ki¹ tshau²

山頂一蕊花毋值平洋一枝草

解釋 毋值：不如。平洋：平地。

涵義 形容人懷有才能卻苦無施展的機會。

說明 山頂上的花朵，由於生長在高山深谷之中，一般人很少會去那裡，所以不論它多麼的美麗芳香，也沒有人知道，而長在平地的草，雖然不名貴卻處處可見，偶爾聞聞青草的芳香，會覺得很親切，所以山頂上漂亮的花永遠也比不上我們身旁平凡無奇的草。

對應華語 懷才不遇、蛟龍失水、英雄無用武之地。

suann¹ ting² bo⁵ ho² kio³ suann¹ kha¹ bo⁵ ho² in³

山頂無好叫，山跤無好應

解釋 山跤：山下。應：回應。

涵義 你如何對待別人，別人就如何對待你。

說明 你對別人說話時口氣不好，態度不禮貌，別人回應你的，當然也不會是什麼好臉色，就如同你在山頂上喊叫，如果你喊的不清楚，所聽到的回音當然也是不清楚的。

suann¹ o¹ bo⁵ keh⁴ me⁵ nng⁷

山窩無隔暝卵

解釋 山窩：山洞。隔暝：隔夜。卵：蛋。

涵義 形容人沒有儲蓄的習慣，有多少就花多少。

說明 蛇喜歡吃蛋，山洞裡面如果有蛋，早就被蛇吃光，哪可能還讓它完好無缺的留到隔天，所以前人就用這句諺語，形容人花錢沒有節制，賺多少就花多少。

suann¹ ti¹ m⁷ bat⁴ tsiah⁸ bi² khng¹

山 豬 毋 捌 食 米 糠

解釋 毋捌：不懂。米糠：米的外殼。

涵義 形容人見識淺陋。

說明 米糠是豬農用來養豬的飼料，山豬生長在山裡，沒人餵養，再加上山裡不產稻米，所以山豬從沒吃過米糠，就算把米糠放在面前，牠也不認識。

對應華語 見聞淺薄、坐井觀天、以管窺天、少見多怪、蜀犬吠日。

suann¹ niau¹ siau³ siunn⁷ hai² hi⁵

山 貓 數 想 海 魚

解釋 數想：空想、妄想。

涵義 比喻人沒有自知之明，妄想得到能力之外的東西。

說明 貓喜歡吃魚，山貓在山上沒魚可吃，當然會想到海邊去捉魚，但是貓怕水，看到水就不敢靠近，這要怎麼抓海魚，所以山貓想吃海魚，根本就是癡心妄想。

對應華語 不自量力、癡心妄想、癩蝦蟆想吃天鵝肉。

suann¹ thau⁵ bo⁵ hue² hun¹ khe¹ pinn¹ bo⁵ too⁷ tsun⁵

山 頭 無 火 燻 ， 溪 邊 無 渡 船

解釋 火燻：炊煙。

涵義 形容地方偏僻荒涼，看不到一戶人家。

說明 不管要煮什麼東西都必須先生火，有火就會產生炊煙，有炊煙就代表這個地方有人住，而船是人渡河的主要工具，如果這個地方有船，就代表有人居住在這裡。

對應華語 渺無人煙。

suann¹ ke¹ siunn⁷ tsui² ah⁴

山 雞 想 水 鴨

解釋 想：妄想。

涵義 形容人自不量力，沒有估量自己有多少能力，就想做和別人一樣的事情。

說明 山雞生活在山林之中，能跑能飛卻不會游泳，因此很羨慕水鴨，希望自己也能像水鴨那樣，在水中自由的游來游去，但這是不可能的事，因為山雞跟水鴨的天賦根本不相同，如果山雞硬要當水鴨，最後的結果可能就是淹死，所以人還是要做自己能力所及的事。

對應華語 異想天開、不自量力、癡心妄想。

suann¹ kuan⁵ u⁷ lang⁵ kiann⁵ ， tsui² tshim¹ u⁷ tsun⁵ kiann⁵

山 懸 有 人 行 ， 水 深 有 船 行

解釋 懸：高。

涵義 形容不管如何危險的地方都會有人去。

說明 山即使很高、很險峻，還是會有人跑去攀登，河即使再深、水流再湍急，還是會有人去行船，所以不論這地方有多危險，還是會有人冒險前去。

kang¹ hu¹ tsai⁷ tshiu² ， put⁴ tsai⁷ tsa² uann³

工 夫 在 手 ， 不 在 早 晏

解釋 工夫：技藝。在手：專精、厲害。晏：遲、晚。

涵義 形容有些技能是天生就會的，不是後天學習可得的。

說明 我們看到某個演員從來沒受過戲劇訓練，一開始演戲就演得入木三分，大家就會稱讚他是天生的藝人，同樣的某人對某些技藝很拿手，這是因為他天生就具備這樣才能，所以可以很快上手，這並不是學藝時間長短的問題。

kang¹ jiº be⁷ tshut⁴ thau⁵

工 字 𣍐 出 頭

解釋 𣍐：不會。出頭：出人頭地。

涵義 形容做工人沒有前途。

說明 做工人是靠出賣勞力為生，不僅工作辛苦，危險性又高，一旦年紀大了，體力衰退，就沒有工作可做，做工人是沒有升遷可言，即使做了一輩子，頂多做到工頭，所以說「工字𣍐出頭」，就是這個原因。

補充 依教育部2008年5月公布之台灣閩南語推薦用字第二批將「𣍐

be⁷」寫作「袂be⁷」。

khang¹ khue³ kah⁴ senn³ mia⁷ penn⁵ tng⁵

工 課 佮 性 命 平 長

解釋 工課：工作。佮：和、與。平長：一樣長。

涵義 形容工作很多永遠都做不完。

說明 工作跟生命一樣的長，這意謂著人只要還活著，就有做不完的工作，既然工作是一輩子都做不完的，那何不稍作休息讓自己喘口氣，做那麼急幹什麼。

kan¹ ta¹ beh⁴ puah⁸ pue¹ m⁷ kam¹ tiam² tsit⁸ ki¹ hiunn¹

干 焦 欲 跋 桮 ， 毋 甘 點 一 枝 香

解釋 干焦：只有。欲：要。跋桮：擲杯筊。毋甘：捨不得。

涵義 形容人非常吝嗇小氣。

說明 一般人有事想請菩薩幫忙時，都會先點枝香告知菩薩，然後再擲杯筊，請求菩薩指點迷津，但小氣的人卻不採用這種方式，他只願意擲杯筊，連一枝香都捨不得點。

對應華語 一毛不拔、視錢如命、一文不與。

四 畫

不孝有三，無後為大

put⁴ hau³ iu² sam¹　bu⁵ hio⁷ ui⁵ tai⁷

解釋 後：後代。為：是。

涵義 沒有兒子繼承宗嗣是最大的不孝。

說明 這句話出自《孟子離婁篇》：「不孝有三，無後為大。舜不告而娶，為無後也，君子以為猶告也。」不孝的情況有三種：一、阿諛曲從，陷親不義；二、家貧親老，不為祿仕；三、不娶無子，絕先祖祀，而這三不孝，以沒有娶親，斷絕宗嗣，為最大的不孝。

對應華語 香火斷絕、後繼無人、絕代無嗣。

不孝新婦三頓燒，

put⁴ hau³ sin¹ pu⁷ sann¹ tng³ sio¹

有孝查某囝路裡搖

iu² hau³ tsa¹ boo² kiann² loo⁷ li² io⁵

解釋 新婦：媳婦。三頓：三餐。有孝：孝順。查某囝：女兒。

涵義 比喻在身邊有瑕疵但實用的東西，勝過在遠方完美卻不能使用的東西。

說明 媳婦雖然不孝，但仍會定時煮好三餐，不至於讓公婆挨餓，而女兒雖然孝順，但已經出嫁不在身邊，就算有心要照顧父母，也無法兩邊兼顧。

中大家意，毋中小姑意

ting³ ta¹ ke¹ i³　m⁷ ting³ sio² koo¹ i³

解釋 中意：滿意。大家：婆婆。小姑：丈夫的妹妹。

涵義 形容做一件事情很難讓每一個人都滿意。

說明 以前的傳統社會媳婦很難為，因為要把一家子，每個人都侍候的很滿意，實在很困難，有時一件事顧全了婆婆這邊，但是小姑那邊就不能兼顧，所以說「順了姑意，逆了嫂意」。

對應華語 順了姑意，逆了嫂意。

一
畫

二
畫

三
畫

四
畫

五
畫

六
畫

七
畫

八
畫

九
畫

十
畫

十
一
畫

十
二
畫

十
三
畫

十
四
畫

ting³ tsu² lang⁵ i³   pian⁷ si⁷ ho² kang¹ hu¹

中主人意，便是好工夫

解釋 中意：滿意。便是：即是。工夫：手藝、技藝。

涵義 能符合主人心意的，就是最好的手藝。

說明 技藝這項東西很難評斷好壞，因為每個人都有主觀的看法，你認為是壞的，別人卻不認為，你認為是好的，別人不見得也認為它是好的，所以只要做出來的東西，能符合主人心意，就是好的手藝。

tiong¹ lian⁵ sit⁴ tshe¹ tshin¹ tshiunn⁷ sann¹ hue³ gin² a² bo⁵ lau⁷ pe⁷

中年失妻親像三歲囡仔無老爸

解釋 親像：好像。囡仔：小孩子。老爸：父親。

涵義 形容中年喪妻的悲哀。

說明 三歲小孩失去父親，是很悲慘的事，因為小孩三歲並無照顧自己的能力，如果失去父親，生活會變得很悲慘；而夫妻是生活上的伴侶，中年喪妻不僅失去照顧他生活的人，也少了一個可以相依的人，所以中年喪妻就像小孩三歲喪父那樣的悲慘。

hoo⁷ lang⁵ pau¹ ann⁷ to¹ bo⁵ kau³

予人包餡都無夠

解釋 予人：給人。餡：餡料。無夠：不夠。

涵義 形容人的實力和對方相差太遠。

說明 餡料是包在包子裡面的，讓人包在裡面，表示實力輸人才會被包在裡面，如果連讓人家當餡料都還不夠，表示雙方的實力，實在相差太多。

對應華語 天差地別。

hoo⁷ lang⁵ phui³ tshui³ nua⁷

予人呸喙瀾

解釋 予人：給人。呸：吐。喙瀾：口水。

涵義 被別人唾棄、看不起。

說明 我們看一些古裝戲時，常會看到這樣的戲碼，有某個奸臣陷害忠

良、通敵賣國，在東窗事發之後，被押往刑場準備處決，沿路兩旁的路人，都會朝著他的臉吐口水、丟石頭，所以吐口水就表示唾棄或看不起這個人的意思。

對應華語 眾毀所歸。

 hoo⁷ lang⁵ pho⁷ khi³ tiann² sah⁸ iau² m⁷ tsai¹ ping² ping⁵
予 人 抱 去 鼎 煠 猶 毋 知 反 爿

解釋 予人：給人。鼎：以前農業社會時，用來煮菜、煮飯、燒水的一種大鍋。煠：烹調方式的一種，將水煮沸後，投入食物。毋：不。反爿：翻面。

涵義 形容人被別人賣了，還不知道要逃脫。

說明 我們的手只要一碰到熱的東西，都會很快移開，不可能整個人被放到鍋子烹煮，還不知道要掙脫逃走，這裡只是比喻人被別人出賣了，還全然不知。

對應華語 被人賣了，還幫人數鈔票。

 hoo⁷ lang⁵ khue³ kha¹ to¹ hiam⁵ tin³ te³
予 人 架 跤 都 嫌 鎮 地

解釋 予人：給人。架跤：擱腳。鎮地：佔地方。

涵義 此語有兩義：①形容人沒有價值，被人瞧不起。②比喻為人做牛做馬，但別人卻不領情（此義較常使用）。

說明 當我們站太久或走太累時，會把腳擱在椅子、桌子等高的東西上面休息，所以腳墊對人還是有貢獻的，現在讓人當腳墊擱腳，別人不但不領情，還嫌我們佔位置，真是沒良心。

 hoo⁷ lang⁵ tso³ bah⁴ tiam¹
予 人 做 肉 砧

解釋 予人：給人。肉砧：砧板。

涵義 形容人只能任由別人欺負卻無力反抗。

說明 一般人切菜或切肉時都會放一塊砧板在下面，這樣不但好切也不會割壞灶台，所以做人家的砧板，只有任人宰割的份。

對應華語 任人宰割、人為刀俎，我為魚肉。

hoo⁷ lang⁵ be⁷ tham³ thiann¹ tit⁴

予人獪探聽得

解釋 予人：給人。獪：不。探聽：打聽。

涵義 形容人的言行舉止不端正或是品德有重大的缺失。

說明 以前沒有自由戀愛，男女結婚都是憑媒妁之言來決定的，由於男女在結婚之前都沒有見過面，不知道對方的家教、品行如何，所以都會先派人去探聽對方的情形，再來決定訂親的事，這句諺語多用在打探女孩子的親事上面。

補充 依教育部2008年5月公布之台灣閩南語推薦用字第二批將「獪be⁷」寫作「袂be⁷」。

hoo⁷ lang⁵ phian³ iau² e⁷ khun³ tit⁴

予人騙猶會睏得

解釋 予人：給人。猶：仍然。睏得：睡得著。

涵義 被別人騙了還睡得著。

說明 一般人被別人騙了多半會氣惱大半天，然後懷恨在心，整天想著要如何報復，所以連覺都睡得不安穩，人被騙還睡得著，只有兩種可能，一是他已經想開不再計較，另一種可能就是他根本沒知覺，被人家騙了也不會覺得怎樣。

hoo⁷ li² tsiah⁸ hoo⁷ li² ing⁷

予你食，予你用，

hoo⁷ li² tso³ lang⁵ bo⁵ loo⁷ ing⁷

予你做人無路用

解釋 予你：給你。無路用：沒有用處。

涵義 此語有兩義：①形容人花費金錢卻養到沒有用處的孩子。②形容錢用在不值得花費的東西上。

說明 這是父母責備孩子的話。父母每天辛苦工作，就是希望能給兒女一個好的成長環境，但是有些小孩卻很不爭氣，不但不學好，還跟一些不良分子鬼混，父母在痛心之餘，就會用這些話來責罵孩子。

hoo⁷ kau² tsiah⁸ ma⁷ e⁷ io⁵ bue²

予 狗 食 嘛 會 搖 尾

解釋 予：給。嘛：也。

涵義 形容人接受別人的恩惠，卻不知感恩。

說明 養過狗的人都知道，我們拿食物給狗吃時，狗會向你搖搖尾巴表示謝意，狗是動物都知道向人感恩，更何況是萬物之靈的人類，做人如果不知道感恩，簡直比狗還不如。

對應華語 忘恩負義。

tsenn² tsui² hua³ tso³ tsiu² koh⁴ hiam⁵ ti¹ bo⁵ tsau¹

井 水 化 做 酒 擱 嫌 豬 無 糟

解釋 擱：還。糟：酒糟。

涵義 形容人貪心不知足。

說明 大部分的酒都是用五穀釀造的，所以到最後有酒糟可以濾出，酒糟並沒有多大的用處，只能作飼料，如果只用井水來釀酒，當然沒有酒糟；別人用井水幫你釀酒，你不但不感激，還嫌棄沒有酒糟可餵豬，可見這個人真是貪心不足。

補充 依教育部2007年5月公布之台灣閩南語推薦用字第一批將「擱 koh⁴」寫作「閣koh⁴」。

對應華語 得寸進尺、得隴望蜀、貪得無厭、貪心不足。

tsenn² te² tsui² ke¹ m⁷ tsai¹ thinn¹ lua⁷ tua⁷

井 底 水 雞 毋 知 天 偌 大

解釋 水雞：青蛙。偌大：多大。

涵義 形容人眼界狹窄、見識淺短。

說明 住在井中的青蛙從來沒有離開過井裡一步，因此不知道外面的天空有多廣闊，由於牠抬頭所看到的天空，只有井口那樣的大小，所以就以為天空只有這麼大。

對應華語 坎井之蛙、坐井觀天、以管窺天、以蠡測海、一孔之見、井中之魚、牖中窺日。

一畫
二畫
三畫
四畫
五畫
六畫
七畫
八畫
九畫
十畫
十一畫
十二畫
十三畫
十四畫

tsenn² bo⁵ kham³ kua³ hai² bo⁵ lan⁵

井無籠蓋海無欄

解釋 籠：遮蓋。欄：欄杆。

涵義 井口沒有蓋蓋子，大海沒有欄杆，你怎麼不跳下去死。

說明 以前婦女為了保護自己的貞節，常會投井自盡，有些人想不開也會跑去河邊跳水自盡，因為井口沒有蓋子，海邊也沒有欄杆，如果要自殺是非常容易的事，所以這句諺語是咒罵別人，叫人家去死。

補充 當「籠kham³」解釋為「遮蓋」時，依教育部2009年10月公布之台灣閩南語推薦用字第三批將「籠kham³」寫作「崁kham³」。

tsenn² lan⁵ khuann³ tso³ tsioh⁸ tsing¹ khu⁷

井欄看做石舂臼

解釋 欄：欄杆。石舂臼：舂米的石臼。

涵義 比喻人認錯對象。

說明 有些井並沒有設井欄，也沒有蓋蓋子，兒童在旁邊嬉戲，一不小心就會掉進井裡，為了保護兒童的安全，大人就在井邊設置井欄，由於井欄是用石頭砌成的，從遠處看很像石舂臼，所以就用「井欄看做石舂臼」來比喻人認錯對象。

對應華語 張冠李戴、錯認顏標、錯把馮京當馬涼。

hoo⁷ siong¹ lau³ khui³ kiu⁵ tsin³ poo⁷

互相漏氣，求進步

解釋 漏氣：洩氣。

涵義 互相挑彼此的短處，以求改善進步。

說明 漏氣就是揭露對方的底牌，挑出他的缺點，如果在大庭廣眾之下做這件事，很容易讓對方下不了台，而「互相漏氣」是以一種比較輕鬆、開玩笑的方式，來指出對方的缺點，讓對方接受並改進。

補充 依教育部2009年10月公布之台灣閩南語推薦用字第三批將「漏lau³」寫作「落lau³」。

goo⁷ tau² oo⁵ kua³ kuann⁷　　tua⁷ kan¹

五斗壺掛摜，大矸

解釋　斗：一斗十升。摜：東西的提把。

涵義　形容人非常的奸詐。

說明　壺跟矸都是容器，壺的外型矮胖，矸的外型細長，五斗壺的體積很大，如果從提把將它橫提起來，看起來就像一個大型的矸，而「大矸」跟「大奸」諧音，所以就用這句諺語形容人非常的奸詐。

goo⁷ kin¹ han⁵ tsi⁵ tshau³ peh⁴ tsap⁸ it⁴ niu²

五斤番薯臭八十一兩

解釋　斤：一斤有十六兩。臭：壞掉。

涵義　此語有三種意思：①比喻事情非常的糟，壞透了。②形容人捅出紕漏，惹了麻煩。③比喻女子未婚懷孕。

說明　一斤有十六兩，五斤番薯應該是八十兩，但是臭掉的番薯秤起來卻有八十一兩，多出的一兩，就是番薯發臭之後所產生的臭水。

goo⁷ pah⁴ lang⁵ tong⁵ kun¹　　goo⁷ pah⁴ lang⁵ tong⁵ tshat⁸

五百人同軍，五百人同賊

解釋　五百人：比喻人很多。

涵義　形容雙方相互對立，壁壘分明。

說明　軍就是兵，兵跟賊的立場是對立的，這五百人一同當兵，那五百人一起作賊，雙方的立場各不同，壁壘分明，所以前人就用這句諺語，形容雙方相互對立，立場分明。

對應華語　涇渭分明、壁壘分明。

ngoo² hoo² ha⁷ se¹ san¹

五虎下西山

解釋　下：下山。

涵義　形容人來勢凶猛。

說明　我們看一些壁上的掛圖，畫家所畫的猛虎下山圖，圖中的老虎都是氣勢非凡，一隻老虎下山氣勢就這麼大，五隻老虎下山，更是來勢洶洶，因此前人便以此，形容人來時氣勢盛大。

一　畫
二　畫
三　畫
四　畫
五　畫
六　畫
七　畫
八　畫
九　畫
十　畫
十一畫
十二畫
十三畫
十四畫

對應華語 來勢洶洶。

goo⁷ si⁵ tso³ ioh⁸　　lak⁸ si⁵ tso³ tsioh⁸
五 時 做 藥 ， 六 時 做 石

解釋 五時：辰時，早上七點到九點；古代用地支計時，一天十二個時辰，第五個是辰時。六時：巳時，早上九點到十一點。

涵義 形容物品價格變動迅速。

說明 藥是一種珍貴的藥材，所以價格昂貴，而石頭在路邊隨手皆可拾得，根本沒什麼價值，同樣一件東西，在早上七點到九點之間做出來，可以賣到好價錢，但隔了兩小時之後，就變得一文不值，可見這物品的價格變動快速。

對應華語 一日三市。

ngoo² kui² tsuat⁸ bing⁷ e⁵ soo² tsai⁷
五 鬼 絕 命 个 所 在

解釋 絕命：喪命。个：的。所在：地方。

涵義 形容地方偏僻、蠻荒、險惡。

說明 五鬼即是五方鬼，東方青鬼、南方紅鬼、西方白鬼、北方黑鬼、中間黃鬼，鬼沒有形體不像人類那麼容易受傷，但如果連鬼都會在此喪命，表示這個地方非常的險惡。

補充 當「个e⁵」解釋為「的」時，依教育部2007年5月公布之台灣閩南語推薦用字第一批將「个e⁵」寫作「的e⁵」。

goo⁷ tsinn⁵ ti¹ a² kua³ tsit⁸ ki¹ tshui³
五 錢 豬 仔 ， 掛 一 支 喙

解釋 五錢豬仔：發育不良的小豬。喙：嘴。

涵義 形容人沒才學卻喜歡到處賣弄。

說明 發育不良的小豬，身體瘦小，全身上下沒一點肉，只剩豬嘴還會嚎叫，所以值不了幾個錢，這就像沒有才學的人，肚子空無一物，卻喜歡到處去吹牛，賣弄自己。

對應華語 半瓶水響叮噹。

jin⁵ gi⁷ bok⁸ kau¹ tsai⁵   kau¹ tsai⁵ jin⁵ gi⁷ tsuat⁸

仁義莫交財，交財仁義絕

解釋 莫：不要。交：來往。絕：斷。

涵義 與人交往不要涉及錢財。

說明 人都是貪婪好財的，凡事只要牽扯到金錢，就算是親骨肉也會撕破臉，所以與人交往，最好不要有錢財上的往來，只要一牽扯到金錢，連朋友也無仁義可言。

kim¹ se³ tso³   au⁷ se³ po³

今世做，後世報

解釋 報：果報。

涵義 今生所做的事，來世就會得到報應。

說明 俗話說：「欲知前世因，今生受者是，欲知來世果，今生做者是」，前世今生之間都有一種因果關係，今生你種下什麼因，來世就會得到什麼果報。

對應華語 前世因，今生果。

in² lang⁰ khah⁴ tsham² khiam³ lang⁰

允人較慘欠人

解釋 允：答應。

涵義 失信比欠債讓人更瞧不起。

說明 信義代表一個人的人格，所以做人要講誠信，如果答應別人事情，就應該盡全力去實現，否則便是背信，背信比欠債更讓人瞧不起。

lai⁷ suann¹ song⁵   hai² khau² gong⁷

內山俗，海口戇

解釋 內山：深山。俗：土、俗氣。海口：海邊。戇：傻。

涵義 說明住在山裡的人很土，住在海邊的人很傻。

說明 住在深山的人，因為沒見過世面，所以不論穿著或言談都很土氣；住在海邊的人，以捕魚為生，生活單純，所以天性純厚憨直。

一畫
二畫
三畫
四畫
五畫
六畫
七畫
八畫
九畫
十畫
十一畫
十二畫
十三畫
十四畫

147

lai⁷ suann¹ tshenn¹ m² bo⁵ ue⁷ kong² tshing⁵ peh⁴ lui⁵

內 山 親 姆 無 話 講 松 柏 瘤

解釋 親姆：親家母。松柏瘤：松果。

涵義 形容雙方沒有話題，找一些無關緊要的內容來聊天。

說明 親家母到親家的家中拜訪，通常親家見面雙方都會閒話家常，但是雙方一個住在山裡，一個住在都市，所以沒有共同的話題，只能拿松果來當話題聊天。

lai⁷ sin⁵ thong¹ gua⁷ kui²

內 神 通 外 鬼

解釋 通：串通。

涵義 自己人勾結外人一起做壞事。

說明 家裡奉祀的神勾結外面的鬼，做出一些對家裡不利的事，內神是家中奉祀的神，對家裡的情況瞭若指掌，如果祂勾結外鬼，家裡將會被害的家破人亡，所以前人便以此句諺語，形容人勾結外人，一起謀害自家人。

對應華語 內外勾結、裡勾外連、裡應外合。

lai⁷ khoo³ tshing⁷ tian¹ to³ ping²

內 褲 穿 顛 倒 反

解釋 顛倒反：倒反。

涵義 喻人做了壞事，卻沒有做好善後工作，反而還留下證據。

說明 有些男人背著老婆，在外面跟女人亂來，以為神不知鬼不覺，但是他沒留意到自己完事之後，把內褲穿錯邊，結果一回去就被老婆抓個正著。

lak⁸ gueh⁸ kua³ tshai³ ke² u⁷ sim¹

六 月 芥 菜 假 有 心

解釋 芥菜：蔬菜名。

涵義 喻人虛偽造作，假情假意，毫無誠心。

說明 芥菜長到冬天的時候，菜的中心會長出新的內葉，新葉會逐漸向中心捲起包成結實的一團，這一團就是俗稱的「芥菜仁」或「芥

菜心」。而六月的芥菜，因為天氣溼熱，外層的葉子會長得較豐碩，看起來好像中間有心，但實際上並沒有，所以人們就用六月的芥菜，來形容人虛偽，無心卻又假裝有心。

對應華語 虛情假意、假情假意。

---

lak⁸ gueh⁸ ham¹　　khui¹ tshui³ tshau³

六 月 蚶 ， 開 喙 臭

解釋 蚶：蛤蜊。開喙：張口說話。

涵義 形容人的嘴巴，說不出好話。

說明 蛤蜊生長在魚塘或淺灘，平時棲息在沙土之中，以濾食水中的營養物質維生，六月天氣炎熱，蛤蜊很容易被曬死，曬死的蛤蜊，它的殼會張開，散發出濃濃的臭味，所以前人就用這句諺語，形容人張口說不出一句好話。

對應華語 狗嘴裡吐不出象牙。

---

lak⁸ gueh⁸ mi⁵ phue⁷　　king² lang⁵ kah⁴

六 月 棉 被 ， 揀 人 蓋

解釋 揀：挑、選。

涵義 形容人的行為很特別，與眾不同。

說明 六月已經進入夏天，夏天天氣炎熱，大多數的人都不會蓋棉被，只有一些身體比較虛弱的人才需要棉被，所以前人就用這句諺語，形容人特立獨行，與眾不同。

對應華語 特立獨行。

---

lak⁸ gueh⁸ be⁷ hue² lang¹

六 月 賣 火 籠

解釋 火籠：小火爐。

涵義 形容人所做的事不符合當時的情勢和需要。

說明 六月已經進入夏天，夏天天氣炎熱，沒有人會去買火爐回來烘手，就如同沒有人會在冬天買扇子回來搧風一樣，所以六月賣火爐，根本就不合時宜。

對應華語 冬扇夏爐、不合時宜。

lak⁸ si² sann¹ lau⁵ tsit⁸ hue⁵ thau⁵

六 死 三 留 一 回 頭

解釋 回頭：轉回去。

涵義 形容當初漢人渡海來台的艱辛。

說明 古代的航海技術並不發達，只能靠木帆船來橫渡台灣海峽，台灣海峽有很多的暗流，尤其在澎湖群島風櫃尾和虎井兩孤島之間海流湍急，非常的凶險，被稱作「黑水溝」，由於很多渡海的船都是翻覆在這暗流之中，能平安到達台灣的很少，所以才會有這個諺語的出現。

lak⁸ bin⁷ tau⁵ a² tsiam³ bo⁵ puann³ bin⁷

六 面 骰 仔 佔 無 半 面

解釋 骰仔：骰子。

涵義 形容一件事情毫無贏面。

說明 玩過骰子的人都曉得，當我們把骰子丟出去，一定會有一面的點數是立在最上面的，不可能連一面都沒有，除非是賭神的特技表演才有可能，所以「六面骰仔佔無半面」，形容人對某件事情沒有勝算。

liok⁸ bu⁵ sio² sin⁵ sian¹ tsit⁸ kin¹ peh⁴ niu² ka¹ ki⁷ hian¹

六 無 小 神 仙 ， 一 斤 八 兩 家 己 掀

解釋 六：六親，即是「父、母、兄、弟、妻、子」。家己：自己。

涵義 單身有好處，也有壞處。

說明 根據命書的記載，沒有六親的人，是天生孤苦之命，沒有貴人相助，無論做什麼事都只能靠自己，這句話也可以用來形容單身的人，因為身邊沒人照顧，凡事都得自己動手做。

kong¹ u⁷ kong¹ tsing⁵ li² po⁵ u⁷ po⁵ tsing⁵ li²

公 有 公 情 理 ， 婆 有 婆 情 理

解釋 情理：道理。

涵義 形容雙方各有道理。

說明 同樣一件事，因為每個人的立場不同，看事情的角度也就不一

樣，結果當然也不相同，但結果不同並不代表沒道理，老公跟老婆兩個人的說法雖然不相同，但是雙方卻各有道理。

對應華語 公說公有理，婆說婆有理。

---

kong¹ ma² thiann³ tua⁷ sun¹　　pe⁷ bu² thiann³ se³ kiann²
公 媽 痛 大 孫 ， 爸 母 痛 細 囝

解釋 公媽：爺爺奶奶。痛：疼愛。爸母：父母。細囝：小兒子。

涵義 形容爺爺奶奶比較疼愛長孫，爸爸媽媽比較疼愛小兒子。

說明 爺爺奶奶會比較疼愛長孫，是因為長孫是他們的第一個孫子，有了這個孫子，表示香火得到了傳繼，爸爸媽媽會比較疼愛么兒，是因為老么出生時，其他的兄姊都已經大了，只有這個么兒需要照顧，也只有他還會向父母撒嬌，所以父母當然會更疼愛他。

補充 依教育部2009年10月公布之台灣閩南語推薦用字第三批將「痛thiann³」寫作「疼thiann³」。

---

kong¹ hak⁸ thak⁸ lak⁸ tang¹　　m⁷ bat⁴ sai² hak⁸ a² pang¹
公 學 讀 六 冬 ， 毋 捌 屎 礐 仔 枋

解釋 公學：日治時代稱學校為「公學校」。冬：年。毋捌：不認識。屎礐：糞坑。枋：木板。

涵義 形容人只會死讀書，不會將它應用在日常生活上面。

說明 以前教育並不普及，能夠到公學讀書並讀完六年，已經算是很有學問，但是讀了六年的書，卻不認識糞坑旁邊的木板，可見這個人只是死讀書，不能學以致用。

對應華語 兩腳書櫥、食而不化、滿腹死書、鑽故紙堆。

---

kong¹ tshin¹ pian³ su⁷ tsu²
公 親 變 事 主

解釋 公親：調解人。事主：當事人。

涵義 形容人好心去調解別人的事端，卻被捲入變成當事人。

說明 有人非常好心，在路上遇到一群人在吵架，便跑過去勸架，居中協調當和事佬，但沒想到一言不合，反倒被大家痛毆一頓，結果調解人變成當事人。

kong¹ thiann¹ bo⁵ lang⁵ sau³　　kong¹ tshin¹ tsiann⁵ bo⁵ lang⁵ kio³ tsiah⁸ tau³

公廳無人掃，公親情無人叫食畫

解釋 公廳：供奉同一祖先牌位的公有廳堂。親情：親戚。食畫：吃午飯。

涵義 形容人非常自私，對於公眾的事務沒有人願意去處理。

說明 人都是自私的，自己的家裡打掃的乾乾淨淨，但大家公有的公廳，反而沒有人願意打掃整理，就像幾房公有的親戚來訪，卻沒有人願意請他過去吃午餐一樣。

對應華語 公堂眾屋沒人掃、三個和尚沒水喝。

kong¹ thiann¹ thoo⁵ kha¹ tshiunn⁷ tshenn¹ thi⁵

公廳塗跤上青苔，

kong¹ kai³ tik⁴ pho⁷ bo⁵ tik⁴ tshi³

公界竹篰無竹刺

解釋 公廳：供奉同一祖先牌位的公有廳堂。塗跤：地上。上：長。竹篰：種在交界上當記號的竹子。

涵義 形容人非常自私，對於公眾的事務沒有人願意去處理。

說明 公有的廳堂沒人願意去打掃，任由地上生青苔，但是私有土地卻打掃的很勤勞，連竹刺都拔光，所以說「三個和尚沒水喝」，人越多，越沒有人會去理會公眾的事務。

對應華語 公堂眾屋沒人掃、三個和尚沒水喝。

pun¹ bo⁵ penn⁵　　phah⁴ kau³ ji⁷ kau² me⁵

分無平，拍到二九暝

解釋 拍：打。二九暝：除夕夜。

涵義 形容處事如果不公會引發亂事。

說明 我們處事如果不公，別人一定會心生不平，甚至起來反抗而引發亂事，所以不管做任何事情，都要公平公正，這樣大家才能心悅臣服。

對應華語 不平則鳴。

thian¹ put⁴ iong⁵　te⁷ put⁷ tsai³
天 不 容 ， 地 不 載

解釋 載：承。

涵義 形容人做了罪大惡極的事，為眾人所不容。

說明 天不容他，地也不願意負載他。天地生育萬物，萬物依附其上而生存，如果連天地都不願意承載這個人，可見他所做的事，是多麼的罪大惡極，連天地都難容。

對應華語 天地不容。

thinn¹ kong¹ senn¹ leh⁴ ngia⁵ ma² tsoo²
天 公 生 咧 迎 媽 祖

解釋 天公生：農曆正月初九是玉皇大帝的生日。咧：在。迎：抬。

涵義 此語有兩義：①形容人所做的事不符合當時的情勢和需要。②形容兩件事情不相同，不可以湊在一起。

說明 玉皇大帝是所有神明中神格最高的神，每逢玉皇大帝的生日，有的信徒會去本地的天公廟參拜，有的信徒則在家中設供桌祭拜；在玉皇大帝生日的時候，把媽祖神轎抬出來遶境，這根本就是搭錯線，不合時宜。

對應華語 冬扇夏爐、不合時宜。

thinn¹ kong¹ thiann³ gong⁷ lang⁵
天 公 痛 戇 人

解釋 痛：疼惜。戇人：傻人、老實人。

涵義 老天爺特別疼惜傻人。

說明 傻人心地善良，為人老實沒有心機，做任何事情都盡心盡力，不會斤斤計較，因為沒有得失計較之心，心情自然愉快，每天吃得飽，睡得好，所以身體越來越健康，就好像老天爺特別照顧他一樣。

補充 依教育部2009年10月公布之台灣閩南語推薦用字第三批將「痛thiann³」寫作「疼thiann³」。

一畫 二畫 三畫 四畫 五畫 六畫 七畫 八畫 九畫 十畫 十一畫 十二畫 十三畫 十四畫

thinn¹ kong¹ bo⁵ bak⁸ tsiu¹

天 公 無 目 睭

解釋 目睭：眼珠。

涵義 感嘆天道不公，作惡者沒有應得的報應。

說明 我們看到某些人遭受陷害含冤而死，但兇手仍然逍遙法外，眾人拿他無可奈何，這時受害者的家屬都會氣憤不平的在死者的靈堂前哭訴，老天不長眼睛，這世上沒有天理。

對應華語 老天無眼、天道不公。

thinn¹ senn¹ ban⁷ but⁸ hoo⁷ lang⁵　　lang⁵ bo⁵ puann³ hang⁷ hoo⁷ thinn¹

天生萬物予人，人無半項予天

解釋 予：給。

涵義 勸人要好好的珍惜大自然的一切。

說明 人類所有一切，不管食衣住行全是取之於大自然，天地生養萬物給人，而人類給了大自然什麼，除了濫墾、濫伐、製造垃圾、空氣污染、破壞生態、濫殺野生動物……這些傷害之外，沒有什麼，地球只有一個，我們應當要好好的珍惜大自然的一切。

thinn¹ te⁷ tshia¹ pun³ tau²　　khe¹ tsui² to³ thau⁵ lau⁵

天 地 捙 畚 斗 ， 溪 水 倒 頭 流

解釋 捙畚斗：翻跟斗。倒頭：倒過來。

涵義 感嘆天道淪喪，天地一片混亂，毫無正義可言。

說明 天地本來依循四時節氣、寒暑變化而運行，溪水順著地勢，由高往低處流，人依照仁義情理行事，但是現在由於人道淪喪，導致天地失序，連溪水都倒過來流，所以如果想要天地恢復秩序，人就要依照人情義理來行事。

thinn¹ te⁷ inn⁵ lin³ lin³　　tshuan³ go⁷ si⁷ tuann¹ sin¹

天 地 圓 輾 輾 ， 串 餓 是 單 身

解釋 圓輾輾：很圓。串：老是。單身：獨身、一人。

涵義 形容單身者無人照顧，比較容易挨餓受凍。

說明 天圓地廣萬物都得到上天的滋養，只有單身漢總是挨餓受凍，這

是因為單身漢沒有經濟壓力跟家庭負擔，所以常常會偷懶不去工作，沒有工作就沒有收入，當然只能挨餓受凍。

thian¹ ping¹ si⁵ sai² tit⁴ kue³ pu³ be⁷ the³

天兵時駛得過，富繪退

解釋 天兵：天災兵禍。繪：不。

涵義 形容只要能撐過艱難的時刻，就會有新的轉機。

說明 每次只要有天災或兵禍發生，總會有大批人因為飢餓或兵險而死於其中，所以如果能熬過這些天災兵禍，就能否極泰來，大富大貴。

補充 依教育部2008年5月公布之台灣閩南語推薦用字第二批將「繪be⁷」寫作「袂be⁷」。

對應華語 大難不死，必有後福。

thinn¹ hai⁷ lang⁵ tsiah⁴ e⁷ si² lang⁵ hai⁷ lang⁵ be⁷ si²

天害人才會死，人害人繪死

解釋 繪死：不會死。

涵義 形容生死都有定數，不是人為可以改變的。

說明 人的生死有一定的命數，如果你的陽壽還未盡，不論別人怎麼陷害你，都害不死你，如果到了你壽命該終的時候，不用別人害你，自己也會死亡。

補充 依教育部2008年5月公布之台灣閩南語推薦用字第二批將「繪be⁷」寫作「袂be⁷」。

thian¹ su¹ tuann⁵ tshut⁴ kui²

天師壇出鬼

解釋 壇：道壇。

涵義 比喻不可能發生的事。

說明 張天師是道教的創始者，相傳他法力高強，能夠呼風喚雨，斬妖除魔，天師壇是他驅鬼除魔的地方，這種地方是不可能有鬼怪出現。

對應華語 難以置信。

thinn[1] beh[4] pian[3]　　　tsit[8] si[5] kan[1]

天 欲 變 ， 一 時 間

解釋 欲：要。一時間：很短的時間。

涵義 形容天地禍福，變化無常，難以預料。

說明 俗語說：「天有不測風雲」，天變化莫測，叫人捉摸不定，有時我們看天色，剛剛明明還是豔陽高照的大晴天，但不到一下子立刻烏雲密佈，轉眼就下起雨來，所以天要變只是一時間而已。

對應華語 天有不測風雲。

thian[1] li[2] tsiau[1] tsiau[1]　　　te[7] li[2] ho[5] tsai[7]

天 理 昭 昭 ， 地 理 何 在

解釋 昭昭：明。地理：風水。

涵義 既然天理報應很明白，就算迷信風水也無法改變天理報應之道。

說明 這句諺語是勸人不要太迷信風水之說，因為既然天理報應已經很明白的昭顯出來，那壞人即使得到好的風水之地，也無法改變天理報應之道，讓他不會遭受惡報。

thinn[1] ting[2] thinn[1] kong[1]　　　te[7] e[7] bo[2] ku[7] kong[1]

天 頂 天 公 ， 地 下 母 舅 公

解釋 天公：玉皇大帝。母舅：舅舅。公：表示母舅的地位崇高，如「天公」一樣。

涵義 天上玉皇大帝最大，地下母舅公最大。

說明 從以前到現在很多婚喪喜慶的場合，都會空出大位讓母舅公坐，這種母舅公坐大位是平埔族的風俗，當初來台開墾的先民，因為受限於清朝的移民政策，所以許多漢人被平埔族所招贅，他們的後代就承襲了這樣的遺風。

thinn[1] ting[2] tshut[4] u[7] puann[3] tsat[4] khing[7]　　　beh[4] tso[3] hong[1] thai[1] kann[2] e[7] sing[5]

天 頂 出 有 半 節 虹 ， 欲 做 風 颱 敢 會 成

解釋 做風颱：颱颱風。敢會：可能會。

涵義 天空出現半節彩虹，颱風來的機率就很大。

說明 以前沒有氣象預報，人們都是從雲層變化或是天空的景象，來判

斷天氣如何，據說如果颱風要來，天空會變微紅，而且會有彩虹出現，所以如果天空出現半節彩虹，颱風來襲的機率就很大。

thinn¹ bo⁵ hoo⁷ lang⁵ bo⁵ loo⁷

天 無 雨 ， 人 無 路

解釋 無路：無路可走

涵義 上天如果不下雨，人們就無法生存。

說明 天如果不降雨，人就沒有生路。以前農業社會是靠天吃飯，如果天不下雨，田地就會乾旱，農作物歉收就會鬧饑饉，人沒有飯吃，不論走到哪裡也無法生存。

thinn¹ bo⁵ tsiau³ kah⁴ tsi² lang⁵ bo⁵ tsiau³ tsing⁵ li²

天 無 照 甲 子 ， 人 無 照 情 理

解釋 甲子：古時以天干、地支來紀年，六十年一個輪迴，這裡是比喻天地運行之道。情理：人情義理。

涵義 感嘆天道淪喪，人心道德敗壞。

說明 天依照時序來運行，人按照天道義理來行事，這是千古不變的準則，但現今人心乖離、道德淪喪、是非顛倒，人的行事完全違反了天理正道，以致天地運行失序，因而引發一些天災地變，所以想要讓天再依照甲子運行，人就必須要照情理行事。

thinn¹ bo⁵ pinn¹ hai² bo⁵ kak⁴

天 無 邊 ， 海 無 角

解釋 邊：邊際。

涵義 形容土地廣闊無邊。

說明 天地非常的廣闊，就算我們乘船、搭飛機，也無法到達它的盡頭，所以前人便用「天無邊，海無角」，形容土地非常的遼闊，一望無際。

對應華語 無邊無際、一望無際、橫無際涯。

一畫 二畫 三畫 四畫 五畫 六畫 七畫 八畫 九畫 十畫 十一畫 十二畫 十三畫 十四畫

thinn¹ e⁷ kng¹ e⁷ am³

天 會 光 會 暗

解釋 光：亮。

涵義 人生境遇有時順遂，有時失意，不可能永遠都處在顛峰。

說明 人生不可能永遠都處在顛峰，有起就會有落，這是天地的循環之道，就如同天不可能永遠是亮的，白晝之後就是黑夜，黑夜之後又是黎明，如此循環不已。

thinn¹ loh⁸ ang⁵ hoo⁷ be² senn¹ kak⁴

天 落 紅 雨 ， 馬 生 角

解釋 落：下。生：長。

涵義 此語有兩義：①比喻不可能發生的事。②形容出乎人意料的事。

說明 高空中的水氣遇冷凝結成水滴，降落地面就變成雨，水本來就是無色透明的，所以天不可能會下紅雨，這是自然的定律，就如同馬一樣，即使是公馬，頭上也不可能會長出角來，因為馬天生就是無角。

對應華語 枯樹開花、烏鴉白頭、羝羊生子。

thian¹ be⁷ senn¹ bo⁵ lok⁸ tsi¹ jin⁵

天 獪 生 無 祿 之 人

解釋 獪：不。祿：古時的官俸。

涵義 上天不會生無用之人。

說明 傳統的天命觀，認為人一生可以享多少福氣、多少財祿都是註定好的，上天既然生養了我們，就會給我們應享的福分，所以不必絕望。

補充 依教育部2008年5月公布之台灣閩南語推薦用字第二批將「獪be⁷」寫作「袂be⁷」。

對應華語 天生萬物，皆有所養。

khong² tsu² kong¹ m⁷ tat⁸ tioh⁸ khong² hong¹ hiann¹

孔 子 公 毋 值 著 孔 方 兄

解釋 毋值著：比不上。孔方兄：錢。

涵義 形容學問比不上錢財。

說明 現代人「笑貧不笑娼」，只要有錢，不管你是乞丐或妓女，還是一樣對你笑臉相迎，奉為上賓，要是沒錢就算你是孔子，也一樣把你掃地出門。

對應華語 笑貧不笑娼。

khong² tsu² kong¹ m⁷ kann² siu¹ lang⁵ keh⁴ me⁵ thiap⁴

孔 子 公 母 敢 收 人 隔 暝 帖

解釋 母敢：不敢。隔暝：隔夜。

涵義 形容不可以輕易的對別人許諾，以免做不到而失信於人。

說明 俗語說「人有旦夕禍福」，世事變化無常，明天會發生什麼變故，誰也不曉得，連孔子這樣的聖人，都會因為害怕失信而不敢收人家第二天的請帖，更何況是一般人。

對應華語 世事難料。

khong² tsu² ma² ka³ e⁰

孔 子 媽 教 个

解釋 孔子媽：孔子的妻子。教个：教的。

涵義 嘲笑別人念錯別字。

說明 孔子的妻子被學生尊稱為「師母」，她雖然是孔子的妻子，地位很崇高，但並不表示她的學問，就跟孔子一樣的好，如果拜孔子媽為老師，可能會有教錯字的情形發生。

補充 當「个e⁰」解釋為「的」時，依教育部2007年5月公布之台灣閩南語推薦用字第一批將「个e⁰」寫作「的e⁰」。

khong² bing⁵ khi³ si² tsiu¹ ju⁵

孔 明 氣 死 周 瑜

解釋 孔明：諸葛亮。周瑜：東吳的大將。

涵義 形容人被別人惹惱，非常的生氣。

說明 《三國演義》中，孔明三氣周瑜，最後把周瑜氣得吐血而死，所以前人就用「孔明氣死周瑜」，形容人被別人惹惱，氣得半死。

siau³ lian⁵ m⁷ phah⁴ piann³　tsiah⁸ lau⁷ lau⁷ phainn² mia⁷

少年毋拍拚，食老老歹命

解釋 拍拚：努力。食老：年老。歹命：命運坎坷。

涵義 年輕時不努力，年老就會晚景淒涼。

說明 人都是在年輕的時候，努力工作賺錢，以便年老時，可以安享餘年，如果年輕時，不好好工作，儲蓄金錢，等到年老體衰，沒力氣工作，生活就會變得很悽慘。

對應華語 少壯不努力，老大徒傷悲。

siau³ lian⁵ m⁷ hong¹ so¹　tsiah⁸ lau⁷ tsiah⁴ siunn⁷ tsho³

少年毋風騷，食老才想錯

解釋 風騷：風流。食老：年老。

涵義 年輕時不風流，等年老才想去風流，已經來不及了。

說明 年輕是一生中最精華的時段，不論是體力或記憶都是最好的，所以要好好的把握這段時光，努力工作，及時行樂，不要等到人老體衰時，才想要去工作、去風流，這就已經太遲了。

siau³ lian⁵ hiu¹ tshio³ peh⁸ thau⁵ ong¹　hue¹ khui¹ ling⁵ iu² ki² si⁵ hong⁵

少年休笑白頭翁，花開能有幾時紅

解釋 休笑：不要笑。白頭翁：白頭髮的老人。

涵義 勸誡少年人不要嘲笑老人。

說明 少年不可以嘲笑老人，因為人不可能永遠都青春不老，就如同花盛開之後會逐漸枯萎凋零，葉子長成後也會由翠綠轉為枯黃，這都是必然的現象，所以今日少年郎，有一天也會變成白頭翁。

siau³ lian⁵ na⁷ bo⁵ tsit⁸ pai² gong¹　loo⁷ pinn¹ na² u⁷ iu² ing³ kong¹

少年若無一擺戇，路邊哪有有應公

解釋 擺：次、回。戇：傻。有應公：客死異鄉或無人祭祀的無主孤魂。

涵義 感嘆年輕人總會做一些衝動、冒險的傻事。

說明 年輕人血氣方剛，常會因為一時的好奇、衝動，跟著人家去飆車、打架或是做危險的事，結果因而喪失生命，成為路邊的無主

孤魂，年輕的生命，就這麼消失，怎能不叫人感慨。

siau³ lian⁵ be⁷ hiau² siunn⁷　tsiah⁸ lau⁷ m⁷ tsiann⁵ iunn⁷

少 年 膾 曉 想 ， 食 老 毋 成 樣

解釋 膾曉：不會。食老：年老。毋成：不成。

涵義 年輕時如果不曉得做打算，等到年老就會晚景淒涼。

說明 少年時代是人一生的黃金期，這段時間所做的一切，將是決定你以後的一生，是否能有成就的關鍵，所以年輕時如果不努力上進，等到年老就後悔莫及。

補充 依教育部2008年5月公布之台灣閩南語推薦用字第二批將「膾be⁷」寫作「袂be⁷」。

對應華語 少壯不努力，老大徒傷悲。

in² kui²　jip⁸ theh⁸

引 鬼 ， 入 宅

解釋 引：招引。

涵義 比喻自己把壞人引進屋內招來災禍。

說明 有些人為了祈求家宅平安、升官發財，常會請一些神像回家供奉，但是如果沒有請法師做好開光的儀式，可能會把鬼引進這尊佛像，家中一旦有鬼，將永無寧日。

對應華語 引鬼上門、引狼入室、引水入牆、開門揖盜。

sim¹ phainn² bo⁵ lang⁵ tsai¹　tshui³ phainn² siong⁷ li⁷ hai⁷

心 歹 無 人 知 ， 喙 歹 上 厲 害

解釋 歹：壞。喙：嘴。上：最。

涵義 心壞沒人知道，但言語不慎可能會引起很大的禍端。

說明 心長在身體裡面，不管心裡有多少詭計、有多壞的心眼，只要沒付諸行動，別人永遠也不會知道，而口出惡言則不同，即使心裡沒這個意思，卻因為嘴巴太銳利，可能一不小心就傷害到別人，甚至為自己惹來禍端，所以說話還是得謹慎小心。

一畫　二畫　三畫　四畫　五畫　六畫　七畫　八畫　九畫　十畫　十一畫　十二畫　十三畫　十四畫

sim¹ kuann¹ tua⁷ se³ ping⁵
心 肝 大 細 爿

解釋　心肝：心。細：小。爿：邊。

涵義　形容待人偏心、不公平。

說明　人的心臟本來就長在左邊，要讓心長在中間，是不可能的事，所以每個人多少會偏心，只是大小輕重有所不同而已，有些人因為過分偏心，才會讓人覺得他「心肝大細爿」。

sim¹ kuann¹ pang³ gua⁷ gua⁷
心 肝 放 外 外

解釋　放外外：漠不關心。

涵義　形容對某人或某事漠不關心。

說明　心長在身體裡面，怎麼可能將它放到外邊，這裡並不是說人真的把心挖出來放到外面，只是一種比喻，人沒把心思放在上面，所以對一切的事情漠不關心。

對應華語　不以為意、置之腦後、置之度外。

sim¹ kuann¹ na⁷ ho² hong¹ sui² bian² tho²
心 肝 若 好 ， 風 水 免 討

解釋　心肝：心腸。風水：中國的一種堪輿術。

涵義　有好心腸自然會有福報。

說明　俗語說：「善有善報」，只要我們心存善念多做善事，自然就會有福報，不必在意一定要有風水、地理。這句諺語主要是勸人修善積德，不需要太迷信風水之說。

sim¹ kuann¹ phua³ tshut⁴ lai⁵ kau² m⁷ phinn⁷
心 肝 破 出 來 ， 狗 毋 鼻

解釋　破：剖。鼻：聞。

涵義　形容人心腸惡毒。

說明　狗是一種雜食性的動物，除了骨頭和糞便之外，其他的東西也吃，把人的心肝剖開丟出來給狗吃，但狗卻不願去吃，可見這些東西是多麼的惡臭難聞。

sim¹ kuann¹ liah⁸ than² huainn⁵

心 肝 掠 坦 橫

解釋 掠坦橫：橫放。

涵義 形容將心一橫下定決心去做某件事情。

說明 人心都是直著生長，把心拿起來橫著放，是說把心一橫，硬著心腸去做某事，這跟「吃了秤砣鐵了心」的意思相似，表示不論怎樣都不改變。

對應華語 吃了秤砣鐵了心。

sim¹ kuann¹ khah⁴ tua⁷ gu⁵ hi³

心 肝 較 大 牛 肺

解釋 心肝：心。較大：大過。

涵義 形容人非常貪心，貪得無厭。

說明 一般來說肺比心臟大，既然牛的軀體比人還大，牠的肺也一定比人的肺還大，人的心比牛肺還大，表示這個人的野心很大，貪得無厭。

對應華語 貪得無厭、人心不足蛇吞象。

sim¹ kuann¹ khah⁴ tua⁷ kue³ ong⁵ bong²

心 肝 較 大 過 王 莽

解釋 較大過：比……大。

涵義 形容人非常貪心，貪得無厭。

說明 王莽是西漢元帝皇后王政君的姪子，他是中國歷史上第一個以外戚身分篡奪皇位的人，王莽野心很大，為了當皇帝處心積慮的佈置三十幾年，最後終於成功篡得帝位，一個人的心如果比王莽還大，一定是非常的貪得無厭。

對應華語 貪得無厭、人心不足蛇吞象。

sim¹ kuann¹ tse⁵ hiong³ sin⁵ u⁷ kam² lap⁸

心 肝 齊 向 ， 神 有 感 納

解釋 齊向：一心一意。感納：感受接納。

涵義 只要誠心祈求，神明終會有所感應。

說明 人只要有誠心，全心全意的祈求，不管在哪裡都可以得到神明的感應與庇佑，所以拜拜不一定要用大魚大肉，只要心誠神明就感受的到。

對應華語 心誠則靈。

---

sim¹ su¹ bo⁵ tiann⁷　　thiu¹ tshiam¹ sng³ mia⁷

心 思 無 定 ， 抽 籤 算 命

解釋 無定：徬徨，沒有主見。

涵義 說明人在無法做決定時，會去求神問卜。

說明 人生這麼的漫長，一定會有無法解決事情的時候，一般人通常會去求神問卜、抽籤算命，以求解除迷津，其實抽籤算命並沒有辦法真正的解決問題，最好的辦法是多找一些朋友談談，找出問題所在，才是解決問題之道。

---

sim¹ liang⁵ pi⁵ thoo² khui¹

心 涼 脾 土 開

解釋 涼：輕鬆。脾土：胃口。

涵義 人如果心情愉快，胃口自然會大開。

說明 心情的好壞會影響我們吃東西的胃口，心情好整個人會變得很輕鬆愉快，無論做什麼事都覺得很順手，連帶的胃口也會跟著好起來，胃口好，則吃得多，所以俗語說「心寬體胖」，就是這個原因。

---

sim¹ li² bo⁵ sia⁵ m⁷ kiann¹ kui²

心 裡 無 邪 毋 驚 鬼

解釋 毋驚：不怕。

涵義 人只要行得正，就不怕別人陷害、毀謗。

說明 俗話說：「白天不作虧心事，半夜不怕鬼敲門」，一個人只要行得正，坐得穩，就算別人想陷害他也不怕，因為他沒有什麼把柄，可以讓人威脅。

對應華語 平生不作虧心事，半夜敲門心不驚。

sim¹ li² bo⁵ siunn⁷ sia⁵　　hoo⁷ suann³ tsioh⁴ lang⁵ jia¹

心裡無想邪，雨傘借人遮

解釋 邪：壞的念頭。遮：遮雨。

涵義 只要心中沒有邪念，就會不假思索的去幫助別人。

說明 這句是出自「白蛇傳」的典故，許仙跟白素真就是因為借傘而造就出這段情緣，人心中如果沒有存著借傘給人趁機搭訕的壞念頭，就算把雨傘借給別人遮雨，也沒什麼不可。

hoo⁷ ting⁷ khah⁴ kuan⁵ mng⁵ bai⁵

戶模較懸門楣

解釋 戶模：門檻。懸：高。門楣：門上面的橫木。

涵義 用來形容人非常高傲，不容易親近。

說明 門檻在門的下面，進出門口都要從它上面跨過，而門楣位在門的最上面，是我們懸掛木匾或避邪物的地方，門檻比門楣高，表示這個人的家世很高，不容易親近。

對應華語 高高在上、高不可攀、高不可及。

tshiu² put⁴ tong⁷ sam¹ po²

手不動三寶

解釋 三寶：金、銀、錢財。

涵義 形容人生活優渥，凡事都不需要親自動手去做。

說明 人每天都要為了三餐忙碌奔波，一個人如果不需要去追求金、銀、錢財就能夠過日子，那他的生活一定過得非常的優渥，所以可以不用操心這些事情。

對應華語 茶來伸手，飯來張口。

tshiu² tiong¹ bo⁵ giah⁸ to¹　　sim¹ lai⁷ ing⁵ lo¹ lo¹

手中無揭刀，心內閒囉囉

解釋 揭刀：拿刀，比喻做壞事。閒囉囉：閒著無事、悠閒。

涵義 人心裡如果沒有煩惱的事，生活就可以過得很悠閒。

說明 人如果做了壞事，心裡就會忐忑不安，因為擔心壞事會被別人發現，也害怕別人會來報復，因此每天都處在驚恐中，人如果沒做

壞事，就沒有這些煩惱，心裡自然很悠閒。

補充 依教育部2008年5月公布之台灣閩南語推薦用字第二批將「揭giah^8」寫作「攑giah^8」。

對應華語 無事一身輕。

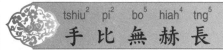
tshiu^2　pi^2　bo^5　hiah^4　tng^5

手 比 無 赫 長

解釋 赫長：那麼長。

涵義 形容很難將一個東西描述清楚。

說明 我們雙手的長度有限，太長的東西就算是張開雙手，也無法將它的長度比出來，所以前人就用「手比無赫長」，形容一件事情很難描述清楚。

補充 依教育部2008年5月公布之台灣閩南語推薦用字第二批將「赫hiah^4」寫作「遐hiah^4」。

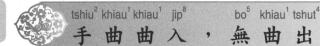
tshiu^2 khiau^1 khiau^1 jip^8　　bo^5　khiau^1 tshut^4

手 曲 曲 入， 無 曲 出

解釋 手曲：手臂。曲：彎曲。

涵義 人處事不公正，偏袒自己那一方。

說明 手臂本來就只能往內彎，而不能往外彎，如果硬把手往外彎，就會把手折斷，同樣一家人不管發生什麼事情，當然都會先為自己的家人著想，站在家人這邊，這是一定的。

對應華語 胳臂往內彎。

tshiu^2 pho^7 hai^5 ji^5　　tsiah^4 tsai^1 pe^7 bu^2 si^5

手 抱 孩 兒， 才 知 爸 母 時

解釋 孩兒：小孩。爸母：父母。

涵義 等到自己生養兒女，才明白父母當初養育我們是多麼的辛苦。

說明 小孩子對父母常會嫌東嫌西的，嫌父母不夠有錢，嫌父母太囉唆……，對父母大小聲，不知道感恩，直到有一天自己當了父母，為兒女辛苦操心，才明白當初父母的心情。

對應華語 養兒方知父母恩。

tshiu² giah⁸ pinn² tann¹ hoo⁷ kau² jiok⁴
手揭扁擔予狗逐

解釋 揭：拿。扁擔：一種用來擔東西的扁長形竹片。予：給。逐：追。

涵義 人手中握有一些有利的資源，卻不知拿來使用。

說明 扁擔雖然是用來挑物的，但遇到危急的情況就可以變成防身武器。現在手裡握有扁擔，卻不知用來自衛打狗，反而讓狗追著跑，這就好比一個人擁有一身好本領，卻不能善加利用，反而還被別人欺負，真是空有一身本領。

補充 依教育部2008年5月公布之台灣閩南語推薦用字第二批將「揭giah⁸」寫作「攑giah⁸」。

bun⁵ put⁴ sing⁵ tong⁵ sing¹　　bu² put⁴ sing⁵ thih⁴ ping¹
文不成童生，武不成鐵兵

解釋 童生：舊時科舉制度下，尚未取得功名的讀書人。鐵兵：勇猛的武士。

涵義 形容人沒有任何專長，什麼事都不會做。

說明 童生是應鄉試而沒考取的讀書人，學文連童生都當不成，表示這個人文的部分不行，學武手又無縛雞之力，所以武的部分也不行，文不成，武不就，簡直一無所長。

對應華語 一無所能、一無所長。

bun⁵ kuann¹ tsit⁸ e⁷ tsi²　　bu² kuann¹ tsau² puann³ si²
文官一下指，武官走半死

解釋 一下指：一下命令。

涵義 文官只要一道命令下來，武官就得做的半死。

說明 文官是決策、下命令的人，武官是執行命令的人，文官只要輕鬆的動手寫一道奏章，下一道命令，武官就得到處奔走做得半死。

bun⁵ kuann¹ tso³ kau³ po² tsing³　　bu² kuann¹ tso³ kau³ tsong³ ting¹
文官做到保正，武官做到壯丁

解釋 保正：即是現在的「里長」。壯丁：供日人驅役的民間兵勇。

一
畫

二
畫

三
畫

四
畫

五
畫

六
畫

七
畫

八
畫

九
畫

十
畫

十一畫

十二畫

十三畫

十四畫

涵義 台灣人自嘲在日軍的統治下，文官最高只能做到保正，武官最高只能做到壯丁。

說明 日治時代日本政府對台灣採取極嚴格又不平等的統治政策，不論在政治、經濟、人權都受到壓迫，日本人害怕台灣人擁有自己的政治勢力之後會起來反抗他們，因此限制台灣人當官，這句諺語就是形容當時在日軍統治之下，台灣人不能從政的無奈。

bun⁵ tsiong¹ kun⁵ thau⁵ te⁵ tsuan⁵ bat⁴ bo⁵ kui² e⁵

文 章 拳 頭 茶 ， 全 捌 無 幾 个

解釋 拳頭：武術。茶：茶道。捌：通曉、了解。个：個。

涵義 能夠完全通曉文學、武功、茶道這三種學問的人，沒有幾個。

說明 學習任何一種技藝需要投入很多的時間和精力，才能有所成，因此大部分的人都只是精通一藝，很少有人能文武兼備，然後又精通茶道的。

jit⁸ tsi² bi⁷ to³ m⁷ si⁷ thian¹ to⁷ bu⁵ po³

日 子 未 到 ， 毋 是 天 道 無 報

解釋 日子：時間。毋是：不是。

涵義 做壞事而沒有報應，不是天道不報，只是時候未到。

說明 俗語說：「善有善報，惡有惡報；不是不報，時候未到」，我們看到一些壞人作惡多端卻仍然活的好好的，而好人卻受盡痛苦不能長壽，因此對善惡報應之說有所懷疑，其實報應這種東西，很難具體呈現，有一些我們看似無報，但實際上已經報在他的家庭、健康、事業、子孫等方面。

對應華語 不是不報，是時辰未到。

jit⁸ jit⁸ tsiann¹ gueh⁸ tshe¹ it⁴ tng³ tng³ ji⁷ kau² me⁵

日 日 正 月 初 一 ， 頓 頓 二 九 暝

解釋 正月初一：農曆新年。頓頓：每一餐。二九暝：除夕夜。

涵義 形容人生活過得非常奢華，好像天天都在過年。

說明 除夕是一年的最後一天，在這一天家家都要準備五牲和年粿來祭祀神明跟祖先，所有在外的遊子也一定會趕回家吃團圓飯，以前生活困苦物資缺乏，只有在這一天才吃得到大魚大肉，新年一切

新氣象，為了讓自己有個好彩頭，大家都會穿著新衣、新鞋過新年，所以前人便以此諺語，形容人生活奢華，天天大魚大肉像在過年。

jit⁸ pun² a² tang⁵ tiann² bo⁵ tsai⁵

日 本 仔 銅 鼎 ， 無 才

解釋 鼎：以前農業社會時，用來煮菜、煮飯、燒水的一種大鍋。

涵義 形容人舉止輕浮不穩重。

說明 這句是歇後語，台灣早期鑄造技術較差，鑄鍋時都會在鍋底的背面留下一個像肚臍一樣的凸出收口，而日本的鑄造技術較高，所鑄的銅鼎沒有收口，因為「無臍」與「無才」諧音，因此前人就用此句話形容人舉止輕浮。

jit⁸ pun² to² senn¹ sat⁴ bo² tiong¹ kok⁴ a²

日 本 倒 ， 生 蝨 母 ； 中 國 仔

to² tshut⁴ ta¹ ka¹ loh⁸

倒 ， 出 大 家 樂

解釋 蝨母：蝨子。大家樂：民間的一種賭博。

涵義 形容國家如果快要滅亡，就會有不祥的徵兆出現。

說明 俗話說：「國之將亡，必有徵兆」，二次大戰將要結束時，台灣到處生蝨子，民間傳說這是日本將要敗亡的徵兆；八十年代台灣流行大家樂，許多人因為大家樂賭得傾家蕩產，所以自殺、發瘋的都有，有人看到這種情形，憂心這是國家將要滅亡的前兆。

對應華語 國之將亡，必有妖孽。

jit⁸ lai⁵ ue⁷ liong⁵ hoo² hoo⁷ lai⁵ thin¹ tang¹ koo²

日 來 畫 龍 虎 ， 雨 來 叮 噹 鼓

解釋 日來：太陽出來。雨來：下雨。

涵義 形容房子破舊。

說明 以前的房子是用瓦片來做屋頂，如果房子的年代太過久遠，瓦片會風化碎裂，造成一個一個的小洞，天氣晴朗時陽光會從破洞射進屋裡，形成一些不規則的影子，下雨的時候雨水滴到屋內，會產生叮叮咚咚的聲音。

一畫 二畫 三畫 四畫 五畫 六畫 七畫 八畫 九畫 十畫 十一畫 十二畫 十三畫 十四畫

一畫 二畫 三畫 四畫 五畫 六畫 七畫 八畫 九畫 十畫 十一畫 十二畫 十三畫 十四畫

jit⁸ si⁵ m⁷ thang¹ kong² lang⁵　me⁵ si⁵ m⁷ thang¹ kong² kui²
日 時 毋 通 講 人 ， 暝 時 毋 通 講 鬼

解釋 日時：白天。毋通：不可以。暝時：夜晚。

涵義 不要在背後批評別人。

說明 白天不可以說別人的壞話，因為隔牆有耳容易被別人聽到，而遭陷害出賣，晚上不可以說鬼，因為鬼都是在晚上出現的，晚上說鬼，容易見鬼，所以不論白天或晚上都不可以在背後批評別人。

jit⁸ tso³ me⁵　me⁵ tso³ jit⁸
日 做 暝 ， 暝 做 日

解釋 暝：晚上。

涵義 形容人作息日夜顛倒。

說明 一些青少年每到暑假作息都會不正常，白天總是睡到下午才起床，晚上玩到天亮才回家，所以他們的作息和別人完全相反，白天休息，晚上活動，日夜顛倒。

對應華語 日夜顛倒。

jit⁸ thau⁵ tshiah⁴ iann⁷ iann⁷　sui⁵ lang⁵ koo³ senn³ mia⁷
日 頭 赤 焰 焰 ， 隨 人 顧 性 命

解釋 日頭：太陽。赤焰焰：日照強烈，天氣炎熱。

涵義 在不利的環境下，每個人都以顧全自己的利益為優先。

說明 俗語說：「人不自私，天誅地滅」，自私是人的本性，尤其在與自己的利益相衝突時，人人都會選擇以維護自己的利益為優先。

對應華語 明哲保身、獨善其身、各人自掃門前雪。

jit⁸ thau⁵ phak⁸ kha¹ tshng¹
日 頭 曝 尻 川

解釋 曝：曬。尻川：屁股。

涵義 用來形容快到中午，人還在睡覺。

說明 太陽從東邊昇起，剛昇起時天還微亮，隨著它慢慢向上昇起，天會越來越亮，太陽昇到一定高度時會照進屋裡，照到床，太陽曬屁股，表示已經快到中午，人還在睡覺，才會被太陽照到屁股。

對應華語 日出三竿。

gueh[8] kng[1] e[7] khuann[3] lang[5] iann[2]

月 光 下 看 人 影

解釋 影：影子。

涵義 形容人非常自負，把自己看得很偉大。

說明 太陽下山月亮就昇起，當月亮從東方照射到人身上時，會產生西斜的影子，月光下的影子通常比人還大，在月光下看自己的影子，會覺得自己很高大，所以前人便以此諺語，形容人自視甚高，非常自負。

對應華語 自視甚高。

gueh[8] kng[1] be[7] phak[8] tit[4] tshik[4]

月 光 獪 曝 得 粟

解釋 獪曝得：不能曬。粟：穀子。

涵義 形容女子再怎麼能幹，也比不上男人。

說明 在一般人的觀念中認為女人是陰，男人是陽，所以就用月光來比喻女人，陽光來比喻男人；月光雖然很光亮，但沒有太陽那麼大的熱度，因此無法把穀子曬乾。

補充 依教育部2008年5月公布之台灣閩南語推薦用字第二批將「獪be[7]」寫作「袂be[7]」。

bak[8] sat[4] tsiah[8] kheh[4]

木 蝨 ， 食 客

解釋 木蝨：一種專吸動物血液的臭蟲。

涵義 比喻主人請吃飯，卻由客人付帳。

說明 蝨子是一種專門吸血的蟲子，只要有宿主牠就會跳過去吸血，自己身上的蝨子不一定只吸自己的血，有時候客人來了，牠會跳到客人的身上去吸血，所以這種情形對客人來說是比較倒楣。

khiam³ kiann² tse³　gia⁵ kiann² ke⁵
欠囝債，夯囝枷

解釋 囝：兒女。夯：把重物舉在肩上。枷：枷鎖。

涵義 形容父母為兒女到處奔波操勞。

說明 依據佛教的輪迴觀念，認為人這輩子如果欠人家債沒有還清，即使經過輪迴之後，下輩子仍要償還，所以許多父母在為兒女煩心時，都會說這句話來自我抒解。

khiam³ tsinn⁵ tsau² tsu² koo³
欠錢走主顧

解釋 主顧：客人。

涵義 好心幫人反而得到不好的回報。

說明 買東西如果可以先賒帳後付款，當然是最高興的事，但怎麼會有讓人賒帳，顧客反而不來的情形，這是因為顧客賒太多的帳，怕老闆追討，所以就不再上門光顧。

對應華語 好心不得好報。

khiam³ tsinn⁵ uan³ tsai⁵ tsu²　put⁴ hau³ uan³ pe⁷ bu²
欠錢怨財主，不孝怨爸母

解釋 財主：債主。爸母：父母。

涵義 人不知反省自己，只會埋怨別人。

說明 債主借錢給你應急，你卻不知道感恩，反而欠債不還錢，還怨恨債主為什麼要來討債；不孝順被人唾罵，卻不知道檢討自己，反而怨恨父母讓他背上不孝的罪名，所以前人便以此諺語，形容人凡事不知自省，只會怨天尤人。

phainn² lang⁵ kiann² ji⁵　ho² lang⁵ tshiann⁵ ti⁵
歹人囝兒，好人成持

解釋 歹人：壞人。囝兒：兒子。成持：養育成材。

涵義 成長環境對兒童人格的養成影響很大。

說明 壞人的孩子如果交由好人扶養，也會變成好人，因為孩子待在好人身邊，在長期耳濡目染之下會跟著學做好事，當然就會變成好人。

phainn² lang⁵ be⁷ tshut⁴ ho² kiann² sun¹

歹人獪出好囝孫

解釋 歹人：壞人。獪：不。囝孫：子孫。

涵義 壞人不會有好子孫。

說明 中國人篤信報應之說，認為後代會出好子孫是因為前代祖先行善積德的緣故，而壞人做了那麼多的壞事，也會有報應，所以他的子孫一定沒有什麼出息。

補充 依教育部2008年5月公布之台灣閩南語推薦用字第二批將「獪be⁷」寫作「袂be⁷」。

phainn² sim¹ oo¹ lok⁴ too⁷　beh⁴ si² to⁷ tshe¹ it⁴ tsap⁸

歹心烏漉肚，欲死就初一十

goo⁷　beh⁴ tai⁵ hong¹ kah⁴ hoo⁷

五，欲埋風佮雨

解釋 歹心：壞心。烏漉肚：壞心腸。欲：要。佮：和。

涵義 詛咒壞心腸的人，死了沒人祭拜，出殯時會遇到颱風下雨。

說明 初一、十五大家都忙著拜拜，如果壞人這時候死亡，沒有人會有空理，出殯的時候遇到颱風下雨，表示他的死亡，連老天爺也叫好。

phainn²phainn² lang⁵ kheh⁴ khah⁴ iann⁵ tsit⁸ e⁵ ho² ho² tshin¹ ke¹

歹歹人客較贏一个好好親家

解釋 歹：壞。較贏：勝過。个：個。親家：夫妻雙方父母的互稱。

涵義 再怎麼壞的客人也有錢賺，這比招待親家更實惠。

說明 顧客上門買東西可以增加財源，即使他再怎麼令人討厭，還是可以賺到錢，但親家就不同了，他來不一定會買東西還要破費招待他，就算他要買東西，我們也不好意思收錢，只能送給他。

phainn² sai¹ kong¹ tu² tioh⁸ ho² jit⁸ tsi²

歹司公拄著好日子

解釋 司公：道士。拄著：遇上。好日子：黃道吉日。

涵義 沒本事的人碰上好運氣。

說明 以前的人比較迷信，不論做什麼事都要挑日子，就算要請道士來作法，也會挑個良辰吉日，所以每逢吉日道士都供不應求，就連法力不好的道士，也不得清閒。

對應華語 瞎貓遇上死老鼠。

phainn² kue¹ kau⁷ tsi²　　phainn² tsa¹ boo² kau⁷ gian⁵ gi²
歹 瓜 厚 子 ， 歹 查 某 厚 言 語

解釋 厚子：瓜子裡面的子很多。查某：女人。厚言語：話多。

涵義 形容人話多又喜歡搬弄是非，實在令人討厭。

說明 傳統觀念認為好女人是賢慧不多話的，只有壞女人才會在人家的背後造謠生事，搬弄是非，就像劣等的瓜果，子特別多，讓人吐的很厭煩。

phainn² kiann² ia⁷ tioh⁸ sioh⁴　　hau³ lam⁵ bo⁵ te³ tsioh⁴
歹 囝 也 著 惜 ， 孝 男 無 地 借

解釋 囝：兒子。著：要。惜：疼愛。孝男：居父母喪的男子。

涵義 形容不論再怎麼壞的兒子，也要好好的疼惜他。

說明 依據民間的的習俗父母出殯要由孝男來執幡、捧神主牌，因此中國人很重視兒子，不論如何都要生個兒子，就是希望將來過世之後，有兒子可以送終，所以就算兒子是歹囝，也要好好的疼惜，不然將來就沒兒子可以送終。

phainn² kiann² e⁷ tshi⁷ pe⁷
歹 囝 會 飼 爸

解釋 歹囝：不務正業，品行不好的年輕人。飼：奉養。爸：父親。

涵義 浪子回頭反而更能克盡孝道。

說明 我們看新聞報導，一些惡貫滿盈的殺人犯，平常極其凶狠，但在父母面前卻是一個溫馴孝順的乖兒子，所以說歹囝不一定就沒有孝心，他只是因為一時踏錯腳步而誤入歧途，他對父母的親情並沒有泯滅，有朝一日走回正途，還是一樣會孝順父母。

phainn² ni⁵ tang¹　　ke¹ bo² jiok⁴ ke¹ kang¹
歹 年 冬 ， 雞 母 逐 雞 公

解釋 歹：壞。年冬：年頭。雞母：母雞。逐：追。雞公：公雞。
涵義 在不好的年頭就會有許多違反常理的怪事發生。
說明 一般來說，不管人或動物都是雄性追雌性來交配，這是自然之理，但在壞年頭時就會發生許多違反常理的怪事，所以才有母雞追公雞的情形出現。

phainn² tik⁴ tshut⁴ ho² sun²
歹 竹 出 好 筍

解釋 歹：壞、不好。筍：竹筍。
涵義 才能平庸的父母卻能生出優秀的小孩。
說明 彎曲矮小的竹子，長出大又白嫩的竹筍，筆直高大的竹子，長出黑黃矮小的竹筍，這些情形在大自然中都算是正常的，就如同資質平庸的父母，能夠生出優秀的孩子一樣，所以「出好筍」的關鍵，不在於出處，而是後天的成長環境，有好的家庭教育，才能教出好的小孩。

phainn² bah⁴ bo⁵ kuah⁴　　ho² bah⁴ be⁷ senn¹
歹 肉 無 割 ， 好 肉 繪 生

解釋 歹：壞。繪：不會。
涵義 形容壞的東西如果不丟掉，新的東西就不會出現。
說明 東西會一直腐爛，就是因為有壞的細菌在裡面，所以壞掉的肉如果不把它割除，腐爛的部分會越拓越大，只有把壞肉割除，才能重新長出好肉。
補充 依教育部2008年5月公布之台灣閩南語推薦用字第二批將「繪be⁷」寫作「袂be⁷」。
對應華語 舊的不去，新的不來。

phainn² iu⁵ kau⁷ tai⁷　　phainn² tsa¹ boo² kau⁷ bak⁸ sai²
歹 油 厚 滓 ， 歹 查 某 厚 目 屎

解釋 厚滓：多油渣。查某：女人。目屎：眼淚。

一畫　二畫　三畫　四畫　五畫　六畫　七畫　八畫　九畫　十畫　十一畫　十二畫　十三畫　十四畫

涵義 形容女人常喜歡用哭鬧的方式來處理事情。
說明 以前都是食用豬油，豬油是由肥豬肉和豬油板熬成，如果肥肉的品質不好，熬出來的豬油雜質會很多；而壞女人善於偽裝，為了博取別人的同情，常會用哭的方式來解決事情。

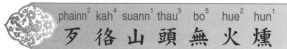

phainn² kah⁴ suann¹ thau⁵ bo⁵ hue² hun¹
歹佮山頭無火燻

解釋 佮：助詞，無義。山頭：墳墓。燻：煙。
涵義 此語有兩義：①詛咒凶惡的人絕子絕孫。②形容人非常的凶惡。
說明 逢年過節時子孫都會上山去祭拜祖先，拜完依例會燒些紙錢給祖先，燒紙錢時會產生煙燻，如果墳墓沒人祭拜就不會有煙出現，所以前人就用這句諺語，形容人沒有後代子孫可以為他掃墓。
補充 依教育部2008年5月公布之台灣閩南語推薦用字第二批將「佮kah⁴」寫作「甲kah⁴」。
對應華語 ②窮凶極暴。

phainn² tsa¹ poo¹ kau⁷ tang⁵ ni⁵ phainn² tsa¹ boo² kau⁷ tsi² mue⁷
歹查甫厚同年，歹查某厚姊妹

解釋 查甫：男人。同年：朋友。查某：女人。姊妹：情同姊妹的女性朋友。
涵義 形容壞男人、壞女人都會有一些不正經、氣味相合的朋友。
說明 所謂「臭味相投，物以類聚」，有相同興趣、個性的人才能玩在一起，所以壞男人身邊，總會有一堆狐群狗黨呼嘯來去，而壞女人身邊，也會有一群三姑六婆，成天的搬弄是非，令人討厭。
補充 依教育部2009年10月公布之台灣閩南語推薦用字第三批將「查甫tsa¹ poo¹」寫作「查埔tsa¹ poo¹」。
對應華語 氣味相投、沆瀣一氣、物以類聚。

phainn² bin⁷ ho² kau¹ kuan¹
歹面好交關

解釋 歹面：面相凶惡。交關：光顧捧場，這裡指「交往、打交道」。
涵義 形容人雖然面相凶惡，但做人卻很和善。
說明 面貌的美醜並不能代表人的內心，有的人面貌雖然長得很凶惡，

讓人一看就害怕，但是跟他交往之後，就會發現他的內心並不像外表那樣。

對應華語 面惡心善。

phainn² tsiah⁸ si⁷ phainn² tsiah⁸　koh⁴ si⁷ bi² hun² te² e⁰
歹 食 是 歹 食 ， 擱 是 米 粉 底 个

解釋 歹食：很難吃。擱：還。个：的。
涵義 形容東西的外表雖然難看，但內在的本質卻是不錯。
說明 以前生活儉苦物資缺乏，米粉算是上等的料理，一道菜雖然做得很難吃，但它是以米粉做鋪底，所以也算是一道不錯的菜。
補充 依教育部2007年5月公布之台灣閩南語推薦用字第一批將①「擱koh⁴」寫作「閣koh⁴」；②當「个e⁰」解釋為「的」時，將「个e⁰」寫作「的e⁰」。

phainn² ang¹ lui⁷ boo²　phainn² lo⁵ lui⁷ koo²
歹 翁 累 某 ， 歹 鑼 累 鼓

解釋 歹：壞。翁：丈夫。累：連累。某：妻子。
涵義 不好的搭檔會連累夥伴。
說明 嫁到一個好吃懶做的丈夫，所有養家的責任必然會落在妻子的身上，做妻子當然就要勞苦奔波，就好比把一個好鼓跟破鑼放在一起演奏，即使打鼓的很賣力，也無法掩蓋住破鑼的雜音。

phainn² kui² tshua⁷ thau⁵
歹 鬼 焦 頭

解釋 歹鬼：不好的人。焦頭：帶頭。
涵義 形容被品德不好的人帶去做壞事。
說明 好鬼不會帶人去做壞事，只有壞鬼才會引誘人去做壞事，走向滅亡之道，所以前人就用「歹鬼焦頭」，形容人帶領別人去做不好的事。

phainn² tsiau² m⁷ tsai¹ pue¹　phainn² tsha⁵ phua³ be⁷ khui¹
歹 鳥 毋 知 飛 ， 歹 柴 破 燴 開

解釋 歹柴：爛柴。破燴開：剖不開。

涵義 形容人不識時務，頑固又不知變通。

說明 聰明的鳥知道停在哪裡不會被獵人捉到，牠會飛到可以停的地方，而笨鳥卻不知道要飛，依然停在樹上等人捉；好柴的紋理很順一剖就開，壞柴質地堅硬，不易剖開。

補充 依教育部2008年5月公布之台灣閩南語推薦用字第二批將「𣍐be⁷」寫作「袂be⁷」。

對應華語 冥頑不靈。

歹 勢 家 己 想
phainn² se³ ka¹ ki⁷ siunn⁷

解釋 歹勢：不好意思。家己：自己。

涵義 做這件事會不好意思，這只是自己的想法。

說明 有些人天生臉皮薄，不論做什麼事都會覺得不好意思，因為心裡這麼想，所以很多事就不敢去做，其實有時候某些事情，都是自己想出來的，別人並不是這樣認為，這句諺語就是要鼓勵這些會歹勢的人，要勇敢去做自己想做的事。

歹 戲 拖 棚
phainn² hi³ thua¹ penn⁵

解釋 歹戲：爛戲。拖棚：拖拖拉拉。

涵義 此語有兩義：①形容一齣戲內容貧乏，拖拖拉拉，讓人看了很不耐煩。②比喻人做事懶散，拖拖拉拉的。

說明 一齣戲要吸引觀眾收看，除了要有好的演員、好的導演之外，更重要的是要有好的劇情，因為好的劇情才能引起觀眾的共鳴，才能把觀眾留下來繼續收看，如果劇情不好，內容拖拖拉拉的，就算有好演員也留不住觀眾。

毋 去 無 米 ， 欲 去 烏 陰
m⁷ khi³ bo⁵ bi² beh⁴ khi³ oo¹ im¹

解釋 毋去：不去。欲：要。烏陰：陰天。

涵義 形容處境非常困窘，進退兩難。

說明 漁民雖然是以捕魚為生，也是靠天吃飯的，天氣如果不好，就不能出海去捕魚，但這時要是剛好米缸沒米，真是進退兩難，去也

不是，不去也不是。

對應華語 進退維谷、進退兩難、跋前躓後。

m⁷ tsiann⁵ ke¹ koh⁴ pang³ ngoo² sik⁴ sai²
毋 成 雞 擱 放 五 色 屎

解釋 毋成：發育不良。擱：還。五色屎：比喻光彩的事。

涵義 形容人能力低下卻還要做超出自己能力範圍的事。

說明 一般正常的雞拉出來的屎都是帶點綠色的，如果拉出有顏色的屎，表示這隻雞可能生病了，但這裡的「五色屎」，並不是生病的意思，而是指做出光彩的事，發育不良的雞，本身身體就有問題，想要拉出「五色屎」，簡直是不自量力。

補充 依教育部2007年5月公布之台灣閩南語推薦用字第一批將「擱koh⁴」寫作「閣koh⁴」。

對應華語 不自量力、螳臂當車、蚍蜉撼樹、夸父逐日、與天競高。

m⁷ tsai¹ thinn¹ te⁷ kui² kin¹ tang⁷
毋 知 天 地 幾 斤 重

解釋 毋知：不知。

涵義 形容人不知人情世事。

說明 我們常會聽到長輩罵年輕人，「毋知天地幾斤重」，其實這並不是說他們不知道天地有多重，而是在指責他們不知天高地厚，不懂人情事故，做事莽莽撞撞，不知輕重。

對應華語 不知天高地厚。

m⁷ tsai¹ bin⁵ kok⁴ kui² ni⁵
毋 知 民 國 幾 年

解釋 毋知：不知。

涵義 形容人對當前的形勢全然不知。

說明 每個國家都有不同的紀年單位，大致來說使用最普遍的是「西元」，而「民國」是中華民國的紀年方式，不知民國幾年，形容人不知道當前的局勢情態。

m⁷ tsai¹ tsng¹ koh⁴ beh⁴ tshiann² ma² tsoo²

毋 知 庄 擱 欲 請 媽 祖

解釋 庄：村莊。擱欲：還要。

涵義 形容人做事糊塗。

說明 北港附近的幾個村莊，每年都會組團到朝天宮請媽祖回去繞境，有一回某村有個很熱心的人，不知聽誰說要請媽祖，他也沒問清楚是哪一莊，就跑來朝天宮把媽祖請回去，結果他們那一莊並沒有要請媽祖，而別莊也沒有，所以這句諺語用來形容人做事很糊塗。

補充 依教育部2007年5月公布之台灣閩南語推薦用字第一批將「擱koh⁴」寫作「閣koh⁴」。

m⁷ tsai¹ loo⁷ giah⁸ thau⁵ ki⁵

毋 知 路 ， 揭 頭 旗

解釋 毋知：不知。揭：拿。

涵義 形容人不了解事情的始末卻還要強出頭。

說明 神明出巡繞境時，在遊行隊伍中會有一個拿頭旗的人，走在最前面負責引路，而這個人必須要由熟悉所有路的人來擔任，才不會帶錯路。

補充 依教育部2008年5月公布之台灣閩南語推薦用字第二批將「揭giah⁸」寫作「攑giah⁸」。

m⁷ tsai¹ him⁵ iah⁴ hoo²

毋 知 熊 抑 虎

解釋 毋知：不知。

涵義 形容對於即將到來的人，存著猜疑恐懼之心。

說明 如果知道公司即將有新任主管上任，大部分的人都會猜測的說，「不知道這次來的是熊還是虎」，熊跟虎都是很凶猛、可怕的動物，把將要來的人比成熊或虎去猜測，表示他們對即將來的人，存著恐懼之心。

| m[7] | si[7] | ho[2] | tsiah[8] | e[5] | kue[2] | tsi[2] |

毋 是 好 食 个 果 子

解釋 毋是：不是。食：欺負。果子：水果。

涵義 形容人不是好欺負的。

說明 一般果子都很好食用，只要洗洗就可以拿起來吃，只有少數幾種水果，例如：鳳梨、榴槤、椰子……，必須要先經過處理才可以吃，所以人們就用「毋是好食个果子」，形容人不容易被欺負。

補充 當「个e[5]」解釋為「的」時，依教育部2007年5月公布之台灣閩南語推薦用字第一批將「个e[5]」寫作「的e[5]」。

| m[7] | si[7] | hau[2] | to[7] | si[7] | tshio[3] | m[7] | si[7] | sai[2] | to[7] | si[7] | jio[7] |

毋 是 吼 ， 就 是 笑 ， 毋 是 屎 ， 就 是 尿

解釋 毋是：不是。吼：哭。屎：大便。

涵義 描述初生嬰兒的一些情狀。

說明 嬰兒剛生出來不會講話，只能用哭和笑來表達情緒和需要，所以嬰兒成天除了睡覺之外，不是哭，就是笑，不是大便，就是尿尿。

| m[7] | tsiah[8] | gu[5] | khian[2] | kong[1] | bing[5] | put[4] | hian[2] |

毋 食 牛 犬 ， 功 名 不 顯 ，

| tsiah[8] | liau[2] | gu[5] | khian[2] | te[7] | gak[8] | lan[5] | bian[2] |

食 了 牛 犬 ， 地 獄 難 免

解釋 毋：不。食牛犬：做犯法的事情。顯：明。

涵義 形容一件事情做與不做都不對。

說明 過去是農業社會，牛對農家來說是一項重要的財產，耕田、拉車或拖一些粗重的東西，都少不了牛，所以對人類來說牛是有功勞的動物，而狗替人看家，也算是有功勞，把對我們有功勞的動物殺來吃，將來一定會下地獄。

| m[7] | tat[8] | lang[5] | tsit[8] | ki[1] | kha[1] | moo[1] |

毋 值 人 一 枝 跤 毛

解釋 毋值：不如。跤毛：腳毛。

涵義 此語有兩義：①比喻一個人毫無價值，被別人所瞧不起。②形容人與別人差距太遠（此義較常用）。

說明 腳毛除了可以防止東西直接對皮膚造成摩擦之外，好像沒有多大的作用，有的人甚至會嫌腳毛長得太黑太粗而將它剃掉；腳毛這麼沒價值，如果連人家的一根腳毛都還不如，可見這個人實在很沒用。

對應華語 天差地別、差距懸殊。

---

m⁷ bat⁴ tsit⁸ e⁵ oo⁷ a² han¹ tsi⁵

毋 捌 一 个 芋 仔 番 薯

解釋 捌：認識。个：個。芋仔：芋頭。番薯：地瓜。

涵義 此語有兩義：①形容人無法區分出外省人和台灣人。②比喻人什麼事都分不清楚（此義較常用）。

說明 芋頭和番薯雖然都是屬於塊莖植物，但外形和顏色還是有一些差別，應當不難分辨，只是有些沒做過家事的人，還是無法分辨哪個是芋頭，哪個是番薯，就如同外行人無法了解專業的東西一樣。

---

m⁷ bat⁴ ho² phainn² lang⁵

毋 捌 好 歹 人

解釋 毋捌：分辨不清。歹人：壞人。

涵義 形容人分不清楚好、壞人。

說明 剛出社會的人，由於不懂社會人心的險惡，常把一些口蜜腹劍的人當成是好人，結果被陷害了還不知道，對於一些直言勸諫的人，反而被他當成壞人，長輩看到他們如此的糊塗，常會忍不住站出來斥責他們，分不清楚好壞人。

對應華語 不識賢愚、不辨忠奸。

---

m⁷ bat⁴ ji⁷ khuann³ ko³ si⁷

毋 捌 字 ， 看 告 示

解釋 毋捌字：不識字。告示：公告。

涵義 形容人不懂裝懂。

說明 有些人非常愛面子，怕被別人嘲笑，明明不識字卻裝成識字的樣

子，跟著別人去看告示，但由於他根本不識字，看了半天也不知道告示上面寫些什麼。

m⁷　bat⁴　ji⁷　kiam¹　bo⁵　ue⁷　sing¹
毋 捌 字 兼 無 衛 生

解釋 毋捌字：不識字。無衛生：粗俗。

涵義 形容人粗俗又沒有修養。

說明 大體來說，學問跟禮節是成正比，受過教育的人學過禮儀，至少知道一些進退應對之道，沒受過教育的人，言辭和行為就會比較粗鄙，沒有水準。

m⁷　bat⁴　khioh⁴　tioh⁸　ti¹　sai²　　　tu²　tioh⁸　ti¹　lau³　sai²
毋 捌 抾 著 豬 屎 ， 拄 著 豬 漏 屎

解釋 毋捌：從來沒有。抾：撿。拄著：遇上。漏屎：拉肚子。

涵義 形容人第一次做事就遇上難題。

說明 以前農業時代化學肥料並不普遍，農家種菜施肥，都是採用人屎或豬屎來做天然肥料，所以有人便專門以拾取豬屎為生，但是豬如果拉肚子，那些屎稀稀爛爛便無法撿拾。

m⁷　bat⁴　thi³　thau⁵　　　tu²　tioh⁸　hoo⁵　tshiu¹
毋 捌 剃 頭 ， 拄 著 鬍 鬚

解釋 毋捌：從來沒有。剃頭：理髮。拄著：遇上。鬍鬚：大鬍子。

涵義 形容人第一次做事就遇到困難。

說明 以前還沒有理髮器和電動刮鬍刀時，理髮師都是用剃刀來幫客人剃頭、刮鬍子，由於剃頭刀十分的銳利，只要一不小心，就會把客人割的頭破血流，所以理髮師的技術必須要很純熟，才能幫人刮鬍子，新的理髮師剛出師，還沒幫人理過髮，第一次理髮就遇到一個大鬍子，這對他來說真是一個很大的挑戰。

m⁷　bat⁴　khuann³　tua²　tsiah⁴　kau⁵　pang⁵　sai²
毋 捌 看 大 隻 猴 放 屎

解釋 毋捌看：沒有看過。放屎：大便。

涵義 形容人見識淺陋，沒有見過世面。

說明 猴子是野生動物，生活在山中，一般住在城市的人，大都沒看過猴子，當然也沒看過猴子大便，所以看到大隻猴子大便的樣子，會覺得很新鮮。

對應華語 見聞淺薄、坐井觀天、以管窺天、少見多怪、蜀犬吠日。

m⁷　bat⁴　tsiah⁸　li²　thng¹　　m⁷　bat⁴　tsiah⁸　li²　liap⁸
毋 捌 食 你 湯 ， 毋 捌 食 你 粒

解釋 毋捌：沒有。湯、粒：食物，這裡指恩惠。

涵義 形容沒有受過你的任何恩惠。

說明 受恩惠不一定指接受人家金錢的資助，只要是接受人家的東西或幫忙，都算是受人恩惠；沒有喝過你的湯，沒有吃過你的食物，表示沒有受過對方的任何一點好處，所以並不欠他什麼。

m⁷　bat⁴　tsiah⁸　kue³　ti¹　bah⁴　　ma⁷　bat⁴　khuann³　kue³　ti¹　kiann⁵　loo⁷
毋 捌 食 過 豬 肉 ， 嘛 捌 看 過 豬 行 路

解釋 毋捌：沒有。嘛：也。行路：走路。

涵義 形容人雖然不是很有學問，但至少也有些見識。

說明 豬肉是很便宜的東西，不可能沒有吃過，這裡的「豬肉」是用來比喻「你不會或沒有做過的事情」，這件事雖然你從沒做過，但至少也看別人做過，所以對整件事的大概，心裡應該還是會有個底。

m⁷　bat⁴　tso³　ta¹　ke¹　　kha¹　tshiu²　bah⁴　lak⁸　lak⁸　tshuah⁴
毋 捌 做 大 家 ， 跤 手 肉 慄 慄 掣

解釋 毋捌做：從來沒有做過。大家：婆婆。跤手肉：手腳。慄慄掣：因為害怕而顫抖。

涵義 形容人第一次做某件事，因為緊張而手腳發抖。

說明 所謂「多年媳婦熬成婆」，當了那麼多年的媳婦，現在終於可以當婆婆了，應該是一件很高興的事，但因為做慣了媳婦，第一次當婆婆，心裡難免會有些緊張而手腳發抖。

m⁷ bat⁴ hue³ tshiann² lang⁵ khuann³　　m⁷ sik⁴ lang⁵ si² tsit⁸ puann³

毋捌貨請人看，毋識人死一半

解釋 毋捌貨：不識貨。識人：辨別好壞人。

涵義 形容識人比識貨重要。

說明 不識貨沒關係，可以請別人幫你鑑定，然後自己再慢慢學習，但如果不識人，下場可能會很悽慘，不是被人出賣，就是被人陷害，所以識人很重要，要張大眼睛看清楚。

m⁷ bat⁴ hi³ bun⁵　　tua⁷ khui³ sa¹ leh⁴ pun⁵

毋捌戲文，大氣捎咧歕

解釋 毋捌：不認識。戲文：戲目、戲詞。捎咧歕：一直嘆氣。

涵義 形容人因為不了解別人興奮的理由，所以無法加入，只能在旁邊嘆氣。

說明 看戲一定要了解劇情，才能融入情緒，深入其中，如果不能了解劇情，就如同在看啞巴戲一樣，從頭到尾不知道在演什麼，只能邊看邊嘆氣。

m⁷ thang¹ ping² tshit⁴ tshun³ hoo⁷ lang⁵ khuann³

毋通反七寸予人看

解釋 毋通：不可以。反：翻。七寸：腳底。予人：給人。

涵義 不可以把自己的私密之事，向外到處宣揚。

說明 腳底是人全身最髒的地方，把腳底掀給人家看，等於是把自己不好的地方暴露給別人看一樣，「毋通反七寸予人看」，勸人不要將自己的醜事向外宣揚。

對應華語 家醜不可外揚。

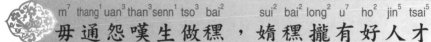

m⁷ thang¹ uan³ than³ senn¹ tso³ bai²　　sui² bai² long² u⁷ ho² jin⁵ tsai⁵

毋通怨嘆生做穲，媠穲攏有好人才

解釋 毋通：不要。怨嘆：埋怨。生做：長得。穲：醜。媠：美。攏：都。

涵義 勉勵人不要自怨自哀，也不要看輕自己。

說明 一個人的才幹跟相貌並沒有關連，長得漂亮的不一定就很有才

幹，而長得醜的也不一定就沒有才能，人長得醜沒有關係，只要
不看輕自己，腳踏實地的努力，一樣會出人頭地。

m⁷　thang¹　khi¹　hu⁷　lam³　thoo⁵　bo⁵　tshi³
毋 通 欺 負 垚 塗 無 刺

解釋 毋通：不要。垚塗：爛泥。

涵義 勸誡人不可以恃強凌弱。

說明 爛泥很好踩，但也不可以一踩再踩，因為其中可能會隱藏一些
刺，這些刺雖然刺不死人，卻也足夠讓人皮破血流，所以不要欺
負弱小的人，當他被欺負到忍無可忍時，就會全力反擊，這種力
量通常是很驚人的。

m⁷　thang¹　pian³　sing⁵　thian¹　bun⁵　a²　sia³
毋 通 變 成 天 文 仔 舍

解釋 毋通：不要。天文：人名。舍：對顯貴富有之人或其子弟的稱
呼。

涵義 勸誡人不可浪費。

說明 以前斗六有一個大地主，因為父母雙亡，很年輕便繼承了大筆
的財產，有一天算命的對他說，他活不過二十歲，於是他開始拚
命的揮霍家產，就這樣日子一天天的過去，他不但沒死，還活到
七十多歲，但因為家產早就被他敗光，最後只能淪為乞丐，所以
長輩常以此告誡後代子孫不可揮霍無度。

m⁷　kiann¹　m⁷　bat⁴　ji⁷　　tsi²　kiann¹　m⁷　bat⁴　lang⁵
毋 驚 毋 捌 字 ，只 驚 毋 捌 人

解釋 毋驚：不怕。毋捌字：不識字。

涵義 形容識人比識字重要。

說明 不識字沒關係，可以請別人幫忙看，不會有多大的損失，但是不
識人就很嚴重，如果錯信別人，可能因此傾家蕩產，名譽掃地，
甚至還有牢獄之災，所以識人比識字重要。

m⁷ kiann¹ m⁷ sik⁴ hue³　siong⁷ kiann¹ hue³ pi² hue³

毋驚毋識貨，上驚貨比貨

解釋 毋驚：不怕。毋識：不識。上：最。

涵義 兩件相同的東西只要經過比較，誰好誰壞便可立即知道。

說明 老闆不怕顧客不識貨，最怕顧客貨比貨，顧客不識貨，老闆可以
說得天花亂墜，將自己的東西誇成第一，但是顧客如果懂得貨比
三家，就知道哪家的產品最好，哪家的東西是坑人的。

對應華語 貨比三家不吃虧。

m⁷ kiann¹ hue² sio¹ tshu³　kiann¹ puah⁸ loh⁸ sai² hak⁸

毋驚火燒厝，驚跋落屎礐

解釋 毋驚：不怕。火燒厝：家裡失火。跋落：跌落。屎礐：糞坑。

涵義 嘲諷人非常貧窮但仍穿著華麗。

說明 家裡如果失火，全部東西都會被燒光，但這個人不害怕自己一無
所有，反而擔心自己如果掉落糞坑，會全身髒亂，一身臭味，很
沒面子，可見這個人非常的虛榮。

m⁷ kiann¹ li² pu³　tsi² kiann¹ ho² au⁷ tu³

毋驚你富，只驚好後注

解釋 毋驚：不怕。後注：指「子孫」。

涵義 有好子孫才能將你的產業一直延續下去。

說明 俗話說「富不過三代」，如果沒有好的子孫，任憑有萬貫家財，
遲早還是會被敗光，如果有好的子孫，就算現在的家業不大，他
仍可以幫你傳承下去，並將它發揚光大。

m⁷ kiann¹ hoo² u⁷ sann¹ ki¹ tshui³　tsi² kiann¹ lang⁵ u⁷ nng⁷ khuan² sim¹

毋驚虎有三支喙，只驚人有兩款心

解釋 毋驚：不怕。三支喙：三張嘴。兩款：兩種。

涵義 人若是有貳心，比老虎更可怕。

說明 老虎雖然凶猛，但牠可怕的地方，我們都看得到可以防範，而人
心就不同，它長在身體裡面摸也摸不著，人要是有貳心則很難知
曉和防範。

m⁷　kiann¹　sin⁵　　　m⁷　kiann¹　kui²
毋 驚 神 ， 毋 驚 鬼

解釋　毋驚：不怕。

涵義　形容人膽子很大，無所畏懼。

說明　自古以來對於鬼神人們都抱持著一種敬畏的態度，深怕祂們會降災禍給自己，如果一個人神也不怕，鬼也不怕，他的膽子一定很大。

對應華語　天不怕，地不怕。

m⁷　kiann¹　su¹　tit⁴　khoo²　　　tsi²　kiann¹　tng⁷　liau²　too²
毋 驚 輸 得 苦 ， 只 驚 斷 了 賭

解釋　輸得苦：輸得很慘。

涵義　形容賭徒嗜賭如命的心情。

說明　對賭徒來說，他們不怕輸就怕沒得賭，因為這習慣已經變成一種癮頭，一天如果不賭渾身上下都不舒服，所以要他們戒賭，就像要他們的命似的。

mng⁵　kng²　tshut⁴kuann⁷　e⁵　tsinn⁵
毛 管 出 汗 个 錢

解釋　毛管：毛孔。出汗：流汗。

涵義　形容所賺的錢都是血汗錢。

說明　毛孔有排熱的功能，人體的體溫有一定的溫度，當天氣太熱或運動之後體溫會上升，這時汗腺就會以排汗的方式，把多餘的熱能排出人體，人如果做一些粗重的工作，會流很多的汗，「毛管出汗个錢」，表示這些錢是辛苦工作賺來的。

補充　當「个e⁵」解釋為「的」時，依教育部2007年5月公布之台灣閩南語推薦用字第一批將「个e⁵」寫作「的e⁵」。

mng⁵　kng²　khang¹　giah⁸　khi⁰　lai⁰
毛 管 空 揭 起 來

解釋　毛管空：毛細孔。揭：舉。

涵義　形容人因為害怕或寒冷，毛孔都豎立起來。

說明 當我們在看鬼電影或聽鬼故事時，常會因為內容太恐怖，而全身起雞皮疙瘩，這雞皮疙瘩就是毛孔豎立的現象。

補充 依教育部2008年5月公布之台灣閩南語推薦用字第二批將「揭giah⁸」寫作「攑giah⁸」。

對應華語 毛髮倒豎、毛骨悚然。

tsui² gu⁵ bo⁵ khan¹ kue³ khe¹ sai² jio⁷ m⁷ guan⁷ pang³
水 牛 無 牽 過 溪 ， 屎 尿 毋 願 放

解釋 過溪：穿過溪水，引申為「手段、方法」。毋願：不願意。

涵義 要使用一點小方法，才能讓事情順利的做下去。

說明 水牛有一個習性，過溪的時候會順便大小便，然後躺在水中翻滾幾下再起來，如果每天都會例行過溪，水牛就會把屎尿留著等過溪時再拉，所以便用此句，形容人做事拖拖拉拉，必須對他施予一些手段，才能達到成效。

tsui² te² bo⁵ tsit⁸ ui⁷ sio¹
水 底 無 一 位 燒

解釋 一位：一處。燒：熱。

涵義 形容世上人情淡薄。

說明 海水本身是冷的，只有靠陽光的照射，水溫才能升高，但陽光對水面的照射，有一定的深度，水底位在海的最下面，深度太深，陽光照射不到，所以不管在水底的哪一處，水溫都是冷的。

對應華語 世情如紙、世態炎涼。

tsui² an³ tsun³ kiann⁵
水 按 圳 行

解釋 圳：田邊的水溝。

涵義 人終會一死，這是大自然的定律，不必太過害怕。

說明 從古至今誰無一死，死亡是一種自然定律，只要時間到了就會離開，沒有什麼好害怕的，這就像水順著圳走流到它該去的地方一樣。

水缸摃破，壺仔序大

tsui² kng¹ kong³ phua³　oo⁵ a² si⁷ tua⁷

解釋 摃破：打破。壺仔：茶壺。序大：長輩、尊長。

涵義 形容當強者不在，弱者就頂替他來稱王。

說明 以前沒有自來水，家裡的水都是從水井或河邊挑來的，水缸是家中儲水的大缸，體積很大，差不多有五、六歲小孩那麼高，茶壺雖然也是裝水的器具，但體積很小，跟水缸比起來相差很多，水缸打破了，茶壺就變成最大的裝水器具。

對應華語 山中無老虎，猴子稱大王、山中無鳥，麻雀做王、蜀中無大將，廖化作先鋒。

水鬼升城隍

tsui² kui² sing¹ sing⁵ hong⁵

解釋 城隍：掌管冥界審判之官。

涵義 形容職位升遷快速。

說明 依據民間傳說水鬼一定要抓人當替身才能去投胎，台灣民間故事中的「水鬼升城隍」，就是描述這個水鬼在水底熬了多年，好不容易有投胎的機會，但因為心地善良，不忍抓人來當替身，因而錯過三次投胎的機會，玉皇大帝憐憫他的善心，所以升他當城隍。

對應華語 一日九遷、扶搖直上、青雲直上、平步青雲。

水鬼仔擢後跤

tsui² kui² a² tioh⁴ au⁷ kha¹

解釋 擢：拉、扯。後跤：後腳。

涵義 用來形容被壞朋友拖下水，一起去做壞事。

說明 民間傳說人會溺斃是因為水鬼抓交替的緣故，據說當人在游泳時，水鬼會從水底浮出來，拉人的後腳讓人溺斃，所以前人就用「水鬼仔擢後跤」，形容人被壞朋友拉去做壞事。

水鬼夯重枷

tsui² kui² gia⁵ tang⁷ ke⁵

解釋 夯：用肩膀來舉物。枷：刑具。

涵義 形容處境已經很困窘，但又遇到更大的災難。

說明 水鬼每天都要受海水浸泡之苦，挨冷受凍非常的可憐，現在又在他的脖子上套重枷，這等於是雪上加霜，讓他的行動更不自由。

對應華語 屋漏逢雨、夏旱秋澇、雪上加霜、火上加油。

tsui² kui² phian³ sing⁵ hong⁵
水 鬼 騙 城 隍

解釋 城隍：掌管冥界審判之官。

涵義 外行欺騙內行。

說明 城隍是掌管冥界審判之神，而小鬼只不過是底下的一名小卒，城隍掌管那麼多的事務，不論是眼界或智慧一定都比小鬼高，小鬼想要欺騙城隍，根本就不可能，所以前人就用「水鬼騙城隍」，形容外行騙內行。

tsui² thing⁵ pah⁴ jit⁸ senn¹ thang⁵　lang⁵ ing⁵ pah⁴ jit⁸ senn¹ penn⁷
水 停 百 日 生 蟲 ， 人 閒 百 日 生 病

解釋 停：靜止不動。

涵義 人要運動才不會生病。

說明 一般水中都含有微生物，水如果放太久沒有移動，微生物就會越增越多，讓水變臭長蟲，而人也是一樣，如果太長時間沒運動，血液不循環就容易生病。

對應華語 滾石不生苔。

tsui² pang¹ kham² a² kha¹　ong⁵ kong¹ tsau² tai⁷ sing¹
水 崩 崁 仔 跤 ， 王 公 走 事 先

解釋 崩：崩塌。崁仔跤：地名，位在宜蘭。王公：開漳聖王。走：跑。事先：第一個。

涵義 形容人自身難保，沒有餘力再去照顧別人。

說明 崁仔跤位在宜蘭市負廍里附近，清同治年間曾鬧過水災，導致開漳聖王廟被洪水沖毀，廟被沖毀神明只能先逃，哪還有空閒去顧信徒，所以這句諺語用來比喻人自顧不暇，無力幫人。

補充 依教育部2007年5月公布之台灣閩南語推薦用字第一批將「事tai⁷」寫作「代tai⁷」。

一畫 二畫 三畫 四畫 五畫 六畫 七畫 八畫 九畫 十畫 十一畫 十二畫 十三畫 十四畫

一畫
二畫
三畫
四畫
五畫
六畫
七畫
八畫
九畫
十畫
十一畫
十二畫
十三畫
十四畫

對應華語 自顧不暇、泥菩薩過江，自身難保。

tsui² tshing¹ hi⁵ tioh⁸ tiann⁷
水 清 魚 著 定

解釋 著：就。

涵義 只要政治清明，百姓可以安定生活，國家就不會發生動亂。

說明 一個地方如果水很乾淨，魚就會住在那裡，一個國家如果政治清明，就不會向百姓亂苛雜稅，百姓沒有重稅的壓力，自然就會安心的留在那裡。

tsui² tshing¹ bo⁵ hi⁵ lang⁵ kip⁴ bo⁵ ti³
水 清 無 魚 ， 人 急 無 智

解釋 清：乾淨。

涵義 凡事不可以太急躁，太急躁反而會壞事。

說明 一個地方如果水質清淨，魚就會住在那裡，但水如果太乾淨，反而會沒有魚，因為魚躲在哪裡一看便知很容易被人捉光，人做事如果太著急，腦袋會一片空白，什麼計謀都想不出來。

tsui² im¹ kau³ phinn⁷ khang¹ tong³ be⁷ tiau⁵
水 淹 到 鼻 空 擋 繪 牢

解釋 鼻空：鼻孔。擋繪牢：忍受不了。

涵義 已經沒有辦法再忍受下去。

說明 淹水如果只淹到膝蓋或身體還可以忍受，但是如果淹到鼻孔就不能再忍受，因為人是用肺呼吸，水如果進到鼻孔，人會窒息而死，所以水淹鼻孔是不能忍受的事情。

補充 依教育部2008年5月公布之台灣閩南語推薦用字第二批將「繪be⁷」寫作「袂be⁷」。

對應華語 忍無可忍。

tsui² phuah⁴ loh⁸ te⁷
水 潑 落 地

解釋 落：下。

涵義 形容事情已經成為定局無法再挽回。

說明 任何東西丟到地上,都可以再撿回來,唯獨只有水,一潑出去就無法收回,就如同說話一樣,不管好壞話只要一出口,便難以再收回,所以我們要慎言。

對應華語 覆水難收、破鏡難圓。

tsui² puann⁵ kue³ uann² e⁷ tsio²　　ue⁷ puann⁵ kue³ tshui³ e⁷ ke¹
水 盤 過 碗 會 少 , 話 盤 過 喙 會 加

解釋 盤:搬。喙:嘴。加:增多。

涵義 形容話經過許多人傳來傳去,到最後全變了樣。

說明 水從一個碗倒到另外一個碗,在倒的過程中一定會有一些水潑出而流失掉,所以水在碗中不停的轉換,到最後只會越來越少。拜託別人傳話更是不可靠,因為每個人對話的理解程度不同,在傳話的過程中,會將自己的意思加入,這樣傳到最後內容全都變了樣。

tsui² ke¹ thiau³ lai⁵ khuai³　　sim⁷ lai⁵ ku²
水 雞 跳 來 快 , 愖 來 久

解釋 水雞:青蛙。愖:停下來,稍微沉思一下。

涵義 形容人賺錢不是一下子賺很多,就是有一段時間都不賺錢。

說明 青蛙是用跳的方式來前進,每往前跳一步就會在原地停一下,然後再往前跳,所以前人就用青蛙跳步的情形,形容人賺錢不平均忽多忽少。

hue² tshia¹ bo⁵ tan² lang⁵
火 車 無 等 人

解釋 無:不。

涵義 意謂有些事情或機會是不等人的。

說明 火車是按照時間來發車,只要起站的時間到了,立刻開走,因為每個地方的火車時刻都是固定的,如果火車在某一站耽擱了,其他站都會受到影響,所以火車是不等人的。

一畫 二畫 三畫 四畫 五畫 六畫 七畫 八畫 九畫 十畫 十一畫 十二畫 十三畫 十四畫

hue² tshia¹ kue³ liau² tsiah⁴ pun⁵ pi¹ a²

火車過了才歕嗶仔

解釋 歕：吹。嗶仔：哨子。

涵義 形容事情已經發生才來補救。

說明 有些人沒耐性等火車，常會闖越平交道，這時警察就會跑出來吹哨子，要那個人馬上停止這種危險行為，吹哨子要在火車來之前吹，才有警示作用，如果等火車過去才吹就來不及。

對應華語 賊去關門、江心補漏、亡羊補牢。

hue² tsong³ tiunn⁵ tiann² tsha² si² lang⁵

火葬場鼎，吵死人

解釋 火葬：一種埋葬屍體的方法，先用火燒屍體，然後再將骨灰裝進骨灰罈。

涵義 形容聲音非常吵雜。

說明 這句出自歇後語，具有雙關義。火葬場是燒屍體的地方，在火葬場炒東西，只能炒死人。而「炒死人」又與「吵死人」諧音，因此就用來形容聲音非常吵雜。

hue² sio¹ khit⁴ tsiah⁸ liau⁵

火燒乞食寮

解釋 寮：小屋。

涵義 形容處境非常的窘困。

說明 乞丐身無分文，用的東西都是撿別人不要的，所以整個乞丐寮看起來相當的破爛，乞丐寮已經非常的不堪，如果再經過火燒，可能會更加的狼狽。

對應華語 狼狽萬狀。

hue² sio¹ suann¹ lui⁷ tioh⁸ kau⁵

火燒山，累著猴

解釋 累：連累。著：到。

涵義 無故被牽連而遭受損害。

說明 山上長滿了樹木野草，這些東西都是易燃物，一旦山裡發生大

火，整個山頭很容易全部燒起來，猴子住在山中，也會因為火燒
山而被殃及。

對應華語 池魚之殃、殃及無辜。

hue² sio¹ bak⁸ tsiah⁴ mng⁵　　bak⁸ khang¹tshiah⁴

火燒目睫毛，目空赤

解釋 目睫毛：眼睫毛。目空：眼睛。赤：紅。

涵義 形容人見到別人比自己好就心生妒忌。

說明 這句是歇後語，形容人見不得別人好。我們在爐邊烤火時，臉會
因為火太熱而變成紅紅的，如果火燒到眼睫毛，整個眼睛就會被
火烤到，所以眼睛也會變成紅紅的。

hue² sio¹ tshu³ sio¹ kue³ king¹

火燒厝燒過間

解釋 火燒厝：火燒房子。

涵義 形容無故被牽連而遭受損害。

說明 火這種東西是很可怕的，一旦燒起來就很難控制，因此常有某間
房子發生火災卻延燒到左鄰右舍的情形，為了避免自己也遭受牽
連，在平常就要做好一些防火的措施。

對應華語 池魚之殃、殃及無辜。

hue² sio¹ koo¹ liau⁵　　bo⁵ bang⁷

火燒罟寮，無望

解釋 罟寮：放置漁網的小屋。

涵義 事情已經沒有希望。

說明 這句出自歇後語。罟寮是放置漁網的草寮，漁網和草都是易燃的
東西，一旦發生大火，所有的東西必然付之一炬。而「無網」跟
「無望」諧音，故用這句諺語形容事情沒有希望。

對應華語 寡婦死兒子，沒指望。

hue² sio¹ gin⁵ tsua² tiam³　　he⁷ hoo⁷ thoo² te⁷ kong¹

火燒銀紙店，下予土地公

解釋 銀紙：金銀紙。下：許願。予：給。

涵義	形容人所做的一些行為，都不是出自真心。
說明	祭神之後我們會燒些金紙給神明，以答謝祂們的保佑，如果這些金紙真是要答謝土地公的，應該拿到土地公廟燒給祂，而不是等到銀紙店被火燒了，才許願說這些金紙是要給土地公，這根本只是順水推舟，不是出自真心。
對應華語	虛情假意。

gu⁵ m⁷ thang¹ gau⁵ kiann⁵　　lang⁵ m⁷ thang¹ tshut⁴ mia⁵

牛毋通勢行，人毋通出名

解釋	毋通：不可以。勢：能幹。
涵義	形容人出名之後就會招來一些麻煩。
說明	牛如果善於行走，主人就越倚重會經常帶牠去拉車、耕田，那牠的工作量勢必要增多；而人要是出名就會招來許多的麻煩，不論是借錢或攀關係，甚至被勒索、綁架都有可能，所以人還是不要太出名，以免被盛名所累。
對應華語	人怕出名，豬怕肥。

gu⁵ phue⁵ tshat⁸ kut⁴

牛皮賊骨

解釋	牛皮：指人不怕鞭打，不受教訓。
涵義	形容人個性叛逆，不受調教。
說明	牛皮非常堅韌，不管怎麼鞭打都不痛不癢，而那些作姦犯科的人，好像是天生的賊骨，不做壞事就全身不對勁似的，進出監獄如同家常便飯一樣，不管受過多少刑罰仍然死不悔改，所以我們常會以「牛皮賊骨」來形容那些個性叛逆，不受調教的人。
對應華語	桀驁不馴、強頭倔腦。

gu⁵ u⁷ liau⁷　　lang⁵ bo⁵ liau⁷

牛有繚，人無料

解釋	料：預料。
涵義	形容世事變化無常，人生的境遇難以預測。
說明	牛是由人牽著走的，人要牛往哪裡去，牛就得往那裡走，所以牛的行動方向是可以預料的，但人就不行，人生的福禍無常，誰也

無法預料明天會如何。

對應華語 世事難料。

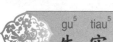

gu⁵ tiau⁵ lai⁷　　　ok⁴ gu⁵ bo²
牛牢內，惡牛母

解釋 牛牢：牛舍。惡：凶。

涵義 形容人只敢在家裡欺負自己人，對外卻不敢吭聲。

說明 這句話嘲諷人只敢在家裡橫行霸道，大呼小叫，在外面任憑別人怎麼欺負，也不敢吭一聲，就如同公牛在外面不敢和其他的公牛打鬥，只敢在牛棚內對母牛發脾氣。

gu⁵ tshia¹ sai² loh⁸ kia⁷
牛車駛落崎

解釋 落崎：下坡。

涵義 形容人的歌聲非常難聽。

說明 車子在下坡的時候速度會變很快，一直往下衝，這時就必須踩煞車器來減緩速度，踩煞車器時會發出一種摩擦的聲音，這種聲音非常的難聽，所以前人就用「牛車駛落崎」，形容人的歌聲難聽不堪入耳。

對應華語 破鑼嗓子。

gu⁵ tsai² si²　　　m⁷ tsai² tsau²
牛知死，母知走

解釋 知：知道。走：逃走。

涵義 形容人遇到危難卻不知躲避。

說明 據說牛被送到屠宰場之後，知道自己將被宰殺，只會默默的流淚，不會像豬那樣大吼大叫的想要逃走，所以人們認為牛很愚笨，遇到危險也不知道要躲避。

gu⁵ sai² ku¹　　　thenn³ tsioh⁸ pang¹
牛屎龜，掌石枋

解釋 牛屎龜：大黑糞金龜，身長三到四公分，全身黑色，以牛糞為主食。掌：支撐。石枋：石板。

涵義 形容人沒有自知之明，做超出自己能力範圍的事。

說明 牛屎龜身長只有三、四公分，而一塊大石板至少也有幾十公斤
重，一隻小小的牛屎龜想撐起大石板，根本就是自不量力，因為
兩者的懸殊實在太大，在牠還沒有撐起大石板前，恐怕已經先被
壓成肉醬。

對應華語 不自量力、螳臂當車、蚍蜉撼樹、夸父逐日、與天競高。

---

gu⁵　bin⁷　tsing⁵　　thak⁸　king¹
牛 面 前 ， 讀 經

解釋 經：書。

涵義 此語有兩義：①比喻人做事方法錯誤，以致毫無收穫。②嘲諷人
說話不看對象。

說明 牛根本聽不懂人話，在牠面前讀經，只是白費力氣而已，這就好
比對一個頑固的人說大道理，說了半天，他依然不為所動，所以
說話要挑對象，才不會白費工夫。

對應華語 對牛彈琴、白費工夫、徒勞無功。

---

gu⁵　khan¹　kau³　pak⁴　kiann¹　ma⁷　si⁷　gu⁵
牛 牽 到 北 京 嘛 是 牛

解釋 嘛是：也是。

涵義 形容人個性固執難以改變。

說明 牛平常是很溫和的，但是發起牛脾氣時，就會變得很拗，任憑你
怎麼打、怎麼拉就是不聽使喚，牛要使性子是不分對象、時間跟
地點，不論把牠牽到哪裡，牛脾氣還是在，一樣的拗，所以對於
那些個性執拗、頑固不化的人，用這句話來形容他們是最貼切不
過的。

對應華語 本性難移、狗改不了吃屎。

---

gu⁵　bo⁵　lat⁸　thua¹　huainn⁵　pe⁵　　lang⁵　bo⁵　li²　kong²　huainn⁵　ue⁷
牛 無 力 拖 橫 耙 ， 人 無 理 講 橫 話

解釋 無力：沒有力氣。耙：用來翻鬆泥土的農具。

涵義 人在無理時就會說一些蠻橫不講道理的話。

說明 牛犁田是採用直線往前拖的方式，耙拖過田地整排泥土就被翻

鬆，但是當牛沒有力氣時就會偷懶地把耙橫著拖；而人在無理時就會要賴，說一些蠻橫不講道理的話。

gu⁵ ai³ kng³ phinn⁷　　lang⁵ ai³ ka³ si⁷

牛 愛 貫 鼻 ， 人 愛 教 示

解釋　貫鼻：穿鼻洞。教示：教導、教訓。

涵義　人要受到教導才能有成就。

說明　牛的力氣很大，如果發起牛脾氣，就很難控制牠，所以農人會在牛的鼻孔中套一個鐵環來控制牠；人並非一生下來就能成材，必須要經過後天的學習、教導，才能有所成就。

對應華語　玉不琢，不成器。

gu⁵ san² bo⁵ lat⁸　　lang⁵ san³ peh⁸ tshat⁸

牛 瘦 無 力 ， 人 散 白 賊

解釋　瘦：瘦。散：貧窮。白賊：說謊。

涵義　形容人在貧窮時會做一些沒有志氣或違背良心的事。

說明　牛太瘦就沒有力氣耕田，同理，人窮志氣就消散，連廉恥心也不見了，為了求生存，說謊、偷竊、搶劫，任何違背良心或違反法律的事情都做的出來。

補充　依教育部2007年5月公布之台灣閩南語推薦用字第一批將「瘦san²」寫作「瘦san²」。

對應華語　人窮志短、英雄落難沒本色。

gu⁵ phinn⁷ m⁷ khan¹　　beh⁴ khan¹ gu⁵ bue²

牛 鼻 毋 牽 ， 欲 牽 牛 尾

解釋　毋：不。欲：要。

涵義　人做事方法錯誤，以致事倍功半。

說明　在以前農業社會牛是非常重要的牲畜，牛的脾氣雖然溫馴，但當牠發起牛脾氣時就難以控制，因此農人會在牛的鼻孔中穿一個鐵環，然後再套上繩子，只要一拉繩子，牛就會乖乖的跟著走，如果想要牛移動卻跑去拉牛尾，那麼就算把牛尾拉斷，牛也不可能動一下，所以做事情要選擇對的方法才能事半功倍。

對應華語　不得要領、不知就裡。

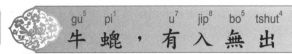

gu⁵　pi¹　　　u⁷　jip⁸　bo⁵　tshut⁴

牛蜱，有入無出

解釋 牛蜱：牛蝨。

涵義 形容人非常吝嗇，錢財有進無出，一毛不拔。

說明 牛蜱是一種蝨子，主要寄生在牛或其他家畜身上，有時也會襲擊人類，牛蜱的身上沒有排泄器官，當牠依附在牛身上開始吸血時，身體會隨著吸進的血液，變得越來越大，因為牠有這個特性，所以前人便以此來形容那些極度吝嗇，只賺錢而不花費的守財奴。

對應華語 一毛不拔、一文不與、有進無出。

ong⁵　si⁰　ka¹　bio⁷　khuann³　tso³　thoo²　bin⁵　ti¹　tiau⁵

王氏家廟看做土民豬朝

解釋 家廟：祠堂。豬：「豬」字在古代的寫法是「豕」。

涵義 形容人認錯相似的事物。

說明 中國字都是長得四四方方的，有很多字看起來很相似，只有一畫之差，「王氏家廟」跟「土民豕朝」外形看起來確實很像，所以一些識字不深又喜歡賣弄的人，常會把「馮京」給當成「馬涼」，而鬧出許多笑話。

對應華語 錯把馮京當馬涼。

五 畫

se³ kan¹ sann¹ hang⁷ be⁷ khng³ tit⁴

世 間 三 項 膾 囥 得

解釋 三項：死屍、糞便、長大的女子。膾：不。囥：存放。

涵義 形容女子長大之後就必須要嫁人，不能再留在家裡。

說明 人過世之後如果沒有入土安葬，屍體便會慢慢的腐爛生蛆，糞便拉出來之後如果沒有立刻拿去糞坑倒掉，整間房子就會變得很臭，女孩子長大之後如果不出嫁，就會變成老姑婆。

補充 依教育部2008年5月公布之台灣閩南語推薦用字第二批將「膾 be⁷」寫作「袂be⁷」。

對應華語 女長須嫁、女大難留。

---

se³ kan¹ su⁷ hoo⁷ li² be⁷ gau⁵ tit⁴

世 間 事 予 你 膾 勢 得

解釋 予：給。膾勢得：強求不得。

涵義 形容世間一切事情並不是強求就可以得到的。

說明 世間的一切事情都是註定好的，不是強求可以得到的，就好比事業、婚姻、工作，甚至是人與人之間的交往，這一切並不是我們想怎樣就怎樣，如果沒有那個緣分，強求也得不到。

補充 依教育部2008年5月公布之台灣閩南語推薦用字第二批將「膾 be⁷」寫作「袂be⁷」。

---

se³ kan¹ tsinn⁵ tso³ lang⁵

世 間 錢 做 人

解釋 錢做人：有錢到處受人歡迎。

涵義 形容只要有錢任何事都容易辦。

說明 錢人人喜歡，有錢走到哪裡都受歡迎，不論做什麼事都很容易，沒錢人人嫌棄，做什麼事都不行，所以說是錢在做人，不是人在做人，大家眼中尊敬的是錢不是人。

對應華語 有錢能使鬼推磨。

一
畫

二
畫

三
畫

四
畫

五

畫

六
畫

七
畫

八
畫

九
畫

十
畫

十一畫

十二畫

十三畫

十四畫

tsu² lang⁵ tsiah⁸　　　hoo⁷ lang⁵ kheh⁴ tshe⁷ siau³

主 人 食 ， 予 人 客 坐 數

解釋 食：吃。予：給。人客：客人。坐數：代付帳款。

涵義 形容人自己坐享利益，把後果丟給別人承擔。

說明 客人到訪，主人為了盡地主之誼，通常會請客人吃飯，既然是主人請客，理應由主人付款，如果主人請客卻由客人付帳，這樣的主人實在沒禮貌又不負責任。

tsu² koo³ tsham³ sng¹ tshoo³

主 顧 摻 酸 醋

解釋 主顧：常來光顧的顧客。摻酸醋：比喻灌水。

涵義 形容生意人對老主顧反而會偷斤減兩。

說明 生意人對老主顧反而不誠實，會將東西灌水或偷斤減兩，因為老主顧對於常去光顧的店，不會存有戒心，就算東西被灌水，也不會起疑心。

sian¹ jin⁵ phah⁴ koo² u⁷ si⁵ tsho³　　　kha¹ poo⁷ tah⁸ tsha¹ siann² lang⁵ bo⁵

仙 人 拍 鼓 有 時 錯 ， 跤 步 踏 差 啥 人 無

解釋 拍：打。跤步踏差：走錯路。

涵義 形容人難免會有做錯事的時候。

說明 神仙是神不知比凡人厲害多少倍，但是連神仙都會做錯事，更何況是我們凡人，做錯事沒關係，只要能改過並記取教訓，以後不再犯同樣的錯誤就行了。

對應華語 人非聖賢，孰能無過。

sian¹ piann³ sian¹　　　piann³ si² kau⁵ tse⁵ thian¹

仙 拚 仙 ， 拚 死 猴 齊 天

解釋 猴齊天：齊天大聖孫悟空。

涵義 形容雙方比鬥卻連累第三者。

說明 台灣早期的移民來自不同地方，各個族群常因生存空間不足或經濟利益的衝突，而引發集體械鬥，其實這些械鬥往往都只是因為一些個人的小事情而引起的，但結果都是死傷無數，這就好比神

仙之間互相鬥法，卻連累了孫悟空一樣。

對應華語 池魚之殃、殃及無辜、無妄之災。

kang⁷ pe⁷ kok⁴ bu² kut⁴ thau⁵tshin¹　kang⁷ bu² kok⁴ pe⁷ si⁷ pat⁸ lang⁵

仝爸各母骨頭親，仝母各爸是別人

解釋 仝爸各母：同父異母。仝母各爸：同母異父。

涵義 兄弟同父異母還是親人，如果同母異父就是別人。

說明 中國是父系社會，在父系社會中男子是一家之主，不論結婚或姓
氏的傳承都以男方為主，「同父異母」因為父親相同，所以算是
親人，但「同母異父」因為父親不同，所以不是親人。

kang⁷ tshing⁷ tsit⁸ nia² khoo³

仝穿一領褲

解釋 仝：同。領：件。

涵義 形容彼此感情密切。

說明 以前生活儉苦，一些生很多小孩的家庭，常會讓兄弟姊妹輪流同
穿一件褲子，所以我們跟朋友感情很好時，都會說我們情同手
足、情同姊妹，既然彼此的感情像兄弟姊妹一樣，當然可以同穿
一條褲子。

kang⁷ khuan² bo⁵ kang⁷ sai¹ hu⁷

仝款無仝師父

解釋 仝款：一樣、相同。無仝：不同。

涵義 兩者即使很相像，但還是有些不同。

說明 每一個師傅做出來的東西，都有自己的特色，有時兩件東西看起
來很相似，但仔細一看還是有所不同，因為這是不同師傅所做
的，不可能會完全一樣。

hiann¹ ti⁷ hun¹ khui¹ ngoo² hok⁸ gua⁷

兄弟分開五服外

解釋 五服：五種喪服，依生者與死者的親疏關係分為斬衰、齊衰、大
功、小功、緦麻。

涵義 兄弟各自成家之後，就變成像遠親一樣的疏遠。

說明 「五服」是古人為父母親族，披麻守喪時所穿的孝服，如果死者跟自己的親屬關係是屬於遠親，就不需要穿孝服；「兄弟」還是屬於「五服」之內的親屬，這裡說「兄弟分開五服外」，只是形容兄弟長大之後，彼此的關係變得很疏遠，並不是說兄弟不屬於五服之內。

hing¹ te⁷ ju⁵ tshiu² tsiok⁴　　tshe¹ tsu² su⁷ i¹ hok⁸
兄 弟 如 手 足 ， 妻 子 似 衣 服

解釋 如：像。手足：手和腳。似：像。

涵義 形容兄弟之情比夫妻之情重要。

說明 手跟腳對一個人來說是非常重要的，在日常生活中如果少了它們，不僅哪裡都去不了，任何事情也都不能做，但衣服就不一樣，穿破了隨時可以換新的。

hiann¹ ti⁷ si⁷ hiann¹ ti⁷　　tse⁷ tsun⁵ kue³ kang¹ ia⁷ tioh⁸ tsinn⁵
兄 弟 是 兄 弟 ， 坐 船 過 江 也 著 錢

解釋 著：要。

涵義 此語有兩義：①比喻兄弟之間相處不融洽，凡事錙銖必較，算得很清楚。②形容兄弟之間雖然關係親密，但經濟上還是要分明。

說明 所謂：「親兄弟，明算帳」，彼此雖然是兄弟，但在錢財的事項上，還是必須要分清楚弄明白，免得日後因為錢財上的糾紛，而影響了兄弟的感情。

對應華語 親兄弟，明算帳。

hiann¹ ti⁷ si⁷ hiann¹ ti⁷　　boo² kiann² sui⁵ lang⁵ tshi⁷
兄 弟 是 兄 弟 ， 某 囝 隨 人 飼

解釋 某囝：妻子跟兒子。隨人：依照個人。飼：養。

涵義 形容每個人都有自己的一片天地，自己的事情要自己負責。

說明 兄弟從小一起長大，彼此的感情很親密，但是成家立業之後，每個人各有自己的家庭需要照顧，有自己的事業要忙碌，所以大家雖然是兄弟，但各自的事情還是要自己解決。

對應華語 各人自掃門前雪。

hing¹ te⁷ siong¹ hai⁷　　put⁴ ju⁵ tok⁸ sing¹

兄弟相害，不如獨生

解釋 獨生：只生一個。

涵義 人母感嘆早知兄弟長大後會互相殘害，不如當初只生一個就好。

說明 兄弟是同母所生，應該要相親相愛彼此扶助才對，但是有些兄弟為了自己的利益，竟不顧手足之情而互相殘害，這樣的事看在做母親的眼裡，當然是非常的痛心。

tang¹ kue¹ tua⁷ khoo¹ si⁷ tshai³

冬瓜大箍是菜

解釋 大箍：塊頭很大。

涵義 形容東西雖然很大卻沒什麼用處。

說明 冬瓜是一種很便宜的瓜果，雖然體積很大，可是沒什麼經濟價值，所以不能成為上等的菜，因此前人就用「冬瓜大箍是菜」，形容人或東西大而無用。

對應華語 大而無用。

tang¹ khuann³ suann¹ thau⁵　　tshun¹ khuann³ hai² khau²

冬看山頭，春看海口

解釋 海口：靠海的地方。

涵義 要判斷是否會下雨，冬天要看山頭，春天要看海口。

說明 這句出自氣候諺語，台灣冬季盛行東北季風，夾雜著水氣的季風，從北方進來碰到山壁，形成地形雨；春季是季風的轉換期，這時的西南氣流從海面夾帶大量水氣，進入台灣之後形成降雨，所以要知道天是否會下雨，冬季要看山頭，春季要看海口。

tang¹ tseh⁴ inn⁵ a² tsiah⁸ loh⁸ ke¹ tsit⁸ hue³

冬節圓仔食落加一歲

解釋 冬節：冬至。圓仔：湯圓。食落：吃下去。

涵義 形容吃過冬至湯圓之後就增加一歲。

說明 依據民間習俗，在冬至這一天要搓湯圓、吃湯圓，因為以前的人認為冬至就是古時候的過年，所以吃了冬至湯圓，就等於又增加

205

了一歲。

出山了請醫生
tshut⁴ suann¹ liau² tshiann² i¹ sing¹

解釋 出山：出殯。了：完了、結束。

涵義 事情都已經發生，才來做一些無濟於事的補救措施。

說明 有錢人比較注重隱私，如果家裡有人生病都會請醫生來家裡看病，但現在人都已經出殯才要去請醫生，這一切已無濟於事。

對應華語 賊去關門、江心補漏、亡羊補牢。

出門無想厝
tshut⁴ mng⁵ bo⁵ siunn⁷ tshu³

解釋 厝：家裡。

涵義 此語有兩義：①比喻人非常無情，一出門就忘了家中老小。②形容人對家庭不會留戀，一出門就到處跑，忘記要回家。

說明 有些男人非常沒有責任感，一出門就像斷線的風箏，不知道要回家，把全家老小都拋在腦後，也不管她們生活是否過得下去，所以前人就用這句諺語形容人不負責任。

加一塊碗，一雙箸
ke¹ tsit⁸ te³ uann² tsit⁸ siang¹ ti⁷

解釋 塊：個。箸：筷子。

涵義 形容只是多增加一個人而已，負擔不會很大。

說明 吃飯的時候如果有客人來訪，我們一定會邀請客人一起用餐，然後再到廚房去拿一副碗筷給客人，所以「加一塊碗，一雙箸」，表示多增加一個人的意思。

加人加福氣
ke¹ lang⁵ ke¹ hok⁴ khi³

解釋 加：多。

涵義 形容人多的好處。

說明 以前農業社會非常需要人力來幫忙勞動，再加上老一輩的人認為

人多福氣也多，所以那時不管男女都很早結婚，而且都會生一堆小孩。

對應華語 多人多福氣。

---

ke¹ tsui² ke¹ tau⁷ hu⁷　　ke¹ kiann² ke¹ sin¹ pu⁷
加水加豆腐，加囝加新婦

解釋 囝：兒子。新婦：媳婦。

涵義 原料增加，製成的成品當然也會增加，沒什麼好奇怪的。

說明 做豆腐時如果多加了水，做出來的豆腐體積就會增加，就如同多生一個兒子，就要多娶一個媳婦一樣。

---

ke¹ nng⁷ ki¹ kak⁴ tioh⁸ si⁷ kui²
加兩支角著是鬼

解釋 加：多。著是：就是。

涵義 形容人一肚子壞水就像鬼一樣，只差沒有兩支角而已。

說明 一提到鬼大家都會害怕，因為在人的觀念中，認為鬼不僅長的可怕，而且都是來索命的，只要遇到鬼就會有不好的事情發生，所以人們就用鬼來形容那些滿肚子壞主意的狡詐之人。

---

ka¹ kuan¹ le² khah⁴ tse⁷ kue³ hi³ kim¹ gin⁵
加冠禮較濟過戲金銀

解釋 加冠：跳加冠，在正戲開演之前，由人戴著面具演出一些有關加冠晉爵等吉祥短劇。禮：賞錢。濟：多。戲金銀：戲酬。

涵義 形容人做事主次顛倒。

說明 以前村口廟會常會請戲班子來演出，在戲開演之前會有人先出來跳加冠，跳完後戲才正式開演，跳加冠只有一小段，但主人給他的賞錢，反而多過演正戲的戲酬，這樣的行為根本就是本末倒置。

對應華語 捨本逐末、本末倒置、背本趨末。

kha¹ tsiah⁴ au⁷ phainn⁷ hong⁵ kim¹　　beh⁴ ka⁷ lang⁵ khuann³ hong¹ sui²

加脊後揹黃金，欲共人看風水

解釋 加脊：背。揹：以背載物。黃金：黃金甕，即是骨灰罈。欲：要。共人：給人。

涵義 形容自己的事都做不完，卻還跑去幫別人的忙。

說明 中國人崇信風水之學，認為如果將祖先葬在風水好的地方，能夠福蔭後代子孫，但現在連風水師自己都找不到好的地方來幫祖先下葬，卻還想幫別人看風水，真是自顧不暇還要多管閒事。

補充 依教育部2008年5月公布之台灣閩南語推薦用字第二批將「加kha¹脊」寫作「尻kha¹脊」。

ke¹ kiam² khioh⁴　　khah⁴ sing² ka⁷ lang⁵ tsioh⁴

加減抾，較省共人借

解釋 抾：撿。共：給。

涵義 每天有多少錢就儲蓄多少，這樣積少成多將來就不必向別人借貸。

說明 俗話說「積沙成塔」，每天賺的錢雖然很少，但如果長期積蓄，還是可以變成一筆大數目，所以平常如果有積蓄，急用的時候就不必去向別人借貸。

pau¹ li² jip⁸ pang⁵　　bo⁵ pau¹ li² tsit⁸ si³ lang⁵

包你入房，無包你一世人

解釋 包：保證。房：洞房。一世人：一輩子。

涵義 媒人做媒只負責把夫妻送入洞房，其他的就不是她的責任。

說明 這句是媒人最常掛在嘴邊的話，的確，媒人只負責把夫妻送入洞房，至於夫妻是否能夠白頭偕老，就要看夫妻雙方是否能彼此忍讓，相互體諒。

pak⁴ kang² hiunn¹ loo⁵ lang⁵ lang⁵ tshah⁴

北港香爐人人插

解釋 香爐：插香的爐子。

涵義 形容女子非常淫蕩，每個男人都可以跟她發生性關係。

說明 北港朝天宮是台灣各地媽祖廟的祖廟，它有百多年的歷史香火鼎盛，每個到雲林的遊客，幾乎都會到朝天宮拜拜，拜拜之後會將香插在爐中，所以前人就用這句諺語，形容女子極為淫蕩，人盡可夫。

對應華語 人盡可夫。

pak⁴ kang² ma² tsoo²　　hing¹ gua⁷ tsng¹

北 港 媽 祖 ， 興 外 庄

解釋 興：靈驗。外庄：外地。

涵義 形容人在自己家鄉不受重視，但在外地卻受人敬仰。

說明 這句是北港地區的諺語，它和「近廟欺神」的涵義相同。人都是貴遠賤近，家住廟的旁邊，因為住得近，天天看得到神明，並不覺得有什麼靈驗的地方，所以反而很少去拜拜求平安，等到外地的香客一直絡繹不絕的來參拜，才知道神明的靈驗。

對應華語 貴遠鄙近、遠來的和尚會念經。

pak⁴ kang² ma² tsoo²　　khun¹ sin¹ ong⁵ ia⁵

北 港 媽 祖 ， 鯤 鯓 王 爺

解釋 北港媽祖：北港朝天宮的媽祖廟。鯤鯓王爺：台南縣南鯤鯓代天府的五府千歲。

涵義 形容台灣媽祖和王爺的信仰，以北港朝天宮和南鯤鯓代天府最為興盛。

說明 媽祖和王爺是台灣最大的二個民間信仰，在所有的媽祖信仰中，以北港「朝天宮」的媽祖廟最有名，而王爺的信仰則以台南縣南鯤鯓「代天府」的五府千歲最為興盛。

puann³ thinn¹ tio³ tsui² ke¹

半 天 釣 水 雞

解釋 半天：半空中。水雞：青蛙。

涵義 形容人做事情沒有掌握到重點，以致徒勞無功。

說明 過去生活窮困物質匱乏，青蛙是農村小孩的另一項零嘴，放學之後大部分的小孩都會帶著竹竿和蚯蚓，跑到水田去釣青蛙，釣青蛙和釣魚一樣，要將釣線放入水田之中，才能釣到青蛙，如果把

竹竿垂在半空中，是釣不到青蛙的。

對應華語 隔靴搔癢、腳癢搔背。

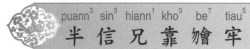

puann³ sin³ hiann¹ kho³ be⁷ tiau⁵

半 信 兄 靠 膾 牢

解釋 靠膾牢：靠不住。

涵義 比喻沒有信用的人是靠不住的。

說明 「半信」，信用只有一半，一個人的信用只有一半，表示這個人講話不守信用，一個不守信用的人是靠不住的，因為他連自己說過的話都可以推翻，更別指望他可以幫你什麼忙。

補充 依教育部2008年5月公布之台灣閩南語推薦用字第二批將「膾be⁷」寫作「袂be⁷」。

對應華語 人而無信，不知其可。

puann³ loo⁷ jin⁷ lau⁷ pe⁷

半 路 認 老 爸

解釋 半路：半途。老爸：父親。

涵義 形容認錯了對象。

說明 父親跟我們關係密切，每天都住在一起，怎麼可能會不認得父親，除非是從來都沒有見過父親一面，才有可能發生這樣的事，但這句諺語只是嘲笑別人認錯人，並不是說他真的在半路上認錯父親。

puann³ me⁵ thai⁵ ti¹ ia⁷ si⁷ thinn¹ kng¹ be⁷ bah⁴

半 暝 刣 豬 也 是 天 光 賣 肉

解釋 半暝：半夜。刣：宰、殺。天光：天亮。

涵義 形容任何事情都有它可以做的一定時機，太心急也沒有用。

說明 我們吃的溫體豬肉，都是屠夫半夜宰殺的，屠夫在半夜將豬隻宰殺完後，不論他怎麼心急，也不能立即將豬肉賣出去，還是必須等到天亮有顧客上門，才能開始賣豬肉。

puann³ me⁵ po³ iann⁵ kiau²　　thinn¹ kng¹ po³ siong⁷ tiau³
半暝報贏筊，天光報上吊

解釋 半暝：半夜。筊：賭博。天光：天亮。上吊：指輸光所有家產，只能上吊了事。

涵義 形容賭博所贏來的財富，來的快去的也快。

說明 賭博雖然可以讓你一夕致富，但也可以讓你一夕之間傾家蕩產，因為賭博所贏的財富是靠不住的，來的快去的也快，常是半夜贏錢天亮輸光，所以錢要靠自己努力去賺，才能放得久遠。

khi³ hoo⁷ lang⁵ tiau³ kau⁵
去予人吊猴

解釋 予人：給人。

涵義 形容買東西或吃完東西之後沒錢付帳，被老闆扣留下來。

說明 以前在夜市賣藥的一些雜耍團，都有猴子騎三輪車或踏皮球的表演，這些猴子平常如果不乖，會被主人吊起來打，人白吃東西不付帳，也會被老闆痛毆一頓，他的情況就跟被吊起來打的猴子一樣，所以前人就用這句諺語，形容人吃完東西之後，沒錢付帳的窘況。

khi³ soo¹ tsiu¹ be⁷ ah⁴ nng⁷
去蘇州賣鴨卵

解釋 鴨卵：鴨蛋。

涵義 喻人已經過世了。

說明 這句話是從台語的口誤產生出來的，依據台灣掃墓的習俗，在祭拜完祖先之後，會用石塊把一些紙錢壓在墓碑上，然後再把鴨蛋殼撒在墳墓的土丘上，這個「土丘」的音念起有點像華語的「蘇州」而「欲」的台語發音又跟「賣」的音相近，所以「土丘欲鴨卵」就變成「蘇州賣鴨卵」。

koo² tsenn² be⁷ ii⁷ tit⁴ puah⁸ thang²
古井獪離得拔桶

解釋 獪離得：離不開。拔桶：水桶。

涵義 比喻兩個人感情很好，時常黏在一起。

說明 古井很深人不能下去，只能用水桶去汲水，一般在水井的上面都會設一個絞繩轆轤把，因為水桶汲滿水之後會變重不易拉起，這時轉動轆轤把慢慢將繩子絞起，就可以把水桶拉上來，所以古井跟水桶的關係是密不可分的。

補充 依教育部2008年5月公布之台灣閩南語推薦用字第二批將「勊be⁷」寫作「袂be⁷」。

對應華語 形影不離、形影相隨、形影相依、如影隨行、焦不離孟，孟不離焦。

koo² i³ khuann³ tso³ gong⁷ tit⁸
古 意 看 做 戇 直

解釋 古意：忠厚老實。戇直：憨厚沒有心眼。

涵義 對別人好不和人計較，卻被當成是好欺負的傻瓜。

說明 忠厚老實的人做事誠誠實實，方方正正，凡事依循正道而行，不佔別人便宜，但這些行為看在一些狡猾奸詐之人的眼中，就變成是不知變通的愚笨行為。

sai¹ kong¹ m⁷ kiann¹ kui² hue⁵ siunn⁷ put⁴ ui³ hut⁸
司 公 毋 驚 鬼 ， 和 尚 不 畏 佛

解釋 司公：道士。毋驚：不怕。畏：敬畏。

涵義 經常見到某些事物，時間久了也就習慣。

說明 道士的專職是替人驅邪除煞，由於他的工作常會接觸到鬼怪，看多了自然就不怕鬼，而和尚天天對著佛像念經，佛像看久了，對佛也就不畏懼了。

對應華語 見慣不驚、司空見慣。

sai¹ kong¹ a² siunn⁷ pue¹
司 公 仔 象 桮

解釋 司公：道士。象桮：杯筊。

涵義 形容兩個人感情很好，經常黏在一塊。

說明 道士是專門替人做法事的，不管是驅邪除煞、辦法會或喪事，在法事完成之後，都需要和神鬼做一個溝通，以確定祂們是否滿意

這樣的安排，而杯筊就是道士和神鬼溝通的重要器具，所以杯筊和道士的關係是密不可分的。

對應華語 形影不離、形影相隨、公不離婆、秤不離砣、焦不離孟，孟不離焦。

tai⁵ lam⁵ ngia⁵ ma² tsoo² bu⁵ ki⁵ put⁴ iu²
台 南 迎 媽 祖 ， 無 旗 不 有

解釋 迎媽祖：信徒跟隨媽祖神像遶境遊街，祈求風調雨順，闔家平安。旗：旗幟，與「奇」字諧音。無旗不有：指各種形形色色的旗幟都有。

涵義 形形色色，各種奇怪的事情都有。

說明 這是一句歇後語。早期鄭成功來台後歷經種種的不安，一直到永曆二十二年（西元一六六八年），政局穩定，建設有成，台灣軍民為了感謝媽祖的庇佑，在安平渡頭建立天妃廟，奉祀鄭成功從湄洲帶過來的三尊媽祖神像，並舉行迎媽祖活動，當時旄旗飄揚熱鬧非凡，於是留下「台南迎媽祖，無旗(奇)不有」的俚語。

對應華語 千奇百怪、無奇不有。

tai⁵ ting² u⁷ hit⁴ lo⁷ lang⁵ tai⁵ kha¹ ia⁷ u⁷ hit⁴ lo⁷ lang⁵
台 頂 有 彼 號 人 ， 台 跤 也 有 彼 號 人

解釋 台頂：戲台上。彼號人：那種人。台跤：戲台下。

涵義 說明戲如人生，人生如戲。

說明 戲台上的演員所表演的戲碼，是編劇依照自己的成長過程與觀察人生百態所寫出來的，所以戲台上會出現這種人，戲台下也會出現這種人。

對應華語 人生如戲、戲如人生。

tai⁵ uan⁵ bo⁵ sann¹ jit⁸ ho² kong¹ king²
台 灣 ， 無 三 日 好 光 景

解釋 三日：時間短暫。好光景：指好的景況。

涵義 形容台灣美好的景況都不會持續太久。（多指做生意的景況）

說明 當一種生意很有賺頭，大家認為前景不錯，便一窩蜂跟著投入，結果市場供過於求，過不了多久，新鮮感一過，就乏人問津，生

意開始一落千丈，這就是所謂的「無三日好光景」，像「葡式蛋塔」就是一個最好的印證。

對應華語 好景不常、好花不常開。

---

tai⁵ uan⁵ lang⁵ pang³ jio⁷ kiau² sua¹ be⁷ tso³ tui¹
台 灣 人 放 尿 攪 沙 獪 做 堆

解釋 放尿：小便。攪沙：拌和泥沙。獪：不會。做堆：聚集成堆。

涵義 諷刺台灣人自私、不團結，像一盤散沙。

說明 台灣人民因為來自大陸不同的地方，語言、風俗與生活習慣的差異，造成了閩南人與客家人械鬥；而閩南人中，又有漳州人和泉州人的衝突；泉州人中，又有同安人和惠安、南安人的火拼；或是某姓和某姓打起來了，故當時的有識之士譏「台灣人放尿攪沙獪做堆」，意思是說台灣人連撒尿都不能將沙子攪和在一起，用來形容台灣人根本不團結，就像一盤散沙。

補充 依教育部2008年5月公布之台灣閩南語推薦用字第二批將「獪be⁷」寫作「袂be⁷」

對應華語 一盤散沙、瓦合之卒、自私自利、烏合之眾、自掃門前雪。

---

tai⁵ uan⁵ lang⁵ ku² tshai³ mia⁷
台 灣 人 韭 菜 命

解釋 韭菜：多年生草本植物，葉扁平細長，帶有辛臭味，易生易長，擁有超強的生命力。

涵義 形容台灣人的生命力強韌，即使長期受外來政權的統治，依然不會被輕易打倒。

說明 台灣人的命就跟韭菜一樣，為什麼這麼說？因為韭菜容易種植，生命力強韌，用它來形容台灣人是最貼切不過的。台灣幾百年來歷經了荷蘭、西班牙、明鄭、滿清、日本與國民政府的統治，人民長久以來受到不平等的對待與剝削，即使生活再苦，依然展現超強的生命力，不會被輕易地打敗，故稱「台灣人韭菜命」。

---

tai⁵ uan⁵ lang⁵ sin¹ pu⁷ a² mia⁷
台 灣 人 新 婦 仔 命

解釋 新婦仔：童養媳，小時候就被人領養，將來長大要嫁給領養者兒

子的小女孩。

涵義 形容台灣人民一直無法過自主性的生活。

說明 以前的「新婦仔」，在領養家庭惹人怨，過著無自尊、無自主的生活，凡事都要看人家的臉色，根本沒有地位可言。台灣幾百年來一直被外來民族所統治，人民不斷遭受剝削與欺侮，而且不能表達自己的意見，其地位甚至比「殖民地」還不如，這種境遇就跟「新婦仔」類似，所以有人就說「台灣人新婦仔命」。

tai⁵ uan⁵ thoo⁵ khuai³ ta¹　　tai⁵ uan⁵ tsa¹ boo² khuai³ kue³ kha¹
台灣塗快焦，台灣查某快過跤

解釋 台灣塗：台灣的泥土。快焦：乾得快。查某：女人、女子。快過跤：原意指比雙腳走路的速度還快，此處比喻換丈夫的速度很快。

涵義 此為清朝時期台灣生活的真實寫照。

說明 台灣因為陽光充足，所以即使下雨，地面很快就乾了，故稱「台灣塗快焦」；至於「台灣查某快過跤」是說台灣女人換丈夫的速度比走路還快，此乃因清廷頒定「禁攜女眷來台」的條例，男人到台灣經商工作後，發現台灣女人奇缺，為了解決生理需求，會到處勾搭已婚婦女，很多人因禁不起誘惑就跟人家跑了，這就是「台灣查某快過跤」的由來。

tai⁵ uan⁵ thng⁵ lang²　　u⁷ khi³ bo⁵ hua⁵ thau⁵
台灣糖籠，有去無回頭

解釋 糖籠：盛糖用的箱籠。有去無回頭：連糖一起出口後，就不再收回來。

涵義 形容東西送出去，就不再回收。

說明 以前台灣將糖出口到大陸，都會用竹籠裝成一籠一籠的，然後再用船載運到大陸沿海地區卸貨，交給買主。通常這些裝糖的竹籠出口後便不再回收，所以說「台灣糖籠，有去無回頭」。

對應華語 老虎借豬、肉包子打狗，有去無回。

tai⁵ uan⁵ tsinn⁵ im¹ kha¹ bak⁸

台灣錢淹跤目

解釋 跤目：腳踝兩邊凸出的骨頭。淹跤目：水蓋過足踝，比喻「很多」的意思。

涵義 形容台灣遍地是黃金，賺錢很容易。

說明 台灣景氣正旺時，被世人稱羨為「台灣錢淹跤目」，意思是說台灣遍地是錢，如果用錢將每一寸土地堆高，足足可以堆到足踝的高度。正因為台灣遍地是錢，機會多，錢又好賺，所以彼岸很多人寧願冒著被抓的危險，也要偷渡到台灣來撈金。

對應華語 遍地黃金。

tai⁵ uan⁵ tsinn⁵ im¹ thau⁵ khak⁴

台灣錢淹頭殼

解釋 淹：水蓋過物體。淹頭殼：水淹過了腦袋。

涵義 此語有兩種意思：①形容台灣遍地是黃金，賺錢很容易。②諷刺人因錢而迷失理性，扭曲了心靈。

說明 「台灣錢淹頭殼」是說台灣錢堆到了頭部的高度，比「台灣錢淹跤目」猶有過之。這句話一方面說明台灣遍地是黃金，到處都是賺錢的機會，另一方面諷刺人因錢而迷失理性，例如不法商人，為了延長保存期限，在食物內添加傷身的物料，結果讓消費者吃出問題；因社會「笑貧不笑娼」的觀念，有些女學生不惜出賣自己的靈肉賺錢，這些都是「台灣錢淹頭殼」所產生的後遺症。

tai⁵ uan⁵ tsim⁵ bo⁵ ko¹

台灣蟳無膏

解釋 蟳：螃蟹。膏：蟹卵。

涵義 清朝時期中國人用來嘲笑台灣人沒有內涵、學問的用語。

說明 清朝時期，內陸居民大量移民台灣，由於剛到一個陌生環境，為了張羅三餐，大家都努力工作，無暇充實內涵，以致錄取功名的人數少之又少，所以被內陸人譏笑為「台灣蟳無膏」，意思是嘲笑台灣人沒有內涵，不喜歡充實知識、學問。

 si³ tsap⁸ kue³　　ni⁵ ni⁵ tsha¹　　goo⁷ tsap⁸ kue³　　gueh⁸gueh⁸tsha¹

四十過，年年差；五十過，月月差

解釋 差：衰弱。

涵義 形容過了中年之後，不論體力或記憶都日漸衰退。

說明 陽光過了中午，光線就會慢慢的減弱，人過了中年身體就開始慢
慢走下坡，體力一年不如一年，記憶力逐漸減退，就算想再做一
番事業，也心有餘而力不足。

對應華語 人過中年萬事休。

 si³　gueh⁸　siau²　ong⁵　ia⁵

四月猖王爺

解釋 猖：瘋狂。

涵義 形容農曆四月各地為王爺聖誕舉行慶典的盛況。

說明 清初漢人渡海來台墾殖，在墾殖的早期，由於衛生條件較差，天
氣又炎熱，經常有瘟疫流行，在瘟疫的威脅下，人們只好求助於
鬼神。依據漳、泉的習俗，以王爺為瘟王，而當初移民來台的
人，大多是福建人，所以就奉祀「王爺」為驅逐瘟疫的保護神。
台灣的王爺信仰眾多，其中以南鯤鯓「五府千歲」的信仰最為興
盛，王爺的生日在四月，每年到了四月各地的信徒、陣頭都會趕
回台南來為王爺賀壽。

補充 依教育部2008年5月公布之台灣閩南語推薦用字第二批將「猖
siau²」寫作「痟siau²」。

si³　gueh⁸　ian¹　a²　　bo⁵　iu⁵　ia⁷　kho²　tsian¹

四月煙仔，無油也可煎

解釋 煙仔：「鰹魚」的俗稱，外形呈紡錘狀，尾柄細短，腹部銀白，
體側有數條青色的縱線。

涵義 形容農曆四月的鰹魚體態肥碩。

說明 鰹魚味道鮮美，又含有豐富的營養，自古以來就是大家最喜愛的
魚類，農曆四月是鰹魚盛產期，這時的鰹魚體態肥碩滿身油脂，
煎魚時就算忘記放油，魚也不會燒焦。

一
畫
二
畫
三
畫
四
畫
五
畫
六
畫
七
畫
八
畫
九
畫
十
畫
十一畫
十二畫
十三畫
十四畫

si³ niu² ng² a² bo⁵ tu⁵

四 兩 鈸 仔 無 除

解釋 鈸仔：秤秤子時用來盛裝秤物的器具。除：扣掉。

涵義 此語有兩義：①比喻人做生意不誠實。②形容人只知批評別人，卻不知道要自我反省。

說明 市場上賣東西大都以幾斤幾兩來算錢，生意人依據秤子所秤的重量，來向客人收錢，但因為它是用「鈸仔」裝東西去秤重的，所以必須還要再扣除鈸仔的重量，才是客人東西的重量，生意人如果沒有將鈸仔的重量扣除，這就表示他做生意不誠實。

si³ ki¹ ting¹ a² ting³ loh⁸ khi³ tsiah⁴ tsai¹ khau³

四 枝 釘 仔 釘 落 去 才 知 哭

解釋 釘仔：釘子。釘落去：釘下去。

涵義 父母在世時不知盡孝，等到父母過世了才來後悔。

說明 封棺是由喪家或葬儀人員在棺蓋的四周釘入四根大鐵釘，在封棺之前家屬都還可以瞻仰死者的遺容，但封棺之後棺木就不能再打開，這代表死者將永遠的離開大家，所以在四枝釘子釘下去的時候，孝男才感受到父母是真的離開他了。

si³ ki¹ ting¹ a² ting³ loh⁸ khi³ tsiah⁴ tsai¹ su¹ iann⁵

四 枝 釘 仔 釘 落 去 才 知 輸 贏

解釋 釘仔：釘子。輸贏：勝負。

涵義 此語有兩義：①人一生的是非功過要等到他死後，才能做一個公平的論斷。②事情要到最後，才能論定誰勝誰負。

說明 人過世入殮完成後，便要舉行封棺的儀式，由於封棺後隨即要下葬，下葬之後所有一切將回歸塵土，因此封棺代表人生的終結，在這四枝釘子釘下去之後，人一生的功過就此論定。

對應華語 蓋棺論定。

su³ su¹ ngoo² king¹ thak⁸ thau³ thau³ m⁷ bat⁴ guan⁵ ngoo⁵ ku¹ pih⁴ tsau³

四 書 五 經 讀 透 透 ， 毋 捌 黿 鼇 龜 鱉 灶

解釋 四書：論語、孟子、大學、中庸。五經：詩、書、禮、易、春

秋。透透：遍。毋捌：不認識。黿：大鱉。鼉：一種海中的大鱉。鱉：又稱甲魚，外觀形似烏龜。

涵義 形容人只會死讀書，不能將所學應用在日常生活上。

說明 古代上學堂都是讀「四書五經」，能將四書五經讀得滾瓜爛熟，表示這個人的知識一定非常的豐富，但如果是學問淵博之人又怎會連黿、鼉、龜、鱉、灶這五個字都不認識，可見他只是死讀書，無法學以致用。

對應華語 兩腳書櫥、食而不化、滿腹死書、鑽故紙堆。

su³ su¹ sik⁸ lut⁸ lut⁸　　tsap⁸ ku³ kau² ku³ put⁴

四書熟律律，十句九句不

解釋 四書：論語、孟子、大學、中庸。熟律律：很熟。不：不知道。

涵義 形容人讀書不求甚解只會死讀書。

說明 古代的讀書方法和現在不一樣，現在唸書都是先了解文章的內容再來背誦，但古代就不一樣，不管懂不懂，老師都會要求學生先將書本背的滾瓜爛熟再說，所以常有這種情況，書本背得很熟，但內容卻一句都不懂。

對應華語 一知半解、不求甚解。

si³ pinn¹ bo⁵ tsit⁸ ua²

四邊無一倚

解釋 四邊：四處。倚：依靠。

涵義 形容人無親無故，無人可依靠。

說明 四邊，東南西北四面，比喻四周的地方，一個人的周遭四處，沒有一處可以讓他依靠，這表示他是孤單一人，無親無故，所以沒有地方可以投靠。

對應華語 無依無靠。

gue⁷ sing¹ tsiah⁸ bo² ku⁷　　tshin¹ tshiunn⁷ tsiah⁸ tau⁷ hu⁷

外甥食母舅，親像食豆腐

解釋 外甥：稱姊姊或妹妹的孩子。母舅：舅舅。親像：好像。食豆腐：吃定某人。

涵義 形容外甥與舅舅感情濃厚，關係密切。

一畫
二畫
三畫
四畫
五畫
六畫
七畫
八畫
九畫
十畫
十一畫
十二畫
十三畫
十四畫

說明 兄弟姊妹之間手足情深，做舅舅的對於自己姊妹的兒子，當然也會愛屋及烏的疼愛，舅舅疼外甥，對他們百依百順，所以外甥也就把舅舅的照顧與疼愛，當成是理所當然的。

外 甥 種 母 舅
gue⁷ sing¹ tsing² bo² ku⁷

解釋 種：遺傳。

涵義 形容外甥會遺傳舅舅的性情或習性。

說明 舅舅是母親的兄弟，身上跟母親流著同樣的血，兒子如果得到母親這邊較多的遺傳，則會長得跟舅舅很相像，有時甚至連個性也一模一樣，所以人家常說「外甥種母舅」，就是這個原因。

失 德 錢 ， 失 德 了
sit⁴ tik⁴ tsinn⁵ sit⁴ tik⁴ liau²

解釋 失德：沒有道德。了：失去。

涵義 勸誡人不要貪圖不義之財。

說明 失德錢，就是用不道德的手段所獲得的金錢，強劫、偷竊、貪污、詐騙、賭博……等都是，這些不道德的錢也用不久，用什麼手段得來，就會由同樣的途徑失去。

失 戀 食 芎 蕉 皮
sit⁴ luan⁵ tsiah⁸ kin¹ tsio¹ phue⁵

解釋 芎蕉：香蕉。

涵義 比喻失戀的心情非常苦澀。

說明 談過戀愛的人都知道，失戀的感覺不僅苦澀，而且痛徹心扉，失戀的人通常都茶飯不思，怎麼可能會去吃香蕉皮呢，這是因為香蕉皮吃起來又苦又澀，就像失戀的感覺，所以前人就以此來戲稱別人失戀。

補充 依教育部2009年10月公布之台灣閩南語推薦用字第三批將「芎蕉 kin¹ tsio¹」寫作「弓蕉 kin¹ tsio¹」。

loo⁵ khi¹ tsu² tsiah⁸ bo⁵ ku²

奴欺主，食無久

解釋 食無久：很快會遭到報應。

涵義 在下位的人不顧道義，背叛或侵吞了主人的錢財，很快就會遭到報應。

說明 有些主人做人很好，奴婢認為主人和善可欺，就會做出侵吞主人財產或竊取財物的行為，這些事情一旦被發現，奴婢當然會立刻被主人辭退，甚至還要吃上官司，所以說「奴欺主，食無久」。

loo⁵ tioh⁸ ing⁷ tsinn⁵ be² kiann² tioh⁸ phua³ pak⁴ senn¹

奴著用錢買，囝著破腹生

解釋 著：要。囝：兒女。破腹生：剖腹生產。

涵義 凡事必須先付出才能有所得。

說明 剖腹生產跟自然產一樣要經過陣痛，再加上它是剖腹開刀，等於是痛兩次，做母親的因為經歷過疼痛才生下小孩，所以對小孩會更加的疼愛；而錢是我們付出勞力辛苦賺來的，用辛苦錢來買奴隸，我們才會珍惜。

對應華語 一分耕耘，一分收穫、天下沒有白吃的午餐、偷雞也要一把米。

ni⁵ koo¹ senn¹ kiann² lua⁷ tsing³ lang⁵

尼姑生囝賴眾人

解釋 生囝：生孩子。賴：誣賴。

涵義 形容一個人做壞事卻連累全部的人。

說明 尼姑是出家人，依據戒律出家人不可以結婚，尼姑沒有結婚卻有小孩，可見一定是有人跟她私通，但因為不知道是誰，所以跟她有往來的男子通通都變成嫌疑犯。

對應華語 一條魚滿鍋腥、一隻壞蛋，臭了一屋、一粒老鼠屎，搞壞一鍋粥、一個螺螄，打壞一鍋湯。

一畫 二畫 三畫 四畫 五畫 六畫 七畫 八畫 九畫 十畫 十一畫 十二畫 十三畫 十四畫

kha¹ tshng¹ hoo⁷ lang⁵ oo² tsit⁸ khang¹ iau² m⁷ tsai¹

尻 川 予 人 挖 一 空 猶 毋 知

解釋 尻川：屁股。予人：給人。空：洞。猶：還。

涵義 形容人粗枝大葉，反應遲鈍。

說明 屁股長在背後我們無法看到，雖然看不到屁股，但屁股下面還是有神經，所以如果屁股被人挖一個洞，神經會將這個訊息傳給大腦，我們就會知道屁股受傷，如果屁股被人挖洞還不自知，這個人一定是沒神經。

對應華語 反應遲鈍。

kha¹ tshng¹ ping² hoo⁷ lang⁵ khuann³

尻 川 反 予 人 看

解釋 尻川：屁股。反：翻。予人：給人。

涵義 形容人將自己的短處暴露出來讓別人知道。

說明 屁股是人最私密之處，一般來說除了打針之外，沒有人會主動的把屁股掀出來給別人看，翻屁股給人看等於是自暴私處，這就像把自己的短處翻出來給別人看一樣。

對應華語 自暴其短、自揭瘡疤。

kha¹ tshng¹ an¹ thih⁴ pang¹

尻 川 安 鐵 枋

解釋 尻川：屁股。安：裝。鐵枋：鐵板。

涵義 形容準備被處罰。

說明 以前大人體罰小孩都是打手心或屁股，手的肉比較粗，被打不會那麼痛，但屁股細皮嫩肉的稍微一打就不能坐，所以有些調皮的小孩會在褲子裡面墊些木板或硬的東西，這樣被打就不會那麼痛。

kha¹ tshng¹ tse⁷ bue⁷ sio¹ leh⁴

尻 川 坐 未 燒 咧

解釋 尻川：屁股。未：還沒。燒：熱。咧：無義，表示一種狀態。

涵義 此語有兩義：①形容人的職位變動快速。②形容人來去匆忙。

說明　一些公共場合都有讓人休息的椅子，當別人離開椅子之後，我們立刻坐上去會感覺屁股好像熱熱的，這是因為人身上有體溫，我們坐椅子的時候會將溫度傳到椅子上面，「尻川坐未燒咧」，表示這個人坐在椅子上的時間非常的短。

對應華語　席不暇暖。

kha¹ tshng¹ tse⁷ bi² ang³　　tshiu² bong¹ tsinn⁵ tang⁵

尻 川 坐 米 甕 ， 手 摸 錢 筒

解釋　尻川：屁股。米甕：米缸。錢筒：存錢的筒子。
涵義　形容人非常富有，生活不虞匱乏。
說明　一般人家中的米缸都是放在廚房，沒有人會把米缸拿來當椅子坐，所以這裡並不是說人真的坐在米缸上，而是形容人生活富裕不愁吃穿，就像屁股坐在米缸上，錢筒放在手邊，隨時都有米有錢可用。

kha¹ tshng¹ au⁷ me⁷ hong⁵ te³

尻 川 後 罵 皇 帝

解釋　尻川：屁股。皇帝：指長輩、上司。
涵義　嘲諷人沒有膽量，只敢在背後罵人。
說明　古代的皇帝身分非常尊貴，任何人只要說一句不敬的話，就是殺頭的死罪，因此很少有人敢當面批評皇帝的不是，如果有什麼不滿，也只敢私底下說說而已。

kha¹ tshng¹ giap⁸ hue² kim¹ koo¹　　tenn³ tshenn¹

尻 川 挾 火 金 蛄 ， 殿 生

解釋　尻川：屁股。火金蛄：螢火蟲。殿生：裝蒜。
涵義　形容人明明知道某事，卻故意裝傻說不知道。
說明　這句出自歇後語，具有雙關義。把螢火蟲夾在屁股後面，再用力病出，然後騙大家說螢火蟲是從他的屁股病出來，而且還是活的，這種技倆大概只能騙三歲小孩，因為誰都知道螢火蟲是一種野生的昆蟲，怎麼可能會讓人從屁股病出來。

kha¹ tshng¹ thau⁵ kui² ki¹ mng⁵ ma⁷ hoo⁷ lang⁵ khuann³ hian⁷ hian⁷

尻 川 頭 幾 枝 毛 嘛 予 人 看 現 現

解釋 毛：指才幹。嘛：也。予人：給人。現現：清楚。

涵義 形容人沒有什麼才幹。

說明 屁股是人身上的私密之處，一般人是看不到的，除非是很親密的人，才會知道你屁股上面有幾根毛，如果連屁股上有多少根毛，都可以被別人看得一清二楚，這個人大概也沒什麼本事。

kha¹ tshng¹ be⁷ tiau⁵ i²

尻 川 艙 牢 椅

解釋 尻川：屁股。艙：不。牢：黏。

涵義 形容人非常忙碌。

說明 椅子是讓人坐下來吃飯或休息的器具，如果人整天東奔西跑忙個不停，一定沒有空可以好好的坐下來休息，既然連坐的時間都沒有，屁股當然不會黏在椅子上。

補充 依教育部2008年5月公布之台灣閩南語推薦用字第二批將「艙be⁷」寫作「袂be⁷」。

對應華語 席不暇暖、孔席不暖。

kha¹ tshng¹ tsinn¹ tua⁷ phau³

尻 川 櫼 大 炮

解釋 櫼：塞。

涵義 形容情勢十分緊迫危急。

說明 大炮是一種重型的火器，射程遠破壞力強，只要一門大炮就可以將一座軍營夷為平地，現在屁股塞進大炮，情況非常的危急，因為只要火藥一點燃，人可能會被炸得粉身碎骨。

對應華語 火燒眉毛、十萬火急、迫在眉睫。

kha¹ tshng¹ nua⁷ kau³ bin⁷

尻 川 爛 到 面

解釋 尻川：屁股。面：臉。

涵義 比喻人壞透了。

說明 我們常聽人家罵別人，「頭頂生瘡，腳底流膿」，意思是說這個人壞透了，從頭到腳全身上下沒有一處好的，這句諺語所指的也是同樣的意思。

---

khiau² e⁵ tsiah⁸ gong⁷　　gong⁷ e⁵ tsiah⁸ thinn¹ kong¹

巧个食戇，戇个食天公

解釋 个：的人。戇：傻。

涵義 形容老實人雖然常被聰明人欺負，但卻能得到上天的保佑。

說明 俗話說「人善人欺天不欺」，傻子做人誠實，熱心助人，雖然常常被聰明人欺負，但因為他做人老實，從不佔別人的便宜，有時反而會得到一些意外的收穫。

補充 當「个e⁵」解釋為「的」時，依教育部2007年5月公布之台灣閩南語推薦用字第一批將「个e⁵」寫作「的e⁵」。

對應華語 傻人有傻福。

---

khiau² khiau² lang⁵　　be² tioh⁸ lau⁷ tsiu² ang³

巧巧人，買著漏酒甕

解釋 巧巧：聰明。買著：買到。

涵義 聰明人也會有糊塗的時候。

說明 聰明人做事雖然比一般人做得好，但也會有出錯的時候，這是因為他太自信，所以容易疏忽一些小細節，再者因為他太聰明，有時聰明反而會被聰明誤。

對應華語 聰明一世，糊塗一時。

---

khiau² sin¹ pu⁷　　bo⁵ bi² tsu² bo⁵ png⁷

巧新婦，無米煮無飯

解釋 巧：靈巧、聰明。新婦：媳婦。

涵義 不論人多麼聰明，如果缺少必要的條件，還是無法完成事情。

說明 俗話說「偷雞也要一把米」，不管做什麼事都需要一些基本的東西，如果缺少這些基本的東西，就算再能幹，也無法完成事情，就好比婆婆要媳婦煮飯卻不給她米，即使她是一個很靈巧的人，也無法做出飯來。

對應華語 無木不成舟、巧婦難為無米之炊。

poo³ te⁷ tshui³　　sian¹ tsiah⁸ be⁷ kau³ khui³

布袋喙，仙食繪夠氣

解釋 喙：嘴。仙食：無論怎麼吃。繪夠氣：不過癮、不滿足。

涵義 形容人貪心不滿足。

說明 布袋的開口雖然不是很大，但袋子裡面卻可以裝很多的東西，人的嘴巴如果像布袋一樣，當然怎麼吃都不會覺得過癮，因為布袋那麼大，只吃一點點，怎麼會滿足。

補充 依教育部2008年5月公布之台灣閩南語推薦用字第二批將「繪be⁷」寫作「袂be⁷」。

對應華語 貪得無厭、貪心不足。

poo³ tioh⁸ tshin¹ kenn¹　　kiann² tioh⁸ tshin¹ senn¹

布著親經，囝著親生

解釋 著：必須要。經：織布。囝：孩子。

涵義 形容只有自己親生的孩子才會貼心。

說明 外面賣的布雖然款式多又漂亮，但還是比不上自己親手織來的合適心意；而小孩要自己親生才會貼心，因為骨肉之情是出自天性，只有親生的才會有真實感情。

penn⁵ penn⁵ loo⁷　　puah⁸ to² lang⁵

平平路，跋倒人

解釋 平平：平坦。跋倒：跌倒。

涵義 平直的路也會讓人跌倒。

說明 照理說平直的路應該很好走，只有崎嶇不平的路才容易讓人跌倒，但現在走平直的路反而跌倒，這是因為人們對於平直路掉以輕心的緣故，所以才會被路上的小石子或障礙物給絆倒。

ping⁵ an¹ tioh⁸ si⁷ hok⁴

平安著是福

解釋 平安：身體健康，平安無事。著是：就是。

涵義 日子能過得平安無事就是一種福氣。

說明 每個人對於「福」的定義各有不同，有的認為不愁吃穿就是福，

有的認為自在過日子就是福，有的認為子孫賢孝就是福……不管大家對福的定義是什麼，可以確定的是，如果沒有健康的身體，就無法享這些福，所以說「平安著是福」。

iu³ kiann² bo⁵ lak⁸ gueh⁸

幼囝無六月

解釋 幼囝：剛出生的嬰兒。

涵義 形容嬰兒的衣著沒有冷熱寒暑之分。

說明 剛出生沒幾天的嬰兒，對外界氣溫的變化，身體還沒有調適能力，所以不能讓他著涼，即使是在六月的大熱天，還是要把他包得緊緊的，不可以讓他穿得太少。

pun² te⁷ sai¹ kong¹ ti⁷ pun² te⁷ kui²

本地司公治本地鬼

解釋 司公：道士。治：對付、制服。

涵義 形容以當地的人來壓制、統治當地的人。

說明 本地的道士比較了解本地鬼怪的一些習性，用他來對付本地的鬼怪，可以很快將他們收伏，這就好比治理一個地方，最好用當地人來管理，才能收到更好的效果。

對應華語 以洋制洋、以夷制夷、以敵制敵。

pun² te⁷ hiunn¹ be⁷ phang¹

本地香獪芳

解釋 獪：不會。芳：香。

涵義 形容自己本地的東西，因為常常接觸，便不會加以珍惜。

說明 俗語說「外國的月亮比較圓」、「遠來的和尚會唸經」，人都有貴遠賤近的心理，對於自己家鄉所產的東西，總認為品質較差，不如外來的好，就是這種要不得的心態，才會讓自己本地的產業無法發展起來。

補充 依教育部2008年5月公布之台灣閩南語推薦用字第二批將「獪be⁷」寫作「袂be⁷」。

對應華語 貴遠鄙近。

bue⁷ tsiunn⁷ sann¹ tshun³ tsui²　　tioh⁸ beh⁴ pe⁵ liong⁵ tsun⁵

未 上 三 寸 水 ， 著 欲 扒 龍 船

解釋 著欲：就想要。扒龍船：划龍船，是端午節特有的習俗。

涵義 意謂基礎都還沒打穩就妄想要一步成功。

說明 划船需要有一定的水位，才能讓船浮起順利前進，划龍船也是如此，如果水位不夠，船會卡在那裡動彈不得，所以做事如果基本條件不完備，不論你怎麼做都不可能成功。

對應華語 未成三尺水，休想划龍舟。

bue⁷ sian¹ ke² sian¹　　gu⁵ lan⁷ ke² lok⁸ pian¹

未 仙 假 仙 ， 牛 羼 假 鹿 鞭

解釋 未仙：尚未修成正果，還不能成仙。假仙：假裝已經成仙。牛羼：牛的生殖器。鹿鞭：鹿的生殖器。

涵義 此語有兩義：①形容人不懂裝懂，假裝內行。②形容人以低價的東西來冒充真品。

說明 中國人認為吃什麼就可以補什麼，所謂以形補形，因此男人非常喜愛食用各種大型動物的鞭，他們相信鞭有滋陽補腎的功效，而在所有的鞭中，以鹿鞭最為珍貴，由於鹿鞭價格很高，常有不肖商人，以其他的東西來假冒鹿鞭，牛羼雖然也是牛的生殖器，但它的價值比起鹿鞭就遜色多了。

對應華語 ②魚目混珠、以假亂真。

bue⁷ tang¹ tseh⁴ to¹ leh⁴ so¹ inn⁵　　tang¹ tseh⁴ na² e⁷ bo⁵ so¹ inn⁵

未 冬 節 都 咧 挲 圓 ， 冬 節 哪 會 無 挲 圓

解釋 冬節：冬至。挲圓：搓湯圓。

涵義 不是適合這時機時都去做了，現在時機到了，當然更要去做。

說明 依據民間的習俗，在冬至這一天要搓湯圓，「湯圓」跟「團圓」同音，吃湯圓代表「圓滿」之意，由於湯圓QQ軟軟的非常好吃，所以一般人也把它當成甜點來食用，既然平常都吃湯圓，冬至這天更不可能不吃湯圓。

bue⁷ senn¹ kiann² sing¹ ho⁷ mia⁵

未生囝，先號名

解釋 生囝：生孩子。先：預先。號名：取名字。

涵義 形容人做事主次顛倒。

說明 以前都是等小孩出生之後，再依家族輩分取名字，因此在小孩還未出生之前，父母是不會先將名字取好放著的，所以「未生囝，先號名」等於是一種本末倒置的行為。

對應華語 本末倒置、輕重倒置、背本趨末、捨本逐末。

---

bue⁷ hing¹ kun¹ sing¹ hing¹ niu⁵

未行軍，先行糧

解釋 糧：糧草。

涵義 形容人做任何事之前都會預先規畫，然後再行動。

說明 俗話說「人是鐵，飯是鋼」，不論要做什麼事，都得先填飽肚子再說，士兵在外打仗，如果沒有足夠的糧食可吃，就沒有力氣作戰，因此軍隊在出兵之前，要先行募集糧草，等糧草齊全了才可以出兵。

對應華語 未雨綢繆、有備無患、未焚徙薪。

---

bue⁷ pang³ sai² sing¹ khoo¹ kau²

未放屎，先呼狗

解釋 放屎：大便。呼狗：把狗叫過來。

涵義 形容人處理事情太過於急躁。

說明 以前生活困窮沒有那麼多的剩菜剩飯可以給狗吃，所以就有狗吃人屎的情況，通常狗都等人大便完才過去吃屎，現在人都還沒有大便，就先把狗叫過來，這樣未免太過於急躁。

對應華語 操之過急。

---

bue⁷ tshua⁷ si⁷ bo² senn¹ e⁰ tshua⁷ liau² si⁷ boo² senn¹ e⁰

未焄是母生个，焄了是某生个

解釋 焄：娶。母生个：比喻聽母親的話。某：妻子、老婆。

涵義 形容男子婚前婚後對母親的態度大不相同。

說明 男人還沒結婚之前跟母親感情很好，凡事都聽母親的話，但是結完婚後態度就完全改變，對母親的話不理不睬，只聽太太的話，就好像是太太所生的一樣。

補充 依教育部2007年5月公布之台灣閩南語推薦用字第一批①當「烌tshua⁷」解釋為「迎娶」時，將「烌tshua⁷」寫作「娶tshua⁷」；②當「个e⁰」解釋為「的」時，將「个e⁰」寫作「的e⁰」。

對應華語 有了老婆忘了娘。

bue⁷ tshua⁷ boo² m⁷ thang¹ tshio³ lang⁵ boo² gau⁵ tsau²

未 烌 某 毋 通 笑 人 某 勢 走，

bue⁷ senn¹ kiann² m⁷ thang¹ tshio³ lang⁵ kiann² gau⁵ hau²

未 生 囝 毋 通 笑 人 囝 勢 吼

解釋 烌某：娶妻。毋通：不可以。勢走：亂跑。生囝：生孩子。勢吼：愛哭。

涵義 勸人沒有經歷過相同的困難，就不要隨便批評別人，以免日後事情發生在自己身上，也會遭受到同樣的批評。

說明 以前婦女沒有出去工作，都是在家帶小孩，所以閒著沒事時會去左鄰右舍串串門子，這是很正常的事，沒有娶過老婆的人，不要笑人家的老婆愛亂跑，等到成家之後才知道自己的老婆也是一樣的；小孩子沒有不愛哭的，因為他們年紀小，還沒有辦法完全控制自己的情緒，所以不論是傷心、生氣或不開心時，都會用哭來發洩自己的情緒。

補充 當「烌tshua⁷」解釋為「迎娶」時，依教育部2007年5月公布之台灣閩南語推薦用字第一批將「烌tshua⁷」寫作「娶tshua⁷」。

bue⁷ tshua⁷ boo² ke¹ tshui³   tshua⁷ boo² pinn³ ah⁴ tshui³

未 烌 某 雞 喙，烌 某 變 鴨 喙

解釋 烌某：娶老婆。雞喙：雞嘴是尖的。鴨喙：鴨嘴是扁的。

涵義 形容男子婚前婚後一些生活態度的轉變。

說明 有些男人不知有家累的辛苦，沒結婚前嘲笑別人，等到自己結婚之後遇到同樣的情形，就變得啞口無言，所以前人就用雞嘴變鴨嘴來形容這樣的情況。

補充 當「烌tshua⁷」解釋為「迎娶」時，依教育部2007年5月公布之台

灣閩南語推薦用字第一批將「炁tshua⁷」寫作「娶tshua⁷」。

對應華語 雞嘴變鴨嘴。

bue⁷ pui⁵ ke² tshuan² bue⁷ u⁷ tsinn⁵ ke² ho² giah⁸ lang⁵ khuan²

未 肥 假 喘 ， 未 有 錢 假 好 額 人 款

解釋 好額人：有錢人。款：樣子。

涵義 人沒有錢卻還裝闊。

說明 有錢人吃的是山珍海味，穿的是綾羅綢緞，住的是高樓華廈，出入有名車接送，所以他們目空一切，狂妄自大，而窮人本身並沒有富人那樣的條件卻自我膨脹，學起人家對別人大呼小叫，就如同瘦子學胖子喘氣一樣，惺惺作態，令人作嘔。

bue⁷ tsiah⁸ goo⁷ jit⁸ tseh⁴ tsang³ phua³ hiu⁵ a² m⁷ kam¹ pang³

未 食 五 日 節 粽 ， 破 裘 仔 毋 甘 放

解釋 五日節：端午節。破裘：破舊的棉襖。毋甘：捨不得。

涵義 形容在端午節之前，天氣還是有可能會變冷。

說明 五、六月仍是梅雨季節，天氣尚未穩定，還是隨時有可能變冷，所以在沒過端午節之前，不可以將冬天的大衣收起來，必須等到端午節過去，梅雨季結束之後，才能將冬衣收起。

bue⁷ tsiah⁸ too² khang¹ tsiah⁸ pa² too² tang⁷

未 食 肚 空 ， 食 飽 肚 重

解釋 肚空：肚子餓。食飽：吃飽。肚重：肚子太脹。

涵義 形容懶惰的人總有許多的藉口。

說明 懶惰的人總會替自己找一些不去工作的藉口，沒吃飯之前說自己肚子餓，所以沒力氣做事，等到吃完飯之後卻說吃得太飽，所以不能做事。

bue⁷ tsiah⁸ tit⁸ tit⁸ tue³ tsiah⁸ liau² hiam⁵ au³ hue³

未 食 直 直 綴 ， 食 了 嫌 澳 貨

解釋 直直：一直。綴：跟。澳貨：爛貨。

涵義 形容男人追女人剛開始很殷勤，但等追到手之後就棄如敝屣。

說明 東西還沒吃到的時候，覺得非常香醇甜美，等吃了之後就嫌這東西不好，就像男人追女人的心態一樣，剛開始死纏不放，等追到手就不要了。

補充 當「殟au³」解釋為「爛、不好」時，依教育部2009年10月公布之台灣閩南語推薦用字第三批將「殟au³」寫作「漚au³」。

bue⁷ tsiah⁸ hian¹ to² suann¹　tsiah⁸ pa² to² te³ nua³
未 食 掀 倒 山 ， 食 飽 倒 地 躺

解釋 掀：翻。倒地躺：躺在地上翻滾。

涵義 形容人在未吃飯之前誇口自己很厲害，但吃飽後卻不願意工作。

說明 好吃懶做的人總會找許多的藉口向人騙吃騙喝，在還沒吃東西之前，誇口自己本領很厲害，但吃完東西之後，卻不願意去工作。

bue⁷ tai⁵ sann¹ e⁵ si² gin² a² tioh⁸ beh⁴ tso³ thoo² kong¹
未 埋 三 个 死 囝 仔 ， 著 欲 做 土 公

解釋 个：個。囝仔：小孩子。著欲：就想要。土公：專門幫人處理喪葬事宜、建造墓穴的師傅。

涵義 基礎尚未打穩，便妄想要一步成功。

說明 依據民間習俗嬰兒如果夭折不能建造墳墓，只能交由土公代為埋葬，由於埋葬死嬰兒不需要什麼複雜的程序，所以這項工作大多交由新手來處理。

對應華語 好高騖遠。

bue⁷ bat⁴ tsing⁵ bue⁷ iau² tioh⁸ oh⁸ sann¹ ni⁵ si³ ko³
未 捌 曾 未 ， 猶 著 學 三 年 四 個
gueh⁸ tsiah⁴ e⁷ tshut⁴ sai¹
月 才 會 出 師

解釋 未捌曾未：還早的很。猶著：還要。出師：學徒學成技藝，可以獨當一面做師傅。

涵義 形容人手藝很差，想當師傅還不夠資格。

說明 以前拜師學藝最少要經過三年四個月的學習，才算學成出師，如果學徒還必須再學三年四個月的時間才能出師，表示他的工夫很淺薄，還不能獨當一面。

bue⁷ khi² tua⁷ thiann¹　sing¹ khi² hoo⁷ ling⁵

未起大廳，先起護龍

解釋 起：建造。大廳：正廳。護龍：四合院或三合院中的廂房。

涵義 形容人做事主次顛倒。

說明 以前農業社會人們住的都是三合院或四合院的房子，這種宅院的建造，有一個基本原則，以正身為核心，依次再往左右兩邊建護龍，如果沒有建正身，就先建護龍，這是本末倒置的做法。

對應華語 本末倒置、輕重倒置、背本趨末、捨本逐末。

bue⁷ tso³ sann¹　sing¹ tso³ nia²　bue⁷ ke³ ang¹　sing¹ senn¹kiann²

未做衫，先做領；未嫁翁，先生囝

解釋 衫：衣服。領：領子。翁：丈夫。生囝：生孩子。

涵義 此語有兩義：①形容人做事主次顛倒。②嘲笑人未婚生子，不合乎民情風俗。

說明 一般人做衣服一定先做主要的部分，等主體完成後再去做袖子、領子這些小枝節，而依照過去的民情風俗，男女一定要結完婚才可以行周公之禮，但現在還沒做衣服就先做領子，還沒結婚就先生小孩，根本就是本末倒置的行為。

對應華語 本末倒置、輕重倒置、背本趨末、捨本逐末。

bue⁷ tsing⁵ sio¹ hiunn¹　phah⁴ tng⁷ hut⁸ tshiu²

未曾燒香，拍斷佛手

解釋 未曾：還沒有。拍斷：打斷。

涵義 還沒有辦事就先把事情給搞砸了。

說明 一般人會去廟裡燒香就是想祈求神明保佑，但還沒開始燒香就先把佛手打斷，這樣神還會保佑你嗎，這就好比想請人幫忙，但事情還沒說便先把人給得罪了，人家怎麼還可能願意幫你。

對應華語 成事不足，敗事有餘。

bue⁷ tsing⁵ iann⁵　tioh⁸ sing¹ siunn⁷ su¹

未曾贏，著先想輸

解釋 未曾：還沒有。著：就。

涵義 形容人謀略深遠，對問題能全盤考量。

說明 這句話主要是在勸誡那些好賭之徒，在賭博之前，要先想清楚賭輸之後該怎麼善後，因為如果他們事先能想到賭輸之後的悽慘下場，就不會跑去賭博。

對應華語 深謀遠慮、未曾行軍，先算敗路。

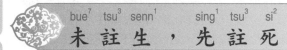

bue⁷ tsu³ senn¹   sing¹ tsu³ si²

未 註 生 ， 先 註 死

解釋 註：註定。

涵義 生死早就已經註定了。

說明 《度人經》：「北斗主死，南斗主生」，民間傳說人在投胎之前，先由南斗星君註定何時出世，再由北斗星君註定何時死亡，然後再來投胎，所以人的生死都是早已註定好的。

對應華語 生死由命。

bue⁷ khui¹ hoo² hoo² kio³   kian³ khui¹ bo⁵ puann³ phio³

未 開 唬 唬 叫 ， 見 開 無 半 票

解釋 唬唬叫：開很多政見支票。見開：開票。無半票：政見沒有兌現。

涵義 形容候選人在選舉前後態度的不同。

說明 每到選舉期間所有參與競選的候選人，就會端出各式各樣誘人的政見，為了讓自己能順利當選，這些候選人不僅在台上口沫橫飛的闡述政見，在台下也拍胸脯打包票的承諾絕不食言，但是等選舉結果一出來，什麼政見、什麼承諾全都拋諸腦後，眼中所見的只有自己的利益而已。

bue⁷ loh⁸ lam³   sing¹ tsiah⁸ loh⁸ lam³ bi²

未 落 湳 ， 先 食 落 湳 米

解釋 落湳：梅雨。落湳米：發霉的米。

涵義 此語有兩義：①形容人非常倒楣。②形容收入不敷支出，只好先支用下次進帳的收入。

說明 五、六月是梅雨季節，由於梅雨時期天天陰雨綿綿，空氣潮溼東西很容易發霉，所以「梅雨」又有一個別名叫「霉雨」，而「食

落湳米」等於「吃霉米」，意指碰到倒楣的事情。

對應華語 寅吃卯糧、入不敷出。

bue⁷ oh⁸ kiann⁵　　sing¹ oh⁸ pue¹

未 學 行 ， 先 學 飛

解釋 學行：學走路。

涵義 此語有兩義：①形容人基礎都尚未打穩，就妄想要一步登天。②形容人做事本末倒置。

說明 世上沒有一步登天這種事，不論做事或學習都必須一步一步來，根基才會紮實，如果根基不穩固，就算讓你飛上天，也會摔的很慘。

對應華語 ①好高騖遠。②捨本逐末、本末倒置、背本趨末。

tsiann³ tshiu² jip⁸　　to³ tshiu² tshut⁴

正 手 入 ， 倒 手 出

解釋 正手：右手。倒手：左手。

涵義 形容人用錢沒節制，賺多少就花多少。

說明 現在的年輕人沒有什麼儲蓄觀念，常常是賺多少錢進來，便花多少錢出去，花錢像流水不知節制，所以有突發狀況發生時，只能向人借貸。

對應華語 左手進，右手出。

tsiann¹ gueh⁸ lui⁵　　ji⁷ gueh⁸ seh⁴　　sann¹ gueh⁸ bo⁵ tsui² kue³ tshan⁵ khiah⁴

正月雷，二月雪，三月無水過田隙

解釋 正月：農曆一月。隙：缺口。

涵義 如果一月打雷，二月下雪，到了三月就會發生乾旱。

說明 一般來說正月冷空氣強盛，不會有雷雨出現，除非是北方冷空氣南下時，剛好碰上南來的暖溼氣流，才會形成雷雨，二月冷氣流仍非常強勁，經過的地方都會下雪，三月由於太平洋副熱帶高壓的增強，天空會出現晴朗無雲的好天氣，這時即使北方有鋒面南下，也不易下大雨，因為它所含水氣太少，所以三月的農田就無水可灌溉。

tsiann³ loo⁷ m̄⁷ kiann⁵ kiann⁵ phian¹ loo⁷
正 路 毋 行 ， 行 偏 路

解釋 毋行：不走。偏路：歧路。

涵義 形容人正當的事不做，偏偏要去做一些為非作歹的事。

說明 新聞曾報導，警方破獲一個製造安毒的工廠，而幕後的製造者竟然是一位化學老師，這個老師放著好好的教職不做，竟然利用他的專業知識去製毒，這就是有正路不走，偏要去走歧路的最好例證。

對應華語 自甘墮落。

bo² ku⁷ kong¹ khah⁴ tua⁷ sam¹ kai³ kong¹
母 舅 公 較 大 三 界 公

解釋 母舅：舅舅。公：表示母舅的地位崇高，如同「天公」一樣。三界公：三官大帝。

涵義 形容母舅的地位很崇高。

說明 以前任何婚喪喜宴的場合，宴席中的大位，都是留給母舅來坐，家裡有些事情無法解決，也是要等母舅來了才能裁決，母親過世之後，孝男必須要通知母舅，否則會挨罵，由此可見母舅的地位多高。

huan⁷ kuann¹ khi¹ m̄⁷ thang¹ huan⁷ tsiong³ gi⁷
犯 官 欺 ， 毋 通 犯 眾 議

解釋 犯：觸犯、違反。毋通：不要。

涵義 寧願被官吏欺負，也不要成為被眾人議論的對象。

說明 被官吏欺壓雖然很不好受，但只要花一些錢大部分都可以了事，而犯眾議就不一樣，到最後可能連立足之地都沒有，所以俗話說：「千夫所指，無病也死」，可見眾議的力量多大。

giok⁸ lan⁵ iu² hong¹ phang¹ sann¹ li² kui³ hue¹ bo⁵ hong¹ tsap⁸ li² phang¹
玉 蘭 有 風 芳 三 里 ， 桂 花 無 風 十 里 芳

解釋 玉蘭：一種花名，花朵會散出濃郁的芳香。芳：香。

涵義 形容人如果有好的內涵，不必靠外力，自然就會顯露出來。

說明 玉蘭花的香味濃厚但不持久，因此必須借助風力的傳播，才能飄散到幾里之外，但桂花則不同，香味清淡，即使沒有風，我們在遠處仍然能聞到淡淡的桂花香。

kam¹ tsia³ phoh⁴　　poo⁷ bo⁵ tsiap⁴

甘 蔗 粕 ， 哺 無 汁

解釋 粕：渣。哺：嚼。

涵義 此語有兩義：①形容東西已無價值，無法再從其中獲得任何的好處。②形容人沒有才學，從他的身上問不到任何有用的知識。

說明 甘蔗原本是鮮甜多汁的，但經過壓榨後的甘蔗渣，不管再怎麼咀嚼，都不會有汁，就如同我們想從沒有才學的人身上，問到一些有用的知識，這是不可能的事。

對應華語 ①一文不值。

kam¹ tsia³ kui¹ ki¹ khe³　　bo⁵ tsam⁷ tsat⁴

甘 蔗 規 枝 齧 ， 無 站 節

解釋 規枝：整枝。齧：啃、咬。節：段、截。無站節：沒有分寸。

涵義 形容人做事不知節制，沒有分寸。

說明 這句出自歇後語。甘蔗是台灣特有的農產，味道甜美多汁，由於我們食用的是甘蔗的莖部，所以上面會有一節一節的目，一支甘蔗大概有一、二公尺長，為了方便食用，小販都會把它斬成一段一段的，一支甘蔗如果沒有斬成小段，吃起來就很不方便。而「無斬節」跟「無站節」諧音，所以這句諺語用來形容人做事不知節制，沒有分寸。

補充 依教育部2009年10月公布之台灣閩南語推薦用字第三批將「齧khe³」寫作「齧khe³」。

kam¹ tsia³ bo⁵ siang¹ thau⁵ tinn¹

甘 蔗 無 雙 頭 甜

解釋 雙頭：兩頭。

涵義 喻事情不可能兩面都好，有好則有壞。

說明 很多人在吃甘蔗時總會覺得遺憾，為什麼甘蔗總是頭比較甜，尾部比較淡，而不能雙頭都甜，其實這就如同人生沒有兩全其美

的，你有錢就沒有時間休閒，有一好必然會有一壞，就看你要做怎樣的選擇。

對應華語 魚與熊掌不可兼得、有得必有失、有好必有壞。

kam¹ tsia³ sui⁵ bak⁸ khe³
甘 蔗 隨 目 齧

解釋 目：節。齧：啃、咬。

涵義 形容人做事按照程序，一步一步的前進。

說明 甘蔗雖然甜美多汁卻有很多的節，咬起來很不方便，不管是從頭吃或是從尾部吃，都一定要按照次序先把節咬掉，才能吃到下面柔軟的部分。

補充 依教育部2009年10月公布之台灣閩南語推薦用字第三批將「齧khe³」寫作「齧khe³」。

對應華語 循序漸進、按部就班、照章行事。

kam¹ guan⁷ hoo⁷ hian⁵ lang⁵ tso³ loo⁵ tsai⁵
甘 願 予 賢 人 做 奴 才 ，
m⁷ the³ han⁷ ban⁷ e⁰ tso³ kun¹ su¹
毋 替 頇 顢 个 做 軍 師

解釋 予：給。替：幫。頇顢：愚笨。

涵義 形容跟賢人在一起還可以學到東西，如果跟愚蠢的人在一起只會一起退步。

說明 幫賢人做事即使地位低下也不在乎，因為跟賢人在一起可以學到東西，讓自己越來越進步，幫愚笨的人做事，雖然職位很高，卻沒有進步的空間。

補充 當「个e⁰」解釋為「的」時，依教育部2007年5月公布之台灣閩南語推薦用字第一批將「个e⁰」寫作「的e⁰」。

kam¹ guan⁷ ka⁷ lang⁵ sau³ thiann¹ m⁷ ka⁷ lang⁵ kio³ hiann¹
甘 願 共 人 掃 廳 ， 毋 共 人 叫 兄

解釋 甘願：寧願。共：給、替。

涵義 形容人寧願自己辛苦工作賺錢，也不願意對別人卑恭屈膝。

說明 有志氣的人寧願幫人打掃廳堂，也不願意委屈自己去向人逢迎諂媚，幫人打掃廳堂是一種出賣勞力的差事，雖然很辛苦，但不必向別人卑恭屈膝，可以保留自己的尊嚴。

對應華語 寧折不彎。

kam¹ guan⁷ tso³ gu⁵　　bian² kiann¹ bo⁵ le⁵ thang¹ thua¹
甘願做牛，免驚無犁通拖

解釋 免驚：不用擔心。犁：耕田的農具。通：可以。
涵義 形容人只要肯吃苦，不必擔心會沒工作可做。
說明 牛最主要的工作是耕田，只要有田就需要牛去犁田，所以只要肯做，牛就不怕沒田可耕，而人只要肯吃苦，肯努力，沒有什麼工作是不能做的。

kam¹ guan⁷ tik⁴ sit⁴ thau⁵ tsing⁵　　put⁴ kho² tik⁴ sit⁴ au⁷ piah⁴
甘願得失頭前，不可得失後壁

解釋 得失：得罪。頭前：前面。後壁：後面。
涵義 意謂有事情要事前先說清楚，不要等到事後發生問題，大家才來翻臉。
說明 不論做什麼事情，在事前就應該要把條件、規則或可能會發生的狀況先講清楚，即使這樣做會得罪人，那也總比等事後發生問題，大家鬧翻臉的好，所以「先小人，後君子」才是真正的處事之道。

對應華語 先小人，後君子。

kam¹ guan⁷tann¹ tsit⁸ tsioh⁸ bi²　　m⁷ guan⁷tann¹ tsit⁸ e⁵ gin² a² phi²
甘願擔一石米，毋願擔一个囡仔疕

解釋 石：一石有十斗。个：個。囡仔疕：小孩子。
涵義 形容帶小孩比做苦力還要辛苦。
說明 一石米雖然很重，但搬完就沒事了，而照顧小孩子卻不一樣，因為小孩子非常頑皮，精力又旺盛，常會爬上爬下的到處惹禍，讓大人跟在後面，收拾得精疲力盡，所以人家才會說寧願擔一石米，也不願意照顧一個小孩子。

kam¹ guan⁷ tann¹ tshang¹ be⁷ tshai³ 　　m⁷ guan⁷ kah⁴ lang⁵ kong¹ ke¹ ang¹ sai³

甘願擔蔥賣菜，毋願佮人公家翁婿

解釋 擔蔥賣菜：日子過的清苦。佮：和、與。公家：大家共有的。翁婿：丈夫。

涵義 女人寧願自已獨立辛苦的工作，也不願意和別人共侍一夫。

說明 有志氣的女人寧願自己日子過的辛苦一些，也不願意去當別人的小老婆，因為當人家的小老婆，根本見不得光，每天得提心吊膽的擔心大老婆來捉姦，想見情人也得等他和老婆小孩相處之後才輪得到她，所以當人家的小老婆，是一件折磨人的事。

senn¹ tsit⁸ e⁵ kiann² 　　sann¹ tang¹ peh⁸ tshat⁸

生一个囝，三冬白賊

解釋 个：個。冬：年。白賊：說謊。

涵義 形容父母到處誇耀小嬰兒的那種得意模樣。

說明 生養孩子是一件快樂的事，尤其是初次當父母的人，心中的那份喜悅更是難以言喻，小孩只要稍微學會一點事情，做父母的就會很興奮的到處向別人誇耀，把自己的小孩誇得好像天才一樣。

senn¹ tsit⁸ e⁵ enn¹ a² 　　lak⁴ kau² ki¹ hue¹

生一个嬰仔，落九枝花

解釋 嬰仔：嬰兒。落九枝花：比喻老了好幾歲。

涵義 形容女人每生一個孩子就如同老了好幾歲一樣。

說明 胎兒在母體內所需要的營養全由母體供應，如果母體無法從外界來持續補充這些營養，那她體內的所有養分會全被胎兒給吸走，身體則會變得很衰弱，所以女人每生一次孩子就好像老了好幾歲一樣。

senn¹ e⁰ tshiann² tsit⁸ pinn¹ 　　iong² e⁰ un¹ tsing⁵ khah⁴ tua⁷ thinn¹

生个請一邊，養个恩情較大天

解釋 請一邊：暫且放一旁。較大天：比天還要大。

涵義 形容養育之恩大過於生育之情。

說明 生一個小孩只要懷胎十月，但要將一個小孩養育成人，教育成

材，這期間所需耗費的心力與精神是難以估計的，所以養育比生育困難。

補充 當「个e⁰」解釋為「的」時，依教育部2007年5月公布之台灣閩南語推薦用字第一批將「个e⁰」寫作「的e⁰」。

---

sing¹ put⁴ tai³ lai⁵　　su² put⁴ tai³ khi³

生 不 帶 來 ， 死 不 帶 去

解釋 不帶去：帶不去。

涵義 勸人對一些身外之物，不必看得太重。

說明 俗話說：「錢財乃是身外之物，生不帶來，死不帶去」，這句話說的一點也不錯，人是赤裸裸的來到這個世界，然後又赤裸裸的離開，既然什麼也帶不走，就不必把這些名利財物看的太重。

---

tshenn¹ gu⁵ a² m⁷ kiann¹ hoo²

生 牛 仔 毋 驚 虎

解釋 生牛仔：剛出生的小牛。毋驚：不怕。

涵義 形容人因為閱歷淺，所以做事無所畏懼。

說明 一般牛看到老虎都得趕緊逃命，以免被吃掉，但小牛因為剛出生，從來沒有看過老虎，不知道老虎的可怕，所以仍毫無畏懼的勇往前走。

對應華語 初生之犢不畏虎。

---

senn¹ bak⁸ tsiu¹ m⁷ bat⁴ khuann³ tioh⁸ bak⁸ bai⁵

生 目 睭 毋 捌 看 著 目 眉

解釋 目睭：眼睛。毋捌看著：從來沒有看過。目眉：眉毛。

涵義 喻從來沒有看過的事情。

說明 眉毛長在眼睛上面，但眼睛卻只能往前看，所以無論眼睛怎麼看，都無法看到眉毛，除非是照鏡子，眼睛才能看到眉毛的大小形狀。

---

senn¹ kiann² sai¹ a²　　tshi⁷ kiann² sai¹ hu⁷

生 囝 師 仔 ， 飼 囝 師 父

解釋 師仔：徒弟。飼囝：養育小孩。

涵義 喻生小孩不算什麼，把小孩教養的好那才厲害。

說明 生孩子是一種本能，人人都會沒什麼大不了，而養育孩子，不僅要照顧他的吃住，還要注意他的教育問題，所以養育小孩才是一門大學問。

生米煮成白飯

tshenn¹ bi² tsu² tsiann⁵ peh⁸ png⁷

解釋 生：未熟。

涵義 形容事情已經成為定局無法再挽回。

說明 水結成冰之後，還可以還原成水，但生米經過炊煮變成白飯之後，便無法再復原成米，如同木頭經過砍伐變成一艘船之後，再也無法變回木頭了。

對應華語 覆水難收、木已成舟、米已成炊。

生言造語，無刀殺人

senn¹ gian⁵ tso⁷ gi²　bo⁵ to¹ sat⁴ jin⁵

解釋 生言造語：造謠生事。

涵義 形容謠言之可怕。

說明 無中生有在背後造謠生事中傷別人，即使手中沒有拿刀，但一樣會對別人造成極大的傷害，所以說「人言可畏」，有時候一句話便可以害死一個人。

生查某免悲傷，生查甫免歡喜

senn¹ tsa¹ boo² bian² pi¹ siong¹　senn¹ tsa¹ poo¹ bian² huann¹ hi²

解釋 查某：女生。查甫：男生。歡喜：高興。

涵義 不論生男生女一樣好。

說明 中國人一向重男輕女，因為以前是農業社會需要人力，生男孩不僅可以承繼香火，也可以增加勞力，而女孩養大之後必須要嫁人，對家裡來說根本沒什麼益處，因此生男孩稱為「弄璋」，生女孩稱為「弄瓦」，但以現今的社會情勢來說，生男孩不一定能承歡膝下，而生女孩還可以招到半子，所以說生男孩莫高興，生女孩也莫悲傷。

補充 依教育部2009年10月公布之台灣閩南語推薦用字第三批將「查甫

tsa¹ poo¹」寫作「查埔tsa¹ poo¹」。

tshenn¹ tsiah⁸ long² bo⁵ kau³　　koh⁴ u⁷ thang¹ phak⁸ kuann¹
生 食 攏 無 夠 ， 攔 有 通 曝 乾

解釋 生食：生吃。攏無夠：都不夠。攔有：哪有。曝：曬。

涵義 形容東西都不夠吃了，哪還有剩餘的可以貯存。

說明 以前沒有冰箱東西不易保存，於是前人便想到用曬乾、煙熏等加工方式，將吃不完的食物保存下來，以備日後食用，所以如果食物不夠吃，就不可能會有多餘的東西，可以拿去曬乾。

補充 依教育部2007年5月公布之台灣閩南語推薦用字第一批將「攔koh⁴」寫作「閣koh⁴」。

sinn¹ tso³ ban⁷ jin⁵ tshe¹　　si² tso³ bo⁵ hu¹ kui²
生 做 萬 人 妻 ， 死 做 無 夫 鬼

解釋 萬人妻：做妓女。

涵義 活著的時候當妓女，死的時候沒有丈夫。

說明 這是在咒罵淫蕩的女子，活著就像妓女一樣，每個男人都可以跟她發生性關係，死了之後沒有丈夫可以祭拜她，因為妓女從娼沒有夫家，所以死後沒有後代可以祭祀她。

sing¹ li² lang⁵　　phian³ sik⁸ sai⁷
生 理 人 ， 騙 熟 似

解釋 生理人：生意人。熟似：熟識。

涵義 形容生意人非常奸詐，連熟識的客人也欺騙。

說明 生意人對於熟識的客人反而不誠實，不是賣給他們瑕疵品，就是將價格提高，這是因為我們對於熟人不會存有戒心，所以才讓他們有可趁之機。

sing¹ li² tshui³　　hoo⁵ lui³ lui³
生 理 喙 ， 糊 瘰 瘰

解釋 糊瘰瘰：說話天花亂墜，誇大不實。

涵義 形容生意人說話常是天花亂墜。

說明 生意人的口才都很好，而且很會察言觀色，為了要讓顧客購買他的東西，對於產品常會做一些誇張不實的描述，說的好像這東西是天上有，地上無，功效神奇，所以生意人的嘴，就如同媒人嘴一樣不可信。

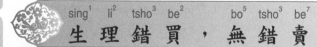

sing¹ li² bo⁵ kau³ tsing¹ tshin¹ tshiunn⁷ mue⁵ lang⁵ thiap⁴ phing³ kim¹

生理無夠精，親像媒人貼聘金

解釋 生理：生意。親像：好像。貼：倒貼。聘金：男子在結婚之前送給女方的禮金。

涵義 喻做生意如果不夠精明會賠錢。

說明 依照民間習俗在訂婚當天除了送一些必備的聘禮之外，男方還要送給女方一筆聘金，這聘金是要由男方準備，但如果媒人不夠精明而代為準備聘金，這樣就虧大了，因為她那一點媒金都還不夠倒貼聘金，就好比做生意，如果不了解顧客心理、買賣之道，到最後也只能賠本關門。

sing¹ li² tsinn⁵ sann¹ tsap⁸ ni⁵ lau⁵ kuann⁷ tsinn⁵ ban⁷ ban⁷ ni⁵

生理錢三十年，流汗錢萬萬年

解釋 流汗錢：辛苦工作所賺來的錢。

涵義 做生意所賺的錢，不易守住，還不如辛苦種田所賺的錢比較可以長久。

說明 靠做生意賺的錢來過活，最多只能維持三十年，因為生意賺的錢並不穩定，賺的時候一次可以賺很多，賠的時候也可能把所有的積蓄一次賠光，但種田就不一樣，只要肯努力，有耕耘就會有收穫，永遠都不用怕會沒錢。

sing¹ li² tsho³ be² bo⁵ tsho³ be⁷

生理錯買，無錯賣

解釋 錯買：買貴了。

涵義 生意人是不會做虧本生意的。

說明 俗語說：「殺頭生意有人做，賠本生意無人做」，生意人是不會做虧本生意的，他買貴就會賣貴，如果他賣得便宜，那一定是進貨時進得便宜，而不是他賣錯了價錢。

一畫 二畫 三畫 四畫 五畫 六畫 七畫 八畫 九畫 十畫 十一畫 十二畫 十三畫 十四畫

senn¹ ke¹ nng⁷ bo⁵　　pang³ ke¹ sai² u⁷

生 雞 卵 無 ， 放 雞 屎 有

解釋　雞卵：雞蛋。放雞屎：拉雞屎。

涵義　形容人不會做一些有助益的事只會惹麻煩，讓別人在背後幫他收拾。

說明　雞蛋可以生雞，所以人人喜愛，而雞屎一無是處，所以人人討厭，養雞的人當然都是希望雞蛋越多越好，但有些母雞根本就不會下蛋，每天吃飽了就只會拉屎，害主人還要跟在後面清理善後。

對應華語　成事不足，敗事有餘。

senn¹ iann⁵ ke¹ tsiu² phang¹　　senn¹ su¹ si³ te³ pang¹

生 贏 雞 酒 芳 ， 生 輸 四 塊 枋

解釋　生贏：指孕婦順利分娩，母子均安。雞酒芳：指麻油雞的香味。生輸：指孕婦難產致死。四塊枋：比喻棺木。

涵義　形容女人生產具有危險性，平安與否得靠運氣。

說明　以前台灣的醫療設施及醫護人員不足，因此產婦分娩多請產婆來接生，由於這些人都沒有經過完整的醫學訓練，完全憑藉經驗來行事，手上拿的也盡是簡單的器具，萬一碰到難產或血崩，產婆鐵定束手無策，而產婦只有等待死神的召喚。如果上天庇佑順利生子，在坐月子期間，產婦經常可以吃到香噴噴的麻油雞，全家人也會因為新生命的報到而洋溢著喜氣。

iong⁷ i¹ e⁵ thoo⁵　　koo⁵ i¹ e⁵ piah⁴

用 伊 个 塗 ， 糊 伊 个 壁

解釋　伊：他、別人。个：的。塗：土。糊：塗抹。

涵義　喻人利用別人的資源，來替別人做面子。

說明　有些人很會精打細算，常會將對方的資源，運用在對方所需的部分，如此一來自己非但沒有損失，也替對方完成需求，這就是用對方的土，來糊對方的牆。

補充　當「个e⁵」解釋為「的」時，依教育部2007年5月公布之台灣閩南語推薦用字第一批將「个e⁵」寫作「的e⁵」。

對應華語 羊毛出在羊身上。

iong⁷ pat⁸ lang⁵ e⁵ kha¹ tshng¹ tso³ the² bin⁷
用 別 人 个 尻 川 做 體 面

解釋 尻川：屁股。體面：面子。

涵義 形容用別人的成就來彰顯自己。

說明 屁股有褲子包著曬不到陽光，所以屁股的皮膚光滑潔白，用別人屁股的皮膚來做自己的臉皮，不僅自己沒損失，還可以增加臉部的光亮，這就是利用別人的資源來彰顯自己。

補充 當「个e⁵」解釋為「的」時，依教育部2007年5月公布之台灣閩南語推薦用字第一批將「个e⁵」寫作「的e⁵」。

iong⁷ pat⁸ lang⁵ e⁵ kun⁵ thau⁵ bo² tsing¹ tsioh⁸ sai¹
用 別 人 个 拳 頭 母 舂 石 獅

解釋 拳頭母：拳頭。舂：擊打。

涵義 形容人利用別人的資源，來謀取自己的利益。

說明 拳頭是別人的，自己不會痛，所以用別人的拳頭來擊打石獅，自己不會有什麼損失，就好比一些公務人員，常利用採購公務之名，去採買自己欠缺的東西，用公家的錢不論怎麼用也不會覺得心疼。

補充 當「个e⁵」解釋為「的」時，依教育部2007年5月公布之台灣閩南語推薦用字第一批將「个e⁵」寫作「的e⁵」。

對應華語 慷他人之慨。

iong⁷ tau⁷ hu⁷ khap⁸ thau⁵ iong⁷ mi⁷ suann³ tiau³ tau⁷
用 豆 腐 磕 頭 ， 用 麵 線 吊 脰

解釋 磕頭：撞擊頭部。吊脰：上吊自殺。

涵義 形容人虛情假意，裝模作樣。

說明 豆腐的質地非常鬆軟，只要手輕輕一碰就碎掉，怎麼用來撞頭，麵線是用麵粉做成的，只要手輕輕一拉就斷掉，根本不能用來上吊，所以用豆腐撞頭，用麵線上吊，都只是裝模作樣做給別人看。

對應華語 裝模作樣。

iong⁷ na⁵ tau⁵ hioh⁸ tshit⁴ kha¹ tshng¹

用林投葉拭尻川

解釋 林投：一種常綠灌木，葉子長在枝端呈劍形。拭尻川：擦屁股。

涵義 形容人自找苦吃。

說明 以前還沒有衛生紙時，人們上完廁所都是用竹片、小石子、植物的葉、海藻、手指跟沙……來擦拭屁股。林投樹種植遍布全省取得容易，但它的葉子長有尖銳的刺，用它來擦拭屁股，簡直是自找苦吃。

對應華語 自討苦吃、自找罪受。

iong⁷ tsinn⁵ na² la⁵ a² khak⁴

用錢若蜊仔殼

解釋 蜊仔殼：蜆的外殼，是一種不值錢的東西。

涵義 形容人花錢浪費沒有節制。

說明 蜊仔殼是蜆的外殼，只有保護蜊肉的功能，當蜊仔被人們煮食之後，蜊仔殼就成為一件廢物，把錢當成蜊仔殼來花，可見這個人多麼的浪費。

對應華語 揮金如土、用錢如水。

iong⁷ mi⁷ suann³ bang⁷ ah⁴ bo² it⁴ khi³ bu⁵ hue⁵

用麵線網鴨母，一去無回

解釋 網：用網子捉。

涵義 形容東西只要一放出手就再也拿不回來了。

說明 這句是歇後語，內容源自台灣民間故事「戇女婿」。有回傻女婿帶著麵線去給丈母娘賀壽，行經一條小河，河上有鴨，傻女婿見狀想捉鴨子來給丈母娘賀壽，便用手中的麵線去網鴨，但麵線遇水就糊掉，全都收不回來，所以人們就用此來比喻東西一拿出去就收不回來。

對應華語 一去不回、有去無回、肉包子打狗。

tshan⁵ bo⁵ kau¹　　tsui² bo⁵ lau⁵

田 無 溝 ， 水 無 流

解釋 溝：排水或灌溉用的水道。

涵義 形容兩者彼此不相往來沒有任何關係。

說明 田溝是用來灌溉農田的水道，也是田與田之間的交界，田地如果沒有田溝，水當然流不進去，而田地如果沒有相連，自己田裡的水也不會流進別人的田溝，所以前人就用這句諺語形容雙方彼此沒有任何關係。

對應華語 井水不犯河水。

tshan⁵ thau⁵ tshan⁵ bue² thoo² te⁷ kong¹

田 頭 田 尾 土 地 公

解釋 土地公：福德正神，鎮守四方的土地之神。

涵義 形容農家信仰土地公之普遍。

說明 土地對於種田人來說不僅重要，關係也非常的密切，而土地公是地方的土地守護神，雖然祂的神格很低，但地方上的一切大小事情都歸祂掌管，所以祂與農家的關係更是密不可分，在鄉下常三兩步就可以看見一尊土地公，就是這個原因。

tshan⁵ enn¹ kiat⁴ tui¹　　tioh⁸ tshing⁷ tsang¹ sui¹

田 嬰 結 堆 ， 著 穿 棕 蓑

解釋 田嬰：蜻蜓。著：就要。棕蓑：蓑衣，用棕毛製成的雨衣。

涵義 蜻蜓聚結成一堆時就表示天快要下雨。

說明 平常蜻蜓都飛得很高，但在快下雨時就會低飛，甚至會停下飛行結成一堆，這是因為在快下雨之前，空氣中的水氣含量變得很高，蜻蜓的翅膀很單薄，當空氣中的水氣變多時，它的翅膀會因為沾了太多的水分而飛不動，所以當蜻蜓低飛時就是快要下雨的徵兆。

tshan⁵ le⁵　　thiann³ bue²

田 螺 ， 痛 尾

解釋 痛：疼痛。

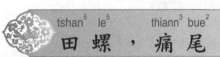

涵義 喻事情做了之後，事後的結果讓人非常的痛苦。

說明 以前生活儉省農人在農暇時，會去田裡或圳底拾田螺回來佐餐配飯，由於田螺肉是藏在螺殼裡面，取食很不方便，在下水煮食之前，農人會先用剪刀把螺尾剪破，以便煮食之後可以從螺口將螺肉吸出，因為有剪螺尾的過程，所以才有這句諺語的產生。

補充 依教育部2009年10月公布之台灣閩南語推薦用字第三批將「痛thiann³」寫作「疼thiann³」。

tshan⁵ le⁵ si² ia⁷ tsit⁸ e⁵ khak⁴ uah⁸ ia⁷ tsit⁸ e⁵ khak⁴

田 螺 死 也 一 个 殼 ， 活 也 一 个 殼

解釋 个：個。

涵義 形容一件事不管過程如何，結果都是一樣。

說明 田螺是一種腹足綱的軟體動物，螺殼呈圓錐卵形，螺層大而圓胖，殼口幾近圓形，田螺的螺肉跟寄居蟹不同，它一出生就長在螺殼裡面，即使遇到危險也不能棄殼逃走，所以田螺生跟死都在同一個殼裡面。

tshan⁵ le⁵ ham⁵ jim² kue³ tang¹

田 螺 含 忍 過 冬

解釋 含忍：忍耐。

涵義 形容人在失意時隱忍一切，努力修養自己，等待新機會的來臨。

說明 夏天是田螺的活躍期，在田間或圳底常可以見到它的蹤影，田螺是一種生命力極強的軟體動物，即使是在缺水的冬天，仍能靠著儲存在體內的那一點水，含忍的度過冬天，等待春雨的降臨。

對應華語 養晦待時。

tshan⁵ le⁵ so⁵ kue³ u⁷ hun⁵

田 螺 趖 過 有 痕

解釋 趖過：爬過。痕：痕跡。

涵義 形容不論做過什麼事情，都會留下一些痕跡。

說明 田螺是一種鄉下常見的螺類，在田間或圳底都可以見到它的踪跡，田螺的身體雖然非常柔軟，但由於爬行時會伸出頭部跟腹足，所以爬行過的地方，仍會留下一些泥痕。

一畫 二畫 三畫 四畫 五畫 六畫 七畫 八畫 九畫 十畫 十一畫 十二畫 十三畫 十四畫

對應華語 凡走過必留下痕跡。

peh⁸ peh⁸ poo³ ni² kah⁴ oo¹ khi⁰

白 白 布 染 佫 烏 去

解釋 白白:潔白。佫:助詞,表示一種程度。烏:黑。

涵義 形容硬要栽贓別人,將好人抹黑成壞人。

說明 白布潔白無瑕非常的好看,但你卻硬要將它染成黑色,這會破壞它原有的潔白,就好比一個人明明是清白的,你卻硬要栽贓嫁禍,把他抹黑成壞人。

補充 依教育部2008年5月公布之台灣閩南語推薦用字第二批將「佫kah⁴」寫作「甲kah⁴」。

peh⁸ peh⁸ bi² tshi⁷ tsit⁸ tsiah⁴ un² ku¹ ke¹

白 白 米 飼 一 隻 隱 痀 雞

解釋 白白米:上好的米,精米。隱痀:駝背。

涵義 形容錢用在不值得花費的東西上。

說明 用上好的白米去養雞,卻養到一隻發育不良的駝背雞,真是白費了糧食,這種情況就如同父母花了大把的錢,把孩子送去外國讀書,希望孩子將來能有所成就,但他非但沒有學到什麼,反而還結交了壞朋友,讓父母白花這些錢。

peh⁸ kha¹ te⁵ hoo⁵ li⁵ tsiann¹

白 跤 蹄 , 狐 狸 精

解釋 蹄:動物的腳掌。狐狸精:形容喜歡到處勾引男人的女人。

涵義 咒罵女子淫蕩又剋夫。

說明 依據民間傳說白腳蹄的動物會帶來不祥,家裡剛出生的小貓或小狗,如果有白腳蹄就會遭到棄養的命運,所以前人就用白腳蹄來形容剋夫的女人。

對應華語 剪刀柄、鐵掃帚。

peh⁸ ling⁷ si¹ piann³ si² tsiah⁸ ma⁷ si⁷ bo⁵ kha¹ au⁷ too² bah⁴

白 鴿 鷥 拚 死 食 , 嘛 是 無 跤 後 肚 肉

解釋 白鴿鷥:白鷺鷥。嘛是:也是。跤後肚肉:小腿後方的肌肉。

涵義 諷刺人貪得無厭。

說明 白鷺鷥全身雪白，只有嘴跟腳是黑色的，以魚類為主食，在溪邊、池塘或水田都可以見到牠們在捕食小魚、青蛙或是小蟲，由於白鷺鷥不斷的覓食，但雙腿始終還是像竹竿一樣的細長並沒有變胖，所以就用這句諺語來嘲諷貪得無厭的人，不管他再如何的貪多，終究不可能會富貴。

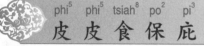

peh⁸ ling⁷ si¹ pue¹ jip⁸ khi³ ian¹ tsi¹ hang⁷ ， ia⁷ si⁷ peh⁸

白 鴒 鷥 飛 入 去 胭 脂 巷 ， 也 是 白

解釋 白鴒鷥：白鷺鷥。胭脂：口紅。

涵義 形容人品格高潔，就算身處在污穢的環境中也不會被污染。

說明 一個人如果能潔身自愛，不管環境再怎麼污濁都不能污染到他，就好比白鷺鷥全身都是白色的，就算飛到整條都是沾滿紅色胭脂的巷子，羽毛還是一樣的潔白。

對應華語 潔身自好、出淤泥而不染。

phi⁵ phi⁵ tsiah⁸ po² pi³

皮 皮 食 保 庇

解釋 皮皮：厚臉皮。保庇：保佑。

涵義 厚著臉皮行事，比較容易得到好處。

說明 有些人臉皮較薄，容易不好意思，因此很多事都不敢去做，以至於錯失了許多的機會，而那些皮皮的人，因為不怕羞敢去做，反而增加了成功的機會。

bak⁸ sai² lau⁵ ， bak⁸ sai² tih⁴

目 屎 流 ， 目 屎 滴

解釋 目屎：眼淚。

涵義 形容人非常傷心眼淚流個不停。

說明 人類是感情動物，很容易因為外在環境的刺激，而產生快樂、傷心或憤怒的情緒，當我們情緒激動時，腦部的某些區域會特別的活躍，因而刺激到自主神經系統，使淚腺加速分泌淚液，所以人在快樂或傷心時會流眼淚。

對應華語 淚如雨下。

一
畫

二
畫

三
畫

四
畫

五
畫

六
畫

七
畫

八
畫

九
畫

十
畫

十一畫

十二畫

十三畫

十四畫

bak⁸ bai⁵ bue² giap⁸ si² hoo⁵ sin⁵
目 眉 尾 挾 死 胡 蠅

解釋 目眉尾：眼尾。胡蠅：蒼蠅。

涵義 形容人眼尾的皺紋又深又多。

說明 皺紋形成的原因，一種是因為皮膚的老化，另外一種是因為日曬所引起，而眼尾的皺紋是皮膚老化所造成的，年紀越大皮膚就會變得越鬆弛，因而形成皺紋，一個人眼尾的皺紋可以挾死蒼蠅，表示他的皺紋又深又多。

bak⁸ tsiah⁴ mng⁵ bo⁵ tsiunn¹ am²
目 睫 毛 無 漿 泔

解釋 目睫毛：眼睫毛。漿泔：以米汁浸物使其變得硬挺。

涵義 喻人認不清楚當前的情勢狀況。

說明 以前的婦女洗完床單或被單之後，會用米汁來浸泡它，然後再拿去晾乾，這樣被單便會變得很硬挺，「目睫毛無漿泔」是指人的眼睫毛因為沒有漿泔，以至於下垂而蓋住了眼睛，所以看不清楚當前的情況。

對應華語 不識時務、不知好歹。

bak⁸ tsiu¹ khi² lo⁵
目 睭 ， 起 濁

解釋 目睭：眼睛。濁：混濁。

涵義 形容人的眼睛被某些事物所迷惑，以致看不清楚真相。

說明 看到喜歡的人或事物時眼光就會全部集中在他們身上，對於他們身邊的任何東西都視若無睹，就好像眼睛突然變渾濁一樣，什麼都看不見。

bak⁸ tsiu¹ khi³ hoo⁷ la⁵ a² bah⁴ koo⁵ tioh⁰
目 睭 去 予 蜊 仔 肉 糊 著

解釋 予：給。蜊仔：蜆。體型比蛤蜊小，是一種軟體動物，平常棲息在淺海或河川的泥砂之中，可醃漬或煮湯食用。糊著：糊住。

涵義 形容人看不清楚事實真相。

說明 蜊仔肉雖然長得不是很大，但大小剛好可以遮住整個眼睛，眼睛被蜊仔肉糊住，當然看不清楚眼前的東西，所以前人就用這句諺語來嘲諷人看不清楚事實真相。

bak^8 tsiu^1 senn^1 ti^7 thau^5 khak^4 ting^2

目睭生佇頭殼頂

解釋 目睭：眼睛。生佇：長在。頭殼頂：頭頂。
涵義 形容人驕傲自大瞧不起別人。
說明 人的眼睛都長在臉上，不可能會長在頭頂上，除非是突變才有可能，所以這裡並不是說人的眼睛真的長在頭頂上，而是形容人非常高傲目中無人，就像眼睛長在頭頂上一樣。
對應華語 眼高於天、目高於頂、眼睛長在頭頂上。

bak^8 tsiu^1 bue^2 lio^2 tsit^0 e^0 tioh^8 tsai^1

目睭尾瞭一下著知

解釋 目睭尾：眼尾。瞭：瞄。著：就。
涵義 形容人眼光銳利，眼睛瞄一下就知道是什麼情形。
說明 一些年紀較大或經驗老道的人，由於閱歷豐富，很多的事情不需要了解全盤，只要用眼睛稍微看一下，就知道事情大概是怎樣的情況。

bak^8 tsiu^1 hue^1 hue^1 pu^5 a^2 khuann^3 tso^3 tshai^3 kue^1

目睭花花，匏仔看做菜瓜

解釋 目睭：眼睛。花花：模糊不清。匏仔：一種蔓生的瓜類，形似葫蘆，果實可以食用。菜瓜：絲瓜。
涵義 形容人眼花看錯事物。
說明 絲瓜跟匏瓜都是蔓生植物，葉子的形狀也大致相同，但果實卻長得不一樣，絲瓜的果實呈長條形，上下一樣粗細，匏瓜的果實上細下圓，農家雖然常將這兩種瓜類種在一起，但兩者形狀還是有差別，如果仔細看應該不會搞錯，所以會把匏瓜看做絲瓜，一定是眼花或粗心大意。

一畫 二畫 三畫 四畫 五畫 六畫 七畫 八畫 九畫 十畫 十一畫 十二畫 十三畫 十四畫

bak⁸　tsiu¹　khuann³　tua⁷　　bo⁵　khuann³　se³

目　睭　看　大　無　看　細

解釋 目睭：眼睛。大：有錢人。細：小，指窮人。

涵義 形容人極為勢利只會巴結有錢人。

說明 大多數的人都是嫌貧愛富，一看到有錢人就拚命的奉承，跟人家套交情，希望可以獲得一些好處，但對於窮人則嗤之以鼻不屑一顧，所以前人就用這句諺語來譏諷這些勢利的人。

bak⁸　tsiu¹　khuann³　bo⁵　　bak⁸　tsiah⁴　mng⁵

目　睭　看　無　目　睫　毛

解釋 目睭：眼睛。看無：看不到。目睫毛：眼睫毛。

涵義 形容人看不到自己的短處。

說明 眼睫毛長在眼睛的上面，所以無論眼睛怎麼看，都無法看到睫毛，除非是照鏡子，眼睛才能見到睫毛，就好比人看不到自己的短處，只有透過別人才能了解自己的缺點。

對應華語 目不見睫、闇於自見。

bak⁸　tsiu¹　khuann³　kue²　　　kha¹　tah⁸　hue²

目　睭　看　粿　，　跤　踏　火

解釋 粿：一種用糯米粉或麵粉製成的食品。跤：腳。

涵義 形容人只看到眼前的利益，卻忽視了身旁的危險。

說明 眼睛只看到粿，卻沒有注意到腳已經踩在火堆上，有很多人都是這樣，眼睛只看到眼前的利益，卻忽略背後的大危險，所以常會被燒的遍體鱗傷。

對應華語 近視短利。

bak⁸　tsiu¹　khuann³　kuan⁵　　bo⁵　khuann³　ke⁷

目　睭　看　懸　無　看　低

解釋 目睭：眼睛。懸：高。

涵義 此語有三種意思：①形容人走路只看上面，不看下面。②形容人做事只往好的方面想，卻忽視潛在的危機。③形容人勢利眼，攀權附貴，刻意與無錢無勢者保持距離。

說明 自古以來金錢與權勢一直是多數人追求的目標，有些人為了平步青雲，刻意趨炎附勢，與有錢有勢的人套交情，卻與生死相交但無錢無勢的朋友漸行漸遠，這種人一旦發達後，多自命為「上流人士」，對於「不怎麼樣」的朋友便不理不睬，因此前人就用這句諺語來譏諷他們。

對應華語 看上不看下。

bak⁸ tsiu¹ thuah⁴ thang¹

目 睭 挩 窗

解釋 目睭：眼睛。挩窗：眼睛斜一邊。

涵義 此語有兩義：①形容人的眼睛斜一邊。②比喻人對某事看走了眼。

說明 挩窗就是醫學上所說的「斜視」，斜視發生的原因，一種是天生，另一種是因為後天的疾病或外傷所造成的，由於斜視會造成雙眼視差，所以病患常會有視力模糊或看物體有重影的現象產生，因此前人就用「目睭挩窗」來形容人對事物看走眼。

bak⁸ tsiu¹ kua³ tau² kai³　khuann³ lang⁵ mih⁸ tioh⁸ ai³

目 睭 掛 斗 概 ， 看 人 物 著 愛

解釋 目睭：眼睛。斗概：用來刮平米斗的木板。物：東西。

涵義 形容人貪得無厭，看到東西就想佔為己有。

說明 斗斛是一種量米的工具，當客人來買米時，米商就會用斗斛來秤量客人所需的米數，然後再用斗概來刮平米，照習俗米商在刮平米時，方向必須要向內，以示招財進寶之意，所以前人就把此意加以引申，用來形容人看到東西就想往內撥。

對應華語 貪得無厭。

bak⁸ tsiu¹ tshuh⁴ tshuh⁴　tshan⁵ le⁵ khuann³ tso³ tsui² ku¹

目 睭 眵 眵 ， 田 螺 看 做 水 龜

解釋 眵眵：像近視一樣眯著眼睛看東西，這裡引申作「眼睛模糊」。

涵義 形容人眼花看錯事物。

說明 田螺跟水龜不論是大小、外型或顏色皆相差很多，只有視力有問題時才會將兩者搞錯，所以前人藉此形容人兩眼昏花，看錯事物。

bak⁸ tsiu¹ tshah⁴ ngoo² sik⁴ ki⁵

目 睭 插 五 色 旗

解釋 目睭：眼睛。

涵義 形容事物非常複雜，讓人看得眼花撩亂。

說明 紅、黃、藍是色彩的三原色，任何色彩都是由這三種顏色變化而成的，三原色再加上黑、白兩色，就形成了五色，這裡用五色來指代眾多的顏色，眼睛插五色旗，一定會看得眼花撩亂，目眩神迷。

對應華語 眼花撩亂、目迷五色。

bak⁸ tsiu¹ uann⁷ ling⁵ ging² hut⁸

目 睭 換 龍 眼 核

解釋 核：果實中間的硬心。

涵義 形容人眼光淺短，分辨不出某人或某事的重要。

說明 龍眼果實的核心，黑黑圓圓的，不論大小或外觀跟我們的黑眼珠很像，我們的眼睛是由眼白跟黑眼珠組成的，如果把眼睛換成龍眼核，就缺少了眼白的部分，所以才用這句諺語來形容人有眼無珠。

對應華語 有眼無珠、睜眼瞎子。

bak⁸ tsiu¹ kheh⁴ tsit⁸ lui²

目 睭 瞌 一 蕊

解釋 目睭：眼睛。瞌：閉。一蕊：一眼。

涵義 形容人審查事物把關不嚴格，故意放水讓它矇混過關。

說明 大家都知道看東西一定要張開雙眼仔細瞧，才不會遺漏掉細微的部分，如果看東西只睜一隻眼，一定會看不清楚，所以「目睭瞌一蕊」用來形容人故意放水讓事物能矇混過關。

對應華語 睜一隻眼，閉一隻眼。

bak⁸ tsiu¹ be⁷ te² tit⁴ tsit⁸ liap⁸ sua¹

目 睭 膾 貯 得 一 粒 沙

解釋 膾貯得：裝不下。

涵義　形容人氣量狹小不能容人。

說明　人的眼睛很精密，只要有東西跑進去，不管多小就算是一顆小
　　　沙，眼睛都會覺得很不舒服，會開始變紅流眼淚，所以就用這句
　　　諺語來形容人度量狹小。

補充　依教育部2008年5月公布之台灣閩南語推薦用字第二批將「𣍐
　　　be⁷」寫作「袂be⁷」。

對應華語　眼裡容不下沙子。

bak⁸　tsiu¹　peh⁴　bo⁵　kim¹
目 睭 擘 無 金

解釋　目睭：眼睛。擘：張開。金：亮。

涵義　喻人認不清當前的情勢狀況。

說明　「眼睭金」並不是真的在說人的眼睛很亮，而是形容人識時務，
　　　能夠看清楚當前的情勢，「目睭擘無金」就是指人沒有張大眼
　　　睛，所以認不清當前的局勢狀況。

bak⁸　tsiu¹　nih⁴　nih⁴　khuann³
目 睭 瞡 瞡 看

解釋　目睭：眼睛。瞡瞡看：眼巴巴的望著。

涵義　形容對某人或某事盼望殷切。

說明　大家一定看過這種「目睭瞡瞡看」的例子，某人的丈夫或小孩出
　　　海捕魚，結果船翻了人下落不明，這個人每天就到海邊等丈夫或
　　　小孩歸來，這種殷切盼望的樣子，真叫人心酸。

對應華語　引領而望、引頸企盼、望眼欲穿。

tsioh⁸　sai¹　ia⁷　ui³　lang⁵　tu²　tsai⁵
石 獅 也 畏 人 拄 臍

解釋　石獅：指強人。畏：怕。拄臍：頂肚臍。

涵義　形容即使是很強的人，也會害怕別人抵抗他。

說明　人出生之前，肚臍是連接臍帶的地方，這裡是整個肚子最脆弱的
　　　部分，如果被人頂住會很不舒服，石獅是石頭雕成的，全身很堅
　　　硬，如果連石獅都害怕被人頂肚臍，更何況是一般人。

一畫　二畫　三畫　四畫　五畫　六畫　七畫　八畫　九畫　十畫　十一畫　十二畫　十三畫　十四畫

一　畫
二　畫
三　畫
四　畫
五　畫
六　畫
七　畫
八　畫
九　畫
十　畫
十一畫
十二畫
十三畫
十四畫

tsioh⁸　sai¹　ia⁷　kiann¹　lang⁵　ko³

石 獅 也 驚 人 告

解釋　驚人：怕人。告：控告。

涵義　形容人人都害怕官司纏身。

說明　古代衙門的門前都會有一對石獅子，因此這裡就用石獅來指稱官吏，官吏本身是官，連他也都害怕打官司，可見訴訟真是曠日費時，勞民傷財，所以人人都怕。

tsioh⁸　sai¹　tsiah⁸　kau³　nua⁷　too⁷

石 獅 食 到 爛 肚

解釋　食：吃。

涵義　形容人貪得無厭，攫取了太多的東西。

說明　吃到不乾淨的東西，頂多是拉肚子或鬧腸胃炎而已，但如果吃到肚子都爛，那鐵定是吃了太多不該吃的東西，例如：吃錢、吃紅包，這種貪得無厭的吃法，難怪連石獅也會吃到肚爛。

對應華語　貪得無厭、貪心不足。

六　畫

kau¹ kuann¹ san³　　kau¹ kui² si²　　kau¹ khoo² lat⁸ tsiah⁸ liau² bi²

交官散，交鬼死，交苦力食了米

解釋　散：窮。鬼：詭計多端的人。苦力：苦工。了：賠本。

涵義　喻交朋友要謹慎。

說明　結交做官的朋友，常需要送禮物巴結他們，當然會窮，結交一些詭計多端，品行不良的朋友，會被他們帶去做壞事，到最後可能要賠上性命，結交當苦力的朋友，由於他們很窮，常需要請他們吃飯，所以會賠本。

kau¹ tsing⁵ jin⁵ gi⁷ tang⁷　　lim¹ tsui² ia⁷ sim¹ liang⁵

交情仁義重，啉水也心涼

解釋　啉：喝。

涵義　形容與朋友結交，仁義才是最重要的。

說明　與朋友結交情義最重要，什麼酒菜宴席都只是一種交際的形式，如果朋友有這個心意，就算他只請你喝杯清水，你也會覺得這杯水喝起來是透心涼的。

kau¹ i² tshat⁴ toh⁴ khi¹ bo⁵ tshuann¹

交椅漆桌起無簽

解釋　交椅：有扶手和靠背的椅子。簽：竹子或木頭裂開後，凸起的小刺。

涵義　形容人故意找藉口滋生事端。

說明　交椅是一種類似太師椅的椅子，漆桌是上了油漆的上好桌子，這兩種都是上好的桌具，當然不會有刺，沒有刺代表桌椅品質良好，但有人想滋生事端，反而以桌椅無刺作為無理取鬧的藉口。

補充　依教育部2009年10月公布之台灣閩南語推薦用字第三批將「簽tshuann¹」寫作「扦tshuann¹」。

對應華語　無事生非、無端生事、無風起浪。

一畫 二畫 三畫 四畫 五畫 六畫 七畫 八畫 九畫 十畫 十一畫 十二畫 十三畫 十四畫

i¹ bo⁵ tah⁸ gua² e⁵ kha¹　　gua² bo⁵ ka⁷ i¹ e⁵ thau⁵

伊無踏我个跤，我無咬伊个頭

解釋 伊：他、她。个：的。跤：腳。咬頭：指反擊。

涵義 喻絕不會主動去侵犯別人，除非是別人先侵犯我，我才會反擊。

說明 大部分的人都是愛好和平的，很少有人會主動的去攻擊別人，通常都是人家侵犯到他，他才會採取反擊的行動，就像你如果沒有踩到蛇，蛇是不會來咬你的。

補充 當「个e⁵」解釋為「的」時，依教育部2007年5月公布之台灣閩南語推薦用字第一批將「个e⁵」寫作「的e⁵」。

對應華語 人不犯我，我不犯人。

i¹ kiann¹ i¹ phinn¹　　i¹ kiann¹ i¹ phinn¹

伊驚伊偏，伊驚伊偏

解釋 伊：他、她。驚：怕。伊：指另外一個「他、她」。偏：偏私。

涵義 形容彼此互相猜疑，怕被對方佔便宜。

說明 你怕他因為私心而佔了你的便宜，他也怕你有私心佔了他的便宜，兩個心腸狹小的人，都怕對方會佔自己的便宜，所以彼此猜忌，互相懷疑。

對應華語 相互猜疑。

kng¹ lang⁵ m⁷ tsai¹　　am³ lang⁵ ia⁷ tsai¹

光人毋知，暗人也知

解釋 光人：一般人。毋：不。暗人：鬼神。

涵義 形容不論事情遮掩的多隱密，到最後總還是會被別人知道。

說明 很多城隍廟中都有這樣的牌匾，寫著「天知地知你知我知」，這句話說的很對，有些人做了許多壞事，以為自己隱藏的很好，沒有人會知道，其實「人在做，天在看」，就算這些事陽世的人不知道，但你的良知跟鬼神都知道。

對應華語 人在做，天在看、舉頭三尺有神明。

kng[1] kng[1] gueh[8] m[7] tat[8] bi[5] bi[5] hue[2]

光 光 月 毋 值 微 微 火

解釋 毋值：比不上。微微：微弱、細小。

涵義 形容女子不管再怎麼能幹，終究不如男人。

說明 因為女人是陰，男人是陽，故用月光來代表女人，火來代表男人，月光雖然明亮，但因為它離我們很遠，所以它的亮度還是比不上我們面前微弱的火光。

hiong[1] kun[5] m[7] phah[4] tshio[3] bin[7] lang[5]

兇 拳 毋 拍 笑 面 人

解釋 毋拍：不打。

涵義 形容笑容可以化解爭端與糾紛。

說明 「笑」是一種善意的表現，它可以瓦解人的心防，降低人的敵意，因此當人怒氣沖沖想打人時，如果迎面而來的是一張笑臉，那拳頭一定打不下去。

sian[1] siau[2] jin[5] hio[7] kun[1] tsu[2]

先 小 人 ， 後 君 子

解釋 小人：品德不好的人。

涵義 形容雙方在尚未合作之前，先把話說清楚，然後再依約行事。

說明 人皆有小人之心，故與人合作或共事時，應該先把合作的條件、規則、可以容忍的程度講清楚，然後大家依約來做事，這樣就不會有糾紛發生。

sian[1] sinn[1] bo[5] ti[7] kuan[2] hak[8] sing[1] khi[2] hai[2] huan[2]

先 生 無 佇 館 ， 學 生 起 海 反

解釋 先生：老師。佇：在。館：台灣的私塾稱作學館。海反：作亂。

涵義 主管者不在，下面的人就起來作亂。

說明 以前私塾老師都是很嚴格的，學生只要稍微打瞌睡或是調皮搗蛋，一定會被老師用戒尺處罰，老師平常把學生管得太嚴了，讓他們無法抒發，所以當老師不在的時候，學生便會起來作亂。

sian¹ sinn¹ ian⁵ ， tsu² lang⁵ hok⁴

先 生 緣 ， 主 人 福

解釋 先生：醫生。主人：病人。

涵義 病人能遇到跟他有緣分的醫生，而將他的病治好，這是病人的福氣。

說明 我們常會遇到這種情況，同樣一種病給同一個醫師看，有人有效，有人卻無效，這個無效的人，換了另外一個醫師，反而把病醫好了，這就是所謂的「先生緣，主人福」。

sing¹ khoo² hio⁷ kam¹ ， hu³ kui³ ban⁷ ni⁵

先 苦 後 甘 ， 富 貴 萬 年

解釋 甘：甜。富貴：指不愁吃穿的生活。

涵義 先要吃苦才能享樂。

說明 這句話是勉勵自己或別人，只要能熬過苦日子，好日子就會來到，所以不論現在處於如何艱困的境地，只要有恆心和毅力，總有一天會苦盡甘來。

sing¹ tsiah⁸ tsiah⁴ phah⁴ sng³

先 食 才 拍 算

解釋 拍算：打算。

涵義 形容人只貪圖眼前的享受，完全不顧後果。

說明 看到眼前有好吃的東西，就不顧一切的拿起來吃，也不管這東西是誰的，吃下去會不會怎樣，這種不顧後果的貪吃法，會給自己帶來極大的麻煩。

sing¹ tsiah⁸ ng⁵ ni⁵ ， au⁷ tsiah⁸ kam¹ tsho²

先 食 黃 連 ， 後 食 甘 草

解釋 黃連：一種中藥材，味苦，食之可以降火去毒。甘草：一種中藥材，味道甘甜。

涵義 形容先努力的做事，然後再享受成果。

說明 黃連的味道很苦，甘草的味道甘甜，先吃黃連再吃甘草，代表先苦後甘，所以前人就用這句諺語來勉勵人，做人要先辛苦耕種，

才會有甜美的收穫。

對應華語 先苦後甘。

sing¹ tso³ hoo⁷ lang⁵ khuann³　　tsiah⁴ kong² hoo⁷ lang⁵ thiann¹
先 做 予 人 看 ， 才 講 予 人 聽

解釋 予：給。講：說。

涵義 形容人先把事情做成功了，再說給別人聽。

說明 有些人喜歡吹牛，常把事情說的天花亂墜，但等到真正去做時，沒有半樣做得出來，真正踏實的人是用事實來向別人證明自己，他們會先去做事，等事情成功之後，再說給別人聽。

sian¹ tit⁴ sian¹　　hio⁷ tit⁴ hio⁷　　ban⁷ lai⁵ e⁰ tit⁴ be⁷ tioh⁸
先 得 先 ， 後 得 後 ， 慢 來 个 得 燴 著

解釋 得燴著：得不到。

涵義 做事要勤奮才能先有收穫，如果太懶惰最後可能什麼也得不到。

說明 人都是貪婪自私的，有什麼好東西一定自己先拿，剩下不要的再給別人，所以動作快的先到先拿，動作慢的就得揀別人挑剩的，而最後來的可能什麼也得不到。

補充 ①當「个e⁰」解釋為「的」時，依教育部2007年5月公布之台灣閩南語推薦用字第一批將「个e⁰」寫作「的e⁰」。②依教育部2008年5月公布之台灣閩南語推薦用字第二批將「燴be⁷」寫作「袂be⁷」。

對應華語 早起的鳥兒有蟲吃。

sing¹ koo³ pak⁴ too²　　tsiah⁴ koo³ hut⁸ tsoo²
先 顧 腹 肚 ， 才 顧 佛 祖

解釋 腹肚：肚子。佛祖：佛教始祖「釋迦牟尼」。

涵義 形容先要解決民生問題，然後才能顧到其他事情。

說明 俗語說：「民以食為天」，民生問題才是人類的首要大事，只有先解決生理需求之後，人們才會有餘力去思考，去追求精神上的滿足。

ka⁷ lang⁵ sau³ thiann¹　　m⁷ ka⁷ lang⁵ kio³ hiann¹
共 人 掃 廳 ， 毋 共 人 叫 兄

解釋 共人掃廳：替人家打掃廳堂。毋：不。共：給。共人叫兄：叫人家「阿兄」。

涵義 說明人就算做再辛苦、再卑微的工作，也不會埋沒自己的骨氣，低聲下氣去討好別人。

說明 替人家打掃廳堂是一種卑微的工作，賺不了多少錢，即便如此也不願出賣自己的尊嚴，卑顏屈膝去叫人家「阿兄」，以換取較高的報酬。

對應華語 堅貞不屈、堅貞不移、寧折不彎、矢志不移。

ka⁷ thinn¹ kong¹ tsioh⁴ tann²
共 天 公 借 膽

解釋 共：給。天公：玉皇大帝。

涵義 形容人的膽子很大。

說明 玉皇大帝掌管天下的一切，祂是所有神明中神格最高的，大家都要聽從祂的指揮，所以祂的膽子一定是最大的，向玉皇大帝借膽，表示這個人的膽子很大。

對應華語 膽大包天。

ka⁷ kha¹ thau⁵ hu¹ kong² ma⁷ khah⁴ iann⁵
共 跤 頭 趺 講 嘛 較 贏

解釋 共：給。跤頭趺：膝蓋。嘛：也。較贏：勝過。

涵義 形容人冥頑不靈，不論別人如何勸說都沒有用。

說明 膝蓋只是人身體的一個關節器官，沒有自我意識，跟膝蓋說話根本沒意義，但現在對膝蓋說話反而比對人勸說還有意義，可見這個人是多麼的冥頑不靈，跟他說話說了也等於是白說。

對應華語 對牛彈琴。

tang⁵ kiann⁵ put⁴ ju⁵ tang⁵ mia⁷
同 行 不 如 同 命

解釋 行：行走。命：命運。

涵義 結伴同行不如同舟共濟。

說明 出門在外旅行，既然大家都有共同的目的地，與其只結伴同行，倒不如同舟共濟，大家如果都有同舟共命的體認，才會互相照顧，讓旅途更加的安全。

對應華語 同舟共濟。

---

tang⁵ tse⁵ tse⁷ i² tang⁵ tse⁵ tsiah⁸ toh⁴

同齊坐椅，同齊食桌

解釋 同齊：一起。食桌：吃飯。

涵義 形容不分上下，一律同等對待。

說明 古代很重視禮儀，階級劃分嚴明，每一個階級都有它的禮儀規定，不同階級的人不能坐在一起，也不能同桌吃飯，所以一起坐椅子同桌吃飯，表示不分上下，對大家一視同仁。

對應華語 一視同仁。

---

tiau³ tau⁷ tshiunn⁷ au⁷ kha¹

吊脰上後跤

解釋 吊脰：上吊自殺。上：向上提高。跤：腳。

涵義 形容別人有危難時，不但不出手相救，反而還加以陷害。

說明 我們看到別人想上吊，一定趕緊跑過去阻止，並將他救下來，不可能會從後面抱住他的腳，幫助他自殺，這句話只是一種比喻，形容人見到別人有危難不但不相救，還落井下石。

對應華語 落井下石、火上加油、雪上加霜。

---

kok⁴ lang⁵ e⁵ kok⁴ lang⁵ ho² pat⁸ lang⁵ e⁵ senn¹ sat⁴ bo²

各人个各人好，別人个生蝨母

解釋 个：的。蝨母：蝨子。

涵義 勸人不要太貪愛別人的財物，東西還是自己的好。

說明 人都是貪婪的，自己已經擁有的東西，不會珍惜，總認為別人的東西，比自己的還好，其實每個人的東西，各有自己的好處，別人的東西雖然看起來好像很好，卻不一定適合你用，所以不必去羨慕別人，東西還是自己的好。

補充 當「个e⁵」解釋為「的」時，依教育部2007年5月公布之台灣閩南

語推薦用字第一批將「个e⁵」寫作「的e⁵」。

各人士農工商
kok⁴ lang⁵ su⁷ long⁵ kang¹ siong¹

解釋 各人：各自。士：讀書人。

涵義 形容各人按照不同的志向，向前努力開創自己的前程。

說明 古代是階級社會，不僅有貴族、庶民之分，連人民也另有分類，分成士、農、工、商，稱為四民，由於四民是依據人民所從事的行業來劃分的，所以後代就以士、農、工、商來代表各個行業。

對應華語 各奔東西、各奔前程。

各人造業，各人擔
kok⁴ lang⁵ tso⁷ giap⁸ kok⁴ lang⁵ tann¹

解釋 業：罪孽。擔：承擔。

涵義 各自做的事情要各自承擔後果。

說明 這句諺語是受佛教教義的影響，佛教講求因果報應，認為你造什麼因，就會得到什麼果，這個因就是業，果就是報，所以各人造業各人承擔。

合字，歹寫
hap⁸ ji⁰ phainn² sia²

解釋 歹寫：難寫。

涵義 比喻人多不容易合作。

說明 「合字，歹寫」這句話並不是在說這個「合」字很難寫，而是指多人一起合作做事並不容易，因為人都是自私的，只要牽扯到利害關係，都以自己的利益為優先考量，所以說「三個和尚沒水喝」就是這個道理。

合攻，破曹
hap⁸ kong¹ pho³ tso⁵

解釋 曹：曹操。

涵義 喻只要眾人同心，任何事都可以完成。

說明 赤壁之戰是中國歷史上有名以寡擊眾的戰役，劉備和孫權兵力雖然只有曹操的六分之一，但因為他們彼此團結合作，所以才能打敗曹操這個強敵，奠定三國鼎立的基礎。

對應華語 眾志成城。

gin² a² lang⁵ tua⁷ lang⁵ sim¹
囡 仔 人 ， 大 人 心

解釋 囡仔人：小孩子。

涵義 人雖然長得矮小，但野心卻很大。

說明 小孩子天真單純很容易滿足，只要給他一點小東西，就可以快樂個老半天，而大人貪得無厭，即使手中的財富已富可敵國，他仍然覺得不滿足，還想要擁有全世界。

對應華語 人小心大。

gin² a² lang⁵ kha¹ tshng¹ sann¹ tau² hue²
囡 仔 人 ， 尻 川 三 斗 火

解釋 尻川：屁股。斗：盆。

涵義 形容小孩子的體溫比較高，坐過的地方餘溫很高。

說明 冬天的時候大人常喜歡把小孩子抱在懷裡，因為小孩子的體溫很高，坐過的地方餘溫很高，所以抱小孩就像懷裡抱一個暖爐，非常的溫暖，因此大人就用「尻川三斗火」來戲稱小孩子的屁股。

gin² a² lang⁵ u⁷ hinn⁷ bo⁵ tshui³
囡 仔 人 ， 有 耳 無 喙

解釋 囡仔人：小孩子。喙：嘴。

涵義 大人訓示小孩子，大人說話時小孩子可以聽，但不可以插嘴。

說明 大人聚在一起聊天時，小孩子常喜歡在旁邊湊熱鬧，有時聽到一些有趣的事，難免想要插嘴發表意見，這時大人就會用這句話來訓示小孩子，不要打斷大人說話，再者小孩子因為沒有什麼判斷力，很可能會把聊天所聽到的話，隨便去對人亂說，而引發一些是非，所以大人就用「有耳無喙」告誡他們不可以亂說話。

gin² a² sann¹ hue³ tiau¹ phue⁵　　goo⁷ hue³ tiau¹ kut⁴

囝仔三歲稠皮，五歲稠骨

解釋 稠皮：影響尚淺。稠骨：影響很深。

涵義 形容教育對小孩子人格習性養成的重要。

說明 在三歲之前小孩子的人格習慣尚未固定，一些不好的習性，這時仍有改正的機會，但是到了五歲，所有的習性便已固定下來難以改變。

gin² a² pang³ jio⁷ tsuann⁷ kue³ khe¹　　lau⁷ lang⁵ pang³ jio⁷ tih⁴ tioh⁸ e⁵

囝仔放尿濺過溪，老人放尿滴著鞋

解釋 囝仔：小孩子。放尿：小便。濺：四處飛散。著：到。

涵義 形容小孩子精力充足，老人家年老力衰。

說明 膀胱除了有儲尿的功能外，小便強度的大小也是由膀胱控制的，小孩子精力充足，膀胱強而有力，所以小便時當然可以將尿液射的很遠，而老年人年老體衰，膀胱無力，排尿時常斷斷續續的，有時還會滴到鞋子。

gin² a² sai² pang³ bue⁷ liau²

囝仔屎放未了

解釋 囝仔：小孩子。放未了：尚未拉完。

涵義 形容人幼稚不成熟。

說明 一般來說，除了嬰幼兒之外，小孩子的大便和大人的並沒有什麼兩樣，這裡的「囝仔屎放未了」，是形容人外表雖然已經長大了，但內心還是不成熟，仍像小孩一樣的幼稚。

對應華語 乳臭未乾。

gin² a² uan³ bo⁵　　bo⁵ uan³ tsio²

囝仔怨無，無怨少

解釋 怨：埋怨。無：沒有。

涵義 小孩子只會埋怨大人沒有分東西給他，不會埋怨分到的東西很少。

說明 小孩子天真單純，對任何事都很容易滿足，當大人分東西時，他

一畫　二畫　三畫　四畫　五畫　六畫　七畫　八畫　九畫　十畫　十一畫　十二畫　十三畫　十四畫

們只會埋怨大人沒有分東西給他們，不會因為分到的東西太少而埋怨大人，只要有就很開心了。

對應華語 聊勝於無。

gin² a² tshing⁷ khui¹ kha¹ khoo³　khuann³ thau³ thau³
囡 仔 穿 開 跤 褲 ， 看 透 透

解釋 開跤褲：開襠褲。看透透：看遍了。

涵義 形容對別人的行事或才能瞭若指掌。

說明 這句是歇後語。小孩子穿開襠褲，小屁股當然會被看遍了。以前在鄉下常可以看見一些小孩子，穿著前後都開著洞的褲子在那裡玩，這是因為那時沒有紙尿褲，都用布片做小孩的尿片，但布片必須重複的換洗非常麻煩，婦女為了省事，就將褲子剪洞給小孩穿，這樣不僅不用包尿片，也不會弄髒褲子，真是一舉兩得。

對應華語 一清二楚、瞭若指掌。

gin² a² tsiah⁸ kah⁴ ui³　tsiah⁴ u⁷ thang¹ jip⁸ kong¹ po⁵ tshui³
囡 仔 食 徦 飫 ， 才 有 通 入 公 婆 喙

解釋 徦：到。飫：膩。有通：可以。公婆：爺爺、奶奶。喙：嘴巴。

涵義 形容爺爺奶奶疼孫子的情景。

說明 爺爺奶奶都是疼孫子的，有什麼好吃或有營養的東西，總會先拿去給孫子吃，等到孫子吃到不想再吃時，才輪到爺爺奶奶來吃。

補充 依教育部2008年5月公布之台灣閩南語推薦用字第二批將「徦kah⁴」寫作「甲kah⁴」。

gin² a² tsiah⁸ ang⁵ tsim⁵　hing³ kong²
囡 仔 食 紅 蟳 ， 興 講

解釋 囡仔：小孩子。紅蟳：螃蟹的一種，蟳卵煮熟後，顏色呈紅色。興：喜好。講：說。

涵義 形容人愛說話。

說明 這句出自歇後語，具有雙關義，「管」指螃蟹的螯，台語的「管」和「講」諧音，因此便以「講」來指代「管」。整隻螃蟹只有兩隻大螯的肉最多，所以小孩子吃螃蟹的時候，最喜歡挑兩隻大螯來吃。

一
畫

二
畫

三
畫

四
畫

五
畫

六
畫

七
畫

八
畫

九
畫

十
畫

十
一
畫

十
二
畫

十
三
畫

十
四
畫

gin² a² puah⁸ to² ma² ma² hu¹ hu¹

囡仔跋倒，馬馬虎虎

解釋 囡仔：小孩子。跋倒：跌倒。

涵義 形容人做事不認真，隨便敷衍了事。

說明 這句出自歇後語，具有雙關義。台語的「媽媽撫撫」和「馬馬虎虎」諧音，所以前人就用「馬馬虎虎」來指代「媽媽撫撫」。一些幼兒如果跌倒了都會大哭，他的媽媽就會跑過來一面幫他揉揉跌傷的地方，一面安撫他說「媽媽撫撫」。

對應華語 馬馬虎虎、虛應故事、草率從事、敷衍了事。

gin² a² e⁷ tsau² tua⁷ lang⁵ jiok⁴ kah⁴ ma² ma² hau²

囡仔會走，大人逐徦嗎嗎吼

解釋 走：跑。逐徦：追到。嗎嗎吼：哇哇大哭。

涵義 形容等幼兒會走路之後，大人照顧起來就會很辛苦。

說明 小孩子好奇心強，對於每樣東西都很感興趣，所以會到處亂跑亂摸，大人怕他們亂跑亂摸會發生危險，只好跟在身後，但小孩子精力充沛，沒有一刻是靜的，讓照顧的大人累得哇哇叫。

補充 依教育部2008年5月公布之台灣閩南語推薦用字第二批將「徦kah⁴」寫作「甲kah⁴」。

sin³ mng⁵ iau² bue⁷ ta¹

囟毛猶未焦

解釋 囟毛：胎毛，初生嬰兒的頭髮。猶：還。焦：乾。

涵義 形容人幼稚不成熟。

說明 依據傳統習俗，男嬰出生二十四天要剃胎毛，而女嬰則是在第三十天，但也有人不依傳統習俗，沒幫嬰兒剃胎毛，讓它自然生長，自然掉落。胎毛猶未乾，表示這個人還很幼稚，乳臭未乾。

對應華語 乳臭未乾、乳臭小兒。

tsai⁷ senn¹ m⁷ hiong² lok⁸ si² liau² ka⁷ kui² kuann⁷ pau¹ hok⁸

在生毋享樂，死了共鬼攢包袱

解釋 共：給。攢：提。包袱：簡單的行李。

涵義 嘲笑人像守財奴一樣，有錢也不會花。

說明 人拚命賺錢的目的，就是為了要讓自己生活得更好，所以有錢應該是拿來改善生活，提升生活品質，而不是像守財奴一樣緊緊的守住這些錢，錢賺了不花，那何必辛苦去賺錢。

---

tsai⁷ senn¹ m⁷ tse³ na⁵ au⁵　　si² liau² tsiah⁴ hau³ kuann¹ tsha⁵ thau⁵

在生毋祭嚨喉，死了才孝棺材頭

解釋 嚨喉：喉嚨。祭嚨喉：指孝養父母。孝棺材頭：用豐盛的牲禮來祭拜。

涵義 形容不孝子，父母在世時不孝順，等到過世了才假裝孝順。

說明 父母在世時不知好好的孝養他們，等到父母過世才來舉行大型法事，用豐盛的牲禮來祭拜他們，但現在做這些對父母來說，已經毫無意義，這些根本都只是做給旁人看的。

---

tsai⁷ senn¹ iu² hau³ tsit⁸ liap⁸ thoo⁵ tau⁷

在生有孝一粒塗豆，
khah⁴ iann⁵ si² liau² pai³ tsit⁸ e⁵ ti¹ thau⁵
較贏死了拜一个豬頭

解釋 在生：活著的時候。有孝：孝順。塗豆：花生。較贏：勝過。个：個。

涵義 父母在世時，即使是很微薄的奉養，也勝過死後靈前的任何豐盛祭品。

說明 父母在世時，即使拿一粒很小的花生來孝敬他們，也勝過死後用一粒豬頭來祭拜。父母在世時不知道好好的孝順，等到父母過世了才以豐盛的牲禮來祭拜，這有什麼用，孝順要在父母活著時才有意義。

---

tsai⁷ senn¹ bo⁵ lang⁵ jin⁷　　si² liau² kui¹ tua⁷ tin⁷

在生無人認，死了規大陣

解釋 規：全、整。大陣：一大堆。

涵義 父母在世時不理不睬，等父母過世了全跑回來爭遺產。

說明 父母活著時沒有人願意奉養，等到他們過世之後，一大堆人跑出

來爭遺產，這種情形在古今社會都不斷的上演，尤其是有錢人家最多，這些子女如此的不孝，真是叫人感慨。

tsai⁷ tshu³ u⁷ lang⁵ kheh⁴　　tshut⁴ gua⁷ u⁷ tsu² lang⁵
在厝有人客，出外有主人

解釋 厝：家裡。人客：客人。

涵義 形容在家時常接待照顧別人，等你出外時別人也會照顧你。

說明 住在家裡的時候，如果常常照顧那些在外地工作的人，別人會感激你的恩情，有朝一日出門在外，別人也會反過來照顧你，所以做人互相幫助，大家都有好處。

對應華語 一報還一報。

tsai⁷ tshu³ tsian⁷　　tshut⁴ tshu³ kui³
在厝賤，出厝貴

解釋 厝：家裡。出厝：在外地。

涵義 形容人在外地受人尊敬，但在自己家鄉卻不受人重視。

說明 人都有貴遠賤近的心態，總認為遠來的和尚會念經，對於自己家鄉的人事物，因為常見所以不覺得有什麼稀奇，對於外地的人事，因為很少見到就覺得很稀奇珍貴。

對應華語 貴遠賤近。

tsai⁷ ka¹ jit⁸ jit⁸ ho²　　tshut⁴ gua⁷ tiau¹ tiau¹ lan⁵
在家日日好，出外朝朝難

解釋 朝朝：天天。

涵義 在家裡事事都方便，出外事事都困難。

說明 家裡資源豐富而且每一件東西都是自己熟悉的，想要做什麼事都可隨心所欲，但出外則不同，有很多的東西都不能隨身帶去很不方便。

tsai⁷ ka¹ au³ tshi³ tang⁵　　tshut⁴ gua⁷ ki⁵ lam⁵ hiunn¹
在家殠刺桐，出外奇楠香

解釋 殠：發臭。奇楠香：一種香木。

涵義 人在自己家鄉不被重視，在外地反而受人尊敬。

說明 人都有貴遠賤近的心態，對於自己家鄉的事物，因為常常見到，所以就產生輕視的心理，對於外地的事物，因為很少見到，就覺得很珍貴稀奇。

補充 當「殨au³」解釋為「爛、不好」時，依教育部2009年10月公布之台灣閩南語推薦用字第三批將「殨au³」寫作「漚au³」。

對應華語 貴遠賤近。

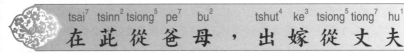

tsai⁷ tsinn² tsiong⁵ pe⁷ bu² tshut⁴ ke³ tsiong⁵ tiong⁷ hu¹

在茈從爸母，出嫁從丈夫

解釋 茈：幼稚未成熟。從：聽從。爸母：父母。丈夫：先生。

涵義 形容女子未出嫁時要聽從父母的意見，出嫁之後則要聽從丈夫的意見。

說明 這句諺語的觀念是來自古代的「三從」思想。中國古代對婦女的教育非常的嚴格，要求婦女不論在何時都要遵守「三從四德」，「三從」：在家從父，適人從夫，夫死從子。「四德」：婦德、婦言、婦容、婦功。

對應華語 在家從父，出嫁從夫。

tsai⁷ tsit⁴ uan³ tsit⁴ bo⁵ tsit⁴ su¹ tsit⁴

在職怨職，無職思職

解釋 在職：有工作的時候。無職：沒有工作的時候。

涵義 形容人愛抱怨不知足，總是做一行怨一行。

說明 很多人都有這種情形，有工作時抱怨工作太累、薪水太低、老闆太爛、工作時間太長……，怨東怨西，覺得工作很不如意，就想辭職不幹，等到沒事可做了，又懷念起以前的那份工作。

ho² lang⁵ khuai³ si² phainn² lang⁵ tng⁵ siu⁷

好人快死，歹人長壽

解釋 歹人：壞人。

涵義 感嘆天理不公，壞人沒有得到應得的報應。

說明 一些戲劇的演出，好人大都在最前面就被壞人害死，而壞人不僅沒得到報應，還一路吃香喝辣的繼續害人，在現實生活中也有許多這樣的事情，所以人們常感嘆，為什麼好人總是快死，而壞人

卻很長壽。

對應華語 好人不長命，禍害遺千年。

ho² ia⁷ tsit⁸ ku³　phainn² ia⁷ tsit⁸ ku³
好 也 一 句 ， 歹 也 一 句

解釋 歹：壞。

涵義 勸人說話要注意自己的態度和語氣。

說明 說話的內容雖然很重要，但表達時的語氣和態度更重要，同樣的內容，用好的態度表達跟用壞的態度表達，帶給人的感受就截然不同，所以說話時要注意自己的語氣和態度。

ho² tiong¹ tshiu¹　ho² mng⁵ tiu⁷
好 中 秋 ， 好 晚 稻

解釋 晚稻：第二期稻作。

涵義 中秋節如果有好天氣，今年稻作就會有好收成。

說明 這句是氣候諺語。中秋節前後是二期稻作的抽穗時間，而這時也正是季風的轉換期，如果中秋節前後天氣好，代表東北季風來的晚，秋天細細的微風，正好有助於稻穗花粉的傳播，花粉如果傳播完全，今年就可以豐收。

ho² thinn¹ m⁷ khui¹ kau¹　loh⁸ hoo⁷ bo⁵ te³ lau⁵
好 天 毋 開 溝 ， 落 雨 無 地 流

解釋 開溝：挖水溝。落雨：下雨。無地：無處。

涵義 平常如果不做好預防措施，等事情發生了就會措手不及。

說明 每回颱風過後，總會聽到一些地區發生淹水的災情，這些淹水的地區就是平時沒有做好疏通水溝的工作，颱風一來，水沒有地方可以宣洩，便會湧出來而流向街道，所以在晴天時要做好開溝的工作，等雨來了才不會沒有地方流。

ho² thinn¹ tioh⁸ tshun⁵ hoo⁷ lai⁵ niu⁵
好 天 著 存 雨 來 糧

解釋 好天：晴天。著：就要。存：儲存。

涵義 勸人要做好事前的預防措施。

說明 颱風來臨時，有些地方會斷水、斷電，所以為了防範未然，在颱風未來之前，要先準備一些飲水、糧食，以免到時候斷炊，這就如同我們儲蓄一樣，如果平時有儲蓄的習慣，即使遇到突發事故，也不會手足無措。

對應華語 未雨綢繆、防患未然、有備無患、積穀防饑。

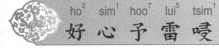

| ho² | sim¹ | hoo⁷ | lui⁵ | tsim¹ |

好 心 予 雷 唚

解釋 予：給。唚：吻。

涵義 形容人好心卻得到惡報。

說明 民間神話傳說，雷公執掌天下雷電代天執法，對於惡人會以雷電將他擊殺，以彰顯天道，但這句諺語不是說好人被雷劈，而是引申為好心幫人卻被對方怪罪。

對應華語 好心沒好報。

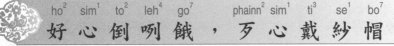

| ho² | sim¹ | to² | leh⁴ | go⁷ | | phainn² | sim¹ | ti³ | se¹ | bo⁷ |

好 心 倒 咧 餓 ， 歹 心 戴 紗 帽

解釋 倒咧餓：窮困潦倒。戴紗帽：當官。

涵義 感嘆天理不公，為善作惡沒有應得的報應。

說明 「善有善報，惡有惡報」，這是天道公理，但現在卻是好人做好事不但沒好報，還落得窮困潦倒的下場，而壞人做壞事不但沒惡報，還榮華富貴戴起烏紗帽，實在令人感嘆。

對應華語 老天無眼、天道不公。

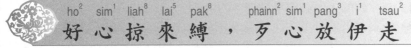

| ho² | sim¹ | liah⁸ | lai⁵ | pak⁸ | | phainn² | sim¹ | pang³ | i¹ | tsau² |

好 心 掠 來 縛 ， 歹 心 放 伊 走

解釋 好心：善良的人。掠：抓。縛：綁。歹心：凶惡的人。伊：他、她。

涵義 形容人只敢欺負善良的人，對於凶惡的人反而畏懼。

說明 一些魚肉鄉民的流氓便是如此，平常只敢欺負一些善良百姓，遇到比他凶惡的大流氓時，立刻變成小卒，連話都不敢吭一聲。

對應華語 欺善怕惡、欺軟怕硬。

一畫
二畫
三畫
四畫
五畫
六畫
七畫
八畫
九畫
十畫
十一畫
十二畫
十三畫
十四畫

ho² phainn² tsai⁷ sim¹ lai⁷　　tshui³ tun⁵ phue⁵ sio¹ khuan² thai⁷
好歹在心內，喙脣皮相款待

解釋 好歹：好壞。喙脣：嘴脣。款待：招待。

涵義 嘴上說得很好聽，對人很客氣，但這是否是真心的，就不得而知了。

說明 現在是工商社會，人與人之間會有頻繁的接觸機會，所以就算遇到過去不喜歡或有仇怨的人，還是要盡量控制自己的情緒，對他保持一些基本禮貌，以免再度引起爭端。

ho² phainn² kue² tioh⁸ ai³ e⁷ tinn¹
好歹粿著愛會甜，
ho² phainn² tsa¹ boo² tioh⁸ ai³ e⁷ sinn¹
好歹查某著愛會生

解釋 粿：一種用糯米粉或麵粉製成的食品。著愛：就要。查某：女人。

涵義 形容女人只要會生小孩，不論有什麼缺點都沒關係。

說明 俗語說：「不孝有三，無後為大」，對中國人來說，後代子嗣是很重要的，因此不管女人是好是壞，只要能夠生育，就算有什麼缺點都可以包容。

ho² gu⁵ tse⁷ lang⁵ le⁵　　ho² be² tse⁷ lang⁵ tse⁷
好牛濟人犁，好馬濟人坐

解釋 濟人：很多人。犁：耕田的農具。

涵義 有才幹的人，必須承擔較多的責任。

說明 一隻善於耕種的牛，因為犁田的效率好，大家就會搶著要借牠去耕種，同樣的一隻善於奔走的好馬，因為奔跑的速度很快，大家就會搶著騎。

對應華語 能者多勞。

ho² senn¹ tso³　　khiap⁴ si³ mia⁷
好生做，疳勢命

解釋 生做：長相。疳勢命：命運不好。

276

涵義 形容人長相雖好卻沒有好的命運。

說明 自古以來長相美麗的女子，大部分都沒好下場，王昭君出塞和番，楊貴妃死在馬嵬坡……，這些好像是命運在跟人開玩笑，長相再怎麼美麗，終究躲不過命運的安排。

對應華語 紅顏薄命。

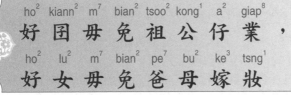

ho² tshan⁵ te² put⁴ ju⁵ ho² tsu² te⁷

好 田 底 不 如 好 子 弟

解釋 田底：田地中的土壤。子弟：子孫。

涵義 有好的子孫勝過擁有好的田地。

說明 以前是農業社會，田地是人們生活的主要來源，如果有一塊好田地，就可以不愁吃穿，但好田地還是需要有人耕作，要是後代子孫好吃懶做，再好的田地也沒有用，但是如果有好子孫，即使是貧瘠的田地也能豐收。

ho² kiann² m⁷ bian² tsoo² kong¹ a² giap⁸

好 囝 毋 免 祖 公 仔 業 ，

ho² lu² m⁷ bian² pe⁷ bu² ke³ tsng¹

好 女 毋 免 爸 母 嫁 妝

解釋 囝：兒子。毋免：不用、不需要。祖公：祖先。業：財產。爸母：父母。

涵義 好兒子不必依靠祖先留下來的財產，就能創造一番事業，好女兒不必依靠嫁妝，自己一樣能夠生活。

說明 祖先如果有留下產業，就可以一輩子不愁吃穿，但對有志氣的男子來說，即使祖先沒有留下產業，依然可以靠自己闖出一番事業，而好女兒不必依靠父母的嫁妝，夫妻一樣可以平順的過日子。

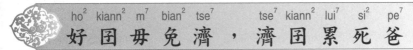

ho² kiann² m⁷ bian² tse⁷ tse⁷ kiann² lui⁷ si² pe⁷

好 囝 毋 免 濟 ， 濟 囝 累 死 爸

解釋 囝：兒子。毋免：不用、不需要。濟：多。

涵義 好兒子不用多，只要一個就夠了。

說明 生小孩要重質不重量，孩子要是能成材，就算只有一、兩個一樣

能顯耀家門，如果孩子不成材，生再多也沒有用，而且小孩如果生太多，父母反而會更辛苦。

好 囝 好 佚 陶 ，歹 囝 不 如 無
ho² kiann² ho² thit⁴ tho⁵　phainn² kiann² put⁴ ju⁵ bo⁵

解釋 佚陶：遊玩。歹：壞。

涵義 養到好兒子，父母比較輕鬆，可以到處遊山玩水，養到壞兒子，讓父母擔驚受怕，養到這種兒子還不如不要。

說明 養到好的孩子，可以光耀門楣，做父母的心情就比較欣慰，養到壞的孩子，會製造出許多的問題，讓父母每天擔驚受怕，而且還會受人唾罵，所以養到這種小孩還不如沒有。

補充 依教育部2009年10月公布之台灣閩南語推薦用字第三批將「佚陶thit⁴ tho⁵」寫作「迌𨑨thit⁴ tho⁵」。

好 好 柴 刐 佫 曲
ho² ho² tsha⁵ thai⁵ kah⁴ khiau¹

解釋 好好柴：直的木材。刐：宰、殺，這裡指「砍伐」。佫：到。

涵義 形容把好好的一件事弄得亂七八糟。

說明 木材是製造許多器具的材料，雖然每種器具所需要的木材形狀不同，但都是從直型的木材來做變化的，一塊好好的木塊，如果被砍伐成彎曲的，就不能再被拿來使用。

補充 依教育部2008年5月公布之台灣閩南語推薦用字第二批將「佫kah⁴」寫作「甲kah⁴」。

對應華語 成事不足，敗事有餘。

好 好 鱟 刐 佫 屎 流
ho² ho² hau⁷ thai⁵ kah⁴ sai² lau⁵

解釋 鱟：鱟魚，一種外殼堅硬，形似頭盔，尾巴像劍的魚類。刐：宰、殺。

涵義 形容把好好的一件事弄得亂七八糟。

說明 鱟魚雖然名為魚，但它的外型和內部結構跟一般魚不同，所以殺鱟魚並不像殺魚那麼簡單，必須要懂得解剖鱟魚的技巧，外行人如果不知道這技巧，而用刀亂割，可能會把鱟魚的肚子給割破，

肚內的屎尿如果流出來沾到鱟肉，鱟肉就會變得惡臭難聞。

補充 依教育部2008年5月公布之台灣閩南語推薦用字第二批將「佮kah⁴」寫作「甲kah⁴」。

對應華語 成事不足，敗事有餘。

ho² hing⁵ hai⁵　　tshau³ pak⁴ lai⁷
好 形 骸 ， 臭 腹 內

解釋 形骸：外表。腹內：肚子。

涵義 形容人外表和善，內心卻很惡毒。

說明 俗話說「人不可貌相」，因為相貌並不能代表一個人的內心，有的人外表和善，但內心卻惡如毒蠍，有的人外表凶惡，但內心卻很善良，所以外表並不能決定人的一切。

對應華語 表裏不一、金玉其外，敗絮其中。

ho² su⁷ bo⁵ sio¹ tshiann²　　phainn² su⁷ tsiah⁴ sio¹ tshue⁷
好 事 無 相 請 ， 歹 事 才 相 揣

解釋 請：邀請。揣：找。

涵義 有好處自己獨享，等到有麻煩時才找人幫忙。

說明 做人要懂得人情事故，有好處時要跟人一起分享，等你有困難時別人才願意幫忙，如果有好處只自己獨享，等你有困難時別人絕不會幫你。

ho² lai⁵ put⁴ ju⁵ ho² khi³
好 來 不 如 好 去

解釋 來：開始。去：結束。

涵義 有好的開始，更要有好的結束。

說明 所謂「好來好去」，以中國人的圓融處世哲學，如果彼此沒什麼深仇大恨，當然不需要撕破臉，因為日後大家都還有相逢共事的可能，「好去」大家日後相見才不會尷尬。

對應華語 好聚好散。

ho² mih⁸ m⁷ ting³ pa² lang⁵ i³

好 物 毋 中 飽 人 意

解釋　物：食物、東西。毋：不。中：中意。

涵義　形容東西太多就失去它的價值。

說明　東西的價值是由需求來決定，一件東西再好，如果沒有人需要就像垃圾一樣沒有價值，這就如同把一盤珍貴的名菜，擺在一個已經吃飽的人面前，不論這菜有多好，他也不會覺得好吃。

ho² khang¹ bo⁵ tau³ sio¹ po³

好 空 無 湊 相 報

解釋　好空：好事。湊相報：互相告知。

涵義　形容有好事情沒有通知別人，自己享受這些好處。

說明　這句諺語是抱怨別人獨享好處，沒有通知自己。人都是自私貪婪的，有好處當然自己獨享，沒有人會傻到再去找一個人來瓜分，如果這樣做自己的利益就減少了。

補充　依教育部2007年5月公布之台灣閩南語推薦用字第一批將「湊tau³」寫作「鬥tau³」。

ho² hue¹ tioh⁸ ai³ tshah⁵ tsin³ tsing⁵

好 花 著 愛 插 進 前

解釋　好花：指一些好事、甜頭。著愛：就要。進前：事前。

涵義　形容有些事情要在事前做，不要等事後才來補償，不然效果會大打折扣。

說明　請別人幫忙做事，如果能在事前先送些禮，表達一下心意，那受託的人心裡一定會很高興，覺得受到重視，如此他幫我們做事時，就會格外的用心賣力，所以與其事後送禮，倒不如先前送禮，效果還來得大些。

ho² kah⁴ bo⁵ phah⁴ khih⁴ kak⁴

好 佮 無 拍 缺 角

解釋　佮：到。缺角：缺口。

涵義　喻東西非常的完美，沒有任何的瑕疵。

說明 世上的東西沒有十全十美，再好的東西還是有瑕疵存在，不可能好到沒有任何瑕疵，所以這句諺語只是一個比喻，形容東西非常完整，沒有任何的損傷。

補充 依教育部2008年5月公布之台灣閩南語推薦用字第二批將「佫 kah⁴」寫作「甲kah⁴」。

對應華語 完美無缺、完美無瑕、十全十美。

---

ho² bin⁷ siunn³　　phainn² too⁷ tng⁵

好 面 相 ， 歹 肚 腸

解釋 面相：長相、儀容。肚腸：心地。

涵義 形容人外表和善，內心卻很惡毒。

說明 一般人都習慣以貌取人，見到面貌俊美的人則趨之若鶩，見到面貌醜陋的人則避之唯恐不及，其實一個人的善惡是很難從外表來判斷，有的人長得很好看但內心卻很惡毒，有的人長得很醜卻是菩薩心腸，所以不可以貌取人，才不會失人又誤己。

對應華語 面善心惡。

---

ho² ka¹ kau³　　phainn² tshu³ pinn¹

好 家 教 ， 歹 厝 邊

解釋 厝邊：鄰居。

涵義 形容好鄰居的重要性。

說明 俗話說：「近朱者赤，近墨者黑」，小孩子年紀還小無法判別好壞，看到什麼就學什麼，如果沒有良好的居家環境，即使你的家教再好，小孩子還是一樣會變壞。

---

ho² tsha⁵ be⁷ lau⁵ kue³ kan¹ tau⁷ khiah⁴

好 柴 繪 流 過 關 渡 隙

解釋 繪：不會。隙：狹小。

涵義 形容有好東西一定先被人拿走，不可能還留到最後。

說明 河流的發源地都是在山裡，山裡樹木掉下來的樹枝，會順著河水流到下游，木柴從上游一路流下來，好的木柴早就被撿光，不會有剩下的流過關渡，這是因為淡水河流經關渡後，河道變廣，水流減緩，從上游挾帶下來的東西都會堆積在這裡，所以有好的木

柴，最遲在關渡這地方就被撿光。

補充 依教育部2008年5月公布之台灣閩南語推薦用字第二批將「𣍐 be⁷」寫作「袂 be⁷」。

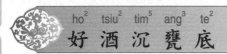

ho² tsiu² tim⁵ ang³ te²
好 酒 沉 甕 底

解釋 沉：下沉。

涵義 好的東西或好戲總是留在最後壓軸。

說明 酒是用煮熟的米和酒麴一起釀造出來的，因為沉澱的關係，酒甕下層的酒味道比較醇厚，所以懂得喝酒的人都知道要喝甕底的酒才香醇，就如同好菜好戲都是等待最後才上桌登場。

ho² tsiam¹ khuai³ tng⁷ tsih⁸ ho² lang⁵ khuai³ kue³ si³
好 針 快 斷 折 ， 好 人 快 過 世

解釋 斷折：折斷。過世：死亡。

涵義 感嘆世道不公，好人為何總是不長壽。

說明 好針因為縫補順手常會被使用，但如果使用的頻率太高，就容易折斷，而好人因為做人善良，所以容易被欺負，常被欺負心裡會覺得很鬱悶，心裡鬱悶就容易生病，健康不佳當然會早死。

對應華語 好人不長命。

ho² be² m⁷ tsiah⁸ hue⁵ thau⁵ tshau²
好 馬 毋 食 回 頭 草

解釋 毋食：不吃。

涵義 形容有志氣的人勇往直前，即使遇到挫折也不會復返。

說明 馬吃草是沿路吃過去的，如果有好的草早就被吃光了，剩下的都是一些不好的草，所以一匹好馬是不會回頭，再去那些已經吃過草的地方。

對應華語 好馬不吃回頭草。

ho² tshui³ ho² tau² mng⁷ tioh⁸ e² kau²
好 喙 好 斗 ， 問 著 啞 口

解釋 好喙好斗：禮貌周到的向人問話。啞口：啞巴。

涵義 形容人很禮貌的向人問話，卻得不到人家的回答。

說明 一般來說人都喜歡被和氣的對待，用禮貌的態度去向人問話，當然也希望人家能答覆我們的問題，但有些人就是非常孤傲，別人問他就是不理人家，讓問問題的人覺得好像遇到啞巴一樣。

ho² bo⁵ sio¹ ti³ im³　　phainn² suah⁴ sio¹ lian⁵ lui⁷
好 無 相 致 蔭 ， 歹 煞 相 連 累

解釋 致蔭：庇蔭。煞：卻。

涵義 形容沒有得到好處還被連累。

說明 有好處沒有得到庇蔭，發生事情卻反受連累，這種情形在古代最多，有些人飛黃騰達之後，就不認窮親戚，所以這些親戚並沒受到他的半點好處，但有朝一日他做了禍國的壞事要被誅九族，卻連累這些親戚跟著被抄家滅族。

ho² ue⁷ sann¹ pian³　　lian⁵ kau² ma⁷ hiam⁵
好 話 三 遍 ， 連 狗 嘛 嫌

解釋 連：甚至連。嘛：也。

涵義 同樣一句話重複講太多次，不管是誰聽了都會覺得厭煩。

說明 狗是聽不懂人話的，人如果講話講到連狗都聽不下去，可見他有多煩人，有些人就是不懂人的心理，對一件事總喜歡重複不斷的述說，別人聽得都厭煩了他還在說。

ho² ue⁷ m⁷ tshut⁴ mng⁵　　phainn² ue⁷ tiunn³ phua³ pak⁴ too⁷ tng⁵
好 話 毋 出 門 ， 歹 話 脹 破 腹 肚 腸

解釋 腹肚腸：肚腸。

涵義 意謂好事很難讓人知道，但壞事卻流傳很快。

說明 好話很難傳出門，壞話不僅流傳快速，而且讓人聽了簡直要氣破肚腸，這是因為大部分的人都有幸災樂禍的心理，對別人的醜事，不僅會加以傳播，還會添鹽加醋，所以傳到最後內容全都變了樣。

對應華語 好話不出門，惡話傳三村、好事不出門，壞事傳千里。

一畫
二畫
三畫
四畫
五畫
六畫
七畫
八畫
九畫
十畫
十一畫
十二畫
十三畫
十四畫

ho² ue⁷ be⁷ kue³ sann¹ lang⁵ hinn⁷

好 話 繪 過 三 人 耳

解釋 繪：不。

涵義 意謂好事很難流傳出去讓人知道。

說明 這句諺語是提醒人不可以做壞事，因為大部分的人都是見不得別人好的，別人做好事絕對不會將它傳揚出去，但壞事可就很快的傳遍千里。

補充 依教育部2008年5月公布之台灣閩南語推薦用字第二批將「繪 be⁷」寫作「袂be⁷」。

對應華語 好事不出門，壞事傳千里。

ho² un⁷ tioh⁸ si⁵ tsing¹ phainn² un⁷ tioh⁸ huan¹ a² hue²

好 運 著 時 鐘 , 歹 運 著 番 仔 火

解釋 著：中獎。番仔火：火柴。

涵義 形容運氣不同得到的結果也就不一樣。

說明 時鐘跟火柴相比，時鐘的體積較大，功能也較多，當然比火柴貴，所以這裡的時鐘比喻大獎，火柴比喻小獎，運氣好的人得大獎，運氣不好的人得小獎。

ho² han³ phua³ pak⁴ lai⁵ sann¹ kinn³

好 漢 破 腹 來 相 見

解釋 破：剖。相見：相交。

涵義 形容彼此坦誠相交。

說明 呂泉生先生的「杯底毋通飼金魚」歌曲中，就有這麼一句「好漢破腹來相見」，呂先生認為二二八事件之所以會發生，就是因為台灣人與外省人長期以來彼此互相衝突、缺乏溝通，才會釀成這傷亡慘重的悲劇。的確，人與人之間如果都能坦誠相待，有什麼事情當面講清楚，就可以避免一些不必要的誤會產生。

對應華語 肝膽相照、坦誠相待、推誠相與。

ho² tsing² m⁷ thuan⁵　　phainn² tsing² be⁷ tuan⁷
好 種 毋 傳 ， 歹 種 獪 斷

解釋 種：品種。歹：壞。獪：不。

涵義 嘲笑人沒有遺傳到父母好的部分，反而把一些壞的習性全部學了起來。

說明 好的部分沒有遺傳，壞的部分全部學起來，在我們的身邊常可以看到這樣的例子，父親很風流在外面討小老婆，兒子娶了老婆之後，也學父親在外面養小老婆，做母親的就會罵這個兒子，「好種毋傳，歹種獪斷」。

補充 依教育部2008年5月公布之台灣閩南語推薦用字第二批將「獪be⁷」寫作「袂be⁷」。

ho² tang⁵ m⁷ tsu³ tsing¹　　ho² kiann² m⁷ tso³ ping¹
好 銅 毋 鑄 鐘 ， 好 囝 毋 做 兵

解釋 囝：兒子，這裡引申為男子。做兵：當兵。

涵義 好銅不鑄鐘，好男不當兵。

說明 以前的鐘是用銅來鑄造，由於鐘的價格便宜，所以會被拿來鑄鐘的都是品質不好的銅；一般人重文輕武，認為軍人沒有什麼出息，所以自古以來就有好男不當兵的說法。

ho² niau¹ kuan² pah⁴ ke¹　　ho² li² tiunn² kuan¹ sim¹ tak⁸ ke¹
好 貓 管 百 家 ， 好 里 長 關 心 逐 家

解釋 逐家：大家。

涵義 選用好人才，讓大家都受惠。

說明 貓是專門捉老鼠的，一隻勤勞的好貓會到處去捉老鼠，牠可以讓附近的鄰居免除鼠患，而一位好的里長，不僅關心每個里民，對於大家的需求或困難也會竭盡全力的幫忙解決，所以如果選對人才就能幫大家做很多事情。

對應華語 選賢與能。

一畫
二畫
三畫
四畫
五畫
六畫
七畫
八畫
九畫
十畫
十一畫
十二畫
十三畫
十四畫

ho² thau⁵ ia⁷ tioh⁸ ho² bue²
好頭也著好尾

解釋 頭：開始。著：要。尾：結束。

涵義 有好的開始，也要有好的結尾。

說明 俗語說：「好的開始是成功的一半」，開頭做得好，後面才有信心繼續做下去，但是有好的開始還不夠，必須還要有好的結尾，這件事情才算是做得圓滿成功。

對應華語 有始有終、有頭有尾。

ho² thau⁵ ho² bin⁷ tshau³ kha¹ tshng¹
好頭好面，臭尻川

解釋 尻川：屁股，這裡指「心地」。

涵義 形容人外表和善，內心卻很惡毒。

說明 屁股長在人的背後，從正面是看不到屁股的美醜，就如同一個人的內心一樣，從外表是看不出來的，有的人外表人模人樣，但所作所為卻是卑鄙不堪，所以用這句諺語來形容他們最適合不過。

對應華語 內外不一、面善心惡。

ho² tann² khuai³ tso³ ma²
好膽快做媽

解釋 好膽：膽子大。

涵義 嘲諷人家事情之所以可以成功，是因為臉皮厚，膽子大。

說明 俗語說：「男追女隔層山，女追男隔層紗」，女孩只要敢主動，男孩很快會被追到手，但太主動、大膽的女孩子通常都不矜持，隨便就與男孩子發生關係，所以很容易懷孕，女孩子如果很年輕就當媽媽，那麼她在三十幾歲或四十歲左右時，就可能當上奶奶。

ho² le² m⁷ tat⁸ khong² hong¹ hiann¹
好禮毋值孔方兄

解釋 毋值：比不上、不如。孔方兄：錢，古代的錢幣是圓形的，中間有一個方形的孔，因此就把錢稱作「孔方兄」。

涵義 送禮金比送禮物更實惠。

說明 送東西當然要選擇對方需要或實用的，但對方需要什麼，我們並不知道，如果我們送的東西不實用，對方收了也沒意思，所以倒不如送禮金給人，讓對方自己去挑喜歡的東西，這樣送的人高興，收的人也開心。

ho² giah⁸ lang⁵ kiam² tsiah⁸ tsit⁸ tshui³　　san³ tshiah⁴ lang⁵ tsiah⁸ kau³ ui³

好額人減食一喙，散赤人食到飫

解釋 好額人：有錢人。一喙：一口。散赤人：窮人。飫：膩。

涵義 有錢人只要節省一些資源，這些資源就能讓窮人過好日子。

說明 有錢人生活奢侈，吃鮑魚、穿大衣，全身上下用的都是名牌，他們吃一餐飯或喝一瓶酒的錢，就足夠讓窮人吃好幾個月也吃不完，如果他們能將這些花費，儉省一些捐給窮人，窮人就能過好日子。

對應華語 富家一席酒，窮漢半年糧。

ho² giah⁸ tan³ au⁷ si³　　tso³ kuann¹ oh⁸ puann¹ hi³

好額等後世，做官學搬戲

解釋 好額：富有、有錢。後世：下輩子。搬戲：演戲。

涵義 嘲諷人不切實際。

說明 有些人好高騖遠，不好好努力只想一步登天，成天希望自己可以當官、變富翁，其實當官跟做富翁並不是想想就可以，必須要付諸行動，努力去執行，才有可能達成這個夢想。

ho² thih⁴ m⁷ phah⁴ tshai³ to¹　　ho² han³ m⁷ hoo⁷ lang⁵ tsio¹

好鐵毋拍菜刀，好漢毋予人招

解釋 拍：打。予人：給人。招：招夫入贅。

涵義 喻好男人是不願意被人招贅。

說明 一塊好的鐵通常先被選去做兵器，一些淘汰下來質地不好的鐵，才會拿去打成菜刀；而招贅等於是嫁入女方家裡，不僅一切吃住都要在女方家，連生下來的小孩也要跟著女方姓，在這裡男人沒有一點自己的尊嚴，所以一個有志氣的男子，是不會被人家招贅的。

ji⁷ bat⁴ tshim¹　　lang⁵ te⁷ sai²

字捌深，人袋屎

解釋 捌：認識、知曉。深：多。袋：裝。

涵義 形容人學識豐富，但品行卻不好。

說明 所謂「讀書識字」，想要識字就必須要讀書，書讀的越多，字就
認識的越多，學問也越豐富，學識豐富的人應該是滿腹經綸，不
可能滿腹都是大便，這裡只是在責備一些知識分子，讀了滿肚子
的書卻不走正道，這些書都白讀，就好像裝了一肚子的大便一
樣。

tsiu² tshat⁸ tsit⁸ me⁵　　tso³ tshat⁸ tsit⁸ kenn¹

守賊一暝，做賊一更

解釋 一暝：一夜。一更：比喻很短的時間。

涵義 形容防賊之困難。

說明 賊神出鬼沒，主人根本無法知道他何時會來，所以只能採取守株
待兔的方法，一整夜守在那裡等待賊的來臨，而做賊的就比較輕
鬆，不需要浪費很多的時間，只要技術純熟，一進來很快就可以
把東西偷走。

對應華語 不勝其防、防不勝防。

ni⁵ tang¹ ho² siu¹ pun¹ hoo⁷ tsiau² tsiah⁸

年冬好收分予鳥食

解釋 年冬：年頭。分予：分給。

涵義 喻有大收穫那些小損失就不必去計較。

說明 稻穀收成之後還需要放在稻埕上曝曬，由於曬穀場是露天的，
常會有麻雀飛來啄食，如果今年剛好豐收，農人便會讓麻雀來分
食，而不會去驅趕牠們。

ni⁵ tang¹ na² hong¹ siu¹　　tsa¹ boo² lang⁵ tioh⁸ huat⁴ tshui³ tshiu¹

年冬若豐收，查某人著發喙鬚

解釋 年冬：年頭。若：如果。查某人：女人。著：就。喙鬚：鬍鬚。
發喙鬚：指臉髒的意思。

涵義 形容稻穀豐收時農婦忙碌的模樣。

說明 稻子收成時是非常忙碌的，家家戶戶除了忙著收割、曬稻之外，更要準備一些祭典活動，以酬謝土地公這一年來的保佑，所以豐收時不單是男人忙，連女人也都忙到沒空去洗臉打扮。

---

ni⁵　thau⁵　tsiah⁸　kiam⁵　tshai³　　　ni⁵　bue²　tsiah⁴　tng²　sau³

年 頭 食 鹹 菜 ， 年 尾 才 轉 嗽

解釋 鹹菜：酸菜。轉：變。嗽：咳嗽。

涵義 形容人反應遲鈍。

說明 酸菜是用整株不結球的芥菜醃漬而成的，依據民間的說法，芥菜性涼不宜多吃，身體虛弱的人如果吃太多，容易傷身，造成咳嗽。年頭吃酸菜，年尾才咳嗽，表示這個人反應遲鈍。

對應華語 反應遲鈍。

---

ni⁵　thau⁵　tshi⁷　ke¹　tsai¹　　　ni⁵　bue²　tso³　gueh⁸　lai⁷

年 頭 飼 雞 栽 ， 年 尾 做 月 內

解釋 雞栽：雛雞。做月內：做月子。

涵義 形容在事情未發生時就要做好事前的準備。

說明 以前的婚俗新婚女兒回家作客，父母會準備兩隻小雞讓女兒帶回婆家，作為「做月子」之用，因為小雞要養一年才能宰殺，而女人懷孕也需要十個月，所以這時候養的小雞，到做月子時剛好可以派上用場。

對應華語 未雨綢繆、曲突徙薪。

---

ni⁵　kiann¹　tiong¹　tshiu¹　　　lang⁵　kiann¹　su³　kiu²

年 驚 中 秋 ， 人 驚 四 九

解釋 驚：怕。四九：四十九歲。

涵義 時間流逝迅速，勸人要愛惜光陰。

說明 農曆八月十五是中秋節，一年有十二個月，過了中秋節，一年只剩幾個月就要進入尾聲；以前醫學不發達，人平均壽命是六十歲，四十九歲過了就是五十歲，進入五十歲等於是要邁入人生的結尾，人生已經沒有多少時間可努力，想起來怎能叫人不心驚。

一畫 二畫 三畫 四畫 五畫 六畫 七畫 八畫 九畫 十畫 十一畫 十二畫 十三畫 十四畫

tsng¹ thau⁵ liah⁸ ti¹　　tsng¹ bue² kau² tsham¹ tit⁴ pui⁷

庄頭掠豬，庄尾狗參得吠

解釋 庄：村莊。掠：抓。參：加入。吠：叫。

涵義 形容人與這件事情沒有任何關聯，卻跟著別人一起瞎起鬨。

說明 農村地方寬闊到處都是田埂樹林，如果有竊賊闖入不易發現，所以農家都會養狗幫忙看家，村前在抓豬，根本不關村尾的事，但村尾的狗卻加入和村前的狗一起吠叫。

對應華語 吠影吠聲、人云亦云。

sing⁵ ia⁷ siau¹ ho⁵　　pai⁷ ia⁷ siau¹ ho⁵

成也蕭何，敗也蕭何

解釋 蕭何：漢初三傑之一，輔助劉邦平定天下。

涵義 形容一件事的成敗，完全出自一人之手。

說明 韓信剛投靠劉邦時不被重用，故而離去，蕭何在月下追回韓信，並力勸劉邦重用韓信，自此韓信才獲得劉邦的任用，後來劉邦為鞏固政權，開始消滅異姓諸侯，引起韓信的不滿，蕭何獻計劉邦誘殺韓信，韓信一生的成敗，幾乎都是蕭何一手安排，所以說「成也蕭何，敗也蕭何」。

對應華語 成也蕭何，敗也蕭何。

sing⁵ kah⁴ na² tsit⁸ e⁵ boo⁵ a² in³ tshut⁰ lai⁰ e⁰

成佫若一个模仔印出來个

解釋 成：像、相似。佫：到。若：好像。一个模仔：一個模子。

涵義 喻兩者非常的相像，如同一個模子印出來的一樣。

說明 人的技術不管有多好，還是無法把兩件東西做的一模一樣，除非是用模型去複製，所以前人就用這句諺語，形容父子、母女長得非常的相像，如同一個模子印出來的一樣。

補充 ①依教育部2008年5月公布之台灣閩南語推薦用字第二批將「佫kah⁴」寫作「甲kah⁴」。②當「个e⁰」解釋為「的」時，依教育部2007年5月公布之台灣閩南語推薦用字第一批將「个e⁰」寫作「的e⁰」。

對應華語 一模一樣。

kng¹ kuann¹ tsha⁵ kiam¹ bau² khau³

扛棺材兼揹哭

解釋 扛：抬。揹：承攬。兼揹哭：兼職去當孝男。

涵義 形容人一手包辦所有的事情。

說明 中國人做事都喜歡擺排場，連辦父母喪事，也要辦得熱熱鬧鬧的，所以在出殯那天常可以看到一些「五子哭墓」、「孝女白琴」的職業孝男孝女出現，在現場哭得非常傷心；「扛棺材兼揹哭」，指扛棺材的人還兼職去當職業孝男，一手包辦所有事情。

對應華語 一手包辦。

kng¹ kio⁷ m⁷ kng¹ kio⁷ kuan² sin¹ niu⁵ pang³ jio⁷

扛轎毋扛轎，管新娘放尿

解釋 扛轎：抬轎。毋：不。放尿：小便。

涵義 形容人放著正事不做，跑去管其他的雜事。

說明 以前沒有汽車只能用轎子迎娶新娘，轎子行進的速度較慢，若是新郎的家路途遙遠，那新娘可能會有半路尿急的困擾，而轎夫的職責是抬轎，他不去抬轎卻跑來管新娘要不要方便，這根本就是管過頭，不合乎自己的身分。

tsa² tsa² ma⁷ sann¹ e⁵ kiann² ban⁷ ban⁷ ma⁷ sann¹ e⁵ kiann²

早早嘛三个囝，慢慢嘛三个囝

解釋 早早：很早。嘛：也。个：個。囝：兒子。

涵義 形容有些東西該是你的就是你的，不論早晚結果都是一樣。

說明 有沒有子嗣都是註定好的，如果命中註定會有三個孩子，不論早婚或晚婚都還是只能生三個小孩，所以說「命裡有時終須有，命裡無時莫強求」。

對應華語 命裡有時終須有。

khik⁴ kuan² pinn¹ e⁵ ti¹ bo² be⁷ hiau² pun⁵ siau¹ ia⁷ e⁷ phah⁴ phik⁴

曲館邊个豬母，𣍐曉歕簫也會拍拍

解釋 曲館：教樂曲的場所。𣍐曉：不會。歕：吹。拍拍：打拍子。

涵義 形容在環境的薰陶下，就算是再笨的人，也能學會一些東西。

說明 住在曲館旁邊豬舍裡的母豬，每天聽樂曲的演奏，在長期耳濡目染之下，即使不會吹簫，也會跟著樂曲的節奏打拍子，這就是為什麼孟母要三遷，因為環境對人的影響實在深遠，不可以不謹慎選之。

補充 ①當「个e⁵」解釋為「的」時，依教育部2007年5月公布之台灣閩南語推薦用字第一批將「个e⁵」寫作「的e⁵」。②依教育部2008年5月公布之台灣閩南語推薦用字第二批將「獪be⁷」寫作「袂be⁷」。

對應華語 近朱者赤，近墨者黑、蓬生麻中，不扶自直、白沙在涅，與之俱黑。

u⁷ tsit⁸ ho² bo⁵ nng⁷ ho²
有 一 好 ， 無 兩 好

解釋 無：沒有。

涵義 世上的事情很難兩全其美。

說明 這句諺語是勸人要懂得惜福知足。世界上沒有完美的事，有某方面的優點，就會有某方面的缺點，就好比有些人事業發達，卻沒有時間去交女朋友，所以「有一好，無兩好」，這些都是相對的。

對應華語 事無兩全、福無雙至。

u⁷ ji⁰ poo⁰ tshit⁰ a⁰
有 二 步 拭 仔

解釋 拭仔：法子、刷子。

涵義 形容人有本事。

說明 對有本事的人，我們常會說他有兩把刷子，「兩把刷子」跟「二步拭仔」的意思是一樣，刷子是刷髒東西的工具，如果沒有刷子，東西就無法清洗乾淨，事情也沒辦法完成，所以刷子就被引申為有處理事情的能力。

對應華語 有兩把刷子。

u⁷ lang⁵ pang³ hu⁵ u⁷ lang⁵ siu¹
有 人 放 符 ， 有 人 收

解釋 放符：施符咒來害人。

涵義 意謂每一種事物都有破解之法。

說明 在一些民智未開的地區，常有放符害人的傳聞，符籙是流傳民間的一種道術，它的收放都有一定的程序，所以既然有法師會放符，當然就有法師會收符，這是一種平衡之道，就好比有壞人出來為非作歹，就會有警察出來抓他們一樣。

u⁷　jin⁵　tsing⁵　　phah⁴　bo⁵　kau²　kuann¹
有 人 情 ， 拍 無 狗 肝

解釋 人情：恩情。拍無：遺失、遺落。狗肝：狗的心肝。

涵義 形容有恩於人卻被人家用仇怨來報答。

說明 我們常用「狼心狗肺」來形容人心腸狠毒忘恩負義，這裡的「狗肝」指的也是同樣的意思，「拍無狗肝」連狗肝都沒有，可見這個人真是沒心沒肝，別人有恩於你，你卻恩將仇報，簡直比狗還不如。

對應華語 恩將仇報、忘恩負義。

u⁷　lang⁵　hing³　tsiah⁸　tsiu²　　u⁷　lang⁵　hing³　tio³　hi⁵
有 人 興 食 酒 ， 有 人 興 釣 魚

解釋 興：喜好。食酒：喝酒。

涵義 喻人的喜好各有不同。

說明 每個人由於個性、學識、家庭背景、貧富程度不同，所以喜好也各不相同，有人喜歡喝酒，也有人嫌酒臭，有人喜歡釣魚，也有人嫌釣魚無聊，所以人有千百種，喜好各不同。

對應華語 青菜蘿蔔，各有所好。

u⁷　sann¹　ni⁵　tsiong⁷　guan⁵　　bo⁵　sann¹　ni⁵　hue²　ki³
有 三 年 狀 元 ， 無 三 年 夥 計

解釋 狀元：古代科舉考試殿試的第一名。夥計：店員、合夥人。

涵義 要找一個可以信賴的合作夥伴很困難。

說明 古代科舉考試分鄉試和會試，通過鄉試的舉人就可以參加會試，通過會試的貢士就可以參加殿試，殿試的第一名即是狀元，但不論鄉試或會試都是三年一試，所以三年可以出一個狀元，但人由於各懷異心，即使在一起工作三年，仍然無法信任。

有个毋講，無个膨風
u⁷ e⁰ m⁷ kong² bo⁵ e⁰ phong³ hong¹

解釋 有个：有才學的人。毋：不。膨風：吹牛。

涵義 形容沒有真才實學的人才會賣弄自己。

說明 我們看武俠劇的演出，高手通常都是深藏不露，只有那些三流的武者才會到處叫囂，同樣的有才學的人修養好，不會輕易顯露自己，只有那些沒有真才實學的人，才會到處賣弄自己。

補充 當「个e⁰」解釋為「的」時，依教育部2007年5月公布之台灣閩南語推薦用字第一批將「个e⁰」寫作「的e⁰」。

對應華語 整瓶的不響，半瓶的響叮噹。

有山便有水，有神便有鬼
iu² san¹ pian⁷ iu² sui² iu² sin⁵ pian⁷ iu² kui²

解釋 便：就。

涵義 形容有些東西都是共存的。

說明 世界上有很多的事都是相對的，不可能單一而存，就像有好人就會有壞人，有山谷就會有水泉，有神就會有鬼，有善就會有惡，如此方能均衡。

有山頭著有鷦鴣
u⁷ suann¹ thau⁵ tioh⁸ u⁷ tsia³ koo¹

解釋 著有：就有。鷦鴣：鳥名，外形很像斑鳩，嘴巴呈紅色的，羽毛黑白相雜，背部呈灰褐色的。

涵義 形容無論再怎麼醜的女人還是會有人要。

說明 鷦鴣棲息於三百到二千五百公尺之間的闊葉林山區，以植物的嫩芽、種子、漿果及昆蟲為食，因為鷦鴣都是在山中生活，所以有山的地方就會有鷦鴣。

有工，著有夫
u⁷ kang¹ tioh⁸ u⁷ hu¹

解釋 工：做事。夫：收穫、成果。

涵義 形容只要肯努力，有做事就會有收穫。

說明 「工夫」是指我們做某件事時，所花費的時間和心力，我們的老祖先將「工夫」這兩字分開講，創造了這句諺語，勉勵我們做人要勤勞踏實才會有收穫。

u⁷ tsai⁵ tiau⁷ tso³ bo⁵ tsai⁵ tiau⁷ tann¹

有 才 調 做 ， 無 才 調 擔

解釋 才調：能耐。擔：承擔。

涵義 形容人有本事去做某件事情，卻沒有魄力去承擔。

說明 做人要有擔當，自己做的事就要自己負責，俗話說「一人做事一人當」，既然敢做這件事，就要有本事去承當，但有的人就是非常懦弱，事情敢做卻沒有肩膀敢承當。

對應華語 敢做不敢當。

u⁷ sim¹ kang¹ pinn¹ ua² m⁷ kiann¹ long⁷ to⁵ sa¹

有 心 江 邊 倚 ， 毋 驚 浪 淘 砂

解釋 倚：靠。毋驚：不怕。

涵義 既然下定決心要做某件事，就不會害怕困難和危險。

說明 江邊波濤洶湧，常會把岸邊的沙石捲進江中，如果站在岸邊觀潮，可能有被波浪捲進江中的危險，但現在既然已經下定決心要在岸邊觀潮，就不害怕會被浪捲走。

u⁷ sim¹ phah⁴ tsioh⁸ tsioh⁸ tsiann⁵ tshng¹ bo⁵ sim¹ tso³ su⁷ puann³ loo⁷ hui³

有 心 拍 石 石 成 穿 ， 無 心 做 事 半 路 廢

解釋 拍：打。石成穿：把石頭打穿。

涵義 形容做任何事只要肯努力，終有成功的一天。

說明 俗語說：「只要工夫深，鐵杵磨成繡花針」，石頭雖然非常堅硬，但只要有恆心、有毅力，堅持到底，就算再硬的石頭，終有打穿的一天。

對應華語 滴水穿石、有志竟成、鐵杵磨成繡花針。

u⁷ sim¹ tso⁷ thah⁴ tioh⁸ tso⁷ kau³ thau³ bue²

有 心 造 塔 ， 著 造 到 透 尾

解釋 著：就。透：整個、徹底。透尾：最後一層。

涵義 既然有心要做好事就要堅持做到底。

說明 一般佛塔都有統一的結構，在地下建有地宮，地面上有基座，塔身、塔剎，而塔剎又可分為剎頂、剎身和剎座三部分，可見要建造一座佛塔並不簡單，工程十分浩大，所以很少人能堅持到底。

u⁷ tshiu² tshun¹ bo⁵ loo⁷　　u⁷ kha¹ kiann⁵ bo⁵ poo⁷
有 手 伸 無 路 ， 有 跤 行 無 步

解釋 伸無路：沒有地方可以伸展。跤：腳。

涵義 形容人處境困窘，已到無路可走的地步。

說明 一般來說無論空間多麼狹窄，至少手跟腳都還有迴旋之地，但現在手伸出去會打到牆壁，腳踏出去也會踢到牆壁，可見這個人已經到了無路可走的地步，不管往哪走都碰壁。

對應華語 窮途末路、走投無路。

u⁷ mo⁰ e⁰ tsiah⁸ kau³ tsang⁵ sui¹　　bo⁵ mo⁰ e⁰ tsiah⁸ kau³ tshin³ thui⁵
有 毛 个 食 到 棕 蓑 ， 無 毛 个 食 到 秤 錘

解釋 棕蓑：用棕毛製成的雨衣。秤錘：懸掛在秤桿上，秤東西時用來決定所秤的東西，有多少重量的金屬塊狀物。

涵義 此語有兩義：①嘲諷人非常好吃，從有毛到無毛的無所不吃。②形容人貪得無厭，任何東西都不放過。

說明 中國是一個好吃的民族，天上爬的，地上飛的，任何稀奇古怪的東西，只要能下肚，則無所不吃，但是吃棕蓑和秤錘，是不可能的，這裡只是一種誇張的說法，嘲諷人家很好吃。

補充 當「个e⁰」解釋為「的」時，依教育部2007年5月公布之台灣閩南語推薦用字第一批將「个e⁰」寫作「的e⁰」。

對應華語 貪得無厭。

iu² kong¹ bo⁵ siunn²　　phah⁴ phua³ tioh⁸ pue⁵
有 功 無 賞 ， 拍 破 著 賠

解釋 拍破：打破。著：要。

涵義 形容上司對待下屬之苛薄情狀。

說明 平常做了很多有功的事，長官都沒有獎賞，但只要稍微做錯一點小事，就要被懲罰，這樣的情形容易造成部屬消極不做事，因為

多做多錯,那乾脆不做就不錯,免得吃力又不討好。

iu² hap⁸ pit⁴ iu² li⁷
有 合 必 有 離

解釋 合:聚。

涵義 形容世上的事情都會有結束的時候,有聚就會有散。

說明 俗話說「天下無不散的筵席」,世上的事都會有結束的時候,有花開就有花謝,有聚就有散,大家如果能明白這點,對於聚散就不會那麼的感傷。

對應華語 有聚必有散、天下無不散的筵席。

u⁷ kiann² u⁷ kiann² mia⁷　　bo⁵ kiann² thinn¹ tsu³ tiann⁷
有 囝 有 囝 命 , 無 囝 天 註 定

解釋 囝:兒子。

涵義 勸慰人有沒有子嗣都是上天註定的不必強求。

說明 如果命中註定有子,那麼即使你再怎麼晚生,還是會有小孩,如果命中註定無子,即使去做試管嬰兒求來孩子,這個孩子最後還是會因為某種原因,失去了生命,所以有沒有子嗣都是註定好的,由不得人。

u⁷ kiann² si⁷ loo²　　bo⁵ kiann² si⁷ khoo²
有 囝 是 惱 , 無 囝 是 苦

解釋 惱:煩惱。苦:悲苦、孤苦。

涵義 有沒有兒女都是苦惱的事

說明 有兒女要為他們的學業、工作、健康、幸福等大小事情煩惱,一輩子操心到老,沒有兒女,一個人生活又很孤苦,老了也沒有人可以送終,所以有小孩煩惱,沒小孩也煩惱。

對應華語 有是惱,無是苦

u⁷ kiann² png⁷ kiann² si³　　bo⁵ kiann² tso³ kau³ si²
有 囝 傍 囝 勢 , 無 囝 做 到 死

解釋 傍:依靠。勢:能力。

一畫
二畫
三畫
四畫
五畫
六畫
七畫
八畫
九畫
十畫
十一畫
十二畫
十三畫
十四畫

涵義 有孩子年老時就可以靠他奉養，沒有孩子就必須要工作來養活自己。

說明 俗話說「養兒防老」，如果有兒子，年老時就可以不用工作而靠他奉養，如果沒有孩子，年老時沒人奉養，只能自己賺錢養活自己。

u⁷ tsun⁵ tsai⁷ to¹ tiam¹　bo⁵ tsun⁵ tsai⁷ tsau³ thau⁵
有 存 在 刀 砧 ， 無 存 在 灶 頭

解釋 有存：有心。砧：切菜或切肉時墊在下面的板子。灶頭：灶上的平台。

涵義 主人是否有心招待客人，從準備菜飯的過程便可知道。

說明 主人如果有心要招待客人，就會把家裡好吃的東西都拿出來，放到砧板上去切盤、排菜，主人如果不是誠心想招待客人，就會把一些好吃的菜收在灶台上。

u⁷ bah⁴ hiam⁵ bo⁵ tshai³
有 肉 嫌 無 菜

解釋 嫌：嫌棄。無菜：菜餚不豐盛。

涵義 形容人貪心不知足。

說明 以前生活儉苦，只有在過年過節時才吃得到肉，所以有肉可以吃，已經是很好的生活享受，竟然還嫌棄菜餚不豐盛，可見這個人是多麼的貪心不知足。

對應華語 貪得無厭、得寸進尺、得隴望蜀。

u⁷ tsng¹ u⁷ tsha¹　bo⁵ tsng¹ san² pi¹ pa¹
有 妝 有 差 ， 無 妝 瘠 箄 耙

解釋 妝：化妝。差：差別。瘠箄耙：骨瘦如柴。

涵義 有化妝比較漂亮，沒化妝看起來就很醜。

說明 明星在螢幕前光鮮亮麗非常漂亮，但卸妝之後，再看到她們，跟化妝時好像前後判若兩人，所以有化妝還是比較漂亮，沒化妝就很醜。

補充 依教育部2007年5月公布之台灣閩南語推薦用字第一批將「瘠san²」寫作「瘦san²」。

有 志 氣 查 甫 會 長 志 ，
u⁷ tsi³ khi³ tsa¹ poo¹ e⁷ tsiang² tsi³

有 志 氣 查 某 會 伶 俐
u⁷ tsi³ khi³ tsa¹ boo² e⁷ ling² li⁷

解釋 查甫：男人。長志：奮發向上。查某：女人。伶俐：聰明。

涵義 有志氣的男人立志向上，有志氣的女人賢慧聰明。

說明 男人貴在立志，不管立志做大官或做大事都行，只要能奮發向上都會有成就；男人在外面賺錢，女人在家裡侍奉公婆、教養兒女，一個賢慧的女人，不僅會持家，也能讓一家大小過得很和樂。

補充 依教育部2009年10月公布之台灣閩南語推薦用字第三批將「查甫 tsa¹ poo¹」寫作「查埔tsa¹ poo¹」。

有 良 心 解 差 ， 無 良 心 犯 人
u⁷ liong⁵ sim¹ kai² tshe¹ bo⁵ liong⁵ sim¹ huan⁷ lang⁵

解釋 解差：押解犯人的官差。

涵義 喻好心幫人反被恩將仇報。

說明 古代的官衙有分等級，太小的縣衙不能審理大案子，所以有大案時，必須將犯人押解到省城受審，縣城到省城的路途遙遠，一些好心的解差，體恤犯人戴枷鎖太重不好吃飯，會幫他們暫時解下枷鎖，但有些沒良心的犯人卻趁機逃跑，所以前人便以此諺語，形容好心幫人反被人害。

對應華語 好心被狗咬。

有 來 有 去 ， 無 來 清 爽
u⁷ lai⁵ u⁷ khi³ bo⁵ lai⁵ tshing¹ song²

解釋 有來有去：有來有往。

涵義 禮儀上有來有往很正常，如果對方不來往，自己也樂得清爽。

說明 中國人非常講究禮儀，如果別人送東西給自己，自己一定會回禮，這就是所謂的禮尚往來，禮尚往來只是一種人際關係的來往，並沒有多重要，所以如果有去無回也沒關係，不往來反倒省了許多的麻煩。

u⁷ koo¹ si⁷ koo¹ tiunn⁷　bo⁵ koo¹ ia² hue⁵ siunn⁷

有姑是姑丈，無姑野和尚

解釋 姑丈：姑姑的丈夫。野和尚：外人。

涵義 形容姻親間的親戚關係，是人在關係就在，人亡就變成陌生人。

說明 中國是講求人情的社會，凡事都是建立在人的關係上，所以常是人在關係就在，人亡就六親不認，姑媽活著的時候還認得姑丈，等姑媽過世了，姑丈就變成陌生人。

對應華語 人在情在，人亡情亡。

u⁷ hit⁴ khuan² koo² tioh⁸ u⁷ hit⁴ khuan² lo⁵

有彼款鼓著有彼款鑼，

u⁷ tsit⁴ khuan² kong¹ tioh⁸ u⁷ tsit⁴ khuan² po⁵

有這款公著有這款婆

解釋 彼款：那種。這款：這種。公：丈夫。婆：妻子。

涵義 形容有這樣的丈夫就會有這樣的妻子。

說明 鑼跟鼓常一起搭檔演出，所以鑼鼓的音色要選擇相近的，聽起來才不會刺耳；而夫妻是一體的，所以有什麼樣的丈夫，就會娶什麼樣的老婆。

u⁷ poo² kham² to² tshiu⁷　u⁷ li² pok⁴ to² lang⁵

有斧砍倒樹，有理駁倒人

解釋 駁倒：用對的理由去反駁人家的錯誤而贏得勝利。

涵義 只要有理就不怕會輸。

說明 樹雖然高大堅硬，但只要我們手中有斧頭，就可以把樹砍倒，同樣的只要有理，不管別人有什麼謬論，我們都可以用對的理由去駁倒他。

對應華語 有理走遍天下。

u⁷ pe⁷ u⁷ bu² mua²thinn¹tshenn¹　bo⁵ pe⁵ bo⁵ bu² gueh⁸ am³ me⁵

有爸有母滿天星，無爸無母月暗暝

解釋 爸：父。暗暝：夜晚。

涵義 形容有父母的孩子很幸福，沒有父母的孩子很悲苦。

說明 星光雖然比不上月光明亮，但滿天的星光一閃一閃的看起來還是很漂亮，有父母的孩子可以得到父母的疼愛，就像擁有滿天星星那樣的幸福，沒有父母的孩子無人疼愛，就像沒有月光的黑夜那樣的黯淡無光。

u⁷ tsiong⁷ guan⁵ hak⁸ sing¹　　bo⁵ tsiong⁷ guan⁵ sian¹ sinn¹

有 狀 元 學 生 ， 無 狀 元 先 生

解釋 狀元：古代科舉考試殿試的第一名。先生：老師。

涵義 形容學生比老師更出色。

說明 古代私塾學堂的老師都是秀才或舉人出身，他們大多是經過多年科考，但仍無法再上層樓，所以只能來私塾學堂任教，雖然他們自己無法考上狀元，卻能教出考上狀元的學生。

對應華語 青出於藍、冰寒於水。

u⁷ khang¹ bo⁵ sun²

有 空 無 榫

解釋 空：洞。榫：榫頭，木製器物接合處凸起的部分。

涵義 此語有兩義：①形容一些沒有用處或不合理的事情。②形容人講話胡說八道，淨說一些有的沒有的事情。

說明 中國傳統建築最大的特色，就是運用榫卯接合的結構建築方式，不需要花費一鐵一釘，只要將一件件凸出的榫頭和凹進去榫空加以結合，便能形成一座牢固的木結構建築，所以如果只有榫頭而沒有可以接合的榫空，這個榫頭就沒有用處。

對應華語 ②胡說八道。

u⁷ tsing⁵ te⁵ bo⁵ au⁷ jiau²

有 前 蹄 ， 無 後 爪

解釋 蹄：動物的腳掌。

涵義 此語有兩義：①形容人做事開頭非常慎重，但結尾卻草草結束。②形容人拿東西去用之後卻沒有歸回原位。③形容人做事只看眼前的利益而不顧後果。

說明 「前蹄」比喻手，「後爪」比喻腳，手只管做自己的卻不管腳是否能配合，這只有人可以如此，動物就不行，動物是用四隻腳走

路，前腳走了，後腳一定得跟上，否則便不能前進。

對應華語 ①虎頭蛇尾、有始無終。③顧前不顧後。

u⁷ au⁷ tai⁵ tsiah⁴ kiann⁵ u⁷ ho² kha¹ poo⁷
有 後 台 才 行 有 好 跤 步

解釋 行：走。跤步：腳步。

涵義 形容事情要做的成功必須靠其他的人來輔助配合。

說明 我們看完一齣好的舞台劇之後，都會對演員的精采演出報以熱烈的掌聲，但如果沒有後台的燈光、布景、道具、音控等工作人員的協助配合，即使演員的演技再好，也沒有辦法完美演出，所以一件事情要做的成功，就必須靠大家團隊合作才行。

u⁷ khuann³ kinn³ tsiam¹ phinn⁷ bo⁵ khuann³ kinn³ tua⁷ siann⁵ mng⁵
有 看 見 針 鼻 ，無 看 見 大 城 門

解釋 針鼻：針孔。無看見：看不到。

涵義 形容人目光淺短，只看見眼前的小利，而忽視了大局。

說明 一個針孔不知比城門小幾萬倍，小針孔都看得到，怎麼可能會看不到大城門，除非這個人心不在焉或眼睛只專注在某件事物上，才會如此盲目，見小不見大。

對應華語 近視短利。

u⁷ na² bong¹ la⁵ a² bo⁵ na² se² khoo³
有 若 摸 蜊 仔 ，無 若 洗 褲

解釋 若：像。蜊仔：蜆。體型比蛤蜊小，是一種軟體動物，平常棲息在淺海或河川的泥沙之中，可醃漬或煮湯食用。

涵義 形容東西有也可以沒有也可以。

說明 以前農家會利用農閒時刻，到河裡去摸蜊仔回家煮食，但摸蜊仔要看運氣，並不是每一條河裡都會有蜊仔的，所以若是能摸到最好，摸不到就只能當作是洗褲子。

對應華語 可有可無、有不多，無不少。

u⁷　hong¹　m⁷　thang¹　sai²　tsin⁷　phang⁵

有 風 毋 通 駛 盡 帆

解釋 毋通：不可以。

涵義 勸人風光時要謙虛自守，不可得意忘形。

說明 懂得航海的人都知道，當風來的時候不可將帆張滿，不然可能會發生船翻覆的情況，因為帆太滿船就不易操控，這時如果風浪又大，船就容易翻覆，做人也是一樣，有好的情勢不可以將它用盡，免得遭受不好的下場。

u⁷　hong¹　m⁷　sai²　tsun⁵　　　bo⁵　hong¹　tsiah⁴　beh⁴　kik⁴　loo²

有 風 毋 駛 船 ， 無 風 才 欲 激 櫓

解釋 才欲：才要。激櫓：用力划槳。

涵義 形容人機會來時不好好把握，等到時機過去了才想努力。

說明 過去內燃機尚未發明之前，風帆是船前進的動力來源，所以有風時要趕緊放下風帆，藉著風力快速前進，沒有風時只能憑藉人力搖櫓前進。有風時不行船，等到沒風才來搖櫓，這種人就是不懂得順應時勢把握時機，以致錯失良機。

u⁷　tsiah⁸　u⁷　tsiah⁸　pak⁸　　　bo⁵　tsiah⁸　luan⁷　su²　pak⁸

有 食 有 食 縛 ， 無 食 亂 使 縛

解釋 有食：有好的酬勞、有好的伙食。亂使：胡亂。縛：綁。

涵義 形容報酬不同，做事的努力程度也不同。

說明 有好的酬勞就會認真工作，沒有好的酬勞就會偷懶，這是人之常情，就像以前農家會請師傅來家裡製作蓑衣，在這期間主人必須準備一些豐盛的菜餚來款待師傅，師傅吃得高興，當然就會用心的做蓑衣，反之主人如果沒有好好的款待師傅，師傅就會胡亂製作蓑衣。

u⁷　tsiah⁸　ti⁷　bin⁷　　　u⁷　tshing⁷　ti⁷　sin¹

有 食 佇 面 ， 有 穿 佇 身

解釋 佇：在。面：臉。

涵義 從一個人的外表和穿著，可以看出他生活過得如何。

說明　我們看到那些有錢人都是穿得光鮮亮麗，長得肥嘟嘟的，這是因為他們有錢，可以吃山珍海味，穿綾羅綢緞，吃得好當然紅光滿面，穿得好當然衣著光鮮，這是一定的。

u⁷　tsiah⁸　bong²　ku¹　　　bo⁵　tsiah⁸　pue¹　kue³　khu¹
有　食　罔　跔　，　無　食　飛　過　坵

解釋　罔：姑且。跔：蹲。坵：計算田地的單位。
涵義　形容人非常勢利，哪邊有好處就往哪邊去。
說明　鳥都是到處覓食，哪裡有食物就飛去哪裡，如果這裡有稻穀或小蟲，就暫時棲息在這裡，如果這裡沒食物，那就再飛去別處尋找。

u⁷　tsiah⁸　tioh⁸　u⁷　kiann⁵　khi³　　u⁷　sio¹　hiunn¹　tioh⁸　u⁷　po²　pi³
有　食　著　有　行　氣　，　有　燒　香　著　有　保　庇

解釋　著有：就有。行氣：運行、療效。保庇：保佑。
涵義　喻有努力就會有收穫。
說明　人是依靠藥物來治病，雖然有些藥吃了並不能立刻治好病，但有吃藥對病情還是有幫助的；俗語說：「心誠則靈」，對於神明只要誠心的燒香，祂就會保佑我們。
對應華語　一分耕耘，一分收穫。

u⁷　tsiah⁸　sio¹　tsiu²　tshing⁷　phua³　hiu⁵
有　食　燒　酒　穿　破　裘　，
bo⁵　tsiah⁸　sio¹　tsiu²　ia⁷　tshing⁷　phua³　hiu⁵
無　食　燒　酒　也　穿　破　裘

解釋　食燒酒：喝酒。裘：外套。
涵義　省下跟沒省下這筆錢的結果都一樣，還不如不要節省。
說明　這句話是酒鬼不願意戒酒的推託之辭。酒鬼通常都很邋遢，不管有沒有喝酒身上永遠都穿一樣的破外套，別人勸他不要喝酒，以節省開支，但酒鬼卻推說，有喝酒也是穿破裘衣，沒喝酒也是穿破裘衣，反正都沒儉省到，那就繼續喝吧。

u⁷ tsiah⁸ koh⁴ u⁷ liah⁸

有 食 擱 有 掠

解釋 擱：還。掠：抓、拿。

涵義 形容收穫豐富。

說明 現代人很重視休閒生活，各地政府為了推展觀光休閒活動，常會舉辦一些主題活動展，讓民眾可以去試吃、試玩，有的現場還有贈獎活動，這麼多的好處，有吃又有拿，讓去的民眾個個開心的滿載而歸。

補充 依教育部2007年5月公布之台灣閩南語推薦用字第一批將「擱koh⁴」寫作「閣koh⁴」。

對應華語 滿載而歸、所獲甚多。

u⁷ uan¹ m⁷ po³ iau² koh⁴ thang¹　u⁷ tsing⁵ m⁷ po³ m⁷ si⁷ lang⁵

有 冤 毋 報 猶 擱 通 ， 有 情 毋 報 毋 是 人

解釋 猶：還。通：可以。猶擱通：還說的通。毋是：不是。

涵義 做人要知恩圖報，不可忘恩負義。

說明 俗話說「冤冤相報何時了」、「冤家宜解不宜結」，冤仇只是一種仇恨，不必太過計較，所以有冤不報，我們可以理解，但是有恩不報就不是人。

補充 依教育部2007年5月公布之台灣閩南語推薦用字第一批將「擱koh⁴」寫作「閣koh⁴」。

u⁷ tng⁵ suann¹ kong¹　bo⁵ tng⁵ suann¹ ma²

有 唐 山 公 ， 無 唐 山 媽

解釋 唐山：地名，位在河北省。

涵義 形容清初來台開墾的人，都是單身男子沒有女性。

說明 清朝收復台灣之後，為了防止台灣再度成為反清的根據地，對漢人渡海來台開墾做了嚴格的規定，限定只有領有渡台證的單身男子，才可以到台灣，這些尚未結婚的單身男子，後來大都與平埔族的女子結婚，於是就有這句諺語的產生。

一二畫 二畫 三畫 四畫 五畫 六畫 七畫 八畫 九畫 十畫 十一畫 十二畫 十三畫 十四畫

一
畫

二
畫

三
畫

四
畫

五
畫

六
畫

七
畫

八
畫

九
畫

十
畫

十一畫

十二畫

十三畫

十四畫

u⁷ si⁵ lang⁵ kong² gua²　　u⁷ si⁵ gua² kong² lang⁵

有 時 人 講 我 ， 有 時 我 講 人

解釋 講：說。

涵義 形容每個人都會批評別人，每個人也都會被別人所批評。

說明 人都是嚴以律人，寬以待己的，當我們聽到別人在背後批評自己時，心裡就覺得很不痛快，但卻忘了自己也常在背後批評別人，所以如果不想聽到別人在背後批評自己，就要從自己不批評別人做起。

對應華語 誰人背後無人說，誰人人前不說人。

u⁷ si⁵ tshenn¹ kng¹　　u⁷ si⁵ gueh⁸ kng¹

有 時 星 光 ， 有 時 月 光

解釋 星光：較暗的光。月光：較亮的光。

涵義 形容人事的變化盛衰無常，有起就會有落。

說明 俗語說「十年風水輪流轉」，人不可能永遠都處在顛峰，有起就會有落，就好比天上，有時是星星閃耀，有時是月光明亮，所以遇到困頓時，千萬不要失志，要好好的利用這個機會再充實自己，蓄勢待發等待下一個時機的來臨。

對應華語 十年風水輪流轉、三十年河東，三十年河西。

u⁷ penn⁷ si²　　bo⁵ go⁷ si²

有 病 死 ， 無 餓 死

解釋 餓死：走投無路。

涵義 形容人只要肯努力工作，就不會餓死。

說明 這句諺語是勸人要勤勉。台灣土地雖然狹小，但經濟發達，物產富饒，只要肯努力，還是可以三餐溫飽，所以只有生病而死，不會有餓死的。

對應華語 天無絕人之路。

u⁷ tsin¹ sai¹ hu⁷　　bo⁵ thuan⁵ tsin¹ kang¹ hu¹

有 真 師 父 ， 無 傳 真 工 夫

解釋 工夫：技藝。

涵義 形容師父都會自己留一手，不會將所有的手藝都傳給徒弟。

說明 以前師父在傳授技藝給徒弟時都會留一手，因為他怕自己會不敵徒弟，如果每個師父都留一手，如此層遞下去，到最後這門技藝就會失傳。

u⁷ bin⁵ tshng⁵ m⁷ khun³　beh⁴ khi³ o⁵ khak⁴ tshia¹ pun³ tau²

有眠床毋睏，欲去蚵殼捙畚斗

解釋 眠床：床鋪。睏：睡。蚵：牡蠣。捙畚斗：翻跟斗。

涵義 形容人有福不享，自己找罪受。

說明 床平坦舒服又溫暖，蚵殼坑坑洞洞的，不僅不平坦還有腥臭味，現在有床不去睡，反而要跑去蚵殼上翻跟斗，簡直是有福不會享，自討苦吃。

對應華語 自討苦吃、自找罪受。

u⁷ ang¹ boo² mia⁵　bo⁵ ang¹ boo² kiann⁵

有翁某名，無翁某行

解釋 翁某：夫妻。行：行為。

涵義 形容事物空有其名，並沒有實際的內容。

說明 只有夫妻之名，而不行夫妻該有的敦倫之事，曾經有過這樣的案例，有男子不能人道，卻瞞騙女友娶她進門，但結婚之後，他們只有夫妻之名，沒有夫妻之實，丈夫經過幾個月都不行周公之禮，妻子覺得有異，便暗中調查才發現丈夫不能人道的事實，所以怒告法院，請求判決離婚。

對應華語 有名無實。

u⁷ tsiu² u⁷ bah⁴ si⁷ ping⁵ iu²　bo⁵ tsiu² bo⁵ bah⁴ tshun¹ khan¹ tshiu²

有酒有肉是朋友，無酒無肉賰牽手

解釋 賰：剩。牽手：妻子。

涵義 形容酒肉朋友只能共富貴，不能共患難。

說明 要能共富貴，也能共患難，才算是朋友，富貴的時候跟你飲酒作樂，稱兄道弟，但你落魄的時候卻棄你不顧的都只是酒肉之交而已；而夫妻是一體，有福同享，有難同當，當酒肉朋友棄你不顧時，只有妻子會陪著你一起吃苦。

u⁷ tsiu² tng¹ bin⁷ im²　　u⁷ ue⁷ tng¹ bin⁷ kong²

有 酒 當 面 飲 ， 有 話 當 面 講

解釋 當面：面對面。飲：喝。講：說。

涵義 有話要當面說清楚，免得造成不必要的誤會。

說明 心裡有什麼話，無論是感謝或是指正的話，都要當面說清楚，才不會引起不必要的誤會，感謝的話當面說，能顯示出你的誠意，指正的話當面說，便不會被誤解成是在背後批評別人。

u⁷ kut⁴ thau⁵ tioh⁸ e⁷ senn¹ bah⁴

有 骨 頭 著 會 生 肉

解釋 著會：就會。生：長。

涵義 形容有努力就會有收穫。

說明 骨頭是構成人身體的支架，而肌肉必須依附在骨頭上面才能生長，所以有骨頭的地方，就能長出肉來，就如同你有耕耘，就會有收穫一樣。

對應華語 一分耕耘，一分收穫。

u⁷ li² bo⁵ li²　　kan¹ tsing³ sing¹ phah⁴ khi²

有 理 無 理 ， 干 證 先 拍 起

解釋 干證：證人。拍：打。

涵義 形容官府在審理案件時的一些不合理程序。

說明 古代有些地方衙門，在開堂審案之前，會先把證人打一頓，讓證人有所警惕，在開堂時就不敢做假證，但還有一說是懶惰的縣官討厭證人多管閒事出來作證，害他還要多審一個案件，所以就把證人打一頓來消氣。

iu² gan² put⁴ sik⁴ thai³ san¹

有 眼 不 識 泰 山

涵義 形容人見聞淺陋認不出眼前這個有本領、有地位的人。

說明 這句話出自魯班的典故，木匠大師魯班有回行經泰安，因身無分文就寄住在山中一戶人家，臨走時主人要求魯班收其子「泰山」為徒，魯班帶他回去學藝，但因這孩子太小，一段時間之後，魯

班還是把小孩送回家，這孩子天生就對雕刻之物非常感興趣，因此自己就雕刻一些工藝品在集市販賣，幾年之後魯班再回到泰安，知道這些栩栩如生的工藝品是「泰山」所雕的，心裡很後悔當初送他回家，所以就隨口說出一句「我真的有眼不識泰山」。

對應華語 有眼無珠。

u⁷ tsun⁵ bo⁵ kang² loo⁷
有 船 無 港 路

解釋 港路：輪船進出港口的水路。

涵義 形容人懷有才能卻得不到施展的機會。

說明 船進出港口，一定要有港路才能行駛，如果沒有港路，船就只能停在原地不能進出，就好比一個人縱然有滿腹的才能，如果沒有伸展的地方，還是一樣白費。

對應華語 懷才不遇、蛟龍失水、英雄無用武之地。

u⁷ hi⁵ u⁷ bah⁴ ma⁷ tioh⁸ tshai³ kah⁴
有 魚 有 肉 嘛 著 菜 佮

解釋 嘛著：也要。佮：搭配。

涵義 勸人飲食要均衡不可偏食。

說明 從健康的觀點來看，光吃魚、肉不僅口感太油膩，也容易有膽固醇過高，腸胃不好消化的情形，如果能搭配蔬菜來吃會比較清爽，而且蔬菜中的纖維質也可以幫助腸胃消化，所以不管吃魚或是吃肉，最好還是搭配蔬菜來吃會比較健康。

u⁷ tshui³ bo⁵ nua⁷
有 喙 ， 無 瀾

解釋 喙：嘴巴。瀾：口水。

涵義 形容人費盡脣舌，嘴巴說得口乾舌燥。

說明 口水就是唾液，唾液是由唾腺分泌出來的，為了不讓我們覺得口乾舌燥，唾腺會不斷的分泌唾液，來滋潤口腔和咽喉，雖然唾液是源源不絕，但如果講太多的話，還是一樣會口乾舌燥，一個人把口水都用乾了，可見他講了多少話。

對應華語 費盡脣舌。

一
畫

二
畫

三
畫

四
畫

五
畫

六
畫

七
畫

八
畫

九
畫

十
畫

十
一
畫

十
二
畫

十
三
畫

十
四
畫

u⁷　tshui³　bo⁵　tsih⁸
有 喙 無 舌

解釋　喙：嘴巴。

涵義　形容人心中有話卻不敢說。

說明　舌頭最大的功用，除了吃飯便是說話，嘴巴如果沒有舌頭便不能說話，所以前人就將此義加以引申用來形容人有口難言。

對應華語　有口難言。

u⁷　kuann¹　tsha⁵　　bo⁵　ling⁵　ui⁷
有 棺 材 ， 無 靈 位

解釋　靈位：供奉死者的牌位。

涵義　形容做事只做表面不顧內在，根本毫無誠意。

說明　依據民間說法，人過世之後魂魄會到處漂泊，設靈位可使死者的魂魄有所依附，並以此方式讓死者接受陽間親屬的供奉，人過世之後，如果只用棺材收殮他的屍體，而沒設靈位祭祀，這根本做得不完全，對死者毫無誠意。

對應華語　有名無實。

u⁷　tioh⁸　tsiah⁸　　bo⁵　tioh⁸　suah⁴
有 著 食 ， 無 著 煞

解釋　著：就。食：吃。煞：算了。

涵義　形容東西有也可以，沒有也可以。

說明　佛經上說：「人生有八苦」，生、老、病……求不得苦。這「求不得苦」就是因為人的貪求太多，當欲望無法滿足時，內心便會產生痛苦，為了避免這痛苦，對一切事物應當抱著隨緣的態度，凡事不必刻意強求，這樣內心自然清靜安詳。

對應華語　可有可無、有不多，無不少。

u⁷　than³　hoo²　thun¹　　bo⁵　than³　hoo²　khun³
有 趁 虎 吞 ， 無 趁 虎 睏

解釋　趁：賺。吞：嚥。睏：睡。虎睏：形容速度緩慢。

涵義　形容人花錢毫無節制。

說明 有些人沒有儲蓄觀念，有多少錢就花多少錢，所以有錢的時候就胡亂花費，揮霍無度，沒錢的時候就縮衣節食，寒酸度日，這樣的生活很不平均，如果長期如此，總有一天會淪為乞丐。

u⁷ than³ kha¹ sang¹ tshiu² lang⁷　　bo⁵ than³ bin⁷ tshenn¹ bak⁸ ang⁵
有 趁 跤 鬆 手 弄 ， 無 趁 面 青 目 紅

解釋 趁：賺。跤鬆手弄：手舞足蹈的樣子。目：眼。
涵義 形容人賺錢時高興的手舞足蹈，沒賺錢時非常的沮喪。
說明 做生意有賺錢，當然會開心的手舞足蹈，賠錢的時候當然會臉青目紅，這是一定的，沒有人賺錢時是沮喪的，賠錢時反而開心，這是不可能的。

u⁷ liong⁷ tioh⁸ u⁷ hok⁴
有 量 著 有 福

解釋 量：氣度、度量。著：就。
涵義 人要有度量才會有福氣。
說明 有度量才有福氣，因為有度量的人，能原諒別人的過錯，凡事不會與人計較，所以沒什麼煩惱，無煩無惱心情自然愉快，心情愉快，不管做什麼事都順心如意。
對應華語 有容乃大。

u⁷ khui¹ tsenn² tioh⁸ e⁷ pueh⁸ tsuann⁵
有 開 井 著 會 拔 泉

解釋 著會：就會。
涵義 形容只要有人開新店，顧客就會被拉走一些。
說明 我們常會見到一種情況，如果有家店生意非常興隆，附近就會有相同行業的店開張，原來的店生意雖然還是不錯，但新店開張多少會拉走一些客人，這就如同鑿井一樣，井開的越多，水被分走的就越多。

iu² king¹ song¹ suat⁴ iu² hong⁵ tshun¹
有 經 霜 雪 有 逢 春

解釋 霜雪：艱苦的磨練。有逢春：有成就。

一畫 二畫 三畫 四畫 五畫 六畫 七畫 八畫 九畫 十畫 十一畫 十二畫 十三畫 十四畫

涵義 形容要先經過艱苦的磨練方能有所成就。

說明 俗語說：「不經一番寒徹骨，哪得梅花撲鼻香」，松柏經霜雪而彌堅，梅花歷嚴寒而飄香，所以人也必須經過一番艱苦的磨練才能有所成就。

對應華語 吃得苦中苦，方為人上人、不經一番寒徹骨，焉得梅花撲鼻香。

u^7 ue^7 bo^5 te^3 $kong^2$ kan^1 $khoo^2$ bo^5 $lang^5$ $tsai^1$

有話無地講，艱苦無人知

解釋 無地講：沒有地方可說。艱苦：難過、痛苦。

涵義 形容人有滿肚子的痛苦和委屈卻無處可傾訴。

說明 人生在世每個人都有不一樣的苦處，如果委屈可以說出來便不會那麼的痛苦，最可憐的就是有滿肚子的委屈和痛苦卻不能說出來，就如同受氣的小媳婦、有冤無處伸的可憐人一樣有苦難言。

對應華語 有苦難言。

u^7 loo^7 bok^8 $ting^1$ $tsiu^1$

有路莫登舟

解釋 莫：不要。登舟：上船。

涵義 勸人做事要懂得避開風險，選擇安全的途徑。

說明 俗話說「行船走馬三分險」，海象變化莫測會發生什麼危險，誰也無法預料，所以做人要懂得趨吉避凶，如果有路可走，就不要坐船。

對應華語 行不履危。

u^7 kui^7 $tsiah^4$ e^7 pa^2 sui^7

有跪才會飽穗

解釋 飽穗：豐收。

涵義 喻要努力才會有收穫。

說明 以前農業時代機器並未普及，插秧、除草、收割都必須要仰賴人力來進行，而其中最辛苦的工作莫過於除草，台灣的氣候高溫潮溼，雜草長的很快，所以每隔一段時間就要去除草，才能讓稻子長的又高又飽滿。在大熱天頭頂著太陽，腳跪泡在充滿熱氣的水

田中，一跪一爬的除完所有的草，頭就算沒曬昏，汗也一定流了不少，這真是「一汗一禾土」。

對應華語 一分耕耘，一分收穫、天下沒有白吃的午餐。

u⁷ hok⁴ m⁷ thang¹ hiong² tsin⁷

有 福 毋 通 享 盡

解釋 毋通：不可以。

涵義 勸人有福氣時不要享盡。

說明 中國人的觀念認為人一生有多少福分都是註定好的，如果太浪費而提早把福分享盡，那災厄便會來臨，所以我們要珍惜眼前的一切，不要太過揮霍浪費，才不會將福氣享盡。

u⁷ sih⁸ pun² thau⁵ ke¹　bo⁵ sih⁸ pun² sin¹ lo⁵

有 蝕 本 頭 家 ， 無 蝕 本 辛 勞

解釋 蝕本：虧本。頭家：老闆。辛勞：職員、夥計。

涵義 當員工的不必負責生意的盈虧，所以不會有虧本的情形發生。

說明 有虧本的老闆，沒有虧本的員工，因為員工是領老闆的薪水，做生意如果虧本，也是老闆在賠錢，不會虧到員工身上，員工還是照領他的薪水，沒什麼損失。

u⁷ iunn⁷ than³ iunn⁷　bo⁵ iunn⁷ ka¹ ki⁷ siunn⁷

有 樣 趁 樣 ， 無 樣 家 己 想

解釋 趁樣：模仿別人的樣子。家己：自己。

涵義 形容做事時如果有前例可循，就依循這個規則，如果沒有就自己創新。

說明 不管做人或做事都要因時因地靈活變通，遇到事情若是有前例可循就比照辦理，若是沒有就自己創新，比照辦理雖是比較保險的做法，但創新卻可以帶動進步。

對應華語 有樣學樣。

u⁷ ian⁵ tsiah⁴ tso³ hue²　tso³ hue² si⁷ u⁷ ian⁵

有 緣 才 做 伙 ， 做 伙 是 有 緣

解釋 緣：緣分。做伙：一起。

涵義 有緣大家才能相聚在一起。

說明 俗語說：「十年修得同船渡，百年修得共枕眠」，就是因為彼此之間有著某種緣分，才能在千百萬人之中相遇，既是如此更應該要珍惜得來不易的緣分，把握住每個可以和身邊的人相處的機會。

對應華語 相逢自是有緣。

u⁷ tsu¹ kat⁴ liang⁷　ia⁷ tioh⁸ u⁷ tsu² liong⁵ tsiong³

有 諸 葛 亮 ， 也 著 有 子 龍 將

解釋 諸葛亮：諸葛孔明。也著：也要。子龍：趙子龍，三國時代蜀國的大將。

涵義 形容人不論多有才幹，也必須要依靠其他有才者的輔助方能成事。

說明 諸葛亮是劉備的軍師，足智多謀，未卜先知，蜀漢對外的許多戰役都是靠他的運籌帷幄，才能獲得勝利，但即使諸葛亮多麼的神機妙算，還是得靠一些大將來幫忙打仗、執行計謀，才能決勝於千里之外，所以雖然有諸葛亮這樣的人才，也必須要有像趙子龍這樣的大將來輔助才行。

對應華語 荷花雖好，也要綠葉扶持。

u⁷ tsinn⁵ lang⁵ lang⁵ khim¹ iong²　bo⁵ tsinn⁵ lang⁵ lang⁵ phiah⁴ hiam⁵

有 錢 人 人 欽 仰 ， 無 錢 人 人 避 嫌

解釋 欽仰：欽佩仰慕。避嫌：躲避嫌棄。

涵義 有錢人人尊敬，沒錢不受歡迎。

說明 人性都是見高拜見低踩，看到有錢人鞠躬哈腰，敬若神明，看到窮人就如同見到鬼一樣，人人避之唯恐不及，這都是人性嫌貧愛富的表現。

對應華語 嫌貧愛富。

u⁷ tsinn⁵ lang⁵ khit⁴ tsiah⁸ senn³ mia⁷

有 錢 人 乞 食 性 命

解釋 乞食：乞丐。

涵義 形容人有錢卻非常吝嗇。

說明 有些人雖然很有錢卻非常的吝嗇，不論吃住或穿衣都非常儉省寒酸，捨不得多花一點錢，這樣的生活跟乞丐沒什麼兩樣，只差不用出去乞討而已。

u⁷ tsinn⁵ jit⁸ jit⁸ tseh⁴　　bo⁵ tsinn⁵ tseh⁴ tseh⁴ khang¹

有 錢 日 日 節 ， 無 錢 節 節 空

解釋 節：節日。空：沒有。

涵義 此語有兩義：①形容人花錢毫無節制。②形容貧富間的差距非常的大。

說明 以前農業時代生活儉省，一些貧窮人家只有在逢年過節的時候，才能吃到大魚大肉，但是有錢人就不一樣，因為他們有錢，可以天天大魚大肉，就好像每天都在過節一樣。

u⁷ tsinn⁵ tshut⁴ tsinn⁵　　bo⁵ tsinn⁵ kng¹ ge⁷

有 錢 出 錢 ， 無 錢 扛 藝

解釋 扛藝：扛藝閣。

涵義 有錢的出錢，沒錢的出力。

說明 台灣廟宇眾多，所以常有廟會拜拜的活動，但辦這些活動非常費錢費力，廟方並沒有那麼多的錢和人力，這些錢和人力都是由信徒集資籌募，有錢的人就出錢，沒錢的就幫忙抬轎，各盡所能。

對應華語 有錢出錢，有力出力。

u⁷ tsinn⁵ u⁷ lang⁵ kng¹　　bo⁵ tsinn⁵ tshau³ kha¹ tshng¹

有 錢 有 人 扛 ， 無 錢 臭 尻 川

解釋 扛：抬，這裡指逢迎拍馬。尻川：屁股。

涵義 形容有錢的人被人百般奉承，沒有錢的人被人嫌棄。

說明 趨炎附勢是一種人性，為了讓自己可以擠身於上流社會，大家會想盡辦法去奉承有錢人，希望能獲得一些好處，而窮人因為沒錢，就沒有利用價值，所以不論走到哪裡都被人嫌棄。

對應華語 嫌貧愛富。

u⁷ tsinn⁵ phuann³ senn¹ bo⁵ tsinn⁵ phuann³ si²

有 錢 判 生 ， 無 錢 判 死

解釋 判：判罪。

涵義 形容官衙審案不公的現象。

說明 古代由於法律制度不完善，衙門成了貪官污吏斂財的好地方，有錢有勢的人就算殺了人，也不會被判死罪，但窮人就不一樣，明明是清白卻被判死罪，就是因為他們依照錢來判案，所以造成許多冤案。

對應華語 衙門八字開，有理無錢莫進來。

u⁷ tsinn⁵ sai² kui² e⁷ e¹ bo⁷

有 錢 使 鬼 會 挨 磨

解釋 使：驅使。挨：推。磨：石磨。

涵義 形容只要有錢就沒有做不了的事。

說明 有錢做什麼事都方便，沒有什麼事辦不到。中國人認為財可通神，不論鬼神都愛財，所以他們不僅送紅包給人，連鬼神也要賄賂，這句諺語就是反映出這種思想。

對應華語 錢可通神、有錢能使鬼推磨、重賞之下，必有勇夫。

u⁷ tsinn⁵ koo¹ puann³ loo⁷ tsih⁴ bo⁵ tsinn⁵ koo¹ tshui³ na² bih⁴

有 錢 姑 半 路 接 ， 無 錢 姑 喙 若 覕

解釋 接：迎接。喙若覕：抿嘴，表輕視。

涵義 形容人嫌貧愛富的模樣。

說明 人大都是嫌貧愛富的，只要有錢不管是不是親戚，一律以上賓之禮接待，如果沒錢就算是近親，也不會去理睬他，聽到有錢的姑姑要來，就跑到半路去迎接，沒錢的姑姑就算已經進到家門，仍然對她不理不睬。

對應華語 嫌貧愛富。

u⁷ tsinn⁵ tsiah⁸ bian² bo⁵ tsinn⁵ bian² tsiah⁸

有 錢 食 鮸 ， 無 錢 免 食

解釋 鮸：一種海魚，味道鮮美，肉質含脂量很高。免食：不用吃、吃

316

不到。

涵義 形容人花錢毫無節制。

說明 鮑魚的營養價值很高，味道又鮮美，所以大家都很想吃，但鮑魚的價格昂貴，一般人根本吃不起，只能等有錢時，再去買來大吃一頓。

---

u⁷ tsinn⁵ oo¹ kui¹ tse⁷ tua⁷ thiann¹　　bo⁵ tsinn⁵ siu³ tsai⁵ thong¹ lang⁵ kiann¹

有錢烏龜坐大廳，無錢秀才通人驚

解釋 烏龜：妓院的老闆或是讓妻女賣淫的男人。秀才：舊時科舉時代，經院試錄取得到入學資格的「生員」稱呼。通人：所有的人。

涵義 形容世人嫌貧愛富的模樣。

說明 人都是嫌貧愛富，笑貧不笑娼的，只要有錢，不管身分是什麼都會對你鞠躬哈腰奉如上賓，如果沒錢就算你是秀才，也沒人會理睬。

對應華語 笑貧不笑娼。

---

u⁷ tsinn⁵ poo² tang¹　　bo⁵ tsinn⁵ poo² phinn⁷ khang¹

有錢補冬，無錢補鼻空

解釋 補冬：冬令進補。鼻空：鼻孔。

涵義 有錢買補品來補冬，沒錢用鼻子聞聞就好了。

說明 以前是農業社會只有冬天可以休息，農民平時耕種消耗很多的體力，到了冬天當然要好好的補一補，冬天進補一方面可以恢復這一年來所消耗的體力，另一方面可以儲備來年春耕的力量，所以冬令進補變成民間的一項習俗。

---

u⁷ tsinn⁵ to⁷ tsin¹ ue⁷　　bo⁵ tsinn⁵ ue⁷ put⁴ tsin¹

有錢道真話，無錢話不真

解釋 道：說。不真：假。

涵義 形容世人嫌貧愛富的心態。

說明 對於有錢人每個人都想趨附奉承，所以有錢人講的話，不管真假人人都當是真的，而窮人沒錢沒地位，就算說的話都是真的，也沒有人會相信。

u⁷ tsinn⁵ tah⁸ kim¹ sai¹　　bo⁵ tsinn⁵ kau² ia⁷ lai⁵

有錢踏金獅，無錢狗也來

解釋 金獅：上等的腳凳。

涵義 有錢就使用上等的腳凳，沒錢就用普通的腳凳。

說明 有錢人用的東西都很講究，即使是一個小小的腳凳，也有等級跟材質之分，金獅型的腳凳比較高級，因為它是漆金漆的，而狗型就比較下等，只漆一般的油漆。

u⁷ tsinn⁵ kong² ue⁷ e⁷ tua⁷ siann¹　　bo⁵ tsinn⁵ kong² ue⁷ bo⁵ lang⁵ thiann¹

有錢講話會大聲，無錢講話無人聽

解釋 講話：說話。無：沒有。

涵義 形容世人嫌貧愛富的模樣。

說明 有錢人說話有份量，窮人說話沒人聽，這是因為人人都想討好有錢人，所以不管他說什麼，大家都當聖旨一樣的遵行，而窮人人窮言輕，說的話當然沒有人會聽。

u⁷ tsinn⁵ lan⁵ be² pue⁷ au⁷ ho²

有錢難買背後好

解釋 背後好：在背後說好話。

涵義 要別人不在背後說自己的壞話，是一件很困難的事情。

說明 人總喜歡在背後批評別人，這是人性無法改變的，就算是有錢人，也無法叫別人不說自己的壞話，想要別人不批評自己，只有從本身做起，讓自己的品德言行都合乎規矩，這樣別人就無話可說。

u⁷ thau⁵ khak⁴ bian² kiann¹ bo⁵ se¹ bo⁷ ho² ti³

有頭殼免驚無紗帽好戴

解釋 頭殼：腦袋。免驚：不用怕。紗帽：烏紗帽，指「做官」。

涵義 此語有兩義：①只要有本錢就有重新再來的機會。②比喻只要有真才實學就不怕沒有出頭的一天。

說明 我們常聽人抱怨遇不到伯樂，其實只要有真才學就不怕沒有出頭的一天，最怕的就是自己沒實力，這樣即使有大好的機會來臨也

無福享受，所以只要人還活著，總有一天能重新任官。

對應華語 留得青山在，不怕沒柴燒。

iu² ing³ kong¹ tang⁵ ki¹ kong² kui² ue⁷

有 應 公 童 乩 ， 講 鬼 話

解釋 有應公：一些客死異鄉或無人祭祀的無主孤魂。童乩：乩童，人與神明之間溝通的媒介，神明可以附在他身上傳達旨意。

涵義 形容人說話不合事實瞎說一通。

說明 依據民間說法人過世之後，如果沒人祭拜，便會成為孤魂野鬼，一些善心人士不忍見到那些客死異鄉或無人祭祀的無主孤魂變成孤魂野鬼，就在路邊建「有應公祠」讓民眾來祭拜，所以有應公不是正神，祂的乩童說出來的話當然是鬼話。

對應華語 胡說八道、鬼話連篇。

tshu² hang⁷ bo⁵ loo⁷ khuann³ tso³ pak⁴ kang² hi⁵ loh⁸

此 巷 無 路 ， 看 做 北 港 魚 落

解釋 魚落：魚價降價。

涵義 此語有兩義：①形容人粗心大意，看錯相似的東西。②嘲笑人識字不多卻又喜歡賣弄。

說明 以前渡海來台開墾的先民，生活非常清苦，常希望物價能夠下降，但因他們大多不識字，便常把路邊「無路」的告示，看成「魚落」，因此後來的人便把這些意思再加以引申，用來形容人粗心大意或是識字不多。

對應華語 錯把馮京當馬涼。

si² liau² koh⁴ buah⁴ hun²

死 了 擱 抹 粉

解釋 擱：還。抹：塗。

涵義 形容人非常好面子。

說明 人活著時因為愛美，所以會化妝打扮，但人死了之後就沒有再化妝的必要，除非這個人是凶死的，才需要請禮儀師來幫他們化妝遺容，因此前人就把死了還要化妝加以引申，用來形容人好面子。

補充 依教育部2007年5月公布之台灣閩南語推薦用字第一批將「擱koh⁴」寫作「閣koh⁴」。

對應華語 死要面子。

si² lang⁵ thua¹ tseh⁴ khui³
死 人 拖 節 氣

解釋 死人:比喻重病之人。

涵義 形容人病重已無藥可救,只是在拖延時間而已。

說明 節氣是氣候轉換的分界點,依據民間說法在某些節氣的前後,病人很容易受到節氣的牽引而過世,尤其老人家更是明顯,所以前人便用「死人拖節氣」來形容人的病已經無藥可救了,只是在拖延時間而已。

對應華語 苟延殘喘、垂死掙扎。

si² lang⁵ be⁷ tsau² tit⁴ ngoo² tsok⁴ tshiu²
死 人 獪 走 得 仵 作 手

解釋 獪走得:逃不了。仵作:古代的驗屍官類似現在的法醫。

涵義 形容人無論再怎樣厲害,終究逃不出別人的掌控。

說明 古代衙門都設有仵作,專門幫縣官勘驗屍體,由於古代沒有法醫,一些離奇死亡或凶殺的案件,就需要靠仵作來確認他們的死因,所以死者都必須要經過仵作的勘驗才能入棺下葬。

補充 依教育部2008年5月公布之台灣閩南語推薦用字第二批將「獪be⁷」寫作「袂be⁷」。

對應華語 孫悟空逃不出如來佛的手掌心。

si² m⁷ kann² tak⁸ hang⁷ long² kann²
死 毋 敢 , 逐 項 攏 敢

解釋 毋敢:不敢。逐項:每一項。攏:都。

涵義 形容人愚勇或是臉皮很厚,什麼事都敢去做。

說明 無恥的人不知道什麼是差恥,就算做錯事也不會感到不好意思,所以任何事他都敢去做,而愚勇的人根本不知道什麼是危險,只仗著自己膽量大,所以什麼事都敢去做。

對應華語 不知廉恥。

si² bak⁸ m⁷ guan⁷ kheh⁴

死 目 毋 願 瞌

解釋 毋願：不願意、不甘願。瞌：閉。

涵義 形容人含冤而死，所以心有不甘，不願閉上雙眼。

說明 人如果是自然死亡的，眼皮會鬆垂下來闔上眼睛，但如果是意外凶死或被人殺死，眼睛是睜開的，因為他沒有料到自己會死，所以在死亡的那一刻眼皮是僵硬的，所以「死目毋願瞌」用來形容人含冤而死。

對應華語 死不瞑目。

si² gin² a² bong⁷ bo⁵ bong⁷

死 囡 仔 墓 ， 無 望

解釋 囡仔：小孩子。

涵義 形容事情已經沒有任何希望。

說明 這句出自歇後語，具有雙關義。依據民間習俗小孩子如果沒有成年就過世，屬於夭折是不能設墓。而「無墓」與「無望」諧音，所以前人就用這句話來形容事情沒有希望。

對應華語 寡婦死兒子，沒指望。

si² kiann² kuai¹ tsau² hi⁵ tua⁷

死 囝 乖 ， 走 魚 大

解釋 囝：兒子。走：跑掉。

涵義 形容人對於失去的東西都比較懷念。

說明 人對於身邊的東西，永遠不知道珍惜，只有對失去或得不到的東西，才會覺得是最好的，所以對於已經過世的小孩，父母會覺得他是最乖的，對於那些跑掉的魚，永遠覺得牠們是最大的，這就是人的通病。

si² tse⁷ uah⁸ tsiah⁸

死 坐 ， 活 食

解釋 食：吃。

涵義 形容人好吃懶做，不做事只會吃。

說明	這句諺語是責罵人整天游手好閒，不事生產，好吃懶做，坐著的時候就如同死人一樣，動也不動，一說到吃，立刻精神百倍，能動能跳。
對應華語	好吃懶做、游手好閒。

si² tiong¹ kiam¹ uann⁷ thiap⁴

死忠兼換帖

解釋	死忠：對人很忠心，到死都不變。換帖：指結拜。
涵義	形容彼此的交情非常深厚。
說明	以前人在結拜之前會先交換庚帖，以確定彼此的長幼年紀，而在結拜時都會說：「不能同年同月同日生，但願同年同月同日死」，可見這種結拜的情誼是多麼的深厚，已經超越生死，所以「死忠兼換帖」是形容朋友之間交情深厚，能禍福與共。

si² pe⁷ si² bu² tsing³ lang⁵ kng¹   si² tioh⁸ tshin¹ ang¹ kuah⁴ sim¹ tng⁵

死爸死母眾人扛，死著親翁割心腸

解釋	眾人扛：大家都會來幫忙。翁：丈夫。
涵義	形容人對於父母過世和丈夫過世的哀傷程度不相同。
說明	父母是兄弟姊妹大家的，父母過世是大家的事，兄弟姊妹都會幫忙，一起分擔，但丈夫是自己的，丈夫過世無人可幫忙，只能自己承受哀痛。

si² kau² bo⁵ lang⁵ that⁴

死狗無人踢

解釋	無人：沒有人。
涵義	形容人心淡薄，大家都不關心別人的死活。
說明	一般人在街上行走，如果有東西擋在前面，一定會用腳把它踢開然後再繼續前進，有狗死在路上，我們雖然不會用腳去踢牠，但也不可能連理都不理掉頭就走，至少會將牠移到旁邊，等待清潔隊員來收拾。現在狗死在路邊，人們連用腳探一探牠的死活都不願意，可見人心之淡薄。

si² kah⁴ bo⁵ lang⁵ sio¹ hiunn¹ tiam² hue²

死 佮 無 人 燒 香 點 火

解釋 佮：助詞，無義。燒香點火：指祭拜。

涵義 詛咒人家斷子絕孫。

說明 中國人很重視子嗣，這是因為有子嗣，除了可以養老送終外，將來過世之後還有人可以祭拜自己，所以沒人燒香祭拜，等於是絕子絕孫的意思。

補充 依教育部2008年5月公布之台灣閩南語推薦用字第二批將「佮kah⁴」寫作「甲kah⁴」。

對應華語 絕子絕孫。

si² si⁷ si² to⁷ iu²　　m⁷ si⁷ si² pin⁵ to⁷

死 是 死 道 友 ， 毋 是 死 貧 道

解釋 道友：同道修行的朋友，這裡是指「別人」。貧道：道士的自稱，這裡是指「自己」。

涵義 形容人非常自私，不管別人的死活。

說明 我們看布袋戲，戲中只要演到小人和別人發生利益糾葛時，總會聽到「死是死道友，毋是死貧道」這句話，反正死的是別人不是自己，所以無所謂，可見小人多自私自利，不顧別人的死活。

si² tsa¹ poo¹ kng¹ khi³ tai⁵　　si² tsa¹ boo² thing³ hau⁷ gua⁷ ke¹ lai⁵

死 查 甫 扛 去 埋 ， 死 查 某 聽 候 外 家 來

解釋 查甫：男人。查某：女人。聽候：等待。外家：娘家。

涵義 形容民間對於男女喪葬的不同習俗。

說明 古代常有惡婆婆虐待媳婦或是丈夫凌虐妻子致死的案例發生，所以女子如果在婆家死亡，一定要等女方的親屬來相驗，確定沒有虐待致死的情事，才能下土安葬。

補充 依教育部2009年10月公布之台灣閩南語推薦用字第三批將「查甫tsa¹ poo¹」寫作「查埔tsa¹ poo¹」。

一畫 二畫 三畫 四畫 五畫 六畫 七畫 八畫 九畫 十畫 十一畫 十二畫 十三畫 十四畫

si² tsa¹ poo¹ si² tsit⁸ pang⁵　　si² tsa¹ boo² si² tsit⁸ lang⁵

死查甫死一房，死查某死一人

解釋 查甫：男人。房：家族的分支。查某：女人。

涵義 形容舊時社會對於男女過世之後，有不同的繼承結果。

說明 以前是重男輕女的社會，只有男丁才能繼承家中財產，而財產的繼承方式是以「房」為單位，每一個男丁代表一房，所以如果死了一個男丁，那一房就斷絕了，而死了一個女孩，並無影響，只是死一個人而已。

補充 依教育部2009年10月公布之台灣閩南語推薦用字第三批將「查甫 tsa¹ poo¹」寫作「查埔tsa¹ poo¹」。

si² boo² na² kuah⁴ ku² tshai³　　si² ang¹ na² uann⁷ tshau²tshioh⁸

死某若割韭菜，死翁若換草蓆

解釋 某：老婆、妻子。翁：丈夫。草蓆：用草莖編成的墊子。

涵義 形容男女喪偶之後再婚嫁，是一件很平常的事。

說明 妻子過世了再娶一個，丈夫過世了再重嫁，這是很稀鬆平常的事，就像割韭菜那樣的輕鬆，換草席那樣的容易，沒什麼大不了的。

對應華語 稀鬆平常。

si² boo² uann⁷ sin¹ sann¹　　si² ang¹ uann⁷ png⁷ khann¹

死某換新衫，死翁換飯柑

解釋 某：老婆、妻子。新衫：新衣服。翁：丈夫。飯柑：飯桶。

涵義 形容男女喪偶之後再婚嫁，是一件很平常的事。

說明 妻子過世了再娶一個，丈夫過世了再重嫁，這是很稀鬆平常的事情，就如同衣服舊了，飯桶壞了，再重新換一個，沒什麼大不了的。

對應華語 稀鬆平常。

si² boo² tah⁸ phua³ tsng¹　　si² pe⁷ bo⁵ lang⁵ mng⁷

死某踏破磚，死爸無人問

解釋 死某：妻子過世。踏破磚：形容人多。問：聞問。

涵義 形容人對於父母過世和妻子過世的哀傷程度不同。

說明 妻子過世有很多人上門弔喪，父親過世卻沒有人來弔喪，父親比妻子重要，照理說父親過世，弔喪的人應該比較多，但事實卻相反，可見做兒子的對於父親過世的哀痛不如妻子過世深。

si[2] hong[5] te[3] m[7] tat[8] uah[8] khit[4] tsiah[8]

死皇帝毋值活乞食

解釋 毋值：不如。

涵義 勉人要珍惜生命，活著總比死了強。

說明 古代皇帝擁有至高無上的權力，過著錦衣玉食、榮華富貴的生活，而乞丐流落街頭向人乞討，每天有一頓沒一頓。皇帝雖然比乞丐尊貴，但他如果死了就不能再過這樣的生活，而乞丐生活雖然很苦，但至少還活著，可以享受生命的快樂，所以活乞丐還是勝過死皇帝。

對應華語 死知府不如一隻活老鼠。

si[2] be[2] tso[3] uah[8] be[2] i[1]

死馬做活馬醫

解釋 做：當作。

涵義 喻事情雖然已經快到絕望的地步，但仍不放棄希望繼續做最後的努力。

說明 對於已經沒救的馬仍不放棄，把牠當作活馬一樣，盡心盡力的救治，這句諺語常被用來形容人病勢垂危或事情已經發展到絕望地步，但仍不放棄希望繼續做最後的努力。

對應華語 死馬當活馬醫。

si[2] tsua[5] uah[8] bue[2] liu[1]

死蛇活尾溜

解釋 尾溜：尾巴。

涵義 形容事情雖然已經結束，但還留下一個尾端未收拾。

說明 蛇被打死了尾巴還會動，就像人做完事還留下一個結尾沒有收拾，其實做事就如同除草一樣，如果沒有連根拔起，等春天來了還是會再長出來。

對應華語 斬草不除根。

死蛇較貴烏耳鰻

si² tsua⁵ khah⁴ kui³ oo¹ hinn⁷ mua⁵

解釋 烏耳鰻：鱸鰻，表皮無鱗，全身有不規則的花斑，體態粗長外形像蛇。

涵義 形容便宜不值錢的東西卻要賣高價。

說明 鰻魚是一種很珍貴的補品，價錢比蛇高很多，但現在死蛇卻賣得比活鰻魚還貴，根本就是存心哄抬物價。

死蛇講到變活鱔魚

si² tsua⁵ kong² kau³ pinn³ uah⁸ sian⁷ hi⁵

解釋 講：說。鱔魚：一種魚名，體型細長，棲息於池沼泥中。

涵義 形容人口才好，連死的東西都能說成活的。

說明 蛇肉價值低，但鱔魚不同，牠的肉味道鮮美又滋補，所以價值非常高，一個人能夠把死蛇這樣沒價值的東西，說成像活鰻魚那樣值錢，可見他是多麼的能言善道。

對應華語 能言善道、舌燦蓮花。

死蛇攏欲拖去食，擱活鱔魚毋食

si² tsua⁵ long² beh⁴ thua¹ khi³ tsiah⁸ koh⁴ uah⁸ sian⁷ hi⁵ m⁷ tsiah⁸

解釋 攏：都。欲：要。擱：還。鱔魚：外形跟蛇相似，味道鮮美，營養價值高，又具有活筋通血的功效。毋食：不吃。

涵義 形容人非常貪心，不論東西好壞全都拿走。

說明 連死蛇都拿去吃了，更何況像鱔魚這麼美味又滋補的東西，怎麼可能會放過，東西不論好壞全部都要，表示這個人非常貪得無厭。

補充 依教育部2007年5月公布之台灣閩南語推薦用字第一批將「擱koh⁴」寫作「閣koh⁴」。

對應華語 貪得無厭。

si² sin¹ pu⁷　　ho² hong¹ sui²　　si² hau⁷ senn¹　tsih⁸ kha¹ thui²

死新婦，好風水；死後生，折跤腿

解釋 新婦：媳婦。後生：兒子。折：斷。跤腿：腿。

涵義 形容人對待兒子和媳婦的態度不同。

說明 媳婦過世不覺得哀傷，只注意有沒有葬到好的風水，因為媳婦不是親生的，事不關己不會哀痛，而兒子過世就好像自己折斷腿那樣痛不欲生。

si² tsue⁷ bo⁵ go⁷ tsue⁷ tang⁷

死罪無餓罪重

解釋 餓罪：因為飢餓所犯下的罪行。

涵義 形容人在極度飢餓的情形下，會做出些違法的事情。

說明 所謂「飢寒起盜心」，人在極度飢餓的情形下，就會挺而走險去做一些犯法的事，所以主政者如果想要國家富強，社會安寧，就必須要讓人民豐衣足食。

si² ti¹　　tin³ tiau⁵

死豬，鎮牢

解釋 鎮牢：佔用豬舍的空間。

涵義 形容人佔著職位卻不做事。

說明 死豬不會吃、不會動，只能躺在那裡佔著豬舍的空間，就像政府機關中的某些人，佔著職位不做事，每天混吃混喝等領薪，實在令人討厭。

對應華語 尸位素餐、徒取充位、伴食中書、佔著茅坑不拉屎。

si² ti¹ m⁷ ui³ thng³　　phiau⁵ kheh⁴ m⁷ ui³ tshng¹

死豬母畏燙，嫖客母畏瘡

解釋 畏：怕。瘡：指「性病」。

涵義 形容人非常無賴什麼事都做得出來。

說明 屠夫在殺豬之後，會用滾水燙豬身來去除豬毛，這時豬隻已經死亡，不論怎麼燙牠都不怕。妓女戶是各方人馬都會來的地方，去那裡嫖妓很容易得到性病，但嫖客喜歡尋花問柳，既然他敢來就

不怕會得到性病，就如同無賴漢一樣，無所畏懼，什麼事都做的出來。

死豬仔肉，漲懸價
si² ti¹ a² bah⁴ tiunn³ kuan⁵ ke³

解釋 漲：提高。懸：高。

涵義 形容沒有價值的東西卻要賣高價。

說明 豬肉要吃現宰的才新鮮衛生，而死豬肉吃了可能有其他的後遺症發生，所以比較少人敢吃，價格會比較低賤，低賤的死豬肉，沒什麼價值，卻要賣高價，這根本就是存心哄抬物價。

死豬全家福，死牛全家碌
si² ti¹ tsuan⁵ ke¹ hok⁴ si² gu⁵ tsuan⁵ ke¹ lok⁸

解釋 全家：一家。碌：勞碌。

涵義 形容不同動物死亡，對我們有不同的影響。

說明 以前生活困苦物資缺乏，只有在逢年過節時才吃的到豬肉，平常除非是飼養的豬隻死了，才有豬肉可吃。豬死了全家都有口福，但牛死了全家就得勞累辛苦，因為牛是耕田、拉車的主力，少了牛的幫忙，全家會更辛苦忙碌。

死貓吊樹頭，死狗放水流
si² niau¹ tiau³ tshiu⁷ thau⁵ si² kau² pang³ tsui² lau⁵

解釋 樹頭：樹上。

涵義 說明民間處理死貓、死狗屍體的方式。

說明 民間傳說貓有九條命，人們怕貓死後，會陰魂不散再回來作祟討命，所以就將貓屍吊在樹上，等七七四十九天之後，貓的魂魄散了，便不會回來討命；相傳狗如果聞到土氣會復活，變成妖怪出來作祟，所以必須將狗屍投入水中，牠才能去投胎做人，不會再回來作怪。

死鴨仔硬喙桮
si² ah⁴ a² nge⁷ tshui³ pue¹

解釋 喙桮：鴨子那片形的硬嘴。

涵義 人到死還是不肯承認自己的錯誤。

說明 鴨子的兩片硬嘴扁平細長，外型跟鴨嘴器相似，鴨子的嘴即使經過蒸煮之後還是硬的，所以前人就以「死鴨仔硬喙桮」來形容人非常頑固，死不認錯。

對應華語 死不認錯、死鴨子嘴硬。

si² ku¹ tsenn³ kau³ pinn³ uah⁸ pih⁴

死 龜 諍 到 變 活 鱉

解釋 諍：爭辯。變：成。

涵義 形容人非常好辯，明明無理卻硬要辯成有理。

說明 鱉跟龜都是屬於龜類，外型雖然相像，但仔細來分兩者還是不一樣，而且死的跟活的東西本來就有分別，一個人能夠把死龜辯到變成活鱉，可見這個人多麼好辯。

kang¹ oo⁵ tsit⁸ tiam² kuat⁴ kong² phua³ bo⁵ ke³ tat⁸

江 湖 一 點 訣 ， 講 破 無 價 值

解釋 訣：訣竅。講破：說穿。

涵義 形容許多事情的難易之分就在那一點訣竅，如果把它說穿了就沒有價值。

說明 道士做法時，常有些儀式讓人看了會覺得他法力很高深，其實這都只是一點訣竅而已，只要懂得一些化學物理知識，這些法術看來就沒什麼，就好比過火儀式，在過火之前要灑大量的鹽巴，說是為了除煞，其實是因為鹽可以降溫，灑了鹽腳踏過去才不會被燙傷，所以說「江湖一點訣，講破無價值」。

pah⁴ puann¹ sing¹ li² loo⁷ m⁷ tat⁸ kut⁸ tshan⁵ thoo⁵

百 般 生 理 路 ， 毋 值 掘 田 塗

解釋 百般：百樣、百種。生理：生意。毋值：不如。掘田塗：種田。

涵義 不論做哪種生意都不如種田好。

說明 做生意本來就是有賺有賠，你有努力並不一定就會賺錢，但種田則不一樣，只要肯努力耕種，就一定會有收穫，所以不論做哪種生意都不如種田來得可靠。

pah⁴ puann¹ khi² thau⁵ lan⁵
百般起頭難

解釋 起頭：開始。

涵義 做任何事情，開頭總是比較困難。

說明 做任何事情，開頭總是比較困難，這是因為以前從沒接觸過，所以比較陌生，不知從何做起，但等你做上手習慣之後，就會越做越順。

對應華語 萬事起頭難。

tik⁴ a² ki¹ tsha² bah⁴ si¹
竹仔枝炒肉絲

解釋 竹仔枝：指竹鞭。

涵義 形容被竹鞭打了一頓。

說明 以前小孩子不乖，大人就隨手折取竹條來打小孩，由於炒竹筍必須要放肉絲，而竹條鞭打的是人肉，所以有人就以「竹仔枝炒肉絲」來形容小孩子被大人打。

對應華語 竹筍炒肉絲。

tik⁴ a² ti⁷ m⁷ kann² ngeh⁴ lang⁵ e⁵ hiunn¹ koo¹ bah⁴
竹仔箸毋敢夾人个香菇肉

解釋 竹仔箸：竹筷子。毋敢：不敢。个：的。

涵義 形容自己身分低下不敢高攀人家。

說明 「竹仔箸」代表窮人，因為窮人都是用竹筷子吃飯，「香菇肉」代表富貴人家，因為富人吃飯餐餐有魚有肉；這是人自謙不敢與有錢人結親家的客氣話。

補充 當「个e⁵」解釋為「的」時，依教育部2007年5月公布之台灣閩南語推薦用字第一批將「个e⁵」寫作「的e⁵」。

對應華語 齊大非偶。

tik⁴ ai³ jun⁷ si⁵ au² tsu² ai³ iu³ si⁵ kau³
竹愛嫩時拗，子愛幼時教

解釋 愛：要。嫩：未成熟。拗：折。子：孩子。

涵義 做事要把握最好的時機方能有所成效。

說明 以前農業時代的生活用具，很多都是由竹子製成的，例如：竹桌、竹椅、牛軛……，以牛軛的製作來說，竹子並不是原先就是長成這樣的，而是要在竹子尚未長高時，進行「調竹」工作，將竹子彎成所需的彎度，待竹子成形之後鋸下，再進行一些加工才形成牛軛。小孩子的教育也是一樣，必須要在年幼一切習慣尚未定型時，對他施予人格教育，這樣才能有所成效。

bi² tsu² tsiann⁵ png⁷ tsiah⁴ kong² m⁷

米 煮 成 飯 才 講 毋

解釋 講：說。毋：不。

涵義 形容事情已經無法改變了才想反悔。

說明 有些事情做了還可以更改，但有些事做了便無法回頭，就像水凝結成冰，還可以還原成水，但生米經過炊煮之後變成白飯，就無法再復原成米，所以做任何事之前，要先想清楚再做，免得事後後悔卻無法補救。

bi² ang³ kha³ tang⁵ tsing¹

米 甕 敲 銅 鐘

解釋 米甕：米缸。

涵義 形容家中非常窮困，連米缸都是空的。

說明 銅鐘會響是因為它的內部是空心的，當鐘槌敲擊鐘面時，銅鐘的內部會因為共鳴而發出聲響，所以米缸如果是空的，當然也能像銅鐘那樣敲出聲音。

對應華語 簞瓢屢空、室如懸磬。

iunn⁵ a² kinn³ tshenn¹ ho²

羊 仔 見 青 好

解釋 見：看到。

涵義 形容人一見到喜歡的東西，就會衝動的想佔為己有。

說明 羊是草食性的動物，看到青色的植物就想跑過去吃，這是牠們的習性，就好比愛吃的人，看到好吃的東西就會忍不住想拿起來吃，愛美的人看到漂亮的衣服就想買，這些道理都是一樣的，但

人是有理性的高等動物，不應該一見到喜歡的東西，就衝動的想佔為己有，應該要有所選擇才行。

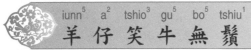

iunn⁵ a² tshio³ gu⁵ bo⁵ tshiu¹

羊仔笑牛無鬚

解釋 笑：取笑。鬚：鬍鬚。

涵義 比喻自己具有相同的短處，還嘲笑別人。

說明 羊雖然有鬍鬚，可是只有稀疏的幾根，有也等於無，但牠卻以此沾沾自喜到處炫耀，嘲笑牛沒有鬍鬚，其實牠並沒有比牛好到哪裡去，真是五十步笑百步。

對應華語 半斤八兩、五十步笑百步、龜笑鱉無尾。

lau⁷ lang⁵ gin² a² sing³

老人囡仔性

解釋 囡仔：小孩子。性：性情。

涵義 形容老人的性情就如同小孩子一樣。

說明 人都是害怕孤獨的，尤其人越老越希望旁邊有個伴，老人就像小孩子也希望有人呵護，有人疼愛，所以偶爾也會向子女耍小孩子脾氣，這時做子女只要哄哄他們就沒事了。

lau⁷ lang⁵ tsiah⁸ mua⁵ iu⁵ lau⁷ jiat⁸

老人食麻油，鬧熱

解釋 鬧熱：熱鬧。

涵義 形容氣氛熱鬧。

說明 這句出自歇後語，具有雙關義。食用麻油可以補肺氣，益肝腎，逐風去溼，所以民間常以麻油來作食補和藥療之用，由於麻油很補，感冒或身體虛弱的人如果食用，病情會更加嚴重，老人年老氣虛，食用麻油也會出現過補的症狀。而「老熱」跟「鬧熱」諧音，故用此句話來形容氣氛熱鬧。

lau⁷ e⁵ lau⁷ poo⁷ tiann⁷ siau³ lien⁵ e⁵ khah⁴ tang² hiann²

老个老步定，少年个較懂嚇

解釋 个：的人。步定：步履穩重。少年：年輕。懂嚇：莽撞、冒失。

涵義 形容老年人做事成熟穩重,年輕人做事輕浮毛躁。

說明 年紀大的人做事成熟穩健,年紀輕的人做事冒失莽撞,這是因為年紀大的人,見過一些大風大浪,歷練較多,所以遇事比較沉著冷靜。

補充 當「个e⁵」解釋為「的」時,依教育部2007年5月公布之台灣閩南語推薦用字第一批將「个e⁵」寫作「的e⁵」。

lau⁷ thinn¹ bo⁵ tsiau³ kah⁴ tsi²　　lau⁷ lang⁵ bo⁵ tsiau³ tsing⁵ li²
老天無照甲子,老人無照情理

解釋 甲子:古代用天干、地支來紀年,六十年一個輪迴,這裡是比喻天地運行之道。情理:人情義理。

涵義 形容老人做出一些敗壞善良風俗的事情。

說明 天依照時序來運行,人按照人情義理來行事,這是千古不變的準則,但現今人心乖離、道德淪喪、是非顛倒,連老人都會做出一些敗壞風俗的事情,更何況是其他的人,人不依照情理行事,天地當然不會依照四時運行。

lau⁷ gu⁵ thua¹ phua³ tshia¹　　kiann⁵ tsit⁸ poo⁷ sng³ tsit⁸ poo⁷
老牛拖破車,行一步算一步

解釋 拖:引物而行。行:走。

涵義 形容環境惡劣,但又沒有其他辦法可解決,只能繼續忍耐生活下去。

說明 這句是歇後語。老牛年老力衰,身體虛弱,隨時可能會倒地,而破車裡面零件老舊,破破爛爛,隨時可能會解體,所以當沒辦法時,迫不得已要用老牛來拖破車,就只能走一步算一步。

對應華語 敝車羸馬、老牛拉破車。

lau⁷ gu⁵ tsiah⁸ iu³ kuann¹ sun²
老牛食幼菅筍

解釋 幼菅筍:菅草的幼枝。

涵義 形容年老的人娶了年少的女子當妻子。

說明 牛是反芻動物有四個胃,吃下的草先儲存在腔室中,經過初步的消化和吸收,再送回口腔咀嚼,老牛由於年紀大,大臼齒大概也

掉光了，為了好消化只能吃嫩草，所以前人便以此句形容夫老妻少的夫妻。

對應華語 老夫少妻、老牛吃嫩草。

lau⁷　bah⁴　phue³　li²　e⁵　tshin³　bah⁴　tang³
老 肉 配 你 个 清 肉 凍

解釋 老肉：老命。清：冷。

涵義 形容人豁出自己的性命和別人比拚。

說明 不管是老牛或是老豬，牠們的肉吃起來比較韌，沒什麼價值，但肉凍就不一樣，因為它不是老豬或老牛，所以肉質比較嫩，也比較值錢，如果用老肉來換肉凍，當然是肉凍比較吃虧。

補充 當「个e⁵」解釋為「的」時，依教育部2007年5月公布之台灣閩南語推薦用字第一批將「个e⁵」寫作「的e⁵」。

對應華語 不顧一切。

lau⁷　lai⁰　tsiah⁴　beh⁴　oh⁸　pun⁵　koo²　tshue¹
老 來 才 欲 學 歕 鼓 吹

解釋 歕：吹。鼓吹：嗩吶。

涵義 形容人選錯時機轉行。

說明 嗩吶這種管樂器，需要很大的肺活量才能吹奏，學習吹嗩吶最辛苦的不是練習指法，而是每天要鼓起腮幫子做憋氣練習，所以如果等老了才要轉行學習吹嗩吶，恐怕會心有餘而力不足。

lau⁷　pe⁷　kng¹　kio⁷　kiann²　tse⁷　kio⁷
老 爸 扛 轎 囝 坐 轎

解釋 扛轎：抬轎。囝：兒子。

涵義 形容長輩辛苦做事，而晚輩卻在旁邊享福。

說明 「敬老尊賢」是中國人的傳統美德，所以跟長輩在一起，有什麼事都是晚輩服其勞，但現在卻相反，爸爸在外面辛苦的抬轎，而兒子卻舒舒服服的坐在轎中，這簡直是違反倫理。

lau⁷ bong² lau⁷　　　e⁷ poo⁷ thoo⁵ tau⁷

老罔老，會哺塗豆

解釋　罔：雖。哺：咀嚼。塗豆：花生。

涵義　形容人雖然年老，但身體還是很硬朗。

說明　人老了所有的器官就會開始退化，頭髮變白，牙齒也會慢慢的掉落，所以老年人只能吃一些比較軟嫩的食物，如果老年人還咬得動花生，表示身體還十分的健康，沒有衰老的跡象。

lau⁷ ang¹ sioh⁴ tsinn² po⁵　　　tsinn² ang¹ put⁴ ju⁵ bo⁵

老翁惜芷婆，芷翁不如無

解釋　翁：丈夫。惜：疼愛。芷：幼稚未成熟。婆：妻子、老婆。

涵義　形容年老的丈夫會疼愛年輕的妻子，而年輕的丈夫卻不會疼愛年老的妻子。

說明　年紀比較老的男人，如果不是已經離過婚的，就是過去玩太多了想定下來，因此他們對於現在年輕的妻子會比較疼愛。年紀輕的丈夫因為嫌棄老妻，所以會跑去外面結交一些年輕女子，而忘了回家，如果有這樣的丈夫還不如沒有。

lau⁷ kut⁴ ting⁷ khok⁴ khok⁴　　　lau⁷ phue⁵ bue⁷ kue³ hong¹

老骨有硞硞，老皮未過風

解釋　有硞硞：形容堅硬、強硬。過風：透風。

涵義　老人家誇耀自己身體健康不怕冷。

說明　人老了皮膚就變得皺皮乾澀沒有彈性，而骨頭因為沒有運動，又缺乏鈣質會變得鬆脆又僵硬，所以老年人的身體根本不可能像這句諺語所描寫的一樣，這些只是老人家的自誇之詞而已。

lau⁷ kau⁵ pun⁵ tong⁷ siau¹

老猴歕洞簫

解釋　歕：吹。洞簫：用竹製成的細長直吹樂器，外形類似竹笛。

涵義　嘲笑那些吸食鴉片的人。

說明　吸鴉片就像在吸毒，會讓人精神萎靡日益消瘦，人的臉如果太瘦，眼眶會凹下去，看起來就跟猴子一樣，而吸食鴉片是用煙管

當作器具來吸食的，煙管細長的外型跟洞簫相似，所以前人便以「老猴歕洞簫」來嘲笑吸食鴉片的人。

lau⁷ sit⁸ lang⁵ kong² lau⁷ sit⁸ ue⁷　tsiah⁸ pa² kong² iau² bue⁷
老實人講老實話，食飽講猶未

解釋 老實：誠實不虛假。食飽：吃飽。猶未：尚未、還沒。

涵義 嘲諷人說話不實在。

說明 老實人做人老實，照理說應該不會說謊，但他明明已經吃飽飯了，別人問他吃飽了沒，卻回答「還沒」，可見他說話不老實，所以這句諺語用來嘲諷別人說話不實在。

lau⁷ hi³　puah⁸ loh⁸ hi³ penn⁵ kha¹
老戲，跋落戲棚跤

解釋 老戲：經常演出的戲目。跋落：跌落。戲棚跤：戲台下。

涵義 形容經驗老到的人，做事竟然還出差錯。

說明 明明很熟練的老戲，卻馬失前蹄演出走樣，照理說一齣戲常常演，不管走位或台詞，應當都熟到不能再熟，怎麼還會發生跌落戲台的差錯呢，歸咎原因，如果不是因為大意，就是太自負了，但不管是大意或自負，都是因為懈怠輕忽而產生的錯誤。

對應華語 陰溝翻船。

lau⁷ ke¹ bo² senn¹ ke¹ nng⁷
老雞母生雞卵

解釋 雞卵：雞蛋。

涵義 喻女人高齡產子。

說明 一般小母雞長成母雞之後，主人會帶牠去跟公雞交配，讓牠開始生蛋，所以很少有母雞是變成老母雞之後才開始生蛋，由於母雞會生蛋，跟女人生孩子一樣，因此就用老母雞生蛋來比喻老女人生小孩。

對應華語 老蚌生珠。

hinn⁷ a² sinn¹ nng⁷ hioh⁸ ka¹ ki⁷ khuann³ be⁷ tioh⁸

耳仔生兩葉，家己看獪著

解釋 耳仔：耳朵。家己：自己。看獪著：看不到。

涵義 喻人看不到自己的短處。

說明 每個人都有缺點，只是自己看不到，所以必須借助別人的批評，來了解自己缺點所在，這就像我們無法看到自己的耳朵，只能透過鏡子，才能看到耳朵的大小形狀。

補充 依教育部2008年5月公布之台灣閩南語推薦用字第二批將「獪be⁷」寫作「袂be⁷」。

對應華語 目不見睫、闇於自見。

hinn⁷ khang¹ hoo⁷ gu⁵ tah⁸ lap⁴ khi⁰

耳空予牛踏塌去

解釋 耳空：耳朵。予：給。踏：踩。

涵義 形容對別人的話充耳不聞。

說明 牛的體型龐大又笨重，人的耳朵小小的一個，人的耳朵如果被牛踩到一定會被踩爛，而聽不到聲音，因此前人就借用此義來形容將別人的話，當作耳邊風。

對應華語 聽若罔聞、馬耳東風。

bah⁴ hoo⁷ lang⁵ tsiah⁸ kut⁴ m⁷ thang¹ hoo⁷ lang⁵

肉予人食，骨毋通予人

解釋 予人：給人。毋通：不可以。

涵義 意謂不可以讓別人欺負的太過分。

說明 中國人愛好和平，因此什麼事都講「忍讓」，忍讓雖然可以化解衝突，但也必須要有個限度，當別人把你欺負到連尊嚴都沒有時，就應該要站出來捍衛自己，所以肉給人吃可以，但不要連骨頭都被拿走。

bah⁴ ka⁷ lang⁵ tsiah⁸ kut⁴ thau⁵ ia⁷ beh⁴ theh⁸ khi³ lai⁵ khe³

肉共人食，骨頭也欲提起來齧

解釋 共：給。欲：要。齧：啃。

涵義 形容人過分欺負別人。

說明 依據民間習俗，訂婚當日男方要送半隻豬給女方當作禮物，而女方將豬肉剔除之後，要將骨頭送還給男方，以表示沒將骨頭吃盡，但現在不但把人家的肉給吃了，連骨頭也拿起來啃，這樣的行為就太過分了。

補充 依教育部2009年10月公布之台灣閩南語推薦用字第三批將「囓khe³」寫作「齧khe³」。

對應華語 欺人太甚、騎人頭上。

bah⁴ kau³ tshui³ tsiah⁴ ka¹ lauh⁸ khi³
肉 到 喙 才 交 落 去

解釋 喙：嘴。交落去：掉下去。

涵義 形容快要到手的東西卻在最後失掉。

說明 我們想要吃肉，一定是透過手或筷子，將肉夾到嘴裡，然後再吃，現在把肉送到嘴邊，眼看就要放進嘴裡，但肉卻在這個時候掉下去，真是功虧一簣。

對應華語 煮熟的鴨子又飛了。

tsu⁷ hun⁷ ki¹ bo⁵ hioh⁸ bok⁸ uan³ thai³ iong⁵ phian¹
自 恨 枝 無 葉 ， 莫 怨 太 陽 偏

解釋 莫怨：不要怨恨。

涵義 形容失意或落魄時，只能怪自己命不好，不能怨天尤人。

說明 這兩句是從「枝無葉與太陽偏」這個民間故事延伸而來的，枝無葉與太陽偏都是乞丐，因為命運不同，十年之後太陽偏成為富翁，而枝無葉依舊是乞丐，雖然太陽偏想幫枝無葉但終不可得，最後枝無葉落魄的客死異鄉。

kiann⁵ si⁵ bo⁵ sit⁴ si⁵ ku²
行 時 無 失 時 久

解釋 行時：得意。失時：失意。

涵義 形容得意的時候短，失意的時候長。

說明 俗話說:「好花不常開,好景不常在」,人生起伏無常,得意之
時總比失意之時短,所以在得意時我們要好好把握機會,不可得
意忘形。

kiann⁵ tsun⁵ tsau² be² sann¹ hun¹ mia⁷
行 船 走 馬 三 分 命

解釋 行船:乘船。走馬:騎馬。
涵義 此語有兩義:①形容海象的險惡。②比喻不論乘船或騎馬出門都
有危險性。
說明 以前航海工具都非常簡陋,對於變幻莫測的海象,比較難以掌
握,討海人每次出海都是冒著生命危險,誰也不知道自己能不能
平安歸來,而騎馬也是有危險性,馬的性情較難以控制,當牠受
到驚嚇或發起馬瘋時會瘋狂的跳躍、狂奔,將人狠狠摔到地上,
有時人當場就被摔死,所以說「行船走馬三分命」。

kiann⁵ tioh⁸ ho² ji⁷ un⁷
行 著 好 字 運

解釋 好字運:好運氣。
涵義 形容人正在走好運。
說明 人運氣好的時候做什麼都順手,走在路上能撿到錢,隨便參加什
麼抽獎都可以中大獎,連談案子也是每談必成,所以說當運氣來
的時候擋都擋不住。
對應華語 鴻運當頭。

kiann⁵ loo⁷ ua² piah⁴ pinn¹ tso³ su⁷ khah⁴ tua⁷ thinn¹
行 路 倚 壁 邊 , 做 事 較 大 天

解釋 行路:走路。倚:靠。壁邊:牆邊。較大天:比天還要大。
涵義 形容平常行事鬼祟的人,會做出一些驚人的壞事。
說明 依據相術學的說法,從一個人走路的步相,可以看出這人的行事
心性,走路會靠著牆邊走的人,舉止鬼祟,一定是一個陰險小
人,小人行事毒辣,有時為了自己利益,就會做出一些驚天動地
的壞事。

339

sai¹ pak⁴ hoo⁷ loh⁸ ku² pinn³ sian⁷ hoo⁷

西北雨落久變僆雨，

hue² ke³ tau³ ku² pinn³ ang¹ boo²

夥計湊久變翁某

解釋 僆雨：久雨。夥計：職員、合夥人。湊：在一起。翁某：夫妻。

涵義 形容時間拖久了，事情可能會有變化。

說明 西北雨通常是來得快去得也快，對人們的影響較小，但西北雨如果下得太久，也會變成霪雨，就如同夥計常在一起，日久生情便結為夫妻。

補充 依教育部2007年5月公布之台灣閩南語推薦用字第一批將「湊tau³」寫作「鬥tau³」。

對應華語 日久生變、時久多變、夜長夢多。

sai¹ pak⁴ hoo⁷ loh⁸ be⁷ kue³ tshan⁵ huann⁷

西北雨落艙過田岸

解釋 西北雨：夏天下的雷雨。落：下。艙：不。田岸：田埂。

涵義 形容人的脾氣，來得快去得也快。

說明 夏季日照強烈，對流作用旺盛，所以很容易在午後下起熱雷雨，西北雨本身就是一種熱雷雨，雖然它的雨勢很強，但降雨的時間很短，範圍也很小，就如同人的脾氣一樣，來得急去得也快。

補充 依教育部2008年5月公布之台灣閩南語推薦用字第二批將「艙be⁷」寫作「袂be⁷」。

sai¹ pak⁴ tso³ liau² tng² hue⁵ lam⁵

西北做了轉回南

解釋 西北：西北雨。南：夏天的南風。

涵義 形容人的情緒變化快速，先怒後笑。

說明 西北雨的雨勢強勁，而且還伴隨著雷電，常讓人無處閃躲，但由於它降雨的時間短，範圍小，所以一下子就雨過天青。下過雨之後的天氣，熱度已經下降，再加上南風吹拂，讓人覺得心曠神怡。

si¹　kue¹　ua²　tua⁷　ping⁵

西瓜倚大爿

解釋 倚：靠。爿：邊。

涵義 形容人善於投機鑽營，看哪邊有利就往哪邊靠。

說明 一盤切好的西瓜，挑選最大塊的拿去吃，這是人之常情，就好比有些勢利眼的人，會靠向勢力龐大的那一方，對於這種行為，我們雖然很不齒，但也不必喟嘆，因為這本來就是人世現實的真相 。

對應華語 見風使舵、看風轉篷、相風使帆、牆頭草，隨風倒。

si¹　kue¹　tin⁵　tah⁴　ti⁷　tshai³　kue¹　penn⁵　li⁰

西瓜藤搭佇菜瓜棚裡

解釋 搭佇：搭在。菜瓜：絲瓜。

涵義 形容人做事不得要領。

說明 西瓜和絲瓜雖然都是藤蔓植物，但生長的方式卻不同，絲瓜的藤蔓是攀爬在絲瓜棚上，往上生長，而西瓜由於果實厚重，一般都是種植在地上，如果將西瓜種植在瓜棚上，這就違反了種植方法，所以我們做任何事都要適其性，按其法去做，才不會白費力氣。

七 畫

串曝水頭田，串餓單身漢
tshuan³ phak⁸ tsui² thau⁵ tshan⁵　　tshuan³ go⁷ tan¹ sin¹ han³

解釋　串：老是。曝：曬。水頭：水的源頭。

涵義　形容習於安逸的人越容易淪於困厄的生活。

說明　水源旁邊的田地取水最方便，照理說水源最為充足，田地應該不會龜裂才對，但因為靠近水源，反而容易讓人產生怠惰之心，所以靠近水源的田地龜裂最厲害；單身漢因為沒有家庭壓力和經濟負擔，所以容易習於安逸不事生產，以致生活困頓。

住場好，不如肚腸好；墳地好，不如心地好
tsu⁷ tiunn⁵ ho²　　put⁴ ju⁵ too² tng⁵ ho²

hun⁵ te⁷ ho²　　put⁴ ju⁵ sim¹ te⁷ ho²

解釋　住場：居住的地方。肚腸：心地。墳地：指風水。

涵義　形容有好心腸勝過擁有好風水。

說明　一個人如果心地不好，即使住在風水好的地方，也發達不起來，同樣的，一個人如果心地不好，即使葬在好地方，也庇蔭不了子孫，所以風水好還不如心腸好。

伴君如伴虎
phuann⁷ kun¹ ju⁵ phuann⁷ hoo²

解釋　伴：陪伴。君：君王。

涵義　形容人所處的環境非常危險，隨時有性命之憂。

說明　古代是一個君主極權的社會，君主掌握所有人的生殺大權，由於君主喜怒無常，所以在他的身邊做事很危險，隨時有性命之憂。

佛去才知佛聖
hut⁸ khi³ tsiah⁴ tsai¹ hut⁸ siann³

解釋　聖：靈驗。

涵義　形容等人離開之後才了解他的好處。

說明 人都是如此，對於身邊愛他的人，從不知加以珍惜，等到人離開，才知道她對你的好，就好比我們每天看見佛祖在廟裡不動如山，不知道祂對人民有什麼貢獻，等到祂離開之後，才知道全境要靠祂保佑方能平安。

hut⁸ lan⁵ se¹ tsui² tsiah⁸ tsit⁸ tiam² khi³
佛 蘭 西 水 ， 食 一 點 氣

解釋 佛蘭西：法國。水：汽水。

涵義 形容人要爭一口氣。

說明 汽水是一種碳酸飲料，由二氧化碳、檸檬酸、香精、砂糖……等原料所組成，汽水跟一般飲料的不同之處就在於它有含氣，而這氣的來源就是二氧化碳，所以喝汽水主要是在喝那一點氣，因此前人便以此諺語，形容人好強愛面子。

對應華語 人爭一口氣。

tshun¹ tshiu² tu² tioh⁸ piah⁴
伸 手 拄 著 壁

解釋 拄著：碰到。

涵義 此語有兩義：①比喻處處被人拒絕，沒有人願意幫助他。②形容人非常貧窮。

說明 一伸手就碰到牆壁，表示這個地方很狹窄，沒有轉身的餘地，一般我們居住的房間，都有足夠的空間，讓我們手腳活動，只有窮人因為沒錢租大一點的房子，才有這種情況發生，所以伸手就碰到牆壁，用來形容人家裡貧窮，也可比喻為人處處碰壁，無人協助。

對應華語 到處碰壁、走投無路。

li² u⁷ li² e⁵ kuainn¹ mng⁵ ke³ gua² u⁷ gua² e⁵
你 有 你 个 關 門 計 ， 我 有 我 个
thiau³ tshiunn⁵ huat⁴
跳 牆 法

解釋 个：的。跳牆法：指對策。

涵義 形容你有計謀，我就有應對的方法。

說明 我們常可以看到男生宿舍外面，到了晚上十一、二點之後，有一些男生在那裡爬牆，這是因為宿舍訂有門禁，過了時間就要關門，但男生要送女朋友回家，所以不能那麼準時，常有錯過門禁時間的情況發生，既然學校有門禁時間的規定，他們只好以爬牆的方式來因應。

補充 當「个e⁵」解釋為「的」時，依教育部2007年5月公布之台灣閩南語推薦用字第一批將「个e⁵」寫作「的e⁵」。

對應華語 你有你的張良計，我有我的過牆梯。

li² kau³ png⁷ khann¹　　gua² ia⁷ kau³ uann² na⁵
你 到 飯 坩 ， 我 也 到 碗 籃

解釋 飯坩：飯桶。碗籃：用來裝碗筷的籃子。

涵義 喻兩者程度不相上下。

說明 飯桶跟碗籃通常都放在一起，就算沒有放在一起，也擺得很近，兩個人爭奪食物，一個人搶到飯桶附近，一個人搶到碗籃旁邊，兩個人與食物的距離相差不遠。

對應華語 不相上下。

li² khuann³ gua² phu² phu²　　gua² khuann³ li² bu⁷ bu⁷
你 看 我 殕 殕 ， 我 看 你 霧 霧

解釋 殕殕：灰暗不明，這裡引申為「不過爾爾」。霧霧：模糊不清，這裡當「沒有什麼了不起」。

涵義 形容雙方互相瞧不起對方。

說明 人與人之間的相處，相互尊重是必要的，不管對方的身分、職業、成就是如何，都一樣要尊重他，你尊重別人就等於是尊重自己，因為人都有對等反抗的心理，如果你瞧不起別人，別人一樣也會瞧不起你。

li² kui² gua² giam⁵ lo⁵
你 鬼 我 閻 羅

解釋 閻羅：掌管地獄之神。

涵義 形容雙方彼此爭鬥，誰也不服誰。

說明 依據民間傳說，閻羅王是掌管地獄之神，陰間所有鬼神都歸祂統

領，所以閻羅當然比鬼大，如果你是鬼，那我就是閻羅，你厲害我比你更厲害。

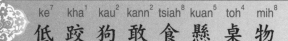

pit⁴	lo⁵	niau¹	a²	tshui³	khui¹	khui¹		u⁷	tshui³	kong²	pat⁸
伯	勞	貓	仔	喙	開	開	，	有	喙	講	別

lang⁵		bo⁵	tshui³	kong²	ka¹	ki⁷
人	，	無	喙	講	家	己

解釋 伯勞貓仔：棕背伯勞，分布在平原到丘陵地帶，其性情凶猛，嘴爪銳利。喙開開：嘴巴開開。家己：自己。

涵義 形容人只會批評別人，不會反省自己。

說明 棕背伯勞常棲息在樹木或竹林之中，因為它們的叫聲粗雜難聽，而且整天吱吱喳喳的叫個不停，所以就用這句諺語來比喻那些整天喋喋不休，只會張嘴批評別人的人。

對應華語 責人嚴，律己寬。

ke⁷	kha¹	kau²	kann²	tsiah⁸	kuan⁵	toh⁴	mih⁸
低	跤	狗	敢	食	懸	桌	物

解釋 低跤：矮腳。懸：高。物：東西。

涵義 形容人沒有自知之明，妄想得到自己能力之外的東西。

說明 狗要偷吃桌上的東西，必須要找比牠身高低或跟牠高度差不多高的桌子，才吃得到桌上的東西，如果牠想偷吃高腳桌上的東西，簡直是自不量力。

對應華語 不自量力、癡心妄想、癩蝦蟆想吃天鵝肉。

ling²	bin⁷	u³	lang⁵	sio¹	kha¹	tshng¹
冷	面	焐	人	燒	尻	川

解釋 焐：貼。尻川：屁股。

涵義 形容澆滅別人的熱情或興致。

說明 冬天由於天氣寒冷，大部分的人手指都是凍僵的，當人把冰凍的手指，貼在我們臉上時，臉一定會顫抖的收縮一下，同樣的你用冷臉去貼人家的熱屁股，也會造成別人的不適。

對應華語 潑冷水。

一畫
二畫
三畫
四畫
五畫
六畫
七畫
八畫
九畫
十畫
十一畫
十二畫
十三畫
十四畫

pat⁸ lang⁵ e⁵ kiann² si² be⁷ liau²

別 人 个 囝 死 繪 了

解釋 囝：兒子。死繪了：死不完。

涵義 形容人非常自私，為了自己的利益，不顧別人的死活。

說明 俗語說：「人不自私，天誅地滅」，人沒有不自私的，只要遇到跟自己利益相衝突的事，就以維護自己的利益為優先，別人的死活不關他的事，現在社會這麼的混亂，就是因為大家都抱持著這種心態所造成的。

補充 ①當「个e⁵」解釋為「的」時，依教育部2007年5月公布之台灣閩南語推薦用字第一批將「个e⁵」寫作「的e⁵」。②依教育部2008年5月公布之台灣閩南語推薦用字第二批將「繪 be⁷」寫作「袂 be⁷」。

pat⁸ lang⁵ e⁵ sai² khah⁴ phang¹

別 人 个 屎 較 芳

解釋 屎：大便。芳：香。

涵義 形容別人的東西比較好。

說明 人都是不滿足的，對於自己所擁有的不知道珍惜，總認為別人的東西比較好，所以老婆是別人的漂亮，屋子是別人的大，花是別人的香。

補充 當「个e⁵」解釋為「的」時，依教育部2007年5月公布之台灣閩南語推薦用字第一批將「个e⁵」寫作「的e⁵」。

對應華語 外國的月亮比較圓、遠來的和尚會念經。

pat⁸ lang⁵ e⁵ boo² khun³ be⁷ kue³ goo⁷ kenn¹

別 人 个 某 睏 繪 過 五 更

解釋 某：妻子、老婆。睏：睡。繪：不。五更：凌晨三點到凌晨五點。

涵義 形容別人的東西雖好卻有時限，不如自己的可以長久使用。

說明 古代用「更」來計時，一個晚上有五更，五更過後天就快亮了，有夫之婦偷跑出來跟別人幽會，要趕在天亮之前回家，才不會被丈夫發現。

補充　①當「个e⁵」解釋為「的」時，依教育部2007年5月公布之台灣閩南語推薦用字第一批將「个e⁵」寫作「的e⁵」。②依教育部2008年5月公布之台灣閩南語推薦用字第二批將「獪 be⁷」寫作「袂be⁷」。

 pat⁸ lang⁵ e⁵ boo² khah⁴ sui²
別 人 个 某 較 媠

解釋　某：妻子、老婆。媠：美、漂亮。

涵義　形容人不滿足的心理，對於自己所擁有的不知道珍惜，總認為別人的東西比較好。

說明　人都有貴遠賤近的心態，對於自己身邊所擁有的東西，往往不知道珍惜，總認為別人的東西比較好，別人的老婆比較美，就是因為這種心態才讓男人一直外遇不斷。

補充　當「个e⁵」解釋為「的」時，依教育部2007年5月公布之台灣閩南語推薦用字第一批將「个e⁵」寫作「的e⁵」。

對應華語　外國的月亮比較圓、遠來的和尚會念經。

pat⁸ lang⁵ e⁵ toh⁴ ting² ngeh⁴ bah⁴ tshi⁷ ta¹ ke¹
別 人 个 桌 頂 夾 肉 飼 大 家

解釋　桌頂：桌子上。飼：孝敬。大家：婆婆。

涵義　形容利用別人的東西來作自己的人情。

說明　小氣的媳婦捨不得花錢，夾別人桌上的肉來孝敬婆婆，一方面自己不用花錢，另一方面又可以做順水人情，討婆婆歡心，真是一舉兩得。

補充　當「个e⁵」解釋為「的」時，依教育部2007年5月公布之台灣閩南語推薦用字第一批將「个e⁵」寫作「的e⁵」。

對應華語　借花獻佛、慷人之慨、順水人情。

pat⁸ lang⁵ e⁵ tsinn⁵ khai¹ be⁷ thiann³
別 人 个 錢 開 獪 痛

解釋　開：花費。獪痛：不會心疼。

涵義　形容利用別人的財物來充自己的場面。

說明　有些人要他拿一點錢出來買東西，好像要他的命似的，但如果是

347

花公家的錢就不一樣，出手闊綽連眉毛都不會皺一下，這種就是花別人的錢不會心痛的自私行為。

補充 ①當「个e⁵」解釋為「的」時，依教育部2007年5月公布之台灣閩南語推薦用字第一批將「个e⁵」寫作「的e⁵」。②依教育部2008年5月公布之台灣閩南語推薦用字第二批將「燴be⁷」寫作「袂be⁷」。③依教育部2009年10月公布之台灣閩南語推薦用字第三批將「痛thiann³」寫作「疼thiann³」。

pat⁸ lang⁵ tiong³ tsin³ su⁷　　li² puah⁸ si² iunn⁵ bu²
別 人 中 進 士 ， 你 拔 死 羊 母

解釋 進士：舊時科舉時代，稱考中殿試的人。拔死：宰殺。

涵義 形容別人在慶賀某事，自己卻甘心花錢跑去湊熱鬧。

說明 古代的科舉考試分為鄉試、會試、殿試，通過鄉試的秀才叫「舉人」，通過會試的舉人叫「貢士」，通過殿試的貢士叫「進士」，進士是古代仕子受賜當官的榮名，所以中進士表示可以做官，當然要殺雞宰羊慶賀一番，但別人中進士根本不干你的事，你卻宰羊慶賀。

對應華語 吹皺一池春水，干卿底事。

thai⁵ lang⁵ bak⁸ tsiu¹ bo⁵ tng² lun⁵
刣 人 目 睭 無 轉 輪

解釋 刣：殺。目睭：眼珠。轉輪：轉動。

涵義 形容殺人就像吃飯一樣稀鬆平常，一點也不會覺得怎樣。

說明 從來沒殺過人的人，第一次殺人時眼睛會一直眨，手會緊張得發抖，心裡也會很害怕，但漸漸地等他人殺多了之後就沒感覺，殺人像在殺豬一樣，眼睛連眨都不會眨一下。

對應華語 殺人不眨眼。

thai⁵ lang⁵ tshin¹ tshiunn⁷ lio⁵ ti¹ kong¹ liau⁷
刣 人 親 像 劉 豬 公 繚

解釋 親像：好像。劉：切、割。豬公繚：條狀的豬肉。

涵義 形容殺人就像割豬肉一樣的稀鬆平常。

說明 切豬肉是很稀鬆平常的事，只要會下廚的人應該都會切肉，但殺

人跟切豬肉根本不同，殺人是殺活生生的東西，在刺下的剎那血會噴出來，這是很恐怖的事，但一個人如果殺過很多人之後，感覺會漸漸麻痺，到最後殺人對他來說，就好像在割豬肉一樣的平常。

對應華語 殺人不眨眼。

---

thai⁵ hi⁵ thai⁵ kau³ tshi¹ kong² ue⁷ kong² thau³ ki¹

刣魚刣到鰓， 講話講透機

解釋 鰓：魚類的呼吸器官，功能類似人類的肺部。講話：說話。透機：清楚。

涵義 喻說話要掌握重點，別人才聽得懂。

說明 一般人到市場買魚都會交代魚販幫我們殺魚，殺魚要從刮鱗片，剖開魚肚，清除內臟，到去腮為止，整個過程完全才算處理乾淨，而說話也是一樣，話要講重點，別人才能明白。

---

thai⁵ i² a² sah⁸ tsha⁵ kiah⁸

刣椅仔， 煠柴屐

解釋 椅仔：椅子。煠：烹調方式的一種，將水煮沸後，投入食物。柴屐：木屐，一種日式的拖鞋。

涵義 形容客人來訪時主人家忙亂的情形。

說明 中國人非常熱情只要有客人來訪，主人一定會殺雞宰羊來招待客人，為了準備好菜給客人吃，廚房常會忙的不可開支，殺椅子，煠木屐，就是形容廚房忙亂的情形。

對應華語 手忙腳亂。

---

thai⁵ ti¹ kong¹ bo⁵ sio¹ tshiann² ke³ tsa¹ boo² kiann² hing⁷ tua⁷ piann²

刣豬公無相請， 嫁查某囝睨大餅

解釋 刣：殺。請：邀請。查某囝：女兒。睨大餅：家裡有喜事，將喜餅分送給親友。

涵義 形容有好事不相請，遇到麻煩事才來要求幫忙。

說明 以前民間遇到拜拜時會殺豬公來宴請親朋好友，而家中有喜慶時也會送一些大餅給親友以分享喜氣，但現在殺豬公時沒有宴請，等到嫁女兒才送大餅討紅包，真是太現實了。

一畫
二畫
三畫
四畫
五畫
六畫
七畫
八畫
九畫
十畫
十一畫
十二畫
十三畫
十四畫

thai⁵ ti¹ ma⁷ ai³ hoo⁷ ti¹ kio³ nng⁷ siann¹

刣豬嘛愛予豬叫兩聲

解釋 嘛：也。愛：需要。予：給。

涵義 處罰人之前，要給人一個答辯的機會。

說明 豬跟牛不一樣，牛會乖乖的被殺，不會逃也不會叫，而豬在被殺之前，不僅會到處亂跑，還會哇哇大叫，所以前人就用這句話比喻在處罰人之前，要給人一個答辯的機會。

thai⁵ thau⁵ sing¹ li² u⁷ lang⁵ tso³   liau² tsinn⁵ sing¹ li² bo⁵ lang⁵ tso³

刣頭生理有人做，了錢生理無人做

解釋 刣：殺。生理：生意。了錢：賠錢。

涵義 形容沒有人會去做虧本生意。

說明 人做生意就是為了要賺錢，利之所趨就算會危及生命，仍有人願意去做，既然做生意是為了賺錢，會虧本的生意當然沒有人願意去做。

對應華語 殺頭生意有人做，賠本生意無人做。

thai⁵ ke¹ ka³ kau⁵

刣雞教猴

解釋 教：教導。

涵義 懲罰一個人來警惕眾人。

說明 殺一隻雞給猴子看，警告牠們要守規矩，這是一種統馭的手段，古代一些大將軍統領軍隊時，如果發現軍心渙散，便會採用此種方法來重整軍紀，警惕人心。

對應華語 殺雞儆猴、殺一警百、懲一戒眾。

lu⁷ tong⁷ pin¹ koo³ tshui³ bo⁵ koo³ sin¹

呂洞賓顧喙無顧身

解釋 呂洞賓：八仙之一。喙：嘴。

涵義 形容人只重吃喝，穿著卻很隨便。

說明 呂洞賓是八仙中的一仙，民間傳說呂洞賓為了渡化人心，常變化成不同人物下凡來渡人，據說呂洞賓曾變做乞丐，衣衫襤褸的在

街旁大吃大喝，所以前人便用此諺語形容人只重吃喝，不重穿著。

kun¹ tsu² m⁷ iann⁵ thau⁵ kun⁵
君 子 毋 贏 頭 拳

解釋 毋：不。頭拳：第一拳。

涵義 形容划酒拳時，第一拳雙方都會互相禮讓。

說明 中國是一個君子之國，禮儀之邦，不論做事、比賽或是娛樂都要講求禮儀，講求君子風度，因此在划酒拳時，第一拳雙方都會互相禮讓，這就是所謂「君子之爭」的精神。

kun¹ tsu² loh⁸ poh⁸ thak⁸ tsu¹ ka³ oh⁸
君 子 落 薄 ， 讀 書 教 學

解釋 落薄：落魄。

涵義 形容君子即使居處困窮仍不改其志，以讀書教學維生。

說明 《論語》說：「君子固窮，小人窮斯濫」，君子有自己的品格原則，即使再窮也能堅守節操，以讀書教學維生，不會做違法亂紀的事。

對應華語 君子固窮。

ham⁵ hueh⁴ phun³ thian¹ sian¹ u¹ tsu⁷ khio²
含 血 噴 天 ， 先 污 自 口

解釋 含血噴天：冤枉別人。污：弄髒。自口：自己的嘴。

涵義 意謂想害別人卻先傷到自己。

說明 因為有地心引力的關係，地球上所有的東西都會往下掉，如果口中含血往天上噴，血會受到地心引力的牽引而往下落在自己的臉上，所以含血噴天會先噴到自己。

對應華語 逆風點火自燒身。

tse⁷ lang⁵ hoo⁷ ting⁷ thau⁵ phah⁴ lang⁵ e⁵ gin² a²
坐 人 戶 模 頭 ， 拍 人 个 囡 仔

解釋 戶模：門檻。拍：打。囡仔：小孩子。

涵義 形容人不懂得人情義理。

說明 跨過門檻等於是進到別人的家裡，跑到別人家裡去打人家的小孩，這不僅不合禮數，也欺人太甚，就好比別國的警察沒有跟我們打聲招呼，便跑到我們國家來捉人一樣，這是不尊重我們國家的主權。

補充 當「个e⁵」解釋為「的」時，依教育部2007年5月公布之台灣閩南語推薦用字第一批將「个e⁵」寫作「的e⁵」。

對應華語 欺人太甚。

tse⁷ e⁰ m⁷ tsai¹ khia⁷ e⁰ kan¹ khoo²
坐 个 毋 知 ， 徛 个 艱 苦

解釋 徛：站。艱苦：痛苦。

涵義 形容沒有親身經歷過的事情，很難去體會別人的痛苦。

說明 站太久腳會酸，脊椎也會因為承受太大的壓力而腰酸背痛，但坐著就不一樣，有靠背可以靠，腳又可以休息，所以坐著比較舒服，有些坐著的人因為沒有長時間站過，因此很難體會站的人的辛苦。

補充 當「个e⁰」解釋為「的」時，依教育部2007年5月公布之台灣閩南語推薦用字第一批將「个e⁰」寫作「的e⁰」。

對應華語 坐轎不知抬轎苦。

tse⁷ ia⁷ m⁷ si⁷ khia⁷ ia⁷ m⁷ si⁷
坐 也 毋 是 ， 徛 也 毋 是

解釋 毋是：不是。徛：站。

涵義 形容心情緊張焦慮，坐立難安。

說明 在醫院產房外面常可以看到一些太太是生第一胎的陪產丈夫，坐也不是站也不是，心情緊張焦慮的在走道上走來走去，直到醫生把孩子抱出來，才鬆了一口氣。

對應華語 坐立不安、坐也不是，站也不是。

tse⁷ hoo⁷ tsiann³ tsiah⁴ e⁷ tit⁴ lang⁵ thiann³
坐 予 正 才 會 得 人 痛

解釋 予：無義，放在動詞後面，表示一種狀態。正：不偏。痛：疼

352

愛。

涵義 坐姿儀態要端正才會得到人家的疼愛。

說明 有些小孩不知道是家教不好，還是自己太懶散，坐沒坐相，站沒站相，讓人看了只想搖頭，一個人的坐姿站相，會影響別人對他的印象，所以有好的儀態才能獲得別人的疼愛。

補充 依教育部2009年10月公布之台灣閩南語推薦用字第三批將「痛thiann³」寫作「疼thiann³」。

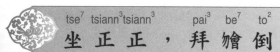

tse⁷ tsiann³tsiann³　　pai³　be⁷　to²
坐 正 正 ， 拜 獪 倒

解釋 拜：祭拜，此處指陷害。獪：不。

涵義 行事光明磊落就不怕別人陷害。

說明 有些人因為一時貪心而做了不法的事，這個錯誤就變成別人脅迫的把柄，所以做人要行得正，坐得穩，別人才不能脅迫、陷害你。

補充 依教育部2008年5月公布之台灣閩南語推薦用字第二批將「獪be⁷」寫作「袂be⁷」。

對應華語 行得正，坐得穩。

tse⁷ leh⁴ tsiah⁸　　to²　leh⁴ pang³
坐 咧 食 ， 倒 咧 放

解釋 咧：著。倒：躺。放：拉屎。

涵義 形容人好吃懶做，不事生產。

說明 通常一般人想大便都會去廁所解決，如果連廁所都懶得去，直接躺著就拉，這個人一定懶惰到極點，所以前人便用這句諺語，形容人好吃懶做，不事生產。

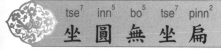

tse⁷ inn⁵ bo⁵ tse⁷ pinn²
坐 圓 無 坐 扁

解釋 圓：圓滿。

涵義 形容人喜歡搶奪功勞，推卸過錯。

說明 有些人看到別人得勢時會想盡辦法巴結他，這人一旦失勢了，連正眼都不瞧他一眼，做事時有好處都歸自己，不好的就推得一乾二淨，這種人就是「坐圓無坐扁」的最好例證。

對應華語 爭功諉過。

坐轎个欲煞，扛轎个毋煞
tse⁷ kio⁷ e⁰ beh⁴ suah⁴　kng¹ kio⁷ e⁰ m⁷ suah⁴

解釋 欲：要。煞：停止、結束。扛轎个：轎夫。

涵義 形容主事的人要將事情停止，但旁邊的輔佐者卻不願意讓事情終止。

說明 坐轎的是主人，一切主導權都在他身上，而轎夫只是他請來幫忙抬轎的工人，所以轎子要抬往何處，在何處要停止，一切應該是由坐轎的人來決定才對。

補充 當「个e⁰」解釋為「的」時，依教育部2007年5月公布之台灣閩南語推薦用字第一批將「个e⁰」寫作「的e⁰」。

坐轎个喝艱苦，扛轎个也喝艱苦
tse⁷ kio⁷ e⁰ huah⁴ kan¹ khoo²　kng¹ kio⁷ e⁰ ia⁷ huah⁴ kan¹ khoo²

解釋 个：的。喝：喊。艱苦：辛苦。

涵義 無論做哪一行業都有它的苦處。

說明 古代沒有汽車，轎子是有錢人出門的代步工具，轎子是木頭所製，本身重量已經不輕，若轎中之人是個大胖子，轎夫抬起轎子就更加辛苦，但乘轎的人也不一定輕鬆，因為轎子裡面空間窄小，通風不良，若是久坐手腳也很不舒暢，所以既然彼此各有苦處，就應該要互相溝通、體諒，這樣工作才能愉快。

補充 當「个e⁰」解釋為「的」時，依教育部2007年5月公布之台灣閩南語推薦用字第一批將「个e⁰」寫作「的e⁰」。

孝男山出世个
hau³ lam⁵ suann¹ tshut⁴ si³ e⁰

解釋 孝男：居父母喪的男子。出世：誕生。

涵義 形容人非常愛哭。

說明 父母過世子女心中非常的哀戚，在居喪期間孝男無心於何事，思親情深，每憶起父母在世的種種，常會放聲痛哭，所以前人就用這句諺語，形容人愛哭就如同孝男一樣。

補充 當「个e⁰」解釋為「的」時，依教育部2007年5月公布之台灣閩南

一畫 二畫 三畫 四畫 五畫 六畫 七畫 八畫 九畫 十畫 十一畫 十二畫 十三畫 十四畫

語推薦用字第一批將「个e⁰」寫作「的e⁰」。

ang¹ kong¹ siann³ m⁷ tat⁸ ang¹ ma² tiann⁷

尫 公 聖 母 值 尫 媽 定

解釋 尫：神像。聖：靈驗。毋值：比不上。定：老練、穩重。

涵義 此語有兩義：①形容男人非常懼內，家中所有事情都交由妻子決定。②形容不管男人多麼能幹，還是需要一個穩重的妻子來幫忙持家。

說明 一個成功男人的背後，一定有雙溫柔的推手。的確，男人的事業能夠成功，就是因為有一位賢淑的妻子幫忙持家，他才可以無後顧之憂的在外面全心的打拚。

ang¹ i⁵ sun⁷ ue⁷ bue²

尫 姨 順 話 尾

解釋 尫姨：女靈媒。

涵義 喻人順著對方的語意，再說出迎合對方心意的話。

說明 靈媒是陽間家屬和陰魂溝通的媒介，但大多數的靈媒都是假的，她們假扮陰魂和家屬對話，由於她們懂得家屬的心理，所以說話時總是順著家屬的語意，說出迎合心意的話，讓家屬感覺不出她們是假裝的。

ang¹ ke³ toh⁴ ting² khioh⁴ tioh⁸ kam¹

尫 架 桌 頂 抾 著 柑

解釋 尫架桌：供奉神明或祖先牌位的桌子。抾著：撿到。柑：橘子。

涵義 形容人為自己偷竊行為找藉口強辯。

說明 供桌上的供品都是為了祭祀神明而準備的，絕不可能是因為有人忘記而放在那裡，所以說在供桌上撿到橘子，根本就是牽強的藉口。

ang¹ ke³ toh⁴ huat⁴ loo⁵

尫 架 桌 發 爐

解釋 發爐：香爐從插在爐中線香的下半部起火。

涵義 喻事情的發生早有預兆。

說明 依據民間的說法，認為發爐是一種菩薩預警的徵兆，預兆會有事情發生，但如果以科學的角度來看，發爐可能是因為香密集地插在一起，讓爐內溫度突然變高，因而引發瞬間的大燃燒。

ang¹ na⁷ hian²　　te⁷ tsu² tioh⁸ lak⁴ bin⁷
尪若顯，弟子著落面

解釋 尪：神像，這裡指「神佛」。若：如果。顯：興旺、靈驗。弟子：信徒。落面：丟臉，引申「落魄」。

涵義 勸人敬神拜佛時，不要過度的鋪張浪費。

說明 有些人拜神時常會許願，若是菩薩幫他達成願望，就打金牌、辦桌、擴建廟宇……來酬謝神恩，所以如果菩薩越靈驗，信徒便要花越多的錢來還願，如果信徒的錢都拿去蓋廟酬神，當然會越變越窮。

si⁷ tua⁷ bo⁵ ho² iunn⁷　　si⁷ se³ tho² hue⁵ siunn⁷
序大無好樣，序細討和尚

解釋 序大：長輩、父母。樣：舉止行為。序細：晚輩、兒女。討和尚：做一些傷風敗俗的事。

涵義 做父母的如果行為不端正，小孩子就會跟著學壞。

說明 父母如果一天到晚在外面亂來，做一些傷風敗俗的事，小孩就會有樣學樣，跟著做出一些不正經的事，所以為人父母者應該要以身作則，豎立好榜樣，才能讓小孩有所依循。

對應華語 上行下效、有樣學樣、上樑不正下樑歪。

tshng⁵ thau⁵ phah⁴　　tshng⁵ bue² ho⁵
床頭拍，床尾和

解釋 拍：打。和：和好。

涵義 形容夫妻之間的爭吵通常很快就和好了。

說明 床頭跟床尾的距離很近，床頭打架床尾和解，表示雙方鬥氣的時間非常短。夫妻之間沒有隔夜仇，吵歸吵，鬧歸鬧，床頭打架，床尾和。

對應華語 夫妻沒有隔夜仇。

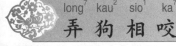

long⁷ lang⁵ ang¹ boo² phainn² si² kiann² tsuat⁸ sun¹

弄人翁某歹，死囝絕孫，

khng³ lang⁵ ang¹ boo² ho² ban⁷ tai⁷ kong¹ hun¹

勸人翁某好，萬代功勳

解釋 弄：挑撥。翁某：夫妻。歹：失和。囝：兒子。功勳：功績。

涵義 形容挑撥人家夫妻失和是非常缺德的事，勸人夫妻和好是一件大功勞。

說明 俗語：「寧拆十座廟，不破一門親」，中國傳統觀念認為，破壞人家的婚姻是一件罪大惡極的事會有報應，所以對於人家夫妻吵架，總是勸合不勸離。

對應華語 夫妻勸和不勸離。

---

long⁷ kau² sio¹ ka⁷

弄狗相咬

解釋 弄：挑撥、唆使。

涵義 喻挑撥雙方，使其相鬥。

說明 正常情況下，狗與狗在一起都是相安無事的，除非是爭食物或地盤。如果有人閒著沒事做，朝牠們丟骨頭，這些狗就會為了這塊骨頭互咬起來，所以人們便用這句諺語，形容人居心叵測，故意挑撥雙方爭鬥。

對應華語 挑撥離間、搬弄是非。

---

lun² khi³ sing¹ tsai⁵ kik⁴ khi³ sio¹ thai⁵

忍氣生財，激氣相刣

解釋 激氣：生氣。刣：殺。

涵義 勸人凡事要忍耐，和氣才能生財。

說明 現代社會為什麼會有那麼多的殺人事件，就是因為大家不能忍耐，稍微一點小事就動刀動槍，非得殺個你死我活才罷休，結果常弄得兩敗俱傷，如果事情發生時，大家都能忍一口氣，就不會把事情搞得那麼糟。

對應華語 和氣生財。

lun² a⁰ lun² lun² tioh⁸ tsit⁸ e⁵ kim¹ tsioh⁸ tun²

忍啊忍，忍著一个金石盾

解釋 忍：忍耐。著：到。

涵義 形容能忍耐的人到最後會得到財富。

說明 俗話說「和氣生財」，做服務業的人如果能抱著「顧客至上」的心態，忍讓客人無理的要求，盡量讓客人滿意自己的服務，這樣客人下次就還會再上門，你的財富就會源源而來。

lun² tit⁴ tsit⁸ si⁵ tsi¹ khi³ bian² tit⁴ pah⁴ jit⁸ tsi¹ iu¹

忍得一時之氣，免得百日之憂

解釋 百日：長久的時間。憂：憂患。

涵義 忍住一時衝動之氣，就不會做出讓自己後悔的禍事。

說明 現代人就是沉不住氣不能忍讓，稍微一點小事就動刀動槍，非得殺個你死我活才罷休，但不管是殺傷人或是將人殺死，都免不了牢獄之災，如果當初事情發生時，大家都能忍一口氣，這些事情就不會發生。

對應華語 忍一時之氣，保百年之身。

kiu⁵ jin⁵ ju⁵ thun¹ sam¹ tshioh⁴ kiam³

求人如吞三尺劍

解釋 尺：一尺十寸。

涵義 形容求人幫忙是痛苦又不容易的事。

說明 咽喉是一個很敏感的器官，只要有異物碰觸到咽喉，便會產生一種反射性的嘔吐，吞劍不僅會引起連續的嘔吐，還會造成食道的受傷，口水直流，真是非常的難受，所以把求人比喻成吞劍，可見求人就像吞劍那樣的痛苦難受。

對應華語 登天難，求人更難。

kiu⁵ ping⁵ an¹ khah⁴ ho² kiu⁵ thiam¹ hok⁴ siu⁷

求平安較好求添福壽

解釋 添：增加。福：福氣。壽：長壽。

涵義 形容日子能過得平安才是重要。

説明　許多人到廟裡拜拜，多是祈求菩薩能夠保佑他升官發財、早生貴子、添福添壽……，但如果沒有健康的身體，縱然有再多的福氣，也享受不到，所以拜拜還是只求平安就好。

對應華語　平安就是福。

tsau³ kun¹ kong¹ sann¹　jit⁸ tsiunn⁷ tsit⁸ pai² thinn¹

灶君公三日上一擺天

解釋　灶君公：灶神。一擺：一次、一回。

涵義　勸人不要做壞事，因為神明隨時都在你身邊查看紀錄。

説明　民間傳說灶神平日除了執掌廚灶之事外，還有另一項職責，就是監察記錄這戶人家的善惡，定期向天庭報告，上天再依據這份報告決定這戶人家的禍福。

對應華語　舉頭三尺有神明。

lam⁵ jin⁵ than³　lu² jin⁵ li²

男人趁，女人理

解釋　趁：賺錢。理：整理。

涵義　男人在外面工作賺錢，女人在家裡打理家務。

説明　男主外，女主內，一直是中國的傳統思想，因為古代是一個父權社會，重男輕女，認為男人是一家之主，必須負責一家的經濟責任，所以男人要出外工作，家裡就交給女人來負責。

對應華語　男主外，女主內。

lam⁵ jin⁵ tuan⁷tsiunn² tso³ siong³kang¹　lu² jin⁵ tuan⁷tsiunn² tsiu² khang¹pang⁵

男人斷掌做相公，女人斷掌守空房

解釋　斷掌：智慧線和感情線合為一紋，橫切過整個掌面。做相公：當官。守空房：守寡。

涵義　形容男女斷掌的不同命相。

説明　根據命相學的說法，認為男人斷掌，表示有決斷力，將來會做大官，女人斷掌會剋夫，將來會守寡，其實這些都只是古代重男輕女的想法，現代有很多女性都是斷掌，但她們不僅事業傑出，也沒有守寡，所以命相這種東西只能做參考不能當真。

lam⁵ tua⁷ tong¹ hun¹　　lu² tua⁷ tong¹ ke³
男 大 當 婚 ， 女 大 當 嫁

解釋 當：應該。婚：結婚。嫁：出嫁。

涵義 男孩長大了就應當要結婚，女孩長大了就應當要出嫁。

說明 在以前的傳統觀念中，大多數的人都將婚姻視為人生的必經階段，於是就有「男大當婚、女大當嫁」的觀點出現，但現今社會變遷快速，這樣觀點在現代是否仍然適用，就要因人而論。

lam⁵ thian¹ ping⁵　　lu² e⁷ kok⁴
男 天 平 ， 女 下 顎

解釋 天平：額頭。下顎：下巴。

涵義 形容男女富貴面相的不同相法。

說明 面相學是中國五術之一，依據面相學說法，男人如果額頭寬廣是福貴之相，一生都有貴人相扶，福澤綿延，女人如果下巴長得豐厚，不僅財富能守，而且老運亨通。

lam⁵ ji⁵ tshik⁴ ha⁷ iu² ng⁵ kim¹
男 兒 膝 下 有 黃 金

解釋 膝：膝蓋。黃金：金子。

涵義 喻男人應當要有志氣，不可以隨便向人下跪。

說明 男兒膝下有黃金，膝蓋代表人的志節，有志氣的男人是不隨便向人下跪的，大丈夫上跪天，下跪地，中跪父母君親，絕不會因為一時的利誘或威嚇，而屈辱的向人下跪。

lam⁵ mia⁷ bo⁵ ke²　　lu² mia⁷ bo⁵ tsin¹
男 命 無 假 ， 女 命 無 真

解釋 命：命運，這裡指「生辰八字」。

涵義 形容男人沒有假的八字，女人沒有真的的八字。

說明 以前男女結婚之前要先合八字，如果八字不合便不能結婚，有些女子的八字不好，沒人敢跟她合婚，所以只好更改自己的八字，以便能早日嫁出。

siu³ tsai⁵ tu² tioh⁸ ping¹ ， iu² li² kong² be⁷ tshing¹

秀才拄著兵，有理講𣍐清

解釋 秀才：指讀書人。拄著：遇上。兵：不講道理的人。講𣍐清：說不清。

涵義 形容講道理的人遇到不講理的人，彼此無法溝通。

說明 一般讀書人都是講理的，他們外表斯文，手無縛雞之力，所以遇到事情只能用他們最擅長的說理方式去跟人家溝通，但如果遇到不講道理的人，即使有再多的道理，也講不清楚無法溝通。

補充 依教育部2008年5月公布之台灣閩南語推薦用字第二批將「𣍐be⁷」寫作「袂be⁷」。

對應華語 秀才遇到兵，有理說不清。

---

siu³ tsai⁵ go² si² m⁷ be⁷ tsheh⁴ ， tsong³ su⁷ go⁷ si² m⁷ be⁷ kiam³

秀才餓死毋賣冊，壯士餓死毋賣劍

解釋 秀才：讀書人。毋賣：不賣。冊：書。壯士：指「劍客、俠士」。

涵義 不論生活多麼困窮，絕不忘其根本。

說明 讀書人和書的關係是密不可分的，就如同劍士跟劍是一體，所謂「劍在人在，劍亡人亡」，劍是劍士的根本，而書也是讀書人的根本。秀才和壯士寧願餓死，也不願意賣掉書跟劍，這表示他們不論在生活上遇到什麼困頓，都不會將其根本忘掉。

---

han² tit⁴ kui² si⁵ ni⁵ koo¹ tso³ mua² gueh⁸

罕得幾時尼姑做滿月

解釋 罕得：難得。滿月：嬰兒出生滿一個月。

涵義 形容難得發生的事情。

說明 出家人要守五戒，尼姑是出家人不能破戒，當然就不能結婚，既然尼姑不能結婚，當然就不能生小孩，沒有小孩怎麼做滿月，所以要等尼姑做滿月，可能千年難逢一次。

對應華語 百年不遇、千載一時、千載難逢、萬世一時。

too⁷ tng⁵ te² bo⁵ puann³ liap⁸ sua¹
肚 腸 貯 無 半 粒 沙

解釋 貯無：裝不下。

涵義 形容人器量狹小不能容人。

說明 人的肚子雖然沒有牛那麼大，但要裝下一粒沙是絕對沒有問題的，所以這裡並不是真的說人的肚子沒有辦法裝下一粒沙，只是形容人器量狹小，連一粒沙都容不下。

對應華語 眼裡容不下沙子。

too⁷ tsai⁵ sai² iau² bue⁷ lak⁴
肚 臍 屎 猶 未 落

解釋 猶：還。落：脫落、掉落。

涵義 形容人幼稚不成熟。

說明 嬰兒出生之後，醫生會將連接在他身上的臍帶剪斷，肚臍上被剪斷的臍帶部分，等過一段時間之後，會開始變乾結疤，然後脫落，所以前人就這句諺語，形容人幼稚不成熟。

對應華語 乳臭未乾。

too⁷ tsai⁵ tshim¹ tshim¹ ho² te² kim¹　　too⁷ tsai⁵ thoo² thoo² ho² tshua⁷ boo²
肚 臍 深 深 好 貯 金 ，肚 臍 吐 吐 好 焄 某

解釋 肚臍：肚臍眼。貯：裝。吐吐：凸出。焄某：娶老婆。

涵義 形容肚臍的深淺不同，就有不同的命相。

說明 因為「臍」跟「財」諧音，所以老人家認為從一個人肚臍的深淺，便可以看出將來是否富貴，肚臍深的代表將來會很有錢，而肚臍淺的只能靠娶個有錢的老婆來庇蔭他。

補充 當「焄tshua⁷」解釋為「迎娶」時，依教育部2007年5月公布之台灣閩南語推薦用字第一批將「焄tshua⁷」寫作「娶tshua⁷」。

liong⁵ sim¹ khi³ hoo⁷ kau² ka⁷ khi⁰
良 心 去 予 狗 咬 去

解釋 予：給。

涵義 形容人沒有良心。

說明 良心被狗咬去，這個人當然就沒有良心了，這句諺語是責罵人沒有良心，良心是一種善良、仁義之心，一個人如果沒有良心，那他跟禽獸就沒什麼分別。

對應華語 沒心沒肝、喪盡天良。

kin¹ tsio¹ phue⁵ e⁷ kut⁸ to² lang⁵

芎蕉皮會滑倒人

解釋 芎蕉皮：香蕉皮。滑倒：摔跤。

涵義 小事情也會釀成大災禍。

說明 以前的人不注重環保衛生，沒有隨手把垃圾丟進垃圾筒的好習慣，吃完香蕉，香蕉皮就隨手亂丟，由於香蕉皮的體積較小，後面的人要是沒有注意，一踩到可能就會滑倒。

補充 依教育部2009年10月公布之台灣閩南語推薦用字第三批將「芎蕉kin¹ tsio¹」寫作「弓蕉kin¹ tsio¹」。

對應華語 星火燎原、蟻穴潰堤。

kin¹ tsio¹ thoo³ kiann² ui⁷ kiann² si²

芎蕉吐囝為囝死

解釋 芎蕉：香蕉。吐囝：長新芽。囝：子女，這裡指新芽。

涵義 形容父母為子女犧牲的精神。

說明 香蕉的蕉苗在栽種後六到八個月就會吐新芽，香蕉的母株在吐子之後，會逐漸枯萎而死，就像一些婦女為了生小孩受盡折磨，甚至因為難產而犧牲生命，這精神實在令人感佩。

補充 依教育部2009年10月公布之台灣閩南語推薦用字第三批將「芎蕉kin¹ tsio¹」寫作「弓蕉kin¹ tsio¹」。

kin¹ tsio¹ suan² pat⁸ a² phah⁴ tshut⁴ lang²

芎蕉選別仔，拍出籠

解釋 選別仔：分門別類來篩選。拍出：打出去，引申「淘汰」。

涵義 形容資格不合被淘汰出局。

說明 香蕉是台灣的特產，不僅供我們自己食用，也外銷到日本等地，要外銷的東西當然得選擇最好的，所以必須將採收下來的香蕉加以分門別類，表皮上有黑點、蟲蛀或是破裂的，統統要打下來，

以免影響外銷的品質。

補充 依教育部2009年10月公布之台灣閩南語推薦用字第三批將「弓蕉 kin¹ tsio¹」寫作「弓蕉kin¹ tsio¹」。

對應華語 淘汰出局。

---

kinn³ kuann¹ tsau² au⁷ pinn¹　　sio¹ tshiann² tsau² thau⁵ tsing⁵
見 官 走 後 邊 ， 相 請 走 頭 前

解釋 後邊：後面。相請：邀請。頭前：前面。

涵義 形容要見官吏得走後門送紅包的歪風。

說明 後門比較少人進出，通常做一些見不得光的事情時，才會走後門以掩人耳目，那些貪官污吏也是經由後門來收受人民的紅包，而請客是一件光明正大的事，不怕人知道，所以可以從前門進出。

---

kinn³ bin⁷ sann¹ hun¹ tsing⁵
見 面 三 分 情

解釋 情：情面、情誼。

涵義 形容雙方只要見了面，多少會有一些情誼存在，事情便有迴轉的餘地。

說明 現在是一個講求人際關係的社會，人與人之間的往來，就靠這些人情來維繫，即使雙方並不是真心的對待，但只要一見面多少還是會顧慮一下雙方的情誼，不會把事情搞得那麼難堪。

---

kian³ siau³ be⁷ si²　　kuan³ si³ tioh⁸ ho²
見 笑 獪 死 ， 慣 勢 著 好

解釋 見笑：丟臉、羞愧。獪：不會。慣勢：習慣。著好：就好。

涵義 形容人沒有羞恥心。

說明 這句諺語是嘲諷人不知羞恥。沒廉恥心的人臉皮厚，被別人嘲笑也不會感到不好意思，覺得丟臉又不會怎樣，反正習慣就好，這種人真是厚顏無恥。

補充 依教育部2008年5月公布之台灣閩南語推薦用字第二批將「獪 be⁷」寫作「袂be⁷」。

對應華語 恬不知恥、厚顏無恥、寡廉鮮恥。

kian³ siau³ tng² siu⁷ khi³
見 笑 轉 受 氣

解釋 見笑：丟臉。受氣：生氣。

涵義 形容人因為羞愧下不了台轉而發怒。

說明 有個老人在路邊小便，剛好被警察看到，警察詢問他為何隨便在路邊尿尿，結果他惱羞成怒，反而拿刀砍傷警察，這就是「見笑轉受氣」的例證。

對應華語 惱羞成怒。

kinn³ tioh⁸ tsin¹ bing⁷ tioh⁸ khu⁵ kha¹
見 著 真 命 著 跍 跤

解釋 見著：見到。真命：真命天子。著：就。跍：蹲。跤：腳。

涵義 形容人一到正式場合就會怯場。

說明 有些人跟一般人說話時非常的鎮定，滔滔不絕，但一遇到自己喜歡的人就頭腦一片空白，臉紅心跳害羞得說不出話來，這種便是見到真命天子會腳軟的人。

kinn³ tioh⁸ kuann¹ tsha⁵ tsiah⁴ tsai¹ khau³
見 著 棺 材 才 知 哭

解釋 棺材：棺木。

涵義 形容人個性固執不聽勸告，一定要等到自己吃到苦頭才知錯。

說明 有些人個性很奇怪，明明前面有危險，而且別人已經先走過吃了虧，所以好心的勸他不要去，但不論別人怎麼說怎麼勸，還是要去，非得等到自己也吃到苦頭才肯停止。

對應華語 不見棺材不流淚。

kinn³ thau⁵ sann¹ hun¹ som¹
見 頭 三 分 參

解釋 頭：頭部。參：人參。

涵義 形容凡是可以食用的動物，牠們的頭部都是很滋補的。

說明 中國人喜好進補，認為吃什麼就補什麼，所以看到天上飛的地上爬的，任何可食性動物的頭部，都覺得好像人參一樣的滋補。

見雞也投，見狗也投
kinn³ ke¹ ia⁷ tau⁵　　kinn³ kau² ia⁷ tau⁵

解釋 投：告狀。

涵義 形容人到處向人告狀。

說明 見到雞也告狀，見到狗也告狀，連雞狗都可以告狀，可見這個人真是無處不告，有些人非常小心眼，發生一點小事就到處去告狀，好像自己受到了天大的委屈似的，這種人最讓人受不了。

豆油分伊搵，連碟仔煞提去
tau⁷ iu⁵ pun¹ i¹ un³　　lian⁵ tih⁸ a² suah⁴ theh⁸ khi⁰

解釋 豆油：醬油。伊：他。搵：沾。煞：卻。提去：拿去。

涵義 形容人貪心不知足。

說明 醬油借他沾，結果他連醬油碟子都拿走，這種人真是太過分，現在的社會這種人很多，你好心幫他，結果他反而得寸進尺把你踏到底，所以幫人時要看清楚，免得自己被吃得死死的。

對應華語 得寸進尺、得隴望蜀。

豆乾孝媽祖
tau⁷ kuann¹ hau³ ma² tsoo²

解釋 孝：祭拜、祭祀。

涵義 形容人做事毫無誠意，隨便應付了事。

說明 豆乾是一種豆類製品，製作方法和豆腐差不多，但比豆腐多了一道壓乾手續，豆乾的價格低廉，用豆乾來祭拜媽祖，不僅隨便，也沒有誠意。

對應華語 敷衍了事。

豆豉粕，咬做爿
tau⁷ sinn⁷ phoh⁴　　ka⁷ tso³ ping⁵

解釋 豆豉：用黃豆製成的食品。粕：殘渣。爿：一半。

涵義 形容人非常吝嗇。

說明 豆豉是一種豆類的發酵醬料，非常的好吃，可直接用來配飯或煮菜，豆豉的價格非常便宜，連豆豉的殘渣都要咬成兩半來吃，可

見這個人多麼吝嗇。

對應華語 視錢如命、一毛不拔。

tau⁷ hu⁷ kah⁴ tsioh⁸ thau⁵ be⁷ khap⁸
豆 腐 佮 石 頭 獪 磕

解釋 佮：與、和。磕：碰撞。

涵義 形容雙方實力懸殊無法匹敵。

說明 豆腐質地鬆軟，只要用手輕輕一碰就會碎掉，而石頭質地堅硬，就算用力摔也不會裂成兩半，豆腐跟石頭的硬度相差太遠，所以不能拿來互相比拚。

補充 依教育部2008年5月公布之台灣閩南語推薦用字第二批將「獪be⁷」寫作「袂be⁷」。

對應華語 天壤之別、實力懸殊、卵石不敵、強弱懸殊。

tau⁷ hu⁷ king¹ ah⁴ bo² te⁵
豆 腐 肩 ， 鴨 母 蹄

解釋 鴨母蹄：指「扁平足」。

涵義 此語有兩義：①形容人身體孱弱不能做粗活。②形容文弱書生。

說明 豆腐很柔嫩，只要用手輕輕一碰就會散掉，所以像豆腐肩的人，肩上無法擔起重物，有扁平足的人無法久站，肩不能挑，腳不能站，可見這個人非常文弱。

對應華語 肩不能挑，手不能提。

tau⁷ hu⁷ khap⁸ tsioh⁸ thau⁵
豆 腐 磕 石 頭

解釋 磕：撞擊。

涵義 此語有兩義：①形容雙方實力相差懸殊。②形容人自不量力。

說明 豆腐質地鬆軟，只要用手輕輕一碰就會碎掉，而石頭的質地堅硬就算用力摔也不會裂成兩半，豆腐跟石頭的硬度相差這麼多，拿豆腐來碰石頭，簡直是自取滅亡。

對應華語 以卵擊石。

一
畫

二
畫

三
畫

四
畫

五
畫

六
畫

七
畫

八
畫

九
畫

十
畫

十
一
畫

十
二
畫

十
三
畫

十
四
畫

tshiah⁴ bin⁷ bu⁵ su¹

赤 面 ， 無 私

解釋 赤面：臉紅。

涵義 形容生氣或羞赧時會臉紅的人比較沒有心機。

說明 人會臉紅是因為情緒受到外界事物的刺激，造成血壓上升，心跳加快，血液循環加速，因而臉紅，人在生氣或羞愧時會臉紅，表示這個人有真性情，所以比較沒有心機。

tshiah⁴ kha¹ e⁰ jiok⁴ lok⁸ tshing⁷ e⁵ e⁰ tsiah⁸ bah⁴

赤 跤 个 逐 鹿 ， 穿 鞋 个 食 肉

解釋 赤跤：赤腳。逐：追。

涵義 形容真正勞動的人沒有得到任何好處，反而是閒閒在旁邊的人坐享其成。

說明 赤腳的去追鹿，獵到的鹿肉，自己沒有吃到一口，反而全部都給穿鞋的吃，這種情形怎能叫人不生氣，就如同員工辛苦的工作，幫老闆賺了一大筆錢，而老闆卻將錢全部放進口袋，沒拿一毫出來回饋員工，當然會引起員工的不滿。

補充 當「个e⁰」解釋為「的」時，依教育部2007年5月公布之台灣閩南語推薦用字第一批將「个e⁰」寫作「的e⁰」。

tshiah⁴ tshi² tsiong⁷ guan⁵ tsai⁵

赤 鼠 ， 狀 元 才

解釋 赤鼠：賊、小偷。狀元：古代科舉考試殿試的第一名。才：才能。

涵義 形容賊詭計多端，他的智力往往超過一般人。

說明 賊跟強盜不一樣，強盜看到人家有財物，便下手搶奪，但賊會先去觀察地形，了解情勢，再用一些計謀來偷取人的財物，讓人防不勝防，所以說賊的才智就像狀元一樣足智多謀。

對應華語 賊計狀元才。

tsau² kah⁴ tsit⁸ siang¹ kha¹ na² pok⁸ koo² ti⁷

走 佫 一 雙 跤 若 暴 鼓 箸

解釋 佫：助詞，無義。跤：腳。若：好像。暴：急速猛烈。鼓箸：鼓棒。

涵義 形容人雙腳跑得像打鼓那樣的快。

說明 打過鼓的人都知道，當樂曲演奏到緊張或激亢的片段時，鼓槌必須快速不間斷的敲打，才能將亢奮的情緒表達出來，所以前人就以鼓槌快速敲打的情形來形容人逃得很快。

補充 依教育部2008年5月公布之台灣閩南語推薦用字第二批將「佫kah⁴」寫作「甲kah⁴」。

對應華語 逃之夭夭。

tsau² kah⁴ na² iap⁴ bue² kau²

走 佫 若 揜 尾 狗

解釋 揜尾：夾著尾巴。

涵義 形容人狼狽逃走的窘態。

說明 狗會用叫聲和肢體動作來傳達情緒和感情，而狗尾巴也具有同樣的功用，一般而言狗的尾巴都是下垂的，不論高興或表示和善時，也只是搖搖尾巴而已，只有在情緒激動時，才會舉起尾巴，但當牠被人用棍棒敲打或是爭鬥失敗遭其他的狗追擊時，就會膽怯的夾著尾巴逃走，所以就用揜尾狗來形容人倉皇逃走的窘態。

補充 依教育部2008年5月公布之台灣閩南語推薦用字第二批將「佫kah⁴」寫作「甲kah⁴」。

對應華語 落荒而逃、抱頭鼠竄、倉惶而逃、逃之夭夭。

tsau² kah⁴ lih⁸ khoo³ kha¹

走 佫 裂 褲 跤

解釋 裂褲跤：褲腳裂開。

涵義 形容人逃得很快。

說明 一般來說，褲腳會裂開只有兩種情形，一是褲子不小心勾到東西，另一種就是因為太胖，褲子不合身被撐破，而走路要走到褲子裂開這種情形比較少見，除非是跑得很激烈，褲子經大腿大力的拉扯才會破裂，所以就用跑到褲子都裂開，形容人倉皇逃走的

一畫 二畫 三畫 四畫 五畫 六畫 七畫 八畫 九畫 十畫 十一畫 十二畫 十三畫 十四畫

狼狽樣。

補充 依教育部2008年5月公布之台灣閩南語推薦用字第二批將「佮kah⁴」寫作「甲kah⁴」。

對應華語 逃之夭夭。

tsau² be² khuann³ tsin¹ tsu¹
走馬看珍珠

解釋 走馬：騎在奔走的馬上。

涵義 形容人看東西只是大略地看一下，並沒有看得很仔細。

說明 珍珠是一種珍貴的珠寶，由於價格昂貴，有些不肖的商人常以假珍珠來欺騙顧客，要分辨珍珠的真假，必須仔細的把玩觀賞才行，如果只是一邊騎馬，一邊觀賞珍珠，大概只能看到它的表象而已。

對應華語 走馬看花、蜻蜓點水。

tsau² tshat⁸ tu² tioh⁸ hoo²
走賊拄著虎

解釋 走賊：賊剛離開。拄著：遇上。

涵義 才過了一個難關，又遇上另一個困境。

說明 古代交通不方便，商人到別省做生意，常需要翻山越嶺，但大部分的山不是有山賊，就是有老虎，商人生命飽受威脅，有些商人運氣比較不好，被山賊打劫之後好不容易逃脫，卻又遇到老虎，真是倒楣透頂。

對應華語 一關過完又一關。

sin¹ li⁰ bo⁵ i¹ pi⁷ jin⁵ khi¹ pak⁴ li⁰ bo⁵ ko¹ bo⁵ jin⁵ gi⁵
身裡無衣被人欺，腹裡無膏無人疑

解釋 膏：內涵、學問。

涵義 形容人用外表穿著來決斷人的身分。

說明 一般人習慣以貌取人，看人家穿著簡陋就認定他是窮人，對人一副愛理不理的模樣，相反的如果這個人衣著光鮮西裝筆挺，就認為他是上流社會的人，即使舉止行為粗俗不堪，也沒有人會懷疑他的身分。

對應華語 以貌取人。

sin¹ khu¹ bo⁵ tsinn⁵　　tioh⁸ tui³ tshian² tshu³ tsiunn⁷ suann¹

身 軀 無 錢 ， 著 對 淺 處 上 山

解釋 身軀：身上。著：就。對：由、自。淺處：水比較淺的地方。

涵義 先要衡量自己力量的大小再去做事，才不會太勉強。

說明 從淺處入山可以一步一步慢慢的深入，不需要花費太多的錢，若是直接從深處入山，則需要找人幫忙接駁入山，這樣花費會比較多，所以身上如果沒有多少錢，最好從淺處上山比較合適。

對應華語 量力而行、適量而為、力所能及。

八 畫

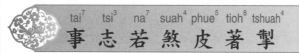

一畫
二畫
三畫
四畫
五畫
六畫
七畫
八畫
九畫
十畫
十一畫
十二畫
十三畫
十四畫

tai⁷ tsi³ na⁷ suah⁴ phue⁵ tioh⁸ tshuah⁴

事 志 若 煞 皮 著 掣

解釋 事志：事情。若：如果。煞：完結、結束。著：就。掣：發抖。

涵義 形容等事情結束後便開始算總帳。

說明 每逢選舉過後，電視台便會開始秋後總算帳，凡是跟他們不同派的藝人，不是減少他們的通告，不然就封殺他們，這就是讓藝人「事志若煞皮著掣」的秋後算帳。

補充 依教育部2007年5月公布之台灣閩南語推薦用字第一批將「事志tai⁷tsi³」寫作「代誌tai⁷tsi³」。

對應華語 秋後算帳。

sai² gu⁵ khi³ jiok⁴ be² be² khi³ lian⁵ gu⁵ bo⁵

使 牛 去 逐 馬 ， 馬 去 連 牛 無

解釋 使：叫、指使。逐：追。連：連帶、甚至。

涵義 此語有兩義：①形容人處事違背常理，所做的事不僅對原來的沒有裨益，反而損失更加慘重。②比喻叫人去找某人，結果一去兩個人都沒回來。

說明 牛行動緩慢，而馬奔跑的速度很快，馬丟了驅使牛去追根本不合常理，即使牛去了也追不到馬，反而連牛也一起丟掉，讓損失更加慘重。

sai² tshui³ tsiah⁸ be⁷ uan⁵

使 喙 食 袂 完

解釋 使：用。喙：嘴。食袂完：吃不完。

涵義 形容人只需要動嘴說一些話，就可以吃喝不盡。

說明 現在是一個人際關係頻密的社會，如果有好口才會很吃香，就像那些業務員，口才好嘴巴甜，只要動動嘴巴，就可以財源廣進吃喝不盡。

補充 依教育部2008年5月公布之台灣閩南語推薦用字第二批將「袂be⁷」寫作「袂be⁷」。

lai⁵　bo⁵　tsau²　　　khi³　bo⁵　lau⁵

來 無 走 ， 去 無 留

解釋 來：加入。去：離開。

涵義 已加入的，不會隨便辭退他，想走的也不會加以挽留。

說明 以前戲班為了保障演員的工作權，有一個規矩，對於新加入的人員，不可隨便辭退他，除非是戲班倒了，如果團員有更好發展機會而想要離開，也不可以強留他。

lai⁵　ti¹　san³　　　lai⁵　kau²　pu³　　　lai⁵　niau¹　khi²　tua⁷　tshu³

來 豬 散 ， 來 狗 富 ， 來 貓 起 大 厝

解釋 散：窮。起大厝：建大房子。

涵義 不同動物跑進家裡，會帶來不同的運勢。

說明 依據民間的傳說，外面的動物如果跑進家裡會影響家運，外面的豬跑進家裡會讓家變窮，狗跑進家裡，家會變富有，貓跑進家裡則會蓋大房子。

kah⁴　khong²　tsu²　kong¹　tsenn³　ji⁷

佮 孔 子 公 諍 字

解釋 佮：和、與。諍：爭辯。

涵義 形容人不自量力，在行家面前賣弄技藝。

說明 孔子是聖人，也是中國偉大的教育家，他創新教學，有教無類，為後代教師樹立了良好典範，孔子學問淵博，知識豐富，在他的面前跟他爭辯字的讀法，簡直是自不量力。

對應華語 班門弄斧、關公面前耍大刀。

kah⁴　ho²　lang⁵　kiann⁵　　　u⁷　poo³　thang¹　kenn¹

佮 好 人 行 ， 有 布 通 經 ，

kah⁴　phainn²　lang⁵　kiann⁵　　　u⁷　kiann²　thang¹　senn¹

佮 歹 人 行 ， 有 囝 通 生

解釋 佮好人行：與好人交往。有布通經：有布可以織。佮歹人行：與壞人交往。有囝通生：就可能產下私生子。

涵義 告誡人交友要謹慎。

說明 「佮好人行，有布通經，佮歹人行，有囝通生」是說女孩子與好人交往，有布可織，如果與損友交往，可能亂搞男女關係，生下私生子，所以這句話是告誡人，結交好友，對自己有益，結交損友，對自己有害，交友不可不慎。

對應華語 入蒼則蒼，入黃則黃、近朱者赤，近墨者黑。

tshiah⁴ e⁵ hah⁸ tioh⁸ kha¹
刺鞋合著跤

解釋 刺鞋：訂做的鞋子。合著跤：合腳。

涵義 形容事情的發展，剛好和期望的吻合。

說明 以前製鞋技術不發達，做出來的鞋子不是太大，就是太小，非常不合腳，所以如果鞋子做出來剛好可以合腳，就是一件令人欣喜的事。

kau³ hit⁴ e⁵ si⁵ giah⁸ hit⁴ e⁵ ki⁵
到彼个時，揭彼个旗

解釋 彼个：那個。揭：拿。旗：指辦法或對策。

涵義 順應時勢發展，再採取相對的因應措施。

說明 世事詭譎多變，如果一直因循守舊不知變通，到最後一定會被環境所淘汰，所以做人要懂得靈活變通，看現在是哪種形勢，就採用相對的因應辦法。

補充 ①當「个e⁵」解釋為「的」時，依教育部2007年5月公布之台灣閩南語推薦用字第一批將「个e⁵」寫作「的e⁵」。②依教育部2008年5月公布之台灣閩南語推薦用字第二批將「揭giah⁸」寫作「攑giah⁸」。

對應華語 隨機應變、見機行事、相時而動。

o¹ lo² kah⁴ e⁷ tak⁴ tsih⁸
呵咾佮會觸舌

解釋 呵咾：稱讚、讚揚。佮：到。觸舌：彈舌頭發出的聲音，引申做「嘖嘖稱讚」。

涵義 形容對人或事物十分的稱讚。

說明 我們稱讚別人時，口中除了說「讚！」之外，也會發出嘖嘖的讚嘆聲，就是因為這個緣故，所以前人便用「呵咾佫會觸舌」來形容對人或事讚不絕口。

補充 依教育部2008年5月公布之台灣閩南語推薦用字第二批將「佫 kah⁴」寫作「甲kah⁴」。

對應華語 讚不絕口、稱不容舌。

---

phui³ tshui³ nua⁷ kik⁴ si² ti⁵ thau⁵ penn³
呸喙瀾激死鋤頭柄

解釋 呸喙瀾：吐口水。激：憋。鋤頭：挖土及除草的農具。

涵義 形容人工作非常賣力。

說明 農人用鋤頭來挖土，但鋤頭柄握久了之後，會變得很乾澀，必須要吐一些口水來滋潤，這樣手就不會因為摩擦而疼痛；吐口水可以吐到憋死鋤頭柄，可見這個人工作是多麼的賣力。

---

phui³ nua⁷ hoo⁷ ke¹ tsiah⁸ to¹ e⁷ si²
呸瀾予雞食都會死

解釋 呸瀾：吐口水。予：給。

涵義 形容人倒楣到極點，不管是誰只要跟他沾上一點關係就會遭殃。

說明 人倒楣的時候，吐口水給雞吃，連雞都會被毒死，這只是一種誇張的形容方式，因為一般來說，人的口水不可能有毒，除非這個人本身已經中了劇毒，吐出來的口水才會有毒，所以雞不可能會被口水給毒死。

對應華語 倒楣透頂。

---

tsiu³ tsoo² hoo⁷ pat⁸ lang⁵ si²
咒詛予別人死

解釋 咒詛：用惡毒的話來罵別人。予：給。

涵義 形容叫別人做一些自己都不願意做的事情。

說明 一般人發誓都是以自己為詛咒的中心，立誓說如果沒有遵守諾言或有做這件事，自己就會遭受什麼報應，如果自己立誓，卻以別人為詛咒的中心，分明就是叫別人替自己去死。

hue⁵ siunn⁷tsiah⁸tshai³ bo⁵ tsiah⁸tsho¹　　tsuan¹tsiah⁸ kau² bah⁴ tim⁷ bi² ko¹
和 尚 食 菜 無 食 臊 ， 專 食 狗 肉 燖 米 糕

解釋 食菜：吃素。臊：葷。燖：燉。米糕：糯米飯。

涵義 形容和尚六根不淨不守清規。

說明 出家人都是茹素，不吃葷的，和尚是出家人，理應遵守佛門戒
律，但是這個和尚卻不守清規，吃葷不吃素，專挑狗肉燉米糕來
吃，可見他六根不淨。

對應華語 六根不淨。

hue⁵ siunn⁷ giah⁸ suann³　　　bo⁵ huat⁴ bo⁵ thinn¹
和 尚 揭 傘 ， 無 法 無 天

解釋 揭：拿。

涵義 形容人肆無忌憚的胡作非為。

說明 這句出自歇後語，具有雙關義。和尚是出家人，頭上不會留頭
髮，和尚撐傘頭就見不到天了，而「髮」跟「法」諧音，所以前
人便用此句諺語，形容人橫行霸道，無法無天。

補充 依教育部2008年5月公布之台灣閩南語推薦用字第二批將「揭
giah⁸」寫作「攑giah⁸」。

對應華語 無法無天、橫行無忌、為所欲為。

hue⁵ siunn⁷ bo⁵ huat⁴ thau⁵ mng⁵ hoo⁷ lang⁵ jim⁵
和 尚 無 發 頭 毛 予 人 撍

解釋 發頭毛：長頭髮。予：給。撍：拔。

涵義 形容人非常吝嗇小氣。

說明 和尚是出家人，出家人本來就不留頭髮，所以當然找不到頭髮可
拔，這裡用來形容人小氣吝嗇，一毛不拔。

對應華語 一毛不拔、一文不與。

hue⁵ siunn⁷ thau⁵ tshue⁷ sat⁴ bo²
和 尚 頭 揣 蝨 母

解釋 揣：找。蝨母：蝨子。

涵義 形容人沒事找碴，故意挑毛病。

說明 大部分的蟲子都寄生在毛囊之中，和尚沒有頭髮，當然沒有地方可以讓蟲子寄生，所以在和尚頭上找蟲子，根本是沒事找碴。

對應華語 吹毛求疵、尋瑕求瘢、雞蛋裡挑骨頭。

mia⁷ tiong¹ iu² tsu²　　put⁴ tsai⁷ tsa² uann³
命中有子，不在早晏

解釋 晏：遲、晚。

涵義 形容該是你的東西，終究還是會屬於你。

說明 俗話說：「命裡有時終須有，命裡無時莫強求」，如果命中註定有子嗣，不管是早婚或晚婚都會有小孩，如果命中註定沒有子嗣，不管如何強求，終究還是沒有。

對應華語 命裡有時終須有。

mia⁷ senn¹ tai³ kut⁴　　to¹ siah⁴ bue⁷ lut⁴
命生帶骨，刀削未脫

解釋 削未脫：削不掉。

涵義 形容先天命格中所帶來的命運，是很難用人力去改變的。

說明 所謂：「一命，二運，三風水」，命運主宰一個人的一生，人一生的禍福吉凶，富貴貧賤，都是在出生之時便已註定好了，這一切就像是長在你的骨頭裡面一樣，一輩子跟隨你，即使用刀來刻，也改變不了這既定的命運。

lah⁴ sap⁴ tsiah⁸　　lah⁴ sap⁴ pui⁵　　tshing¹ khi³ tsiah⁸　　thoo² bak⁸ lui⁵
垃圾食，垃圾肥，清氣食，吐目瘤

解釋 垃圾：骯髒。清氣：乾淨。吐目瘤：眼球向外凸出。

涵義 吃東西不用太講究衛生，如果太挑剔反而容易生病。

說明 吃東西不用太挑剔，如果太講究衛生反而容易生病，因為腸道還是需要一些菌類來幫忙分解食物，如果吃的都是非常乾淨的食物，久而久之胃腸對那些壞菌就沒有抵抗力，只要稍微吃到不乾淨的東西，就會立即生病，所以還是不要太挑剔，適當就好。

一畫
二畫
三畫
四畫
五畫
六畫
七畫
八畫
九畫
十畫
十一畫
十二畫
十三畫
十四畫

koo¹ tiunn⁷ sang³ i⁵ tiunn⁷ sang³ kau³ thinn¹ kng¹ ka⁷ gueh⁸tsiunn⁷

姑丈送姨丈，送到天光共月上

解釋 姑丈：姑姑的丈夫。姨丈：阿姨的丈夫。天光：天亮。月上：月亮出來。

涵義 形容人因為太多禮反而麻煩。

說明 中國人非常多禮，如果有親戚或朋友要離開，一定會去送行，送行的人基於禮貌不好意思先離開，因此越送越遠，而被送行的人被人家送這麼遠，也覺得不好意思，於是就反送送行人一程，結果雙方就在那裡送來送去沒完沒了。

koo¹ piau² kut⁴ thau⁵ tshin¹ i⁵ piau² si⁷ pat⁸ jin⁵

姑表骨頭親，姨表是別人

解釋 姑表：父親姊妹的兒女。骨頭親：骨肉至親。姨表：母親姊妹的兒女。

涵義 形容姑表與姨表的親疏關係是不相同的。

說明 中國人的血緣觀念，是以父親為主，母親為輔，所以有「內親外戚」之說，姑表和姨表雖然同樣都是三代之內的表親，但是因為有這樣的觀念，所以才有姑表是親，姨表是別人的親疏分別。

koo¹ kiann² thoo⁵ lang⁵ bo⁵ uann⁷ hinn⁷

孤囝土礱無換耳

解釋 孤囝：獨生子。土礱：一種碾米的農具。

涵義 獨生子必須一個人負起照顧父母的重擔，沒人可分擔。

說明 土礱是一種竹編的碾米器具，外型類似石磨，分成上下兩層，外層部分有一枝下勾的長柄，可以用來轉動土礱，但這個長柄如果斷了，土礱就不能動，必須再換新的柄，土礱才能繼續碾米，所以前人便用此句諺語，形容獨子必須獨自挑起照顧父母的重擔。

koo¹ pin⁵ iau¹ sann¹ ji⁷ tsng⁵

孤貧夭三字全

解釋 孤：孤獨終老。夭：夭折。全：完全、完整。

涵義 形容人非常的不幸。

說明 民間傳說想學茅山道術的人，必須在祖師爺前面立誓，選擇孤、夭、貧其中一項，做為人生的結局，孤夭貧不論具有哪一項都是非常的不幸，更何況是三項都具備的人。

koo¹ ke¹ m⁷ tsiah⁸ bi² koo¹ kiann² m⁷ tsiah⁸ bah⁴

孤 雞 毋 食 米 ， 孤 囝 毋 食 肉

解釋 孤：單一。毋食：不吃。

涵義 形容獨生子女養尊處優很難教養。

說明 雞舍裡面只養一隻雞，由於飼料很多缺少競爭，讓這隻雞挑剔到連米都不吃，同理，光生一個子女的家庭，因為家中沒有其他小孩，所以獨生子女備受寵愛，但由於太過嬌寵，以致連肉都不吃。

tiann⁷ tiann⁷ kiann⁵ am³ loo⁷ ing² e⁷ tu² tioh⁸ kui²

定 定 行 暗 路 ， 往 會 拄 著 鬼

解釋 定定：常常。往：往往。拄著：遇上。

涵義 形容常做一些不正當的事，總有一天事跡會敗露。

說明 根據民間傳說，鬼都是出現在暗處或是人煙稀少的地方，所以如果常走暗路，碰到鬼的機會就會比較高，就好比人如果做太多虧心事，總有一天事跡也會敗露。

對應華語 夜路走多會遇到鬼。

kuann¹ put⁴ ui¹ jiau² ge⁵ ui¹

官 不 威 ， 爪 牙 威

解釋 爪牙：屬下、徒黨。

涵義 形容有權勢者的徒黨常仗勢欺人，比他的主子更難對付。

說明 俗話說「狗仗人勢」，一些有權有勢者的徒眾，常仗著他們主人的勢力，在外面作威作福，欺壓百姓，所以說當官的不威風，反而是他的下屬比較威風。

對應華語 狐假虎威、狗仗人勢、閻王好見，小鬼難纏。

kuann[1] si[1] ho[2] phah[4]　kau[2] sai[2] ho[2] tsiah[8]

官 司 好 拍 ， 狗 屎 好 食

解釋 官司：訴訟。拍：打。好食：可以吃。

涵義 形容訴訟曠日費時，而且不容易打贏。

說明 我們的訴訟體制龐大複雜，不論民、刑事案件都要經過一審、二審，這樣層層相遞上去，而每一審中間還要開好幾次庭，每次開庭的日期又間隔好久，常常一場官司打下來，要好幾年才有結果，所以前人就用這句諺語來形容官司之難打。

kuann[1] ho[2]　　ge[5] mng[5] phainn[2]

官 好 ， 衙 門 歹

解釋 衙門：古代的政府官署，這裡是指衙役、兵卒。歹：壞。

涵義 形容有權勢者的身邊常是圍繞著小人。

說明 古代衙門門禁森嚴，人民想見官吏，得經過層層的過濾，有些官吏雖然不會擺架子，但要見他們還是不容易，仍需經過底下人一一過濾，問明身分、來意、所為何事……，有時問了半天，到最後還是見不到官吏，所以才有這句諺語的出現。

hit[4] lo[7] hue[1] senn[1] hit[4] lo[7] tsi[2]　　hit[4] lo[7] tshik[4] kiat[4] hit[4] lo[7] bi[2]

彼 號 花 生 彼 號 子 ， 彼 號 粟 結 彼 號 米

解釋 彼：那。子：種子。粟：稻穀。

涵義 形容有什麼樣的父母，就會有什麼樣的小孩。

說明 依據遺傳法則，有什麼樣的基因，就會產生什麼樣的後代，在自然界中每一種植物都有自己的特色，所以結出來的果實，當然也就不一樣。

對應華語 有其父必有其子、龍生龍，鳳生鳳，老鼠的兒子會打洞。

tiong[1] sin[5] si[2] tai[7] sing[1]　　kan[1] sin[5] si[2] bue[2] au[7]

忠 臣 死 事 先 ， 奸 臣 死 尾 後

解釋 事先：第一個、首先。尾後：最後。

涵義 感嘆好人總是先死，而壞人總是活得很長。

說明 在一些戲劇中常可以看到忠臣為了國家的安危，站出來勸諫皇

帝，結果被拉出去斬首，而奸臣通敵賣國，陷害忠良，不但沒有被皇帝斬首，還活到最後，真是讓人氣結。

補充 依教育部2007年5月公布之台灣閩南語推薦用字第一批將「事tai⁷」寫作「代tai⁷」。

對應華語 好人不長命，禍害遺千年。

---

tiong¹ hoo⁷ khuann³ tso³ lan⁷ sin⁵
忠 厚 看 做 屃 神

解釋 忠厚：老實。屃神：傻子。

涵義 形容誠心對人卻被當成傻子。

說明 老實人為人忠厚，誠實不欺，做事腳踏實地，絕不佔別人的便宜，但這些行為看在那些投機取巧的人眼中，卻被當成是不知變通的傻瓜。

---

pang⁵ king¹ lai⁷ phah⁴ bo⁵ kian³ khoo³　m⁷ si⁷ ang¹ tioh⁸ si⁷ boo²
房 間 內 拍 無 見 褲 ， 毋 是 翁 著 是 某

解釋 拍無見：遺失。毋是：不是。翁：丈夫。著是：就是。某：妻子。

涵義 意謂這是自己人所做的事情，絕不是外人所為。

說明 自己家裡的房間沒有別人會進來，所以在自己的房間內丟掉褲子，如果不是丈夫拿去，就是妻子拿去，絕不可能是外人進來偷的。

---

sin⁵ tioh⁸ kun⁵ thau⁵ phue³
承 著 拳 頭 柿

解釋 承：接。拳頭柿：拳頭的餘波。

涵義 喻遭受無妄之災。

說明 俗話說「拳頭是不長眼睛的」，別人打架，在旁邊圍觀，可能一不小心，就會被別人的拳頭給打到，所以前人就用這句諺語來形容人遭到無妄之災。

對應華語 殃及池魚、無妄之災、掃到颱風尾。

381

tu² tioh⁸ au⁷ tsik⁴ tsiah⁴ siunn⁷ khi² tia¹ ho²

拄 著 後 叔 才 想 起 爹 好

解釋 拄著：遇上。後叔：繼父。爹：父親。

涵義 等遇到凶惡的新人，才會想起舊人的好處。

說明 依據歷史記載，大部分都是後母虐待前妻子女的例子，幾乎很少聽到有繼父虐待前夫子女的事，所以這裡的「後叔」，只是拿來當作比喻之用，後叔不是親爹，當然不會像親爹那樣的疼愛子女。

tsio¹ hu¹ iong² tsu² se³ tshut⁴ bo⁵ nai⁷

招 夫 養 子 ， 勢 出 無 奈

解釋 招夫：招丈夫入贅。養子：收養兒子。

涵義 形容招贅跟收養兒子都是因為不得已才做的。

說明 中國人很重視傳宗接代的問題，如果沒有子嗣，代表這一代要絕後，所以大部分的人都會想盡辦法來延續香火，有女兒的就招贅，沒兒女的則收養義子，以承繼他們姓氏。

tsio¹ na² tsio¹ kun¹ phah⁴ na² phah⁴ tshat⁸

招 若 招 軍 ， 拍 若 拍 賊

解釋 招軍：募兵。拍：打。

涵義 形容愛恨之間的變化極大。

說明 國家要招募軍人打仗，一定會開出非常優渥的條件，以吸引民眾加入，而賊是偷我們東西的人，如果抓到賊，大家一定會將他痛打一頓，絕不會手下留情，叫人家過來像招軍那樣的熱誠，但生氣時像打賊那樣的凶狠，前後態度差別之大，實在令人心驚。

pueh⁸ hoo² tshiu¹ pueh⁸ tioh⁸ hoo² thau⁵

拔 虎 鬚 ， 拔 著 虎 頭

解釋 拔虎鬚：聚餐時以抽籤的方式來決定由誰付帳。

涵義 形容人運氣非常不好，倒楣透頂。

說明 大部分的人都是貪小便宜的，讓別人請客心裡很高興，如果輪到自己要請客，心裡就很不是滋味，所以如果大家一起聚餐而抽中

要付帳，就會覺得自己很倒楣。

puah⁸ thang² put⁴ li⁷ koo² tsenn²
拔桶不離古井

解釋 拔桶：水桶。不離古井：離不開古井。

涵義 形容彼此關係密切，形影不離。

說明 以前沒有自來水，飲用水都要從古井裡汲取，提水時需將水桶丟入古井，待水盛滿再拉起水桶。由於當時的人汲水都需要用到水桶，因此每個古井的旁邊都會固定放一個水桶，以方便人們取水，故稱「拔桶不離古井」。

對應華語 焦不離孟，孟不離焦。

ah⁴ ke¹ m⁷ tsiann⁵ pu⁷
押雞母成孵

解釋 押：強押。孵：孵蛋。

涵義 強逼人去做事，不會有什麼好效果。

說明 母雞生完蛋之後會自己孵蛋，直到小雞破殼出來為止，如果母雞沒生蛋，是不會想去孵蛋，即使我們強迫牠去，到最後也只有兩種結果，一是把蛋踩破，二是那個蛋永遠也孵不出來。

對應華語 按牛頭吃不得草。

ah⁴ ke¹ kak⁴ pu⁷ nng⁷
押雞鵤孵卵

解釋 押：強押。雞鵤：公雞。孵卵：孵蛋。

涵義 強逼別人去做一些能力所不能及的事。

說明 孵蛋是母雞的特長，公雞沒下過蛋，當然不會孵蛋，而且牠也不知道要怎麼孵蛋，所以押公雞去孵蛋，根本就是強人所難，最後的結果一定是一個蛋也孵不出來。

對應華語 強人所難、趕鴨子上架。

kuai² lang⁵ tsai⁷ sik⁴ lu² liah⁸ khi³ iu⁵ tsu²
拐人在室女，掠去油煮

解釋 在室女：處女。掠：抓。油煮：下油鍋烹煮。

383

一畫 二畫 三畫 四畫 五畫 六畫 七畫 八畫 九畫 十畫 十一畫 十二畫 十三畫 十四畫

涵義 形容誘拐良家婦女是罪大惡極的罪行。

說明 古代非常重視婦女的貞操，破壞女子的貞節被視為是罪大惡極的事，男子如果誘拐良家婦女，會被全村的人唾棄，甚至趕出這個城鎮，有些地方更嚴重，會將他抓去浸豬籠，現在的風氣雖然沒有古代那麼保守，但是誘拐良家婦女，仍是被唾棄的行為。

phah⁴ tsit⁸ ki¹ hoo⁷ i¹ kau³

拍 一 支 予 伊 到

解釋 拍：打。一支：一支牌。予：給。伊：他。到：胡牌。

涵義 喻給人一些好處或是讓人吃點苦頭。

說明 有些人善於逢迎拍馬，為了博取上司的歡心，跟上司或上司夫人打麻將時，會故意丟出一支好牌，讓他們胡牌，「拍一支予伊到」指的就是這種情形。

phah⁴ lang⁵ huah⁴ kiu³ lang⁵

拍 人 喝 救 人

解釋 拍人：打人。喝：喊。

涵義 形容做壞事的人反而誣告別人做壞事。

說明 平常都是被打的喊救命，但現在反而是打人的人先喊救命，這簡直是顛倒是非，扭曲事實，現今社會常有這種現象，做壞事的人先下手為強，誣告別人做壞事，真是做賊的比捉賊還凶。

對應華語 做賊的喊捉賊。

phah⁴ tshut⁴ hong¹ koo² bue²

拍 出 風 鼓 尾

解釋 風鼓：一種木製篩除稻穀雜質的農具。

涵義 喻資格不合被淘汰出局。

說明 風鼓是一種篩除稻穀雜質的農具，左上方是一個漏斗形狀的東西，下方則為斜形抽屜形狀的東西，右邊是一個圓形的風鼓箱，把曬乾後的稻穀從上方漏斗倒入，然後再轉動風鼓箱，比較重的實心稻穀便會往下掉，比較輕的空心稻穀會被吹向遠處，淘汰出去。

對應華語 淘汰出局。

phah⁴ kiann² phah⁴ sim¹ kuann¹　khi³ kiann² khi³ bo⁵ iann²

拍囝拍心肝，氣囝氣無影

解釋 拍：打。囝：兒女。無影：沒這回事。

涵義 形容父母即使不得已要打罵兒女，依然充滿慈愛之心。

說明 父母都是疼愛兒女的，如果兒女犯了錯，必須要處罰他們，也是打在兒身痛在娘心，即使兒女做出一些讓父母傷心的事，父母仍然是疼愛他們，不會生他們的氣。

對應華語 打在兒身，疼在娘心。

phah⁴ si² khit⁴ tsiah⁸　ho² lang⁵ pue⁵ mia⁷

拍死乞食，好人賠命

解釋 拍：打。乞食：指地位低下的人。好人：指一般人或是地位較高的人。

涵義 形容弄壞一個不值錢的舊東西，卻要賠一個全新的東西。

說明 乞丐雖然地位卑賤，但他也是人也受法律的保護，若是殺了乞丐還是得償命，為了這麼一個微不足道的乞丐，而賠上自己的生命，實在太不值得。

對應華語 得不償失。

phah⁴ si² be⁷ tsap⁸ se³　tit⁴ bo⁵ tsit⁸ ki¹ tsiam¹

拍死賣雜細，得無一枝針

解釋 拍死：打死。雜細：雜貨。得無：得不到。

涵義 勸人凡事不要太斤斤計較。

說明 以前交通不方便，也沒有什麼商店，婦女所需的胭脂花粉、針線等日常用品都是從賣雜細那裡買來的，賣雜細所賣的東西並不多，因此所賺的只不過是一些小利，如果要跟他殺價，大概也殺不到多低的價錢，就好比欠債的人如果真的是還不起債，即使把他逼死了，也是要不到一毛錢。

phah⁴ tsih⁸ lu⁵ lan⁷　khai¹ kong¹ tsiong³

拍折驢屌，開公眾

解釋 拍折：打斷。驢屌：驢的生殖器。開公眾：花大家的錢。

涵義 形容人假借一些小事花用公款。

說明 驢是自己畜養的私人牲畜，跟公眾沒什麼關係，你打斷了驢的生殖器，卻用公款來付牠的醫藥費，根本就是假公濟私，亂花公家的錢。

對應華語 假公濟私。

phah⁴ kau² bo⁵ tua³ tioh⁸ tsu² lang⁵
拍 狗 無 帶 著 主 人

解釋 拍狗：打狗。帶著主人：看在主人的情面。

涵義 喻人做事不顧情面。

說明 處罰人時要考慮跟他有關係者的顏面，並給予適度的尊重，才不會引來嚴重的後果，就好比有狗對你不禮貌咬了你，你也不可隨手拿起棍子就打，不然一定會引來主人的抗議。

對應華語 打狗不看主面。

phah⁴ hoo² liah⁸ tshat⁸ ia⁷ tioh⁸ tshin¹ hiann¹ ti⁷
拍 虎 掠 賊 也 著 親 兄 弟

解釋 掠：抓。著：要。

涵義 形容打老虎、捉賊這種危險的事情，只有親兄弟可以並肩去做。

說明 不管打老虎或捉賊，都是危險的事情，只要一不小心，可能會喪命，這些事除非是跟別人有關，不然別人是不可能會幫忙的，只有親兄弟才會在危難的時候互相幫忙。

對應華語 打虎還得親兄弟，上陣須教父子兵。

phah⁴ phua³ lang⁵ in¹ ian⁵ tshit⁴ tai⁷ san³
拍 破 人 姻 緣 七 代 散

解釋 拍破：拆散。姻緣：婚姻。散：窮。

涵義 破壞人家的姻緣會有報應。

說明 破壞別人的姻緣，不僅在道德上有所缺失，也會傷及無辜的小孩，嚴重者甚至會造成人命悲劇，所以俗語說：「寧拆十座廟，不破一門婚」，破壞別人的婚姻，罪過是很大的。

phah⁴ tsua⁵ phah⁴ tshit⁴ tshun³

拍蛇拍七寸

解釋 拍蛇：打蛇。

涵義 形容做事情要抓住訣竅。

說明 善於抓蛇的人都知道，抓蛇要打在距離蛇頭七寸的地方，因為這裡是蛇心臟的所在，只有打中這裡牠才會一棍斃命，如果打錯地方會被蛇頭轉過來反咬。

對應華語 擒賊先擒王、打蛇打七寸。

phah⁴ koo² e⁰ beh⁴ suah⁴　pun⁵ tshue¹ e⁰ m⁷ suah⁴

拍鼓个欲煞，歕吹个毋煞

解釋 欲：要。煞：停止。歕吹：吹嗩吶、吹喇叭。

涵義 形容對一件事情的處理方式，內部有不同的歧見。

說明 打鼓跟吹嗩吶的都是同一個樂隊的演奏人員，在演奏音樂時打鼓的跟吹嗩吶的要互相配合，樂曲才能優美的演奏下去，如果打鼓的人要停止，而吹嗩吶的人卻不想停止，那麼奏出的樂曲一定不成調。

補充 當「个e⁰」解釋為「的」時，依教育部2007年5月公布之台灣閩南語推薦用字第一批將「个e⁰」寫作「的e⁰」。

phah⁴ tng⁷ tshiu² kut⁴ tian¹ to³ iong²

拍斷手骨顛倒勇

解釋 拍斷：打斷。顛倒：反而。勇：強壯。

涵義 形容人越遭受挫折就越勇敢向前。

說明 手骨被打斷要經過一段時間的調理和休息才能復原，但就算是復原，也不可能變得比原來更強壯，所以這句諺語所要傳達的應該是它背後的意義，即使遭遇挫折，仍然意志堅定的勇往直前。

對應華語 愈挫愈勇。

piann³ peh⁸ hoo² thng¹

拚白虎湯

解釋 白虎湯：中藥的湯劑名，專治一些傷寒溫病等重症。

涵義 形容情況非常危急只能竭盡全力做最後一擊。

說明 白虎湯的成分由知母、石膏、甘草、粳米組成，由於藥性非常寒涼，如果使用不當，不僅無法治病，反而會延生出另外的病症，所以只有在病情相當嚴重，必須做最後一搏時才會使用這帖藥。

對應華語 孤注一擲、全力一搏。

pho⁷ kau² kue³ hoo⁷ ting⁷ ma⁷ ai³ tsinn⁵

抱 狗 過 戶 模 嘛 愛 錢

解釋 戶模：門檻。嘛：也。愛：需要。

涵義 形容人非常愛錢，連做一點小事也要收錢。

說明 以前農業社會人情味濃厚，鄰居之間互相幫忙都不會收取任何報酬，更何況只是幫人家把狗抱過戶模，如果這種輕而易舉的小事都要收錢，表示這個人是多麼的愛錢。

對應華語 斤斤計較。

thiah⁴ lang⁵ li⁵ pa¹ tioh⁸ tso⁷ tshiunn⁵ pue⁵ lang⁰

拆 人 籬 笆 ， 著 造 牆 賠 人

解釋 籬笆：用竹子或木條編成的圍牆。著：就要。

涵義 如果欠別人什麼，就要還人家更多。

說明 弄壞人家的東西，要賠新的給人家，這是人之常情，雖然籬笆的價格比較便宜，但你拆了人家的竹籬笆，就得再造一座新牆賠人家。

thiah⁴ tang¹ li⁵ poo² sai¹ piah⁴

拆 東 籬 ， 補 西 壁

解釋 籬：籬笆。壁：牆壁。

涵義 形容人財用匱乏，只好挪借其他項目來變通使用。

說明 不管是國家或私人公司，每一個會計年度的各項花費都有可支用的預算，但有些項目的預算常會不夠花用，懂得作帳的人，就會挪借其他項目的預算來變通使用。

對應華語 拆東補西、寅支卯糧。

khioh⁴ lang⁵ e⁵ si² tsiau²

抾 人 个 死 鳥

解釋 抾：撿。个：的。

涵義 形容人不用花費力氣就能得到好處。

說明 獵人到山上獵鳥都會帶著獵犬，因為鳥從空中被獵人射下之後，
常會落入山林之中，山林廣大，如果沒有獵犬很難找得到獵物，
所以有的人不用打獵，便可以撿到別人射下來的死鳥。

補充 當「个e⁵」解釋為「的」時，依教育部2007年5月公布之台灣閩南
語推薦用字第一批將「个e⁵」寫作「的e⁵」。

khioh⁴ lang⁵ e⁵ tshui³ bue²

抾 人 个 喙 尾

解釋 抾：撿。喙：嘴。

涵義 形容人沒主見，襲用別人的主張論點。

說明 有些人沒有主見，不論做事或說話總愛因循別人的主張論點，就
如同鸚鵡模仿人類說話一樣，所以前人就用這句諺語，形容人沒
有主見，人云亦云。

補充 當「个e⁵」解釋為「的」時，依教育部2007年5月公布之台灣閩南
語推薦用字第一批將「个e⁵」寫作「的e⁵」。

對應華語 拾人牙慧、拾人涕唾、人云亦云。

khioh⁴ bo⁵ sann¹ bun⁵ bong⁷　tioh⁸ siunn⁷ beh⁴ tso³ thoo² kong¹

抾 無 三 門 墓 ， 著 想 欲 做 土 公

解釋 抾：撿。著想欲：就想要。土公：專門幫人處理喪葬事宜、建造
墓穴的師傅。

涵義 比喻基礎尚未打穩，便妄想要一步成功。

說明 依據台灣民間習俗，死者土葬經過五到七年後要重新開棺撿骨，
撿骨的過程是先將死者的骨頭撿起，經過洗骨、曬骨、點紅、點
金、封壜的程序之後，再重新安葬，撿骨是做土公師的基本工
夫，撿不到三門墓就想出師，簡直是自不量力。

對應華語 不自量力、好高騖遠。

khioh⁴ bo⁵ sai² kong³ si² gu⁵ sai² ku¹

抾 無 屎 ， 摃 死 牛 屎 龜

解釋 抾：撿。摃：槌打。牛屎龜：大黑糞金龜，全身黑色，身長三到四公分，以牛糞為主食。

涵義 形容人因某些事情做不好而遷怒別人。

說明 過去農村物資較缺乏，燃料不足，一些鄉下人會去撿牛糞，將其曬乾作燃料，而牛屎龜寄居在牛糞上，以牛糞為主食，有些撿牛糞的人，因為撿不到牛糞，就把氣出在牛屎龜的身上，怪罪牠把牛糞吃光，憤而將牠打死。

khioh⁴ tioh⁸ tua⁷ tsui² tsha⁵

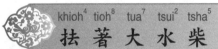

抾 著 大 水 柴

解釋 抾著：撿到。

涵義 喻獲得意外之財。

說明 台灣山高坡陡，若是想把山上砍伐的木材運下山，就必須靠水運的方式，讓木材從山上順溪漂流而下，但台灣的溪流淺短湍急，有時木材會被沖流到別處，變成別人的木材。

對應華語 意外之財。

pang³ tsit⁸ e⁷ phui³ thng³ tsit⁸ e⁷ khoo³

放 一 下 屁 ， 褪 一 下 褲

解釋 褪：脫。

涵義 形容人多做了一些不必要的事情。

說明 放屁不需要脫褲子，放一下屁，脫一次褲子，根本是畫蛇添足，多此一舉，所以前人就用這句諺語來形容人做事多做了一些不必要的程序。

對應華語 多此一舉、畫蛇添足、脫褲子放屁。

pang³ phui³ an¹ kau² sim¹

放 屁 安 狗 心

解釋 安：安撫。

涵義 形容人用一些不能兌現的承諾來安撫人心。

說明 以前生活比較艱苦，人沒有多餘的食物來餵養狗，狗多以吃大便維生，但大便在那時候可以用來當肥料，因此路邊並沒有那麼多的大便可吃，所以狗常會跟在人的背後，等待人大便，有的人在大便之前會先放屁，狗聞到屁味，以為這個人快要大便，就很安心的在旁邊等待，但等到最後常是空歡喜一場。

對應華語 一紙空文、空頭支票、空口說白話。

pang³ phui³ tioh⁸ tsau² khi³ hong¹ bue²
放 屁 著 走 去 風 尾

解釋 放屁：這裡指吹牛。風尾：下風處。

涵義 叫人如果要吹牛就去旁邊，不要影響別人。

說明 風頭是上風的地方，如果跑去風頭放屁，全部的人一定會被臭味熏死，但如果在風尾就不一樣，臭味會散去別處，大家不會聞到臭味。

pang³ jio⁷ kiau² sua¹ be⁷ tso³ tui¹
放 屎 攪 沙 燴 做 堆

解釋 放尿：小便。攪：混合、攪拌。做堆：結合成一塊。

涵義 比喻彼此不能團結像一盤散沙。

說明 沙本身沒有黏性，一堆沙中若是沒有摻入水泥，即使加水攪拌，也無法結成塊，就如同一群人如果不能團結一致，不管人再多也只是一盤散沙無法成事。

補充 依教育部2008年5月公布之台灣閩南語推薦用字第二批將「燴be⁷」寫作「袂be⁷」。

對應華語 一盤散沙、自私自利、各人自掃門前雪。

pang³ sai² to⁵ senn³ mia⁷
放 屎 逃 性 命

解釋 放屎：大便。逃：逃避。

涵義 形容人找藉口偷懶不做事。

說明 上廁所大號是人之三急，就算明知這是藉口，也不能阻止不讓他去，有些犯人常藉口要上廁所，然後再找機會逃脫，就如同懶惰的人常找藉口上廁所，就是為了要偷懶休息。

pang³ sai² bo⁵ tshit⁴ kha¹ tshng¹
放 屎 無 拭 尻 川

解釋 拭尻川：擦屁股。

涵義 形容人做事草率留下一個尾巴沒收拾。

說明 大便之後如果沒擦屁股，就直接穿上褲子，屁股上面的屎會黏在內褲上，這樣一來不僅弄髒了褲子，身上也會發出臭味，所以前人就用「放屎無拭尻川」，形容人做事留下一個尾巴沒收拾。

對應華語 有頭沒尾、有始無終、斬草不除根。

pang³ sai² be⁷ koo³ tit⁴ lang² khoo³
放 屎 膾 顧 得 攏 褲

解釋 膾顧得：顧不得。攏褲：穿上褲子。

涵義 形容因為忙亂而做出一些糗事。

說明 上完廁所之後一定會先把屁股擦乾淨，再穿上褲子出來，大便之後顧不得穿上褲子，就直接往外衝，一定是因為有緊急的事情要辦，所以才會倉促的連穿褲子的時間都沒有。

補充 依教育部2008年5月公布之台灣閩南語推薦用字第二批將「膾be⁷」寫作「袂be⁷」。

bing⁵ ti¹ san¹ iu² hoo² phian¹ hiong³ hoo² san¹ hing⁵
明 知 山 有 虎 ， 偏 向 虎 山 行

解釋 明知：明明知道。偏：偏要。行：走。

涵義 明知那裡危險卻還要跑去冒險。

說明 聰明的人懂得趨吉避凶，保全自己，知道山上有老虎，就會改道而行不上山，但頑固的人明知山上有老虎，卻仍然執意上山以身犯險，真是愚蠢到極點。

對應華語 明知故犯。

tsim² thau⁵ kui² siann³ kue³ sam¹ kai³ kong¹
枕 頭 鬼 聖 過 三 界 公

解釋 枕頭鬼：枕邊之人，指「妻子」。聖：靈驗。三界公：三官大帝。

392

涵義 形容妻子的話對丈夫有很大的影響力。

說明 古代是男尊女卑的社會，妻子能讓丈夫聽從她的話的確比神明更厲害，只是妻子的話並不是每一句都是正確的，有時候也可能是毒辣不合情理的，所以就用「枕頭鬼」來形容妻子。

tang¹ kang² bo⁵ hi⁵　sai¹ kang² pha¹

東港無魚，西港拋

解釋 拋：撒漁網。

涵義 形容這邊無法生活就往別處去謀生。

說明 大自然的資源雖然豐富，但並非是取之不盡，用之不竭的，魚也是一樣，一地的魚經過長期的捕撈，魚苗殆盡之後就無魚可捕，這時只能轉換地方，到另一個港口再繼續捕魚。

對應華語 山不轉路轉。

na⁵ tau⁵ hioh⁸ tshit⁴ kha¹ tshng¹　khi³ to³ lih⁸

林投葉拭尻川，去倒裂

解釋 林投：一種常綠灌木，葉子長在枝端呈劍形。拭尻川：擦屁股。倒裂：反倒被割傷。

涵義 形容做事情用錯方法，情況反而變得更糟。

說明 林投樹雖然遍布台灣全島，卻沒什麼用處，因為它的葉子尖銳，邊緣又多刺，牛不會去吃它，而人經過若是不小心也會被割傷，所以人怎麼可能會用林投葉來擦屁股，這句話是嘲笑人做事用錯方法，結果洞越補越大。

對應華語 抱薪救火、揚湯止沸。

nia² pat⁸ a² tsiunn⁷ sam¹ kai³ tuann⁵

林菝仔上三界壇

解釋 林菝仔：番石榴。三界壇：祭拜「三官大帝」的祭壇。

涵義 喻地位低下的人進入了上等社會。

說明 台灣人認為番石榴不能拿來當供品祭神，一是因為它是外國傳進來的食物，名字前面有個「番」字，非常的不雅，二是因為它是人們大便解出來之後再生長的東西，所以番石榴被歸類為低賤的水果。

nia² pat⁸ a² be⁷ tsiunn⁷ toh⁴ tit⁴
林菝仔燴上桌得

解釋 林菝仔：番石榴。燴上桌：端不上桌。

涵義 喻粗俗之人上不了大檯面。

說明 台灣人認為番石榴是一種污穢的水果，不能拿來當供品祭神，因為人的腸胃無法消化番石榴的種子，這些種子是經過人們大便解出來之後再生長成番石榴，如果用它們來敬神是非常不敬的事。

補充 依教育部2008年5月公布之台灣閩南語推薦用字第二批將「燴 be⁷」寫作「袂be⁷」。

pue¹ te² m⁷ thang¹ tshi⁷ kim¹ hi⁵
杯底毋通飼金魚

解釋 毋通：不可以。

涵義 勸人喝酒要乾杯。

說明 西元一九四九年呂泉生先生發表一首台語歌曲「杯底毋通飼金魚」，由於這首歌豪氣干雲、雅俗共賞，很快就傳唱開來，而這句也從歌詞變成酒席宴會上勸酒的話。當然每次飲酒如果都能乾杯，是一件很爽快的事，但並非每個人的酒量和酒品都是很好的，杯底毋通飼金魚，就要視自己的酒量而為之，才能喝得盡興又安全。

ong² khut⁴ lang⁵ thau¹ theh⁸ koo² tsenn²
枉屈人偷提古井

解釋 枉屈：冤枉。偷提：偷取、偷竊。

涵義 用來形容冤枉好人。

說明 古井是固定在地上，不可能偷得走，說別人偷走古井，根本就是冤枉好人，所以前人便用「枉屈人偷提古井」來比喻錯怪好人。

ong² khut⁴ kuan¹ im¹ ma² thau¹ tsiah⁸ he⁵ a² ke⁵
枉屈觀音媽偷食蝦仔膎

解釋 枉屈：冤枉。觀音媽：觀世音菩薩。偷食：偷吃。蝦仔膎：一種蝦製的醃漬品。

涵義 形容冤枉好人。

說明 觀音媽是菩薩，菩薩慈悲為懷，行事恪守天道，怎麼可能會偷吃蝦仔膎，所以前人就用「枉屈觀音媽偷食蝦仔膎」，形容人冤枉好人。

ho⁵ khe¹ tui³ mng⁵ loo⁷　ia⁷ u⁷ han¹ tsi⁵ ia⁷ u⁷ oo⁷

河溪對門路，也有番薯也有芋

解釋 河溪：銀河。番薯：地瓜。芋：芋頭。

涵義 形容農曆七月是番薯和芋頭收成的季節。

說明 農曆七月天上的銀河剛好轉到對著門前那條路的位置，而這時也剛好是番薯和芋頭收成的季節，有番薯，有芋頭，一片豐收的景象。

huat⁴ lut⁸ tshian¹ ban⁷ tiau⁵ m⁷ tat⁸ ng⁵ kim¹ tsit⁸ tiau⁵

法律千萬條毋值黃金一條

解釋 毋值：比不上。

涵義 形容司法黑暗，可以用錢來改變判決結果。

說明 法條千萬條都比不上黃金一條，自古以來司法黑暗，只要用錢就可以改變判決結果，所以才會有「有錢判生，無錢判死」的諺語出現。

iu⁵ thng¹ than³　iu⁵ thng¹ tsiah⁸　m⁷ than³ tso³ khit⁴ tsiah⁸

油湯趁，油湯食，毋趁做乞食

解釋 油湯：路邊攤，指小吃生意。趁：賺錢。乞食：乞丐。

涵義 即使是很微薄的收入，只要有收入就可以過生活，如果完全都不工作，只好去做乞丐。

說明 擺路邊攤是很辛苦的工作，因為路邊攤大多是一人經營，由於人手不足老闆常要兼跑堂，再加上工作時間很長利潤又低，所以這工作所賺到的錢是非常的微薄，雖然如此有賺還是會有收入，如果嫌這工作太辛苦而不願去做，就只好餓著肚子去做乞丐。

tshua⁷ boo² tua⁷ tsi² tse⁷ kim¹ kau¹ i²

炁某大姊坐金交椅

解釋 炁：娶。某大姊：妻子的年紀比丈夫大。交椅：有扶手和靠背的椅子。

涵義 形容老妻少夫的婚姻，生活比較美滿。

說明 這句話是媒人為了撮合女大男小的婚姻，常用的推銷詞。年紀比丈夫大的女人，因為歷練較多，思想也比較成熟，所以懂得如何去照顧丈夫，讓丈夫過更舒適的生活。

補充 當「炁tshua⁷」解釋為「迎娶」時，依教育部2007年5月公布之台灣閩南語推薦用字第一批將「炁tshua⁷」寫作「娶tshua⁷」。

tshua⁷ boo² tsing⁵ senn¹ kiann² au⁷

炁某前，生囝後

解釋 炁某：娶老婆。生囝：指老婆剛生下第一胎。

涵義 戲稱男人在接近婚期或初為人父時，運氣特別昌旺。

說明 民間盛傳，男人即將結婚或老婆剛生第一胎時，運氣最旺，此時賭博會贏，升遷有望，隨便買個彩券都會中獎，之所以會如此，可能是這段期間的喜氣較重，所以會替即將為人夫與初為人父者帶來好運。

補充 當「炁tshua⁷」解釋為「迎娶」時，依教育部2007年5月公布之台灣閩南語推薦用字第一批將「炁tshua⁷」寫作「娶tshua⁷」。

對應華語 好運當頭、鴻運當頭、福星高照、時來運轉、好運旺旺來。

tshua⁷ boo² sai¹ a² tshi⁷ boo² sai¹ hu⁷

炁某師仔，飼某師父

解釋 炁某：娶老婆。師仔：指小學徒。飼某：養老婆。

涵義 一件事情於不同階段有不同的難易程度。

說明 結婚是一件容易的事，只要兩人情投意合就可以結婚，這是連「師仔」都做得來的事；真正的挑戰是婚後，因為兩個人必須天天生活在一起，如何才能讓彼此生活融洽、不會產生爭執，這是一門很大的學問，只有「師父」的功力才做得來。

補充 當「炁tshua⁷」解釋為「迎娶」時，依教育部2007年5月公布之台灣閩南語推薦用字第一批將「炁tshua⁷」寫作「娶tshua⁷」。

對應華語 生兒容易，養兒難。

tshua⁷ boo² ai³ khuann³ niu⁵ le²　be⁷ hng⁵ ai³ khuann³tshan⁵ te²

㛠某愛看娘嬭，買園愛看田底

解釋 㛠某：娶老婆。娘嬭：指母親。園：指田地。看田底：看土質肥不肥沃，排水好不好。

涵義 形容做任何事都要小心，並慎重選擇，才不會吃虧上當。

說明 農家耕田都希望能豐收，所以買田地之前一定要仔細觀察土質、灌溉、排水是否正常，這樣才不會買到劣質的田地。而娶媳婦也是一樣，男方都希望選擇好女德的對象，但是以前的社會較封閉，女孩子多待在家裡，很難從左鄰右舍探聽到關於女孩子的事情，所以只好觀察她的母親，從她母親的一言一行來推測女兒的品德、個性，雖不近，亦不遠矣。

補充 當「㛠tshua⁷」解釋為「迎娶」時，依教育部2007年5月公布之台灣閩南語推薦用字第一批將「㛠tshua⁷」寫作「娶tshua⁷」。

對應華語 小心駛得萬年船。

tshua⁷ boo² ma⁷ tsit⁴ su¹　pai³ tsio³ ma⁷ tsit⁴ su¹

㛠某嘛這軀，拜醮嘛這軀

解釋 㛠某：娶老婆。嘛：也是。軀：件、套。拜醮：參加醮典的祭拜。

涵義 此語有兩義：①諷刺人穿衣服不看場合，隨便亂穿。②謙稱自己衣服少，且不重視穿著，只準備一套像樣的衣服在重要場合穿。

說明 結婚的時候穿這一套衣服，到廟裡參加醮典的祭拜也穿這一套衣服，表示此人穿衣服都不看場合，隨便亂穿，例如在婚禮上穿一套大紅的衣服，參加告別式也穿同一件，這就是不看場合穿衣服；這句話也可以用來表示一個人的衣服不多，或不重視穿著，只準備一套像樣的衣服在重要的場合穿。

補充 當「㛠tshua⁷」解釋為「迎娶」時，依教育部2007年5月公布之台灣閩南語推薦用字第一批將「㛠tshua⁷」寫作「娶tshua⁷」。

對應華語 一件衣服穿到底。

一畫
二畫
三畫
四畫
五畫
六畫
七畫
八畫
九畫
十畫
十一畫
十二畫
十三畫
十四畫

tshua⁷ piau² tso³ boo²　　　m⁷ thang¹ tshua⁷ boo² tso³ piau²

焄婊做某，毋通焄某做婊

解釋 焄婊做某：娶妓女來當老婆。毋通：不要、不可以。全句指：寧願娶一個妓女來當妻子，也不讓娶回來的老婆去當妓女。

涵義 形容人寧願娶從良的妓女為妻，也不願意娶個會下海為娼或偷人的妻子，讓自己蒙羞，戴綠帽。

說明 妓女久處歡場看破人生與物質生活的短暫，也知道燈紅酒綠中的感情全是虛假的，有朝一日脫離了鶯鶯燕燕的生活，會格外地珍惜眼前所擁有的，專心在家相夫教子。男人娶到這樣的老婆，未必會不幸福，因為這比起娶一個清清白白的老婆，結果不安於室，暗中背著丈夫偷人，讓丈夫戴綠帽，好上許多倍。

補充 當「焄tshua⁷」解釋為「迎娶」時，依教育部2007年5月公布之台灣閩南語推薦用字第一批將「焄tshua⁷」寫作「娶tshua⁷」。

tshua⁷ tioh⁸ phainn² boo²　　khah⁴ tsham² sann¹ tai⁷ bo⁵ hang¹

焄著歹某，較慘三代無烘

loo⁵ si³ tai⁷ bo⁵ te⁵ koo²

爐，四代無茶鈷

解釋 焄著歹某：娶到不守婦道的妻子。較慘：比……還慘。烘爐：烹飪的用具。茶鈷：指茶壺。

涵義 說明娶到不適宜的妻子，將會悽慘兮兮。

說明 「三代無烘爐，四代無茶鈷」是比喻一連好幾代都過著貧窮的生活。男人要是娶到不適合的老婆，不但不會幫忙持家，還成天往外跑，而且三天一小吵，五天一大吵，搞得雞犬不寧，絕對比貧窮好幾代還要痛苦，所以婚姻大事，絕對不可兒戲。

補充 當「焄tshua⁷」解釋為「迎娶」時，依教育部2007年5月公布之台灣閩南語推薦用字第一批將「焄tshua⁷」寫作「娶tshua⁷」。

對應華語 婚姻大事，不可兒戲。

tshua⁷ tioh⁸ ho² boo²　　khah⁴ ho² sann¹ e⁵ thinn¹ kong¹ tsoo²

焄著好某，較好三个天公祖

解釋 焄著好某：娶到賢慧的老婆。較好：勝過於。个：個。天公祖：

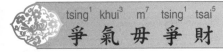

玉皇大帝。

涵義 說明娶妻將關係到自己的未來，不可不慎。

說明 男人娶到一位賢慧的老婆，不但會相夫教子，幫忙持家，還可以讓先生毫無後顧之憂的打拚事業，這是最幸福不過的事，遠比有三個玉皇大帝的保佑還要好，所以婚姻大事關係到自己的未來，一定要慎重、小心。

補充 當「焄tshua⁷」解釋為「迎娶」時，依教育部2007年5月公布之台灣閩南語推薦用字第一批將「焄tshua⁷」寫作「娶tshua⁷」。

對應華語 婚姻大事，不可兒戲。

---

tshua⁷ sin¹ pu⁷ tshu³ lai⁷ ang⁵　　ke³ tsa¹ boo² kiann² tshu³ lai⁷ khang¹

焄 新 婦 厝 內 紅 ， 嫁 查 某 囝 厝 內 空

解釋 焄新婦：娶媳婦。厝內紅：屋子內到處都看得到代表喜氣的紅色物品。嫁查某囝：嫁女兒。厝內空：指屋內顯得特別空洞。

涵義 說明男女結婚時，雙方家庭氣氛的差異。

說明 男方娶媳婦時，家裡到處都貼著紅色的「囍」字，顯得喜氣洋洋；而女方，因為要附贈嫁妝，所以值錢的東西都送到男方家了，感覺「空洞」許多，因此稱「嫁查某囝厝內空」。

補充 當「焄tshua⁷」解釋為「迎娶」時，依教育部2007年5月公布之台灣閩南語推薦用字第一批將「焄tshua⁷」寫作「娶tshua⁷」。

---

tsing¹ tshe¹ tuat⁸ tian⁵　　kian⁵ su² ju⁵ bian⁵

爭 妻 奪 田 ， 見 死 如 眠

解釋 見死如眠：將生死置之度外。

涵義 形容男人保衛自己妻子和家園的決心。

說明 妻子是自己最心愛的女人，家園是自己生長的地方，如果妻子被奪，家園被侵略，身為一個男人要站出來，為了保衛自己的妻子和家園而奮戰，即使犧牲生命也無所畏懼。

---

tsing¹ khui³ m⁷ tsing¹ tsai⁵

爭 氣 毋 爭 財

解釋 毋爭：不爭。

涵義 有志氣的子弟，靠自己努力創業，不會去爭奪家產。

說明 許多人都希望自己是含著金湯匙出生,有祖先家產可花用,這樣就不必辛苦奮鬥,但真正有志氣的子弟,寧願靠自己的雙手來創業,也不願意依恃祖產家業。

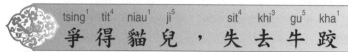

tsing¹ tit⁴ niau¹ ji⁵　　　sit⁴ khi³ gu⁵ kha¹

爭 得 貓 兒 ， 失 去 牛 跤

解釋 爭得:爭到。貓兒:指小利益。牛跤:牛腳,指大利益。

涵義 形容爭得小利益卻造成大損失。

說明 爭到貓兒卻失去了牛腳,人往往如此,目光淺短,只顧爭奪眼前的一點小利益,卻看不到背後隱藏的禍害,爭到最後反而造成更大的損失。

對應華語 爭雞失羊、因小失大、掘室求鼠、惜指失掌。

pe⁷ tsit⁸ thau⁵　　bu² tsit⁸ tann³　　kong¹ po⁵ tsit⁸ tshai³ na⁵

爸 一 頭 ， 母 一 擔 ， 公 婆 一 菜 籃

解釋 一頭:一邊。擔:擔子。

涵義 每個長輩都負有教養孩子的責任,只是程度輕重不同而已。

說明 教養小孩雖是父母的責任,但在三代同堂的家庭中,祖父母對孫子的教養,也會影響到小孩子,母親因為整天都和小孩子在一起,對小孩的影響最大,父親其次,祖父母最後。

pe⁷ khiam³ kiann² tse³　　ang¹ khiam³ boo² tse³

爸 欠 囝 債 ， 翁 欠 某 債

解釋 囝:兒子。翁:丈夫。某:妻子。

涵義 形容父子夫妻都是前世互相欠債,今生才會在一起生活。

說明 俗話說:「無冤無債,不成夫妻」,依據民間的說法,認為今生能做為父子、結為夫妻,一定是前世互相欠債,所以今世來報恩還債的。

pe⁷ bu² thiann³ kiann² tng⁵ lau⁵ tsui²　　kiann² siunn⁷ pe⁷ bu²

爸母疼囝長流水，囝想爸母

tshiu⁷ bue² hong¹

樹尾風

解釋 爸母：父母。疼囝：疼愛子女。

涵義 形容子女對父母的孝心，不及父母對子女的疼愛之心。

說明 父母對兒女的疼愛廣大而深遠，就如同河流那樣綿延不止，永不停息，但兒女對父母的孝心卻不及父母的百分之一，就如同吹過樹尾的微風，是那樣輕細而短暫。

pe⁷ bu² bo⁵ sia² si³　　senn¹ kiann² khi³ tso³ hi³

爸母無捨施，生囝去做戲

解釋 捨施：施捨財物給別人，引申為「可憐、同情」。做戲：演戲。

涵義 形容舊時學戲的艱苦。

說明 以前學戲非常辛苦，必須日夜的苦練，而師父對於徒弟的要求也非常的嚴格，只要稍有一點不對，師父的皮鞭馬上抽在徒弟身上，所以除非家裡很窮，不然父母是不會送小孩去學戲。

pe⁷ si² loo⁷ hng⁷　　bu² si² loo⁷ tng⁷

爸死路遠，母死路斷

解釋 爸：父親。路斷：斷絕往來。

涵義 形容父母過世之後，女兒跟娘家的關係會日漸疏遠。

說明 父母親疼女兒，女兒雖然嫁出去，還是會常回來探望父母，如果父親過世了，女兒偶爾還是會回娘家探望母親，如果母親也過世了，女兒無人可探望，跟娘家的關係會越來越疏遠，甚至從此就不回娘家。

pe⁷ lo² tsu² iu³　　sin⁵ sian¹ lan⁵ kiu³

爸老子幼，神仙難救

解釋 爸：父親。難救：幫不上忙

涵義 形容晚婚的壞處。

說明 現代人因為工作忙碌，加上事業心強，不論男女幾乎都很晚才結

婚，晚婚對男女雙方來說雖然好處很多，但壞處就是父母已經年邁，小孩子還很年幼，這時要是父母有個意外，小孩的處境就很悲慘，所以說父老子幼，連神仙也幫不上忙。

pe⁷ giap⁸ tsu² tsiong²　　pe⁷ tse³ tsu² huan⁵　　tsu² tse³ pe⁷ m⁷ tsai¹
爸業子掌，爸債子還，子債爸毋知

解釋 業：家業。掌：掌管。毋知：不知。

涵義 形容父親的債務由兒子償還，但兒子的債務父親卻可以不管。

說明 俗話說：「父死子繼、父債子還」，兒子對於父親的一切，不論是家業或債務都有概括繼承的義務，但是對於兒子所欠的債務，做父親的卻不需要擔負償還的義務。

mih⁸ e⁷ sai² lam⁷ sam² tsiah⁸　　ue⁷ be⁷ sai² lam⁷ sam² kong²
物會使濫糝食，話膾使濫糝講

解釋 物：東西。會使：可以。濫糝：胡亂、隨便。膾使：不可以。

涵義 勸誡人要小心說話。

說明 東西可以隨便亂吃，因為吃到壞東西，頂多是拉肚子而已，但話就不可以隨便亂說，因為話一說出口，就像潑出去的水，再也收不回來，所以說話要慎言。

補充 依教育部2008年5月公布之台灣閩南語推薦用字第二批將「膾be⁷」寫作「袂be⁷」。

tsiong⁷ guan⁵ kiann² ho² senn¹　　sing¹ li² kiann² oh⁴ senn¹
狀元囝好生，生理囝僫生

解釋 狀元：古代科舉考試殿試的第一名。囝：兒子。生理：生意。僫：難。

涵義 形容做生意風險很高，比讀書還困難。

說明 做生意風險很高，有可能一夕致富，也有可能一夕之間傾家蕩產，所以並不是每個人都適合做生意，但讀書便不同，只要不是癡傻的人，都可以讀書考功名。

kau² a² khun³ thong¹ loo⁷ kui⁷ u⁷ hok⁴ m⁷ tsai¹ sioh⁴

狗仔睏通路櫃，有福母知惜

解釋 睏：睡。毋知：不知。惜：珍惜。

涵義 形容身在福中卻不知珍惜。

說明 以前店家的展示櫥窗下面會放一個櫃子，這是商家晚上打烊後，用來收藏商品的地方，這個櫃子非常的通風，狗睡在這比睡在牠的狗窩舒服多了，如果還嫌棄這個地方不好，就是身在福中不知福。

對應華語 身在福中不知福。

kau² bo² na⁷ bo² io⁵ bue² kau² kang¹ m⁷ kann² lai⁵

狗母若無搖尾，狗公毋敢來

解釋 若：如果。毋敢：不敢。

涵義 事情會發生是自己招惹來的。

說明 母狗發情時不會用搖尾巴的方式，這時牠的身上會發出一種特殊的氣味，以吸引公狗前來，所以如果不是母狗自己先挑情，公狗是不會自動跑過來的。

對應華語 一個巴掌拍不響。

kau² bo² tsi¹ phang¹ kue³ sann¹ hiunn¹ li²

狗母膣，芳過三鄉里

解釋 膣：女性的生殖器。芳：香。

涵義 喻風騷女子豔名遠播四處。

說明 母狗在發情期會散發一種特殊的氣味，這是動物的費洛蒙和賀爾蒙的味道，這氣味人聞不到，但對公狗而言卻是非常具有吸引力，它會將方圓幾里的公狗都引來。

kau² si² kau² sat⁴ ia⁷ tioh⁸ bo⁵ mia⁷

狗死狗蝨也著無命

解釋 著：是。無命：沒命。

涵義 形容彼此關係密切，互相依存，禍福與共。

說明 這句話是老祖先勸誡我們要珍惜愛護自己所依附的人。狗蝨依附

在狗的身上，靠吸狗血維生，如果狗死了，狗蚤沒有血可吸，自然也活不下去。

對應華語 脣亡齒寒、巢毀卵破。

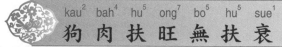

kau² bah⁴ hu⁵ ong⁷ bo⁵ hu⁵ sue¹

狗 肉 扶 旺 無 扶 衰

解釋 旺：旺盛。衰：衰弱。

涵義 形容人只會趨附有權勢的人，不會援助失勢的人。

說明 狗肉是燥熱的東西，身體強壯的人吃了會更強壯，而身體虛弱的人吃了會越虛弱，就好比一些小人，西瓜倚大邊，看哪一邊得勢對自己有利就往哪邊靠。

對應華語 趨炎附勢。

kau² bue² io⁵ hainn³ hainn³　　lang⁵ bue² khuann³ be⁷ kinn³

狗 尾 搖 幌 幌 ， 人 尾 看 獪 見

解釋 幌：晃動。人尾：比喻人的內心。看獪見：看不見。

涵義 喻人心難測。

說明 狗會用叫聲和肢體動作來傳達牠的情緒和感情，搖尾巴就是其中一種方式，當牠高興或感謝時，會搖尾巴來表示心意，但人就不一樣，我們無法從外表看出這個人內心的真正想法。

補充 依教育部2008年5月公布之台灣閩南語推薦用字第二批將「獪be⁷」寫作「袂be⁷」。

kau² ka⁷ khit⁴ tsiah⁸ kha¹

狗 咬 乞 食 跤

解釋 乞食：乞丐。跤：腳。

涵義 形容人倒楣落魄又遭受別人欺負。

說明 乞丐整天在外乞討，沒有住宿的地方，所以全身髒亂，衣衫襤褸，人們看到乞丐這身模樣都非常的嫌惡，乞丐不管走到哪裡都會被別人驅趕，甚至連野狗也會咬他。

對應華語 落井下石、火上加油。

kau² ka⁷ lu⁷ tong⁷ pin¹　　m⁷ bat⁴ ho² lang⁵ sim¹

狗 咬 呂 洞 賓 ， 毋 捌 好 人 心

解釋 呂洞賓：呂巖，傳說為八仙之一。毋捌：不識。

涵義 形容人非常糊塗，分辨不出好壞人。

說明 民間傳說呂洞賓跟二郎神楊戩有些過節，因此二郎神所養的神犬「哮天犬」對呂洞賓十分的仇視，有一回哮天犬落入凡間為凡人所抓，即將被送到香肉店宰殺，呂洞賓剛好路過解救了哮天犬，可是哮天犬不但沒感激呂洞賓，還因記恨牠主人的仇而咬了呂洞賓一口，所以才會有「狗咬呂洞賓，不識好人心」的說法。

對應華語 不知好歹、不明是非、善惡莫辨、不識好人心。

kau² ka⁷ niau² tshi²　　lo⁵ ji⁵ bu⁵ kong¹

狗 咬 鳥 鼠 ， 勞 而 無 功

解釋 鳥鼠：老鼠。勞：辛勞、勞苦。

涵義 形容人所做的事情根本毫無效益，只是白費力氣而已。

說明 捉老鼠是貓擅長的本事，而狗的本事是看門或幫主人打獵，如果要狗去捉老鼠，就如同要貓去看門一樣，根本就是白費力氣、勞而無功。

對應華語 徒勞無功、枉費心力。

kau² sai² poo⁷ pinn³ tsiong⁷ guan⁵ te⁷

狗 屎 埔 變 狀 元 地

解釋 狗屎埔：貧瘠之地。狀元地：肥沃之地。

涵義 形容毫無價值的東西，突然身價大漲變成非常值錢。

說明 狗會常去大便的地方，一定是無人居住，荒煙蔓草，才能讓狗這樣來去自如，而「狀元地」一聽名字也知道這是狀元住的地方，人都喜歡攀權附貴，只要是名人住的地方，附近的地價一定都很貴，所以就用「狗屎埔變狀元地」，形容沒有價值的東西，突然變成非常值錢。

對應華語 身價上漲。

一畫 二畫 三畫 四畫 五畫 六畫 七畫 八畫 九畫 十畫 十一畫 十二畫 十三畫 十四畫

kau² kip⁴ thiau³ tshiunn⁵　lang⁵ kip⁴ tiau³ niu⁵

狗 急 跳 牆 ， 人 急 吊 樑

解釋 吊樑：懸樑自盡。

涵義 形容人被逼急了就會做出一些危險的行為。

說明 狗的腳掌不像貓那樣有軟墊，要牠跳牆根本不可能，但是當牠被逼急了就會跳牆逃走。而人也是如此，你把他逼的太急，就會做出一些危險的行為，不論傷人或傷己，這對雙方都沒有好處，所以凡事不要逼人太甚，要留點餘地，利人也利己。

對應華語 窮鼠嚙狸、狗急跳牆，人急造反。

kau² tsiah⁸ long² bo⁵ kau³　koh⁴ u⁷ thang¹ lun⁵ kau³ ti¹

狗 食 攏 無 夠 ， 擱 有 通 輪 到 豬

解釋 攏無夠：都不夠。擱有通：哪還有。

涵義 意謂有好處強者瓜分都不夠了，哪還輪得到弱者。

說明 狗的動作迅速敏捷，善於捕捉獵物，而豬身體肥胖慵慵懶懶的，整天吃飽睡，睡飽吃，行動非常緩慢，如果主人只餵養牠們一些食物，以豬這種緩慢的速度，所有的東西早就被狗吃光了，哪裡還輪得到牠。

補充 依教育部2007年5月公布之台灣閩南語推薦用字第一批將「擱koh⁴」寫作「閣koh⁴」。

kau² bo⁵ hiam⁵ tsu² lang⁵ san³

狗 無 嫌 主 人 散

解釋 嫌：嫌棄。散：窮。

涵義 形容人非常講義氣，不會背棄失勢的舊主人。

說明 狗是人類最忠實的朋友，只要養了牠，不管你是富是窮，住高樓大廈或流浪街頭，牠都不會背棄你，離你遠去，就像忠心耿耿的僕人一樣，永遠都守在主人的身旁。

對應華語 狗不嫌家貧。

kau² tue³ phui³ tsau²　　lang⁵ tue³ se³ tsau²

狗綴屁走，人綴勢走

解釋 綴：跟隨。勢：權勢。

涵義 說明人非常勢利，總是依附著有權勢的人。

說明 以前生活非常儉省，沒有那麼多的剩菜剩飯可以給狗吃，所以常會聽到有狗吃大便的事，有些人在大便之前會先放屁，狗聞到屁味，以為這個人快要大便就跟著他走，這就如同那些依附權貴的小人一樣，哪邊有勢力就跟著哪邊走。

對應華語 趨炎附勢、如蟻附羶。

kau² thau⁵ niau² tshi² hinn⁷

狗頭鳥鼠耳

解釋 鳥鼠：老鼠。

涵義 形容人面貌醜惡。

說明 整顆長滿毛的狗頭，再加上老鼠灰黑的小耳朵，如果人的臉長成這樣一定非常嚇人，所以前人便用這句諺語，形容人面貌醜惡狀似奸邪。

對應華語 蛇頭鼠眼、獐頭鼠目、小頭銳面、尖嘴猴腮。

kau² thau⁵ tih⁴ tioh⁸ oo¹ mua⁵ iu⁵

狗頭滴著烏麻油

解釋 滴著：滴到。烏：黑。

涵義 意謂人雖然看得到這些東西，卻吃不到或得不到，只能乾瞪眼。

說明 平常人家煮麻油雞時，只要遠遠的聞到它的香味，就會想吞口水，更何況是狗被這麼香濃的麻油滴在頭上，一定更受不了，因為這東西明明就在眼前，卻怎樣也舔不著，只能吞著口水乾過癮。

對應華語 狗舔煎盤空嚥唾。

kau² siann¹ khit⁴ tsiah⁸ au⁵　　tshiunn³ khik⁴ bo⁵ lang⁵ thiann¹

狗聲乞食喉，唱曲無人聽

解釋 乞食：乞丐。喉：歌喉。

涵義 形容人的聲音非常難聽。

說明 以前乞丐向人乞討時，都會唱著乞丐調以吸引人的注意，但一般的乞丐都是賤民出身，根本不懂音律，只憑著自己的感受來編唱曲調，再加上他們的歌喉也不是很好，所以聽他們唱歌就好像聽狗鳴叫一樣，難聽沒有聲調。

對應華語 破鑼嗓子。

kau² hia⁷ tsiunn⁷ tshiu⁷　　sui⁵ lang⁵ peh⁴

狗蟻上樹，隨人跖

解釋 狗蟻：螞蟻。隨人跖：各爬自的。

涵義 喻人各自努力。

說明 這是一句歇後語。螞蟻在樹上爬行的時候，都是各爬各的，不會互相幫忙，也不會互相干擾，所以「狗蟻上樹，隨人跖」是比喻人各自努力，互不影響的意思。

對應華語 各自努力。

kau² hia⁷ kng¹ tua⁷ piann²

狗蟻扛大餅

解釋 狗蟻：螞蟻。

涵義 形容人自不量力。

說明 螞蟻很小，大餅很大，大餅的重量不曉得是螞蟻的幾千倍或幾萬倍，不要說一隻螞蟻扛不動，就算有幾千隻螞蟻通力合作都不見得扛得動，所以螞蟻想要扛大餅，根本是「自不量力」的想法。

對應華語 不自量力、自不量力、夸父逐日、與天競高、蚍蜉撼樹。

kau² hia⁷ tsiah⁸ bit⁸　　hoo⁵ sin⁵ tsiah⁸ tshau³ tsho¹

狗蟻食蜜，胡蠅食臭臊

解釋 狗蟻：螞蟻。蜜：指甜食。胡蠅：蒼蠅。臭臊：指腥臭、不乾淨之物。

涵義 說明每個人喜歡的東西都不一樣，即使味道不好或不乾淨的東西都有人喜歡。

說明 螞蟻喜歡吃甜食，如果沒有把甜食收好，很快就會引來螞蟻；蒼蠅喜歡在腥臭或不潔的東西上停留，所以糞便或腐敗的食物都是

牠的最愛，由此可知，每個人都有自己衷愛的一種味道，即使味道不好或不潔淨的東西都有人喜歡。

對應華語 青菜蘿蔔，各有所好。

---

kau² hia⁷ puah⁸ loh⁸ tiann² tsha² si²
狗 蟻 跋 落 鼎 ， 吵 死

解釋 狗蟻：螞蟻。跋落：跌落。鼎：鍋子。

涵義 責罵人太吵，讓人受不了。

說明 這是一句歇後語。螞蟻掉入熱鍋中，被人和著食物一起炒，很快就被炒死了。由於「炒死」與「吵死」諧音，所以前人才會用這句話來罵人太吵。

對應華語 大吵大鬧、吵吵鬧鬧。

---

tit⁸ tshau² bo⁵ ni¹ huainn⁵ tshau² bo⁵ liam³
直 草 無 拈 ， 橫 草 無 捻

解釋 拈：用手指摘取東西。

涵義 形容人非常的廉潔，對於財物分文不貪。

說明 直長的草不去摘它，橫長的草也不會去摘它，可見這個人真是一介不取，所以前人就用這句諺語，形容人非常的正直廉潔，絲毫不貪。

對應華語 一介不取、一文不苟、一毫莫取。

---

tsai¹ i¹ tso³ gueh⁸ lai⁷ tsiah⁴ beh⁴ khi³ phah⁴ i¹ pang⁵ mng⁵
知 伊 做 月 內 ， 才 欲 去 拍 伊 房 門

解釋 伊：她。做月內：坐月子。才欲：才要。拍：敲。

涵義 明知這個時機不合適，卻還要勉強別人出來做事。

說明 依據民間習俗產婦生完小孩之後，要做一個月的月子，這段時間內產婦必須在家休養補身，不可出來見天，老祖先認為產婦剛生完小孩，身上還帶有污穢，如果出來見天是一種不敬的行為，所以明知別人坐月子不可以出門，還故意去找人家，簡直強人所難。

409

tsai¹ tsin³ m⁷ tsai¹ the³　　bat⁴ sng³ m⁷ bat⁴ tu⁵

知 進 毋 知 退 ， 捌 算 毋 捌 除

解釋 毋知：不知道。捌：懂得。毋捌：不懂。

涵義 形容人眼光淺短，見前不顧後。

說明 只知道前進卻不會後退是非常危險的事，就像人只見到眼前的利益卻看不到身後的危險一樣，我們做事眼光要放遠，不能只憑一時之勇而胡亂闖，什麼時候該進，什麼時候該退，都要有一個全盤的規畫。

khang¹ tshiu² hoo³ he⁵

空 手 戽 蝦

解釋 戽蝦：用手把蝦子撥進來或撈上來。

涵義 形容人所做的事情根本毫無效益，只是白費力氣而已。

說明 我們不論釣魚、釣青蛙、捉蝴蝶……都需要靠工具協助，才能捉到東西，就好比捕蝦子一定要網具去撈，才能捕得又快又多，如果只用雙手撈，可能撈了半天，也捉不到半隻，只是白費力氣而已。

對應華語 徒勞無功、枉費心力。

khang¹ tshui³ poo⁷ tsih⁸

空 喙 哺 舌

解釋 喙：嘴。哺：嚼。

涵義 用來形容許諾一些難以兌現的諾言。

說明 「哺舌」就是嚼舌，我們看到一些長舌婦在搬弄是非時，會批評她們又在「嚼舌根」，所以「哺舌」是指說話的意思，而「空喙哺舌」就是形容人空口說白話。

對應華語 一紙空文、空頭支票、空口說白話。

bong² than³ khah⁴ be⁷ san³

罔 趁 較 獪 散

解釋 罔：姑且。趁：賺錢。獪散：不會窮。

涵義 賺小錢雖然收入不多，但至少有收入，有收入便不會窮。

說明 有些人野心非常大，一出手就想賺大錢，對於小錢根本不屑去賺，其實人很少能一夕致富，很多的大錢都是由小錢慢慢累積而來，所以雖然只是小錢還是要賺，有賺就有收入，有收入就不會窮。

補充 依教育部2008年5月公布之台灣閩南語推薦用字第二批將「𣍐be⁷」寫作「袂be⁷」。

pui⁵ tsui² be⁷ lau⁵ kue³ khu¹
肥 水 𣍐 流 過 坵

解釋 肥水：有益農作物成長的水。𣍐：不會。坵：田地。

涵義 形容有好東西絕對不會便宜別人。

說明 田地需要施肥，農作物才能長得又高又大，現在有肥水流過自己的田地，基於人類自私的心理，一定會想辦法把它留下來，絕不會讓它再流到別人的田裡。

補充 依教育部2008年5月公布之台灣閩南語推薦用字第二批將「𣍐be⁷」寫作「袂be⁷」。

對應華語 肥水不外流、肥水不落外人田。

hue¹ bi⁵ a² tshi⁷ ti⁷ tshu³ kak⁴ bue²
花 眉 仔 飼 佇 厝 角 尾

解釋 花眉：畫眉鳥。飼佇：養在。厝角尾：屋外。

涵義 形容女人不安分，在外邊包養男人。

說明 畫眉鳥原是一種野生的鳥，因其叫聲悠揚悅耳，才被人們抓來當寵物欣賞，所以前人就用這句諺語，形容女人不安於室，在外面包養小白臉。

對應華語 紅杏出牆。

hue¹ tsiah⁸ loo⁷ tsui² lang⁵ tsiah⁸ tshui³ tsui²
花 食 露 水 ， 人 食 喙 水

解釋 食：吃。喙水：口才。

涵義 形容人要有好口才，才能處處行走無礙。

說明 現代社會人際關係非常重要，想要有好的人際關係，除了基本的交際應酬外，也要有好的口才，口才好的人，因為人緣好，走到

哪裡自然都吃得開。

hue¹ khui¹ mua² thinn¹ phang¹　kiat⁴ tsi² tsiah⁴ kiann¹ lang⁵
花 開 滿 天 芳 ， 結 子 才 驚 人

解釋 芳：香。驚人：嚇人。

涵義 比喻目前雖然有些小成果，但並不代表日後一定會有成就。

說明 我們到花園看到滿園盛開的花，聞到芬芳的香氣，一定會讚嘆它
們的美麗，但花開的茂盛，並不代表一定就能結出果實，如果天
候不好或是有蟲害，就結不出纍纍的果實，所以小時候胖並不是
胖，最重要的是要看長大之後的表現。

對應華語 小時了了，大未必佳。

kua³ tshai³ bo⁵ pak⁴ m⁷ tsiann⁵ tsang⁵　kiann² bo⁵ ka³ m⁷ tsiann⁵ lang⁵
芥 菜 無 剝 毋 成 欉 ， 囝 無 教 毋 成 人

解釋 欉：棵。毋成欉：發育不好，不易長成像一顆菜的樣子。囝：子
女。成人：成材、有出息。

涵義 形容小孩子必須要教育，才能成為有用之材。

說明 以前肥料缺乏，芥菜常發育不良，因此在芥菜長大一段時間之
後，農夫就得把它頭部那些沒有用的外葉和爛葉剝掉，以免它們
吸走了整棵菜的水分和養料，而阻礙新內葉的生成，就如同教養
小孩子一樣，必須從小施予嚴格的教育，將來才能有所出息。

對應華語 玉不琢，不成器、人不學，不知義。

kua³ tshai³ tui³ sim¹ pak⁴ tshut⁰ lai⁰
芥 菜 對 心 剝 出 來

解釋 對：由。剝出來：剝下來。

涵義 形容人做事順序顛倒。

說明 農夫收割芥菜都是先從芥菜的外面，將熟的菜葉剝下來，然後再
割下整顆芥菜，一步一步按照程序來收割，如果硬要從芥菜心來
剝葉，不僅方法錯誤，程序也顛倒，不合常理。

hoo² phainn² ia⁷ bo⁵ tsiah⁸ kiann² e⁵ sim¹ kuann¹

虎歹也無食囝个心肝

解釋 歹：凶惡。囝：兒女。

涵義 喻人不論再怎麼狠毒，也不會傷害自己的孩子。

說明 我們常可以從一些動物影片中，看到老虎獵殺、撲咬其他動物的凶狠畫面，老虎雖然非常凶狠，但也不曾聽過把幼虎撕裂來吃的事，老虎都不會這麼凶狠的對待自己的孩子，更何況是萬物之靈的人類。

補充 當「个e⁵」解釋為「的」時，依教育部2007年5月公布之台灣閩南語推薦用字第一批將「个e⁵」寫作「的e⁵」。

對應華語 虎毒不食子。

hoo² senn¹ iau² kho² kin⁷ lang⁵ sik⁸ put⁴ kham¹ tshin¹

虎生猶可近，人熟不堪親

解釋 生：陌生。近：靠近。親：親近。

涵義 即使是面對熟人，也要有提防之心。

說明 老虎雖然是陌生的，但只要做好防備措施，還是可以接近牠，可是人就不一樣了，即使你跟他很熟，仍然不可以鬆懈防備之心，以免被他陷害而不自知。

對應華語 防人之心不可無。

hoo² lau⁷ hiong⁵ sim¹ tsai⁷

虎老雄心在

解釋 雄心：宏偉的抱負。

涵義 用來形容人雖年老，但壯志仍在。

說明 老虎雖然老，但是虎威仍然在，只要一發威，山中的動物還是很害怕，所以前人就用這句諺語，形容人雖然年老，但雄心仍在。

對應華語 老驥伏櫪、老馬嘶風、人老心不老。

hoo² kiann⁵ loo⁷ ia⁷ e⁷ tuh⁴ ku¹

虎行路也會盹龜

解釋 行路：走路。盹龜：打瞌睡。

涵義 用來形容人無論多麼的精明，也會有失誤的時候。

說明 老虎是山中之王，走路時虎虎生威，所有的動物見到牠都非常害怕，但老虎雖然威猛，也有疲累之時，所以在走路的時候，也會不小心打瞌睡。

對應華語 人有錯手，馬有失蹄。

hoo² ka⁷ phah⁴ lo⁵ e⁰
虎 咬 拍 鑼 个

解釋 拍鑼：敲鑼。

涵義 在人群中最突出者，容易招人忌妒而遭受打擊。

說明 以前傳訊設備不發達，村裡如果發生事情，必須依靠人力敲鑼打鼓通知大家，村裡跑進一隻老虎，傳訊的人到處敲鑼通知大家，老虎因為受到鑼聲的驚嚇，所以就撲咬敲鑼的人。

補充 當「个e⁰」解釋為「的」時，依教育部2007年5月公布之台灣閩南語推薦用字第一批將「个e⁰」寫作「的e⁰」。

hoo² tshui³ khau² lian² tshiu¹
虎 喙 口 撚 鬚

解釋 撚：用手指搓揉、旋轉東西。鬚：鬍鬚。

涵義 比喻做冒險的事。

說明 老虎是肉食性動物，不管動物或人都可以當牠的食物，跑去老虎面前玩弄牠的鬍鬚，簡直是膽大包天，不知死活，只要稍微一不小心，便會被老虎吃掉。

對應華語 虎口拔牙、老虎頭上拍蒼蠅。

hoo² thau⁵ niau² tshi² bue²
虎 頭 鳥 鼠 尾

解釋 鳥鼠：老鼠。

涵義 形容人做事沒有毅力，有始無終。

說明 一個人做事開頭像虎頭一樣的威猛，聲勢浩大，但結尾卻像老鼠尾巴一樣弱弱的沒力氣，這就是虎頭蛇尾，做事只有開頭，而不能善尾。

對應華語 虎頭蛇尾、有頭無尾、有始無終、雷聲大雨點小。

kin⁷ e⁰ m⁷ be²　　beh⁴ hng⁷ e⁰ sia¹

近个毋買，　欲遠个賒

解釋　个：的。毋買：不買。賒：掛帳，可以賒帳的地方，東西賣得都比較貴。

涵義　形容人做事笨拙不切實際。

說明　一般人買東西都會選擇離家比較近的地方，而不會繞去遠處購買，除非是遠處的價格比較便宜，才會特地跑過去買，現在遠地的價格比近處貴，只因可以賒帳，便跑去遠處購買，可見這個人做事貪小失大，不切實際。

補充　當「个e⁰」解釋為「的」時，依教育部2007年5月公布之台灣閩南語推薦用字第一批將「个e⁰」寫作「的e⁰」。

對應華語　捨近謀遠。

kin⁷ tsui²　　sioh⁴ tsui²

近水，　惜水

解釋　近：靠近、接近。惜：珍惜。

涵義　勉人要珍惜資源。

說明　古代沒有自來水，住在遠地的人如果要用水，必須大老遠的跑去河邊、井邊把水挑回來，住在河邊的人用水比較方便，但也因此而常常浪費水，所以此句諺語是勸誡大家要珍惜水源，體恤別人無水可用的痛苦。

對應華語　有水當思無水之苦。

kin⁷ kin⁷ sio¹ ue³ bak⁸　　hng⁷ hng⁷ thai⁵ ke¹ kak⁴

近近相穢目，　遠遠刣雞鵤

解釋　穢目：看不順眼。刣：宰、殺。雞鵤：公雞。

涵義　形容人或事物如果太過於親近，便會產生輕慢之心。

說明　人都有貴遠鄙近的心態，自己身邊的親人，由於住得近，又天天接觸，就產生輕慢之心，而遠方的親戚，因為不常見面，偶爾來一次，就覺得很稀奇。

對應華語　貴遠鄙近、遠來和尚會念經。

一畫
二畫
三畫
四畫
五畫
六畫
七畫

八畫

九畫
十畫
十一畫
十二畫
十三畫
十四畫

近溪，坐無船

kin⁷ khe¹　　tse⁷ bo⁵ tsun⁵

解釋　坐無船：搭不到船。

涵義　形容人對於容易取得的東西，常會掉以輕心，以致錯失良機。

說明　住在溪流旁邊卻搭不到船，這種現象是一般人的通病，因為住的近則心生懈怠，結果反而遲到搭不上船，所以對任何事都不可因為有把握而掉以輕心，以免因為大意而錯失良機。

近廟欺神

kin⁷ bio⁷ khi¹ sin⁵

解釋　欺：輕視。

涵義　人如果太過親近，便會產生輕慢之心。

說明　人都是貴遠賤近的，住在寺廟旁邊，天天看見那些神像，並不覺得有多麼神聖，等到外地的香客一直絡繹不絕來參拜，才知道祂們的靈驗。

對應華語　貴遠鄙近。

金瓜臭腹內

kim¹ kue¹ tshau³ pak⁴ lai⁷

解釋　金瓜：南瓜。

涵義　喻外表華麗內在卻衰敗不堪。

說明　南瓜的外形像是剝完皮的大型橘子，由於它的瓜肉金黃透亮，就像黃澄澄的金子一樣，所以南瓜又稱為金瓜。而「金瓜臭腹內」就用來形容人外表看似華麗，但內在卻是腐敗不堪。

對應華語　虛有其表、繡花枕頭、中看不中用、金玉其外，敗絮其中。

金門毋認同安，台灣毋認唐山

kim¹ mng⁵ m⁷ jin⁷ tang⁵ uann¹　　tai⁵ uan⁵ m⁷ jin⁷ tng⁵ suann¹

解釋　認：認同。唐山：地名，位在河北省。

涵義　形容人移居他鄉，日子久了就把那個地方當成自己的故鄉。

說明　人移居他鄉，日子久了便對此處產生認同感，進而將此處當成是自己的故鄉，所以從同安移居到金門的人，不認同同安是他的故

鄉，從唐山移居到台灣的人，不認同唐山是他的故鄉。

kim¹ tang⁵ tsiu² kau³ senn¹ se¹ tsiah⁴ kuann⁷ tsau²

金 垌 守 到 生 蔬 才 摜 走

解釋 金垌：骨灰罈。生蔬：長出黴菌。摜走：提走。

涵義 事情只差最後一步卻功敗垂成。

說明 依據民間說法骨灰罈上如果長出黴菌是一種吉兆，家屬把骨灰罈安放在納骨塔，等了好久骨灰罈終於長出黴菌，但在這個時候家屬卻決定要把骨灰罈帶走，骨灰罈只要一移動，黴菌就會脫落，所以前人就用這句諺語，形容事情只差最後一步便成功。

對應華語 功虧一簣、功敗垂成。

tng⁵ kang¹ bang⁷ loh⁸ hoo⁷　khit⁴ tsiah⁸ bang⁷ phoo² too⁷

長 工 望 落 雨 ， 乞 食 望 普 渡

解釋 望：期待。落雨：下雨。普渡：農曆七月民間祭祀眾鬼的一種儀式。

涵義 每個人都有其心思和期望。

說明 以前的大地主常會僱用長工來家裡做勞役，這些長工每天都要工作非常的辛苦，所以天天期盼下雨，這樣他們便能休息，而乞丐在外乞討，常是有一餐沒一餐的，所以希望天天都有普渡，他們就不用餓肚子。

mng⁵ khau² tiann⁵ huat⁴ tshau²

門 口 埕 發 草

解釋 埕：廣場。發：長。

涵義 形容訪客稀少。

說明 門口的廣場都長出雜草，表示這個地方很少有人來，人多的地方絕對長不出草，因為人來人往，草很快就被踐踏死掉，只有在人少的地方，草才能自由的生長。

對應華語 門可羅雀、門無蹄轍、門庭冷落。

mng⁵ sinn³ pan² tau³ m⁷ tioh⁸ ping⁵

門 扇 板 湊 毋 著 爿

解釋 門扇：門板。湊：拼合。毋著：不對。爿：邊。

涵義 形容彼此不相容，合不來。

說明 不管是單扇門或雙扇門都有其卡榫和接合的地方，若是將門板裝錯方向，便會出現門打不開或門板和門框不能密合的情況，所以只能再重新安裝。

補充 依教育部2007年5月公布之台灣閩南語推薦用字第一批將「湊tau³」寫作「鬥tau³」。

對應華語 格格不入、方枘圓鑿。

mng⁵ sinn³ au⁷ khok⁸ khok⁸ sin⁵ pue¹

門 扇 後 硞 硞 神 桮

解釋 硞硞：擲杯筊所發出的聲音。神桮：杯筊。

涵義 形容在背後幫別人出主意獻計謀的人。

說明 俗話說：「心思無定，抽籤算命」，人遇到事情不能解決時，都會去求神問卜，擲杯筊是一種問神來決定事情的方式，門扇後面的神桮，表示這個人是專門在背後幫人獻策的人。

mng⁵ lau⁵ sui¹ phua³ kenn¹ koo² guan⁵ tsai⁷

門 樓 雖 破 ， 更 鼓 原 在

解釋 更鼓：用來打更的鼓。原在：仍舊。

涵義 形容富有人家雖然家道中落但門風仍在。

說明 以前大戶人家，家門前面都建有門樓，門樓是一個家庭的門面，它的建築規模代表這家庭的富有程度，門樓是一棟三開間的二層樓建築，樓上有房間可供守更者使用。

對應華語 虎死不倒威。

a¹ po⁵ a² senn¹ kiann² tsiann⁵ piann³ leh⁰

阿 婆 仔 生 囝 ， 誠 拚 咧

解釋 生囝：生孩子。誠：很、非常。

涵義 形容事情想要完成還頗有難度，仍需努力去做。

說明 一般年輕的婦女生小孩，快的人大概也要四十分到一個小時，慢的人要好幾個鐘頭，甚至是一整天的時間，而阿婆年老力衰，想要生小孩恐怕要費更多的時間才生得出來，況且阿婆已經過了更年期，如果想要生小孩恐怕會有困難。

a¹ po⁵ a² buah⁴ hun² bo⁵ tshai² kang¹

阿 婆 仔 抹 粉 ， 無 彩 工

解釋 抹粉：化妝。無彩工：白費力氣。

涵義 形容所做的事全是白費力氣，沒有任何效益。

說明 人的皮膚會隨著年紀的增長，慢慢變得鬆弛乾澀，而阿婆已經是老年人，人老色衰，臉皮乾皺，即使抹再多的化妝品，也是白費力氣。

對應華語 徒勞無功、枉費心力。

a¹ ma² senn¹ tsa¹ boo² kiann² senn¹ koo¹

阿 媽 生 查 某 囝 ， 生 菇

解釋 阿媽：奶奶。查某囝：女兒。生菇：發霉。

涵義 形容事物或觀念陳舊過時。

說明 這句出自歇後語，具有雙關義。爸爸是奶奶的兒子，姑姑是奶奶的女兒，所以奶奶生的女兒，我們要叫她「姑姑」。而「姑」跟「菇」諧音，所以就用這句話來形容事物或觀念過時。

對應華語 老掉牙、陳穀子，爛芝麻。

a¹ ma² senn¹ sun¹ kong² thiong³

阿 媽 生 孫 ， 講 暢

解釋 阿媽：奶奶。孫：兒子的兒子。暢：爽、高興。

涵義 形容事情只是說好玩的不能當真。

說明 從親屬輩分的關係來說，爸爸是奶奶的兒子，孫子是爸爸的兒子，所以不管奶奶再怎麼生，都只能生出兒子，不能生出孫子，因為只有兒子的兒子，才能叫做孫子，所以奶奶生孫，只是說好玩的不能當真。

hoo⁷ suann³ sui¹ phua³　　kut⁴ keh⁴ guan⁵ tsai⁷

雨 傘 雖 破 ， 骨 格 原 在

解釋　骨格：風骨、骨氣。原在：仍舊。

涵義　形容人雖然落魄潦倒，但風骨猶在。

說明　古代的雨傘和現在不同，傘面是用油紙糊成的，如果使用的時間太久或被東西勾到便會破掉，傘面雖然破掉，但因傘骨是竹製的，所以不受影響還是依然完好。

對應華語　虎死不倒威。

hoo⁷ loh⁸ su³ san¹　　tsiong¹ kui¹ tua⁷ hai²

雨 落 四 山 ， 終 歸 大 海

解釋　終：最後。歸：回。

涵義　雖然意見眾多分歧，但最後終歸於一源。

說明　許多名江大河都發源於山上，雨下在山巔，順著地勢流入山谷，成為江河的源頭，然後逐層而下流過山谷、平原，最後匯入大海。

hoo⁷ tui³ thinn¹ thang¹ phuah⁴ loh⁰ lai⁰

雨 對 天 窗 潑 落 來

解釋　對：由、自。天窗：屋頂上的窗戶。潑落來：潑下來。

涵義　形容災禍突然發生，無法事先防備。

說明　人坐在家中，雨突然從天窗落下來，這是誰也料想不到的事情，因為台語的「雨」跟「禍」諧音，所以用「雨對天窗潑落來」表達「禍從天降」之意。

對應華語　禍從天降、飛來橫禍、無妄之災。

tshing¹ thian¹ peh⁸ jit⁸ tshiunn² kuan¹ te³ bio⁷

青 天 白 日 搶 關 帝 廟

解釋　青天白日：白天。關帝廟：奉祀關公的廟宇。

涵義　意謂在白天做一些姦淫之事。

說明　關公一生忠義最不能容忍姦淫之事，在《關聖帝君戒淫經》的開頭便道出「萬惡淫為首，百善孝為先」的觀念，所以就以大白天

搶關帝廟，形容人在大白天做一些邪淫之事。

tshenn¹ kong⁵ kau² tsiah⁸ bo⁵ sai²
青 狂 狗 ， 食 無 屎

解釋 青狂：慌張、冒失。食無：吃不到。

涵義 形容人做事倉皇冒失，以致無法成事。

說明 人無論做任何事，如果事先不能詳細規畫，沈穩的去做，只是冒冒失失的胡亂闖，最後一定不會成功，就像一隻冒失的狗，每天衝來撞去，永遠也搞不清哪裡有大便，所以當然會吃不到大便。

tshenn¹ me⁵ e⁰ m⁷ kiann¹ tshing³
青 瞑 个 ， 毋 驚 銃

解釋 青瞑：失明。毋驚：不怕。銃：槍。

涵義 形容人因為閱歷淺，所以做事毫無畏懼勇往直前。

說明 瞎子因為眼睛看不到，不知道槍的厲害，就算你在前面用槍瞄準他，瞎子還是一樣勇往直前不會害怕，就像幼兒不知道什麼是危險，即使是高處仍往上攀爬。

補充 依教育部2007年5月公布之台灣閩南語推薦用字第一批將①「青瞑tshenn¹ me⁵」寫作「青盲tshenn¹ me⁵」；②當「个e⁰」解釋為「的」時，將「个e⁰」寫作「的e⁰」。

對應華語 有勇無謀、初生之犢不怕虎。

tshenn¹ me⁵ e⁰ u⁷ bak⁸ kim¹ e⁰ khan¹
青 瞑 个 ， 有 目 金 个 牽

解釋 青瞑：失明。目金：眼睛看得見。牽：扶持。

涵義 瞎子會有眼明的人牽著他走。

說明 瞎子會有眼明的人牽著他走，就像沒有經驗的人，會有經驗豐富的人，來帶領他一樣，這句諺語是鼓勵人做事不要害怕，不管遇到什麼事都會有人出來引導你的。

補充 依教育部2007年5月公布之台灣閩南語推薦用字第一批將①「青瞑tshenn¹ me⁵」寫作「青盲tshenn¹ me⁵」；②當「个e⁰」解釋為「的」時，將「个e⁰」寫作「的e⁰」。

tshenn¹ rne⁵ e⁰ tshua⁷ boo²　　am³ song²

青 瞑 个 炁 某 ， 暗 爽

解釋 青瞑个：瞎子。炁某：娶老婆。

涵義 形容心中暗自歡喜。

說明 結婚是一件令人欣喜的事，每個人只要一想到娶老婆之後的快樂時光，就不禁喜上心頭，瞎子雖然看不見，但一想到自己也可以娶老婆，心中就暗自竊喜。

補充 依教育部2007年5月公布之台灣閩南語推薦用字第一批將①「青瞑tshenn¹ me⁵」寫作「青盲tshenn¹ me⁵」；②當「个e⁰」解釋為「的」時，將「个e⁰」寫作「的e⁰」；③當「炁tshua⁷」解釋為「迎娶」時，將「炁tshua⁷」寫作「娶tshua⁷」。

tshenn¹ me⁵ e⁰ uan³ piah⁴

青 瞑 个 怨 壁

解釋 青瞑个：瞎子。怨：埋怨。

涵義 形容人不知反省自己，只會埋怨別人。

說明 瞎子因為看不到路而撞到牆壁，他不但不反省自己，反而埋怨牆壁阻擋他的路，這就好比人遇到挫折時不知虛心檢討自己，以求改進，反而怨天尤人，若是長期如此，大概永遠只有碰壁的份。

補充 依教育部2007年5月公布之台灣閩南語推薦用字第一批將①「青瞑tshenn¹ me⁵」寫作「青盲tshenn¹ me⁵」；②當「个e⁰」解釋為「的」時，將「个e⁰」寫作「的e⁰」。

tshenn¹ me⁵ e⁰ khuann³ ko³ si⁷

青 瞑 个 看 告 示

解釋 青瞑个：瞎子。告示：公告。

涵義 形容人所做的事全是白費力氣，沒有任何效益。

說明 瞎子的眼睛無法看見任何東西，只能靠摸點字來了解書報的內容，但是古代並沒有點字設施，所以瞎子跑去看告示，根本只是白忙一場，看了也是白看。

補充 依教育部2007年5月公布之台灣閩南語推薦用字第一批將①「青瞑tshenn¹ me⁵」寫作「青盲tshenn¹ me⁵」；②當「个e⁰」解釋為

「的」時，將「个e⁰」寫作「的e⁰」。

對應華語 徒勞無功、枉費心力。

青暝个看見，臭耳个聽見
tshenn¹ me⁵ e⁰ khuann³ kinn³ tshau³ hinn⁷ e⁰ thiann¹ kinn³

解釋 青暝个：瞎子。看見：看得到。臭耳：耳聾。聽見：聽得到。

涵義 比喻在現實生活中不可能發生的事。

說明 瞎子是眼盲，眼睛不可能看得到，而聾子是耳聾，耳朵不可能聽得到，所以前人便以瞎子看得見，聾子聽得到，來比喻現實生活中不可能發生的事情。

補充 依教育部2007年5月公布之台灣閩南語推薦用字第一批將①「青暝 tshenn¹ me⁵」寫作「青盲tshenn¹ me⁵」；②當「个e⁰」解釋為「的」時，將「个e⁰」寫作「的e⁰」。

青暝个食圓仔，心內有數
tshenn¹ me⁵ e⁰ tsiah⁸ inn⁵ a² sim¹ lai⁷ iu² soo³

解釋 青暝个：瞎子。圓仔：湯圓。心內：心裡。

涵義 對於事情的來龍去脈，自己心中有數。

說明 瞎子除了眼睛看不見外，跟一般人沒有什麼兩樣，甚至他的聽覺和觸覺比一般人還更靈敏，所以瞎子雖然看不見碗裡有多少顆湯圓，但自己吃下幾顆，心裡有數。

補充 依教育部2007年5月公布之台灣閩南語推薦用字第一批將①「青暝 tshenn¹ me⁵」寫作「青盲tshenn¹ me⁵」；②當「个e⁰」解釋為「的」時，將「个e⁰」寫作「的e⁰」。

對應華語 瞎子吃湯圓，心裡有數。

青暝佮啞口做翁某
tshenn¹ me⁵ kah⁴ e² kau² tso³ ang¹ boo²

解釋 青暝：瞎子。佮：和、與。啞口：啞巴。翁某：夫妻。

涵義 形容彼此遭遇相同，因為相憐而配成對。

說明 瞎子眼睛看不見，啞巴嘴巴不能說話，瞎子和啞巴身體各有缺陷，因為彼此遭遇相似，更能了解殘疾者的心情，所以同病相憐而結成夫妻。

補充 依教育部2007年5月公布之台灣閩南語推薦用字第一批將「青瞑 tshenn¹ me⁵」寫作「青盲tshenn¹ me⁵」。

對應華語 同病相憐、同是天涯淪落人。

---

tshenn¹ me⁵ tsing¹　　e² kau² ling⁵
青瞑精，啞口靈

解釋 青瞑：瞎子。精：精明。啞口：啞巴。靈：靈敏、靈巧。

涵義 身體有缺陷的人，會比一般人精明靈巧。

說明 一般正常人由於五感俱存很難完全專心，如果專注於看，耳朵就不能完全聽清楚聲音，如果專注於聽，眼睛就不能把事物完全看仔細。而瞎子由於看不到，聽力變得非常的靈敏，啞巴亦是如此，所以感官有缺陷的人會比一般人靈巧。

補充 依教育部2007年5月公布之台灣閩南語推薦用字第一批將「青瞑 tshenn¹ me⁵」寫作「青盲tshenn¹ me⁵」。

---

tshenn¹ me⁵ niau¹ tu² tioh⁸ si² niau² tshi²
青瞑貓拄著死鳥鼠

解釋 青瞑貓：瞎貓。拄著：遇上。鳥鼠：老鼠。

涵義 形容沒本事的人意外獲得好運。

說明 貓的眼睛結構特殊，能隨光線的強弱，做不同變化，貓能捉到老鼠，就是靠這雙能在黑暗中透視一切的眼睛，貓的眼睛如果瞎了，就無法再捉老鼠，所以瞎貓碰到死老鼠，是因為運氣好。

補充 依教育部2007年5月公布之台灣閩南語推薦用字第一批將「青瞑 tshenn¹ me⁵」寫作「青盲tshenn¹ me⁵」。

對應華語 一時僥倖、瞎貓碰上死耗子。

---

tshenn¹ me⁵ ke¹　　tok⁴ tioh⁸ thang⁵
青瞑雞，啄著蟲

解釋 青瞑：瞎眼。啄著：啄到。

涵義 形容沒本事的人碰上好運氣。

說明 瞎眼的雞根本看不到東西，別說找蟲吃就算要走路都有困難，現在瞎眼的雞不但沒餓死，反而啄到蟲，可見牠運氣非常好，但運氣終究只是偶然，不可能天天都有，所以如果條件不好，就應該

更努力的學習，以彌補自己的不足，才能有所成就。

補充 依教育部2007年5月公布之台灣閩南語推薦用字第一批將「青暝 tshenn¹ me⁵」寫作「青盲tshenn¹ me⁵」。

對應華語 一時僥倖、瞎貓碰上死耗子。

---

tshenn¹ me⁵ phian³ bak⁸ kim¹

青 暝 騙 目 金

解釋 青暝：瞎子。目金：眼明的人。

涵義 形容外行騙內行。

說明 瞎子因為眼睛看不見，無法判斷東西的好壞，而眼明的人卻可以 用他的眼睛，來檢視東西的好壞，所以瞎子想騙眼明的人，就如 同外行人騙內行人一樣，這是行不通的。

補充 依教育部2007年5月公布之台灣閩南語推薦用字第一批將「青暝 tshenn¹ me⁵」寫作「青盲tshenn¹ me⁵」。

對應華語 外行騙內行。

九　畫

pan⁵ gi⁵ m⁷ bat⁴ pa²
便 宜 ， 毋 捌 飽

解釋　便宜：廉價。毋捌：不知道。

涵義　形容人貪心不知足。

說明　人性都是貪婪的，看到便宜的東西，當然會拚命的吃，即使已經很撐了，還是會忍不住再硬吃，坊間一些吃到飽的餐廳，裡面的人好像都吃得快撐死的樣子，這就是因為便宜，所以不知道飽。

對應華語　貪得無厭、貪心不足。

pan⁵ gi⁵ mih⁸ thang¹ tsiah⁸ pan⁵ gi⁵ ue⁷ m⁷ thang¹ kong²
便 宜 物 通 食 ， 便 宜 話 毋 通 講

解釋　物：東西。通：可以。便宜話：不負責任的話。毋通：不可以。講：說。

涵義　勸誡人說話要謹慎。

說明　一分錢一分貨，便宜的食物如果不是品質不好，就是快要過期，吃了便宜的食物，運氣不好頂多拉肚子而已，但是如果說話不負責任，別人便會對你的誠信打折扣，以後你的話就沒有人會相信。

對應華語　東西可以亂吃，話不可以亂講。

pian⁷ soo² tuann⁵ gih⁴ tah⁴ tshau³ tuann⁷
便 所 彈 吉 他 ， 臭 彈

解釋　便所：廁所。臭彈：亂蓋、吹牛。

涵義　形容人說話瞎說亂蓋。

說明　這句出自歇後語。廁所是人們大小便的地方，裡面臭氣沖天，在廁所裡面彈吉他，當然是一邊聞臭一邊彈，所以前人就用這句諺語，形容人說話不實在，愛吹牛。

po² hoo⁷ sam¹ tsong⁷ khi³ tshu² king¹　　tioh⁸ kau⁵

保護三藏去取經，著猴

解釋 三藏：唐三藏。取：拿。著：就。著猴：中猴，一種病的名稱，以前小孩子如果發育不良，舉止像猴子，大人就認為這是「著猴」的症狀，便會帶小孩去「萬福庵」祭拜齊天大聖，祈求平安。

涵義 罵人舉止行為不正經，就像發神經一樣。

說明 這句出自歇後語。《西遊記》中唐三藏能平安到達西天，孫悟空的功勞最大，每次唐三藏被妖怪抓走，都是孫悟空搭救的，所以唐三藏要去西天取經，非得靠孫悟空不可。

siok⁸ mih⁸ tsiah⁸ phua³ ke¹

俗物食破家

解釋 食破：吃垮。

涵義 形容東西如果取得容易便不會加以珍惜。

說明 人都有貪小便宜的心理，東西如果賣得很便宜，就會不知節制拚命買，也不管實不實用先買回去再說，結果家中堆了一堆用不著的東西，形成浪費，如果每次買東西都這樣，當然會「食破家」。

siok⁸ mih⁸ bo⁵ ho² hue³

俗物無好貨

解釋 俗物：便宜的東西。

涵義 形容便宜沒好貨。

說明 俗語說：「殺頭生意有人做，賠本生意無人做」，生意人是很精明的，不會做虧本生意，有什麼樣的貨色，就賣什麼樣的價錢，所以便宜沒好貨。

對應華語 一分錢一分貨。

siok⁸ siok⁸ sia³ khah⁴ iann⁵ kia³

俗俗卸較贏寄

解釋 俗俗：便宜。卸：廉價促銷。較贏：勝過。寄：存放。

涵義 說明把東西便宜賣出勝過囤積虧本。

說明 生意人常會大量進貨囤積，等到缺貨物價上漲時再拿出來銷售，但生意人的眼光並不是每次都那麼精準，當貨物的供應超過人們的需求時，物價就會下跌，他們只好將貨品低價賣出，因為貨品如果一直堆著會虧錢，倒不如低價求現，還可減少一點損失。

siok⁸ hiunn¹ kiam¹ phang¹　　koh⁴ tiam² be⁷ kue³
俗 香 兼 芳 ， 擱 點 燴 過

解釋 俗：便宜。芳：香。擱：又。燴過：不會很快燒完。

涵義 形容東西好用，價格又便宜。

說明 所謂的好香是採用奇楠木做香枝，用上好的藥材和香料做香粉，所以香味持久不散，香枝也不會很快燒完，一束上好的香，從選材到完成，必須耗費許多工夫，因此價格昂貴，現在有便宜的香，香味和持久度跟好香沒有兩樣，真是物美價廉。

補充 ①依教育部2007年5月公布之台灣閩南語推薦用字第一批將「擱koh⁴」寫作「閣koh⁴」。②依教育部2008年5月公布之台灣閩南語推薦用字第二批將「燴be⁷」寫作「袂be⁷」。

對應華語 物美價廉。

siok⁸ kioh⁴ khah⁴ iann⁵ ka⁷ lang⁵ tsioh⁴
俗 腳 較 贏 共 人 借

解釋 腳：角色。較贏：勝過。共人：給人。

涵義 寧可自食其力，即使工資很微薄，也好過向別人借錢。

說明 俗話說「寧可看田面，不願看人面」，自己自食其力的工作，即使工作很辛苦，收入微薄，但也比委屈自己卑恭屈膝的去向別人借貸來的強。

thi³ tsit⁸ pai² thau⁵ sann¹ jit⁸ ian⁵ tau⁵
剃 一 擺 頭 ， 三 日 緣 投

解釋 一擺：一次。緣投：英俊。

涵義 形容剃完頭之後，人會變得比較英俊。

說明 俗語說：「人要衣裝，佛要金裝」，人如果不愛乾淨，邋邋遢遢的，任誰看了都討厭，所以如果想給別人留下一個好印象，就要先打理好自己的儀容，這樣不僅自己清爽，別人看起來也舒服。

thi³ thau⁵ to¹ tsho³ tua⁷ tsang⁵ tshiu⁷
剃 頭 刀 剉 大 欉 樹

解釋 剉：砍。欉：計算植物的單位。大欉：大棵。

涵義 喻人不自量力，做自己能力所不能及的事。

說明 砍大樹只能用斧頭或鋸子，不能拿剃刀，剃刀雖然鋒利，但只適合用來剃頭、刮鬍子，如果拿剃刀去剉大樹，大概砍不到幾下，剃刀就報廢，所以做事要量力而為，才不會讓自己受到傷害。

對應華語 不自量力、螳臂當車、蚍蜉撼樹、夸父逐日、與天競高。

thi³ thau⁵ e⁵ tshi⁷ hue¹ bi⁵
剃 頭 个 飼 花 眉

解釋 花眉：畫眉鳥。

涵義 形容人的舉止所為，不合身分。

說明 畫眉鳥原是一種野生鳥，但因其叫聲悠揚悅耳，所以被人們抓來當寵物欣賞。養鳥是一種賞心悅目的雅事，但也必須有錢有閒。而剃頭是一種辛苦行業，剃頭師傅每天忙著幫人剃頭賺錢，根本沒有時間和閒錢去養畫眉鳥，所以剃頭師傅養畫眉鳥根本是自不量力，也不合乎他的身分。

補充 當「个e⁵」解釋為「的」時，依教育部2007年5月公布之台灣閩南語推薦用字第一批將「个e⁵」寫作「的e⁵」。

對應華語 自不量力、附庸風雅。

thi³ thau⁵ tiam³ kong¹ hiu¹ bo⁵ li² huat⁴
剃 頭 店 公 休 ， 無 你 法

解釋 公休：公定的休息日。無你法：對你無可奈何。

涵義 喻對人沒輒，拿他沒有辦法。

說明 這句出自歇後語。以前台灣的剃頭店，每個月的初五和二十是公休日，在這兩天剃頭師傅是不幫人理頭髮的。因為「無理髮」跟「無你法」諧音，所以就用這句話來形容對人沒輒、沒辦法。

一畫 二畫 三畫 四畫 五畫 六畫 七畫 八畫 九畫 十畫 十一畫 十二畫 十三畫 十四畫

thi³ thau⁵ tsiau³ lun⁵ pan¹
剃 頭 照 輪 班

解釋 照輪：按照次序。

涵義 形容按照先後順序辦理。

說明 任何事都有先來後到，不管是花錢消費的人，或是幫別人服務的人，都必須按照來的先後順序去辦理，這樣對每一個人才公平。

tsing⁵ lang⁵ tshan⁵ te⁷ au⁷ lang⁵ siu¹   ling⁷ iu² siu¹ lang⁵ tsai⁷ au⁷ thau⁵
前 人 田 地 後 人 收 ， 另 有 收 人 在 後 頭

解釋 收：接收。後頭：後面。

涵義 富貴錢財皆是過眼雲煙，爭的到也留不住。

說明 田地是固定不變，不論歷經幾百年，還是在那裡，但人就不同，人的生命有限，即使再長壽，百歲之後這土地還是得由後面的人接收，這樣終其一生的追求，到頭來還不是一場空，與其汲汲營營的去追求那些留不住的東西，倒不如將時間花費在行善積德的事情上，這樣人生才有意義。

tsing⁵ lang⁵ kiann² m⁷ kann² tsiah⁸ au⁷ bo² ling¹
前 人 囝 毋 敢 食 後 母 奶

解釋 前人囝：前妻的孩子。毋敢：不敢。後母：繼母。

涵義 形容因為害怕而不敢靠近。

說明 由古自今大部分的後母都會虐待前妻的子女，不是毒打他們就是不給吃穿，有的為了謀奪家產，甚至還會設計毒害他們，所以前妻的小孩對於後母都是非常的敬畏。

tsing⁵ lang⁵ tsing³ tshiu⁷   au⁷ lang⁵ tiam³ ng²
前 人 種 樹 ， 後 人 踮 蔭

解釋 踮蔭：乘涼。

涵義 前人辛苦創業，後人享受成果。

說明 種過樹的人都知道，種樹並不是一種短期的工作，從一顆小種子到樹蔭成林，這期間要經過數年，甚至數十年的時間方能成林，所以常是前面的人種樹，後面的人乘涼。

對應華語 前人種樹，後人乘涼。

tsing⁵ gu⁵ thau¹ tsiah⁸ au⁷ gu⁵ pue⁵
前 牛 偷 食 後 牛 賠

解釋 偷食：偷吃。

涵義 替人頂罪。

說明 前面那隻牛跑進人家的菜園偷吃菜，吃完就走了，也沒被主人發現，後面這頭牛剛巧從菜園經過，被主人誤認是偷吃的那頭牛，而要求牠的主人賠錢，這真是很冤枉的事，所以就用這句諺語，形容前面的人做壞事，卻要後面的人幫他頂罪。

tsing⁵ si³ tah⁸ phua³ kuann¹ tsha⁵ kua³
前 世 踏 破 棺 材 蓋

解釋 棺材蓋：棺材上面的那一層木板。

涵義 形容彼此有極深的仇恨。

說明 俗話說：「人死為大」，對於死者要敬重不可冒犯，棺材是停殮死者屍體的地方，踏破人家的棺材蓋，對死者來說是大不敬的行為，這種行為會讓彼此結下深仇。

對應華語 深仇大恨、血海深仇、不共戴天。

tsing⁵ khut⁴ au⁷ khut⁴ pai³ pai³ ka¹ ki⁷ hut⁴
前 堀 後 堀 拜 拜 家 己 圇

解釋 前堀：地名，位在宜蘭五結。後堀：地名，位在宜蘭五結。家己：自己。圇：狼吞虎嚥的吃東西。

涵義 形容人宴請賓客卻沒有半個客人來，東西只好留著自己吃。

說明 台灣人非常好客，住在寺廟附近的人家常會藉著建醮或祭典宴請賓客，宜蘭多雨導致前堀後堀時常積水，因為積水賓客無法前往，所以拜拜的祭品只能自己吃。

tsing⁵ bo⁵ kiu³ ping¹ au⁷ bo⁵ niu⁵ tshau²
前 無 救 兵 ， 後 無 糧 草

解釋 救兵：援兵。

涵義 形容處境十分艱困，孤立無援。

說明 領兵出外打仗最重要的事，就是要有足夠糧草和可以互相掩護支應的友軍，這樣即使深入敵區作戰，也不會發生前無救兵，後無糧草的驚險狀況。

對應華語 彈盡援絕、孤立無援。

tsing⁵ nia² bue⁷ si⁷ kia⁷　　au⁷ nia² khah⁴ kia⁷ piah⁴
前 嶺 未 是 崎 ， 後 嶺 較 崎 壁

解釋 嶺：山嶺。崎：陡。崎壁：懸崖峭壁。

涵義 此語有兩義：①形容真正艱難的還在後面。②比喻一山還有一山高。

說明 山通常是越深入就越險峻，剛開始爬山會遇到一些陡峭的山壁，但等你越深入裡面，越往後爬的時候，才發現原來前面的還不算高，真正險峻的還在後頭。

tsing⁵ thiann¹ tso³ sai¹ kong¹　　au⁷ thiann¹ tso³ mue⁵ lang⁵
前 廳 做 司 公 ， 後 廳 做 媒 人

解釋 司公：道士。

涵義 形容人不通情理。

說明 依據民間習俗，如果家中有人過世，家屬會請道士到家裡幫死者做法事，前廳還在幫死者辦喪事，後廳卻馬上有人來提親，真是喜喪不分，不通情理。

tsho³ kam¹ tsia³ tioh⁸ khuann³ au⁷ tshiu²
剉 甘 蔗 著 看 後 手

解釋 剉：用刀、斧砍。著看：要注意觀看。後手：指身後的工人。

涵義 形容人做事應瞻前顧後，小心為之。

說明 以前甘蔗收成的時候，農家都會僱用工人來幫忙，大家手上拿一把鋤頭，一路從田地的這一頭掘到另一頭，每掘起一株甘蔗，就會順勢往後面的地上擺，以方便貨車裝載，由於甘蔗葉十分鋒利，不小心會刮傷後面的人，所以擺放之前，都要特別留意，看看是否會傷到「後手」。

對應華語 瞻前顧後、前後兼顧。

tsho³ tik⁴ jia¹ sun² khi³ ku⁷ ngia⁵ sin¹
剉 竹 遮 筍 ， 棄 舊 迎 新

解釋 剉：用刀、斧砍。遮：掩蓋。

涵義 形容人對事物的喜愛不專一。

說明 竹子是竹筍老化後所形成，現在將竹子砍掉，用它的枝幹與葉子來遮蓋初生的竹筍，以避免竹筍過度曝曬而提前老化，這種犧牲竹子來照顧初生竹筍的行為，就是所謂的「棄舊迎新」。

對應華語 棄舊迎新、汰舊換新、喜新厭舊。

iong² iong² be² pak⁸ ti⁷ tsiong¹ kun¹ thiau⁷
勇 勇 馬 縛 佇 將 軍 柱

解釋 勇勇馬：壯碩而有活力的馬。縛：綁。佇：在。將軍柱：指將軍營裡面的柱子。

涵義 指人懷有才能卻得不到賞識，以致沒有施展的機會。

說明 勇勇馬本應到處馳騁，貢獻所長，如今卻被綁在將軍營的柱子上，雖具有善跑的能力，卻苦無施展的機會，就好比一個懷有才能的人得不到長官的賞識一樣，根本沒有機會可以施展才能。

對應華語 涸轍之魚、蛟龍失水、龍困淺灘、懷才不遇、英雄無用武之地。

lam⁵ suann¹ ho² tsing³ tshik⁴ pak⁴ suann¹ ho² tsing³ te⁵
南 山 好 種 粟 ， 北 山 好 種 茶 ；
lam⁵ suann¹ u⁷ lau⁷ hoo² pak⁴ suann¹ u⁷ tua⁷ tsua⁵
南 山 有 老 虎 ， 北 山 有 大 蛇

解釋 粟：穀子。老虎：比喻危險。大蛇：比喻危險。

涵義 形容人困窮時會努力的工作，以求生存，但生活安逸之後，卻變得懶惰頹廢。

說明 人在困窮時，為了求生存會積極努力的工作，於是南山可以種穀子，北山也可以種茶，但生活安逸之後，便懶得再動心勞力，於是就藉辭推託，南山有老虎，北山有大蛇，上山工作太危險，結果飢餓困窮又重新來臨。

對應華語 生於憂患，死於安樂。

一畫 二畫 三畫 四畫 五畫 六畫 七畫 八畫 九畫 十畫 十一畫 十二畫 十三畫 十四畫

lam⁵ iunn⁵ tai⁷ a² ho² tshui³ tau²

南 洋 鯇 仔 好 喙 斗

解釋 南洋鯇仔：吳郭魚，原產於非洲，民國三十五年由吳振輝、郭啟彰兩位先生引進台灣，為了感念他們的貢獻，故將此魚命名為「吳郭魚」。好喙斗：不挑嘴。

涵義 此語有兩義：①形容人什麼東西都吃，一點也不挑食。②形容人沒有自己的個性品味，對於東西不加挑選來者不拒。

說明 吳郭魚是雜食性的魚類，藻類、水中的昆蟲、微細生物、小魚、小甲殼類、豆粕、米糠、麩皮等均可作為食物，因為牠們有這種特性，所以人們就以此來形容一些對任何東西都不加挑選、照單全收的人。

lam⁵ loo⁷ ing¹ tsit⁸ ban⁷ si² kau² tshing¹

南 路 鷹 ， 一 萬 死 九 千

解釋 南路鷹：灰面鵟，繁殖於西伯利亞地區，是一種過境鳥，每年十月經由南台灣過境前往東南亞一帶過冬。

涵義 形容南路鷹過境台灣被居民大量獵殺的慘狀。

說明 恆春半島的居民向來有捕捉過境候鳥販賣食用的陋習，南路鷹每回過境台灣總難逃被捕捉獵殺的厄運，尤其在六、七十年代，日本商人高價收購南路鷹的標本，使得南路鷹被大量捕殺，據說曾有一個晚上獵殺二百多隻的紀錄，這句諺語就是形容當時南路鷹被大量捕殺的慘狀。

lam⁵ siu⁷ kiong¹ tua⁷ tsiong³ tsit⁸ sian¹ tsiah⁸ sann¹ sian¹ siong³

南 壽 宮 大 將 ， 一 身 食 ， 三 身 相

解釋 南壽宮：廟名。一身：一尊。相：看。

涵義 嘲笑人家看別人吃東西時的饞樣。

說明 有些廟宇在廟的入口處會設幾尊護法大將的神像，這些神像的姿態各不相同，有的口咬惡鬼、有的怒目瞪視，南壽宮四尊護法大將的樣子，剛好是一尊口咬惡鬼，另外三尊好像對牠相視，所以前人就用此句諺語，嘲笑人看別人吃東西時流口水的饞樣。

kau⁷ sat⁴ be⁷ tsiunn⁷　　kau⁷ tse³ be⁷ siunn⁷

厚蝨𣍐癢，厚債𣍐想

解釋 厚：多。蝨：蝨子。𣍐：不會。

涵義 形容人欠債太多又還不起，時間久了就麻木，不會再著急。

說明 一個人身上如果有蝨子會癢得受不了，但如果蝨子太多，咬到最後便不覺得癢；剛開始欠債時心裡會很著急，不知道什麼時候可以還清，等債越欠越多時，心就麻木不會再著急。

補充 依教育部2008年5月公布之台灣閩南語推薦用字第二批將「𣍐be⁷」寫作「袂be⁷」。

對應華語 習慣成自然、債多不愁。

kau⁷ tshau¹ huan⁵　　lang⁵ khuai³ lau⁷

厚操煩，人快老

解釋 操煩：操心、煩惱。

涵義 人如果常常煩惱會老得很快。

說明 古人說煩惱容易老，這是因為人心裡有憂慮牽掛之後，整個人會變得非常煩悶，心緒不寧，吃不好，睡不好，當然就容易衰老。

ka⁷ lang⁵ kau²　　be⁷ pui⁷

咬人狗，𣍐吠

解釋 𣍐吠：不會叫。

涵義 形容平常靜靜的人做事往往有驚人之舉。

說明 俗語說：「咬人的狗不會叫，會叫的狗不會咬人」，大部分叫得很大聲的狗只是虛張聲勢而已，真正會咬人的狗在事前並不會大叫，都是冷不防的突然跑去咬人一口，讓人無從防備起。

補充 依教育部2008年5月公布之台灣閩南語推薦用字第二批將「𣍐be⁷」寫作「袂be⁷」。

ham⁵ hong¹ sann¹　　kong² kau³ tann¹

咸豐三，講到今

解釋 咸豐：清代文宗皇帝的年號。今：現在。

涵義 形容人老是喜歡重提陳年舊事。

說明 咸豐年間大約是在西元一八五一年左右，清咸豐三年發生的事，距離現在也有一百多年的時間，到現在還在提咸豐年間的事，未免也太陳腔濫調了。

lan² bo⁵ tah⁸ i¹ e⁵ bue² i¹ bo⁵ ka⁷ lan² e⁵ kha¹

咱無踏伊个尾，伊無咬咱个跤

解釋 咱：我們。踏：踩。伊：他。个：的。跤：腳。

涵義 我們不去侵犯別人，別人就不會侵犯我們。

說明 做人最好不要去侵犯別人，因為我們不去侵犯別人，別人就不會來報復我們，就像我們如果不去踩動物的尾巴，牠就不會回過頭來咬我們的腳。

補充 當「个e⁵」解釋為「的」時，依教育部2007年5月公布之台灣閩南語推薦用字第一批將「个e⁵」寫作「的e⁵」。

siann⁵ mng⁵ m⁷ that⁴ that⁴ am⁵ khang¹

城門毋窒，窒涵空

解釋 窒：塞住。涵空：舊式房舍圍牆下面的小洞。

涵義 形容人做事主次顛倒。

說明 這裡的「城門」，是比喻大的漏洞，「涵空」是比喻小的漏洞，像城門那樣的大漏洞不先去填補，反而跑來補涵空的小漏洞，簡直是本末倒置。

對應華語 捨本逐末、本末倒置、背本趨末。

sing⁵ hong⁵ ia⁵ tshut⁴ sun⁵ tua⁷ tai⁷ tsi³

城隍爺出巡，大事志

解釋 城隍：掌管冥界審判之官。事志：事情。

涵義 形容事情非常重大。

說明 城隍爺雖然只是陰間的行政司法官，但在陽世的司法體系中還是佔有一席之地，古代新上任的地方官，一定要先去當地的城隍廟祭拜之後才上任，如果遇到什麼難解的案件，也會求助於城隍爺，當地如果發生大事件或某些地方有鬼魅滋擾，都會請城隍爺出巡繞境鎮撫一番，所以城隍爺出巡是一件大事情。

補充 依教育部2007年5月公布之台灣閩南語推薦用字第一批將「事志

tai⁷tsi³」寫作「代誌tai⁷tsi³」。

khe³ hiann¹ kong¹ khah⁴ siann³ sam¹ kai³ kong¹

契 兄 公 較 聖 三 界 公

解釋　契兄公：情夫、姘夫。聖：靈驗。三界公：指「三官大帝」。天官紫微大帝（賜福）、地官清虛大帝（赦罪）、水官洞陰大帝（解厄）。

涵義　形容女人一切都以情夫為主。

說明　三官大帝是協助玉皇大帝管理人間事務的三個神，除了玉皇大帝之外，祂們的神格最高，女人將情夫看做比三界公還要靈驗，可見她對情夫是多麼的重視。

kiong¹ thai³ kong¹ tio³ hi⁵ guan⁷ tsia² tsiunn⁷ kau¹

姜 太 公 釣 魚 ， 願 者 上 鉤

解釋　姜太公：姜尚，字子牙，「太公」是對他的尊稱。願者：願意的人。

涵義　喻是你自己心甘情願的沒人強迫。

說明　相傳姜太公在等待與文王相遇的這段時間，曾在渭水河邊用無鉤的釣竿釣魚，他將釣線拉離水面三寸，說：「負命著上來」，旁邊的人覺得奇怪，問太公說：「你這樣釣，怎麼能釣到魚呢？」太公哈哈大笑的回答說：「願者自然就會上鉤！」。

對應華語　心甘情願、姜太公釣魚，願者上鉤。

in¹ ian⁵ thinn¹ tsu³ tiann⁷ m⁷ si⁷ mue⁵ lang⁵ kha¹ gau⁵ kiann⁵

姻 緣 天 註 定 ， 毋 是 媒 人 跤 勢 行

解釋　姻緣：婚姻。毋是：不是。勢：能幹。行：走。

涵義　姻緣是上天註定的，不是因為媒人能幹而撮合成功。

說明　以前男女婚姻，都是憑父母之命、媒妁之言而定，有時男方看中某家小姐，就請媒人上門說親，媒人為了撮合這段良緣，常須來往奔走，如果這門親事撮合成功，大家便會稱讚媒人厲害，但媒人為了自謙，也為了避免麻煩，怕日後雙方有什麼糾紛會找上媒人，就說這句話為自己開脫留些後路。

sai² m⁷ si⁷ niau¹ tsiah⁸ e⁰

屎毋是貓食个

解釋 毋是：不是。貓食个：貓吃的。

涵義 形容不適合你的事情是做不來的。

說明 以前生活儉省沒有那麼多的剩菜剩飯給狗吃，所以常會聽到有狗吃大便的事，狗可以吃大便但貓不行，因為貓的主食是魚，即使肚子很餓，你給牠大便，牠還是吃不下去。

補充 當「个e⁰」解釋為「的」時，依教育部2007年5月公布之台灣閩南語推薦用字第一批將「个e⁰」寫作「的e⁰」。

sai² pi² tsiunn³　tshau³ thau⁵ pi² hue⁵ siunn⁷

屎比醬，臭頭比和尚

解釋 屎：大便。臭頭：癩痢頭。

涵義 形容人把不能相比的事物放在一起比較顯得不倫不類。

說明 糞便的外形和顏色雖然和醬料有些相似，但一個是可以吃的東西，一個是人的排泄物，用糞便來比擬醬料，實在很噁心；臭頭是頭上長癬，為了治療這種病，患者必須理光頭，臭頭跟和尚，雖然都是光頭，但兩者卻不可以一起比擬。

對應華語 不倫不類、不三不四。

sai² that⁴ kau³ kha¹ tshng¹ khau²

屎窒到尻川口

解釋 窒：塞。尻川口：肛門。

涵義 形容情勢十分緊迫危急。

說明 人體的糞便是堆積在直腸跟肛門之間，等我們有便意時，就可以用力將大便從肛門排出，所以等大便塞到肛門口，情勢已經相當緊迫，表示大便快要拉出來了。

對應華語 火燒眉毛、十萬火急、迫在眉睫。

sai² kin² tsiah⁴ khui¹ hak⁸

屎緊才開礐

解釋 緊：急迫。開礐：挖糞坑。

涵義 等事情臨頭才著手準備。

說明 平常不先做準備，等到肚子痛想上大號，才要開始挖糞坑，已經來不及了，等糞坑挖好大便早就拉了一地，所以前人就用這句諺語，形容人做事不先做準備，等事情發生才臨時抱佛腳。

對應華語 臨渴掘井、臨陣磨槍、臨難鑄兵、臨時抱佛腳。

sai² kin² khoo³ tua³ phah⁴ si² kat⁴
屎 緊 ， 褲 帶 拍 死 結

解釋 拍死結：打死結。

涵義 形容事情已經非常緊急，偏偏又遇到別的事給耽擱了。

說明 肚子痛想上大號，偏偏遇到褲帶打死結，怎麼解都解不開，這就好比事情已經很緊急，卻在緊要關頭時出了問題，真是急死人了。

sai² hak⁸ a² khang¹ ju² la⁷ ju² tshau³
屎 礐 仔 空 愈 撓 愈 臭

解釋 屎礐仔空：糞坑。撓：攪。

涵義 形容事情越想掩蓋，結果變得更糟糕。

說明 糞坑裡面都是糞便，味道本來就很臭，現在為了讓臭味飄走，拿棒子去攪糞坑，結果越攪越臭，所有糞便的臭味隨著攪動飄散的更厲害。

對應華語 越描越黑、欲蓋彌彰、此地無銀三百兩。

sai² hak⁸ pang¹ be⁷ tso³ tit⁴ sin⁵ tsu² pai⁵
屎 礐 枋 𣍐 做 得 神 主 牌

解釋 屎礐枋：糞坑旁邊的木板。𣍐做得：不能做。神主牌：靈位。

涵義 才智低下的人不能擔起大任。

說明 神主牌是死者的靈位，據說人死了之後，靈魂會依附在神主牌上，以接受生者的祭祀，所以神主牌等於是死者的化身，而糞坑旁邊的木板又臭又髒，怎麼可以用來製造神主牌，這對死者是一種大不敬。

補充 依教育部2008年5月公布之台灣閩南語推薦用字第二批將「𣍐be⁷」寫作「袂be⁷」。

對應華語 朽木不可雕。

sai² hak⁸ bo⁵ sann¹ jit⁸ sin¹
屎礐無三日新

解釋 屎礐：糞坑、廁所。

涵義 形容人做事沒有恆心，只有三分鐘的熱度。

說明 廁所是每人每天必須要使用的地方，新廁所經過大家頻繁的使用，當然不到三天就會變舊，新廁所一旦變舊，跟舊的就沒什麼兩樣。

au⁷ bo² bin⁷ kong² pinn³ tioh⁸ pinn³
後母面講變著變

解釋 後母：繼母。著：就。

涵義 形容人情緒變化無常，令人難以捉摸。

說明 自古以來，大部分的後母都會虐待前妻的子女，對自己的孩子則比較疼愛，有時為了怕父親起疑，後母會在父親面前裝模作樣，假裝對前妻的子女很好，然後在背後又擺出臉色，所以說後母的臉變化多端，令人難以捉摸。

au⁷ bue² tshut⁴ si³   tai⁷ sing¹ peh⁸ thau⁵ mng⁵
後尾出世，事先白頭毛

解釋 後尾：後來。出世：誕生。事先：首先。白頭毛：白頭髮。

涵義 此語有兩義：①比喻資歷淺的反而位居資歷深的上面。②嘲諷後輩不懂禮貌，在長輩的面前賣弄自己。

說明 人從出生到中年的這段時間頭髮都是黑的，過了中年之後，頭髮才會逐漸由黑轉為白，所以先出生的人，因為年紀比較大，會比後出生的人先長出白頭髮，因此這句諺語用來形容後來的人反而居於前者之上。

補充 依教育部2007年5月公布之台灣閩南語推薦用字第一批將「事tai⁷」寫作「代tai⁷」。

對應華語 後來居上。

au⁷ bue² loh⁸ tsun⁵　　sing¹ khi² suann¹

後 尾 落 船 ， 先 起 山

解釋 落船：下船。起山：上岸。

涵義 形容後來的超越先前的。

說明 輪船航行的時間是固定的，照理說先開船的班次，應該會先到達
目的地才對，但現在晚開船的班次，反而超越前面先到達目的
地，所以前人就用這句諺語，形容人做事後來居上。

對應華語 後來居上。

kip⁴ sing³ ta¹ ke¹ tu² tioh⁸ ban⁵ phue⁵ sin¹ pu⁷

急 性 大 家 拄 著 蠻 皮 新 婦

解釋 大家：婆婆。拄著：遇上。蠻皮：指皮厚，沒什麼知覺，對人家
的訓斥不當一回事。新婦：媳婦。

涵義 個性急的碰上性子慢的。

說明 媳婦剛嫁過來，對家裡的一切事務還不熟悉，所以婆婆必須在旁
邊提點指導，性子急的婆婆，對於媳婦的表現怎麼看都不順眼，
就嘮叨的唸起來，而蠻皮的媳婦聽久了就習慣，當成是耳邊風，
依然按照自己的想法去做事。

對應華語 急驚風遇到慢郎中。

uan³ lang⁵ tua⁷ kha¹ tshng¹　　tshio³ lang⁵ bo⁵ thui² bah⁴

怨 人 大 尻 川 ， 笑 人 無 腿 肉

解釋 怨：忌妒。尻川：屁股。

涵義 形容人心胸狹隘，忌妒比他好的，嘲笑不如他的。

說明 中國人向來重視傳宗接代，女人能不能生育是一件很重要的事
情，據說大屁股很會生小孩，所以大屁股的女人很受老一代長輩
的歡迎；而女人嫁進夫家之後，必須幫忙家務，腿太細的女人，
可能無法承擔一些繁重的勞務，因此不被欣賞。

uan³ lang⁵ san³　　uan³ lang⁵ pu³　　uan³ lang⁵ bo⁵ tuan¹ khi² tua⁷ tshu³

怨 人 散 ， 怨 人 富 ， 怨 人 無 端 起 大 厝

解釋 怨：埋怨。散：窮。怨：忌妒、怨恨。無端：沒有緣故。起大

厝：建大房子。

涵義 形容人沒由來的責怪抱怨別人。

說明 有些人總是沒由來的怨天尤人，埋怨別人比他窮，忌妒別人比他富有，怨恨別人為什麼要蓋大房子，其實別人窮困或富有根本不關他的事，他抱怨得有點莫名其妙。

---

uan³ senn¹ bo⁵ uan³ si²
怨 生 無 怨 死

解釋 怨：怨恨。

涵義 意謂人已經過世了所有的恩怨都應該一筆勾消。

說明 怨恨的人如果還活在世上，當然可以繼續怨恨他，以洩心頭之恨，但若是有一天他死了，和他的所有恩怨就應該一筆勾消，因為人死債了，做人胸襟應當寬闊些，不需要再與死者計較。

對應華語 一死百了。

---

uan³ hoo² lian⁵ hoo² sai² ia⁷ uan³
怨 虎 連 虎 屎 也 怨

解釋 怨：怨恨。連：連帶。

涵義 形容人對某人非常的痛恨。

說明 因為怨恨老虎，進而連老虎所拉的糞便，也連帶怨恨下去，人是不理智的動物，會愛屋及烏，也會恨人及物，所以當他非常憎恨某人時，連跟他有關係的人，也會一塊憎恨。

對應華語 恨之入骨、切齒痛恨、咬牙切齒。

---

tiam⁷ tiam⁷ tsiah⁸ sann¹ uann² kong¹ puann³
恬 恬 食 三 碗 公 半

解釋 恬恬：安靜。碗公：大碗。

涵義 此語有兩義：①形容人很會裝蒜。②形容人平常雖然安靜沈默，但所做的事往往出人意表。

說明 碗公比碗大幾倍，一般多用來盛湯，一個人趁著別人忙著聊天說話時，一下子吃完三碗公半的飯，真是令人驚訝，這就像有些人平時看起來安靜溫順，但所做的事卻常常出人意料。

對應華語 扮豬吃老虎。

tiam⁷ tiam⁷ khah⁴ bo⁵ bang²

恬 恬 較 無 蠓

解釋 恬恬：安靜、不吭一聲。蠓：蚊子，比喻「事端」。

涵義 做人安分低調一些，才不會招惹無謂的麻煩。

說明 蚊子會咬人是因為人排汗之後，體味會飄散出去，而這體味含有一種分泌物，會吸引蚊子過來，越會出汗的人越容易被蚊子叮咬，所以不說話就不會招來蚊子，這是不可能的事，這句諺語只是用來作一種比喻，勸人做事要低調些，以免招惹事端。

tiam⁷ ti⁷ tiam⁷ ti⁷ tho² khe³ hiann¹ ui⁵ si⁷

恬 稚 恬 稚 ， 討 契 兄 唯 是

解釋 恬稚：安靜沈默。討契兄：女子紅杏出牆，在外勾搭男人。唯是：就是。

涵義 形容人平常雖然安靜沈默，但所做的事往往出人意表。

說明 俗話說「人不可貌相」，有些人外表看起來溫文恬靜，讓人一看以為她是個乖乖牌，應該不會做出什麼壞事，但等到事情發生，才知道原來她不是那樣的人。

對應華語 扮豬吃老虎。

an³ gu⁵ thau⁵ be⁷ tsiah⁸ tit⁴ tshau²

按 牛 頭 繪 食 得 草

解釋 按：壓。繪食得：吃不下去。

涵義 強逼別人去做事，是不會有任何成效。

說明 不論人或動物肚子餓了就會去吃東西，這是一種生理本能，但是生理上如果沒有想吃東西的感覺，硬逼自己去吃，到最後可能會把吃下去的東西全部吐出來，同樣的牛不想吃草，就算你按著牠的頭，牠也吃不下去。

補充 依教育部2008年5月公布之台灣閩南語推薦用字第二批將「繪be⁷」寫作「袂be⁷」。

對應華語 趕鴨子上架。

一畫
二畫
三畫
四畫
五畫
六畫
七畫
八畫
九畫
十畫
十一畫
十二畫
十三畫
十四畫

tsing² thau⁵ a² ka⁷ tioh⁸ tak⁸ ki¹ thiann³

指 頭 仔 咬 著 逐 支 痛

解釋 指頭仔：手指。咬著：咬到。逐支：每一隻。痛：疼痛。

涵義 形容父母對每個子女都是一樣的疼愛。

說明 每個孩子都是父母的心頭肉，父母對他們都是一樣的疼愛，不會特別偏愛某一個，就好比十隻手指頭，不管咬哪一隻都會讓人痛徹心扉。

補充 依教育部2009年10月公布之台灣閩南語推薦用字第三批將「痛thiann³」寫作「疼thiann³」。

對應華語 十指連心。

tshun¹ thinn¹ au⁷ bo² bin⁷

春 天 後 母 面

解釋 後母：繼母。

涵義 此語有兩義：①形容春天的天氣變化多端。②形容人非常善變。

說明 這句是氣候諺語。春天的天氣複雜多變，時冷時熱，忽晴忽雨，所以一不小心很容易感冒生病，春天的天氣就像是後母的臉一樣，變化多端，一會高興，一會發怒，叫人難以捉摸。

對應華語 變化多端、變化無常、變幻莫測。

tshun¹ gu⁵ kan² gik⁸ thinn¹

春 牛 嫺 逆 天

解釋 春牛嫺：「春牛圖」中的牧童。逆：違背。

涵義 此語有兩義：①形容人行事違背常理。②形容人做事故意違逆長輩的意旨。

說明 以前沒有氣象報告，農人都是從農民曆「春牛圖」中牧童的穿戴來判斷今年的雨量，牧童如果穿鞋，表示今年雨水很多，牧童如果赤腳，表示今年會乾旱，「春牛嫺逆天」是指這個牧童不依雨量的多寡來穿脫鞋子，故意做出違背天意的事。

對應華語 逆天行事。

si⁷　m⁷　si⁷　　me⁷　ka¹　ki⁷

是 毋 是 ， 罵 家 己

解釋　是毋是：對不對。家己：自己。

涵義　不管誰對誰錯，先反省自己，再去檢討別人。

說明　人與人相處難免會有摩擦，一有摩擦就容易發生爭端，如果雙方
　　　能在爭端發生之前，先反省自己有沒有不對的地方，這爭端就不
　　　會發生，所以不管對不對，先罵自己，別人看見你已先罵自己，
　　　就不會再罵你了。

boo²　kiann²　kia³　lang⁵　tshi⁷

某 囝 寄 人 飼

解釋　某：妻子、老婆。囝：兒女。飼：扶養。

涵義　形容生計困難，無法養活妻兒。

說明　每個男人都希望可以跟妻兒一起生活，即使已經窮得沒飯吃，也
　　　不願意跟她們分開，所以「某囝寄人飼」，只是比喻這個人生計
　　　困難，並不是說他真的把妻兒託給別人扶養。

boo²　si²　khuann³　kah⁴　hit⁴　e⁵　sai²　thang²

某 死 看 佮 彼 个 屎 桶

解釋　某：妻子。佮：助詞，表示一種程度。彼个：那個。屎桶：又稱
　　　「子孫桶」，是古代的一種便器，這裡比喻小損失。

涵義　意謂損失已經很慘重，那點小損失就不會再去在意。

說明　以前婦女結婚會陪嫁一些日常的器物，「屎桶」就是其中一項陪
　　　嫁物，妻子過世是一件大事，傷心都來不及，哪還顧得著小小的
　　　屎桶。

補充　依教育部2008年5月公布之台灣閩南語推薦用字第二批將「佮
　　　kah⁴」寫作「甲kah⁴」。

boo² si⁷ po² pue³　　　tiunn⁷ m² si⁷ ban⁷ sue³
某 是 寶 貝 ， 丈 姆 是 萬 歲 ，
lau⁷ bo² si⁷ hiu² tsha⁵ phue⁵
老 母 是 朽 柴 皮

解釋 某：妻子。寶貝：珍貴的東西。丈姆：丈母娘、岳母。萬歲：皇帝。朽：腐爛。

涵義 形容男子婚後對母親態度的改變。

說明 很多男人結婚之後就變成老婆生的，對老婆的話言聽計從，對待丈母娘就像皇帝一樣，百般的尊崇，但對待自己的母親，就像看到腐爛的柴皮一樣，棄之不顧。

tsa¹ boo² lang⁵ huan¹　　　thin⁷ be⁷ tit⁸
查 某 人 番 ， 塍 艙 直

解釋 查某人：女人。番：不講理、使性子。塍：支援、奉陪。艙直：無法溝通。

涵義 形容女人如果使起性子就會變得不可理喻。

說明 孔子說：「唯女子與小人難養也」，女人在正常的時候還可以跟她溝通，若是等她使起性子就會變得不可理喻，無論怎麼跟她溝通都沒有用。

補充 ①依教育部2009年10月公布之台灣閩南語推薦用字第三批將「塍thin⁷」寫作「佀thin⁷」。②依教育部2008年5月公布之台灣閩南語推薦用字第二批將「艙be⁷」寫作「袂be⁷」。

tsa¹ boo² lang⁵ khoo³ thau⁵　　tsiang² kui⁷ au⁷　　hoo⁷ li² be⁷ bong¹ tit⁴
查 某 人 褲 頭 ， 掌 櫃 後 ， 予 你 艙 摸 得

解釋 褲頭：褲腰的部分。掌櫃：古代旅店的主掌人，這裡是指「錢櫃」。予你：給你。艙摸得：摸不得。

涵義 容易引起誤會的地方，應該要避嫌，不要去碰觸。

說明 古代非常重視禮教，所謂「男女授受不親」，男人連碰一下女人的手都不被允許了，更何況是摸女人的褲腰，會被人誤會有非禮的意圖；客棧錢櫃的後面，是掌櫃收放錢財的地方，跑去那裡會被人誤會有偷竊的意圖。

| 補充 | 依教育部2008年5月公布之台灣閩南語推薦用字第二批將「勿會 be⁷」寫作「袂be⁷」。 |

| 對應華語 | 瓜田李下、瓜李之嫌。 |

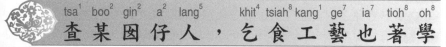

tsa¹ boo² gin² a² lang⁵ khit⁴ tsiah⁸ kang¹ ge⁷ ia⁷ tioh⁸ oh⁸

查某囝仔人，乞食工藝也著學

解釋	查某囝仔人：女孩子。乞食工藝：各種手藝。著：要。
涵義	形容女孩子必須學會各種手藝。
說明	以前是男主外女主內的社會，女孩子嫁過去夫家，便要開始持家，持家並不簡單，從煮飯灑掃到刺繡補衣，各種手藝都要具備，所以女孩子未出嫁前，要學會各種手藝，將來才能持家。

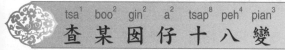

tsa¹ boo² gin² a² tsap⁸ peh⁴ pian³

查某囝仔十八變

解釋	查某囝仔：女孩子。十八變：變化很大。
涵義	形容女孩子長大後，不論容貌、身材、性情都變化很大。
說明	「小時候胖，不是胖」，很多女孩子小時候長得又醜又矮，就像一隻醜小鴨，但是經過青春期之後，人不但長高了，而且變得又瘦又漂亮，所以人們常用「女大十八變」，形容女孩子長大之後，容貌身材變化很大。

| 對應華語 | 女大十八變。 |

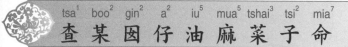

tsa¹ boo² gin² a² iu⁵ mua⁵ tshai³ tsi² mia⁷

查某囝仔油麻菜子命

解釋	查某囝仔：女孩子。油麻菜子：油麻菜的種子是隨風而飛，種子落到哪裡就長在哪裡。
涵義	形容女人的命運是隨著婚姻，嫁到哪裡就在哪裡生根。
說明	俗語說：「嫁雞隨雞，嫁狗隨狗」，對以前的婦女來說，丈夫就是一生的依靠，嫁到好丈夫，一生幸福美滿，嫁到不長進的丈夫，一生悲涼淒苦。

一畫
二畫
三畫
四畫
五畫
六畫
七畫
八畫
九畫
十畫
十一畫
十二畫
十三畫
十四畫

一畫
二畫
三畫
四畫
五畫
六畫
七畫
八畫
九畫
十畫
十一畫
十二畫
十三畫
十四畫

tsa¹ boo² kiann² tit⁴ ke³ tsng¹　　tsa¹ poo¹ kiann² tit⁴ tshan⁵ hng⁵
查某囝得嫁妝，查甫囝得田園

解釋 查某囝：女兒。查甫囝：兒子。田園：田地。

涵義 形容兒子跟女兒從父母那裡繼承不同的東西。

說明 古代重男輕女認為嫁出去的女兒，就像潑出去的水，所以只有兒子能夠繼承家產，女兒一毛錢也拿不到，女兒從娘家唯一得到的東西，就是陪嫁時的嫁妝。

補充 依教育部2009年10月公布之台灣閩南語推薦用字第三批將「查甫囝tsa¹ poo¹ kiann²」寫作「查埔囝tsa¹ poo¹ kiann²」。

tsa¹ boo² kiann² ka³ niu⁵ le² tng² tsai⁵
查某囝教娘嬭斷臍

解釋 查某囝：女兒。娘嬭：母親。斷臍：剪斷臍帶。

涵義 形容外行教內行。

說明 女兒是媽媽所生的，媽媽生過小孩，一定有剪臍帶的經驗，女兒還沒出嫁，也沒有生小孩的經驗，卻反過來要教媽媽如何剪斷臍帶，真是外行教內行。

tsa¹ boo² kiann² tshi⁷ tua⁷ pat⁸ lang⁵ e⁵
查某囝飼大別人个

解釋 查某囝：女兒。飼：養。个：的。

涵義 女孩長大成年之後應當出嫁。

說明 中國人以姓氏當作家族延續的象徵，女孩子長大之後必須嫁人，嫁人之後冠了夫姓，就變成別家的人，所以老祖先才會說，女兒養大是別人的。

補充 當「个e⁵」解釋為「的」時，依教育部2007年5月公布之台灣閩南語推薦用字第一批將「个e⁵」寫作「的e⁵」。

對應華語 女大難留、女長須嫁。

tsa¹ boo² pang³ jio⁷ suan⁷ be⁷ tsiunn⁷ piah⁴
查某放尿漩獪上壁

解釋 查某：女人。放尿：小便。漩獪上：噴不上。

涵義 形容女人再怎麼能幹，終究還是比不上男人。

說明 男女由於生殖器官生長的位置不一樣，所以上廁所的方式也有所不同，男人是站著小便的，當然可以把小便噴到牆上，而女人是蹲著小便的，當然無法尿到牆上。

補充 依教育部2008年5月公布之台灣閩南語推薦用字第二批將「𣍐 be⁷」寫作「袂 be⁷」。

---

tsa^1 boo^2 kan^2 $kuann^7$ bah^4　　$tshenn^1khuann^3$ sik^8 bo^5 hun^7
查某嫺摜肉，生看熟無份

解釋 查某嫺：婢女。摜：提。生：尚未經過烹煮。熟：煮熟。

涵義 形容對於某物只能看卻得不到。

說明 婢女幫主人到市場買生肉，生肉買回去之後，交給廚房烹煮，煮熟之後的肉當然是給主人，所以婢女提肉只能生看，煮熟之後的肉沒有她的份。

---

iau^1 $lang^5$ bo^5 $king^2$ $tsiah^8$
枵人無揀食

解釋 枵人：肚子餓的人。無揀食：不會挑食。

涵義 形容人肚子餓的時候，看見能吃的東西，都覺得好吃。

說明 肚子餓的人，首要的事情是找東西吃，此時為了填飽飢餓的肚子，凡是能吃飽的食物，一般都不會挑剔，就算平常忌口的東西，也會吃上幾口或大快朵頤一番，不再去管它美不美味了。

對應華語 寒不擇衣、慌不擇路、飢不擇食。

---

iau^1 kau^2 $siau^3$ $siunn^7$ ti^1 $kuann^1$ kut^4
枵狗數想豬肝骨

解釋 枵狗：餓昏的狗。數想：貪圖、妄想。

涵義 形容人懷有非分之想。

說明 豬肝早期是一種非常昂貴的補品，只有病人和有錢人家才有得吃。狗可能也知道豬肝的價值，所以不敢冀望主人會將豬肝肉拿給牠食用，只圖主人在煮完豬肝肉後，能將豬肝骨留給牠啃食，殊不知豬肝本身沒有骨頭，牠只能做非分之想，無法達成心願。

對應華語 不自量力、非分之想、異想天開、癩蛤蟆想吃天鵝肉。

iau¹ kah⁴ na² kann¹ siu⁵

枵佫若監囚

解釋 枵佫：餓到。若：好像。監囚：關在囚牢裡的犯人。

涵義 形容人非常飢餓的模樣。

說明 以前的囚犯入監服刑，國家為了懲罰他們，三餐只有少而粗劣的食物，長期下來，他們好像餓鬼似的，看到食物便口水直流，因此，後人便用「枵佫若監囚」來形容一個人十分飢餓，好像監囚似的。

補充 依教育部2008年5月公布之台灣閩南語推薦用字第二批將「佫kah⁴」寫作「甲kah⁴」。

對應華語 如餓鬼似的。

iau¹ kui² ke² se³ ji⁷

枵鬼假細膩

解釋 枵鬼：很想要吃東西的人。細膩：十分客氣。

涵義 此語有兩種意思：①肚子餓的人想要吃東西，卻又假裝客氣，不好意思食用。②說明很想跟別人要某種東西，但又不敢開口。

說明 肚子十分飢餓的人，一定迫不及待想吃一頓美食，如今美食當前卻又故作客氣，婉言辭謝，儘管恨不得大快朵頤一番，卻又不好意思接受，這就是表裡不一，矯揉造作的行為。（除了「吃」之外，亦可用在人、事或物方面）

對應華語 表裡不一、矯揉造作、裝模作樣。

iau¹ niau⁵ siau³ siunn⁷ tsui² te² hi⁵

枵貓數想水底魚

解釋 枵貓：指餓貓。數想：貪圖、妄想。

涵義 形容人對本身能力無法取得之事，懷著非分之想。

說明 貓是一種怕水的動物，所以當牠看到水底的魚，即使想吃也不敢貿然行動，因為倉促跳下水的結果，可能吃不到魚，還會因此淹死，故美食當前，牠只能懷著非分之想，過過乾癮罷了！

對應華語 不自量力、非分之想、癡心妄想、癩蛤蟆想吃天鵝肉。

450

iau¹ be⁷ si² tiunn³ be⁷ pui⁵

枵獪死，脹獪肥

解釋 枵：餓的意思。獪：不會。脹：吃太多而撐著。

涵義 形容人收入微薄，不會餓著，但也不能過多好的生活。

說明 「枵獪死，脹獪肥」表示一個人每個月所支領的薪水只夠基本開銷，餓不死人，但也吃不肥，只夠餬口過日子，沒有多餘的閒錢可以儲蓄，過更好的生活。

補充 依教育部2008年5月公布之台灣閩南語推薦用字第二批將「獪be⁷」寫作「袂be⁷」。

對應華語 餬口度日、吃不飽，餓不死。

iau¹ ke¹ bo⁵ ui³ tshue⁵ iau¹ lang⁵ bo⁵ koo³ bin⁷ phue⁵

枵雞無畏箠，枵人無顧面皮

解釋 枵雞：飢餓的雞。箠：用來趕雞、鴨的竹子。枵人：餓著肚子的人。顧面皮：指顧慮面子。

涵義 形容人身陷困境時，志向也隨之短淺。

說明 當雞肚子餓的時候，不管主人拿竹鞭怎麼趕，牠還是會試圖靠近食物，根本不怕主人手裡拿的竹鞭；同理，飢餓的人吃起食物，總會狼吞虎嚥一番，根本不管吃相好不好看，先填飽肚子再說，此時此刻，面子根本不及肚皮重要。

對應華語 人窮志短、英雄落難沒本色、人在屋簷下，怎敢不低頭。

iau¹ ke¹ tshing² piah⁴ kha¹

枵雞筅壁跤

解釋 枵雞：飢餓的雞。筅：雞用爪子撥弄泥土尋找食物的動作。壁跤：牆壁的角落。

涵義 喻人走到窮途末路，只要稍微值錢的物品，都會想盡辦法挖出來變賣、救急。

說明 雞的肚子餓得受不了，會習慣性地用雞爪撥弄牆腳的土塊，想盡辦法尋找土中的小蟲來食用，以填飽自己的肚子；這種現象就和人窮苦潦倒、走投無路一樣，他們會翻箱倒篋，想盡辦法找出值錢的東西變賣，以為救急。

對應華語 窮苦潦倒、窮途潦倒、窮途末路、走投無路、道盡途窮。

一
畫

二
畫

三
畫

四
畫

五
畫

六
畫

七
畫

八
畫

九
畫

十
畫

十一畫

十二畫

十三畫

十四畫

uai¹ tshui³ ke¹ tshuan³ tsiah⁸ tua⁷ liap⁸ bi²
歪喙雞串食大粒米

解釋 喙：嘴。串：老是。大粒：大顆。

涵義 形容人條件雖然不好卻非常幸運，常會遇到一些好事情。

說明 歪嘴雞本身的條件不好，嘴巴歪歪的，要啄米比其他正常的雞更辛苦，必須花費一些力氣才吃得到，以牠這樣緩慢的速度，有好的米大概早就被其他的雞吃光，沒想到歪嘴雞的運氣奇佳，不僅有米吃，而且還接連不斷的吃到大白米，這種情形在我們的周圍也常遇到，只能說這是「天公疼傻人」。但不論是歪嘴雞或正常人，還是必須靠自己努力才行，因為好運不是天天都會降臨的。

對應華語 傻人有傻福。

uai¹ tshui³ ke¹ siunn⁷ beh⁴ tsiah⁸ ho² bi²
歪喙雞想欲食好米

解釋 歪喙：歪嘴。想欲：想要。

涵義 此語有兩義：①比喻人沒有自知之明，妄想得到自己能力之外的東西。②比喻人沒本事又愛挑剔。

說明 歪嘴雞天生的條件就不好，嘴巴歪歪的，必須要比其他正常的雞多花費一些時間，才能啄食到米，所以能吃飽已經很不容易，如果還挑三揀四的只吃好米，最後的下場大概只有餓死。

對應華語 不自量力、癡心妄想、癩蝦蟆想吃天鵝肉。

lau⁵ tsui² bo⁵ tok⁸ lau⁵ lang⁵ bo⁵ ok⁴
流水無毒，流人無惡

解釋 流人：四處遊走的人。惡：腐敗。

涵義 形容流動的水不會發臭，四處遊走的人，見聞必定廣闊。

說明 俗話說：「流水不腐」，水經常流動，就不會腐敗發臭，人四處遊走，因為見聞增多，思想就更加開闊，所以觀念不會守舊落後。

對應華語 滾石不生苔。

se² bin⁷ se² hinn⁷ pinn¹　　sau³ te⁷ sau³ piah⁴ pinn¹

洗 面 洗 耳 邊 ， 掃 地 掃 壁 邊

解釋 洗面：洗臉。耳邊：耳朵，意指不容易注意到的小地方。壁邊：
牆壁的角落，意指不容易注意到的小地方。

涵義 做事要徹底，不可以只做表面工夫。

說明 耳朵位在臉的邊緣，洗臉時常會忽略耳朵的清潔，就像一般人掃
地時，只顧著打掃看得見的地方，而忽略牆角、縫隙，所以前人
用這來告誡人，做事要徹底。

uah⁸ lang⁵　　tshue⁷ si² loo⁷

活 人 ， 揣 死 路

解釋 揣：尋找。

涵義 自己所做的一切行為，正在毀滅自己的前途。

說明 有些人好逸惡勞不好好工作，總想一步登天，於是就跟著人家走
偏門，搶劫、綁架、販毒無一不行，這些行為都是違法的重罪，
一旦被警察捉到，就算不是死刑，最少也要關十幾年，前途全完
了，所以說做犯法的事，就等於在自找死路一樣。

對應華語 自尋死路、自取滅亡。

uah⁸ lang⁵ boo²　　si² lang⁵ bong⁷

活 人 某 ， 死 人 墓

解釋 某：妻子、老婆。

涵義 勸誡人對於別人的老婆和死者的墳墓要尊重。

說明 依照傳統禮俗別人的老婆和死者的墳墓皆不可侵犯，否則會引來
災禍，若侵犯別人的老婆，當然會遭到人家丈夫的毒打，而侵犯
死者的墳墓，就會遭到死者的報復，諸事不順、生病、暴斃都有
可能。

uah⁸ tsuann⁵ tsiah⁸ be⁷ liau²　　si² tsuann⁵ tsiah⁸ e⁷ liau²

活 泉 食 獪 了 ， 死 泉 食 會 了

解釋 活泉：會流動的泉水。食獪了：吃不完。死泉：不會流動的泉
水。了：完。

涵義 形容只有支出而沒有收入，財用終會枯竭。

說明 會流動的泉水，因為一直有新泉水源源不斷的流進來，所以不論怎麼喝，都不會枯竭，而死泉只有固定的泉水，一旦喝乾了就枯竭。

補充 依教育部2008年5月公布之台灣閩南語推薦用字第二批將「燴be⁷」寫作「袂be⁷」。

對應華語 坐食山空、坐吃山崩、立吃地陷。

ui⁷ lang⁵ tso³ huan¹ a² gu⁵

為 人 做 番 仔 牛

解釋 番仔牛：苦力。

涵義 形容替人做牛做馬辛苦的奔走賣命。

說明 早期台灣沒有黃牛，黃牛是荷蘭人從印度引進，再配給平埔族做農耕之用，後來漢人移民入台，因為沒錢買耕牛，便向平埔族人租借黃牛來耕作，所以黃牛又被稱作「番仔牛」。

對應華語 做牛做馬。

ui⁷ lu² san³ ui⁷ lu² si² ui⁷ lu² tsau² tshian¹ li²

為 女 散 ，為 女 死 ，為 女 走 千 里

解釋 散：窮。走千里：流離失所。

涵義 形容男人為了女色，導致家破人亡流離失所。

說明 男人迷戀歡場女子，為了見她每天花大把鈔票捧場，甚至還為了她跟別人爭風吃醋，大打出手，運氣不好的被人家殺死，但殺死人的也要逃亡，都是一樣沒有好下場。

tsin¹ tsu¹ khng³ kau³ pinn³ niau² tshi² sai²

珍 珠 囥 到 變 鳥 鼠 屎

解釋 囥：存放。鳥鼠屎：老鼠的大便。

涵義 形容有價值的東西，如果藏著不處理，會變成廢物。

說明 東西的價值在於它能否被人們所用，一件有價值的東西，如果不能好好的利用，只是藏在家裡，那麼它的價值就跟老鼠屎一樣是廢物，所以對任何東西要物盡其用，才不會浪費它的價值。

一畫 二畫 三畫 四畫 五畫 六畫 七畫 八畫 九畫 十畫 十一畫 十二畫 十三畫 十四畫

 tsin¹ tsu¹ khuann³ tso³ niau² tshi² sai²

珍珠看做鳥鼠屎

解釋 看做：看成。鳥鼠屎：老鼠的大便。

涵義 此語有兩義：①比喻人見聞淺陋，不識人才。②形容人沒眼光，不識貨。

說明 珍珠色白圓潤，而老鼠屎又黑又小，從外表來看，兩者根本是天差地別，把珍貴的珍珠看成低賤的老鼠屎，這個人如果不是沒眼光，就是沒有見識。

對應華語 ①有眼不識泰山。②狗眼看人低。

hong⁵ te³ u⁷ si⁵ ia⁷ e⁷ khiam³ khoo³ gin⁵

皇帝有時也會欠庫銀

解釋 庫銀：國庫的錢。

涵義 此語有兩義：①比喻人都有手頭不方便的時候。②勸勉人不可揮霍無度。

說明 皇帝貴為一國之君，整個天下都是他的，照理說他的財富應該是取之不盡，用之不竭的，但是國家如果發生天災和兵禍，國庫就無法正常收支，所以皇帝還是有缺庫銀的時候。

sing² su⁷ su⁷ sing²

省事，事省

解釋 省：節省。

涵義 此語有兩義：①比喻做事簡便一點，可以省下一些麻煩。②比喻遇到爭端時，如果能息事寧人，糾紛自然就會減少一些。

說明 我們去公務機關辦事情時，常會遇到一些偷懶的公務人員，他們為了省去麻煩，對民眾要求的事情，常以不可以或者這事不是他所辦理的話來推託事情，這就是「省事，事省」的辦事態度。

siong³ phue⁵ bo⁵ siong³ kut⁴

相皮無相骨

解釋 相：看。

涵義 形容人以外貌來作為評斷別人的標準。

說明 一般人習慣以貌取人，見到別人面貌醜惡口齒愚鈍，就認定這個人一定沒有什麼才能，見到別人面貌俊美談吐風趣，就認為他很有學問，結果最後他們的才能，常是與外貌相反，所以以貌取人會失之子羽。

對應華語 以貌取人。

---

sio⁵ tsun⁵ tsiah⁸ u⁷ tshun¹　　sio⁵ tshiunn² tsiah⁸ bo⁵ hun⁷
相存食有賰，相搶食無份

解釋 相存：互相尊讓。賰：剩。食無份：吃不到。

涵義 大家要互相退讓才能都獲得好處。

說明 不管是分東西或做生意，如果每個人都能用理性和諧的方式來平均分食，大家就能互蒙其利，如果用強佔爭奪的方式，可能會造成有人吃太多，有人吃不到的不公平現象。

---

sio¹ kap⁴ bi² tsu² u⁷ png⁷
相佮米煮有飯

解釋 相佮：一起。

涵義 形容大家一起合作才能有更好的成果。

說明 同樣的費用大家如果各吃各的一定吃不到什麼好東西，如果把費用集合在一起，就可以買到更好的東西，所以合則利，分則弊。

---

sio¹ phah⁴ ke¹　　thau⁵ bo⁵ kue³
相拍雞，頭無髻

解釋 相拍：打架。相拍雞：鬥雞。髻：雞冠。

涵義 形容打架相爭，雙方同受損害。

說明 鬥雞生性好鬥，只要兩隻雞碰在一塊，就會開始打鬥，鬥雞打架除了用爪子抓對方，也會用嘴去啄對方的眼睛和身體，嚴重者甚至會把對方的雞冠給啄下來，所以喜歡打架的雞很少有完整的雞冠。

對應華語 兩敗俱傷。

sio¹ tsenn¹ tso³ khit⁴ tsiah⁸ thau⁵

相 爭 做 乞 食 頭

解釋 爭：搶。

涵義 嘲諷人為了小利益、小職位而爭得不可開交。

說明 做「乞丐頭」雖然可以得到其他乞丐的奉獻，但所得終究還是不多，因為乞丐是靠乞討為生，所能乞討到的東西還是有限，所以不可能有什麼好東西可以奉獻。

sio¹ the¹ sai² si² gu⁵

相 推 ， 駛 死 牛

解釋 相推：互相推託。駛死牛：累死牛。

涵義 形容大家互相推諉責任。

說明 上面有命令下來卻沒有人願意去執行，大家互相推託，推來推去，推到最後事情就卡在那裡不能執行，同理，耕田時大家相互推拖，導致耕作時間延長，最後累死牛，以致無牛可犁田。

對應華語 三個和尚沒水喝。

siong¹ king³ put⁴ ju⁵ tsiong⁵ bing⁷

相 敬 ， 不 如 從 命

解釋 從命：順從命令。

涵義 與其客套謙讓而僵持不下，不如順從對方之意。

說明 在一些宴席的場合常可看到這樣的畫面，一群人為了誰坐大位，在那裡推讓不休，這時主人只好對著該坐大位的人說這句話，來結束這客套的推讓。這句話不能隨便使用，只能對同輩或身分地位相同的人說。

sio¹ me⁷ hun⁷ bo⁵ siann¹ sio¹ phah⁴ hun⁷ bo⁵ lat⁸

相 罵 恨 無 聲 ， 相 拍 恨 無 力

解釋 相罵：吵架。相拍：打架。

涵義 形容在吵架或打架時都會用盡辦法，希望可以壓倒對方。

說明 人在吵架的時候聲音會越來越大，因為聲音大氣勢就強，雙方都希望能把對方的氣勢壓下去，以贏得勝利，打架時也是如此，大

一畫　二畫　三畫　四畫　五畫　六畫　七畫　八畫　九畫　十畫　十一畫　十二畫　十三畫　十四畫

家都希望能打贏對方，所以打人時都是使盡全力，不會留情。

sio¹ me⁷ bo⁵ ho² tshui³　　sio¹ phah⁴ bo⁵ king² ui⁷
相罵無好喙，相拍無揀位

解釋 相罵：吵架。好喙：說好話。相拍：打架。揀位：挑地方。

涵義 吵架或打架時雙方已喪失理智，任何事情都做得出來。

說明 人吵架的時候已經沒有理性，什麼難聽的話都會脫口而出，打架的時候更是沒理性，整個腦袋只想打贏對方，所以出拳就打，根本不會去考慮哪些地方不可以打。

bai⁵ sing¹ senn¹　　tshiu¹ au⁷ senn¹　　sing¹ senn¹ put⁴ kip⁸ au⁷ senn⁷ tng⁵
眉先生，鬚後生，先生不及後生長

解釋 先生：先長出來。鬚：鬍鬚。不及：比不上。

涵義 形容年輕的後輩勝過前輩。

說明 眉毛是人一出生就長出來了，而鬍鬚則是要等到青春期才會開始生長，人的眉毛不會再增長，但鬍鬚就不同，它像頭髮一樣會一直生長，如果不去管它到最後可能會長到地上，所以眉毛雖然是先生，卻不及後生的鬍鬚長。

對應華語 青勝於藍、後生可畏、一代勝過一代、後浪推前浪。

khuann³ lang⁵ pang³ sai² au⁵ tioh⁸ tinn⁷
看人放屎喉著滇

解釋 放屎：大便。滇：滿。喉著滇：喉嚨哽咽。

涵義 形容人善於妒忌。

說明 看見別人大便就傷心的大哭，別人大便根本不關你的事，激動個什麼勁，所以前人就以「看人放屎喉著滇」，形容人善妒，看見別人做一點事就眼紅。

khuann³ lang⁵ tsiah⁸ bi² hun²　　li² leh⁴ huah⁴ sio¹
看人食米粉，你咧喝燒

解釋 食：吃。咧：在。喝燒：喊燙。

涵義 形容替別人瞎操心。

說明 別人吃熱騰騰的米粉，而你卻在旁邊大聲的喊燙，真是莫名其

妙，這根本就不干你的事，是別人在吃米粉，又不是你在吃，怎麼比當事人還緊張，真是熱心過頭。

khuann³ lang⁵ tsiah⁸ bah⁴ m⁷ thang¹ khuann³ lang⁵ sio¹ phah⁴

看人食肉毋通看人相拍

解釋 食肉：吃肉。毋通：不要。相拍：打架。

涵義 勸人少管閒事才能保全自身。

說明 看別人吃肉頂多在旁邊流流口水而已，並不會有任何危險，但是看人家打架就不同，所謂「拳腳無眼」，在旁邊觀看，隨時可能遭受無妄之災，所以做人要懂得趨吉避凶，才能保全自身。

對應華語 明哲保身。

khuann³ lang⁵ tann¹ tann³ bian² tshut⁴ lat⁸

看人擔擔免出力

解釋 擔擔：用肩膀挑著擔子。免出力：不用出什麼力氣。全句說：看人家挑東西好像不須花費力氣。

涵義 只用眼睛看人家做事，是無法親身體會做事的辛苦。

說明 用擔子挑物是要付出體力的，然而旁觀者在一旁看人家「擔擔」，做事的是別人，他只是用眼睛看，當然不用出力氣，所以說人如果凡事都看人家做，沒有親自去體驗，當然無法體會做事者的辛苦。

對應華語 看人挑擔不出力。

khuann³ u⁷ tsiah⁸ bo⁵ kan¹ ta¹ gian³

看有食無，干焦癮

解釋 看有食無：看得到卻吃不到。干焦癮：只能乾過癮、乾羨慕。

涵義 形容看得到卻吃不到，只有乾瞪眼、流口水的份。

說明 在市場看到喜歡吃的食品，很想購買卻發現身上的錢不夠，此時就只能乾瞪眼，看得到卻吃不到。除了「吃」之外，這一句話也可用在「做事」方面，例如某位生意人，明知某處有一筆高利潤的案子要發包，令他非常心動，但沒有管道幫忙，最後只好乾瞪眼，眼睜睜看著案子被人搶走，看人家賺大錢。

對應華語 可望不可即。

khuann³ hing⁵ hai⁵　　bo⁵ khuann³ pak⁴ lai⁷

看 形 骸 ， 無 看 腹 內

解釋 形骸：指外表。腹內：指人的內在。

涵義 形容只憑外表美醜來判斷人，而不論其內在與才能。

說明 此句諺語可用在女子挑選丈夫及公司主管擢用新人方面，意思是說：僅憑目視，就依一個人的容貌美醜來判斷對方的內涵，並作為取用的標準，完全沒有真正去了解對方是怎樣的人。說實話，這樣確實有點冒險，萬一所挑選或錄用的是個表裡不一的人，那可就虧大了。

對應華語 以文舉人、以貌取人。

khuann³ mia⁷ bo⁵ po¹　　tsiah⁸ tsui² long² bo⁵

看 命 無 褒 ， 食 水 攏 無

解釋 看命：相命、占卜者。無褒：沒有稱讚、恭維。攏：都。食水攏無：連喝茶的錢都賺不到。

涵義 相命術士「報喜不報憂」，只會說中聽的話來賺取顧客的錢財。

說明 俗語說：「報喜不報憂」相命術士就是用這一句話來謀生，因為他知道上門的顧客都喜歡聽好話，如果自己能說些好話來迎合客人，顧客一定捨得給錢。畢竟，算命是一種賣弄口才的行業，大家都會為了迎合顧客的心理而避重就輕，專挑好的部分講，否則人人乘興而來，敗興而歸，下次就不會有人找他算命了。

khuann³ hue¹ iong⁵ i⁷　　siu³ hue¹ lan⁵

看 花 容 易 繡 花 難

解釋 看花容易：欣賞美麗的花朵很容易。繡花難：刺繡花朵很困難。

涵義 形容事情沒有經手都覺得很容易，但經手後才知道困難重重。

說明 「看花容易繡花難」是說看花的時候，感覺刺繡起來很容易，但真正動手的時候才覺得很難。諸如此種情況，在日常生活中隨處可見，例如看專家在市集畫素描，好像很容易，但回家有樣學樣，卻畫不出個所以然。由此可見，事情沒有經手，根本不知道艱難之處。

對應華語 知易行難、事非經過不知難、知之非艱，行之唯艱。

khuann³ a¹ kong¹ tsiah⁸ ke¹ kian⁷　　　tshe³ tshe³

看阿公食雞胘，脆脆

解釋 阿公：祖父。食：吃。雞胘：雞肫，雞的胃囊，是一種很韌的食物。脆脆：鬆脆、不韌的口感。

涵義 看他人做事好像不費吹灰之力、輕鬆得很，其實他做得很辛苦。

說明 上了年紀的老年人，不是沒了牙齒，就是齒牙動搖，想要咀嚼肉類食物，不是一件容易的事。雞胘，因為多筋又帶有韌性，老人家要咀嚼好久才能下嚥。「看阿公食雞胘，脆脆」是說看老爺爺吃雞胘，好像脆脆、容易咀嚼的樣子，用來形容看別人做事好像很簡單、很輕鬆，但對當事者而言，可不容易啊！

對應華語 看人挑擔不吃力。

khuann³ i¹ sing¹ tioh⁸ tsiah⁸ ioh⁸　　　mng⁷ sin⁵ bing⁵ tioh⁸ u⁷ m⁷ tioh⁸

看醫生著食藥，問神明著有毋著

解釋 著：就要。問神明：指求神問卜。著有毋著：就有不對勁的地方。

涵義 喻庸人自擾，自我煩惱。

說明 病人到醫院求診，通常醫生都會針對病情開藥，讓病人帶回家按時服用，即使求診的病患沒有得病，醫生也會開一些保健的藥物給他補身；而信徒到廟宇求神問卜，經廟祝或乩童解說，所得到的不外是命途不好、犯沖煞或鬼附身之類的答案。其實醫生與廟方人員會這麼做，無非是想賺錢罷了。如果病患及求神問卜者，為了芝麻小事，便經常往這兩個地方跑，豈不是庸人自擾，自尋煩惱嗎？

對應華語 沒事找事、杞人憂天、庸人自召、無事生事、天下本無事，庸人自擾之。

kham² tik⁴ jia¹ sun²　　　khi³ ku⁷ ngia⁵ sin¹

砍竹遮筍，棄舊迎新

解釋 竹：指竹子。遮：遮蔭。筍：初生的竹子。

涵義 形容人喜新厭舊。

說明 這是一句歇後語。「筍」是初生的竹子，由於具有食用的價值，

所以竹農會在適當的時機採收；若竹筍過了採收期仍未採收，就會逐漸往上生長，成為沒有經濟價值的「竹子」。為了保護新筍，避免太陽過度的照射，竹農會砍掉老竹，覆蓋在新筍的上面，以利其成長，這就是「砍竹遮筍，棄舊迎新」的由來。

對應華語 迎新棄舊、喜新厭舊。

tshing⁷ kang⁵ tsit⁸ nia² khoo³
穿仝一領褲

解釋 仝一領：同一條、同一件。褲：褲子。
涵義 形容雙方的關係密不可分。
說明 兩個人會穿同一條褲子，有可能是夫妻、兄弟、姊妹，不然就是最好的朋友，所以這一句諺語多用來形容雙方不分彼此，關係非比尋常。
對應華語 穿連襠褲、穿同一條褲子。

tshing⁷ ti⁷ sin¹　sui² ti⁷ bin⁷
穿佇身，媠佇面

解釋 佇：在。媠：漂亮、美麗。面：面容、臉孔。
涵義 說明人只要稍加打扮，就會變成一個像樣的人。
說明 同樣一個人，穿一件髒亂不堪的衣服與穿一件漂亮的衣服，姑且不論他的面貌如何，相信穿起來的感覺一定相差十萬八千里，因為穿髒亂的衣服，給人邋遢、醜陋與沒有精神的感覺，而穿著美麗的衣裳，不但看起來舒服、美觀，也顯得精神奕奕。總而言之，人是要靠穿著打扮來襯托的。
對應華語 人要衣裝，佛要金裝。

tshing⁷ siang¹ nia² khoo³ beh⁴ tue³ lang⁵ tsau²
穿雙領褲欲綴人走

解釋 雙領褲：指兩條褲子。欲：要。綴人走：指跟人家私奔。
涵義 形容人慌張，以致舉止失態。
說明 男女相約私奔時，女方為了怕家人發現，不但行李準備的匆促，連服飾也隨便搭配就出門了，所以才有「穿雙領褲」猶不自知的情況發生，這一切都因慌張所致，才會出現這種失態的行為。

對應華語 倉皇失態、張皇失態、驚惶失態。

ang⁵ kue¹ hi⁵ hoo⁷ tshui³ goo⁷

紅瓜魚，予喙誤

解釋 紅瓜魚：又稱「紅花魚」，即俗稱的「黃魚」。予喙誤：被嘴巴給害慘了。

涵義 形容人出言不遜，惹出災禍。

說明 紅瓜魚是中國四大海產之一，屬於溫水性近海中下層的魚類，由於牠對聲音非常敏感，只要有物體接近，便會利用體內的鰾伸縮震動來發出聲音，並從嘴巴傳達出來，因此，漁民可以尋聲辨位，將牠們一網打盡。這就是為什麼紅瓜魚會「予喙誤」的原因。

對應華語 禍從口出、聲出患入、聲出禍從。

ang⁵ khi⁷ tshut⁴ thau⁵ lo⁵ han³ kha¹ a² bak⁸ sai² lau⁵

紅柿出頭，羅漢跤仔目屎流

解釋 紅柿：紅柿子。出頭：上市。羅漢跤仔：指遊民或到了適婚年齡仍未結婚的單身漢。目屎：指眼淚。

涵義 形容當初移民至台灣的唐山客，無妻無室，寒天一到，不知道要如何過冬。

說明 西元一六六二年清廷派施琅攻打台灣後，康熙皇帝頒行「移民三禁」，其中一禁就是禁止內陸人民攜帶家眷來台，所以當初渡海來台的都是單身的「羅漢跤仔」，這些人，有的跟平埔族的女孩子結婚，有的孑然一身，終身未娶。每當農曆九月，紅柿子開始上市，天氣也逐漸轉涼，此時無妻無室的「羅漢跤仔」，沒有人替他們縫補冬衣，冬天又要挨餓受凍，想到這兒，他們都會流下淚來。

ang⁵ khi⁷ ho² tsiah⁸ tui³ to² ui⁷ khi² ti³

紅柿好食，對陀位起蒂

解釋 紅柿：軟柿子、紅柿子。陀位：哪裡、何處。蒂：花果與枝莖連結的地方。起蒂：指發源處。

涵義 告誡人要懂得飲水思源，不可忘本。

說明 「紅柿好食，對陀位起蒂」是說人們吃到美味的紅柿子，就要馬上追查是由哪一棵樹所長出來的？同理，今日我們能夠功成名就，嘗到成功的滋味，也應該回想一路上曾經受過誰的幫助與提攜？要懂得回饋與報恩，這就是「飲水思源」。

補充 依教育部2008年5月公布之台灣閩南語推薦用字第二批將「陀to^{2}位」寫作「佗to^{2}位」。

對應華語 飲水知源、飲水思源、慎終追遠、落實知樹。

ang^5 bin^7 khuai^3 loh^8 lang^2
紅 面 快 落 籠

解釋 紅面：原意是紅臉，此處比喻為性子急的人。快落籠：很快就被放回戲籠內。

涵義 說明性子急的人，脾氣來得快，但去得也快。

說明 傳統布袋戲裡，紅面的戲偶是忠義與忠臣的化身，而青面的戲偶是奸邪與歪道的化身。戲上演紅面的戲偶都會被奸人陷害，死於非命，才出現沒多久，便要下台一鞠躬，很快又回到戲籠內休息。這種現象不正與性子急的人一樣，只要看某事不順眼，馬上就動起氣來，但才一會兒的工夫，怒氣馬上就消了。

ang^5 ting^2 si^3 kio^7 kng^1 m^7 kiann^5 tah^4 phue^7 a^2 tue^3 lang^5 tsau^2
紅 頂 四 轎 扛 毋 行 ， 搭 被 仔 綴 人 走

解釋 紅頂四轎：紅色的轎頂，由四位轎夫扛的新娘轎。扛毋行：指不願入轎下嫁。搭被仔：包細軟的巾布。綴人走：與人私奔。

涵義 形容人不識抬舉。

說明 紅頂四轎是明媒正娶所專用的花轎，既然男方的迎親隊伍已經扛著花轎到達女方的家門，表示雙方已選定當天為成親之日，沒想到新娘子卻毀婚，捲著細軟與情郎私奔，未免太不識抬舉了。

對應華語 不知好歹、不識抬舉、敬酒不吃吃罰酒。

ang^5 thau^5 a^2 sai^1 kong^1 hann^2 si^2 kui^2
紅 頭 仔 司 公 嚇 死 鬼

解釋 紅頭仔司公：以紅布綁頭，口吹牛角，手抽著法索的道士。嚇死鬼：嚇唬鬼。

涵義 形容人虛張聲勢，藉以嚇唬對方。

說明 台灣的道士俗稱為「司公」，一般分為兩種，一種稱為「紅頭司公」，主掌為人消災解厄等事宜；另一種稱為「烏頭司公」，主掌喪葬、度亡魂之事。由於道士的職責是替人抓鬼、驅鬼與鎮鬼，當他口中唸唸有詞、手持法器揮舞之際，不管「鬼」是否被他收服，至少虛張聲勢的模樣已深入人心，讓人信以為真，認為他們是法力高強的人。

對應華語 虛張聲勢、裝腔作勢。

ang⁵　ku¹　pau¹　kua³　tshai³

紅 龜 包 芥 菜

解釋 紅龜：又稱為「紅龜仔粿」，是一種由麵粉所製成的食品，外皮染成紅色，並印上「龜」印，在喜慶、作壽或神明聖誕的場合均可見到。芥菜：屬十字花科，為食用蔬菜之一。

涵義 形容外表很華麗，而裡面卻不是如此。

說明 平常所吃的紅龜仔粿，內餡多包著豆泥、花生粉或甜芝麻之類的食料，屬於高價值的餡；而芥菜是一種非常便宜，而且沒人要的蔬菜，如今將它拿來包在紅龜仔粿裡面，豈不是變成外表華麗、好看，而內在卻不怎麼樣了嗎？

對應華語 名實不副、有名無實、秀而不實、華而不實、虛有其表、金玉其外，敗絮其中。

iok⁴　lang⁵　tsiann⁵tsiann⁵　　goo⁷　lang⁵　khang¹kiann⁵

約 人 成 成 ， 誤 人 空 行

解釋 成成：言詞確定、誠懇的樣子。誤人空行：害人家白跑一趟。

涵義 人言而無信。

說明 既然對方約定見面的言詞說的那麼肯定，而且時間、地點都決定好了，被約者哪有不依約前往的道理；只是，被約者萬萬沒有想到，約者竟然是一個言而無信的人，害他白跑一趟。

對應華語 言而無信、背信違約、食言而肥、輕諾寡信。

bi² kok⁴ se¹ tsong¹　　tua⁷ su¹

美國西裝，大軀

解釋 軀：計算衣服的單位詞。大軀：原意是「好大的一件」，此處因與台語「大輸」諧音，故比喻之。

涵義 喻輸得很慘。

說明 由於美國人都長得人高馬大，所穿的西裝，看在東方人的眼裡，是屬於「大軀」的尺寸。正因為「大軀」與台語的「大輸」諧音，所以前人將它造成一句歇後語，用詼諧的口語來形容人輸得很慘。

對應華語 大輸一場、輸得悽慘。

hoo⁵ tsio¹ tsit⁸ liap⁸ khah⁴ iann⁵ han¹ tsi⁵ kui¹ tshin³

胡椒一粒較贏番薯規秤

解釋 胡椒：一種辛辣的調味食物。較贏：勝過於。番薯：地瓜，味道甘甜的食物。規秤：原意是整個秤子上面，比喻為「整堆」。

涵義 形容東西好用不必多，有時一個就可以勝過一堆無用的東西。

說明 胡椒是一種辛辣的食物，只要一小粒，就可以辣得讓人受不了；而番薯，由於味道甘甜、平淡，吃多了，除了覺得飽氣之外，並不會有特別的感覺，所以影響力明顯不如胡椒。

對應華語 眾星朗朗，不如孤月獨明。

hoo⁵ tsio¹ khah⁴ se³ ia⁷ e⁷ luah⁸

胡椒較細也會辣

解釋 胡椒：一種辛辣的調味食物。較細：再怎麼小粒。

涵義 說明決定事物威力的不是它的外表，而是內在的本質。

說明 胡椒本來就是辛辣的食物，所以小粒的辣椒依然會辣，不會因為顆粒小就降低了辣味。這就好比十來歲就跳級讀大學的人，雖然同班同學的年紀都比他大，但他的成績依然能名列前茅，會唸書的本質一樣不變。

對應華語 山不在高，有仙則名、水不在深，有龍則靈。

hoo⁵ sin⁵ tsiah⁸ lang⁵ be⁷ si² ue³ lang⁵ pak⁴ tng⁵

胡蠅食人獪死，穢人腹腸

解釋 胡蠅：蒼蠅。食人獪死：吃了不會怎麼樣。穢人：將人給弄髒。
腹腸：腸胃。全句說：吃了蒼蠅不會怎麼樣，只不過會弄髒人的
腸胃。

涵義 形容事情對大局的影響不大，但小妨害還是無可避免的。

說明 在一般人的觀念中，蒼蠅是污穢的昆蟲，因為牠喜歡在糞便上飛
來飛去，甚至在上頭停留，所以看到蒼蠅，很難不讓人聯想到
「米田共」。如果不小心吞食了蒼蠅，原則上是死不了人，但是
污穢了腸胃則免不了，有時還會因此而造成腹瀉。

補充 依教育部2008年5月公布之台灣閩南語推薦用字第二批將「獪
be⁷」寫作「袂be⁷」。

hoo⁵ sin⁵ bu² sai² pue¹

胡蠅舞屎梏

解釋 胡蠅：蒼蠅。舞：工作忙碌。屎梏：沾有糞便的竹片。全句是
說：蒼蠅在沾有糞便的竹片上舞弄。

涵義 喻人不自量力。

說明 以前沒有衛生紙的時候，人們上完廁所都用薄竹片來刮除屁股上
的殘餘糞便，而且用完即丟。由於竹片上沾了糞便，才一會兒的
工夫，便引來許多蒼蠅停留、舞弄，礙於蒼蠅的身體太小，不管
牠如何使力，都舞弄不動竹片上的大便，所以「胡蠅舞屎梏」是
形容人沒那種能力，卻想做超出能力範圍的事情。

對應華語 不自量力、自不量力、夸父逐日、蚍蜉撼樹、螳臂當車、無
自知之明。

khoo² lang⁵ be⁷ tang³ sue¹

苦人獪當衰

解釋 苦：巴不得、恨不得。獪當衰：沒有倒楣。

涵義 指希望人家倒楣，遭受災禍。

說明 恨不得人家倒楣的人，通常都希望別人走衰運，遭受災禍，然後
成就自己，以減少競爭的對手。他們抱持著「幸災樂禍」的心

一畫 二畫 三畫 四畫 五畫 六畫 七畫 八畫 九畫 十畫 十一畫 十二畫 十三畫 十四畫

理，把別人的痛苦建築在自己的快樂上，因此對於別人所遭受的禍殃，不但不予同情，還引以為慶幸。

補充 依教育部2008年5月公布之台灣閩南語推薦用字第二批將「儍be⁷」寫作「袂be⁷」。

對應華語 幸災樂禍。

na² tua⁷ pun² khit⁴ tsiah⁸ leh⁴
若 大 本 乞 食 咧

解釋 若：好像。大本：指最大本錢。乞食：乞丐。咧：加強語氣的語尾助詞。

涵義 形容強行向人索求東西，不達目的絕不離開。

說明 大本乞食指的是無藝乞丐，這種人最大的本錢就是什麼都沒有，不但身上沒錢，也沒有謀生的技藝，唯一的生存方式就是向人硬拗食物或錢財，如果拗不到，便賴著不走。

khoo² na⁵ puann⁵ ke² tshing⁵ sim¹
苦 林 盤 假 榕 心

解釋 苦林盤：是一種蔓性灌木植物，在濱海地區幾乎無處不生。假：假裝。假榕心：假扮成榕樹（其枝葉與榕樹葉神似）。

涵義 形容心中有苦事，卻勉強裝出快樂的模樣。

說明 苦林盤是一種苦味植物，在此意謂人的內心有苦事；而「榕心」與台語的「清心」諧音，意謂心中無煩惱事，心情輕鬆舒暢。因此，「苦林盤假榕心」即表示人的心裡面是苦的，但又要裝成若無其事，心情舒暢的模樣。

對應華語 苦中作樂、強裝笑臉、強顏歡笑。

ing¹ hiong⁵ pue⁴ au⁷ iu² ing¹ hiong⁵
英 雄 背 後 有 英 雄

解釋 英雄：傑出或出眾的人。背後：指後面。全句說：傑出者後面還有更傑出的人。

涵義 比喻能人之外還有能人。

說明 世界之大，在某方面具有專長的人大有人在，只是有些人已經成名，有些人尚未浮現台面。人，再怎麼傑出，後面一定還有比他

更傑出的人，以四年舉辦一次的奧運來說，這一屆得了金牌，不保證下一屆仍會得金牌，這就是「英雄背後有英雄」的最佳印證。

對應華語 一山還比一山高、強中自有強中手、天外有天，人外有人、天外有天，山外有山。

ka¹ tsau² tso³ su⁷ lui⁷ sat⁴ bo²
虼蚤做事累蝨母

解釋 虼蚤：跳蚤。累：牽累。蝨母：指蝨子。

涵義 意謂甲做的事卻連累到乙。

說明 這句諺語非常淺顯，從字面就可以大略知道意思。「虼蚤做事累蝨母」是說跳蚤做事卻連累到蝨子，用來形容真正做事的是甲，但卻讓乙無端受到牽連；例如先生用太太的名義去標會，結果將所得的錢取走，並逃之夭夭，讓太太獨自去面對債主無情的咒罵，這就是「虼蚤做事累蝨母」。

對應華語 池魚之殃、連累無辜、禍及無辜。

sann¹ tioh⁸ sin¹ lang⁵ tioh⁸ ku⁷
衫著新，人著舊

解釋 衫：指衣服。著：必須要。全句說：衣服還是新的好，人還是舊的好。

涵義 形容人應珍惜老朋友之間的友誼。

說明 這一句諺語主要強調後面一句。新衣服穿起來好看、體面，人人都喜歡；老朋友重感情，好相處，是心靈交流的好對象，所以朋友還是「舊」的好。

對應華語 衣不如新，人不如故。

bin⁷ a² tshenn¹tshenn¹ kann² in² lang⁵ sann¹ tau² hueh⁴
面仔青青，敢允人三斗血

解釋 面仔青青：臉色發青，表示身體差。允人：答應人家。斗：十升為一斗。

涵義 形容人高估自己的能力，竟答應人家做不到或沒本事做的事情。

說明 人的臉色發青，表示身體狀況不好，根本不適合捐血，如今卻答

一 畫
二 畫
三 畫
四 畫
五 畫
六 畫
七 畫
八 畫
九 畫
十 畫
十一畫
十二畫
十三畫
十四畫

應要捐三斗血給別人，無異是拿生命開玩笑，恐怕血捐完了，人也差不多要見閻王。要答應幫人家做事情之前，最好先衡量自己的能力，一味的逞強，不自量力，最後吃虧的一定是自己。

對應華語 不自量力、自不量力、夸父逐日、蚍蜉撼樹、螳臂當車、無自知之明。

bin⁷ peh⁸ sim¹ kuann¹ oo¹

面 白 心 肝 烏

解釋 面白：面貌白白淨淨。心肝：心地。烏：黑。

涵義 形容表面看起來和善、親切，心地卻很惡毒。

說明 面貌白白淨淨的人，通常看起來比較和善，像一個好人，但也有例外，像「面白心肝烏」的人便是，這種人面善心惡，反而比面惡心惡的人更恐怖！

對應華語 面善心惡、面善心狠。

bin⁷ phue⁵ he⁷ ti⁷ thoo⁵ kha¹ tah⁸

面 皮 下 佇 塗 跤 踏

解釋 面皮：臉皮、面子。下佇：放在。塗跤：地面上。

涵義 形容人的面子掃地，丟臉丟到家。

說明 人的臉皮被他人踩在地面上，表示某人做錯事，被人逮著，只能任由他人唾罵、羞辱，就好像面子被人放在地上踐踏一樣，根本是面子掃地，丟臉丟到家了。

對應華語 面子掃地、臉上無光、顏面盡失、顏面盡掃、顏面無光、丟臉丟到家。

bin⁷ phue⁵ e⁷ giap⁸ si² hoo⁵ sin⁵

面 皮 會 挾 死 胡 蠅

解釋 面皮：臉皮。胡蠅：蒼蠅。

涵義 形容人滿臉的深皺紋。

說明 一般人的臉皮都是平滑的，只有年紀大了才會出現皺紋。「面皮會挾死胡蠅」是說臉皮皺得可以夾死蒼蠅，用來形容人的皺紋很深，連蒼蠅停留在上面都可能被夾死。

對應華語 滿臉皺紋。

面 皮 較 厚 壁
bin⁷ phue⁵ khah⁴ kau⁷ piah⁴

解釋 面皮：臉皮。較厚壁：比牆壁還厚。

涵義 形容人臉皮很厚，毫不害臊。

說明 人的臉皮當然不可能像牆壁那麼厚，之所以說人的「面皮較厚壁」，只不過是個比喻，意思是說一個人的臉皮很厚，做任何事都不在意人家的看法，只要想做，便會執意去做。

對應華語 厚臉皮、面似靴皮厚。

面 皮 較 薄 信 紙
bin⁷ phue⁵ khah⁴ poh⁸ sin³ tsua²

解釋 面皮：臉皮。較薄信紙：比信紙還薄。

涵義 形容人臉皮薄、害臊。

說明 信紙是平常寫信的用紙，厚度非常薄，此處言「較薄信紙」，顧名思義就是比信紙還薄，也就是極薄的意思。

對應華語 面薄如紙。

面 紅 肉 膾 消 蝕
bin⁷ ang⁵ bah⁴ be⁷ siau¹ sih⁸

解釋 面紅：此處不是指臉紅，而是指做了羞愧，會令人臉紅的事情。膾：不會。消蝕：消失的意思。

涵義 形容人恬不知恥，即使做了羞恥的事，也不會覺得怎樣。

說明 一個人做了羞恥、讓人看了會臉紅的事，就表示那不是什麼正經事。既然做了不正經的事，又認為做都做了，不會少一塊肉，就代表這個人沒有懺悔之心，根本是一個恬不知恥的人。

補充 依教育部2008年5月公布之台灣閩南語推薦用字第二批將「膾be⁷」寫作「袂be⁷」。

對應華語 不知羞恥、恬不知恥、恬然不恥、覥不知恥。

面 細 怨 人 大 尻 川
bin⁷ se³ uan³ lang⁵ tua⁷ kha¹ tshng¹

解釋 面細：臉小，為貧賤的相貌。怨：嫉妒。大尻川：大屁股，為富

471

泰的相貌。

涵義 喻見不得人家好。

說明 面貌細小、無肉者，在命理中屬於貧賤之相；而臀部大而多肉者，在命理中屬於富泰之相。現在貧賤人家看見富貴人家過得好，不但對他們的成就沒有半點佩服，還嫉妒不已，直說：「為什麼他們可以過好的生活，而我卻不行？」，這就是酸葡萄心理，打心底見不得人家好。

對應華語 見不得人好。

hong¹ sui² thau⁵ tshut⁴ kuai³ bin⁷   hong¹ sui² bue² tshut⁴ ian⁵ tau⁵
風 水 頭 出 怪 面 ， 風 水 尾 出 緣 投

解釋 風水頭：風水好的人家，此處比喻富貴家庭。出怪面：生出面貌怪異的男孩。風水尾：風水差的人家，此處比喻貧賤家庭。出緣投：生出相貌俊美的男孩。

涵義 形容人外表的美或醜，與家庭的風水無關。

說明 「風水頭出怪面，風水尾出緣投」是說風水好的人家生出面貌怪異的小孩，而風水差的人家卻生出俊美的小孩。其實上述的情形與「歹竹出好筍」、「好竹出歹筍」一樣，都是偶發事件，與風水好壞沒有直接的關係。

hong¹ tshue¹ tng⁷ liau² suann³   ke¹ hue² khi³ tsit⁸ puann³
風 吹 斷 了 線 ， 家 伙 去 一 半

解釋 風吹：指風箏，也稱「紙鳶」。家伙：財產。去一半：損失了一半。

涵義 形容人的損失極為慘重。

說明 每年重陽節前後，台灣開始颳起北風，此時正是放風箏的最好時機。俗語說：「九月九，滿天風吹吼」就是這種情景的寫照。據說以前的人為了增加放風箏的趣味性，會相約玩「風箏相咬」的遊戲，只要誰的風箏先掉下來就要認輸，於是有人會事先在風箏的絲線上綁著小刀片，藉機割斷對方的絲線，或放長線扯掉對方風箏的尾翼，待它們掉落，小孩或大人們就會爭相搶奪，而落敗的一方就會用這一句諺語來形容自己損失慘重。

對應華語 虧大了、損失慘重。

hong¹ so¹ ti³ phua³ bo⁷

風 騷 戴 破 帽

解釋 風騷：風流、貪玩。戴破帽：戴殘破的帽子，比喻生活潦倒。

涵義 形容人貪圖玩樂，到頭來必定一事無成，生活潦倒。

說明 風騷的人貪圖遊樂，不事生產，當然沒有錢買新帽，只能一直戴著破舊的帽子，不能過像樣一點的生活，因此前人就以此句形容貪玩的人，永遠一事無成，只能一直過著窮困潦倒的生活。

tsiah⁸ m⁷ kiann¹ thau⁵ ke¹ king⁵ tso³ m⁷ kiann¹ tng⁵ kang¹ si²

食 ，毋 驚 頭 家 窮 ； 做 ， 毋 驚 長 工 死

解釋 毋驚：不怕。頭家：指老闆、地主或主人。長工：農業時代長期在地主家工作的人。

涵義 形容人為了滿足自己的慾望，不管他人的死活。

說明 以前的大地主因為「家大地多」，所以會僱用長工來幫忙處理雜事。由於長工幹的都是粗活，而且身強體壯，一旦吃起飯來，個個如狼似虎，一碗接一碗，根本不怕吃窮地主；而站在地主的立場，他希望花錢請來的長工能像牛一樣，持續不斷地工作，於是每天分配許多工作給他們做，並三令五申，做不完不得休息，根本不怕累死長工。

對應華語 別人家的孩子死不完。

tsiah⁸ tsiah⁸ lang⁵ puann³ tso³ tso³ puann³ lang⁵

食 ， 食 人 半 ， 做 ， 做 半 人

解釋 食人半：吃人家一倍半的量。做半人：做半個人的工作量。

涵義 形容人好吃懶做。

說明 「食，食人半，做，做半人」是說吃東西的量是人家的一倍半，但做事的量卻不到人家的一半，表示一個人吃得多，做得少，也就是「好吃懶做」之意。

對應華語 四肢不勤、好吃懶做、好逸惡勞、飽食終日、吃得多，做得少。

食一歲，學一歲
tsiah⁸ tsit⁸ hue³　　oh⁸ tsit⁸ hue³

解釋 食：成長、生長。

涵義 說明人只要一息尚存，就不能停止學習。

說明 人只要多活一年，就要多學一年，不然很快就會跟不上時代的腳步，被社會所淘汰。為了追求知識，有許多人一邊工作，一邊進修，甚至丟下工作，繼續到國外深造；而上了年紀的老人家更在退休之後向老人大學、長青大學或松柏大學報到，當個快樂的老學生，這都是告訴我們，人要「活到老，學到老」。

對應華語 終身學習、學海無涯、學無止境、活到老，學到老。

食了牛犬，地獄難免
tsiah⁸ liau² gu⁵ khian²　　te³ gak⁸ lan⁵ bian²

解釋 了：完畢。犬：狗。地獄：傳說中壞人死後接受懲罰的地方。

涵義 形容人做了壞事，難免要遭惡報。

說明 牛是農夫的好幫手，犁田、耕種都少不了牠；而狗，是人類忠實的好朋友，看家、抓賊樣樣都行。既然這兩種動物都對人類有功，人們還狠心地將牠們殺來進食，這種人死了當然要下地獄接受應得的懲罰。

對應華語 惡有惡報。

食人一口，還人一斗
tsiah⁸ lang⁵ tsit⁸ khau²　　hing⁵ lang⁵ tsit⁸ tau²

解釋 食人一口：吃人家一口飯。還：歸還。一斗：十升。

涵義 說明受人家的恩惠，不僅要牢記在心，還要加倍奉還。

說明 吃人家一口飯，卻還人家一斗飯；前者僅是「一口飯」的恩惠，而後者卻是「一斗飯」的答謝，兩相比較之下，「一斗飯」的量當然比「一口飯」來得多，所以「食人一口，還人一斗」是說人即使受了人家的小恩惠，依然要牢記在心，以便日後加倍奉還。

對應華語 知恩必報、知恩報恩、知恩報德。

 tsiah⁸ lang⁵ tsit⁸ kin¹ ma⁷ ai³ hing⁵ lang⁵ si³ niu²

食 人 一 斤 嘛 愛 還 人 四 兩

解釋 一斤：十六兩。嘛愛：也要。還：歸還。

涵義 此句諺語有兩種意思：①比喻禮尚往來，不白佔人家便宜。②形容天下沒有白吃的午餐。

說明 吃了人家十六兩的東西，偶爾也要回敬人家至少四兩的東西，這就和「經常讓人家請客的人，偶爾也要回請人家吃一頓」的意思一樣，也就是禮尚往來，不白佔人家便宜之意。另外，吃了人家一斤的東西，至少也要還人四兩，正表示天下沒有白吃的午餐。

對應華語 ①投桃報李、有來有往、禮尚往來。②天下沒有白吃的午餐。

---

tsiah⁸ lang⁵ png⁷ huan⁷ lang⁵ mng⁷

食 人 飯 ， 犯 人 問

解釋 食人飯：吃人家的頭路。犯人問：指要接受老闆的探詢、查問。

涵義 形容受雇於人，就要有接受老闆詢問的義務。

說明 老闆花錢聘請你替他工作，當然希望找一個好差遣、配合度高的人；沒有人會願意花錢請一個問不得、說不得或叫不動的員工。畢竟，拿人的錢手軟，「食人飯，犯人問」是一種義務，當人家的員工一定要有這一點體認。

對應華語 食君之祿，忠君之事。

---

tsiah⁸ lang⁵ thau⁵ tsing¹ tsiu² kong² lang⁵ thau⁵ ku³ ue⁷

食 人 頭 鍾 酒 ， 講 人 頭 句 話

解釋 鍾：酒器。頭鍾酒：指第一杯酒。講人頭句話：第一個致詞的意思。

涵義 形容人踰越名分或地位（為名望人士在酒宴場合最常說的話）。

說明 通常在酒宴開始之前，主人家會請政治人物或社會賢達上台致詞或敬酒，由於當天這些人物不是主角，怕鋒芒太露，所以開頭都用這句話來謙稱自己踰越名分或地位，請在場人士見諒！

一畫 二畫 三畫 四畫 五畫 六畫 七畫 八畫 九畫 十畫 十一畫 十二畫 十三畫 十四畫

tsiah⁸ sam¹ tshan¹ ngoo² bi⁷　　　tshing⁷ ling⁵ lo⁵ phang² si¹

食 三 餐 五 味 ， 穿 綾 羅 紡 絲

解釋 食三餐五味：比喻三餐吃的都是豐盛的食物。綾羅紡絲：一種貴重的絲織衣料。

涵義 形容人衣食華美，生活極盡奢侈、豪華。

說明 三餐吃的都是山珍海味，穿在身上的也都是上等的絲織衣料，表示一個人沒有山珍海味就不吃，沒有上等的衣料就不穿，生活是既奢侈又豪華。

對應華語 錦衣玉食、鮮衣美食、豐衣足食。

tsiah⁸ hoo⁷ si² khah⁴ iann⁵ si² bo⁵ tsiah⁸

食 予 死 較 贏 死 無 食

解釋 食予死：吃到撐死。較贏：勝過於。死無食：指餓死。

涵義 形容人寧願撐死，也不願意餓死。

說明 「食予死較贏死無食」是說吃飽撐死總比不吃餓死好。當某人吃與不吃都要死的時候，相信他寧願吃飽撐死，也不願意當個餓鬼。

對應華語 撐死好過餓死。

tsiah⁸ hoo⁷ pui⁵ pui⁵　　kik⁴ hoo⁷ thui⁵ thui⁵

食 予 肥 肥 ， 激 予 槌 槌

解釋 食予肥肥：吃得胖胖的。激：假裝。激予槌槌：裝得傻傻的。

涵義 批評人裝聾作啞的消極做事態度。

說明 「食予肥肥，激予槌槌」是說人吃得肥肥的，並裝成傻呼呼的模樣。上班族怕做錯事被主管責罵，所以能推掉的事就盡量推掉，特別是棘手的事更不想接手，因為「不做不錯」，事越少就越輕鬆，只要每天「食予肥肥，激予槌槌」，班還是照上，薪水還是照領。

tsiah⁸ thian¹ liong⁵ tsiah⁴ u⁷ ho² bue²

食 天 良 才 有 好 尾

解釋 食天良：憑著良心做事。好尾：好的下場、好的結果。

涵義 形容人憑著良心做事，才有可能獲得福報。

說明 佛教界所說的「因果關係」，指的是先發生的因會導致後形成的果，而且什麼樣的因會導致什麼樣的果。由這個理論看來，不難想像前人為什麼會說「食天良才有好尾」，因為「食天良」是不欺騙人、不害人的行為，是一種善因，既然是種善因就會得善果，故「食天良」者就應該「有好尾」，才是完美的結局。

對應華語 善有善報、好心有好報。

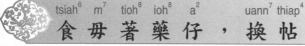

tsiah⁸ m⁷ tioh⁸ ioh⁸ a² uann⁷ thiap⁴

食 毋 著 藥 仔 ， 換 帖

解釋 毋著：不對。食毋著藥仔：吃錯藥。換帖：原意是換別帖藥吃，此處指結拜的好兄弟。

涵義 說明彼此是結拜兄弟（姊妹、姊弟、兄妹）的關係，交情好的不得了。

說明 以前的人要義結金蘭，成為異姓兄弟，必須在結拜時拿著自己的庚帖與對方交換著看，以確定誰為兄？誰為弟？這就是台語所說的「換帖」。中藥是以「帖」為單位，既然人們吃錯了藥，理當換一帖新藥來吃，這就是「食毋著藥仔，換帖」的由來。

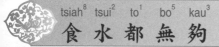

tsiah⁸ tsui² to¹ bo⁵ kau³

食 水 都 無 夠

解釋 食水都無夠：指連買茶水喝的錢都不夠。

涵義 形容人收入不豐，連維持基本生活的錢都沒有。

說明 水是一種非常便宜的日常飲料，只要花很少的錢就能買得到，對一般民眾而言，根本不是什麼經濟負擔，然而還是有人買不起。「食水都無夠」是說某人賺的錢連買水喝都不夠，藉此來形容人收入微薄，無法過活。

對應華語 無以糊口、無法維生。

tsiah⁸ kha² e⁵ m⁷ si⁷ tsiah⁸ pa² e⁵

食 巧 个 ， 毋 是 食 飽 个

解釋 食巧个：指品嘗食物精緻的口味。毋是：不是。食飽个：填飽肚子的。

涵義 形容東西只是要嘗個口味而已，主要目的不在於填飽肚子。

說明 當人們吃精緻或珍貴的食物時，盤子上面的數量總是只有一點點，無法吃飽，但大家之所以還會來吃這些東西，只是新奇，想吃個口味，並不在意數量的多寡，以及是否能夠填飽肚子。因此，當有人在這種吃飯場合問你吃飽了沒？就可以回答：「食巧个，毋是食飽个」。

補充 當「个e⁵」解釋為「的」時，依教育部2007年5月公布之台灣閩南語推薦用字第一批將「个e⁵」寫作「的e⁵」。

---

tsiah⁸ kam¹ tsia³　　sui⁵ bak⁸ khe³
食 甘 蔗 ， 隨 目 齧

解釋 目：甘蔗的節。齧：用牙齒啃東西。

涵義 形容人做事要循序漸進，一步一步慢慢來，不可過於急躁。

說明 甘蔗是一種有「節」的食品，啃甘蔗時，不管從頭部或是尾部先啃，一定會啃到較硬的「節」，也就是台語所說的「目」，此時只有用牙齒慢慢將它咬掉，才能再品嘗脆而多汁的部位，如果想越過「蔗目」，是不可能的事，所以前人才會說：「食甘蔗，隨目齧」。

補充 依教育部2009年10月公布之台灣閩南語推薦用字第三批將「齧khe³」寫作「齧khe³」。

對應華語 由淺入深、按步就班、循序漸進。

---

tsiah⁸ i¹　e⁵ bah⁴　　khe³ i¹　e⁵ kut⁴
食 伊 个 肉 ， 齧 伊 个 骨

解釋 伊：指第三人稱的「他」或「她」。个：的。齧：啃。

涵義 形容對人痛恨到極點，巴不得殺死他。

說明 不但要把人家的肉吃掉，還要把骨頭啃掉，表示雙方有著極深的仇恨，只有吃下對方的肉，啃下對方的骨頭才能洩恨。因此，當某人說「食伊个肉，齧伊个骨」時，就表示該人對某一特定對象恨之入骨，巴不得殺了他的意思。

補充 ①當「个e⁵」解釋為「的」時，依教育部2007年5月公布之台灣閩南語推薦用字第一批將「个e⁵」寫作「的e⁵」。②依教育部2009年10月公布之台灣閩南語推薦用字第三批將「齧khe³」寫作「齧khe³」。

對應華語 切齒痛恨、恨之入骨、恨入骨髓、食肉寢皮、焚骨揚灰。

tsiah⁸ ho² tau³ sio¹ po³
食 好 湊 相 報

解釋 湊：幫忙。湊相報：互相告知、代為宣傳。

涵義 形容有福同享，有什麼好的事情，一定會告知大家。

說明 當某人吃到超棒的美食、看到一本好書、知道哪一家商店正在特價或是用到某種不錯的產品……等，覺得很滿意，便會做免費的宣傳，將這些資訊告知親戚朋友，這就是所謂的「食好湊相報」。

補充 依教育部2007年5月公布之台灣閩南語推薦用字第一批將「湊tau³」寫作「鬥tau³」。

對應華語 請大家告訴大家、好東西要與好朋友一起分享。

tsiah⁸ tsai² khi² tng³ m⁷ tsai¹ e⁷ tau³ tng³ e⁵ su⁷
食 早 起 頓 ， 毋 知 下 晝 頓 个 事

解釋 早起頓：指早餐。毋知：不知道。下晝頓：指中餐、午餐。个：的。

涵義 形容人三餐不繼，吃了早餐，午餐便沒有著落。

說明 「食早起頓，毋知下晝頓个事」是說早上起床吃了早餐，接下來的午餐卻不知道在哪裡？這句話表示某人的生活非常貧苦，經常有一餐，沒一餐，吃飽了這一餐，下一餐便沒有著落了。

補充 當「个e⁵」解釋為「的」時，依教育部2007年5月公布之台灣閩南語推薦用字第一批將「个e⁵」寫作「的e⁵」。

對應華語 三餐不繼、有一餐，沒一餐。

tsiah⁸ bi² m⁷ tsai¹ bi² ke³
食 米 毋 知 米 價

解釋 毋知：不知道。

涵義 諷刺人不知民間疾苦。

說明 稻米是台灣人民生活的主食，其市場價格的高低，關係到每個家庭的經濟，因此很多人都會關心價格的變動，如果一個人每天吃白米飯，卻不知道稻米的行情價，不正意謂著他對民間的經濟生

活漠不關心，不知民間疾苦了嗎？

對應華語 不知民間疾苦。

tsiah⁸ lau⁷　　to³ kiu¹
食老，倒勼

解釋 食老：指人的年歲愈來愈大。倒勼：形容退化、萎縮，各方面不如以往。

涵義 形容人老了，各方面的機能都不如以往。

說明 人只要年紀大了，腦筋會變糊塗、記憶力會變差、體力會衰退、聽力會不好、身體會矮化、視力也會變得模糊……。本句諺語中的「倒勼」原意是指骨骼縮小，身高變矮，雖然也是老年人的退化項目之一，但此處不做這樣單一的解釋，應該泛指各方面的機能皆不如以往，正逐漸退化的意思。

tsiah⁸ lau⁷ tsiah⁴ tshoo¹ phua³ nng⁷
食老才初破卵

解釋 食老：年紀一大把了。初：第一次。破卵：生蛋。

涵義 老蚌生珠。

說明 「食老才初破卵」是說年紀活了一大把才初次下蛋。人當然不會生蛋，此處的「破蛋」是指生小孩，全句用來形容人年紀大了才當爸爸或媽媽，即老年得子的意思。有時候也用來戲稱高齡產婦，年紀一大把了才生下第一胎。

對應華語 老年得子、老蚌生珠、晚有兒息。

tsiah⁸ lau⁷ lau⁷ phainn² mia⁷
食老老歹命

解釋 食老：年紀一大把了。老歹命：指年老的時候，境遇不怎麼好。

涵義 形容人的晚景淒涼。

說明 「食老老歹命」有很多情形，比如兒女不孝，對兩老不聞不問；年紀一大把還要自食其力，靠自己的體力賺錢等。這些都是老人家最不想遇到的事，一旦遇上了，晚景一定很淒涼。

對應華語 晚景淒涼、暮年淒涼。

食老老番癲

解釋 食老：年紀一大把了。老番癲：指人年紀大了之後，性情反覆無常，人也變得不講理。

涵義 形容老年人的性情反覆不定。

說明 人一旦步入老年，身體的機能已經退化，所以性情會反反覆覆，有時候很好，有時候會變得不可理喻，這就是所謂的「食老老番癲」。

對應華語 老而變相。

tsiah⁸ lau⁷ be⁷ poo⁷ thoo⁵ tau⁷
食老膾哺塗豆

解釋 食老：年紀一大把了。膾：不能。哺：嚼、咬。塗豆：花生。

涵義 老年人自稱年老不中用，很多事情都做不來了。

說明 人上了年紀之後，牙齒幾乎掉光，不然就是搖搖欲墜，所以咬不動甘蔗、花生這一類的食品。當老年人說自己「食老膾哺塗豆」時，已有「服老」的成分在，意思是說自己已經不中用，很多事都力不從心了。

補充 依教育部2008年5月公布之台灣閩南語推薦用字第二批將「膾be⁷」寫作「袂be⁷」。

tsiah⁸ bah⁴ kut⁸ liu¹ liu¹ tho² tsinn⁵ bin⁷ iu¹ iu¹
食肉滑溜溜，討錢面憂憂

解釋 滑溜溜：非常滑的意思。面憂憂：愁眉苦臉。全句說：向人家借錢買肉吃，快意極了，但當人家登門要債時，就開始愁眉苦臉。

涵義 形容無賴漢借錢不還的那一副嘴臉。

說明 「食肉滑溜溜」是說人吃著美味的肉，才剛吞下就滑溜地進了肚子，沒有受到任何阻礙；這句話是說向人借錢買東西吃，因為不是花自己的錢，所以吃得很快意。「討錢面憂憂」是說債主上門討債，只能愁容以對；由於前面吃肉的錢是向人家借的，如今花用一空，債主登門要債時，沒錢可還，只能愁眉苦臉了。

tsiah⁸　ti⁷　too²　li⁰　　si²　ti⁷　loo⁷　li⁰

食佇肚裡，死佇路裡，

kuann¹　tsha⁵　ti⁷　kau²　pak⁴　too²　li⁰

棺材佇狗腹肚裡

解釋 佇：在。肚裡：肚子裡。路裡：馬路旁邊。棺材佇狗腹肚裡：比喻屍體被狗吃進肚子裡。

涵義 責罵人大吃大喝，不得好死。

說明 「食佇肚裡」是指東西吃進肚子，此處比喻為大吃大喝。「死佇路裡」是指曝屍荒野，無人料理身後事。而棺材，是裝死人的器具，此處指屍體；「棺材佇狗腹肚裡」表示人死了還要被狗吞進肚子裡。這是一句詛咒人的氣話，內容強烈表達了對大吃大喝者的不滿。

tsiah⁸　ti⁷　sin¹　　tshing⁷　ti⁷　bin⁷

食佇身，穿佇面

解釋 佇：在。食佇身：吃得好，從體態就看得出來。穿佇面：穿得漂亮，臉色自然容光煥發。

涵義 形容人的衣食好壞，可從體態和臉色看出來。

說明 一般人如果吃得好，身體會比較健康，體態也會發福，反之則營養不良，身體也比較瘦小，所以吃得好不好，多半可以從一個人的體態窺知；同理，一個人穿得好，臉色自然會容光煥發，反之則面無人色，所以穿得好不好，多半可以從一個人的臉色窺知。

tsiah⁸　tau⁷　hu⁷　tsui²　　kong³　pun²　tann¹　to¹

食豆腐水，損扁擔刀

解釋 豆腐水：將豆腐湯的豆腐撈起，剩下來的湯汁。損：用棍棒來打。扁擔刀：指扁擔。

涵義 形容老闆苛薄吝嗇，對員工很差。

說明 豆腐是一種極為便宜的食品，老闆為了省錢，僅讓員工喝豆腐湯，連豆腐都捨不得讓他們吃；而且，只要犯了錯，便拿起扁擔來打人，這種既吝嗇又苛薄的老闆，就是前人所說的「食豆腐水，損扁擔刀」的主人家。

對應華語 苛刻寡恩、苛薄吝嗇。

---

tsiah⁸　hit⁴　lo⁷　png⁷　　　kong²　hit⁴　lo⁷　ue⁷

食 彼 號 飯 ， 講 彼 號 話

解釋 彼號：哪一種。食彼號飯：比喻做哪一種行業。講彼號話：說哪一行的話。

涵義 比喻做哪一行，就說哪一行話。

說明 人只要進入某個行業久了，講話就會逐漸像那一行的人，因為平常接觸的都是同事或同行，三句話不離本業，久而久之，言行、舉止與想法都會受到影響，最後就會「食彼號飯，講彼號話」。

---

tsiah⁸　kue²　tsi²　pai³　tshiu⁷　thau⁵

食 果 子 拜 樹 頭

解釋 食果子：吃到果實。拜樹頭：指拜謝土地公。

涵義 形容人不忘本，懂得飲水思源。

說明 以往，果農在特定的節日，都會在果園裡準備豐盛的牲禮，虔誠地祭拜土地公，果農普遍認為土地公就是土地的守護神，五穀、花朵和果樹都是由土地所生，如果要順利收成，一定要土地公幫忙才行。農家這種祭拜的行為，一方面是為自己祈福，另一方面是為了感恩，有「飲水思源」的涵義在裡面。

對應華語 飲水知源、飲水思源、落實知樹。

---

tsiah⁸　kue²　tsi²　bo⁵　pai³　tshiu⁷　thau⁵

食 果 子 無 拜 樹 頭

解釋 食果子：吃到果實。拜樹頭：指拜謝土地公。

涵義 形容人忘本，不懂得感恩。

說明 以往，果農在特定的節日，都會準備豐盛的祭品，在果園裡虔誠地祭拜土地公，因為他們認為土地公就是土地的守護神，五穀、花朵和果樹都是由土地所生，所以懂得飲水思源，「食果子拜樹頭」。反之，人若「食果子無拜樹頭」就表示他不懂得感恩，是一個忘本的人。

對應華語 忘恩負義、違恩負義、不知飲水思源。

一畫
二畫
三畫
四畫
五畫
六畫
七畫
八畫
九畫
十畫
十一畫
十二畫
十三畫
十四畫

483

tsiah⁸ pe⁷ ua² pe⁷　　tsiah⁸ bu² ua² bu²

食爸倚爸，食母倚母

解釋 倚：依附。

涵義 形容人過於現實，誰能給予好處，就替誰講話，為誰辦事。

說明 「食爸倚爸，食母倚母」是說靠爸爸吃飯就站在爸爸這一邊，替他講話、做事；靠媽媽吃飯就站在媽媽這一邊，為她講話、做事，只要誰能給自己好處，就投靠誰，這就是所謂的「有奶便是娘」。

對應華語 有奶便是娘。

tsiah⁸ mih⁸ tioh⁸ phuann⁷　　kuainn¹ mng⁵ tioh⁸ tshuann³

食物著伴，關門著閂

解釋 食物：吃東西。著：需要。伴：同伴。閂：關門用的橫木。

涵義 形容吃東西最好帶伴，這樣才能盡興，而關門要上木閂，才算真正鎖上門。

說明 這兩句話只是順口溜，彼此的意思南轅北轍，沒什麼相關。「食物著伴」是說大家吃東西都喜歡找伴，可以閒話家常，熱絡氣氛，而且許多人聚在一塊，會覺得東西更美味。「關門著閂」則是說關門如果沒有上閂，根本沒有完成上鎖的動作，有關等於沒關，完全防不了小偷，所以前人才會說「關門著閂」，這樣才安全！

tsiah⁸ kau² hia⁷　　gau⁵ peh⁴ piah⁴

食狗蟻，勢跰壁

解釋 狗蟻：螞蟻。勢：善於。跰壁：攀爬牆壁。

涵義 戲稱小孩不小心吞下螞蟻，會成為爬牆的高手。

說明 中國人最可愛的地方就是很有想像力，自古以來認為食腦補腦、食心補心、食鞭壯陽，雖然這些理論都沒有科學根據，卻也行之有年，沒有人會懷疑它的功效，因此，有人認為螞蟻善於爬牆，於是發明「食狗蟻，勢跰壁」的諺語來戲稱小孩子不小心吞下螞蟻，就會和牠一樣，成為爬牆的高手。

tsiah⁸　a¹　tia¹　　　　than³　sai¹　khia¹

食 阿 爹 ， 趁 私 奇

解釋 阿爹：以前的人對自己父親的稱呼。趁：賺錢。私奇：指私房錢。

涵義 形容兒女吃、住、開銷都用爸爸的，而自己上班賺的錢則當做私房錢。

說明 有些子女吃住都跟爸媽一起，由父母免費供給，但自己上班領的薪水，都充做自己的私房錢，連一毛錢都沒有拿給父母，這就是所謂的「食阿爹，趁私奇」。

tsiah⁸　kah⁴　lau⁵　kuann⁷　　　　tso³　kah⁴　ui³　kuann⁵

食 佮 流 汗 ， 做 佮 畏 寒

解釋 佮：到……程度。畏寒：怕冷。

涵義 形容人只會吃喝，卻懶於做事。

說明 吃東西吃到汗流浹背，表示很努力的吃；而做事做到怕冷，表示沒有很認真的做事；由於身體沒什麼勞動，當然不會產生熱能，所以會越做越冷。因此前人用這句話來形容人「好吃懶做」或「好逸惡勞」。

補充 依教育部2008年5月公布之台灣閩南語推薦用字第二批將「佮kah⁴」寫作「甲kah⁴」。

對應華語 四體不勤、好吃懶做、好逸惡勞、游手好閒、飽食終日。

tsiah⁸　si⁷　tsiah⁸　hok⁴　　　　bua⁵　si⁷　bua⁵　lok⁸

食 是 食 福 ， 磨 是 磨 祿

解釋 食福：吃的福氣。磨祿：諧音「磨碌」，勞碌、操勞的意思。全句是說：人有得吃，表示有「吃福」，若勞碌、操勞，也是命中所註定的。

涵義 說明「吃福」與「勞碌」都是上天註定，人們要認命。

說明 這是一句說明「宿命觀」的諺語。有「吃福」的人，天天吃美食，嘗盡各式佳餚；沒「吃福」的人只好三餐吃蘿蔔乾配飯，只要餓不死就好。另外，有人天天為生活勞碌，閒不下來，卻有人天天閒著無事做，只要睜開眼睛便是喝茶、逛街、看電影……，

天生是尊貴命。前人說這一切都是命中註定，由不得我們去改變，也許勇於「認命」，心裡就會踏實些。

tsiah⁸ tshing⁷ bo⁵　　phah⁴ ma⁷ u⁷
食穿無，拍罵有

解釋 食穿：吃的跟穿的。拍罵：打罵。

涵義 形容主人對待下人的苛薄寡恩。

說明 以前農業時代，有錢人家都會請長工幫忙打理家務，如果主人家有同理心，認為他們都是苦命人家，會把長工視為家中的一份子，客氣的對待；如果主人家沒有同理心，不但給他們吃劣等的食物，穿劣質的衣服，還動輒打罵，不將長工當人看。

對應華語 苛薄寡恩。

tsiah⁸ ang⁵ khi⁷ phue³ tsiu²　　tshun⁵ pan⁷ si²
食紅柿配酒，存範死

解釋 紅柿：軟柿子。存範死：存心想死。

涵義 形容人存心尋死。

說明 這是一句歇後語。由於紅柿本身含有大量的單寧，如果與酒、醋或螃蟹一起食用，就會引發胃脹、腹痛、嘔吐或瀉肚子等不舒服的症狀。某人既然知道紅柿與酒搭配吃會產生不適感，還故意這麼做，表示該人存心尋死，不想活了。

tsiah⁸ na² gu⁵　　tso³ na² ku¹
食若牛，做若龜

解釋 食若牛：吃東西的時候像牛一樣，不間斷的吃。做若龜：做事情像烏龜一樣的慢。

涵義 形容人好吃懶做。

說明 牛是一種食量很大的動物，所以「食若牛」表示人的食量很大，每次都吃很多東西；烏龜是一種動作遲緩的爬蟲類動物，因此，「做若龜」表示做事慢吞吞，要做不做似的。因此前人用此句話來形容人好吃懶做，只喜歡吃，不喜歡做。

對應華語 四體不勤、好吃懶做、好逸惡勞。

tsiah⁸ na² piann³　　tso³ khang¹ khue³ na² tshiann³

食若拚，做工課若倩

解釋 若：好像。拚：賣力、拚命。工課：指工作。倩：指被聘雇來的員工。

涵義 比喻人好吃懶做。

說明 員工替老闆做事，原則上是能不做就不做，因為做多了，每個月還是領一樣的薪水，而且反而更累。「食若拚，做工課若倩」是說吃東西很拚命，但做起事來，就像是聘雇的員工一樣，有氣無力，一點勁兒也沒有。

對應華語 四體不勤、好吃懶做、好逸惡勞。

---

tsiah⁸ na² bu² siong⁵ phah⁴ hoo²　　tso³ na² tho⁵ hue¹ kue³ too⁷

食若武松拍虎，做若桃花過渡

解釋 武松：《水滸傳》中打虎的英雄。拍：打。桃花過渡：是一首台灣民謠，內容描寫船家與女客輕鬆對唱的情景。

涵義 形容一個人吃東西很猛，做事卻一派輕鬆、嬉笑。

說明 「食若武松拍虎」表示吃東西像武松打虎那麼拚命、使勁，好像不這樣，等一下就沒得吃了；「做若桃花過渡」表示做起事漫不經心，一副輕鬆、不積極的模樣。前人用整句話來比喻人好吃懶做。

對應華語 好吃懶做、好逸惡勞、四體不勤。

---

tsiah⁸ lua⁷ tse⁷　　than³ lua⁷ tse⁷　　tsu³ ho² ho²

食若濟，趁若濟，註好好

解釋 食：此處是「活到」的意思。若濟：多少。趁：賺。註好好：早就註定好了。

涵義 說明人的壽命與貧富，上天早已註定，強求不來。

說明 「食若濟，趁若濟，註好好」是說一個人可以活多少歲數？賺多少錢？上天早就註定好了，由不得人改變。當某人對現狀不滿足，或想賺更多的錢，求更長的壽命，旁人就會對他說：「食若濟，趁若濟，註好好」一切早已註定，強求不來。

對應華語 生死有命，富貴在天。

一畫 二畫 三畫 四畫 五畫 六畫 七畫 八畫 九畫 十畫 十一畫 十二畫 十三畫 十四畫

一
畫

二
畫

三
畫

四
畫

五
畫

六
畫

七
畫

八
畫

九
畫

十
畫

十
一
畫

十
二
畫

十
三
畫

十
四
畫

tsiah⁸ kio⁵ a² bo⁵ liam⁵ ti³
食 茄 仔 無 黏 蒂

解釋 茄仔：一年生的草本茄科植物，果實有紫色及青色兩種。蒂：瓜果與枝莖的連接處。

涵義 形容人不知飲水思源、感恩圖報。

說明 「無黏蒂」與「無念蒂」諧音。吃了茄子而不去感謝它的蒂頭，就跟「食果子無拜樹頭」、「食米飯無敬鋤頭」一樣，不懂得飲水思源、感恩圖報。

對應華語 忘恩負義、違恩負義、不知飲水思源。

tsiah⁸ khoo² tong³ tso³ tsiah⁸ poo²
食 苦 當 做 食 補

解釋 食苦：吃苦。食補：進補、吃補品。

涵義 勉勵人要經得起吃苦，他日才有成功的機會。

說明 吃苦的生活雖然不好過，但若是把它當成進補，就會覺得吃苦是有好處的，自然不會在意吃苦了。當一個人抱怨做某事很辛苦時，旁人都會用「食苦當做食補」勉勵他，希望他經得起吃苦，繼續熬下去，總有一天會成功。

對應華語 吃苦當做吃補。

tsiah⁸ tshin³ mue⁵ tng¹ tan²
食 清 糜 張 等

解釋 清糜：吃剩下來的冷粥。張等：守候等待。

涵義 對人家「嗆聲」所說的話，表示專程等候對方的到來。

說明 當甲對乙「嗆聲」、恫嚇，乙聽了很火大，不甘示弱，就會當面告訴甲：「食清糜張等」意思是要怎樣都沒關係，即使吃剩下的冷粥冷菜，我也會一直等到你的出現。本句也可說成「食清飯張等」。

對應華語 嚴陣以待、厲兵秣馬、盛食厲兵。

tsiah⁸ ka¹ ki⁷ e⁵ bi² kong² pat⁸ lang⁵ e⁵ ue⁷

食 家 己 个 米 ， 講 別 人 个 話

解釋 家己个：自己的。講別人个話：替別人說話。

涵義 形容人吃裡扒外。

說明 某人吃住是由家人供給，當家人與外人產生糾紛時，他不但不站在自家人這一邊，反而幫助外人對付自己人，替外人說話，這就是吃裡扒外的人。

補充 當「个e⁵」解釋為「的」時，依教育部2007年5月公布之台灣閩南語推薦用字第一批將「个e⁵」寫作「的e⁵」。

對應華語 吃裡扒外、家賊內奸。

tsiah⁸ tsiu² kong² tsiu² ue⁷

食 酒 講 酒 話

解釋 食酒：飲酒。酒話：喝醉後意志不清時所講出來的話。

涵義 形容人飲酒後，說一些瘋瘋癲癲的話。

說明 人只要開始有了醉意，就會變得多話，而且行為舉止也異於平常，此時所講的話，幾乎都是瘋瘋癲癲、沒有營養價值的酒話，或許當事者連自己在說什麼也搞不清楚。

對應華語 酒後亂言。

tsiah⁸ pu⁵ a² bo⁵ lau⁵ tsing²

食 匏 仔 無 留 種

解釋 匏仔：葫蘆科植物，嫩時供食用，老時可做容器。留種：預留匏瓜的種子。

涵義 形容人只貪圖當前的好處，沒有替以後做打算。

說明 匏瓜是一種葫蘆科植物，若要當蔬菜食用，必須選幼嫩的匏瓜才可以煮食，如果等到成熟老去，殼變硬，就不能拿來吃了。由於種植匏瓜需要用到種子，而種子只有在匏瓜成熟老去後，才會發育完全，如果為了有匏瓜吃而將嫩匏瓜全數採收，沒有預留「做種子」的匏瓜，那以後就沒有匏瓜可以吃了。

對應華語 焚林而獵、短視近利、殺雞取卵、竭澤而魚。

一
畫

二
畫

三
畫

四
畫

五
畫

六
畫

七
畫

八
畫

九
畫

十
畫

十
一
畫

十
二
畫

十
三
畫

十
四
畫

tsiah⁸ kau³　si² bo⁵ lang⁵ khau³

食 教 ， 死 無 人 哭

解釋 食教：指人信仰基督教或天主教。死無人哭：死了都沒有人會哭泣，引申為死後無人祭拜（因為信洋教的人不拿香）。

涵義 說明信洋教者，死了只做追思禮拜，沒有哭得死去活來的場面。

說明 台灣早期的喪禮，到處都見人一把鼻涕，一把眼淚的，哭得死去活來，這是活著的人對死者表達緬懷與不捨的悲痛。後來基督教與天主教傳入，它們僅對死者做追思禮拜，沒有哭喪的舉動，與台灣傳統的出殯儀式有很大的出入，因此有人就用這句諺語來消遣信洋教的台灣人，認為他們死後將「死無人哭」。

tsiah⁸ tso⁵ tsho³ bi²　kong² lau⁵ pi⁷ ue⁷

食 曹 操 米 ， 講 劉 備 話

解釋 曹操：字孟德，小字阿瞞，漢獻帝時的丞相。劉備：字玄德，為蜀漢的開國君主。

涵義 責罵人吃裡扒外。

說明 關公與劉備、張飛在桃園結義後，關公被曹操捉去，由於曹操是一位愛才如命的人，一直希望關公能幫自己做事，所以在吃住方面打點的非常好，希望能將他的人跟心留在曹營，無奈關公心繫劉備，最後借助幫曹軍攻打袁紹的機會，離曹操而去。雖然關公在歷史上的評價不差，但「食曹操米，講劉備話」卻帶有強烈批評他的意味。

對應華語 吃裡扒外、家賊內奸。

tsiah⁸ beh⁴ tsit⁸ pun³ ki¹　tso³ beh⁴ tsit⁸ thng¹ si⁵

食 欲 一 畚 箕 ， 做 欲 一 湯 匙

解釋 欲：要。畚箕：盛土的竹製器具。湯匙：舀湯的小器具。

涵義 形容人嗜吃，卻懶得做事。

說明 就容量而言，畚箕是湯匙的百倍，甚至千倍大。所以「食欲一畚箕」表示人很會吃，食量很大；至於「做欲一湯匙」表示人做起事來，懶懶散散，完成的工作量只有一點點。因此前人就用整句話來形容人吃得多，做得少，是個「好吃懶做」的人。

對應華語 四體不勤、好吃懶做、好逸惡勞。

tsiah⁸ beh⁴ ho² tso³ beh⁴ khin¹ kho²
食 欲 好 ， 做 欲 輕 可

解釋 食欲好：吃要吃好的。輕可：指輕鬆、容易的。

涵義 形容人好逸惡勞，東西要挑好的吃，工作要選輕鬆的做。

說明 「食欲好，做欲輕可」是說東西要挑好的吃，工作要選輕鬆的做；既要吃得好，又要做得輕鬆，表示這種人只要享福，不想吃苦，根本是一個好逸惡勞的人。

對應華語 四體不勤、好吃懶做、好逸惡勞。

tsiah⁸ beh⁴ tsiah⁸ sat⁴ bo² m⁷ liah⁸
食 欲 食 ， 蝨 母 毋 掠

解釋 食欲食：表示吃東西不會拒絕。蝨母：指蝨子。毋掠：不捕捉。蝨母毋掠：指小的事情也不做。

涵義 形容人好吃懶做。

說明 叫一個人吃東西，他不會拒絕，但是要他把身上的蝨子抓乾淨，他卻寧願忍受不舒服，也不想這麼做，足見此人只想吃，不想做任何事，根本是一個好吃懶做的人。

對應華語 四體不勤、好吃懶做、好逸惡勞。

tsiah⁸ sat⁴ tshing⁷ phah⁴ kat⁴
食 殺 ， 穿 拍 結

解釋 殺：凶狠。拍結：錢打結，比喻捨不得花錢。

涵義 形容人捨得吃，卻捨不得穿。

說明 「食殺，穿拍結」是指人在吃的方面很凶猛，花錢不會皺眉頭，但在穿著方面，一文錢打二十四個結，捨不得買衣物來穿。

tsiah⁸ tinn¹ tsiah⁸ kiam⁵ tshau³ kha¹ phinn⁷ liam⁵
食 甜 食 鹹 ， 臭 跤 鼻 廉

解釋 食甜食鹹：一下子吃甜食，一下子又吃鹹食，比喻亂吃東西。跤鼻廉：指腳的脛骨（位於小腿前面）。臭跤鼻廉：腳的脛骨上生瘡潰爛，發出陣陣的臭味。

涵義 勸人不可亂吃東西，以免傷身。

說明 一下子吃甜食，一下子又吃鹹食，亂吃東西，身體很快就會出現不適感，並得到「臭跤鼻廉」的病。這裡所說的「臭跤鼻廉」只是指一種病症，並非「食甜食鹹」就一定會得這種病，完全是為了讀起來順口，才用它來連接「食甜食鹹」。

tsiah⁸ tinn¹ ik⁴ tioh⁸ kiam⁵

食 甜 憶 著 鹹

解釋 食甜：原指吃到甜味的東西，此處比喻過安逸舒適的生活。憶：想到。鹹：原指鹹滋味，此處比喻為窮苦潦倒的生活。

涵義 喻居安思危，時時提高警覺，以防禍患。

說明 「食甜憶著鹹」是說吃到甜食的時候，回憶起以前吃鹹食的滋味，用來提醒人過安逸生活的時候，要時時回想以前是如何過苦日子的，亦即「居安思危」之意。

對應華語 安不忘危、居安思危。

tsiah⁸ tsua⁵ phue³ hoo² hueh⁴

食 蛇 配 虎 血

解釋 配：以食物來佐膳。虎血：老虎的血。

涵義 形容一個人凶惡至極，比老虎、毒蛇還恐怖。

說明 毒蛇與老虎都是自然界的凶猛生物，某人面對毒蛇、老虎，不但不害怕，還吃牠們的肉，喝牠們的血，足見這個人比起毒蛇、老虎有過之而無不及，是一位凶惡到了極點的人物。

對應華語 凶神惡煞、窮凶極惡。

tsiah⁸ hi⁵ tsiah⁸ bah⁴ ma⁷ tioh⁸ tshai³ kah⁴

食 魚 食 肉 ， 嘛 著 菜 佮

解釋 嘛著：也要。佮：搭配。

涵義 形容東西雖好，也要有其他東西來搭配或襯托才更完美。

說明 飯桌上都是大魚大肉，吃多了對身體不好，最好搭配蔬菜來吃才符合健康之道，所以前人說：「食魚食肉，嘛著菜佮」，意思是桌上有魚有肉，也要青菜來搭配、襯托，後來引申為東西雖然好，也要有其他的東西來襯托或搭配才更完美。

對應華語 牡丹雖美，亦須綠葉襯托。

tsiah⁸ bo⁵ sann¹ jit⁸ tshing¹ tsai¹　　tioh⁸ beh⁴ tsiunn⁷ se¹ thian¹

食 無 三 日 清 齋 ， 著 欲 上 西 天

解釋 清齋：茹素的意思。著欲：就想要。上西天：比喻成仙成佛。

涵義 譏諷人連基礎都還沒有穩固，就妄想達到高的程度、境界或地位。

說明 古人云：「登高必自卑，行遠必自邇」做任何事都要一步一腳印，循序漸進，不要像有些人，才吃沒幾天的清齋，修沒幾天的道行，連根基都尚未穩固，就想要成仙成佛，一步登天，簡直是癡心妄想，不可能如願。

對應華語 一步登天、一飛衝天、平步登天、鳶飛戾天。

tsiah⁸ bo⁵ sann¹ pe² ing³ tshai³ to⁷ siunn⁷ beh⁴ tsiunn⁷ se¹ thian¹

食 無 三 把 蕹 菜 就 想 欲 上 西 天

解釋 蕹菜：蔬菜的一種，俗稱為「空心菜」。就想欲：就想要。上西天：指成仙成佛。

涵義 形容人沒下多少工夫，就妄想一步登天。

說明 「食無三把蕹菜」表示人的修行時日尚短，道行還不到火侯；而「西天」是佛教界所稱的極樂世界，是修道圓滿者前往的地方。某人修行的時日尚短，道行尚淺，就已經妄想成仙成佛，這豈不是形容一個人沒下過多少工夫，就妄想一步登天？

對應華語 一步登天、一飛衝天、平步登天、鳶飛戾天。

tsiah⁸ bo⁵ tsinn⁵ png⁷ tso³ bo⁵ tsinn⁵ khang¹ khue³

食 無 錢 飯 ， 做 無 錢 工 課

解釋 食無錢飯：吃免錢飯，比喻寄食於他人。工課：工作。做無錢工課：表示替他人工作，不支領薪水。

涵義 指依附他人生活。

說明 以前日子難過的人，經常有一餐，沒一餐，只有寄食於經濟條件較好的家庭，取得免費吃、穿的機會，才能解決經濟上的困境。雖然寄食家庭會免費提供三餐，但並不是無條件的供應，寄食者必須幫主人打零工，而且答應不支領薪水才行，否則這種關係就

不會成立。

對應華語 寄人籬下、傍人門戶、依草附木、仰人鼻息。

tsiah⁸ han¹ tsi⁵ bo⁵ tshun⁵ pun² sim¹
食番薯無存本心

解釋 番薯：地瓜。存：心中懷想。本心：事物的源頭，此指番薯的根部。

涵義 形容人忘本，不懂得感恩圖報。

說明 番薯是一種非常營養的蔬菜，主要食用的部位是塊根，也就是此句諺語所稱的「本心」，它是由根部慢慢增大而形成，為整個番薯生長的源頭。某人吃了番薯，卻沒有對其源頭心存感念，表示此人忘本，不懂得飲水思源與感恩圖報。

對應華語 數典忘祖、叛祖忘宗、忘恩負義、不知飲水思源。

tsiah⁸ tioh⁸ lang⁵ e⁵ tshui³ nua⁷
食著人个喙瀾

解釋 著：到。人个：人家的。喙瀾：口水、唾液。

涵義 形容跟人家的論調一致。

說明 「食著人个喙瀾」是說吃到別人的口水。既然是吃到別人的口水，表示人家說什麼話，你一定會認同他的看法。因此用來形容人與他人有相同的論調或看法。

補充 當「个e⁵」解釋為「的」時，依教育部2007年5月公布之台灣閩南語推薦用字第一批將「个e⁵」寫作「的e⁵」。

對應華語 論調一致。

tsiah⁸ tioh⁸ ho² tann² ioh⁸ a²
食著好膽藥仔

解釋 著：到。好膽藥仔：膽子大的藥，也就是壯膽藥。

涵義 形容人吃了熊心豹子膽，膽子突然變大了。

說明 世上並沒有壯膽的藥方，這裡的「食著好膽藥仔」只是一個比喻，意思是說某人平時沒什麼膽量，做任何事都會害怕，沒想到突然間膽子變大，做起事也不再害怕，就好像是吃壯膽藥一樣。

對應華語 吃了熊心豹子膽。

tsiah⁸ tioh⁸ ioh⁸　　tshenn¹ tshau² tsit⁸ hioh⁸

食 著 藥 ， 青 草 一 葉 ；

tsiah⁸ m⁷ tioh⁸ ioh⁸　　jin⁵ som¹ tsit⁸ tsioh⁸

食 毋 著 藥 ， 人 參 一 石

解釋 食著藥：吃對了藥。青草一葉：比喻用很少的藥量就能治好。毋著：錯誤。一石：十斗。

涵義 此句諺語有兩種意思：①患病只要對症下藥，吃一點藥就能治癒，若吃錯藥物，即使吃再多、再貴的藥也沒有用。②做事若用對方法，就能事半功倍；若用錯方法，則要事倍功半。

說明 「青草一葉」與「人參一石」兩者的效用及花費相差十萬八千里，前者明顯比不上後者。在現實生活中，有很多人尋遍名醫，吃遍名貴藥材，就是醫不好頑疾，但在偶然的機會吃到價格低廉的藥物，竟然治好多年的病痛，這就是吃對了藥。試想，如果肚子痛，卻用感冒藥治療，即使患者所吃的是「人參一石」的名貴藥材，也是枉然。

tsiah⁸ tshai³ tsiah⁸ kau³ too⁷ tsai⁵ ui⁵ kai³

食 菜 食 到 肚 臍 為 界

解釋 食菜：吃素、茹素。肚臍：位於腹部中央，為臍帶脫落之處。界：限。

涵義 形容修行者六根不淨，不忌性事。

說明 修行者吃素只吃到肚臍眼，肚臍眼以下就葷、素不忌了，這就表示修行者上半身吃素，行為正正當當，但下半身不安分，亂搞男女關係，修行不徹底，六根不清淨。

對應華語 六根不淨。

tsiah⁸ png⁷ pe¹ tshing¹ khi³　　tsiah⁴ be⁷ ke³ niau¹ ang¹

食 飯 扒 清 氣 ， 才 獪 嫁 貓 翁

解釋 扒清氣：把飯撥乾淨。獪：不會。貓翁：長花臉的丈夫。

涵義 告誡人要將食物吃乾淨，不可浪費（含有恫嚇、嚇唬的意味）。

說明 台灣以前的生活水準不如今日，要吃一餐白米飯並不容易，所以老一輩的人都懂得珍惜，他們深知「鋤禾日當午，汗粒禾下土。

誰知盤中飧，粒粒皆辛苦」的道理，所以吃飯一定將碗裡的米飯吃得乾乾淨淨，如果看到小孩子吃不乾淨，就會用「嫁貓翁」或「无貓某」來嚇唬他們，藉以讓他們養成「惜物」的美德。

補充　依教育部2008年5月公布之台灣閩南語推薦用字第二批將「𣍐be⁷」寫作「袂be⁷」。

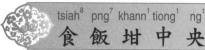
tsiah⁸　png⁷　khann¹　tiong¹　ng¹
食 飯 坩 中 央

解釋　飯坩：盛飯的桶子。

涵義　形容人被保護的很周全，完全不必為生計操勞。

說明　在電子鍋尚未普遍使用之前，人們大多用木桶來煮飯，通常用飯桶煮出來的飯，中間的飯會比桶邊的飯來得清香、可口。所以「食飯坩中央」表示一個人太好命，連吃飯都是吃最好的部分，不必為生計操煩，就可以過好的生活。

tsiah⁸　png⁷　hong⁵　te³　tua⁷
食 飯 皇 帝 大

解釋　皇帝大：就像皇帝那麼大。全句說：人吃飯的時候最大，就像古代的皇帝那麼大。

涵義　形容人家進食的時候，不應該受到打擾。

說明　俗語說：「民以食為天」人餓了吃飯是天經地義的事，因為不吃飯就沒有力氣做事，所以吃飯皇帝大，當別人在飯桌上吃飯時，最好不要破壞人家吃飯的氣氛與興致，就算小孩犯錯也不應該在吃飯時打罵，以免影響吃飯的品質。

對應華語　吃飯皇帝大。

tsiah⁸　png⁷　tsiah⁸　a¹　tia¹　　　　than³　tsinn⁵　tsik⁴　sai¹　khia¹
食 飯 食 阿 爹 ， 趁 錢 積 私 奇

解釋　阿爹：指家中的雙親。趁錢：賺錢。積：存。私奇：指私房錢。

涵義　形容子女吃、住全靠父母，但所賺的錢皆歸自己所有。

說明　以前的農村社會，多數的年輕人多留在家裡幫忙，沒有出外謀生，所以吃與住都是靠父母供給。由於農作物出售所掙得的錢均歸父母所有，偶爾才會給子女微薄的零用錢，因此，為了增加自

己的收入，擴展生活圈，年輕人會利用農閒的時間做一些代工或臨時工的工作，以賺取私房錢，這就是所謂的「食飯食阿爹，趁錢積私奇」。

tsiah⁸ png⁷ tsiah⁸ uann² kong¹　tso³ su⁷ siam² su³ hong¹

食 飯 食 碗 公 ， 做 事 閃 四 方

解釋 食飯食碗公：吃飯用很大的碗來盛。閃四方：四處逃避的意思。

涵義 形容好吃懶做的人。

說明 講到吃飯，都要用大的碗公來裝，但說到做事，馬上躲得遠遠的，避之唯恐不及，像這種只會吃，卻懶於做事的人，根本就是一個好吃懶做的人。

對應華語 好吃懶做、好逸惡勞、游手好閒、四體不勤、飽食終日。

tsiah⁸ png⁷ phue³ tshai³ poo²　khiam⁷ tsinn⁵ khai¹ tsa¹ boo²

食 飯 配 菜 脯 ， 儉 錢 開 查 某

解釋 配：以食物佐膳。菜脯：即蘿蔔乾。儉錢：儲存錢財。開查某：到聲色場所嫖妓。

涵義 形容某些男人在飲食方面自奉節儉，卻捨得把錢花在女人身上。

說明 菜脯是一種普遍且非常便宜的醬菜，「食飯配菜脯」表示這個人在飲食方面非常節儉，捨不得吃大魚大肉；「儉錢開查某」是說所有省吃儉用所存下來的錢，都大把大把的花在女人身上，沉迷於聲色場所而無法自拔。

tsiah⁸ e⁷ loh⁸　tioh⁸ ai³ pang³ e⁷ tshut⁴

食 會 落 ， 著 愛 放 會 出

解釋 食會落：吃得下去。著愛：就必須、就要。放會出：能夠排泄出來。

涵義 形容人要量力而為，不要做能力所不及的事。

說明 「食會落，著愛放會出」是說東西吃得進去，就要能排泄出來。如果吃進去的東西排不出來，堆積在腸胃裡會造成便祕，引發腸胃的疾病。這句話其實不只針對「吃」而言，「做事」方面也適用，用意在勸人「量力而為」，不要做能力範圍所不及的事，否則負荷過重，吃虧的會是自己。

對應華語 適量而為、量力而行。

tsiah⁸ uann² lai⁷　　se² uann² gua⁷
食 碗 內 ， 洗 碗 外

解釋 碗內：指團體內部。碗外：指團體以外。洗碗外：一說為「說碗外」，幫外人做事或說話。

涵義 形容人吃裡扒外，不知感恩圖報。

說明 「食碗內，洗碗外」是說吃碗內的東西，卻將碗外沖洗乾淨，置碗內於不顧。如果將碗內、碗外分別假設為甲、乙兩個團體，我們可以說某人在甲團體內受到栽培、任用，卻處處為乙團體說話，並反過來攻擊甲團體，就是一種吃裡扒外，忘恩負義的行為，一定會遭人唾棄。

對應華語 吃裡扒外、家賊內奸、忘恩負義、恩將仇報。

tsiah⁸ pa² liah⁸ sat⁴ bo² sio¹ ka⁷
食 飽 掠 蝨 母 相 咬

解釋 掠：抓、捉。蝨母：即蝨子，寄生於人類或其他哺乳動物身上的昆蟲。掠蝨母相咬：抓蝨子互咬、相鬥。

涵義 形容人整天吃飽沒事做，或盡做些無聊的事。

說明 人吃飽飯，沒有事情可做，只能抓取身上的蝨子，看牠們互相鬥咬來打發時間。在一般人眼裡，「掠蝨母相咬」是一種窮極無聊的事，只有閒得發慌，找不到樂子的人才會做這種事，所以「食飽掠蝨母相咬」表示一個人整天閒著無事做。有時也用來諷刺人盡做些無聊的事。

對應華語 飽食終日、游手好閒、無所事事、四體不勤、安逸思淫樂。

tsiah⁸ pa² khun³　　khun³ pa² tsiah⁸
食 飽 睏 ， 睏 飽 食

解釋 睏：睡覺。

涵義 形容一個人整天除了吃飯、睡覺外，沒有其他的事情可做。

說明 一個人吃飽就睡，睡飽又吃，如此不斷的更替，哪還有時間做事？根本是除了吃飯、睡覺之外，沒有正經的事可做，只能等死，當社會的米蟲罷了！

對應華語 飽食終日、四體不勤、無所事事、游手好閒、吃飽睡，睡飽吃。

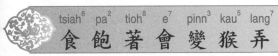

tsiah⁸ pa² tioh⁸ e⁷ pinn³ kau⁵ lang⁷
食 飽 著 會 變 猴 弄

解釋 著會：就會。變猴弄：原指耍猴戲，此處解釋成「作怪」。

涵義 形容人生活無虞後，就會開始搞怪、不安份。

說明 以前的人生活困苦，為了養家活口，大家都埋首苦幹，以賺錢為目的，根本沒有多餘的時間與精力去想其他的事情。等到哪一天賺夠了錢，生活無虞之後，便會開始作怪，舉凡賭博、金屋藏嬌……等事，都可能會發生，這就是「食飽著會變猴弄」的本意。

對應華語 飽暖思淫慾。

tsiah⁸ pa² ik⁴ tioh⁸ pe⁷
食 飽 憶 著 爸

解釋 憶：想到、想起。

涵義 形容人虛情假義，根本不是出於真心。

說明 為人子女吃飽飯才想到父親，不知道他吃飽了沒有？這種凡事先想到自己，先滿足自己的慾望再假意關懷他人的作為，是一種虛情假義的表現，完全不是出自於真心。

對應華語 虛情假意、虛偽做作、假仁假義、裝模作樣。

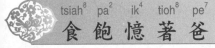

tsiah⁸ pa² be⁷ ki³ tit⁰ iau¹ si⁵
食 飽 膾 記 得 枵 時

解釋 食飽：原意是填飽肚子，此處比喻人得意時。膾：不會。枵：原意是肚子餓，此處比喻失意的時候。

涵義 形容人飛黃騰達，便忘掉以前曾經過的苦生活。此語有勸人「居安思危」的意味。

說明 人一旦脫離苦日子，大多會沉溺於生活的享受，不再回想痛苦的過去；對一個人或國家來說，「食飽膾記得枵時」是很可怕的，因為一過好日子，人心就會開始墮落，憂患意識逐日消失，如果不繼續開創新局的話，很快又會回歸到以前飢寒的生活，所以

「居安要思危」啊！

補充 依教育部2008年5月公布之台灣閩南語推薦用字第二批將「獪be⁷」寫作「袂be⁷」。

對應華語 好了瘡口就忘了痛。

---

tsiah⁸ kin² long³ phua³ uann²
食 緊 挵 破 碗

解釋 緊：快的意思。挵破：打破。

涵義 形容人做事不可操之過急，否則會壞了大事。

說明 「食緊挵破碗」是說東西吃太快，慌慌張張，一閃神就會打破碗盤，用來形容人為了趕快做好一件事，操之過急，結果反而得到不好的效果；例如男孩子交女朋友，應該慢慢讓對方明白自己的心意，如果太急於表白，有時候反而會嚇跑對方，這就是「食緊挵破碗」。

對應華語 弄巧成拙、欲速不達、適得其反、揠苗助長。

---

tsiah⁸ tshue⁵ a² ki¹ tsha² bah⁴
食 簥 仔 枝 炒 肉

解釋 簥仔：竹鞭，專門用來打小孩。炒肉：此處指鞭打的意思。

涵義 指晚輩做錯事或不聽話而被長輩打屁股。

說明 「簥仔枝」是以前長輩拿來恫嚇晚輩的器具，當晚輩做錯事或頑皮不聽話時，長輩就會持「簥仔枝」處罰他們，不管是打手心或是打屁股，看起來都像「炒肉」的動作，因此後人就戲稱這個舉動為「簥仔枝炒肉」，而「食簥仔枝炒肉」就是被處罰的意思。

對應華語 竹筍炒肉絲、三個和尚沒水喝。

---

tsiah⁸ be⁷ pui⁵ go⁷ be⁷ si²
食 獪 肥 ， 餓 獪 死

解釋 獪：不。全句說：吃不肥也餓不死。

涵義 形容一個人的薪水微薄，只能維持基本生活，不可能發財。

說明 當一個人領的薪水很微薄時，三餐必須省吃儉用，不敢吃太多或太飽，因為經濟狀況不允許他這麼做，所以常常處於「半飢餓」的狀態，當然也就「食獪肥，餓獪死」。

依教育部2008年5月公布之台灣閩南語推薦用字第二批將「膾 be[7]」寫作「袂be[7]」。

對應華語 吃不飽，餓不死。

---

tsiah[8]　ioh[8]　sann[1]　ni[5]　e[7]　hing[5]　i[1]

食 藥 三 年 會 行 醫

三年：並非真正三年，而是多年的意思。食藥三年：指生病很久了。

比喻對某事有豐富的閱歷，久了便成為行家。

人只要生病久了，就會遍尋名醫，吃遍各種藥材，久而久之，便會熟知藥性和醫理，成為行家。因此，當別人患有同樣的病症時，他就能提供意見，或是指點對方如何醫治、吃藥，儼然是一位正牌的醫生，可以行醫治病。

對應華語 久病成良醫、三折肱而成良醫。

---

tsiah[8]　iam[5]　khah[4]　tse[7]　li[2]　tsiah[8]　bi[2]

食 鹽 較 濟 你 食 米

較濟：比較多的意思。

此語有兩種意思：①倚老賣老。②形容人閱歷豐富，經驗老到。

鹽巴是副食，米是主食，吃過的副食比人家吃過的主食還要多，表示這個人已經有些年紀，而且社會閱歷豐富，勝過年輕晚輩。或許因為如此，有些老人家經常會倚老賣老，認為自己經驗老到，經歷過的事情多，所以經常當著後生晚輩的面說：「我食鹽較濟你食米」執意要別人聽從他的意見，結果反而引起人家的反感，得不到應有的敬重。

對應華語 ①倚老賣老。②行橋多過你走路。

一畫 二畫 三畫 四畫 五畫 六畫 七畫 八畫 九畫 十畫 十一畫 十二畫 十三畫 十四畫

十　畫

tshiann³ lang⁵ khau³　　bo⁵ bak⁸ sai²
倩 人 哭 ， 無 目 屎

解釋 倩人：聘人、僱人。無目屎：指流不出眼淚、哭不出來。

涵義 形容請別人做事，打馬虎眼的居多，真正會盡心的少。

說明 自己心情不好，想發洩心中的情緒，於是花錢請別人來代哭。看在錢的份上，受聘的人雖然會裝出傷心的模樣，卻擠不出一滴眼淚來，因為他不能真正感受到你的情緒，而且為你哭只是看在「錢」的份上，所以根本不會盡心盡力，倒不如自己大哭一場，盡情的宣洩，或許會比較實在。

對應華語 事必躬親、萬事不求人、求人不如求己。

tshiann³ kui² theh⁸ ioh⁸ tuann¹
倩 鬼 提 藥 單

解釋 倩鬼：僱請鬼魂。提藥單：依藥單的記載到藥房抓藥。

涵義 形容人將災禍引進，自取滅亡。

說明 鬼是專門勾人魂魄的鬼差，某人竟請祂來幫自己抓藥，無異是請祂來提領自己的魂魄，不但最後沒有將病治好，還把自己的性命給送了。

對應華語 引水入牆、引鬼上門、引狼入室、自尋死路、開門揖盜。

tshiann³ tshat⁸ koo³ tshik⁴ tshng¹
倩 賊 顧 粟 倉

解釋 倩賊：僱請小偷。顧：看守。粟倉：存放稻子的倉庫。

涵義 意謂招來壞人，引進禍害。

說明 粟倉是農家存放稻穀的倉庫，只要農家收割完稻穀，就會將它們裝入布袋，暫時存放在倉庫中，待豔陽天才會取出來曬太陽。現在農家不自己看守穀倉，卻請一個有偷竊意圖的人來看守，豈不是「開門揖盜」？相信稻穀很快就會被他搬光了。

對應華語 開門揖盜、引狼入室、引鬼上門、引水入牆。

tsioh⁴ to¹ khia⁷ bua⁵　　tsioh⁴ gu⁵ tham¹ thua¹

借 刀 徛 磨 ， 借 牛 貪 拖

解釋 徛：直立。貪拖：指牛過度犁田，累慘了。

涵義 形容借取他人的東西，不懂得愛惜，只會過度使用。

說明 刀鋒與磨刀石幾乎成九十度，最容易磨利，但也最耗損刀身。某人跟別人借了刀子，為了貪圖自己的方便，不惜用最耗費刀身的方法來磨刀子，一點也不懂得愛惜；跟人家借一頭牛，讓牠一直不停地拖犁，沒有耕完田地就不讓牛休息。這句話說明了：使用別人的東西，不懂得珍惜，只會過度使用，以圖利自己。

對應華語 己物是寶，別人之物是草。

tsioh⁴ hu³ tiann²　　tho² be⁷ hu³ tiann²

借 赴 鼎 ， 討 𣍐 赴 鼎

解釋 赴：來得及。鼎：烹飪器具，即鍋子。𣍐：不會。

涵義 形容借東西給人家並不難，但要討回來就不容易了。

說明 「借赴鼎，討𣍐赴鼎」是說借東西給人家，對方來得及下鍋煮食，但如果要向對方討回東西，自己一定來不及下鍋煮食，用來形容借東西給人家，迅速又容易，但要把東西討回來，既慢又難。

補充 依教育部2008年5月公布之台灣閩南語推薦用字第二批將「𣍐 be⁷」寫作「袂be⁷」。

對應華語 放債容易，取債難。

tsioh⁴ king¹ tsiu¹　　tsiam³ king¹ tsiu¹

借 荊 州 ， 佔 荊 州

解釋 荊州：為古九州之一。

涵義 形容人沒有信用，借了東西就據為己有，不肯歸還。

說明 三國時代，蜀國的劉備向吳國的孫權借得荊州，聲言取得益州後便會歸還荊州，怎料劉備取得益州後，仍將荊州佔為己有，不肯歸還，所以此句諺語是用來形容人借了東西就據為己有，不肯歸還人家。

對應華語 佔為己有、有借不還、據為己有。

借錢一樣面，討錢一樣面

tsioh⁴ tsinn⁵ tsit⁸ iunn⁷ bin⁷　　tho² tsinn⁵ tsit⁸ iunn⁷ bin⁷

解釋 借錢一樣面：向人借錢，裝出可憐的面孔。討錢一樣面：債主上門討錢，給人家臉色看。

涵義 形容有求於人者，前恭後倨，表現出截然不同的兩種態度。

說明 缺錢者為了向人家借錢，通常會裝出可憐兮兮的模樣，以博取對方的同情，這就是所謂的「借錢一樣面」；當錢借到手之後，他日人家來討債了，卻使臉色給人家看，好像很不歡迎對方一樣，這就是所謂的「討錢一樣面」。

對應華語 前卑後倨、前恭後倨、前恭後慢、前面一個樣，後面一個樣。

倚山山崩，倚壁壁倒，倚豬牢死豬母

ua² suann¹ suann¹ pang¹　　ua² piah⁴ piah⁴ to²
ua² ti¹ tiau⁵ si² ti¹ bo²

解釋 倚：靠近。豬牢：豬圈、豬舍。

涵義 形容人正在走衰運，不管走到哪兒，就衰到哪兒，而且跟他有關係的人也會跟著倒楣。

說明 靠近山，山就馬上崩落；靠近牆壁，牆壁就馬上傾頹；靠近豬舍，母豬就馬上翹辮子了。這句話主要在強調「運」，當一個人正在走衰運，而且是衰到了極點，不管走到哪裡，接觸到哪些人，他的衰運會同時影響到那個地方或那些人，使其跟著倒楣，足見這個人的運氣也真夠壞了。

對應華語 衰神上身、倒楣透頂。

倚索仔分錢

ua² soh⁴ a² pun¹ tsinn⁵

解釋 倚：靠近。索仔：指繩子。

涵義 形容人像乞丐一樣，知道哪裡有好處，就會去分一杯羹。

說明 以往，葬禮在死者入土以後，所有送葬的親友會在墓穴旁拉起一條繩子，並依序沿著繩索向喪家領取分別代表財源滾進、男丁

興旺與五穀豐登的錢幣（一元、伍元、拾元皆有）、小鐵釘與稻穀；有時候乞丐也會聞風而來，和大家沿著繩索一起領取，希望能分得幾塊錢來買東西果腹。

對應華語 利益均霑、分一杯羹。

to³ tiau³　　bo⁵ bak⁸ tsui²
倒 吊 ， 無 墨 水

解釋 倒吊：把人或東西倒懸。墨水：原指墨汁，此處借指人的學問。

涵義 形容人沒有任何才學、知識。

說明 一個有才學、有知識的人經常被形容為「肚子有墨水」的人。既然如此，將這個人倒吊，一定可以看他吐出許多墨水來；若將一個人倒吊，卻不見他吐出半滴墨水，便可以說這個人胸無點墨，一點才學、知識也沒有。

對應華語 才疏學淺、胸無點墨、腹笥甚窘、目不識丁。

to³ khia⁵ lu⁵　　m⁷ khuann³ thik⁴ senn¹ bin⁷
倒 騎 驢 ， 毋 看 畜 生 面

解釋 倒騎驢：指背向驢頭騎驢。毋：不願意。

涵義 形容看都不看一眼，帶有輕視之意。

說明 這是一句歇後語。據說張果老總是倒騎著一頭毛驢，日行幾萬里。休息的時候會將驢子折疊收起，放入魚鼓中；需要乘坐的時候只要用水一噴，馬上又變成了驢子。張果老之所以倒騎驢，是因為不想看到畜牲的臉（有一說是想看往事），有「不屑一顧」的意味。

對應華語 投以白眼、嗤之以鼻、不屑一顧。

sing⁷ kah⁴ peh⁴ tsiunn⁷ ang¹ ke³ toh⁴ ting²
倖 佫 距 上 尪 架 桌 頂

解釋 倖佫：寵到、溺愛到。距：向高的地方攀升。尪架桌頂：放於大廳，擺設神明或祖先牌位的桌子。

涵義 形容過度的溺愛，致使人忘了行事的分寸。

說明 尪架桌頂是每個家庭放置祖先牌位及祀奉神明的地方，是家裡最神聖、最不可侵犯之地，現在因為溺愛某個人，讓他連尪架桌頂

都敢爬上去，連祖先及神明都可以不敬，表示他被溺愛過頭，以致目中無人，一點分寸也沒有。

補充 依教育部2008年5月公布之台灣閩南語推薦用字第二批將「徛kah⁴」寫作「甲kah⁴」。

sing⁷ tsa¹ boo² kiann²　　loh⁸ lang⁵ ka¹ kau³
倖查某囝，落人家教

解釋 倖：溺愛、寵愛。查某囝：指女兒。落人家教：被人家批評沒家教。

涵義 說明人不可過度寵愛女兒，以免出嫁後為人詬病，不受婆家疼惜。

說明 父母親寵愛兒女，男孩子不管好壞，都是自家的事，但女孩子則不一樣，因為她以後會成為人家的媳婦，要捧人家的飯碗，如果過度寵愛，養成了任性、驕縱的脾氣，嫁到夫家後，三兩天就鬧彆扭，不但無法幫丈夫持家，還經常被夫家的人詬病，日子也不好過，因此，過於寵愛女兒，到頭來只會害了她。

對應華語 姑息養奸。

sing⁷ ti¹ gia⁵ tsau³　　sing⁷ kiann² put⁴ hau³
倖豬夯灶，倖囝不孝

解釋 倖：溺愛、寵愛。夯：以肩舉重物。灶：指豬灶，為宰殺豬隻的地方。囝：小孩。

涵義 勸人不可溺愛子女，否則日後會產生不良的後果。

說明 本句諺語的重點在後一句。豬如果放縱不管，有一天連「豬灶」都會用嘴巴舉起來，破壞的體無完膚；子女如果過度溺愛，長大後一定會做出不孝順父母的事來。為了不讓子女成為日後的心頭大患，對於子女偏差的行為，絕對不可以姑息，否則總有一天會出亂子。

對應華語 養虎遺患、養癰遺患、姑息養奸。

uan¹ iu² thau⁵　　tse³ iu² tsu²
冤有頭，債有主

解釋 頭：來源。主：對象。

涵義 說明報冤、討債應找當事者，不可波及無辜。

說明 某人會結冤，必有特定的結冤對象；同理，某人會向人討債，表示有特定的債務人。不管是報冤或討債，都要找對人，不要找錯對象，以免波及其他無辜的人。

對應華語 各債各結、冤有頭，債有主。

---

uan¹ ke¹ loo⁷ thau⁵ eh⁸
冤 家 路 頭 狹

解釋 冤家：指仇人。路頭：指路途。狹：窄的意思。

涵義 指仇人或不想見到的人容易相逢，避不掉。

說明 很多人都有這種經驗，就是與某人有嫌隙或結有宿怨，走到哪裡都會碰到那個人，好像路就是那麼窄，怎麼走就怎麼碰頭，想避開也避不掉。

對應華語 狹路相逢、冤家路窄。

---

uan¹ ke¹ pinn³ tshin¹ ke¹
冤 家 變 親 家

解釋 冤家：仇人。親家：夫妻雙方的父母互稱。

涵義 形容爭吵的雙方，由仇人變成朋友、親戚或合作夥伴。

說明 很多原本不相容的人，後來因為發現對方的優點與可愛，進而成為好朋友、親家或事業上的好夥伴，這種過程就是「不打不相識」和「化干戈為玉帛」。

對應華語 冰消瓦解、化敵為友、一笑泯恩仇、不打不相識、冤家宜解不宜結、化干戈為玉帛。

---

tshin³ png⁷ m⁷ tsiah⁸ ma⁷ si⁷ tsa¹ boo² kan² e⁵
清 飯 毋 食 ， 嘛 是 查 某 嫺 个

解釋 清飯：前一餐吃剩的冷飯。嘛是：也是。查某嫺：指婢女。

涵義 命中註定是你的東西，想不要都不行。

說明 以前婢女到主人的家裡做事，基於主僕的分際關係，只能吃前一餐剩下的冷飯，而新鮮、熱騰騰的美食，只有主人一家才能吃。主人似乎認為婢女天生就是吃冷飯的命，不管婢女最後吃不吃這些東西，反正主人吃剩的就會推到婢女那裡，由她來做善後的工

作，想不要都不行。

補充 當「个e⁵」解釋為「的」時，依教育部2007年5月公布之台灣閩南語推薦用字第一批將「个e⁵」寫作「的e⁵」。

對應華語 該你的就是你的。

tshin³ png⁷ tng¹ iau¹ lang⁵

清 飯 張 枵 人

解釋 清飯：前一餐吃剩的冷飯。張：等待、等候。枵人：肚子餓的人。

涵義 形容人平時要有所準備（包含用品、錢財、食物……），以備不時之需。

說明 肚子餓的人都想吃一碗熱騰騰的食物，但熱騰騰的食物不是臨時想要就有的，只有前餐吃剩的冷飯才可以馬上應付飢餓者的需求，儘管它的味道不如熱騰騰的食物美味，但如果事先有準備好，放著等待飢餓的人來享用，那肚子餓了就不怕沒東西吃了。

對應華語 以備及時之需、以備不時之需。

pak⁴ phue⁵ te⁷ tshoo¹ khng¹

剝 皮 袋 粗 糠

解釋 袋：此處當動詞用，「裝」的意思。粗糠：稻穀的外皮。

涵義 形容跟人有深仇，恨不得割下對方的肉，剝下對方的皮。

說明 「剝皮袋粗糠」相傳是古代的一種酷刑，施刑之前先將犯人的皮剝下來，然後再填入稻穀的外殼，接著遊街示眾，以達「殺雞儆猴」的目的。甲欲將乙「剝皮袋粗糠」，表示甲對乙恨之入骨，恨不得食肉寢皮，給予乙最嚴厲的報復。

對應華語 怨入骨髓、深惡痛絕、碎屍萬段、食肉寢皮、恨之入骨、不共戴天。

tshu³ lau⁷ koh⁴ tu² tioh⁸ thau³ me⁵ hoo⁷

厝 漏 擱 拄 著 透 暝 雨

解釋 厝漏：房屋漏水。擱拄著：又碰到、又碰著。透暝：整夜、徹夜。

涵義 形容連續遭受災禍，導致原本困窘的處境更加惡化。

說明 屋子有裂縫本來就是一件糟糕的事，沒想到還來不及修補，又遇到「透暝雨」，以致雨水透過細縫流入屋內，成為水鄉澤國，真是一波未平，一波又起。

補充 依教育部2007年5月公布之台灣閩南語推薦用字第一批將「攔koh⁴」寫作「閣koh⁴」。

對應華語 禍不單行、火上加油、夏旱秋澇、雪上加霜、屋漏偏逢連夜雨、一波未平，一波又起。

suh⁴ lang⁵ thau⁵ khak⁴ uann⁵ tshue²
唻 人 頭 殼 碗 髓

解釋 唻：吸食。頭殼碗髓：頭蓋骨裡面的腦漿。

涵義 形容向人殘酷的榨取或剝削。

說明 「唻人頭殼碗髓」是說連頭蓋骨裡面的腦漿都要吸光，用來形容將別人的東西都榨取光了，連腦漿都不放過，簡直是殘酷的剝削。

補充 依教育部2009年10月公布之台灣閩南語推薦用字第三批將「唻suh⁴」寫作「欶suh⁴」。

對應華語 刮骨吸髓、敲骨吸髓、橫徵暴斂、肆意搜括。

tai⁵ bo⁵ sann¹ e⁵ si² gin² a² tioh⁸ beh⁴ tso³ thoo² kong¹ thau⁵
埋 無 三 个 死 囡 仔 ， 著 欲 做 土 公 頭

解釋 个：個。死囡仔：指夭折的小孩子。著欲：就想要。土公：指墓穴工。頭：指領導者。

涵義 喻歷練與磨練還不足，就想要登上高位。

說明 在墓地工作的人，因為禁忌多，很多事情都馬虎不得，所以一定要找一位經歷豐富、通曉喪葬禮儀的土公頭來統籌喪禮的進行，日後才不會出現爭議。某人在墓場上的工作時日尚短，有很多事情還不了解，便急著要當「土公頭」，到時候豈不手忙腳亂，壞了「往生者」的大事？

對應華語 一步登天、鳶飛戾天。

娘 好 做 ， 嫺 歹 學

niu⁵ ho² tso³ kan² phainn² oh⁸

解釋 娘：指女主人。嫺：指婢女。

涵義 形容被人侍奉很容易，但要去侍奉別人很難。

說明 當主人的，只要懂得指使下人、等著被服侍就好，所以很好當；至於婢女，經常要看主人的臉色做事，不小心做錯事挨罵，婢女還得低聲下氣，不能發牢騷，而且更要懂得討好主人，因此，不是所有人都做得來的。

對應華語 皇帝好當，太監難為。

屘囝食大奶

ban¹ kiann² tsiah⁸ tua⁷ ling¹

解釋 屘：最小的兒子。食大奶：可以吸較多的母乳，亦即受到更多的照顧。

涵義 指家中的老么可以得到更多的疼愛。

說明 以前的人動輒生好幾個子女，所以生屘囝的時候，父母可能都已經有點年紀了。由於屘囝上有兄姊，所以家事通常是由兄姊來做，而父母因為有兄姊的幫忙，家庭的經濟趨於穩定，可以挪更多的時間來照顧屘囝，所以屘囝，可以得到更多的照顧與疼愛。

害 人 不 害 己 ， 害 著 家 己 死

hai⁷ lang⁵ put⁴ hai⁷ ki² hai⁷ tioh⁸ ka¹ ki⁷ si²

解釋 不害己：沒有傷害自己（包括本身、親屬、朋友、妻兒……）的想法。害著：害到。家己：自己。

涵義 形容存心要害人的人，最後卻害到自己。

說明 存心要害人的人，一心只想著要害人，沒有傷害自己的念頭，但往往事與願違，最後不但沒有傷害到別人，反而讓自己成為受害者，這種例子在生活中隨處可見，例如機車行為了搶生意，在馬路上撒雞爪釘，想要刺破來往機車的輪胎，藉此賺取黑心錢，怎知最後沒有害到別人，卻害到自己的親友，讓他們跌得四腳朝天。

對應華語 害人害己。

hai⁷ tshau² e⁵ ho² thiap⁴ thoo⁵ lang⁵ kha¹

害 草 鞋 好 疊 塗 礱 跤

解釋 害:破舊的。草鞋:由草莖編成的鞋子。疊:堆砌的意思。塗礱:去除稻米粗糠的器具。跤:底部。

涵義 勸人要懂得愛惜資源,還可以利用的東西不可隨意丟棄。

說明 塗礱是以前農家用來去除稻殼的設備,一般都置放於鄉間的小屋;害草鞋是指已經破舊,不能再穿的草鞋。「害草鞋好疊塗礱跤」是說將「害草鞋」拿來疊在塗礱的底部,當墊底之物,依然非常好用;此語有勸人愛惜資源、廢物再利用之意。

對應華語 廢物利用。

ka¹ ki⁷ e⁵ poo² thau² be⁷ siah⁴ penn³

家 己 个 斧 頭 獪 削 柄

解釋 家己:自己。獪:無法、不能。削柄:指修理自身的斧柄。

涵義 形容人要完全改正自己的缺點,得靠別人幫忙。

說明 斧頭要削斧柄得靠另一把斧頭幫忙才行,自己是不能削自己斧柄的;同理,某人要完全改正自己的缺點,得靠別人從旁協助,單靠自己的力量是無法辦成的。

補充 ①當「个e⁵」解釋為「的」時,依教育部2007年5月公布之台灣閩南語推薦用字第一批將「个e⁵」寫作「的e⁵」。②依教育部2008年5月公布之台灣閩南語推薦用字第二批將「獪be⁷」寫作「袂be⁷」。

對應華語 醫者能醫人,不能醫自己。

ka¹ ki⁷ e⁵ sai² m⁷ tsai¹ tshau³

家 己 个 屎 , 毋 知 臭

解釋 家己个:自己的。毋知:不知道。

涵義 形容人不知道自己的缺點。

說明 「家己个屎,毋知臭」是說自己拉的屎,即使再臭都不自覺,但是別人聞到了,肯定是受不了的,因此用來形容人有某項缺點,但是自己卻不知道。

補充 當「个e⁵」解釋為「的」時,依教育部2007年5月公布之台灣閩南

語推薦用字第一批將「个e⁵」寫作「的e⁵」。

對應華語 馬不知臉長、無自知之明。

---

ka¹ ki⁷ thai⁵　　than³ pak⁴ lai⁷
家 己 刣 ， 趁 腹 內

解釋 家己：自己。刣：宰殺。趁：賺。腹內：宰殺動物所留下的內臟。

涵義 形容人親自動手，必然會為自己留些好處。

說明 不管雞、鴨、鵝、豬、羊，只要請專業人士幫忙宰殺，最後所取得的只是這些動物的肉身，牠們的內臟會被宰殺的人取走。若是自己宰殺的話，當然就可以賺到內臟，留著自己食用。

對應華語 肥水不落外人田。

---

ka¹ ki⁷ tai⁷ tsi³ m⁷ phah⁴ sng³　　huan⁵ lo² pak⁴ kiann¹ khun³ ke¹ mng⁵
家 己 事 志 毋 拍 算 ， 煩 惱 北 京 睏 雞 毛

解釋 家己：自己。事志：事情。毋拍算：沒有計畫、打算。北京睏雞毛：北京城的帝王睡雞毛被子。

涵義 自己的事情不操心，卻操心他人的事；多用來指不必要的憂慮。

說明 某人不為自己的事打算、操心，卻擔心遠在北京城的皇帝睡在雞毛被子上，深怕他給冷著了，這根本是不必要的擔憂，前人用整句話來形容人胡亂操心，連事不關己的事都要憂慮。

補充 依教育部2007年5月公布之台灣閩南語推薦用字第一批將「事志tai⁷tsi³」寫作「代誌tai⁷tsi³」。

對應華語 庸人自擾、杞人之憂、杞人憂天。

---

ka¹ ki⁷ pang³　　ka¹ ki⁷ tsiah⁸
家 己 放 ， 家 己 食

解釋 家己：自己。放：拉屎、拉尿。

涵義 形容自己做錯事，就要自己去承受惡果。

說明 「家己放，家己食」是說自己拉的屎，自己要吃掉。這句話意謂著自己做的事或闖的禍，要自行去善後，承擔所有的後果，也就是「自作自受」的意思。

對應華語 自食其果、自食惡果、咎由自取、罪有應得、自作自受。

ka¹ ki⁷ kau² ka⁷ bo⁵ hong⁵

家己狗，咬無癀

解釋 家己狗：自己養的狗。癀：發炎。

涵義 形容自家人起爭執或打架，往往會手下留情。

說明 被自家養的狗咬，牠會節制力道，所以不會傷得很嚴重，但如果被流浪狗咬了，下場可就不一樣。這句話也可套用於人，當兄弟或自家人發生肢體衝突，多少會手下留情，不太會下重手，但如果跟陌生人發生肢體衝突，輕則見血，重則送命，絕對不會手下留情。

對應華語 手下留情。

ka¹ ki⁷ khuann³ be⁷ tioh⁸ hinn⁷ a²

家己看艙著耳仔

解釋 家己：自己。看艙著：看不到。耳仔：耳朵。

涵義 形容人可以清楚看到別人的缺點，卻看不見自己的。

說明 人的耳朵長在頭部的兩側、雙眼的後面，所以眼睛根本看不見它的存在，只有透過別人的眼睛或是照鏡子才能看到。這句話是比喻自己的缺點，自己看不到，但是一旁的人卻看得很清楚。

補充 依教育部2008年5月公布之台灣閩南語推薦用字第二批將「艙be⁷」寫作「袂be⁷」。

對應華語 鍋底笑話缸底黑、當局者迷，旁觀者清、不識廬山真面目，只緣身在此山中、丈八燈台，照見人家，照不見自己。

ka¹ ki⁷ tsai⁷ tsit⁸ tsang⁵ kah⁴ iann⁵ khuann³ pat⁸ lang⁵

家己栽一欉，較贏看別人

解釋 家己：自己。栽：種植花木、蔬果。欉：植物的計量單位，相當於「株」、「棵」。較贏：勝過。看別人：看人家的臉色。

涵義 形容人應該自力更生，不要仰賴他人的施捨。

說明 自己家裡栽種花草與蔬果，可以盡情地欣賞與食用，比起到人家家裡去乞求施捨、看別人的臉色好多了，所以求人不如求己，只要能自力更生，即使別人家裡有栽種幾百「欉」，我們也不用去乞求他人施捨。

對應華語 自食其力、自給自足、自力更生、自立自強、萬事不求人、求人不如求己。

家己做醫生，尻川爛一爿
ka¹ ki⁷ tso³ i¹ sing¹　kha¹ tshng¹ nua⁷ tsit⁸ ping⁵

解釋 家己：自己。尻川：指屁股。爛一爿：爛掉一邊。

涵義 形容某人是幫人解決某種問題（心理、精神、疾病……）的專家，但自己卻栽在那個問題上。

說明 醫生是專門幫人家醫治病痛的專家，只要是專科的疾病，他都可以幫人治癒；如今，自己是一位皮膚科醫生，但臀部卻爛掉一大塊肉，怎麼都醫不好，因此前人用整句話來形容某人是幫人解決某種問題的專家，但自己卻栽在那個問題上。舉例說明，某人是知名的兩性專家，專門幫人調解外遇問題，無奈自己也當了人家的第三者，這就是「家己做醫生，尻川爛一爿」。

對應華語 善於醫人，拙於醫己、醫者醫人，不能醫己。

家己捧屎抹面
ka¹ ki⁷ phong² sai² buah⁴ bin⁷

解釋 家己：自己。捧屎抹面：指雙手掬糞塗抹在臉頰上。

涵義 形容自己給自己難堪。

說明 別人將糞便塗抹在你的臉上，表示他想讓你難堪，當眾羞辱你；但如果是自己用雙手掬糞塗抹在自己的臉上，那就表示是自己給自己難堪，自取其辱。

對應華語 自取其辱。

家己添飯食無飽
ka¹ ki⁷ thinn¹ png⁷ tsiah⁸ bo⁵ pa²

解釋 家己：自己。食無飽：沒有吃飽。

涵義 此語有兩種意思：①比喻怨不得別人。②比喻人心的貪婪無度，永不滿足。

說明 自己添飯，想吃多少就吃多少，如果一碗不夠還可以吃第二碗，甚至第三碗，因此沒有吃不飽的道理，所以吃不飽，那是自己的問題，怨不得別人。另外，自己添飯食用，卻還說沒有吃飽，表

示此人貪婪無度，對「家己添飯」仍不滿足，想索求更多。

對應華語 ①怨不得人、怪不得人。②巴蛇吞象、索求無度、得隴望蜀、貪得無厭、人心不足蛇吞象。

---

ka¹ ki⁷ khun³ toh⁴ kha¹　huan⁵ lo² pat⁸ lang⁵ tshu³ lau⁷
家 己 睏 桌 跤 ， 煩 惱 別 人 厝 漏

解釋 家己：自己。睏：睡覺。桌跤：桌面下。厝：家、房子。漏：指滴水。

涵義 形容自己的處境都有困難了，還操心別人家裡的事情。

說明 自己都沒有屋子可住，要睡在桌子底下避風擋雨，此刻不替自己操心，反而擔心別人家漏水的事。自己的處境都有問題了，還去操心別人家裡的事情，未免太多管閒事了吧！

對應華語 好管閒事、多管閒事。

---

ka¹ ki⁷ khui¹ khang¹ ka¹ ki⁷ tai⁵
家 己 開 空 家 己 埋

解釋 家己：自己。開空：指挖墳穴的意思。

涵義 此語有責怪的意思。即自己做的事情，要自己去承受後果。

說明 「家己開空家己埋」是說自己挖個墳墓把自己埋起來，用來比喻人自作自受，事情是自己做的，自己就要去承擔後果。

對應華語 自食其果、自作自受、作繭自縛、作法自斃。

---

ka¹ ki⁷ khui¹ loo⁷ ka¹ ki⁷ huah⁴ i¹ o¹
家 己 開 路 ， 家 己 喝 咿 呵

解釋 家己：自己。開路：古代差役替官員開道，將路人隔開的舉動。喝：大聲喊叫。咿呵：古代差役為官員引路，並吆喝不相關人員讓路。喝咿呵：在此處可解釋成「宣揚」、「宣達」。

涵義 形容一個人自我宣傳、吹噓。

說明 以前朝廷命官出門，不管坐轎子或是騎馬，前面一定有差役替他開路或吆喝，藉以提醒路人：官爺到了，請大家讓道。今某人獨自開路，獨自吆喝，表示他想藉此吸引路人的注意，以達到某種宣傳效果。

對應華語 自我吹噓、自我宣傳、自吹自擂。

家己想家己著
ka¹ ki⁷ siunn⁷ ka¹ ki⁷ tioh⁸

解釋 家己:自己。想:思考。家己著:自己是對的。

涵義 形容人總認為自己是對的。

說明 這一句諺語很淺顯,從字面可知其意。「家己想家己著」是說自己怎麼想都覺得自己是對的,用來指人自以為是。

對應華語 自以為然、自以為是、自矜自是。

家己褒,較𣍐臭臊
ka¹ ki⁷ po¹ khah⁴ be⁷ tshau³ tsho¹

解釋 家己:自己。褒:讚美。較𣍐:比較不會。臭臊:為魚、肉類等食物的腥味。

涵義 形容人特意自我美化或誇耀。

說明 某人如果說好聽的話來誇獎自己,自己聽起來當然很「爽」,不會覺得有什麼不妥的地方,但聽在別人耳裡,只會覺得你「盡往臉上貼金」,有時候實在聽不下去,就會當著你的面說:「家己褒,較𣍐臭臊」。

補充 依教育部2008年5月公布之台灣閩南語推薦用字第二批將「𣍐be⁷」寫作「袂be⁷」。

對應華語 孤芳自賞、往自己臉上貼金。

家己擔肥,毋知臭
ka¹ ki⁷ tann¹ pui⁵ m⁷ tsai¹ tshau³

解釋 家己:自己。擔肥:指挑糞便去當肥料。毋:不。

涵義 形容人有缺點,卻不知道,仍然到處炫耀。

說明 前人栽種蔬果、穀物,都用人畜的糞便來當肥料,所以農家會請人工挑糞到田地中施肥,藉以增加田地的肥沃度。由於挑糞者已經習慣這一份工作,因此,久而不聞其臭,但旁人卻無法忍受臭味,只要看到挑糞者接近,都遠遠地避開,但他卻沒有察覺到這種現象。

對應華語 馬不知臉長、無自知之明。

ka¹ ki⁷ tann¹ ke⁵ o¹ lo² phang¹

家己擔膎呵咾芳

解釋 家己：自己。擔：挑著。膎：用鹽巴所醃漬的海產食品，帶有很重的腥味。呵咾：讚美、誇耀之意。芳：香氣。

涵義 形容商人或店家吹噓自己販售的東西好。

說明 通常鹽漬過的海產食品都帶有濃厚的腥臭味，不敢吃魚的人一聞到這種味道，可能會作嘔不止，即使一般人聞到，恐怕也不好受。現在某人挑著「膎」沿途叫賣，不但不覺得腥臭，還直誇所賣的東西很香，根本是「老王賣瓜，自賣自誇」。

對應華語 自賣自誇、賣瓜的說瓜甜、賣醋的說醋酸、賣瓜的誰說瓜苦、老王賣瓜，自賣自誇。

ka¹ ki⁷ sio¹ hiunn¹ bo⁵ kong² phainn² ue²

家己燒香，無講歹話

解釋 家己：自己。燒香：焚香祭拜神明。歹話：有傷害性的言語。

涵義 形容只聽一個人的隻字片語，將會過於主觀，失去公正性。

說明 每個人到廟裡燒香拜拜，都會替自己說一些好話，希望所言能上達天聽，得到神明的保佑，沒有人會在上香時說自己的壞話，等著神明來降災。因此，前人就用「家己燒香，無講歹話」來告誡人應廣聽各方言詞，不能僅憑一方的隻字片語就加以採信，以免過於主觀，失去公正性。

ka¹ ki⁷ tng² khi³ koo⁵ gu⁵ sai²

家己轉去糊牛屎

解釋 家己：自己。轉去：回去。糊牛屎：指自己塗藥、醫治。

涵義 形容器物或身體遭受他人損傷，無法討回公道，只好自掏腰包修理或醫治。

說明 農村社會時代，田地邊或鄉間小路上，處處可見牛大便，是一種隨手可得的東西。因此，當人們的身體或器物遭他人損傷，無法討回公道時，便會用「家己轉去糊牛屎」來戲謔自己，意思是說只好自認倒楣，花自己的錢來療傷或修理。

對應華語 自認倒楣。

一畫 二畫 三畫 四畫 五畫 六畫 七畫 八畫 九畫 十畫 十一畫 十二畫 十三畫 十四畫

ka¹ lai⁷ na⁷ bo⁵ m⁷ thang⁷ tshi⁷ tua⁷ kha¹ po⁵
家 內 若 無 ， 毋 通 飼 大 跤 婆

解釋 家內若無：家裡若沒有足夠的錢財。毋通：不要、不可以。飼：
飼養。大跤婆：指鵝和鴨，由於牠們的腳比雞大，故有此稱呼。

涵義 形容人的經濟狀況若不允許，就不應該再飼養或購買會造成大開
銷的人（例如公司員工……）、動物或東西（例如車子……）。

說明 為了經濟利益著想，許多人喜歡養鴨跟鵝，不喜歡飼養雞，因為
鴨和鵝未來可以賣得好價錢。然而跟雞的食量比起來，鴨、鵝比
雞還會吃，如果家庭的經濟負擔重，貿然飼養這兩種家禽，光飼
料支出就夠嚇人的了，因此，飼養之前還是要斟酌一下才好。

ka¹ lai⁷ na⁷ bo⁵ niau¹ niau² tshi² e⁷ khiau¹ kha¹
家 內 若 無 貓 ， 鳥 鼠 會 蹺 跤

解釋 貓：此處指上頭的人（如長輩、老闆、老師……）。鳥鼠：原意
是老鼠，此處指底下的人（如晚輩、員工、學生……）。蹺跤：
翹二郎腿，即無所顧忌的意思。

涵義 形容上頭的人不在時，底下的人就會開始作怪。

說明 依「食物鏈」的法則來說，貓是老鼠的剋星，也是死對頭，因
此，家裡若養了一隻貓，老鼠就不敢出來造次；相對的，家裡如
果沒養貓，老鼠就會無所顧忌地跑來跑去，沒人治得了牠。

對應華語 山中無老虎，猴子稱霸王。

ke¹ hue² liau² siu³ tsai⁵ bo⁵
家 伙 了 ， 秀 才 無

解釋 家伙：指財產。了：花光、用完了。秀才：明清時代稱試院錄取
的州、縣、學生員為秀才。

涵義 形容人財兩失，已到走投無路的地步。

說明 古人為了參加科舉考試，經常變賣家產作為盤纏，以求個希望；
然而考試不是每個人都能上榜的，有些人家產花光了，秀才考試
也名落孫山，最後落得山窮水盡、走投無路，實在悲哀啊！

對應華語 人財兩失、山窮水盡、走投無路、窮途末路、日暮途窮。

ka¹ ho⁵ ban⁷ su⁷ hing¹　　ka¹ tsha² ban⁷ se³ king⁵

家和萬事興，家吵萬世窮

解釋 和：和睦。萬事：所有的事。興：發展、興旺。萬世：世世代代，即時間久遠的意思。

涵義 形容家庭和睦、團結一心的重要。

說明 家庭如果和睦、互敬互愛，各安其位，各司其職，萬事都會興旺起來，若整天吵吵鬧鬧，不但大家沒有心情做事，也不想多待在家裡一刻，這樣的家怎能興旺起來呢？

對應華語 家和萬事興、家和萬事成。

ka¹ sin⁵ thong¹ gua⁷ kui²

家神通外鬼

解釋 家神：原意是家裡供奉的神明，此處借指家人或團體內部的人。通：勾結、串通。外鬼：原意是外頭的鬼魂，此處借指外人。

涵義 形容內部的人勾結外面的人，一起做出對內部不利的事。

說明 一般家庭會供奉神明，主要是借助祂的神力來保佑全家平安，因此，「家神」負有保護家人的責任，理應盡忠職守；怎料「家神通外鬼」，卻與外面的鬼魂裡應外合，一起做出危害家庭的事，真是不應該！

對應華語 內外勾結、裡勾外連、裡應外合、裡通外合、內神通外鬼。

ka¹ beh⁴ tse⁵ ti³ liong² le⁵　　ka¹ beh⁴ phua³ ti³ liong²tshe¹

家欲齊，置兩犁；家欲破，置兩妻

解釋 齊：齊心、興旺。置：安放。犁：耕田的農具。破：殘缺不全。置兩妻：娶兩個太太。

涵義 形容男人娶太多妻妾，將會紛爭不斷，使家道中衰。

說明 本句諺語的重點在後面一句。一般農家都只有置一個犁，置兩犁表示工作的份量比人家多一倍，辛苦也比人家多一倍，能如此哪有不興旺的道理；「置兩妻」表示娶了兩個太太；一個男人娶兩個太太，家庭的紛爭一定很多，因為這兩個女人一定會彼此爭寵，明爭暗鬥，長期下來，家哪有不衰敗的道理。

ka¹ pin⁵ ti¹ hau³ tsu² kok⁴ luan⁷ hian² tiong¹ sin⁵

家 貧 知 孝 子 ， 國 亂 顯 忠 臣

解釋 知孝子：明白哪一個才是孝順的子女。顯忠臣：顯現何者才是忠貞的臣子。

涵義 形容只有在困難的環境下，才能顯示出一個人的真心。

說明 家中貧困，只有孝順的子女才會留在父母親的身邊，盡心盡力的照料他們，而不孝順的子女老早逃得遠遠的不見蹤影；國家動亂的時候，只有忠心愛國的臣子才會與國家共存亡，貪生怕死的臣子，不是投降就是逃亡，也早就不見蹤影了。

對應華語 時窮節乃見、路遙知馬力、日久見人心、板蕩識忠臣、家貧出孝子、疾風知勁草、亂世見忠貞。

tshe¹ ti¹ tshe¹ kau² put⁴ ju⁵ ka¹ ki⁷ tsau²

差 豬 差 狗 ， 不 如 家 己 走

解釋 差：使喚、派遣。豬、狗：在此比喻成「人」。家己走：自己忙碌奔波。

涵義 差遣人去做事，還不如自己來做。（多用在父母對兒女或老闆對員工方面）

說明 使喚人家做事，對方多少會打馬虎眼，不會比自己動手做來得細心、認真，而且有時候要使喚很久才願意去做，既然如此，倒不如自己去做，不但做得快，也安心些。

對應華語 求人不如求己。

un¹ tsu² kong¹ lim¹ sio¹ tsiu² khuann³ be⁷ tshut⁰ lai⁰

恩 主 公 啉 燒 酒 ， 看 𣍐 出 來

解釋 恩主公：關公。啉燒酒：飲酒。看𣍐出來：看不出來。

涵義 指令人摸不清底細。

說明 這是一句歇後語。一般人飲酒到了一個程度後，臉色便會泛紅；關公因為臉本來就是紅的，即使喝再多的酒，也看不出來他有喝過酒，所以前人就用整句話來形容一個人的行事或作風，令人摸不清底細。

補充 依教育部2008年5月公布之台灣閩南語推薦用字第二批將「𣍐be⁷」寫作「袂be⁷」。

對應華語 摸不清底細。

sinn³ thau⁵ phah⁴ lang⁵ be⁷ thiann³ ， tsing⁵ i³ put⁴ kai¹

扇 頭 拍 人 獪 痛 ， 情 意 不 該

解釋 扇頭：指扇面。拍人：打人。獪：不會。情意不該：在情理上不應該這麼做。

涵義 即使不對的事情只是一件小事，也不應該去做。

說明 扇面非常輕薄，用它來打人，被打的人不會有痛的感覺，儘管如此，在情理上也不該為之，因為打人就是不對的行為，即使「扇頭拍人」是一件小事，做了不對的小事也是錯，所以於情於理都不應該這麼做的。

補充 ①依教育部2008年5月公布之台灣閩南語推薦用字第二批將「獪be⁷」寫作「袂be⁷」。②依教育部2009年10月公布之台灣閩南語推薦用字第三批將「痛thiann³」寫作「疼thiann³」。

對應華語 勿以惡小而為之。

kun⁵ thau⁵ ， ko¹ ko¹ tsai⁷ siong⁷

拳 頭 ， 高 高 在 上

解釋 拳頭：指拳術。高高在上：指處在很高的地位。

涵義 形容人外有人，天外有天，再怎麼強的人，還是有人比他更強。

說明 「拳頭，高高在上」是說拳術是一門高深的武藝，沒有人能夠學到最高境界，更何況天底下會打拳的人那麼多，就算再厲害的人，還是會遇到比自己更厲害的高手，這就是「一山還有一山高，強中更有強中手」的道理。

對應華語 人外有人、天外有天、山外有山、一山還比一山高、強中更有強中手、強中自有強中手。

kun⁵ thau⁵ bo² pi² tua⁷ se³ liap⁸

拳 頭 母 比 大 細 粒

解釋 拳頭母：即拳頭。比大細粒：比較誰的拳頭大，即用武力解決事情之意。

涵義 形容人用武力來解決紛爭。

說明 每個人的拳頭都不一樣大，壯碩的人比較大，瘦弱的人比較小。

當人緊握雙拳時，表示他已經動怒，正在氣頭上，如果此刻有人冒犯了他，他就會立刻找對方「拳頭母比大細粒」，訴諸武力討回公道或論輸贏。

對應華語 訴諸武力、拳頭論輸贏。

kun⁵ thau⁵ bo² siu¹ ti⁷ tshiu² ng² lai⁷

拳 頭 母 收 佇 手 䘼 內

解釋 拳頭母：拳頭，為實力的象徵。收佇：藏在。䘼內：袖子內。
涵義 形容有真才實學的人，不會隨便顯露自己的實力。
說明 「拳頭母」在此象徵實力，當它被收在衣袖時，任誰也不知道它的大小，所以說真人不露相，任何具有真才實學的人，絕不會輕易展露鋒芒，讓人家知道他的實力。

對應華語 隱藏實力、真人不露相。

kun⁵ thau⁵ bo² tsing¹ tsioh⁸ sai¹

拳 頭 母 舂 石 獅

解釋 拳頭母：即拳頭。舂：用拳頭擊打。石獅：石頭雕成的獅子。
涵義 形容以卵擊石，根本不堪一擊。
說明 石獅是石頭雕成的獅子，一般都放在廟宇大門的兩側，人們握著拳頭去捶擊它，石獅依然毫髮未傷，但是捶擊的人會弄得滿手傷痕，就好比以卵擊石，根本不堪一擊。

對應華語 以卵投石、以卵擊石、自不量力、螳臂當車、蚍蜉撼樹、雞蛋碰石頭。

kun⁵ thau⁵ bo² be⁷ tshak⁸ kue³ piah⁴ tsiu² tsing¹ e⁷ hiat⁴ kue³ sing²

拳 頭 母 獪 鑿 過 壁 ， 酒 鍾 會 抁 過 省

解釋 拳頭母：即拳頭。獪：不會、不可能。鑿過壁：穿透牆壁。酒鍾：酒器，此處指協商、談判。抁：亂丟的意思。
涵義 形容協商解決紛爭要比訴諸武力來得有效。
說明 「拳頭母」本來就無法穿透牆壁，任憑人們出多大的力氣捶擊也辦不到，這就表示使用武力來解決事情，成效有限；「酒鍾」是盛酒的器具，象徵協商、談判，大家若能心平氣和地坐下來喝酒，任何事情都好解決；而這種方法在每個地方都能適用，且效

一畫 二畫 三畫 四畫 五畫 六畫 七畫 八畫 九畫 十畫 十一畫 十二畫 十三畫 十四畫

用比「拳頭母」還要大上許多，所以說靠著協商來解決紛爭要比訴諸武力好用多了。

補充 依教育部2008年5月公布之台灣閩南語推薦用字第二批將「繪be⁷」寫作「袂be⁷」。

對應華語 文勝於武、以理服人易，以力服人難。

---

sa¹ bo⁵ liau⁵ a² mng⁵
捎 無 寮 仔 門

解釋 捎：探索、摸索。寮仔：臨時搭建的小屋。寮仔門：比喻處事的訣竅。

涵義 形容做事不得要領，不知道從何處入手。

說明 工人要到工寮做事，卻找不到入口，那事情也甭做了，因此「捎無寮仔門」用來形容人做事不得其門而入，不知從何處入手才好。

對應華語 不得要領、不得訣竅、不得其門而入。

---

ngeh⁴ pat⁸ lang⁵ e⁵ bah⁴ tshi⁷ ta¹ ke¹
挾 別 人 个 肉 飼 大 家

解釋 挾：用筷子挾東西。別人个肉：別人的食物。大家：婆婆。

涵義 意謂用別人的東西來做人情。

說明 這是一句淺顯的諺語。挾別人的東西來奉養自己的婆婆，就好比拿別人送的花來轉贈他人一樣，都只是做個順水人情罷了。

補充 當「个e⁵」解釋為「的」時，依教育部2007年5月公布之台灣閩南語推薦用字第一批將「个e⁵」寫作「的e⁵」。

對應華語 順水人情、借花獻佛、順風人情、慷他人之慨。

---

bat⁴ lang⁵ khah⁴ ho² bat⁴ tsinn⁵
捌 人 較 好 捌 錢

解釋 捌人：知道一個人的才能、德行。較好：好過於。捌錢：指認得錢。

涵義 認識一個值得交往的人，比認識一個有錢的朋友還好，說明「識人」、「知人」的重要。

說明 以錢財多寡來交友，對方有可能是一位薄情寡義或是奸惡之徒，

若與這樣的人交朋友，隨時可能被他陷害，對自己並沒有好處；若與一個有才能、有德行、有操守的人做朋友，除了不會被他陷害之外，許多方面還可以借助他的幫忙，基本上對我們是有利的，所以前人才會說「捌人較好捌錢」。

對應華語 識人勝於識錢、寧願不識字，不能不知人。

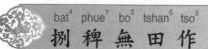

bat⁴ ji⁷ e⁰   ka⁷ m⁷ bat⁴ ji⁷ e⁰ tso³ loo⁵ tsai⁵
捌 字 个 ， 共 母 捌 字 个 做 奴 才

解釋 捌字个：指看得懂字或學問好的人。共：給。做奴才：指被人家差遣、僱請，領人家的薪水做事。

涵義 學識高的人被學識低的人差遣，替對方做事。

說明 以前的人為了幫忙家計，年紀輕輕就進入社會工作，他們經過幾年的奮鬥有成，後來都自己創業，成為大老闆。這些人當中，有的人沒有讀過幾年書，有的人甚至目不識丁，但底下卻有許多高學歷的部屬幫他做事，而且還不乏碩、博士之類的人，這種現象在現在社會上屢見不鮮，早就見怪不怪了。

補充 當「个e⁰」解釋為「的」時，依教育部2007年5月公布之台灣閩南語推薦用字第一批將「个e⁰」寫作「的e⁰」。

對應華語 巧者為拙者奴。

bat⁴ tu² tioh⁰ tsiah⁴ tsai¹ ti¹ bo² bah⁴ jun⁷
捌 拄 著 才 知 豬 母 肉 軔

解釋 捌拄著：曾經遇上。軔：肉老而咬不斷。

涵義 形容事情經手之後，才知道不容易執行。

說明 以前的農家都會在自己家裡養幾頭母豬，這麼一來，母豬生小豬就可以賣錢，而母豬，等牠老了，生育力衰退了，主人就會宰殺牠來祭五臟六腑；然而此時的老母豬肉已經軔了，要費很大的勁才咬得動，只有吃過的人才能體會牠有多軔，就像人做任何事情，只有自己經手過，才知道事情有多麼難處理。

bat⁴ phue⁷ bo⁵ tshan⁵ tso³
捌 稗 無 田 作

解釋 捌：能夠辨別、區分。稗：為一年生的草本植物，外形很像稻

子，是田地中常見的雜草。

涵義 形容一個人空懷一身技能，卻無處可施展。

說明 稗是一種外形神似稻秧的植物，由於這種植物會吸收稻田的養分，影響稻秧的生長，所以農夫都會將它拔除掉。為了避免將稻秧當成稗草拔掉，造成農作的損失，農家一定要有辦識「稻」與「稗」的能力。某人有分辨「稻」、「稗」的能力，卻沒有田地可以耕種，無異是空懷一身技能，卻無處可以施展。

對應華語 龍困淺灘、懷才不遇、蛟龍失水、英雄無用武之地。

bat⁴	sng³	m⁷	bat⁴	ti⁵		thio³	bi²	tiah⁸	han¹	tsi⁵

捌 算 毋 捌 除 ， 糶 米 糴 番 薯

解釋 捌：懂得。算：加進來。毋：不。除：去除、扣除。捌算毋捌除：表示計算能力不好。糶：出售穀物。糴：購進穀物。番薯：地瓜。

涵義 形容人不精明，以致做了損害自己利益的事。

說明 米在以前是一種珍貴的糧食，只有小康以上的人才吃得起，而地瓜，是一種既普遍又便宜的蔬菜，貧窮人家多用它來果腹。某人頭腦不精明，身邊有米，竟然將它販售出去，卻買不好的地瓜回來真是不會精打細算，做了損害利益的事。

對應華語 愚昧無比、愚不可及、愚昧無知、打錯如意算盤。

bat⁴	le²	bo⁵	kiann²	sai³	ho²	tso³

捌 禮 無 囝 婿 好 做

解釋 捌：懂得、知道。禮：禮節、禮儀。囝婿：女婿。

涵義 形容人空有一身技能，卻沒有施展的機會。

說明 中國人從訂婚到結婚規定了許多繁文褥節，因此，在普遍早婚的農村社會時期，年輕的新郎幾乎在不懂禮儀的情況下完成自己的終身大事；而某些單身漢，花了許多時間研究禮儀，等他們弄懂了，年歲也大了，恐怕也沒有女孩子願意嫁給他們了。

對應華語 蛟龍失水、龍困淺灘、懷才不遇、英雄無用武之地。

時到花便開
si⁵ kau³ hue¹ pian⁷ khui¹

解釋 時到：指時間、季節到了。花便開：花草、樹木自然開花。

涵義 形容時候到了，自然會成功、有結果、賺大錢……。

說明 每一種花木都有固定的開花季節，例如山櫻花在春季，梅花在冬季，只要時間到了，它們就會綻放出美麗的花朵來。其實這一句諺語並不是單純說「花」，而是用植物開花來說明時候到了自然會成功、有結果、賺大錢……，所以要人們靜候這個結果，隱約有勸人不可過於急躁的意味。

對應華語 瓜熟蒂落、順理成章、水到渠成。

時到時擔當，無米煮番薯簽湯
si⁵ kau³ si⁵ tam¹ tng¹ bo⁵ bi² tsu² han¹ tsi⁵ khoo¹ thng¹

解釋 時到：事情發生了。時擔當：到時候再來承擔責任。番薯簽：地瓜塊。（「無米煮番薯簽湯」是「時到時擔當」的解決方法）

涵義 形容事情發生時再看著辦，如果不能完善解決，再想替代的辦法。

說明 「時到時擔當，無米煮番薯簽湯」是說事情發生時再看著辦，如果沒有白米煮飯，就煮地瓜來吃。當人們面對不可知的情勢，尚未想到因應的辦法時，就會說這兩句話來降低自己的恐懼感，例如地下錢莊限某人於三天內還完所借的錢，但他根本還不起，就會說「時到時擔當，無米煮番薯簽湯」。

對應華語 船到橋門自會直、船到橋頭自然直。

校長兼摃鐘
hau⁷ tiunn² kiam¹ kong³ tsing¹

解釋 兼：同時並有。摃：敲打。校長兼摃鐘：除了擔任校長外，還要負責敲打上下課的鐘。

涵義 此句諺語有兩種意思：①形容一個人身兼多項職務。②比喻人一手包辦。

說明 以前學校上下課的鐘聲，都是由工友來敲打，校長只負責整個學校的校務。「校長兼摃鐘」是說某人除了做校長的事之外，還包辦了工友的事，用來形容人身兼多職，或一個人包辦許多事務。

對應華語 人外有人、天外有天、山外有山、一山還比一山高、強中更有強中手、強中自有強中手。

lat⁸ tsi² na⁷ lau⁷ ka¹ ki⁷ khui   siah⁸ liu⁵ na⁷ lau⁷ ka¹ ki⁷ phua³

栗子若老家己開，石榴若老家己破

解釋 栗子：植物名，果實有堅硬的殼，種子可以食用。若：如果。老：成熟。家己開：果殼自己裂開。石榴：一種落葉灌木，夏天開花，結紅色的球形果實，成熟時自動破裂，裡面藏有許多種子，能夠食用，又稱「安石榴」。

涵義 形容條件具備，時機成熟，事情就會成功、有結果……。

說明 只要栽種過栗子或安石榴的人都知道，栗子成熟的時候，果實的硬殼會自動裂開來，安石榴熟透了，果皮也會自己破裂，露出種子。此句諺語的「開」、「破」都代表一種結果，如果用在人事方面，可以比喻為條件具備，時候到了，事情自然會成功、有結果……。

對應華語 瓜熟蒂落、順理成章、水到渠成。

toh⁴ ting² ni¹ kam¹

桌頂拈柑

解釋 桌頂：桌子上。拈：用手指頭拿取物品。柑：橘子。

涵義 形容事情非常容易、輕而易舉便可完成。

說明 「桌頂拈柑」是說如同自桌上拈起橘子那麼簡單。柑橘放在小桌子上，想吃的時候，隨手拾起便能食用，這是輕而易舉的事。這句話主要在表達事情簡單、容易，不難完成。

對應華語 反掌折枝、以湯沃雪、易如反掌、探囊取物、唾手可得、輕而易舉、甕中捉鱉。

toh⁴ ting² tsiah⁸ png⁷   toh⁴ kha¹ kong² ue⁷

桌頂食飯，桌跤講話

解釋 桌頂：桌子上。桌跤：指桌下或離開了桌面。講話：指道人不是。

涵義 形容某人受他人的好處，暗中卻說人家的是非。

說明 這是一句淺顯的諺語，意思是說在桌上讓人家請客，下了桌之

後，不但不感謝人家盛情的招待，還到處說人家的「背後話」，因此前人用整句話來形容某人受了人家的好處，不但不知感謝，還做出忘恩負義的事來。

對應華語 過河拆橋、過橋抽板、恩將仇報、違恩負義、以怨報德、兔死狗烹。

tsha⁵ kuan¹ to¹ tit⁸ phua³
柴關刀直破

解釋 柴關刀：指劈柴的刀子，俗稱為「柴刀」。直破：指從正面垂直的劈入。

涵義 形容人說話或做事直截了當，不會繞彎路。

說明 以前的家庭都用「灶」來炊煮東西，由於它需要用乾柴來生火，所以小孩子或大人會撿取樹木，並用柴刀將曬乾後的樹木劈成一小塊，以方便送入灶內焚燒。「柴關刀直破」是說某人持柴刀將柴從正面垂直劈開，有「單刀直入」之意。

對應華語 開門見山、一針見血、直截了當、斬釘截鐵、單刀直入。

khi³ si² giam⁷ bo⁵ siong¹
氣死驗無傷

解釋 驗無傷：檢驗不出傷痕。

涵義 勸人家不要生氣，否則氣死了沒有人會為你償命。

說明 人在生氣的時候，心跳加快、血壓升高，一旦控制不好，可能引發中風、腦溢血或心臟病而死。由於這些病是驗不出傷痕的，所以沒有責任歸屬的問題，因此旁人看人家生氣時就會跟他說：「氣死驗無傷」勸他不要生氣，因為氣死是不會有人為你償命的。

hai² tsui² khuah⁴khuah⁴ tsun⁵ thau⁵ ia⁷ e⁷ sio¹ tu² tioh⁰
海水闊闊，船頭也會相拄著

解釋 闊闊：寬廣的意思。相拄著：指彼此遇到或碰頭。

涵義 形容世界雖大，冤家還是有碰頭的時候。

說明 「海水闊闊」在此比喻為天地雖大、世界雖大，而「船頭」則比喻為冤家。這句話的原意是說海平面雖然廣大，但是船隻出海捕

魚，偶爾也會在浩瀚的海面遇到其他的船隻，因此整句話用來形容世界雖大，冤家還是會聚頭。

對應華語 狹路相逢、冤家路窄。

---

hai² huann⁷ khioh⁴ tioh⁸ hau⁷
海 岸 抾 著 鱟

解釋 抾著：撿到、拾獲。鱟：海洋中的節肢動物，樣子像蟹，甲殼堅硬，尾巴如劍，經常會爬上海灘，由於經常成雙出現，所以又稱為「夫妻魚」。

涵義 形容人拾得意外之財。

說明 每年到了鱟的繁殖季節，牠們便會爬上海灘，一邊翻著沙一邊產卵兼受精。由於鱟也可以食用，所以人們看見鱟，都會撿回去煮食，通常只要見到公的，旁邊就會有一隻母的，所以一次可以撿到兩隻鱟。而「海岸抾著鱟」就用來比喻人拾得意外之財。

對應華語 意外之財、天外飛來橫財。

---

hai² li² bo⁵ hi⁵ he⁵ koo¹ khi² ke³
海 裡 無 魚 ， 蝦 蛄 起 價

解釋 蝦蛄：屬甲殼綱蝦蛄科，外形像蝦，棲息於淺海的泥沙中，農曆一月前後最肥美。起價：漲價。

涵義 形容物品因為稀少而顯得珍貴。

說明 蝦蛄俗稱「富貴蝦」，由於資源豐富，漁民年年捕年年生，每一年的捕獲量非常可觀，所以在魚市場的價格非常低賤，稱不上是上等的海鮮。話雖如此，但是當海裡沒有魚了，僅剩下蝦蛄時，物以稀為貴，蝦蛄的價格一定會水漲船高。

對應華語 物以稀為貴。

---

hai² ling⁵ ong⁵ si⁵ tsui²
海 龍 王 辭 水

解釋 辭：推辭、拒絕。

涵義 形容假客氣、不可能或不可思議。

說明 在中國神話裡，海龍王一生都居住在海裡，並掌管所有的水文，因此，祂當然希望海裡面的水愈多愈好，豈有推辭河川注水入海

的道理？故「海龍王辭水」可解釋為假客氣、不可能或不可思議。

對應華語 不可思議、出人意外、出乎意料、匪夷所思、難以置信。

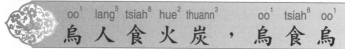

oo¹　lang⁵　tsiah⁸　hue²　thuann³　　　oo¹　tsiah⁸　oo¹

烏人食火炭，烏食烏

解釋 烏人：黑人。火炭：指木炭。烏食烏：黑吃黑。

涵義 形容壞人利用不正當的手段從另外一個壞人的身上獲取利益。

說明 烏人本身是黑的，火炭本身也是黑的，所以「烏人食火炭」就是「黑吃黑」的意思。這種情形通常發生在黑社會，壞人利用不正當的手段侵占另一個壞人的利益，將人家的利益吞食掉。

對應華語 黑吃黑。

oo¹　mng⁵　khia⁷　kah⁴　peh⁸　mng⁵

烏毛徛佮白毛

解釋 烏毛：黑頭髮，也指年輕人。徛：起居、居住。白毛：白頭髮，指年紀大了。

涵義 形容在某個地方，從年輕居住到老。

說明 台語有一句話叫「徛家」，即住家的意思。當人家問你在這裡住多久了？通常會回說：「我在這裡『徛』兩年、三年……。」所以「烏毛徛佮白毛」表示從年輕住到老，亦即已經住很久的意思。

補充 依教育部2008年5月公布之台灣閩南語推薦用字第二批將「佮kah⁴」寫作「甲kah⁴」。

對應華語 安土重遷、戀土難遷、生於斯，長於斯、美不美，家鄉水。

oo¹　a²　hi⁵　tsinn³　tsui²　　　m⁷　jin⁷　su¹

烏仔魚擲水，毋認輸

解釋 烏仔魚：指烏魚。擲水：逆水而游。毋認輸：不承認自己不如人。

涵義 形容人不認輸，勇往直前。

說明 烏仔魚俗稱為「烏金」，是一種在淡水及鹹水均能生存的魚類，每年初冬，成群的烏魚會從大陸沿海南下，經淡水附近的海面，

游向淡水河口產卵。由於此處是河水和海水的交會處，水流很大，所以烏魚經常要逆水而游，奮勇向前，表現出「不認輸」的精神。

對應華語 有進無退、百折不回、不落人後、勇往直前、不甘示弱、百折不撓。

 oo¹ hinn⁷ mua⁵ m⁷ bat⁴ lang⁵ lut⁴
烏耳鰻毋捌人脫

解釋 烏耳鰻：指鱸鰻。毋捌：未曾。脫：搓揉或擦揉使之剝落，此指搓揉鰻魚身上的黏液。

涵義 形容一個人沒有被人修理過，所以才會氣勢凌人或行為囂張。

說明 抓過鰻魚的人都知道，牠的身上有一層超滑的黏液，怎麼抓都抓不住，但是只要將鰻魚身上的黏液刮除，就抓得牢了，即使孔武有力的鱸鰻也是一樣。如果把這句話套用在人的身上，是說某人之所以作威作福，行為囂張，是因為沒有被人修理過，一旦被人修理過就會學乖了。

對應華語 未嘗過拳腳滋味、吃一頓揍，學一次乖。

oo¹ kau² thau¹ tsiah⁸ peh⁸ kau² siu⁷ tsue⁷
烏狗偷食，白狗受罪

解釋 烏狗：黑狗。受：承受。

涵義 形容甲做錯事情，卻由乙來受過。

說明 這是一句淺顯的諺語。「黑狗偷食，白狗受罪」是說黑狗偷吃主人的食物，是真正犯錯的狗，結果沒有遭受處罰，而白狗無辜受罪，替黑狗背了黑鍋。

對應華語 代人受罰、代人受過、李代桃僵。

oo¹ kan¹ a² te² tau⁷ iu⁵ bo⁵ te³ khuann³
烏矸仔貯豆油，無地看

解釋 烏矸仔：黑色的瓶子。豆油：黑色的醬油。無地看：無法看出裡面裝什麼東西。

涵義 形容外表看起來平凡的人，竟然是一位深藏不露的高人。

說明 醬油是黑色的，裝在黑色的玻璃瓶內，是無法看出瓶子裡裝了多

少醬油。人也是一樣，光看外表無法知道對方是否有能力、有才華，因為有些人外表粗獷，卻粗中帶細；有些男子貌如婦人，但卻是頂天立地的大丈夫，像「漢初三傑」的張良便是。如果僅憑第一眼的印象，就對人產生先入為主的偏見，根本無法發覺真正具有長才的人。

對應華語 人不可貌相、海水不可斗量、真人不露相。

---

oo¹ hun⁵ pue¹ tsiunn⁷ thinn¹　tsang¹ sui¹ theh⁸ lai⁵ mua⁵

烏雲飛上天，棕蓑提來幔

解釋 烏雲飛上天：黑雲飄上山頂。棕蓑：即蓑衣，為早期的雨衣。提：取、拿。幔：披著。

涵義 形容天就快下雨了，出門要記得帶雨具。

說明 這是一句觀察氣候的諺語，當滿天黑雲飄向山頂，表示烏雲由外海飄向內陸，會帶來水氣，很快就會下雨，如果要出門記得帶雨具。雖然這句話並不一定完全準確，但這是前人觀察多年的經驗，在科學不發達的年代，它卻是人們觀察天氣所依循的準繩。

---

oo¹ hun⁵ pue¹ loh⁸ hai²　tsang¹ sui¹ kah⁴ kau² sai²

烏雲飛落海，棕蓑蓋狗屎

解釋 烏雲：黑雲。飛落海：飄向海邊。棕蓑：即蓑衣，為早期的雨衣。蓋：覆。蓋狗屎：比喻雨具一點用處也沒有。

涵義 形容天氣轉晴，雨具無用武之地。

說明 這是一句觀察氣候的諺語，當滿天黑雲飄向海邊，表示烏雲由內陸飄向海洋，此時水氣會聚集於海面上，內陸要下雨的機會就相對減少，因此，雨具就沒有用武之地了。雖然這句話並不一定完全準確，但這是前人觀察多年的經驗談，在科學不發達的年代裡，是人們觀察天氣所依循的準繩。

---

oo¹ a¹ tshio³ oo¹ ti¹

烏鴉笑烏豬

解釋 笑：取笑、嘲笑。笑烏豬：取笑黑豬全身都是黑色的。

涵義 形容自己也有同樣的缺點，只是較輕微，卻還不自知地去取笑別人。

說明　烏鴉全身都是黑的，烏豬全身也都是黑的。現在烏鴉竟然取笑黑豬；說牠全身黑鴉鴉，奇醜無比，這不是五十步笑百步，彼此都是半斤八兩嗎？

對應華語　半斤八兩、彼此彼此、相差無幾、龜笑鱉無尾、五十步笑百步。

oo¹ a¹ tshiunn³ san¹ ko¹　　put⁴ kham¹ jip⁸ ni²
烏 鴉 唱 山 歌 ， 不 堪 入 耳

解釋　山歌：牧童、農夫或採茶女在山野間工作所唱的歌曲。不堪：不可。

涵義　形容人說了難聽或不入流的話。

說明　這是一句歇後語。烏鴉的聲音刺耳難聽，而且被中國人視為不吉祥的鳥類，因此，半夜聽到牠的叫聲會令人毛骨悚然。如今要聽烏鴉唱山歌，豈不是一種折磨？因為根本不堪入耳，聽了也只是在虐待自己的耳朵。

對應華語　不堪入耳。

oo¹ a¹ tshui³　　kheh⁴ tsiau² sim¹
烏 鴉 喙 ， 客 鳥 心

解釋　烏鴉喙：即烏鴉嘴，指說了不中聽或不吉利的話。客鳥：指喜鵲。

涵義　形容人雖然說了不中聽的話，但都是出於一片好意。

說明　烏鴉是一種不吉祥的鳥類，所以從烏鴉嘴發出來的聲音自然是不中聽、不受歡迎的；而喜鵲，是一種報喜的鳥類，自古以來即深受大家的喜愛。「烏鴉喙，客鳥心」是說某人的嘴像烏鴉，心地卻像喜鵲一樣，用來比喻人雖然心直口快，說了不中聽的話，但都是為了對方好，是出自一片善心。

對應華語　忠言逆耳、良藥苦口。

oo¹ a¹ tshui³　　kong² kah⁴ tui³ tui³ tui³
烏 鴉 喙 ， 講 佮 對 對 對

解釋　烏鴉喙：即烏鴉嘴，盡說不吉利的話。講佮對對對：講得非常準確。

一畫　二畫　三畫　四畫　五畫　六畫　七畫　八畫　九畫　十畫　十一畫　十二畫　十三畫　十四畫

涵義 形容人事先說出不吉利的話，結果事情果真發生，真的被他說中。

說明 有些人說話沒經過大腦思考，脫口就說一大堆觸楣頭的話，所以會被人斥責為「烏鴉喙」，例如甲買了彩券，乙在開獎之前就跟甲說「會摃龜」；甲要坐飛機出國，乙卻提起空難的事。雖然這些話大家都不喜歡聽，但有時候真的會被「烏鴉喙」說中，這就是所謂的「烏鴉喙，講徦對對對」。

補充 依教育部2008年5月公布之台灣閩南語推薦用字第二批將「徦 kah⁴」寫作「甲kah⁴」。

對應華語 不幸而言中。

---

oo¹ a¹ bo⁵ keh⁴ me⁵ nng⁷

烏 鴉 無 隔 暝 卵

解釋 隔暝：隔夜。卵：鳥類所生下的蛋。無隔暝卵：比喻不會將食物留到隔天吃，今夜就會吃完。

涵義 譏諷人身邊一有錢，當天就把它花光。

說明 烏鴉是一種夜行性且貪吃的鳥類，牠以其他鳥類所生的蛋為食物，只要鳥巢的蛋被牠發現了，一定吃得乾乾淨淨，不可能將蛋留到隔天早上。如果將這一句話套用在人的身上，就變成跟「錢」有關，意思是說人沒有儲蓄的習慣，身邊一有錢，當天就會花光光，不可能留著它過夜。

對應華語 虎口無餘子。

---

oo¹ niau¹ oo¹ kau² tsit⁸ tua⁷ thua¹

烏 貓 烏 狗 一 大 拖

解釋 烏貓烏狗：原指黑貓與黑狗，此處分別指不良少女、少年。一大拖：人數很多，即「一整群」的意思。

涵義 形容一群不良少年、少女聚在一起。

說明 以前的人稱打扮新潮、時髦的男子為「烏狗兄」，而打扮新潮、時髦的女子為「烏貓姐」。這些人在以往保守的社會裡，一直被視為太保與太妹，是貪玩、鬧事且不正經的人。由於這些年輕男女喜歡聚集在一塊，老一輩的人看到他們，會用「烏貓烏狗一大拖」來形容他們，也就是說一群不正經的人聚集在一塊的意思。

對應華語 蛇鼠一窩。

台灣俗語諺語辭典

oo¹ kui¹ ke² tua⁷ ia⁵ khit⁴ tsiah⁸ ke² lau⁷ tia¹

烏龜假大爺，乞食假老爹

解釋 烏龜：指妓院、娼寮的老闆或妻子出賣肉體賣淫的丈夫。假：裝成。大爺：有錢有勢的人。乞食：指乞丐。老爹：指官老爺。

涵義 形容人裝模作樣，假扮高貴。

說明 男人當「烏龜」，在以前的社會是沒有身分、地位且被人瞧不起的，所以有的「烏龜」會裝作高貴的大爺，以滿足自己的虛榮心。至於乞丐，也是社會底層的人物，他們同樣沒有身分、地位，對於上流社會所過的生活非常羨慕，所以偶爾也會裝作官老爺的模樣，過過乾癮。

對應華語 虛有其表、沐猴而冠、華而不實、裝模作樣。

oo¹ ke¹ bo² senn¹ peh⁸ ke¹ nng⁷

烏雞母生白雞卵

解釋 烏雞母：全身黑色的母雞。雞卵：雞蛋。

涵義 指事情很平常，沒什麼好奇怪的。

說明 不管白母雞或黑母雞，所下的蛋都是白色的，這是很自然的事情，不會因為母雞的外表是黑的就會生下黑雞蛋，因此，「烏雞母生白雞卵」根本是不足為奇、見怪不怪的事情。

對應華語 不足為奇、司空見慣、屢見不鮮、習以為常、少見多怪、見怪不怪。

oo¹ tshiu¹ khia⁵ tsui² gu⁵

烏鶖騎水牛

解釋 烏鶖：一種黑色的鳥，常佇足於牛隻身上，以牛身上的蝨子為食。此處以烏鶖來比喻為人丈夫者。水牛：為鄉間耕種的牛，全身上下為黑色。此處以水牛來比喻為人妻者。

涵義 形容夫妻間，太太的塊頭大過先生。

說明 烏鶖騎在水牛的背上，這是農村特有的景象；每次只要水牛一出現在田地邊，烏鶖就會飛來吃牛隻身上的蝨子，牠們幾乎形影不離，就好像夫妻一樣。由於烏鶖的體型小，水牛的體型大，所以前人就將牛與烏鶖分別拿來比喻妻子與丈夫，強調妻子的塊頭比較大，而丈夫的塊頭比較小。

一畫 二畫 三畫 四畫 五畫 六畫 七畫 八畫 九畫 十畫 十一畫 十二畫 十三畫 十四畫

對應華語 小先生，大妻子。

狸貓換太子
li⁵　ba⁵　uann⁷　thai³　tsu²

解釋 狸貓：哺乳類動物貓科。

涵義 形容人為了達到矇騙的目的，暗中以甲代乙，將東西掉包。

說明 宋真宗的寵妃劉氏一心想當皇后，無奈沒有生育的能力，某天真宗醉酒跑到劉妃宮中，劉妃因故不在，真宗在性急下納幸了劉妃的婢女李馨月，李氏因此懷了龍種；劉妃知道這件事後，處心積慮想謀害她，卻都不能如願，就在李氏臨盆當天，劉妃、太監總管郭槐與產婆三人使計掉包，將一隻剝光皮的狸貓換成太子，騙真宗說李妃生了怪胎，從此李妃就被真宗打入冷宮中。

對應華語 偷梁換柱、移花接木、偷天換日、魚目混珠、以假亂真。

猲狗舂墓壙
siau²　kau²　tsing¹　bong⁷　khong³

解釋 猲狗：瘋狗。舂：以頭部撞擊。墓壙：墳穴、墓坑。

涵義 此語有兩種意思：①形容人為了爭奪利益，爭先恐後，亂闖亂撞。②責罵人像個冒失鬼。

說明 狗的鼻子非常靈敏，當牠們嗅到墳穴裡有腐屍的味道，就會橫衝直撞，集體跳入裡面搶食，這就是所謂的「猲狗舂墓壙」。其實這種現象在人類社會也經常看到，例如大家為了搶奪天上飄落的紅包袋，爭得你死我活，有時還因此大動干戈，這也可以說：「猲狗舂墓壙」。另外，有人走路不長眼睛，不小心撞到人，也可以用這一句話來罵他，說他跟瘋狗一樣，都急著去墓穴吃腐屍。

補充 依教育部2008年5月公布之台灣閩南語推薦用字第二批將「猲siau²」寫作「痟siau²」。

對應華語 ①爭先恐後、不甘後人。②冒失鬼、莽莽撞撞。

猲貪趖雞籠
siau²　tham¹　nng³　ke¹　lam¹

解釋 猲貪：貪心、貪得無厭。趖：鑽進。雞籠：關雞隻的籠子。

涵義 說明貪婪的人容易被人誘騙，任人宰割。

說明 以前農家飼養雞隻都是採放養式的,如果要抓一隻雞來宰殺,就會用繩子將雞籠撐起來,然後在籠下放一些白米或其他食物來引誘雞隻,如果雞貪吃而走進去食用,只要拉動繩子,雞籠就會立刻蓋上,雞也就跑不掉了。

補充 ①依教育部2008年5月公布之台灣閩南語推薦用字第二批將「狷 siau²」寫作「痟siau²」。②依教育部2009年10月公布之台灣閩南語推薦用字第三批將「趆nng³」寫作「髏nng³」。

對應華語 貪得必失。

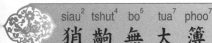

siau² tshut⁴ bo⁵ tua⁷ phoo⁷
狷齣無大簿

解釋 狷齣:指鬧劇、胡亂演的戲劇。大簿:戲劇的腳本。

涵義 形容人做事隨興,不依照規定行事。

說明 胡鬧劇是一種不按劇本演出的戲劇,所有的演員都是隨興演出,想到什麼就演什麼,沒有特定的表演模式,所以前人就用「狷齣無大簿」來形容人做事很隨興,完全不依規定行事。

補充 依教育部2008年5月公布之台灣閩南語推薦用字第二批將「狷 siau²」寫作「痟siau²」。

對應華語 不按牌理出牌。

pan¹ thau⁵ ke² lau⁷ tia¹
班頭假老爹

解釋 班頭:任職衙門,負責領班工作的人。假:裝成。老爹:指官老爺。

涵義 形容低賤者擺出有錢有勢者的架子,特意展現威風與高貴。

說明 班頭在衙門內只是一個小職位,卻擺出官老爺的架子,說穿了不過是想要耍威風、過過乾癮罷了。雖然他裝出官老爺的氣勢,也不過是虛有其表,仍不脫其鄙賤的本質。

對應華語 沐猴而冠、虛有其表、華而不實、裝模作樣。

pun³ ki¹ tai⁷ ke¹ beh⁴ khan¹ u⁷ hinn⁷ e⁰　　siann² lang⁵

畚箕大家欲牽有耳个，啥人

beh⁴ khan¹ bo⁵ hinn⁷ e⁰

欲牽無耳个

解釋 畚箕：由竹子製成的盛土器具。牽：攜帶。有耳：指畚箕兩邊的竹製把柄。啥人：有誰、有哪一個人。

涵義 形容做事情，大家都要挑輕鬆、容易的來做，粗重的工作沒有人會願意做。

說明 畚箕是盛土的器具，一般有「有耳」與「無耳」之分，有耳的雙手好施力，搬動時較省力，而無耳的沒有地方施力，搬動時較費力，所以人們都喜歡挑「有耳」的使用，這種現象就好比做事，大家都喜歡挑簡單、輕鬆的來做，而困難、粗重的工作則沒有人願意做。

補充 當「个e⁰」解釋為「的」時，依教育部2007年5月公布之台灣閩南語推薦用字第一批將「个e⁰」寫作「的e⁰」。

對應華語 柿子挑軟的吃、柿子專撿軟的捏。

penn⁷ bo⁵ ioh⁸　　si² bo⁵ tshau²tshioh⁸

病無藥，死無草蓆

解釋 病無藥：生病沒錢買藥醫治。草蓆：用草莖編成，可以坐臥的墊子。以前的窮苦人家多用草蓆來裹屍體。

涵義 此語有兩種意思：①形容人的家境貧窮，生活困苦。②詛咒或罵人不得好死。

說明 以前貧窮人家居喪，沒有錢買棺木，通常用草蓆裹屍，簡簡單單就下葬了。「病無藥，死無草蓆」是說某人生病的時候沒有錢買藥醫治，往生後也沒有錢買草蓆裹屍，表示此人的家境十分貧窮，生活非常困苦。此語另外也可解釋為：希望某人生「無藥可醫」的病症，即使死了都沒有草蓆可裹屍；這是詛咒人的毒話，意思是希望對方不得好死之意。

對應華語 ①家徒四壁、室如懸磬、環堵蕭然、家無長物、四壁蕭然。
②不得好死、不得善終。

台灣俗語諺語辭典

kam¹ tshng¹ khi²　　suainn⁷ a² tsi²

疳瘡起，檨仔止

解釋 疳瘡：一種腫脹、潰爛的疾病，俗稱為「梅毒」。檨仔：原指芒果，此處比喻得了性病。止：治癒。

涵義 形容不幸的事情連續發生。

說明 「疳瘡起，檨仔止」是說才剛剛治癒一種性病，另一種性病又接著引發，用來形容人禍不單行，不幸的事情接二連三地發生，從沒有間斷過。

對應華語 禍不單行、一波未平，一波又起。

tshuah⁴ jio⁷　e⁰ uann⁷ tioh⁸ tshuah⁴ sai²　e⁰

疶尿个換著疶屎个

解釋 疶：指屎尿無法自我控制，不自覺地噴出。个：的。換著：換到。

涵義 形容換來換去，不但沒有比較好，反而更糟。（通常用在求職或用人方面）

說明 疶尿與疶屎都是一種病症，患者通常無法控制自己的大小便，只能眼巴巴的看著它排泄出來。就病情來說，疶屎的比疶尿的人嚴重，也比較難醫治。「疶尿个換著疶屎个」是說從疶尿的換到疶屎的，換來換去，不但沒有換到更好的，情況反而更糟。

補充 當「个e⁰」解釋為「的」時，依教育部2007年5月公布之台灣閩南語推薦用字第一批將「个e⁰」寫作「的e⁰」。

對應華語 江河日下、每下愈況、愈來愈糟。

tsin¹ sian¹ lan⁵ kiu³ bo⁵ mia⁷ kiann²

真仙難救無命囝

解釋 真仙：真正得道的神仙。無命囝：指無命的人。

涵義 形容人命中該絕，即使神仙也不能挽救。

說明 這一句諺語非常淺顯、易懂，意思是說壽數應該終了的人，連神仙都難救，即某人命中該絕，就算神仙下凡也救不了他。

對應華語 命中該絕、閻王要你三更死，不會留你到五更。

一畫
二畫
三畫
四畫
五畫
六畫
七畫
八畫
九畫
十畫
十一畫
十二畫
十三畫
十四畫

一
畫

二
畫

三
畫

四
畫

五
畫

六
畫

七
畫

八
畫

九
畫

十
畫

十
一
畫

十
二
畫

十
三
畫

十
四
畫

tsin¹　kim¹　put⁴　phann³　hue²

真 金 不 怕 火

解釋 真金：真正純的黃金。不怕火：不怕大火燒烤。

涵義 形容人、事、物夠好，就不怕各種考驗或比較。

說明 純金是經過鍛燒所提煉出來的，所以根本不怕大火的考驗，就算用火去燒烤，其本質也不會有所改變，而人只要具有真本領或東西料好實在，就不用怕別人考驗或比較。

對應華語 真金烈火、真金不怕火煉、樹正不怕影斜、真金不怕火來燒。

phua³　sim¹　kuann¹　hoo⁷　lang⁵　tsiah⁸　　iau²　hiam⁵　tshau³　tsho¹

破 心 肝 予 人 食 ， 猶 嫌 臭 臊

解釋 破：剖開。予：給。臭臊：魚、肉類食物產生的腥味。

涵義 形容誠心待人，卻還被人嫌棄。

說明 心肝是一個人的重要器官，沒了就會一命嗚呼。「破心肝予人食」表示真心真意去對待一個人，即使要犧牲自己的性命也沒關係；既已做到要「破心肝予人食」的地步，沒想到人家還嫌你的心肝「臭臊」，不領情，真是不值得！

phua³　tshu³　lau⁷　tiann²　　hai⁷　si²　boo²　kiann²

破 厝 漏 鼎 ， 害 死 某 囝

解釋 破厝：破舊的屋子。漏鼎：指鍋子破了，會漏水。某囝：指妻兒。

涵義 說明貧賤夫妻百事哀。

說明 「破厝漏鼎」指房子和鍋具會漏水，這是描述貧窮人家的生活狀況。丈夫若拙於賺錢，住的是「破厝」，用的是「漏鼎」，妻兒只能跟著受苦，無計可施，畢竟以前的婦女沒有謀生能力，「男主外，女主內」，根本無法幫丈夫解決經濟問題，只能陪著他過著「貧賤百事哀」的生活。

對應華語 貧賤夫妻百事哀。

phua³ tsha⁵ khuann³ tsha⁵ hun⁵
破柴看柴痕

解釋 破柴：砍柴、劈柴。痕：指紋路。

涵義 形容處事應依事物發展的方向，順勢而為。

說明 每一種木柴都有一種紋路。劈過柴的人都知道，如果順著紋路劈下，不用出很大的力氣便可將木柴劈斷；如果不順紋路劈柴，則較為費力，而處理事情時也一樣，只要能順水推舟，順勢而為，事情就很容易成功。

對應華語 順水推舟、因勢利導、因風吹火。

phua³ tsha⁵ lian⁵ tiam¹ phua³
破柴連砧破

解釋 破柴：劈柴、砍柴。連砧破：連置於乾柴下方的木墊都劈壞了。

涵義 形容與人對質時，連同告密者是誰都抖出來。

說明 用斧頭或柴刀劈柴時，本來只針對木柴來劈，沒想到卻連累無辜的木砧，一併將它給劈破了。前人藉由這句話來形容人不顧道義，不該連累的也連累了。

對應華語 牽連無辜、過河拆橋、過橋拆板、忘恩負義、不顧道義。

phua³ tsun⁵ kue³ hai² khah⁴ iann⁵ siu⁵
破船過海較贏泅

解釋 破船：破舊但不會滲水的船隻。較贏泅：勝於游泳渡海。

涵義 形容東西雖然不甚好用，但有總比沒有好。

說明 船雖然破舊、不好看，但至少可以載人渡海，總比什麼都沒有，還要游泳橫渡來得好，前人用這句話來說明身邊有個不起眼的東西，多多少少會有幫助，有總比沒有好。

對應華語 有勝於無、聊勝於無。

phua³ tsun⁵ tin³ kang² khau²
破船鎮港口

解釋 破船：破舊且無用的船隻。鎮：佔地方。港口：船隻進出的要道。

涵義 形容人只居其位而不做事。

一畫 二畫 三畫 四畫 五畫 六畫 七畫 八畫 九畫 十畫 十一畫 十二畫 十三畫 十四畫

說明 港口是漁船停泊、卸貨或避風的地方，每天進進出出的船隻非常多。現在把一艘破舊且已退役的船停靠於港口，佔了一個位置，卻不能開出去捕魚，還會影響其他船隻的進出。因此，「破船鎮港口」可用來比喻人「尸位素餐」，只居其位而不做事。

對應華語 徒取充位、伴食中書、伴食宰相、尸位素餐、佔著毛坑不拉屎。

phua³ koo² ho² kiu³ gueh⁸
破 鼓 ， 好 救 月

解釋 破鼓：殘破的鼓。救月：從天狗那裡救出月亮。

涵義 意謂廢物仍有它的利用價值。

說明 以前的人天文知識不足，以為日月蝕是天狗將日月吃掉了，所以會敲鑼打鼓來嚇退天狗，逼牠吐出日月；此刻不管好的鼓或是破舊的鼓都會被人家拿出來敲，而破鼓也唯有這時才能再被利用，所以才會說「破鼓，好救月」。

對應華語 廢物利用。

tsoo² kong¹ kio³ tsiah⁸ thng⁵ kue²
祖 公 叫 食 糖 粿

解釋 祖公：俗稱「祖公仔」，指已經去世的先祖。叫：召喚。糖粿：米或麵粉所製成的食品，通常用來祭祖。

涵義 用來戲稱先祖召喚，就要死了。

說明 祖先叫人去祂現在所居住的世界吃「糖粿」，但活人怎麼去死人的世界吃「糖粿」？其實這裡的「祖公叫食糖粿」只是戲言祖先已經在召喚，就快要死了。

對應華語 蒙主恩召、蒙主寵召、到蘇州賣鴨蛋、登西方極樂世界。

sin⁵ sian¹ phah⁴ koo² u⁷ si⁵ tsho³ kha¹ poo⁷ tah⁸ tsha¹ siann² lang⁵ bo⁵
神 仙 拍 鼓 有 時 錯 ， 跤 步 踏 差 啥 人 無

解釋 拍鼓：擊鼓、打鼓。跤步踏差：指誤入歧途。啥人無：有誰不曾過。

涵義 形容人非聖賢，難免會犯錯。

說明 相較於所有的樂器，打鼓是最簡單，也最容易學習的；而神仙是

無所不能、法力高強的人，連祂們打鼓時都會出現差錯，更何況我們這些平凡的人，所以說「人非聖賢，孰能無過」，任何人都有做錯事的時候。

對應華語 人非聖賢，孰能無過。

sin⁵　bing⁵　hing¹　　　te⁷　tsu²　king⁵

神明興，弟子窮

解釋 神明興：指神明的香火鼎盛，信徒多。弟子：指信徒。

涵義 神明的香油錢多了，信徒的荷包就要縮水了。

說明 神明不興則已，若是香火鼎盛，每年到了祂的生日，信徒都會前來進香參拜，打金牌、添香油錢，荷包往往大失血，最後只肥了廟方，卻窮了信徒，這就是所謂的「神明興，弟子窮」。

對應華語 敬神耗財。

sin⁵　e⁷　tshiann⁵　lang⁵　　　ia⁷　e⁷　pai⁷　lang⁵

神會成人，也會敗人

解釋 成人：教導或幫助人。敗人：傷害人。

涵義 告誡人要信神可以，但不能過度迷信。

說明 當人們遇到不順遂或事情無法解決時，總會將心靈寄託於神明，藉以度過難關，這就是所謂「神會成人」；如果過度迷信，造成生活失序，那就是「神會敗人」。不管神明是否存在，對於信神一事，應抱持著正確的態度，那就是信神要適可而止，不可過度迷信。

對應華語 水可載舟，亦可覆舟。

tshin³　thui⁵　khap⁸　li²　am¹　kng¹

秤錘磕你醃缸

解釋 秤錘：繫在秤桿下面，能夠移動，以決定物體輕重的圓錐形金屬物。秤錘在這裡比喻為窮人家。磕：撞擊。醃缸：用陶土製成，底小肚大的水缸。醃缸在這裡比喻為富有人家。

涵義 窮人與富人拚輸贏，即使後來玉石俱焚，窮人的損失還是比富人少。

說明 秤錘是一種小、堅硬且便宜的物品，醃缸是一種大、脆弱且價值

高的水缸，如果用質地堅硬的秤錘去碰撞質地脆弱的醃缸，通常醃缸都會破掉，而秤錘卻毫髮未傷，即使最後兩敗俱傷，損失最大的還是醃缸。

對應華語 下駟對上駟。

---

tshio³ lang⁵ pin⁵　uan³ lang⁵ pu³

笑 人 貧 ， 怨 人 富

解釋 笑人貧：取笑人家比自己貧窮。怨人富：嫉妒別人比自己富有。

涵義 形容人胸襟狹小，不但瞧不起比他差的人，也見不得人家好。

說明 社會上有些人仗著有一點錢，便取笑比自己貧窮的人，偶爾對他們冷嘲熱諷，自我驕傲一番；相對的，當他面對比自己富裕的人時，不但不會產生羨慕之心，反而引發嫉妒、怨恨的心理，認為他們何德何能可以如此。

對應華語 小心眼兒、心胸狹小、雞腸鳥肚、見不得人好。

---

tshio³ pin⁵ bo⁵ tshio³ tsian⁷

笑 貧 無 笑 賤

解釋 貧：指貧窮。賤：指從事不名譽行業的人。

涵義 形容現實社會中，貧窮的人比操賤業的人更讓人瞧不起。

說明 這是一句社會寫實的諺語。貧窮者往往被人嘲笑與瞧不起；而依賴當組頭、妓女或偷竊……等職業為生者，只要有錢，沒有人會瞧不起或輕視他們，或許有時候還要對他們阿諛諂媚呢！

對應華語 笑貧不笑娼。

---

se¹ bo⁷ na⁷ bo⁵ oo¹　tso³ kuann¹ tioh⁸ thoo⁵ thoo⁵ thoo⁵

紗 帽 若 無 烏 ， 做 官 著 塗 塗 塗

解釋 紗帽：古代官吏所戴的帽子。烏：黑，指貪污。做官：任官職。著塗塗塗：就會一敗塗地。

涵義 形容為官者，沒有一個不貪的。

說明 「紗帽」是以前官吏所戴的帽子，由於多是黑色的，所以俗稱為「烏紗帽」。「紗帽若無烏，做官著塗塗塗」是說當官的如果過於清廉，不懂得貪污之道，生活將無以為繼；這是因為古代官員的薪俸甚低，福利制度與保障皆不如現代人，若沒有貪污，賺取

黑心錢，光是領朝廷的薪俸，是無法養活一家人的。

對應華語 無官不貪。

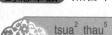

tsua² thau⁵ bo⁵ li² e⁵ mia⁵　　tsua² bue² bo⁵ li² e⁵ mia⁵

紙頭無你个名，紙尾無你个名

解釋 紙頭、紙尾：指字契（如地契、合約……）的頭至尾。無你个名：都找不到你的名字。

涵義 此語有兩種意思：①形容人無法享受權益。②形容人不必擔負相關的責任。

說明 不管以前或現在，做買賣或交易，彼此都會要求對方簽下字契，以作為保障；只要字契上面有你的名字，你就有資格享受權益，當然也要負相關的責任（例如替人作保簽字）；同理，如果字契上面沒有你的簽名，除了無法享受權益以外，一旦買賣產生了糾紛，自然也就不必擔負任何責任。

補充 當「个e⁵」解釋為「的」時，依教育部2007年5月公布之台灣閩南語推薦用字第一批將「个e⁵」寫作「的e⁵」。

對應華語 事不關己、於己無關。

tsua² be⁷ pau¹ tit⁴ hue²

紙繪包得火

解釋 繪包得火：不可能包得住火。

涵義 形容事情不能隱瞞永久，總有被揭穿的一天。

說明 紙的剋星是火，人如果刻意用紙將火包住，不讓人家看見火苗，沒多久火苗就會將紙完全吞噬，並顯露出來，所以這句話是形容人刻意隱藏事實的真相，但隱藏不住，很快就會被人揭穿。

補充 依教育部2008年5月公布之台灣閩南語推薦用字第二批將「繪be⁷」寫作「袂be⁷」。

對應華語 紙包不住火、雪裡埋不住人。

khih⁴ tshui³ e⁵ hing³ lau⁵ tshiu¹　　pai² kha¹ e⁵ hing³ that⁴ kiu⁵

缺喙个興留鬚，跛跤个興踢球

解釋 缺喙个：指患有兔脣的人。興：喜愛、喜好。留鬚：將鬍鬚留長。跛跤个：指瘸腳的人。

一畫　二畫　三畫　四畫　五畫　六畫　七畫　八畫　九畫　十畫　十一畫　十二畫　十三畫　十四畫

涵義 形容人不懂得掩飾自己的缺點，仍將它顯露出來。

說明 有兔脣缺陷的人，如果蓄鬍子，不但吃東西不方便，反而因鬍子而使兔脣變得更明顯；雙腳有殘疾的人，行動本已不便，跑起來更是辛苦、吃力，如今卻要下場踢球，跟正常的球員全場跑透透，到時候瘸腳的缺點將完全暴露出來。

補充 當「个e⁵」解釋為「的」時，依教育部2007年5月公布之台灣閩南語推薦用字第一批將「个e⁵」寫作「的e⁵」。

對應華語 醜態盡露、不知藏拙、自暴其短。

khih⁴ tshui³ tsiah⁸ bi² hun² khuann³ hian⁷ hian⁷
缺 喙 食 米 粉 ， 看 現 現

解釋 缺喙：指患有兔脣的人。看現現：可以看得清清楚楚。

涵義 形容人做事被人看得一清二楚。

說明 兔脣的患者，上嘴脣有破裂，所以吃東西的時候，嘴巴內的東西都被看得一清二楚。「缺喙食米粉，看現現」是一句歇後語，重點在後面一句，意思是說某人做任何事，都被他人看得清清楚楚，掩藏不了。

對應華語 一覽無遺、一目了然、盡收眼底、瞭若指掌。

khih⁴ tshui³ hing³ pun⁵ hue² khue⁵ kha¹ hing³ thiau³ tang⁵
缺 喙 興 歕 火 ， 瘸 跤 興 跳 童

解釋 缺喙：指患有兔脣的人。興：喜愛、喜好。歕火：吹熄火。瘸跤：跛腳。跳童：指乩童被鬼神附身，起舞作法。

涵義 形容人不懂得隱藏缺點，仍將它展現出來。

說明 兔脣患者因為上嘴脣有破裂，所以吹滅火苗時，嘴巴內的空氣會先漏出來，自然很難吹熄火苗。而跳童是指乩童被鬼神附身，起舞作法，是一種激烈的動作，沒有好手好腳實在做不來。「缺喙興歕火，瘸跤興跳童」是說兔脣的人偏偏喜歡吹熄火苗，跛腳的人偏偏喜歡學乩童跳躍作法，用來形容人自暴其短，不知隱藏自己的缺點。

對應華語 醜態盡露、不知藏拙、自暴其短。

ang¹ a² boo² tsiah⁸ tshai³ poo²

翁 仔 某 ， 食 菜 脯

解釋 翁仔某：指夫妻。菜脯：指蘿蔔乾。

涵義 形容夫妻生活，要同歡樂，共患難。

說明 菜脯就是蘿蔔乾，是一種粗俗且便宜的食品，一般鄉下人都留著自己吃，不敢拿來待客，其理由是它難登大雅之堂，拿來宴客會被認為沒有誠意。「翁仔某，食菜脯」是說夫妻一起吃著蘿蔔乾，用來形容夫妻一起過著同甘共苦的生活。

對應華語 同甘共苦。

ang¹ a² boo² si⁷ tsing⁵ si³ sio¹ khiam³ tse³

翁 仔 某 是 前 世 相 欠 債

解釋 翁仔某：指夫妻。前世：前輩子。相欠債：相互欠債。

涵義 說明夫妻吵架在所難免，不要看得太嚴重。（多用於夫妻勸和）

說明 佛家云：「前生做，今世受」；如果前輩子「互欠」，這輩子就要「互還」。其實這句話並沒有辦法證實真假。前人之所以說：「翁仔某是前世相欠債」，是用來安慰對婚姻不滿或失望的人，意思是說當事者若能將夫妻間不愉快的事情都推給上輩子，認為這輩子的「結合」是來還債的，或許心裡就會好過些。

對應華語 不是冤家不聚頭。

ang¹ sing¹ boo² tuann³ me⁵ jit⁸ sio¹ khuann³

翁 生 某 旦 ， 暝 日 相 看

解釋 翁生某旦：先生如英俊小生，太太如當家花旦。暝日相看：指早晚相視，感情好的不得了。

涵義 形容新郎與新娘「郎才女貌」，每天恩恩愛愛。（現在多用於新婚的祝賀詞）

說明 俊男美女的夫妻檔通常被稱為「翁生某旦」，由於男的長得俊俏，女的長得漂亮，即使每天對看，也是百看不厭，所以整句話用來形容男的俊，女的俏，夫妻感情恩恩愛愛。

對應華語 白頭偕老、天生一對、天作之合、百年好合、郎才女貌、愛河永浴。

ang¹ si² tu² tioh⁸ phainn² ta¹ ke¹

翁死拄著歹大家

解釋 翁死：先生過世了。拄著：遇到。歹大家：指惡婆婆。

涵義 形容人遭受災難後，馬上又遇到新的災難，以致原本困窘的處境更加惡化。

說明 以前的女人結婚後就跟婆家住在一起，運氣好的就遇上好婆婆，運氣不好的就遇上惡婆婆。女人遇上惡婆婆，丈夫在世的時候會居中緩和氣氛，倒還好；如果哪天丈夫去世了，沒人壓得住婆婆的氣焰，那媳婦就有罪受了。

對應華語 禍不單行、雪上加霜、屋漏偏逢連夜雨。

ang¹ po⁵ ang¹ po⁵ tshng⁵ thau⁵ phah⁴ tshng⁵ bue² ho⁵

翁婆翁婆，床頭拍，床尾和

解釋 翁婆：指先生和太太。床頭：床上置放枕頭的一端。拍：吵架、打架。和：指和睦相處。

涵義 形容夫妻吵架在所難免，但須善於復原和好。

說明 夫妻吵架在所難免，因為來自不同環境的人生活在一起，多少會因看法不同而起爭執。其實這是兩個人找出相處之道的好方法，因為雙方藉由吵架，彼此可以做生活的調整，知道另一半可以容忍與不能容忍的底限，這是幫助夫妻成長的生活點綴，只是不可吵得太兇，最好是吵過之後就當做沒發生過，這麼一來，夫妻會越來越和諧，越看越對眼。

對應華語 夫妻無隔宿之仇。

ang¹ tshin¹ boo² tshin¹ m⁷ tat⁸ ho⁵ pau¹ a² inn⁵ lin³ lin³

翁親某親，毋值荷包仔圓輾輾

解釋 翁親某親：指夫妻十分恩愛。毋值：不如、比不上。荷包仔圓輾輾：荷包裡裝滿錢，使它圓到可以滾動。比喻很有錢。

涵義 愛情固然重要，但比不上有錢來得實際。

說明 這一句諺語是針對理性的人說的，因為理性的人考慮現實的生活，認為三餐先求溫飽才能談一場轟轟烈烈的愛情；而那些不理性的人，一旦遇上愛情，不管對方是否有經濟基礎，便一頭栽入，在沒有麵包做後盾的情形下，最後都沒有好結果，所以愛情

還是要有麵包做基礎，才能長長久久。

對應華語 麵包重於愛情。

ang¹ tshin¹ boo² tshin¹　　lau⁷ kong¹ po⁵ a² pha¹ tshia¹ lin¹
翁 親 某 親 ， 老 公 婆 仔 拋 車 輪

解釋 翁親某親：指夫妻十分恩愛。老公婆仔：指年邁的父母親。拋車輪：原指翻筋斗，此指為生活而忙得人仰馬翻。

涵義 形容兒子結婚後，對父母親不理不睬，還要讓兩位老人家為生活而忙得人仰馬翻。

說明 年輕的夫妻結婚後，感情如膠似漆，恩愛的不得了，幾乎將所有的心思都放在另一半身上，然而對父母卻完全不理不睬，連兩老要生活還得自己去張羅，真是不應該！

對應華語 有了新娘，忘了老娘、結婚前是娘生的，結婚後是老婆生的。

king¹ tsok⁴ tioh⁸ jin⁷ loo⁷　　tshan⁵ hng⁵ tioh⁸ tsiau³ koo³
耕 作 著 認 路 ， 田 園 著 照 顧

解釋 著認路：要專心。田園：指耕地、田地。照顧：照料。

涵義 多用於勸人努力工作，安守自己的本分。

說明 農夫想要豐收，除了要勤於耕耘、鬆土及播種外，還要懂得照顧田地，因為只有施肥、除草與噴灑農藥兼施，地力才會肥沃，作物才會長得好；如果農家怠惰，不肯付出心力，任由田園荒蕪，就不會有好收成。一般人也是如此，想要成功就必須下工夫，雖然下工夫不一定會成功，但是沒有下工夫，肯定是不會成功的。

tshau³ hue² ta¹ kiam¹ toh⁸ hue²
臭 火 焦 兼 燒 火

解釋 臭火焦：食物煮過頭，燒焦了。兼燒火：同時也被火燒掉了。

涵義 形容事情糟透了，無法挽救。

說明 煎煮食物如果燒焦又起火燃燒，那是做菜最糟糕的情況，因為這個食物就不能再吃了，必須拿去丟掉，所以前人便用此句形容事情糟透了，簡直到了無可挽救的地步。

補充 依教育部2008年5月公布之台灣閩南語推薦用字第二批將「燒toh⁸」寫作「著toh⁸」。

對應華語 大勢已去、無可挽救、無可救藥。

臭尻川，驚人掩

tshau³ kha¹ tshng¹　kiann¹ lang⁵ ng¹

解釋 臭尻川：原指臭臭的屁股，此處指屁股患疾。驚人掩：害怕別人用手清洗傷口或敷藥，也就是害怕治療的意思。

涵義 喻人隱藏自己的缺點或過失，不肯接受他人的幫助或規勸。

說明 屁股患有疾病，基於隱私或怕被別人觸痛，通常都不會讓別人知道，即使是面對醫生也一樣，所以多數人都會隱瞞病情，害怕接受治療，這就是所謂的「諱疾忌醫」。

對應華語 諱疾忌醫、掩過飾非。

臭耳聲，勢彎話

tshau³ hinn⁷ lang⁵　gau⁵ uan¹ ue⁷

解釋 臭耳聲：指聾子。勢：擅長、很會。彎話：曲解別人所說的話。

涵義 責罵人好像聾子一樣，總是曲解他人的語意。

說明 原則上聾子是聽不到人家說話的，故此處所言之「臭耳聲」是指某人像聾子一樣，並非真的指耳聾者。「臭耳聲，勢彎話」是說某人就像聾子一樣，有聽沒有懂，只能勉強解釋別人的語意，曲解他人的內容。

臭耳聲翁，青瞑某

tshau³ hinn⁷ lang⁵ ang¹　tshenn¹ me⁵ boo²

解釋 臭耳聲翁：耳聾的先生。青瞑某：眼盲的老婆。

涵義 形容夫妻要和睦相處，必須包容對方的缺點，有時要裝聾作啞，視而不見。

說明 「臭耳聲翁，青瞑某」不是說夫聾妻瞎，而是說婚後丈夫要像聾子，對妻子的嘮叨「充耳不聞」，罵不回嘴，打不生氣；而做妻子的，要像眼盲一樣，對丈夫的外在行為「視若無睹」，睜一隻眼，閉一隻眼。

補充 依教育部2007年5月公布之台灣閩南語推薦用字第一批將「青瞑tshenn¹me⁵」寫作「青盲tshenn¹me⁵」。

對應華語 裝聾作啞、睜一隻眼，閉一隻眼。

tshau³ hinn⁷ lang⁵ thiann¹ tioh⁸　　tshenn¹ me⁵ khuann³ tioh⁸

臭耳聾聽著，青瞑看著

解釋 臭耳聾：指耳聾。聽著：聽得到。青瞑：眼瞎的人。看著：看得到。

涵義 指現實生活中不可能發生的事情。

說明 耳聾的人本來就聽不到任何聲音，眼瞎的人也看不到任何東西，如今說耳聾的人可以聽到聲音，眼瞎的人也可以看得到東西，這根本是子虛烏有的事，現實生活不可能發生。

補充 依教育部2007年5月公布之台灣閩南語推薦用字第一批將「青瞑tshenn¹me⁵」寫作「青盲tshenn¹me⁵」。

對應華語 莫須有、天方夜譚、子虛烏有、無中生有、純屬虛構。

tshau³ kam¹　　too³ lang²

臭柑，黗籠

解釋 柑：橘子。黗：傳染。籠：盛物的箱籠。

涵義 形容危害者的數量雖少，卻傷及整個團體。

說明 臭柑是指已經開始發霉、腐爛的柑橘，只要將這一顆臭柑放入一整箱好的柑橘籠裡面，其他柑橘很快就會跟著腐爛。此處所指的「臭柑」可以指人，也可以指事，當某團體內出現一個胡作非為、作姦犯科的人，這個團體很快就會蒙上污名，給人留下不好的印象。

對應華語 一隻魚，滿鍋腥、一隻老鼠，壞了一鍋湯、一粒老鼠屎，搞壞一鍋粥。

tshau³ pak⁴ lai⁷　　tshuan³ siunn⁷ bo⁵ ho² tai⁷

臭腹內，串想無好事

解釋 臭腹內：指人滿肚子的壞想法。串想：老是這麼想。無好事：指不好的事。

涵義 形容人一肚子壞主意。（通常多用於投機取巧、奸詐或胡作非為者的身上）

說明 「臭腹內」原指肚子內很臭，有病症，此處用來指人懷了滿肚子的壞主意。「串想無好事」是說所想的都不是好事情。整句話的意思是說某人一肚子鬼，心裡想的盡是壞主意。

補充 依教育部2007年5月公布之台灣閩南語推薦用字第一批將「事tai⁷」寫作「代tai⁷」。

對應華語 想東想西、一肚子鬼、一肚子壞水、一肚子壞主意。

---

tshau³ tuann⁷　　bian² lap⁸ sue³

臭 彈 ， 免 納 稅

解釋 臭彈：亂蓋、吹牛。納：繳交、繳納。

涵義 揶揄人太會吹牛。

說明 「臭彈，免納稅」的意思是說吹牛不用繳稅。前人之所以說這句話，一來是因為吹牛是人家的自由，而且又不是生意買賣，所以不必繳稅。二來是由於不用繳稅，所以某人要吹幾次牛，或吹多誇張的牛，都沒關係。本諺語帶有揶揄或開玩笑的成分，意思是說某人太會吹牛了。

---

tshau³ thau⁵ hue⁵ siunn⁷　　tso³ bo⁵ ho² kong¹ tik⁴

臭 頭 和 尚 ， 做 無 好 功 德

解釋 臭頭和尚：原指頭部長滿生癬或疥瘡的和尚，此處比喻為心地不好或不正經的人。功德：指和尚所做的法事。

涵義 形容品德有問題的人幹不出好事來。

說明 「做功德」是寺院和尚經常要做的事情，一個頭上長滿生癬或疥瘡的和尚，搔癢都來不及了，哪還有心情替人家做法事？就算做了，也只是草草了事，所以才說：「臭頭和尚，做無好功德」。

---

tshau³ thau⁵ kau⁷ ioh⁸

臭 頭 厚 藥

解釋 臭頭：指癩痢頭。厚：多。

涵義 形容臭頭難治。

說明 臭頭就是俗稱的「頭癬」，是一種經由黴菌感染的病症，嚴重時患者的頭皮會腫脹、化膿。由於這種病症在農村時代是不容易醫治的疾病，病人試過多種藥方還不一定治得好，因此，前人才會說「臭頭厚藥」這一句話。

tshau³ thau⁵ ke¹ a² bo⁵ lang⁵ ian⁵
臭頭雞仔無人緣

解釋 臭頭雞仔:長癩痢頭的雞。無人緣:不受人歡迎。

涵義 形容一個人很討厭,到處都不受歡迎。

說明 臭頭雞仔在本句諺語中是指生頭癬的人,由於這種人看起來髒髒臭臭的,本來就不得人緣,不但經常被人嘲笑,有時還會遭人欺侮,走到哪兒都惹人討厭,因此,前人用「臭頭雞仔無人緣」來形容某人不得人緣,到處受人排擠。

對應華語 過街老鼠,人人喊打。

tshau³ tsho¹ sin⁵ liah⁸ khah⁴ u⁷ hi⁵
臭臊神,掠較有魚

解釋 臭臊神:原指身上帶有魚腥味的人,此處比喻人緣佳的人。掠較有魚:原指可以捕獲較多的魚,此處比喻在事業上較有成就。

涵義 形容人緣好的人,在事業上往往能獲取較高的成就。

說明 經常出海捕魚的漁民,身上都會有一股魚腥味,他們在捕魚技巧上一定勝過身上沒有魚腥味者,所以能抓到更多的魚;人緣好的人可以認識很多朋友,得到許多貴人的幫助,因此,成就事業的機會自然比較高。

hong¹ lian⁵ bo⁵ liok⁸ tshin¹
荒年無六親

解釋 荒年:指收成不好的年份。六親:一說為父、母、兄、弟、妻、子。一說為父、母、兄、弟、夫、妻。此處泛指親屬。

涵義 形容經濟蕭條的年份,親戚間較少來往。

說明 農村社會時代,親戚間偶爾會提著「伴手」做禮貌性的拜訪,有時候也會互請吃飯,連絡一下彼此的感情,然而這種情況只限於平時,一旦遇上經濟蕭條或鬧饑荒的年份,大家為了顧好肚子,減少開銷,親戚間的互動就會減少或停止,這就是所謂「荒年無六親」。

tshau² a² ki¹ ia⁷ e⁷ kenn¹ to² lang⁵

草仔枝也會經倒人

解釋 草仔枝：指小草的莖。經倒人：指將人絆倒。

涵義 說明小人物的力量雖小，有時也會給人惹出大麻煩來。

說明 「草仔枝也會經倒人」是說小草也會絆倒人。小草雖然柔弱，但走路如果不小心，還是會將人絆倒；這就好比一個小人物，平時的力量雖然小，但當他遭受不平等對待超過了忍耐極限，就會反撲回去，這種力量是非常大的，屆時對方一定招架不了。

對應華語 星火燎原、滴水成河、蟻穴潰堤、星星之火，可以燎原。

tshau² te⁷ huat⁴ ling⁵ tsi¹

草地發靈芝

解釋 草地：指鄉下地方。發：長出。靈芝：一種生長於深林中的草菇，通常被拿來當藥材，價錢並不便宜。

涵義 形容窮鄉之地孕育出優秀的人才。

說明 靈芝是一種相當珍貴的藥材，多生長在櫟樹及其他闊葉樹木樁旁，喜歡生於植被密度大、陽光照射時間短、地表肥沃、潮溼疏鬆之地。「草地發靈芝」是說鄉下或平凡不起眼的地方竟長出高貴的靈芝，用來形容窮鄉之地孕育出優秀、不凡的人才。

對應華語 荒山出俊鳥。

tshau² te⁷ tshin¹ ke¹ tse⁷ tua⁷ ui⁷

草地親家，坐大位

解釋 親家：夫妻雙方的父母互稱。草地親家：來自鄉下的親家。坐大位：坐上座。

涵義 形容客人雖然俗氣，但依禮仍不可怠慢。

說明 「草地人」三個字在城市人眼中代表較俗氣、較土氣，但既是「親家」的關係，其地位與份量當然不是一般親戚所能比擬，當草地親家到都市親家的家裡作客，雖然人是憨厚俗氣，依禮還是要請人家坐上賓的位置，而且還要盛情款待，才不會落人口實。

對應華語 人俗，禮不俗。

tshau² te⁷ tshin¹ ke¹　tsiah⁸ pa² khi² kiann⁵

草地親家，食飽起行

解釋 草地親家：來自鄉下的親家。起行：起身準備離開。

涵義 嘲諷人的舉止有如鄉巴佬，不懂得進退禮儀。

說明 以前都市人娶鄉下姑娘是常有的事。由於鄉下的親家比較憨厚老實，在男方家宴完客後，不知道如何跟男方的家人寒暄，但枯坐也不是辦法，只好用「草地親家，食飽起行」這一句話來向男方家人辭行，意思是鄉下的親家已經吃飽，起身就要離開了。其實被人家邀請作客，吃飽飯就要起身走人，是一種不禮貌的行為，所以這句話也有諷刺人的行為像鄉下粗人，不懂得進退禮儀。

tshau² te⁷ lo⁵ koo²　tsit⁸ tang¹ tsit⁸ tang¹ tsham²

草地鑼鼓，一冬一冬慘

解釋 草地：鄉下。鑼鼓：指鑼與鼓，通常用來為戲曲伴奏。一冬一冬慘：一年比一年慘。

涵義 形容情況與原來相比，越來越差，一年不如一年。

說明 「草地鑼鼓」是指鄉下地方所製造出來的鑼鼓，這些鑼鼓的品質差，價格便宜，敲打的時候會發出「咚咚鏘～咚咚鏘」的聲響，聽起來好像台語「年年慘～年年慘」的諧音，所以這句話用來形容情況越來越差，一年不如一年。

對應華語 每下愈況、江河日下、日趨式微、一天不如一天、一年不如一年、王小二過年，一年不如一年。

tshau² hue¹ a² tsua⁵ nia² siong¹ hong⁵

草花仔蛇領傷癀

解釋 草花仔蛇：一種無毒的蛇。領傷癀：傷口發炎、腫痛。全句說：被草花仔蛇咬到，傷口只會發炎、疼痛，但不會危及性命。

涵義 形容人身兼雙職，支領雙俸。

說明 草花仔蛇又稱「草花仔」或「草花蛇」，是一種鄉間經常見到的無毒蛇類，如果不小心被牠咬傷，雖然死不了人，但傷口會紅腫、疼痛，稱之為「領雙癀」。由於「領雙癀」與「領雙俸」諧音，所以前人就用這一句話來形容人身兼兩職，支領雙份薪水。

一畫　二畫　三畫　四畫　五畫　六畫　七畫　八畫　九畫　十畫　十一畫　十二畫　十三畫　十四畫

tshau² tshu³　　kua³ po¹ le⁵ thang¹

草厝，掛玻璃窗

解釋 草厝：指茅草屋。掛：懸、吊。

涵義 形容搭配或佈置，既不協調、對襯，也不自然。

說明 草厝是一種搭設於鄉間的茅草屋，窗戶通常是由茅草編織成的，雖然「茅草窗」看起來非常簡陋，但與茅草屋互相搭配，卻不失純樸之美。現在將原本的「茅草窗」取下，換上玻璃窗戶，雖然不是大不了的事，但從外觀看起來就十分突兀，既不協調，也不自然。

對應華語 不搭配、不自然、不對襯、不協調。

tshau² soh⁴ thua¹ an² kong¹　　tshau² soh⁴ thua¹ an² pe⁷

草索拖俺公，草索拖俺爸

解釋 草索：草繩。俺：我。

涵義 形容人對父母親不孝，他日兒女也會對自己不孝。

說明 這是一則相當有名的「台灣俗語故事」，故事內容描述一位名叫陳成的富有人家，試圖與兩個兒子用草繩綁住自己的父親，欲將他送往深山裡餵虎。當他們到達目的地後，兩個兒子暗中將「阿公」身上的繩索取下，回家後就當著父親的面說：「以後我們也會用這幾條繩索綑綁你，並將你送入山中餵虎」。這則故事的意思是說：人如果對父母親不孝，他日兒女也會對自己不孝。

對應華語 一報還一報、以治其人之道，還治其人之身。

tshau² meh⁴ a² lang⁷ ke¹ kang¹

草蜢仔弄雞公

解釋 草蜢仔：指蚱蜢。弄：戲弄。雞公：指公雞。

涵義 形容弱者向強者挑釁，等於自尋死路。

說明 草蜢是雞隻最喜歡吃的美食，所以「草蜢仔弄雞公」的下場當然是必死無疑，因為美食自己送上門來，公雞哪有放過的道理。由於草蜢在諺語中是屬於弱者，公雞是屬於強者，弱者公然向強者挑釁，下場當然和「飛蛾撲火」一樣，必死無疑。

對應華語 必死無疑、自投羅網、自取滅亡、自尋死路、飛蛾撲火、飛蛾赴火。

tshau² e⁵ ka⁷ jip⁸ lai⁵　ti¹ too⁷ ka⁷ tshut⁴ khi³

草 鞋 咬 入 來 ， 豬 肚 咬 出 去

解釋 草鞋：草莖編織成的鞋子。豬肚：豬的胃。

涵義 形容人笨得可以，盡做些損己利人的事。

說明 草鞋是以前貧窮人家所穿的鞋子，價格非常的便宜；而豬肚是一種昂貴的食品，一般人可能要過年過節或生病時才吃得到。狗將便宜的東西咬進來，將貴重的東西咬出去，整句話用來比喻人做出愚不可及的事。

對應華語 愚昧無比、愚不可及。

lam² lang⁵　kau⁷ sing³ te⁷

荏 人 ， 厚 性 地

解釋 荏人：指身體衰弱的人。厚性地：脾氣大，很容易生氣。

涵義 形容身體不好的人容易發脾氣。

說明 身體虛弱、多病的人，整天都不舒服，心情怎樣也好不起來，所以動不動就會發脾氣，板著臉孔。

lam² gu⁵ kau⁷ sai² jio⁷

荏 牛 厚 屎 尿

解釋 荏牛：原指體力衰弱的牛，此處指動作慢或毛病多的人。厚屎尿：原指多屎多尿，此指藉口多。

涵義 形容想藉機偷懶的人，理由一大堆。

說明 牛如果拖犁拖久了，就會經常停下來拉屎拉尿，這種情形如果只有一兩次，倒還好，如果太過於頻繁，農家就會對著牛大罵說：「荏牛厚屎尿」意思是說牛沒了力氣，就會特別多屎多尿；比喻想藉機偷懶的人，理由一大堆。

lam² lam² tsa¹ poo¹ khah⁴ iann⁵ iong² iong² tsa¹ boo²

荏 荏 查 甫 較 贏 勇 勇 查 某

解釋 荏荏查甫：指身體看起來虛弱的男人。較贏：勝過於。勇勇查某：指健康、勇猛的女人。

涵義 就體力來說，男人再怎樣都比女人強。（有重男輕女的意味）

說明 本句諺語是就「體力」而言。上帝創造男女時，本來就賦予男生較多的力氣，因此，即使某個男生看起來瘦小、弱不禁風，他的體力還是比一個健康或壯碩的女生來的好。其實前人會有這樣的觀念，說穿了，不過是「重男輕女」的餘毒在作祟罷了！

補充 依教育部2009年10月公布之台灣閩南語推薦用字第三批將「查甫 tsa^1 poo^1」寫作「查埔tsa^1 poo^1」。

對應華語 重男輕女、男尊女卑。

lam^2 lam^2 be^2 ma^7 u^7 tsit^8 poo^7 that^4
荏 荏 馬 嘛 有 一 步 踢

解釋 荏荏馬：體質不良或不善跑步的馬。嘛有一步踢：至少也會踢人。

涵義 形容能力再差的人也有可取之處。

說明 熟知馬性的人都知道，為了安全起見，不可以站在馬的屁股後面，因為牠有時候會冷不防地往後一踢，萬一不小心被牠踢中，可是會「吃不完兜著走」的。強壯的馬及瘦弱的馬都有「馬後踢」的本能，但會特別強調「荏荏馬嘛有一步踢」的目的在印證瘦弱的馬或能力差的人都有可取之處，同時也說明「天生我材必有用」，要人們不可妄自菲薄，看輕自己。

對應華語 人不可貌相、海水不可斗量、天生我材必有用。

te^5 koo^2 an^1 kim^1 ma^7 si^7 hui^5
茶 鈷 安 金 嘛 是 瓷

解釋 茶鈷：指茶壺。安金：鑲金。嘛是瓷：依然還是瓷器。

涵義 事物的外表雖然經過修飾，仍然改變不了生命的本質。

說明 以前的茶壺都是瓷器製造出來的，有些人為了好看，會在茶壺的外表鑲金。雖然經過修飾的茶壺變得金光閃閃，但本質依然是瓷器，不會變成黃金，這是改變不了的事實。

對應華語 猴子著衣，也是猴子、鴨子裝金身，一樣是扁嘴。

tsinn^2 kue^1 bo^5 nng^5 tsinn^2 kiann^2 bo^5 pak^4 tng^5
苮 瓜 無 瓤 ， 苮 囝 無 腹 腸

解釋 苮瓜：尚未成熟的瓜。瓤：瓜果裡面的嫩肉。苮囝：幼嫩的小孩。

子。無腹腸：沒有心機。

涵義 形容小孩子純真，沒有心機。

說明 瓤是瓜果裡面的嫩肉，只有瓜果成熟，裡面的「瓤」才會發育完成，因此，莊瓜是沒有「瓤」的。剛生下來的小孩，天真無邪，擁有赤子之心，不會耍心機害人，因此說「莊団無腹腸」。這個諺語主要強調後面一句，前面一句是襯托用的，整體看來是形容小孩子沒有心機，天真無邪。

對應華語 赤子之心、天真無邪、天真爛漫、純真自然。

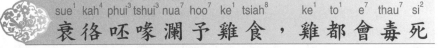

sue¹ kah⁴ phui³ tshui³ nua⁷ hoo⁷ ke¹ tsiah⁸　　ke¹ to¹　e⁷ thau⁷ si²

衰佮呸喙瀾予雞食，雞都會毒死

解釋 佮：到……的程度。呸喙瀾：吐口水。予：給。

涵義 形容人倒楣透頂。

說明 走衰運的人吐口水給雞吃，雞隻應該不致於死掉，除非這個「衰人」本身有病。「衰佮呸喙瀾予雞食，雞都會毒死」只是一個比喻，意思是說這個人不僅倒楣，而且還倒楣透頂，誰沾到他都會跟著「衰」。

補充 依教育部2008年5月公布之台灣閩南語推薦用字第二批將「佮kah⁴」寫作「甲kah⁴」。

對應華語 倒楣透頂。

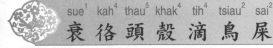

sue¹ kah⁴ thau⁵ khak⁴ tih⁴ tsiau² sai²

衰佮頭殼滴鳥屎

解釋 衰佮：很倒楣。滴鳥屎：被鳥屎滴到。

涵義 形容人倒楣透頂，走「衰」運。

說明 頭頂被鳥拉屎或出門踩到狗屎，一直以來都被認為是倒楣的事情。「衰佮頭殼滴鳥屎」是說某人非常倒楣，連天空飛過的鳥都會把鳥屎拉到他的頭上，真是「衰」到不行。

補充 依教育部2008年5月公布之台灣閩南語推薦用字第二批將「佮kah⁴」寫作「甲kah⁴」。

對應華語 倒楣透頂、時運不濟、時運不通、倒八輩子楣。

tho² tse³ tshui³ tsiah⁸ mih⁸
討 債 喙 食 物

解釋 討債：浪費、糟蹋。喙食物：指可以食用的東西。

涵義 不珍惜食物，任意糟蹋浪費。

說明 以前生活不好過，大家對於吃的東西都非常珍惜，捨不得浪費，當長輩看見晚輩「討債喙食物」，都會用「遭雷劈」來嚇唬他們，晚輩們聽了心生害怕，就會乖乖地把食物吃完，不敢任意糟蹋。此處所言的「討債」，華語是向人討債，但在台語中是浪費、糟蹋的意思，故「討債喙食物」應解釋為：浪費或糟蹋了可以吃的食物。

對應華語 暴殄天物、棄珍寶如糞土。

pa³ si² lau⁵ phue⁵　　lang⁵ si² lau⁵ mia⁵
豹 死 留 皮 ， 人 死 留 名

解釋 留皮：留下皮來製作標本。留名：留下好名聲。

涵義 勸人在世不可胡作非為，以便死後能留下美名。

說明 台灣已經瀕臨絕種的雲豹，是一種結合力與美的動物，以前的人缺乏保護動物的觀念，所以想盡辦法獵殺雲豹，然後吃牠的肉，剝掉牠的皮來當裝飾品；雖然豹已經死了，但豹皮卻被留下來；人死了當然不可能像豹一樣地被剝下皮，因為人皮沒有豹皮那麼美，留下來也是無用，唯一可留的就只有名聲。

對應華語 虎死留皮，人死留名。

tsai⁵ tsu² siu⁷　　lan⁵ tit⁴ kiu⁵
財 子 壽 ， 難 得 求

解釋 財子壽：指人生最渴求的金錢、子女和長壽三件事。難得求：不容易求得。

涵義 形容世事難盡如人意，美滿中多少會有缺憾。

說明 在傳統觀念中認為若是同時具備金錢、子女和長壽是最好命的，但沒有幾個人能如此。放眼當今社會，有人富甲一方，卻無子嗣，有人貧窮一生，卻子孫滿堂；有人不愁吃穿，卻大小病不斷，有人三餐不繼，卻身強體壯。不是每個人都能同時享有這三

種福報，畢竟世事難盡如人意，美滿中多少會有缺憾，不可能十全十美。

對應華語 美中不足、世事難盡如人意。

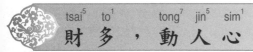

tsai⁵ to¹ sin¹ lam²
財多，身荏

解釋 身荏：指身體虛弱。

涵義 此語有兩種意思：①形容錢雖然賺夠了，卻賠上健康。②有錢人生活奢華，胡搞亂搞，把身體弄壞了。

說明 有些人貧窮日子過怕了，拚著老命賺錢，一天兼好幾份工作，結果錢賺到了，卻也賠上健康，這就是所謂的「財多，身荏」。另外一種是某人本來就很有錢，生活不愁吃穿，每天過著奢華、夜夜笙歌的生活，最後將身體弄壞，這種情形也可說「財多，身荏」。

tsai⁵ to¹ tong⁷ jin⁵ sim¹
財多，動人心

解釋 動：撼動。

涵義 形容擁有太多錢財，容易引起他人的非分之想。

說明 這是一句非常寫實的諺語。有錢人家是人人羨慕的對象，但也是別人覬覦的肥肉，舉凡綁架、勒索、搶案的發生，十之八九都發生在有錢人的身上，他們除了是歹徒注意的目標外，也是周遭親友、兄弟姊妹或子女動歪腦筋的對象，這些人當中，有的想騙錢，有的借錢不還，更甚的是子女會為了分家產而演變成家庭悲劇，所以才會說：「財多，動人心」。

khi² tsa¹ boo² lang⁵ huan¹
起查某人番

解釋 起：發作。查某人：指女人。番：引申為不明事理或不可理喻。

涵義 用來責罵女人耍脾氣或無理取鬧。（此語也可用在男人身上）

說明 通常男孩子的脾氣是來得快，去得也快，發洩出來就沒事了；但女孩子耍脾氣時，有時候會一哭、二鬧、三上吊，不容易安撫。所以當某個女孩子耍起大小姐脾氣，旁人安撫不了時，就會責罵

她：「起查某人番」也就是無理取鬧、不可理喻的意思。

對應華語 耍大小姐脾氣。

> khi² tshu³ bo⁵ ing⁵ tsit⁸ tang¹　tshua⁷ boo² bo⁵ ing⁵ tsit⁸ kang¹
> # 起厝無閒一冬，娶某無閒一工，
> tshua⁷ se³ i⁵ bo⁵ ing⁵ tsit⁸ si³ lang⁵
> # 娶細姨無閒一世人

解釋 起厝：建造房屋。無閒一冬：指忙碌一年。娶某：娶妻。一工：一日、一天。娶細姨：討小老婆。

涵義 多用來奉勸男人不要討小老婆。

說明 本諺語的重點是最後面一句。以前的人所住的房子比較簡陋，大概花個一年半載的時間就可以建造完成；娶老婆從相親、合八字、擇日、訂婚到迎娶，雖然不只有忙碌一天，但真正比較累、比較忙的也只有結婚當天；男人討小老婆，兩女共侍一夫，只有少數人可以和平相處，絕大多數的人都會因爭寵而鬧得雞犬不寧，而丈夫夾在兩個女人中間，不時要充當和事佬，當然得忙碌一輩子囉！

補充 當「娶tshua⁷」解釋為「迎娶」時，依教育部2007年5月公布之台灣閩南語推薦用字第一批將「娶tshua⁷」寫作「娶tshua⁷」。

> khi² lui⁵ kong¹ sing³ te⁷
> # 起雷公性地

解釋 起：使、發。雷公性地：如雷公般的火爆脾氣。

涵義 形容人大發脾氣，並且大聲斥責他人。

說明 打雷的時候，雷聲大作，震耳欲聾，好像雷公發怒、大聲斥責一樣，於是前人便將這種自然景象視為「雷公起性地」，也就是說雷公動怒，發起了脾氣。「起雷公性地」是說某人發起「雷公」般的脾氣，用來形容人怒不可遏，並且大聲斥責他人。

對應華語 怒髮衝冠、怒不可遏、怒火中燒、暴跳如雷、大發雷霆、火冒三丈。

一畫　二畫　三畫　四畫　五畫　六畫　七畫　八畫　九畫　十畫　十一畫　十二畫　十三畫　十四畫

一畫　二畫　三畫　四畫　五畫　六畫　七畫　八畫　九畫　十畫　十一畫　十二畫　十三畫　十四畫

khi² thau⁵ hing³ hing³　bue² tshiu² ling² ling²

起 頭 興 興 ， 尾 手 冷 冷

解釋　起頭：初始、開始。興興：熱衷、興致高。尾手：後來。冷冷：指態度冷淡、熱情冷卻。

涵義　形容人做事只有五分鐘熱度，剛開始非常熱衷，後來就逐漸冷淡下來。

說明　有些人做事，剛開始的時候很熱衷，全心全意投入，但經過一段時間後，熱情就逐漸冷卻下來，最後甚至宣布放棄，這種人就是做事沒有恆心，凡事只有五分鐘熱度的人。

對應華語　虎頭蛇尾、有始無終、有頭無尾、半途而廢、五分鐘熱度、雷聲大雨點小。

sang³ khi³ tso³ bah⁴ tiam¹

送 去 做 肉 砧

解釋　肉砧：剁肉用的砧板。

涵義　形容被人送去當箭靶，成為他人出氣的對象。

說明　肉販切肉片的時候，通常會在肉塊下方墊一塊砧板，當他們開始切肉的時候，每一刀都會切在砧板上面。「送去做肉砧」表示送去給人家當切肉的砧板，即送某人去當箭靶，使之成為人家砍殺、出氣的對象。

對應華語　當箭靶子。

sang³ i¹ hi⁵　khah⁴ su¹ ka³ i¹ liah⁸ hi⁵

送 伊 魚 ， 較 輸 教 伊 掠 魚

解釋　伊：指第三人稱的他、她。較輸：還不如。掠魚：捕魚、抓魚。

涵義　要幫助人解決短暫的急難，倒不如教他謀生的技能，才是根本的解決之道。

說明　每天送魚給貧窮人家，雖然可以暫時改善對方的生活，但是送久了反而讓對方產生一種依賴性，認為不用工作就有食物可以吃，而且經常送魚，對送魚者而言，也是一種負擔，倒不如教他們捕魚的技能，一方面可以抓魚來食用，一方面可以拿去賣錢，賺取生活所需，就算救濟中斷也不必害怕。

對應華語　救急不救窮。

sang³ ke³ e⁰ khah⁴ sui² sin¹ niu⁵

送 嫁 个 較 媠 新 娘

解釋　送嫁个：指陪嫁的伴娘。較媠新娘：比新娘子更漂亮。

涵義　陪襯的人太出色，蓋過主人的丰采。

說明　新娘結婚當天，主角是新娘，沒想到伴娘的美貌勝過新娘，更吸引現場來賓的注意，新娘的光采都被她搶走了，全句用來形容人反客為主或喧賓奪主。

補充　當「个e⁰」解釋為「的」時，依教育部2007年5月公布之台灣閩南語推薦用字第一批將「个e⁰」寫作「的e⁰」。

對應華語　反客為主、本末倒置、喧賓奪主。

sang³ e⁷ tit⁴ tshut⁴ siu¹ e⁷ tit⁴ jip⁸

送 會 得 出 ， 收 會 得 入

解釋　送會得出：指禮物既然送得出來。收會得入：指收得進來。全句是說：對方能送出這樣的禮物（大禮或小禮），我也就收得下來。

涵義　指對方的禮數已到，不可以不領情。

說明　「送會得出，收會得入」是說人家既然送得出這樣的禮物，我也就敢收下來，用來表示對方饋贈的禮物，不論大或小，其禮數已到，禮貌上我們都要收下來。

對應華語　送得出，收得入。

tsiu² hoo⁷ lang⁵ lim¹ tsiu² ang³ suah⁴ hoo⁷ lang⁵ kong³ phua³

酒 予 人 啉 ， 酒 甕 煞 予 人 損 破

解釋　予人啉：讓人飲用。酒甕：酒缸。煞予人損破：卻被人打破。

涵義　多用來責罵人忘恩負義。

說明　請人家喝酒，對方不但將酒喝完，連盛裝酒液的甕都打破。這就是說一個人得到人家的好處，不但不知道感恩，還做出對不起恩人的事情，亦即「忘恩負義」的意思。

對應華語　辜恩負德、忘恩負義、以怨報德、恩將仇報，過河拆橋、過橋抽板。

tsiu² tsiah⁸ hiann¹ ti⁷ tshian¹ ko³ iu²　　huan⁷ lan⁷ tsi¹ si⁵ it⁴ ko³ bu⁵

酒食兄弟千個有，患難之時一個無

解釋 酒食兄弟：指酒肉朋友。千個有：形容數目很多。一個無：連一個也沒有。

涵義 朋友雖多，卻都是酒肉朋友，真正能夠共患難者，少之又少。

說明 人在意氣風發之時，朋友很多，但大多數是酒肉朋友，他們都不會真心與你交往，只想得到好處。等哪一天你落魄了，這些朋友見到你就像見到瘟神一般，各個逃得比誰都快，真正還留在身邊關心你的，恐怕找不到一個。

對應華語 知己難尋、知己難覓、酒肉兄弟千個有，患難之中無一人。

tsiu² tsui³　　goo⁷ kang¹ san¹

酒醉，誤江山

解釋 誤：耽擱、拖累的意思。江山：原指國家。此處引申為家產、事業……等事情。

涵義 形容人不勝酒力，將正事耽擱或做出錯誤的決定。

說明 酒可以讓人紓解壓力，但也會讓人誤事，黃湯一旦下肚，喝到幾分醉意時，神智多半處於不清楚狀態，此時若碰上重大而需要下決策的事情，有可能做出錯誤的決定，所以「酒醉，誤江山」是說人一旦喝醉了，很容易誤大事。

對應華語 酒能敗事、貪杯誤事、酒醉誤事。

tsiu² tsui³ sim¹ thau⁵ tiann⁷　　tsiu² siau² bo⁵ senn³ mia⁷

酒醉心頭定，酒猾無性命

解釋 心頭定：心裡清醒。酒猾：指發酒瘋。

涵義 說明酒應淺嘗即可，不可過量，以免在神智不清下鑄成大錯。

說明 飲適量的酒，不但有助身體健康，有時也可以消愁解鬱。一個真正會飲酒的人，頂多喝個三、四分醉，雖然外表看起來微醺，但心裡保持著清醒；而酗酒的人，不但傷身折壽，有時也會因「發酒瘋」而惹出事端，危及性命，所以喝酒要懂得節制，不可過量，否則容易惹出事情來。

補充 依教育部2008年5月公布之台灣閩南語推薦用字第二批將「猾 siau²」寫作「痟siau²」。

對應華語 酒能敗事、貪杯誤事、酒醉誤事。

ting¹ si⁷ ting¹　　bau² si⁷ bau²
釘 是 釘 ， 鉚 是 鉚

解釋 釘：一端尖，一端扁平，用來貫穿和固定物體的東西。鉚：兩端尖銳，成ㄇ字型，為結合金屬板的器材。

涵義 形容人做事一板一眼，不含糊。

說明 本句諺語直接從華語轉化而來。句中的釘、鉚雖然都是釘子的一種，但外形與功用皆不相同。當一個人做事不會將釘、鉚混淆，釘是釘，鉚是鉚，表示此人做事一板一眼，不含糊。

對應華語 一板一眼、一是一，二是二、橋是橋，路是路。

tsiam¹ bo⁵ siang¹ thau⁵ lai⁷　　lang⁵ bo⁵ siang¹ tiau⁵ tsai⁵
針 無 雙 頭 利 ， 人 無 雙 條 才

解釋 針：縫製衣服的器具。利：尖銳。雙條才：雙項才幹。

涵義 形容術業有專攻，人不可能樣樣都精通。

說明 本諺語的重點在後一句。一般縫補衣服的針，一頭是尖的，另一頭則是設計供穿線用的，所以不是「雙頭利」。人終其一生，所懂的知識有限，能夠專攻一門已經很厲害了，要找到精通兩門的人很不容易，所以說「人無雙條才」。

對應華語 術業有專攻。

be² si³ kha¹ ma⁷ e⁷ tioh⁸ tak⁴
馬 四 跤 嘛 會 著 觸

解釋 四跤：四隻腳。嘛會：也會。著觸：絆倒的意思。

涵義 用以鼓勵人不可因一時的失志而被打敗，應該再接再厲，尋求東山再起的一天。

說明 馬有四隻腳，跑起來四平八穩，應該不會跌倒才是，然而事實不然，馬偶爾也會因重心不穩而跌得四腳朝天。這一句話主要告訴我們：連四隻腳的馬都會跌倒、出差錯，更何況是兩隻腳的人；所以跌倒或遭遇挫折時，不可以失志，應該再接再厲，尋找機會重新站起來。

對應華語 再接再厲、百折不撓、抗志不屈、人有失足，馬有失蹄時。

ma² iu² tshian¹ li² tsi¹ lik⁸　　bu⁵ jin⁵ put⁴ ling⁵ tsu⁷ ong²

馬有千里之力，無人不能自往

解釋 千里之力：跑千里遠的體力。無人不能自往：沒有人駕馭的話，不能自行前往目的地。

涵義 形容人縱使懷有才能，若無伯樂的賞識，也沒有機會發揮。

說明 一天可以跑千里遠的馬，如果沒有主人駕馭，就像無頭蒼蠅一樣，不知道要往哪裡去，所以即使擁有「千里之力」也沒有發揮的機會；人也是如此，空懷一身才能，沒有賞識的人提拔、重用，一樣沒有發揮的機會。

對應華語 千里馬無遇伯樂亦無用。

be² bo⁵ hiam²tshau² be⁷ pui⁵　　lang⁵ bo⁵ huainn⁵ tsai⁵ be⁷ pu³

馬無險草膾肥，人無橫財膾富

解釋 險草：長在險處的綠草。膾肥：不可能健壯。橫財：指冒險賺取的錢財。

涵義 形容人若過於保守，行事不敢冒險進取，永遠也別想成為有錢人。

說明 本句的重點在後面一句。長在險處的草，因為少有動物去吃，所以長得肥嫩無比，如果馬兒冒險吃這些草，一定可以長得既大又壯碩；人如果一板一眼，領固定的薪水，一輩子也甭想成為有錢人，只有冒險做生意，敢衝敢拚，才有機會賺大錢。

補充 依教育部2008年5月公布之台灣閩南語推薦用字第二批將「膾 be⁷」寫作「袂 be⁷」。

對應華語 馬無夜草不肥、馬不吃夜草不上膘、馬無險草不肥，人無橫財不富。

kut⁴ thau⁵ ho² phah⁴ koo²

骨頭好拍鼓

解釋 好：可以。拍鼓：敲打鼓。全句說：死者的骨頭都可以用來打鼓了。

涵義 形容人已經過世很久了。

說明 人死後被埋在地下，經過一段時間才會完全腐化，變成一堆白骨。依民間的習俗，要為先人「撿骨」，至少要等上七年，有些

人甚至幾十年後才「撿骨」。諺語所說的「骨頭」是指已經過世的祖先，而且已經被後人「撿骨」過了，意謂祖先已經死很久了。

對應華語 墓木已拱。

kui² a² giu² au⁷ kha¹
鬼 仔 扭 後 跤

解釋 鬼仔：原指「鬼」，此處比喻壞朋友。扭後跤：拉後腿。

涵義 形容某人被壞朋友拉去做壞事。

說明 本句諺語所言的「鬼仔」，並不是真正的鬼，而是指某人身邊的壞朋友；壞朋友會拉你的後腳，表示要找你和他們去做某事，而此處的「某事」當然就是指壞事囉！

補充 依教育部2009年10月公布之台灣閩南語推薦用字第三批將「扭giu²」寫作「撨giu²」。

對應華語 呼朋引伴。

kui² a² bong¹ giam⁵ lo⁵ ong⁵ kha¹ tshng¹
鬼 仔 摸 閻 羅 王 尻 川

解釋 閻羅王：掌管地獄的神明。尻川：指屁股。

涵義 形容人的膽子極大，連長官都敢冒犯。

說明 相傳閻羅王掌管冥界第五殿，小鬼都歸祂管，可以說是小鬼的頂頭上司，然而這些小鬼竟然敢摸閻羅王的屁股，做「以下犯上」的動作，簡直是吃了熊心豹子膽！

對應華語 以下犯上、膽大如斗、膽大包天。

kui² kah⁴ be² hau² bo⁵ kang⁵ siann¹
鬼 佮 馬 ， 吼 無 仝 聲

解釋 佮：與、及、和。吼：哭叫。無仝聲：聲音不同。

涵義 形容兩方面的言語及主張沒有任何交集。

說明 鬼和馬的哭叫聲本來就不同，鬼有鬼的哭叫聲，馬有馬的哭叫聲，不可能一樣，所以前人用這一句話來比喻兩方面的主張不同，各說各話，彼此不同調。當團體與團體或人與人之間的主張不同，或意見沒有交集時，就可以說「鬼佮馬，吼無仝聲」。

對應華語 意見相左、雞同鴨講、風馬不接、風馬牛不相及。

十一畫

ke² khik⁴　tshiunn³ be⁷ loh⁸ tiau⁷

假 曲 ， 唱 𣍐 落 調

解釋 假曲：指不會唱的曲目。調：指音樂的聲律。唱𣍐落調：再怎麼努力唱還是不好聽。

涵義 形容人如果沒有真功夫，很快就會被人家看穿。

說明 人們到KTV唱歌，遇到不會唱的曲目或天生歌喉不好的人，再怎麼努力唱還是不成曲調；只要唱出聲音來，人家一聽就知道你有沒有好歌喉，完全騙不了人。

補充 依教育部2008年5月公布之台灣閩南語推薦用字第二批將「𣍐 be⁷」寫作「袂be⁷」。

對應華語 假的真不了。

ke² si² la⁵ li² tng¹ kau² hia⁷

假 死 鯪 鯉 張 狗 蟻

解釋 假死：裝死。鯪鯉：又稱「穿山甲」。張：守候、等候。狗蟻：螞蟻。

涵義 形容一個人表面不動聲色，心裡面卻想著算計別人。

說明 穿山甲是以螞蟻為主食的動物，當牠發現螞蟻的巢穴時，會爬到蟻穴旁，張開全身的鱗，動也不動的等待螞蟻上身。由於螞蟻是一種嗅覺生物，一聞到動物的味道，以為是死屍，就爬滿穿山甲全身，試圖要將牠抬回蟻穴，此時穿山甲會立刻合上全身鱗片，並利用其特殊的功能，將螞蟻吞進肚子裡，飽餐一頓。

對應華語 心懷不軌、心懷鬼胎、扮豬吃老虎。

ke² the¹ ngeh⁴ siang¹ te³

假 推 夾 雙 塊

解釋 假推：假裝推辭，不願接受。夾雙塊：用筷子夾雙塊肉。

涵義 形容人表裡不一，裝模作樣。

說明 宴席場合，大家在「開動」之前，都會禮貌性地互相致意，要其他人別客氣，手要伸長一點，才吃得到美食。當甲好意幫乙挾肉塊時，乙故作推辭，婉謝甲的好意，但自己卻挾起兩塊肉往嘴巴

裡面塞，這就是所謂的「枵鬼假細膩」。

對應華語 假情假意、惺惺作態、裝模作樣。

tso³ m⁷ kiann¹ tng⁵ kang¹ si² tsiah⁸ m⁷ kiann¹ thau⁵ ke¹ san³
做，毋驚長工死；食，毋驚頭家散

解釋 做：指盡情的做。毋驚：不怕。長工：農業時代大地主所請的工人。食：指盡情的吃。頭家：指地主或老闆。散：貧窮。

涵義 形容勞資雙方都只為自己的利益著想，沒有顧慮到對方。

說明 以前的大地主因為田多地大，自己照顧不來，所以會請長工到家裡幫忙，並提供吃住。有些苛刻的主人為了撈本，恨不得長工多做一點事，所以不斷的指派工作，根本不管他們的死活；而長工吃住靠地主，不用自己花錢，所以能吃就盡量吃，不管是否會吃垮老闆。

對應華語 各謀其利、主人不仁，長工不義。

tso³ tsit⁸ pai² mue⁵ lang⁵ khah⁴ ho² tsiah⁸ sann¹ ni⁵ tshing¹ tshai³
做一擺媒人，較好食三年清菜

解釋 一擺：一次。較好：好過於。清菜：指清齋。

涵義 居間促成一樁好事或一對好姻緣，功德無量。

說明 依據民間的說法，吃清齋可以為自己積陰德（此乃因吃齋沒有殺生所致），而吃三年清齋表示積了不少陰德；媒人婆幫未婚男女牽紅線，促成一對好姻緣，這是好事一樁，功德無量，當然好過於吃三年的清齋。

tso³ lang⁵ tioh⁸ ping² tso³ ke¹ tioh⁸ tshing²
做人著反，做雞著筅

解釋 著反：必須努力工作以維持生計。做雞著筅：當一隻雞就必須懂得用雞爪撥弄沙土，尋找食物來吃。

涵義 形容人只有努力工作，才能夠生存下去。

說明 本句諺語的重點是前面一句。「筅」是雞的本能，只要肚子餓，主人沒有餵食飼料，牠就會撥弄沙土找小蟲吃，不會讓自己餓著；人也是一樣，為了不讓自己餓肚子，就必須想辦法生存，而最簡單也最實在的辦法就是努力工作，只有如此才能賺取溫飽，

免除飢寒窮困。

tso³ lang⁵ tioh⁸ ai³ bua⁵　tso³ gu⁵ tioh⁸ ai³ thua¹
做 人 著 愛 磨 ， 做 牛 著 愛 拖

解釋 著愛：應該要。磨：操勞、勞累。拖：拉軛或犁等耕田工具。

涵義 勸人要認分，接受宿命，人生下來就是要勞累工作的，不是來享福的。

說明 本諺語的重點在前面一句。以前農業時代，牛一出生就註定要拖犁、拖牛車，這是牛的宿命，怎麼也改變不了；人也是如此，礙於生活的逼迫，窮其一生都要工作才能換取溫飽，免於飢寒，可以說一輩子都在操勞與勞累中度過，這就是做人的宿命。

tso³ sann¹ kha¹ khoo³ hoo⁷ lang⁵ tshing⁷
做 三 跤 褲 予 人 穿

解釋 做：縫製。三跤褲：三個褲管的褲子。予人：給人。

涵義 故意給人製造麻煩，讓人難堪。

說明 一般的褲子都只有兩個褲管，縫製三個褲管的褲子讓人穿，不但穿起來不好看，兩隻腳也不知道要放哪一個褲管好？此無異是給人家製造麻煩嘛！

對應華語 予人難堪、給人出難題。

tso³ khit⁴ tsiah⁸ ia⁷ tioh⁸ tsit⁸ e⁵ ka¹ tsi³ pun²
做 乞 食 也 著 一 个 加 薦 本

解釋 乞食：乞丐。著：需要。一个：一個。加薦：俗稱「加薦仔」，由鹹水草編成的提袋。本：指本錢。

涵義 形容做任何生意都要有本錢。

說明 以前的人出門習慣帶「加薦仔」，它可以提在手上，也可以背在肩上，放東西非常方便。由於「加薦仔」在當時是非常普遍的用品，除了一般人使用外，乞丐也用它來放乞討到的物品。「做乞食也著一個加薦本」是說連當個乞丐都要花錢買個「加薦仔」來放東西；由此看來，沒有生意是不用花本錢的，即使乞丐也不例外。

對應華語 偷雞也要一把米。

一　二　三　四　五　六　七　八　九　十　十一　十二　十三　十四　畫

台灣俗語諺語辭典

tso³ khit⁴ tsiah⁸ m⁷ guan⁷ phainn⁷ ka¹ tsi³
做乞食毋願揹加薦

解釋 做乞食：當乞丐。毋願：不願意。加薦：由鹹水草編成的提袋。

涵義 形容人不認本分。

說明 加薦俗稱為「加薦仔」，在以前是一種非常好用的袋子，通常乞丐都會隨身攜帶一個，乞討到的物品會放入袋中。「做乞丐毋願揹加薦」是說乞丐想甩脫身上的「加薦仔」，不願意再過行乞的生活，想飛上枝頭做鳳凰，這是不認命、不安本分的想法。

對應華語 不安本分、不守本分。

tso³ khit⁴ tsiah⁸ kin² tan² oh⁴
做乞食緊，等僫

解釋 做乞食：當乞丐。緊：很快、很容易。等僫：不容易等、要等很久。全句是說：當乞丐很容易，但要等人施捨卻要等好久。

涵義 形容各種行業都有不為人道的苦處，即使乞丐也不例外。

說明 要當乞丐其實很簡單，只要穿一件破舊的衣服，把自己弄得髒兮兮，並裝出可憐的模樣，就可以博取路人的同情與施捨。不過乞丐也有苦處，有時候等上一整天也不會有人丟下一個銅板，沿街行乞有時也要等好久才能討到東西。既然連當個乞丐都會遇到苦處，其他的行業更不用說了，所以用「做乞食緊，等僫」來形容各行各業都有不為人道的苦處，即使是乞丐也不能例外。

tso³ kong⁷ tshin¹ thiap⁴ pun²
做公親貼本

解釋 做公親：當調解人、和事佬。貼本：賠本、倒貼之意。

涵義 形容人做某件事，不但沒有得到好處，還倒貼本身的利益。

說明 和事佬替人家調解糾紛，為了讓當事者能坐下來談，有時候要設宴或花錢請雙方吃頓飯；如果是利益擺不平，有時候也要自掏腰包，讓吃虧的一方得到滿足，等於做了損己利人的事。

對應華語 損己利人、偷雞不著蝕把米、賠了夫人又折兵、有功無賞，弄破要賠。

tso³ thinn¹ ia⁷ be⁷ ting³ tsing³ lang⁵ i³

做 天 也 燴 中 眾 人 意

解釋 天：指神明、老天爺。中眾人意：指讓每一個人都滿意。

涵義 不管做人或做事都不可能盡如人意。

說明 每個人都喜歡祈求上天保佑，有人求考運，有人求偏財運，然而錄取的名額就那麼多，中頭獎的也只有一個或少數幾個人，在這麼多祈求的人當中，只有極少數人可以如願，絕大部分的人還是要失望，所以「做天也燴中眾人意」是說老天也不可能讓每個人滿意。

補充 依教育部2008年5月公布之台灣閩南語推薦用字第二批將「燴be⁷」寫作「袂be⁷」。

對應華語 事事未必盡人意。

tso³ bak⁸ tshiunn⁷ bo⁵ bin⁵ tshng⁵

做 木 匠 無 眠 床

解釋 木匠：從事木工的師傅。眠床：床鋪、睡鋪。

涵義 形容人自奉儉約，連自己生產的產品都捨不得用。

說明 「無眠床」原意是指沒有床可睡，但此處應解釋為：沒有一座像樣的床可以睡。既然床是木匠所生產的物品，只要他願意，要睡多好、多漂亮的床都可以自己打造，但他寧可睡簡陋的床，也不願意製造好床來睡，表示木匠是一位自奉儉約，連自己生產的產品都捨不得使用的人。

對應華語 自奉儉約、自奉菲薄、勤儉自持、裁縫師父穿破衣、賣油的娘子水梳頭。

tso³ gu⁵ bo⁵ sioh⁴ lat⁸

做 牛 無 惜 力

解釋 無惜力：使盡力氣，沒有保留的意思。

涵義 形容人做事全力以赴，沒有任何保留。

說明 牛下田耕種時，一定全力以赴，不會偷懶，就算病了，下田也一樣賣老命，除非真的體力透支，否則是不會停下來的，因此前人用這句話來形容人做事全心全力投入，不會有所保留。

對應華語 盡心竭力、鞠躬盡瘁、全力以赴、不遺餘力、死而後已、至死方休。

tso³ tshan⁵ ai³ u⁷ ho² tshan⁵ te² tshua⁷ sin¹ pu⁷ ai³ king² ho² niu⁵ le²
做田愛有好田底，炁新婦愛揀好娘嫺

解釋 田底：指土壤的土質與排水狀況。炁 新婦：娶媳婦。揀：選擇。娘嫺：指母親。

涵義 喻人做任何事都應該慎重、小心，才不會吃虧上當。

說明 農家耕田是為了要豐收，所以買田地之前一定要仔細觀察土質、灌溉與排水是否肥沃、正常，這樣才不會買到劣質的土地。娶媳婦也一樣，男方都希望選擇到好女德的對象，只是以前的社會比較封閉，女孩子少有拋頭露面的機會，所以不容易探聽到關於她的消息，因此，只好轉而觀察她的母親，由其一言一行來推測女兒的品德與個性，雖不近，亦不遠矣。

補充 當「炁 tshua⁷」解釋為「迎娶」時，依教育部2007年5月公布之台灣閩南語推薦用字第一批將「炁 tshua⁷」寫作「娶 tshua⁷」。

對應華語 小心駛得萬年船。

tso³ tsioh⁸ bo⁷ a² sim¹
做 石 磨 仔 心

解釋 石磨：以前農家製粿，用來磨米的器具。石磨仔心：位於石磨內，連接兩個石輪的軸。

涵義 形容一個指標性的人物，要處理的事情很多，操勞與折磨也多。

說明 「石磨仔心」是石磨的軸，連接兩個石輪，是石磨能夠產生作用的關鍵，若沒了它，整個石磨就會形同虛設。這就好比團體內有一位指標性的領導人物，團體大大小小的事情都要他來指揮、協調與處理，若沒了他，整個團體就會失序；只是他往往也是事情最多，最操勞的一個，就像「石磨仔心」一樣，經常要受到折磨。

對應華語 能者多勞。

tso³ kuann¹ phian³ tshu³ lai⁷ tso³ sing¹ li² phian³ sik⁸ sai⁷
做 官 ， 騙 厝 內 ， 做 生 理 ， 騙 熟 似

解釋 做官：當官。騙厝內：瞞騙家人。生理：生意。熟似：熟識。

涵義 勸人不可過度信任熟人，以免吃虧上當。

說明 在政府機構當官的，為了整體國家的安全，即使知道國家的機密，也不會洩露給家人知道，有時還會編謊話來騙他們。經商的生意人，將本求利，主要的目的是賺錢，不管熟悉與否，錢是照賺不誤；很多人以為跟熟悉的人買東西可以揀便宜，真是大錯特錯，因為他們經常會買到比市價更貴的東西，在不知不覺中就被生意人的「三寸不爛之舌」給騙了。

對應華語 防人之心不可無。

tso³ kuann¹ put⁴ li⁷ in³　　tso³ sing¹ li² put⁴ li⁷ tshin³
做 官 不 離 印 ， 做 生 理 不 離 秤

解釋 不離印：指官印隨身攜帶，經常用得到。做生理：做生意。秤：測量物體重量的器具。

涵義 形容某種物品對特定人物的重要性，隨時隨地都會用得到。

說明 中國人為官都有一顆官印，無論做什麼事都要用到它；生意人用「秤」來測量物體的重量，所以出門做買賣都會隨身攜帶。以此類推，理髮師與剃刀、醫生與聽筒、作家與紙筆、攝影家與照相機……，這些物品對特定人物都很重要，隨時隨地都可能用得到，所以當事者都會隨身攜帶。

對應華語 隨身寶，不離身。

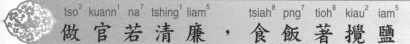

tso³ kuann¹ na⁷ tshing¹ liam⁵　　tsiah⁸ png⁷ tioh⁸ kiau² iam⁵
做 官 若 清 廉 ， 食 飯 著 攪 鹽

解釋 若：如果。食飯著攪鹽：吃飯就要和著鹽巴一起下嚥。

涵義 意謂為官清廉的人，只能過兩袖清風的生活。

說明 自古以來，為官的薪俸不多，如果清清白白，不貪不污，只能攪著鹽巴吃飯，過不了多好的生活。「食飯著攪鹽」於此只是一種比喻，因為官員的薪俸再少，都還可以維持家中的基本生活，但和那些貪官比起來，清廉的官吏就像是貧窮人家一樣，只能粗茶淡飯地過日子。

對應華語 無官不貪。

tso³ kau² m⁷ jin⁷ loo⁷ tsiah⁸ sai²

做 狗 毋 認 路 食 屎

解釋 認路、食屎：皆為狗天生的本能。

涵義 責罵人不守自己的本分。

說明 狗是嗅覺靈敏的動物，只要出門，每隔一段距離就會撒一泡尿，如此便能聞自己的尿味走回家，這是牠的本能之一；另外，狗只要在路上看見排泄物，都會聞一聞與嚐一嚐，所以吃屎也是牠的本能之一。「做狗毋認路食屎」是說當狗不願意認路，也不肯吃屎，就是不盡本分，因此被用來形容人不守自己的本分。

對應華語 不安本分、不守本分、不盡本分。

tso³ kau² tioh⁸ koo³ ke¹　　tso³ gu⁵ tioh⁸ thua¹ le⁵

做 狗 著 顧 家 ， 做 牛 著 拖 犁

解釋 著：必須要。犁：一種耕田的器具。

涵義 勉勵人要盡本分。

說明 狗只要看見陌生人接近住家，就會狂吠不已，提醒主人留意，所以「顧家」是牠的本分；牛在農業尚未機械化以前，是許多農家的好幫手，不管犁田或整地都要用到牠，這也是牛與生俱來的本能。「做狗著顧家，做牛著拖犁」是說既然當狗就要看家，既然當牛就要拖犁，用來形容人要盡自己的本分，不可以偷懶。

對應華語 嚴守本分。

tso³ kah⁴ lau⁵ kuann⁷　　hiam⁵ kah⁴ lau⁵ nua⁷

做 徦 流 汗 ， 嫌 徦 流 瀾

解釋 徦：到。流瀾：垂涎、流口水。嫌徦流瀾：指被人批評得一無是處。

涵義 形容人勞心勞力地做事，卻沒有人說一句誇獎或安慰的話，反而將他批評的一無是處。

說明 「做徦流汗」是指認真做事，連汗水都流出來了；「嫌徦流瀾」不是真的流出口水，而是比喻嫌得嘴角都是口沫，也就是批評得一無是處。既然做事這麼認真還被批評得一無是處，那真是做了「吃力不討好」的事情。

補充 依教育部2008年5月公布之台灣閩南語推薦用字第二批將「佮kah⁴」寫作「甲kah⁴」。

對應華語 自討苦吃、徒勞無功、勞而無功、花錢買氣受、好心沒好報、吃力不討好。

tso³ ke⁵　ka¹ ki⁷ gia⁵
做枷，家己夯

解釋 枷：套在罪犯手、腳或脖子上的刑具。家己：自己。夯：用肩膀來舉物。

涵義 形容自己惹出來的麻煩，自己要去承受惡果。

說明 「枷」是古代的刑具，古人犯法都會被衙役套上這種刑具。一個製造「枷」的師父因犯法而被衙役套上「木枷」，而這個「木枷」卻是自己親手做的產品，所以用「做枷，家己夯」來形容自己找自己的麻煩，自作自受。

對應華語 自作自受、自食惡果、自討苦吃、罪有應得、惡有惡報。

tso³ sann¹ e⁰ tshing⁷ phua³ sann¹　tso³ bak⁸ e⁰ bo⁵ bin⁵ tshng⁵
做衫个穿破衫，做木个無眠床

解釋 做衫个：指裁縫師傅。做木个：指木匠。眠床：指睡鋪、床鋪。無眠床：原指沒有床可以睡，此處比喻沒有像樣一點的床可以睡，也就是床很簡陋的意思。

涵義 形容人自奉儉約，連自己生產的產品都捨不得用。

說明 裁縫師父想要穿華麗、漂亮的衣服，機會比別人多得多，只要他們願意，就可以用喜歡的布料為自己縫製一件像樣的衣裳；做木匠的也是一樣，只要他們想睡舒適的床，馬上就可以為自己量身打造一張木床來。「做衫个穿破衫，做木个無眠床」是說自己是裁縫師父，卻穿不好的衣服，自己是木匠，卻沒有像樣一點的床可睡，用來形容人自奉儉約，所製造的東西都拿來賣錢，捨不得用在自己的身上。

補充 當「个e⁰」解釋為「的」時，依教育部2007年5月公布之台灣閩南語推薦用字第一批將「个e⁰」寫作「的e⁰」。

對應華語 自奉儉約、自奉菲薄、勤儉自持。

一畫
二畫
三畫
四畫
五畫
六畫
七畫
八畫
九畫
十畫
十一畫
十二畫
十三畫
十四畫

tso³ niu⁵ khuai³　　tso³ kan² oh⁴

做 娘 快 ， 做 媌 偓

解釋 娘：指有錢人家的太太或小姐。快：輕鬆、容易。媌：婢女。偓：困難的意思。

涵義 形容上司出一張嘴，說得很容易，但下面的人做起來卻不簡單。

說明 當有錢人家的太太或小姐，只要開金口說話，女婢就會想辦法將吩咐的事情辦好，根本不用自己動手去做，因此，「做娘」是一件輕鬆、容易的事。「做媌」因為要幫主人做任何事，主人只要出一張嘴，說幾句話，婢女們就要做得半死。

對應華語 皇帝易當，太監難為。

tso³ tshau² leh⁸ m⁷ kiann¹ jit⁸ phak⁸　　tso³ hau⁷ hia¹ m⁷ kiann¹ am² thng³

做草笠毋驚日曝，做鱟桸毋驚泔燙

解釋 草笠：指斗笠。毋驚：不怕。曝：曬。鱟桸：用鱟魚殼製成的舀水杓。泔：稀飯上頭的湯汁。

涵義 形容人做事應堅守本分，不可以推託。

說明 斗笠是遮陽的日常用品，既然被製成斗笠，就要盡自己的本分，不要怕太陽照射；鱟桸是舀水的器具，以前的人不管冷熱水都要用它來舀，既然被製成鱟桸，就應該盡自己的本分，不可以怕「泔」燙。所以這句諺語主要在表達：不管人身居何種職位或做什麼事，都應該堅守本分，不可以推託。

對應華語 既來之，則安之、來者不善，善者不來。

tso³ kui² tshiunn² bo⁵ gin⁵ tsua²

做 鬼 搶 無 銀 紙

解釋 做鬼：指往生後成了鬼魂。銀紙：指冥紙，為民間祭拜鬼魂所用的紙錢。

涵義 勸人做事要眼明手快，行事要果斷。

說明 銀紙是陽間祭拜祖先或鬼魂所用的紙錢，相傳焚化後會成為陰間通用的貨幣。由於這些錢是由陽間飄入陰間，鬼魂為了取得零用錢花用，無不爭先恐後地搶成一片，動作慢的鬼魂當然搶不到紙錢。前人說這句話，主要奉勸人做事要眼明手快，行事要果斷，否則「良機」將被人搶走。

tso³ tit⁴ ho² tioh⁸ ho²　　tso³ m⁷ ho² tua³ thih⁴ so²

做 得 好 著 好 ， 做 毋 好 帶 鐵 鎖

解釋 著好：就好。毋好：不好。帶鐵鎖：原指被戴上鐵鎖，關到牢籠裡，此處指「有麻煩」。

涵義 事情做得好，沒人會感謝你；做不好，麻煩和批評就會接著來。

說明 「做得好著好，做毋好帶鐵鎖」是說事情做好便罷，做不好就要準備戴鐵鎖，接受懲罰。像這種有功無賞，有錯必罰的事情，根本是吃力不討好的事。

對應華語 徒勞無功、勞而無功、吃力不討好。

tso³ mue⁵ lang⁵　　to³ thiap⁴ phing³ kim¹

做 媒 人 ， 倒 貼 聘 金

解釋 做媒人：幫人家做媒。倒貼：虧本。聘金：結婚的禮金。

涵義 形容人純粹以「助人」為出發點，不為名利做事，就算要虧本也不在意。

說明 媒人婆幫人家作媒，本來有一包大紅包可以拿，卻因為新郎官家貧，付不起聘金，於是媒人婆好人做到底，不僅不收媒人禮，還幫忙出聘金的錢，真是熱心到了極點。

對應華語 送佛送上西、幫人幫到底。

tso³ mue⁵ lang⁵ bo⁵ pau¹ senn¹ kiann²

做 媒 人 無 包 生 囝

解釋 做媒人：幫人做媒。包生囝：保證會生孩子。

涵義 說明事情不能保證一定會達到滿意的程度。

說明 媒人婆的責任是幫未婚男女牽紅線，撮合好姻緣，男女婚後是不是會生小孩，傳宗接代？這不是媒人婆所能打包票的。因此當一個人被要求保證某事一定會如何時，可以用「做媒人無包生囝」來回答對方，意思是說不能保證事情一定會達到滿意的程度。

對應華語 師父領進門，修行在各人。

tso³ ok⁴ tso³ tok⁸　　khia⁵ be² lok⁸ khok⁸

做惡做毒，騎馬碌硞；

ho² sim¹ ho² hing⁷　　bo⁵ sann¹ thang¹ tshing⁷

好心好行，無衫通穿

解釋 做惡做毒：為非作歹。碌硞：馬蹄碰觸地面的聲音。好心好行：指心地好，品行佳的人。無衫通穿：沒有衣服可以穿。

涵義 感嘆天道不公，壞人沒有受到報應，好人也沒有得到福報。

說明 四處為非作歹的壞人，不但沒有受到老天爺的懲罰，還騎著馬到處逞威風；而好心腸，德行佳的好人，卻只能穿著破爛的衣衫，過著衣食有虞的貧困生活。整句話是感嘆天道不公，壞人不但沒有遭到應得的報應，還得到老天爺的照顧，而好人不但沒有得到福報，還被老天爺懲罰，淪為貧窮人家。

對應華語 不公不平、天不公，地不道、天道不公。

tso³ bo⁵ tsit⁸ thng¹ si⁵　　tsiah⁸ beh⁴ kui¹ pun³ ki¹

做無一湯匙，食欲規畚箕

解釋 做無一湯匙：指事情做得少。欲：要。規：整個。畚箕：竹製的盛物器具。規畚箕：比喻「多」的意思。

涵義 形容一個人好吃懶做。

說明 「做無一湯匙，食欲規畚箕」是說做事情的量沒有一湯匙那麼多，吃東西的量卻足足有一個畚箕，用來形容人吃多做少，只會吃，不會做，是個「好吃懶做」的人。

對應華語 好吃懶做、四體不勤、飽食終日、好逸惡勞、游手好閒。

tso³ tioh⁸ phainn² tshan⁵ bang⁷ au⁷ tang¹　　tshua⁷ tioh⁸ phainn² boo² tsit⁸ si³ lang⁵

做著歹田望後冬，娶著歹某一世人

解釋 做著歹田：耕種到貧瘠、排水不好的田地。望：期待。後冬：後年。娶：娶妻。歹某：指不賢慧或不合己意的妻子。一世人：指一輩子。

涵義 說明婚姻是一輩子的大事，尋找對象應謹慎小心。

說明 本諺語的重點在後面一句。農夫耕種到「歹田」，該年的收成一定會受到影響，但如果重新施肥，改善土質，來年就有豐收的機

會，所以「希望」是存在的；男人如果不幸娶到「歹某」，一輩子都要活在痛苦與折磨當中，人生就會從「彩色」變成「黑白」。

補充 當「焄tshua⁷」解釋為「迎娶」時，依教育部2007年5月公布之台灣閩南語推薦用字第一批將「焄tshua⁷」寫作「娶tshua⁷」。

對應華語 婚姻不可當兒戲。

---

tso³ tshat⁸　　be⁷ mua⁵ tit⁴ hiong¹ li²
做 賊 ， 獪 瞞 得 鄉 里

解釋 獪瞞得鄉里：不能瞞過左鄰右舍或親戚朋友。鄉里：指左右鄰居。

涵義 形容人做了壞事，無法瞞過熟人。

說明 鄉下與都市最大的差異在於城市人就算緊鄰，彼此也很少往來，所以不知道左鄰右舍住了哪些人？但鄉下就不一樣了，同一個村落住的不是親戚、朋友就是同學，大家平常都有往來，再熟悉不過了，所以某人若做了壞事，消息很快就會傳遍鄉里，想瞞也瞞不了。

補充 依教育部2008年5月公布之台灣閩南語推薦用字第二批將「獪be⁷」寫作「袂be⁷」。

對應華語 好事不出門，壞事傳千里、若要人不知，除非己莫為、好話不出門，惡話傳三村。

---

tso³ tshat⁸ tsit⁸ kenn¹　　tsiu² tshat⁸ tsit⁸ me⁵
做 賊 一 更 ， 守 賊 一 暝

解釋 更：換算夜間時辰的時間單位。一暝：徹夜、一整夜。

涵義 喻防不勝防，根本難以防備。

說明 古人將「夜」分成五更。以前的小偷都利用夜間來行竊，他只要用一更的時間作案就可以得手了，但守更的人卻要花一整夜的時間來防範，因為小偷隨時會來，不知道哪一更會出現？根本防不勝防，很難抓得到他。

對應華語 疲於應付、窮於應付、防不勝防。

tso³ tshat⁸ huah⁴ liah⁸ tshat⁸
做 賊 喝 掠 賊

解釋 喝:大聲叫喊。掠賊:抓賊。

涵義 做錯事是甲,卻將過錯全推給乙承擔,以逃避責任。

說明 做賊偷竊的人之所以喊捉賊,其原因不外:①想要矇蔽視聽,證明自己不是竊賊。②想要推卸責任,將過錯諉予他人。現代人說:「做賊喝掠賊」,都是採用②的意思,也就是做錯事的是甲,卻將過錯全推給乙,以避開責任。

對應華語 做賊喊捉賊。

tso³ kue² bo⁵ pau¹ ann⁷
做 粿 無 包 餡

解釋 粿:由米或麵粉所製成的美食。餡:包在肉圓、水餃、麵包等食物內的料。

涵義 形容人只有好看的外表卻沒有內涵。

說明 「做粿無包餡」是說所做的粿只有外皮,沒有包餡,引申為只有美麗的外表,卻沒有實質的內涵,也就是「虛有其表」、「華而不實」的意思。

對應華語 虎皮羊質、華而不實、虛有其表。

tso³ kue² be⁷ am¹ tit⁴ lang⁵ tshui³
做 粿 膾 掩 得 人 喙

解釋 粿:由米或麵粉所製成的美食,此處指甜味的「粿」。膾掩得人喙:不能塞住別人的嘴巴。

涵義 說明即使給人家甜頭吃,也難以阻止人家開口說話。

說明 「粿」是台灣主要美食之一,以前過年期間,家家戶戶都會蒸「甜粿」來吃,以象徵來年不會吃苦。「做粿膾掩得人喙」是說即使做「甜粿」給人家吃,也無法堵住人家的嘴巴,要對方不說話,用來說明就算給人家甜頭嘗,也難以阻止對方將祕密說出去。

補充 依教育部2008年5月公布之台灣閩南語推薦用字第二批將「膾be⁷」寫作「袂be⁷」。

對應華語 難杜悠悠之口。

tso³　ti¹　hoo⁷　lang⁵　thai⁵

做 豬 予 人 刣

解釋 予人：讓人、給人。刣：宰殺的意思。做豬予人刣：當成豬隻，任人宰殺。

涵義 人無法掌控自己的命運，只能任人宰割。

說明 豬養大之後都會被主人賣到屠宰場宰殺，一旦被送到那裡，豬隻根本沒有反抗的能力，只能慢慢等死。「做豬予人刣」是說人被當成豬一樣，任人家殺剖，沒有反抗的能力。

對應華語 任人宰殺、聽憑宰割。

tso³　thau⁵　be⁷　tit⁴　hah⁸　tsiong³　lang⁵　i³

做 頭 燴 得 合 眾 人 意

解釋 頭：首領、領導者。燴得：不能。合眾人意：指讓大家都滿意。

涵義 說明帶頭的人，儘管做事面面俱到，還是無法讓所有人滿意。

說明 一個團體內，人多嘴雜，大家的想法和意見不可能完全一樣，領導者如果依「少數服從多數」的民主制度來做決策，還是會有少數人不滿意，而有微辭，不管怎麼面面俱到，還是無法盡如人意。

補充 依教育部2008年5月公布之台灣閩南語推薦用字第二批將「燴be⁷」寫作「袂be⁷」。

對應華語 順了姑意，逆了嫂意。

tso³　ku¹　bo⁵　bue²　　tso³　lok⁸　bo⁵　kak⁴

做 龜 無 尾 ， 做 鹿 無 角

解釋 尾：指尾巴。

涵義 意謂人做什麼事都不像個樣子，沒有任何成就可言。

說明 烏龜的尾巴雖然短，但還是有尾巴，如果沒有尾巴就不像烏龜；鹿一定會長角，除非被人鋸掉，如果天生沒有長鹿角就不像鹿了。「做龜無尾，做鹿無角」是說做烏龜卻沒有長尾巴，做鹿卻沒有長角，用來形容做什麼不像什麼，高不成，低不就，毫無成就可言。

對應華語 高低不就、高不成，低不就。

tso³ hi³ e⁵ beh⁴ suah⁴　khuann³ hi³ e⁵ m⁷ suah⁴

做戲个欲煞，看戲个毋煞

解釋 做戲个：演戲的人。煞：收場、結束。毋煞：指不肯散場。

涵義 比喻欲罷不能。

說明 戲劇收場的時候，表演者上台謝幕，向台下的觀眾鞠躬致意，無奈看戲的觀眾意猶未盡，直呼「安可」，希望表演者再繼續演下去，結果形成了表演者想收場，但看戲的人卻不想散場的尷尬場面，這就是所謂的「曲終人不散」、「欲罷不能」的景況。

補充 當「个e⁵」解釋為「的」時，依教育部2007年5月公布之台灣閩南語推薦用字第一批將「个e⁵」寫作「的e⁵」。

對應華語 欲罷不能、曲終而人不散。

tso³ hi³ tso³ kau³ lau⁷　tshui³ tshiu¹ theh⁸ ti⁷ tshiu²

做戲做到老，喙鬚提佇手

解釋 喙鬚：指鬍鬚。提佇手：拿在手上。全句是說：老演員將原本該懸掛於嘴上的鬍鬚提在手上。

涵義 形容再怎麼熟練的人，還是會有閃失的時候。

說明 「做戲做到老」表示戲齡資深，演戲的經驗非常老到；通常這種演員多半飾演老生，也就是出場要戴上鬍子。老生出場沒有戴上鬍子，還將它拿在手上，這是非常嚴重的疏失，照理說是不可以犯的，但既然連資深演員都會不小心犯錯，足以證明：人即使再熟練、老到，還是會有閃失、出差錯的時候。

對應華語 人有失足，馬有失蹄。

tso³ hi³ khong¹　khuann³ hi³ gong⁷

做戲悾，看戲戇

解釋 做戲：演戲的人。悾：指裝瘋賣傻。戇：傻傻的、呆呆的。

涵義 形容彼此都心甘情願，一個願打，一個願挨。

說明 演戲者在戲台上扮演各種角色，經常裝瘋賣傻，飾演一些虛構的人物，觀眾也知道劇中有許多劇情是假的，偏偏情緒會隨著劇情的發展而波動，一會兒笑翻天，一會兒一把眼淚，一把鼻涕的。「做戲悾，看戲戇」，是說演員在戲台上裝瘋賣傻，台下的觀眾卻看得如癡如醉，真是一個願打，一個願挨啊！

對應華語 一個願打，一個願挨。

tso³ ke¹ tso³ tsiau² tho² tsiah⁸   tso³ tsui² gu⁵ lau⁵ sai²

做雞做鳥討食，做水牛漏屎

解釋 討食：尋覓食物吃，此處比喻為賺錢。漏屎：腹瀉、拉肚子，此處比喻為支出。

涵義 形容人收支不平衡，賺得少，卻花得多。

說明 雞跟鳥進食，因為肚子不大，所以吃的食物並不多；水牛則不一樣，不但食量大，拉出來的「屎量」也多。如果用雞、鳥進食的量跟水牛拉屎的量來比較，後者當然是前者的好幾十倍。「做雞做鳥討食，做水牛漏屎」是說人的收入如雞、鳥的食量那麼少，支出卻像水牛拉屎那麼多，代表某人賺得少，卻花得多，即「入不敷出」之意。

補充 依教育部2009年10月公布之台灣閩南語推薦用字第三批將「漏lau³」寫作「落lau³」。

對應華語 入不敷出、寅吃卯糧、捉襟見肘、左支右絀。

thau¹ gia⁵ koo² tsenn² ia⁷ tioh⁸ jin⁷

偷夯古井也著認

解釋 夯：用肩膀來舉物品。也著認：也需要承認。

涵義 形容人羅織莫須有的罪名，冤枉無辜的人。

說明 古井是前人汲取水的地方，一般都坐落於屋子外頭，周圍用磚塊墊高固定，砌成圓形或方形，是怎麼也偷不走的。「偷夯古井也著認」是說連「偷竊古井」這種莫須有的罪名都要承認，顯然是有人要冤枉或嫁禍他人。

對應華語 曲意栽贓、屈打成招、欲加之罪，何患無辭。

thau¹ gia⁵ tiann² hin⁷ thau¹ kut⁸ oo⁷

偷夯鼎恨偷掘芋

解釋 夯：用肩膀來舉物品。鼎：烹飪的鍋子。掘芋：用鋤頭掘芋頭。

涵義 形容兩人都做出非法的事情，卻彼此瞧不起對方的行徑。

說明 「偷夯鼎」是一種偷竊行為，「偷掘芋」也是一種偷竊行為，現在「偷夯鼎」的人對「偷掘芋」的人所做的行為感到可恥、可

恨，卻沒有想到自己也是偷竊的人，真可謂「五十步恨百步」，彼此「半斤八兩」卻不自知。

對應華語 半斤八兩、相去無幾、五十步恨百步、龜笑鱉無尾。

thau¹ thiah⁴ li⁵ pa¹　khi² tshiunn⁵ a² pue⁵

偷拆籬笆，起牆仔賠

解釋 籬笆：指竹籬笆。起：建造。牆仔：指紅磚圍牆。

涵義 說明人先前所得到的利益抵償不了事後的損失，怎麼也不划算。

說明 以前的人多用竹子插在地上當竹籬笆，想要隨手拔起是很簡單的事；如果某人為了貪小便宜而去偷拆人家的竹籬笆，這已經構成了竊盜罪，萬一屋主要追究責任，可是要坐牢的；如果屋主不報官處理，卻要求偷竊者砌磚牆賠償，基於息事寧人，這筆錢還是要花，但是磚牆畢竟比竹籬笆的價格貴上許多，只因為偷幾根竹子就要賠上一整面的磚牆，真是「得不償失」啊！

對應華語 因小失大、得不償失、掘室求鼠、爭雞失羊。

thau¹ tsiah⁸ bo⁵ tshit⁴ tshui³

偷食，無拭喙

解釋 偷食：指偷吃東西。拭喙：將嘴巴擦拭乾淨。

涵義 喻人做了壞事卻不曉得善後，以致事跡敗露，被人知道。

說明 「偷食，無拭喙」的本意是指偷吃東西卻沒有將嘴巴擦拭乾淨，留下了證據，讓人家抓住了把柄。除了吃之外，這句話也可以套用在事方面，例如丈夫偷腥，忘了將衣服的口紅擦乾淨；當小偷，卻在作案現場留下指紋……等。

對應華語 遺人把柄。

thau¹ tsiah⁸ be⁷ mua⁵ tit⁴ tshui³khi²　tho² sai³ be⁷ mua⁵ tit⁴ hiong¹ li²

偷食𧸖瞞得喙齒，討婿𧸖瞞得鄉里

解釋 瞞得喙齒：欺騙不了牙齒。討婿：勾引情夫。鄉里：指鄰居。

涵義 告誡人不可幹壞事，否則是瞞不了人的。

說明 一般人進食，因為需要牙齒的咀嚼，所以吃什麼東西，牙齒一定會知道；婦人與情人暗通款曲，容易引起左鄰右舍的注意，很快就會被他們發現。由此可知，人若想做壞事，是瞞不了別人的，

因為很快就會被人發現。

補充 依教育部2008年5月公布之台灣閩南語推薦用字第二批將「ㄅㄟ be⁷」寫作「袂 be⁷」。

對應華語 紙包不住火、欲人勿知，莫若勿為、鴨蛋再密也有縫、若要人不知，除非己莫為。

---

thau¹ liam³ thau¹ tsiam³　　tsit⁸ si³ lang⁵ khiam³
偷 捻 偷 佔 ，一 世 人 欠

解釋 捻：摘取。佔：據為己有。一世人欠：一輩子都在貧困、虧欠。

涵義 說明僅靠侵占他人財物來維生，沒有正當的生財管道者，一輩子都不會好過。

說明 「偷捻偷佔」是說用非法的手段侵占他人的錢財。由於這種錢財得來容易，當事者不會守成，所以來得快，去得也快，最後終歸又回到原點，還是一樣要過窮困的日子，一輩子都無法富裕；就算因此富裕了，也不能用得心安理得，因為心靈一輩子都覺得虧欠。

---

thau¹ liah⁸ ke¹ ia⁷ tioh⁸ tsit⁸ me¹ bi²
偷 掠 雞 也 著 一 搣 米

解釋 偷掠：偷抓。也著：也要。一搣米：一把米

涵義 喻要有所得就要先付出，天下沒有不勞而獲的事。

說明 偷雞若直接用蠻力，搞得雞飛狗跳，肯定會驚動主人的注意，如果用一把米，逐步將雞隻引誘出籠，然後再下手偷雞，一定能水到渠成，既不驚動主人又能順利抓到雞。雖然這是偷竊的行為，但也要浪費一把米才能順利抓到雞，所以前人用這句話來說明人想要有所得之前，都要先付出心血、時間或勞力，因為天下沒有白吃的午餐。

對應華語 沒有付出就沒有收穫、天下沒有白吃的午餐。

---

thau¹ kuah⁴ tshik⁴　　sia² si³ mue⁵
偷 割 粟 ，捨 施 糜

解釋 粟：稻穀。捨施：將東西贈給別人。糜：稀飯。

涵義 諷刺人偽善，用不法途徑取得的財物來做慈善事業。

說明 以前只要遇上饑荒，地方上的善心人士就會煮稀飯救濟飢民，讓大家不會餓肚子。之所以煮稀飯而不是白飯，是因為稀飯有水，煮起來份量較多，可以分給更多的人吃。「偷割粟，捨施糜」是說去偷割人家的稻穀，然後煮成稀飯救濟飢民，這是一種偽善，因為煮稀飯的稻子並不是出錢買來或自己種的，而是用不正當的方法所取得的。

phinn¹ mi⁷　　tsiah⁸ m⁷ tsai¹ pa²
偏 麵 ， 食 毋 知 飽

解釋 偏：分出。偏麵：從別人的碗裡撈起麵來食用。毋知：不知道。
涵義 形容人得了還想再得，貪心永遠不能滿足。
說明 上麵館吃麵時，如果是自己花錢買的麵，大概一碗就吃飽了，但如果是從別人（朋友）碗裡撈出來的麵，因為不用花錢，所以拚命的吃，好像吃再多都不會覺得飽，整句話引申為貪得無厭的意思。
對應華語 貪得無厭、得隴望蜀、巴蛇吞象、人心不足蛇吞象。

tsian² lai⁷ ku¹　　poo² kha¹ tsiah⁴
剪 內 裾 ， 補 加 脊

解釋 裾：指衣裙的下襬。補：縫補、修補。加脊：指身體背面。全句指：剪內裾的布料來補背部的破洞。
涵義 治標不治本，原本的問題依然存在，沒有解決。
說明 穿衣服的時候，「加脊」比「內裾」明顯，別人比較容易看得到，所以從「內裾」剪掉一塊布，補到「加脊」的破裂處。雖然「加脊」是補上了，但「內裾」卻破了個洞，問題還是存在，這種做事方法，根本只是治標不治本，挖東牆去補西牆罷了。
補充 依教育部2008年5月公布之台灣閩南語推薦用字第二批將「加kha¹脊」寫作「尻kha¹脊」。
對應華語 於事無補、治標不治本、挖東牆，補西牆。

e² kau² e⁵ hoo⁷ phang¹ ting³ tioh⁰
啞 口 个 予 蜂 釘 著

解釋 啞口个：指啞巴。予：讓、給。釘著：螫到、咬到。

台灣俗語諺語辭典

涵義 喻心中有苦楚，卻說不出來。

說明 啞巴本來就無法正常言語，當他被蜜蜂螫到，即使很痛也只能痛在心裡，不能用言語表達，所以「啞口个予蜂釘著」用來指人有苦難言。

補充 當「个e⁵」解釋為「的」時，依教育部2007年5月公布之台灣閩南語推薦用字第一批將「个e⁵」寫作「的e⁵」。

對應華語 有苦難言、苦在心頭、啞子吃苦瓜、啞巴打官司、啞巴吃黃連。

e² kau² tsiah⁸ ng⁵ ni⁵
啞 口 食 黃 連

解釋 啞口：啞巴。黃連：多年生的草本植物，為一種苦藥材，食之可降火去毒。

涵義 喻人有苦處或難處，卻無法說出口。

說明 黃連是一種非常「苦」的藥材，主要是由黃連木的樹皮所製成。一般人吃黃連都會叫苦連天，因為它的苦味比起苦瓜，有過之而無不及，而啞巴吃黃連，只能苦在心裡，卻無法說出口。

對應華語 有苦難言、有苦難訴、苦在心頭、啞巴吃苦瓜、啞巴打官司、啞巴吃黃連。

e² kau² teh⁴ si² kiann² u⁷ ue⁷ bo⁵ te³ kong²
啞 口 硩 死 囝 ， 有 話 無 地 講

解釋 啞口：啞巴。硩死囝：壓死小孩。無地講：無處訴苦。

涵義 形容心裡有苦衷或難處，卻無法說出來。

說明 天下父母心，做父母的不小心壓死自己的兒女，沒有人不傷心自責的，即使啞巴也一樣會哭得很傷心，只不過他們無法用言語表達，心裡之痛無以宣洩，真是有苦難言啊！

對應華語 有口難言、有苦難言、有苦難訴、苦在心頭、啞巴吃苦瓜、啞巴打官司、啞巴吃黃連。

一畫
二畫
三畫
四畫
五畫
六畫
七畫
八畫
九畫
十畫
十一畫
十二畫
十三畫
十四畫

e² kau² hing³ pun⁵ tshue¹　　tua⁷ tsih⁸ hing³ kong² ue⁷
啞口興歕吹，大舌興講話，
tshenn¹ me⁵ hing³ puah⁸ pue¹
青瞑興跋桮

解釋 啞口：啞巴。興：喜好、愛好。歕吹：吹牛、說大話。大舌：說話結巴。青瞑：眼盲，看不見。跋桮：指善男信女擲杯筊來推測吉凶。

涵義 形容人本身有缺點，卻又喜愛表現，根本是自暴其短。

說明 啞巴本身已經有言語的障礙，偏偏又喜歡吹牛，即使用盡力氣支支吾吾，也沒有人聽得懂；說話結巴的人，咬字本來就不清楚，偏偏又喜歡講話，讓人聽得很痛苦；眼盲的人看不清楚外在的事物，偏偏喜歡到廟裡擲杯筊，就算擲到「聖杯筊」，他也看不到。

補充 依教育部2007年5月公布之台灣閩南語推薦用字第一批將「青瞑tshenn¹me⁵」寫作「青盲tshenn¹me⁵」

對應華語 不知藏拙、自暴其短。

e² kau² hing³ kong² ue⁷
啞口興講話

解釋 啞口：啞巴。興：喜愛、喜好。

涵義 人自暴其短。

說明 啞巴本身已經有言語的障礙，偏偏又喜歡學人家講話；由於他只能發出「喔～喔」的聲音，不能像正常人一樣說話，所以說了半天，不但沒有人了解他所要表達的意思，還自暴其短，把自己的缺點都顯露出來了。

對應華語 不知藏拙、自暴其短。

mng⁷ hut⁸ mng⁷ khuann³ hut⁸ kut⁴ u⁷ kui² ki¹
問佛問看佛骨有幾枝

解釋 問佛：向神明求教。佛骨：指佛祖身上的骨頭。

涵義 責罵人隨便亂問問題，連無聊、不相關的問題都提出來發問。

說明 一般求神問佛都是求心安，不然就是問與自己相關的問題；但是某人到廟裡不是求心安，也不是問自己的問題，而是向神明詢

590

問：「身上有幾根佛骨？」根本是胡問、亂問，因為神佛不是人，根本沒有骨頭，所以這個問題是問得太過火了。

問 徦 有 一 枝 柄 通 夯

mng⁷ kah⁴ u⁷ tsit⁸ ki¹ penn³ thang¹ gia⁵

解釋 徦：到某種程度。通：可以。夯：用肩舉重物。

涵義 形容某人一直追根究柢地問問題，引起被問者的不悅。

說明 某人問問題，從沒有具體的東西一直問到出現具體（指「一枝柄」）的東西，表示此人一直追根究柢地問問題，想要得到一個答案。當甲不斷地向乙問問題，乙覺得不耐煩，就會對著甲說：「問徦有一枝柄通夯」。

補充 依教育部2008年5月公布之台灣閩南語推薦用字第二批將「徦 kah⁴」寫作「甲kah⁴」。

對應華語 追根究柢、追本溯源、追本窮源、打破沙鍋問到底。

問 神 著 有 毋 著 ， 請 醫 生 著 食 藥

mng⁷ sin⁵ tioh⁸ u⁷ m⁷ tioh⁸ tshiann² i¹ sing¹ tioh⁸ tsiah⁸ ioh⁸

解釋 著有：表示「就有」。毋著：指不對勁、不順利。請醫生：去請醫生看診。著食藥：就必須吃藥。

涵義 強調某些人會順勢揩油，賺不道德的錢財，大家應該當心，才不會被人所騙。

說明 人會去問神明、看醫生，表示有不對勁的地方，所以廟公或道士會順勢講一些鬼話連篇的話來嚇人，讓信徒急得花錢消災；而醫生不管病人有沒有病，都會開藥讓他帶回家服用。前人之所以會說這句話，主要強調有些人會順勢揩油，大家應該睜亮眼睛，才不會受騙。

對應華語 趁機揩油、趁火打劫。

問 路 殺 樵 夫

mng⁷ loo⁷ sat⁴ tsiau⁵ hu¹

解釋 樵夫：靠砍柴維生的人。

涵義 喻人過河拆橋、忘恩負義。

說明 某人向樵夫問路，在得知答案後就將樵夫殺掉，他之所以這麼

做，有可能是想逃避後方敵人的追殺，也有可能是嗜殺成性或其他原因。不管如何，樵夫是有恩於己的人，將人利用完後就殺掉，這便是「過河拆橋」、「忘恩負義」的行為。

對應華語 忘恩負義、兔死狗烹、鳥盡弓藏、卸磨殺驢、過河拆橋、過橋抽板。

---

siann² mih⁸ mia⁷ tsiah⁸ kah⁴ tik⁴ tsam³ piann²
啥 物 命 食 佮 竹 塹 餅

解釋 啥物命：什麼命。食佮：吃到。竹塹：為新竹的舊稱。竹塹餅：新竹的名產之一。

涵義 自嘆高攀不起，無福消受。

說明 竹塹餅是新竹的名產，在以前的人眼中，是一種高貴的食品，窮人家是吃不起的。「啥物命食佮竹塹餅」是說自己是什麼樣的命，可以吃到像竹塹餅這麼名貴的食品，表示某人自嘆沒有那個命可以吃竹塹餅，亦即「高攀不起」、「無福消受」的意思。

補充 依教育部2008年5月公布之台灣閩南語推薦用字第二批將「佮 kah⁴」寫作「甲kah⁴」。

對應華語 不敢垂涎、高攀不起、無福消受。

---

kian¹ sim¹ phah⁴ tsioh⁸ tsioh⁸ tsiann⁵ tshng¹
堅 心 拍 石 石 成 穿

解釋 堅心：比喻意志堅定。拍石：敲打石頭。石成穿：指將石頭打穿。

涵義 形容意志堅定、有恆心者，終有成功的一天。

說明 石頭是一種堅硬的物質，想要用簡單的器具將它打穿，並不是一件容易的事，但只要持續不斷的敲打，終有一天還是會將石頭打穿，所以人做事要有恆心，只要鍥而不捨地堅持到底，做任何事都會成功。

對應華語 滴水穿石、愚公移山、鐵杵磨成針、有志者事竟成、有心開山山成園、天下無難事，只怕有心人。

---

piau² bo⁵ tsing⁵ tshat⁸ bo⁵ gi⁷ khe³ hiann¹ bo⁵ tsi³ khi³
婊 無 情 ， 賊 無 義 ， 契 兄 無 志 氣

解釋 婊：妓女。契兄：指情夫、姘夫或姦夫。

涵義 告誡已婚婦女不可搞婚外情。

說明 本諺語的重點在最後一句。妓女會對一個男人好，圖的不過是男人的金錢，不會真心真意待人；小偷會偷人家的財物，本身就是個不顧道義的人；姘夫會跟人家的老婆有染，表示他不是一個有志氣的男人，已婚婦女跟著他鐵定不會得到幸福，到頭來只會搞得身敗名裂而已，什麼都沒有。

---

kia³ senn¹ tsiam³ koo² le⁵ a² khak⁴

寄生佔鼓螺仔殼

解釋 寄生：指寄居蟹之類的生物。佔：據為己有。鼓螺仔：一種海邊的貝殼類生物。

涵義 指某人強占他人的家園或財物。

說明 寄居蟹主要寄生於貝殼類生物的空殼內，每當牠的肉體長大一些，就會再尋覓大一點的空殼，然後占著不放，並將自己的肉身藏在殼內，待日後又長大時，才會再重新尋找空殼居住。前人說：「寄生佔鼓螺仔殼」就是以寄居蟹的生活方式來比喻某人強占他人的家園或財物。

對應華語 鳩佔鵲巢、鵲巢鳩居。

---

kia³ tsinn⁵ e⁷ kiam² kia³ ue⁷ e⁷ ke¹

寄錢會減，寄話會加

解釋 寄：委託人。寄話：請人家傳話。加：增、添。

涵義 喻人說話喜歡加油添醋。

說明 本諺語的重點在後面一句。請人家帶錢去給某人，錢只會少不會多；但請人家代為傳話，內容只會多不會少，因為帶錢的人可能會偷藏一些錢，沒有全數拿出來給人；至於傳話的人，則會加油添醋，自己加一些內容，所以說：「寄話會加」。

對應華語 加油添醋。

---

tsiong¹ kun¹ bo⁵ ti⁷ leh⁰ sio² kui² phah⁴ lah⁸

將軍無佇咧，小鬼拍獵

解釋 無佇咧：不在。小鬼：指底層的士兵。拍獵：打獵。

涵義 說明領導者不在，底下的部屬就會開始作怪。

說明 以前打獵是將軍們的特權，底層官兵是沒有這種權利的。「將軍無佇咧，小鬼拍獵」是說將軍沒有在營區內，表示營區裡沒大人，無人管教，於是底層的官兵就開始打獵、玩樂，作起怪來。

對應華語 山中無鳥，麻雀當王、山中無好漢，猢猻稱霸王、山中無老虎，猴子稱大王。

tai³ tho⁵ hue¹ iah⁸ be² tsu² tsit⁸ tng³ png⁷ kue³ sann¹ ke¹
帶桃花驛馬，煮一頓飯過三家

解釋 帶桃花：此為命相學的術語，指美豔如桃花的女子具有淫相。驛馬：為命相學的術語，指命帶驛馬的女人喜歡往外跑，不安於室。過三家：比喻到處話家常、串門子。

涵義 形容長相美麗的女子，不安於室，喜歡往外跑。

說明 桃花、驛馬都是命相學的術語，分別用來形容女子容易勾引男人和不安於室；「煮一頓飯過三家」表示煮一頓飯都要跑三家，與三姑六婆串門子、話家常，因此前人用整句話來形容貌美女子不安於室，老喜歡往外面跑。

對應華語 不安於室、不安其室。

tiunn¹ thian¹ su¹ tioh⁸ kui² be⁵
張天師著鬼迷

解釋 張天師：中國古代的抓鬼大師。著鬼迷：指人中了邪，被鬼纏身。

涵義 形容人一籌莫展，無法可施。

說明 張天師是古代的抓鬼大師，法力高強，鬼魂見到他無不逃之夭夭，躲得遠遠的。「張天師著鬼迷」是說張天師被鬼魂纏身，如果真是如此，那他就是「有法使不得」了。

對應華語 一籌莫展、無法可施、無計可施、有法使不得。

tiunn¹ ti⁵ bo⁵ sih⁸ pun²
張持無蝕本

解釋 張持：小心謹慎。無蝕本：不會虧本。

涵義 奉勸人不管對人或對事，都應該小心謹慎，才不會吃虧上當，損害根本。

說明 「張持」可針對人和事來說。對人方面，我們處在弱肉強食、你爭我奪的社會裡，到處都是陷阱，一不小心就會吃虧上當，因此，害人之心不可有，防人之心卻不可無；對事方面，如果行事不小心，小問題也會演變成大災難，例如車禍、火災、瓦斯中毒等都是不小心所引起。如果大家對人或對事都能夠「張持」，就可以避免吃虧上當，蒙受大的損失。

對應華語 小心駛得萬年船。

tng¹ niau² tshi² kiann¹ long³ phua³ khann¹
張 鳥 鼠 ， 驚 挵 破 坩

解釋 張鳥鼠：設陷阱等候老鼠自投羅網。挵破：打破。坩：鍋、盆之類的器具。

涵義 形容人做事有所顧忌。

說明 人設陷阱要捕殺老鼠，一看見老鼠在鍋、盆上出現，想要拿東西打牠，卻又怕不小心把鍋、盆打破，這種既想打老鼠，又怕打破東西的矛盾心理，與華語所謂的「投鼠忌器」是同樣的意思。

對應華語 投鼠忌器、躊躇審顧、瞻前顧後、猶豫不決。

tshai² ki⁵ koo² ngia⁵ m⁷ kiann⁵ tah⁴ phue⁷ a² kin¹ tue³ lang⁵ tsau²
彩 旗 鼓 迎 毋 行 ， 裯 被 仔 巾 綴 人 走

解釋 彩旗鼓：指持有彩色旗幟及鑼鼓喧天的踩街隊伍。迎：恭迎。毋：不肯、不願。裯被仔巾：可以包許多物品的布巾。綴人走：指女子跟情人私奔。

涵義 形容人不識抬舉。

說明 以前男方娶媳婦都會用大紅花轎及多人組成的「鼓吹隊」到女方家迎親，這是明媒正娶的儀式，只要新娘上轎，被轎夫抬往夫家拜堂，婚禮就算完成。「彩旗鼓迎毋行」表示女子拒絕了男方的迎娶；「裯被仔巾綴人走」是說女子暗中捲好細軟，與自己的情人私奔。男方明媒正娶她不要，卻寧願跟人家私奔，簡直是「不識抬舉」。

對應華語 不識好歹、不識抬舉、不識大體、敬酒不吃吃罰酒、賞酒不吃吃罰酒。

一畫 二畫 三畫 四畫 五畫 六畫 七畫 八畫 九畫 十畫 十一畫 十二畫 十三畫 十四畫

tit⁴　lang⁵　thiann³　khah⁴　iann⁵　phah⁴　piann³
得 人 痛 較 贏 拍 拚

解釋 得人痛:受人疼愛,此處指得到貴人的賞識。較贏拍拚:勝過於自己的打拚。

涵義 說明有貴人相助或賞識,比自己打拚更能迅速成功。

說明 一個人如果努力工作,也許會有成功的一天,但這個甜蜜的果實可能是幾年或幾十年之後才會到來;如果在人生旅途上得到貴人的相助,可以減少許多年的奮鬥,讓自己更快邁向成功之路,這種情形就是前人說的「得人痛較贏拍拚」。

補充 依教育部2009年10月公布之台灣閩南語推薦用字第三批將「痛thiann³」寫作「疼thiann³」。

對應華語 苦幹不若得寵。

tik⁴　sit⁴　thoo²　ti⁷　kong¹　　tshi⁷　bo⁵　ke¹
得 失 土 地 公 ， 飼 無 雞

解釋 得失:得罪。土地公:又稱「福德正神」,通常鎮守於地方上的某一角落。飼無雞:連雞都養不活。

涵義 多用來勸人不要惹上惡勢力,以免活受罪。

說明 土地公是一個地方的守護神,官位雖然不大,但所管轄的事物卻很多,舉凡牲畜、五穀、墳穴、財產……都是祂所職掌的範圍。每逢初二、十六,都會有人準備祭品來祭拜祂,因為大家都怕「得失土地公,飼無雞」。此處之土地公可比喻成有權有勢者或地方的惡霸,一般人如果得罪他們,都不會有好日子過。

對應華語 休得太歲頭上動土。

tik⁴　sit⁴　tsinn⁵　　m⁷　thang¹　tik⁴　sit⁴　lang⁵
得 失 錢 ， 毋 通 得 失 人

解釋 得失錢:得罪錢。此處比喻花一些錢。毋通:不可以。

涵義 說明寧願花錢息事寧人,也不願與人結怨,以免日後遭人報復或算計。

說明 人與人相處,一不小心就會起爭執,如果事後大家能握手言和,當然最好,若不能,該花錢息事寧人也得花,因為花一點錢,所

有的紛爭就會告一段落，這比起得罪一個人，讓他恨你一輩子或隨時找你報復來得划算，所以前人才會說：「得失錢，毋通得失人」。

對應華語 花錢事小，樹敵事大。

khia⁷ teh⁴ pang³ tse³   kui⁷ teh⁴ tho² tse³
徛 咧 放 債 ， 跪 咧 討 債

解釋 徛：站立。咧：助動詞，正在進行。放債：將錢財借予人。跪咧討債：跪著請求人家還錢。

涵義 形容借人錢財容易，但要討回借款困難。

說明 甲借錢給乙時，通常是乙要看甲的臉色，等日後甲要向乙討債，就輪到甲要看乙的臉色了，如果乙一直拖著不還錢，恐怕甲還要跪著求乙還錢呢。由此可知，借人錢財並不難，真正要討回債款的時候才困難。

對應華語 放債容易，討款難。

khia⁷ teh⁴ kong² lang⁰   tse⁷ teh⁴ hoo⁷ lang⁵ kong²
徛 咧 講 人 ， 坐 咧 予 人 講

解釋 徛：站著。咧：助動詞，正在進行。講人：指數落人或批評人的是非。予人講：讓人家評論自己的是非。

涵義 喻道人是非者，很快就會成為別人談論的對象。

說明 「徛咧講人，坐咧予人講」表示時間轉換很快，剛剛還站著講人家的是非，才一坐下就換成是別人評論的對象，因此，喜歡道人是非者，自己也是是非人。

對應華語 道人是非者，便是是非人。

khia⁷ na² tang¹ sai¹ thah⁴   to² na² lok⁸ iong⁵ kio⁵
徛 若 東 西 塔 ， 倒 若 洛 陽 橋

解釋 徛：站立。若：好像是。東西塔：位於中國泉州內的一座高塔。倒：躺著。洛陽橋：位於中國泉州內的一座長橋。

涵義 形容某人高頭大馬，身高不矮。

說明 某人站立如「東西塔」那麼高，橫躺如「洛陽橋」那麼長，表示此人的身高不矮，是屬於「高頭大馬」型的人。

一畫 二畫 三畫 四畫 五畫 六畫 七畫 八畫 九畫 十畫 十一畫 十二畫 十三畫 十四畫

對應華語 人高馬大、高頭大馬。

khia⁷ tshu³ tioh⁸ ho² tshu³ pinn¹　tso³ tshan⁵ tioh⁸ ho² tshan⁵ pinn¹
徛厝著好厝邊，做田著好田邊

解釋 徛厝：居家。著：要。好厝邊：好鄰居。做田著好田邊：指耕田的人都希望與熱心的農家為鄰。

涵義 說明慎選鄰居的重要性。

說明 居家旁邊若住著好鄰居，有困難，他們會協助你，而且可以守望相助，互通有無；如果住著惡鄰居，凡事不但斤斤計較，還會做出傷害對方的事來；田地旁若有一個好「田邊」，巡「田水」的時候可以幫忙看一下，而且農事忙碌時，也可以互相幫助；如果遇到「惡田邊」，不但會暗中破壞你所種植的作物，還不讓你從他的田邊走過。因此，慎選鄰居真的很重要！

對應華語 孟母擇鄰、孟母三徙、擇鄰而居。

khia⁷ kuan⁵ suann¹khuann³ be² sio¹ that⁴
徛懸山看馬相踢

解釋 徛：站。懸山：高山。相踢：互相爭鬥。

涵義 說明不親自參與事情，只待在一旁觀察事情的發展結果。

說明 「徛懸山看馬相踢」是說居高臨下，看下方的馬相踢，用來形容事不關己，自己只是一個旁觀者，只會觀看事情的發展結果，不會實際參與。

對應華語 冷眼旁觀、坐觀成敗、隔岸觀火、袖手旁觀、作壁上觀、置身事外、隔山觀虎鬥。

tsing⁵ li² lang⁵ khoo³ ka¹ ki⁷ thng³
情理人，褲家己褪

解釋 情理人：指懂事的人。家己：自己。褪：脫掉。褲家己褪：比喻人承認做錯事，並虛心接受處罰。

涵義 通情達理的人，犯錯會勇於認錯，並接受應得的處罰。

說明 以前的人犯錯，被衙役抓到官府，通常在關進大牢之前都會先脫褲子打幾個大板，以示懲罰。「情理人，褲家己褪」表示通情達理的人知道自己做錯，勇於認錯，所以自己將褲子脫下來，虛心

接受處罰。

對應華語 勇於認錯、朝過夕改。

tsing⁵ li² puah⁸ to² thai³ san¹
情 理 跋 倒 泰 山

解釋 情理：人情事理。跋倒：跌倒、摔跤，此指使之跌倒。泰山：位於中國山東省內，為五嶽之一。

涵義 說明只要在情理上站得住腳，走到哪裡都不怕。

說明 華語有一句成語叫「穩如泰山」，意思是說穩定牢固如泰山一般，無可撼動，這就是「泰山」在中國人心目中的形象。前人說：「情理跋倒泰山」意思是說人只要在情理上站得住腳，連穩定牢固的泰山都會因此崩落，也就是「有理走遍天下，無理寸步難行」的意思。

對應華語 有理走遍天下，無理寸步難行。

sioh⁴ hue¹ lian⁵ ki¹ sioh⁴
惜 花 ， 連 枝 惜

解釋 惜：疼愛、珍愛。連：及於。枝：指樹椏。

涵義 喜愛一個人連帶喜愛與他有關的人、事或物。

說明 人喜歡美麗的花朵，連它的枝椏都一併喜歡，這就好比人疼惜某人，連帶也會疼惜與他有關的人、事或物。

對應華語 愛屋及烏、推愛屋烏。

sioh⁴ hue¹ lian⁵ phun⁵ sioh⁴ kiann² lian⁵ sun¹
惜 花 連 盆 ， 惜 囝 連 孫

解釋 惜：疼愛、珍愛。連：及於。盆：指花盆。囝：子女。

涵義 因喜愛某人而連帶喜愛與他有關的人或事或物。

說明 喜歡花就連栽種的花盆也一併喜歡，疼愛子女就連他們所生的子女（即孫子、孫女）也一併疼愛；這是一種移情或連愛的作用，意思是說疼愛某人，連帶也會疼愛與他有關係的人或物。

對應華語 愛屋及烏、推愛屋烏。

一畫
二畫
三畫
四畫
五畫
六畫
七畫
八畫
九畫
十畫
十一畫
十二畫
十三畫
十四畫

liah⁸ lang⁵ e⁵ tshui³ tsih⁸ kin¹
掠人个喙舌根

解釋 掠：抓。个：的。喙舌根：指舌根。

涵義 喻藉機挑人家的語病。

說明 「喙舌根」原是指人的舌根，此處指人家講話的語尾，也就是所謂的「語病」。一般人講話都會有語病，除非受過「口語」訓練，否則話講太多，語病就多，很容易被人家「掠喙舌根」，藉機反駁你話中的意思。

補充 當「个e⁵」解釋為「的」時，依教育部2007年5月公布之台灣閩南語推薦用字第一批將「个e⁵」寫作「的e⁵」。

對應華語 抓人話柄。

liah⁸ lang⁵ m⁷ tso³ sit⁴ liah⁸ phang¹ m⁷ tso³ bit⁸
掠人毋作穡，掠蜂毋做蜜

解釋 掠人：強抓來的人。毋作穡：不願意下田耕作。掠蜂：被強行捕捉來的蜜蜂。毋做蜜：不願意生產蜂蜜。

涵義 形容強迫他人去做不願意做的事，所得的成效非常有限。

說明 被強行抓來的人，因為不是出於自願，所以做事敷衍、馬虎，沒什麼成效可言；被強行抓來的蜜蜂，因為脫離母蜂，喪失採蜜的原動力，所以就不再釀蜜。由此可知，用強迫的手段逼人家去做事情，通常達不到成效，不會如自己所願。

對應華語 按著牛頭喝不得水、按著牛頭吃不得草。

liah⁸ siu³ tsai⁵ tann¹ tann³
掠秀才，擔擔

解釋 掠：原意為「捉」，此處解為「請」、「令」。秀才：讀書人的通稱。擔擔：用肩膀挑重擔。

涵義 形容沒有專才專用，浪費人力。

說明 「擔擔」是一種粗重的工作，應該請身強體壯、虎背熊腰的苦力來做才是；秀才不過是個文人，請他來挑重擔，做粗重的工作，根本是所用非人，白白地浪費人力。

對應華語 大才小用、牛鼎烹雞、用人非才、所用非人、殺雞用牛刀。

liah⁸ bang⁵ tang¹ tso³ kuai²
掠芒茭做柺

解釋 掠：取、抓。芒茭：指芒花的莖部，質地脆弱、易折斷。柺：指柺杖。

涵義 意謂沒有適才適用，將人用錯了地方。

說明 人之所以拿柺杖，不是雙腿有毛病，就是年紀大怕跌倒，因此，做柺杖的材料應該仔細挑選，最好用質地堅硬、不容易折斷的材料來製造，才不會讓使用者產生危險。「掠芒茭做柺」是說取芒花的莖部來製柺杖。由於「芒茭」質地脆弱且易斷，並非製柺杖的好材料，現在拿它來製柺杖，根本是所用非「材」，沒有適才（材）適用，等於將「芒茭」用錯地方了。

對應華語 用人不當、所用非人、未適才適任。

liah⁸ hoo² tioh⁸ khim⁵ hinn⁷
掠虎著擒耳

解釋 掠：捕捉。著：需要。擒：捉拿。

涵義 做事要抓住重點。

說明 古人說猛虎最大的弱點在耳朵，只要抓住牠的耳朵就可以手到擒來，若抓其他的部位可能遭到強烈抵抗，不小心還可能遭虎吻，所以「掠虎擒耳」是捕捉老虎最省力，也是最有效的方法，而前人就以此來形容人做事要抓住重點，才不會白費力氣，做了事倍功半的事情。

對應華語 掌握重點、打蛇打七寸。

liah⁸ kan¹ tsai⁷ tshng⁵　　liah⁸ tshat⁸ tsai⁷ tsng¹
掠姦在床，掠賊在贓

解釋 掠姦：捉姦。掠賊：捉賊。贓：偷竊來的財物。

涵義 說明要入人於罪，必須有真憑實據，不能空口說白話。

說明 懷疑男女通姦，除非親眼看到他們睡在同一張床上，當場逮到證據，否則不能說雙方有曖昧的行為；捉賊也是一樣，在沒有找到贓物之前，不能說某一個人就是竊賊。由此可知，要確定一個人有罪之前，一定要先有真憑實據，不能空口說白話。

一畫 二畫 三畫 四畫 五畫 六畫 七畫 八畫 九畫 十畫 十一畫 十二畫 十三畫 十四畫

對應華語 捉姦見雙、捉賊見贓、殺人見傷。

liah⁸ tsua⁵ hoo⁷ tsua⁵ ka⁷ tioh⁰
掠蛇予蛇咬著

解釋 掠蛇:捕捉蛇。予:讓、給。咬著:咬到。

涵義 形容人罪有應得,自己惹的禍,就要自己去承受惡果。

說明 蛇是一種不會主動攻擊人的生物,除非受到驚嚇或生命遭受威脅才會反擊,所以抓蛇的人被蛇咬到,都是自己惹來的禍害,如果不是他們先侵犯了蛇,蛇也不會主動攻擊他們,這一切都是罪有應得!

對應華語 自討苦吃、自食其果、自作自受、自取其禍、罪有應得、咎由自取。

liah⁸ hi⁵ e⁰ beh⁴ suah⁴ kuann⁷ khah⁴ e⁰ m⁷ suah⁴
掠魚个欲煞,摜籗个毋煞

解釋 掠魚个:捕魚的人。欲煞:要結束。摜:用手來提東西。籗:竹簍子,裝魚的器具。毋:不要、不願意。

涵義 形容主角意興闌珊,想要結束,但配角卻不願意配合。

說明 以前的人到河邊抓魚,會帶一位幫忙提「籗」的助手同行,他除了幫忙處理魚貨之外,也可以作伴,打發無聊的時間。「掠魚个欲煞,摜籗个毋煞」是說抓魚的人不想繼續抓魚了,但幫忙提籗的人卻意猶未盡,不想停止抓魚,前人用這句話來形容主角已經意興闌珊,不想繼續做某事,但配角卻不願意停止,還想要繼續進行。

補充 當「个e⁰」解釋為「的」時,依教育部2007年5月公布之台灣閩南語推薦用字第一批將「个e⁰」寫作「的e⁰」。

對應華語 欲罷不能。

liah⁸ hi⁵ thau⁷ khut⁴ ban⁷ se³ koo¹ khut⁸
掠魚毒窟,萬世孤尾

解釋 掠魚:抓魚。窟:小池塘。萬世:世世代代。孤尾:指孤單一個人,沒有親人作伴。

涵義 勸誡人做事不可趕盡殺絕,應給人留後路或餘地。

說明 某人為了要抓到魚，施毒於整個小池塘，結果魚是抓到了，但整個池子的大小魚也因此都死掉了，這是一種「趕盡殺絕」的抓魚方法，十分地殘忍，難怪前人會說：「掠魚毒窟，萬世孤尾」意思是說做事趕盡殺絕，不給人留活路的人，生生世世都會孤苦一輩子。

liah⁸ ue⁷ thau⁵　tsann² ue⁷ bue²

掠 話 頭 ， 斬 話 尾

解釋 掠：捕捉。話頭：說話的開頭。斬：去除。話尾：說話遺留下來的語意。

涵義 形容人掐頭去尾，斷章取義。

說明 甲聽乙說話，然後再跑去跟丙說乙所講的話，他截頭去尾，這裡抓一點，那裡去一點，沒有將乙的意思完整轉述給丙聽，故丙所得到的並非完整的訊息，只是片斷而已。

對應華語 斷章取義、掐頭去尾、斷章摘句。

liah⁸ tshat⁸ liah⁸ tshat⁸ thau⁵

掠 賊 掠 賊 頭

解釋 掠：捉。賊：此處指做壞事的團體。掠賊頭：捉匪首。

涵義 要瓦解某個勢力，必須先從帶頭的人下手。

說明 要破獲盜賊集團，光是捉幾個小囉嘍，根本不具破壞性，因為指揮的首領還在，很快又會糾眾再起，繼續幹壞事；如果捉的是「賊頭」，團體內沒有人指揮、帶領，很快就會解散。

對應華語 射人先射馬、打蛇打七寸、擒賊先擒王。

liah⁸ tshat⁸ be⁷ tan² tit⁴ kau¹ kuan⁷

掠 賊 獪 等 得 交 縣

解釋 掠賊：捉賊、擒賊。獪等得：等不到。交縣：指交付給執法單位。

涵義 形容某些急性子的人，做事莽撞，欠缺思慮。

說明 竊賊被人逮著，正確的處理方式應該是直接交付官府處理，而不是私下刑求；但就是有些氣不過的民眾會先海扁他一頓，做為教訓；通常這些人的性子較急，做事之前欠缺考量，根本不知道這

麼做是犯法的。「掠賊獪等得交縣」是說抓到竊賊等不及交給縣衙，便私下動刑，可用來形容某些急性子的人，做事過於衝動、莽撞，欠缺考慮。

補充 依教育部2008年5月公布之台灣閩南語推薦用字第二批將「獪be⁷」寫作「袂be⁷」。

liah⁸ niau¹ a² khuann³ niau¹ niu⁵
掠貓仔看貓娘

解釋 掠：抓。貓仔：指小貓。看貓娘：觀察母貓的性情。

涵義 男子相親時，男方家人只要觀察女方母親的言行舉止，就可以概略知道女孩子是怎樣一個人。

說明 自然界的生物多少會受遺傳的影響，所以抓小貓來飼養時，只要觀察母貓的性情，就可以概略知道小貓長大後是什麼樣的性情；人也是一樣，子女的性情有一定程度受到父母的影響，當男方前往女方家相親，只要觀察女方母親的一言一行，大概可以知道女孩子是怎樣的人，進而決定是否要繼續交往。

對應華語 娶老婆看丈母娘。

liah⁸ ku¹ tsau² pih⁴
掠龜走鱉

解釋 掠：捕、捉。走：跑掉。鱉：外形像龜的爬蟲類動物，又稱「甲魚」，可作藥。

涵義 形容忙亂之中，無法同時兼顧事情。

說明 某人抓到了烏龜，卻讓得手的鱉給跑掉，因為他將所有的注意力都放在烏龜身上，忙亂中沒有將已經捉到的鱉關好，所以才會造成「抓到這個，卻跑了那個」的窘況。

對應華語 顧此失彼、二者不可得兼、葫蘆按倒瓢起來、顧得了三，顧不了四。

liah⁸ thang⁵ kha¹ tshng¹ ngiauh⁸
掠蟲尻川蟯

解釋 掠：捕、捉。尻川：臀部、屁股。蟯：像蟲一樣的蠕動。

涵義 形容人無事找事，自尋麻煩。

說明 人的屁股上如果有一隻蟲蠕動，鐵定是癢的不得了，非常的難受。某人抓蟲放在屁股上，讓牠在上面蠕動，將自己弄得奇癢無比，根本是無事找事、自尋麻煩的舉動。

對應華語 自尋麻煩、無事找事。

liah⁸ ke¹ kia³ suann¹ niau¹

掠雞寄山貓

解釋 掠：捕、捉。寄：存放。山貓：豹貓。體大如貓，頭部有黑色條紋，軀幹有黑褐色斑點，尾部有橫紋。生性凶殘，為食肉性動物。

涵義 喻弱者落入強者的手中，恐怕凶多吉少。

說明 山貓生性凶殘，以肉食為主。如果將捉來的雞隻寄放在山貓那裡，無疑會成為牠的點心，等於是「羊落虎口」，凶多吉少。

對應華語 必死無疑、有去無回、羊落虎口、羊兒鑽進了虎嘴裡。

liah⁸ kiam⁵ hi⁵ pang³ senn¹

掠鹹魚放生

解釋 掠：抓、取。鹹魚：鹽漬過的魚。

涵義 形容人不知死活。

說明 鹹魚是鹽漬過的魚，已經死掉了。人要放生應該是選擇活魚才具有意義，抓鹹魚來放生，根本一點意義也沒有，所以就用「掠鹹魚放生」來形容人不知死活，連死掉的都還要抓去放生。

對應華語 不知死活。

liah⁸ kiann¹ si² pang³ kiann¹ pue¹

掠驚死，放驚飛

解釋 掠：抓得緊。驚：害怕。放：指鬆開。飛：指飛走。

涵義 形容處事的分寸難以拿捏。

說明 某人手上抓著喜愛的小鳥把玩，抓太緊怕捏死牠，鬆開又怕鳥飛走，到底要施多少力才能不捏死牠，又不會讓牠飛走？真是難以拿捏。

對應華語 拿捏不定、難以拿捏、多一分則太緊，少一分則太鬆。

一畫
二畫
三畫
四畫
五畫
六畫
七畫
八畫
九畫
十畫
十一畫
十二畫
十三畫
十四畫

tsiap⁸ kiann⁵ am³ loo⁷ tioh⁸ e⁷ tu² tioh⁸ kui²

捷 行 暗 路 著 會 拄 著 鬼

解釋 捷行：時常走。暗路：指不道德的人生路途。著會：就會。拄著：遇到。

涵義 形容虧心事做多了，總有一天會被人發現，招來麻煩。

說明 根據民間傳說，鬼懼怕「光」，所以不敢在大白天出來，只在夜間出現；人只要經常走暗路，總有一天會碰到鬼。此處的「行暗路」，是指人走入歧途，做虧心事；而「拄著鬼」是說總有一天會被人發現，並招來麻煩，所以這句話的主要用意就是規勸人「歹路不可行」。

對應華語 歹路不可行、夜路走久了，總會碰到鬼。

tsiap⁸ kinn³ kuann¹ be⁷ kiann¹ tsiap⁸ tsiah⁸ tsiu² be⁷ tsui³

捷 見 官 繪 驚 ， 捷 食 酒 繪 醉

解釋 捷：次數頻繁。繪驚：不會害怕。食酒：喝酒。

涵義 事情或行為只要習慣，就會覺得習以為常。

說明 第一次見官，會覺得緊張、害怕，但經常接觸後，就不會再害怕；喝酒也是一樣，不常喝酒的人，喝一點點就醉，但經常飲用的人，酒力於無形之中會提高，當然就不容易喝醉了，所以整句話是說明事情或行為一經習慣，就會習以為常，不會覺得特別之處。

補充 依教育部2008年5月公布之台灣閩南語推薦用字第二批將「繪be⁷」寫作「袂be⁷」。

對應華語 不足為奇、見慣不怪、司空見慣、習以為常、習慣成自然。

tsiap⁸ khuann³ kha¹ tshng¹ ing² e⁷ puah⁸ loh⁸ hak⁸

捷 看 尻 川 ， 往 會 跋 落 礐

解釋 捷看：時常看。尻川：指屁股。往會：偶爾會。跋落：跌落、掉落。礐：糞坑。全句指：經常偷看人家如廁，偶爾會因為不小心而跌落糞坑。

涵義 說明經常做壞事的人，總有一天會出差錯。

說明 舊式公廁不如現代公廁乾淨，其糞坑又深又臭，而且廁所與廁所之間的底部縫隙極大，人蹲在裡面如廁很容易春光外洩。現在

某人因為喜歡偷看人家的屁股而躲入廁所中，並用盡各種姿勢偷窺，若經常做這種失德的事，偶爾也會有幾次因渾然忘我而跌入糞坑，出糧難堪，所以人不可以做壞事，否則總有一天會出差錯，得到懲罰。

對應華語 夜路走久了，總會碰到鬼。

tsiap⁸ me⁷ na² tshiunn³ khik⁴　tsiap⁸ phah⁴ na² phah⁴ phik⁴
捷罵若唱曲，捷拍若拍拍

解釋 捷罵：經常責罵。若：好像。唱曲：唱歌。捷拍：經常鞭打。拍拍：跟著音樂打拍子。

涵義 說明一味的打罵並非最好的管教方式。

說明 做錯事情的小孩，如果經常被責罵，剛開始或許會有效果，但罵久了，就會日久生頑，把人家的「責罵」當成唱歌，聽聽就算了；同理，小孩子如果做錯事都要挨打，一旦被打習慣了，就會將這件事視同打拍子，不再感到恐懼，漸漸不再具有嚇阻作用，所以一味的打罵並非最好的教育方式。

對應華語 日久生頑。

tsiap⁸ me⁷ be⁷ thiann¹　tsiap⁸ phah⁴ be⁷ thiann³
捷罵𣍐聽，捷拍𣍐痛

解釋 捷罵：經常責罵。𣍐：不會。捷拍：經常打罵、體罰。

涵義 說明一味的打罵並非最好的管教方法，也許用其他軟性的方式會得到更好的效果。

說明 不管訓斥小孩或晚輩，偶爾罵一次會聽，如果每一次都用這種方式，久了就不再具有效果了；體罰也一樣，偶爾體罰一次會怕，但每一次犯錯都用這種方式處罰，久了就不再具有威脅性，因為小孩子都已經被打麻痺了。由此可知，一味的打罵並非最好的管教方式，也許軟硬兼施或用開導的方式更能達到效果。

補充 ①依教育部2008年5月公布之台灣閩南語推薦用字第二批將「𣍐be⁷」寫作「袂be⁷」。②依教育部2009年10月公布之台灣閩南語推薦用字第三批將「痛thiann³」寫作「疼thiann³」。

對應華語 日久生頑。

sau³ tshu³ sau³ piah⁴ khang¹　　se² bin⁷ se² hinn⁷ khang¹

掃厝掃壁空，洗面洗耳空

解釋 厝：屋子。壁空：指牆壁的縫隙。耳空：耳穴。

涵義 要求人做事要仔細、周全，不可忽略小地方。

說明 打掃屋子的時候，連牆角或縫隙等看不到的地方都要打掃乾淨；洗臉的時候，不只要洗整個臉，連耳朵內部的污垢也要洗乾淨。此處所言的「壁空」與「耳空」都是平常人最容易忽略的小地方，所以整句話是要人做事不能只注意大地方，忽略小地方。

對應華語 大處著眼，小處著手。

---

sau³ tioh⁸ hong¹ thai¹ bue²

掃著風颱尾

解釋 著：到。風颱尾：指颱風的裙尾。

涵義 形容原本無關於己，卻無端受到波及，一併受人責罵。

說明 台語的「掃著風颱尾」與「去予風颱尾掃著」是一樣的意思，原指被颱風尾掃到，無端遭到波及，現在多用來形容原本和自己沒有關係，只因為受到波及，無端被一個正在氣頭上的人連同責罵。

對應華語 無端扯入、無妄之災、殃及無辜、殃及池魚。

---

kua³ bak⁸ kiann³ ke² sin¹ su⁷

掛目鏡假紳士

解釋 掛目鏡：戴眼鏡。假：假裝、假扮。紳士：指有氣質或在地方上具有身分地位的人。

涵義 形容人明明沒有氣質，卻假扮成斯文人。

說明 以前的人很少戴眼鏡，只有少數讀書人或地方紳士才會戴著它。某人明明不是讀書人，也不是地方紳士，卻戴上眼鏡，假扮成他們的模樣。「掛目鏡假紳士」就是用來形容人明明沒有氣質，卻要假扮成斯文人。

對應華語 假扮斯文。

kua³ iunn⁵ thau⁵ be⁷ kau² bah⁴

掛 羊 頭 賣 狗 肉

解釋 掛：懸、吊。

涵義 指有名無實，表裡不一。

說明 店門口懸掛的是販售羊肉的招牌，但裡頭賣的卻是狗肉。所以「掛羊頭賣狗肉」是說表面上跟人家說的是一件事，但實際做的卻是另一件事，即表裡不一，有名而無實之意。

對應華語 以假亂真、有名無實、表裡不一、魚目混珠、掛羊頭賣狗肉、說一套，做一套。

the¹ kah⁴ tshing¹ khi³ liu¹ liu¹

推 佮 清 氣 溜 溜

解釋 推佮：表「推得」之意。清氣溜溜：一乾二淨。

涵義 說明人做事沒有擔當，將責任推得一乾二淨。

說明 「推」是推卸責任。「推佮清氣溜溜」是指將身上的責任推得一乾二淨。既然把自己要負的責任全推到別人的身上，表示此人是一個不負責任，做事沒有擔當的人。

補充 依教育部2008年5月公布之台灣閩南語推薦用字第二批將「佮kah⁴」寫作「甲kah⁴」。

對應華語 推卸責任、推諉塞責。

sia² mia⁷ tsiah⁸ ho⁵ thun⁵

捨 命 食 河 豚

解釋 捨命：不要命。河豚：一種肉質鮮美的海魚，內臟含有劇毒，不慎食之，有斃命的危險。

涵義 說明人為了滿足口腹之慾，甘冒生命危險去品嚐可能致命的美食。

說明 河豚是一種非常好吃的海鮮，肉質鮮美，是老饕垂涎三尺的美味，但牠身懷劇毒，一克的河豚毒素可以毒死幾十個人，如果廚師處理不當，就會要人命。某人「捨命食河豚」，表示他為了吃河豚，連命都可以不要；形容人為了貪圖口腹之慾，就算失去生命也沒關係。

台灣俗語諺語辭典

對應華語 撐死總比餓死好、寧願吃死,也不餓死。

ka³ tsit⁸ pai² kuai¹ oh⁸ tsit⁸ pai² tsiann¹
教一擺乖,學一擺精

解釋 一擺:一次。教一擺乖:受過一次教訓而學乖。精:指機靈、經驗或智慧。

涵義 只有從一次又一次的失敗與挫折中,才能記取教訓,累積經驗。

說明 人活在世界上,只有從一次又一次的失敗和挫折中才能得到教訓,增長智慧;「教一擺乖,學一擺精」是說吃過一次虧,上過一次當,就會學一次乖,同時增長智慧,得到經驗,以後再遭遇類似的事情,就不會再吃虧上當了。

對應華語 百煉成鋼、上當學乖、吃一塹長一智、吃一次虧,學一次乖、不經一事,不長一智。

ka³ phainn² gin² a² tua⁷ se³
教歹囡仔大細

解釋 教歹:教壞。囡仔大細:指大大小小的孩子。

涵義 形容長輩的不當行為,讓小孩子有樣學樣,最後也學壞了。

說明 「教歹囡仔大細」是說大人沒有做好榜樣,在小孩子的面前開黃腔、行竊、鬥毆、罵粗話……等,讓小孩或晚輩有樣學樣,學了一堆不好的習慣。所以這句話主要在警告長輩們,多注意自己的言教與身教,不要在小孩面前做不良的示範,以免將他們教壞了。

對應華語 教壞小孩、不良身教、不良言教、不良示範。

ka³ kiann² oh⁸ siu⁵ m⁷ thang¹ ka³ kiann² peh⁴ tshiu⁷
教囝學泅,毋通教囝跖樹

解釋 囝:子女。泅:游泳。毋通:不要。跖樹:爬樹。

涵義 說明父母應教導小孩有用的技能,不要教導他們無用或有害身心的技能。

說明 學習游泳不但可以自救,也可以救人,所以是一種有用的技能;爬樹是一種危險的動作,萬一不小心從高處摔下來,不死也剩半條命。前人說這一句話主要是提醒所有的父母,教育小孩應當謹

慎，好的技能才教，不好的技能（如爬樹、賭博、偷竊……）千萬不要讓小孩子學習或碰觸。

ka³ kau² ia⁷ e⁷ tah⁸ tui³
教 狗 也 會 踏 碓

解釋 碓：石製的舂米器具，上置有木杠，杠的一端裝杵，用雙腳踏木杠，使杵上下起落，可除去穀粒的外皮。

涵義 嘲諷所教導之人，怎麼教都教不會。

說明 「碓」是以前用來舂米的器具，操作非常地簡單。「教狗也會踏碓」是說教狗踩碓都教得會，為什麼教你卻教不會；句中用「狗」來與人比較，帶有濃厚的鄙視味道，意思是說所教導之人連一隻狗都不如，真是難以造就。

對應華語 不堪造就、枯木朽枝、難以造就、無用之材、孺子不可教也、朽木不可雕也。

ka³ na⁷ e⁷ pinn³ kau² e⁷ giah⁸ khue⁵ sinn³
教 若 會 變 ， 狗 會 揭 葵 扇

解釋 若：如果。揭：拿、持。葵扇：由葵葉製成的扇子，現在也泛稱一般扇子。

涵義 形容要將某人教到會，是一件相當困難的事。

說明 狗的四肢結構與人體不同，要牠用四肢來拿扇子，是一件困難的事。「教若會變，狗會揭葵扇」表示要將某人教到會變通，狗都會拿扇子了，意思是說這件事很難辦到。

補充 依教育部2008年5月公布之台灣閩南語推薦用字第二批將「揭giah⁸」寫作「攑giah⁸」。

對應華語 不堪造就、枯木朽枝、難以造就、無用之材、孺子不可教也、朽木不可雕也。

ka⁴ ti¹ ka⁴ kau² put⁴ ju⁵ ka¹ ki⁷ tsau²
教 豬 教 狗 ， 不 如 家 己 走

解釋 教：差遣、請求。豬、狗：泛指形形色色的人。家己：自己。走：指做事。

涵義 喻求人不如求己。

說明 請人家為我們做事時，因為所做的不是他自己的事情，所以對方未必會盡心盡力，而且也不一定做得好，有時候心不甘情不願，做起事拖拖拉拉，效果反而打折扣，倒不如自己做比較穩當，而且安心些。

對應華語 萬事不求人、求人不如求己。

thang² a² pang¹ be⁷ tso³ tit⁴ sin⁵ tsu² pai⁵
桶仔枋獪做得神主牌

解釋 桶仔枋：製造尿桶的用材。獪做得：不能製造。神主牌：往生者或祖先的靈牌。

涵義 此語有兩種意思：①比喻小才難擔重任。②謙稱自己的能力不足，難以擔當重任。

說明 中國人習慣用神主牌來祭拜死者與祖先，為了表示神聖與敬畏，神主牌都用好的木材來打造；「桶仔枋」是專門用來製造尿桶的用材，是屬於次等的材料，不能用來製造神主牌。前人用這句話來形容某些人的才能不足，難以擔當重任；有時也用來謙稱自己能力不足，無法身負重任。

補充 依教育部2008年5月公布之台灣閩南語推薦用字第二批將「獪be⁷」寫作「袂be⁷」。

對應華語 小才難擔重任。

beh⁴ khi³ ang⁵ ko¹ tshiah⁴ tshih⁸ tng² lai⁵ phinn⁷ lau⁵ nua⁷ tih⁴
欲去紅膏赤蟻，轉來鼻流瀾滴

解釋 欲去：將要前往時。紅膏赤蟻：原意是紅潤的臉色，此處指喜悅的神色。轉來：回來時。鼻：指鼻涕。瀾：口水。鼻流瀾滴：表示一臉狼狽。

涵義 說明人要出發的時候，興致盎然，但回來時卻一臉狼狽。

說明 「欲去紅膏赤蟻，轉來鼻流瀾滴」是說要出發之前，興致勃勃，但回來的時候，因為受到某些因素的影響，一臉狼狽的回來，用來形容人乘興而去，卻敗興而歸。

對應華語 乘興而去，敗興而返。

beh⁴　ka⁷　gau⁵　lang⁵ piann³ jio⁷　oo⁵　　m⁷　ka⁷　han¹ ban⁷

欲 共 勢 人 摒 尿 壺 ， 毋 共 頇 顢

e⁵　tso³　kun¹　su¹

个 做 軍 師

解釋 欲：要。共：給。勢人：指賢能的人。摒：倒、清除。毋：不要、不願意。頇顢个：指愚蠢或沒有才幹的人。

涵義 形容人見善則遷，見賢而思齊。

說明 「欲共勢人摒尿壺，毋共頇顢个做軍師」是說寧願替賢能者清洗尿壺，也不願意替愚蠢的人獻計，做軍師；此乃因見賢可以思齊，不會讓自己學壞，而跟愚蠢者在一起，不但無法讓自己學得新的事物，還會因此而學壞呢，所以前人說這一句話，主要在勉勵我們應見善則遷，見賢要思齊。

補充 當「个e⁵」解釋為「的」時，依教育部2007年5月公布之台灣閩南語推薦用字第一批將「个e⁵」寫作「的e⁵」。

對應華語 良禽擇木、見賢思齊、見善則遷、從善如流。

beh⁴　ho²　　ku¹　peh⁴ piah⁴　　beh⁴ pai⁷　　tsui² pang¹ suann¹

欲 好 ， 龜 跙 壁 ； 欲 敗 ， 水 崩 山

解釋 欲好：想要成功。龜跙壁：烏龜攀爬牆壁，比喻很慢。水崩山：大水沖垮高山，比喻速度很快。

涵義 指開創家業非一朝一夕可成，但要敗光它可能只要一夜的時間就可以了。

說明 烏龜在平地爬行本來就很慢了，如今要牠爬牆，鐵定會更慢、更難；至於「水崩山」，只要連下幾天的雨，就可能發生，而且崩落的速度快到令人無法想像。「欲好，龜跙壁；欲敗，水崩山」表示想要成功，就像是烏龜爬牆一樣，非常的慢，而要衰敗，就像是雨水崩落大山那麼迅速，由此可知，創業難，守成更難。

對應華語 立業難，守成更難。

beh⁴　ho²　sann¹　ni⁵　　beh⁴　pai⁷　tso³　tsit⁸　si⁵

欲 好 三 年 ， 欲 敗 做 一 時

解釋 欲：要。三年：表示很久的時間。一時：一下子，指時間短暫。

涵義 喻開創家業非常艱難，但要敗光它卻很簡單。

說明 一個人開創家業，從無到有可能要花上好幾年的時間，但要敗光它，只需要很短的時間，所以「欲好三年，欲敗做一時」意思是說開創家業非常艱難，但要敗光它卻很容易。

對應華語 立業難，守成更難。

beh⁴ ho² giah⁸ tan² au⁷ si³　　beh⁴ tso³ kuann¹ oh⁸ tso³ hi³
欲 好 額 等 後 世 ， 欲 做 官 學 做 戲

解釋 欲：要。好額：有錢、富有。後世：下輩子。做戲：演戲。

涵義 譏嘲人「此生無望」的用語。（有時也用來自嘲）

說明 當一個人整天妄想發財，就可以對他說：「欲好額等後世」，也就是說這輩子無指望了；以前的人要當官，必須先經過考試，一個目不識丁或沒有學問的人妄想當官，人們便會對著他說：「欲做官學做戲」，因為戲裡要當多大的官都可以，而且不須經過考試就可以走馬上任。所以這句諺語多用來比喻「此生無望」，欲達心願，等下輩子吧！

對應華語 今生無望、此生無望。

beh⁴ tshiann⁵ i¹　　huan² hai⁷ i¹
欲 成 伊 ， 反 害 伊

解釋 欲：要。成：養育、教育。伊：他（她）。反害伊：卻反而害了他（她）。

涵義 形容某人的出發點是善意的，但因用錯方法，以致幫了倒忙。

說明 「欲成伊，反害伊」是說本來想要好好的教育他，後來卻反而害了他，之所以會有這種結果，乃因用錯方法所致，最後才會幫了倒忙。

對應華語 幫倒忙、愈幫愈忙、適得其反。

beh⁴ si²　　khan¹ thua¹ kui² liah⁸
欲 死 ， 牽 拖 鬼 掠

解釋 欲：要。牽拖：怪罪之意。掠：捉、抓。

涵義 形容人做錯事或遭遇挫折，不懂得檢討自己，只會怪罪他人。

說明 依據中國人的說法，人的壽數將盡時，閻羅王會派鬼差前來拘

魂，這到底是真是假？沒有人真的見過。「欲死，牽拖鬼掠」是說自己要死了，卻怪罪是鬼差要來抓他的魂魄，用來形容自己做錯事不知檢討，只會怪東怪西，說那是別人所造成的。

對應華語 委咎他人、委罪於人、委過於人。

beh⁴ si² m̄⁷ kiann¹ bo⁵ kui² thang¹ tso³
欲 死 毋 驚 無 鬼 通 做

解釋 欲：要。通：可以。毋驚無鬼通做：指一定有鬼可以當。

涵義 訓斥人想自尋死路，不怕沒有機會。

說明 「欲死毋驚無鬼通做」是說自己想死，一定當得成鬼。通常人們講這一句話時，語氣都不怎麼友善，多少帶有責罵或警告的意思，例如年輕人開著汽車呼嘯而過，老一輩的人覺得太危險，便會說：「欲死毋驚無鬼通做」。

對應華語 自找死路、自找麻煩、自尋死路。

beh⁴ thai⁵ ia⁷ tioh⁸ tsiah⁸ tsit⁸ tng³ pa²
欲 刣 也 著 食 一 頓 飽

解釋 欲：要。刣：宰殺、殺頭。也著食一頓飽：也要讓人家先吃一頓飽餐。

涵義 說明諸事沒有吃飯重要，當人家在吃飯時，不應該受到打擾。

說明 不管古代或現代，死囚在斬首或槍決之前，牢方都會準備豐盛的飯菜，讓死囚吃飽最後一餐，然後再押赴刑場執刑，足見吃飯對人有多重要，連要死之前都不忘做這一件事，所以吃飯皇帝大，當人家在進食的時候，最好不要去打擾到人家。

對應華語 吃飯皇帝大。

beh⁴ lai⁷ lian⁵ pun² bo⁵
欲 利 連 本 無

解釋 欲：想要。利：指利息。連本無：甚至連本錢都沒了。

涵義 勸人不要貪心，以免因小而失大。

說明 利息高的投資，風險自然也跟著高；有些人為了貪圖高額的利息，將所有的積蓄全部投入「老鼠會」中，結果公司倒了，人也跑了，最後不但要不到利息，連本金也沒了，多少人因此而家破

人亡，所以這句話，主要用意在勸人不可太貪心，才不會「因小而失大」。

對應華語 欲益反損、貪小失大、惜指失掌、因小失大。

beh⁴ lai⁵ bo⁵ tiunn¹ ti⁵　　beh⁴ khi³ bo⁵ sio¹ si⁵

欲 來 無 張 持 ， 欲 去 無 相 辭

解釋 欲：要。無張持：「無意間」的意思。去：離開。相辭：互道再見。

涵義 形容人不懂社交禮儀，進退無節。

說明 「欲來無張持」是說客人要來拜訪時，沒有事先跟主人約好，冒冒失失就來了；「欲去無相辭」是說客人要離去時沒有告知，主人都還沒送客，他就自行離開了，整句話是用來形容人不懂社交禮儀，進退無節。

對應華語 不速之客。

beh⁴ kah⁴ gau⁵ lang⁵ kong² ue⁷　　m⁷ kah⁴ gong⁷ lang⁵ thak⁸ soo¹

欲 佮 勢 人 講 話 ， 毋 佮 戇 人 讀 疏

解釋 欲：要。佮：與、和。勢人：指賢能的人。毋：不願意。戇人：指傻瓜、呆子。疏：佛經類的書冊。

涵義 形容人見善則遷，見賢而思齊。

說明 「欲佮勢人講話，毋佮戇人讀疏」是說寧願跟賢能的人閒話家常，也不願意跟愚蠢的人一起朗讀佛經；此乃因為跟賢能者話家常，可以從他的言談中學習人生的大道理，對自己有所幫助，而跟愚蠢的人在一起，不但學不到什麼東西，即使與他討論佛經，他也無法理解，所以前人說這一句話，主要目的在勉勵人見善則遷，見賢要思齊。

對應華語 見賢思齊、見善則遷、從善如流。

beh⁴ khioh⁴ ti¹ sai² suah⁴ gu⁷ tioh⁸ ti¹ leh⁴ tshuah⁴ sai²

欲 抾 豬 屎 煞 遇 著 豬 咧 疶 屎

解釋 抾：撿拾。煞遇著：卻碰到。咧：指正在進行某事。疶屎：指屎不自覺的噴出。

涵義 形容人的運氣不怎麼好。

說明 以前的農家種植作物都使用有機肥料來施肥，特別是人與豬的「乾」糞便最好。「欲抾豬屎煞遇著豬咧疶屎」是說本想撿拾豬糞來當肥料，卻不巧遇上豬瀉肚子，最後無功而返，用來比喻人運氣不好，行事不順。

對應華語 運氣不佳、運拙時乖。

beh⁴ tsai¹ tioh⁸ ho² giah⁸

欲知著好額

解釋 欲知：要是老早知道的話。著：就。好額：富裕、有錢。

涵義 此語為事後悔恨的話，說明自己當初若用對方法或做對事情，現在已經是有錢人家。

說明 「欲知著好額」是說當初如果知道事情是這麼發展，順勢而為，早就變成有錢人了。通常人會說這句話，表示事與願違，正為當初用錯方法或做錯事而後悔不已。舉個例子，某人去買樂透彩券，老闆拿兩張事先列印好的快選彩券讓他選，結果選上沒有中獎的那一張，而另外一張卻開出頭彩，此時便可以說「欲知著好額」。

對應華語 悔不當初。

beh⁴ na² kim¹ m⁷ na² thoo⁵

欲若金，毋若塗

解釋 金：比喻為珍貴的物品。欲若金：有需要的時候，視之如珍寶。塗：同華語的「土」字，比喻不具價值的東西。毋若塗：不需要的時候，視之如糞土般。

涵義 說明人依「需要」或「用得著與否」來決定人、事或物的存在價值。

說明 「欲若金，毋若塗」是說需要或用得著的時候，就把它們當成黃金般的愛惜，而不需要或用不著的時候，就把它們當成糞土看待。由此可知，不管人、事或物，只要有需要或用得著的，就會被人珍惜，反之，則被擱置於一旁，連看也不看一眼。

對應華語 取之盡珍寶，棄之若敝屣。

beh⁴ tsiah⁸ m⁷ tho² than³

欲 食 毋 討 趁

解釋　欲：要。毋：不要、不願意。討趁：賺錢、討生活。

涵義　責罵人好吃懶做，好逸惡勞。

說明　「欲食毋討趁」是說人只會吃飯，卻不會賺錢謀生；這種人整天游手好閒，根本是好吃懶做、好逸惡勞的人。

對應華語　游手好閒、無所事事、好吃懶做、好逸惡勞、飽食終日、玩歲愒日。

beh⁴ tsiah⁸ ho² hi⁵ tioh⁸ kin⁷ tsui² kinn⁵

欲 食 好 魚 著 近 水 墘

解釋　欲：要。好魚：指鮮美的魚。著：得、必須要。水墘：水岸邊。

涵義　只有生活在良好的環境下，才能享受優良的生活品質。

說明　以前，想吃新鮮魚類的人，只有住在河邊或海邊才有可能吃得到，住在山區的人當然沒有這個機會，所以這句話是形容只有生活在良好的環境下，才能過好的生活品質。

對應華語　靠山吃山，靠海吃海。

beh⁴ tsiah⁸ hoo⁵ sin⁵ ka¹ ki⁷ hap⁴

欲 食 胡 蠅 家 己 欱

解釋　欲：要。胡蠅：指蒼蠅。家己：自己。欱：以器具覆蓋或合雙掌來捕捉生物。

涵義　說明人要謀生存，得憑自己的本事，休想要別人幫你。

說明　「欲食胡蠅家己欱」表示要吃蒼蠅，得自己動手去捕抓。前人這麼說，並不是真的有人要吃蒼蠅，只是以「吃蒼蠅」來做比喻，強調人們要達到某種目的，得各憑本事，別人是不會幫你的。

對應華語　自力更生、自食其力、欲吃龍肉，親自下海。

beh⁴ khau³ m⁷ tit⁴　　beh⁴ tshio³ ia⁷ m⁷ tit⁴

欲 哭 毋 得 ， 欲 笑 也 毋 得

解釋　欲：要。毋得：不適當、不妥當。

涵義　哭也不是，笑也不是，處境十分尷尬。

說明 「欲哭毋得，欲笑也毋得」表示要哭也不是，要笑也不是，啼笑兩難的意思。舉個例子來說，當某人在喪家聽到別人放響屁，此時哭笑不得，處境就會變得十分尷尬。

對應華語 哭笑不得、啼笑皆非、啼笑兩難。

beh⁴ khau³ bo⁵ bak⁸ sai²　　kan¹ khoo² bo⁵ lang⁵ tsai¹

欲 哭 無 目 屎 ， 艱 苦 無 人 知

解釋 目屎：指眼淚。欲哭無目屎：欲哭無淚。艱苦：痛苦。

涵義 說明人的內心充滿悲痛與苦悶，卻難以向人傾訴。

說明 「欲哭無目屎」是說想要哭卻哭不出來，內心極度地哀痛；「艱苦無人知」是說內心很痛苦，但又不敢向人傾訴。因此這個諺語是說某人的內心充滿了悲痛與苦悶，但又不方便向他人透露，那種煎熬是很難受的。

對應華語 有苦難言、欲哭無淚。

beh⁴ tshap⁴ na² m⁷ tshap⁴

欲 插 若 毋 插

解釋 欲：想要。插：介入、干預。若：又好像。毋：不要、不想。

涵義 形容人表現出一副想管事，又好像不想管的模樣。

說明 「欲插若毋插」是說看起來好像要介入，又好像不想介入的樣子；態度模擬兩可，讓人猜不透，也無法捉摸（通常說這一句話都帶有埋怨或責備的味道）。

對應華語 愛理不理。

beh⁴ ke³ tsiah⁴ pak⁸ kha¹

欲 嫁 才 縛 跤

解釋 欲：要。縛跤：指纏足、裹小腳。古代婦女以布裹足，讓腳踝變得纖細，走起路才會婀娜多姿。

涵義 喻先前不做準備，事到臨頭才設法張羅，但為時已晚。

說明 纏小腳是古代婦女的習慣，據說要從小綁起才能定型，走起路才會婀娜多姿，如果等到長大要嫁人才開始綁，已經來不及了，因為骨骼都已經發育完成，怎麼綁也不會讓大腳丫變小。

對應華語 臨陣磨槍、臨難鑄兵、臨渴掘井、江心補漏、臨時抱佛腳。

beh⁴ ke³ too¹ tshi⁷ khit⁴ tsiah⁸　　m⁷ ke³ tshan⁵ tsng¹ ho² giah⁸

欲 嫁 都 市 乞 食 ， 毋 嫁 田 庄 好 額

解釋 欲：要。乞食：原指乞丐，此處指窮一點的人家。毋：不要、不願意。田庄：指鄉村地區。好額：指有錢人家。

涵義 說明以前女子擇偶的看法，認為嫁給都市的窮人家好過鄉間的有錢人。

說明 以前的女孩子認為，嫁給都市裡的貧戶，雖然日子過得苦一點，但每天可以過著悠閒的生活；而嫁給鄉村的有錢人，一天到晚都要幫忙農事，特別是播種或收成的時候，幾乎沒有自己的休閒生活可言，所以她們「欲嫁都市乞食，毋嫁田庄好額」。

beh⁴ tam¹ tng¹ tsit⁸ tsioh⁸ bi²　　ma⁷ m⁷ tam¹ tng¹ tsit⁸

欲 擔 當 一 石 米 ， 嘛 毋 擔 當 一

e⁵ gin² a² phi²

个 囝 仔 疕

解釋 欲：寧願。擔當：擔負、照顧。一石：衡量單位，十斗為一石。嘛毋擔當：也不願意照顧。一个囝仔疕：指一個小孩子。

涵義 喻要照顧好一個小孩子，很不容易。

說明 替人家擔負一石米，雖然重了點，還算是一件容易的差事，但是幫人家照顧小孩子，一方面要預防他發生意外，一方面又怕他哭鬧不停，真是非常麻煩的一件事，所以前人才說寧願幫人家擔負一石米的重擔，也不願意替人家照顧一個小孩子。

liang⁵ se³ a² liang⁵ se³

涼 勢 仔 涼 勢

解釋 涼勢：輕鬆、不急躁的模樣。

涵義 形容一個人處事輕鬆，不慌不忙。

說明 「涼勢」是輕鬆、悠閒、不急不躁的意思。「涼勢仔涼勢」表示某人做事輕鬆、悠閒且從容不迫。

對應華語 不急不躁、從容不迫、從容自如、慢條斯理、輕鬆自在。

tshian² suann¹ be⁷ tshi⁷ tit⁴ sai¹ ong⁵

淺 山 膾 飼 得 獅 王

解釋 淺山：指海拔低或接近人類活動地點的山區。膾飼得：無法飼養。獅王：指獅子王。

涵義 此語有兩種意思：①比喻小地方容不下大人物。②自稱地方小，無力接待大人物，請他識趣地離開。

說明 獅王通常都活動於深山之中，因為該處有許多食物可以吃，而且不受人類的干擾；而淺山地區因為有人類的開發，不但食物不足，若經常在該地活動，還有可能成為人類的獵物，所以淺山並不適合獅王活動；現在多將這句話用來比喻小廟容不下大和尚，或對於到訪的人物不歡迎，於是自稱地方小，無力接待，請對方能識趣離開。

補充 依教育部2008年5月公布之台灣閩南語推薦用字第二批將「膾be⁷」寫作「袂be⁷」。

對應華語 小廟供不下大菩薩、小廟容不下大和尚。

tshian² tshiunn⁵ poh⁸ piah⁴　　oh⁴ iam² lang⁵ e⁵ ni² bak⁸

淺 牆 薄 壁 ， 偃 掩 人 个 耳 目

解釋 淺：矮、短。薄壁：指不堅固的牆壁。偃：困難。个：的。

涵義 說明事情瞞不了人，遲早會暴露出來。

說明 在矮牆內做什麼事，人家經過就看得一清二楚；在薄壁的另一頭說什麼話，人家都可以聽得巨細靡遺；因此，在「淺牆薄壁」內做什麼事都瞞不了人家的耳目，畢竟隔牆有耳，事情或祕密很快就會被別人知道。

補充 當「个e⁵」解釋為「的」時，依教育部2007年5月公布之台灣閩南語推薦用字第一批將「个e⁵」寫作「的e⁵」。

對應華語 隔牆有耳、紙包不住火、雪裡埋不住人。

tshing[1] bing[5] m[7] tng[2] khi[3] tshu[3] bo[5] tsoo[2]
清 明 毋 轉 去 厝 ， 無 祖 ；

kue[3] ni[5] m[7] tng[2] khi[3] tshu[3] bo[5] boo[2]
過 年 毋 轉 去 厝 ， 無 某

解釋 清明：中國二十四節氣之一。毋轉去厝：沒有返家。祖：指祖先。無某：指尚未娶妻。

涵義 此語為前人對出外遊子不能回家掃墓和過年的詮釋。

說明 清明節和過年都是中國重要的三大節日之一，依習俗，清明節要掃墓，出外遊子都要回家祭拜祖先，以示慎終追遠，這一天不回家，表示家裡沒有祖先可以祭拜；至於過年，是全家團圓的日子，這一天不回家，表示家裡沒有老婆等待，回家也只是孤家寡人一個，乾脆就不回去了。

tshing[1] khi[3] kah[4] mua[5] tsi[5] ka[1] lauh[8] to[1] e[7] tsiah[8] tit[0]
清 氣 徦 麻 糍 交 落 都 會 食 得

解釋 清氣徦：乾淨到……的地步。交落：東西掉落地面。都會食得：都還可以吃。

涵義 喻環境非常潔淨，幾乎纖塵不染。

說明 食物一旦掉落地面，就會弄髒，所以都會將它丟掉，不再食用。麻糍是一種又黏又Q的食品，比一般食物更容易黏上塵土，現在掉落地面還可以撿起來食用，表示該處纖塵不染，很乾淨。

補充 ①依教育部2008年5月公布之台灣閩南語推薦用字第二批將「徦kah[4]」寫作「甲kah[4]」。②依教育部2009年10月公布之台灣閩南語推薦用字第三批將「糍tsi[5]」寫作「糍tsi[5]」。

對應華語 纖塵不染、一塵不染。

tshim[1] le[5] tang[7] pe[5] khah[4] ho[2] pang[3] huainn[5] tse[3]
深 犁 重 耙 ， 較 好 放 橫 債

解釋 犁：翻土的農具。耙：有齒可梳整土塊的農具。深犁重耙：指辛苦耕田來賺取報酬。較好：好過於、勝過於。放橫債：放重利、放高利貸。

涵義 勉人要用正當的方法賺錢，不要賺取不道德的黑心錢。

說明 放高利貸雖然可以賺取高的利息，但多數會向地下錢莊借錢的人，都有經濟上的困難，業者以高利息來剝削他們，賺取黑心錢，無異是逼他們走上絕路，這是不道德的事。農夫「深犁重耙」，雖然所得不多，但所賺的都是清清白白的錢，既不偷不搶，也不傷及他人，再怎樣都比放高利貸的人踩著人家的傷口賺黑心錢來得好。

對應華語 勿求不義之財。

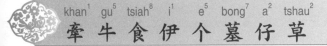

khan¹ gu⁵ tsiah⁸ i¹ e⁵ bong⁷ a² tshau²

牽 牛 食 伊 个 墓 仔 草

解釋 伊：指第三人稱「他」或「她」。个：的。墓仔草：墳塚上的雜草。

涵義 指明知做某事是錯的，卻還故意去做。

說明 牽牛去吃別人家祖墳上的墓草，是一種大不敬的行為，而且這麼做會踩壞別人家祖先的墓穴，破壞風水，這是犯了中國人的大忌，所以這句話可用來形容人明知道做某事是不對的，卻還故意為之。

補充 當「个e⁵」解釋為「的」時，依教育部2007年5月公布之台灣閩南語推薦用字第一批將「个e⁵」寫作「的e⁵」。

對應華語 知法犯法、明知故犯。

khan¹ khi³ long¹ long¹ seh⁸

牽 去 瓏 瓏 踅

解釋 牽去：被人家牽著走。瓏瓏踅：「團團轉」、「兜圈子」的意思。

涵義 諷刺人沒有主見，人家說什麼他就做什麼。

說明 「牽去瓏瓏踅」是說被人家牽著團團轉，人家走到哪裡，他就跟到哪裡，完全沒有自己的主張，用來形容人無知，沒有主見，完全以他人的意見做為行事的準則。

對應華語 人云亦云、隨聲附和、牽著鼻子走。

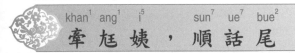

khan¹ ang¹ i⁵ sun⁷ ue⁷ bue²

牽 尪 姨， 順 話 尾

解釋 尪姨：指女靈媒、女巫師。順話尾：順著別人的語意表示認同。

623

涵義 喻人先揣摩對方的心意，再決定自己該說什麼話。

說明 人只要諸事不順就會去找靈媒解惑，而靈媒在不知事情的「來龍去脈」之下，都會叫顧客先說明原委，然後再依說話內容，揣摩其心意，並與之一搭一唱，以博得顧客的信賴與好感，如此便能輕鬆賺到對方的錢。

對應華語 隨聲附和。

khan¹ be² tshing⁷ ho² sann¹

牽馬穿好衫

解釋 牽馬：指拉馬的人。穿好衫：穿好的衣裳。

涵義 指人做了不合身分、地位的事。

說明 「牽馬」是指馬夫，此種行業在以前是屬於卑微的工作，沒什麼身分地位可言。由於馬夫容易弄髒衣物，所以一般都會穿差一點的衣服上班，否則弄髒了就可惜。「牽馬穿好衫」是說當馬夫的人穿好的衣服上班，用來形容人做了不合身分、地位的事。

對應華語 不合身分。

khan¹ ti¹ ko¹ jip⁸ tiau⁵

牽豬哥入牢

解釋 豬哥：配種專用的公豬。牢：指母豬活動的豬圈。

涵義 喻從中撮合或拉攏，使某事能夠順利進行。

說明 以前有一種「牽豬哥」的行業，專門載豬哥到各家農舍與母豬配種；當業者將豬哥載到農舍後，便會將牠趕入母豬活動的豬圈內，由他居間製造氣氛，讓豬哥與母豬順利完成交配。

對應華語 搭橋引線、從中說合、穿針引線、牽線搭橋。

khan¹ ti¹ ko¹ phah⁴ m⁷ kinn⁰ tsinn⁵ bo⁵ tshai² kang¹

牽豬哥拍毋見錢，無彩工

解釋 豬哥：配種專用的公豬。拍毋見：「拍毋」二字可結合起來讀為「phang²」，即不見了的意思，所以「拍毋見」可解釋為遺失。錢：指牽豬哥配種所得的報酬。無彩工：指白忙一場。

涵義 形容人白忙一場，徒勞而無功。

說明 其實這一句歇後語也可以說成「牽豬哥拍毋見錢，無彩潲」，其

中「潲」是指雄性動物的精液，台語讀「siau⁵」。主人牽豬哥去打種，主要目的是為了賺錢，現在把替母豬打種的報酬弄丟了，那豬哥的精液豈不是白流了？

對應華語 白忙一場、白費力氣、徒勞無功。

bing² hoo² be⁷ tui³ tit⁴ tua⁷ tin⁷ kau⁵
猛 虎 獪 對 得 大 陣 猴

解釋 猛虎：凶猛的老虎。獪對得：不能抵抗。大陣：一整群。

涵義 寡不敵眾，數目少的抵擋不了數目多的。

說明 老虎雖然是凶猛的動物，但牠平常都獨來獨往，如果遇上成群的猴子，寡不敵眾，恐怕也得識相的離開，才不會遭受牠們的攻擊。

補充 依教育部2008年5月公布之台灣閩南語推薦用字第二批將「獪be⁷」寫作「袂be⁷」。

對應華語 孤掌難鳴、寡不敵眾、眾寡不敵、猛虎難敵猴群、猛虎不如群狐。

bing² hoo² lan⁵ tui³ kau⁵ kun⁵
猛 虎 難 對 猴 群

解釋 猛虎：凶猛的老虎。對：抵抗、抵擋。

涵義 喻孤掌難鳴，數目少的抵擋不了數目多的。

說明 老虎雖然是凶猛的動物，不過平常多單獨行動，所以當牠遇到身手矯健的猴群時，寡不敵眾，恐怕也得識相的離開，否則一旦遭到牠們的攻擊，將很難全身而退。

對應華語 孤掌難鳴、寡不敵眾、眾寡不敵、猛虎難敵猴群、猛虎不如群狐。

tinn¹ kiam⁵ tsiann² bo⁵ hiam⁵
甜 鹹 饗 無 嫌

解釋 鹹饗：味道的鹹或淡。無嫌：不會挑剔。

涵義 說明人不挑食，只要可以吃的，有什麼就吃什麼。

說明 「甜鹹饗無嫌」表示不管是甜的、鹹的或平淡無奇的食物，只要是可以吃的，都不會挑剔，用來形容人不挑食，有什麼東西就吃什麼，來者不拒。

補充 依教育部2009年10月公布之台灣閩南語推薦用字第三批將「饗tsiann²」寫作「洐tsiann²」。

對應華語 生猛不忌、來者不拒。

tsing³ lang⁵ bin⁷ tsing⁵ phah⁴ sau³ tsiu² thau⁵　　tsau² kau³ mng⁵
眾人面前拍掃帚頭，走到門
au⁷ hue⁷ m⁷ si⁷
後會毋是

解釋 拍：打。拍掃帚頭：比喻生氣的模樣。走到門後：比喻私底下。會毋是：向人家道歉，賠不是。

涵義 形容某人前後表現出兩種截然不同的態度。

說明 「眾人面前拍掃帚頭」是說在大家的面前耍脾氣，顯威風；「走到門後會毋是」是說私底下再向人道歉，賠不是。這種在眾人面前傲慢無禮，在眾人後面恭敬有禮的態度，正是華語所說的「前倨後恭」。

對應華語 前後不一、前倨後恭、前慢後恭、人前人後各一個樣。

tsing³ lang⁵ tshui³ kik⁸ tok⁸
眾人喙極毒

解釋 眾人喙：指眾人的批評、謠傳。極：甚、非常。

涵義 表示謠言的散播非常可怕。

說明 一個人謠傳，大家可能聽聽就算了，如果是兩人謠傳，大家可能會覺得真有那麼回事，但如果是三人或三人以上的謠傳，大家就會信以為真了。歷史上像這樣的例子，不勝枚舉，以「曾參殺人」的故事最具代表性，因為經人陸續告知，曾子的母親最後也相信兒子真的殺了人。由此可知，謠言的散播真的很可怕。

對應華語 三人成虎、眾口鑠金、曾參殺人、千夫所指，無疾而終。

tsing³ lang⁵ tshui³ oh⁴ am¹
眾人喙僫掩

解釋 喙：嘴。僫：難。掩：遮住。

涵義 說明事情掩藏不了，很快就會被人散播出去。

說明 少數幾個人，或許還可以堵住他們的嘴巴，防止消息走漏，但人數一多，不可能人人兼顧得到，總會有幾個「大嘴巴」走漏消息，將祕密洩露出去，所以前人才會說：「眾人喙僫掩」。

對應華語 難杜悠悠之口。

te⁷　it⁴　ho²　　kue³ huan¹　　te⁷　ji⁷　ho²　　kue³ tai⁵ uan⁵
第 一 好 ， 過 番 ； 第 二 好 ， 過 台 灣

解釋 番：海外，此指當時的南洋地區。

涵義 說明當年唐山客出外討生活最嚮往的兩個地區。

說明 以前的「唐山」地區，地瘠民窮，不容易謀生，為了顧飽肚子，唐山客只好千里迢迢地跑到海外謀生；當時大家最嚮往的地方是南洋，而台灣，因為有一個「黑水溝」（指台灣海峽）阻隔，只要東北季風吹起，怒濤萬丈，很容易翻船，所以成為唐山客的第二選擇。

te⁷　it⁴　mng⁵ hong¹　　te⁷　ji⁷　tsoo² kong¹
第 一 門 風 ， 第 二 祖 公

解釋 門風：家風，即家族的家教、聲譽、風評等。祖公：原意是指先祖，此處指世代所從事之行業、經濟能力與身分地位，也就是所謂的家世。

涵義 說明早期的聯姻，講求「門當戶對」。

說明 現代的年輕人，只要彼此中意就結婚，比較不會去管什麼門風或家世，但早期的人，雙方在聯姻之前，一定會找人去探聽對方的門風與家世，因為他們相信門風與家世好的人，子女不會差到哪裡，也只有這樣才能找到「門當互對」的人家。

te⁷　it⁴　koo³ pak⁴ too²　　te⁷　ji⁷　koo³ put⁸ tsoo²
第 一 顧 腹 肚 ， 第 二 顧 佛 祖

解釋 顧腹肚：維持基本生活的需求。佛祖：泛指神明。

涵義 說明人要先解決個人基本的生活需求，行有餘力再去想其他的事情。

說明 人不管做任何事，都要先將自己的肚子填飽，然後才有能力去做其他的事；因為自己都吃不飽，基本生活出現問題，哪有餘力談

信仰、拚事業或幫助別人，只有在生活無虞之下，才能做自己想做的事。前人說這一句話的意思，就是要我們先解決自己最基本的生活問題，行有餘力再去做其他的事。

對應華語 民以食為天、衣食足而後知禮義。

te⁷ it⁴ gong⁷ tso³ hong⁵ te³ te⁷ ji⁷ gong⁷ tso³ lau⁷ pe⁷
第 一 戇 ， 做 皇 帝 ； 第 二 戇 ， 做 老 爸

解釋 戇：傻、呆。做：當。

涵義 說明子女長大後雖然不一定孝順，但做父親的依然願意為他們做牛做馬，無怨無悔地付出。

說明 本諺語的重點在後面一句。古代的皇帝身繫國家大事，事情多，行動也不自由，每天待在深宮裡，簡直像囚犯一樣，所以說「第一戇，做皇帝」；「第二戇，做老爸」是因為做父親的無怨無悔地為子女付出，即使子女長大後可能不孝，他還是默默地盡自己做父親的本分，一輩子為子女操心、煩惱，只求付出，不求回報。

te⁷ it⁴ gong⁷ the³ lang⁵ suan² ku² tsau² un⁷ tong⁷
第 一 戇 ， 替 人 選 舉 走 運 動 ；
te⁷ ji⁷ gong⁷ tshia¹ kam¹ tsia³ hoo⁷ hue⁷ sia⁷ pong⁷
第 二 戇 ， 捙 甘 蔗 予 會 社 磅

解釋 戇：傻、呆。走運動：指奔走、遊說。捙：用車子載運東西。予：給。會社：日治時代稱公司為「會社」，此處指糖廠。磅：以磅秤來量重量。

涵義 指人很傻，明知做某事會損己利人，卻仍然去做。

說明 選舉活動的是非多，容易得罪人，而且幫候選人四處奔走，得到好處的是候選人，自己毫無利益可言，所以說：「第一戇，替人選舉走運動」；「第二戇，捙甘蔗予會社磅」是因為甘蔗從農地運至糖廠販售，重量是由廠方來秤，不是由農家自行過磅，所以多少會吃悶虧，被廠方佔便宜。

te⁷ sann¹ tsia² bo⁵ tshap⁴ su⁷
第三者無插事

解釋 第三者：指旁觀者或與事情無關係者。無插事：不管事、不過問事情。

涵義 說明第三者沒有管事的權利。

說明 當人與人之間發生爭執，最好讓當事者自行解決，旁觀者無權置喙，因為他的身分沒有正當性，如果強行介入，反而不好，所以才會說：「第三者無插事」。

對應華語 不在其位，不謀其政。

liap⁸ a² kian¹ phi² be⁷ ki³ tit⁴ thiann³
粒 仔 堅 疕 繪 記 得 痛

解釋 粒仔：指瘡疔。堅疕：指傷口癒合結疤。繪記得：忘記。

涵義 形容人將之前受過的屈辱、傷害或教訓忘得一乾二淨，很快又依然故我。

說明 「粒仔堅疕繪記得痛」是說瘡疔的傷口已經結疤痊癒，就忘了疼痛的感覺。某人先前長瘡疔的時候痛得哇哇叫，如今痊癒了，就將先前疼痛的感覺忘得一乾二淨，用來形容人沒有記取前車之鑑，很快又依然故我。

補充 ①依教育部2008年5月公布之台灣閩南語推薦用字第二批將「繪be⁷」寫作「袂be⁷」。②依教育部2009年10月公布之台灣閩南語推薦用字第三批將「痛thiann³」寫作「疼thiann³」。

對應華語 好了傷口就忘了痛。

tshoo¹ tshoo¹ pak⁴ tng⁵   m⁷ kann² tsiah⁸ tik⁴ tsam³ hok⁸ ling⁵ ko¹
粗 粗 腹 腸 ， 毋 敢 食 竹 塹 茯 苓 糕

解釋 粗粗腹腸：比喻粗人的腸胃。毋敢：不敢。竹塹：新竹的舊稱。茯苓糕：以茯苓磨粉所製成的白色糕餅，是以前新竹名貴的名產。

涵義 此語有兩種意思：①謙稱自己沒有福氣可以享受。②為賭一口氣所說的話，表示自己「不稀罕」。

說明 「粗粗腹腸，毋敢食竹塹茯苓糕」是說自己只不過是個粗人，不敢奢求吃到茯苓糕這種名貴的產品。通常會說這句話，有兩種可

一畫 二畫 三畫 四畫 五畫 六畫 七畫 八畫 九畫 十畫 十一畫 十二畫 十三畫 十四畫

能：一種是講客氣話，認為自己的身分不適合吃這麼好的東西，自稱無福消受；另一種是講賭氣的話，當某人揶揄你沒錢還想吃茯苓糕時，就可以回他這句話，表示自己並不稀罕。

對應華語 無福消受。

tshoo¹ khng¹ tshu² to¹ u⁷ iu⁵
粗 糠 取 都 有 油

解釋 粗糠：指稻穀的外殼，通常廢棄不用。取都有油：都可以榨出油來。

涵義 勸誡大家要多愛惜資源。

說明 以前農家將稻穀去殼後，都會將「粗糠」丟掉。「粗糠取都有油」是說連粗糠都可以榨出一點點油來，足見再怎麼差的物資，都有其可取之處，大家要多愛惜資源，不可任意丟棄。

對應華語 人盡其才、地盡其利、物盡其用、變廢為寶。

tshoo¹ khng¹ so¹ soh⁴ a²
粗 糠 挲 索 仔

解釋 粗糠：指稻穀的外殼。挲：用手搓揉。索仔：指繩子。

涵義 形容人白費力氣，做了一件不可能達成的事。

說明 以前的人搓繩子，都用藺草……等做材料，沒有人用稻殼來搓繩子，因為再怎麼搓也不會結合在一起，變出一條繩子來，所以「粗糠挲索仔」不過是白費力氣、徒勞無功罷了！

對應華語 水中撈月、炊沙作飯，緣木求魚、白費力氣、徒勞無功、竹籃打水、鑽冰求酥。

se³ kiann² bo⁵ lak⁸ gueh⁰
細 囝 無 六 月

解釋 細囝：指幼兒。無六月：沒有所謂的六月，即每一天都一樣。

涵義 教導家中有幼兒的父母親，對於幼兒的保健要重視。

說明 剛出生不久的幼兒，抵抗力弱，如果氣溫變化太大，就有可能感冒，所以即使六月正值盛暑，天氣炎熱，也要讓他穿薄薄的長衣，千萬不可大意，這就是「細囝無六月」的原因。

se³ khang¹ m⁷ poo² tua⁷ khang¹ kio³ khoo²

細 空 毋 補 ， 大 空 叫 苦

解釋 細空：小的裂縫。毋補：不補救。大空：大的裂縫。

涵義 形容小問題的時候不解決，等到變成大問題，要解決就困難了。

說明 房屋有小裂縫、衣服有小破洞或身體微恙時，若不趕緊處置，任由它繼續發展下去，總有一天，小裂縫會變成大裂縫，小破洞會變成大破洞，小病會變成大病，到時候要補救就得費更大的勁，花更多的時間。

對應華語 杜漸防萌、防微杜漸、防患於未然。

se³ i⁵ senn¹ kiann² tua⁷ boo² e⁵

細 姨 生 囝 大 某 个

解釋 細姨：妾、小老婆。生囝：生的小孩。大某：明媒正娶的妻子，也稱「大老婆」。

涵義 喻出錢出力的是甲，而功勞及名分卻是乙的。

說明 所謂「細姨」就是指沒有名分的小老婆，既然沒有名分，她生的小孩自然也沒有名分，所以只好登記為大老婆所生，這樣才不會成為人家所說的「私生子」。前人便用此句形容出錢出力的是甲，但功勞及名分卻是乙的。

補充 當「个e⁵」解釋為「的」時，依教育部2007年5月公布之台灣閩南語推薦用字第一批將「个e⁵」寫作「的e⁵」。

se³ liap⁸ tsi² be⁷ lau⁷ koh⁴ oh⁴ si²

細 粒 子 ， 膾 老 擱 僫 死

解釋 細粒子：指身材矮小的人。膾老：不會老，外表看起來年輕。擱：又。僫死：不容易死，比喻長壽。

涵義 此為身材矮小者自我安慰的用語。

說明 身材瘦小的人之所以不會老，是因為體型像小孩子，與高大的人比較起來，自然是年輕多了；至於說「僫死」，是因為一般人都認為體型高大的人，器官的負擔較重，壽命較短，而體型瘦小的人，器官的負擔較輕，壽命自然長。這一句諺語是身材矮小、瘦弱者用來自我安慰的話，當他被人嘲弄或揶揄時，就可以用這一句話來反駁對方。

補充　①依教育部2008年5月公布之台灣閩南語推薦用字第二批將「ⵢ
be⁷」寫作「袂be⁷」。②依教育部2007年5月公布之台灣閩南語推
薦用字第一批將「擱koh⁴」寫作「閣koh⁴」。

對應華語　小巧就是美。

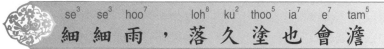

se³　se³　hoo⁷　　loh⁸　ku²　thoo⁵　ia⁷　e⁷　tam⁵

細 細 雨 ， 落 久 塗 也 會 澹

解釋　細細雨：指毛毛雨。落久：指雨下久了。塗：泥土、土壤。澹：
溼。

涵義　說明人對事物不可嫌其少，只要涓滴積累，終有「聚少成多」的
一天。

說明　毛毛細雨的雨勢雖小，但只要持續下一段時間，地面依然會溼
透；這就好比存錢一樣，雖然剛開始存的不多，但只要持續不斷
的積累，時間久了也會變成大富翁，所以人不可以輕忽小的力
量，因為積少會變多，總有一天也會成為大的力量。

對應華語　聚少成多、積土成山、積少成多、聚沙成塔、集腋成裘。

se³　han³　m⁷　tsik⁴　tok⁴　　pat⁸　jit⁸　tso³　lok⁴　khok⁸

細 漢 毋 責 督 ， 別 日 做 硞 硞

解釋　細漢：小時候。毋：不。責督：教育、監督。別日：他日。硞
硞：比喻人像硞硞馬，到處閒晃，沒有出息。

涵義　說明幼兒教育的重要。

說明　「細漢毋責督，別日做硞硞」是說小時候如果不好好教導，長大
後一定像硞硞馬東奔西跑，到處閒晃，所以教育要從小開始，小
時候不教好，長大就會沒出息。

對應華語　人不學不知義、玉不琢不成器。

se³　han³　m⁷　thang¹　bo⁵　bo²　　tsiah⁸　lau⁷　m⁷　thang¹　bo⁵　boo²

細 漢 毋 通 無 母 ， 食 老 毋 通 無 某

解釋　細漢：幼兒時期。毋通：不可以。食老：年紀大了。某：指老
妻。

涵義　強調老妻對另一半的重要性。

說明　幼兒時期的小孩抵抗力弱，需要母親細心的照顧，所以說：「細

漢毋通無母」；同理，年紀大的老人，身體機能會逐漸退化，此時若沒有妻子在一旁照料或作伴，對老人家是不好的，所以說：「食老毋通無某」。本諺語的第一句話為引言，重點在第二句，主要強調老妻對另一半的重要，勸人要懂得珍惜。

對應華語 老而鰥，晚景淒涼。

---

se³ han³ pe⁷ bu² senn¹　tua⁷ han³ boo² senn¹

細漢爸母生，大漢某生

解釋 細漢：年幼時。大漢：長大後。某生：完全聽老婆的話，好像是老婆生的一樣。

涵義 譏諷男人小時候聽父母親的話，長大結婚後改聽妻子的話，忤逆父母。

說明 男孩子小時候，爸媽講什麼話都唯命是從，不敢違抗；但長大結婚後，有些男人會唯「妻」是從，老婆講什麼就聽什麼，即使婆媳間發生問題，只要老婆在枕邊挑撥幾句，做丈夫的就真的替老婆出氣，當面數落父母的不是，好像他不是父母生的，而是老婆生的一樣。

---

se³ han³ si⁷ hiann¹ ti⁷　tua⁷ han³ kok⁴ hiong¹ li²

細漢是兄弟，大漢各鄉里

解釋 細漢：小時候。大漢：長大成人後。各鄉里：指各奔前程，分居各地。

涵義 說明兄弟的感情再好，長大後還是要各奔前程，為各自的事業及家庭打拚。

說明 兄弟小時候玩在一起，你兄我弟，好的不得了，但長大以後，各自有各自的事業和家庭，每個人都各居一方，不能再像以前聚在一塊，必須各奔前程了。

---

se³ han³ na⁷ m⁷ ut⁴　tua⁷ han³ ut⁴ be⁷ khut⁴

細漢若毋熨，大漢熨𣍐屈

解釋 細漢：年幼之時。若：如果。毋熨：沒有塑造小孩的人格。大漢：長大成人後。𣍐屈：定型而難以改變。

涵義 形容教養小孩應自幼開始，若等他（她）長大才開始教養，就很

難改變他（她）了。

說明 「細漢若毋熨，大漢熨艙屈」是說小時候若不塑造好小孩子的人格，等他長大後，人格已經定了型，要再改變就困難了，所以小孩子應自幼教養，若等長大才開始教養，那就不容易改變他了。

補充 依教育部2008年5月公布之台灣閩南語推薦用字第二批將「艙be[7]」寫作「袂be[7]」。

對應華語 玉不琢不成器。

---

se[3] han[3] thau[1] ban[2] pu[5]　　　tua[7] han[3] thau[1] khan[1] gu[5]

細 漢 偷 挽 匏 ， 大 漢 偷 牽 牛

解釋 細漢：年幼時。偷挽：偷採。匏：一種蔬菜，果實扁圓巨大，可供食用，外殼曬乾可當容器使用，俗稱為「葫蘆瓜」。大漢：長大後。

涵義 說明小時候養成的不良習慣，長大後會變本加厲。

說明 以前的鄉下人家喜歡在空地上搭棚種匏瓜，既可以食用又可以曬乾當容器，一舉兩得。由於這種蔬菜很容易種植，也很容易生長，所以經濟效益不大，即使被偷了幾個，也談不上損失。「細漢偷挽匏，大漢偷牽牛」是說小時候偷匏瓜，長大後就會偷牽牛，所以不要認為小時候偷小東西無關緊要，如果賊性不改，長大後一定變本加厲，偷更大的東西。

對應華語 小時偷針，大時偷金。

---

se[3] ji[7] oo[1] niau[1] tah[8] phua[3] hia[7]　　　se[3] ji[7] tsa[1] boo[2] tsau[2] kue[3] sia[7]

細 膩 烏 貓 踏 破 瓦 ， 細 膩 查 某 走 過 社

解釋 細膩：原指小心、客氣，此處比喻為乖巧。烏貓：黑色的貓。踏破瓦：踩破屋瓦。查某：指女人。社：村莊、部落。

涵義 形容人不可貌相，不能光從一個人的外表就判斷他是怎樣的人。

說明 平時乖巧的小黑貓，也會爬上屋頂，踩破屋瓦；平時看起來乖巧的女孩子，也會跟著男人私奔，棄爸媽於不顧，所以「人不可貌相」，不能從一個人的外表知道他是怎樣的一個人。

對應華語 人不可貌相。

se³ ji⁷ bo⁵ sih⁸ pun²

細 膩 無 蝕 本

解釋 細膩：小心。蝕本：虧本。

涵義 奉勸人無論做什麼事都要小心，不可大意。

說明 「細膩無蝕本」是說做事小心的人比較不會吃虧；這裡的「蝕本」可以解釋成吃虧、虧本、受傷、壞大事……等，前人之所以說這一句話，主要奉勸大家做任何事都要小心，否則吃虧的一定是自己。

對應華語 小心駛得萬年船。

tai⁷ kong¹ tso³ m⁷ suah⁴   hai² tsui² u⁷ si⁵ e⁷ lim¹ tioh⁰

舵 公 做 毋 煞 ，海 水 有 時 會 啉 著

解釋 舵公：跑船的掌舵者。毋煞：不結束，指持續做下去。啉著：喝到。海水有時會啉著：比喻偶爾會發生危險，產生意外。

涵義 說明持續從事危險工作者，總有一天會發生意外。

說明 大海的表面雖然平靜，但何時會發生狀況沒有人預料得到，有時稍微不注意就會發生沉船、擱淺、撞上冰山之類的事，所以在海上討生活是一件危險的工作。舵公長時間在海面上做事，即使開船技術了得，但自然界所發生的潛在危險，如海嘯、海上龍捲風等，都無法事先預知，如果繼續做下去，總有一天真的會碰上危險，發生意外。

tsun⁵ na⁷ ping²   penn⁵ penn⁵ tim⁵

船 若 反 ，平 平 沉

解釋 若：如果。反：翻覆。平平沉：大家都會一起滅頂，無人可倖免。

涵義 說明大家都是命運共同體，應該同舟共濟，想辦法一起度過難關。

說明 大家坐在同一條船上，如果船翻了，都會一起落水，無一能倖免。此處所言的「船」，可以是一個團體，也可以是一個國家，當團體或國家遭受傷害，裡面的成員或人民也會跟著遭殃，所以前人用整句話來說明當大家同處於一個團體內，彼此是命運共同體，理應同舟共濟，設法共度難關，否則將一起遭殃。

對應華語 風雨同舟、同心協力、同舟共濟、同生共死、和衷共濟、患難與共。

tsun⁵ phua³ ia⁷ tioh⁸ khioh⁴ ting¹

船 破 ， 也 著 抾 釘

解釋 也著：必須。抾：撿取。釘：指船體上的鋼釘。

涵義 喻在「報廢」的物品中找尋「有用」的東西，以留待他日繼續使用。

說明 船身破損了，有兩種解決的方法，一種是修理，另一種是解體；不管是修理或是解體，拆船業者都會將船上的鋼釘拾起，一方面是避免刺傷人，另一方面可以留待他日使用，這就是所謂的「船破，也著抾釘」。

對應華語 修舊利廢、廢物利用。

tsun⁵ kue³ tsui² bo⁵ hun⁵

船 過 水 無 痕

解釋 過：駛過水面。痕：指水面的波紋。

涵義 此語有兩種意思：①形容將別人曾經施予的恩惠忘得一乾二淨。②勸人忘掉不愉快的往事。

說明 不管大船或小船，只要駛過水面，剛開始都會泛起波紋，不過水面很快就能恢復成原來的樣子，所以這句話可用來形容某人曾經受人恩惠，但事後卻忘得一乾二淨，好像沒有這回事一樣；另外也用來勸人：不愉快的事情過了就不要再想，應把它當成未發生過一樣。

對應華語 ①過河拆橋、過橋抽板、違恩負義、忘恩負義、事過境遷。②往事不堪回首。

mai³ khuann³ khah⁴ tshing¹ ing⁵

莫 看 較 清 閒

解釋 莫：不要。清閒：悠哉無事。

涵義 喻眼不見為淨。

說明 人只要事情多，做不完，看到一大堆的工作呈現在眼前，心裡一定覺得很煩，倒不如不去看，心裡就會比較清閒，所以「莫看較

清閒」是表示眼不見為淨的意思。

對應華語 眼不見為淨、眼不見心不煩。

bok⁸　ma⁷　iu²　si⁵　tshe¹　　it⁴　ia⁷　siu⁷　koo¹　tshe¹

莫 罵 酉 時 妻 ， 一 夜 受 孤 淒

解釋 莫：不要。酉時：下午的五至七時。一夜：一整晚。一夜受孤淒：比喻整晚只有孤獨一個人，沒人理睬。

涵義 說明責罵太太要挑對時間，不然到時候吃虧的還是自己。

說明 農村社會時代，晚上沒有什麼餘興節目，所以人們吃完晚餐後，老早就上床睡覺，因此，丈夫如果在酉時責罵老婆，短時間內，她的怒氣未消，一整晚都不跟丈夫同床共眠，到時候做丈夫的只能一夜守空房，孤獨而無伴。

tsua⁵　jip⁸　tik⁴　thang²

蛇 入 竹 筒

解釋 入：爬進。竹筒：指竹管。

涵義 形容無計可施，只能任人擺佈。

說明 竹筒又細又小，蛇如果不小心爬入竹筒內，要翻身再爬出來非常不容易，萬一此時被人發現，只好任人擺佈，根本一點法子也使不出來。

對應華語 無計可施、一籌莫展、黔驢技窮、無可奈何、束手無策、束手待斃。

tsua⁵　ti⁷　khang¹　li⁰　lang⁷　tshut⁰　lai⁰

蛇 佇 空 裡 弄 出 來

解釋 佇空裡：在洞穴中。弄：逗弄。

涵義 設法引人現身，然後使計對付。

說明 蛇會躲在洞穴中，不是在冬眠、下蛋，就是在休息，此時的蛇不會主動攻擊人，但如果有人故意去挑弄，牠就會被引出洞穴，因此便用此句比喻想辦法引出行動神祕的藏鏡人，然後使計去對付他。

對應華語 引蛇出洞。

tsua⁵ phah⁴ bo⁶ si² tian¹ to³ ok⁴

蛇 拍 無 死 ， 顛 倒 惡

解釋 拍無死：沒有打死。顛倒惡：反而更凶猛。

涵義 喻除惡務盡，不要留下後患。

說明 一般人看到蛇會有兩種反應，一種是嚇跑，另一種是想打死牠。如果想打死蛇，卻只是打傷，讓牠脫逃，等蛇痊癒後，會變得更加凶猛，看見人就想攻擊，所以這句話是告訴人除惡務盡，不要留下後患，以免他日遭殃。

對應華語 斬草不除根，春風吹又生。

tsua⁵ khang¹ thang³ niau² tshi² siu⁷

蛇 空 迵 鳥 鼠 岫

解釋 蛇空：蛇洞。迵：指兩個地方互通。鳥鼠岫：指老鼠的巢穴。

涵義 人暗中勾結，一起作壞事。

說明 蛇與老鼠都是不受人歡迎的生物，所以在本諺語中被比喻成「匪類」。蛇洞可以直通老鼠的巢穴，表示兩者可以互通聲息、狼狽為奸，一起勾結幹壞事。

對應華語 一丘之貉、互通聲息、狼狽為奸、蛇鼠一窩、裡應外合、朋比為奸、內神通外鬼。

ba⁷ hioh⁸ thau¹ liah⁸ ke¹ oo¹ tshiu¹ ti⁷ piah⁴

覓 鴟 偷 掠 雞 ， 烏 鶖 佇 壁

解釋 覓鴟：老鷹。掠：捕捉。烏鶖：鳥名，全身盡黑，喜歡停靠在水牛身上，尋牛蟲而食之。佇：正在。

涵義 形容人只貪圖眼前的利益，卻沒有想到禍患就在後頭。

說明 老鷹是一種強大的猛禽，喜歡捕捉地面上的小雞來進食；烏鶖是一種個性強悍的小鳥，體型雖小卻喜歡攻擊比牠大型的鳥類，其中也包括「覓鴟」在內。「覓鴟偷掠雞，烏鶖佇壁」是說老鷹欲抓小雞食用，烏鶖卻躲在壁洞內注視著牠，用來形容人只貪圖眼前的利益，卻沒有注意到後頭的禍患。

對應華語 螳螂捕蟬，黃雀在後。

ba⁷　hioh⁸　liah⁸　ke¹　a²　kiann²

覓鴞 掠 雞 仔 囝

解釋 覓鴞：通稱為「老鷹」。掠：捕捉。雞仔囝：小雞。

涵義 喻人仗著身強體壯，經常欺侮弱小。

說明 老鷹是大而強的猛禽，「雞仔囝」是小而弱的家禽。「覓鴞掠雞仔囝」是說老鷹捉小雞來吃，有「弱肉強食」或「以強欺弱」的意思。

對應華語 以大欺小、以強凌弱、弱肉強食。

tham¹　i¹　tsit⁸　tau²　bi²　　sit⁴　khiok⁴ puann³　ni⁵　niu⁵

貪 伊 一 斗 米 ，失 卻 半 年 糧

解釋 伊：第三人稱，指「他」或「她」。斗：十升為一斗。失卻：卻損失。

涵義 說明人貪求小的利益，結果卻造成更大的損失。

說明 一斗米如果讓一個正常食量的人吃，大約十幾天就吃完了，以此換算，半年下來也要吃個十幾斗。「貪伊一斗米，失卻半年糧」是說貪圖人家一斗米，卻讓自己損失了十幾斗米，真是貪小失大，得不償失。

對應華語 因小失大、貪小失大、爭雞失羊、得不償失、掘室求鼠。

tham¹　ji⁰　pin⁵　ji⁰　khak⁴

貪 字 貧 字 殼

解釋 殼：指外殼。全句說：「貪」字與「貧」字的字型很像，如雙胞胎一樣，必結伴而至。

涵義 勸人不要貪心，以免落得貧窮。

說明 仔細觀察「貪」與「貧」二字，可以發現它們不但字型很像，連筆畫都是十一畫，就好像是一對雙胞胎一樣，容易讓人搞混。「貪」與「貧」是一體兩面，互有因果關係，貪者多貧，貧者多貪，兩者多結伴而至，因此，人如果太貪心，非但不會富有，還會變得更貧窮。

對應華語 貪不離貧、貧不離貪。

tham¹ lai' lian⁵ bo² to¹ bo⁵ khi⁰

貪 利 ， 連 母 都 無 去

解釋 利：指利息。母：指本金。都無去：都不見了。

涵義 形容人貪小失大，造成更大的損失。

說明 坊間有許多人為了貪圖人家的利息，以放「高利貸」的方式借錢給人，結果被人倒帳，最後不但利息賺不著，連本金也要不回來，這都是人太過於貪心，才會因小失大，得不償失。

對應華語 貪小失大、因小失大、爭雞失羊、掘室求鼠、得不償失、欲益反損。

tham¹ hua¹ put⁴ buan² sann¹ tsap⁸ hue³

貪 花 不 滿 三 十 歲

解釋 貪花：沉迷於女色、縱慾過度。不滿三十歲：比喻短命，活不到三十歲。

涵義 奉勸年輕人不要貪戀女色，以免因縱慾過度而搞壞身體。

說明 年輕人血氣方剛，正是對異性充滿好奇的年紀，此時如果貪戀女色，縱慾過度，即使再好的身體都會搞壞。本句言「不滿三十歲」，只是一個比喻，指「不長壽」的意思，並非真的活不到三十歲。

對應華語 色是殺人刀、色字頭上一把刀。

tham¹ siok⁸ kui³ be²

貪 俗 ， 貴 買

解釋 貪俗：貪東西便宜。貴買：花更高的價錢買得。

涵義 形容人購物貪便宜，結果反而付出更高的代價。

說明 很多人買東西喜歡殺價，結果店家受不了，拿一個同類型的瑕疵品賣給消費者，消費者以為自己賺到了，其實是「貪俗，貴買」。另外，有的店家故意在標籤上動手腳，特意提高訂價，然後讓消費者殺個痛快，結果買到的東西還是比市價貴，這又是另一種的「貪俗，貴買」。其實一分錢，一分貨，東西會貴，自然有它貴的道理，如果購物都喜歡貪便宜，最後有可能付出更高的代價。

對應華語 一分錢，一分貨。

tham¹ siok⁸ be² kau² sua¹

貪俗買狗鯊

解釋 貪俗:貪求便宜貨。狗鯊:是一種便宜的魚貨。

涵義 形容人購物貪求便宜,買不到好貨色。

說明 「貪俗買狗鯊」是說人貪圖東西便宜,花錢就買,結果買到狗鯊這種不好的貨色。其實一分錢,一分貨,每位顧客都想要買便宜又高檔的東西,但老闆不可能做虧本生意,所以購物貪求便宜,絕對買不到上等的好貨色。

對應華語 一分錢,一分貨。

tham¹ tsiah⁸ bo⁵ poo² lau³ sai² kan¹ khoo²

貪食無補,漏屎艱苦

解釋 貪食:貪吃。無補:沒有補到身子。漏屎:腹瀉、拉肚子。艱苦:痛苦。

涵義 勸人做任何事都要先衡量自己的能力,適可而止,過量或過度都會引發不良的後果。

說明 「貪食無補,漏屎艱苦」是說一個人如果吃得過多,容易造成身體的負擔,不但沒有補到身子,還會因此而拉肚子,到時候就知道痛苦。除了「吃」以外,本句諺語也可以用在其他方面,例如某人縱慾不知節制,將身體搞壞,到時候就知道痛苦;另外,高級主管為了增加財富而挪用公款,最後東窗事發,被捕入獄,名譽就這麼毀了,這也是「貪食無補,漏屎艱苦」,所以人做任何事都要適可而止,超量或過度都會引發不良的後果。

補充 依教育部2009年10月公布之台灣閩南語推薦用字第三批將「漏lau³」寫作「落lau³」。

tham¹ sia¹ kui³ be² ban⁷ se³ king⁵

貪賒貴買萬世窮

解釋 賒:欠錢。貪賒貴買:因貪圖可以賒帳,所以即使是貴一點的東西也捨得先賒帳買下。萬世窮:指世代貧窮。

涵義 形容不懂得量入為出的人,永遠都不可能富有。

說明 身上已經沒有足夠的錢購買東西,只因為貪圖可以賒帳就將東西買下,如此一來,今天可能買了這個,明天又會買了那個,像這

種沒錢卻不知道節制用錢的人，只會讓自己的負債越積越多，一輩子都還不完。

pin⁵ tuann⁷   thun¹ nua⁷
貧憚，吞瀾

解釋 貧憚：懶惰。瀾：口水。

涵義 勸人要勤勞做事，才不會挨餓。

說明 懶惰的人，四體不勤，總有一天會沒有飯吃，到時候只能看人家吃美食，自己只有吞口水的份。前人之所以說這一句話，主要在勸人要勤勞做事，才不會落得沒飯吃的地步。

補充 依教育部2007年5月公布之台灣閩南語推薦用字第一批將「貧憚tuann⁷」寫作「貧惰tuann⁷」。

pin⁵ tuann⁷ lang⁵   kong² u⁷ ue⁷
貧憚人，講有話

解釋 貧憚人：懶惰的人。講有話：比喻可以講很多理由。

涵義 譏諷懶惰者最會找藉口或理由來逃避做事。

說明 生性懶惰的人，只要請他做事，就會搬出許多藉口和理由來搪塞，一會兒說肚子痛，一會兒說感冒，當然這都不是真的，這些不過是他們用來逃避勞動的理由與藉口罷了！

補充 依教育部2007年5月公布之台灣閩南語推薦用字第一批將「貧憚tuann⁷」寫作「貧惰tuann⁷」。

對應華語 懶人找藉口。

pin⁵ tuann⁷ kiam¹ lam² nua⁷
貧憚兼荏懶

解釋 貧憚：懶惰。荏懶：形容人邋遢又不喜歡盥洗。

涵義 罵人懶惰成性，不積極振作。

說明 「貧憚兼荏懶」是說某人既懶惰又邋遢。一個人懶惰已經很糟糕，又加上邋遢，那跟廢人根本沒有什麼兩樣，因為這種人只會頹廢、消極的過日子，永遠都不會積極振作。當某人對著別人說這句話時，多少帶有責備的語氣，亦即罵人懶惰成性，不曉得要積極振作之意。

補充 依教育部2007年5月公布之台灣閩南語推薦用字第一批將「貧憚 tuann⁷」寫作「貧惰tuann⁷」。

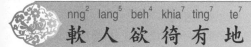

pin⁵ king⁵ tsu⁷ tsai⁷　　hu³ kui³ to¹ iu¹
貧 窮 自 在 ， 富 貴 多 憂

解釋 自在：無拘無束，舒暢而快樂。憂：心裡憂愁。

涵義 說明淡泊名利對人的好處。（貧窮人家也常以此語來安慰自己）

說明 貧窮人家只要睡得好、吃得飽，就沒有牽掛了；但富有人家卻不能如此，他們經常想著賺更多錢，不但做生意怕虧本，而且怕偷、怕搶，有時還要為分家的事情而操煩，一下子怕這個，一下子又怕那個，日子不一定比窮人好過。

nng² lang⁵ beh⁴ khia⁷ ting⁷ te⁷
軟 人 欲 徛 有 地

解釋 軟人：指個性懦弱的人。欲：想要。徛：站立。有地：堅硬的土地。徛有地：比喻展現強硬的立場。

涵義 譏諷人自不量力。

說明 個性懦弱的人被他人欺壓，聲言要討回公道，結果看到對方就馬上嚇到腿軟，連話都說不出來，這就是所謂的「軟人欲徛有地」；另外，先天瘦弱的人去找虎背熊腰的人打架，反而被打得鼻青臉腫，傷痕累累，像這種先天條件不佳的人還想要「要硬」，也可以稱之為「軟人欲徛有地」，有諷刺人自不量力的意思。

對應華語 不自量力、螳臂當車、蚍蜉撼樹、無自知之明。

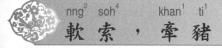

nng² soh⁴　　khan¹ ti¹
軟 索 ， 牽 豬

解釋 軟索：柔軟的繩子。

涵義 說明與人相處，有時候身段要放軟一點，不能硬碰硬。

說明 繩索有粗細之分，粗的繩索較硬，柔軟度不足，且不容易打結，所以不如軟而細的繩索好用，故同樣用硬繩與軟繩來套豬隻，絕對是軟繩容易套上，並牽拉著走。本諺語只是藉「軟索，牽豬」來作比喻，真正所要表達的意思是人與人相處，有時候身段要放

軟一點,不能跟人家硬碰硬。

對應華語 吃軟不吃硬。

nng² thoo⁵ tshim¹ kut⁸

軟 塗 深 掘

解釋 軟塗:原指鬆軟的泥土,此處指弱勢者。深掘:用鋤頭越挖越深。

涵義 比喻見人家好欺侮,就會食髓知味,得寸進尺。

說明 鬆軟的土質,因為好掘,所以會越掘越深。人類社會也是一樣,看人家老實,好欺侮,就會得寸進尺,不斷的欺凌或佔人家便宜;例如向人索取保護費的惡人,只要每一次都如他的願,讓他食髓知味,下一次再勒索時,第一個想到的絕對是你,而且會越勒索越多,這就是所謂的「軟塗深掘」。

對應華語 得寸進尺、欺人太甚、強欺弱,惡欺善、人善被人欺,馬善被人騎。

nng² thoo⁵ phak⁸ ku² ia⁷ e⁷ ting⁷

軟 塗 曝 久 也 會 有

解釋 軟塗:含水量多的泥土。曝久:曬久了。也會有:也會變硬。

涵義 此語有兩種意思:①說明軟弱、稚嫩的人,經過社會長期的磨練後,也會變得成熟、練達與強大。②勸人不要「軟塗深掘」,否則他日「軟塗」強大了,就會找你報復。

說明 含水量多的泥土,只要經過陽光長時間的照射,水分會慢慢的蒸發,成為硬土;人也是一樣,只要經過社會長期的磨練,也會變得成熟與練達,只不過有人成熟得快,有人成熟得慢,所以人千萬不可「軟塗深掘」,因為有朝一日「軟塗」也會強大起來,到時候被人報復,日子就難過了。

tsit⁴ ping⁵ tshing⁷ tshau² e⁵ hit⁴ ping⁵ kat⁴ e⁵ tua³

這 爿 穿 草 鞋 , 彼 爿 結 鞋 帶

解釋 這爿:這一邊。草鞋:用乾草編成的鞋子,以往幹粗活的人都穿這種鞋子。彼爿:那邊、另一邊。結鞋帶:綁鞋帶,比喻穿著較正式的鞋子。

涵義 形容已婚婦人有越軌、不安於室的行為。

說明 「這爿穿草鞋，彼爿結鞋帶」是說這一頭穿著草鞋去幹粗活，另一頭卻穿著漂亮的鞋子去會情郎。「這爿」指的是丈夫，「彼爿」指的是「妻子」，做妻子的趁丈夫出門工作後，盛裝打扮，溜出去會情郎，此乃「紅杏出牆」的行為。

對應華語 不安於室、紅杏出牆、暗渡陳倉、暗約偷期、暗通款曲。

---

tsit⁴　khang¹　thap⁴　hit⁴　khang¹
這 空 塌 彼 空

解釋 空：洞、縫隙。塌：將不足的補足。彼：那個。

涵義 喻用多出來的部分去補不足的地方。

說明 投資做生意，有賺有賠，為了讓賠錢的生意能夠繼續經營下去，就必須截長補短，拿賺錢生意所賺來的錢去補賠錢生意的「洞」，像這種「以多補少」的方式就是所謂的「這空塌彼空」。

對應華語 裒多益寡、截長補短、取長補短、以多補少、損餘補虧、損有餘，補不足。

---

tsit⁴　tau²　pueh²　tioh⁸　　tioh⁸　tsiah⁸　kau³　tang¹　bue²
這 捅 拔 著 ， 著 食 到 冬 尾

解釋 這捅：這一次。拔著：賺到。著食到冬尾：就可以吃到年底。

涵義 說明人只要能掌握住大好的機會，就能夠獲取極大的利益。

說明 開公司或開工廠的老闆，不可能常常接到大的訂單，平常都是些小訂單，勉強維持公司的運作，所賺取的利潤也很有限；但是如果掌握住大好的機會，接到大訂單，一次就能把荷包賺滿，所以才說：「這捅拔著，著食到冬尾」。

對應華語 三年不開張，開張吃三年。

---

tsit⁴　khe¹　bo⁵　hi⁵　　pat⁸　khe¹　tio³
這 溪 無 魚 ， 別 溪 釣

解釋 溪：指河流。

涵義 此語有兩種意思：①說明此地無利可圖時，就換個地方試試。②比喻某個職場不適合謀生時，就另尋出路，不固守於原地。

說明 喜歡釣魚的人都知道，這條溪釣不到魚，一定要到另一條溪試試手氣，不能固守於一地，否則可能釣不到一條魚，所以這句話可用來形容此地無利可圖，就換個地方試試；也可以用來比喻職場不適合謀生時，就改行或換工作，不固守在原來的地方。

對應華語 山不轉路轉、此處不留爺，自有留爺處、此處不留人，自有留人處。

---

tso⁷ ke¹ kah⁴ sng³ lang⁵ giah⁸
造家甲，算人額

解釋 家甲：指戶籍。算人額：算人頭的數量。

涵義 只重視人數是否正確，實質的內容則不計較。

說明 「造家甲，算人額」是說造戶籍的時候，不管人是否住在家裡面，只要有這個人存在，都要算進去，用來形容只重視人頭數目是否正確，實際的內容則不計較，也就是濫竽充數的意思。

對應華語 濫竽充數。

---

tso⁷ thah⁴ tioh⁸ tso⁷ thau³ bue²
造塔，著造透尾

解釋 造：建築。著：必須。透尾：徹底。

涵義 說明人做事必須有頭有尾。

說明 塔之所以稱為塔，是因為它有塔尖，所以要建造高塔，就必須連最上面的塔尖都造好，這樣才像一座塔，若缺了塔尖，儘管其他部分造得富麗堂皇，這座「塔」也等於沒有造好。這句話主要用來勉勵人做事要有始有終，不可虎頭蛇尾，半途而廢。

對應華語 有頭有尾、有始有終、持之以恆、貫徹始終。

---

tso⁷ thah⁴ tso⁷ bo⁵ thau³ bue²
造塔造無透尾

解釋 造：建築。透尾：徹底。全句說：建造塔卻沒有建造最上面的塔頂。

涵義 說明人做事不能持之以恆，堅持到底。

說明 塔之所以稱為塔，是因為它有塔尖；建造高塔卻沒有建塔尖，表示該塔沒有建造完成，當然就不能稱之為塔。前人用這句話形容

人做事有始無終，不能堅持到底。

對應華語 功虧一簣、功敗垂成、前功盡棄、有頭無尾、有始無終、虎頭蛇尾、半途而廢。

tan⁵ iu² liong⁷ phah⁴ thian¹ ha⁷　　tsu¹ hong⁵ bu² tse⁷ thian¹ ha⁷

陳 友 諒 拍 天 下 ， 朱 洪 武 坐 天 下

解釋 陳友諒：漁民出身，元順帝時起兵攻下江西諸路，自稱為漢帝，後與明太祖對抗，終戰死。拍天下：打天下。朱洪武：又名朱元璋，明代開國皇帝，世稱明太祖。坐天下：登帝位，統治天下。

涵義 說明人平白為他人做牛做馬，自己都沒有得到好處。

說明 歷史記載，陳友諒與朱元璋是同時起義的「反元」夥伴，當元朝的主力軍被打敗後，陳、朱兩人各據一方，彼此都想要稱霸中原，所以水火不容，兩方不時交戰。剛開始，陳友諒的聲勢大過朱元璋甚多，但湖口決戰，陳友諒兵敗身死，朱元璋遂順利接收他所打下來的天下，並即位成為明太祖。

對應華語 為人抬轎、為人作嫁、徒勞無功、白費力氣、火中取栗、成功不必在我。

tan⁵ poo³ i¹ ke³ tsa¹ boo² kiann²　　tse⁷ ue⁷

陳 布 衣 嫁 查 某 囝 ， 濟 話

解釋 陳布衣：畫家。查某囝：指女兒。濟話：多話。

涵義 嘲諷人「多話」，說一堆沒營養的話。

說明 這是一句歇後語。畫家在世的時候，日子都不怎麼好過，但過世之後，畫作就會變得洛陽紙貴，一畫難求。陳布衣是一位知名的畫家，他嫁女兒時，沒有什麼錢買嫁妝，只好送許多畫作給女兒當嫁妝。「畫」與「話」諧音，所以「陳布衣嫁查某囝」是譏人多話的意思。

對應華語 閒語太多。

tan⁵ tu² tan⁵　　giah⁸ to¹ sio¹ tsan⁵

陳拄陳，揭刀相殘，

tshua³ tu² tshua³　kong¹ ma² long³ long³ phua³

蔡拄蔡，公媽挵挵破

解釋 拄：遇到。陳拄陳、蔡拄蔡：指同宗族之間。揭刀相殘：拿刀子互相砍殺。公媽：指祖先的神主牌。挵挵破：打破。

涵義 形容自家人相爭或動刀動槍。

說明 「陳拄陳，揭刀相殘，蔡拄蔡，公媽挵挵破」是說陳姓宗族拿刀互相砍殺，蔡姓宗族將祖先的神主牌打破。由於陳拄陳與蔡拄蔡均指同宗族之間，所以從整個句子的敘述可知，同宗之間起了爭執，動起了干戈，也就是同室操戈的意思。

補充 依教育部2008年5月公布之台灣閩南語推薦用字第二批將「揭giah⁸」寫作「攑giah⁸」。

對應華語 兄弟鬩牆、自相殘殺、同室操戈、禍起鬩牆、禍起蕭牆、變生肘腋、煮豆燃萁、自相殘殺、大水沖倒龍王廟。

im¹ te⁷ put⁴ ju⁵ sim¹ te⁷

陰地不如心地

解釋 陰地：原指墓地，此處指墓地的風水。心地：指品行、心腸。

涵義 說明即使將祖先葬在好地方，但後代子孫的心地不好，一樣享受不到祖先的庇蔭。

說明 中國人相信，將祖先埋葬在風水好的地方，可以庇佑子孫興旺；雖然多數的地理師都認同上述的說法，但也有地理師持不同的看法，他們認為「陰地不如心地」，即使祖先被葬在風水絕佳的地方，但後代子孫的心地不好，不廣結善緣，別人就不會善意對待他們。

im¹ thim¹ kau²　　ka⁷ lang⁵ be⁷ hau²

陰鴆狗，咬人袂吼

解釋 陰鴆：陰沉、陰險。袂吼：不會隨便亂吠。

涵義 用來提醒人小心「陰鴆」的人，以免被他暗算。

說明 俗語說：「咬人的狗不叫，不咬人的狗才叫」，因此，見人就吠

的狗，其實膽子小得很，根本不可怕，真正可怕的是陰沉的狗，牠會咬人，但不會隨便亂吠，所以總是讓人防不勝防。這句話主要提醒人要多提防「陰鴆」的人，以免到時候怎麼死的都不知道。

補充 依教育部2008年5月公布之台灣閩南語推薦用字第二批將「㑯be⁷」寫作「袂be⁷」。

對應華語 咬人的狗不吠。

---

im¹ thim¹ im¹ thim¹　　ka⁷ lang⁵ sann¹ tshun³ tshim¹

陰 鴆 陰 鴆 ， 咬 人 三 寸 深

解釋 陰鴆：指個性陰沉或陰險的人。寸：約三公分為一寸。咬人三寸深：咬人咬的很深，意指狠毒。

涵義 提醒人多提防「陰鴆」者，以免他日受害。

說明 心地陰險的人，平時沉默寡言，一旦發起狠來，絕對比一般人更凶殘，更狠毒，一定咬得你傷痕累累，所以最好多加提防，以免他日受害。

對應華語 咬人的狗不吠。

---

tshik⁴ tsiau² a² siunn⁷ beh⁴ senn¹ go⁵ nng⁷

雀 鳥 仔 想 欲 生 鵝 卵

解釋 雀鳥仔：台語稱「屑角鳥仔」，即麻雀。想欲：想要、打算要。

涵義 喻極困難，不可能實現之事。

說明 鵝的體型比麻雀大很多，所生的蛋也比麻雀還大。麻雀的體型那麼小，根本生不出像鵝蛋那樣大的蛋，所以「雀鳥仔想欲生鵝卵」根本是一件難如登天、無法實現的事。

對應華語 難上加難、難如登天、登天之難、水中撈月。

---

ting² si¹ kuan² e⁷ si¹　　ti⁵ thau⁵ kuan² pun³ ki¹

頂 司 管 下 司 ， 鋤 頭 管 畚 箕

解釋 頂司：指上司。下司：指下屬、部下。畚箕：竹製的盛土器具。

涵義 說明一物降一物，各種事物都有另一種事物來剋制。

說明 「頂司管下司」是說上級管下級，下級再管下一層級，這是很自然的道理，無庸置疑；而鋤頭與畚箕，雖然兩者沒有誰管誰的問

題，但人們用鋤頭挖取土壤後，總會將它放在畚箕內，感覺就好像「鋤頭管畚箕」一樣，整句話是形容任何東西都有另一種事物來相剋，亦即「一物降一物」的意思。

對應華語 一物一制、一物降一物、一物剋一物。

ting² tshu³ lang⁵ ka³ kiann² e⁷ tshu³ lang⁵ kiann² kuai¹
頂厝人教囝，下厝人囝乖

解釋 頂厝人：上一家人。教囝：教導小孩子。下厝人：下一家人。

涵義 說明人見到他人犯錯受罰，自己引以為鑑，不會犯同樣的錯誤。

說明 鄰居有人正在訓斥子女，住在隔壁的小孩聽到了，如果他是一個懂禮義、知廉恥的小孩，也會跟著受教，並且不會犯同樣的過錯，這就是所謂的「頂厝人教囝，下厝人囝乖」。

對應華語 懲前毖後、前車之鑑、殷鑑不遠、覆車之鑑、見賢思齊、見不賢而內自省。

ting² kang² u⁷ mia⁵ siann¹ e⁷ kang² u⁷ tshut⁴ mia⁵
頂港有名聲，下港有出名

解釋 頂港：指台灣北部。下港：指台灣南部。（頂港、下港有時是以所在位置區分，如果某地是在所在位置之北，就稱頂港，反之則稱下港）

涵義 說明某人、某事或某物的名氣響亮，傳遍整個台灣。

說明 「頂港有名聲，下港有出名」是說不但在台灣北部具有名聲，在台灣南部也頗有知名度，形容某人、某事或某物的名氣響亮，全台灣的人都知道。

對應華語 大名鼎鼎、名滿天下、名聞遐邇、赫赫有名、聲名遠播。

hi⁵ a² oh⁴ liah⁸ sue³ kim¹ tang⁷
魚仔偓掠稅金重

解釋 偓掠：不容易捕捉。稅金重：政府課的稅捐重。

涵義 形容生活的不容易。

說明 「出海人」靠捕魚維生，但魚不容易捕捉，每次捕獲的魚量少，賣不了多少錢，偏偏政府課的稅金又重，造成人民生活的壓力，所以「魚仔偓掠稅金重」用來形容人民生活之不易。

魚 死 目 毋 瞌

解釋 毋：不。瞌：閉眼的意思。

涵義 說明人臨死前帶有怨恨，或尚有心願未了，以致死了都不瞑目。

說明 魚就算死了，眼睛還是開著，不會閉起來，所以看起來好像「死不瞑目」。「魚死目毋瞌」多用來形容人臨死前帶有怨恨，或尚有心願未了，以致心有不甘，連死了都不願意將眼睛閉上。

對應華語 含恨九泉、抱恨終天、死不瞑目、遺憾終身。

hi⁵ kiann⁵ tsui² lo⁵ tsiau² pue¹ mng⁵ loh⁸

魚 行 水 濁 ， 鳥 飛 毛 落

解釋 魚行水濁：魚游過的地方，水才會變濁。鳥飛毛落：鳥類飛過的地方，才有羽毛掉落。

涵義 說明事情的發生必有起因，亦即有果必有因。

說明 水之所以混濁，是因為有魚游過；天空之所以有羽毛掉落，一定有鳥類飛過。句中的「水濁」與「毛落」是結果，而「魚行」和「鳥飛」是起因，所以前人用這句話說明事情之發生必有起因。

對應華語 有因必有果、有果必有因。

hi⁵ tsiah⁸ khe¹ tsui² lang⁵ tsiah⁸ tshui³ tsui²

魚 食 溪 水 ， 人 食 喙 水

解釋 食：飲用。喙水：指口才。人食喙水：人依靠的是口才。

涵義 勉勵人要訓練好口才，才能到處「吃得開」。

說明 本諺語的重點在後面一句。魚本來就生活在溪水中，所以喝的自然是溪水；「人食喙水」是說人依靠的是口才；為什麼會這麼說？因為口才好，能夠擴展人際關係，走到哪兒都吃得開。

對應華語 人靠一張嘴。

hi⁵ than³ tshinn¹ lang⁵ than³ tsinn²

魚 趁 鮮 ， 人 趁 茈

解釋 趁：利用……時機。茈：指年紀輕。

涵義 此語有兩種意思：①勸人要趁年輕時努力工作或充實自我。②勸

男女在年輕時婚嫁，否則老了就沒人要了。

說明 本諺語的重點在後面一句。吃魚要趁新鮮，放久了味道會變壞，吃起來的口感會變差；人要趁年輕時做一些有意義的事情，否則年紀大了，體力變差了，到時候有心無力，想做事就會更加辛苦。

對應華語 把握當下、歲月不留白、少年不努力，老大徒傷悲。

hi⁵　huan⁵　hi⁵　　　he⁵　huan⁵　he⁵
魚 還 魚 ， 蝦 還 蝦

解釋 還：強調某事與他事之間有明顯的不同。

涵義 意謂人應該將事情分清楚，不要混為一談。

說明 「魚還魚，蝦還蝦」是說歸屬於魚的，就要算魚的，歸屬於蝦的，就要算蝦的，不能將「魚」事算到「蝦」身上，也不能將「蝦」事算到「魚」身上，即要將事情區分清楚，不能混為一談。

對應華語 一是一，二是二、橋歸橋，路歸路。

tsiau²　a²　sio¹　ka⁷　　m⁷　kiann¹　lang⁵
鳥 仔 相 咬 ， 毋 驚 人

解釋 相咬：彼此互咬。毋驚人：沒有什麼好嚇人的。

涵義 指人對於芝麻小事，無須大驚小怪。

說明 小鳥與小鳥之間偶爾也會起爭執，互相咬來咬去，這在自然界只是芝麻綠豆的小事，每天都會發生，不足以大驚小怪，前人便用此句形容只是小事一樁，不需要大驚小怪。

對應華語 芝麻小事，不足道也。

tsiau²　bo²　tso³　ki³　ho⁷
鳥 母 做 記 號

解釋 鳥母：相傳為小孩子的守護神，會一直守護小孩至十六歲，民間又稱為「床母」。記號：能夠被人辨別的標記。

涵義 此語有兩種意思：①指某人出生即具有的胎記。②比喻某人已被人做上記號，被列入黑名單中。

說明 以前的小孩出生，若身上有特別的胎記，大人都會說：「鳥母做記號」；其實就醫學的說法，那是從母體所遺留下來的黑色素聚

集於身體某處所致，只是一般人將它神化了，認為這是「床母」所做的記號。

tsiau² pue¹ kue³ ia⁷ tioh⁸ lak⁴ tsit⁸ ki¹ mng⁵

鳥 飛 過 也 著 落 一 枝 毛

解釋 也著：也要。落一枝毛：掉一根毛。

涵義 形容做任何事都要付出代價，才能得到收穫。

說明 「鳥飛過也著落一枝毛」是說鳥從空中飛過都要掉下幾根羽毛；只要鳥類在空中飛翔，就要付出掉羽毛的代價；比喻做任何事都要付出一點代價，才能有所得。

對應華語 不勞不得、一分耕耘，一分收穫、天下沒有白吃的午餐。

tsiau² tshui³ gu⁵ kha¹ tshng¹

鳥 喙 牛 尻 川

解釋 鳥喙：鳥的嘴巴。尻川：屁股。全句說：入口如鳥嘴那麼小，出口如牛屁股那麼大。

涵義 形容人的收入少，支出多，經濟上發生困難。

說明 鳥的身體小，嘴巴尖，進食的量少之又少；牛的身體大，腸胃大，從屁股排泄出來的屎量很多。「鳥喙牛尻川」是說某人的收入像「鳥喙」，支出像「牛尻川」，進得少，出得多，即「入不敷出」的意思。

對應華語 捉襟見肘、入不敷出、寅支卯糧。

niau² tshi² jip⁸ gu⁵ kak⁴ un² tak⁴ tak⁴

鳥 鼠 入 牛 角 ， 穩 觸 觸

解釋 鳥鼠：老鼠。入：鑽進。穩觸觸：指可靠、篤定。

涵義 說明人篤定……的意思；通常有正面及負面的用法。

說明 老鼠一旦遇到貓、蛇，通常都會被吃掉，但若及時躲避，鑽進牛角，蛇跟貓當然不敢與牛為敵，自然能躲過被吃掉的命運。然而「鳥鼠入牛角」真的就安全了嗎？沒人敢保證，因為老鼠也有可能被發怒的牛用力摔下，然後踩死，所以「鳥鼠入牛角，穩觸觸」，一種是篤定安全，一種是有進無出，必死無疑，正、反面的意思都可以說得通。

niau² tshi² m⁷ kann² tsiah⁸ niau¹ ling¹

鳥鼠毋敢食貓奶

解釋 鳥鼠：老鼠。毋敢：不敢。食：吸食、飲用。

涵義 形容人不敢接近危險的地方。

說明 貓是老鼠的天敵，老鼠若去吸食貓的乳汁，無異是羊入虎口，把自己送入險境。「鳥鼠毋敢食貓奶」是說老鼠不敢吸食貓的乳液，用來比喻人不敢接近險境。

niau² tshi² ka⁷ niau¹ a² tso³ senn¹ jit⁸

鳥鼠共貓仔做生日

解釋 鳥鼠：老鼠。共：給。做生日：慶生。

涵義 形容人虛情假意，不是真心的對待他人。

說明 貓是老鼠的天敵，老鼠躲牠都來不及，怎麼會替貓慶生呢？就算是替牠慶生，也不會是出於真心，只不過是惺惺作態，虛情假意罷了！

對應華語 裝模作樣、假仁假義、虛情假義、惺惺作態。

niau² tshi² bue⁵ tsik⁴ bo⁵ lang⁵

鳥鼠尾擠無膿

解釋 鳥鼠尾：老鼠的尾巴。擠：從小縫中壓出東西。膿：指膿水。

涵義 喻貧窮人家沒錢，沒有油水可以撈取。

說明 老鼠的尾巴又細又長，再怎麼擠壓也擠不出多少膿血來。本諺語將「鳥鼠尾」比喻做貧窮人家，將「膿」比喻成油水、好處，用法與「豬頭皮炸無油」類似，都是比喻貧窮人家沒錢，不可能從他們身上撈到油水。

對應華語 豬頭皮搾無油。

niau² tshi² siu⁵ kue³ khe¹ lang⁵ lang⁵ huah⁴ phah⁴

鳥鼠泅過溪，人人喝拍

解釋 鳥鼠：老鼠。泅過溪：游過溪水。人人喝拍：人人喊打。

涵義 形容引起公憤的人，受到眾人的圍攻。

說明 人們經常稱胡作非為或從事非法勾當的人為鼠輩，足見老鼠是多

麼令人討厭。由於老鼠游水過溪的速度並不快,所以輕而易舉就可以捉到牠,並且加以凌虐,這種情形就與華語的「打落水狗」相似。

對應華語 打落水狗、過街老鼠,人人喊打。

niau² tshi² sai² ia⁷ khioh⁴ tso³ po²
鳥鼠屎也抾做寶

解釋 鳥鼠:老鼠。抾做寶:撿起來當做寶貝。

涵義 說明人不識貨,竟將垃圾當成寶貝看待。

說明 就醫學的觀點來說,老鼠屎是一種具有高傳染性的排泄物,對人體是百害而無一利,卻有人將它當成寶貝,並撿拾起來,這根本是錯將廢物當成寶貝,一點也不識貨。

對應華語 敝帚千金、敝帚自珍。

niau² tshi² tsiah⁸ iu⁵ gan² tsian⁵ kng¹
鳥鼠食油眼前光

解釋 鳥鼠:老鼠。食油:偷吃油燈裡面的油。眼前光:眼前的亮光。全句說:老鼠偷吃燈油時,只注意到眼前的亮光。

涵義 喻人只貪圖眼前的利益,不顧身後可能產生的危險。

說明 老鼠看到一盞點著的油燈,想要偷吃裡面的燈油,結果牠只看到眼前的亮光,卻沒有看到後面有人正虎視眈眈地注視著牠,前人便以「鳥鼠食油眼前光」形容人「瞻前不顧後」,只貪圖眼前的利益,卻不顧身後可能引發的危險。

對應華語 短視近利、瞻前不顧後、螳螂捕蟬,黃雀在後。

niau² tshi² khau³ niau¹ ke² tsu⁵ pi¹
鳥鼠哭貓假慈悲

解釋 鳥鼠:老鼠。慈悲:和善。

涵義 喻人的行為虛情假意,不是出於真心。

說明 「鳥鼠」即老鼠,又稱為耗子。貓是老鼠的天敵,老鼠怎麼會哭貓呢?牠之所以會哭貓,只不過是虛情假意,假慈悲罷了!

對應華語 假有心、假真情、虛情假意、假仁假義、裝模作樣、貓哭耗子,假慈悲。

一畫
二畫
三畫
四畫
五畫
六畫
七畫
八畫
九畫
十畫
十一畫
十二畫
十三畫
十四畫

niau² tshi² puah⁸ loh⁸ hue¹ king¹
鳥鼠跋落灰間

解釋 鳥鼠：老鼠。跋落：掉落。灰間：貯滿石灰的房間。

涵義 譏嘲女人過度粉飾，非常的難看。

說明 「灰間」是存放石灰的小房間，老鼠不小心跌落灰間，整個身軀一定沾滿石灰，就好比女人濃妝豔抹一樣，她們做過度的粉飾，最後失去原本的面貌，讓人家認不出來。

對應華語 濃妝豔抹、濃妝豔裏。

niau² tshi² puann¹tshenn¹kiunn¹
鳥鼠搬生薑

解釋 鳥鼠：老鼠。搬：移動。薑：植物名，地下莖呈塊狀，味道辛辣，可生食及熟用。

涵義 形容人經常搬家，沒有固定的落腳處。

說明 生薑是一種辛辣的食物，老鼠不敢食用，但好不容易取得，當然捨不得將它丟棄，於是「搬來搬去」，跑到哪裡就搬到哪裡。因此，「鳥鼠搬生薑」形容人居無定所，經常搬家。

對應華語 居無定所。

niau² tshi² so⁵ tik⁴ ko¹　tsit⁸ bak⁸ kue³ tsit⁸ bak⁸
鳥鼠趖竹篙，一目過一目

解釋 鳥鼠：老鼠。趖：爬行。竹篙：竹竿。目：節。

涵義 喻做事循序漸進，一步一步慢慢來。

說明 老鼠爬竹子，一定是由下到上，一節一節的爬上去，不會跳過其中的一節，所以「鳥鼠趖竹篙，一目過一目」是形容人做事循序漸進，一步一步慢慢來的意思。

對應華語 按部就班、循序漸進、一步一腳印。

beh⁸ kui³　tsiah⁸ mi⁷ e⁵ tshut⁴ tsinn⁵
麥貴，食麵个出錢

解釋 麥貴：原指麥的價位高，此處取其諧音，即「繪貴」之意。食麵个：指吃麵的人。

涵義　這是一句風涼話。說明東西貴或不貴，與自己無關，反正又不是自己出錢。

說明　麵是由麥粉製成，如果麥粉漲價，麵也會跟著漲價，因為提高的成本，最後都會轉嫁到消費者身上，由消費者去分攤，老闆一點也不受影響。「麥貴，食麵个出錢」是說麥粉貴了，吃麵的顧客自然會去攤；這是一句風涼話，說明東西貴不貴都不會影響到自己，因為出錢的是別人。

補充　當「个e^5」解釋為「的」時，依教育部2007年5月公布之台灣閩南語推薦用字第一批將「个e^5」寫作「的e^5」。

$$ba^5 \quad bin^7 \quad m^7 \quad ui^3 \quad lang^5$$
麻 面 毋 畏 人

解釋　麻面：指人麻臉或長得醜。毋畏人：不畏懼見人。

涵義　責罵人沒有看清楚自己的缺點，還自以為了不起。

說明　長滿麻臉的人，一般都羞於見人，因為怕別人用異樣的眼光來看待他；若他無畏於見人，表示此人不是極有自信的人，就是沒有發覺到自己的缺點。

對應華語　馬不知臉長、猴子不知屁股紅。

$$mua^5 \quad tsi^5 \quad tshiu^2 \quad lai^7 \quad tshut^4$$
麻 糍 手 內 出

解釋　手內出：從手掌內做出來。全句說：麻糍是由糕餅師傅的手隨心捏揉出來的。

涵義　喻事情被某人掌控於手中，由他來支配一切的行事。

說明　麻糍在糕餅師父的手中，要大、要小，或是包什麼餡，都是隨師父的喜歡而為之，他想做什麼樣的麻糍，所呈現出來的便是那樣的麻糍。「麻糍手內出」就用來形容事情被某人掌控手中，由他來支配所有的行事。

補充　依教育部2009年10月公布之台灣閩南語推薦用字第三批將「糍tsi^5」寫作「糍tsi^5」。

對應華語　隨心所欲。

十二畫

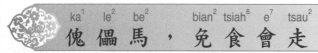

ka¹ le² be² bian² tsiah⁸ e⁷ tsau²

傀儡馬，免食會走

解釋 傀儡馬：傀儡戲中的木馬。走：跑。

涵義 形容人只想圖取利益，卻又不願付出代價。

說明 傀儡馬是由人來操作，所以不必吃東西就可以跑了。前人說這一句話的意思，是說某人希望擁有傀儡馬這樣的好東西，不用花任何代價，就能得到許多利益，也就是「又要馬兒好，又要馬兒不吃草」的意思。

對應華語 又要馬兒好，又要馬兒不吃草。

ka¹ le² be² bo⁵ tsiah⁸ kiam¹ lok⁸ loo⁷

傀儡馬，無食兼碌路

解釋 傀儡馬：傀儡戲中的木馬。碌路：指奔波於路上。

涵義 形容人受到苛刻或不合理的對待。

說明 傀儡馬在戲台上不斷的跑，主人都沒有用糧草餵食，這是因為它只是一隻木馬，根本不用吃東西。「傀儡馬」不用吃東西就可以一直不斷的跑，但人卻不能如此；如果當老闆的對待員工苛刻，要人家替你做牛做馬，卻捨不得多發一點薪水或給一頓飯吃，以後還有誰願意替你工作呢？

對應華語 又要馬兒跑，又要馬兒不吃草。

kuah⁴ tshiu² too² bah⁴ hoo⁷ lang⁵ tsiah⁸ iau² hiam⁵ tshau³ tsho¹

割手肚肉予人食，猶嫌臭臊

解釋 手肚肉：指手肘內側部位的肌肉。予：給。猶：還、仍。臭臊：海鮮或肉類散發的腥味。

涵義 喻為他人犧牲奉獻，但是對方並不領情。

說明 「割手肚肉予人食，猶嫌臭臊」是說將自己身上的「手肚肉」割給人家吃，人家還嫌「臭臊味」重，根本不想吃，可見某人掏心掏肺的對待人家，可是人家就是不領情。

kuah⁴ bah⁴ tshui³ lai⁷ poo⁷
割 肉 喙 內 哺

解釋 喙：嘴巴。哺：咀嚼食物。

涵義 自己人殘殺自己人，讓外人看笑話。

說明 某人割下自己身上的肉，放入嘴巴內咀嚼，不管好不好吃，嚼的都是自己的肉，所以「割肉喙內哺」是形容自己人殘殺自己人，讓外人看笑話。

對應華語 同室操戈、自相殘殺、鬩牆之爭。

kuah⁴ hiunn¹ be⁷ ki³ tit⁴ tshiann² hut⁸
割 香 繪 記 得 請 佛

解釋 割香：民間宗教的信仰儀式，即請子廟的神佛到祖廟進香，並割香火帶回子廟，以強化神威。繪記得：忘記。請佛：迎請神佛共襄盛舉。

涵義 形容浪費力氣，做了白工。

說明 廟宇舉辦「割香」的活動，都會請神明隨行，一方面是回祖廟歸宗，一方面是請神明隨身保護，庇佑大家此行平安。「割香」若沒有神佛同行，只能稱為「參拜」，不能稱為「割香」。一旦「割香繪記得請佛」，那就表示信徒們枉費心力，做了白工。

補充 依教育部2008年5月公布之台灣閩南語推薦用字第二批將「繪be⁷」寫作「袂be⁷」。

對應華語 徒勞無益、徒勞無功、枉費心力、白費力氣。

huah⁴ tsui² e⁷ kian¹ tang³
喝 水 會 堅 凍

解釋 喝：大聲喊叫。堅凍：指凍結成塊狀物。

涵義 形容某人說的話夠份量。

說明 某人叫水凍結成塊狀物，水馬上就會凍結成塊狀物，他想到什麼，說了就會應驗，足見這個人是一個說話有份量的人。既然某人說話有份量，自然也會是一個具有影響力的人。

對應華語 一言九鼎。

tshui³ lai⁷ thoo³ kiam³ kong¹.

喙 內 吐 劍 光

解釋 喙內：嘴巴裡面。吐劍光：從口中閃出劍光。

涵義 形容人的嘴巴很厲害。

說明 人的嘴巴會吐劍光，只有在武俠片或布袋戲裡才見得到；雖然這都不是真的，但他們能用嘴巴來當武器，表示嘴巴很厲害，所以「喙內吐劍光」用來形容人伶牙俐嘴，口若懸河。

對應華語 伶牙俐嘴、能說善道、口若懸河。

tshui³ tsui² khah⁴ tse⁷ kue³ kuann⁷ tsui²

喙 水 較 濟 過 汗 水

解釋 喙水：指口水。較濟過：多過於。

涵義 形容人說得多，做得少。

說明 「喙水濟」表示人講得太多，只會動口；「汗水少」比喻人流的汗太少，也就是做得少。某人對於一件事，說得多，做得少，表示他是一個光說不練的人。

對應華語 光說不幹、光說不練、動口不動手。

tshui³ bak⁸ phinn⁷ kat⁴ kui¹ kiu⁵

喙 目 鼻 結 規 毬

解釋 喙目鼻：指鼻子、眼睛和嘴巴，泛指人的五官。結規毬：整個糾結在一起。

涵義 形容人的心情不好，愁容滿面。

說明 人心情不好的時候，眉頭會深鎖在一起，就好像五官「結規毬」一樣。「喙目鼻結規毬」是說某人的嘴巴、眼睛與鼻子糾結在一起，用來形容人愁容滿面、心情不怎麼好。

對應華語 面有愁容、愁眉苦臉、愁容滿面、愁眉不展、蹙眉蹙額。

tshui³ kah⁴ sim¹ kuann¹ tui³ keh⁸

喙 佮 心 肝 對 扴

解釋 喙：原指嘴巴，此處指嘴巴說出來的話。佮：與、和。心肝：指心思。對扴：相違背。

涵義	形容人心口不一，嘴巴說的與內心想的不一致。
說明	某人嘴巴講出來的是一套，心裡所想的又是另一套，表示說的跟想的不一致，互有矛盾，所以「喙佮心肝對扴」是形容人言不由衷，嘴巴雖然這麼說，但是心裡卻不這麼想。
對應華語	口是心非、口不應心、心口不一、心口相違、言不由衷、表裡不一。

tshui³ kah⁴ tsih⁸ ia⁷ e⁷ sio¹ gai⁷

喙 佮 舌 也 會 相 礙

解釋	喙佮舌：這裡的「喙」是指「喙齒」，即牙齒。所以「喙佮舌」是指牙齒與舌頭。也會相礙：指偶爾也會相互妨礙。
涵義	形容感情再好的人，偶爾還是會有小磨擦。
說明	牙齒與舌頭同樣位於口腔內，就好像同住在一個家庭，即便如此，牙齒偶爾也會咬到舌頭，使舌頭受傷，所以再親密或情感再好的人，偶爾也會起爭執，產生磨擦。

tshui³ khang¹ to⁷ me⁷ ang¹

喙 空 就 罵 翁

解釋	喙：嘴巴。空：指沒有任何東西。罵翁：責怪丈夫。
涵義	形容做先生的拙於賺錢養家，做太太的就會責怪丈夫。
說明	前人多強調「男主外，女主內」，男人在外面賺錢養家，女人則負責持家，一旦丈夫拙於賺錢或沒有拿錢回家，以致一家大小跟著挨餓受苦，做妻子的就會責怪丈夫，數落他的不是。

tshui³ si⁷ hong¹ pit⁴ si⁷ tsong¹

喙 是 風 ， 筆 是 蹤

解釋	風：比喻沒有憑據的事。筆是蹤：用筆記錄下來才有證據可追蹤。
涵義	形容嘴巴說了不算數，只有白紙黑字、立約存證才有保障。
說明	這句諺語是指嘴巴說出來的話有可能像風，吹過就消失得無影無蹤，但如果用筆寫下來，未來就有證據可追蹤，賴也賴不掉，所以與人約定時，口說無憑，最好白紙黑字、立約存證，對雙方才有保障。
對應華語	空口無憑，立約存證、口說無憑，立約存證。

tshui³ si⁷ bo⁵ te² tshim¹ khenn¹
喙 是 無 底 深 坑

解釋 喙：嘴巴。無底深坑：指無底的深淵。

涵義 此語有兩種意思：①勸人要節制口腹之慾。②勸人要慎言，以免得罪他人。

說明 人一輩子不斷的吃，直到老死也不知道吃進多少東西，感覺就像無底深坑，怎麼填都填不滿；另外，嘴巴是講話的器官，說中聽的話，大家聽了都高興，若說不中聽的話，逞口舌之快，很容易引起衝突及災禍，因此這句話用來形容人嘴巴很厲害，說好說壞只是在口舌之間，就像無底深坑一樣，深奧到令人無法理解。

對應華語 口慾難填。

tshui³ ang⁵ ang⁵ beh⁴ tsiah⁸ lang⁵
喙 紅 紅 ， 欲 食 人

解釋 喙紅紅：指嘴脣沾滿血，表示虎視眈眈。欲食人：好像要把人吃掉一樣。

涵義 比喻人虎視眈眈，隨時想要害人或從他人身上得利。

說明 人血是紅的，所以經常吃人的人，他的嘴巴一定是紅的。此處的「喙紅紅」表示一個人虎視眈眈，想要做一件事；「欲食人」並不是真的要吃人，而是要加害於人或是佔人便宜的意思，整句話是指人虎視眈眈，隨時都想要害人。

對應華語 虎視眈眈、虎視鷹瞵。

tshui³ na² phah⁴ tshiu² tshing³
喙 若 拍 手 銃

解釋 喙：嘴巴。若：好像。拍手銃：打手槍。

涵義 形容人嘮叨，一直說個不停。

說明 手銃是指手槍。當人們持槍射擊時，不但聲音大的像鞭炮聲一樣，而且動個不停，所以「喙若拍手銃」是說某人講話大聲，而且講個不停。

對應華語 絮絮叨叨、喋喋不休、呶呶不休、聒噪不休。

tshui³ na² tshenn¹ tik⁴ si¹

喙 若 青 竹 絲

解釋 喙：嘴巴。若：好像。青竹絲：屬於爬蟲綱有鱗目，是一種經常棲息於竹林中的毒蛇。

涵義 形容人嘴巴毒，說話不留口德。

說明 青竹絲是一種毒蛇，全身綠色，喜歡躲藏在竹林內，藉著保護色來保護自己。「喙若青竹絲」是說某人的嘴巴像青竹絲那麼毒，比喻人說話尖酸刻薄又不留口德。

對應華語 不留口德、尖酸刻薄、尖嘴薄舌。

tshui³ tsiah⁸　hoo⁷ kha¹ tshng¹ tshe⁷ siau³

喙 食 ， 予 尻 川 坐 數

解釋 喙食：嘴巴進食。予：給、讓。尻川：原指屁股，此處指肛門。坐數：指替人受過或付出代價。全句說：嘴巴亂吃東西，結果讓屁股來收拾爛攤子。

涵義 形容人做事不負責任，惹出麻煩還要別人來善後。

說明 「喙食，予尻川坐數」是說嘴巴吃一吃就算了，但如果吃壞肚子，狂瀉不停，還是要由肛門來做善後的工作；比喻人做事不負責任，自己惹出來的麻煩，還要別人來收尾，做善後的工作。

對應華語 不負責任。

tshui³ liam⁷ a¹ mi⁵ to⁵　tshiu² giah⁸ thai⁵ ti¹ to¹

喙 唸 阿 彌 陀 ， 手 揭 刣 豬 刀

解釋 喙：嘴巴。阿彌陀：指阿彌陀佛。揭：拿著。刣豬刀：殺豬刀，即屠刀。

涵義 譏諷人嘴巴說的是一套，實際做的又是另一套。

說明 某人的口中一直唸著「阿彌陀佛」，好像是一位充滿慈悲心的人，但手中卻拿著屠刀，想要宰殺生靈或做壞事，全句用來說人滿口仁義道德，但實際做的卻不是這樣。

補充 依教育部2008年5月公布之台灣閩南語推薦用字第二批將「揭giah⁸」寫作「攑giah⁸」。

對應華語 笑裡藏刀、口蜜腹劍、嘴甜心狠、表裡不一、虎掛佛珠。

tshui³ liam⁷ king¹   tshiu² bong¹ ling¹
喙 唸 經 ， 手 摸 奶

解釋 喙唸經：嘴巴誦著佛經。

涵義 形容人滿口仁義道德，私下做的卻都是見不得人的事。

說明 某人口裡誦著經，似乎擁有高尚的節操，但手卻撫摸女子的乳房，做出齷齪、見不得人的事，所以「喙唸經，手摸奶」是形容人滿口仁義道德，嘴巴說的很好聽，但私下盡做些見不得人的事。

對應華語 口蜜腹劍、笑裡藏刀、笑面夜叉、嘴甜心狠、表裡不一、虎掛佛珠。

tshui³ tsiap⁴ tshui³   hinn⁷ thuan⁵ hinn⁷
喙 接 喙 ， 耳 傳 耳

解釋 喙：嘴巴。

涵義 形容不經文字而用言語來傳達消息。

說明 「喙接喙，耳傳耳」是說甲用嘴巴對著乙的耳朵說話，乙的耳朵接收到訊息後，再將聽到的訊息用嘴巴傳到其他人的耳朵裡，也就是一個傳過一個，「口耳相傳」的意思。

對應華語 口耳講說、口耳相傳。

tshui³ tinn¹ sim¹ kuann¹ oo¹
喙 甜 心 肝 烏

解釋 喙：嘴巴。心肝：指內心。烏：黑。

涵義 形容嘴巴說得很好聽，但內心壞的不得了。

說明 有些人很會說話，盡說好聽的話來打動人心，讓人家誤以為他是好人，實際上他的心裡想的都是壞主意。因此「喙甜心肝烏」是說人口蜜腹劍，嘴巴說得很好聽，但心裡壞得很。

對應華語 口蜜腹劍、表裡不一、虎掛佛珠、笑裡藏刀、笑面夜叉、嘴甜心狠。

tshui³ tun⁵ tsit⁸ liap⁸ tsu¹　　kong² ue⁷ m⁷ jin⁷ su¹

喙脣一粒珠，　講話毋認輸

解釋 喙脣一粒珠：指嘴脣皮上有一粒「珠」形的肉。毋：不。

涵義 喻自己說的都對，別人說的都錯。

說明 就面相來說，人的嘴脣上有一粒珠形的肉，表示此人是能言善道的人，他喜歡用言語跟人家爭道理，凡事都要爭贏，不肯認輸，所以整句話有死鴨子嘴硬，死都不肯認錯的意思。

對應華語 頑固不化、死鴨子嘴硬。

tshui³ tun⁵ phue⁵ a² sio¹ khuan² thai⁷

喙脣皮仔相款待

解釋 喙脣皮仔：指嘴巴上下兩片嘴脣。相款待：盛情相待。

涵義 形容人用嘴巴來做表面應付的工夫。

說明 客人來訪，只是用兩片嘴脣來款待對方，雖然禮貌周到，表現出誠意，但沒有請人家吃東西、喝飲料，說穿了只是用嘴巴做表面應付的工夫，口惠而實不至。

對應華語 口惠而實不至。

tshui³ bo⁵ thang³ sim¹ kuann¹

喙無迵心肝

解釋 喙：嘴巴。迵：通、連接。心肝：指「內心」。

涵義 形容嘴巴說的跟心裡想的不一樣。

說明 「喙無迵心肝」是說嘴巴說出來的話不是心裡想的話，也就是嘴巴雖然這麼說，但心裡卻不這麼想，兩者之間根本沒有相通。

對應華語 表裡不一、口是心非、口是心違、口不應心、言不由衷、心口不一。

tshui³ bo⁵ ling⁵　　hinn⁷ khang¹ bo⁵ lai⁷

喙無靈，　耳空無利

解釋 喙無靈：口齒不靈敏。耳空：耳洞、耳穴。無利：不敏銳。

涵義 形容人年紀已大，講話不清楚，耳朵也重聽了。

說明 人一旦年紀大了，身體的各項機能都會衰退，所以口齒不能再像

年輕時一樣伶俐，耳朵也會漸漸重聽。「喙無靈，耳空無利」所說的就是年紀大的人身體機能衰退的現象，類似華語的「耳不聰，目不明」。

對應華語 垂垂老矣、齒牙動搖、髮白齒落、髮蒼蒼，視茫茫、耳不聰，目不明。

---

tshui³ pa² bak⁸ tsiu¹ iau¹
喙 飽 目 睭 枵

解釋 喙飽：嘴巴裡塞滿了食物。目睭：眼睛。枵：指肚子餓。全句說：嘴巴都已經吃不下去，可是眼睛看到美食，還想要繼續吃。

涵義 譏諷人不滿足，貪得無厭。

說明 有些人嘴巴塞滿食物，或已經吃飽了，再也放（吃）不進任何東西，偏偏看到好吃的美食，還想要再挾起來嘗一口，眼睛一直盯著美食看，就怕被別人吃光，自己沒有吃到，所以前人就用這句話來形容一個人過度貪婪，永遠不滿足。

對應華語 欲壑難填、貪心不足、貪得無厭、得寸進尺、得隴望蜀。

---

tshui³ khi¹ phah⁴ tng⁷ lian⁵ hueh⁴ thun¹
喙 齒 拍 斷 ， 連 血 吞

解釋 喙齒：牙齒。拍斷：打斷。連血吞：連同血液一起吞進去。

涵義 形容人不管遭受多大的打擊或挫折，都會自己默默承受，不願讓他人知道。

說明 人的牙齒折斷了，多少會流點血，如果他不在眾人面前將折斷的牙齒和血水吐出來，反而吞下肚，根本沒有人知道他的牙齒折斷了，所以整句話用來形容人不管遭受多大的打擊和失敗，都會自行承受，不會讓人家知道。

對應華語 好漢打落牙和血吞。

---

tshui³ koh⁴ khah⁴ ta¹ ma⁷ m⁷ thang¹ lim¹ kiam⁵ tsui²
喙 擱 較 焦 嘛 毋 通 啉 鹹 水

解釋 喙：嘴巴。擱較焦：再怎麼乾渴。嘛毋通：也不可以、也不要。啉：喝、飲。

涵義 勸人不要貪一時之快，用有害的方法來解決問題，以免問題沒解

說明 人再怎麼渴都不能喝鹹水來止渴，因為喝鹹水只能滿足「喝」的慾望，不但不能解決「渴」，還會越喝越渴，讓事情變得更糟，這就好比人喝毒酒來止渴一樣，只為了貪一時之快，最後不但沒止渴，連小命都賠上了。

補充 依教育部2007年5月公布之台灣閩南語推薦用字第一批將「擱koh⁴」寫作「閣koh⁴」。

對應華語 飲鴆止渴、抱薪救火、弄巧成拙、挖肉補瘡、火上澆油。

tshui³ kong² bo⁵ tsun² sng³

喙 講 無 準 算

解釋 喙：嘴巴。無準算：不算數。全句是說：只是嘴巴說說，不能算數。

涵義 說明只是嘴巴說說，沒有立約存證是不足為信的。

說明 人與人做生意或買賣，如果只是口頭上答應，絕對不能相信，因為日後可能反悔，最好是白紙黑字，雙方都能立約存證，這樣對彼此都有個保障。

對應華語 口說無憑、空口無憑、無憑無據、空口說白話。

po³ tshan⁵ le⁵ a² uan¹

報 田 螺 仔 冤

解釋 報：指報仇。田螺仔冤：指小的冤仇。

涵義 形容人將小仇記在心裡，隨時找機會報仇。

說明 田螺是一種「小螺」，牠可以含忍過冬，所以「報田螺仔冤」是指找到機會報容忍已久的小冤仇，替自己出一口怨氣。

對應華語 出一口怨氣。

po³ i¹ tsiah⁸ sai² lian⁵ kha¹ tshng¹ sua³ ka⁷ khi⁰

報 伊 食 屎 ， 連 尻 川 紲 咬 去

解釋 報：告知。伊：指「他」或「她」。尻川：指屁股。紲：順道、一併。

涵義 形容人忘恩負義，做出傷害恩人的事。

說明 狗一看見大便，都會跑過去聞一聞，並嘗一嘗。某人在解大便

時，好心叫狗過去吃屎，沒想到牠不懂得報恩，還狠狠地將對方的屁股咬了一口，全句用來形容人不懂得感恩圖報，做出傷害恩人的事。

對應華語 以怨報德、忘恩負義、恩將仇報。

po³ niau² tshi² a² uan¹
報 鳥 鼠 仔 冤

解釋 報：指報仇。鳥鼠仔冤：指小的冤仇或過節。

涵義 形容人將小仇記在心裡，隨時找機會報仇。

說明 老鼠的體型不大，所以「鳥鼠仔冤」是指小的冤仇或過節；而「報鳥鼠仔冤」是說牢牢記住彼此的小過節，一直找機會報仇，為自己出一口怨氣。

對應華語 出一口怨氣。

mue⁵ lang⁵ po² jip⁸ pang⁵ bo⁵ po² tsit⁸ si³ lang⁵
媒 人 保 入 房 ， 無 保 一 世 人

解釋 保：保證。入房：指入洞房。保一世人：保證一輩子平安順利。

涵義 指仲介者只幫忙到某種程度，後續發展則要靠當事者自己的努力。

說明 媒人婆幫人家牽姻緣，責任只盡到男女結婚並送入洞房的那一刻，後續兩人會如何，是好是壞都與媒人婆無關，因為那已經不在她的保證範圍內，往後一輩子的事，要靠夫妻兩人的努力。

對應華語 師父領進門，修行在個人。

mue⁵ lang⁵ tshui³ hoo⁵ lui³ lui³
媒 人 喙 ， 糊 瘰 瘰

解釋 媒人喙：媒人婆的嘴巴。糊瘰瘰：形容說得天花亂墜，卻都是誇大不實的言論。

涵義 譏諷人信口開河，說了誇大不實的話。

說明 媒人婆為了賺取豐厚的謝禮，總會將對方的小優點吹噓成大優點，沒有的優點也會無中生有，自己想辦法加上去，而缺點則隻字不提，總之，會將對方形容得很好，以博取另一方的好印象，但這其中有許多誇大不實的言論，所以不能盡信。

一畫　二畫　三畫　四畫　五畫　六畫　七畫　八畫　九畫　十畫　十一畫　十二畫　十三畫　十四畫

對應華語 信口雌黃、信口開河、胡言亂語、胡說八道。

mue⁵ lang⁵ le² khah⁴ tse⁷ kue³ phing³ kim¹ tsinn⁵

媒人禮較濟過聘金錢

解釋 媒人禮：媒人替人作媒所取得的謝禮。較濟過：多過於。聘金：男方娶妻的禮金。全句是說：媒人所收的謝禮多過聘金的錢。（通常媒人的禮金會少於聘金）

涵義 喻次要的壓過主要的，或客人佔了主人的風采。

說明 依台灣婚嫁習俗，男女結婚之前，男方必須支付一大筆聘金給女方，一方面感謝女方家長將新娘養育長大，另一方面則是補貼女方準備嫁妝，通常聘金都比媒人禮豐厚，如果媒人的謝禮比聘金多，那就是「反客為主」了。

對應華語 反客為主、喧賓奪主。

sui² sui² bo⁵ tsap⁸ tsng⁵ bai² bai² bo⁵ ka¹ nng⁵

媠，媠無十全；穲，穲無交圖

解釋 媠：美麗。十全：完美、無瑕疵。穲：醜。交圖：完整、全部。

涵義 此語有兩種意思：①勸人不要過度重視外在的美醜。②說明事物不可能十全十美，也不可能一無可取，所以不要過度追求完美。

說明 「媠，媠無十全；穲，穲無交圖」是說美麗的人或美好事物不可能十全十美；醜陋的人或不好的事物，也不盡然是一無可取；例如某個女孩長得漂亮，人又聰明伶俐，偏偏身體不好；而某個男生可能長得很抱歉，人又不聰明，偏偏身體壯得像牛一樣。總之，尺有所短，寸有所長，還是不要過度計較會比較好。

對應華語 各有優劣、尺短寸長、尺有所短，寸有所長。

sui² lang⁵ bo⁵ sui² mia⁷

媠人無媠命

解釋 媠人：指長相美麗的女子。無媠命：指命格不好。

涵義 此語有兩種意思：①說明美麗的女子往往命不好。②形容美麗的女人，歷經滄桑與坎坷。

說明 美醜本應與命運無關，但美麗的女子因為長得漂亮，吸引眾多男性的追求，所以自恃條件好，東挑西挑，最後不是挑到花心大蘿

蔔，被人玩弄感情，就是每個追求者都看不上眼，一年蹉跎一年，直到人老珠黃，年華老去，只好孤獨一生，或隨便找個人嫁了；不然就是貪圖物質享受，憑著美貌賺錢，甘願成為男人的玩物。因為「媠人」的遭遇多是坎坷的，所以前人才會說「媠人無媠命」。

對應華語 ①紅顏薄命、紅粉薄命、佳人薄命。

---

sui² hue¹ tsai⁷ pat⁸ lang⁵ tsang⁵　　sui² boo² tsai⁷ pat⁸ lang⁵ pang⁵
媠花在別人欉，媠某在別人房

解釋 媠花：漂亮的花朵。別人欉：他人栽種的樹上。媠某在別人房：指別人家的老婆比較漂亮。

涵義 諷刺人對擁有的人、事或物不懂得珍惜或重視，總認為別人的比自己的還要好。

說明 美麗的花朵總在別人家的花圃裡，漂亮的老婆總是人家的。懷有這種心態的人，總認為別人的東西比自己的好，例如自己住平房，就羨慕人家住豪宅；自己開國產車，就羨慕人家開進口車，完全不懂得珍惜與重視既有的，反而認為別人擁有的比自己的好，真是不知足！

對應華語 得隴望蜀、人心不足蛇吞象、家花哪有野花香。

---

sui² bai² tsai⁷ ki¹ kut⁴　　put⁴ tsai⁷ se¹ tsng¹ sann¹ si³ tshut⁴
媠穩在肢骨，不在梳妝三四齣

解釋 媠穩：美醜。肢骨：原指人的身材，此處指內涵、內在。梳妝：化妝打扮。齣：原是戲劇的計量單位，此處指妝扮的次數。

涵義 說明人的美醜是內在重於外在。

說明 「媠穩在肢骨，不在梳妝三四齣」是說一個人的美或醜，主要是看他的內在，而不是外表打扮，也就是說人或物的美醜，內在還是比外在重要。這句話多被用來安慰長得醜的人，奉勸他不要將外表看得太重，因為外表不是衡量一個人美醜的絕對標準。

---

sui² bai² bo⁵ pi² tsi²　　kah⁴ i³ khah⁴ tsham² si²
媠穩無比止，佮意較慘死

解釋 媠穩：指美醜。無比止：沒有標準可以比較。佮意：喜歡、中

意。佮意較慘死：形容男女一旦看對眼，其力量無人可擋，連死都不怕。

涵義 指男女若情投意合，即使美醜無法相配，仍會愛得死去活來。

說明 「婿穤無比止，佮意較慘死」是說美或醜，沒有一個標準可以比較，彼此如果看對眼，無人可以阻擋，即使要死也不怕，因此男女若看對眼，即使外表不相稱，美女配野獸，帥哥配恐龍妹，也沒有人能夠拆散他們。

對應華語 情人眼中出西施。

---

kuann⁵ thinn¹ sui² tsa¹ poo¹　　juah⁸ thinn¹ sui² tsa¹ boo²

寒 天 婿 查 甫 ， 熱 天 婿 查 某

解釋 婿：美麗。查甫：指男生。查某：指女生。

涵義 說明冬、夏男女的穿衣情形。

說明 這是一句節氣用語。冷，讓女生將婀娜多姿的身軀緊緊包住，而男生呢，穿上代表男性魅力的西裝，看起來英俊挺拔，所以說「寒天婿查甫」；熱，男生穿著汗衫、短褲，腳毛都露出來了，而女生，穿上可以秀出身材的短衣短裙，展露美好的身材，所以說「熱天婿查某」。

補充 依教育部2009年10月公布之台灣閩南語推薦用字第三批將「查甫 tsa¹ poo¹」寫作「查埔tsa¹ poo¹」。

---

hu³ e⁰ hu³ tsiunn⁷ thinn¹　　king⁵ e⁰ tng⁷ tshun³ thih⁴

富 个 富 上 天 ， 窮 个 斷 寸 鐵

解釋 富个富上天：指富有的人很富有。窮个：貧窮的人。斷寸鐵：指身邊連一點值錢的東西也沒有。

涵義 指貧富之間的差距懸殊。

說明 「富个富上天，窮个斷寸鐵」是說富有的人很富有，錢多到花不完，貧窮的人很貧窮，連值錢的東西都沒有，可用來形容貧富分配不均或相差懸殊。

補充 當「个e⁰」解釋為「的」時，依教育部2007年5月公布之台灣閩南語推薦用字第一批將「个e⁰」寫作「的e⁰」。

對應華語 貧富不均、貧富懸殊、朱門酒肉臭，路有餓死骨。

一畫 二畫 三畫 四畫 五畫 六畫 七畫 八畫 九畫 十畫 十一畫 十二畫 十三畫 十四畫

hu³ tsai⁷ tshim¹ san¹ lu² uan² tshin¹　　　pin⁵ tsai⁷ kin⁷ lin⁵ bo⁵ sio¹ jin⁷

富在深山有遠親，貧在近鄰無相認

解釋 遠親：指遠房親戚或朋友。近鄰：指左鄰右舍或附近的人。

涵義 說明人很現實，完全以「錢」來衡量社會價值。

說明 富有人家即使住在深山裡，遠地的親戚或朋友還是會去探望他，
因為大家都想巴結他，看能不能得到好處；而貧窮人家，即使與
親戚朋友比鄰而居，也沒有人敢與他打交道，因為大家都怕他開
口借錢，全句是說世態炎涼，人完全向「錢」看，現實到不行。

對應華語 人情冷暖、人情澆薄、世態炎涼。

hu³ bo⁵ kue³ sann¹ tai⁷

富 無 過 三 代

解釋 無過：不會超過。

涵義 告誡富有人家要懂得守成，否則家業很快就會敗光。

說明 以前的人為了過好的生活，第一代的人胼手胝足，勤儉持家，終
於累積了可觀的財富；到了第二代，因為錢財得來容易，所以視
錢如糞土，花錢不懂得開源節流；等到了第三代，錢財已經揮霍
殆盡，但苦無謀生的技能，只好賣妻賣子，過窩囊的生活，這就
是前人所謂的「富無過三代」。

對應華語 富不過三代、富無三代享。

hu³ kui³ sio¹ lun⁵ ni⁵

富 貴 相 輪 年

解釋 相輪年：大家依序輪流的意思。

涵義 形容富貴生活不要由固定的人獨享，大家應依序輪流。

說明 這句話應該是窮人說的，因為他們沒有當過有錢人，想試試那種
感覺。「富貴相輪年」是說富貴大家都有份，依序輪流，不要由
固定的幾個人獨享，此與華語的「三十年風水輪流轉」是一樣的
意思。

對應華語 三十年風水輪流轉、三十年河東，三十年河西。

phenn⁵ tsoo² tsau² kau³ put⁴ su² tsiu¹　　ia⁷ si⁷ si²
彭祖走到不死州，也是死

解釋 彭祖：為堯的臣子，相傳活到八百多歲。走：躲避。不死州：指鬼差攝不到魂魄的地方。

涵義 此語有兩種意思：①形容人終究還是要死，怎麼也逃不掉。②形容人特意閃躲某人或某事，最後還是躲不掉。

說明 傳說彭祖活了八百多歲，為了逃避死亡，一度逃到「不死州」躲起來，結果還是被鬼差捉到，免不了一死，所以人終究要死，沒有人逃得過。另外，當人特意閃躲某人或某事，最後還是躲不掉，也可以用這一句話來形容。

對應華語 ①人生自古誰無死。

---

ok⁴ tshe¹ giat⁸ tsu²　　bo⁵ huat⁴ kho² ti⁷
惡妻孽子，無法可治

解釋 惡妻：性情凶悍的妻子。孽子：頑皮且不聽話的兒女。

涵義 為男人自嘆妻兒不易管教的用語。

說明 妻兒與丈夫或父親長久住在一起，對於他的弱點瞭若指掌，早已練就一身應付的工夫，一旦哪天妻兒不聽話，做丈夫或父親的雖然很生氣，但又無可奈何，只能恨得牙癢癢的，想管也管不了。

---

ok⁴ be² ok⁴ lang⁵ khia⁵　　ian¹ tsi¹ be² tu² tioh⁸ kuan¹ lo² ia⁵
惡馬惡人騎，胭脂馬拄著關老爺

解釋 惡馬：指不溫馴的馬。惡人：指凶惡的人。胭脂馬：相傳為關公的坐騎，稱為「赤兔馬」，是一匹凶猛且善跑的馬。拄著：遇到。關老爺：指關羽，俗稱為關公。

涵義 形容再怎麼凶惡的人，還是會遇上制得了他的人。

說明 「惡馬惡人騎，胭脂馬拄著關老爺」是說凶猛不馴的馬，要凶猛勇敢的人才騎得上去，就好像胭脂馬一定要遇到關公才會乖乖聽話一樣。因此，一物剋一物，任人再怎麼凶惡，還是會遇上制得了他的人。

對應華語 物物相剋、一物剋一物、一物降一物。

一畫
二畫
三畫
四畫
五畫
六畫
七畫
八畫
九畫
十畫
十一畫
十二畫
十三畫
十四畫

king² hut⁸ sio¹ hiunn¹　king² tshai³ suah⁴ iu⁵
揀 佛 燒 香 ， 揀 菜 撒 油

解釋 揀：挑、選。燒香：焚香祭拜。撒：將調味料加在烹煮物上。

涵義 指對人或事有差別待遇，不能一視同仁。

說明 燒香拜拜只挑靈驗或對自己有幫助的神佛膜拜，不靈驗或對自己沒有幫助的神佛則視若無睹，連合掌膜拜都不願意；做菜也是一樣，只挑自己喜歡吃的菜撒油，增加口感，不喜歡吃的菜，因為自己不吃，所以煮熟即可。人若以上述的態度來做事或待人，難免讓人覺得處事不公，不能一視同仁，有大小眼之嫌，所以應該避免之。

對應華語 大小眼、擇佛燒香、厚此薄彼、處事不公。

king² au⁷ tu³　m⁷ thang¹ king² tua⁷ hu³
揀 後 注 ， 毋 通 揀 大 富

解釋 揀：挑、選。後注：未來。毋通：不要。揀大富：挑選家財萬貫的人。

涵義 說明挑選丈夫或任用人要選擇未來有發展潛力者，不要只看眼前的假象。

說明 挑選女婿的時候，有些人喜歡「揀大富」，結果對方可能是個花花公子或是揮霍無度、懦弱無能的人，嫁給這種人一點也不幸福；倒不如「揀後注」，挑個有人品、有潛力或有未來的人相守一生，這種人經得起吃苦，而且做事踏實，對另一半又忠誠，未來一定大有可為，所以才會說「揀後注，毋通揀大富」。除了選擇女婿外，交友或任用人員也可以用這句話來做參考。

king² ah⁴ king²　king² tioh⁸ tsit⁸ e⁵ be⁷ ging⁵ ging²
揀 啊 揀 ， 揀 著 一 个 賣 龍 眼

解釋 揀：挑、選。著：到。个：位、個。賣龍眼：以賣龍眼為生的人，比喻條件不怎麼好的人。

涵義 形容人精挑細選，過分的挑剔，最後挑到的卻不是好的。（凡選擇婚姻、職業……等均可用此語）

說明 本諺語之所以用「賣龍眼」來當例子，是因為押韻的需要。以前的舊社會，萬般皆下品，唯有讀書高，所以「賣龍眼」的生意

人被歸類為條件差的人。女孩子尋找結婚的對象時，東挑西挑，怎麼都看不上眼，結果妳挑人家，人家也一樣挑妳，等到人老珠黃，條件差了，不得已只好隨便找一個條件不好的人嫁了，這就是所謂的「揀啊揀，揀著一個賣龍眼」。

對應華語 一蟹不如一蟹。

king² sin¹ pu⁷ king² tsit⁸ e⁵　　king² kiann² sai³ king² tsit⁸ ke¹
揀 新 婦 揀 一 个 ， 揀 囝 婿 揀 一 家

解釋 揀：挑、選。新婦：媳婦。揀一个：只要挑選一個人。囝婿：指女婿。揀一家：得挑選一家子的人。

涵義 說明選擇媳婦，只要看她一個人的品行就夠了，但挑選女婿則要看他全家人的品行。

說明 以前男女結婚，男方只要看媳婦不錯，大致上就沒有問題了，但女方，因為女兒要嫁到男方家去，必須和女婿全家人生活在一起，所以要挑好相處的人家，才不會受到欺侮。

theh⁸ tsinn⁵ be² loo⁵ tsai⁵ lai⁵ tso³
提 錢 買 奴 才 來 做

解釋 提：拿。買奴才來做：原意是花錢買一個「奴隸」的身分來當，此處指花錢買一個「官位」。

涵義 形容人自討苦吃，花錢買罪受。

說明 清末的時候，許多有錢人家為了當官，紛紛花錢替自己買一個官位，結果做了官才知道這是一份苦差事，因為隨時要被職位更大的官爺差遣、使喚，活像個奴才一樣，這就是前人所說的「提錢買奴才來做」，也就是花錢買罪受的意思。

對應華語 自找苦吃、自討苦吃、自作自受、花錢買罪受。

theh⁸ kiunn¹ bo² tshit⁴ bak⁸ kinn⁵
提 薑 母 拭 目 墘

解釋 提：拿。薑母：老薑。拭：擦。目墘：指眼睛的周圍。

涵義 形容人虛情假意，不是出於真心的動作。

說明 用老薑擦拭眼睛周遭，眼睛一定會受到刺激而流出眼淚；這些眼淚並不是出自內心感動所流出來的，而是某人故意逼出來的，所

以是虛情假意的眼淚。

對應華語 虛情假意、貓哭耗子，假慈悲。

giah⁸ to¹ tham³ penn⁷ gu⁵
揭 刀 探 病 牛

解釋 揭刀：持刀。探：問候、探視。病牛：生病的牛。

涵義 形容人沒安好心眼，不懷好意。

說明 牛生病如果沒有起色，通常會被賣到屠宰場，結束其一生。屠夫手持屠刀去看病牛，不是真心去探病，只不過想知道何時可以宰殺罷了，所以「揭刀探病牛」是比喻人不安好心，不懷好意的意思。

補充 依教育部2008年5月公布之台灣閩南語推薦用字第二批將「揭giah⁸」寫作「攑giah⁸」。

對應華語 不安好心、不懷好意、心懷叵測、鱸魚探蝦毛、黃鼠狼鑽雞窩、黃鼠狼給雞拜年。

giah⁸ tik⁴ ko¹ kai³ to² ke¹
揭 竹 篙 蓋 倒 街

解釋 揭：舉、拿。竹篙：竹竿。蓋倒：壓倒、壓制。

涵義 指橫行霸道，胡作非為的地痞流氓。

說明 「揭竹篙蓋倒街」是說拿一根竹竿來壓制整條街的人，用來形容人橫行鄉里，作威作福，大家都敢怒不敢言，只能任由他欺侮。

補充 依教育部2008年5月公布之台灣閩南語推薦用字第二批將「揭giah⁸」寫作「攑giah⁸」。

對應華語 橫行霸道、橫行鄉里、作威作福、肆意橫行。

giah⁸ kut⁴ thau⁵ sio¹ kong³
揭 骨 頭 相 摃

解釋 揭：拿、持。骨頭：指先人的白骨。摃：擊、打。全句是說：拿自家祖先的骨頭來打架。

涵義 骨肉相殘之意。

說明 人之所以有骨頭可以打架，一定是從自家祖先的骨甕中拿出來的；拿自家祖先的白骨來打架，你拿一支，我拿一支，那就表示

骨肉或兄弟間起了爭執，演變成自相殘殺的局面。

補充 依教育部2008年5月公布之台灣閩南語推薦用字第二批將「揭giah^8」寫作「攑giah^8」。

對應華語 尺布斗粟、手足相殘、自相殘殺、兄弟鬩牆、骨肉相殘。

---

giah^8 pit^4 pi^2 giah^8 ti^5 thau^5 khah^4 tang^7
揭 筆 比 揭 鋤 頭 較 重

解釋 揭：拿、持。鋤頭：除草、鬆土的農具。揭鋤頭：比喻做粗重的事。較重：更重。

涵義 說明目不識丁或不喜歡讀書的人，與其叫他提筆寫字，不如叫他去做苦工，或許更自在快樂些。

說明 大家都知道筆比鋤頭輕許多，但對一個目不識丁、習慣拿鋤頭的農夫來說，要他提筆寫字是很困難的事，因為想半天也寫不出一個字來，倒不如叫他荷鋤去做本分內的苦工，也許還痛快些。

補充 依教育部2008年5月公布之台灣閩南語推薦用字第二批將「揭giah^8」寫作「攑giah^8」。

對應華語 不識之無、目不識丁、大字不識一個。

---

giah^8 ti^5 thau^5 pe^5 sim^1 kuann^1 tshing^1 sim^1
揭 鋤 頭 扒 心 肝 ， 清 心

解釋 揭：持、拿。鋤頭：翻土或剷草的農具。扒心肝：清理心臟。清心：指心情輕鬆舒暢，無牽無掛。

涵義 形容人無牽無掛，沒有事情煩心。

說明 這是一句歇後語。農夫荷鋤下田，主要是做剷除雜草的事，所以鋤頭的功用在於清除穢物。「揭鋤頭扒心肝」是說用鋤頭將心臟清一清，扒一扒，真實情況當然不可能這麼做，它主要在表達台語「清心」的意思，也就是人的心中無憂無慮，沒有事情可煩心。

補充 依教育部2008年5月公布之台灣閩南語推薦用字第二批將「揭giah^8」寫作「攑giah^8」。

對應華語 悠哉游哉、悠然自得、悠閒自在、無牽無掛、無憂無慮。

giah⁸ ting¹ m⁷ tsai¹ kha¹ e⁷ am³
揭 燈 毋 知 跤 下 暗

解釋 揭：拿、持。毋知：不知道。跤：腳。

涵義 形容人不知道自己的缺點所在。

說明 在電燈發明之前，人們都提煤油燈來照明，由於煤油燈下面有一個燈座，所以點燃煤油時，上面、四周都是亮的，只有腳下會出現一大片暗影，但提燈的人卻不容易發現。前人就將「暗影」比喻作缺點，所以「揭燈毋知跤下暗」被用來比喻人不知道自己的缺點。

補充 依教育部2008年5月公布之台灣閩南語推薦用字第二批將「揭giah⁸」寫作「攑giah⁸」。

對應華語 丈八燈台──照見人家，照不見自己、鍋底笑話缸底黑──只見人家黑，不見自己黑。

giah⁸ thau⁵ sann¹ tshioh⁴ u⁷ sin⁵ bing⁵
揭 頭 三 尺 有 神 明

解釋 揭頭：舉頭。三尺：指「很近」的距離，並非真的三尺長。

涵義 勸人做事要對得起良心，不要以為沒人看到就做起壞事。

說明 多數的中國人都相信世上有鬼神的存在，所以對鬼神非常敬畏。「揭頭三尺有神明」是說神明就近在咫尺，仔細的監視著每個人的一言一行，即使你暗中做了壞事沒人知道，但神明都看得一清二楚，而且全都記錄下來，他日必施予懲罰，所以奉勸大家做事一定要對得起天地良心，千萬不要因為沒人看到就做起壞事來。

補充 依教育部2008年5月公布之台灣閩南語推薦用字第二批將「揭giah⁸」寫作「攑giah⁸」。

對應華語 舉頭三尺有神明、欲人勿知，莫若勿為、若要人不知，除非己莫為。

giah⁸ bang² sut⁴ a² ke² sian¹
揭 蠓 捽 仔 ， 假 仙

解釋 揭：拿、持。蠓捽仔：鞭打或驅趕蚊子的器具，形狀類似戲中神仙所拿的拂塵。假仙：原意是假扮成仙人的模樣，此處泛指裝假、虛偽。

涵義 形容人的所作所為都是假的、虛偽的。

說明 這是一句歇後語，有時也說成「乞食揭蠓摔仔，假仙」。「蠓摔仔」因為像極了神仙手上拿的拂塵，所以一般人拿在手上有「假扮神仙」之疑，台語就稱之為「假仙」，也就是說人裝模作樣，所作所為都是虛偽的、裝出來的。

補充 依教育部2008年5月公布之台灣閩南語推薦用字第二批將「揭giah⁸」寫作「攑giah⁸」。

對應華語 裝模作樣、裝腔作勢。

uann⁷	siu⁷	ke¹	bo²	senn¹	bo⁵	nng⁷
換	岫	雞	母	生	無	卵

解釋 換岫：換巢穴。生無卵：指不容易下蛋。

涵義 形容無定性或職業不穩定的人，很難闖出一番成就。

說明 母雞在下蛋之前，生活飲食都要正常，才會順利下蛋，如果經常遷徙雞舍，一來雞隻容易受到驚嚇，二來不習慣新的環境，要讓牠正常下蛋可就難了，所以這句話被用來形容無定性或工作不穩定的人，很難有一番成就。

對應華語 滾動之石不生苔。

uann⁷	thng¹	bo⁵	uann⁷	liap⁸
換	湯	無	換	粒

解釋 粒：湯汁裡面的東西稱「粒」。

涵義 形容只是形式上的改變，實質的內容還是跟原來的一樣。

說明 將原來的湯換成另一種湯，但裡面的東西都沒有換，這就好比把原先加冰糖的紅豆湯換成加紅糖的紅豆湯一樣，湯是換了，但紅豆並沒有換，實質的內容還是一樣，只是在形式上稍微改變而已。

對應華語 換湯不換藥。

kann²	khuai³	tso³	ma²	khong¹	khuai³	tso³	kong¹
敢	，	快	做 媽	；	悾	，	快 做 公

解釋 敢：膽大、有勇氣。做媽：做祖母。悾：呆、傻，裝瘋賣傻。公：指祖父。

涵義 此語有兩種意思：①笑人家年紀輕輕就當祖母。②比喻有冒險精神，敢衝敢為的人，成功的機會自然比其他人多些。

說明 女孩子如果敢一點，不管別人怎麼說，十幾歲就嫁人，而且子女也早早結婚生子，大約三十幾或四十歲左右就可以當祖母了；「悾，快做公」也是同樣的意思，只要敢，不怕人家說閒言閒語，年紀輕輕就可以當祖父了。人如果持著「敢，快做媽；悾，快做公」的衝勁來做事，相信事情也會很快成功。

對應華語 先下手為強、搶先一步百事樂。

kann² si² e⁰ theh⁸ khi³ tsiah⁸
敢 死 个 提 去 食

解釋 敢死个：指敢衝、敢冒險的人。提去食：指奪得機會。

涵義 形容敢拚、敢冒險的人容易搶得先機，比別人早一步成功。

說明 敢拚、敢衝的人比較不怕失敗，一旦決定好事情，就勇往直前，打死不退，這種人通常容易搶得先機，獲得成功，而畏首畏尾的人，做一件事要想上半天，而且遲遲不敢做出決定，等到「敢死个」闖出一番成績，他都還沒出手，註定是一個失敗者。

補充 當「个e⁰」解釋為「的」時，依教育部2007年5月公布之台灣閩南語推薦用字第一批將「个e⁰」寫作「的e⁰」。

對應華語 馬無險草不肥。

kann² si² te⁷ it⁴ bing² kann² iau¹ te⁷ it⁴ ing⁵
敢 死 第 一 猛 ， 敢 枵 第 一 閒

解釋 敢死：「不怕死」的意思。枵：肚子餓。

涵義 形容什麼都豁出去，沒有什麼好怕的。

說明 不怕死的人，任何事情都不會害怕，是天下最勇猛的人；不怕餓肚子的人，當然不必找事情做，所以是天下最閒的人。整句話是說當人什麼事都豁出去時，就什麼都不在乎了。

對應華語 拚得一身剮，敢把皇帝拉下馬。

kann² tsiah⁸ kann² tiunn³ m⁷ kiann¹ lang⁵ phi³ siunn³
敢 食 敢 脹 ， 毋 驚 人 譬 相

解釋 脹：吃太多東西而無法消化。毋驚：不怕。譬相：指無情的批評

與辱罵。

涵義 譏諷人貪財圖利，不知道羞恥。

說明 「敢食敢脹」是說人一直吃，即使撐到不消化也沒關係；比喻人貪財圖利，吃相難看。「毋驚人譬相」表示不怕人家批評或恥笑。整句話多用來譏諷人貪財圖利，什麼錢都敢拿，即使被人家批評到體無完膚，也不會覺得可恥。

對應華語 利令智昏、財迷心竅、利慾薰心。

---

kann² tso³ pu⁵ hia¹　　tioh⁸ m⁷ thang¹ kiann¹ tsui² thng³
敢 做 匏 桸 ， 著 毋 通 驚 水 燙

解釋 匏桸：匏瓜（俗稱葫蘆）剖半曬乾所製成的舀水器具。著毋通驚：就不可以害怕。

涵義 此語有兩種意思：①說明人做事要敢做敢當，不要怕艱難、困苦。②說明做事要勇於負責，不可推卸責任。

說明 在塑膠舀水製品尚未普及之前，一般家庭都用剖半曬乾的匏瓜來舀冷、熱水。「敢做匏桸，著毋通驚水燙」是說既然已經當了匏桸，就不要怕滾燙的熱水；比喻敢做敢當，不應該怕艱苦與困難，另外也用來說明事情做了就要勇於負責，不可以推卸責任。

對應華語 敢做敢為、敢做敢當。

---

kann² than³ to⁷ be⁷ san³
敢 趁 就 獪 散

解釋 趁：賺錢。獪散：不會貧窮。

涵義 說明人只要肯努力工作，生活就不會過得太差。

說明 「敢趁就獪散」是說敢賺，就不會過窮苦的生活。此處所謂的「敢趁」，比較偏向於「敢賺人家所不願意賺的錢」的意思，例如做卑賤、具危險性的工作都是，凡是人家不願意做的，我都願意做，因為職業不分貴賤，只要肯努力做，生活就不會成問題。

補充 依教育部2008年5月公布之台灣閩南語推薦用字第二批將「獪be⁷」寫作「袂be⁷」。

一
畫

二
畫

三
畫

四
畫

五
畫

六
畫

七
畫

八
畫

九
畫

十
畫

十
一
畫

十
二
畫

十
三
畫

十
四
畫

kann² khui¹ png⁷ tiam³　　tioh⁸ m⁷ kiann¹ tua⁷ tsiah⁸

敢 開 飯 店 ， 著 毋 驚 大 食

解釋 開：經營、設立。著毋驚：就不要害怕。大食：大吃大喝的人。

涵義 喻來者不善，善者不來。

說明 飯店本來就是讓人家吃飯的地方，既然要開飯店，就不要怕食量大的顧客光臨，因為吃得多，錢也會付得多，就算現在很多飯店都採歐式自助的方式經營，消費以人頭計算，但如果業者怕消費者吃太多，划不來，乾脆不要開業算了。「敢開飯店，著毋驚大食」是說敢開飯店，就不怕食量大的人光臨，用來比喻來者不善，善者不來。

對應華語 敢做敢當、來者不懼，懼者不來、來者不善，善者不來。

san³ lang⁵ tsiah⁸ kui³ bi²

散 人 食 貴 米

解釋 散人：指貧窮人家。貴米：昂貴的米食。

涵義 形容不幸之事接連發生，使原本已經困窘的處境更為糟糕。

說明 貧窮人家平常要買一包米都有點拮据了，如今米價上漲，價格比以前貴許多，這對貧窮人而言，無異是屋漏偏逢連夜雨，雪上加霜；然而不吃又不行，最後只好含淚而食。

對應華語 避坑落井、禍不單行、雪上加霜、屋漏偏逢連夜雨。

san³ lang⁵ bo⁵ hu³ tshin¹

散 人 無 富 親

解釋 散人：貧窮人。富親：有錢的親戚。

涵義 比喻物以類聚。

說明 富有人家因為瞧不起窮親戚，或怕他們借錢，所以少有來往，也因此，窮人多與窮人交往，不跟富有的親戚打交道，這就是所謂的「散人無富親」，即物以類聚的意思。

對應華語 人以群分、物以類聚、物從其類、龍交龍，鳳交鳳。

san³ tshiah⁴ lang⁵ bo⁵ ho² giah⁸ tshin¹ tsiann⁵

散 赤 人 無 好 額 親 情

解釋 散赤人：貧窮人家。好額：富有的、有錢的。親情：親戚。

涵義 說明富有親戚對貧窮人家而言，有跟沒有都是一樣的。

說明 貧窮人，人見人怕，特別是富有的親戚，他們擔心被借錢，所以能躲則躲，即使貧窮親戚上門借錢，也會面露難色，故意說沒錢，像這種現實的親戚，有跟沒有都是一樣的，所以前人才會說「散赤人無好額親情」。

san³ kah⁴ kui² beh⁴ liah⁸ khi⁰

散 佮 鬼 欲 掠 去

解釋 散：貧窮。佮：到……程度。欲：要。掠：捕、抓。

涵義 形容人窮到極點，就快要活不下去了。

說明 「鬼欲掠去」是說鬼差就要來攝魂，人就要死了。人可以窮到接近死亡的地步，表示已經窮到極點，無以維生，就快要活不下去了。

補充 依教育部2008年5月公布之台灣閩南語推薦用字第二批將「佮kah⁴」寫作「甲kah⁴」。

對應華語 一貧如洗、簞瓢屢空、甕牖繩樞、家徒四壁、家徒壁立、家無長物、環堵蕭然。

san³ kah⁴ kuah⁴ au⁵ bo⁵ hueh⁴

散 佮 割 喉 無 血

解釋 散：貧窮。佮：到……程度。喉：喉嚨。

涵義 形容人什麼都沒有，貧窮到極點。

說明 這只是一句比喻的話，因為人不可能無血。「散佮割喉無血」是說一個人除了什麼都沒有以外，連身上的血都快乾了。

補充 依教育部2008年5月公布之台灣閩南語推薦用字第二批將「佮kah⁴」寫作「甲kah⁴」。

對應華語 一貧如洗、簞瓢屢空、甕牖繩樞、家徒四壁、家徒壁立、家無長物、環堵蕭然。

一畫 二畫 三畫 四畫 五畫 六畫 七畫 八畫 九畫 十畫 十一畫 十二畫 十三畫 十四畫

一
畫

二
畫

三
畫

四
畫

五
畫

六
畫

七
畫

八
畫

九
畫

十
畫

十
一
畫

十
二
畫

十
三
畫

十
四
畫

散 徦 無 當 徛 跤
san³ kah⁴ bo⁵ tang³ khia⁷ kha¹

解釋 散：貧窮。徦：到……程度。無當：無處、沒有地方。徛：站立。

涵義 形容人窮到極點，連找個落腳的地方都沒有。

說明 「徛跤」只需要小的面積即可，某人卻連個立足之地都沒有，表示此人非常貧窮、落魄，日子不好過。

補充 依教育部2008年5月公布之台灣閩南語推薦用字第二批將「徦kah⁴」寫作「甲kah⁴」。

對應華語 一貧如洗、簞瓢屢空、甕牖繩樞、家徒四壁、家徒壁立、家無長物、環堵蕭然、無立椎之地。

斑鴿吼，久久久
pan¹ kah⁴ hau² ku² ku² ku²

解釋 斑鴿：指斑鳩鳥。吼：原意為哭，此指鳥類鳴叫之聲。久久久：與台語的「咕～咕～咕」諧音，此乃取斑鳩的叫聲而得。

涵義 此語有兩種意思：①指好久以前的事。②指好久以後的事。

說明 這是一句歇後語。斑鳩的叫聲為「咕～咕～咕」，與台語的「久久久」諧音，意指「好久好久」的事，而這「好久好久」的事，可以指之前，也可以指未來。

晴焦毋肯去，等待雨淋頭
tsing⁵ ta¹ m⁷ khing² khi³ tan² thai⁷ hoo⁷ lam⁵ thau⁵

解釋 晴焦：天氣晴朗。毋肯：不願意。等待：等候。雨淋頭：指大雨降臨。全句說：好天氣時不盡早去做，一定要等到迫在眉睫，且大雨降臨了才要做。

涵義 喻人錯失良機。

說明 「晴焦毋肯去，等待雨淋頭」是說天氣晴朗，方便做事的時候不去做，等到下大雨，不方便做事的時候才想要去做。像這種做事一拖再拖，有機會卻不懂得把握的人，必定經常錯失良機。

對應華語 坐失良機、錯失良機。

替人拍尻川
the³ lang⁵ phah⁴ kha¹ tshng¹

解釋 拍:打。尻川:屁股。

涵義 喻代人受過。

說明 古人犯錯被抓到衙門,一定先在屁股上打上幾個大板,以為懲罰。「替人拍尻川」是說替人家挨屁股的棍刑,既然是代替人家挨打,那就是代人受過了。

對應華語 代人受過、代人受罰、李代桃僵、僵李代桃。

朝內無人莫做官
tiau⁵ lai⁷ bo⁵ lang⁵ bok⁸ tso³ kuann¹

解釋 朝內:指上級機關裡面。無人:指沒有良好關係的人。莫:不要。

涵義 形容社會險惡,權力核心最好有人當靠山,才不會被找麻煩。

說明 政治是非常黑暗的,人一旦踏入這個領域,最好有上級長官罩著,這樣不但做事方便,也沒有人敢找麻煩,但是如果別人有後台而自己沒有,可能就會做得比別人辛苦,而且還會被佔便宜,所以前人才說「朝內無人莫做官」。

對應華語 朝裡無人莫為官、朝裡有人好做官。

棺材扛上山,無燒嘛愛埋
kuann¹ tsha⁵ kng¹ tsiunn⁷ suann¹, bo⁵ sio¹ ma⁷ ai³ tai⁵

解釋 扛上山:抬棺材到墓地,即出殯。無燒嘛愛埋:即使沒有火化也要埋葬。

涵義 形容事情已經做了,只能繼續做下去,不能停住或重新來過。

說明 依台灣殯葬習俗,棺材抬出門就不能再抬回來,否則會犯了大忌。既然棺材已經抬到墓地,要燒要埋總要擇一處理,即使死者突然活過來,也要將空的棺材處理掉,不能再搬回家,也不能退回棺材店,所以前人用這句話來形容事情做了,就只有繼續進行下去,不能停住或重新來過。

對應華語 過河卒子、只進不退、箭在弦上,不得不發。

一畫
二畫
三畫
四畫
五畫
六畫
七畫
八畫
九畫
十畫
十一畫
十二畫
十三畫
十四畫

kuann¹ tsha⁵ te² pang³ phau³　kiann¹ si² lang⁵

棺 材 底 放 炮 ， 驚 死 人

解釋 棺材底：棺材裡面。放炮：點燃鞭炮。驚：嚇到。

涵義 形容人對某人或某事感到害怕。

說明 這是一句歇後語。人在棺材裡面點燃鞭炮，會嚇到躺在裡面的死者，也就是台語稱的「驚死人」。其實人往生後就不再有知覺，更甭說死人會受到驚嚇，前人之所以說「棺材底放炮」，主要在突顯「驚」字與「死人」的結合，說明人因某人或某事而感到害怕。

kuann¹ tsha⁵ te² tshau³ bo⁵ te² lau⁷

棺 材 貯 臭 無 貯 老

解釋 貯：裝、放置。臭：指發臭的屍體。老：指年紀大的人。

涵義 當老人家被詛咒老而不死時回敬對方的用語。通常帶有「反詛咒」的味道，有「還不知道誰會先死呢」之意。

說明 每個人活的壽數都不一樣，有的一出生就夭折，有的年紀輕輕就發生意外或生病而死，而有的老人家年紀一大把還很硬朗，所以說：「棺材是用來裝死人，不是用來裝老人的」。當有人詛咒老人家「老而不死」時，老人家就可以用這一句話來回敬對方。

kuann¹ tsha⁵ tah⁸ jip⁸ tsit⁸ puann³

棺 材 踏 入 一 半

解釋 踏入：踩進。

涵義 此語有兩種意思：①說明自己不再年輕，再活也沒有多久了。②責罵人活了一大把年紀還做出丟臉的事。

說明 人從出生到死亡躺進棺材，稱為一生。「棺材踏入一半」表示人生已過一半，再過半個人生就要死了。通常人會說這一句話，一來是向人謙稱自己不再年輕；二來是責罵人活了一大把年紀，還做出丟臉的事。

對應華語 行將就木、半載入土、風燭殘年、風中之燭。

i² a² to¹ tse⁷ bue⁷ sio¹
椅仔都坐未燒

解釋 椅仔：椅子。未：還沒。燒：暖、熱。

涵義 此語有兩種意思：①形容人身居某個職位的時間太短。②比喻人事務繁忙，才剛坐不久就要起身離開。

說明 人如果坐在椅子上一段時間，座位一定會留有餘溫。「椅仔都坐未燒」是說椅子都沒有坐熱。既然椅子沒有坐熱，表示才坐下不久就起身了，用來形容人在位不久就離開某個職位；或某人事務繁忙，才坐不久便要起身離去。

對應華語 ②席不暇暖、孔席不暖、墨突不黔。

mi⁵ phue⁷ m̄⁷ khun³　o⁵ khak⁴ pha¹ tshia¹ lin¹
棉被毋睏，蚵殼拋車輪

解釋 毋睏：不睡覺。蚵殼：牡蠣殼。拋車輪：翻筋斗。全句說：不躺在棉被裡睡覺，卻跑到牡蠣殼堆裡翻筋斗。

涵義 形容人舒服的事不做，卻偏偏要找苦來受。

說明 蚵殼是一種利殼，很容易刮傷人。某人不在軟綿綿的棉被裡睡覺，卻跑去蚵殼堆上翻筋斗，刮得滿身是傷，根本是自討苦吃，自找罪受呀！

對應華語 自討苦吃、自找罪受。

penn⁵ ting² u⁷ hit⁴ lo⁷ lang⁵　penn⁵ kha¹ ia⁷ u⁷ hit⁴ lo⁷ lang⁵
棚頂有彼號人，棚跤也有彼號人

解釋 棚頂：戲台上。彼號人：那種人。棚跤：指戲台下。

涵義 說明戲如人生，是現實人生的縮影。

說明 戲劇是由編劇依據他的人生經歷及觀察周遭事物所寫出來的，不管怎麼編寫，都脫離不了現實的人生，所以戲台上有貪婪的人，戲台下也有，戲台上有殺人放火的人，戲台下也有，那些演員所呈現的肢體動作，都是現實人生的縮影，所以前人才會說「棚頂有彼號人，棚跤也有彼號人」。

對應華語 人生如戲、戲如人生。

penn⁵ ting² tso³ kah⁴ lau⁵ kuann⁷　　penn⁵ kha¹ hiam⁵ kah⁴ lau⁵ nua⁷

棚 頂 做 徦 流 汗 ， 棚 跤 嫌 徦 流 瀾

解釋 棚頂：戲台上。徦：到。棚跤：戲台下。嫌徦流瀾：指被人嫌得厲害。

涵義 形容人盡心做事，非但沒有得到讚美，還遭受批評與指責。

說明 戲台上的演員個個使出渾身解數，演到汗流浹背，但戲台下的觀眾卻嫌他們演得不好，罵東罵西，所以前人用這句話來形容做事的人已經盡心盡力，結果不但沒有得到讚美，還被人嫌得一無是處。

補充 依教育部2008年5月公布之台灣閩南語推薦用字第二批將「徦kah⁴」寫作「甲kah⁴」。

對應華語 徒勞無功、勞而無功、吃力不討好。

bo⁵ tsit⁸ e⁵ niau² tshi² a² tann²

無 一 个 鳥 鼠 仔 膽

解釋 个：個。鳥鼠仔膽：老鼠的膽。全句說：比老鼠的膽還小。

涵義 形容人非常膽小。

說明 老鼠的體型小，膽子更小。「無一个鳥鼠仔膽」是說某人的膽子比老鼠的還小，表示此人非常膽小的意思。

對應華語 膽小如鼠、畏影怕蹤。

bo⁵ lang⁵ sio¹ tsioh⁴ mng⁷

無 人 相 借 問

解釋 相借問：彼此問候，打招呼。

涵義 說明人、事或物因為某些因素，無人前來關心與詢問。

說明 「無人相借問」是說沒有人前來打招呼或探詢，之所以會有這種情形發生，大多是下面幾種原因：一、人際關係不好，沒有人願意跟他做朋友。二、老人家年歲已高，所有的親戚朋友或孩子皆棄他而去，無人願意照料。三、貧窮人家，大家都怕見面會被開口借錢，所以人見人怕沒人敢去找他。四、店家的貨品退流行，不受人喜歡，所以無人上門參觀、詢問。

對應華語 無人搭理、無人關心。

bo⁵　lang⁵　ian⁵　kiam¹　tshau³　khit⁴　tsiah⁸　hian³

無人緣兼臭乞食羶

解釋 無人緣：指人際關係不好。乞食：乞丐。羶：人身體所散發出來的臭味。

涵義 形容某人的人緣差，沒有人願意跟他接近。

說明 乞丐因為四處流浪，要好久才有機會洗一次澡，所以身體經常發出陣陣的臭味，讓人聞之作嘔，人人皆避之唯恐不及。一個人如果只是不得人緣還好，若身體還帶有「乞食羶」，那人緣一定更差，朋友一定更少。

對應華語 不得人緣、過街老鼠。

---

bo⁵　lang⁵　tshiann²　　ka¹　ki⁷　lai⁵

無人請，家己來

解釋 無人請：沒有人邀請。家己：自己。

涵義 形容一個人好管閒事。（多用於自嘲）

說明 台語有一首歌頌「土地公」的童謠：「土地公，白目眉，無人請，家己來」。由於土地公的職責是到處巡邏，所以不用人家邀請，就會自己出現。通常這句話多用來嘲笑自己好管閒事，只要聽到哪裡有事可管，不用人家邀請就會自己出現。

對應華語 不速之客、不召自來，不請自來。

---

bo⁵　lang⁵　tah⁸　kha¹　kau³

無人踏跤到

解釋 踏跤到：原指「無人造訪」，此處指前來關心、探問。

涵義 形容人對於人、事或物非常冷漠，沒有前來關心或探問。

說明 「無人踏跤到」是說無人前來造訪的意思。既然連造訪一下都不願意，表示人對該地的人、事或物漠不關心，表現出冷漠的態度。（說此語的人通常帶有「埋怨」的意味）

對應華語 乏人聞問、無人聞問。

bo⁵ sann¹ put⁴ sing⁵ le²

無 三 不 成 禮

解釋 禮：禮節。

涵義 形容事情有一就有二，有二就有三，會不斷的發生。（正負面均可用之）

說明 「無三不成禮」其實是一種酒禮。喜宴或壽宴場合都免不了要喝酒，所以喝酒的禮節就要特別注意，何謂「無三不成禮」？就是第一杯酒由主人敬賓客，此時大家都要起立回敬；第二杯表示好事成雙；第三杯就是無三不成禮了。然而，現代人用這這句話並不全然指酒禮，而是說事情有一就有二，有二就有三，會不斷的發生。

對應華語 無三不成禮。

bo⁵ sann¹ jit⁸ ho² kong¹ king²

無 三 日 好 光 景

解釋 三日：比喻時間之短暫。光景：景況。

涵義 喻好景況不能持久，很快就會走下坡或恢復原本的面貌。

說明 「無三日好光景」是說美好的景況不會維持太久。當一種生意很有賺頭，大家認為前景看好，便一窩蜂跟著投入，結果市場供過於求，等不了多久，新鮮感一過，就乏人問津了，這就是所謂的「無三日好光景」。另外，當某人立志向善或下決心改變某種惡習，但不到三天又依然故我，也可稱為「無三日好光景」。

對應華語 好景不常。

bo⁵ sam¹ sing¹ kng¹ be⁷ tshut⁴ mng⁵

無 三 牲 扛 繪 出 門

解釋 三牲：指魚、雞、豬肉，為拜拜時最常使用的祭品。繪：不。

涵義 形容人擺架子，沒有厚禮相送，請不動他。

說明 三牲是祭拜神明的大禮，「無三牲扛繪出門」是說神明的架子大，沒有用大禮相請，請不出廟門，用來形容人擺架子，沒有用大禮相請，根本請不動他。

補充 依教育部2008年5月公布之台灣閩南語推薦用字第二批將「繪 be⁷」寫作「袂 be⁷」。

 bo⁵ he⁷ tsing² bo⁵ siu¹ sing⁵

無下種，無收成

解釋 無下種：沒有播下種子。收成：農作物收割或採收。

涵義 說明人沒有先經過一番努力，無法成功。

說明 耕田的人沒有事先播下種子，何來作物，既無作物，就沒有辦法收成，所以前人用這句話來說明人要先經過一番努力，才能享受成功的果實，亦即一分耕耘才有一分收穫。

對應華語 一分耕耘，一分收穫、天下沒有白吃的午餐。

---

bo⁵ tua⁷ li² ni⁵ ia⁷ tua⁷ li² gueh⁸

無大你年，也大你月

解釋 年：歲。全句是說：即使沒有大你一歲，也虛長你幾個月。

涵義 用於勸誡年少者要懂長幼的禮數，不可目無尊長。

說明 這一句話是年長者對晚輩說的話，當晚輩對年長者有不禮貌的地方，長輩就會用這句話來勸誡他不可目無尊長，要懂得敬老尊賢。除了年長者會對晚輩說這一句話外，有時候旁觀者看不慣晚輩對年長者的無禮舉動，也會當著晚輩的面說這句話。

對應華語 沒大沒小、目無尊長。

---

bo⁵ sim¹ ke² u⁷ sim¹ kuann⁷ na⁵ a² ke² sio¹ kim¹

無心假有心，摜籃仔假燒金

解釋 假有心：假裝有某種心意。摜：用手提物。籃仔：專門用來放香、牲品的籃子。燒金：指要到廟裡燒香拜拜。

涵義 形容人虛情假意，用偽裝的動作來做幌子，其實別有目的。

說明 以前會到廟裡燒香拜拜的多為太太或小姐，這其中有一小部分的人「醉翁之意不在酒」，她們假裝到廟裡燒香拜拜，其實是要去私會情郎，這就是所謂的「無心假有心，摜籃仔假燒金」，就是形容人虛情假意，裝模作樣。

對應華語 表裡不一、裝模作樣、虛情假意、惺惺作態。

691

bo⁵ jit⁸ m̄⁷ tsai¹ tau³　　bo⁵ tshiu¹ m̄⁷ tsai¹ lau⁷

無日毋知晝，無鬚毋知老

解釋 日：太陽。毋知晝：不知道已經中午了。鬚：指鬍鬚。

涵義 說明時光容易在不知不覺中消逝，勉人應及時把握，不可蹉跎。

說明 從前科技不發達，人類沒有鐘錶可以看時間，只好依太陽的位置來推算時間，然而有太陽還好，若遇上陰天或烏雲密布的日子，就「無日毋知晝」；另外，正常的男孩大約十來歲就會開始長鬍子，但要長得濃密還得過「而立之年」才行；「無鬚毋知老」是說某人沒有看到下巴的鬍鬚，都不知道自己已經老了，前人就用整句話來形容時光容易在不知不覺中流逝，大家應及時把握，努力奮發，才不會白白浪費。

對應華語 不知老之將至。

bo⁵ moo¹ ke¹ ke² tua⁷ keh⁴

無毛雞假大格

解釋 無毛雞：身上沒幾根毛的雞。假：假裝。大格：指大品種的意思。全句是說：瘦小無毛的雞卻假扮成大品種的雞隻。

涵義 喻人明明沒有真材實學，卻還不知羞恥的向眾人賣弄自己。

說明 以前的雞如果無毛，表示牠是一隻發育不良或營養不良的雞。「無毛雞假大格」是說身上無毛或剩沒幾根毛的瘦弱雞，卻假裝自己是高大壯碩的雞，到處逞威風，可用來形容人明明沒有真才實料，卻不自知地向人炫耀。

對應華語 窮措大裝闊老、打腫臉充胖子。

bo⁵ ge⁵ tsiah⁸ tau⁷ hu⁷　　tu² tu² ho²

無牙食豆腐，拄拄好

解釋 牙：指牙齒。拄拄好：剛剛好。

涵義 形容兩件事情或兩個人匹配的剛剛好。

說明 這是一句歇後語。豆腐是一種入口即化的食品，不用牙齒咀嚼就可以吞食，所以沒有牙齒的人吃嫩豆腐，是一種「剛好」的選擇。「無牙食豆腐，拄拄好」就用來指兩件事情或兩個人匹配的剛剛好，例如喜歡道人長短與喜歡聊人八卦的人剛好可以匹配在一起，當好朋友。

bo⁵ tang¹ tseh⁴ to¹ so¹ inn⁵ bo⁵ kong² si⁷ tang¹ tseh⁴

無 冬 節 都 挲 圓 , 無 講 是 冬 節

解釋 冬節：指二十四節氣的「冬至」。挲圓：搓湯圓。無講：更不用講。

涵義 說明人沒有當令時節都已經在做某事，到了時節來臨時更不用說了。

說明 依台灣民俗來說，冬至這一天，家家戶戶都會搓湯圓來吃，象徵「全家團圓」。「無冬節都挲圓，無講是冬節」是說不用到冬至都會搓湯圓了，那冬至當天更不用說了，之所以會有這種情形，可能是某人喜歡吃湯圓，因此，只要想吃就搓，不限定要特別日子才搓湯圓來吃；另外，販售湯圓的小販也是如此，他們平常就搓湯圓來賣，冬至日的需求量大，那更不用說了。

bo⁵ puann³ phiat⁴ koh⁴ beh⁴ tsinn³ thau⁵ pio¹

無 半 撇 攔 欲 揣 頭 標

解釋 無半撇：沒有任何本事。攔欲：還要、又要。揣頭標：強出頭。

涵義 說明人不自量力，沒有半點本事，卻還要強出頭。

說明 「無半撇攔欲揣頭標」是說某人對於某一事物不懂，或無任何經驗，卻還要強出頭，根本是不自量力，最後只會鬧笑話罷了，對事情一點幫助也沒有。

補充 依教育部2007年5月公布之台灣閩南語推薦用字第一批將「攔koh⁴」寫作「閣koh⁴」。

對應華語 不自量力、蚍蜉撼樹、螳臂當車、無自知之明。

bo⁵ tshan⁵ kim³ ah⁴ bo²

無 田 禁 鴨 母

解釋 禁鴨母：禁止鴨農放飼母鴨。

涵義 形容人做出不符合身分的事。

說明 以前鄉村人家總會在自家空地養上幾隻或幾十隻鴨子，平常都採放飼的方式飼養，任由母鴨到處亂跑，晚間才會趕入欄圈。由於母鴨喜歡啄食稻穀，會成群跑到人家的田裡吃穀物，所以農家都會禁止養鴨人家放飼母鴨，以免影響稻穀的收成。「無田禁鴨母」是說本身沒有田地，卻禁止人家放飼母鴨，這根本是做了不

一畫 二畫 三畫 四畫 五畫 六畫 七畫 八畫 九畫 十畫 十一畫 十二畫 十三畫 十四畫

符合身分的事情。

對應華語 不符身分。

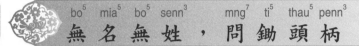

bo⁵ mia⁵ bo⁵ senn³　mng⁷ ti⁵ thau⁵ penn³
無 名 無 姓 ， 問 鋤 頭 柄

解釋 鋤頭柄：鋤頭的手把，通常為木製。全句說：無名又無姓，乾脆去問鋤頭柄就好啦！

涵義 此語有兩種意思：①責怪問者沒有禮貌，沒有事先客套的稱呼（如阿伯、阿嬸、先生……等），就想直接向人詢問事情。②說明問者沒有指名道姓，被問的人不知道如何指引他去找人。

說明 當某人向路人問路或探聽某人住處時，沒有事先敬稱人家阿伯、先生、太太……等，一開口便說「喂！某條路要怎麼走」，對方有可能回答他「無名無姓，問鋤頭柄」，意謂你這麼沒禮貌，乾脆去問鋤頭柄算了；另外，當某人向路人探聽某人住處，卻說不出他的真實姓名時，被問的人也可以回答這句話，意謂都沒有指名道姓，怎麼向你報路，乾脆去問鋤頭柄好了。

對應華語 ①出言無狀。

bo⁵ ho² te⁷ ki¹　tioh⁸ khi² bo⁵ ho² tshu³
無 好 地 基 ， 著 起 無 好 厝

解釋 地基：建造房子的根基。著：就。起：建築、建造。厝：指房子。

涵義 喻做任何事都要打好基礎，才能有不凡的成就。

說明 建築師父在建造屋子之前，一定要先挖好地基，填石灌漿，如此才能打造出堅固的房子，既耐得起風吹雨打，又不畏地震的劇烈搖晃；人也是一樣，凡是他想要在某方面有所成就，就必須先打好基礎，然後一步一步地實現，最後成功才會到來。

bo⁵ si² ma⁷ puann³ tiau⁵ mia⁷
無 死 嘛 半 條 命

解釋 嘛：也。全句說：即使沒死掉也僅剩下半條命。

涵義 說明人即使能保住小命，身體各種機能也會大不如前。

說明 「無死嘛半條命」是說即使沒有喪命，也只剩下半條命可活。從

句子的解釋可以知道，某人受創非常嚴重，就算能夠保住性命，身體狀況也會大不如前。

對應華語 倖免於難、倖免於死。

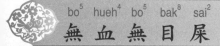

bo⁵ bi² koh⁴ tu² tioh⁸ lun⁷ gueh⁸

無 米 擱 拄 著 閏 月

解釋 擱：再、又。拄著：遇到。閏月：依古代曆法推算，農曆每五年就會出現兩次閏雙月的情形。

涵義 形容人原本的生活就已經不好過，偏偏又遇上大的麻煩。

說明 依中國的曆法推算，凡是農曆遇到閏雙月的年份，該年的總日數就會多出一個月的時間。某人已經沒有米飯可吃，卻又碰上閏雙月，感覺這一年的時間變得更長，日子也更難過了，有雪上加霜、禍不單行的意思。

補充 依教育部2007年5月公布之台灣閩南語推薦用字第一批將「擱koh⁴」寫作「閣koh⁴」。

對應華語 雪上加霜、禍不單行、避坑落井、屋漏偏逢連夜雨、船破又遇打頭風。

bo⁵ hueh⁴ bo⁵ bak⁸ sai²

無 血 無 目 屎

解釋 目屎：指眼淚。

涵義 斥責人冷血無情，沒有半點人性。

說明 一個人不可能無血、無眼淚，此處之所以說「無血」、「無目屎」，是指一個人冷血無情，對人或對事皆表現出冷漠與無動於衷的態度，說穿了，就是一個無情無義的人。

對應華語 無情無義、冷酷無情。

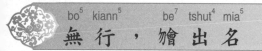

bo⁵ kiann⁵ be⁷ tshut⁴ mia⁵

無 行 ， 繪 出 名

解釋 行：指動手、執行或行動。繪：不會。出名：指成功、成就或有名聲。

涵義 形容事情沒有付諸行動，永遠都不可能成功。

說明 「無行，繪出名」是說事情若只是嘴巴說說，沒有實際付諸行

動，永遠也不會做出成績，獲得成就與名聲，所以這句話是說坐而言不如起而行，光說不練，永遠都不會有成功的一天。

補充 依教育部2008年5月公布之台灣閩南語推薦用字第二批將「𣍐be⁷」寫作「袂be⁷」。

對應華語 坐而言不如起而行。

bo⁵ kiann⁵ am³ loo⁷　be⁷ tu² tioh⁸ kui²
無 行 暗 路 ， 𣍐 拄 著 鬼

解釋 行暗路：指走歪路，幹壞事。𣍐：不會。拄著：遇到。鬼：此處指對自己不利的人。

涵義 說明人只要行得正，就不會有人刻意找麻煩。

說明 據說鬼魂怕亮光，所以都出現在陰暗的地方，如果人經常走夜路，總有一天會遇到鬼；其實壞人也是一樣，只要幹壞事就會見不得光，經常要躲在暗處，如果你行得正，不走暗路，就不會遇到那些凶神惡煞，當然也就不會有人找你麻煩。

補充 依教育部2008年5月公布之台灣閩南語推薦用字第二批將「𣍐be⁷」寫作「袂be⁷」。

bo⁵ kuann¹ bo⁵ kian⁷　tsiah⁸ tsit⁸ pe² tann²
無 肝 無 胘 ， 食 一 把 膽

解釋 胘：為飛禽的胃。食一把膽：指全靠一身的膽子。

涵義 形容人沒有任何本領，完全靠膽量來克服困難，完成事情。

說明 「無肝無胘」是說既無肝，也無胘，亦即什麼都沒有，比喻人沒有什麼本領；「食一把膽」是說全靠一身膽量來做事。例如有些人說學識沒學識，說長相沒長相，卻能夠娶到很多人用盡方法都追不到的美女，這不是靠膽量，還靠什麼呢？所以「無肝無胘，食一把膽」就是形容人沒有任何本領，完全是靠膽量來克服困難，達成目的。

對應華語 一身是膽、渾身是膽、膽大包天。

bo⁵ su⁷ put⁴ ting¹ sam¹ po² tian⁷
無 事 不 登 三 寶 殿

解釋 登：蒞臨。三寶殿：供奉三寶神的廟宇。

涵義 形容沒事就不會登門拜訪，既然登門必定有事相求。

說明 台灣人若遇到時運不佳或諸事不順時，就會到廟裡求神拜拜。
「三寶殿」是供奉三寶神的廟宇，人會登三寶殿，一定是有事相
求，如果生活很平順，人就不會到廟裡拜佛了，所以說「無事不
登三寶殿」是用來形容人沒事就不會登門拜訪，既然登門拜訪，
就表示有事相求；通常不速之客到訪，開頭都會先說這一句話，
以向主人表明來意。

對應華語 無事不登門、無事不登三寶殿。

bo⁵　su⁷　gia⁵　ke⁵　　bo⁵　ke⁵　gia⁵　kau¹　i²
無 事 夯 枷 ， 無 枷 夯 交 椅

解釋 夯：以肩舉物。枷：古人用來套在犯人身上的木製刑具。交椅：
有扶手及靠背的坐椅。

涵義 喻人自找麻煩。

說明 「枷」是古代的一種木製刑具，頗具重量。某人沒有犯法，卻將
「枷」拿來套在身上，若沒有「枷」，就舉「交椅」來替代。不
管是套「枷」或是舉「交椅」，都不是一件好受的事情，因為它
們都有一定的重量，所以「無事夯枷，無枷夯交椅」根本是自找
麻煩。

對應華語 自找麻煩、自尋麻煩。

bo⁵　tai⁷　tsi³　liah⁸　sat⁴　bo²　sio¹　ka⁷
無 事 志 掠 蝨 母 相 咬

解釋 無事志：沒有事情可做。掠：捕、捉。蝨母：指蝨子。

涵義 形容人閒極無聊，不知做什麼事好。

說明 蝨母是一種長在人體毛髮上的生物。某人無事可做，竟然想到抓
蝨子相咬為樂，表示他真的無聊透頂，已經不知道做什麼事好。

補充 依教育部2007年5月公布之台灣閩南語推薦用字第一批將「事志
tai⁷tsi³」寫作「代誌tai⁷tsi³」。

對應華語 閒來無事、閒極無聊、無聊透頂、吃飽沒事幹。

bo⁵　su⁷　tshiann²　tsoo²　su¹　kong¹

無　事　請　祖　師　公

解釋　請：邀請。祖師公：民間信仰的神明。

涵義　形容人無事生事，自己找麻煩。

說明　台語有一句俗諺說「拜神著有毋著」，意思是說時運不好或有事相求才會去拜神。「無事請祖師公」是說沒有發生什麼不順的事情，卻請來祖師公，這根本是無事生事，自己找麻煩。

對應華語　自找麻煩、無事生事、庸人自擾。

bo⁵　nng⁷　poo⁷　tshit⁴　a²　　　m⁷　kann²　kue³　hoo²　bue²　khe¹

無　兩　步　拭　仔，　毋　敢　過　虎　尾　溪

解釋　兩步拭仔：指兩把刷子。毋敢：不敢。虎尾溪：位於雲林縣內。

涵義　形容人若沒有兩把刷子，就不敢冒險去做某事。

說明　虎尾溪位於雲林縣境，只要過了這條河就進入西螺鎮。西螺自古以來便以「武術」聞名，最為人津津樂道的莫過於「西螺七嵌」，當地的武術家、能人異士很多，但強盜也多，所以想要過虎尾溪，本身不懂一點武術，是很危險的事。

對應華語　不是猛龍不過江、沒有三兩三，不敢上梁山。

bo⁵　hit⁴　lo⁷　sim¹　　　u⁷　hit⁴　lo⁷　tshui³

無　彼　號　心，　有　彼　號　喙

解釋　彼號：那一種。喙：指嘴巴說出來的話。

涵義　形容人心裡不這麼想，但嘴巴卻這麼說。

說明　「無彼號心，有彼號喙」是說某人的心裡根本沒有那個意思，但嘴巴講出來卻有，可用來形容人有口無心，言不由衷，嘴巴說的跟心裡想的不一樣。

對應華語　口是心非、心口不一、心口相違、有口無心、言不由衷。

bo⁵　hit⁴　lo⁷　kha¹　tshng¹　　　mai³　tsiah⁸　hit⁴　lo⁷　sia³　ioh⁸

無　彼　號　尻　川，　莫　食　彼　號　瀉　藥

解釋　彼號：那一種。尻川：屁股。莫：不要。

涵義　告誡人沒有某方面的本事，就不要勉強去行事。

說明 瀉藥是一種藥性極強的藥物，吃了可以讓人持續不斷的跑廁所，如果身體好的人，或許還受得了，但是身體虛弱的人吃了它，可能會負荷不了，所以要吃瀉藥之前，最好先衡量自己的身體狀況，「無彼號尻川，莫食彼號瀉藥」，沒有某方面的本事，最好不要勉強行事，才不會傷害到自己。

對應華語 適量而為、量力而為、量力而行。

---

bo⁵ huat⁴ hut⁸　　gik⁸ hue⁵ siunn⁷

無 法 佛 ， 虐 和 尚

解釋 無法佛：對神佛無可奈何。虐：殘暴對待。

涵義 形容人只會欺負弱小，卻畏懼強者。

說明 神佛的法力無邊，一般人對祂無可奈何，只好將怒氣出在和尚的身上，所以前人將「無法佛，虐和尚」用來形容柿子挑軟的吃，某人對強者無可奈何，只好吃定弱小的人。

對應華語 欺善怕惡、欺軟怕硬、柿子挑軟的吃。

---

bo⁵ khang¹ koh⁴ beh⁴ kik⁴ kau⁵ kui¹

無 空 擱 欲 激 猴 �‍胿

解釋 空：孔洞。擱欲：還想要、又想要。激：假裝。胿：指哺乳類動物身上的管狀軟組織。猴胿：猴子的喉管食囊。全句說：沒有像猴子那樣的猴胿構造，卻還要刻意裝出來。

涵義 喻打腫臉充胖子。

說明 猴子吃東西的時候總是狼吞虎嚥，先將食物塞進喉管的食囊，等到囤積不下，臉部撐大了，再跑到一旁慢慢下嚥。某人沒有「猴胿」的構造，卻故意要裝大，這無異是打腫臉充胖子的舉動。

補充 依教育部2007年5月公布之台灣閩南語推薦用字第一批將「擱koh⁴」寫作「閣koh⁴」。

對應華語 打腫臉充胖子。

---

bo⁵ au⁷ tai⁵ kiann⁵ bo⁵ kha¹ poo⁷

無 後 台 ， 行 無 跤 步

解釋 無後台：沒有戲台後面工作人員的配合。跤步：指演戲者的走位、走台步。

涵義 說明人做事如果沒有他人的支持或幫助，很難成功。

說明 演員能在戲台前演戲，完全是靠後台的樂隊、燈光師、化妝師的配合，才能順利演出，特別是演奏的樂隊，沒有他們節奏性的配樂，演員根本無法走台步，所以才會說「無後台，行無跤步」，整句話用來形容人不管做任何事，都需要他人的支持與幫助，才能成事。

對應華語 朝裡無人莫為官、朝裡有人好做官。

bo⁵　si⁷　khoo²　　u⁷　si⁷　lo²
無 是 苦 ， 有 是 惱

解釋 苦：指孤苦。惱：煩惱。全句說：沒有的時候很孤苦，但擁有後又是一種煩惱。

涵義 說明得與未得到都讓人感到痛苦。

說明 人在尚未娶妻生子，或尚未買車、買房子之前，總覺得身邊少了什麼似的，經常覺得孤苦，但結婚生子，或買車、買房子後，一會兒跟另一半吵架，一會兒子女不聽話，車貸與房貸又壓得喘不過氣來，這又是另一種的煩惱，所以得與不得，都讓人覺得痛苦。

bo⁵　tshing⁷　khoo³　　huah⁴　tua⁷　poo⁷
無 穿 褲 ， 喝 大 步

解釋 喝：大聲喊叫。

涵義 嘲笑人沒什麼本領，卻老喜歡在大家的面前出鋒頭。

說明 一個人沒有穿褲子，卻在大家的面前吆喝，且大步的走著，表示他是一個愛現的人。整句話帶有些許嘲笑的語氣，意謂某人沒有什麼本領，卻老喜歡在大家的面前出鋒頭；例如廟宇建醮宴客，明明有的人負債累累，但為了爭面子，仍設宴請客，結果賓客吃得高興，自己卻債台高築，這便是所謂的「無穿褲，喝大步」。

對應華語 丟人現眼、不自量力、螳臂當車、無自知之明。

bo⁵　hong¹　bo⁵　hoo⁷　tso³　tua⁷　tsui²
無 風 無 雨 做 大 水

解釋 做大水：指患水災。

700

涵義 表示事出無因或突然，讓人找不出緣由。

說明 正常情況來說，只有經過颱風下雨才可能做水災。沒有颱風也沒有下雨卻會「做大水」，表示事出無因或突然，讓人找不出緣由。

對應華語 無自而有、無風起浪、事出無因。

bo⁵ hong¹ bo⁵ io⁵ to² tua⁷ tshiu⁷
無 風 無 搖 倒 大 樹

解釋 無風無搖：沒有風力，也沒有人力的破壞。倒大樹：樹木倒下。

涵義 喻無緣無故或沒有預警地發生事情。

說明 沒有颱風下雨，也沒有人為砍伐，樹木會突然倒下，這有許多原因，例如螞蟻鬆動樹根的土壤、大樹曾被狂風吹斜，以致樹根失去抓地力……都有可能，然而這些原因並不容易察覺，所以人們總認為「無風無搖倒大樹」是無緣無故且無預警而發生的事情，讓人覺得事出突然。

對應華語 事出突然、無風起浪。

bo⁵ tsiah⁸ i¹ thng¹ bo⁵ tsiah⁸ i¹ liap⁸
無 食 伊 湯 ， 無 食 伊 粒

解釋 伊：指「他」或「她」。湯：食物的液體。粒：湯汁裡面所含的物料。

涵義 喻從來沒有受過人家的好處，欠人家恩情。

說明 「無食伊湯，無食伊粒」是說從來沒有吃過人家煮的湯汁，也從來沒有吃過人家煮的食物，用來指自己從未受過人家的好處，欠他人恩情。

bo⁵ tsiah⁸ oo¹ tau⁷ kio³ i¹ pang³ oo¹ tau⁷ sai²
無 食 烏 豆 ， 叫 伊 放 烏 豆 屎

解釋 烏豆：黑豆。伊：指「他」或「她」。放烏豆屎：拉黑豆屎。

涵義 喻強人所難，強迫別人去做「力有不及」的事情。

說明 人吃黑豆不一定就會拉出黑豆屎，因為有可能完全被腸胃消化吸收，更何況沒吃黑豆，那鐵定是拉不出來。「無食烏豆，叫伊放烏豆屎」是說沒有吃黑豆，卻要人家拉出黑豆屎，根本是強人所

難嘛！

對應華語 強人所難、強按牛頭、趕鴨子上架。

無冤無家，不成夫妻
bo⁵ uan¹ bo⁵ ke¹ put⁴ sing⁵ hu¹ tshe¹

解釋 無冤無家：沒有爭吵。不成：不像。

涵義 說明夫妻間的爭吵在所難免，沒有必要看得太嚴重。（調解夫妻爭吵時最常使用此語）

說明 夫妻兩人來自不同的家庭，個性、生活環境與價值觀都不相同，所以生活在一起難免會因看法不同而起爭執，然而只要吵過就算了，反而會增進夫妻的感情，讓彼此更了解對方。「無冤無家，不成夫妻」是第三者調解夫妻爭吵最常使用的話語，意思是說夫妻間的爭吵在所難免，如果不吵架就不能稱為夫妻了，所以希望大家都能退讓一步，以和為貴。

對應華語 不是冤家，不成夫妻。

無柴也敢允人煠牛屢
bo⁵ tsha⁵ ia⁷ kann² in² lang⁵ sah⁸ gu⁵ lan⁷

解釋 柴：供做燃料的乾木頭或樹枝。允人：答應人家。煠：只用水而不添加任何調味料來烹煮食物。牛屢：公牛的生殖器官。

涵義 譏人沒有做某事的能力，卻答應某人去做某事。

說明 以前的人都用「灶」來炊煮食物，既然用「灶」就必須燃燒乾柴來加熱；「牛屢」是公牛的生殖器官，體積並不小，如果要用「灶」來水煮，就得燒掉許多乾柴才能煮熟。「無柴也敢允人煠牛屢」是說沒有乾柴還敢答應幫人家水煮「牛屢」，實在是不自量力啊！

對應華語 不自量力、自不量力、螳臂當車、蚍蜉撼樹、夸父逐日、無自知之明。

無鬼怪家神
bo⁵ kui² kuai³ ke¹ sin⁵

解釋 家神：指祖先。全句說：找不到鬧事的鬼，就認為是家中的祖先在作怪。

702

涵義 說明人遇事不去尋找事情發生的原因，反而疑神疑鬼，怪東怪西。

說明 很多人遇到不順或身體有小毛病，不找出真正的原因，卻跑去求神問卜，迷信鬼神之說，若得到的答案與鬼神無關，便將矛頭指向自家祖先，說祂們回來討東西，希望後人燒銀紙給祂們花用，其實都是無稽之談。

對應華語 無中生有、疑神疑鬼、捕風捉影、憑空捏造。

bo⁵ tso³ phainn² sim¹　　m⁷ kiann¹ am³ loo⁷
無 做 歹 心 ， 毋 驚 暗 路

解釋 歹心：指違背良心的事。毋驚暗路：不怕走暗路。

涵義 說明人只要不做虧心事，就不會怕東怕西。

說明 人若做了虧心事，一定會感到心虛與不安，因為怕人家對他不利，躲在暗處算計他，所以走在暗路上總是提心吊膽，害怕的不得了；反之，不做虧心事，心胸自然光明磊落，就算走在暗路也無所畏懼。

對應華語 平時不做虧心事，夜半不怕鬼敲門。

bo⁵ siann² siau⁵ loo⁷ iong⁷
無 啥 潲 路 用

解釋 潲：指男人的精液。路用：用處。

涵義 本句有兩種意思：①罵人無用處，像垃圾一樣。②比喻無濟於事，一點用處也沒有。

說明 「無啥潲路用」與現代人講的「無三小路用」共通，是一句不堪入耳的粗話；當兩人發生口角，其中一人罵另一人「無啥潲路用」，意思是說他沒有用處，就像垃圾一樣；或是甲向乙說了一大堆計畫，但都沒有付諸實行，乙回答甲：「講那麼多也『無啥潲路用』」，意思是說講那麼多話，結果還不是無濟於事，一點用處也沒有。

對應華語 ②於事無補、無濟於事。

bo⁵ tit⁴ senn¹ thiann³ khah⁴ ho² bat⁴ ioh⁸

無 得 生 痛 ， 較 好 捌 藥

解釋 得：患、得到。生痛：指病痛。較好捌藥：好過識藥。

涵義 形容事先的預防，好過於事後的補救。

說明 「無得生痛，較好捌藥」是說保有健康的身體，使其免除各種病痛，好過於得病之後去認識各種仙丹靈藥。這句話主要在強調「預防重於治療」，意謂事先做好預防，勝過於事後的補救。

補充 依教育部2009年10月公布之台灣閩南語推薦用字第三批將「痛thiann³」寫作「疼thiann³」。

對應華語 預防重於治療。

bo⁵ kua⁵ gu⁵ tshui³ am¹

無 掛 牛 喙 罨

解釋 掛：戴。牛喙罨：竹製的牛嘴套，現代人泛稱為口罩。

涵義 此語有多種意思：①指人喜歡亂說話。②形容人愛講話，經常說個沒完沒了。③形容人喜歡吃東西，一吃就停不下來。

說明 「牛喙罨」是農家套在牛嘴上的竹製牛嘴套，主要目的在防止牛一邊耕田一邊吃草，延誤耕作的進度。現代人泛稱「牛喙罨」為口罩，人的嘴巴沒有掛上「牛喙罨」，表示他沒有封口，會亂說話；或愛講話，說個沒完沒了；或喜歡吃東西，一吃就停不下來。

對應華語 ①口無遮攔、胡言亂語、胡說八道、信口雌黃。②嘮嘮叨叨、呶呶不休、喋喋不休、強聒不舍。

bo⁵ khi³ hiam⁵ tshai³ poo² kin¹ bong² ka⁷ kiam⁵

無 棄 嫌 ， 菜 脯 根 罔 咬 鹹

解釋 棄嫌：嫌棄。菜脯：指蘿蔔乾。罔咬鹹：將就以蘿蔔根的鹹味配飯吃。

涵義 為主人對賓客說的客套話。表示菜色不好，請大家將就食用。

說明 「菜脯」是以前農家必備的食品，幾乎家家戶戶都會醃製食用。由於它又鹹又硬，所以農家多是自食，不會拿出來宴客，但當菜色不足時，身為主人的就會端一盤來加菜，並客氣地跟客人說

「無棄嫌，菜脯根罔咬鹹」，意思是說菜色不好，如果大家不嫌棄，請將就著食用。

bo⁵ beh⁴ tham³ thiann¹ li² kau² pui⁷

無 欲 探 聽 你 狗 吠

解釋 無欲：不想要。探聽：查看、打聽。吠：叫。

涵義 說明主事者對於他人所表達的心聲充耳不聞，完全不予理會。

說明 「無欲探聽你狗吠」是說主人聽到狗叫的聲音，連探頭一窺究竟都不願意。「狗吠」的原意是指狗叫，但於句中被比喻成請求或要求的聲音，整句說明主事者對於別人所表達的心聲充耳不聞，根本不想理會。

對應華語 置之不理、置若罔聞、充耳不聞、馬耳東風。

bo⁵ te⁷ ji⁷ ku³ ue⁷

無 第 二 句 話

解釋 全句是說：不會再講第二句話。

涵義 形容某人聽了對方的說法後，表示認同或贊成，不再提出異議。

說明 「無第二句話」表示只有一句話；當一方提出說法，另一方不提出異議或表示意見，表示他認同對方的說法，所以不再講第二句話，有認同、答應或贊成的意思。

對應華語 二話不說、不提異議。

bo⁵ siau⁷ put⁴ sing⁵ ge⁵

無 紹 不 成 衙

解釋 紹：指浙江省的紹興。不成衙：不像個衙門。全句是說：衙門內如果沒有紹興人來當師爺，就不像個衙門。

涵義 讚美紹興人精明能幹的用語。

說明 紹興自古以來即以出師爺而聞名，幾乎所有的衙門都有來自紹興的師爺，所以前人說「無紹不成衙」，只要衙門內沒有紹興人來當師爺，就不像個衙門，是一句讚美紹興人精明能幹的用語。

一畫 二畫 三畫 四畫 五畫 六畫 七畫 八畫 九畫 十畫 十一畫 十二畫 十三畫 十四畫

bo⁵ thang¹ tshinn¹ tsiah⁸　　koh⁴　u⁷　thang¹ phak⁸ kuann¹

無 通 生 食 ， 擱 有 通 曝 乾

解釋 無通生食：連生吃都不夠了。擱：再。有通：可以。曝乾：曬乾。全句說：連生吃都不夠了，哪有多餘的可以曬乾貯存？

涵義 喻現用的都不夠了，哪有多餘的可做其他的用途。

說明 人擁有東西一定以鮮食為先，有多餘的才會做其他的用途，例如漁民捕魚，一定先吃新鮮肥美的魚，吃不完的再製成魚乾；農家種植蔬菜，只有吃不完的才會製成各種「醃菜」。「無通生食，擱有通曝乾」表示生吃都不夠了，哪有多餘的可以曬乾？表示現用都不夠了，沒有多餘的可以留下來做其他的用途。

補充 依教育部2007年5月公布之台灣閩南語推薦用字第一批將「擱koh⁴」寫作「閣koh⁴」。

對應華語 生食不足，焉能曬乾。

bo⁵ hi⁵ he⁵ ma⁷ ho²

無 魚 蝦 嘛 好

解釋 嘛好：也好、也不錯。

涵義 安慰自己，得不到想要的，退而求其次，差一點的也可以接受。

說明 人到溪邊釣魚，最主要是釣大魚，但有時候貪吃的小蝦會前來攪和，結果魚釣不到，卻釣到一堆小蝦，此時釣者會自我安慰說：「無魚蝦嘛好」，意思是得不到想要的，退而求其次，得到差一點的也不錯。

對應華語 聊勝於無、聊以充數、有勝於無、退而求其次。

bo⁵ ing⁵ kah⁴ tsit⁸ liap⁸ na² kan¹ lok⁸

無 閒 佮 一 粒 若 干 樂

解釋 無閒佮：忙到……的程度。若：好像是。干樂：指陀螺。

涵義 形容人忙得團團轉，一刻也不得休息。

說明 陀螺從手中拋出去後，會一直在地面上打轉，經過一段時間才會停下來。「無閒佮一粒若干樂」是說人忙得團團轉，就像陀螺在原地打轉一樣，形容人非常忙，連休息的時間都沒有。

補充 依教育部2008年5月公布之台灣閩南語推薦用字第二批將「佮kah⁴」寫作「甲kah⁴」。

對應華語 閒不下來、一刻不得閒。

bo⁵　ing⁵　kah⁴　beh⁴　si²
無　閒　佮　欲　死

解釋 無閒佮：忙到……的程度。欲死：好像要死掉一樣。

涵義 形容人非常忙碌。

說明 人不會因為忙碌而死，但如果過度忙碌，有可能「過勞死」。「無閒佮欲死」是說一個人非常忙碌，就快要忙死了，用來形容某人忙得要死，無暇再做其他的事情。

補充 依教育部2008年5月公布之台灣閩南語推薦用字第二批將「佮kah⁴」寫作「甲kah⁴」。

對應華語 忙得要死、一刻不得閒。

bo⁵　siunn⁷　tham¹　tioh⁸　bian²　sin³　sin⁵
無　想　貪　著　免　信　神

解釋 想貪：起貪念。著：就。

涵義 說明人會信神，都是因「貪」而起。

說明 信奉「宗教」原本是一種精神的寄託，當人們感到心靈空虛，可以藉助宗教得到心靈的慰藉，不過，這種情形已經很少見到；現代人會到廟裡燒香拜拜，求的無非是升官發財、長命百歲，幾乎讓整個宗教信仰蒙上了功利色彩，失去原本信仰的意義，說穿了，都是一個「貪」字在作祟，所以前人才會說：「無想貪著免信神」。

bo⁵　kim³　bo⁵　ki⁷　tsiah⁸　pah⁴　ji⁷
無　禁　無　忌　食　百　二

解釋 食百二：活一百二十歲。此「二」與「忌」字押韻，純為讀起來順口，不具特別的意義。

涵義 勸人不要受迷信的束縛，以免顧忌太多，做起事來綁手綁腳。

說明 中國人是一個多禁忌的民族，生活周遭的事都有忌諱，比如探病不能說「死」字、奔喪不能穿大紅的衣服、搬家要看時辰……，種種的禁忌，多到數不完。由於禁忌太多，容易讓人覺得受到束縛，做事不能隨心所欲，所以成效自然大打折扣；如果沒有太多

一　畫
二　畫
三　畫
四　畫
五　畫
六　畫
七　畫
八　畫
九　畫
十　畫
十一畫
十二畫
十三畫
十四畫

的禁忌，做事沒有顧慮，就可以放手去做，也許能得到更好的效果。

對應華語 百無所忌、百無禁忌。

bo⁵ loh⁸ tsing² koh⁴ beh⁴ siu¹ sing⁵
無 落 種 擱 欲 收 成

解釋 落種：播種。擱欲：又想要、還想要。

涵義 諷刺人不付出勞力就妄想坐收成果。

說明 俗語說：「一分耕耘，一分收穫」，只有努力耕耘，才能得到相對的收穫。「無落種擱欲收成」是說連播種都沒有，還妄想要收成，這根本是想坐享其成、不勞而獲的心態，實在不足取！

補充 依教育部2007年5月公布之台灣閩南語推薦用字第一批將「擱koh⁴」寫作「閣koh⁴」。

對應華語 坐收成果、坐收漁利、坐享其成、不勞而獲、不勞而得。

bo⁵ sia¹ put⁴ sing⁵ tiam³ sia¹ liau² tiam³ put⁴ sing⁵
無 賒 不 成 店 ， 賒 了 店 不 成

解釋 賒：錢先欠著。不成店：不像一家商店。店不成：開不了店，此指無法繼續經營。

涵義 讓人掛帳賒欠也不是，不讓人掛帳賒欠也不是，說明生意人難為。

說明 以前的人開店，會來買東西的都是住在附近的熟客，由於大家難免有手頭不便的時候，所以經常有賒欠的情況發生，幾乎每家店都是這樣，因此有「無賒不成店」的說法。另外，店家若不讓人賒欠，客人就不會再來消費，但如果讓客人一直賒欠，生意又做不下去，萬一被倒帳，店也開不成，因此有「賒了店不成」的說法。

bo⁵ iann² bo⁵ tsiah⁴ kong² kah⁴ hiah⁴ tui³ tang⁵
無 影 無 跡 ， 講 洛 赫 對 同

解釋 無影無跡：亂猜的意思。洛：到。赫：那麼。對同：吻合、符合。

涵義 戲稱本來是亂猜的，卻不巧說個正著，一點差錯也沒有。

說明 「無影無跡,講餎赫對同」是說原先只是亂猜,沒想到說個正著,一點差錯也沒有。舉個例子,哥哥偷拿媽媽的錢,當媽媽發現錢少了,叫弟弟來詢問,弟弟雖然不知道是哥哥拿的,卻跟媽媽說:「可能是哥哥拿的」,這種不幸而言中的情形就是所謂的「無影無跡,講餎赫對同」。

補充 依教育部2008年5月公布之臺灣閩南語推薦用字第二批將①「餎kah⁴」寫作「甲kah⁴」;②「赫hiah⁴」寫作「遐haih⁴」。

對應華語 一語成讖、不幸而言中。

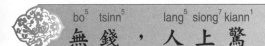

bo⁵ tah⁸ i¹ e⁵ bue² i¹ to⁷ be⁷ ka⁷ lan² e⁵ kha¹
無踏伊个尾,伊就獪咬咱个跤

解釋 伊:此處指蛇。个:的。獪:不會。跤:腳。

涵義 喻不去做傷害別人的事,別人也就不會回過頭來傷害你。

說明 走在雜草堆中,如果不小心踩到蛇的尾巴,牠會立刻回過頭來咬你一口。「無踏伊个尾,伊就獪咬咱个跤」是說不去踩到蛇的尾巴,牠就不會回過頭來咬你的腳,所以只要不做出傷害別人的事,別人也就不會回過頭來傷害你。

補充 ①當「个e⁵」解釋為「的」時,依教育部2007年5月公布之臺灣閩南語推薦用字第一批將「个e⁵」寫作「的e⁵」。②依教育部2008年5月公布之臺灣閩南語推薦用字第二批將「獪be⁷」寫作「袂be⁷」。

bo⁵ tsinn⁵ lang⁵ siong⁷ kiann¹
無錢,人上驚

解釋 人上驚:人們最害怕。

涵義 說明社會現實的一面。

說明 人要是沒錢,人見人怕,因為一方面怕他來借錢,一方面怕他前來投靠。總之,有錢人遇上沒錢的親戚,能躲則躲,即使迎面碰到也視若無睹,這就是社會現實的一面。

bo⁵ tsinn⁵ kiann⁵ bo⁵ loo⁷
無錢行無路

解釋 行無路:指四處碰壁,什麼事都難辦。

涵義 形容人沒錢，什麼事都難辦。

說明 俗語說：「錢非萬能，但沒錢萬萬不能」。人一旦沒錢，走到哪兒都碰壁，做什麼事也很難辦成，這就是「無錢行無路」。

對應華語 沒錢，萬萬不能。

bo⁵ tsinn⁵ ke² tua⁷ pan⁷

無 錢 假 大 範

解釋 假：故意裝成。大範：大方。

涵義 譏笑沒錢的人裝成闊佬的模樣，以滿足自我的虛榮心。

說明 「無錢假大範」是說某人身上沒錢，卻裝成闊佬的樣子，此與窮措大裝闊佬或打腫臉充胖子一樣，表面看起來很體面，實際上是虛有其表罷了！

對應華語 虛有其表、窮措大裝闊佬、打腫臉充胖子。

bo⁵ tsinn⁵ kann² tsiah⁸ lang⁵ tua⁷ te³ kue²

無 錢 敢 食 人 大 塊 粿

解釋 粿：糕點類的食品。

涵義 譏人妄想做能力不及的事情。

說明 小塊的粿，價錢便宜，大塊的粿，價錢較貴；某人身上沒錢，買不起大塊粿來吃，卻一直妄想著要吃，這根本是不自量力的行為。

對應華語 不自量力、螳臂當車、蚍蜉撼樹、無自知之明。

bo⁵ tsinn⁵ be² ioh⁸ u⁷ tsinn⁵ be² kuann¹ tsha⁵

無 錢 買 藥 ， 有 錢 買 棺 材

解釋 棺材：放置死屍的器具。全句說：生病不花錢買藥吃，卻存錢等著買棺材。

涵義 此語有兩種意思：①譏人沒有將錢用對地方。②比喻本末倒置。

說明 人生病的時候，不花錢找醫生治病吃藥，卻將錢留下來買棺材，放任病情惡化，這似乎將錢用錯地方了，而且本末倒置，將重要且應該馬上做的事情放著不管，而不必急著做的事情，卻急著去做。

對應華語 ①錢沒有花在刀口上。②本末倒置、輕重倒置、捨本逐末。

bo⁵ tsinn⁵ kong² bo⁵ ue⁷
無 錢 講 無 話

解釋 講無話：指說話沒有份量。

涵義 說明社會以「金錢」來衡量一切，凡事皆向「錢」看。

說明 在一個團體裡面，通常是出錢多的人講話比較有份量，沒出錢或出錢比較少的人，說話比較沒有份量。「無錢講無話」是說人要是沒錢，就沒有講話的權利，即使可以講話，也沒有什麼份量，用來說明社會過於功利，凡事都向「錢」看。

對應華語 身窮言微、人窮言輕。

bo⁵ tsinn⁵ hun¹ tua⁷ pe² thun¹
無 錢 薰 ， 大 把 吞

解釋 薰：香煙。大把吞：張大口吸。

涵義 譏人太貪心，不用自己花錢買的東西，不吃白不吃。

說明 「無錢薰」是說伸手向人家要的香煙或人家請抽的香煙。既然是不用花錢買的香煙，當然要大口大口的抽，所以整句話用來形容人太貪心，不用自己花錢買的東西，不吃實在太可惜了。

對應華語 不吃白不吃。

bo⁵ thiann¹ lau⁷ lang⁵ gian⁵ tsiah⁸ khui¹ tsai⁷ gan² tsian⁵
無 聽 老 人 言 ， 食 虧 在 眼 前

解釋 老人言：老人家所講的話。食虧：吃虧。

涵義 不虛心聽從老人家的教誨，很快就會遭遇到麻煩的事情。

說明 老人家活到一大把年紀，經歷與看過的事情太多，他們給晚輩的建言，是一種經驗的傳承，如果晚輩不聽，馬上就會遭遇挫折與失敗，所以前人才會說：「無聽老人言，食虧在眼前」。

對應華語 不聽老人言，吃虧在眼前、不聽老人言，必有恓惶淚。

pai⁵ a² phak⁸ ta¹ ta¹ sann¹ kha¹ khiam³ tsit⁸ kha¹
牌 仔 曝 焦 焦 ， 三 跤 欠 一 跤

解釋 牌仔：紙牌。曝焦焦：指都已經準備好了，馬上就可以使用。三跤欠一跤：「三缺一」的意思。

涵義 形容玩牌的人數不足，希望能邀人加入牌局。

說明 不管玩紙牌或麻將，四個人是最適當的人數，如果是三缺一，雖然也可以玩，但總不如四個人好玩。「牌仔曝焦焦，三跤欠一跤」是說紙牌都已經準備好了，馬上就可以使用，但想玩牌的只有三個人，還缺一個人才能湊成一桌，有牌局三缺一，希望能夠邀人加入牌局的意思。

kau⁵ ia⁷ e⁷ puah⁸ loh⁸ tshiu⁷ kha¹

猴 也 會 跋 落 樹 跤

解釋 跋落：跌落、掉落。樹跤：樹底下。

涵義 喻再怎麼細心或能力再好的人也有出差錯的時候。

說明 猴子在自然界是數一數二的爬樹專家，牠的身手靈活、敏捷，少有動物能出其右。話雖如此，但猴子也有不小心從樹上跌落的時候，由此可知，世界上沒有絕對的事，就算你的能力再好、經驗再豐富，一不小心還是會有失手或出差錯的時候。

對應華語 馬有失蹄時。

kau⁵ si² ti¹ ko¹ ia⁷ tioh⁸ bo⁵ mia⁷

猴 死 ， 豬 哥 也 著 無 命

解釋 猴：此指《西遊記》中的孫悟空。豬哥：原意是配種的公豬，此指豬八戒。也著：也會。全句說：孫悟空死了，豬八戒也跟著沒命。

涵義 說明「合則得利，分則受害」的道理。

說明 本句諺語是從《西遊記》而來。孫悟空與豬八戒是唐三藏的大徒弟與二徒弟，他們與師弟沙悟淨一起保護唐三藏到西域取經，一路上豬八戒經常在唐僧面前說孫悟空的壞話，殊不知沒有孫悟空，僅憑豬八戒與沙悟淨之力，根本無法保護唐僧前往西域取經，所以孫悟空死了，豬八戒也活不了。

對應華語 相依為命、脣齒相依、脣亡齒寒、巢毀卵破、覆巢之下無完卵、皮之不存，毛將焉附。

一
畫

二
畫

三
畫

四
畫

五
畫

六
畫

七
畫

八
畫

九
畫

十
畫

十一
畫

十二
畫

十三
畫

十四
畫

kau⁵ ka⁷ kau⁵   ka⁷ kah⁴ hueh⁴ na² lau⁵

猴 咬 猴 ， 咬 佮 血 若 流

解釋 猴：指女人的姘夫。佮：到……的程度。血若流：血不斷的流。

涵義 說明同類或同黨間相互鬥爭、攻擊，弄得兩敗俱傷。

說明 「猴咬猴，咬佮血若流」的原意是說姘夫間為了女人爭風吃醋，雙方大打出手，最後弄得傷痕累累，兩敗俱傷；現在多用來形容同類或同黨間相互鬥爭、攻擊，最後弄得兩敗俱傷。

補充 依教育部2008年5月公布之台灣閩南語推薦用字第二批將「佮kah⁴」寫作「甲kah⁴」。

對應華語 狗咬狗，滿嘴毛。

kau⁵ tshing⁷ sann¹   pinn³ tso³ lang⁵

猴 穿 衫 ， 變 做 人

解釋 穿衫：穿上衣服。變做人：變成人樣。

涵義 此語有兩種意思：①比喻衣冠禽獸。②譏諷人喜歡裝模作樣。

說明 猴子穿上衣服，雖然看起來人模人樣，但畢竟只是一隻猴子，不能變成人，只能說是「衣冠禽獸」；另外，人們為猴子穿上衣服，不過是要牠裝模作樣，使其肢體動作更像一個人罷了，所以「猴穿衫，變做人」也用來譏諷人喜歡裝模作樣。

對應華語 ①人面獸心、衣冠禽獸、沐猴而冠、虛有其表、衣冠沐猴。②裝模作樣、裝腔作勢。

kau⁵ bo⁵ tsam⁷ bue²   m⁷ tsai¹ kiann¹

猴 無 斬 尾 ， 毋 知 驚

解釋 毋知驚：不知道害怕。

涵義 此為大人用來教訓頑皮小孩的用語。

說明 猴子生性好動，管不住，所以有人索性將牠的尾巴斬掉，讓猴子知道以後再好動或調皮會得到相同的對待，於是就不敢再造次了。頑皮的小孩子就像猴子一樣，既調皮，又搗蛋，大人們為了嚇唬他們，就會用這句話來教訓他們。

猴較濟乞食

kau⁵ khah⁴ tse⁷ khit⁴ tsiah⁸

解釋 較濟：比……還要多。乞食：乞丐。

涵義 形容人多而東西少，不夠分配。

說明 乞丐只不過會向人行乞，而猴子除了會向人討東西以外，比乞丐還要嘴饞，如果猴子比乞丐還要多，一定會造成搶食的情況，到時候「僧多粥少」，食物就不夠分配了。

對應華語 一缺十求、僧多粥少、人浮於事、人多事少。

猴管豬哥，豬哥管猴

kau⁵ kuan² ti¹ ko¹，ti¹ ko¹ kuan² kau⁵

解釋 猴：指《西遊記》裡的孫悟空。豬哥：指豬八戒。

涵義 形容彼此牽制，誰都不敢亂來。

說明 《西遊記》裡的孫悟空，武藝高強，勝過豬八戒，所以偶爾會欺侮他，但豬八戒因為很討唐三藏的歡心，偶爾會在唐僧的面前說孫悟空的壞話，使孫悟空不敢造次；這一來一往剛好互相牽制，讓兩方都不敢亂來，形成一種微妙的關係。

對應華語 互相制衡、彼此牽制。

猴齊天七十二變

kau⁵ tse⁵ thian¹ tshit⁴ tsap⁸ ji⁷ pian³

解釋 猴齊天：指齊天大聖孫悟空。七十二變：非真指七十二種變化，而是變化多端的意思。

涵義 形容人善變，令人捉摸不定。

說明 據《西遊記》的記載，孫悟空有變化七十二種形體的法力，可說是變化多端，讓人難以捉摸，因此前人用「猴齊天七十二變」形容一個人善變，讓人捉摸不定。

對應華語 變幻無常、變幻莫測、變化多端。

番薯毋驚落塗爛，只求枝葉代代湠

han¹ tsi⁵ m⁷ kiann¹ loh⁸ thoo⁵ nua⁷，tsi² kiu⁵ ki¹ hioh⁸ tai⁷ tai⁷ thuann³

解釋 番薯：地瓜。毋驚：不怕。落塗爛：埋在泥土中久了會爛掉。

淡：繁殖、生生不息。代代淡：指一代接一代的生生不息。

涵義　形容台灣先民不怕犧牲，只求後代子孫能代代相傳，生生不息。
（此句諺語可用來表達台灣人的精神）

說明　番薯埋在土裡久了就會開始腐爛，儘管如此，它還是會長出新
芽，繁衍出幼嫩的番薯來。台灣先民為這塊土地奮鬥，他們不怕
自己犧牲，只求後代子孫能代代相傳，有朝一日出人頭地，這種
精神與番薯犧牲自己來繁衍後代是一樣的，所以後人就用這句話
來表達台灣人的精神。

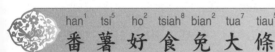

han¹　tsi⁵　ho²　tsiah⁸　bian²　tua⁷　tiau⁵
番　薯　好　食　免　大　條

解釋　番薯：地瓜。免大條：指體積不用大。全句說：地瓜不一定要挑
大的，只要好吃，就算體積小一點也很好。

涵義　指人、事、物的實質比外表來得重要。

說明　台灣的番薯有很多品種，例如黃皮、紅皮、白皮、黃肉、紅
肉……等，其中以黃皮與紅肉最好吃，小小一條就比其他品種的
大番薯還好吃，所以前人才會說「番薯好食免大條」。如果將這
一句話引用到現實生活中，可以說能力好壞不在於學歷高低；文
章好壞不在於篇幅長短……，有實質重於表相的意思。

對應華語　質重於量、眾星朗朗，不如孤月獨明。

han¹　tsi⁵　khuann³　tso³　oo⁷　a²
番　薯　看　做　芋　仔

解釋　番薯：地瓜。芋仔：植物名，其塊莖可以食用。

涵義　譏笑人糊塗，連容易辨識的兩種東西都分不清楚。

說明　番薯與芋頭的外表分明，不容易混淆。某人會將番薯和芋頭混
淆，無法辨識誰是番薯？誰是芋頭？表示他是一個糊塗蛋，連很
容易分辨的東西都會分不清楚。

對應華語　馮京當馬涼。

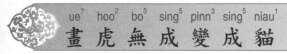

ue⁷　hoo²　bo⁵　sing⁵　pinn³　sing⁵　niau¹
畫　虎　無　成　變　成　貓

解釋　無成：不像。

涵義 喻某人將事情處理得不三不四，亂七八糟。

說明 老虎有時也被稱為「大貓」，牠與貓同屬於貓科動物，外型頗為神似，畫虎的時候如果功力不好，很可能將老虎畫成貓，到時候就糗大了，所以這句話可用來形容某人沒有將事情處理好，做得不三不四，不像個樣子。

對應華語 刻鵠類鶩、畫虎成狗、畫虎不成反類犬。

he¹ ku¹ be⁷ jim² tit⁴ sau³
痚呴膾忍得嗽

解釋 痚呴：一種呼吸困難的疾病，俗稱「氣喘病」。膾：不能、無法。膾忍得嗽：忍不住而咳嗽。

涵義 喻心裡有話憋不住，不吐不快。

說明 患有嚴重氣喘病的人會又喘又咳，當他要咳嗽時，說來就來，根本忍不住，如果不咳出來，喉嚨會很不舒服，所以這句話可用來形容人不吐不快，心裡有話憋不住，不說出來會覺得不舒服。

補充 依教育部2008年5月公布之台灣閩南語推薦用字第二批將「膾be⁷」寫作「袂be⁷」。

對應華語 不吐不快、有話憋不住。

khun³ kah⁴ tsap⁸ peh⁴ tian⁷ khi³ a⁰
睏徦十八殿去也

解釋 睏：睡覺。徦：到。十八殿：指地府十八個閻羅殿。

涵義 喻人睡的很沉。

說明 相傳人往生之後會到地府十八個閻羅殿接受審判與懲罰。「睏徦十八殿去也」是說某人睡死了，亦即睡得很沉，不容易被人驚醒或叫醒的意思。

補充 依教育部2008年5月公布之台灣閩南語推薦用字第二批將「徦kah⁴」寫作「甲kah⁴」。

對應華語 睡到不省人事。

khun³ kah⁴ m⁷ tsai¹ lang⁵
睏徦毋知人

解釋 睏：睡覺。徦：到……程度。毋知人：指不省人事。

涵義 形容人睡得很沉，不容易被吵醒。

說明 「睏徦毋知人」是說某人睡得不省人事。竟然睡到連外界發生什麼事都不知道，表示一個人睡得很沉，不容易被驚醒或吵醒。

補充 依教育部2008年5月公布之台灣閩南語推薦用字第二批將「徦kah⁴」寫作「甲kah⁴」。

對應華語 睡到不省人事。

---

khun³ phua³ sann¹ nia² tshioh⁸，sim¹ kuann¹ liah⁸ be⁷ tioh⁸

睏 破 三 領 蓆 ， 心 肝 掠 獪 著

解釋 睏：睡覺。領：計算衣物的單位，相當於「張」、「件」。蓆：草蓆。心肝：指內心所想的事。掠：捕、捉。獪著：不到。

涵義 形容夫妻結婚很久了，但做妻子的仍不瞭解丈夫在想些什麼。

說明 以前的人沒有彈簧床可睡，都直接睡在草蓆上面，而草蓆非常耐用，通常一件草蓆可以睡很久。「睏破三領蓆」是說夫妻生活在一起很久了；「心肝掠獪著」是說做妻子的仍不瞭解丈夫在想些什麼，整句話是形容夫妻同床異夢也。

補充 依教育部2008年5月公布之台灣閩南語推薦用字第二批將「獪be⁷」寫作「袂be⁷」。

對應華語 同床異夢。

---

thiann⁵ ka⁷ kim¹，tong³ bo⁵ sann¹ e⁷ poo² thau⁵ huat⁴

程 咬 金 ， 擋 無 三 下 斧 頭 法

解釋 程咬金：唐朝時代的一位福將。擋：耐力。下：計算動作招式的單位。斧頭法：舞弄斧頭的招式。全句說：程咬金的三招斧法舞弄完了，就沒什麼威脅性了。

涵義 譏笑某人能力有限，不可能有大的作為。

說明 這個典故出自唐朝，相傳程咬金是一位孔武有力的名將，敵人都怕他的三招斧法。有一次，力大無窮的隋將宇文成都帶兵攻打瓦崗寨，程咬金提斧迎戰，交戰中，程咬金第一斧震得宇文成都的虎口生痛；第二斧將宇文成都的虎口弄傷；第三斧讓宇文成都的兩臂發麻。就在宇文成都害怕並打算撤兵之際，程咬金的第四斧卻有氣無力，這時他才知道程咬金只強在前三斧，過了三斧就不再具威脅性。

tan² kau³ thau⁵ mng⁵ tshui³ tshiu¹ peh⁸
等 到 頭 毛 喙 鬚 白

解釋 頭毛：頭髮。喙鬚：鬍鬚。頭毛喙鬚白：指年紀老了。

涵義 說明即使等到老，願望還是無法達成。

說明 「頭毛喙鬚白」是說人的年歲已經大了，頭髮跟鬍鬚都已經變白了。「等到頭毛喙鬚白」是說從年輕的時候就一直等到年紀大。從這個語氣聽起來，表示某人的心願仍未達成，有可能等到老死也只是空等待。

對應華語 等閒白了少年頭。

si¹ si¹ khioh⁴ khah⁴ ho² tsioh⁴
絲 絲 抾 ， 較 好 借

解釋 絲絲：一點點。抾：撿取、撿拾。較好借：比向別人伸手借來得好。

涵義 形容寧願一點一滴、慢慢的累積，也不願意開口向別人借（錢、物……）。

說明 錢或物品，一點一滴的累積，久了也會積少成多，變成可觀的數量；雖然可能要花很久的時間，但總比向別人借、看別人的臉色好得多，所以與其要開口去向別人借，倒不如自己慢慢的積累。

對應華語 萬事不求人、求人不如求己。

si¹ suann³ tiau³ tang⁵ tsing¹
絲 線 吊 銅 鐘

解釋 吊：懸掛。銅鐘：由銅鑄成的鐘。

涵義 喻非常的危險。

說明 絲線是細弱的線，銅鐘是笨重的東西，將銅鐘懸掛在細絲線上面，絲線一定無法負荷銅鐘的重量，隨時都可能斷掉，所以「絲線吊銅鐘」可用來形容千鈞一髮，極度的危險。

對應華語 千鈞一髮、搖搖欲墜、危如累卵、燕巢飛幕。

sian⁷ e⁰ liah⁸ lai⁵ pak⁸ ok⁴ e⁰ pang³ i¹ khi³

善个掠來縛，惡个放伊去

解釋 善个：善良的人。掠：抓、捉。縛：綁。惡个：做惡的人。伊：指第三人稱的「他」或「她」。

涵義 此語有兩種意思：①形容人畏懼強橫者，只會欺侮善良的人。②也用來指人「善惡不分」。

說明 「善个掠來縛，惡个放伊去」是說將善良的人抓來五花大綁，而將奸惡者放走，即只會欺侮善良的人，卻畏懼奸惡者，也就是欺善怕惡的意思。另外，某人將善良的人抓來，卻將奸惡的人放走，這根本是善惡不分、顛倒黑白的行為。

補充 當「个e⁰」解釋為「的」時，依教育部2007年5月公布之台灣閩南語推薦用字第一批將「个e⁰」寫作「的e⁰」。

對應華語 ①欺軟怕硬、欺善怕惡、柿子挑軟的吃。②善惡不分、黑白不分、顛倒黑白。

sian⁷ iu² sian⁷ po³ ok⁴ iu² ok⁴ po³

善有善報，惡有惡報

解釋 善有善報：為善會有好的回報。惡有惡報：做惡會有不好的回報。

涵義 主要在勸人為善，不可做惡，以免落得不好的下場。

說明 這是佛教界「因果報應」的理論，說明為善者會得善終，做惡多端的人將不得善終，其主要用意在勸人為善，不可做惡，以免落得不好的下場。這句話有時也會跟「毋是毋報，時候未到」連用，更是加強了「善有善報，惡有惡報」的實現性。

對應華語 善有善報，惡有惡報。

tiunn³ si² tua⁷ tann² go⁷ si² bo⁵ tann²

脹死大膽，餓死無膽

解釋 脹死：吃太多東西而撐死。全句說：大膽的人，只有脹死的份；膽子小的人，只有餓死的份。

涵義 說明人要有冒險犯難的精神，才有成功的機會。

說明 人之所以會脹死，是因為他敢吃，不怕人家看，而會餓死，是因為他什麼都怕，畏首畏尾，不敢吃就餓死了。做事也是如此，躊

踏不前、畏首畏尾的人永遠成就不了大事，也不可能致富，而具
有冒險精神的人，敢衝敢為，比較容易成功，所以說人無橫財不
富，馬無夜草不肥。

對應華語 人無橫財不富，馬無險草不肥、人無橫財不富、馬無夜草不
肥。

菁仔欉，毋捌看著人
tshinn¹ a² tsang⁵　　m⁷ bat⁴ khuann³ tioh⁸ lang⁵

解釋 菁仔欉：本指檳榔樹，此比喻為「好色的男子」或「無聊的男
生」。毋捌：不曾、未曾。看著人：指看過美女。

涵義 這句話為女孩反問色瞇瞇的男子，為何一直盯著自己看的用語。
（通常用於男女打情罵俏）

說明 以前鄉下的男生看到女生就目不轉睛，盯著直看，此時女生會回
他一句：「菁仔欉，毋捌看著人」，意思是說：「你沒有看過美
女嗎？怎麼一直盯著人家看。」這是女孩反問男生的用語，聽起
來好像是不悅的語氣，其實是男女「打情罵俏」也。

菱角喙，無食大心氣
ling⁵ kak⁴ tshui³　　bo⁵ tsiah⁸ tua⁷ sim¹ khui³

解釋 菱角喙：指嘴形似菱角的嘴。大心氣：指呼吸不順，氣喘不過
來。全句說：嘴形如菱角的人，不吃東西就覺得渾身不舒服。

涵義 喻一個人很愛吃，不吃就覺得渾身不舒服。

說明 「菱角喙，無食大心氣」是說嘴形似菱角的人，不吃東西就會呼
吸不順，氣喘不過來，用來形容人很貪吃，沒吃到東西就會渾身
覺得不舒服。

菜瓜損狗缺一橛
tshai³ kue¹ kong³ kau² khih⁴ tsit⁸ kueh⁸

解釋 菜瓜：絲瓜。損：以棍、棒敲打。缺一橛：缺一截。

涵義 說明做某事所獲得的利益或代價比不上所損失的，亦即得不償失
的意思。

說明 「菜瓜」脆弱易斷，用它去打狗，不但沒有將狗嚇跑，「菜瓜」
還因此缺了一截，整句話是形容做某事所獲得的代價比不上所損

失的，亦即得不償失的意思。

對應華語 得不償失。

tshai³ bo⁵ phah⁴ kha¹ m⁷ tsiann⁵ tsang⁵　lang⁵ bo⁵ tiau¹ tok⁴ m⁷ tsiann⁵ lang⁵
菜無拍跤毋成欉，人無雕琢毋成人

解釋 拍跤：拔除底部的葉片。毋成欉：比喻長不好。雕琢：塑造人格。毋成人：長不大、不懂事之意。

涵義 形容人必須接受良好的教育，方能成為有用之材。

說明 本句的重點在後面一句。蔬菜要種得好，必須將根基部的葉片摘除，菜才會長得茁壯；人的成長過程如果沒有經過塑造，永遠也不會成材，所以人要接受教育，才能成為棟樑之材。

對應華語 玉不琢不成器、人不學不知義。

tshai³ thang⁵ tsiah⁸ tshai³ tshai³ kha¹ si²
菜蟲食菜菜跤死

解釋 菜跤：蔬菜底（根）部。

涵義 此語有兩種意思：①勸人不可「玩火自焚」。②引申「英雄劍下亡」的意思。

說明 菜蟲以農夫種植的蔬菜為食物，農夫為了反制，噴灑農藥來殺蟲，結果菜蟲雖然吃到了菜葉，卻也因此命喪於菜株下，這就是所謂的「菜蟲食菜菜跤死」。如果將這一句話套用在人的身上，有兩種意思：一種是涉及是非的描述，例如黑道最後死於火拼、害人者最後也被害……，這是「玩火自焚」者最後的下場；另一種是不涉及是非的描述，例如機師死於空難、善泳者死於水……，有「英雄劍下亡」的涵義。

對應華語 ①作法自斃、自食惡果、玩火自焚。②英雄劍下亡。

the⁷ koo⁷ he⁵ tso³ bak⁸
蛇怙蝦做目

解釋 蛇：指水母。怙：倚賴、依靠。做目：當眼睛。

涵義 形容人長期依賴他人，以致無法獨立。

說明 水母沒有眼睛，所以遇到危險根本不知情，好在牠的身上有一種小蝦生活著，當蝦子發現周遭出現異狀，會活蹦亂跳，水母接收

到這個訊息後，就會立刻逃生，這就是「蛇怙蝦做目」的由來；現在多用此語來形容人依賴成性，以致無法獨立。

對應華語 依賴成性。

tsu³ senn¹ niu⁵ ma² m⁷ kann² tsiah⁸ bo⁵ kiann² iu⁵ png⁷

註生娘媽，毋敢食無囝油飯

解釋 註生娘媽：俗稱「註生娘娘」，專司生男育女之事。毋敢：不敢。囝：指男嬰。油飯：以糯米、香菇及蝦米做原料，先用油炒至幾分熟，接著再蒸熟的飯食。

涵義 謙稱自己沒有功勞或幫上忙，不敢接受他人的謝禮。

說明 註生娘娘是生兒育女的神明，凡是不孕的婦女或是想生兒生女的人都會向祂許願，希望能如願獲得賜子。依照台灣習俗，只要生下男嬰都會燜油飯分送親朋好友，如果這個兒子是向註生娘娘求來的，信徒也會準備一份油飯來祭拜祂；但如果祂沒有保佑人家生兒子，而信徒卻拿油飯來祭拜，註生娘娘當然就不敢接受謝禮了。

對應華語 無功不受祿。

tsu³ si² phah⁴ m⁷ kinn³ ioh⁸ tuann¹

註死拍毋見藥單

解釋 註死：指運氣不佳。拍毋見：遺失、丟掉。藥單：指處方單。

涵義 形容在重要的時刻丟掉要緊的物品，把事情搞砸了。

說明 以前的人生病，都要拿大夫看診的藥單去藥房抓藥，某人將藥單弄丟了，當然無法抓藥，病也就無法治癒了，整句話可用來形容人命中該絕，在重要時刻丟掉要緊的東西，以致於將事情給搞砸了。

對應華語 命中該絕。

kui³ kah⁴ be⁷ bong¹ tit⁴

貴佮膾摸得

解釋 佮：到……程度。膾摸得：摸不得、碰不得。

涵義 形容某件物品十分昂貴。

說明 逛街購物的時候，只要是非常昂貴的貨品，店家一定鎖在櫃子裡

面，只能看不能摸。「貴徦獪摸得」是說東西貴得很，碰不得的意思。

補充 依教育部2008年5月公布之台灣閩南語推薦用字第二批將①「徦kah⁴」寫作「甲kah⁴」；②「獪be⁷」寫作「袂be⁷」。

be² tshu³ be² tshu³ pinn¹
買厝買厝邊

解釋 厝：房子。厝邊：指鄰居。

涵義 選擇好鄰居比選擇舒適豪華的住宅來得重要。

說明 選購房子的時候，如果旁邊住了一個惡鄰居，即使房子再怎麼舒適，住起來都覺得不舒服；但如果左鄰右舍是好鄰居，平時會互相幫助或守望相助，即使屋子不是豪宅，住起來都覺得開心。由此可知，擇鄰而居真的很重要。

對應華語 擇鄰而居、千金買宅，萬金買鄰。

be² be⁷ sng³ hun¹ sio¹ tshiann² bo⁵ lun⁷
買賣算分，相請無論

解釋 買賣：指做生意。分：錢幣的單位。算分：指小錢都要算清楚。相請無論：請客不計較花多少錢。

涵義 說明買賣之間，連小錢都要算得清楚；但請客就不必計較那麼多。

說明 買賣或合夥做生意，帳目都要結得清清楚楚，即使一分一厘都不可以出差錯，如此才不會引發金錢糾紛，但請客的時候，誰付錢或付了多少錢？都不會刻意去計較，反正高興最重要。

對應華語 親兄弟明算帳。

uat⁸ ju² kong² uat⁸ ju² thiau¹ kang¹
越愈講，越愈刁工

解釋 越、愈：益、更加。刁工：故意。全句說：人家越數落，就越故意要去做一件事。

涵義 意謂故意跟人家唱反調。

說明 有些人明知道做某事會受人指責，或不被人接受，結果越講他，他就越故意要做給你看，舉個例子，媽媽叫弟弟不可以欺侮妹

妹，結果越說他，他欺侮的更凶，所以全句是形容人明知故犯，故意與人唱反調。

對應華語 唱反調、明知故犯。

than³ tsit⁸ khang¹　　tsiah⁸ sann¹ tang¹
趁 一 空 ， 食 三 冬

解釋 趁：賺。一空：指一次大好的良機。三冬：原意是指三年，此處指好久一段時間。

涵義 形容某筆生意讓人賺翻了。

說明 做生意的人如果能掌握良機，好好賺它一筆，所賺取的豐厚利潤足以讓人長期不愁吃穿，例如米酒缺貨的時候，市場一瓶的價格比原價飆漲好幾元，若之前進貨較多的人，現在都「趁一空，食三冬」，每個人都大發利市，賺足了鈔票。

對應華語 三年不開張，開張吃三年。

than³ tshit⁴　　ing⁷ tsap⁸ it⁴
趁 七 ， 用 十 一

解釋 趁：賺。七：比喻「少」。用：指花錢。十一：比喻「多」。

涵義 形容人不懂得量入為出，賺得少卻花得多。

說明 「趁七，用十一」是說賺了七塊錢，卻花掉十一塊錢；比喻人不知道節制用錢，賺得少卻花得多，一點也不懂得「量入為出」。

對應華語 寅支卯糧、寅吃卯糧、入不敷出、捉襟見肘。

than³ tsui² tsiah⁸ to¹ bo⁵
趁 水 食 都 無

解釋 趁：賺。都無：都沒有辦法。全句說：連賺取買水喝的錢都不夠。

涵義 形容人連維持基本生活的錢都無法賺到。

說明 以前的人喝水多取自古井和河川，不需要花任何的錢，就算要也花費很少；某人所賺的錢拿來喝水都不夠，表示他的收入極微薄，連維持基本生活的開銷都不夠。

than³ tsiah⁸　than³ tsiah⁸　　bo⁵ than³ bo⁵ thang¹ tsiah⁸
趁食，趁食，無趁無通食

解釋 趁食：賺錢過活、賺錢度日。無通食：指沒錢可以吃東西。
涵義 說明人必須工作才有飯吃，沒有工作就要挨餓。
說明 除了祖先留下大筆遺產或自己當老闆外，大多數的人都要辛苦工作才能過活，沒有工作就沒有收入，也就沒有錢過生活，所以前人說「趁食，趁食，無趁無通食」，意思是說人必須工作才有飯吃，沒有工作就要挨餓。
對應華語 天下沒有白吃的午餐。

than³ lua⁷ tse⁷　　iong⁷ lua⁷ tse⁷
趁偌濟，用偌濟

解釋 趁：賺。偌濟：多少。用：花錢、消費。
涵義 說明人賺多少，就花多少，沒有存半毛錢。
說明 這是一句非常淺顯的諺語，從字面就可以知道它的意思。「趁偌濟，用偌濟」是說賺了多少，就全數將它花光；說明人不懂得開源節流、量入為出。
對應華語 賺多少，花多少。

than³ e⁷ tioh⁸　　tsiah⁸ be⁷ tioh⁸
趁會著，食燴著

解釋 趁會著：賺得到。食燴著：指無緣享用。
涵義 形容人辛苦賺來的錢，自己享用不到，而是別人在享用。
說明 「趁會著，食燴著」是說賺得到那些錢，卻享用不到。下列各種情形都可適用此語：一、辛苦賺錢，最後卻勞累而死。二、每日辛苦賺錢，忙到沒有時間花用。三、辛苦賺來的錢都拿去還債。四、賺來的錢都交給別人管理……。總之，自己辛苦賺錢，最後不是自己享用，而是別人在享用，故稱「趁會著，食燴著」。
補充 依教育部2008年5月公布之台灣閩南語推薦用字第二批將「燴be⁷」寫作「袂be⁷」。

than³ tsinn⁵ hoo⁷ lang⁵ tshua⁷ boo²
趁錢予人娶某

解釋 趁錢：賺錢。予人：給人。娶某：娶太太。

涵義 形容自己辛苦的成果，自己沒有享用到，卻讓他人坐享其成。

說明 「趁錢予人娶某」是說自己賺錢，卻讓別人拿去當「娶老婆的本錢」。這種情形有可能是某人借錢給朋友娶老婆、哥哥賺錢給弟弟娶老婆，也有可能是老爸存錢給兒子娶老婆。總之，都是「為人作嫁」的意思。

補充 當「娶tshua⁷」解釋為「迎娶」時，依教育部2007年5月公布之台灣閩南語推薦用字第一批將「娶tshua⁷」寫作「娶tshua⁷」。

對應華語 為人作嫁、為人抬轎。

than³ tsinn⁵ iu² soo³　senn⁵ mia⁷ ai³ koo³
趁錢有數，性命愛顧

解釋 趁錢：賺錢。有數：有一定的數目。性命：指身體。愛：需要。

涵義 勸人賺錢固然重要，身體還是要照顧好，不要累壞了！

說明 「趁錢有數，性命愛顧」是說一個人一輩子賺多少錢都有定數，不要為了賺錢而將身體給累壞了。畢竟，要賺更多的錢就得先有強健的體魄，沒有強健的體魄，何來體力賺更多的錢？如果為了錢而用自己的健康或生命去換取，非常不值得！

than³ tsinn⁵ na² put⁴ kim¹
趁錢若抔金

解釋 趁錢：賺錢。若：如同、好像。抔：用雙手將散落於地上的東西扒進容器（如畚箕）內。

涵義 形容錢賺得多又輕鬆。

說明 「金子」之所以貴重，在於產量少，所以市場買賣多以「分」、「錢」與「兩」為單位。某人賺錢如「抔金」，表示他賺錢就像扒金一樣，滿地的黃金任他扒進自己口袋，既輕鬆又賺得多。

對應華語 日進斗金、賺錢如賺水。

than³ tsinn⁵ na² than³ tsui²
趁錢若趁水

解釋 趁錢：賺錢。若：好像。若趁水：比喻非常容易、簡單。

涵義 形容錢賺得多又輕鬆容易。

說明 水是日常生活的必需品，到處都是，所以取得非常容易。「趁錢若趁水」是說賺錢就像取得水喝一樣，容易得很，形容錢賺得多又輕鬆容易。

對應華語 日進斗金、賺錢如賺水。

---

than³ tsinn⁵ bo⁵ kau³ thi³ tshui³ tshiu¹
趁錢無夠剃喙鬚

解釋 趁錢：賺錢。無夠：不夠。剃喙鬚：修剪鬍鬚。

涵義 形容人收入不豐，經濟非常拮据。

說明 以前上家庭理髮店理髮，價格都很便宜，如果只是單純修剪鬍鬚，那價格更是便宜。某人「趁錢無夠剃喙鬚」是說所賺的錢連修剪鬍鬚都不夠，表示收入微薄，經濟非常拮据。

---

than³tsinn⁵tshin¹tshiunn⁷ ku¹ peh⁴piah⁴ liau²tsinn⁵tshin¹tshiunn⁷tsui³pang¹kia⁷
趁錢親像龜跙壁，了錢親像水崩崎

解釋 趁錢：賺錢。親像：就如同、就好像。跙：攀爬。了錢：賠錢。水崩崎：指大水自斜坡崩落。

涵義 形容賺錢不容易，但賠錢卻很容易。

說明 烏龜爬平地已經夠慢了，若爬牆壁，鐵定更慢，更不容易；大水自山頂崩落，速度之快總是令人來不及反應。「趁錢親像龜跙壁」是說賺錢像烏龜爬牆壁一樣，既難又慢；「了錢親像水崩崎」是說賠錢就像大水自山頂崩落一樣，既快速又容易；整句比喻賺錢不容易，但賠錢卻很容易。

---

puah⁸ tsit⁸ to² khioh⁴ tsit⁸ tsiah⁴ kim¹ ke¹ bo²
跋一倒，抾一隻金雞母

解釋 跋一倒：摔一跤。抾：拾取。金雞母：指會下金雞蛋的母雞。

涵義 喻人因禍得福，意外獲得更大的福分。

說明 走路跌倒對一個人來說原本是一件禍事,卻因為這樣而意外拾獲
一隻會下金蛋的母雞,變成一件喜事。整句話是說人因禍得福,
意外得到更大的福分。

對應華語 因禍得福、亡羊得牛、失之東隅,收之桑榆、塞翁失馬,焉
知非福。

puah⁸ tsit⁸ tau²　　oh⁸ tsit⁸ poo⁷
跋 一 捌 ， 學 一 步

解釋 一捌:一次。學一步:學會走一步。

涵義 形容人每經歷一次挫折,就會學一次經驗,增一分見識。

說明 人剛學走路的時候,或多或少都會摔跤,只有摔過跤,才知道下
一次怎麼走才不會再跌倒,會越走越穩,所以說人每經歷一次失
敗,就會學一次乖,增長一分見識。

對應華語 吃一次虧,學一次乖、不經一事,不長一智。

puah⁸ to² khioh⁴ tioh⁸ tsinn⁵ koh⁴ leh⁴ khau³
跋 倒 拁 著 錢 擱 咧 哭

解釋 跋倒:跌倒、摔一跤。拁著錢:撿到錢。擱咧哭:反而傷心。

涵義 形容人身在福中不知福。

說明 人摔跤撿到錢,不但沒有顯露高興的臉色,還哭了出來,這就表
示他的傷處很痛,蓋過撿到錢的喜悅,縱然因禍得福,仍然快樂
不起來,整句話用來形容人身在福中不知福。

補充 依教育部2007年5月公布之台灣閩南語推薦用字第一批將「擱
koh⁴」寫作「閣koh⁴」。

對應華語 人在福中不知福。

puah⁸ to² gau⁵ tua⁷ han³
跋 倒 勢 大 漢

解釋 跋倒:跌倒、摔一跤。勢:容易。大漢:長大成人。

涵義 此語有兩種意思:①小孩學走路跌倒,大人用此語安慰他。②勉
勵人不要怕失敗,只有經歷失敗的磨練才會茁壯。

說明 小孩子剛學會走路時,重心還不穩,經常會跌倒,但跌倒越多
次越快學會走路,當然也就越快長大成人,所以小孩子學走路跌

倒，大人就會用此語來安慰他們；另外，「跋倒」也可以比喻為失敗或挫折，所以「跋倒勢大漢」也可以解釋成：人要經歷過失敗和挫折的磨練，才會有所成長。

puah⁸ kiau² na⁷ tiu¹　　sin⁵ tsu² pai⁵ khng³ i² liau⁵
跋 筊 若 稠 ， 神 主 牌 园 椅 條

解釋 跋筊：賭博。若稠：如果上癮。神主牌：祖先的牌位。园：放置於。椅條：沒有靠背的長板凳。

涵義 說明人如果沉迷於賭博，最後必落得家破人亡，有家歸不得。

說明 俗語說：「十賭九輸」，如果賭博上癮，最後一定家破人亡、妻離子散，連祖先的神主牌都沒有供桌可以安放，只能隨便放在「椅條」上搬著走，所以說賭博害人不淺，還是不碰為妙。

puah⁸ kiau² ham¹ khak⁴ khi²　　tso³ tshat⁸ thau¹ theh⁸ bi²
跋 筊 蚶 殼 起 ， 做 賊 偷 提 米

解釋 跋筊：賭博。蚶殼起：從貝殼開始玩起。偷提米：指偷米。

涵義 告誡人在惡習形成之初就要加以改正，以免惡習由小變大，最後把自己給毀了。

說明 「跋筊蚶殼起」是說賭博一開始是用貝殼當賭注；由於貝殼俯拾皆是，算是小賭注，一旦賭上癮，就會越賭越大，甚至拿家產來賭。「做賊偷提米」是說做賊從偷人家幾粒米開始；如果沒有失風被逮，膽子會越來越大，最後什麼東西都敢偷。

對應華語 小時偷匏，大時偷牛、小時偷針，大時偷金。

puah⁸ kiau² tsinn⁵　　be⁷ tso³ tit⁴ ke¹ hue²
跋 筊 錢 ， 獪 做 得 家 伙

解釋 跋筊錢：賭博贏來的錢。獪做得：不能當。家伙：指家產。

涵義 說明賭博得來的錢留不住，來得快，去得也快。（有勸人不要沾賭的意思）

說明 賭博贏來的錢，不是靠勞力所賺取，所以賺得再多，也會不皺眉頭地將它揮霍掉，無法守成；要不然就是想贏更多，結果下場是輸光光。總之，來得快，去得也快，無法留下來當家產。

補充 依教育部2008年5月公布之台灣閩南語推薦用字第二批將「獪

一畫　二畫　三畫　四畫　五畫　六畫　七畫　八畫　九畫　十畫　十一畫　十二畫　十三畫　十四畫

be⁷」寫作「袂be⁷」。

對應華語 信口雌黃、信口開河、胡言亂語、胡說八道。

---

puah⁸ kiau² tsinn⁵ tsit⁸ tshun³ ian¹　　　　sing¹ li² tsinn⁵ tsai⁷ gan² tsian⁵

跋筊錢一寸煙，生理錢在眼前

解釋 跋筊：賭博。一寸煙：指小煙火，瞬間出現又瞬間消失。生理：指生意。在眼前：指具體而真實地呈現，不會轉眼就消失。

涵義 勸人不要沉溺於賭博，應該努力做事才是。

說明 賭博所獲取的錢財，因為是輕鬆取得，所以來得快，去得也快，就像一縷輕煙，轉眼就消失於無形；而靠自己做生意所賺來的辛苦錢，因為取之不易，捨不得亂花，所以都能夠具體的存下來。

---

pai² kha¹ hing³ that⁴ kiu⁵

跛跤興踢球

解釋 跛跤：瘸腿的。興：喜歡、喜愛。

涵義 形容人不懂得隱藏缺點。

說明 跛腳的人如果沒有下場踢球，沒有人會知道他是一位跛腳的人，但只要一下場，缺點馬上就顯露出來，大家便會看得一清二楚，所以「跛跤興踢球」是形容人不知藏拙，讓缺點暴露出來。

對應華語 不知藏拙。

---

tsin³ bo⁵ poo⁷　　　　the³ bo⁵ loo⁷

進無步，退無路

解釋 進無步：無法再向前踏出一步。退無路：無路可後退。全句說：既無法前進，也無法後退。

涵義 形容人陷入困境或處境非常艱難。

說明 「進無步，退無路」是說不能再向前繼續行走，但要後退，也沒有退路，人已經陷入困境，到了「走投無路」的地步。

對應華語 日暮途窮、進退失所、山窮水盡、走投無路、窮途末路。

---

tun⁷ to¹　　　　tshut⁴ lai⁷ tshiu²

鈍刀，出利手

解釋 鈍刀：刀子不鋒利。利手：指技藝好的高手。

涵義 喻難題碰上高手，兩三下就可以輕鬆解決。

說明 鈍刀是不銳利的刀子，如果拿在平凡人的手上，一點用處也沒有，但如果拿在技藝高超者的手裡，其刀法快，而且純熟，鈍刀馬上就會變成削鐵如泥的鋒刀，整句話是形容困難的事碰上高手，三兩下就可以輕鬆解決。

khai¹ kong¹ hui³　　　sia⁷　su¹　guan⁷
開 公 費 ， 謝 私 願

解釋 開公費：花用公費。謝：答謝。

涵義 形容人假借公事之名花用公費，其實是滿足個人的私願。

說明 「開公費，謝私願」表示花公家的錢來滿足私人的願望，即「假公濟私」。例如主管為了辦公舒適，請師傅到辦公室裝潢，所有的材料都是用最好的，說是為了工作需要，其實是為了滿足自己的私願罷了！

對應華語 以公濟私、假公濟私、因公行私。

khui¹ bak⁸ m⁷ bat⁴ khuann³ kue³
開 目 毋 捌 看 過

解釋 開目：指生下來張開眼睛。毋捌：不曾。

涵義 說明人、事或物之奇特，此生從未看過。

說明 「開目毋捌看過」是說從生下來張開眼睛到現在，從來都沒有看過，說明人、事或物之奇特，打從出生也沒有見過。例如看到人家表演「吞劍」，你打從出生都沒見過，便可說「開目毋捌看過」。

對應華語 前所未見、見所未見、聞所未聞。

khui¹ hue¹ mua² thinn¹ phang¹　　kiat⁴ tsi² tsiah⁴ kiann¹ lang⁵
開 花 滿 天 芳 ， 結 子 才 驚 人

解釋 滿天芳：到處都是香氣。結子才驚人：指「結果實」才有其價值。

涵義 說明事情都要看最後的結果，不要只看虛幻的過程。

說明 植物開花的主要目的在結果實及孕育下一代，如果一棵植物開了很多花朵，但結不了果實或無法孕育下一代，根本一點用處也沒

有。「開花滿天芳，結子才驚人」是說花雖然開滿整個枝椏，惹得到處都是香氣，但只有「結果實」才有真正的價值，所以說結果重於過程，凡事都要看最後的結果，不要只看虛幻的過程。

對應華語 結果重於過程。

khui¹ tsun⁵ tu² tioh⁸ tui³ thau⁵ hong¹

開 船 拄 著 對 頭 風

解釋 拄著：遇到。對頭風：迎面吹來的風，也就是「逆風」。

涵義 形容人做事遇到阻礙，出師不利。

說明 以前的商船都是帆船，台灣商人到廈門、福建一帶做生意都得靠它。由於帆船要靠風力才能行駛，無風就動彈不得，所以大老闆到唐山洽公，都會選擇「順風」的時候進行。「開船拄著對頭風」是說要行船出發的時候，卻開始吹起逆風；比喻人出師不利，遇到了困難。

對應華語 出師不利。

khui¹ tshui³ ham¹　　liap⁸ liap⁸ tshau³

開 喙 蚶 ， 粒 粒 臭

解釋 開喙：開口的。蚶：蛤蜊。

涵義 形容人滿嘴臭，說不出好話。

說明 活著的蛤蜊，外殼都是緊閉的，如果外殼是開著的，表示蛤蜊已經死了，很快就會發臭、腐敗。「開喙蚶，粒粒臭」是說開口的蛤蜊，每一粒都是臭的；比喻人一開口就滿嘴臭，講不出好話來。

對應華語 一派胡言、胡言亂語、胡說八道、狗嘴吐不出象牙。

khai¹ tsinn⁵ na² khai¹ tsui²

開 錢 若 開 水

解釋 開錢：支出、花錢。若：好像。

涵義 形容人花錢沒有節制，盡情地揮霍。

說明 水是一種極為便宜的民生用品；某人把錢當成水一樣，大把大把的花用，一點也不覺得心疼，所以全句是用來形容人揮霍無度，用錢不知道節制。

對應華語 一擲千金、揮金如土、揮霍無度。

ing⁵ kah⁴ khang³ phinn⁷ sai² tsiah⁸ kiam⁵ siam¹

閒佫控鼻屎食鹹纖

解釋 閒佫：閒到……程度。控鼻屎：用手指頭挖鼻屎。鹹纖：指微鹹的滋味。

涵義 形容某人無聊到了極點。

說明 鼻屎生於鼻內，是一種不潔淨的穢物；某人閒得無事做，連挖鼻屎品嘗味道的事都可以用來打發時間，可見他真的窮極無聊，閒得發慌。

補充 依教育部2008年5月公布之台灣閩南語推薦用字第二批將「佫kah⁴」寫作「甲kah⁴」。

對應華語 窮極無聊、無聊透頂、無聊至極、閒得發慌。

ing⁵ png⁷ ke¹ tsiah⁸ ing⁵ ue⁷ kiam² kong²

閒飯加食，閒話減講

解釋 閒飯：不必付出勞力即可食用的飯。加：多。閒話：道人長短的話語。減：少。

涵義 勸告人不要亂講他人閒話，以免得罪人，招來禍害。

說明 閒飯多吃一點，對自己並無害處，但閒話多說一點，容易引起是非、招來禍害，所以某人道他人長短時，旁人為了預防他惹出禍端，都會好言勸他「閒飯加食，閒話減講」，以免惹禍上身。

對應華語 言多必失、多言多失、禍從口出。

gan⁷ kio³ tsit⁸ siann¹ king⁵ lang⁵ tsit⁸ kiann¹

雁叫一聲，窮人一驚

解釋 雁：一種候鳥，秋天往南飛，春天往北飛。一驚：嚇一跳。

涵義 說明以往窮人害怕過冬的心情寫照。

說明 以前台灣的生活水平不高，窮人家很多，他們沒錢買厚衣，冬天一到，冷得直發哆嗦，日子非常的難熬，但也只能咬著牙撐過。「雁叫一聲，窮人一驚」是說聽到秋雁的啼叫聲，表示冬天就要來臨了，所以窮人家又要開始擔心害怕了。

一
畫

二
畫

三
畫

四
畫

五
畫

六
畫

七
畫

八
畫

九
畫

十
畫

十
一
畫

十
二
畫

十
三
畫

十
四
畫

hiong⁵ hiong⁵ kong² tshut⁰ lai⁰
雄 雄 講 出 來

解釋 雄雄：突然間。

涵義 喻不能講的事情，突然脫口而出。

說明 某人心裡知道某些祕密，但在跟別人交談的時候，不小心說漏了嘴，脫口說出來，這種未經思考而說出不應該講的話，就稱為「雄雄講出來」。

對應華語 脫口而出。

hang⁷ u² u⁷ tshian¹ kin¹ lat⁸   put⁴ ju⁵ lau⁵ pang¹ si³ niu² mia⁷
項 羽 有 千 斤 力 ， 不 如 劉 邦 四 兩 命

解釋 項羽：秦末下相人，名籍字羽，力能扛千斤鼎，而且三起三落。劉邦：即後來的漢高祖，是歷史上著名的「平民皇帝」。四兩命：表示八字重，命大福氣大。

涵義 此語有兩種意思：①說明命中註定，強求不來。②比喻空有才能卻無時運的無奈。

說明 根據歷史記載，項羽是一個力大無窮的人，可以三起三落千斤鼎，武功勝過劉邦甚多，但因劉邦具有真命天子的命格，最後終於統一天下，成為歷史上第一位「平民皇帝」。

對應華語 力田不如逢年、善仕不如遇合。

sun⁷ hong¹ sak⁴ to² tshiunn⁵
順 風 揀 倒 牆

解釋 順風：順著風勢。揀倒牆：推倒牆。

涵義 說明人順著時勢、潮流的發展去做事，較容易成功。

說明 以前的圍牆都是用「土」築起來的，只要順著風向推，很輕易就能推倒，若是逆風去推，當然就要施加更多的力氣才能推倒，所以全句是說明人順著時勢、潮流行事，可以收到「事半功倍」的效果。例如生意人順應社會潮流研發商品，上市之後，自然可以賣得好，這就是所謂的「順風揀倒牆」。

補充 依教育部2009年10月公布之台灣閩南語推薦用字第三批將「揀sak⁴」寫作「揀sak⁴」。

一畫　二畫　三畫　四畫　五畫　六畫　七畫　八畫　九畫　十畫　十一畫　十二畫　十三畫　十四畫

對應華語　借力使力、事半功倍。

png⁷ khann¹ sann¹ a² ke³

飯 坩 衫 仔 架

解釋　飯坩：煮飯的鍋子，即「飯桶」。衫仔架：指衣架子，比喻人只會打扮，不會做其他事。

涵義　形容人只懂得吃喝、打扮，不會做事。

說明　「飯坩」俗稱飯桶；以前的人罵人家只會吃飯，不會做事，就直呼他為飯桶，此處的「飯坩」就是這種意思；而「衫仔架」是說某人是個衣架子，成天就只會穿美美的衣服，裝扮自己，其他便一無是處。「飯坩衫仔架」是說某人除了會吃、喝、打扮以外，其他的事都不會做，十足像個「衣架飯囊」一樣。

對應華語　酒囊飯袋、衣架飯囊、草包飯桶。

png⁷ thang² kua³ tshia¹ lian²

飯 桶 ， 掛 車 輪

解釋　飯桶：盛飯的木桶，現在多被用來罵人，表示只會吃飯而不會做事。掛車輪：加裝車輪。

涵義　罵人既笨又懶，只會吃，像個「大飯桶」一樣。

說明　「飯桶，掛車輪」是說飯桶下面還要裝上輪子，表示人抬不動，須借助輪子使力，所以鐵定是個「大飯桶」。通常這句話都用來罵人，意思是說某人又笨又懶，除了吃飯，什麼事都不會做或不想做，簡直是個大飯桶。

png⁷ e⁷ sai² lam⁷ sam² tsiah⁸　ue⁷ be⁷ sai² lam⁷ sam² kong²

飯 會 使 濫 糝 食 ， 話 獪 使 濫 糝 講

解釋　會使：可以、能夠。濫糝食：隨便吃。獪使：不能、不可以。濫糝講：隨便說。

涵義　告誡人說話要當心，不要隨意道人長短，以免惹禍上身。

說明　飯可以隨便吃，只要吃得下，都不會有問題，但話不可以隨便亂說，因為隨便說話會惹來是非，招來禍害，特別是道人長短、說人閒語。所以這句諺語，主要在告誡人說話要當心，不要隨便說人家的閒言閒語，以免引起不必要的紛爭。

補充 依教育部2008年5月公布之台灣閩南語推薦用字第二批將「赡be⁷」寫作「袂be⁷」。

對應華語 飯能夠亂吃,話不能亂講。

hong⁵ hun¹ e⁵ jit⁸ thau⁵
黃 昏 个 日 頭

解釋 个:的。日頭:太陽。

涵義 喻時間非常短暫。

說明 「黃昏个日頭」是指落日。由於落日出現的時間非常短暫,才出現不久便日落西山,隨之整個天空變黑、變暗,所以現在多將「黃昏个日頭」用來比喻「為時不久」,時間很短暫。

補充 當「个e⁵」解釋為「的」時,依教育部2007年5月公布之台灣閩南語推薦用字第一批將「个e⁵」寫作「的e⁵」。

一畫
二畫
三畫
四畫
五畫
六畫
七畫
八畫
九畫
十畫
十一畫
十二畫
十三畫
十四畫

十三畫

khin⁵ khuai³　　khin⁵ khuai³　　　u⁷ png⁷ koh⁴ u⁷ tshai³

勤 快 ， 勤 快 ， 有 飯 擱 有 菜

解釋 勤快：做事認真而不偷懶。擱：又。全句說：認真做事且不偷懶，每餐至少都還有飯菜可吃。

涵義 勉人只要肯做，三餐溫飽絕對沒問題。

說明 人只要做事認真、不偷懶，即使沒有什麼一技之長，也不會餓死。例如某人終其一生皆靠拾荒為業，結果省吃儉用，依然可以存下幾千萬的積蓄。由此可知，一個人只要肯做，不管任何行業都好，絕對不會餓到肚子。

補充 依教育部2007年5月公布之台灣閩南語推薦用字第一批將「擱koh⁴」寫作「閣koh⁴」。

對應華語 勤有功，嬉無益。

khin⁵ khiam⁷ tsiah⁴ u⁷ te² long⁷ hui³ put⁴ sing⁵ ke³

勤 儉 才 有 底 ， 浪 費 不 成 家

解釋 有底：有根基、有基礎。不成家：無法維持一個家。

涵義 勸人要勤儉，不可浪費。

說明 勤儉的人才有本錢做基礎，進而從事生意的投資，讓生活過得更舒適、更有保障；而浪費成性、不知道要勤儉持家的人，生活將會出現問題，很可能把一個家給毀了。前人之所以說這句話，主要勸人要勤儉，不可浪費。

對應華語 勤儉持家，浪費敗家。

inn⁵ lang⁵ e⁷ pinn²　　pinn² lang⁵ e⁷ inn⁵

圓 人 會 扁 ， 扁 人 會 圓

解釋 圓人：指富貴，時運不錯的人。扁人：指窮苦失意，時運不佳的人。

涵義 說明人生的榮枯無常，富貴者也有衰敗時，而貧窮、失意者也有鹹魚翻身的時候。

說明 人一旦有錢就會亂花，例如賭博、上聲色場所或一擲千金，很少有人可以守成，所以幾年後就會衰敗；而貧窮人家為了三餐溫飽

想辦法努力賺錢，總有一天也會鹹魚翻身，成為有錢人，所以說人生的榮枯無常，每個人的機運都會有起有落。

對應華語 世事多變、人生無常、三十年風水輪流轉、三十年河東，三十年河西。

inn⁵ a² tsai⁷ lang⁵ so¹
圓 仔 在 人 挲

解釋 圓仔：湯圓。在人：隨人家。挲：搓揉。

涵義 喻人對事情可以隨心掌控，想要怎樣就怎樣。

說明 依習俗，每一戶人家在冬至前夕都會「搓圓仔」來吃，由於圓仔是用手搓出來的，要大或小、要圓或扁都隨搓者的喜好，所以可以隨心所欲地做出想要的「圓仔」，全句是形容人對某事可以隨心掌控，想怎麼做就怎麼做。

對應華語 隨心所欲、為所欲為、任性而為。

thoo⁵ gu⁵ jip⁸ hai²
塗 牛 入 海

解釋 塗牛：泥土做的牛。

涵義 形容東西只要一放出手就再也拿不回來了。

說明 冰遇到水就會融化，而土遇到水就會崩塌散掉，用泥土做的牛，如果把牠放入水中，一定會被水溶解成一灘泥流，所以塗牛入海，當然是一去不回。

對應華語 有去無回、肉包子打狗。

thoo⁵ kau⁵ sng² ngoo² kok⁴
塗 猴 損 五 穀

解釋 塗猴：蟋蟀，全身黑褐色，體型呈圓筒狀，頭部前端有一對觸角，後肢特別粗壯發達善於跳躍，腹部末端有一對長長的尾毛。五穀：稻、麥、黍、稷、菽。

涵義 大人責罵小孩子浪費糧食。

說明 蟋蟀生性怕光，只有在夜晚才會出來活動，平時都躲在小灌木叢或雜草叢中，以植物的嫩芽、嫩葉為主食，但因為它喜歡到處挖洞、啃食植物的幼苗、根部，所以對農作物的損害極大，因蟋蟀有此特性，所以前人便以此句，形容人浪費糧食。

ke³ lang⁵ tann¹ tshang¹ be⁷ tshai³　　　m⁷　ke³ siang¹ lang⁵ tsit⁸ sai³

嫁人擔蔥賣菜，毋嫁雙人一婿

解釋 擔蔥賣菜：指做小生意的人。毋：不要、不願意。雙人一婿：指兩女共事一個有錢的丈夫。

涵義 說明女子寧願嫁給市井小民，獨佔丈夫，也不願意嫁給富人當偏房，與人家共享丈夫。

說明 以前富有人家的老爺或少爺，娶三妻四妾總是見怪不怪，但婚後，妻妾經常藉故爭寵，致使家庭革命不斷。因此，很多年輕女孩寧願嫁給做小本生意的男孩，和對方過著清苦的生活，也不願意嫁給有錢而多妾的丈夫，以免每天都活在女人的戰爭中。

ke³　tsa¹　boo²　kiann² khah⁴ tsham² tioh⁸ tshat⁸ thau¹

嫁查某囝較慘著賊偷

解釋 查某囝：女兒。較慘：比……更慘。著賊偷：遭小偷。

涵義 說明嫁女兒所附贈的嫁妝比遭小偷更傷。

說明 依照台灣的婚嫁習俗，嫁女兒要附贈嫁妝，凡是家裡較值錢的東西都會被送到女兒的夫家去，如此一來，娘家就虧大了，因為貴重的東西都被搬光了，這比起遭小偷的損失更大，所以才會說：「嫁查某囝較慘著賊偷」。

ke³　san³　ang¹　　khun³ pa² bin⁵

嫁散翁，睏飽眠，
ke³　ho²　giah⁸ ang¹　　be⁷ tshing¹ sin⁵
嫁好額翁，𣍐清神

解釋 散翁：指小康家庭的丈夫。睏飽眠：睡眠充足。好額翁：指有錢的丈夫。𣍐清神：指心神不寧。

涵義 說明嫁給有錢少爺不見得好，而嫁給一般人家也不見得差。

說明 女孩子嫁給小康家庭的丈夫，一來雜務少，二來丈夫沒錢「走私」，所以可以睡得飽，不用擔心太多事情；但是嫁給有錢的丈夫則不然，每天除了要幫丈夫打理雜務外，還怕他在外面拈花惹草，搞外遇，所以經常心神不安，擔心害怕。

補充 依教育部2008年5月公布之台灣閩南語推薦用字第二批將「𣍐be⁷」寫作「袂be⁷」。

一畫
二畫
三畫
四畫
五畫
六畫
七畫
八畫
九畫
十畫
十一畫
十二畫
十三畫
十四畫

ke³ tioh⁸ sing¹ li² ang¹　　mui² jit⁸ tsiu² khang¹ pang⁵

嫁 著 生 理 翁 ， 每 日 守 空 房

解釋 嫁著生理翁：嫁給做生意的丈夫。守空房：指獨守空房。

涵義 說明嫁給經商丈夫的壞處。

說明 女子嫁給從商的丈夫，他白天要打理公司的一切，晚上又要陪客戶交際應酬，往往回到家裡已經深夜，幾乎一整天都無法陪伴在妻子的身邊，所以妻子都要「每日守空房」，這就是「嫁著生理翁」的壞處。

對應華語 來去江口守空船。

ke³ ke¹ tue³ ke¹ pue¹　　ke³ kau² tue³ kau² tsau²

嫁 雞 綴 雞 飛 ， 嫁 狗 綴 狗 走

解釋 綴：緊跟在後面。

涵義 勸勉女子「出嫁從夫」，一起同甘共苦。

說明 以前的女人要遵守「女德」，結婚後，丈夫過得好，她就跟著過得好，若丈夫好吃懶做，她就要跟著吃苦，而且不能有半句怨言，這就是前人所說的「嫁雞綴雞飛，嫁狗綴狗走」的意思。現代社會的女人已經可以在職場上跟男人一較長短，不用靠男人一樣可以活得很好，所以這句諺語的效用已逐漸式微，不適用了。

對應華語 唯夫是從、出嫁從夫、嫁雞隨雞，嫁狗隨狗。

hiam⁵ bong² hiam⁵　　tshai³ poo² kin¹ a² bong² ka⁷ kiam⁵

嫌 罔 嫌 ， 菜 脯 根 仔 罔 咬 鹹

解釋 嫌罔嫌：嫌棄歸嫌棄。菜脯根仔：指蘿蔔乾。罔咬鹹：指將就以菜脯的鹹味下飯。

涵義 喻在沒有更好的選擇下，暫且將就的意思。

說明 以前鄉下人家都會自己醃漬菜脯來食用，由於它不是可口的菜色，所以不會拿來宴請賓客，但如果菜色太少，主人家就會端出來加菜，然後對客人說：「嫌罔嫌，菜脯根仔罔咬鹹」，意思是嫌棄歸嫌棄，在沒有更好的選擇時，就將就著吃。

對應華語 姑且將就、暫且將就。

hiam⁵ kah⁴ bo⁵ tsit⁸ te³ tioh⁸

嫌 徦 無 一 地 著

解釋 徦：到……程度。無一地著：沒有一處是對的。

涵義 意謂嫌到一無是處。

說明 當人對某人或某事不滿意，毫不留情的批評，並說得一無是處，便可說此人「嫌徦無一地著」。例如老闆對員工的做事態度不滿意，一會兒罵他笨，一會兒說他懶……，凡是可以罵人的字眼都搬出來使用，這就是所謂的「嫌徦無一地著」。

補充 依教育部2008年5月公布之台灣閩南語推薦用字第二批將「徦kah⁴」寫作「甲kah⁴」。

對應華語 一無是處、全盤否定、吹毛求疵、無一可取。

hiam⁵ hue³ tsiah⁴ si⁷ be² hue³ lang⁵

嫌 貨 ， 才 是 買 貨 人

解釋 嫌貨：挑剔貨物毛病。

涵義 說明會挑剔貨物缺點的人，才是有意購買的人。

說明 一般消費者進入店內，如果只是走馬看花，不想買東西，一看完貨品就會走人，但如果有意購買，一定會挑剔東，挑剔西，試圖跟店家討價還價，希望以最便宜的價錢買到最好的貨品。如果店家遇到這樣的客人，更應該以禮相待，因為他就是最有可能花錢消費的顧客。

hiam⁵ hi³ bo⁵ tshiann² tshiann² hi³ bo⁵ hiam⁵

嫌 戲 無 請 ， 請 戲 無 嫌

解釋 戲：指戲團。全句是說：嫌戲團表演不好，當初就不要聘請，既然請來表演了，就不要再嫌這嫌那。

涵義 既然任用某人，便要充分的信任他的能力或為人，不要嫌棄或懷疑。

說明 每個人看戲的口味不一樣，同樣一個戲團，有的觀眾看完表演會拍手叫好，有的則是大肆批評，罵得體無完膚。如果批評的人是聘請戲團的人，那就是「自打嘴巴」，因為他如果嫌戲團表演得不好，當初就不應該聘請，既然請人家來表演，就應該對人家的能力絕對信任，不可以再嫌棄人家。

對應華語 嫌人不用，用人不嫌、疑人不用，用人不疑、疑人勿使，使人勿疑。

siunn⁷ beh⁴ ho² giah⁸　　kann² e⁷ pian³ khit⁴ tsiah⁸
想 欲 好 額 ， 敢 會 變 乞 食

解釋 欲：要。好額：富有。敢會：也許會。乞食：乞丐。

涵義 勸人做事要腳踏實地，不要做非份之想，以免適得其反，讓後果變得更糟。

說明 「想欲好額，敢會變乞食」是說妄想要發財的人，最後可能會成為乞丐，變得一無所有。人如果不是做生意的料，只因看人家做生意賺大錢就想要跟進，貿然投入大筆的資金，最後可能血本無歸，負債累累，變成乞丐。前人說這一句話就是勸人不要做非份之想，以免適得其反，讓自己的情況變得更糟。

siunn⁷ beh⁴ kng¹ kio⁷ poo⁷ poo⁷ tsin³　　bo⁵ gi⁵ khan¹ koo¹ to³ the³ kiann⁵
想 欲 扛 轎 步 步 進 ， 無 疑 牽 罟 倒 退 行

解釋 想欲：想要。步步進：一步一步的前進。無疑：想不到。牽罟：一種古老的抓魚方式。用小船將漁網拖離海岸並放入海中，而漁網的兩端則由岸上的人拉著，待魚群被圍住後，岸邊的人逐步往後拉，一起將魚網拉上岸來。倒退行：倒退著走。

涵義 喻事與願違，心裡所冀望的與事實情況不符。

說明 扛轎的轎夫一定是一步一步地慢慢前進，而「牽罟」的人則是拉著網子慢慢地往後退。某人希望能像轎夫一樣向前行，結果卻如「牽罟」一樣地往後倒著走，這表示他心裡所冀望的與事實的情況不符，根本是「事與願違」。

對應華語 欲益反損、事與願違、事與心違、天違人願。

ai³ tshut⁴ thau⁵　　tioh⁸ sng² kak⁴
愛 出 頭 ， 著 損 角

解釋 出頭：出鋒頭。著損角：比喻會傷害到自己。

涵義 勸人不要鋒芒太露，以免遭人嫉妒，惹來不必要的禍害。

說明 人如果太愛出鋒頭，容易引起別人眼紅，到時候各種中傷或批評的言語就會一一出現，最後受傷害的是自己。前人之所以說這句

話，目的在勸人謙虛、內斂，不要鋒芒太露，才不會對自己造成傷害。

對應華語 滿招損，謙受益。

---

ai³ piann³ tsiah⁴ e⁷ iann⁵
愛 拚 才 會 贏

解釋 拚：努力。贏：勝利、成功或有成就。

涵義 說明人想要成功，唯有靠努力。

說明 人想要成功、勝利或有所成就，一定要接受挑戰；只有接受挑戰，打敗所有的競爭對手，成功與勝利才會到來，而想要打敗所有的競爭對手，唯一的方法就是要「拚」。這句現代諺語是從民國七十七年開始流傳，原來是寶島歌王——葉啟田所唱的歌曲名稱，後來因為朗朗上口，外加歌詞具有勵志涵義，成為人們經常掛在嘴邊講的一句話。

對應華語 努力為成功之母。

---

ai³ si⁷ kim¹ bo⁵ ai³ si⁷ thoo⁵
愛 是 金 ， 無 愛 是 塗

解釋 金：指黃金。塗：泥土。

涵義 說明人、事或物在某人心中的地位，會隨著他的好惡而改變其價值。

說明 絕大多數的人對於所喜愛的人或物，都會當成「黃金」般珍惜，當做寶貝看待；一旦哪一天不喜歡了，就會被視為糞土，隨意丟棄，所以說人、事或物在某人心中的地位，會隨著當事者喜歡與否而改變其價值。

---

ai³ boo² sui² ka⁷ boo² tann¹ tsui²
愛 某 媠 ， 共 某 擔 水 ，
ai³ boo² peh⁸ ka⁷ boo² se² kha¹ peh⁸
愛 某 白 ， 共 某 洗 跤 帛

解釋 愛某媠：要妻子保持美麗的身材。共：給。擔水：用肩膀挑水桶。愛某白：想要妻子的腳又美又白。洗跤帛：洗裹小腳專用的長白布。

涵義 調侃男子過度寵愛妻子，幾乎要成為妻奴了。

說明 以前的家庭，「男主外，女主內」，所以家庭內的大小事情都是由女人來做，粗重的工作也不例外。某人為了不讓妻子的身材走樣，替妻子做挑水的工作；為了讓妻子的腳看起來又白又嫩，甘願替她洗裹小腳的長白布，所以這句諺語是形容人過度寵愛妻子，甘願成為妻奴，為她做所有的事情。

ai^3　$tsiah^8$　kau^2　bah^4　　be^7　tit^4　kau^2　si^2
愛 食 狗 肉 ， 繪 得 狗 死

解釋 繪得：巴不得、恨不得。全句說：想要吃狗肉，恨不得哪一隻狗死掉。

涵義 描述人自私、醜陋的一面。

說明 「愛食狗肉，繪得狗死」是說喜歡吃狗肉，就恨不得哪一隻狗死掉。這句話如果套用在人的身上，可以解釋成：想貪求別人的東西（包括職位、錢財、物品、女人……），就巴不得對方遭遇橫禍。例如甲占著「經理」的位置不放，而乙覬覦那個位置好久了，所以巴不得甲犯大錯被調職，或發生意外死掉。由上面的敘述得知，這句諺語主要在描述人性自私且醜陋的心理。

補充 依教育部2008年5月公布之台灣閩南語推薦用字第二批將「繪be^7」寫作「袂be^7」。

對應華語 居心不良、存心不良、不安好心。

ai^3　sui^2　m^7　$kiann^1$　lau^5　$phinn^7$　$tsui^2$
愛 嬌 毋 驚 流 鼻 水

解釋 愛嬌：愛美。毋驚：不怕。流鼻水：指感冒。

涵義 說明女孩子為了漂亮，即使付出感冒的代價都願意。

說明 許多年輕的女孩子，為了要展現好身材，即使天氣冷颼颼，也不會把自己的身體包起來，依然穿著單薄的衣服，就算感冒也要秀出傲人的身材，讓自己看起來更吸引人，所以「愛嬌毋驚流鼻水」是形容女孩子為了漂亮，就算付出一點代價也願意。

對應華語 要得俏，凍得叫。

ai³ tsinn⁵ na² senn³ mia⁷

愛 錢 若 性 命

解釋 若：好像、如同。性命：生命。

涵義 形容人視錢如命。

說明 有些人將錢看得跟生命一樣重要，為了錢可以拋棄親情及友情，一旦要他花錢或施捨一點錢，門都沒有，全句是說明人將錢看得很重要，簡直視錢如命。

對應華語 一毛不拔、見錢眼開、視錢如命。

jia² him⁵ jia² hoo² m⁷ thang¹ jia² tioh⁸ tshiah⁴ tsa¹ boo²

惹 熊 惹 虎 ， 毋 通 惹 著 刺 查 某

解釋 惹：觸怒。毋通：不要、不能。惹著：惹到。刺查某：凶悍的女人。全句說：寧願招惹熊、虎等猛獸，也不要招惹凶悍、潑辣的女人。

涵義 誰都可以惹，就是不能惹上凶悍、潑辣的女人。

說明 男人如果槓上男人，頂多打一架，輸的人摸摸鼻子走人；但如果槓上凶悍的女人，她不理你便罷，如果發起雌威，抓得你滿身傷痕或是跟你沒完沒了，而你又不能打她，那真的吃不完兜著走，所以惹上「刺查某」絕對是麻煩的事。

對應華語 悍婦惹不得。

ju² phah⁴ phue⁵ ju² kau⁷

愈 拍 ， 皮 愈 厚

解釋 拍：此指責罵或鞭打。厚：粗。

涵義 說明打罵不是教育小孩最好的方式。

說明 為人父母如果經常打罵小孩，小孩會越來越不聽話，因為他們已經習慣家長的打罵方式，時間久了自然不痛不癢，越打皮越粗，而且越不覺得疼，最後就不管用了。

對應華語 日久生頑。

愈 拍，愈 蠻 皮
ju² phah⁴, ju² ban⁵ phue⁵

解釋 拍：指責罵或鞭打。蠻皮：指皮厚，沒什麼知覺。

涵義 說明打罵並非最好的教育方式，時間久了會逐漸失去效用。

說明 小孩子犯錯，如果只是一味的打罵，時間久了會習以為常，越來越不怕，甚至跟你唱反調，失去了教育的意義。所以管教小孩不能只用打罵的方式，有時要用「愛」的方式或兩者兼施，才能收到良好的成效。

對應華語 日久生頑。

愈 補 愈 大 空
ju² poo² ju² tua⁷ khang¹

解釋 補：縫補、修補。大空：大洞。

涵義 形容人本來要改善某事，沒想到越改越糟糕。

說明 「愈補愈大空」是說越修補，破洞反而越大。這句諺語可以用於生活許多層面，例如讓小孩子參加課外補習，結果越補，成績越差；某人借高利貸去還債，結果負債越積越多，被壓得喘不過氣來……。前人便用此句話說明人本想改善某事，卻弄巧成拙，把事情變得更糟。

對應華語 弄巧成拙、適得其反、越弄越糟。

愈 講 愈 刁 工
ju² kong² ju² thiau¹ kang¹

解釋 刁工：故意。

涵義 說明甲故意跟乙唱反調，乙越講甲，甲就偏偏不如乙的意。

說明 「愈講愈刁工」是說你越講他，他就越故意要做錯。有些人就是這樣，你不講他，什麼事都沒有，一旦講他，就故意與你唱反調，偏偏不如你的意。

對應華語 唱反調、明知故犯。

puann¹ tsioh⁸ thau⁵ teh⁴ ka¹ ki⁷ kha¹ puann⁵

搬 石 頭 硩 家 己 跤 盤

解釋 硩：壓住。家己：自己。跤盤：腳背。

涵義 形容人自討苦吃。

說明 石頭要用搬的，表示不是小的石頭，如果人被它砸到，鐵定吃不消。「搬石頭硩家己跤盤」是說搬石頭來砸自己的腳盤；這根本是自找罪受，沒事找自己的麻煩。

對應華語 自找罪受、自尋苦吃、自討苦吃、自找麻煩。

puann¹ sai² kue³ hak⁸

搬 屎 過 礐

解釋 屎：糞便。礐：指糞坑。全句說：將某糞坑內的大便搬移至另一個糞坑內。

涵義 形容人做了「多此一舉」的事情。

說明 「搬屎過礐」是說將甲糞坑的屎舀到乙糞坑內。照理說，糞坑中的屎堆滿了應該舀出來才對，搬移到另一個糞坑是「多此一舉」的事，對事情根本毫無助益。

對應華語 多此一舉、畫蛇添足。

me¹ iam⁵ sinn⁷ sim¹ kuann¹

搣 鹽 豉 心 肝

解釋 搣：用手抓一把。豉：醃漬。心肝：指人的心臟。

涵義 叫人打消念頭，死了這條心。（常用在感情方面）

說明 鮮魚被醃漬後，就會死掉；同理，心臟用鹽巴醃漬也會停止跳動。「搣鹽豉心肝」是叫人家用鹽巴來醃漬心臟，意思是要人家死了這條心，不要再有所冀望。

對應華語 死了心、打消念頭。

kut⁴ lat⁸ tsiah⁸ pin⁵ tuann⁷ tso³

搰 力 食 ， 貧 憚 做

解釋 搰力：勤勞、努力。貧憚：懶惰。

涵義 用來指責人貪吃喝，不喜歡做事。

說明 說到吃飯的事，非常勤快，也非常熱衷，但說到做事，就變得懶洋洋，一點興趣也沒有，所以「搰力食，貧憚做」是說人好吃懶做，只貪吃喝，不喜歡做事。

補充 ①依教育部2009年10月公布之台灣閩南語推薦用字第三批將「搰力kut⁴ lat⁸」寫作「骨力kut⁴ lat⁸」。②依教育部2007年5月公布之台灣閩南語推薦用字第一批將「貧憚tuann⁷」寫作「貧惰tuann⁷」。

對應華語 四體不勤、好吃懶做、好逸惡勞、游手好閒、飽食終日。

搰　力　食　栗　，　貧　憚　吞　瀾

kut⁴　lat⁸　tsiah⁸　lat⁸　　　pin⁵　tuann⁷　thun¹　nua⁷

解釋 搰力：勤勞、努力。食栗：比喻有食物吃。貧憚：指懶惰。吞瀾：嚥口水。

涵義 多用來勉勵人要勤勞工作。

說明 勤勞的人努力工作賺錢，自然有食物可以吃，而懶惰成性，做事不積極的人，每天只會游手好閒，當然就只有吞口水的份，所以說勤勞才能過好日子，而懶惰註定要過苦日子。

補充 ①依教育部2009年10月公布之台灣閩南語推薦用字第三批將「搰力kut⁴ lat⁸」寫作「骨力kut⁴ lat⁸」。②依教育部2007年5月公布之台灣閩南語推薦用字第一批將「貧憚tuann⁷」寫作「貧惰tuann⁷」。

對應華語 天下沒有白吃的午餐、一分耕耘，一分收穫。

搰　力　做　才　趁　會　著　好　時　運

kut⁴　lat⁸　tso³　tsiah⁴　than³　e⁷　tioh⁸　ho²　si⁵　un⁷

解釋 搰力做：努力的做。才趁會著：才能把握住。好時運：指好時機。

涵義 勸勉人要努力工作，才能抓住機會，獲得成功。

說明 人如果努力工作，機會來了就會碰得上，而且比較有可能抓住它，飛上枝頭；若懶惰成性，即使機會來了也會從眼前溜走，根本抓不住，所以只有努力工作的人才能抓住機會，獲得成功。

補充 依教育部2009年10月公布之台灣閩南語推薦用字第三批將「搰力kut⁴ lat⁸」寫作「骨力kut⁴ lat⁸」。

對應華語 天助自助者。

台灣俗語諺語辭典

sin¹ le⁷ bo⁵ siat⁴　　ku⁷ le⁷ bo⁵ tu⁵
新 例 無 設 ， 舊 例 無 除

解釋 例：能夠作為依據或準則的律令。無設：尚未設立。除：廢棄。全句說：新的準則尚未建立之際，仍依循舊的準則來行事

涵義 說明處事尚未找到較好的依循方式時，只好先依舊例來行事。

說明 「新例無設，舊例無除」意謂新的律令尚未建立，或還沒有被大多數人所接受時，仍然要依照舊的律令來行事。例如新校長到任，不滿意學校的教學風氣，但一時之間也想不出更好的方法改善，只好蕭規曹隨，暫時按舊例來行事。

對應華語 蕭規曹隨、陳陳相因、因循守舊。

sin¹ sai² hak⁸ ho² pang³ sai²
新 屎 礐 好 放 屎

解釋 屎礐：指廁所。放屎：拉屎、大便。全句說：新廁所較乾淨，拉起屎來較舒適。

涵義 形容人喜歡新穎的事物，而不喜歡舊的。

說明 不管新式或舊式的廁所，其主要功用都是讓人拉屎，唯一的不同是，在新式的廁所中拉屎，感覺比較衛生，比較舒服，而在舊式的茅坑中拉屎，既臭又髒，感覺很不舒服。「新屎礐好放屎」是說在新的廁所裡比較好拉屎，用來比喻人覺得新的比舊的好，亦即喜新厭舊的意思。

對應華語 喜新厭舊。

sin¹ niu⁵ sin¹ tang¹ tang¹　　ku⁷ niu⁵ that⁴ piah⁴ khang¹
新 娘 新 噹 噹 ， 舊 娘 窒 壁 空

解釋 新娘：新結交的女子。新噹噹：形容很新鮮、很美麗。舊娘：指被離棄的女子（包含情人或妻子）。窒壁空：將牆壁的洞塞住。

涵義 說明人有了新歡，就將舊愛踢到一邊。

說明 古代的男人交了新的女友或娶了妾之後，便將舊愛擱置於一旁，就好像將她們拿去塞壁洞一樣，理都不想理，整句話是形容人有了新歡，完全忘了舊愛，整顆心都惦記著新歡。

對應華語 喜新厭舊、有了新人，忘了舊人。

一畫
二畫
三畫
四畫
五畫
六畫
七畫
八畫
九畫
十畫
十一畫
十二畫
十三畫
十四畫

749

sin¹ hang¹ loo⁵　　sin¹ te⁵ koo²　　jiat⁸ kun² kun²

新 烘 爐 ， 新 茶 鈷 ， 熱 滾 滾

解釋 烘爐：陶製的爐子。茶鈷：茶壺。熱滾滾：水滾燙的樣子。

涵義 形容新婚夫妻，濃情蜜意，熱情如火。

說明 以前的人多將茶壺放在「烘爐」上燒開水，所以提到「烘爐」就會聯想到「茶鈷」，同理，說到「茶鈷」就會讓人聯想到「烘爐」，兩者形影不離。「新烘爐，新茶鈷，熱滾滾」是說將新的茶壺放到新的陶爐上燒煮，水很快就滾燙了，用來形容新婚夫妻，形影不離，舉止親暱、熱情。

對應華語 新婚燕爾。

sin¹ pu⁷ ta¹ ke¹　　tsa¹ boo² kiann² niu⁵ le²

新 婦 大 家 ， 查 某 囝 娘 嬭

解釋 新婦：媳婦。大家：指婆婆。查某囝：指女兒。娘嬭：指母親。

涵義 感嘆世人違情悖理，顛倒人倫。

說明 依中國倫理而言，做媳婦的要盡心服侍婆婆，而為人子女者要孝順母親。本句諺語中間都有省略字語，原句應為「新婦若大家，查某囝似娘嬭」，意謂做媳婦的不像媳婦，反而像婆婆（意思是媳婦會對婆婆大吼大叫），做女兒的不像女兒，反而像娘親（意思是做母親的要反過來孝順女兒）；多用來感嘆世人顛倒人倫，違情悖理。

對應華語 君不像君，臣不像臣。

sin¹ pu⁷ phah⁴ gin² a²　　tsue³ si² ta¹ ke¹

新 婦 拍 囡 仔 ， 啐 死 大 家

解釋 新婦：媳婦。拍囡仔：打小孩子。啐：當著人家的面前怒罵別人。大家：指婆婆。

涵義 形容表面上打罵甲，實際上是對乙表達不滿。

說明 中國傳統的家庭，通常婆婆疼孫子多過媳婦，幾乎每一個孫子都是祖母的心肝寶貝。「新婦拍囡仔，啐死大家」是說做媳婦的當著婆婆的面打罵自己的小孩。媳婦打罵婆婆最疼愛的孫子，其實是藉此向婆婆表達自己的不滿，也就是「指桑罵槐」的意思。

對應華語 指桑罵槐、指東罵西、指雞罵狗、指著和尚罵禿驢。

sin¹ pu⁷ kiann¹ tsiah⁸ tau³　　　tho² hai² lang⁵ kiann¹ hong¹ thau³

新 婦 驚 食 晝 ， 討 海 人 驚 風 透

解釋 新婦：媳婦。驚：畏懼、害怕。食晝：吃中餐。驚風透：怕海風大。

涵義 形容每一種身分或每一種行業都有它的苦處。

說明 以前的台灣家庭多是大家族，嫁過來的媳婦要負責張羅夫家的三餐，只要煮飯的時刻到了，她就會膽戰心驚，深怕煮得不好吃會被夫家的人數落。此處之所以僅列「食晝」，乃為了押韻方便。另外，捕魚郎靠海吃飯，大部分的時間都待在海上，所以最怕海風過大，因為這樣容易造成翻船的危險，所以說每一種身分或各行各業都有它的苦處。

sin¹ sin¹ pu⁷ se² tsau³ giah⁸　　　sin¹ thg⁵ kang¹ se² le⁵ piah⁴

新 新 婦 洗 灶 額 ， 新 長 工 洗 犁 壁

解釋 新婦：媳婦。灶額：傳統大灶上頭平整的部位。犁壁：指犁的鐵片部位。

涵義 此語有兩種意思：①諷刺人先熱後冷、先勤後惰的做事態度。②諷刺人做表面工夫，只為了博取他人的好印象。

說明 以前都用「灶」炊煮東西，剛娶過門的媳婦為了博取夫家人的好印象，每一次煮完飯菜，都會將「灶額」清洗乾淨；另外，以前的大地主都會請長工到家裡幫忙農事，剛聘請的長工為了贏得老闆的賞識，每次犁完田，都會認真的清洗「犁壁」。前人會說這句話，多少有「看妳（你）能繼續多久」的心理，亦即認定「媳婦」與「長工」只不過是五分鐘熱度。

對應華語 ①先熱後冷、先勤後惰、五分鐘熱度、五分鐘熱情。

sin¹ tshenn¹ m² a² lak⁸ lak⁸ tshuah⁴

新 親 姆 仔 慄 慄 掣

解釋 新親姆仔：初次當親家母。慄慄掣：因害怕、緊張而發抖。

涵義 形容人第一次做某事或擔任某種角色，因無經驗而緊張發抖。

說明 第一次當親家母的人，因為沒有經驗，突然面對眾多的賓客與到訪的親家，多少會緊張、害怕，一時之間不知道要怎麼辦，而出現不知所措的窘態，因此前人就用這句話來形容某人初次擔任某

種角色，因緊張而不知所措。

對應華語 生手緊張。

---

am³ tng³ kiam² tsiah⁸ tsit⁸ khau²　uah⁸ kau³ kau² tsap⁸ kau²
暗頓減食一口，活到九十九

解釋 暗頓：晚餐。減食一口：少吃一點。活到九十九：長壽。

涵義 說明晚餐吃得少，才能長命百歲。

說明 就人體的機能而言，晚上是各種器官休息的時間，運作的速度都會減緩下來，此時若吃太多食物，會加重身體機能的負擔，影響健康。前人會說這句諺語，顯示他們非常注重養生，知道晚餐不能吃太多；這種觀念與現代人強調的「早餐要吃得像皇帝，午餐要吃得像平民，晚餐要吃得像乞丐」有著異曲同工之妙。

---

am³ thau⁵ a² tsiah⁸ si¹ kue¹　puann³ me⁵ a² huan² tsing³
暗頭仔食西瓜，半暝仔反症

解釋 暗頭仔：指傍晚時分。半暝仔：半夜。反症：指突然患了急症。

涵義 喻原本敲定好的事情，很快就產生變卦。

說明 「暗頭仔食西瓜，半暝仔反症」是說傍晚的時候吃了西瓜，半夜就突然生了急症。這句話主要是說事情變卦得很快，原本已經說好的事情，過沒多久就反悔了。

對應華語 言而無信、反覆無常、出爾反爾、輕諾寡信、自食其言。

---

e⁷ e⁰ tsit⁸ nng² poo⁷　be⁷ e⁰ tshian¹ li² loo⁷
會个一兩步，膾个千里路

解釋 會个：會的人。一兩步：兩三下工夫，亦即花很少的時間就可以做好一件事。膾个：不會的人。千里路：指目標遙遠，不容易達成。

涵義 說明做一件事情，會的人做得比較快，不會的人做得比較慢。

說明 「會个一兩步，膾个千里路」是說會的人，兩三下工夫就搞定，不會的人，如同行千里路一樣，要好久的時間才能完成。舉個例子，會組裝電腦的人，很快就組好一部，不會的人，要花好久的時間才能組好一部電腦，所以說做一件事，會的人做得比較快，不會的人做得比較慢。

補充 ①當「个e⁰」解釋為「的」時，依教育部2007年5月公布之台灣閩南語推薦用字第一批將「个e⁰」寫作「的e⁰」。②依教育部2008年5月公布之台灣閩南語推薦用字第二批將「獪be⁷」寫作「袂be⁷」。

e⁷ senn¹ tit⁴ kiann² sin¹　　　be⁷ senn¹ tit⁴ kiann² sim¹
會 生 得 囝 身 ， 獪 生 得 囝 心

解釋 囝：指子女。獪：不能。
涵義 說明為人父母者不懂得子女的內心世界，無法知道他們在想些什麼。
說明 基於遺傳的因素，子女某些生理特徵會跟父母親相似，例如長相、動作、個性……等，他們彼此的基因相近，但是內心世界則不一定相像，有時候做父母的根本不知道兒女在想些什麼？所以前人才會說：「會生得囝身，獪生得囝心」意思是生得了兒身，生不了兒心。
補充 依教育部2008年5月公布之台灣閩南語推薦用字第二批將「獪be⁷」寫作「袂be⁷」。
對應華語 生得了兒身，生不了兒心。

e⁷ ho² ia⁷ be⁷ uan⁵ tsuan⁵
會 好 也 獪 完 全

解釋 會好：會痊癒。也獪完全：指不能恢復到受傷以前的模樣。
涵義 說明人的身體或心靈受傷後，雖然可以復原，卻不能完好如初。
說明 「會好也獪完全」意謂就算會痊癒，也不可能完好如初。例如某人摔斷了腿，經過長期的治療，最後雖然痊癒，但走起路一跛一跛的，已不能像受傷之前那麼靈活。
補充 依教育部2008年5月公布之台灣閩南語推薦用字第二批將「獪be⁷」寫作「袂be⁷」。

e⁷ kng¹ kio⁷ tsiah⁴ thang¹ khui¹ kio⁷ king¹
會 扛 轎 ， 才 通 開 轎 間

解釋 才通：才可以。轎間：出租或販售轎子的店面。
涵義 說明人要經營某種行業，必須先懂得該行的基本知識才行。

說明 以往有錢人家出門都坐轎子，所以出租轎子的行業順勢而生。由於當過轎夫，才會知道這一行的行規、禁忌與收費，也才知道怎麼維修轎子與拉攏客人，因此，只有做過轎夫的工作，才好從事出租轎子的生意，這樣才會得心應手，也比較不會虧本，所以不管要從事何種行業，都要對該行有所了解，否則不容易經營。

e⁷　kiann⁵ kiann⁵ tse³　it⁴　　be⁷　kiann⁵ kiann⁵ tse³ tshit⁴
會 行 行 晬 一 ， 繪 行 行 晬 七

解釋 會行：開始會走路。晬：嬰兒滿週歲。晬一：滿十三個月。繪行：若還不會走路。晬七：指十九個月。

涵義 說明幼兒在成長過程中學習走路的快慢情形。

說明 以往的小孩子，大約十三個月就會走路了，而發育慢一點的，得等到第十九個月。這句話雖是前人長期觀察的心得，但不一定適用在現在小孩子的身上，因為他們營養攝取充足，有些小孩不滿週歲就已經會走路了。

補充 依教育部2008年5月公布之台灣閩南語推薦用字第二批將「繪be⁷」寫作「袂be⁷」。

e⁷　khoo¹ ke¹　　be⁷　pun⁵　hue²
會 呼 雞 ， 繪 歕 火

解釋 呼雞：呼喚雞隻。繪：不能。全句說：僅有力氣呼喚雞隻，沒有力氣將火吹熄。

涵義 形容人極度疲累，已沒有任何力氣做事。

說明 「呼雞」是一種簡單的動作，只要出一點聲音，雞隻就會乖乖回巢，所以花不了多少力氣。至於「歕火」，以前的人家多用大灶燒煮食物，由於這種灶的空氣不流通，灶內的木柴不容易起火，所以需要用火管使勁吹入空氣才會燃燒，通常要耗用很大的力氣才辦得到。「會呼雞，繪歕火」是說有力氣可以呼喚雞隻，但已經沒有力氣「歕火」，形容人極度的疲累。

補充 依教育部2008年5月公布之台灣閩南語推薦用字第二批將「繪be⁷」寫作「袂be⁷」。

對應華語 精疲力盡、疲憊不堪、勞累不堪。

e⁷ ka⁷ lang⁵ e⁵ kau² be⁷ pui⁷
會咬人个狗膾吠

解釋 个：的。膾吠：原指不會亂叫，此指不會事先警示。

涵義 說明有心要傷害你的人，不會事先對你警告。

說明 平常會亂吠的狗，通常只是虛張聲勢，其實牠們很膽小，根本不會咬人；而安靜、不會亂吠的狗，外表看起來好像很乖，但只要接近牠們，隨時會被咬一口，所以全句是說有心要傷害你的人，不會事先對你警告。

補充 ①當「个e⁵」解釋為「的」時，依教育部2007年5月公布之台灣閩南語推薦用字第一批將「个e⁵」寫作「的e⁵」。②依教育部2008年5月公布之台灣閩南語推薦用字第二批將「膾be⁷」寫作「袂be⁷」。

對應華語 咬人的狗不叫、咬人的狗不露齒。

e⁷ ai¹ tsiah⁴ u⁷ i¹
會哀才有醫

解釋 哀：哭叫、叫痛。才有醫：才有藥救。

涵義 此語有兩種意思：①對於病人或是受傷的人表示樂觀，還有得醫。②會發牢騷，表示還有藥救，總比「心死」來得好，所以沒什麼好替他擔憂的。

說明 生病或意外受傷的病人，如果還會喊痛，表示神智清楚，比起昏迷的病人來說，病情不算嚴重，還可以救得活，所以「會哀才有醫」是說明人對病患的病情表示樂觀，認為還有得救；也用來說某人的心裡雖然不高興，但還會抱怨發牢騷，表示他的心未死，仍在找機會振作起來，所以沒什麼好替他擔心的。

對應華語 尚有藥救。

e⁷ tsiah⁸ tsiah⁴ e⁷ tua⁷ ， e⁷ hau² tsiah⁴ e⁷ uah⁸
會食才會大，會吼才會活

解釋 才會大：才能長大。會吼：會哭。

涵義 以前的人鼓勵小孩子多吃點東西才能長大的用語。

說明 本諺語的重點是前一句。「會食才會大」是說能吃才會長大；人都要吃東西才會有營養，一旦有營養就會長大，這是不爭的事

實；「會吼才會活」是說會哭才會活；當一個人受傷時，會痛得大叫，表示他還有得醫，如果是昏迷狀態，問題就嚴重了。

會食酒，免濟菜

e⁷　tsiah⁸　tsiu²　　bian²　tse⁷　tshai³

解釋　會食酒：真正懂得品酒的人。濟：多。

涵義　做事能力強的人，不必投入太多的資源，就能將事情處理得很好。

說明　喜歡小飲的人，通常要擺許多下酒菜才喝得下，但真正會飲酒的人，只要幾盤小菜或根本不需要小菜，也能千杯不醉，所以整句話是比喻善於做事的人，不用投入太多的資源，就可以將事情處理得很完美。

會做孝男，就會揭孝杖

e⁷　tso³　hau³　lam⁵　　tsiu⁷　e⁷　giah⁸　ha³　thng⁷

解釋　孝男：服父母喪的兒子。揭：拿、舉。孝杖：喪禮的用杖。

涵義　形容人扮演某種角色，自然就會做該角色應做的事情。

說明　父親或母親出殯的時候，孝男要持喪禮的用杖跟隨送殯隊伍前進。「會做孝男，就會揭孝杖」是說做了孝男，就要知道怎麼持「孝杖」，比喻人扮演何種角色，就要做好該角色應做的事情。

補充　依教育部2008年5月公布之台灣閩南語推薦用字第二批將「揭giah⁸」寫作「攑giah⁸」。

對應華語　做什麼，像什麼。

會得開刀，膾得入鞘

e⁷　tit⁴　khui¹　to¹　　be⁷　tit⁴　jip⁸　siu³

解釋　會得：可以、能夠。開刀：拔刀出鞘。膾得：不能。鞘：存放刀子的器物。全句說：能拔刀出鞘，卻不能將刀子入鞘。

涵義　形容人只會惹麻煩，卻不知如何善後或收尾。

說明　一般人從刀鞘拔出刀子，應該知道怎麼將刀子收回刀鞘中。「會得開刀，膾得入鞘」是說某人只會拔出刀子，但不知如何收回刀鞘內；比喻人只會捅簍子，卻不知道怎麼善後。

補充　依教育部2008年5月公布之台灣閩南語推薦用字第二批將「膾

e^7 than^3 tioh^8 ai^3 e^7 hiau^2 khai^1
會 趁 著 愛 會 曉 開

解釋 會趁：會賺錢。著愛：就要、就必須。會曉：懂得。開：消費、花用。

涵義 此語有兩種意思：①勸人不要當守財奴，不要只會賺錢而不會花錢。②說明人要將錢用對地方，亦即花在刀口上。

說明 「會趁著愛會曉開」是說會賺錢也要會花錢；做人如果只會賺錢，卻不會花錢，一輩子當守財奴，人生過得一點意義也沒有。另外，「會趁著愛會曉開」是說人會賺錢，也要懂得如何花錢，人如果將賺來的錢亂花，或花在不正當的用途上，豈不是造成浪費？

e^7 puah^8 tsiah^4 e^7 tua^7
會 跋 才 會 大

解釋 跋：原意是跌倒，此處指經歷失敗、挫折。大：長大、成長。

涵義 說明人必須經歷挫折，才能從中求取經驗，獲得成功。（常用來勉勵失意或遭遇挫折的人）

說明 小孩子學習走路，不可能一次就會走，一定要歷經多次的跌倒，慢慢從中吸取經驗，才會逐漸走得穩，也才會漸漸的長大；人做事也是一樣，一定要歷經一次又一次的失敗與挫折，記取教訓，才會逐步邁向成功。

對應華語 百煉成鋼、不經一事，不長一智、吃一塹長一智、吃一次虧，學一次乖。

e^7 sng^3 be^7 tu^5 thio^3 bi^2 uann^7 han^1 tsi^5
會 算 膾 除 ， 糶 米 換 番 薯

解釋 會算膾除：只會加減而不會乘除，比喻人不精明。糶米：賣掉米。蕃薯：地瓜。

涵義 形容一個人不精明。

說明 以前的窮人吃不起白米，多以地瓜來裹腹，所以地瓜在當時是一種普遍且極為便宜的東西，而白米相對較昂貴。「會算膾除，糶

757

米換番薯」是說某人不會精打細算，竟然將身邊的白米賣掉，將所得的錢拿去換取地瓜。身邊有白米，不留著自己食用，卻將它賣掉，並換取不值錢的東西進來，真是一點也不精明。

補充 依教育部2008年5月公布之台灣閩南語推薦用字第二批將「獪be⁷」寫作「袂be⁷」。

e⁷ jia¹ tit⁴ thau⁵　be⁷ jia¹ tit⁴ bue²
會 遮 得 頭 ， 獪 遮 得 尾

解釋 遮：掩蓋。獪：不能。

涵義 勸人不要做壞事，否則難以掩人耳目，總有一天會東窗事發。

說明 人如果做了壞事，總會想辦法掩人耳目，但不管怎麼掩飾，還是會露出蛛絲馬跡，因為遮頭就會露尾，遮尾就會露頭，總有一天會東窗事發，這就是前人所說的「會遮得頭，獪遮得尾」。

補充 依教育部2008年5月公布之台灣閩南語推薦用字第二批將「獪be⁷」寫作「袂be⁷」。

對應華語 欲蓋彌彰、不打自招。

e⁷ hiau² se² bin⁷　m⁷ bian² tse⁷ tsui²
會 曉 洗 面 ， 毋 免 濟 水

解釋 會曉：會。毋免：不用、不必。濟：多。

涵義 形容做事能力強的人，往往能事半功倍。

說明 「會曉洗面，毋免濟水」是說懂得洗臉技巧的人，不必用很多水就可以將臉洗乾淨。除了洗臉，這句話也可以用於做事方面，意思是說懂得做事技巧的人，往往花很少的時間或金錢，就可以將一件事處理得很圓滿。

e⁷ hiau² thau¹ tsiah⁸　be⁷ hiau² tshit⁴ tshui³
會 曉 偷 食 ， 獪 曉 拭 喙

解釋 會曉：會。偷食：原指偷吃東西，此處指做了壞事。獪曉：不會、不懂得。拭喙：原指擦拭嘴巴，此處指湮滅證據。

涵義 形容人做了不該做的事，卻不知道要湮滅證據，馬上被人識破。

說明 「會曉偷食，獪曉拭喙」是說某人偷吃東西，卻不懂得將嘴巴擦乾淨，不小心露出了破綻，比喻人做了壞事，沒有湮滅證據，

最後讓事情東窗事發。例如丈夫在外面搞外遇，襯衫留有唇印而不自知，結果回家被太太識破，這就可以說「會曉偷食，袂曉拭喙」。

補充 依教育部2008年5月公布之台灣閩南語推薦用字第二批將「袂be⁷」寫作「袂be⁷」。

對應華語 不知善後、露出馬腳、露出狐狸尾巴。

---

e⁷　hiau²　kong²　pat⁸　lang⁵　　be⁷　hiau²　kong²　ka¹　ki⁷
會　曉　講　別　人　，　袂　曉　講　家　己

解釋 會曉：會。講別人：說人缺點或是非。袂曉：不會。家己：自己。全句說：只會說別人如何如何，卻永遠不會反省自己。

涵義 形容人只會評論別人的缺失，卻永遠不懂得自我反省。

說明 「會曉講別人，袂曉講家己」是說某人只會說別人如何如何，卻永遠不會檢討自己哪裡做錯。例如某人喜歡東家長，西家短，到處說人家的閒話，某次聽到人家在談論自己的是非，便指責人家的不是，並責罵對方是「長舌婦」，這就是所謂的「會曉講別人，袂曉講家己」。

補充 依教育部2008年5月公布之台灣閩南語推薦用字第二批將「袂be⁷」寫作「袂be⁷」。

對應華語 嚴以待人，寬以待己。

---

e⁷　li⁷　mng⁵　hoo⁷　　be⁷　li⁷　tng⁵　too⁷
會　離　門　戶　，　袂　離　腸　肚

解釋 離：離開。門戶：指「家」。袂離：離不開。腸肚：指肚子。全句說：人可以不顧家，但不能不顧自己的肚子。

涵義 形容人在飯食無虞後，才有力氣去做其他的事情。

說明 本諺語的重點在後一句。「會離門戶，袂離腸肚」是說人可以不顧家，但不能不顧好自己的肚子。畢竟人離開家還是可以自食其力，活得很好，但如果不顧好自己的肚子，讓它挨餓了，那就沒有力氣做任何事了。

補充 依教育部2008年5月公布之台灣閩南語推薦用字第二批將「袂be⁷」寫作「袂be⁷」。

對應華語 民以食為天、寧可折本，休要饑損。

會顧得前，䆀顧得後
e⁷ koo³ tit⁴ tsing⁵ be⁷ koo³ tit⁴ au⁷

解釋 會顧得前：顧得了前面。䆀顧得後：顧不了後面。

涵義 說明人的能力不足，處事不能面面俱到。

說明 「會顧得前，䆀顧得後」是說顧得了前面，卻顧不了後面，比喻人的能力有限，處事不能面面俱到，有「顧此失彼」的意味。

補充 依教育部2008年5月公布之台灣閩南語推薦用字第二批將「䆀be⁷」寫作「袂be⁷」。

對應華語 顧此失彼、顧得了三，顧不了四。

會顧得船，䆀顧得載
e⁷ koo³ tit⁴ tsun⁵ be⁷ koo³ tit⁴ tsai³

解釋 會顧得船：顧得了船。䆀：不能。載：用車或船運送的貨物。䆀顧得載：指顧不了船貨。

涵義 形容事情常不能同時兼顧，有時顧得了甲就顧不了乙。

說明 跑船的人如果在汪洋大海中遭遇到大風浪，通常會捨棄貨物而保住船，因為如果捨船救貨，船沉了，人跟貨物都會跟著沉下去，如果捨貨救船，至少船跟船員都還存在，所以全句是說明事情常不能同時兼顧。

補充 依教育部2008年5月公布之台灣閩南語推薦用字第二批將「䆀be⁷」寫作「袂be⁷」。

對應華語 顧此失彼、顧得了三，顧不了四。

歲濟賣無錢
hue³ tse⁷ be⁷ bo⁵ tsinn⁵

解釋 歲濟：年紀大。賣無錢：賣不到好價錢。

涵義 自嘆年紀大，沒什麼用處了！

說明 人的年紀本來就不能拿來賣，前人之所以說「歲濟賣無錢」，意思是說人的年紀大了，體力衰退了，已經不中用了，就算要把自己賣給別人，也談不上好的價錢；現在多用來自嘆年紀大了，已經不中用了。

對應華語 老了不中用、老猴爬旗竿。

台灣俗語諺語辭典

tsun² tshenn¹ tsha⁵ khia⁷ tioh⁸
準 生 柴 徛 著

解釋 準：視為、當做。生柴：指尚活著的樹木。徛著：站著。

涵義 喻對人不理睬、不關心或不重視，就算看到也視若無睹。

說明 「準生柴徛著」意謂將對方當成樹木豎立在那裡。甲與乙如果不喜歡對方，即使兩人出現在同一個地點，彼此也會相應不理，互將對方當成是一棵活樹豎立在那裡，全句用來形容對某人態度冷漠，就算看到對方也視若無睹。

對應華語 相應不理、視若無睹、視而不見、視有若無、漠不關心。

liu¹ liu¹ tshiu¹ tshiu¹　　tsiah⁸ nng⁷ lui² bak⁸ tsiu¹
溜 溜 瞅 瞅 ， 食 兩 蕊 目 睭

解釋 溜溜瞅瞅：眼睛靈活有神。蕊：計算眼睛的單位。目睭：眼睛。食兩蕊目睭：以眼睛來取勝。

涵義 說明人在社會上闖蕩，眼光要銳利，隨時要懂得察言觀色。

說明 人在社會上闖蕩，最重要的是擁有一雙銳利的眼睛，只有懂得察言觀色，才能分辨好人與壞人、是非與對錯，也才能抓住良機，獲取最大的利益。

對應華語 眼觀四方，耳聽八方、眼觀六路，耳聽八方。

khe¹ tsui² to³ thau⁵ lau⁵
溪 水 倒 頭 流

解釋 倒頭流：指逆流、折回流。

涵義 用來指責人的所作所為違反天理，逆天行事。

說明 依大自然的法則，溪水都是由上游流向下游，由高處流向低處，不可能由低處往高處流。「溪水倒頭流」是說溪水逆著流，這是違背自然原理的，比喻人做事違背天理，逆天而行事。

對應華語 逆天行事、倒行逆施、悖禮犯義、違天逆理、違背天理。

khe¹ bo⁵ lan⁵　　tsenn² bo⁵ kua³
溪 無 欄 ， 井 無 蓋

解釋 溪無欄：溪邊沒有欄杆。井無蓋：古井沒有覆上蓋子。

一畫　二畫　三畫　四畫　五畫　六畫　七畫　八畫　九畫　十畫　十一畫　十二畫　十三畫　十四畫

761

涵義 譏諷想死的人隨時可以去自殺，沒有人會拉你一把。

說明 甲想不開，一直想要尋死，乙苦勸無效，有時會狠下心對甲說「『溪無欄，井無蓋』，你乾脆跳下去算了。」這句話的意思是：反正溪邊沒有設欄杆，古井上面也沒有蓋子，既然想死就跳下去，沒有人會拉你或可憐你。

khe¹ lin⁰ bo⁵ hi⁵　　sam¹ kai³ niu⁵ a² ui⁵ ong⁵

溪 裡 無 魚 ， 三 界 娘 仔 為 王

解釋 三界娘仔：一種體型小、肚子大的魚。全句說：溪水裡面無大魚，三界娘仔就可以稱王。

涵義 喻沒有強者的時候，弱者就會出頭。

說明 溪水裡面有大魚的時候，小魚只能靠邊站，不敢造次，但當大魚都被捕捉完時，體型較小的「三界娘仔」就可以稱王，所以整句話用來形容強者不在或沒有強者時，弱者就會出頭。

對應華語 蜀中無大將，廖化作先鋒、山中無鳥，麻雀當王、山中無老虎，猴子稱大王、山中無好漢，猢猻稱霸王。

ian¹ hue² ho² khuann³ bo⁵ lua⁷ ku²

煙 火 好 看 無 偌 久

解釋 煙火：以火硝及其他藥物所製成，施放時會綻放豔麗的圖色，多供節慶觀賞用。無偌久：指時間很短暫。

涵義 奉勸人不要盲目追求虛榮，因為它只是短暫的，不可能持久。

說明 煙火是一種「喜氣」的象徵，通常只在特定節日施放。每當煙火劃過天際，那種絢爛的色彩與瞬間爆發的聲響，足以令人振奮許久，只是它出現的時間短暫，曇花一現便消逝了，所以說絢麗的時間只是短暫的，不可能持久。

對應華語 電光石火、曇花一現、鏡花雪月。

huan⁵ lo² tsap⁸ sann¹ tai⁷ kiann² sun¹ bo⁵ bi² thang¹ tsu²

煩 惱 十 三 代 囝 孫 無 米 通 煮

解釋 煩惱：憂心、擔憂。十三代：指幾百年後。囝孫：兒孫。無米通煮：無米可炊煮。

涵義 諷刺人連幾百年後才會發生的事情都要憂慮，根本是杞人憂天。

說明 如果一代以二十五年來計算，十三代總共是三百多年，那時候我們已經不在人世，卻還擔憂「十三代囝孫」沒有米糧可以吃，怕他們過不好的生活，根本是杞人憂天，多慮了。

對應華語 杞人憂天、庸人自擾、無事生非。

tsiau³ pe⁷ se¹ thau⁵　　tsiau³ bu² pak⁸ kue³
照 爸 梳 頭 ， 照 母 縛 髻

解釋 照：依循。梳頭：整理髮絲。縛：綁。髻：將頭髮挽起並束於頭頂。

涵義 說明幼兒時期的孩童皆以父母親為模仿對象，為人父母者要做個好榜樣。

說明 子女年幼的時候，第一個學習的對象就是自己的父母親，所以男生會跟父親梳一樣的髮型，女生會跟母親綁一樣的髮髻，前人用此句話來告誡父母，子女初期受父母親的影響頗大，為人父母者不可不做好榜樣。

sannh⁴ tioh⁸ hong¹ thai¹ bue²
煞 著 風 颱 尾

解釋 煞著：被……掃到。風颱尾：颱風尾。

涵義 形容人無辜受到災禍的波及。

說明 「煞著風颱尾」是說被颱風尾掃到，也就是無辜受到災禍波及的意思。例如甲正在氣頭上，乙卻不知情的去逗弄他，結果惹來一身罵，我們便可說乙「煞著風颱尾」。

對應華語 波及無辜、池魚之殃、殃及池魚。

tong¹ kim¹ tsinn⁵ tso³ lang⁵
當 今 錢 做 人

解釋 當今：現在。錢做人：「看錢辦事」之意。

涵義 形容現代人將「錢」看得比什麼都重要，完全看錢辦事。

說明 俗語說「錢非萬能，但沒錢萬萬不能」。人如果有錢，走到哪兒都受人尊敬，而且請人幫忙做事也容易，因為大家都看「錢」辦事，有錢就好辦事；人若沒錢，走到哪兒都沒人理你，更甭說請人幫忙做事了。

對應華語 錢可通神、有錢好辦事、有錢走遍天下、有錢能使鬼推磨。

lng¹ thau⁵ peh⁸ jit⁸ tshiunn² kuan¹ te³ bio⁷

當 頭 白 日 搶 關 帝 廟

解釋 當頭白日：光天化日。關帝廟：奉祀關公的廟宇。

涵義 形容人膽大如斗，竟敢在太歲爺面前放肆。

說明 關帝廟所奉祀的是關公，據說關公一生最厭惡邪惡，所以死後被封為三界伏魔大帝，專門對付邪惡之人，壞人看到祂，大都會嚇得要死。「當頭白日搶關帝廟」是說某人在光天化日下，竟然跑到關帝廟內搶奪財物，比喻人膽大包天，竟敢在太歲頭上動土。

對應華語 膽大如斗、膽大妄為、膽大包天、橫行無忌、太歲頭上動土。

e² lang⁵ kau⁷ hing⁷

矮 人 厚 行

解釋 矮人：身材短小者。厚：「多」的意思。行：動作、心眼。

涵義 說明身材矮小的人多心眼及小動作。此語通常帶有貶意。

說明 「矮人厚行」是說身材短小的人多心眼與小動作，不好相處。這是一句不合時宜的諺語，有歧視身材短小者的意味，最好不要使用，以免得罪別人。

e² lang⁵ peh⁴ piah⁴ khiam³ thui¹

矮 人 跖 壁 ， 欠 推

解釋 跖壁：攀爬牆壁。欠推：與台語「欠梯」諧音，此指「欠人修理」之意。

涵義 責罵人欠揍、欠修理。

說明 這是一句歇後語。矮人的身高短小，想要攀爬牆壁得借助梯子才行，所以「矮人跖壁」指的是「欠梯」。由於「欠梯」的台語發音與「欠推」諧音，而「欠推」是華語「欠揍」的意思，故「矮人跖壁」是責罵人欠揍、欠人修理之意。

ban⁷ tai⁷ ni⁵ e⁵ tai⁷ tsi³ ia⁷ khioh⁴ khi² lai⁵ liu⁷

萬 代 年 个 事 志 也 抾 起 來 餾

解釋 萬代年：指好久以前。个：的。事志：事情。抾起來：拿出來。

餾：指炒冷飯，一再地說。

涵義 形容年代久遠的事還常常提出來說。

說明 「萬代年个事志也扲起來餾」是說好久之前的事還拿出來炒冷飯，一再地說。例如老夫老妻吵架，翻舊帳，把年輕時代的事又拿出來講，就可以說「萬代年个事志也扲起來餾」。

補充 依教育部2007年5月公布之台灣閩南語推薦用字第一批①當「个 e^5」解釋為「的」時，將「个e^5」寫作「的e^5」；②「事志 tai^{7}tsi^3」寫作「代誌tai^{7}tsi^3」。

對應華語 重提往事。

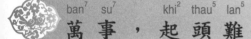

ban^7　su^7　　　　khi^2　thau^5　lan^5

萬 事 ， 起 頭 難

解釋 萬事：所有事。起頭：開始。

涵義 說明做事，開頭總是摸不著頭緒，較難著手。

說明 人不管做任何事，要從無變有，從不懂變懂，要下很多工夫，特別是剛開始的時候，事情千頭萬緒，如果沒有足夠的毅力，很容易望而怯步，碰上挫折就打退堂鼓，所以前人才會說「萬事，起頭難」。

對應華語 創業維艱、萬事起頭難。

ban^7 su^7 put^4 iu^5 jin^5 ke^3 kau^3 sng^3 lai^5 long^2 si^7 mia^7 an^1 pai^5

萬事不由人計較，算來攏是命安排

解釋 萬事：指所有的事。不由：由不得。攏是：都是。命：指命運。

涵義 形容命運早由天定，由不得人改變，所以好壞都不要太過介意。

說明 中國人講求宿命論。人一生的命運好壞，其實天命早已安排好，由不得人算計，所以過得好也好，過得不好也好，都不要過於埋怨，畢竟那是改變不了的事實。

對應華語 天命難違、天命有歸、命中註定。

ban⁷ puann¹ kai¹ si⁷ mia⁷　　puan³ tiam² put⁴ iu⁵ jin⁵

萬 般 皆 是 命 ， 半 點 不 由 人

解釋 萬般：所有事。皆：都。半點不由人：一點都由不得人。

涵義 說明命運早由天定，人只能被動接受。

說明 中國人講求宿命論。人一生命運的好壞，其實天命早已安排好，一般人是無力改變的，所以當人過得不好、命運坎坷時，都會用「萬般皆是命，半點不由人」來自我安慰，或安慰他人，藉此讓心情寬慰些。

對應華語 命中註定、天命有歸、天命難違、萬般都是命，半點不由人。

khut⁴ a² lai⁷ bo⁵ tsui²　　be⁷ tshi⁷ tit⁴ pat⁸ lang⁵ hi⁵

窟 仔 內 無 水 ， 膾 飼 得 別 人 魚

解釋 窟仔內：小水塘裡面，此處比喻為「家」。無水：原意是沒有水，此處比喻死了兒子。膾：不能。別人魚：此處指別人家的女兒，即「自家媳婦」。

涵義 說明兒子死了，媳婦的心就不在這個家了。

說明 「窟仔內無水，膾飼得別人魚」是說池塘裡沒水，別人家的魚就養不活了；其實這句諺語的「窟仔內」是比喻「家」，「水」是比喻兒子，而「別人魚」則是比喻媳婦；當兒子不在家或往生，做媳婦的不可能單獨與夫家的人相處，自然心就不在家裡了，所以說「膾飼得別人魚」。

補充 依教育部2008年5月公布之台灣閩南語推薦用字第二批將「膾be⁷」寫作「袂be⁷」。

tsue⁷ ok⁴ khah⁴ tua⁷ thinn¹

罪 惡 較 大 天

解釋 較大天：指大於天。

涵義 形容罪惡滔天，為天理所不容。

說明 古人認為「天」是不著邊際、很大的。「罪惡較大天」可以解釋成「罪惡大過於天」，也就是說某人所犯的罪惡很大，根本是罪大惡極，為天理所不容。

對應華語 罪大惡極、罪惡滔天、罪孽深重。

siann³ hut⁸ bo⁵ lun⁷ tua⁷ se³ sin¹

聖佛無論大細身

解釋 聖佛：靈驗的神明。無論：不計較。大細身：身軀大小。

涵義 說明實質的才能比外表來得重要。

說明 神佛靈驗與否，不是看祂的體型大小，而是看實質表現，例如某些小神像，外表雖然不起眼，但依然非常靈驗，而某些大神像，外表雖然雄偉、有氣勢，但一點也不靈驗，所以說擁有實質的才能比外表更重要。

對應華語 山不在高，有仙則名、水不在深，有龍則靈。

siann³ siann³ hut⁸ tu² tioh⁸ khong¹ am¹ tsu² te⁷

聖聖佛拄著悾闇子弟

解釋 聖聖佛：靈驗的神明。拄著：遇到。悾闇：愚昧、傻傻的。子弟：信徒。

涵義 喻秀才遇上兵，無用武之地。

說明 一般信徒如果遇到不順心的事情，只要向神佛闡述，靈驗的神佛就知道如何幫助他，但愚昧的信徒連怎麼求神佛都不知道，所以即使神佛非常靈驗，遇到愚昧的信徒，一點也使不上力，就像秀才遇到兵，完全沒有用武之地。

對應華語 秀才遇到兵。

pak⁴ too² lai⁷ bo⁵ puann³ tiam² bak⁸ tsui²

腹肚內無半點墨水

解釋 腹肚內：肚子裡面。半點：「很少」的意思。無半點墨水：比喻沒有什麼知識。

涵義 責罵人學識不豐，沒什麼見識。

說明 以前的人稱到國外留過學的人為「喝過洋墨水的人」，所以「墨水」表示一個人的知識與見識，喝得越多，表示學問與見識越豐富。「腹肚內無半點墨水」是說某人的肚子裡沒有墨水，既然沒有墨水，就表示此人的見識與學識都不豐富。

對應華語 不識之無、胸無點墨、腹笥甚窘。

一畫　二畫　三畫　四畫　五畫　六畫　七畫　八畫　九畫　十畫　十一畫　十二畫　十三畫　十四畫

pak⁴ too² lai⁷ be⁷ te² tit⁴ sann¹ liap⁸ sua¹

腹 肚 內 儹 貯 得 三 粒 沙

解釋 腹肚內：肚子裡面。儹貯得：容不下。三：比喻「少」的意思。

涵義 形容人心胸不夠大，容不下別人的意見。

說明 人的肚子可以貯藏許多食物，而區區三粒沙是何等的渺小，竟然說容不下，似乎有點矛盾。其實這句諺語所強調的根本與「吃」無關，之所以說「腹肚內儹貯得三粒沙」，主要是強調一個人的心胸狹小，根本容不下別人的意見。

補充 依教育部2008年5月公布之台灣閩南語推薦用字第二批將「儹be⁷」寫作「袂be⁷」。

對應華語 心胸狹窄、器量狹小、宰相肚裡不能撐。

pak⁴ too² lai⁷ tsik⁴ bo⁵ ko¹

腹 肚 內 擠 無 膏

解釋 腹肚：肚子。擠無膏：表示擠不出內容來。

涵義 形容人沒有內涵、學問或才能。

說明 「腹肚內擠無膏」是說肚子內擠不出什麼內容來。既然人的肚子內擠不出內容，表示該人胸無點墨，沒有內涵，知識與見識都非常貧乏。

對應華語 不學無術、不識之無、胸無點墨。

pak⁴ too² ki¹ ki¹ kio³

腹 肚 吱 吱 叫

解釋 腹肚：肚子。吱吱叫：比喻肚子餓的蠕動聲。

涵義 形容飢餓難當，很想吃東西。

說明 肚子餓的時候，腸胃會出現聲音，藉以提醒主人要進食了。「腹肚吱吱叫」是說肚子吱吱的叫著；形容人的肚子很餓，非常想要吃東西。

對應華語 飢火燒腸、飢腸轆轆、飢腸雷動。

pak⁴ too² te² gu⁵ bah⁴ ， tshui³ liam⁷ oo¹ mi² too⁵ hut⁸

腹肚貯牛肉，喙唸阿彌陀佛

解釋 腹肚：肚子。貯：裝、盛。喙：嘴巴。唸阿彌陀佛：唸經誦佛。

涵義 形容人嘴巴說一套，內心想的又是另一套。

說明 吃齋唸佛的人戒葷食，不吃肉類，否則會犯了宗教大忌。「腹肚貯牛肉，喙唸阿彌陀佛」是說肚子內裝著牛肉，嘴巴卻一直誦著阿彌陀佛，用來諷刺人表裡不一，說一套，做一套。

對應華語 表裡不一、口不應心、口是心非、心口不一、言清行濁、說一套，做一套。

loh⁸ tsui² tsiah⁴ tsai¹ tsui² tshim¹

落水才知水深

解釋 落水：掉入水中。

涵義 喻只有親自去做，才知道事情的難易。

說明 人在沒有落水之前，只能看到水的表面，根本不知道水底有多深，只有掉落水中，才會知道水的深度，所以「落水才知水深」是告訴人，只有親自去做一件事，才會知道事情的難易程度。

對應華語 事未經手不知難。

loh⁸ tsui² tsiah⁴ tsai¹ tng⁵ kha¹ lang⁵

落水才知長跤人

解釋 落水：掉入水中。長跤人：腳長的人。

涵義 說明人落難時，才想到可以救命之人。

說明 「落水才知長跤人」是說掉落水中才想到腳長的那一個人，意謂人處於困境之時，才想到可以救命之人。例如行動不便的丈夫將妻子趕出家門，某日不幸發生火災，他無法獨力逃離，此時才想到如果妻子在家該有多好，這就是所謂的「落水才知長跤人」。

對應華語 國亂思良將、家貧思賢妻。

loh⁸ tsui² kio³ sam¹ kai³ ， tsiunn⁷ tsui² kio³ bo⁵ tai⁷

落水叫三界，上水叫無事

解釋 落水：掉入水中，即溺水。三界：指三界公，又稱三官大帝，為

掌管天、地、人（一說為水）三界的神明。上水：被救上岸。叫
無事：裝成沒事的樣子。

涵義 說明有事請人幫忙時，苦苦的哀求，等事情解決後，就將別人的
恩惠忘得一乾二淨。

說明 某人溺水時呼天搶地，希望三界公能救他，等到被救上岸後，卻
裝成沒有發生過事情一樣，連一句感謝的話都不說，所以全句用
來形容人過河拆橋，利用完恩人後，便將他踢到一邊。

補充 依教育部2007年5月公布之台灣閩南語推薦用字第一批將「事
tai⁷」寫作「代tai⁷」

對應華語 忘恩負義、違恩負義、過河拆橋、過橋抽板、兔死狗烹、船
過水無痕。

落水平平沉，全無重頭輕
loh⁸ tsui² penn⁵ penn⁵ tim⁵ tsuan⁵ bo⁵ tang⁷ thau⁵ khin¹

解釋 落水：掉落水中。平平沉：都一起下沉。無重頭輕：沒有輕重的
差別。全句說：東西掉落水中，同樣都是往下沉，沒有輕與重的
差別。

涵義 說明大家所受的待遇相同，沒有任何差別。

說明 人掉落水中，如果沒有繫上「救生」的設備，同樣都會往下沉，
沒有孰輕孰重的差別，所以全句是形容大家所受的待遇一樣，沒
有不同。

對應華語 一視同仁、平等待遇。

落水隨人扒
loh⁸ tsui² sui⁵ lang⁵ pe⁵

解釋 落水：跌落水中。隨人：「各自」的意思。扒：划行。

涵義 形容人遇到危難時，只能各自求生，無力管他人的死活。

說明 人不小心掉落水裡，在慌亂中一定會激發求生的本能，也就是
想盡辦法脫離險境，此時自顧都不暇，哪還有心情去管他人的死
活，所以「落水隨人扒」用來形容人遭遇危難之時，一定先想辦
法自保，無力再顧及他人。

對應華語 各憑本事、各自努力。

落塗時，八字命

解釋 落塗時：嬰兒呱呱落地時，即剛出生時。八字命：以人的生時日月配合天干地支的算法所排出來的天命。

涵義 形容人一生的命運，出生時就已經註定好，好壞都不要怨尤。

說明 中國人認為一個人的生辰決定一生命運的好壞，如果出生在好的時辰，一輩子都好命，如果出生在不好的時辰，一輩子都不好過。其實這種說法並無科學根據，因為好過與不好過，後天的努力很重要，「落塗時，八字命」充其量只能當做參考，或拿來安慰那些命運乖舛的人，實在不能盡信。

對應華語 天生註定、命中註定、命運天註定。

loh⁸ sng¹ u⁷ jit⁸ tsio³ , oo¹ kuann⁵ si² bo² ioh⁸

落霜有日照，烏寒死無藥

解釋 落霜：下霜。日：太陽。烏寒：陰冷。死無藥：指無可救藥。

涵義 用來描述中國（含台灣）冬季氣候的普遍情形。

說明 本句是二十四節氣的氣候諺語，描述中國（含台灣）的冬季雖然是陰冷的天氣又降著霜，但有太陽的照射仍然非常地溫暖；若是陰天又沒有出太陽，那可要凍死人了。

對應華語 下霜逢日照，陰寒就糟糕。

gia⁵ kang¹ ka⁷ , ke¹ bo² ha¹ , too⁷ ting⁷ ka⁷ , be² kuann¹tsha⁵

蜈蚣咬，雞母哈，杜定咬，買棺材

解釋 蜈蚣：多足類節肢動物。雞母：母雞。哈：張口吐氣，此處指以唾液塗抹。杜定：蜥蜴。

涵義 說明前人被毒蟲咬傷的處理方式及嚴重性。

說明 蜈蚣與蜥蜴都是具有毒性的蟲，以前的人醫學常識不足，認為蜈蚣怕雞，所以被蜈蚣咬傷要塗抹雞的唾液才會痊癒，而被蜥蜴咬傷，因為毒性較強，無藥可醫，所以只好準備棺材收屍。

gia⁵ kang¹ kap⁴ a² tsua⁵ sam¹ put⁴ hok⁸

蜈蚣蛤仔蛇，三不服

解釋 蜈蚣：多足類節肢動物，具有毒性。蛤仔：俗稱「田蛤仔」，即青蛙。三不服：指三者彼此不服對方。

涵義 意謂誰也不怕誰。

說明 蜈蚣、青蛙與蛇被稱為「世間三不服」，主要原因是青蛙怕蛇，這是無庸置疑的；蛇怕蜈蚣的毒液，據說蛇只要被蜈蚣咬中，就必死無疑；而蜈蚣怕青蛙的尿，民間傳說蜈蚣只要被青蛙射出的尿液噴到身體，全部的腳都會斷掉。正因為上述的原因，所以造成三種生物「誰也不服誰」的情形產生。

gia⁵ kang¹ so⁵ jip⁸ kau² hia⁷ siu⁷ un² si²

蜈蚣趖入狗蟻岫，穩死

解釋 蜈蚣：多足類節肢動物。趖：爬行。狗蟻：螞蟻。岫：巢穴。穩死：必死無疑。

涵義 形容自尋死路。

說明 一窩螞蟻穴至少有幾萬隻螞蟻，蜈蚣不小心爬入螞蟻穴，一定會遭到螞蟻群起攻擊，到時候「猛虎難敵猴群」，絕對是必死無疑。

對應華語 必死無疑、陷入絕境。

ge⁵ mng⁵ pat⁴ ji⁷ khai¹ u⁷ li² bo⁵ tsinn⁵ bian² jip⁰ lai⁰

衙門八字開，有理無錢免入來

解釋 衙門：古代官員辦公的地方。八字開：古衙門兩旁的院牆向兩邊呈外八字伸展，據說本意是展開雙手歡迎老百姓來衙府內溝通。免入來：不用進來。

涵義 說明舊官吏貪贓枉法，以錢來決定人的生死。

說明 「衙門」是中國封建歷史的一個產物，在老百姓的眼裡，衙門是做不出好事的，正所謂「衙門八字開，有理無錢免入來」，衙門的院牆通常是呈外八字伸展，本意是展開雙手歡迎老百姓進來溝通，但後來完全變質，只有有錢人家才進得去，有理無錢的人卻不得其門而入，根本是為有錢人而設的機構。

一畫 二畫 三畫 四畫 五畫 六畫 七畫 八畫 九畫 十畫 十一畫 十二畫 十三畫 十四畫

對應華語 有錢判生，無錢判死、有錢得生，無錢得死、衙門八字開，
有錢無理莫進來。

poo² mi⁵ phue⁷ uann⁷ e¹ lang⁵
補棉被，換挨礱

解釋 挨：推動。礱：磨米去除粗糠的器具。全句說：嫌補棉被的工作
辛苦，於是換成推礱的工作，結果更累、更苦。

涵義 形容人換了工作，還是一樣辛苦。

說明 補棉被是一種傳統的老行業，做這一行的人必須有耐心及好眼
力，否則是很累人的；而「挨礱」很耗費體力，必須有人接替著
做，否則沒有人受得了。「補棉被，換挨礱」是說嫌補棉被工作
辛苦，於是換成推礱的工作，結果更累、更辛苦；比喻某人換了
工作，還是一樣辛苦。當有人換了工作還抱怨苦，便可用這句話
說他。

sing⁵ i³ tsiah⁸ tsui² tinn¹
誠意，食水甜

解釋 食水甜：連喝水都覺得甘甜。全句說：宴請賓客，如果是出於真
心誠意，即使只有請喝水都覺得甘甜。

涵義 說明人與人相處，「誠意」很重要。

說明 清水本來是沒有味道的，但如果主人是以真誠的心請人家喝，客
人喝起來都覺得甘甜。在宴會場合上，當主人謙稱菜色不好時，
客人為感謝主人真誠相待就會說這句話，意思是只要誠意到了，
就算喝清水都覺得甘甜。

ue⁷ tiong¹ u⁷ ham⁵ i³
話中有含意

解釋 有含意：有其他的意思，即「另有所指」。

涵義 形容人不直接將語意說明白，而是話中有話，讓人自行去猜測。

說明 某人講話不直截了當說出來，而是拐彎抹角、話中有話，讓聽者
自行去猜測他的話意，這就是所謂的「話中有含意」。

對應華語 話中有話、語帶雙關、意在言外、另有所指。

ue⁷ na⁷ e⁷ thiann¹ tit⁴　　kau² sai² ma⁷ e⁷ tsiah⁸ tit⁰
話 若 會 聽 得 ， 狗 屎 嘛 會 食 得

解釋 話若會聽得：某人講的話如果能採信。嘛會食得：也可以吃。

涵義 形容某人講的話不足以採信。

說明 「話若會聽得，狗屎嘛會食得」是說某人講話如果能採信，連狗屎都可以吃。由於狗屎本來就不能吃，故表示該人講的話不足以採信。

對應華語 言不足信、不足採信。

ue⁷ khah⁴ tse⁷ kue³ thi³ thau⁵ a²
話 較 濟 過 剃 頭 仔

解釋 較濟過：多過於。剃頭仔：指理髮師。

涵義 形容人話多，一直說個不停。

說明 以前家庭式的理髮，到店裡消費的多是熟客，所以師傅為客人修剪頭髮時，都會找話題跟客人聊天，以降低尷尬的氣氛，故理一個頭下來，自然講了不少話，更何況他一整天不可能只有一個客人，那話量更多了。「話較濟過剃頭仔」是說某人的話多過剃頭師傅；比喻人話多，說個沒完沒了。

對應華語 呶呶不休、絮絮叨叨、喋喋不休、棘棘不休、嘮嘮叨叨、強聒不舍。

ue⁷ khah⁴ tse⁷ kue³ niau¹ moo¹
話 較 濟 過 貓 毛

解釋 較濟過：多過於。貓毛：貓身體上的細毛。

涵義 形容人嘮叨不休，話一直說個不停。

說明 貓身上的毛很多，怎麼也算不完。某人「話較濟過貓毛」是說某人講的話比貓身上的毛還多，用來形容人話多，喋喋不休。

對應華語 呶呶不休、絮絮叨叨、喋喋不休、棘棘不休、嘮嘮叨叨、強聒不舍、話多如牛毛。

ue⁷ kong² e⁷ tit⁴ tshut⁴　　siu¹ be⁷ tit⁴ jip⁸

話　講　會　得　出　，　收　膾　得　入

解釋 講會得出：說得出口、講得出來。收膾得入：收不回來。

涵義 形容話一說出口，就沒辦法收回。有勸人慎言的意味。

說明 人從嘴巴講出來的話，不管是好或壞，一講出來就收不回去了，
所以講話要小心，否則得罪了別人，人家如果願意接受道歉就沒
事，如果人家不願意接受道歉，要予以追究，那可就麻煩了！

補充 依教育部2008年5月公布之台灣閩南語推薦用字第二批將「膾
be⁷」寫作「袂be⁷」。

對應華語 一言既出，駟馬難追。

tshat⁸ sim¹ hue⁵ siunn⁷ bin⁷

賊　心　和　尚　面

解釋 賊心：不良的居心。和尚面：比喻慈善的面容。

涵義 形容人的外表看起來很慈善，但內心卻很邪惡。

說明 「賊心和尚面」指某人的內心很邪惡，但面容卻如和尚般的慈
善，用來形容人面善心惡。

對應華語 面善心惡。

tshat⁸ a²　　tsiong⁷ guan⁵ tsai⁵

賊　仔　，　狀　元　才

解釋 賊仔：小偷、竊賊。狀元：科舉時代殿試排名第一的考生。全句
說：當小偷的人，都具有狀元般的才能。

涵義 說明竊賊的才智都很高，只可惜用錯了地方。

說明 小偷在偷東西之前，一定會事先觀察地形，並尋找適當的下手
時機，所以防不勝防。即使現代科技發達，各種防盜設備日新月
異，小偷依然能輕易破解，成功的竊取財物，顯見他們都不是等
閒之輩，所以前人才說小偷是「狀元才」。

tshat⁸ khi³ tsiah⁴ kuainn¹ mng⁵

賊　去　才　關　門

解釋 去：離開。

> **涵義** 說明差錯產生後才想要補救，已經太遲了。

> **說明** 要預防竊賊闖空門，事先就應該要將門戶緊閉，若等竊賊離開後才想要緊閉門戶，值錢的東西都被偷走了，事後再做補救的動作已經不具任何意義了。

> **對應華語** 為時已晚、亡羊補牢、江心補漏、賊去關門。

tshat⁸ kiap⁴ tshat⁸　　sio² kng² kiap⁴ bak⁸ tshat⁸
賊 劫 賊 ， 小 卷 劫 墨 賊

> **解釋** 賊劫賊：大賊搶奪小賊的物品。小卷：又稱「小卷仔」及「透抽」，是一種常見的海鮮。墨賊：俗稱「烏賊」，遇危險會噴出墨汁欺敵，並藉機逃跑。小卷、墨賊：在句中可比喻為匪類、黑道。

> **涵義** 比喻黑吃黑。

> **說明** 「賊劫賊，小卷劫墨賊」是說大賊奪取小賊的東西，匪類奪取匪類的東西。例如甲乙兩人進行毒品交易，結果甲暗中耍詐，派人埋伏於交易地點，將毒品與錢財都劫走了，這就是所謂的「賊劫賊，小卷劫墨賊」，也就是黑吃黑的意思。

> **對應華語** 黑吃黑。

tshat⁸ si⁷ siau² jin⁵　　ti³ kue³ kun¹ tsu²
賊 是 小 人 ， 智 過 君 子

> **解釋** 小人：人格品行不好的人。智：智能。過：超越。君子：具有道德修養的人。全句說：雖然小偷的人格品行不佳，但腦袋卻非常聰明，不輸給君子。

> **涵義** 說明人不可低估竊賊的智商。

> **說明** 小偷為了竊取人家的財物，各種方法都想得出來，例如破解金融卡密碼、破解防盜密碼、詐騙、從信箱的喜帖得知主人何時不在家……等，其實很多竊賊的智商都很高，可以說是「智慧型」的犯罪人物，有時候連「君子」都自嘆不如呢！

tshat⁸ bin⁷　　tshai³ kong¹ sim¹
賊 面 ， 菜 公 心

> **解釋** 賊面：惡賊的面相。菜公：帶髮修行的男人。菜公心：指慈悲的

心腸。

涵義 形容人的長相並非善類，但內心卻如菩薩般的慈悲。

說明 人的長相是與生俱來的，無法自己選擇，有些人天生長得賊眉賊眼，但這並不代表他一定懷有「賊心」。「賊面，菜公心」是說某人看起來賊眉賊眼，好像很凶惡的樣子，但內心慈悲無比，就好像是帶髮修行的男人一樣；比喻人面惡心善。

對應華語 面惡心善。

loo⁷ ti⁷ lang⁵ e⁵ tshui³ li⁰
路佇人个喙裡

解釋 佇：在。个：的。喙裡：嘴巴上。

涵義 說明路況不熟時，可藉由問路而得到答案。

說明 人如果到了人生地不熟的地方，對路況不熟悉，要四處向人家問路才知道接下來要怎麼前進，所以「路佇人个喙裡」是說「路」就長在人的嘴巴上，只要敢開口請問人家，就一定能到達目的地。

補充 當「个e⁵」解釋為「的」時，依教育部2007年5月公布之台灣閩南語推薦用字第一批將「个e⁵」寫作「的e⁵」。

對應華語 路在口中。

loo⁷ kian³ put⁴ ping⁵ khi³ si² ing⁵ lang⁵
路見不平，氣死閒人

解釋 不平：指不公道的事情。閒人：指不相干的人。

涵義 說明旁人見到不公道的事情，挺身維護正義，幫助吃虧的一方。

說明 有些人天生具有公理正義，喜歡為人打抱不平，在路上碰到不合理與不公道的事情，即使與自己無關，他也會挺身而出，為弱者仗義執言，如果不這麼做，他會忿忿不平，這就是所謂的「路見不平，氣死閒人」。

對應華語 打抱不平、伸張正義、見義勇為、路見不平，拔刀相助、挺身而出。

777

loo⁷ pong⁵ si¹　　bo⁵ ho² si²

路旁屍，無好死

解釋 路旁屍：指路邊的死屍。

涵義 用來詛咒人「不得好死」的用語。

說明 中國人講求「壽終正寢」，就算死也要死在自己的家裡。「路旁屍，無好死」是說成為路邊的死屍，不得好死；這是詛咒人家的用語，當婦人被丈夫或他人長期欺壓，在忍無可忍時就會用這句話來詛咒他們「不得好死」。

對應華語 不得好死、不得善終、死無其所。

loo⁷ iau⁵ ti¹ ma² lik⁸　　jit⁸ kiu² kian³ jin⁵ sim¹

路遙知馬力，日久見人心

解釋 遙：遠。馬力：馬的腳力或力氣。日久：時間久了。見：明白、明瞭。

涵義 說明時間一久，便能了解一個人是好是壞，是不是值得當朋友。

說明 本諺語的重點在後一句。短距離的跑步，看不出一匹馬的腳力，只有長距離的奔馳才看得出來；同理，短時間內還不知道一個人的為人，只有經過長時間的觀察，才能知道對方是不是值得當朋友。

對應華語 路遙知馬力，日久見人心。

loo⁷ thau⁵ loo⁷ bue² sio¹ tu² e⁷ tioh⁸

路頭路尾相拄會著

解釋 路頭路尾：指「在路上」。相拄會著：彼此會相遇。

涵義 為仇敵之間常用的警告語，即要對方小心一點，下次如果在路上遇到，鐵定要他好看。（通常是被欺侮或吃虧的一方才會說此語）

說明 當甲受到乙的委屈，或被乙欺侮，甲對著乙說：「路頭路尾相拄會著」，意思是說以後在「路頭路尾」總會有遇到的時候，到時候一定把這筆帳討回來；此語含有「警告」或「挑釁」的意味，最好不要隨意使用。

對應華語 冤家路窄、山不轉路轉。

loo⁷　thau⁵　tann¹　ting¹　sim¹　　　　loo⁷　bue²　tann¹　thih⁴　thui⁵

路 頭 擔 燈 心 ， 路 尾 擔 鐵 鎚

解釋　擔：以肩膀來挑東西。燈心：由通草製成的燈心，重量很輕。鐵
　　　　鎚：鐵製用具，重量不輕。

涵義　喻人做事沒有恆心，不能堅持到最後。

說明　「路頭擔燈心，路尾擔鐵鎚」是說剛開始做事有如挑燈心般的輕
　　　　鬆，到後來則如同擔鐵鎚那般的沉重。任何人做一件事，剛開始
　　　　都充滿了興致，所以做起來輕鬆愉快，再怎樣都不覺得累，但如
　　　　果沒有恆心，會越做越沒興趣，後來就像「擔鐵鎚」一樣，難以
　　　　繼續堅持下去。

對應華語　半途而廢、有頭無尾、有始無終、虎頭蛇尾、行百里者半
　　　　九十。

loo⁷　pinn¹　e⁵　jio⁷　oo⁵　　　　tsing³　lang⁵　suan⁷

路 邊 个 尿 壺 ， 眾 人 漩

解釋　个：的。尿壺：男孩子專用的小便器。眾人漩：原指所有人皆可
　　　　以撒尿，此採其台語諧音「眾人訕」，即眾人責罵的意思。

涵義　此語有兩種意思：①形容某人成為萬民公敵，為人所不容。②用
　　　　來形容女子淫亂，人盡可夫。

說明　這是一句歇後語。路邊的尿壺屬於公廁，任何人都可以去小解，
　　　　故稱「路邊个尿壺，眾人漩」。由於「眾人漩」與「眾人訕」諧
　　　　音，而「眾人訕」是說某人遭到眾人責罵三字經的意思，所以
　　　　整句話用來形容某人成為千夫所指的混蛋，與大家都合不來；另
　　　　外，也形容女子淫亂，到處與男人亂來。

補充　當「个e⁵」解釋為「的」時，依教育部2007年5月公布之台灣閩南
　　　　語推薦用字第一批將「个e⁵」寫作「的e⁵」。

對應華語　①千夫所指、萬人唾罵、眾口交攻、眾矢之的、過街老鼠人
　　　　人喊打。②人盡可夫、水性楊花。

kha¹　tshiu²　ban⁷　tun⁷　　　　tsiah⁸　bo⁵　hun⁷

跤 手 慢 鈍 ， 食 無 份

解釋　跤手慢鈍：手腳遲緩，動作慢。食無份：連一份都吃不到。

涵義　形容動作比別人慢，分不到一杯羹。（可用在吃、做事等方面）

說明 「跤手慢鈍，食無份」是說動作比人家慢，食物被搶光了，連一份都吃不到。當食物少、人數多的時候，如果動作不快一點，搶不贏別人就沒有東西可吃了。這一句諺語除了「吃」之外，也可以用於「做事」方面，例如機會來了，不趕緊掌握住，還表現出無關緊要的態度，到時候機會被別人搶走，那就分不到一杯羹了。

對應華語 晚起的鳥兒沒蟲吃。

kha¹ te² phue⁵ ping² khi² lai⁵ penn⁵ penn⁵ oo¹
跤 底 皮 反 起 來 平 平 烏

解釋 跤底皮：腳底。反：翻。平平烏：同樣是黑的。

涵義 說明天下間的壞人都一樣壞，沒有人好到哪裡去。

說明 以前的生活水平差，大多數的人白天出門都不穿鞋子，腳直接踩在泥土上，只有在夜晚就寢之前才會洗乾淨腳底，所以將每個人的腳底翻開來看，大家都同樣黑，所以前人才說：「跤底皮反起來平平烏」。

對應華語 天下烏鴉一般黑、天下老鴰一般黑。

kha¹ ta¹ tshiu² ta¹ m⁷ bian² jip⁸ tsau³ kha¹
跤 焦 手 焦 ， 毋 免 入 灶 跤

解釋 跤焦手焦：指手腳很乾淨，沒有沾到水。毋免：不必、不需要。灶跤：指廚房。

涵義 形容人命好，不必做任何事就有人服侍得好好的。

說明 有錢人家，下人多，很多事情都不必自己做，自然就有人服侍得好好的，這其中當然包括進廚房燒水煮飯；既然不用進廚房做家事，手腳當然都是乾乾淨淨的。

對應華語 茶來伸手，飯來張口。

kha¹ tah⁸ lang⁵ e⁵ te⁵ thau⁵ ti³ lang⁵ e⁵ thinn¹
跤 踏 人 个 地 ， 頭 戴 人 个 天

解釋 踏：踩。个：的。戴：頭上頂著。

涵義 此語有兩種意思：①形容人客居他鄉，寄人籬下。②說明人對於被統治生活的怨嘆。

說明 「跤踏人个地，頭戴人个天」是說腳上踩的是別人的土地，頭上頂的是別人的天。當一個民族被其他民族統治，就會用這句話來怨嘆；另外，當某人客居他鄉，寄人籬下，也可以用這句話來形容。

補充 當「个e⁵」解釋為「的」時，依教育部2007年5月公布之台灣閩南語推薦用字第一批將「个e⁵」寫作「的e⁵」。

對應華語 仰人鼻息、寄人籬下、依草附木。

kha¹　tah⁸　be²　sai²　png⁷　kuann¹　khui³
跤踏馬屎傍官氣

解釋 跤踏馬屎：原指雙腳踩在馬屎上，此處指替官爺牽馬的小兵。傍官氣：依恃官爺的權勢而作威作福。

涵義 形容人假藉他人的權勢來欺壓別人。

說明 以前官爺出門不是坐轎子就是騎馬，如果是騎馬，都有一位小兵負責牽馬，由於他跟隨在官爺身邊，所以也想依仗主人的官威作威作福，到處欺壓人，這就是所謂的「跤踏馬屎傍官氣」。

對應華語 仗勢欺人、狐假虎威、狐假鴟張、狗仗人勢。

kha¹　thau⁵　hu¹　siunn⁷　ma⁷　tsai¹　iann²
跤頭趺想嘛知影

解釋 跤頭趺：膝蓋。嘛：也。知影：知道。

涵義 形容問題很簡單，隨便想就知道答案。

說明 事情需要經過頭腦思考才能得出答案，某事不必經過頭腦思考，只用「跤頭趺」想就可以得出答案，表示這個問題很容易明白，隨便想一下就知道答案了。

對應華語 可想而知。

peh⁴　khi²　kha¹　tioh⁸　tsau²
距起跤著走

解釋 距起跤：是說原本是坐著或站著不動，只因某些突發狀況而改變原先的狀態。著：就。走：「跑」的意思。

涵義 說明人拔腿就跑。

說明 當某人受外力影響或遇到突發狀況，短時間內有所反應，立刻拔

腿就跑，這就稱為「跔起跤著走」。例如遇到地震，人拔腿就逃出戶外、竊賊遇到警察，拔腿就跑……，都可以使用這句諺語來形容。

對應華語 拔腿就跑、落荒而逃。

peh⁴ ju² kuan⁵ puah⁸ ju² tshim¹
跔愈懸，跋愈深

解釋 跔愈懸：爬得越高。跋愈深：跌得越深。

涵義 說明人得到的權勢、地位越高，失敗也會越慘重。

說明 「跔愈懸，跋愈深」是說爬得越高，跌得越深。人從一樓的高度跳入水中，與從三樓的高度跳入水中，後者會潛得較深；同理，人得到的權勢、地位越高，得失心就越重，一旦失去權勢與地位，就如同自高處跌落地面，一定比一般人傷得更重。

對應華語 爬得越高，跌得越重。

peh⁴ kue³ sam¹ tiau¹ nia² tioh⁸ bo⁵ siunn⁷ tshu³ lai⁷ boo² kiann²
跔過三貂嶺，著無想厝內某囝

解釋 跔：爬。三貂嶺：又稱「倒吊嶺」，位於台北縣境內，是昔日進入蘭陽平原（今為宜蘭）的必經道路。著無想：就不會想念。厝內：家裡面。某囝：指妻兒。

涵義 形容人前往他鄉打拚後，與當地女子共組家庭，把家中的妻小拋棄。

說明 三貂嶺是昔日進入蘭陽平原的必經之地，此處地勢險阻，交通不便，又不時有土匪出沒，因此一旦越過三貂嶺，進入蘭陽平原，就很難再回到前山的家裡，於是有些人索性落地生根，與當地女子再婚，把前山的妻兒忘得一乾二淨。

khah⁴ m⁷ tat⁸ kue³ tsit⁸ tsiah⁴ kau²
較毋值過一隻狗

解釋 較毋值：比……還不值得。

涵義 喻人的地位卑賤，連一隻動物都不如。

說明 「較毋值過一隻狗」是說比一隻狗還不如。有些狗很好命，不但吃得好，睡得好，還定時做美容，打預防針，這種高級的享受，

一畫 二畫 三畫 四畫 五畫 六畫 七畫 八畫 九畫 十畫 十一畫 十二畫 十三畫 十四畫

恐怕一般人都要自嘆不如，難怪有些人會說：「做人『較毋值過一隻狗』」。

對應華語 比狗猶不及、比狗還不如。

khah⁴ tsa² khun³　khah⁴ u⁷ bin⁵
較早睏，較有眠

解釋 較早睏：早一點睡覺。較有眠：睡眠比較充足。

涵義 勸人不要做白日夢的意思。

說明 當某人沒有足夠的條件或能力，卻妄想去從事自己做不到的事情，例如當大老闆、娶美嬌娘、當太空人……等，旁人可能就會對他說：「較早睏，較有眠」，意謂不要再做白日夢了，還是睡飽一點比較實在。

khah⁴ tit⁸ kue³ tshenn¹ a² tsang⁵
較直過菁仔欉

解釋 較直過：比……還直。菁仔欉：指檳榔樹。

涵義 形容人愚直，腦筋像檳榔樹一樣直，一點都不會靈活變通。

說明 檳榔樹的樹幹非常直，所以「較直過菁仔欉」是說某人的腦筋比檳榔樹的樹幹還直，用來形容人的腦筋愚直，不曉得變通的意思。

khah⁴ tsham² loh⁸ iu⁵ tiann²
較慘落油鼎

解釋 較慘：比……更慘。落油鼎：下油鍋。

涵義 說明某人的處境十分悽慘。

說明 台灣民間相傳偷拐人妻、偷抱人子，死後要下十八層地獄受「下油鍋」的苦刑，其下場實在是慘不忍睹。「較慘落油鼎」是說某人的境遇比遭受「下油鍋」的酷刑還慘，意思是說某人的處境極為悽慘。

khah⁴ tsian⁷ kue³ sai² hak⁸ a² thang⁵
較賤過屎礐仔蟲

解釋 賤：好動之意。較賤過：比……還好動。屎礐仔蟲：糞坑內鑽來

鑽去的蛆。

涵義 形容小孩子太好動，一刻也停不下來。

說明 在舊式的廁所內如廁，可以看到糞坑內的蛆鑽來鑽去，整天動個不停，真的非常噁心。「較賤過屎礜仔蟲」是說某人比糞坑內的蛆還好動。蛆本身已經非常好動了，某人比牠還猶有過之，表示此人極為好動。（通常這句話多用來形容小孩子）

khah⁴ kan¹ khoo² ia⁷ si⁷ kue³ tsit⁸ si³ lang⁵
較 艱 苦 也 是 過 一 世 人

解釋 較艱苦：再怎麼辛苦。一世人：一生、一輩子。

涵義 形容生活再苦，還是要過一輩子。

說明 人出生到這個世界上，不管好過與否，都是要過一輩子，所以「較艱苦也是過一世人」是說生活再苦，還是要過一輩子，有勸人要忍耐的意味。

un⁷ khi³ kim¹ sing⁵ thih⁴ si⁵ lai⁵ thih⁴ sing⁵ kim¹
運 去 金 成 鐵 ， 時 來 鐵 成 金

解釋 運去：運氣不好的時候。金成鐵：黃金變成廢鐵。時來：運氣好的時候。鐵成金：廢鐵變成黃金。

涵義 說明人生的起落由「時運」決定。

說明 「運去金成鐵，時來鐵成金」是說運氣不好的時候，連黃金都會變成廢鐵，而運氣來的時候，連廢鐵都會變成黃金。當人走運時，即使默默無聞、作品不好，只要有人提拔，也會一飛沖天；然而走衰運時，即使聲名大噪、作品再棒，只要不為人賞識，再好的人才或作品都會被視為敝屣。

對應華語 時來，運轉。

iu⁵ hu² tsiah⁸ hu² iu⁵ kuan⁷ tsiah⁸ kuan⁷
遊 府 食 府 ， 遊 縣 食 縣

解釋 府：處理國家行政事務的機關。縣：處理地方行政事務的單位。

涵義 此語有兩種意思：①形容走到哪裡，就吃到哪裡。②形容人漂泊不定，到處流浪。

說明 這是一句宗教諺語。台灣「王爺公」的信仰，屬於瘟神信仰，

據說明太祖曾選派三十六位能說善道、滿腹經綸的進士，乘船赴南洋宣揚德威，不幸在台灣海峽遇上颱風，葬身海底，死後常顯靈於海面，明太祖知道後，下令建造一艘「王船」，船內供奉三十六名進士的神位，並御書：「遊府食府，遊縣食縣」八字，推進大海去「代天巡狩」。

對應華語 ①走到哪，吃到哪。②居無定所、漂泊不定。

kue³ liau² sin¹   suah⁴ liau² tai⁷
過 了 身 ， 煞 了 事

解釋 過了身：死亡的意思。煞：結束。事：指事情。

涵義 說明人過世之後，所有的往事也就一筆勾銷，不應該再追究。

說明 人一旦往生，所有生前事也都隨之結束，任何事都無從追究起，所以生前與人結下的樑子、欠下的感情債與金錢糾紛都應該一死百了，一筆勾銷，不能再延伸下去，這就是所謂的「過了身，煞了事」。

補充 依教育部2007年5月公布之台灣閩南語推薦用字第一批將「事tai⁷」寫作「代tai⁷」。

對應華語 一死百了、一死泯恩仇。

kue³ suann¹ m⁷ tsai¹ kiann² thi⁵
過 山 毋 知 囝 啼

解釋 過山：越過山嶺，即「離家」的意思。毋知：不知道。囝：小孩子。啼：哭泣。

涵義 此語有兩種意思：①說明人離家後，就拋棄家庭，棄妻兒於不顧。②說明人離家後，就與家庭失去聯繫，不知家中發生何事。

說明 有人結婚生子後單獨到外地賺錢或留學，結果在外地另築愛巢，棄家中的妻兒於不顧，一點都不關心家庭狀況，這就是所謂的「過山毋知囝啼」；另外，這句話也用來說明人離開家後，與家庭失去聯繫，不知道家裡發生了什麼事。

kue³ ni⁵ khah⁴ khuai³   kue³ jit⁸ khah⁴ oh⁴
過 年 較 快 ， 過 日 較 僫

解釋 僫：緩慢、困難。

涵義 感嘆日子難熬的意思。

說明 人每天要忙一大堆瑣碎的事情，整天做得焦頭爛額，總覺得日子過得很慢，而且很難熬；但「年」就不一樣，它在不知不覺中就來了，總是覺得過年比過日還快，所以前人才說：「過年較快，過日較僆」。

kue³ lai⁵ m⁷ ting³ ang¹ i³　　kue³ khi³ m⁷ ting³ kiann² i³
過 來 毋 中 翁 意 ， 過 去 毋 中 囝 意

解釋 毋：不。中：稱……的心意。翁：先生、丈夫。囝：子女。

涵義 形容要同時迎合眾人的心意很難，藉以說明做人的不容易。

說明 當一個家庭主婦，在家裡要同時面對丈夫與子女，有時候順了丈夫的意，子女卻不滿意，有時候順了子女的意，丈夫卻不滿意，例如妻子買電視遊樂器給小孩玩，順了子女的意，但丈夫可能不高興，認為這麼做會荒廢小孩子的學業。

對應華語 顧此失彼、順了姑意，逆了嫂意、豬八戒照鏡子──裡外不是人。

kue³ si⁵ be⁷ lah⁸ jit⁸
過 時 ， 賣 曆 日

解釋 曆日：指日曆、月曆。

涵義 形容人做了不合時宜的舉動。

說明 「過時，賣曆日」意謂拿過時的日曆出來販售。當一年過完後，該年的日曆就不再具有時效性，就算拿去送人也沒有人要，現在某人還將月曆拿出來賣就是做了不合時宜的事情。

對應華語 不合時宜、冬扇夏爐、冬笲夏裘。

kue³ kio⁵ khah⁴ tse⁷ li² kiann⁵ loo⁷
過 橋 較 濟 你 行 路

解釋 較濟：比……多。全句說：我過的橋比你走的路還要長。

涵義 此語有兩種意思：①說明年長者的智慧、見識與閱歷比年輕人豐富。②比喻人倚老賣老，瞧不起年輕人。

說明 在陸地上，路比橋的數量還要多，所以人的一生都是走路的里程多於過橋的里程，然而當老者與年少者相比，老者走過的橋就會

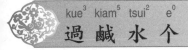

比年少者走過的路還要長。這句話主要強調年長者的見識、閱歷與經驗比較豐富，一般年輕人是比不上的；另外也可說人倚老賣老，瞧不起別人。

對應華語 ①吃過的鹽多過你吃過的米、走過的橋多過你走過的路。②倚老賣老、資深自負、老氣橫秋。

kue³ na⁵ au⁵ tioh⁸ m⁷ tsai¹ sio¹
過嚨喉著毋知燒

解釋 嚨喉：指喉嚨。著：就。毋知燒：就不覺得燙了。全句說：熱食一經過喉嚨後，就不覺得燙了。

涵義 諷刺人健忘，很快就將之前曾經受過的苦痛忘掉。

說明 一般我們吃燒燙的食物，如果不小心吃太大口，在口腔內會覺得燙，但食物一經喉嚨下嚥後，就不再有「燙」的感覺了，所以「過嚨喉著毋知燒」是形容人健忘，很快就將曾經受過的苦痛忘掉。

對應華語 好了傷疤忘了痛。

kue³ kuan¹ sang³ bun⁵ pin⁵
過關送文憑

解釋 過關：通過關卡。文憑：文件證明。

涵義 先上車後補票。

說明 以前過關卡都需要相關的同意文件才能通行，某人「過關送文憑」，先過了關卡，事後再補送相關的文件，此舉無異是「先上車後補票」的行為。

對應華語 亡羊補牢、先斬後奏、先行後聞、先上車後補票。

kue³ kiam⁵ tsui² e⁰
過鹹水个

解釋 鹹水：海水。過鹹水个：指曾經飄洋過海的人。

涵義 指曾經在國外就學、做過研究或旅居國外的僑胞。

說明 「過鹹水个」是指曾經飄洋過海的人。整句話雖然是這麼解釋，但並不包含出國旅行或短暫出國從商的人士，而是泛指曾經在國外讀過幾年書或旅居國外一段時間的僑胞。

一畫 二畫 三畫 四畫 五畫 六畫 七畫 八畫 九畫 十畫 十一畫 十二畫 十三畫 十四畫

補充 當「个e⁰」解釋為「的」時，依教育部2007年5月公布之台灣閩南語推薦用字第一批將「个e⁰」寫作「的e⁰」。

tshing³ tsi² phah⁴ kau³ ui⁷ to¹ ling² khi⁰ a⁰

銃 子 拍 到 位 都 冷 去 矣

解釋 銃子：子彈。拍：打。到位：到達目的地。冷去矣：冷掉了。全句說：子彈打到目的地都冷掉了。

涵義 喻在時間上已經來不及了，已失去時效性的意思。

說明 子彈打出去的時候是燙的，經過一段時間才會冷卻下來。「銃子拍到位都冷去矣」是說子彈從遠方打到這裡都已經冷掉了，用來形容為時已晚，在時間上已經來不及了。例如學生越區報考學校，但到了考場才發現準考證放在家裡，這時再請家人帶到考場，「銃子拍到位都冷去矣」，根本來不及。

對應華語 為時晚矣、遠水救不了近火。

keh⁴ kai³ tik⁴ kha¹ bo⁵ tik⁴ tshi³

隔 界 竹 跤 無 竹 刺 ，

kong¹ tsiong³ thiann¹ tng⁵ tshiunn⁷ tshenn¹ thi⁵

公 眾 廳 堂 上 青 苔

解釋 隔界竹跤：用來做為分界的竹林底部。竹刺：竹子莖部尖銳如刺之物。公眾廳堂：公家祠堂。上青苔：長出了青苔。

涵義 說明人只重視私利，而不關心公益之事。

說明 做為分界線的竹林下方，當事者怕竹子長出竹枝，縮小自己的土地面積，所以會時時注意，將多出來的竹枝給拔除掉；公眾廳堂是祀奉祖先的地方，由於是大家所共有，不是自己所獨享的地方，所以每個人都不想打掃，久而久之就長出青苔了。

keh⁴ piah⁴ pun⁵ sik⁴ ting¹ hue²

隔 壁 歕 息 燈 火

解釋 隔壁：鄰居。歕息：吹熄。燈火：又稱「燈仔火」，即油燈。

涵義 形容人好管閒事。

說明 以前的人夜晚都用油燈來照明，上床睡覺前就會將它吹熄。「隔壁歕息燈火」是說隔壁人家已經將油燈吹熄了。其實隔壁鄰居吹

不吹熄油燈都不關自己的事，去管人家吹熄油燈的事，根本是多管閒事的行為。

對應華語 好管閒事、多管閒事。

keh⁴ piah⁴ tshin¹ ke¹　le² soo³ guan⁵ tsai⁷
隔壁親家，禮數原在

解釋 隔壁：僅一面牆相隔的鄰居。親家：夫妻雙方父母的相稱。禮數：禮儀、禮節。原在：依舊、仍舊。

涵義 說明彼此雖然很熟，該有的禮數還是要有。

說明 中國人注重禮儀，所以即使是緊鄰而居的兩親家，彼此雖然早就認識，但該有的禮數還是要有，不能因為是鄰居就把該有的禮節都省略了。

對應華語 於禮不可偏廢。

lui⁵ kong¹ a² tiam² sim¹
雷公仔點心

解釋 雷公仔：指雷神。點心：在正餐之間所吃的食物。

涵義 詛咒或責罵人應遭天譴。（通常用於不孝、無情無義及忘恩負義者居多）

說明 相傳雷公專打不孝、無情無義、忘恩負義與作姦犯科一類的人。「雷公仔點心」是一句詛咒人的諺語，意謂希望某人成為雷公的點心，亦即詛咒人家遭天打雷劈的意思。

對應華語 遭天打雷劈。

lui⁵ kong¹ pe⁵ kha¹ tsiah⁴
雷公扒加脊

解釋 雷公：指雷神。扒：用手抓癢。加脊：指背部。

涵義 責罵人壞事幹盡，一定會遭天打雷劈。

說明 雷公的電力可達幾萬伏特，如果被雷公抓背，恐怕整個人都會燒焦。故當某人幹盡壞事，為眾人所唾棄時，大家會咬牙切齒地責罵他「雷公扒加脊」，意思是說他一定會遭到天打雷劈。

補充 依教育部2008年5月公布之台灣閩南語推薦用字第二批將「加kha¹脊」寫作「尻kha¹脊」。

對應華語 天打雷劈。

雷 公 走 入 厝 內
lui⁵ kong¹ tsau² jip⁸ tshu³ lai⁷

解釋 雷公：雷神。走入：跑進。厝內：家裡面。

涵義 形容人在家中坐，禍從天上來。

說明 「雷」通常不會打到家中，若真的打進來，家裡面的人沒有人可以倖免，鐵定發生災禍，所以此句話用來形容人遭受無妄之災，人在家中坐，禍從天上來。

對應華語 無妄之災、飛來橫禍、人在家中坐，禍從天上來。

雷 公 爍 爁 砰 砰 叫
lui⁵ kong¹ sih⁴ nah⁴ phiang³ phiang³ kio³

解釋 爍爁：指閃電。雷公爍爁：指雷電交加。砰砰叫：聲音很大的意思。

涵義 形容氣候狀況很差，雷電交加。

說明 通常天空會出現閃電與打雷，表示氣候狀況不佳。「雷公爍爁砰砰叫」是說閃電與雷聲接連出現，大地不時出現震耳欲聾的聲響，用來形容氣候狀況很差，雷電交加。

對應華語 雷電交加。

雷 拍 秋 ， 對 半 收
lui⁵ phah⁴ tshiu¹ tui³ puann³ siu¹

解釋 拍：打。秋：指二十四節氣中的「立秋」。對半：一半。收：指收成。

涵義 說明立秋當天忌雷，一旦打雷，將嚴重影響來年稻作的收成量。

說明 這是一句氣候諺語。以前的農家經過長期的觀察，認為立秋當天若打雷，表示後半年會比較乾旱，下雨的機會較少，這麼一來，水稻就沒有足夠的水源灌溉，自然就會影響來年的收成量。本句之「對半收」只是做個比喻，表示雨水少會減少收成量，而不是真的指收成減半。

雷霆有認主

lui⁵　tan⁵　u⁷　jin⁷　tsu²

解釋 雷霆：打雷的意思。認主：認人。全句說：雷公要劈人時，會對準目標。

涵義 說明冤有頭，債有主，天譴不會波及無辜。

說明 老一輩的人認為打雷，表示有壞人被老天爺鎖定，即將遭到天打雷劈；既然已經鎖定好對象，雷神一定會認清楚，不會打錯對象，殃及無辜。

對應華語 各債各結、冤有頭，債有主。

零星抾加圇

lan⁵　san¹　khioh⁴　ka¹　nng⁵.

解釋 零星：零數，未成一整數。抾：撿取、收取。加圇：完整的意思。

涵義 喻積少也會成多。

說明 零星的東西，如果能一點一滴地累積，時間久了也會成為大而完整的數目，例如小錢存久了就會變大錢、知識累積多了就會淵博……，本句諺語所要表達的正是這種「積少成多」的精神。

對應華語 積土成山、積沙成塔、積水成淵、積少成多、集腋成裘。

飼囝無論飯，飼爸母算頓

tshi⁷　kiann²　bo⁵　lun⁷　png⁷，　tshi⁷　pe⁷　bu²　sng³　tng³

解釋 飼囝：養育兒子。無論飯：不計較吃多少飯。算頓：以「一餐飯」、「兩餐飯」來計算。

涵義 此為感慨子女不孝的用語。

說明 父母親為了怕子女吃不飽，造成營養不良，從來不會管他們吃多少飯；但父母年紀大了，眾兄弟卻會因父母多吃誰一頓飯而起爭執，這就是所謂的「飼囝無論飯，飼爸母算頓」。

飼囝較緊，教囝較僫

tshi⁷　kiann²　khah⁴　kin²　　ka³　kiann²　khah⁴　oh⁴

解釋 飼囝：扶養小孩。較緊：較快、較容易。教囝：教育小孩。較僫：較慢、較困難。

一
畫

二
畫

三
畫

四
畫

五
畫

六
畫

七
畫

八
畫

九
畫

十
畫

十
一
畫

十
二
畫

十
三
畫

十
四
畫

涵義 說明教育子女比扶養子女困難。

說明 要將一個小孩子扶養長大較為簡單，只要將他們照顧得健健康康就行了，但要將一個小孩子教育成人則比較困難，因為父母必須投入更多的時間、金錢與精神，而且還不一定如願達成，所以整體而言，養兒容易，育兒比較困難。

對應華語 養兒容易，育兒難。

tshi⁷ kau² ia⁷ e⁷ io⁵ bue²
飼 狗 也 會 搖 尾

解釋 飼狗：養狗。全句說：狗看到主人，也會搖尾巴向他撒嬌。

涵義 斥責人忘恩負義，比一隻狗還不如。

說明 狗是人類最忠實的朋友，只要餵牠食物，狗看見你就會搖尾巴示好，相較之下有些人你對他好，他不但不懂得報恩，還恩將仇報，簡直比一隻狗還不如！

對應華語 豬狗不如。

tshi⁷ kau² pui⁷ tsu² lang⁵
飼 狗 吠 主 人

解釋 吠：狗叫。全句說：所飼養的狗，竟然對著主人狂吠。

涵義 形容人恩將仇報，做出傷害恩人的事。

說明 以前的人養狗，主要用來看家，當陌生人接近屋子時狗會發出叫聲提醒主人注意。「飼狗吠主人」是說養的狗回過頭來對著主人狂吠；比喻人恩將仇報，做出傷害恩人的事。

對應華語 忘恩負義、違恩負義、恩將仇報、以怨報德。

tshi⁷ hau⁷ senn¹ iong² lau⁷ sue⁵
飼 後 生 ， 養 老 垂

解釋 後生：兒子。老垂：年老時。

涵義 說明中國人「養兒防老」的觀念。

說明 中國人認為養女兒終究要嫁人，不可能陪伴自己到老，而養兒子可以一直陪伴在身邊，等自己年老不能自食其力時可以奉養自己，這就是中國人所說的「養兒防老」的觀念，現代已不適用。

對應華語 養兒防老。

tshi⁷ tsa¹ boo² kiann² pat⁸ lang⁵ e⁵

飼查某囝別人个

解釋 飼查某囝：養女兒。个：的。全句說：養女兒，終究要嫁出去，成為別人家裡的一員。

涵義 形容生女兒沒用，只是替人家養媳婦罷了。

說明 這是早期台灣人「重男輕女」的封建思想，當時的人認為女兒終究要嫁到別人家，成為別人家裡的一員，所以養女兒沒用。

補充 當「个e⁵」解釋為「的」時，依教育部2007年5月公布之台灣閩南語推薦用字第一批將「个e⁵」寫作「的e⁵」。

對應華語 重男輕女。

tshi⁷ tsua⁵ ka⁷ ke¹ bo²

飼蛇咬雞母

解釋 雞母：指母雞。全句說：主人養的蛇，卻將主人養的雞吃掉了。

涵義 此語有兩種意思：①比喻人養了禍害，最後身受其害。②比喻人恩將仇報。

說明 雞是蛇最喜歡吃的食物之一，某人養了蛇，蛇看到主人養的雞自然不會放過，一口就將雞吞進肚子裡，所以「飼蛇咬雞母」形容人養虎遺患或指某人受他人恩惠，後來卻恩將仇報。

對應華語 ①姑息養奸、養虎遺患、養癰成患、自食惡果、自作孽，不可活。②恩將仇報、忘恩負義、以怨報德、違恩負義。

tshi⁷ niau² tshi² ka⁷ poo³ te⁷

飼鳥鼠咬布袋

解釋 鳥鼠：老鼠。布袋：農家裝收成稻穀的麻袋。

涵義 此語有兩種意思：①比喻人養了禍害，最後自己也身受其害。②比喻人恩將仇報。

說明 以前的農家收成完稻穀都會裝於布袋中，儲藏在自家的糧倉內，老鼠因為知道倉庫中有食物可以吃，所以會跑進來尋覓，當牠們看到一袋袋的布袋，不管裡面裝的是什麼，馬上會用牙齒咬破，結果穀粒掉滿地，造成農家許多的困擾。「飼鳥鼠」只是一種比喻，以前真的沒有人會以養老鼠為樂，然而前人會這麼說，是因為老鼠在家中自由來去，就好像是人養的一樣。

對應華語 ①姑息養奸、自食惡果、養虎遺患、養癰成患、自作孽，不可活。②恩將仇報、忘恩負義、以怨報德、違恩負義。

tshi⁷ ti¹ sing⁵ ti¹ ko¹　　tshi⁷ ke¹ sing⁵ pit⁴ lo⁵

飼 豬 成 豬 哥 ， 飼 雞 成 伯 勞

解釋 成：像。豬哥：配種用的公豬，瘦而不肥。伯勞：一種候鳥，體型小，僅比麻雀大一點。全句說：欲將豬養肥，牠的體型卻長得像豬哥；欲將小雞養大，牠的體型卻長得像伯勞鳥。

涵義 形容人將心力投注在某件事上，卻達不到期許的效果。

說明 豬要趕快養肥才能賣掉，某人欲將豬養肥，牠的體型卻長得像豬哥，根本賣不到好價錢；雞要趕快長大才能販售屠宰，某人欲將小雞養大，牠的體型卻長得像伯勞鳥，根本要虧錢了，所以整句話用來形容人白費心力，徒勞無功。

對應華語 白費心力、徒勞無益、徒勞無功、枉費心力。

pa² sui⁷ e⁵ tiu⁷ a²　　thau⁵ le⁵ le⁵

飽 穗 个 稻 仔 ， 頭 犁 犁

解釋 飽穗：穀穗飽滿。个：的。稻仔：指稻子。頭犁犁：頭部往下看，比喻人低調、謙卑。

涵義 喻越有學問、本事及才能的人越懂得謙卑，而越膚淺、越沒本事的人，就越喜歡誇耀自己。

說明 稻穗尚未飽和是朝上成長的，越接近收成時間，會因為飽和使重量增加而下垂，所以用「飽穗个稻仔，頭犁犁」來形容擁有真才實學的人，行事謙卑、低調，不會到處宣揚，而膚淺、沒有真本領的人，反而喜歡到處誇耀自己。

補充 當「个e⁵」解釋為「的」時，依教育部2007年5月公布之台灣閩南語推薦用字第一批將「个e⁵」寫作「的e⁵」。

對應華語 謙卑自牧、卑以自牧、謙沖為懷、虛懷若谷。

koo² 　 bo⁵ phah⁴ be⁷ hiang²

鼓 ， 無 拍 艙 響

解釋 鼓：一種敲打的樂器。無拍：沒有敲打。艙：不會。

涵義 說明某些事如果不表達立場或宣傳造勢，根本沒有人會注意，也

不會有改善的機會。

說明 鼓本來就要經過敲打才會發出聲響，沒有敲打，何來聲音？人也是一樣，沒有表達立場或宣傳造勢，人家根本不會知道你的訴求是什麼。

補充 依教育部2008年5月公布之台灣閩南語推薦用字第二批將「艙be⁷」寫作「袂be⁷」。

對應華語 鼓不打不響、燈不點不亮、鐘不撞不鳴。

koo² tshue¹ tshiu³　　kan¹ lok⁸ kha¹

鼓 吹 喙 ， 干 樂 跤

解釋 鼓吹：嗩吶，是一種中式喇叭。喙：嘴巴。干樂：指陀螺。跤：腳。

涵義 形容人話多又好動。

說明 「鼓吹喙」是說某人的嘴巴像嗩吶一樣，咿咿哇哇響個不停，也就是話多的意思；「干樂跤」是說某人的腳像陀螺一樣好動，一會兒在這裡，一會兒又到達那裡，動個不停。故「鼓吹喙，干樂跤」用來形容一個人既多話又好動。

十四畫

一畫 二畫 三畫 四畫 五畫 六畫 七畫 八畫 九畫 十畫 十一畫 十二畫 十三畫 十四畫

hiau¹ hing⁷ tsinn⁵   sit⁴ tik⁴ liau²   uan¹ ong² tsinn⁵   puah⁸ su¹ kiau²
僥倖錢，失德了，冤枉錢，跋輸笈

解釋 僥倖錢：指不義之財。了：損失。失德了：指沒有道德的失去。冤枉錢：冤枉他人所取得的錢財。跋輸笈：賭博輸了。

涵義 說明不義之財怎麼來就怎麼去，勸人不要賺取。

說明 人要是貪求不義之財，也會不正當的失去，例如某人拿搶劫超商得來的錢去買毒品吸食就是一個例子，這就是所謂的「僥倖錢，失德了」；另外，人要是靠冤枉他人而取得錢財，也會像賭博一樣的失去，例如某人栽贓候選人買票，然後領取政府頒發的獎金，因為不是靠勞力賺取，所以會毫不疼惜地揮霍掉，就像賭博輸掉一樣；整句說明不義之財怎麼來就怎麼去，無法留住。

bong⁷ a² poo¹ m⁷ kong²   kong² thiong² a²
墓仔埔毋講，講塚仔

解釋 墓仔埔：指墓地。毋講：不講。塚仔：指塚仔埔，即墳場、墓地。

涵義 諷刺人故意賣弄自己的學問，盡挑人家聽不懂的話說。

說明 台語的「墓仔埔」與「塚仔埔」都是「墓地」的意思，然而「墓仔埔」比較多人知道，是口語化的用語，而「塚仔埔」則少有人知。「墓仔埔毋講，講塚仔」是說某人欲表達「墓地」，不講口語化的「墓仔埔」，卻挑人家不知道的「塚仔埔」來說，形容人不簡單明瞭地表達意思，卻用人家聽不懂的話來說。

bong⁷ a² poo¹ pang³ phau³   tsha² si² lang⁵
墓仔埔放炮，吵死人

解釋 墓仔埔：指墓地。放炮：指放鞭炮。

涵義 責罵人太吵，讓人不得安寧。

說明 這是一句歇後語。「墓仔埔」是往生者長眠的地方，在「墓仔埔」放鞭炮，吵不到活著的人，只會吵到死人，所以前人便用此語形容人過於吵鬧，讓人不得安寧。

對應華語 不得安寧。

墓仔埔童乩，講鬼話

bong⁷ a² poo¹ tang⁵ ki¹　kong² kui² ue⁷

解釋 墓仔埔：指墓地。童乩：即乩童。

涵義 多用來批評人胡言亂語。

說明 這是一句歇後語。乩童是鬼神與人的溝通橋樑，如果在廟裡，他當然要講神話才能跟神明溝通，但如果在墓仔埔，當然要講鬼話才能跟鬼溝通；現在多用此語諷刺人胡言亂語、胡扯一通。

對應華語 誑言亂語、信口雌黃、胡說八道、胡言亂語、鬼話連篇。

夢做官，先做戲

bang⁷ tso³ kuann¹　sing¹ tso³ hi³

解釋 夢做官：夢想當官。做戲：演戲。

涵義 勸人少做白日夢，不要癡心妄想。

說明 古代要當官，必須經過重重的考試，只有成績名列前茅者才有機會，但演戲不一樣，想扮演多大的官位都可以，連皇帝都行，故當某人沒有當官的命，卻夢想當官，別人就會用「夢做官，先做戲」來勸他不要再做白日夢。

對應華語 別做白日夢。

嫖賭飲，三字全

phiau⁵ too² im²　sann¹ ji⁷ tsuan⁵

解釋 嫖：花錢玩女人。賭：賭博。飲：喝酒。三字全：三種都會。

涵義 譏諷人喝酒、嫖妓、賭博樣樣都行。

說明 「嫖賭飲，三字全」是說某人嫖妓、賭博與飲酒三種惡習全都染上；形容人嫖妓、賭博、飲酒樣樣精通，沒有一種是不會的。

對應華語 吃喝嫖賭樣樣行。

寧可清飢，不可濁飽

ling⁵ kho² tshing¹ ki¹　put⁴ kho² tok⁸ pa²

解釋 寧可清飢：寧願因清廉而挨餓。不可：不願意。濁飽：指貪求不義之財而得以溫飽。

涵義 形容人再困苦也要清廉自持，不會改變志節。

說明 「寧可清飢，不可濁飽」是說某人寧可因清廉而受挨餓之苦，也不願意貪求不義之財來求得溫飽，用來形容人再怎麼困苦也不會改變志節，依然以清廉自許。

對應華語 寧可清貧，不可濁富。

tui³ ni⁵ tui³ ai¹　　tso³ sann¹ ni⁵　　bo⁵ lang⁵ tsai¹

對年對哀，做三年，無人知

解釋 對年：指人過世滿一周年。對哀：跟著哀悼。無人知：沒有人知道「對年」的日期。全句說：父母過世，每滿一年就要哀悼一次，但只哀悼三年就停止，以後就沒人過問了。

涵義 嘲諷子女對已故父母的孝思只是短暫的。

說明 以前父母過世，當子女的每逢週年忌都要哀悼一回，以表達對父母的孝思；然而前三年子女還會定期哀悼，等過了第三年連父母「對年」的日期都不記得了，整句話用來形容子女對父母的孝思短暫而不長久。

ban⁵ gu⁵ kau⁷ sai² jio⁷

慢牛厚屎尿

解釋 慢牛：行動緩慢的牛。厚：多。厚屎尿：原指多屎多尿，此處指編織一大堆理由。

涵義 形容人做事經常用各種理由來拖延時間。

說明 「牛」天生就是農夫的好幫手，偏偏牠的動作慢，又好拉屎撒尿，所以前人說牠是「慢牛厚屎尿」。現在這一句話已經很少用在牛隻身上，反而多用來比喻人，當某人做事慢，經常利用各種理由拖延時間，就可以稱他是「慢牛厚屎尿」。

對應華語 拖泥帶水、拖拖拉拉。

ban⁵ gu⁵ tsiah⁸ lo⁵ tsui²

慢牛食濁水

解釋 慢牛：行動緩慢的牛。濁水：混濁不清澈的水。

涵義 形容動作慢的人，只能得到人家剩下的東西，總是比較吃虧。

說明 水牛耕完田、喝完水後，習慣將身子泡在小溪中，藉此降低身體的溫度，在水中，牠偶爾會翻滾幾下，也會在溪中大小便，這些

動作很自然地會將溪底的泥沙激起，使溪水變得混濁，慢一點來的水牛就只能喝濁水了。

對應華語 晚起的鳥兒沒蟲吃。

ban⁷ tun⁷ tshiunn² bo⁵ hun⁷

慢 鈍 ， 搶 無 份

解釋 慢鈍：動作遲緩，手腳遲鈍。搶無份：搶不到東西吃。

涵義 形容動作慢或做事不積極的人，永遠也得不到心儀的東西。

說明 此語也可說「慢鈍，食無份」。做任何事都一樣，動作快、消息靈通的人往往容易得到機會，而動作慢、消息不靈通的人往往容易失去機會。例如限量發行的一元便當，先來者先得，後來者只能向隅而歸。這句話的意思與華語「晚起的鳥兒沒蟲吃」同義，意謂動作慢的人，永遠也甭想得到心儀的東西。

對應華語 晚起的鳥兒沒蟲吃。

kuan³ si³ sing⁵ tsu⁷ jian⁵

慣 勢 成 自 然

解釋 慣勢：習慣。

涵義 說明任何事物，只要經常做或看，久了就會習慣，並成為行為的一部分。

說明 人經常做一件事，不管好或壞，久了就會變成一種習慣，有時候不做反而覺得奇怪。例如每天要做運動的人，如果一天沒做，就會覺得奇怪；每天都要挖鼻屎的人，如果一天不挖，就會渾身不對勁。

對應華語 習以為常、見怪不怪、司空見慣、習慣成自然。

bong¹ tsap⁸ peh⁴ e⁷ lan⁷ pha¹ tsiah⁴ beh⁴ tshut⁴ mng⁵

摸 十 八 下 羼 脬 才 欲 出 門

解釋 羼脬：包藏男性睪丸的囊，也就是陰囊。欲：要。

涵義 形容人做事拖拖拉拉，不積極又不乾脆。

說明 有的人出個門都要東摸西摸，讓等候的人非常厭煩，這就是「摸十八下睦脬才欲出門」。其實「摸十八下羼脬」並不是真的摸十八下，只是比喻摸個不停，做事情拖拖拉拉的意思。

對應華語 拖拖拉拉、拖泥帶水、拖拖沓沓。

bong¹ sim¹ kuann¹ siunn⁷ khuann³ mai⁷
摸 心 肝 想 看 覓

解釋 心肝:指內心。想看覓:想想看。

涵義 要人撫心自問,想想自己的作為是否對得起良心。(當人們做錯事時,多以此語教誨之)

說明 當某人做錯事情,旁人會叫當事者「摸心肝想看覓」,要他們捫心自問,想想所做所為是否對得起自己的良心,所以有教誨人「自我反省」的意思。

對應華語 反躬自省、捫心自問、自我反省。

bong¹ tioh⁸ ti⁷ lang⁷ tsiah⁴ tsai¹ thau⁵ tang⁷
摸 著 箸 籠 才 知 頭 重

解釋 箸籠:裝筷子的容器。才知頭重:才知道肩上的擔頭很重,即一個頭兩個大的意思。

涵義 形容當家作主後,才知道扛家計的辛苦。

說明 「摸著箸籠才知頭重」是說某人摸到吃飯的用具,才知擔頭很重。「筷子」是吃飯的用具,當某人摸到它,想到家裡吃飯的人口,這時才知道肩上的擔頭很重,比喻人當家作主後,才知道一肩扛起家計的辛苦。

kuann⁷ na⁵ a² ke² sio¹ kim¹
摜 籃 仔 假 燒 金

解釋 摜:用手提著東西。籃仔:籃子。假燒金:假裝到廟裡求神燒香。

涵義 形容人用虛偽的動作做幌子,藉以掩飾自己真正的行為與動機。

說明 以前的家庭主婦或小姐到廟裡燒香拜拜,手裡都會挽著一個放有金紙、香或水果之類的籃子,這是當時的一種習慣,所以有些人就「摜籃仔假燒金」,表面上假裝要到廟裡拜拜,其實是去私會情夫或情郎,所以前人便以此句話形容人以假動作做幌子,其實別有居心。

對應華語 別有企圖、別有居心、另有所圖。

ki⁵　kuann¹　kha¹　tshut⁴　si³　e⁰

旗杆跤出世个

解釋 旗杆：長直的木棍，以往仕宦人家會在自家門前豎立旗杆，以表示具有官家身分。跤：底部。出世个：誕生的人。

涵義 形容某人出生於名門家庭，不愁吃，也不愁穿。

說明 以前當大官的人家可以在自家門前豎立旗杆，表示該戶是當官人家，是身分與地位的象徵。「旗杆跤出世个」是說在旗杆底端出生的小孩，比喻某人出生於名門家庭，有富貴命。

補充 當「个e⁰」解釋為「的」時，依教育部2007年5月公布之台灣閩南語推薦用字第一批將「个e⁰」寫作「的e⁰」。

對應華語 名門子弟、名門之後。

thiong³　kah⁴　m⁷　tsai¹　bin⁵　kok⁴　kui²　ni⁵

暢佮毋知民國幾年

解釋 暢佮：爽到……的程度。毋知：忘記、不知道。全句說：爽到不知今夕是何夕。

涵義 形容人因某事而高興，幾乎樂昏了頭。

說明 「暢佮毋知民國幾年」是說高興到腦筋一片空白，連現在是民國幾年都不知道，用來形容人高興過了頭，樂不可支。

補充 依教育部2008年5月公布之台灣閩南語推薦用字第二批將「佮kah⁴」寫作「甲kah⁴」。

對應華語 樂不可支、喜不自勝。

thiong³　kah⁴　nng⁷　liap⁸　lan⁷　hut⁸　a²　sio¹　khok⁸

暢佮兩粒羼核仔相硞

解釋 暢佮：爽到……的程度。羼核仔：男性睪丸。相硞：互相碰撞。

涵義 形容人快樂到極點，簡直樂昏了頭。

說明 男性的睪丸在正常情況下是不會互相碰撞的，本句之所以說「兩粒羼核仔相硞」，主要是用來加強「暢」的語氣，說明某人不是一般的爽，而是爽到了極點，幾乎是「樂不可支」的意思。

補充 依教育部2008年5月公布之台灣閩南語推薦用字第二批將「佮kah⁴」寫作「甲kah⁴」。

對應華語 樂不可支、喜不自勝。

me⁵ sua³ jit⁸　　jit⁸ sua³ me⁵

暝紲日，日紲暝

解釋 暝：夜晚。紲：接續。日：白天、白晝。

涵義 形容人日以繼夜地做一件事。（可用於正負面的事情）

說明 「暝紲日，日紲暝」是說夜晚接著白晝，白晝再接著夜晚，即日以繼夜的意思。這一句諺語適用於正負面，當某人日以繼夜地讀書、工作、賭博或沉迷網咖，都可以用它來形容。

對應華語 日以繼夜、焚膏繼晷、夙夜匪懈、夜以繼日。

ian² bu² ting⁵ e⁵ tshik⁴ tsiau² a² m⁷ kiann¹ tshing³

演武亭个雀鳥仔毋驚銃

解釋 演武亭：為鄭成功觀看士兵操練的亭子，位於現在的廈門大學內。个：的。雀鳥仔：台語又稱「雀角鳥仔」，即麻雀。毋驚：不怕。銃：指「槍」。

涵義 喻經常見到某種事物或現象，久了就不覺得奇怪或可怕。

說明 「演武亭」是當時鄭成功訓練士兵的地方，築巢於附近的麻雀見慣刀槍棍棒，對於「槍」，早就不怕了。前人便用此句比喻見慣不驚，對於習慣的事物或現象，不會覺得奇怪或可怕。

補充 當「个e⁵」解釋為「的」時，依教育部2007年5月公布之台灣閩南語推薦用字第一批將「个e⁵」寫作「的e⁵」。

對應華語 不足為奇、習以為常、見怪不怪、見慣不驚、司空見慣。

tih⁴ tsui² hue⁷ sing⁵ ho⁵ liap⁸ bi² tsik⁴ sing⁵ lo⁵

滴水匯成河，粒米積成籮

解釋 滴水匯成河：一點一滴的水可以匯集成河流。籮：米篩。粒米積成籮：將一小粒的米聚集起來，就可以積滿整個米篩。

涵義 說明事物雖少，但只要點滴累積，總有一天還是會由少變多，用來強調儉約的重要。

說明 「滴水匯成河，粒米積成籮」是說一條河流是無數小水滴聚集而成的，而米籮是由一小粒一小粒的米堆積起來的，比喻事物雖少，但只要一點一滴累積，總有一天會積少成多。

對應華語 聚川成海、聚少成多、聚沙成塔、積土成山、積少成多、滴水成河、集腋成裘。

mua² suann¹ tshiu⁷　　m⁷　si⁷　su¹　hu⁷　tshu²　bo⁵　niu⁵

滿 山 樹 ， 毋 是 師 父 取 無 樑

解釋 滿山樹：滿山遍野的樹。毋是：不是。師父：指內行的人。樑：屋樑。

涵義 形容具有敏銳眼力的人，才能在眾多人當中挑選出所要的人才。

說明 山林裡的樹木成千上萬棵，有好也有壞，外行人根本判斷不出來，只有師父級的行家才能分辨出好壞，並從中挑選出製樑的好材料，這就是「滿山樹，毋是師父取無樑」的原意。除了說「樹」之外，這句話也可以用來說「人」，意謂只有具備敏銳眼光的人，才能在眾人當中挑選出自己所要的人才。

對應華語 慧眼方能識英雄。

mua² thinn¹ tsuan⁵ kim¹ tiau⁵　　beh⁴ sa¹ bo⁵ puann³ tiau⁵

滿 天 全 金 條 ， 欲 捎 無 半 條

解釋 滿天：整個天空。金條：金塊。捎：抓取。無半條：沒有一項。

涵義 形容人眼冒金星，頭暈目眩。

說明 當人頭昏眼花、眼冒金星的時候，眼睛所看到的景象都是虛假的，即使是「金條」也是一樣，所以伸手去抓，當然連一條都抓不到。

對應華語 眼冒金星、兩眼昏花、頭昏眼花、頭昏腦脹、頭暈目眩。

mua² bin⁷ tsuan⁵ tau⁷ hue¹

滿 面 全 豆 花

解釋 滿面：整個臉部。

涵義 形容把事情搞砸了，被人數落得狼狽不堪。

說明 「滿面全豆花」是說滿臉都是豆花，比喻面子很難看。當人把事情搞砸了，被罵得整個臉都是口水，就好像被噴得滿臉都是豆花一樣，因此戲稱為「滿面全豆花」。

對應華語 狗血淋頭、狗血噴頭、臭罵一頓。

一畫 二畫 三畫 四畫 五畫 六畫 七畫 八畫 九畫 十畫 十一畫 十二畫 十三畫 十四畫

mua² bin⁷ tsinn⁵ kng³ hun⁵
滿 面 錢 貫 痕

解釋 滿面：整個臉。錢貫：用繩子串起來的銅錢。

涵義 譏諷人全身都是銅臭味。

說明 以前的人所用的銅錢，中間都有一個孔洞，為了攜帶方便，習慣用繩子將銅錢串起來。「滿面錢貫痕」意謂某人的臉都是錢貫的痕跡，意思是說某人全身都是銅臭味。

對應華語 滿身銅臭。

gi⁵ jin⁵ put⁴ sing⁵ tshat⁸
疑 人 ， 不 成 賊

解釋 疑人：有嫌疑的人。不成賊：不能斷定對方真的是賊。

涵義 說明某人雖然有做某事的嫌疑，但在沒有確實證據之前，不能斷定事情是他做的。

說明 「疑人，不成賊」是說有嫌疑的人，不能因此就認定他是賊。法律講求的是證據，在沒有找到確實證據證明嫌疑犯有罪之前，任何人都不能將他視為有罪，他依然是一個清清白白的人。

gi⁵ sin⁵ gi⁵ kui² tshau² soh⁴ khuann³ tso³ tsua⁵
疑 神 疑 鬼 ， 草 索 看 做 蛇

解釋 疑神疑鬼：指人多疑，懷疑東，懷疑西。草索：草繩。

涵義 形容人曾經吃過某種虧，害怕類似的事情再度發生，所以經常會產生多疑的心態。

說明 曾經被蛇咬過的人，對那種疼痛感一直刻骨銘心，怎麼都忘不了，所以在草堆上走路很怕再踩到蛇，有時看到草繩，也會誤以為是蛇，這種情況就跟華語的「杯弓蛇影」與「一朝被蛇咬，三年怕草繩」的意思相同。

對應華語 杯弓蛇影、疑神疑鬼、草木皆兵、一朝被蛇咬，三年怕草繩。

hong¹ kah⁴ bo⁵ siunn⁷ tshu³

瘋徦無想厝

解釋 瘋：著迷或沉溺於某事。徦：到……地步。厝：家。

涵義 形容人沉迷於安樂，連家都不想回去。

說明 「瘋徦無想厝」是說瘋到不會想家或想家裡的事情。當某人沉迷於一件事物（例如賭博、打電玩、釣魚……），陶醉其中，以致於不想回家，或連家裡的事都不管了，就可說「瘋徦無想厝」。

補充 依教育部2008年5月公布之台灣閩南語推薦用字第二批將「徦kah⁴」寫作「甲kah⁴」。

對應華語 樂而忘返、樂不思蜀。

san² tshan⁵ gau⁵ suh⁴ tsui²

瘦田勢唀水

解釋 瘦田：貧瘠的田地。勢唀水：很會吸水。

涵義 喻人的身材雖然瘦小，但食量卻很大。

說明 貧瘠的田地通常比肥沃的田地乾旱，且吸水量大，剛灌溉進來的水很快就被吸乾了，所以「瘦田勢唀水」是形容人雖然瘦小，但食量大，很會吃。

補充 ①依教育部2007年5月公布之台灣閩南語推薦用字第一批將「瘦san²」寫作「瘦san²」。②依教育部2009年10月公布之台灣閩南語推薦用字第三批將「唀 suh⁴」寫作「欶suh⁴」。

san² kau² siah⁴ tsu² lang⁵

瘦狗削主人

解釋 瘦狗：瘦狗。削主人：丟主人的面子。

涵義 形容人的表相太寒酸，其長輩或直屬單位會失去面子。

說明 「瘦狗削主人」是說狗養得太瘦，會讓主人丟面子。其實這句話是將狗比喻成人，意思是說人的表相太寒酸，其長輩或上級單位會失去面子，例如小孩子面黃肌瘦，別人會認為是家長沒有盡心扶養小孩，所以會丟家長的面子；某家公司的出差員工住五星級飯店，而另一家住一般的旅館，別人會認為後者的老闆對員工苛刻。

補充 依教育部2007年5月公布之台灣閩南語推薦用字第一批將「瘦

san² 」寫作「瘦san² 」。

san² bong² san² u⁷ khan¹ ban²
瘦 囥 瘦 ， 有 牽 挽

解釋 瘦囥瘦：瘦歸瘦。牽挽：比喻持久、有耐力。

涵義 說明人不能以貌取人。

說明 現實生活中，有些人雖然長得瘦小，卻十分健康，他們做起事持久、耐操，即使做再久都不覺得累，而有些人的外表雖然壯碩無比，但全身是病，做起事來，有氣無力，根本是中看不中用，所以說不能光憑外表就斷定一個人是怎樣的人。

補充 依教育部2007年5月公布之台灣閩南語推薦用字第一批將「瘦san² 」寫作「瘦san² 」。

對應華語 人不可貌相、不可以貌取人。

san² kah⁴ tshun¹ tsit⁸ ki¹ kut⁴
瘦 徦 賰 一 枝 骨

解釋 瘦：瘦小。徦：到……程度。賰：剩下。骨：指骨頭。

涵義 形容人非常瘦，只剩下皮包骨。

說明 人瘦到只剩下一層皮包著骨頭，從外觀看起來就好像剩下一枝骨頭，所有的肌肉都不見了，因此「瘦徦賰一枝骨」多用來形容人骨瘦如柴，只剩下皮包骨。

補充 ①依教育部2007年5月公布之台灣閩南語推薦用字第一批將「瘦san² 」寫作「瘦san² 」。②依教育部2008年5月公布之台灣閩南語推薦用字第二批將「徦kah⁴ 」寫作「甲kah⁴ 」。

對應華語 骨瘦如柴、瘦骨嶙峋、雞骨支床。

tsin⁷ sim¹ tshiunn³ hiam⁵ bo⁵ siann¹
盡 心 唱 ， 嫌 無 聲

解釋 盡心唱：很努力的唱。嫌：批評。全句說：已經用力的唱，仍被嫌聲音太小。

涵義 形容自己已經盡心在做一件事，還是被其他人嫌得一無是處，用來形容人做了吃力不討好的事情。

說明 「盡心唱，嫌無聲」是說自己已經使力的唱，還被人家嫌聲音太

小，例如在軍中唱歌答數，明明已經用最大的聲音唱出軍歌，班長仍說：「沒聽到」，這種情況就可用此句話來形容。

對應華語 徒勞無功、徒勞無益、枉費心力、吃力不討好。

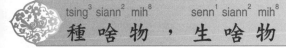

tsin⁷ poo⁷ bo⁵ huat⁴ too⁷
盡 步 無 法 度

解釋 盡步：使盡所有的招數、計謀。無法度：沒有任何辦法。

涵義 形容人已經黔驢技窮，還是無法解決事情。

說明 「盡步無法度」是說想盡所有的辦法，還是無法解決事情。例如某人急著用錢，可以想的辦法都用盡了，但還是籌不到錢，這時便可說「盡步無法度」。

對應華語 一籌莫展、無計可施、黔驢技窮、鼪鼠技窮。

---

tsin⁷ tiong¹ e⁰ si² tai⁷ sing¹
盡 忠 个 ， 死 事 先

解釋 盡忠个：指忠心不二、正直無私、見義勇為的人。死事先：先死。

涵義 說明具有正直個性的人，總是比奸邪懦弱的人吃虧。

說明 為國家拋頭顱灑熱血的人，勇往直前，總是比畏縮不前的人先死；替弱者仗義執言、對抗惡勢力的人，很有可能受到強者的威脅、傷害，所以總是比不吭聲的人吃虧；懷有正直個性的人，凡事為人所不敢為，因此總是比奸邪懦弱的人吃虧。

補充 依教育部2007年5月公布之台灣閩南語推薦用字第一批將①當「个e⁰」解釋為「的」時，將「个e⁰」寫作「的e⁰」；②將「事tai⁷」寫作「代tai⁷」。

---

tsing³ siann² mih⁸ senn¹ siann² mih⁸
種 啥 物 ， 生 啥 物

解釋 啥：什麼。物：東西。生：長出。

涵義 此語有兩種意思：①說明種什麼，就會長什麼出來。②比喻種什麼因，就會得什麼果。

說明 農夫種什麼植物，就會結什麼樣的果，例如種植水稻，當然會長出水稻，不會長出小麥來；種植柳丁，當然會長出柳丁，不會長

出蘋果來，這就是華語所謂的「種瓜得瓜，種豆得豆」；另外也
可比喻種什麼樣的因，就會得什麼樣的果。

對應華語 種瓜得瓜，種豆得豆。

管 伊 天 地 幾 斤 重
kuan² i¹ thinn¹ te⁷ kui² kin¹ tang⁷

解釋 伊：指第三人稱的「他」或「她」。

涵義 表示事情想做就做，不會顧慮太多。

說明 「管伊天地幾斤重」是說管它天地有幾斤重，用來形容人不顧一
切，想做什麼就做什麼。

對應華語 不管三七二十一。

管 伊 喙 鬚 留 陀 一 爿
kuan² i¹ tshui³ tshiu¹ lau⁵ to² tsit⁸ ping⁵

解釋 伊：第三人稱的「他」。喙鬚：鬍鬚。陀一爿：哪一邊。

涵義 說明人還是管好自己的事，不要管別人的閒事。

說明 別人的鬍鬚要留長或留短，要留左邊或右邊，人家自有定見，誰
都沒有權力去規定該怎麼留。「管伊喙鬚留陀一爿」是說管人家
鬍鬚要留哪一邊，比喻人家要怎麼處事，自有定見，我們還是少
管為妙。

補充 依教育部2008年5月公布之台灣閩南語推薦用字第二批將「陀
to²」寫作「佗to²」。

對應華語 自掃門前雪，莫管他人瓦上霜。

算 命 仔 喙 ， 糊 瘰 瘰
sng³ mia⁷ a² tshui³ hoo⁵ lui³ lui³

解釋 算命仔：指替人相命卜卦的人。喙：嘴巴。糊瘰瘰：胡說八道的
意思。

涵義 說明江湖術士的話，聽聽就算了，不可盡信。

說明 江湖術士為了賺取消費者身上的錢財，會說一堆誇大不實的言論
來欺騙消費者，讓人信以為真，進而將身上的錢一張一張地掏出
來。當甲迷信江湖術士所說的話，而乙為了防止他受騙，就會跟
甲說：「算命仔喙，糊瘰瘰」，聽聽就算了，千萬不要盡信。

對應華語 術士之言，不可盡信。

算命若有靈，世間無窮人

sng³ mia⁷ na⁷ u⁷ ling⁵　　se³ kan¹ bo⁵ king⁵ lang⁵

解釋 若有靈：如果有靈驗。世間：世俗社會。

涵義 說明江湖術士所講的話，不可盡信。

說明 算命師如果都很靈驗，算得出人的前世今生，也算得出一個人命運的好壞，那算命師一定有能力改變命運，讓命運不好的人都能變好，這麼一來，世間不就沒有窮人了，但事實不然，所以算命師講的話，聽聽就好，還是不要盡信的好。

對應華語 術士之言，不可盡信。

算命無褒，食水攏無

sng³ mia⁷ bo⁵ po¹　　tsiah⁸ tsui² long² bo⁵

解釋 褒：稱讚、誇獎。攏無：都沒有。全句說：算命師如果不說些誇讚的話來取悅求卜的人，一旦生意不上門，連喝茶的錢都沒著落。

涵義 說明算命師大多「報喜不報憂」，盡量迎合求卜者喜歡聽好話的心理。

說明 會去算命的人，都希望聽到中聽的話，所以算命師抓住人的心理，報喜不報憂，盡量迎合顧客喜歡聽好話的心理，這樣顧客給錢才會大方，而且下一次才會再度光臨，否則沒有客源，連喝茶的錢都沒著落。

算真，人貧

sng³ tsin¹　　jin⁵ pin⁵

解釋 算真：算得很精確，即斤斤計較之意。

涵義 形容人與人相處，不要太斤斤計較，否則失去人際關係，心靈就會變得貧乏。

說明 人與人相處的時候，不要凡事都想佔便宜，偶爾吃點虧或許是好的，例如花錢請朋友吃飯，表面上是花了錢，吃了虧，但哪一天人家報你發財的機會，所獲得的利益可是比請吃飯的錢多出好幾百倍，甚至幾千倍；如果凡事都要跟朋友算得清清楚楚，久了就

會失去身邊的朋友,到時候人的心靈就會變得貧乏,這就是所謂的「算真,人貧」。

算盤拍入無拍出
sng³ puann⁵ phah⁴ jip⁸ bo⁵ phah⁴ tshut⁴

解釋 拍入:指對自家人有利的事情。拍出:指對自家人不利的事情。

涵義 說明胳臂一定往裡彎,不可能往外彎。

說明 算盤是以前的人拿來算帳的器具。以往掌櫃的打算盤,都會以利於己方的方式來撥珠,不會以利於他人的方式來撥珠,所以說胳臂一定往裡彎,不可能往外彎。

對應華語 胳臂曲了往裡彎。

算盤掛佇領仔頸
sng³ puann⁵ kua³ ti⁷ am⁷ a² kun²

解釋 佇:在某處。領仔頸:脖子、頸部。

涵義 喻人不時精打細算,就怕被人家佔便宜。

說明 算盤是以前的人算帳的器具,他們會將算盤掛在脖子上,隨時想用就可以用,所以前人用此句來形容某人非常精明,時時都要精打細算,就怕自己吃了虧,被別人佔便宜。

補充 依教育部2009年10月公布之台灣閩南語推薦用字第三批將「頸kun²」寫作「頸kun²」。

對應華語 精打細算、精於算計、斤斤計較。

算盤擉過桱
sng³ puann⁵ tiak⁸ kue³ kenn³

解釋 擉:用手指輕輕的撥動。桱:算盤上穿過珠子的直木。擉過桱:撥到其他桱上的珠子。

涵義 形容人打錯如意算盤。

說明 打算盤的時候要撥打桱上的珠子,如果打得太快或不小心,有可能會撥到其他桱木上的珠子,如此一來數目就不正確了,所以「算盤擉過桱」是形容人打錯如意算盤的意思。

對應華語 打錯算盤。

khoo¹ loh⁸ kiann² ke² nng² tsiann²

箍絡囝，假軟漿

解釋 箍絡：以前用箍絡繩搬運笨重貨物者稱之，即奴才、佣人。囝：小孩。軟漿：指個性懦弱、無擔當，或弱不禁風的樣子。

涵義 形容人假扮成斯文的模樣。

說明 奴才或佣人平時要搬運重物或做粗重的工作，外表看起來總是黑黑壯壯的，所以他們的子女也會給人同樣的印象，大家都認為「箍絡」不可能生出斯文或弱不禁風的子女。前人便以「箍絡囝，假軟漿」形容人假惺惺，故意裝成斯文人的模樣。

補充 依教育部2009年10月公布之台灣閩南語推薦用字第三批將「漿 tsiann²」寫作「洀tsiann²」。

對應華語 假惺惺、裝模作樣。

tsing¹ lang⁵ tshut⁴ tshui³ gong⁷ lang⁵ tshut⁴ lat⁸

精人出喙，戇人出力

解釋 精人：聰明、精明的人。喙：嘴巴。戇人：愚笨、傻傻的人。

涵義 描述社會或團體內，領導者與執行者之間的互動關係。

說明 此語也可以說成「精个出喙，戇个出手」。在社會上，有能力或聰明的人只要出一張嘴巴就行了，而無能力或較不聰明的人就必須聽前者的命令做事，人家只要動個口，他們就要動手去做，這是自古以來不變的情形。

對應華語 能者出一張嘴，不能者出一身力。

tsing¹ e⁰ tsiah⁸ gong⁷ gong⁷ e⁰ tsiah⁸ thinn¹ kong¹

精个食戇，戇个食天公

解釋 精个：聰明、精明的人。食：欺侮、佔便宜。戇：愚笨、傻傻的或智慧低的人。食天公：會得到老天爺保佑。

涵義 形容傻人自有傻福。

說明 社會一般現象，通常是精明與聰明的人佔不精明與愚笨者的便宜，而不精明、愚笨的人因為相傳是「天公仔囝」，是老天爺的子女，所以老天爺自然會暗中保佑他們。

補充 當「个e⁰」解釋為「的」時，依教育部2007年5月公布之台灣閩南語推薦用字第一批將「个e⁰」寫作「的e⁰」。

一畫 二畫 三畫 四畫 五畫 六畫 七畫 八畫 九畫 十畫 十一畫 十二畫 十三畫 十四畫

對應華語 傻人有傻福。

tsing¹ tsing¹ lang⁵ be² tsit⁸ e⁵ lau⁷ tsiu² ang³

精 精 人 買 一 个 漏 酒 甕

解釋 精精人:聰明、精明的人。个:個。漏酒甕:有裂縫的酒甕。

涵義 形容一向聰明的人也有糊塗的時候。

說明 「精精人買一个漏酒甕」是說精明的人買了一個破掉的酒甕回來。一般而言,精明的人做任何事都很細心、謹慎,買東西也一樣,之所以會「買一个漏酒甕」,可能是裂縫太小,一時不察才會買下來,然而這正好印證了「聰明一世,糊塗一時」,一向聰明的人也有糊塗的時候。

對應華語 聰明一世,糊塗一時、聰明一世,懵懂片時。

kin² khu⁵ loh⁰ khi⁰

緊 , 跍 落 去

解釋 緊:急、快。跍落去:蹲下去。全句說:急個什麼勁?如果真的急(指想拉屎),不會蹲下去喔!

涵義 對某人催促不以為然時,多用此語回答對方。

說明 「緊,跍落去」是說急著拉屎的話,就直接蹲下去拉呀!這句話帶有雙關語的趣味,當甲催促乙動作「快」一點,但乙對甲的催促感到不耐煩,便會回甲說:「緊,跍落去」,意謂你急個啥勁啊!

對應華語 急個啥勁。

kin² kiann⁵ bo⁵ ho² poo⁷   kin² tsau² bo⁵ ho² loo⁷

緊 行 無 好 步 , 緊 走 無 好 路

解釋 緊行:快速行走。無好步:指步伐不穩,姿勢不優美。緊走:快速跑步。無好路:指走錯路。

涵義 勸人處事要冷靜,不可操之過急,以免忙中出錯。

說明 人如果走太快,步伐不穩容易跌倒,這就是所謂的「緊行無好步」;如果跑太快,會因為來不及思考而走錯路,這就是所謂的「緊走無好路」,所以做事不可操之過急,否則容易有閃失,出現差錯。

對應華語 揠苗助長、欲速則不達。

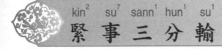

kin² su⁷　khuann¹ pan⁷　khuann¹ su⁷　kin² pan⁷
緊事，寬辦；寬事，緊辦

解釋 緊事：緊急的事。寬辦：慢慢的處理。寬事：可以慢慢來的事。

涵義 說明人處理事情時，心態非常重要。

說明 人一旦遇到要緊的事，容易亂了分寸，選擇錯誤的方法去處理，所以前人要人將心靜下來，先將事情擱置一下，等想到最好的處理方法再開始進行，以免出差錯，這就是所謂的「緊事，寬辦」；至於「寬事，緊辦」，意思是說事情雖然沒有急迫性，但也不能擱置不管，因為不趕緊處理，很快就會變成「緊事」，到時候事到臨頭，也會亂了陣腳。

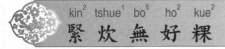

kin² su⁷ sann¹ hun¹ su¹
緊事三分輸

解釋 緊事：急著要將事情完成。三分輸：指事情的成效已經打了三折。

涵義 勸人處事不能心急，否則會降低效率。

說明 「緊事三分輸」是說做事一旦心急，成效將會打三折。人遇到事情的時候，不能急著要將事情完成，因為心一急，整個頭緒都會亂掉，很可能採用不正確的方法去做事，到時候會影響整個結果的完美，所以說處事不可操之過急，否則成效將會大打折扣。

對應華語 揠苗助長、欲速則不達。

kin² tshue¹ bo⁵ ho² kue²
緊炊無好粿

解釋 緊炊：用大火蒸煮。無好粿：做不出好吃的「粿」。

涵義 勸人做事要慢慢來，不要操之過急，否則會做不好事情。

說明 「炊粿」要用小火慢慢蒸煮才會好吃，如果用大火蒸煮，不但不好吃，有可能外面熟了，裡面卻還沒熟，所以「緊炊無好粿」是形容做任何事都急不得，只要一急就做不好事。

對應華語 適得其反、欲速不達。

一畫
二畫
三畫
四畫
五畫
六畫
七畫
八畫
九畫
十畫
十一畫
十二畫
十三畫
十四畫

kin² phang² bo⁵ ho² se¹　　kin² ke³ bo⁵ ho² ta¹ ke¹
緊紡無好紗，緊嫁無好大家

解釋 紡：將絲、麻或棉的纖維製成紗線。無好紗：紡不出好的紗線。緊嫁：急著嫁人。大家：婆婆。

涵義 勸人不要急於成事，否則會得到不好的結果。

說明 紡紗的時候要非常細心，如果急著要將紗紡好，就會變得粗心大意，到時候一定紡不出好紗來；找婆家也是一樣，沒有精挑細選，也沒有事先探聽婆家的底細，便急著嫁出去，遇到惡婆婆的機會很大，到時候日子就難過了，前人便以整句話形容人急於成事，會得到不好的結果。

對應華語 揠苗助長、欲速則不達。

jin⁷ tshat⁸ tso³ lau⁷ pe⁷
認賊做老爸

解釋 做：當。老爸：父親。

涵義 諷刺人將仇人當作恩人看待，並替他做事。

說明 中國歷史故事中，有許多「認賊做老爸」的傳說，其內容不外是甲殺了乙，然後將乙的兒子丙養大成人，由於丙不知道甲是自己的殺父仇人，每天仍視之為父，將他當成親人看待，所以「認賊做老爸」是形容某人錯將壞人當好人，將仇人當成恩人。

對應華語 認賊作父、認敵為友。

sia¹ si²　　khah⁴ iann⁵ hian⁷ tahi⁵
賒死，較贏現刣

解釋 賒：賒欠。賒死：向死神借命。較贏：勝過於、好過於。現刣：立刻死去。

涵義 意謂凡事留有一線生機，可能有轉危為安的機會。

說明 「賒死，較贏現刣」是說向死神借命，總好過於馬上死掉。這句話說明白一點就是指人死了什麼都沒有了，如果能活著，雖然是湊合著過日子，但至少還有轉機，有勸人愛惜生命的意思。

對應華語 好死不如歹活、好死不如賴活、好死不如惡活。

sia² sam¹ khi² tshu³ be⁷ hian⁷ tsinn⁵

賒 杉 起 厝 賣 現 錢

解釋 賒杉：賒欠買杉木的錢。起厝：建蓋房子。賣現錢：賣掉以後換取現金。

涵義 形容商人做無本生意，只賺不賠。

說明 「賒杉起厝賣現錢」是說某人購買杉木先賒帳，等用杉材建造好房屋，賺取了現金，再用那些現金來還杉木的錢；比喻人做生意不用花本錢，根本是做無本生意，穩賺不賠。

對應華語 做無本生意。

---

sia¹ ti¹ sia¹ iunn⁵ bo⁵ sia¹ sin¹ niu⁵

賒 豬 賒 羊 ， 無 賒 新 娘

解釋 賒：購物掛帳，沒付現金。無賒新娘：不賒欠新娘的聘金。全句說：買豬、羊來拜天公，可以先向商家賒欠，但娶媳婦的聘金則不能賒欠。

涵義 說明要娶媳婦，得先備好聘金。

說明 以前的人娶媳婦都會用豬羊來酬謝天公，由於豬羊昂貴，有些人手頭吃緊，所以會先賒欠帳款，等之後有錢再償還；至於新娘的聘金，按禮俗，必須事先準備才行，不得拖欠，故云「無賒新娘」。

---

tio⁷ tsu² liong⁵ it⁴ sin¹ long² si⁷ tann²

趙 子 龍 一 身 攏 是 膽

解釋 趙子龍：即三國時代蜀漢的猛將趙雲。一身：全身。攏是：都是。膽：指膽量。

涵義 形容某人渾身是膽量，勇猛無比。

說明 三國時代蜀漢的常山趙子龍，英勇無雙，在曹（操）軍處於優勢而自己處於劣勢的情況下，靠著智慧與武藝，為蜀國屢建奇功，所以劉備曾經讚美他說：「趙子龍一身都是膽也！」

對應華語 渾身是膽。

kuann² lang⁵ senn¹　　kuann² lang⁵ si²　　kuann² lang⁵ tsiah⁸ png⁷ bo⁵ tsing⁵ li²

趕人生，趕人死，趕人食飯無情理

解釋 趕：催促。生：生育。趕人食飯：催促人家飯吃快一點。無情理：沒有道理。

涵義 形容吃飯是神聖的事情，催趕不得。

說明 此諺語指人生大事都可催促下也不能催促人吃飯，其重點在最後面一句。俗語說「食飯皇帝大」，吃飯的時候就像皇帝一樣大，任何人都不可以驚動與打斷，更不能催趕，否則害人家消化不良，那可真是「無情理」了。

對應華語 民以食為天、吃飯皇帝大。

uan² tsui² put⁴ kiu³ kin⁷ hue²

遠 水 不 救 近 火

解釋 遠水：遠處的水。不救：救不了。近火：指近處的大火。

涵義 指行動太慢，不能有效處理好緊急事件。

說明 發生火災是緊急事件，如果不爭取時效撲滅，很快就會付之一炬，所以近處的火，當然要用近處的水來滅火，才能將傷害減到最低，如果近處的火要用遠處的水來滅火，根本是緩不濟急，不能有效解決事情。

對應華語 緩不濟急、遠水難解近渴、遠水救不了近火。

hng⁷ khuann³ peh⁸ pho¹ pho¹　　kin⁷ khuann³ tioh⁸ bo⁵ ko¹

遠看白波波，近看著無膏

解釋 白波波：身穿白衣的讀書人。著無膏：原意是指母蟹無蟹卵，此處比喻人無內涵，肚子內沒有學問。

涵義 形容人徒有好看的外表，卻沒有實質的內在。

說明 「遠看白波波，近看著無膏」是說從遠處看，像個身著白衣的讀書人，還挺人模人樣的，但走近一看，才知道他沒什麼內在；比喻人虎皮羊質，只是空有一個外表而已。

對應華語 有名無實、虛有其表、虎皮羊質、華而不實、繡花枕頭、空心殼子。

hng⁷ hng⁷ thai⁵ ke¹ kak⁴　　kin⁷ kin⁷ sio¹ ue³ bak⁸

遠 遠 刣 雞 觸 ， 近 近 相 穢 目

解釋 遠遠：從遠方來的賓客。刣：宰殺。雞觸：公雞。近近：指左鄰右舍或住在附近的人。穢目：指即使碰面，連看都不看一眼。

涵義 形容某人貴遠賤近。

說明 「遠遠刣雞觸，近近相穢目」是說遠方的客人到訪，主人立刻宰殺公雞請客，而左鄰右舍，因為天天見面，就算碰面也不會覺得稀奇，有時候連看都不看一眼呢；比喻人貴遠賤近，只重視遠方的客人，卻不懂得珍惜近鄰的感情。

對應華語 貴遠賤近、近鄰不如遠親、遠來的和尚會唸經、有朋自遠方來，不亦樂乎。

uan² tshin¹ put⁴ ju⁵ kin⁷ lin⁵

遠 親 不 如 近 鄰

解釋 遠親：指遠房的親戚。近鄰：指左鄰右舍或住在附近的親友。

涵義 勸人要珍惜左鄰右舍的情感，彼此要有良好的互動。

說明 遠親即使感情再好，也是很久才能見一次面，萬一不幸遇上緊急的事情，能夠就近幫忙、照顧的只有近鄰，而遠親雖然也有心幫忙，畢竟緩不濟急，不如近鄰來得方便，所以才會說「遠親不如近鄰」。

對應華語 遠親不如近鄰。

ka¹ to¹ penn³ thih⁴ sau³ tsiu²

鉸 刀 柄 ， 鐵 掃 帚

解釋 鉸刀：剪刀。鉸刀柄：剪刀的手持部位，比喻女人會剪掉家中的福氣。鐵掃帚：鐵製的掃帚，比喻女人是掃把星，會掃盡家中的福份。

涵義 喻女人命格硬、帶煞，會剋家人，讓家中的福份流失。

說明 「鉸刀柄，鐵掃帚」是命理用語，通常用來形容一個女人像一把剪刀與掃帚，會傷害家裡的成員，並且將家中的福份剪掉或掃掉。其實這種說法並沒有科學根據，說穿了只是江湖術士的無稽之談，根本不值得採信。

gin⁵ peh⁸ sim¹ kuann¹ oo¹

銀白心肝烏

解釋 銀：錢財。銀白：銀子是白花花的。心肝烏：心肝是黑的。

涵義 此語有兩種意思：①形容人為了錢，各種不法的手段都使得出來。②提醒有錢人家，小心成為他人加害的對象。

說明 銀子是白花花的，人人都喜歡，所以有的人為了取得銀子，就動起歪腦筋來，使盡各種非法的手段，從別人的身上取得財物，甚至為錢而殺人，以致原本赤紅的心肝變成黑的。這句話有提醒有錢人要當心的意味，因為如果有人為錢鋌而走險，他們最有可能是人家下手的對象。

gin⁵ sai¹ m⁷ thau¹ gin⁵ go⁷ si² it⁴ ka¹ jin⁵

銀師毋偷銀，餓死一家人

解釋 銀師：鑄銀器的師父。毋：不。偷銀：指在銀器的斤兩上動手腳。餓死一家人：全家人都要跟著挨餓受凍。

涵義 喻生意人不奸，不能養家活口。

說明 鑄造銀器的師父為了賺錢，多少會偷斤減兩，他們在銀器上所標示的重量往往不及實際的斤兩，但仍然依標示重量的價格來賣給顧客，這邊賺一分，那邊賺一毫，整句話是形容生意人過於老實，將賺不到什麼錢。

對應華語 無奸不成商。

tsang⁵ ge⁵ tso⁵ thih⁴ tshui³ khi²

銅牙槽，鐵喙齒

解釋 牙槽：牙床。鐵喙齒：鐵製的牙齒。

涵義 形容人嘴硬，死都不肯認錯。

說明 「銅牙槽，鐵喙齒」是說銅製的牙床，鐵鑄的牙齒，這是一張堅硬無比的嘴巴。不管別人怎麼批評，某人死都不肯認錯，甚至還說一大堆理由來掩飾過錯，我們便可說他「銅牙槽，鐵喙齒」。

對應華語 死不認錯、死鴨子嘴硬。

tang⁵ gin⁵ be² tsua² hia¹　siang¹ lang⁵ thiong³
銅 銀 買 紙 靴 ， 雙 人 暢

解釋 銅銀：銅製的銀錢，是偽幣。紙靴：紙製的長筒靴子，是假貨。雙人暢：兩人都很高興。

涵義 形容買賣雙方互相欺騙，彼此都沒有佔到便宜。

說明 銅銀是一種假錢，紙靴是一種假貨，買方用銅銀買到紙靴，以為自己賺到，佔了便宜，所以高興的不得了，而賣方賣出紙靴，賺得銅銀，也認為自己賺到了，同樣高興得很，殊不知買賣雙方都在作假，誰都沒有佔到誰的便宜，雙方都只是空歡喜一場罷了！

tang⁵ lo⁵ khah⁴ ho² tang⁵ lo⁵ siann¹　au⁷ bu² khah⁴ ho² au⁷ bu² mia⁵
銅 鑼 較 好 銅 鑼 聲 ， 後 母 較 好 後 母 名

解釋 較好：再怎麼好。後母：繼母。

涵義 形容人的名分不正，即使做得再好，也無法改變既定的身分與地位。

說明 「銅鑼較好銅鑼聲，後母較好後母名」是說再好的銅鑼，敲出來的聲音仍是銅鑼聲；再好的後母，依然是個後母，終究比不上親生母親。一般人認為後母會虐待前人之子，所以大家都把她標籤化，認為後母就是一個壞女人，即使她做得再好，還是會被冠上「後母」之名，怎麼也擺脫不掉。

對應華語 名不正言不順。

phinn⁷khang¹ ng³ loh⁸　bo⁵ tsit⁸ e⁵ ho² lang⁵
鼻 空 向 落 ， 無 一 个 好 人

解釋 鼻空向落：指鼻孔的開口朝下方。个：個。

涵義 用來提醒人，小心遭到壞人的陷害。

說明 人的鼻孔都是朝下的，只有動物（例如河馬）的鼻孔才有可能朝上，所以「鼻空向落」多用來泛指「人」。「鼻空向落，無一個好人」是說只要是人，沒有一個是好的。當某人說這句話時，有提醒人預防被壞人陷害的意味；有時對壞人做壞事有所感慨，也會說這句話。

對應華語 天下烏鴉一般黑。

十五畫

khiam⁷ sio² tsinn⁵　　liau² tua⁷ tsinn⁵

儉 小 錢 ， 了 大 錢

解釋 儉：節省。了：賠、損失。

涵義 形容本來花小錢就能夠解決的事，卻為了省小錢而造成更大的損失。

說明 「儉小錢，了大錢」是說為了省幾個小錢，最後反而虧更多的錢。舉個例子，生小病只要花小錢便可醫治好，卻為了省幾個小錢而放任不管，等到演變成重症，可就要花大錢來醫治了；比喻人因小失大，為了省幾個小錢，反而造成更大的損失。

對應華語 因小失大、得不償失、貪小失大、惜指失掌。

khiam⁷ sik⁴　　khah⁴ ho² khiam⁷ tshik⁴

儉 色 ， 較 好 儉 粟

解釋 儉色：指不沉迷女色。較好：勝過於、好過於。儉粟：本意為節省稻穀，此處比喻為節儉過日子。

涵義 勸人節制色慾，遠離女色。

說明 沉迷女色，既花錢又傷身，萬一不小心引起桃色糾紛，可能搞到家破人亡、妻離子散，所以沉迷女色的壞處說也說不完，如果男人能「儉色」，實質的好處一定勝過於「儉粟」，所以前人才會說「儉色，較好儉粟」。

對應華語 色是殺人刀、色字頭上一把刀。

khiam⁷tshing⁷ tit⁴ sin¹　　khiam⁷ tsiah⁸ tit⁴ tshun¹

儉 穿 得 新 ， 儉 食 得 賰

解釋 儉：指節省。賰：有餘、剩餘。

涵義 說明節儉的重要。

說明 「儉穿得新」是說平時不穿新衣，那麼新衣便可歷久如新，遇到特別的日子或節日，不用再買新衣就可以有新衣服穿了；「儉食得賰」是說飲食節儉，不浪費，米糧就有剩餘，這樣就可以減少買米糧的開銷，多出來的錢就可以存起來。

台灣俗語諺語辭典

十五畫

十六畫

十七畫

十八畫

十九畫

二十畫

二十一畫

二十二畫

二十三畫

二十四畫

二十五畫

二十七畫

二十八畫

二十九畫

khuann¹ si⁵ mih⁸　　kip⁴ si⁵ ing⁰

寬時物，急時用

解釋 寬時物：平時用不到的東西。急時用：急需的時候可以救急。

涵義 說明物品雖然暫時用不到，但應妥善收藏，總有用到的時候。

說明 「寬時物，急時用」是說平時用不到的東西，在緊急的時候可以用得到，例如碘酒，是消炎、殺菌與消腫的良藥，平時如果能夠妥善保存，哪天跌倒擦破皮，就可以立刻派上用場。

對應華語 以備不時之需。

lan⁷ pha¹ hoo⁷ lang⁵ tenn⁷ tioh⁰

羼脬予人捏著

解釋 羼脬：男性的陰囊。予人：讓人。捏著：捏住。

涵義 形容有弱點或把柄在別人手中，不得不乖乖聽話。

說明 羼脬是男性的陰囊，是男性最脆弱也最容易受傷的部位，如果「羼脬」被別人捏在手裡，當然就要乖乖聽話，否則只要對方一用力，恐怕這個人就要變太監了，所以這句話用來形容某人有弱點在別人手裡，不得不乖乖聽話。

huan¹ a² giah⁸ tsiunn⁷ king¹ thau⁵ tsiah⁴ tsai¹ khau³

幡仔揭上肩頭才知哭

解釋 幡仔：喪事專用的旗子，又稱「招魂幡」，通常在送葬隊伍中由孝男持著。揭：舉。肩頭：台語又稱「肩胛頭」，即肩膀之意。

涵義 形容人平時吊兒郎當，等到事情降臨才知道問題大了。

說明 不懂得孝順的兒子，平時對父母不理不睬，等到哪一天必須要拿「招魂幡」，才哭訴自己不夠孝順，但為時已晚，因為父母已經過世了，全句是說人平時吊兒郎當，等事情降臨才知道問題大了。

補充 依教育部2008年5月公布之台灣閩南語推薦用字第二批將「揭giah⁸」寫作「攑giah⁸」。

tuann⁵ khim⁵ put⁴ jip⁸ giu⁵ hinn⁷

彈琴不入牛耳

解釋 不入牛耳：牛聽不進去。

涵義 形容人白費力氣，講了一大堆話，別人卻聽不進去。

說明 牛聽不懂琴聲，所以彈再悅耳的旋律也聽不進去，前人便以「彈琴不入牛耳」比喻人誠懇地說了一大堆話，但對方卻一句也沒聽進去，根本是白費力氣。

對應華語 白費力氣、徒勞無功、對牛彈琴、言者諄諄，聽者藐藐。

tsheh⁴　ti⁷　sim¹　kuann¹　lai⁷
感佇心肝內

解釋 感：怨恨、討厭。佇心肝內：在心裡面。

涵義 形容對某人感到不滿，卻悶在心裡不說，一直想找機會討回公道。

說明 「感佇心肝內」，意思是說對某人產生怨恨或不滿，卻悶在心裡面，不想說出來，與華語的「懷恨在心」同義。

對應華語 懷恨在心、恨積於心。

lin⁵　jin⁵　lin⁵　kha¹　jiah⁴　　tsing¹　i¹　tsing¹　kiu²　tsok⁸
憐人憐跤跡，憎伊憎九族

解釋 憐：疼惜、愛惜。跤跡：腳印、足跡。憎：怨恨。九族：指高祖、曾祖、祖父、父親、自己、兒子、孫子、曾孫、玄孫。

涵義 形容愛一個人時，所有關於他的事都喜歡；而恨一個人時，連周遭的朋友、親戚或祖宗八代都一併怨恨。

說明 「憐人憐跤跡，憎伊憎九族」是說喜歡一個人的時候，連他的足跡都很喜歡，而怨恨一個人時，連他的祖宗八代都一併怨恨。這是一種病態心理，也是情感極端的表現，非正常人所為。

對應華語 愛屋及烏，憎屋及烏、愛之欲其生，惡之欲其死。

phenn⁵　oo⁵　tsa¹　boo²　　tai⁵　uan⁵　gu⁵
澎湖查某，台灣牛

解釋 查某：女孩子。台灣牛：指在台灣本島從事耕作的水牛。

涵義 形容台灣人「天生勞碌命」，不能清閒過好日子。

說明 澎湖人生活困苦，男人出海捕魚，女人得留在家裡張羅一切，她們除了照顧老小，還要洗衣煮飯，甚至下田耕作，非常勞苦；而台灣牛，一生為農事忙碌，犁田、整地都少不了牠，沒想到老了

十五畫

十六畫

十七畫

十八畫

十九畫

二十畫

二十一畫

二十二畫

二十三畫

二十四畫

二十五畫

二十七畫

二十八畫

二十九畫

還要被宰殺來吃。這個諺語主要用來形容台灣人像「澎湖查某」與「台灣牛」，說明身為台灣人非常命苦，一生都在勞碌中度過。

對應華語 勞碌終生、天生命苦。

phenn⁵ oo⁵ tshai³ kue¹　　tsap⁸ liam⁷

澎湖菜瓜，雜唸

解釋 菜瓜：絲瓜。雜唸：嘮叨、多話。

涵義 形容人嘮嘮叨叨，嘴巴唸個不停。

說明 這是一句歇後語。澎湖菜瓜的外表非常奇特，細細長長的，而且每一條都長有十個稜線，一般人稱為「十捻」。由於「十捻」與「雜唸」的台語諧音，而「雜唸」是嘮叨的意思，所以這句歇後語多用來形容人嘮叨、多話。

對應華語 嘮嘮叨叨、呶呶不休、絮絮叨叨、嘵嘵不休。

sik⁸ phue⁵ pau¹ gong⁷ ann⁷

熟皮包戇餡

解釋 熟皮：指表皮已經熟了。戇餡：指餡料還沒熟。

涵義 形容一個人的外表看起來很聰明，實際上卻很笨。

說明 「熟皮包戇餡」是說粿類、包子……等的表皮已經熟了，但裡面的餡料卻還沒熟。這句話如果套用在人的身上，可以解釋成某人的外表看起來像個精明、聰明的人，但實際上卻是迷糊、愚笨的人。

對應華語 華而不實、虛有其表、繡花枕頭、中看不中用、精明其外，糊塗其中。

sik⁸ sai⁷ lang⁵ kiann⁵ senn¹ hun⁷ le²

熟似人行生份禮

解釋 熟似人：熟悉的人。生份：指陌生、不熟悉。禮：指禮節。

涵義 喻大家都是熟人，不必那麼客氣！

說明 熟悉到不行的朋友，相處起來會比較隨便，如果「熟似人行生份禮」，像個陌生人一樣的行禮或餽贈禮物，反而令人覺得不習慣，所以遇到這種狀況，受禮的人就會客氣地跟行禮或贈禮的朋

友說這一句話，表明大家都是熟人，就不要這麼客氣了！

sik⁸　sai⁷　tsiah⁸　tshu³　lai⁷
熟 似 食 厝 內

解釋 熟似：熟識者。食：比喻行騙、欺騙。厝內：原指「家裡的人」，此處比喻為「親戚朋友」。

涵義 說明行騙者最容易得手的對象就是自己的親朋好友。

說明 親戚朋友因為是熟悉的人，對自己比較不會有防範之心，若有意要騙他們，成功的機率很高，所以前人說「熟似食厝內」，意思是彼此熟識的人較容易行騙，因此要適度的防範，才不會吃虧上當。

sik⁸　kah⁴　na²　kiann⁵　tsau³　kha¹　leh⁰
熟 佫 若 行 灶 跤 咧

解釋 熟：熟悉。佫：到……程度。若行灶跤咧：好像行走自家的廚房一樣。

涵義 喻人對某個地方十分的熟悉。

說明 廚房是每個人最熟悉不過的地方，因為肚子餓、嘴巴渴都要到廚房找東西吃或找水喝，每天要接觸許多遍，想不熟悉也難。「熟佫若行灶跤咧」是說對於某個地方熟悉得像走自家的廚房一樣；比喻人多次前往某處，對該地的環境非常地熟悉。

補充 依教育部2008年5月公布之台灣閩南語推薦用字第二批將「佫kah⁴」寫作「甲kah⁴」。

對應華語 老馬識途。

sik⁸　sik⁸　hi³　puah⁸　loh⁸　hi³　penn⁵　kha¹
熟 熟 戲 跋 落 戲 棚 跤

解釋 熟熟戲：熟悉且經常表演的戲碼。跋落：跌落。戲棚跤：戲台下面。

涵義 告誡人即使做熟悉的事情也不能大意。

說明 資深演員表演熟悉的戲碼本應駕輕就熟，不管是走位、手勢或是講話都不會出差錯才對，但現在會跌落戲台下，一定是一時大意所致，可見人即使做熟悉的事也不能大意，否則就會「熟熟戲跋

落戲棚跤」。

對應華語　馬失前蹄。

khap⁸　bue⁷　tioh⁸　tsiu⁷　sai¹　kong¹　ma²　i⁵
磕未著就司公媽姨

解釋　磕未著：動不動就……。司公：道士。媽姨：俗稱「尪姨」，即女靈媒。全句說：動不動就要請道士、尪姨來處理。

涵義　形容只是小事一樁，卻當成大事來處理。

說明　一般人會請道士或尪姨幫忙，一定是遇上自己解決不了的困難，才會央求他們幫忙解決。「磕未著就司公媽姨」是說動不動就要請道士或尪姨來幫忙；連小事情都要請道士或尪姨幫忙，未免太小題大作了！

對應華語　小題大作。

king⁵　lang⁵　siunn⁷　beh⁴　pu³　　　tsai³　thiam¹　sann¹　ni⁵　king⁵
窮人想欲富，再添三年窮

解釋　想欲富：想要變有錢人。添：加。三年窮：指一直窮下去的意思。

涵義　說明人只想著發財的春秋大夢，不知努力向上，將會繼續貧窮下去。

說明　窮人家當然想要趕快脫離貧窮的生活，但如果只是一直做發財的春秋大夢，沒有實際的行動，根本改善不了貧窮的生活，只會繼續窮下去。

hoo⁵　lui³　lui³　　　tsuan⁵　tsiah⁸　tsit⁸　ki¹　tshui³
糊瘰瘰，全食一支喙

解釋　糊瘰瘰：嘴巴講得天花亂墜，卻盡是誇大不實的言語。全食一支喙：靠一張嘴巴吃飯。

涵義　形容人靠一張嘴巴生活。

說明　社會上有許多靠嘴巴吃飯的人，個個口若懸河，能將死的說成活的，諸如命相家、媒婆、業務員、江湖郎中……等都是，這些人全靠一張嘴巴來打動消費者的心，就算不好的產品，經他們天花亂墜一番，都會變得很神奇，也因此，許多消費者會信以為真，

花錢幫他們衝業績，成為他們的衣食父母。

對應華語 一張嘴巴吃天下。

tshua³ peh⁴ kai¹　　pai³ pat⁸ lang⁵ e⁵ bong⁷

蔡 伯 喈 ， 拜 別 人 个 墓

解釋 蔡伯喈：即蔡邕，東漢末著名文人。个：的。

涵義 形容一個人忘本。

說明 蔡伯喈就是蔡邕，東漢著名的文人，他的雙親過世時伯喈已錄取功名，只是不能回家奔喪，一切喪葬還仰賴趙五娘剪自己的頭髮變賣，才能換得棺木入殮下葬。後來伯喈回老家祭拜雙親，怕人家知道他原本的家境，所以故意找一個好看一點的墳墓祭拜，後人認為此舉根本是數典忘祖的行為。

補充 當「个e⁵」解釋為「的」時，依教育部2007年5月公布之台灣閩南語推薦用字第一批將「个e⁵」寫作「的e⁵」。

對應華語 叛祖忘宗、數典忘祖、有奶便是娘。

he⁵　a²　ping¹　tshau² meh⁴ tsiong³

蝦 仔 兵 ， 草 蜢 將

解釋 蝦仔：蝦子。草蜢：蚱蜢。將：軍隊中指揮作戰的統帥。

涵義 喻本領低，不具威脅性的團體或軍隊。

說明 蝦子與草蜢都是不堪一擊的生物，其生命力脆弱，以牠們來當小兵與將領，力量會變得很薄弱，所以「蝦仔兵，草蜢將」形容一群缺乏戰鬥力的團體，起不了任何作用。

對應華語 老弱殘兵、蝦兵蟹將。

he⁵　a² khuann³ tioh⁰ to³ tuann⁷　moo⁵ he⁷ khuann³ tioh⁰ phu⁷ nua⁷

蝦 仔 看 著 倒 彈 ， 毛 蟹 看 著 浡 瀾

解釋 蝦仔：蝦子。看著：看到。倒彈：指情緒會不好。毛蟹：一種淡水蟹。浡瀾：冒出口沫。

涵義 形容人見人厭，到處都不受歡迎的人。

說明 「蝦仔看著倒彈，毛蟹看著浡瀾」是說連蝦子看到都要「倒彈」離開，毛蟹看到都要從嘴巴冒出口沫。其實蝦子本來就是「倒彈」著行動，而毛蟹本來就會從嘴巴冒出口沫，這是牠們天生的

本能，只不過前人將「倒彈」與「渗瀾」用來比喻「退避三舍」與「吐口水」之意，意謂大家見到某人時，有的會退避三舍，有的會對他吐口水。

對應華語 人見人厭、過街老鼠。

sat⁴ bo² hiam⁵ tse⁷　　tsinn⁵ bo⁵ hiam⁵ tse⁷

蝨母嫌濟，錢無嫌濟

解釋 蝨母：蝨子，為寄生在人體或其他動物身上的昆蟲。濟：多。

涵義 形容錢越多越好，永遠不厭其多。

說明 本諺語的重點在後面一句。蝨子多了會對身體造成不適感，所以沒有人願意長蝨子；至於錢，當然是越多越好，因為錢多，生活過得好，想買什麼就可以買什麼，永遠不會有人嫌多。

對應華語 多多益善、越多越好、韓信點兵，多多益善。

sat⁴ bo² so⁵ khi³ khe¹ sua¹　　tsiah⁸ bo⁵ le⁵ phua³ too⁷

蝨母趖去溪沙，食無鑢破肚

解釋 蝨母：蝨子，為寄生在人體或其他動物身上的昆蟲。趖：爬行。溪沙：溪邊的沙地。鑢破肚：肚子被擦破。

涵義 形容人做某事，不但沒有得到好處，還傷到了自己。

說明 蝨子欲爬行到溪沙上尋覓食物，結果不但沒有吃到食物，還被沙子擦破了肚皮，整句話用來形容人做某事，不但沒有從中獲得好處，最後還傷到了自己。

對應華語 得不償失、羊肉不曾吃，空惹一身羶、羊肉沒吃成，弄得一身臊。

sat⁴ tse⁷ m⁷ tsai¹ ka⁷

蝨濟毋知咬

解釋 蝨：蝨子，為寄生在人體或其他動物身上的昆蟲。濟：多。毋知咬：比喻被咬多了，已經習慣了，所以即使被咬也沒感覺。

涵義 形容在惡劣的環境下待久了，也會逐漸習慣、適應。

說明 人剛開始被蝨子咬的時候，會覺得很不舒服，但咬久就習慣了，即使後來身上有很多蝨子咬也沒有感覺，所以說習慣成自然，就像剛進入魚店會覺得腥臭味很重，但時間久了就沒有感覺了。

對應華語　習以為常、習慣成自然、入芝蘭之室，久而不聞其香、入鮑魚之肆，久而不聞其臭。

sat⁴ tse⁷ be⁷ tsiunn⁷　tse³ tse⁷ be⁷ siunn⁷
蝨 濟 膾 癢 ， 債 濟 膾 想

解釋　蝨：蝨子，為寄生在人體或其他動物身上的昆蟲。濟：多。膾：不。債濟：負債多。

涵義　形容在惡劣的環境下待久了，就會漸漸習慣或適應。

說明　人身上寄生許多蝨子，一會兒這隻咬，一會兒那隻咬，咬久了就不會覺得癢，因為都已經習慣了；人的身上背負許多債務，剛開始會覺得煩，但煩久了就麻痺了，不會再去想它，所以前人用整句話形容人在不好的環境下待久了，就會慢慢適應。

補充　依教育部2008年5月公布之台灣閩南語推薦用字第二批將「膾be⁷」寫作「袂be⁷」。

對應華語　習以為常、習慣成自然、入芝蘭之室，久而不聞其香、入鮑魚之肆，久而不聞其臭。

tshing³ kah⁴ bue² tsui¹ e⁷ khiau³ khi⁰ lai⁰
衝 佫 尾 脽 會 翹 起 來

解釋　衝：氣勢盛。佫：到⋯⋯的程度。尾脽：脊椎骨最尾端，原指屁股，此處指尾巴。翹：往上突起。

涵義　多用來批評人「得意忘形」。

說明　狗高興的時候，尾巴會翹起來，所以「尾脽會翹起來」乃比喻一個人很高興，連「尾脽」都要像狗一樣的翹起來；至於「衝」，表示一個人氣勢旺，有得志的意味。當某人因得志而高興到得意忘形，完全忘了自我，便可說他「衝佫尾脽會翹起來」。

補充　依教育部2008年5月公布之台灣閩南語推薦用字第二批將「佫kah⁴」寫作「甲kah⁴」。

對應華語　得意忘形、得意洋洋、沾沾自喜、自鳴得意。

tshing³ kah⁴ liah⁸ be⁷ tiau⁵
衝 佫 掠 膾 牢

解釋　衝：氣勢盛，比喻為「得意」。佫：到⋯⋯程度。掠膾牢：抓不

住。

涵義 形容某人的氣勢旺，非常得意的樣子。

說明 以前得意的人，走路的姿勢跟一般人不同，都是大搖大擺的，好像「不可一世」的模樣。「衝輒掠繪牢」是說某人太得意，走路搖擺得屬害，以致抓不住他。

補充 依教育部2008年5月公布之台灣閩南語推薦用字第二批將①「輒 kah⁴」寫作「甲kah⁴」；②「繪be⁷」寫作「袂be⁷」。

對應華語 得意忘形、得意洋洋、沾沾自喜、自鳴得意。

tshiann² sin⁵ iong⁵ i⁷ sang³ sin⁵ lan⁵
請 神 容 易 送 神 難

解釋 請神：原意是迎接神明，此指「將不易干休的人請來」。送神：原意是送神離開，此指「將人打發走」。

涵義 用以說明請某人或一群人出來解決事情很簡單，但要順利將他們打發走並不容易。

說明 台灣以前曾經有一段時間流行玩「碟仙」，許多人將「碟仙」請出來後卻送不回去，這就是所謂的「請神容易送神難」。現在多將「神」比喻做「人」，當某人遇到難以解決的事情，請大人物出來幫忙解決，有他出面，事情當然能夠順利解決，但解決完事情後要如何讓他高興的離開？恐怕沒有花一筆紅包錢是打發不走的。

對應華語 請神容易送神難。

tshiann² ma² tsoo² tho² tua⁷ tsoo¹
請 媽 祖 討 大 租

解釋 請媽祖：恭請媽祖。討：催繳。大租：田租。

涵義 形容處理小事卻勞師動眾，以致所得利益不敷成本，划不來。

說明 以前的大地主田地多，自己耕種不了這麼多田地，索性將部分田地租給人家耕種，然後定時向租地的人收取田租。「請媽祖討大租」是說請媽祖幫忙催討田租。由於動用媽祖必須花費很多錢，如果這些錢多過於田租，那就算把田租收回來也「得不償失」。

對應華語 得不償失。

lun⁷ pue³ bo⁵ lun⁷ hue³

論輩無論歲

解釋 論輩：依輩分來區分。論歲：依年紀大小來區分。

涵義 說明中國人以輩分來論大小，而非年齡。

說明 現實生活中，有的外甥比舅舅的年紀大，但外甥還是要稱呼年紀比自己小的他為舅舅；有的姪女比姑姑的年紀大，可是姪女還是要稱呼年紀比自己小的她為姑姑。由上可知，中國人是以「輩分」來論大小，而非年紀，就算晚輩大過長輩幾十歲，該有的稱呼與應對禮節還是要遵守，不能因為長輩年紀小就表現出無禮的態度。

ti¹ pat⁴ kai³ tsio³ kiann³　　lai⁷ gua⁷ m⁷ si⁷ lang⁵

豬八戒照鏡，內外毋是人

解釋 豬八戒：玄奘的弟子，外形如豬，貌醜而好色，是法力不強的精怪。照鏡：照鏡子。內外毋是人：裡外不是人。

涵義 形容處事不能令任一方滿意，處境非常地尷尬。

說明 這是一句歇後語。豬八戒照鏡子，裡面出現的是豬八戒的影像，本來就不是人，而外面是豬八戒本身，當然也不是人，所以說「豬八戒照鏡，內外毋是人」；比喻人處事不能令大家滿意，結果引來各方非議，以致處境變得非常尷尬。

對應華語 吃力不討好、裡外不是人。

ti¹ to¹ lai⁷ lai⁷　　than³ tsinn⁵ be⁷ kue³ au⁷ tai⁷

豬刀利利，趁錢膾過後代

解釋 利利：刀子銳利。豬刀利利：原意是用利刀來殺豬，此處比喻為做出傷天害理的事。趁錢：所賺的錢。膾：不會。膾過後代：不會留到下一代。

涵義 說明人若害人，一定會得到報應。

說明 本句諺語和「豬刀利利，好膾過後代」同樣意思。佛教界認為殺生是很大的罪過，人若殺生，一定會得到「報應」，因此，殺豬的屠夫一輩子宰殺太多豬隻，即使他今世賺了不少錢，也會因為某些因素而失去，無法留到下一代。

補充 依教育部2008年5月公布之台灣閩南語推薦用字第二批將「艙be⁷」寫作「袂be⁷」。

$$ti^1 \quad m^7 \quad tua^7 \qquad tua^7 \quad ti^7 \quad kau^2$$

豬 母 大 ， 大 佇 狗

解釋 豬母大：豬沒有養肥。大佇狗：肥到狗身上。

涵義 感嘆希望有成就者沒有成就，而不冀望會有成就者，卻大放異彩。

說明 以前為人父母者，或多或少有「重男輕女」的觀念，所以投注在兒子身上的時間與金錢總是多過於女兒，他們都期待兒子能夠成材，但有時候卻事與願違，反而女兒比兒子還成材，於是有人就會感嘆「豬母大，大佇狗」。

對應華語 劣幣驅逐良幣。

$$ti^1 \quad m^7 \quad tsiah^8 \qquad kau^2 \quad m^7 \quad poo^7$$

豬 母 食 ， 狗 母 哺

解釋 豬母食：豬不吃的東西。哺：咀嚼。

涵義 形容某種東西很爛，沒有價值，不會有人想要。

說明 豬是最不會挑食的動物，牠連「廚餘」都可以吃得津津有味；狗也是一樣，牠連大便都吃。「豬母食，狗母哺」是說連豬跟狗都不想吃的東西；既然連豬跟狗都不想吃，表示東西很爛，沒有人想要。

$$ti^1 \quad a^2 \quad thai^5 \quad si^2 \quad tsiah^4 \quad kong^2 \quad ke^3$$

豬 仔 刣 死 才 講 價

解釋 刣死：宰殺後。講價：談論買賣的價錢。

涵義 形容在不公平的情況下作交易，弱勢的一方肯定吃虧。

說明 豬隻買賣一定先談好價錢，等飼主拿到錢後才能宰殺，若買方先殺了豬再跟飼主議價，反正豬已經死了，飼主非賣不可，他一定會趁機殺價，因為飼主除了將死豬賣給他之外，別無選擇，所以最後吃虧的一定是飼主。

豬　仔　過　槽　芳

ti[1] a[2] kue[3] tso[5] phang[1]

解釋　槽：飼養豬隻的食槽。芳：香。全句說：豬總認為鄰槽的食物比較香，所以經常越過去搶食。

涵義　此語有兩種意思：①形容人貴遠賤近。②形容人擁有某物還不知足，仍經常做非分之想。

說明　豬隻進食的時候，除了吃自己的槽料外，還會去搶食其他豬隻的槽料，因為牠們總認為別隻豬所吃的槽料比較香，所以才會有「豬仔過槽芳」的說法。

對應華語　①捨近求遠、貴遠賤近。②家花哪有野花香。

豬　母　肉　食　了　才　知　韌

ti[1] bo[2] bah[4] tsiah[8] liau[2] tsiah[4] tsai[1] jun[7]

解釋　豬母肉：老的母豬肉。韌：肉老而不易咬斷。

涵義　喻人必須親身經歷，才能體會事情的難易程度。

說明　以前的農家養豬，為了繁延後代，會將母豬留下來生小豬，等牠老了，無法再生育了，才會將牠賣給屠宰場，然而母豬的肉已經韌了，不好吃了。「豬母肉食了才知韌」是說吃過了老母豬肉才知道牠的肉韌，比喻人必須親身體驗，才能知道事情好不好做；當某人責怪自己辦不好事情時，可用此語來反駁他。

對應華語　事不經手不知難、如人飲水，冷暖自知。

豬　母　牽　去　牛　墟

ti[1] bo[2] khan[1] khi[3] gu[5] hi[1]

解釋　豬母：老母豬。牛墟：販售牛隻及配件的集散市場。

涵義　譏笑人搞不清楚狀況，將不相干的兩件事當成一件事辦。

說明　牛墟是牛隻買賣的集散市場，將母豬牽到這裡販售，根本是搞不清楚狀況，因為牛墟的人都是為了牛來的，沒有人會將注意力放在「豬」的身上，所以「豬母牽去牛墟」用來形容人搞不清楚狀況，將不相干的兩件事搞混。

對應華語　張冠李戴、李戴張帽、牛頭不對馬嘴。

台灣俗語諺語辭典

十五畫
十六畫
十七畫
十八畫
十九畫
二十畫
二十一畫
二十二畫
二十三畫
二十四畫
二十五畫
二十七畫
二十八畫
二十九畫

| ti¹ | kiann² | tshi⁷ | tua⁷ | | m⁷ | jin⁷ | ti¹ | ko¹ | tso³ | lau⁷ | pe⁷ |

豬囝飼大，毋認豬哥做老爸

解釋 豬囝：小豬。飼：養育。毋：不要、不願意。豬哥：配種的公豬。

涵義 多用來形容賣淫女子所生的子女，不知是誰的種，何必「半路認老爸」。

說明 豬哥被人四處牽著下種，一下完種就與母豬一拍兩散，連母豬都不知道對方是誰，小豬更不用說了，所以「豬囝飼大」當然不會認豬哥當老爸。這句話可套用在賣淫女子所生的子女身上，由於賣淫女子的「恩客」多，一旦不小心懷孕生子，當然查不出父親的身分，得由賣淫女子獨力將小孩扶養長大，而小孩子的真正父親因為從未參與他的成長過程，所以小孩子長大也就不會想尋找自己的生父。

| ti¹ | bah⁴ | bo⁵ | tsuann³ | | be⁷ | tshut⁴ | iu⁵ |

豬肉無炸，膾出油

解釋 炸：用高溫滾燙的油將肥肉中貯藏的油炸出來。膾：不會。全句說：肥豬肉沒有經過高溫的油炸，是擠不出油的。

涵義 形容人沒有事先經過痛苦的磨練，無法享受成功的果實。

說明 在「植物油」尚未普及之前，台灣人煮食東西都使用「豬油」。所謂「豬油」就是肥豬肉（含皮）經高溫油炸而慢慢釋出的油脂，豬肉如果沒有經過這樣的處理，是不會出油的，整句話是說人沒有經過煎熬與磨練，是無法闖出一番成就的。

補充 依教育部2008年5月公布之台灣閩南語推薦用字第二批將「膾 be⁷」寫作「袂be⁷」。

對應華語 不經一番寒徹骨，哪得梅花撲鼻香。

| ti¹ | too⁷ | bin⁷ | kong² | ping² | tioh⁸ | ping² |

豬肚面講反著反

解釋 豬肚面：豬胃的內外兩面。反：翻身、翻轉。講反著反：說翻面就翻面。

涵義 形容人的情緒變化很快，說翻臉就馬上翻臉。

說明 豬肚有兩面，外面平滑容易清洗，裡面皺而不易清洗，故必須翻過來才洗得乾淨，而這個「翻過來」的動作就稱為「翻面」（與台語「變面」諧音，為翻臉的意思）。由於豬肚溼滑，很容易「翻面」清洗，所以才會說「講反著反」，前人便用此句話形容人說翻臉就翻臉，情緒變化非常快。

對應華語 翻臉如翻書。

豬肝煮湯嫌無菜，蔭豉擘爿你著知
ti¹ kuann¹ tsu² thng¹ hiam⁵ bo⁵ tshai³　im³ sinn⁷ peh⁴ ping⁵ li² tioh⁸ tsai¹

解釋 豬肝煮湯嫌無菜：有豬肝湯吃還嫌沒有菜可下箸。蔭豉：俗稱「蔭豉仔」，為黑豆和醬油醃製而成。擘爿：用手將東西剝成兩半。你著知：你就知道貧窮的滋味。

涵義 譏諷人身在福中不知福，仍對現狀感到不滿意。

說明 「豬肝」對以前的人來說，是一種高價值的營養補品，只有女子生產或特別節日才可能吃到，一般人想吃還不一定吃得起。「豬肝煮湯嫌無菜，蔭豉擘爿你著知」是說某人有豬肝湯可喝，卻還嫌沒有菜下飯，等到哪一天連「蔭豉仔」都要剖成兩半來吃，就會知道困苦的滋味；諷刺人已經過得比別人好，卻還不懂得知足。

對應華語 身在福中不知福、生在福中不知福。

豬岫毋值狗岫穩
ti¹ siu⁷ m⁷ tat⁸ kau² siu⁷ un²

解釋 豬岫：豬舍。毋值：比不上。狗岫：狗窩。穩：安穩、舒適。

涵義 形容他處再好，也沒有自己的家好。

說明 豬的體積大，住的豬舍不能太小；狗的體積不如豬大，住的地方當然是小而簡陋，不能跟豬比。儘管如此，將狗牽到豬舍，牠可能無法忍受豬舍髒亂的環境與氣味，到頭來還是自己的狗窩住得比較安穩，所以說家還是自己的好，住起來比較安穩、舒適。

對應華語 金窩銀窩，不如家裡的狗窩。

ti¹ sai² na⁵ ia⁷ kuann⁷ lai⁵ phin² po²

豬屎籃也摜來品寶

解釋 豬屎籃:裝豬糞的籃子。摜:用手提物。品:炫耀。全句說:連豬屎籃這種不值錢的東西也當成寶貝炫耀。

涵義 形容人死要面子,明明是不值錢的東西,也拿出來當寶貝炫耀。

說明 豬屎籃是以前的人拿來裝豬屎的籃子,是非常不值錢的東西,某人卻拿來向人炫耀,說它多珍貴、多寶貝,可見此人死愛面子,連不值錢的東西都要說成珍貴物品,向人展示、炫耀。

對應華語 敝帚自珍、敝帚千金。

ti¹ ko¹ phinn⁷　lui⁵ kong¹ tshui³

豬哥鼻,雷公喙

解釋 豬哥:配種的公豬。喙:嘴巴。

涵義 形容人的長相怪異、難看,醜的不得了。

說明 所謂「雷公喙」是說嘴形又薄又小,從側面看起來好像鳥的嘴巴,尖銳無比。如果某人的長相是「豬哥鼻,雷公喙」,表示此人長相很怪異,既醜又難看。

對應華語 其貌不揚、奇醜無比、尖嘴猴腮、獐頭鼠目。

ti¹ ko¹ nua⁷ tshap⁸ tshap⁸ tih⁴

豬哥瀾澉澉滴

解釋 豬哥瀾:豬嘴上的口水。澉澉滴:水一直滴個不停。

涵義 形容男孩子色瞇瞇,看到女孩子就意亂情迷。

說明 豬哥被趕到母豬舍時,會一直不斷地流出口水,特別在交配之前更是明顯,所以就用「豬哥瀾澉澉滴」來形容好色男子見到女孩子色瞇瞇的表情。

ti¹ thau⁵ m⁷ koo³　koo³ ah⁴ bo² nng⁷

豬頭母顧,顧鴨母卵

解釋 豬頭:祭拜神靈所用的豬頭牲禮。毋:不。鴨母卵:指鴨蛋。

涵義 形容人做事,將輕重、主次的順序弄顛倒了。

說明 祭拜天公時,各種祭品多而豐富,為了防止貓、狗前來偷吃,

835

對神明產生不敬，祭桌旁都會派人看守食物。「豬頭毋顧，顧鴨母卵」是說豬頭不顧好，卻跑去顧鴨蛋，再怎麼說也是豬頭比較貴，鴨蛋比較便宜，現在豬頭不顧好，卻跑去顧鴨蛋，確實有點「捨本逐末」了。

對應華語 棄大就小、捨本逐末、本末倒置、背本趨末。

ti¹ thau⁵ phue⁵ tsuann³ bo⁵ iu⁵
豬 頭 皮 炸 無 油

解釋 豬頭皮：豬頭上薄薄的一層皮。炸：用高溫滾燙的油將肥肉內貯藏的油炸出來。

涵義 諷刺沒有學識的人老喜歡吹噓、誇大，但所言空洞，講不出什麼內容。

說明 炸豬油必須使用肥豬肉才炸得多，如果用豬頭皮來炸油，它的皮薄，炸不出什麼油來，「豬頭皮炸無油」便用來形容人沒什麼知識與才能，卻喜歡到處吹噓，結果所言空洞，說不出什麼大道理。

對應華語 言過其實、誇大其詞、溢美之詞。

too² ji⁰ tham¹ ji⁰ sim¹ kuann¹
賭 字 ， 貪 字 心 肝

解釋 心肝：心中。

涵義 意謂人之所以嗜賭，乃「貪」所引起。

說明 「賭」與「貪」都是「貝」字旁。「賭字，貪字心肝」是說「賭」字，是由「貪」字心中的「貝」加上「者」所組成的。這句話的意思是說人之所以會沉迷賭博，是因為「貪」字在一旁作怪所致，所以「賭」是因貪念而起。

對應華語 賭由貪起。

be⁷ liau² hau⁷ senn¹ tsio¹ kiann² sai³
賣 了 後 生 招 囝 婿

解釋 後生：兒子。招：入贅。囝婿：女婿。

涵義 形容人多此一舉，做了前後矛盾的事情。

說明 以前的人多靠兒子來傳宗接代；某人有了兒子卻將他賣給別人，

然後招贅女婿來傳宗接代，這根本是「多此一舉」，做了前後矛盾的事。

對應華語 多此一舉、畫蛇添足。

be[7] tau[7] tshai[3] e[0] bo[5] giah[8] tshin[3] luan[7] sa[1]

賣 豆 菜 个 無 揭 秤 ， 亂 捎

解釋 賣豆菜个：賣豆芽菜的生意人。無揭秤：沒有拿秤出來秤重。亂捎：隨便抓一把。

涵義 形容人亂抓一通。

說明 這是一句歇後語。豆芽菜是以「兩」計價，生意人如果沒有帶秤到菜攤，遇到顧客上門購買，只能隨手抓幾把，概略猜個重量就賣給客人了，故云「亂捎」，因此整句話用來比喻人亂抓一通。

補充 ①當「个e[0]」解釋為「的」時，依教育部2007年5月公布之台灣閩南語推薦用字第一批將「个e[0]」寫作「的e[0]」。②依教育部2008年5月公布之台灣閩南語推薦用字第二批將「揭giah[8]」寫作「攑giah[8]」。

be[7] tau[7] hu[7] oh[8] to[1] loo[7]

賣 豆 腐 ， 學 刀 路

解釋 豆腐：先用黃豆磨成汁液，再加石膏所製成的食品。學刀路：學刀法。

涵義 意謂人做事要邊做邊學，才容易上手。

說明 豆腐炊熟之後，要切成一塊一塊，才算大功告成，但如何能將豆腐切得漂亮，如何才能切成一樣的大小，這就要看師父的「刀路」。通常要學切豆腐的刀路，必須一邊賣豆腐，一邊學習刀法，邊做邊學，這樣才能很快上手。

對應華語 邊做邊學。

be[7] boo[2] tso[3] tua[7] ku[7]

賣 某 做 大 舅

解釋 某：老婆。大舅：指母親最年長的哥哥。全句說：賣掉老婆後，以「大舅仔」的身分自居，經常出入妻家。

涵義 調侃男人沒志氣，賣妻求榮。

說明 以前的人生活困苦，為了過好一點的生活，有些沒有志氣的男人，仗著老婆頗有姿色，將她高價賣給妓女戶或有錢人家，然後以妻子大哥的身分去探望她，這句話用來比喻人「賣妻求榮」，一點志氣也沒有。

對應華語 賣妻求榮。

be⁷ boo² be⁷ kiann² tsio² thau⁵ tshui³

賣 某 賣 囝 少 頭 喙

解釋 某：老婆。囝：子女。少頭喙：減少吃飯的人口數。

涵義 此語有兩種意思：①說明人為生活所逼，不得已只好賣掉妻兒，以減少家中吃飯的人口數。②譴責無賴男人為了自己過好日子，連妻兒都賣了。

說明 以前台灣人生活困苦，有的人實在養不起妻兒，索性將他們賣給有錢人家，一來可以吃好睡飽，二來減少家裡吃飯的人口，降低自己的負擔，這就是所謂的「賣某賣囝少頭喙」；除了生活因素外，有些無賴漢也會「賣某賣囝」，但他們賣妻賣子是為了圖利自己，不是為了妻兒著想，所以旁人就會用這句話來譴責他們。

對應華語 賣妻鬻子。

be⁷ te⁵ e⁰ kong² te⁵ phang¹ be⁷ hue¹ e⁰ kong² hue¹ ang⁵

賣 茶 个 講 茶 芳 ， 賣 花 个 講 花 紅

解釋 賣茶个：賣茶的人。講：自誇。芳：香。賣花个：賣花的人。

涵義 形容生意人誇獎自己賣的東西好。

說明 做生意的人向來靠一張嘴巴，即使所賣的物品不怎麼樣，也會誇大其詞地說它多好多好，否則顧客就不會上門消費了，所以賣茶的人說自己賣的茶香，賣花的人當然說自己賣的花漂亮。

補充 當「个e⁰」解釋為「的」時，依教育部2007年5月公布之台灣閩南語推薦用字第一批將「个e⁰」寫作「的e⁰」。

對應華語 老王賣瓜，自賣自誇、王婆賣瓜，自賣自誇。

be⁷ hui⁵ e⁰ tsiah⁸ khih⁴ tsit⁴ tshioh⁸ e⁰ khun³ i²

賣 瓷 个 食 缺 ， 織 蓆 个 睏 椅

解釋 賣瓷个：指販售陶製碗筷者。缺：破損、缺角。織蓆个：編製草

蓆的人。睏椅：睡在椅子上。

涵義 形容人非常節儉。

說明 依常理來說，販售陶製碗筷者應該有上等的碗筷可用，而編織草蓆的人也可以織上好的草蓆給自己使用；但不盡然是這樣，因為有的人生性節儉，寧願將好的貨品拿來賣錢，而將瑕疵的貨品留給自己使用，或甚至連使用都捨不得，所以才會有「賣瓷个食缺，織蓆个睏椅」的說法。

補充 當「个e⁰」解釋為「的」時，依教育部2007年5月公布之台灣閩南語推薦用字第一批將「个e⁰」寫作「的e⁰」。

對應華語 賣扇的手扇涼、賣蓆的睡土坑、賣油的娘子水梳頭。

be⁷ hue³ thau⁵　　siak⁴ hue³ bue²

賣 貨 頭 ， 摔 貨 尾

解釋 貨頭：指新上市的物品。摔：跌價。貨尾：之前沒賣出去而剩下的貨品。全句說：貨品剛上市時，生意人會以市價來販售，而沒賣出去的貨底，則會清倉降價拋售。

涵義 描述生意人販售上市貨及貨底的價格差異。

說明 貨品初上市時，商人會以一般的市價來販售，等到過季了，就會將倉庫內貯存的貨底搬出來，然後清倉降價拋售，這時候的價格會比初上市時便宜許多，此即所謂的「賣貨頭，摔貨尾」。

be⁷ hi⁵ e⁰ bo⁵ giah⁸ tshin³　　king² bue²

賣 魚 个 無 揭 秤 ， 景 尾

解釋 賣魚个：賣魚的小販。無揭秤：沒有帶秤出來。景尾：景美的舊稱。

涵義 此語多用在猜謎方面，讓人射一台灣舊地名——景尾（現在的「景美」）。

說明 這是一句歇後語。意即賣魚的沒有帶秤出門，買賣只好以「尾」計算，而不以重量計算。由於台語的「揀尾」與「景尾」諧音，而「景尾」是「景美」的舊稱，在許多猜謎的場合都喜歡用它來當謎題，讓與會民眾動動腦。

補充 ①當「个e⁰」解釋為「的」時，依教育部2007年5月公布之台灣閩南語推薦用字第一批將「个e⁰」寫作「的e⁰」。②依教育部2008

年5月公布之台灣閩南語推薦用字第二批將「揭giah⁸」寫作「攑giah⁸」。

be⁷ tshai³ khah⁴ tse⁷ be² tshai³
賣 菜 較 濟 買 菜

解釋 較濟：比……還多。

涵義 意謂物品的供應超過了民眾的需求。

說明 在市場上賣菜的人多過於買菜的客人，許多菜攤一定「敗市」，因為市場「供過於求」，造成很多菜攤無法將菜賣出去，生意鐵定一落千丈。

對應華語 供過於求、供多求少。

be⁷ uann² puann⁵ e⁰ tshia¹ to² tann³ khi³ liau² liau² a⁰
賣 碗 盤 个 捙 倒 擔 ， 去 了 了 矣

解釋 碗盤个：指販賣陶製餐具的人。捙倒擔：打翻擔子。去了了矣：全都完了。

涵義 形容局勢無法挽回，全完了。

說明 以前台灣人所使用的碗盤都是陶製品，很容易打破，賣碗盤的生意人萬一不小心打翻擔子，所有的碗盤不是全破，就是缺損，到時候不能賣錢，成本無法回收就完蛋了，整句話用來指事情的情況壞到極點，沒有辦法挽救。

補充 當「个e⁰」解釋為「的」時，依教育部2007年5月公布之台灣閩南語推薦用字第一批將「个e⁰」寫作「的e⁰」。

對應華語 無可挽救、無力回天。

be⁷ ti¹ be⁷ kau² tsu² lang⁵ khai¹ khau²
賣 豬 賣 狗 ， 主 人 開 口

解釋 主人開口：由主人先開口說個賣價。

涵義 形容做生意買賣時，都是由賣方先開價。

說明 不管任何買賣行為，只要買方看上喜歡的東西，一定會問賣方價錢，等賣方說出價格後，買方才會決定要買、要殺價還是要放棄，所以做生意買賣時，總是由賣方先開個價，這就是「賣豬賣狗，主人開口」。

be⁷ ah⁴ nng⁷ e⁰ tshia¹ to² tann³　　khuann³ phua³

賣 鴨 卵 个 捙 倒 擔 ， 看 破

解釋 賣鴨卵个：賣鴨蛋的人。捙倒擔：打翻擔子。

涵義 形容人對事情不再抱任何希望，看開了。

說明 這是一句歇後語。鴨蛋容易破，如果賣鴨蛋的生意人不小心打翻擔子，只能眼睜睜地看著鴨蛋破掉，這就是華語「看破」的原意；但台語所謂的「看破」是說對事情已經絕望，不再抱任何期待。

補充 當「个e⁰」解釋為「的」時，依教育部2007年5月公布之台灣閩南語推薦用字第一批將「个e⁰」寫作「的e⁰」。

su³ tsu² tshian¹ kim¹　　put⁴ ju⁵ kau³ tsu² it⁴ ge⁷

賜 子 千 金 ， 不 如 教 子 一 藝

解釋 賜：賞給。子：指子女。千金：比喻很多錢。藝：技能。

涵義 說明人擁有一技之長的重要性。

說明 為人父母若不斷送錢給子女花用，即使「金山銀山」也有用完的一天，且養成他們的依賴性，不能自食其力，這樣反而害了子女，倒不如教他們一技之長，讓他們終生都可以受用無窮，如此一來，做父母的也可以不用為子女的生計擔心。

對應華語 給人魚吃，不如教人釣魚、萬貫家財，不如一技在身。

ti⁵ thau⁵ tshui³　　pun³ ki¹ hinn⁷

鋤 頭 喙 ， 畚 箕 耳

解釋 鋤頭喙：指鋤頭鐵片的前緣。畚箕耳：指畚箕兩端的手持部位。

涵義 形容人尚未搞清楚事情的情況，便斷章取義、亂說話。

說明 鋤頭是除草的工具，當農夫拿著它往下剷時，「鋤頭喙」會不分輕重的將東西剷起，比喻人說話不分輕重，胡言亂語；畚箕是盛廢土或垃圾的器具，有兩個握耳，人的耳朵如果像「畚箕耳」，表示他左耳進，右耳出，聽進去的話沒有經過大腦思考，只能斷章取義。

kho³ suann¹suann¹ e⁷ pang¹　　kho³ tsui² tsui² e⁷ ta¹

靠山山會崩，靠水水會焦

解釋 靠：依賴、倚仗。崩：崩塌陷落。焦：乾涸，沒有水分。

涵義 說明人不能完全依賴別人，只有靠自己才是最實在的。

說明 人無論做什麼事，最好是靠自己的本事，如果凡事都要依賴別人、找靠山，等哪一天靠山沒有了，一定會變得很慘。「靠山山會崩，靠水水會焦」是說依靠山，山有崩落的一天，依靠水，水有乾涸的一天；比喻做任何事都不能完全依賴別人，只有靠自己才是最實在的。

對應華語 靠人人倒，靠山山崩。

kho³ suann¹ tsiah⁸ suann¹　　kho³ hai² tsiah⁸ hai²

靠山食山，靠海食海

解釋 靠山：住在山林附近。食山：利用山林的資源來過日子。靠海：鄰海而居的人。食海：利用大海的資源來過日子。

涵義 描述人民的生活型態與居處之自然環境息息相關。

說明 住在山上的人，幾乎都利用山林資源過生活，例如種竹筍、販售山產、開採木材之類……，這就是所謂的「靠山食山」；而鄰海居住的人，幾乎都利用大海的資源來討生活，例如出海捕魚、開海產店之類……，這就是所謂的「靠海食海」。由上可知，人類的生活型態受居處周遭環境的影響非常大。

對應華語 靠山吃山，靠海吃海、靠山吃山，靠水吃水。

kho³ kiann² kho³ sin¹ pu⁷　　m⁷ tat⁸ ka¹ ki⁷ u⁷

靠囝靠新婦，毋值家己有

解釋 靠：依賴。囝：子女。新婦：兒媳。毋值：比不上。家己：自己。

涵義 形容靠別人不一定可靠，只有靠自己最實在。

說明 老一輩的台灣人都有「養兒防老」的觀念，認為子女長大後有義務奉養自己，即使是媳婦也一樣；然而很多子女並不這麼想，他們長大分家後，有的人就狠心拋下父母不管，如果要依靠他們，鐵定餓死，所以「靠囝靠新婦，毋值家己有」，意思是說要靠子女或媳婦奉養，倒不如身邊存一點錢，靠自己比較實在些。

對應華語 靠人不如靠己。

kho³ se³ hoo⁷ se³ goo⁷
靠勢予勢誤

解釋 靠勢：倚賴他人的權勢。予：被。予勢誤：被所倚賴的權勢所拖累。

涵義 勸人不要趨炎附勢，凡事只有靠自己才能保平安。

說明 倚賴權勢有幾個好處，例如可以得到勢力的保護、幫助等；但也有壞處，當所倚賴的勢力瓦解時，有可能因此而受到牽連，例如古代大臣當權時，跟隨在他身邊的親信無不同沾其露，跟著享受榮華富貴，但哪一天他獲罪入獄、權勢盡失，這些親信無不受到波及，這就是所謂的「靠勢予勢誤」。

iong² tsu² put⁴ kau³　put⁴ ju⁵ iong² lu⁵
養子不教，不如養驢，
iong² lu² put⁴ kau³　put⁴ ju⁵ iong² tu¹
養女不教，不如養豬

解釋 養子不教：養育兒子卻不教導他們如何做人。驢：體形跟馬相似，但比馬小。養女不教：養育女兒卻不教她們遵守婦德。

涵義 說明父母對子女教育的重要。

說明 「養子不教，不如養驢，養女不教，不如養豬」是說養育兒子卻不把他們教育成人，每天只會好吃懶做，那倒不如養一隻驢，還會替自己工作；養育女兒卻不教她們遵守婦德，結果嫁人後得不到婆婆的疼愛，那倒不如養一隻豬，送給人家還會受人感激。由上面的說明可知，父母對子女的教育絕對馬虎不得。

對應華語 養兒不教，不如不要。

but⁴ a² hi⁵ tsiah⁸ tioh⁸ hong⁵ te³ bah⁴　thiong³ kah⁴ bo⁵ pio⁷
魩仔魚食著皇帝肉，暢佫無鰾

解釋 魩仔魚：一種體型很小的魚。食著：吃到。皇帝肉：指清朝某位皇帝的肉。暢：快樂的不得了，即「爽」的意思。佫：到……的程度。鰾：魚體的器官，內含空氣，能助魚體浮沉於水中。

涵義 形容人得到意外的福分，爽的不得了。

說明 明末清初，鄭成功據島抗清，清帝御駕親征。鄭軍沿港岸與之激戰，後來清兵成了甕中之鱉。清帝見狀大驚，急命棄船上岸，卻被鄭成功的大炮擊中，當場落水死去。港中魚因此有皇帝肉可吃，「魩仔魚食著皇帝肉，暢洛無鰾」即從此出。

補充 依教育部2008年5月公布之台灣閩南語推薦用字第二批將「洛 kah⁴」寫作「甲kah⁴」。

對應華語 意外福分。

a¹	phian³	tsit⁸	e⁷	gian³		thong¹	sia⁷	tsau²	phian³	phian³
鴉	片	一	下	癮	，	通	社	走	遍	遍

解釋 鴉片：一種毒品。一下癮：突然毒癮發作。通社：整個村落。走遍遍：喻到處跑，尋找鴉片來抽。

涵義 強調鴉片害人不淺，千萬碰不得。

說明 以前抽鴉片的人只要毒癮發作，一定四處找鴉片抽，否則會痛苦難耐，所以全村走透透，到處找持有「特許狀」的賣家買鴉片，結果家產一點一滴的花用殆盡，身心也受到戕害，真是害人不淺啊！

對應華語 毒癮難消。

十六畫

gam⁷ lau² a² u⁷ khuann³ kinn³ ke¹　　bo⁵ khuann³ kinn³ lang⁵

儑佬仔有看見雞，無看見人

解釋 儑：不懂事、魯莽的。佬仔：指騙子、小偷。

涵義 形容人做事粗心大意、不謹慎。

說明 「儑佬仔有看見雞，無看見人」是說一心想偷雞的大意小偷，眼中只看見雞，沒有看見飼主就在旁邊；比喻人做事粗心大意，不小心。

對應華語 粗心大意、掉以輕心。

oh⁸ lang⁵ e⁵ tshui³ bue²

學人个喙尾

解釋 个：的。喙尾：語尾。

涵義 人家怎麼說自己也跟著說，完全沒有主見。

說明 「學人个喙尾」是說將人家說過的話再說一遍。這種情形如同鸚鵡學說話，人家說什麼，就跟著說什麼，沒有獨立的思考能力，也沒有自己的見解。

補充 當「个e⁵」解釋為「的」時，依教育部2007年5月公布之台灣閩南語推薦用字第一批將「个e⁵」寫作「的e⁵」。

對應華語 人云亦云、拾人牙慧、拾人餘唾、鸚鵡學舌。

oh⁸ ho² sann¹ tang¹ puann³　　oh⁸ phainn² pueh⁸ mng⁵ tshuann³

學好三冬半，學歹拔門閂

解釋 三冬半：原意為三年半，此處比喻「時間久」。學歹：學壞。門閂：緊閉大門所用的橫木。

涵義 形容一個人要學好很慢，但要學壞卻很快。

說明 以前的住家大門多為木製門，與現在的「廟門」相同，都是由左右兩扇門與中間一塊橫木組成。「拔門閂」是說將門上的橫木拔開，這是簡單且容易做的一件事情，所以「學好三冬半，學歹拔門閂」是說一個人要學好很慢，但要學壞卻很簡單、迅速。

對應華語 從善如登，從惡如崩。

oh⁸ ho² sann¹ ni⁵　　oh⁸ phainn² sann¹ tui³ si⁵

學好三年，學歹三對時

解釋 三年：比喻時間長，並非真的指三年。學歹：學壞。對時：十二個時辰，即二十四小時。三對時：形容時間很短暫。

涵義 形容一個人要學好又慢又難，但要學壞卻又快又容易。

說明 「一對時」就是十二個時辰，也就是二十四小時，所以「三對時」指三十六個時辰，也就是七十二小時（即三天）。「學好三年，學歹三對時」是說學好需要三年的時間，但學壞只要三天就夠了，用來形容人要學好並不容易，但要學壞卻很快。

對應華語 從善如登，從惡如崩。

oh⁸ ho² ku¹ peh⁴ piah⁴　　oh⁸ phainn² tsui² pang¹ khiah⁴

學好龜蹈壁，學歹水崩隙

解釋 龜蹈壁：烏龜爬山壁。學歹：學壞。水崩隙：只要有些微的細縫，大水就會崩洩而下。

涵義 形容一個人要學好很難，但要學壞卻很容易。

說明 烏龜要爬山壁，既困難又費力；而大水只要有一點點裂縫，便會快速地從縫隙傾洩而下。「學好龜蹈壁，學歹水崩隙」意謂要學好就像烏龜爬山壁一樣，既慢又難，但要學壞，只要有一點點小小的誘惑，就會令人誤入歧途；喻某人要學好很難，但要學壞卻很簡單。

對應華語 從善如登，從惡如崩。

it⁴ tioh⁸ tshau² poo¹　　sit⁴ liau² sik⁸ hng⁵

憶著草埔，失了熟園

解釋 憶：心中惦記著。草埔：未經開墾的地方。熟園：經過開墾的園地。

涵義 形容人做事分心，做甲事想乙事，做乙事又想甲事，以致兩件事都沒有做好。

說明 「憶著草埔，失了熟園」是說心中一直想著未開墾的荒地，結果忽略對已開墾田地的照料，讓田地由「熟園」再變成「草埔」；比喻人做事不專心，做這事想那事，以致兩件事都沒有做好。

對應華語 得不償失。

ku³ tsai⁷ lang⁵ tsian¹ tsuan³
據 在 人 煎 爨

解釋 據在：任由、任憑。爨：燒煮食物。

涵義 任由他人宰割，無法自己掌握命運。

說明 「據在人煎爨」是說要油煎或水煮都任由人家，自己無權作主；比喻是死是活不能由自己來掌握，完全要視他人當時的喜好來決定，即「任人宰割」之意。

對應華語 任人宰割、人為刀俎，我為魚肉。

tann¹ suann¹ thiam⁷ hai² liau² gong⁷ kang¹
擔 山 填 海 了 戇 工

解釋 擔山：挑山中的土壤。了戇工：做了白工。

涵義 用來嘲弄某人白費力氣，做永遠都不會成功的事。

說明 在地球上，海洋的面積比陸地的面積要大得多，而且很深，某人要挑山裡的土壤去填平海洋，這是不可能完成的事，如果堅持去做這件事，只不過是白費力氣罷了！

對應華語 徒勞無益、徒勞無功、白費力氣、枉費心力。

tann¹ pui⁵ khi³ tshi⁷ tiunn⁵ be⁷ sai²
擔 肥 去 市 場 ， 燴 使

解釋 肥：指人類或動物的糞便。燴使：不行、不可以。

涵義 形容某事不可以做，或某話不可以說。

說明 這是一句歇後語。某人將水肥挑到市場去，當然是去「賣屎」，因為以前的農家都用它來當有機肥料，所以市場上有許多「賣屎」的人。由於「賣屎」與「燴使」諧音，而「燴使」是不行、不可以的意思，故「擔肥去市場，燴使」多用來形容某事不可以做，或某話不可以說。

補充 依教育部2008年5月公布之台灣閩南語推薦用字第二批將「燴be⁷」寫作「袂be⁷」。

十五畫
十六畫
十七畫
十八畫
十九畫
二十畫
二十一畫
二十二畫
二十三畫
二十四畫
二十五畫
二十六畫
二十七畫
二十八畫
二十九畫

tann¹ sai² bue² au⁷ tshau³

擔屎，尾後臭

解釋 擔屎：指挑糞者。尾後臭：指後面的人都覺得很臭。

涵義 指某人的所做所為，經常被人在背後批評與唾罵。

說明 挑水肥的人因為長期接觸「糞便」，已經習慣那種味道，所以不會覺得臭，但跟在他後面的人則覺得臭不可聞，紛紛搗鼻走避；整句話用來形容某人之作為，經常被人在背後批評與唾罵。

對應華語 馬不知臉長。

tann¹ sai² ak⁴ i¹ e⁵ tshing⁵ tshiu⁷

擔屎沃伊个榕樹

解釋 擔屎：挑糞、挑水肥。沃：淋、澆。伊个：他（她）的。榕樹：熱帶地區常綠喬木，樹枝有氣根，可自空氣中吸收養分，由於生長力超強，不需施肥即可苗壯。

涵義 形容人做了不需要做的事情。（此語常用於負面批評）

說明 榕樹的生命力旺盛，特別是它擁有一般植物少有的氣根，可以從空氣中吸收足夠的養分，所以不用施肥就長得很好。「擔屎沃伊个榕樹」是說挑著水肥去澆人家的榕樹，似乎是「多此一舉」，做了沒有必要的事情。

補充 當「个e⁵」解釋為「的」時，依教育部2007年5月公布之台灣閩南語推薦用字第一批將「个e⁵」寫作「的e⁵」。

對應華語 多此一舉、畫蛇添足、錦上添花。

tann¹ sai² tshau³ kha¹ tshng¹

擔屎臭尻川

解釋 擔屎：原指挑糞，此處指為非作歹的人。臭尻川：原指屁股後面很臭，此處指背後受人批評、指指點點。

涵義 形容做壞事的人，背後必定經常受人批評。

說明 經常挑糞便的人，自己不覺得臭，但跟隨在他身後的人會覺得臭不可聞；經常為非作歹的人已經習慣做壞事，自己不會覺得怎樣，但別人不能苟同他的做法，所以會在背後批評或指指點點。

對應華語 為人詬病。

tann¹ nia² tsit⁸ tsioh⁸ bi²　　m⁷ tann¹ nia² tsit⁸ e⁵ gin² a² phi²

擔領一石米，毋擔領一个囡仔疕

解釋　擔領：擔負。一石：十斗為一石。毋：不願意。一个：一個。囡仔疕：指小孩子。全句說：寧願擔負一石米，也不願意照料一個小孩子。

涵義　說明照顧小孩甚為麻煩，一般人多不喜歡為之。

說明　「擔領一石米」雖然負荷很重，但它不會製造麻煩，頂多只是浪費體力罷了，所以很好處理；而照料一個小孩子，吃、拉、哭、鬧、病樣樣都來，其麻煩勝過「擔領一石米」幾十倍，所以前人才說「擔領一石米，毋擔領一个囡仔疕」。

tann¹ lang² e⁰ khah⁴ jiat⁸ tsng¹ tuann³

擔籠个較熱妝旦

解釋　擔籠个：挑戲籠的人。較熱：比……還狂熱。妝旦：妝扮旦角的人。全句說：挑戲籠的人比妝扮旦角的人還要狂熱。

涵義　形容旁觀者比當事者更熱衷於一件事。

說明　戲團的東西多，每次演出都需要靠挑戲籠的挑夫才能將道具與戲服就定位，通常他們只負責戲團的「勞力」部分，並不參與演出。「擔籠个較熱妝旦」是說挑戲籠的人比妝扮旦角的人還要狂熱於劇情；比喻局外人反而比當事者更熱衷一件事。

補充　當「个e⁰」解釋為「的」時，依教育部2007年5月公布之台灣閩南語推薦用字第一批將「个e⁰」寫作「的e⁰」。

huainn⁵ tsha⁵ giah⁸ jip⁸ tsau³

橫柴揭入灶

解釋　橫柴：將木柴橫放。揭入灶：放入灶爐內焚燒。

涵義　說明人做了違反常理的事情。

說明　以前的台灣人多用「灶」來燒煮東西，而「灶」必須用木柴來生熱，通常木柴都是直著放進去「灶」裡面焚燒，如果橫著放，灶口太小反而不好放進去，所以「橫柴揭入灶」是違反常理的一種做法；比喻人違反常理做事。

補充　依教育部2008年5月公布之台灣閩南語推薦用字第二批將「揭giah⁸」寫作「攑giah⁸」。

對應華語 倒行逆施、悖禮犯義、違天逆理。

huainn⁵ tshau² bo⁵ ni¹　　tit⁸ tshau² bo⁵ liam³

橫草無拈，直草無捻

解釋 橫草：橫躺在地上的草。拈：用手指頭拾起東西。直草：直立的草。捻：用手指頭摘取。

涵義 形容人的廉潔，對於不屬於自己的財與物皆不貪取。

說明 「橫草無拈」是說看到折斷且橫躺於地面上的草，不會想要拾取；「直草無捻」是說看到直立的草，不會想要折斷它，整句話用來形容人一介（芥）不取，不會貪求不屬於自己的東西。

對應華語 一毫莫取、一介不取、一文不苟、塵土不沾。

tshiu⁷ tua⁷ tioh⁸ pun¹ ue¹　　lang⁵ tua⁷ tioh⁸ pun¹ ke¹

樹大著分椏，人大著分家

解釋 椏：旁歧的樹枝。樹大著分椏：樹木長大就會開始長出枝條。分家：自立門戶。

涵義 形容子女長大成人後，自立門戶是很自然的事。

說明 本諺語的重點在第二句。樹木小的時候沒有分枝，但隨著時間增長就會慢慢長出枝條，這就是「樹大著分椏」；小時候，兄弟姊妹沒有養活自己的能力，所以家庭每個成員都生活在一起，但等到大家有了各自的家庭或事業，就會紛紛向父母求去，自立門戶，這就是「人大著分家」。

tshiu⁷ bue² bo⁵ hong¹ be⁷ io⁵

樹尾無風獪搖

解釋 樹尾：樹梢。獪：不會。

涵義 形容事情的發生，一定有起因。

說明 樹梢會搖晃，不是起風就是有很多鳥類或小動物在上面活動，反正不會無端而搖晃，必定事出有因，故「樹尾無風獪搖」是形容「無風不起浪」。

補充 依教育部2008年5月公布之台灣閩南語推薦用字第二批將「獪be⁷」寫作「袂be⁷」。

對應華語 其來有自、事出必有因、無風不起浪。

台灣俗語諺語辭典

十五畫
十六畫
十七畫
十八畫
十九畫
二十畫
二十一畫
二十二畫
二十三畫
二十四畫
二十五畫
二十七畫
二十八畫
二十九畫

tshiu⁷ to² kau⁵ ia⁷ suann³

樹倒猴也散

解釋 猴：指猢猻。散：分散、離開。

涵義 形容團體宣告解散，成員就會一一離開。

說明 猴子最喜歡爬樹，當森林中的樹木都倒了，牠們就會一一散去，重新尋找新的生活天地，這就是「樹倒猴也散」，就像團體（包含公司、社團……等）宣告解散，成員就會離開，再重新尋找新的人生舞台。

對應華語 樹倒猢猻散。

---

tshiu⁷ thau⁵ na⁷ tsai⁷　m⁷ kiann¹ tshiu⁷ bue² tso³ hong¹ thai¹

樹頭若在，毋驚樹尾做風颱

解釋 樹頭：樹木的根部。若在：如果紮的穩固。毋驚：不怕。樹尾：樹梢。做風颱：颱颱風。

涵義 形容人只要行得正，做事光明磊落，就不怕他人的中傷或冤枉。

說明 颱風一來，樹木有的被連根拔起，有的卻屹立不搖。為什麼同樣是樹，會出現兩種不同的結果？原因在於樹根紮得淺或深。樹根紮得深表示樹身穩固，不怕颱風、地震；樹根紮得淺，表示樹身不穩固，遇颱風或地震就會傾倒；人也是一樣，只要自己行得正，做得正，別人抓不到把柄，所有的中傷都是空穴來風，根本無須害怕。

對應華語 人正壓百邪、人正不怕影邪、真金不怕火煉、坐得正，立得正，哪怕和尚尼姑合板凳。

---

kio⁵ tsit⁸ kue³　kuai² a² tioh⁸ pang³ tiau⁷

橋一過，枴仔著放掉

解釋 枴仔：手杖、枴杖。著放掉：就拋棄、就丟掉。全句說：人持著枴杖過吊橋，但橋一過，馬上就將枴杖拋棄。

涵義 形容人過河拆橋，受人恩惠後就將人一腳踢開。

說明 過橋的時候不好走，必須拄著枴杖才不會失去重心，但人一過橋，認為枴杖沒有利用價值，便將它隨手丟棄，所以全句用來指人過河拆橋，受完人家的恩惠便將恩人一腳踢開。

對應華語 違恩負義、忘恩負義、過河拆橋、兔死狗烹、事成見棄、鳥盡弓藏、得魚忘筌、卸磨殺驢。

pun⁵ koo² tshue¹ e⁰　　　lik⁸ si² kng¹ kio⁷ e⁰
歕 鼓 吹 个 ， 碌 死 扛 轎 个

解釋 歕鼓吹个：原意為吹奏嗩吶的人，此處指動口的人。碌死：累死。扛轎个：原指轎夫，此處指出勞力的人。

涵義 指動口者不知動手者的辛勞，一直命令做這做那的，常會累死他們。

說明 以前迎親的隊伍，前面是吹嗩吶的人，後面是扛紅轎的轎夫，只要吹嗩吶的人停止吹奏，扛轎的人就會停在路邊休息，如果吹嗩吶的人不停止吹奏，扛轎的轎夫就會硬撐著繼續前進。全句用來說明動口的人不知勞動者的辛苦，一直命令他們做這做那的，常使人累得半死。

補充 當「个e⁰」解釋為「的」時，依教育部2007年5月公布之台灣閩南語推薦用字第一批將「个e⁰」寫作「的e⁰」。

對應華語 坐轎不知抬轎苦、飽漢不知餓漢飢。

kik⁴ tsit⁸ e⁵ si² lang⁵ bin⁷
激 一 个 死 人 面

解釋 激：裝出。一个：一副。死人面：指人板著臉，表現出一副不想理人的樣子。

涵義 斥責人擺一張臭臉給人家看。

說明 死人的臉孔都是面無表情，沒有喜、怒、哀、樂。活人如果「激一個死人面」，表示他不想理人，不想跟人家互動，所以擺一張臭臉讓人家看。

kik⁴ kut⁴ tsiah⁸ bah⁴ sut⁴
激 骨 ， 食 肉 屑

解釋 激骨：指和常人不同的舉止或性情，例如怪裡怪氣、個性孤僻、彆彆扭扭……等。肉屑：肉的碎屑。

涵義 說明個性或行為怪異的人很容易吃虧。

說明 人的性情如果孤僻、古怪，行為如果彆彆扭扭，容易遭人排擠，

台灣俗語諺語辭典

十五畫
十六畫
十七畫
十八畫
十九畫
二十畫
二十一畫
二十二畫
二十三畫
二十四畫
二十五畫
二十七畫
二十八畫
二十九畫

大家一定不想跟他做朋友，有什麼好處也不會跟他說，到時候人家如果吃肉，他只能吃別人吃剩的肉屑。由此看來，個性或行為怪異的人，在某些方面是比較吃虧的，這是無庸置疑的。

sio¹ sio¹ bin⁷ u³ lang⁵ e⁵ tshin³ kha¹ tshng¹

燒 燒 面 焐 人 个 清 尻 川

解釋 燒燒面：熱熱的臉。焐：兩種不同溫度的東西碰觸在一塊。个：的。清尻川：冷屁股。

涵義 形容某人一頭熱，但人家卻不領情，可謂自討沒趣。

說明 「燒燒面焐人个清尻川」是說某人以熱臉去貼人家的冷屁股。當某人單方面很熱絡，但對方的態度卻很冷淡，便可說此語，有自討沒趣的意思。

補充 當「个e⁵」解釋為「的」時，依教育部2007年5月公布之台灣閩南語推薦用字第一批將「个e⁵」寫作「的e⁵」。

對應華語 自討沒趣、熱臉貼人家冷屁股、剃頭匠的擔子，一頭熱，一頭涼。

sio¹ mue⁵ siong¹ tiong⁷ tshai³ sui² boo² sng² kiann² sai³

燒 糜 傷 重 菜 ， 婿 某 損 団 婿

解釋 燒糜：熱騰騰的稀飯。傷重菜：指需要更多的菜來下飯。婿某：美豔動人的老婆。損団婿：傷女婿的身體。

涵義 勸人不要縱慾過度，才不會折壽傷身。

說明 本諺語的重點在後一句。吃溫或冷的稀飯，一口菜便可以吃下好多粥，但熱騰騰的稀飯因為不能大口大口的吃，只好一口熱粥配一口小菜，當然就需要更多的菜才能將一整碗熱粥吃完；男人娶了美麗的太太，會沉迷於閨房之樂，如果不知道節制，當然會損害身體健康，所以說「婿某損団婿」。

對應華語 色是殺人刀、色字頭上一把刀。

ting¹ sim¹ khue³ tsioh⁸ bo⁷

燈 心 架 石 磨

解釋 架：擱著、放著。石磨：磨米磨粉的道具。

涵義 喻人自不量力，做了能力所不及的事情。

說明 燈心是很軟的東西，而石磨非常的重，一個人都不一定抬得動它，如今用燈心去支撐石磨，那燈心豈不是要被石磨壓壞了，所以「燈心架石磨」是形容人不自量力，從事自己能力所不及的事情。

對應華語 以卵擊石、自不量力、螳臂當車、蚍蜉撼樹、雞蛋碰石頭。

ting¹ hue² bue² nih⁴ to³ kng¹
燈 火 尾 ， 瞬 倒 光

解釋 燈火尾：燈火快燃盡時。瞬倒光：瞬間反而更亮。

涵義 人、事或物在衰亡前所出現的短暫好轉現象。

說明 在電燈未問世之前，多用油燈來照明。使用過油燈的人都知道，當燈火燒到快沒油時，燈心會由上往下燃燒，就快燒到底部時，燈心沾到僅剩的燈油會突然亮了起來，這就是所謂的「燈火尾，瞬倒光」，有迴光返照的意思。

對應華語 迴光返照、強弩之末、垂死爭扎。

tok⁸ bok⁸ put⁴ sing⁵ lim⁵
獨 木 不 成 林

解釋 獨木：單單一棵樹木。不成林：稱不上山林。

涵義 形容一個人的力量薄弱，成不了大事。

說明 所謂「林」就是在一大塊土地上生長許許多多的樹木稱之。如果只是一棵樹木，當然不能稱為「林」，因此「獨木不成林」是形容一個人的力量有限，難以成大事。

對應華語 孤掌難鳴、獨木難支、一人難補天、單絲不成線、獨木不成林。

mua⁵ senn¹ lang⁵ bak⁸ tap⁴ si² lang⁵ in¹
瞞 生 人 目 ， 答 死 人 恩

解釋 瞞：欺騙。生人目：活人的眼睛。答：回報、報答。死人恩：死者的恩情。

涵義 諷刺人在父母活著時不孝，待其死後才做個假象，讓人誤以為他是個孝順的人。

說明 很多不孝的子女，父母在世都不知道孝順，等到他們往生了，為

了在親友面前表現自己是個孝順的子女，不是將喪禮辦得很盛大，就是哭得死去活來，其實這一切行為都是假象，只是故意表演給親友們看罷了！這就是前人所說的「瞞生人目，答死人恩」。

對應華語 祭之豐不如養之薄。

mua⁵ tsia⁰ mua⁵ put⁴ sik⁴　　sik⁴ tsia⁰ put⁴ ling⁵ mua⁵

瞞 者 瞞 不 識 ， 識 者 不 能 瞞

解釋 瞞：欺騙、隱瞞。不識：指外行或不了解內情的人。識者：指內行或了解內情的人。

涵義 形容說謊只能騙別人，在明人面前是行不通的。

說明 「瞞者瞞不識，識者不能瞞」是說要欺騙也只能欺騙不了解內情的人，對於了解內情的人是騙不了的；比喻明人的面前是說不了假話的。

對應華語 明人面前不說暗話、明人面前不說假話。

tsik⁴ sian⁷ tsi¹ ka¹ pit⁴ iu² u⁵ khing³

積 善 之 家 必 有 餘 慶 ，
tsik⁴ ok⁴ tsi¹ ka¹ pit⁴ iu² u⁵ iong¹
積 惡 之 家 必 有 餘 殃

解釋 積善之家：多行善事的人家。餘慶：餘留的德澤。積惡之家：惡事做盡的人家。餘殃：餘留的災禍。

涵義 說明做好事或做壞事的人都會得到應得的報應。

說明 這句話是從中國《易經》衍生出來的。「積善之家必有餘慶，積惡之家必有餘殃」是說做善事不遺餘力的人家，必給後代子孫留下德澤，而壞事做盡的人家，必給後代子孫留下災禍，用來說明為善者自有善報，為惡者自有惡報。

對應華語 積善者昌，積惡者喪、善有善報，惡有惡報。

thng⁵ sng¹ tshui³　　phi¹ sng¹ sim¹

糖 霜 喙 ， 砒 霜 心

解釋 糖霜：指冰糖。喙：嘴巴。糖霜喙：比喻嘴甜，很會說好聽的話。砒霜：一種含有劇毒的藥物。砒霜心：指人心惡毒。

涵義 形容一個人嘴甜心毒，表面裝得很和善，其實內心惡毒得很。

說明 糖霜是一種甜的食品，某人的嘴巴像糖霜一樣，表示他的嘴很甜，盡說人家喜歡聽的話；砒霜是一種毒藥，某人的心像砒霜一樣，表示他的心很惡毒；整句話是形容一個人「口蜜腹劍」，表面裝得很和善，心裡面卻想著害人的主意。

對應華語 笑裡藏刀、嘴甜心狠、口蜜腹劍、面善心惡。

thng⁵ sng¹ tshui³　beh⁸ ge⁵ ko¹ tshiu²
糖霜喙，麥芽膏手

解釋 糖霜：指冰糖。喙：嘴巴。糖霜喙：比喻嘴甜，很會說好聽的話。麥芽膏手：比喻看見東西就想拿的手。

涵義 形容人的嘴甜，很得人緣，但手腳卻不乾淨，見到喜歡的東西就想順手牽羊。

說明 糖霜是一種甜的食品，某人的嘴巴像糖霜一樣，表示他的嘴很甜，盡說人家喜歡聽的話；麥芽膏是一種黏性很好的食品，「麥芽膏手」是說人的手像麥芽膏一樣，看到喜歡的東西就想黏在手上，有「順手牽羊」的意思；全句比喻某人的嘴甜，很得人緣，但手腳不乾淨，有順手牽羊的壞習慣。

kuan⁷ khau² ti¹ hueh⁴　siann⁵ sin⁵
縣口豬血，唌蠅

解釋 縣口：指縣衙門口。唌：引誘。蠅：指蒼蠅。全句說：縣衙市集的豬血，其腥味常吸引蒼蠅聚集。

涵義 喻情色場所經常散發脂粉味，引誘買春客上門消費。

說明 以前縣城的官廳門口都有市集，既然有市集就免不了有豬品買賣。由於豬血具有腥味，蒼蠅聞到就會群體聚集，在豬血旁邊飛來飛去，這就是所謂「唌蠅」；其實前人講這句話另有涵義，是用「豬血」比喻「情色場所」，用「蒼蠅」來比喻「買春人」，整句話引申為情色場所經常招蜂引蝶，色誘買春客登門消費。

對應華語 色誘恩客、招蜂引蝶。

phong³ hong¹ tsui² ke¹ thai⁵ bo⁵ bah⁴

膨 風 水 雞 刣 無 肉

解釋 膨風：吹牛、誇大。水雞：指青蛙。刣無肉：即使宰了也沒有多少肉。

涵義 說明人沒有真本事卻又喜歡吹牛，就算吹得再大也沒用。

說明 青蛙有一種天生的本能，就是能鼓起肚子使自己看起來比實體大上許多，但實際上肚子裡面都是空氣，如果將牠抓來宰殺，也沒有多少肉，所以稱「刣無肉」，全句用來形容人沒能耐卻愛吹牛，就算吹得再大也沒用。

對應華語 說嘴郎中無好藥。

---

phong³ hong¹ bo⁵ te²　han¹ tsi⁵ sui⁵ kin¹ a² be²

膨 風 無 底 ， 番 薯 隨 斤 仔 買

解釋 膨風：吹牛、誇大。無底：指沒有本領、本事。番薯：地瓜。隨斤仔買：指無法一次買齊，只能先一斤一斤的買。

涵義 說明喜歡吹牛的人沒有真本事，所以生活也好不到哪裡去。

說明 以前的「番薯」非常便宜，一般人一次都可以買好幾斤。喜歡吹牛的人通常沒有真本事，既然沒有真本事，生活條件當然不能跟一般人相提並論，所以連買個「番薯」都要一斤一斤地買，不能一次買齊。

對應華語 說嘴郎中無好藥。

---

thng³ tsit⁸ e⁷ khoo³　phah⁴ tsit⁸ e⁷ kha¹ tshng¹

褪 一 下 褲 ， 拍 一 下 尻 川

解釋 褪：脫。拍：打。尻川：屁股。

涵義 形容人多此一舉，製造多餘的麻煩。

說明 一般人脫褲子，一下子就脫下來了，而某人脫褲子，是脫一下褲子，打一下屁股，不直接脫下來，這根本是多此一舉，無端製造麻煩。

對應華語 多此一舉、畫蛇添足、脫褲子放屁。

thng³ tsiah⁴ kha¹ e⁰ m⁷ kiann¹ tshing⁷ phue⁵ e⁵ e⁰

褪赤跤个毋驚穿皮鞋个

解釋 褪赤跤个：原意是打赤腳的人，此處指中下階層的勞動者。毋驚：不怕。穿皮鞋个：原意指穿皮鞋的人，此處指有錢、有地位的人。

涵義 形容中下階層者，自認爛命一條，敢與上流社會的人爭長短、拚死活。

說明 以前中下階層的人生活清苦大多沒有鞋子穿，總認為自己爛命一條，一旦遇到不公平的事，就算把命豁出去也要討回公道，所以比較不怕事；而平時穿皮鞋的上流人士，自小嬌生慣養，總認為自己的命很值錢，所以比較怕事，就因為中下階層的人不怕事，而上流社會的人怕事，所以才說「褪赤跤个毋驚穿皮鞋个」。

補充 當「个e⁰」解釋為「的」時，依教育部2007年5月公布之台灣閩南語推薦用字第一批將「个e⁰」寫作「的e⁰」。

對應華語 捨得一身剮，敢把皇帝拉下馬。

thng³ khoo³ lan⁷ tau³ tin⁷ tua⁷ han³ e⁰

褪褲羼湊陣大漢个

解釋 羼：男性生殖器官。褪褲羼：指男孩子小時候沒穿褲子的模樣。湊陣大漢个：一塊長大的。

涵義 形容某人或某些人是從小一塊長大的好朋友。

說明 以前的人生活條件不好，所以小孩子不是沒有褲子穿，就是穿開襠褲，在這些孩子當中，感情比較好的會經常玩在一塊，他們直到長大都保持聯絡或聚會，逢人便會介紹彼此是「褪褲羼湊陣大漢个」。

補充 依教育部2007年5月公布之台灣閩南語推薦用字第一批①將「湊tau³」寫作「鬥tau³」；②當「个e⁰」解釋為「的」時，將「个e⁰」寫作「的e⁰」。

對應華語 總角之交、總角之好、竹馬之好。

khoo³ te⁷ a² te⁷ pong⁷ tsi²

褲底仔袋磅子

解釋 褲底仔：褲袋裡面。袋：裝。磅子：置於磅秤上，用做重量標準

的砝碼。

涵義 形容人的口袋裡沒有半毛錢，窮得很。

說明 「褲底仔袋磅子」是說褲袋裡面裝著磅子。以前的人為了愛面子，將「磅子」放在口袋裡，讓口袋看起來很有重量，好像身上帶了許多錢，其實是一文不名；比喻人生活困苦，身上沒有半毛錢。

對應華語 一文不名、一文莫名、一無所有、一貧如洗、空空如也。

khoo³ tua³ kat⁴ sio¹ lian⁵
褲 帶 結 相 連

解釋 褲帶：指腰帶。結相連：繫在一塊。全句說：兩個人的腰帶繫在一塊。

涵義 喻形影不離，交情很好的朋友。

說明 「褲帶結相連」是說腰帶繫在一起。兩個人的腰帶會繫在一起，表示關係十分親密，做什麼事都形影不離，感情好的不得了。

對應華語 焦不離孟，孟不離焦。

khoo³ te⁷ a² te⁷ tsiam¹ tuh⁸ lan⁷
褲 袋 仔 袋 針 ， 突 羼

解釋 褲袋仔：口袋裡面。袋針：放一支針。突：用針戳。羼：男性的生殖器官。

涵義 此語有兩種意思：①指男子的性器官被針刺傷。②形容人的心裡面很不爽。

說明 這是一句歇後語。男人的褲袋裡如果放一根細針，一不小心就會刺到男性的生殖器官，謂之「突羼」。所謂「突羼」，在台語裡代表兩種意思，一種如上所述，另一種則是表示心裡很不高興的意思。

補充 依教育部2009年10月公布之台灣閩南語推薦用字第三批將「突tuh⁸」寫作「揆tuh⁸」。

對應華語 ②心裡不是滋味。

十五畫 十六畫 十七畫 十八畫 十九畫 二十畫 二十一畫 二十二畫 二十三畫 二十四畫 二十五畫 二十七畫 二十八畫 二十九畫

khoo³ kha¹ lai⁷ long² si⁷ kui²

褲跤內攏是鬼

解釋 褲跤內：褲管裡面。攏：全、都。鬼：比喻鬼計、壞主意。

涵義 形容某人滿肚子壞主意，隨時都可能算計別人，得小心提防。

說明 「褲跤內攏是鬼」是說某人的褲管內藏了許多鬼，只要腳一抖，鬼就會跑出來替他做壞事。其實這句話與「一肚子壞水」是同樣的意思，都是形容一個人滿肚子鬼計，一天到晚想要害人。

對應華語 心懷鬼胎、心術不正、居心不良、居心叵測。

tshin¹ senn¹ kiann² m⁷ tat⁸ ho⁵ pau¹ tsai⁵

親生囝毋值荷包財

解釋 親生囝：親生的子女。毋值：比不上。荷包財：指荷包裡面的錢財。

涵義 說明為人父母者身邊留一點錢，比依賴子女奉養、看子女臉色過活來得實在。

說明 雖說親生子女奉養父母是一種義務，但很多父母都不喜歡這樣，因為如此一來，凡事都要向人伸手，倒不如自己身邊存一點錢，想做什麼事都可以，也不用看人家的臉色，這就是前人說的「親生囝毋值荷包財」。

對應華語 有錢萬事足。

tshin¹ hinn⁷ thiann¹ m⁷ tat⁸ tioh⁸ tshin¹ bak⁸ khuann³

親耳聽，毋值著親目看

解釋 毋值著：比不上。

涵義 說明親耳聽到仍比不上親眼目睹來得可靠。

說明 親耳聽人家傳話，有可能是誤傳，也有可能不是真實的，但是如果是自己親眼看到，那就是最真實也最可靠的，所以說：「眼見為實，耳聞為虛」。

對應華語 百聞不如一見、眼見為實，耳聞為虛。

tshin¹ ke¹ tui³ mng⁵ ， le² soo³ guan⁵ tsai⁷

親家對門，禮數原在

解釋 親家：結婚男女雙方父母互叫的稱呼。對門：門戶相對，即住在對面。禮數：指禮儀、禮節。原在：仍舊、依舊。

涵義 引申與人往來，該要有的禮節還是要遵守，不能因為住得近或交情好而偏廢。

說明 中國人是講究「禮儀」的民族，所以親家即使是住對門的，彼此往來還是要照規矩，該有的禮節還是要遵守，不能因為是鄰居關係，或彼此是很要好的朋友而表現出隨便的態度。

對應華語 於禮不可偏廢。

tshin¹ tsiann⁵ goo⁷ tsap⁸ ， ping⁵ iu² peh⁴ tsap⁸

親情五十，朋友八十

解釋 親情：親戚。五十、八十：為了順口而使用的詞，沒有任何意義。

涵義 泛指所有的親朋好友。

說明 「親情五十，朋友八十」中的「五十」與「八十」是為了順口而使用的詞語，不具任何意義，所以這句話可說成「親情，朋友」；現在多用來泛指認識的親朋好友。

對應華語 親朋好友、親戚朋友。

tshin¹ tshiunn⁷ toh⁴ ting² ni¹ kam¹

親像桌頂拈柑

解釋 親像：就好像。桌頂：桌上。拈：用手指頭拿取東西。柑：橘子。

涵義 喻事情很容易做，輕而易舉就可以完成。

說明 人從桌子上拿起橘子是很容易的事情，所以「親像桌頂拈柑」是說做某件事就像從桌上拿取橘子般地容易；引申指某件工作是輕而易舉之事。

對應華語 反掌之易、反掌折枝、易如反掌、以湯沃雪、輕而易舉、探囊取物。

十五畫 十六畫 十七畫 十八畫 十九畫 二十畫 二十一畫 二十二畫 二十三畫 二十四畫 二十五畫 二十七畫 二十八畫 二十九畫

tshin¹ tshiunn⁷ bing² hoo² thiam¹ sit⁸
親像猛虎添翼

解釋 親像：就好像。添翼：加了一對翅膀。

涵義 形容強者得到助力，使力量變得更大。

說明 老虎原本就已經很勇猛，動物跟人都很怕牠，如果再讓老虎添加一對翅膀，那簡直是增加好幾倍的力量，再也沒有人制得了牠，此句用來形容強者得到助力，使實力更為增強。

對應華語 如虎添翼、如得神助、如魚得水、如添左右手。

tshin¹ tshiunn⁷ ku¹ peh⁴ piah⁴
親像龜蹈壁

解釋 親像：就好像。龜蹈壁：烏龜爬山壁。

涵義 形容事情的難度很高，不容易進行。

說明 烏龜本身的行動遲緩，若要爬垂直的牆壁，是非常難的事情。「親像龜蹈壁」是說做某事就像烏龜爬牆壁一樣，難度很高；比喻事情具有困難性，非常不容易完成。

對應華語 難如登天、登天之難、談何容易、困難重重。

niau¹ ka⁷ lai⁵ tshi² ka⁷ khi³
貓咬來，鼠咬去

解釋 全句是說：貓兒咬進來，老鼠又咬出去。

涵義 說明正當賺進來的錢財，卻不正當的將它花用掉。

說明 貓是對人類有益的動物，老鼠是對人類有害的動物，前人用這兩種家庭常見的動物來比喻家庭的收支，意謂某人用正當的方法將錢財賺進來，卻將它花於不正當的地方，例如賭博、嫖妓、買毒品……，遭致不該有的損失。

對應華語 湯裡來，水裡去。

niau¹ kian⁷ tsui² ke¹ moo¹
貓胘水雞毛

解釋 胘：飛禽身上的消化器官。水雞：田雞仔，即青蛙。全句說：貓身上的胘及青蛙身上的毛。

涵義 指十分珍貴且稀有的東西。

說明 「胘」是飛禽身上的消化器官，貓的身上沒有這種器官；水雞即
「青蛙」，其身上沒有長毛。「貓胘水雞毛」是指貓身上的胘及
青蛙身上的毛。貓會長「胘」、青蛙會長毛，除非是基因突變；
若真的因突變而有那樣的東西，絕對是稀有且珍貴的物品。

對應華語 奇珍異品、奇珍異玩。

niau¹ tsiah⁸ mi⁷ tsia³　　ke² tsu⁵ pi¹

貓 食 麵 炙 ， 假 慈 悲

解釋 貓：哺乳綱，食肉目，以捕鼠為食的動物。麵炙：又稱「麵
腸」，外形長長的一條，是一種素食的食品。假慈悲：假仁愛、
假和善。

涵義 諷刺內心殘忍的人，假裝成仁慈善良的模樣。

說明 這是一句歇後語。貓是肉食性（吃老鼠）的動物，而「麵腸」是
素食食品，貓吃麵腸根本不符合牠的口味，說穿了，只不過是假
慈悲，以此來掩飾殘暴的本性，整句話是形容人的本性凶殘，卻
裝成仁慈善良的模樣。

對應華語 貓哭耗子、雨淋菩薩兩行淚、貓兒不吃死老鼠。

niau¹ tshia¹ to² am²　　ka⁷ kau² tso³ senn¹ jit⁸

貓 捘 倒 泔 ， 共 狗 做 生 日

解釋 捘倒：打翻。泔：米湯。共：給、替。

涵義 形容某人徒然為他人辛苦，卻沒得到任何利益。

說明 貓本身不吃「泔」，牠將「泔」推倒了，結果是狗跑來吃，感覺
上貓做這件事好像是替狗做生日一樣，所以全句是說某人徒然為
他人辛苦，結果是苦了自己，便宜他人。

對應華語 火中取栗、為人作嫁、為人抬轎、徒勞無功。

su¹ lang⁵ m⁷ su¹ tin⁷　　su¹ tin⁷ phainn² khuann³ bin⁷

輸 人 毋 輸 陣 ， 輸 陣 歹 看 面

解釋 人：指在某領域表現傑出的人。毋：不。陣：群體、社會大眾。
歹看面：很難看、很沒面子。全句說：輸給少數幾個傑出的人還
有話說，若連群體大眾都比不上，那真是太遜、太沒有面子了。

863

涵義 意謂人好勝心強，凡事不願落於人後。

說明 人不是全能之士，難免在某些方面會輸給表現傑出的人士；輸給少數幾個傑出的人士還有話說，若連群體大眾都比不上，那就真的太遜、太沒有面子了，舉例說明，廟會辦桌，大家會比誰家辦的桌數多，如果這一家辦十桌，那一家在「輸人毋輸陣，輸陣歹看面」的心態作祟下，也許會辦十五桌來充場面，反正大家都不願屈居人後，否則面子會掛不住。

對應華語 不落人後。

---

tsho³ be² bo⁵ tsho³ be⁷
錯 買 無 錯 賣

解釋 錯買：買錯了價錢，即東西買貴了。錯賣：比喻店家高價低賣，虧本了。

涵義 說明買賣雙方一定是賣方比較有利。

說明 俗語說：「賠錢的生意沒人做」。生意人不管做任何買賣，一定把貨品的價錢訂得很高，然後再讓顧客殺價，如果顧客殺得少，東西買貴了，就是顧客「錯買」；如果顧客殺得多，讓東西的售價比成本還低，這椿交易一定談不成，因為賣方不可能「錯賣」，做賠本生意。

對應華語 錯買無錯賣、買的沒有賣的精。

---

tsinn⁵ liau² lang⁵ bo⁵ tai⁷
錢 了 ， 人 無 事

解釋 錢了：錢沒了、錢花了。人無事：指人平安無事。全句說：錢沒了就算了，只要人沒事就好。

涵義 多用在自我安慰或安慰別人——花錢事小，人平安最要緊。

說明 這是句常用的諺語。當某人遭到綁架，其家人花錢贖回肉票，便會自我安慰說：「錢了，人無事！」意思是錢再賺就有，人平安就好；另外，某人在街上遭搶，雖然很生氣，但也只好安慰自己說：「錢了，人無事！」意思是錢丟事小，只要人平安就好。

補充 依教育部2007年5月公布之台灣閩南語推薦用字第一批將「事 tai⁷」寫作「代tai⁷」。

對應華語 花錢消災、破財擋災。

tsinn⁵ tua⁷ pe² lang⁵ loh⁸ bah⁴

錢 大 把 ， 人 落 肉

解釋 大把：數目很大。落肉：消瘦。

涵義 形容人拚了命賺錢，卻把身體累壞。

說明 有些人為了賺大錢，日夜不停地工作，結果大把大把的鈔票是賺到了，但身體日漸消瘦，慢慢地把身體搞壞，這就是所謂的「錢大把，人落肉」。

對應華語 要錢不要命、賺錢賠健康、賺錢買藥吃。

tsinn⁵ m⁷ iong⁷ si⁷ tang⁵ tshat⁸ m⁷ tso³ si⁷ lang⁵

錢 毋 用 是 銅 ， 賊 毋 做 是 人

解釋 毋用：不花用。是銅：只是一般的銅。全句說：銅錢不花用，也只是一枚普通的銅罷了，人不做賊，也只是個普通人而已。

涵義 這句諺語同時表達兩種意思：①勸人該花則花，不要當守財奴。②勸人應放下屠刀，立地成佛。

說明 本諺語不但前後對仗，而且押韻工整。以前的錢幣是用銅鑄成的，如果人存著它而不花用，它也只不過是一塊平凡的銅罷了！（第一句有勸人不要當守財奴之意）；做賊的人如果願意改過自新，他仍然是一個堂堂正正、安分守己的人（第二句有勸人「放下屠刀，立地成佛」的意思）。

對應華語 放下屠刀，立地成佛。

tsinn⁵ si³ kha¹ lang⁵ nng⁷ kha¹

錢 四 跤 ， 人 兩 跤

解釋 跤：腳。全句說：錢有四隻腳，人只有兩隻腳。

涵義 喻錢財追求困難，賺錢不容易。

說明 錢本身沒有長腳，「錢四跤，人兩跤」只是比喻錢有四隻腳，人卻只有兩隻腳，就算人再怎麼會跑，也很難追得上它；比喻錢不好賺，人要相對付出才賺得到錢。

對應華語 賺錢不易。

tsinn⁵ bo² senn¹ tsinn⁵ a² kiann²

錢 母 生 錢 仔 囝

解釋 錢母：母錢、本金。錢仔囝：利息。

涵義 說明本金會生出利息的意思。

說明 錢存在銀行或郵局一段時間後，除了本金之外，還會生出利息；「錢母生錢仔囝」從字面就可以看出語意，乃說明本金會生出利息之意。

對應華語 本金生利息。

tsinn⁵ u⁷ m⁷ kiann¹ se³ su⁷

錢 有 ， 毋 驚 世 事

解釋 毋驚：不怕。世事：人間事、社會事。

涵義 形容人只要有錢，就不怕解決不了事情。

說明 俗語說：「有錢能使鬼推磨」。人只要有錢，不但能享受物質生活，做任何事也很方便，畢竟大家都是看錢辦事的；人若沒錢，不但物質生活差，做事也不方便，因為多數人都見錢眼開，沒有錢打通關，很多事情是不容易解決的。

對應華語 有錢諸事辦、有錢好辦事、有錢能使鬼推磨。

tsinn⁵ teh⁴ tso³ lang⁵ m⁷ si⁷ lang⁵ teh⁴ tso³ lang⁵

錢 咧 做 人 ， 毋 是 人 咧 做 人

解釋 咧：在。毋是：不是。

涵義 說明錢財在現實社會的重要性。

說明 人只要有錢，大家都會巴結他，對他客客氣氣的，即使那個人的品德不好，大家還是會跟他做朋友；人如果沒錢，講的話不但沒有人會聽，請人家幫忙還不一定請得動。因此，這個社會是「錢」在做人，不是人在做人。

對應華語 錢可通神、有錢好辦事、有錢能使鬼推磨。

tsinn⁵ si⁷ sin¹ gua⁷ tsi¹ but⁸

錢 是 身 外 之 物

解釋 身外之物：身體以外的東西，即不重要的東西。

涵義 勸人不要視錢如命。

說明 錢不過是「身外」的東西，失去了可以再賺回來，但健康、親情與友情如果失去就沒有了，因此，當某人將錢看得太重時，旁人就會用這句話來勸勉他，希望他不要視錢如命，畢竟生活中還有很多比錢更重要的東西。

對應華語 錢乃身外之物。

---

tsinn⁵ bo⁵ nng⁷ gin⁵ be⁷ tan⁵

錢 無 兩 銀 獪 霆

解釋 兩銀：兩枚。獪：不會。霆：發出聲響。

涵義 形容單靠一個人的力量辦不成某事，必須有人幫助才行。

說明 以前的錢幣是用金、銀或銅所製成的，只要兩個相互碰撞就會發出聲響，若只有一個，當然就不會有聲音。如果將這句話套用在人身上可以說，吵架要兩個人才吵得起來、戀愛要兩個人才能迸出火花……；比喻單靠一個人的力量辦不成某事，必須有他人幫忙才能成事。

補充 依教育部2008年5月公布之台灣閩南語推薦用字第二批將「獪be⁷」寫作「袂be⁷」。

對應華語 孤掌難鳴、一個銅板不響、一個巴掌拍不響。

---

tsinn⁵ tang⁵ tsa¹ boo² ling¹ m⁷ thang¹ bong¹

錢 筒 ， 查 某 奶 ， 毋 通 摸

解釋 錢筒：存錢筒，也就是所謂的「撲滿」。查某奶：指女人的胸部。毋通：不可以。

涵義 提醒人為了避免引起不必要的糾紛，某些地方還是不要碰得好。

說明 錢筒與女人的身體都是碰不得的，因為觸摸別人的錢筒會被誤會是賊，觸摸女人的胸部會被誤會是性騷擾，這兩件事都是麻煩事，一旦觸犯，將會吃不完兜著走。

對應華語 是非之地、瓜李之嫌、瓜田李下。

---

tsinn⁵ khah⁴ tse⁷ kue³ sat⁴ bo²

錢 較 濟 過 蝨 母

解釋 較濟：多過於。蝨母：指蝨子。

涵義 形容財富很多的意思。

說明 動物身上長蝨子，動輒有幾千隻，幾萬隻，不可能只有一、兩隻，所以「錢較濟過蝨母」是錢財比蝨子還多的意思，用來形容錢財多到數不盡。

tsinn⁵ tui⁵ thinn¹ ting² lak⁴ loh⁰ lai⁰
錢 對 天 頂 落 落 來

解釋 對：自、由。天頂：天上。落落來：掉下來。

涵義 比喻意外的橫財。

說明 「錢對天頂落落來」是說錢從天上飄下來。上天是不可能掉下錢的，前人之所以會說「錢對天頂落落來」，主要在比喻這些錢不是人們憑勞力賺來的，而是老天所賜予的意外之財。

對應華語 意外之財、天外飛來橫財。

tsinn⁵ gin⁵ sam¹ put⁴ pian⁷
錢 銀 ， 三 不 便

解釋 錢銀：指錢。三不便：指偶爾也會有不方便的時候。

涵義 在金錢運用方面，每個人都難免會遇到手頭不方便的時候。

說明 「錢銀，三不便」是說每個人的身邊都不可能有多餘的閒錢，總會遇上手頭不方便的時候。對於沒錢的人來說，任何時間都不方便，然而有錢的人也不一定隨時都方便，因為他們將大部分的錢拿去投資或存入銀行賺取利息，身邊不可能留太多的錢，萬一突然要動用大筆的金錢，他們也是有可能拿不出來的。

對應華語 金錢，三不便。

tsinn⁵ gin⁵ kui² ban⁷ tshian¹ m⁷ tat⁸ kiann² sun¹ tshut⁴ lang⁵ tsian⁵
錢 銀 幾 萬 千 ， 毋 值 囝 孫 出 人 前

解釋 幾萬千：幾千幾萬。毋值：比不上。囝孫：子孫。出人前：出人頭地，有成就。

涵義 說明子孫出人頭地，比擁有家財萬貫更重要。

說明 有的人一輩子追求財富，雖然賺了很多錢，卻疏忽對孩子的教育，讓他們變成為非作歹的人，每天只會到處惹事生非，這麼一來，就算父母擁有家財萬貫，也高興不起來；如果為人父母者能

多花點心思來教育孩子，等哪一天他們出人頭地了，父母得到的成就感絕對比擁有幾千萬的家產更令人雀躍。

tsinn⁵ gin⁵ tinn⁵ puann³ io¹ bian² kiann¹ gin⁵ tsua² bo⁵ lang⁵ sio¹
錢 銀 纏 半 腰， 免 驚 銀 紙 無 人 燒

解釋 纏半腰：纏繞在腰際。免驚：不用怕。銀紙：祭祀陰間鬼魂所用的冥紙。

涵義 告誡老年人身邊一定要存點錢，否則不會有人願意照顧他。

說明 老年人只要身邊有一點錢，就會有人去服侍他，而且死後也會有人燒紙錢給他花用，因為那些人是為了得到老人的身後錢，所以不得不討好他；如果老人是個身無分文的人，除了孝子之外，恐怕不會有人管他的死活。

giam⁵ lo⁵ ong⁵ tsiah⁸ hun¹ kui² hue² tit⁸ tshing³
閻 羅 王 食 薰， 鬼 火 直 衝

解釋 閻羅王：掌管陰間的神祇。食薰：抽煙。鬼火直衝：原意是鬼火往上升，此處指火冒三丈。

涵義 形容某人無緣無故地亂發脾氣。

說明 人在抽煙的時候，每吸一口氣，香煙的火就會往上衝，直到吸氣停止才會停下來；閻羅王抽煙也是相同的情形，只不過祂的香煙冒的是鬼火罷了。「鬼火直衝」是鬼火一直往上升的意思，所以前人便用此句形容人莫名其妙地亂發脾氣。

對應華語 城隍爺抽煙、城隍奶奶燒柴灶。

giam⁵ lo⁵ ong⁵ khui¹ tsiu² tiam³ m⁷ kiann¹ si² e⁰ tso³ li² lai⁵
閻 羅 王 開 酒 店， 毋 驚 死 个 做 你 來

解釋 閻羅王：掌管陰間的神祇。開：開設、經營。毋驚死个：不怕死的人。做你來：儘管放馬過來。

涵義 意謂不怕死的就來。

說明 這是一句歇後語。閻羅王開酒店當然是開在陰間，活人不可能到這裡消費，只有死人才有機會去消費，所以說不怕死的就來。

補充 當「个e⁰」解釋為「的」時，依教育部2007年5月公布之台灣閩南語推薦用字第一批將「个e⁰」寫作「的e⁰」。

十五畫 十六畫 十七畫 十八畫 十九畫 二十畫 二十一畫 二十二畫 二十三畫 二十四畫 二十五畫 二十七畫 二十八畫 二十九畫

台灣俗語諺語辭典

對應華語 閻王開酒店，鬼都不上門、閻王做生意，鬼也沒得上門。

閻羅王嫁查某囝，鬼扛鬼

giam⁵ lo⁵ ong⁵ ke³ tsa¹ boo² kiann² kui² kng¹ kui²

解釋 閻羅王：掌管陰間的神祇。查某囝：女兒。鬼扛鬼：鬼轎夫扛著鬼新娘。

涵義 諷刺人相互勾結、朋比為奸。

說明 這是一句歇後語。閻羅王是陰間的主事者，祂嫁女兒，新娘與新郎是鬼，連抬轎的轎夫也是鬼。既然祂們都是鬼，糾集在一起準幹不出好事，所以整句話用來形容壞人朋比為奸，一起做壞事。

對應華語 同流合污、朋比為奸、狼狽為奸、沆瀣一氣。

閻羅王講古，騙鬼

giam⁵ lo⁵ ong⁵ kong² koo² phian³ kui²

解釋 閻羅王：掌管陰間的神祇。講古：說書、說故事。

涵義 形容人所講的話沒有人會相信。

說明 這是一句歇後語。以前講古（說書）的人為了吸引聽眾，會說一些誇大事實的言論來騙人；閻羅王是陰間的鬼王，跟祂住在陰間的是一群鬼，所以閻羅王講古就只有鬼聽，也只能「騙鬼」了。

閻羅王點生死簿，一筆勾銷

giam⁵ lo⁵ ong⁵ tiam² senn¹ si² phoo⁷ it⁴ pit⁴ kau¹ siau¹

解釋 閻羅王：掌管陰間的神祇。生死簿：陰間記載凡人生卒年月日時辰的冊子。勾銷：除去。

涵義 說明某人對過往的事情不再追究。

說明 相傳閻羅王掌管陽世人的生死簿，只要祂打開生死簿，用筆在某人的名字上畫一筆，那個人就會從世間消失，回歸陰曹地府，以前在世間的所有事情就一併了結，不再追究。

對應華語 一筆抹煞、一筆勾銷、往事不提。

閹雞，趁鳳飛

iam¹ ke¹ than³ hong⁷ pue¹

解釋 閹雞：原意是指去勢的公雞，此處泛指一般的雞。趁：模仿。

鳳：古代傳說中的祥瑞之鳥，雄的叫「鳳」，雌的叫「凰」。

涵義 譏笑人的身分、能力或外表不如人，卻想要模仿他人。

說明 「閹雞，趁鳳飛」是說去勢的公雞想要模仿鳳凰飛舞的姿態。閹雞不管在外表、地位或飛翔的能力均不如鳳凰，所以一直想要模仿牠，這就是華語所稱的「東施效顰」。

對應華語 不自量力、東施效顰、無自知之明。

iam^1 ke^1 khioh^4 tshui^3 bi^2　tsui^2 gu^5 lau^3 tua^7 sai^2

閹 雞 抾 碎 米 ， 水 牛 漏 大 屎

解釋 閹雞：指去勢的公雞。抾：撿取。碎米：零碎的米粒。漏大屎：拉肚子。

涵義 比喻收入少，支出多，入不敷出。

說明 雞的嘴巴小，吃東西的時候只能一口一口慢慢的啄，故食量很少；水牛的肛門大，拉肚子的「屎」量比雞吃進去的東西多上好幾倍，前人用這句話來比喻進得少，出得多，也就是收支不平衡的意思。

補充 依教育部2009年10月公布之台灣閩南語推薦用字第三批將「漏lau^3」寫作「落lau^3」。

對應華語 捉襟見肘、寅支卯糧、入不敷出、左支右絀、周轉不靈。

sui^5 lang^5 e^5 sui^5 lang^5 ho^2　pat^8 lang^5 e^5 senn^1 sat^4 bo^2

隨 人 个 隨 人 好 ， 別 人 个 生 蝨 母

解釋 隨人个隨人好：每個人以自己擁有的東西為滿足。生蝨母：長蝨子。

涵義 勸人不要去貪求別人的東西，自己的東西自己好。

說明 有些人總認為別人的東西比較好，自己的東西比較差，所以處心積慮要將別人的東西變成自己的。前人有鑑於此，便說這句話來勸人，意思是說自己的東西自己好，別人的東西會長蝨子，不一定比我們的好，所以還是不要去貪求。

補充 當「个e^5」解釋為「的」時，依教育部2007年5月公布之台灣閩南語推薦用字第一批將「个e^5」寫作「的e^5」。

sui⁵ lang⁵ tho² bi² sui⁵ lang⁵ loh⁸ tiann²

隨人討米，隨人落鼎

解釋 隨人：各自。落鼎：指下鍋煮食。

涵義 各自獨立行事，不互相影響。

說明 「隨人討米，隨人落鼎」是說各自討米，各自下鍋。當兄弟要分家，或事業夥伴要拆夥時，經常可以聽人家說這句話，用來形容各自走各自的路，或各自過各自的生活，彼此不互相影響。

對應華語 各行其事、各自為政、各走各的路。

tsing⁷ kah⁴ tuan³ sin⁵ pue¹ tuan³ bang² hau²

靜徛斷蠅飛，斷蠓吼

解釋 徛：到……程度。斷：判定、斷定。蠅：蒼蠅。蠓吼：蚊子的叫聲。

涵義 形容非常寂靜，沒有任何聲音。

說明 蒼蠅展翅的聲音與蚊子的叫聲都非常小，如果沒有在極度安靜的環境下是聽不出來的。「靜徛斷蠅飛，斷蠓吼」是說連蒼蠅飛的聲音或是蚊子叫的聲音都可以判斷出來；比喻非常的靜，連一點聲音也沒有。

補充 依教育部2008年5月公布之台灣閩南語推薦用字第二批將「徛 kah⁴」寫作「甲kah⁴」。

對應華語 靜悄悄、寂靜無聲。

am⁷ a² kun² senn¹ liu⁵ tu² tioh⁰

領仔頸生瘤，拄著

解釋 領仔頸：脖子。生：長。拄著：遇到、碰上。

涵義 形容事情已經遇上了，也只好勇敢面對。

說明 這是一句歇後語。脖子上長瘤，自然會頂到下巴，導致頭部轉動困難，這就是所謂的「拄著」，台語是「遇上了」的意思，整句話是說事情都已經遇上了，逃避不是辦法，也只好勇敢去面對了。

補充 依教育部2009年10月公布之台灣閩南語推薦用字第三批將「頷 kun²」寫作「頸kun²」。

對應華語 退無可退、勇於面對。

am⁷ a² kun² tshun¹ tng⁵ tng⁵ hoo⁷ lang⁵ tsui⁵
頷 仔 頍 伸 長 長 予 人 剒

解釋 頷仔頍：脖子。伸長長：伸得長長的。予人剒：讓人家割斷。

涵義 意謂人不能掌控自我的命運，要死要活皆由不得自己。

說明 以前的死刑犯被斬首之前，都要先將脖子伸得長長的，以利劊子手執法，他的命運操縱在別人手中，要殺要剒隨人喜歡，自己做不了主。「頷仔頍伸長長予人剒」是說脖子伸得長長的，任人去割斷；比喻命運操在別人的手裡，要死要活皆由不得自己做主。

補充 依教育部2009年10月公布之台灣閩南語推薦用字第三批將「頍 kun²」寫作「頸kun²」。

對應華語 引頸就戮、引頸受戮、任人宰割、人為刀俎，我為魚肉。

thau⁵ tsit⁸ pai² tso³ ta¹ ke¹ kha¹ tshiu² bah⁴ lak⁴ lak⁸ tshuah⁴
頭 一 擺 做 大 家 ， 跤 手 肉 慄 慄 掣

解釋 頭一擺：頭一次。大家：媳婦在別人面前稱呼丈夫的媽媽為「大家」，即婆婆。跤手肉：手腳。慄慄掣：因害怕而一直顫抖。

涵義 形容生平第一次做某事，沒有經驗，會緊張、害怕。

說明 第一次做婆婆的人，面對親家的到訪，既高興又緊張，一時間不知如何調適自己的身分，也不知道如何去款待親家才不會失禮，所以緊張到手腳不聽使喚，前人便用這句話形容新手沒經驗，會緊張、害怕。

對應華語 新手怕生。

thau⁵ tua⁷ bin⁷ su³ hong¹ too² tua⁷ ki¹ tsai⁵ ong⁵
頭 大 面 四 方 ， 肚 大 居 財 王

解釋 面四方：指四方臉。肚大居財王：肚子大的人，多是有錢人家。

涵義 形容人長得一臉福相。

說明 以前的人認為「頭大」與「肚子大」是一種福相，因為「頭大」表示人有智慧，「肚大」表示人可以聚財，都是好的體相，所以前人就用這句話來形容一個人很有福相。

對應華語 方面大耳、方頭大耳、面如方田、龍眉鳳目、燕頷虎頸。

thau⁵ mng⁵ peh⁸ siak⁴ siak⁴　　ma⁷ si⁷ siunn⁷ gua⁷ ke¹

頭 毛 白 鑠 鑠 ， 嘛 是 想 外 家

解釋 頭毛：頭髮。白鑠鑠：雪白的樣子。嘛是：也是。外家：娘家。

涵義 說明出嫁女兒對娘家的思念之情，不會隨著歲月的消逝而減少。

說明 以前的女孩子比較早婚，大約二十歲左右便嫁到夫家去，她們雖然嫁出去了，但對娘家的父母與手足之情是斬不斷的，所以就算年紀大了，頭髮也白了，還是經常想回娘家探視。

thau⁵ mng⁵ bue² iau³ u⁷ tshau³ ke¹ tsiu² bi⁷

頭 毛 尾 猶 有 臭 雞 酒 味

解釋 頭毛尾：髮梢。猶有：尚有。臭雞酒味：女人坐月子的雞酒沒有吃完，放到隔日所產生的味道。

涵義 諷刺年輕人少不更事，年幼無知。

說明 女人生產後要坐月子，通常需要一個月的時間，在這段期間，每天都要吃一些補品來補血與身子。「臭雞酒味」是女人坐月子的雞酒沒有吃完，留至隔日所產生的味道。小孩子的頭髮上還留有「臭雞酒味」，表示他還不足月，仍是個乳臭未乾的嬰兒。

對應華語 乳臭未乾、乳臭小兒、少不更事、嘴上無毛、涉世未深。

thau⁵ mng⁵ tshui³ tshiu¹ peh⁸

頭 毛 喙 鬚 白

解釋 頭毛：頭髮。喙鬚：鬍鬚。

涵義 形容人的年事已高。

說明 「頭毛喙鬚白」是說頭髮與鬍鬚都變白了。人的頭髮跟鬍鬚都白了，表示年紀一大把，已經不再是年輕人。

對應華語 年在桑榆、年逾古稀、年事已高、年過耳順。

thau⁵ a⁰ hing³ hing³　　bue² a⁰ ling² ling²

頭 仔 興 興 ， 尾 仔 冷 冷

解釋 頭仔：剛開始的時候。興興：指興致很高。尾仔：接近尾段的時候。冷冷：沒什麼興致，即意興闌珊的意思。

涵義 形容人做事有頭無尾，不能堅持到最後。

說明 有些人做事，剛開始很起勁，但越到後頭越沒勁，不能將一開始對事情的狂熱持續到最後，這就是「頭仔興興，尾仔冷冷」；例如為了健身，組了一支羽球隊，剛開始都會全員到齊，一段時間後，漸漸有人缺席，等時間一久，出席的人數連一半都不到，這些缺席者就是「頭仔興興，尾仔冷冷」的人。

對應華語 有頭無尾、有始無終、虎頭蛇尾、半途而廢。

---

thau⁵ hun¹ hun¹　　nau² tun³ tun³
頭 昏 昏 ， 腦 鈍 鈍

解釋 昏昏：迷亂、昏沉。鈍鈍：反應慢。

涵義 形容人的精神狀態很差。

說明 某人的頭昏昏沉沉的，腦筋變得不靈活，有可能是睡眠不足，也有可能是身體不舒服所造成的，這時候他的腦筋一片空白，精神狀態一定很差。

對應華語 昏昏沉沉、昏頭昏腦、頭昏腦脹。

---

thau⁵ tsing⁵ tsit⁸ iunn⁷ bin⁷　　au⁷ piah⁴ tsit⁸ iunn⁷ bin⁷
頭 前 一 樣 面 ， 後 壁 一 樣 面

解釋 頭前：在人家的面前。一樣面：表現一種臉孔。後壁：在人家的背後。

涵義 形容某人在人前、人後表現出兩種截然不同的態度。

說明 「頭前一樣面，後壁一樣面」是說在人家的面前表現一種態度，在人家的背後又表現出另一種態度；例如某人在你的面前裝得必恭必敬，卻在背後把你罵得半死，像這種「人前一個樣，人後一個樣」的行為，就可以說他是「頭前一樣面，後壁一樣面」。

對應華語 表裡不一、口是心非、前後不一、前恭後慢、前恭後倨、人前一個樣，人後一個樣。

---

thau⁵ se² loh⁰ khi⁰ a⁰　　bo⁵ thi³ ia⁷ be⁷ sai²
頭 洗 落 去 矣 ， 無 剃 也 膾 使

解釋 洗落去矣：洗下去了。剃：理頭髮。也膾使：也不行、也不可以。

涵義 說明事情都已經著手做了，豈有中途喊停的道理。

說明 以前的理髮師為了好「剃頭」，會先幫客人簡單洗個頭，使髮絲變得柔軟，方便理髮。「頭洗落去矣，無剃也嬒使」是說頭已經洗了，滿頭都是泡沫，不剃也不行了（就算不剃也得付錢）；比喻事情都已經開始著手做了，沒有中途喊停的道理。

補充 依教育部2008年5月公布之台灣閩南語推薦用字第二批將「嬒 be⁷」寫作「袂be⁷」。

對應華語 箭在弦上，不得不發、過河卒子，只有努力向前。

---

thau⁵ ke¹ u⁷ tshui³ ， sin¹ lo⁵ bo⁵ ue⁷
頭 家 有 喙 ， 辛 勞 無 話

解釋 頭家：老闆。有喙：用嘴巴下命令。辛勞：員工、雇員。無話：不能有意見。

涵義 說明老闆下什麼指令，員工就要做什麼事，沒有說「不」的權利。

說明 老闆花錢請員工來做事，他下什麼指令，員工就要順著指令做事，不能有意見，否則老闆一旦不滿意員工的表現，大可以請他回家吃自己。

---

thau⁵ khak⁴ buah⁴ phi¹ sng¹ khi³ tshi⁷ hoo²
頭 殼 抹 砒 霜 去 飼 虎

解釋 頭殼：腦袋瓜子。抹：塗。砒霜：一種含有劇毒的藥。飼：餵。

涵義 多用來嘲笑人做出既愚蠢又危險的事情。

說明 某人為了毒殺老虎，竟然在頭上抹砒霜，以自己作餌，企圖引誘老虎來吃砒霜，殊不知老虎在毒發身亡之前，自己已經被牠當成美食吃掉，所以「頭殼抹砒霜去飼虎」，根本是一種「玩火自焚」的危險行為。

對應華語 作法自斃、玩火自焚。

---

thau⁵ khak⁴ na² bi² tau² tua⁷
頭 殼 若 米 斗 大

解釋 頭殼：腦袋瓜子。若：好像。米斗：量米的容器，總容量約一斗，體積比一般人的頭大很多。

涵義 形容碰上令人頭大的問題，造成了困擾與煩惱。

說明 當人們遇上棘手、不容易解決的事情時，都會說自己「一個頭，兩個大」，意思是說想不出好法子來解決事情，內心非常地困擾與煩惱。「頭殼若米斗大」是說頭殼如米斗那麼大；這句話並不是說一個人的頭真的如「米斗」那麼大，而是比喻人「一個頭，兩個大」，被棘手之事所困擾著。

對應華語 一個頭，兩個大。

thau⁵ khak⁴ tih⁴ tioh⁸ tsiau² sai²
頭 殼 滴 著 鳥 屎

解釋 頭殼：腦袋瓜子。滴著：滴到。

涵義 形容人很倒楣，運氣很差。

說明 天空那麼大，平常要看到一隻鳥類飛過都不容易，更何況是被鳥拉的屎滴到頭上，這種機率更是少之又少，如果某人真的被掉落的鳥屎打中，那實在是非常倒楣，運氣也未免太差了。

對應華語 倒楣透頂。

thau⁵ kue³ sin¹ to⁷ kue³
頭 過 身 就 過

解釋 全句是說：頭部過得去，身體自然也過得去。

涵義 喻能通過第一道難關，往後的事就很容易處理了。

說明 女人自然生產的時候，嬰兒都是頭部先出來，接著才是身體。在這之前，產婦必須忍受許多痛楚，但只要嬰兒頭冒出來了，身體也會很快跟著出來，這就是所謂的「頭過身就過」。

對應華語 萬事起頭難。

ah⁴ a² than³ song⁷
鴨 仔 趁 蹤

解釋 鴨仔：鴨子。趁：跟在他人後面走。蹤：緩慢的、呆呆的走著。

涵義 形容人缺乏自主性，只會隨群行事。

說明 鴨子活動的時候多成群結隊，前面的鴨子往哪個方向走，後面的也會呆呆的跟著走，完全不會脫隊，所以「鴨仔趁蹤」是形容人隨群行事，完全沒有自己的定見。

對應華語 隨群行事、隨群逐隊。

ah⁴　a²　kue³　khe¹　　　bo⁵　liau⁵
鴨 仔 過 溪 ， 無 聊

解釋 鴨仔：鴨子。過溪：渡溪。

涵義 此語有兩種意思：①形容人的精神空虛、愁悶。②責罵人的言行舉止沒有意義。

說明 這是一句歇後語。鴨子是用游泳的方式過河，與人類蹽（以腳踩著水底，涉水而過）過河的方式是不一樣的，所以稱「無蹽」；由於「蹽」與「聊」諧音，前人便將「鴨仔過溪」比喻做「無聊」。

對應華語 ①窮極無聊、無聊透頂。

ah⁴　a²　thiann¹　lui⁵
鴨 仔 聽 雷

解釋 鴨仔：鴨子。聽雷：聽雷公作響。

涵義 意謂聽不懂。

說明 打雷是人人都怕的，只有鴨子不知輕重，也不曉得要害怕，因為鴨子只知道有聲音進入耳朵，卻不知道這種聲音代表什麼意思，根本是「有聽沒有懂」。

對應華語 鴨子聽雷、有聽沒有懂、驢子聽相聲、有入耳，沒入腦。

ah⁴　bo²　m⁷　kuan²　beh⁴　kuan²　go⁵
鴨 母 毋 管 欲 管 鵝

解釋 鴨母：母鴨。毋管：不管理。欲管鵝：要管鵝的事。

涵義 形容自己份內的事不做好，卻插手管別人的事。

說明 「鴨母毋管欲管鵝」是說自己的母鴨不管好，卻去管別人的鵝；比喻自己的事不管好，卻跑去管別人的事。

對應華語 多管閒事。

ah⁴　bo²　ong⁵　lai⁵　kau³　tsui²　bue⁵　liau⁵
鴨 母 王 來 到 水 尾 寮

解釋 鴨母王：指反清復明的民族英雄——朱一貴。水尾寮：位居台灣南部的一個小地方。

涵義 處境困窘，進退無路。

說明 鴨母王——朱一貴是「反清復明」的民族英雄，二、三百年前在高雄縣內門鄉落腳的他，以養鴨為生；由於任俠好客，使朱一貴結識不少忠肝義膽的朋友；當時清廷對百姓課以重稅，逼得他不得不糾眾造反，與清廷做長期的對抗；剛開始勢如破竹，無人可敵，後來起了內鬨，實力受損，導致節節敗退；當他逃至水尾寮時已無路可退，終於被清兵擄獲，狼狽地結束了抗爭的生涯。

對應華語 日暮途窮、山窮水盡、走投無路、窮途末路、進退失據。

ah⁴ bo² thua¹ tshin³ thui⁵

鴨 母 拖 秤 錘

解釋 鴨母：母鴨。拖：拉物而行。秤錘：繫於秤桿下方，移動可知物體輕重的圓錐形金屬物。

涵義 指不堪負荷。

說明 鴨子走路本來就很慢，如果再繫個金屬秤錘讓牠拖著走，鴨子一定拖不動，就算拖得動也走不了幾步，所以「鴨母拖秤錘」是不堪負荷的意思。

對應華語 不勝負荷、不堪負荷。

ah⁴ bo² pang³ loh⁸ pi¹ it⁴ khi³ put⁴ hue⁵

鴨 母 放 落 埤 ， 一 去 不 回

解釋 鴨母：母鴨。埤：低窪有水之處，此指池塘。

涵義 此語有兩種意思：①比喻東西借出去，就沒有再收回的一天。②比喻人或物離開後就沒有再回來過。

說明 這是一句歇後語。將鴨子放入池塘，一旦讓牠游走就不會主動游回來，除非飼主坐船將鴨子趕回來，否則是一去不回頭，前人就用此句話形容東西有借無還，借出去就要不回來了；也用來比喻人或物離開後就沒有再回來過。

對應華語 ①有去無回、有借無還、老虎借豬、泥牛入海、肉包子打狗、諸葛亮草船借箭。

ah⁴　bo²　tsiah⁸　tsui²　ku¹　　tsin³　the³　liong²　lan⁵

鴨母食水龜，進退兩難

解釋 鴨母：母鴨。水龜：一種生活在淡水中的烏龜。

涵義 形容人的處境困難，要前進也不是，要後退也不是。

說明 水龜有硬殼，鴨子剛開始可以啄食，但是吃進去卻哽在喉嚨，要吐也吐不出來，要吞也吞不進去，真是進退兩難啊！

對應華語 進退維谷、進退兩難、前虎後狼、騎虎難下、左右兩難。

ah⁴　bo²　tsiah⁸　ka¹　ki⁷　e⁵　tshik⁴　　senn¹　nng⁷　pat⁸　lang⁵　tshan⁵

鴨母食家己个粟，生卵別人田

解釋 鴨母：母鴨。食家己个粟：吃自己家裡面種的穀粒。生卵：下蛋、生蛋。全句說：母鴨吃的是自家種的穀粒，卻把蛋下在別人家的田地上。

涵義 形容吃是吃家裡或自家人的，但遇著好處，最先想到的是別人。

說明 母鴨生蛋從來不挑地方，只要想下蛋，馬上就地下起蛋來，因此，如果不善加管理，自己花費糧食所飼養的母鴨，到頭來可能下蛋給別人享用，自己卻享受不到。

補充 當「个e⁵」解釋為「的」時，依教育部2007年5月公布之台灣閩南語推薦用字第一批將「个e⁵」寫作「的e⁵」。

對應華語 吃裡扒外。

ah⁴　bo²　puah⁸　loh⁸　bi²　ang³

鴨母跋落米甕

解釋 鴨母：母鴨。跋落：掉落、跌落。米甕：米缸，為一種底小肚大的陶製容器。

涵義 意謂因禍得福，壞事卻變成了好事。

說明 母鴨也吃米粒，牠不小心跌落米甕，本來是一件禍事，但因為米甕裡貯有許多白米，剛好可以飽餐一頓，原本以為是一件壞事，沒想到卻是好事。

對應華語 亡羊得牛、因禍得福、塞翁失馬，焉知非福。

台灣俗語諺語辭典

十五畫
十六畫
十七畫
十八畫
十九畫
二十畫
二十一畫
二十二畫
二十三畫
二十四畫
二十五畫
二十七畫
二十八畫
二十九畫

ah⁴　bo²　tsng¹　kim¹　sin¹　　　ma⁷　si⁷　pinn²　tshui³

鴨母裝金身，嘛是扁喙

解釋 鴨母：母鴨。裝金身：指全身鑲金。嘛是扁喙：嘴巴依然是扁的。

涵義 形容一個人的外表打扮得再光鮮亮麗，依然無法掩飾原本的面貌。

說明 將鴨母全身鑲金，仍然改變不了牠是鴨子的事實，牠的嘴巴還是扁的，走路還是會「嘎～嘎～」地叫；因此，人的外表是天生的，不管怎麼下功夫改變，還是無法掩飾原本的面貌。

對應華語 衣冠沐猴、虛有其表、假的真不了。

ah⁴　nng⁷　　　be⁷　tui³　tit⁴　tsioh⁸　thau⁵

鴨卵，繪對得石頭

解釋 鴨卵：鴨蛋。繪對得石頭：抵擋不了石頭的碰撞。

涵義 形容力量薄弱的一方無法與力量強大的一方匹敵。

說明 鴨蛋的外殼非常脆弱，拿它去和石頭碰撞，輕輕一碰就破掉了。前人會說這句話，是將「鴨卵」比喻成弱小的力量，將「石頭」比喻成強大的力量，當弱小的力量對上強大的力量，自然是弱不敵強。

補充 依教育部2008年5月公布之台灣閩南語推薦用字第二批將「繪be⁷」寫作「袂be⁷」。

對應華語 弱不敵強、弱不勝強。

ah⁴　nng⁷　khioh⁴　kah⁴　bi²　tau²　tinn⁷

鴨卵抾徦米斗滇

解釋 鴨卵：鴨蛋。抾：撿取。徦：到……程度。米斗：量米的容器，總容量約一斗。滇：裝滿、填滿。

涵義 形容一點一點慢慢累積，也會變成多數。

說明 米斗是一種量米器，其容量並不小。以前養鴨人家都採放牧的方式飼養，活動範圍很大；由於母鴨有隨地下蛋的習性，所以主人都會拿著米斗四處撿鴨蛋，他每看到一粒就撿一粒，每撿一粒就往米斗內堆積，時間久了也會堆滿。

補充 依教育部2008年5月公布之台灣閩南語推薦用字第二批將「徦

kah^4」寫作「甲kah^4」。

對應華語 積少成多、積土成山、積水成淵、聚沙成塔。

ah^4　nng^7　hiat^4　kue^3　khe^1　　khuann^3　phua^3

鴨卵抌過溪，看破

解釋 鴨卵：鴨蛋。抌過溪：扔過溪流對岸。全句說：將鴨蛋扔到溪流對岸，只能眼睜睜看著它破掉。

涵義 意謂對事情早已認命，看開了。

說明 這是一句歇後語。鴨蛋的外殼非常脆弱，將它從溪流的這一岸丟到溪流的另一岸，鐵定會破掉，因此，丟擲者只能眼睜睜地看著鴨蛋破掉，也就是「看破」，所以全句用來形容對事情已經看破，不再抱持希望。

ah^4　nng^7　khah^4　bat^8　ma^7　u^7　phang^7

鴨卵較密嘛有縫

解釋 鴨卵：鴨蛋。較密：再怎麼緊密。嘛有縫：也會有縫隙。

涵義 形容事情再怎麼保密，終究還是會被別人知道。

說明 鴨蛋的外表雖然看起來緊密，但在高倍數的顯微鏡底下還是可以看出縫隙，這是蛋殼裡面的小生命得以存活的原因之一，所以前人才說「鴨卵較密嘛有縫」；比喻百密總有一疏，事情再怎麼保密，還是會洩漏出去。

對應華語 紙包不住火、百密總有一疏、欲人勿聞、莫若勿言、若要人不知，除非己莫為。

ah^4　nng^7　khap^8　tsioh^8　thau^5

鴨卵磕石頭

解釋 鴨卵：鴨蛋。磕：碰觸、碰撞。

涵義 喻人自不量力，明明是弱者，卻要跟強者硬碰硬，結果只有失敗的份。

說明 脆弱的鴨蛋與堅硬的石頭碰撞，結果一定是鴨蛋破碎，故用「鴨卵磕石頭」比喻人自不量力，做無謂的犧牲。

對應華語 以卵擊石、自不量力、螳臂當車、蚍蜉撼樹、夸父逐日、與天競高。

ah⁴ tiau⁵ lai⁷ bo⁵ keh⁴ me⁵ too⁷ kun²

鴨牢內無隔暝塗蚓

解釋 牢：飼養牲畜的地方。隔暝：隔夜。塗蚓：蚯蚓。

涵義 好的東西不可能久留。

說明 鴨子除了喜歡啄食穀粒外，也喜歡吃蚯蚓，如果將捉來的蚯蚓放入「鴨牢」內，當天就會被牠們吃完，不可能留到第二天，前人便用此句說明好的東西或很多人喜歡的物品不可能久留。

補充 依教育部2007年5月公布之台灣閩南語推薦用字第一批將「塗too⁷蚓」寫作「杜too⁷蚓」。

對應華語 虎口無餘子。

---

liong⁵ tsit⁸ bue² khah⁴ iann⁵ kue³ too⁷ kun² tsit⁸ pun³ ki¹

龍一尾，較贏過塗蚓一畚箕

解釋 尾：量詞。較贏：勝過於。塗蚓：指蚯蚓。畚箕：竹製的盛土器具。

涵義 形容有用的一個就夠了，沒用的就算有一大堆也沒用處。

說明 「龍」在中國人的心目中，既尊且貴，牠能行雨，又是「皇帝命」的象徵；至於蚯蚓，只不過是一介小蟲，即使有「一畚箕」那麼多，也比不上一條龍尊貴，整句話用來指兵貴精而不貴多，有用的一個就夠了，沒用的就算一堆也沒有用。

補充 依教育部2007年5月公布之台灣閩南語推薦用字第一批將「塗too⁷蚓」寫作「杜too⁷蚓」。

對應華語 質好勝過量多、兵貴精而不貴多。

---

liong⁵ sing¹ liong⁵ tsu² hoo² senn¹ pa³ ji⁵

龍生龍子，虎生豹兒

解釋 生：指生育。

涵義 喻有其父必有其子。

說明 龍如果真的存在於世界，所生下的後代當然是龍子，不但外表與龍相似，連舉止、作風、天性都會得到遺傳；老虎生的後代當然是虎兒，不會變成豹兒，此處之所以言「虎生豹兒」，只是做個比喻，意思是說老虎生的虎兒即使凶猛不如老虎，至少也會像豹一樣，差不到哪裡去。

對應華語 有其父必有其子、龍生龍，鳳生鳳，老鼠生的兒子會打洞。

liong⁵ kau¹ liong⁵　　hong⁷ kau¹ hong⁷　　un² ku¹ e⁰ kau¹ tong³ gong⁷

龍交龍，鳳交鳳，隱疴个交侗戇

解釋 交：結交。隱疴个：駝背的人。侗戇：指愚笨者。

涵義 什麼樣的人就會結交什麼樣的朋友。

說明 龍與鳳雖然不一定存在，但都是中國傳說中的吉祥物。「龍交龍，鳳交鳳，隱疴个交侗戇」是說龍與龍做朋友，鳳與鳳做朋友，而駝背的就與愚笨的人做朋友。通常嗜好、水平、興趣或行業接近的人比較有話題聊，久而久之就會成為朋友，並經常聚在一塊，這就是華語所稱的「物以類聚」。

補充 當「个e⁰」解釋為「的」時，依教育部2007年5月公布之台灣閩南語推薦用字第一批將「个e⁰」寫作「的e⁰」。

對應華語 物以類聚、物從其類、草木儔生。

liong⁵ kuann¹ hong⁷ tann² long² phainn² i¹

龍肝鳳膽攏歹醫

解釋 龍肝、鳳膽：指非常稀有的藥材。攏：都。歹醫：很難醫治。

涵義 形容人病入膏肓，已無藥可醫治。

說明 龍肝與鳳膽是非常稀有且珍貴的藥材，連吃了這麼珍貴的藥材都無法將疾病醫治好，表示該人已經病入膏肓，無藥可救了。

對應華語 病入膏肓、無藥可救、群醫束手、藥石罔效。

liong⁵ sin¹ tsioh⁴ kau² pak⁴ tshut⁴ si³

龍身借狗腹出世

解釋 龍身：指具有富貴命的人。狗腹：指貧寒人家。

涵義 指貧寒人家出了一位顯貴的人物。

說明 「龍」在中國人的心目中是「皇帝命」的象徵。某人出身寒門，但他不氣餒，經過不斷的努力，終於出人頭地，成為顯貴的人，像這種人我們就說他是「龍身借狗腹出世」，歷史上像這樣的例子有漢朝的劉邦、明朝的朱元璋。

對應華語 白屋出公卿、寒門生貴子、將相本無種。

十五畫
十六畫
十七畫
十八畫
十九畫
二十畫
二十一畫
二十二畫
二十三畫
二十四畫
二十五畫
二十七畫
二十八畫
三十九畫

liong⁵ hoo² kau¹ tsian³　　ku¹ pih⁴ siu⁷ tsai¹

龍虎交戰，龜鱉受災

解釋 龍虎：比喻強者。龜鱉：比喻弱者。受災：遭受災害。

涵義 形容兩方的爭鬥，最後受害的卻是無辜的第三者。

說明 龍虎相爭是強者之間的爭鬥，本來與龜、鱉是不相干的，但最後受害的卻是龜、鱉；這種情況與夫妻吵架卻打孩子出氣是一樣的道理，兩方相爭，受害的卻是無辜的第三者。

對應華語 無妄之災、殃及池魚、殃及無辜、無端受累。

liong⁵ tsun⁵ koo² tan⁵　　ka¹ tsau² puah⁸ loh⁸ tshan⁵

龍船鼓霆，虼蚤跋落田

解釋 龍船鼓霆：龍船上的鼓響了，即農曆五月初的時候。虼蚤：跳蚤。跋落田：跌落田地中。

涵義 形容天氣暖和了，夏天來臨了。

說明 此諺語為氣候用語。以前的農家都睡草蓆，冬天的時候非常寒冷，他們會用乾稻草墊在草蓆下方，以求保暖。到了隔年的農曆五月初，也就是端午節前後，氣溫開始回暖，農家便會將乾稻草取出來，放到田地中當肥料。由於這些乾稻草放在草蓆下達數月之久，多少會長跳蚤，如今將乾稻草放到田中當肥料，跳蚤自然就會跌落田地中。

liong⁵ iu⁵ tshian² tsui² he⁵ tshio³ in¹　　hoo² loh⁸ penn⁵ iunn⁵ khian² khi¹ sin¹

龍游淺水蝦笑佢，虎落平垟犬欺身

解釋 笑：嘲笑、取笑。佢：指第三人稱「他們」。平垟：指廣闊的平原。犬：狗。

涵義 喻人失勢之後，遭人欺負與嘲弄。

說明 龍的本領只有在水深的地方才能施展出來，若困於淺灘，本領盡失，連小蝦子都敢取笑牠；老虎的地盤在山林裡，一旦跑到平原，本領盡失，連狗都要欺侮牠，前人就用整句話來比喻人失勢之後，連一般人都會嘲弄與欺侮他。

對應華語 龍游淺水遭蝦戲，虎落平陽被犬欺。

ku¹ tshua⁷ pih⁴ loh⁸ lam³

龜毛鱉落湳

解釋 毛：帶領、引導。落湳：進入低窪泥濘的地方。

涵義 比喻損友教人學壞。

說明 「龜毛鱉落湳」是說烏龜將鱉帶到泥濘地中。烏龜不將鱉帶到好的環境，卻將牠帶到不好的環境中，有「帶壞」鱉的意思，用來形容人被損友誤導，走入歧途。

對應華語 引入歧途。

 ku¹ tshio³ pih⁴ bo⁵ bue²

龜笑鱉無尾

解釋 無尾：指尾巴短的意思。

涵義 譏笑人與他人患有同樣的毛病，只是症狀輕一點，卻還敢嘲笑人家。

說明 此語後面通常還會接「鱉笑龜頭短短」。龜與鱉的外形相似，也都有尾巴，只不過鱉比烏龜短了一點點。「龜笑鱉無尾」是指烏龜嘲笑鱉的尾巴太短；比喻與人患有同樣的毛病，只不過症狀比較輕，卻還敢嘲笑人家。

對應華語 半斤八兩、五十笑百里、五十步笑百步。

ku¹ tso³ ku¹ tho² tsiah⁸　pih⁴ tso³ pih⁴ peh⁴ piah⁴

龜做龜討食，鱉做鱉跖壁

解釋 討食：尋找食物來吃。鱉：俗稱「甲魚」，外形極像烏龜。跖壁：爬牆之意。

涵義 各自過各自的生活，互不干擾。

說明 「龜做龜討食，鱉做鱉跖壁」是說身為烏龜，就過烏龜該有的謀生方式，身為鱉，就過鱉該有的生活方式，形容各過各的生活，彼此不互相影響與干擾。

對應華語 各自謀生、各走各的路、橋歸橋，路歸路、你走你的陽關道，我過我的獨木橋。

ku¹ kha¹ ma⁷ si⁷ ku¹ lai⁷ bah⁴

龜跤嘛是龜內肉

解釋 龜跤：烏龜的腳。嘛是：也是。龜內肉：烏龜身體裡面的一塊肉。

涵義 形容自己所獲取的利益，其實是從自己的身上取得的。

說明 「龜跤嘛是龜內肉」是說龜腳是烏龜身體上的一塊肉，雖然它經常顯露在外面，但也是身體的一部分；比喻羊毛出在羊身上，自己獲得的利益，其實是從自己身上所取得的。舉例來說，店家舉辦「買大送小」的活動，結果消費者以為賺到了，爭先恐後地購買，殊不知店家已經將「小」貨品的價格加在「大」貨品的價格內，等於這個「利益」是取自於消費者身上，「買大送小」只不過是吸引消費者的噱頭罷了！

對應華語 羊毛出在羊身上。

ku¹ kha¹ so⁵ tshut⁰ lai⁰

龜跤趖出來

解釋 龜跤：龜腳。趖：原意指爬蟲類爬行，此處指「顯露」。

涵義 喻祕密或真相顯露出來，藏不住。

說明 烏龜遇到危險時會將頭、腳全縮進龜殼裡，讓掠食者誤以為是一塊石頭，以求保命，等危險過了，才會再把頭、腳伸出來，並緩緩的離開；如果掠食者耐心等待，烏龜憋不住而伸出頭、腳，顯露出真相，立刻就會成為掠食者的美食。「龜跤趖出來」是說烏龜將龜腳顯露出來；比喻人露出馬腳。

對應華語 東窗事發、露出馬腳、露出狐狸尾巴。

十七畫

十五畫 十六畫 十七畫 十八畫 十九畫 二十畫 二十一畫 二十二畫 二十三畫 二十四畫 二十五畫 二十七畫 三十八畫 三十九畫

be⁷ sian¹ ke² sian¹　gu⁵ lan⁷ ke² lok⁸ pian¹

獪仙假仙，牛羼假鹿鞭

解釋 獪仙假仙：指自己不是仙人，卻冒充成仙人的樣子，亦即「不懂裝懂」之意。牛羼：公牛的生殖器官。鹿鞭：公鹿的生殖器官。

涵義 說明人根本不了解某事物，卻硬要裝懂。

說明 本諺語的重點在前面一句。「獪仙假仙，牛羼假鹿鞭」是說某人根本不是仙人，卻冒充成仙人的模樣，這就好比拿不值錢的牛羼冒充值錢的鹿鞭一樣，用來形容人根本不懂某事物，卻裝成很懂的樣子。

補充 依教育部2008年5月公布之台灣閩南語推薦用字第二批將「獪 be⁷」寫作「袂be⁷」。

對應華語 不懂裝懂、自作聰明、強作解人、強不知以為知。

be⁷ senn¹ m⁷ tat⁸ tsinn⁵　beh⁴ senn¹ senn³ mia⁷ kau¹ tinn⁵

獪生毋值錢，欲生性命交纏

解釋 獪生：婦女不能生育。毋值錢：原意是不值錢，此處指沒有身價、地位。欲：要。性命交纏：攸關生死問題。

涵義 形容農村時代台灣媳婦之難為。

說明 以前當人家媳婦的如果不能生育，會被婆家的人瞧不起，而且在婆家也沒有地位；如果可以生育，當時台灣的醫學不發達，懷孕生小孩是一種賭注，能順利生產是一種運氣，萬一難產，可能連命都要賠掉了。

補充 依教育部2008年5月公布之台灣閩南語推薦用字第二批將「獪 be⁷」寫作「袂be⁷」。

對應華語 媳婦難為。

be⁷ senn¹ khan¹ thua¹ tshu³ pinn¹

獪生牽拖厝邊

解釋 獪生：無法生育。牽拖：責怪、委過於人。厝邊：鄰居。

涵義 形容自己做不好，不知道自我檢討，只會一味的怪罪別人。

說明 「獪生牽拖厝邊」是說自己不能生育，卻把所有的原因推到鄰居

身上。有些人事情做不好，從來不會檢討自己，只會一味地怪罪別人，說是別人害的，這就是「𣍐生牽拖厝邊」。

補充 依教育部2008年5月公布之台灣閩南語推薦用字第二批將「𣍐 be⁷」寫作「袂 be⁷」。

對應華語 怨天尤人、怨天怨地、埋天怨地。

be⁷ senn¹ lua⁷ mue⁵ lang⁵
𣍐 生 賴 媒 人

解釋 𣍐生：不能生育。賴：誣賴。媒人：居中替人撮合姻緣的人。

涵義 形容自己做不好，不知自我檢討，還把帳賴在別人身上。

說明 「𣍐生賴媒人」是說某人不能生育，卻誣賴媒人婆做錯媒。媒人「包入洞房，不包生」，她的責任只盡到將男女雙方送入洞房，後續的事情便與她無關。某人結婚後不能生育，不但不自我檢討，還將原因歸咎到媒人婆的身上，這種人根本只會檢討別人，卻不懂得檢討自己。

補充 依教育部2008年5月公布之台灣閩南語推薦用字第二批將「𣍐 be⁷」寫作「袂 be⁷」。

對應華語 怨天尤人、怨天怨地、埋天怨地。

be⁷ kang⁷ tsim⁵ beh⁴ kang⁷ hau⁷
𣍐 共 蟳 ， 欲 共 鱟

解釋 𣍐：不會。共：招惹、逗弄。蟳：螃蟹。欲：要。鱟：外形像蟹，殼堅硬，尾巴如劍一般，是一種行動緩慢的海中生物。

涵義 意謂人畏懼強者，卻欺凌弱小。

說明 蟳的行動敏捷，又有兩螯做武器，萬一被它夾傷，可會痛不欲生；鱟俗稱「鋼盔魚」，是一種行動緩慢的生物，而且不會傷人。與「蟳」比較起來，鱟溫馴許多，所以前人說「𣍐共蟳，欲共鱟」，意思是說不能招惹蟳，但可以招惹鱟，形容柿子挑軟的吃。

補充 依教育部2008年5月公布之台灣閩南語推薦用字第二批將「𣍐 be⁷」寫作「袂 be⁷」。

對應華語 欺軟怕硬、欺善怕惡、柿子專挑軟的捏。

be⁷ tshun¹ kha¹　　be⁷ tshut⁴ tshiu²

獪伸跤，獪出手

解釋 獪：不能。伸跤：把腿伸長。出手：伸出手。

涵義 此語有兩種意思：①比喻處處受到限制，不能隨性發揮。②比喻動彈不得。

說明 「獪伸跤，獪出手」是說腳不能伸，手不能出；比喻人處處受到限制，這個不能做，那個也不能做，有綁手綁腳、不能隨興發揮的意思；另外這句話也可以比喻成「動彈不得」。

補充 依教育部2008年5月公布之台灣閩南語推薦用字第二批將「獪be⁷」寫作「袂be⁷」。

對應華語 ①施展不開、有志難伸、綁手綁腳、英雄無用武之地。②動彈不得。

be⁷ ki³ tit⁴ tsiah⁸ khun³

獪記得食睏

解釋 獪記得：忘記。食睏：指吃睡。

涵義 形容人專注於某種事情上，以致於忘了要吃飯、睡覺。

說明 有些人全心投入工作、學業、玩遊戲或某種事情上，以致忘了吃飯與睡覺，等到放下手邊的工作，才驚覺已經過了吃飯與睡覺的時間，這就是前人所說的「獪記得食睏」，也就是「廢寢忘食」之意。

補充 依教育部2008年5月公布之台灣閩南語推薦用字第二批將「獪be⁷」寫作「袂be⁷」。

對應華語 全神貫注、專心致志、廢寢忘食、廢寢忘餐。

be⁷ tso³ tit⁴ enn⁵　　be⁷ tso³ tit⁴ thiau⁷

獪做得楹，獪做得柱

解釋 楹：屋宇的橫樑。獪做得楹：不能做屋宇的橫樑。柱：支撐屋頂的直樑。全句說：既不能拿來做橫樑，也不能拿來做直樑。

涵義 形容人沒有可取之處，形同廢物。

說明 木材不能拿來做橫樑，也不能拿來做柱子，表示是無用之材，根本一點用處也沒有，所以「獪做得楹，獪做得柱」用來形容人一無是處，形同廢物一樣。

補充 依教育部2008年5月公布之台灣閩南語推薦用字第二批將「膾be⁷」寫作「袂be⁷」。

對應華語 一無可取、一無是處、形同廢物、無用之材。

be⁷　tit⁴　sing¹　　be⁷　tit⁴　si²
膾 得 生 ， 膾 得 死

解釋 膾得生：不能求生。膾得死：不能求死。

涵義 形容人進退兩難，不知道怎麼辦才好？

說明 「膾得生，膾得死」是說求生不得，求死不能；既然求生、求死都不能如願，表示某人身陷困境，進退兩難，不知道怎麼辦才好？

補充 依教育部2008年5月公布之台灣閩南語推薦用字第二批將「膾be⁷」寫作「袂be⁷」。

對應華語 進退維谷、進退兩難、騎虎難下、求生不生，求死不死。

be⁷　hiau²　siu⁵　　hiam⁵　lan⁷　pha¹　tua⁷　kiu⁵
膾 曉 泅 ， 嫌 羼 脬 大 球

解釋 膾曉泅：不會游泳。嫌：怪罪。羼脬：男性的陰囊。大球：比喻「大」。

涵義 意謂自己做不好事，不知自我反省，只會怪東怪西。

說明 「膾曉泅，嫌羼脬大球」是說自己學不會游泳，把原因歸咎於陰囊太大。其實只要肯用心學習，任何人都可以學會游泳，就算是缺少雙手的殘障人士也能變成游泳高手；如果學不會游泳，不知道去檢討原因，只會怪東怪西，這樣的人永遠也學不會游泳。

補充 依教育部2008年5月公布之台灣閩南語推薦用字第二批將「膾be⁷」寫作「袂be⁷」。

對應華語 怨天尤人、怨天怨地、埋天怨地。

be⁷　hiau²　thi³　thau⁵　　tu²　tioh⁸　hoo⁵　tshiu¹
膾 曉 剃 頭 ， 拄 著 鬍 鬚

解釋 膾曉剃頭：指理髮技術不純熟或根本不會理髮的人。拄著：遇到。鬍鬚：蓄鬍子的人，指留落腮鬍的人。

涵義 形容某人的經驗不足，或從未做過某件事，但第一次從事就碰到

了大難題。

說明 理髮技術不純熟或不會理髮的人，第一次操刀就遇上大鬍子，這下子不但要幫他理髮，還要修整鬍鬚，可難為了這個「𣍐曉剃頭」的人，整句話用來指人的經驗不足，或從來沒有做過某件事，但第一次接觸就碰上了大麻煩。

補充 依教育部2008年5月公布之台灣閩南語推薦用字第二批將「𣍐 be⁷」寫作「袂be⁷」。

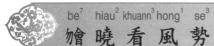

be⁷ hiau² khuann³ hong¹ se³

𣍐 曉 看 風 勢

解釋 𣍐曉：不會。看風勢：原意是看風向，此處指眼前的情勢。

涵義 意謂某人不識時務。

說明 「𣍐曉看風勢」是說某人不會看情勢的發展，以致做了不當的反應。舉例說明，乙家正在辦喪事，甲經過乙家不但沒有產生憐憫之心，還快樂的哼著歌曲，這種人就是「𣍐曉看風勢」，也就是不識時務。

補充 依教育部2008年5月公布之台灣閩南語推薦用字第二批將「𣍐 be⁷」寫作「袂be⁷」。

對應華語 不識時變、不識時務。

be⁷ hiau² e¹ hian⁵ a² koo³ kng² suann³ be⁷ hiau² pun⁵

𣍐 曉 挨 絃 仔 顧 捲 線 ， 𣍐 曉 歕

tshue¹ koo³ thun¹ nua⁷

吹 顧 吞 瀾

解釋 𣍐曉：不會、不懂。挨絃仔：拉絃樂器。顧：負責。歕吹：吹奏樂器。吞瀾：嚥口水。

涵義 指沒有真才實學的人，裝模作樣，混在行家中充數。

說明 會拉絃樂器的人，使力適中，不太可能拉斷絃線；不會拉絃樂器的人，使力不均，一不小心就會拉斷絃線，所以別人在拉絃樂器的時候，他只能顧著捲絃線。會吹奏樂器的人，很認真地吹奏；不會吹奏樂器的人，只能一直吞口水，做個假樣子。

補充 依教育部2008年5月公布之台灣閩南語推薦用字第二批將「𣍐 be⁷」寫作「袂be⁷」。

十五畫 十六畫 十七畫 十八畫 十九畫 二十畫 二十一畫 二十二畫 二十三畫 二十四畫 二十五畫 二十七畫 二十八畫 二十九畫

對應華語 以假亂真、魚目混珠、備位充數、濫竽充數。

be⁷	hiau²	sai²	tsun⁵	hiam⁵	khe¹	eh⁸

膾 曉 駛 船 嫌 溪 狹

解釋 膾曉：不會、不懂。駛：駕、開。嫌：怪罪。狹：窄。

涵義 形容自己做不好事情，不知自我檢討與反省，只會怪東怪西。

說明 當別人可以將船開過窄溪而自己不行時，代表自己開船的技術不好，與溪流寬窄無關。某人不會開船，卻將所有的原因歸咎於溪流太窄，完全不檢討自己，這樣他怎麼學得好開船的技術呢？

補充 依教育部2008年5月公布之台灣閩南語推薦用字第二批將「膾be⁷」寫作「袂be⁷」。

對應華語 怪東怪西、怨天尤人、怨天怨地、埋天怨地。

ah⁴	to²	tshiunn⁵	beh⁴	tshua⁷	ho²	kiann²	niu⁵	thau¹	ban²

壓 倒 牆 ， 欲 㤝 好 囝 娘 ， 偷 挽

tshang¹	beh⁴	ke³	ho²	ang¹

蔥 ， 欲 嫁 好 翁

解釋 㤝：迎娶。囝娘：新娘。偷挽：偷採。好翁：好夫婿。

涵義 形容未婚男女在元宵夜（俗稱上元節）做壓倒牆、偷挽蔥的動作，就可以如願找到理想的另一半。

說明 此句為民俗諺語。以前未嫁的姑娘夜晚難得出門，只有過節才能結伴出遊，因此元宵賞燈對單身男女而言，只是藉口，交誼才是主要目的。另外，民間一直相信，待字閨中的女孩只要在元宵夜偷拔別人家的蔥或蔬菜就能嫁個好丈夫，而男孩子只要能壓倒牆（表示身體健康），就能娶到好老婆，這就是「壓倒牆，欲㤝好囝娘，偷挽蔥，欲嫁好翁」的由來。

補充 當「㤝tshua⁷」解釋為「迎娶」時，依教育部2007年5月公布之台灣閩南語推薦用字第一批將「㤝tshua⁷」寫作「娶tshua⁷」。

hi³	na⁷	tso³	bo⁵	loo⁷	tioh⁸	iong⁷	sin⁵	sian¹	too⁷

戲 若 做 無 路 ， 著 用 神 仙 渡

解釋 若：如果。做無路：指遇到瓶頸，無法讓劇情延續下去。著用：

就借助。神仙渡：設計一位神仙來幫助。

涵義 編劇或寫小說者，在劇情遇到瓶頸而無法延續時，會借助神怪力量，讓整個故事繼續發展下去。

說明 武俠片只要劇情的發展遇到瓶頸，例如男主角被高手打落懸崖，不知如何讓男主角起死回生，編劇就會想辦法安排一位神仙出現，不但解救了男主角，甚至還傳授他上乘的武功，如此劇情就可以再延續下去，這就是「戲若做無路，著用神仙渡」。

對應華語 遇事不靈，出個神仙。

hi³	penn⁵	kha¹	khia⁷	ku²	to⁷	lang⁵	e⁵
戲	棚	跤	徛	久	就	人	个

解釋 戲棚跤：戲台下。徛：站。就人个：就是人家的。全句說：在戲台下站久了，最佳的看戲位置就非你莫屬。

涵義 凡事能堅持到底的人，最後的勝利就會屬於他。

說明 以前鄉下地方沒什麼娛樂，一旦遇到廟會有野台戲的表演，大家都會一窩蜂跑去看，結果先到的人就把好的位置佔走，而後到的人只能站在視野不佳的地方觀賞；如果想要有個好位置看戲，就必須耐心的等待，因為時間久了，有人會因腳酸而提早離開，如此一來，便可以接替他的位置，那戲棚下最佳的觀賞位置就是你的。

補充 當「个e⁵」解釋為「的」時，依教育部2007年5月公布之台灣閩南語推薦用字第一批將「个e⁵」寫作「的e⁵」。

對應華語 多年媳婦熬成婆、有恆為成功之母。

hi³	penn⁵	kha¹	king²	bo⁵	sui²	tsa¹	boo²
戲	棚	跤	揀	無	媠	查	某

解釋 戲棚跤：戲台下。揀：挑、選。媠查某：美女。

涵義 形容難以比擬。

說明 在戲台上演戲的女孩子本來就比戲台下的女生漂亮，如果再加以妝扮，戲台下的女生當然是比不上，所以前人說「戲棚跤揀無媠查某」，意思是說戲台下找不到一個漂亮的女生。當然這句話不一定正確，但因為戲台上的女演員素質比較整齊，所以一般人會有「比較好看」的感覺，而戲台下的女觀眾當然沒得比。

對應華語 難以比擬。

hi³ kuan² pinn¹ e⁵ ti¹ bo²　　be⁷ hiau² pun⁵ siau¹ ma⁷ e⁷ phah⁴ phik⁴

戲館邊个豬母，繪曉歕簫嘛會拍拍

解釋 个：的。繪曉：不會、不懂。歕：吹。嘛會：也會。拍拍：隨著音樂的節奏打拍子。

涵義 在某種環境下生活久了，經常接觸到某種事物，久而久之也會受到薰陶與影響。

說明 待在戲館旁邊的母豬，每天聽唱戲的演唱，時間久了，就算牠沒有吹簫的本事，也會隨著音樂聲打節拍，所以說在某種環境下待久了，自然會受到薰陶與影響。

補充 ①當「个e⁵」解釋為「的」時，依教育部2007年5月公布之台灣閩南語推薦用字第一批將「个e⁵」寫作「的e⁵」。②依教育部2008年5月公布之台灣閩南語推薦用字第二批將「繪be⁷」寫作「袂be⁷」。

對應華語 耳濡目染、近水知魚性、近山識鳥音。

ti³ hue² thuann³ lang²　　oo¹ kui¹

戴 火 炭 籠 ， 烏 龜

解釋 火炭籠：盛裝木炭的竹簍。烏龜：與台語「烏胿」諧音（烏胿：指脖子黑了）。

涵義 責罵男人靠女人賺錢養家，當一個吃軟飯的人。

說明 這是一句歇後語。火炭籠是裝黑木炭的竹籠，將它戴在人的頭上，脖子自然會變成黑色，成為「烏胿」。由於「烏胿」與「烏龜」諧音，一般人罵吃軟飯的人為「烏龜」，所以「戴火炭籠」乃形容男人吃軟飯。

au³ tsha⁵ be⁷ tso³ tit⁴ kong¹ ma² kham¹

殕柴繪做得公媽龕

解釋 殕柴：腐敗的木材。繪：不可以、不能夠。公媽龕：由木頭製成，為放置神主牌的櫃櫥。

涵義 譏人不堪造就或無用。

說明 做「公媽龕」時會挑選較好的木頭，以示對祖先們的尊重。因此前人用「殕柴繪做得公媽龕」來譏笑人是那塊「殕柴」不足以重用，做不了大事。

補充 ①當「漚au³」解釋為「爛、不好」時，依教育部2009年10月公布之台灣閩南語推薦用字第三批將「漚au³」寫作「漚au³」。②依教育部2008年5月公布之台灣閩南語推薦用字第二批將「膾be⁷」寫作「袂be⁷」。

對應華語 無用之材、朽木糞土、朽木不可雕也。

au³ tsha⁵ be⁷ tiau¹ tit⁴ ang¹ a²
漚柴膾雕得尪仔

解釋 漚柴：腐朽的木材。膾：不能。尪仔：指人偶或神像。

涵義 嘲諷人的資質低劣，不堪造就。

說明 雕刻師父喜歡用質地好的木材來雕刻神像或人偶，一來耐久藏，二來作品的紋路比較好看；如果用朽木來雕刻，絕對做不出好的作品。現在這句話多用來諷刺人就是那一塊「漚柴」，根本是個不堪造就的人。

補充 ①當「漚au³」解釋為「爛、不好」時，依教育部2009年10月公布之台灣閩南語推薦用字第三批將「漚au³」寫作「漚au³」。②依教育部2008年5月公布之台灣閩南語推薦用字第二批將「膾be⁷」寫作「袂be⁷」。

對應華語 朽木糞土、無用之材、朽木不可雕。

au³ tshau² a² hue¹ ia⁷ u⁷ mua² khui¹ si⁵
漚草仔花也有滿開時

解釋 漚草仔花：指不起眼、不知名的野花。滿開：遍地盛開的意思。

涵義 勉勵人不可自暴自棄，只要肯努力耕耘，小人物也有飛黃騰達的一天。

說明 鄉野間有許多不知名的野草，平時不會有人多看一眼，但總有一天它會滿地開花，到那時候，不但人們會停下來欣賞，蜜蜂與蝴蝶也會停在上面採蜜。這句話套用在人身上是說不起眼的小人物，只要肯努力，總有一天也會走運，嘗到成功的滋味。

補充 當「漚au³」解釋為「爛、不好」時，依教育部2009年10月公布之台灣閩南語推薦用字第三批將「漚au³」寫作「漚au³」。

對應華語 黃河尚有澄清日，豈可人無得運時。

十五畫
十六畫
十七畫
十八畫
十九畫
二十畫
二十一畫
二十二畫
二十三畫
二十四畫
二十五畫
二十七畫
二十八畫
二十九畫

au³ piau² na⁷ u⁷ tsing⁵　　sin⁵ tsu² tioh⁸ bo⁵ ling⁵

殗婊若有情，神主著無靈

解釋 殗婊：臭婊子。若：如果。神主：指祖先的牌位。

涵義 說明煙花女子對客人全是虛情假義，不可迷戀。

說明 一般人都相信祖先是靈驗的，否則就不會供奉祖先的牌位了。而「殗婊若有情，神主著無靈」是說煙花女子對嫖客如果有付出真感情，祖先就不靈驗了，說白一點就是歡場女子對客人不可能有真情愛，她們只不過是看上客人的錢罷了！

補充 當「殗au³」解釋為「爛、不好」時，依教育部2009年10月公布之台灣閩南語推薦用字第三批將「殗au³」寫作「瓃au³」。

對應華語 婊子無情。

tse⁷ tsui² tse⁷ tau⁷ hu⁷　　tse⁷ kiann² tse⁷ sin¹ pu⁷

濟水濟豆腐，濟囝濟新婦

解釋 濟：多。囝：指兒子。新婦：指媳婦。

涵義 說明事情很平常，沒什麼好奇怪的。

說明 製造豆腐時如果多加一點水，當然可以多做一些豆腐；婦女如果生許多個兒子，等他們長大結婚了，媳婦自然就會多，這是很平常的事情，也是一定的道理，根本不足為奇。

對應華語 不足為奇、不足為怪。

tse⁷ gu⁵ tah⁸ bo⁵ pun³　　tse⁷ boo² bo⁵ te³ khun³

濟牛踏無糞，濟某無地睏

解釋 濟：多。某：太太、妻子。無地睏：無處可睡。

涵義 說明人多不一定好辦事。

說明 牛除了幫助農家耕種外，還能製造堆肥。堆肥的製造方法是將質地較軟的植物丟到牛舍中，讓牛拉屎拉尿，並加以踩踏，待其發酵就可以當肥料。如果牛舍住太多牛隻，堆肥都黏到牛的腳上，自然「踏無糞」；男人如果娶太多妻妾，她們彼此會爭寵，一旦擺不平，大家都把怨氣出到丈夫的身上，他晚上就沒有房間可睡了。

對應華語 人多不一定好辦事。

tse⁷ kiann² tse⁷ giap⁸　　tsio² kiann² siap⁴ thiap⁸

濟囝濟業，少囝塞疊

解釋 濟囝：子女多。濟業：指多勞碌與煩惱。塞疊：指自在悠閒。

涵義 說明孩子多未必是一種福氣。

說明 孩子一旦生得多，為了養活他們，勢必要更加勞碌才行，而且孩子多，照顧起來不容易，一會兒要注意這，一會兒要注意那，煩惱自然多；若生得少，容易照顧，煩惱自然少。

對應華語 多子不是福。

tse⁷ kah⁴ na² niau¹ moo¹

濟佫若貓毛

解釋 濟：多。佫：到……程度。若貓毛：如貓毛那麼多。

涵義 形容數量很多，多到無法計算。

說明 貓身上的毛很多，根本無法精確算出有多少根毛。「濟佫若貓毛」是說數量多得如貓毛那麼多；比喻數量真的很多，算都算不完。

補充 依教育部2008年5月公布之台灣閩南語推薦用字第二批將「佫 kah⁴」寫作「甲kah⁴」。

對應華語 不可勝計、不計其數、多如牛毛、恆河勝數、數不勝數。

tse⁷ ue⁷ tsiah⁸ tshau³ ta¹ piann²

濟話食臭焦餅

解釋 濟話：話多。臭焦：燒焦。

涵義 形容人話一多就會誤事。

說明 某人正在烘烤餅乾，卻因為話多，與人家談得盡興而忘了這件事，等到察覺自己還在烘烤餅乾時，那些餅乾都已經烤焦，所以只能吃「臭火焦」的餅乾了。

對應華語 多言多敗、多言買禍、言多必失、言多生亂。

tse⁷ hi³ tse⁷ lang⁵ khuann³

濟戲濟人看

解釋 濟：多。

涵義 多用來描述生意場上的買賣情形。

說明 以前的人沒什麼消遣娛樂，一旦遇上廟會酬神演戲，家家戶戶都會搬自家的板凳坐到戲台前看戲，打發無聊的時間。如果廟方請很多戲團來表演，有時會吸引隔壁村的村民前來看戲，這就是所謂的「濟戲濟人看」。這句話後來被引用到生意場上，意思是說賣貨的攤位多，自然就會吸引買貨的消費者前來採購。

---

lam⁷ sam² tsiah⁸　　lam⁷ sam² pui⁵　　tshing¹ khi³ tsiah⁸　　thoo² bak⁸ lui⁵

濫糝食，濫糝肥，清氣食，吐目瘤

解釋 濫糝：胡亂來。清氣：乾淨。吐目瘤：一種營養不良的疾病，會使眼睛凸出，看起來有點畸形。

涵義 勸誡對食物衛生極度挑剔的人，希望他們能改正這種習慣。

說明 有潔癖的人吃東西很挑剔，一定要挑乾淨的才吃，不乾淨的東西寧願不吃，結果因講究衛生而使能吃的東西變少，以致於每次都吃那幾樣食物，造成營養不良，還得到「凸眼球」的疾病。為了使潔癖者能攝食均衡的營養，旁人看不下去時，會對他說：「濫糝食，濫糝肥，清氣食，吐目瘤」，意思是隨便亂吃，隨便肥，若只挑乾淨的吃，會得「凸眼病」。

對應華語 不乾不淨，吃了沒病。

---

tshiunn⁵ u⁷ phang⁷　　piah⁴ u⁷ hinn⁷

牆有縫，壁有耳

解釋 縫：指縫隙。

涵義 勸誡人說話要小心，以免被人聽到。

說明 當甲與乙在某個空間商討祕密的事情，如果其中一人不小心說得太大聲，另外一個人便會說：「牆有縫，壁有耳」意思是說牆上有小隙縫，壁的另一端有耳朵，也就是「隔牆有耳」，說話要小心謹慎，才不會被別人聽到。

對應華語 隔牆有耳、屬垣有耳。

---

bai² kue¹ kau⁷ tsi²　　bai² lang⁵ kau⁷ gian⁵ gi²

穤瓜厚子，穤人厚言語

解釋 穤瓜：品種不好的瓜類。厚：多。子：指植物的種子。穤人：壞

人、品行不佳的人。厚言語：形容多話，喜歡道人是非。

涵義 勸人不要談論別人的是非，興風作浪，以免討人厭。

說明 本諺語的重點在後面一句。瓜果如果籽太多，經常要一邊吃果肉，一邊吐籽，相當麻煩，加上甜度低，吃起來的口感不好，就稱為「穤瓜厚子」；人的品行如果不好，話語自然多，一會兒道人長短，一會兒胡言亂語，該講的話也講，不該講的話也講，故云「穤人厚言語」。

bai² kah⁴ bo⁵ tsit⁸ te³ ho²
穤 佮 無 一 地 好

解釋 穤：醜、壞。佮：到……程度。無一地好：沒有一處是好的，即一無是處。

涵義 此語有兩種意思：①形容某人奇醜無比，長相不好看。②比喻人一無是處。

說明 「穤」字可以解釋成「醜」，也可以解釋成「歹」。當「醜」解的時候，「穤佮無一地好」是說某人奇醜無比，全身沒有一個地方是好看的；當「歹」解的時候，「穤佮無一地好」是說某人沒有好的一面，全身一無是處。

補充 依教育部2008年5月公布之台灣閩南語推薦用字第二批將「佮kah⁴」寫作「甲kah⁴」。

對應華語 ①奇醜無比、其貌不揚。②一無是處、一無可取。

bai² kah⁴ tshin¹ tshiunn⁷ kui²
穤 佮 親 像 鬼

解釋 穤：醜、不美。佮：到……程度。親像：就好像、就像是。

涵義 形容人的長相非常的難看。

說明 世上沒有人真正見過鬼，只有在電視劇看過演員扮演的鬼。通常戲劇裡面的鬼，不是臉泛青光、面無血色，就是披頭散髮、七孔流血，再怎麼看都不好看，而且異常恐怖。「穤佮親像鬼」是說某人醜得像鬼；比喻某人奇醜無比，長相難看得要死。

補充 依教育部2008年5月公布之台灣閩南語推薦用字第二批將「佮kah⁴」寫作「甲kah⁴」。

對應華語 其貌不揚、奇醜無比、貌不出眾。

bai² tsa¹ boo² ai³ tsio³ kiann³　　phainn² mia⁷ lang⁵ ai³ siong³ mia⁷

穤查某愛照鏡，歹命人愛相命

解釋　穤查某：醜女人。愛：喜歡。歹命人：命運不好的人。相命：讓算命者看面相、手紋或摸骨，以論命數。

涵義　多被人用來譏笑沒事就愛照鏡子或喜愛算命的人。

說明　人不管長得好不好看，都喜歡照鏡子，但長得醜的女人特別喜歡照鏡子，因為她希望從鏡中看到自己一天比一天美麗。人不管命好不好，都喜歡算命，但人生坎坷、事業不順利的人，就越喜歡探求自己命運的好壞、前途的吉凶。

bai² bai² ang¹ tsiah⁸ be⁷ khang¹

穤穤翁食獪空

解釋　穤穤翁：指長相平凡、普通的丈夫。食獪空：吃不盡、吃不完。

涵義　勸誡女人不要以貌擇偶，有時其貌不揚的男人反而安全可靠，能成為長期的飯票。

說明　長相英俊的男人，女孩子爭著要，即使他結了婚還是有人願意倒貼，因此嫁了這樣的丈夫，每天都要擔心他被其他女人搶走，實在沒有安全感；而長相平凡的男人比較沒有異性緣，女人比較不會去勾引他，嫁給這樣的丈夫安全可靠，不用擔心這，擔心那，反而是比較穩固的長期飯票。

補充　依教育部2008年5月公布之台灣閩南語推薦用字第二批將「獪be⁷」寫作「袂be⁷」。

tshong¹ bing⁵ tsit⁸ si³　　hoo⁵ too⁵ tsit⁸ si⁵

聰明一世，糊塗一時

解釋　一世：一輩子。糊塗：不清楚。

涵義　聰明人也會有糊塗、做錯事的時候。

說明　有的人精明一輩子，卻因為一時的失察，犯了大錯，造成不可挽救的傷害，這就是所謂的「聰明一世，糊塗一時」。舉例說明，某人省吃儉用數十年，好不容易存一筆養老金，卻因為財迷心竅，認為地下錢莊的利息高，能夠一本萬利，於是把所有的養老金拿去投資地下錢莊，過不久錢莊倒了，負責人捲款逃跑，他的

養老金也飛了，此時便可說他「聰明一世，糊塗一時」。

對應華語 聰明一世，懵懂一時。

聳 勢 ， 無 落 魄 个 久

sang² se³ bo⁵ lok⁸ phik⁴ e⁵ ku²

解釋 聳勢：得意、神氣的模樣。落魄：失意、遭受挫折。个：的。

涵義 勸人不要太驕傲，神氣的日子不會過得太久。（帶有詛咒的味道）

說明 有些人一得意，便開始猖狂、驕傲，到處欺侮人；有人因為不能忍受他囂張的氣焰，所以當著他的面說：「聳勢，無落魄个久」意思是說神氣不會比落魄的時間久。這句話帶有詛咒的意味，即希望對方趕快「衰敗」之意。

補充 當「个e⁵」解釋為「的」時，依教育部2007年5月公布之台灣閩南語推薦用字第一批將「个e⁵」寫作「的e⁵」。

對應華語 神氣沒有落魄久。

臨 春 失 犁 ， 臨 老 失 妻

lim⁵ tshun¹ sit⁴ le⁵ lim⁵ noo² sit⁴ tshe¹

解釋 臨：接近。春：指春天。犁：翻土的農具。

涵義 形容人年老喪妻，孤單無伴，晚景非常淒涼。

說明 本諺語的重點在後面一句。台灣的農作是依「春耕、夏耘、秋收、冬藏」的順序來進行的。春耕本須用「犁」來耕田，農家卻弄丟了犁，其結果是很嚴重的。男人如果年老喪妻，生病無人照顧，孤單無人作伴，晚景一定很淒涼。

對應華語 老而無伴、臨老喪妻。

艱 苦 ， 有 時 過

kan¹ khoo² u⁷ si⁵ kue³

解釋 艱苦：困難。有時過：總有過去的時候。

涵義 形容日子雖苦，只要肯努力改善，總有過去的一天。（多用來鼓勵或安慰人）

說明 人沒有貧困一輩子的，雖然目前的日子過得很困苦，但只要肯努力改善，總有過去的時候；若不知努力改善，坐困愁城，只會使

貧困的生活更加惡化，而苦日子也永遠不會過去。

對應華語 否極泰來、撥雲見日、時來運轉、苦盡甘來、雲開見日。

kan¹ khoo² thau⁵   khuann³ uah⁸ bue²
艱 苦 頭 ， 快 活 尾

解釋 艱苦：辛苦、困苦。頭：一開始。快活：輕鬆、舒服。尾：接近結束。

涵義 此語有兩種意思：①形容做一件事，剛開始困難，後來逐漸變得簡單。②形容人年輕時辛苦，老來享清福。

說明 做任何事情，剛開始因為沒有經驗，要慢慢摸索，所以會做得比較辛苦，但等到上手，做起來就會輕鬆、愉快，這就是「艱苦頭，快活尾」；另外，某人年輕的時候辛苦賺錢，等年紀大了再來享清福，也可以說他是「艱苦頭，快活尾」。

對應華語 ②先苦後樂、先苦後甘。

kang²   na² bi² thang²
講 ， 若 米 桶

解釋 講：說。若：如同、好像。米桶：裝白米的桶子。

涵義 說明講了也是白講，沒有人聽得進去。

說明 「若米桶」三個字在句中不具意義，只是用來和「講」押韻，使句子讀起來更順口。米桶是沒有生命的物品，某人說的話如「米桶」一樣，當然不受對方重視，即使說了人家也聽不進去。

對應華語 浪費口舌、白費脣舌、多說無益。

kong² tsit⁸ e⁵ iann²   senn¹ tsit⁸ e⁵ kiann²
講 一 个 影 ， 生 一 个 囝

解釋 个：個。影：指虛幻而非真實的事。囝：原意是孩子，此處因「影」與「囝」的台語音近，所以有將「影」誤聽為「囝」之意。

涵義 形容人還沒有完全明白人家講的話意，便將錯誤的訊息傳達出去。

說明 「影」與「囝」的台語音很相近，但意思卻是南轅北轍。某人講一個「影」，但聽者卻聽成「囝」，並到處散播，這就是所謂的

（側邊標籤）十五畫 十六畫 十七畫 十八畫 十九畫 二十畫 二十一畫 二十二畫 二十三畫 二十四畫 二十五畫 二十七畫 二十八畫 二十九畫

「講一个影，生一个囝」，亦即捕風捉影，以訛傳訛的意思。

對應華語 以訛傳訛、捕風捉影、道聽塗說、訛誤相傳、街談巷語。

講 人 人 到 ， 講 鬼 鬼 到
kong² lang⁵ lang⁵ kau³　　kong² kui² kui² kau³

解釋 講：說、提到。

涵義 才剛提到某人，他馬上就出現了。

說明 本諺語的重點在前一句。一群人相約見面，而其中有幾個人遲到，就在與會者提起遲到的甲時，甲正好趕到或出現，這就是所謂的「講人人到，講鬼鬼到」。這句話的使用時機並不侷限於事先有相約者，有時對方是「意外出現」也可使用之，只是這種巧合並不多。

對應華語 說曹操，曹操就到。

講 人 个 長 短 話
kong² lang⁵ e⁵ tng⁵ te² ue⁷

解釋 講：說。个：的。長短話：又稱「長短跤話」，即道人長短、說人是非的言語。

涵義 形容人喜歡在別人的背後張家長，李家短，道人家的是非。

說明 一般會道人是非的人都是趁當事者不在場才會說。某人以別人的生活瑣事為題材，當成茶餘飯後跟人聊天的話題，這種人就是喜歡在背後「講人个長短話」者。

補充 當「个e⁵」解釋為「的」時，依教育部2007年5月公布之台灣閩南語推薦用字第一批將「个e⁵」寫作「的e⁵」。

對應華語 道人長短、說長道短、說三道四、說東道西、數短論長、張家長，李家短。

講 十 三 天 外
kong² tsap⁸ sann¹ thinn¹ gua⁷

解釋 講：說。十三天外：指十三層天以外的地方，亦即「天外天」。

涵義 形容人說了沒建設性又沒事實根據的話。

說明 道教的理論將天地人三界分得很清楚。上界天有十三層，一層有三萬里，所以「十三天外」是一個未知的地方。某人說了「十三

天外」的事情，這些話根本無從證實，也沒有根據，等於是無稽之談。

對應華語 不經之談、齊東野語、無稽之談、無稽讕言、天馬行空。

kong² sann¹ sik⁴ ue⁷　tsiah⁸ si³ bin⁷ hong¹
講三色話，食四面風

解釋 講：說。三色話：指各式各樣的話。食四面風：比喻四面都吃得開。

涵義 此語有兩種用法：①形容為人處世的手段非常圓滑、周到，能討好各式各樣的人。②比喻見人說人話，見鬼說鬼話。

說明 「講三色話，食四面風」是說面對形形色色的人，依對象說出他們喜歡聽的話，這樣的人四面都吃得開，比喻人處世圓滑，能討好各式各樣的人；另外也可以比喻成見人說人話，見鬼說鬼話。

對應華語 ①八面見光、八面玲瓏、面面俱到、見風使舵。②見人說人話，見鬼說鬼話。

kong² e⁰ bo⁵ tsun² sng³
講个無準算

解釋 个：的。無準算：不算。

涵義 形容口說無憑，必須立下契約才能算數。

說明 口頭允諾的事情別人可能會出爾反爾，所以沒有保障，必須白紙黑字、立約存證才算數，如果只是一張嘴巴說說，口說無憑，是不能相信的。

補充 當「个e⁰」解釋為「的」時，依教育部2007年5月公布之台灣閩南語推薦用字第一批將「个e⁰」寫作「的e⁰」。

對應華語 口說無憑、空口無憑、空口說白話。

kong² peh⁸ tshat⁸ bo⁵ khioh⁴ sue³ kim¹
講白賊無抾稅金

解釋 講白賊：說謊。抾稅金：課稅金、扣稅金。

涵義 諷刺人經常編織謊言來欺騙人。

說明 「講白賊無抾稅金」是說講謊話不用課稅金。講謊話本來就不用繳稅給政府，所以有人經常講，反正又課不到稅金；比喻人經常

編織謊言來騙人。

講 來 話 頭 長
kong² lai⁰ ue⁷ thau⁵ tng⁵

解釋 講：說。話頭長：從頭到尾要講很久。

涵義 事情曲折複雜，不是三言兩語就可以交待清楚的。

說明 「講來話頭長」是說從頭到尾要交待清楚，得講很久，表示事情的來龍去脈曲折複雜，如果要說明清楚，得花很長的時間才行。

對應華語 說來話長。

講 佮 予 你 捌 ， 喙 鬏 好 拍 結
kong² kah⁴ hoo⁷ li² bat⁴　tshui³ tshiu¹ ho² phah⁴ kat⁴

解釋 佮：到……程度。予你捌：讓你明白。喙鬏：鬍鬚。好拍結：指鬍鬚很長，可以打個結了。

涵義 形容話要說到對方聽得懂，得花好長的時間。

說明 這句諺語有「輕視」人的味道。「講佮予你捌，喙鬏好拍結」是說講到你聽得懂，我的鬍鬚都長到可以打結了，用來形容某件事或某句話要說到讓人家完全明白，得花好長的時間

補充 依教育部2008年5月公布之台灣閩南語推薦用字第二批將「佮kah⁴」寫作「甲kah⁴」。

對應華語 孺子不可教、朽木不可雕。

講 佮 好 鑼 好 鼓
kong² kah⁴ ho² lo⁵ ho² koo²

解釋 講：與台語的「損」諧音（損：敲打的意思）。鑼、鼓：皆為敲打的樂器。

涵義 形容人說得很動聽，很像一回事，但有可能是亂開空頭支票。

說明 敲打好的鑼鼓會發出動聽的聲音。由於「損」與「講」的台語諧音，所以前人便將「損到好鑼好鼓」改寫成「講佮好鑼好鼓」，意思是諷刺人把話說得很動聽，讓人覺得有那麼回事，其實是開空頭支票；例如候選人為了求當選，亂開支票，而選舉人不相信他說的話，就可以批評候選人「講佮好鑼好鼓」。

補充 依教育部2008年5月公布之台灣閩南語推薦用字第二批將「佮

kah⁴」寫作「甲kah⁴」。

對應華語 花言巧語、天花亂墜、甜言蜜語、甜嘴蜜舌。

kong² kah⁴ u⁷ kha¹ u⁷ tshiu²
講 佮 有 跤 有 手

解釋 佮：到……程度。跤：腳。有跤有手：比喻有個樣子。

涵義 講得煞有其事像真得一樣。

說明 某人談一些天方夜譚或是不曾發生過的事情，卻說得好像煞有其事，而且說得很具體，連「樣子」都可以描繪出來，所以「講佮有跤有手」是說人言之鑿鑿，把假的說得好像是真的一樣。

補充 依教育部2008年5月公布之台灣閩南語推薦用字第二批將「佮kah⁴」寫作「甲kah⁴」。

對應華語 言之有據、言之鑿鑿。

kong² kah⁴ tshui³ kak⁴ tsuan⁵ pho¹
講 佮 喙 角 全 泡

解釋 佮：到……程度。喙角：嘴角。全泡：全是口沫。

涵義 形容人話說個不停，但多是沒建設性的話。

說明 話一直說個不停，嘴角才會出現口沫。「講佮喙角全泡」是說某人講到嘴角兩邊都是口沫，也就是華語「口沫橫飛」的意思。

補充 依教育部2008年5月公布之台灣閩南語推薦用字第二批將「佮kah⁴」寫作「甲kah⁴」。

對應華語 口沫橫飛。

kong² phua³ m⁷ tat⁸ sann¹ inn⁵
講 破 毋 值 三 圓

解釋 講破：說穿了。毋值：不值。三圓：三塊錢。

涵義 說明道理其實很簡單。

說明 「毋值三圓」是說連三塊錢都不值，比喻為「沒什麼價值」。有些謎團其實很容易，只是沒有抓到竅門，所以猜不出來，但經人家一說，才知道原來這麼容易，根本連三塊錢都不值。

對應華語 說穿了不值一文錢。

kong² khi⁰ lai⁰ thinn¹ tioh⁸ oo¹ tsit⁸ ping⁵

講 起 來 天 著 烏 一 月

解釋 講起來：指論及某事。著：就。烏一月：黑一邊。

涵義 論及某事的發生，簡直不公平，沒有天理！

說明 此句諺語多用在開頭。「講起來天著烏一月」是說要認真談起這件事，連藍天都會黑一邊。既然談論某事連藍天都會變黑，表示所談的是沒天理、沒公道之事。

對應華語 沒有公理、沒有天理。

kong² tioh⁸ tsuan⁵ thau⁵ loo⁷　　tso³ tioh⁸ bo⁵ puann³ poo⁷

講 著 全 頭 路 ， 做 著 無 半 步

解釋 講著：說起來。全頭路：指口沫橫飛、頭頭是道。做著：做起來。無半步：一點辦法也沒有。全句說：口沫橫飛的說了一大堆計畫，真要做的時候，卻沒有能力去進行。

涵義 形容人嘴巴說得頭頭是道，但真要他去做，根本就辦不到。

說明 有些人，嘴巴說得頭頭是道，什麼道理都懂，但真要他親自去做，卻什麼也做不出來，所以整句話用來形容人用嘴巴說的都懂，但要他實際去執行，卻無能為力，有「眼高手低」的意思。

對應華語 智小謀大、志大才疏、眼高手低。

kong² tioh⁸ tsiah⁸　　tsing¹ thau⁵ khak⁴ hiah⁸

講 著 食 ， 春 頭 殼 額

解釋 講著食：提到有得吃。春：碰撞。頭殼額：指額頭。

涵義 形容人為了滿足口腹之慾，爭先恐後的貪婪相。

說明 民以食為天。只要提到吃的，特別是免費或是便宜的東西，大家就會爭先恐後地搶著要，有時還會因為互相搶食而撞傷額頭掛彩，這就是所謂的「講著食，春頭殼額」。

kong² e⁷ tshut⁴　　siu¹ be⁷ tit⁴ jip⁸

講 會 出 ， 收 獪 得 入

解釋 講會出：說得出口。收獪得入：收不回來。

涵義 答應人家的承諾，或傷害人家的話一說出口，就收不回來了。

說明 人與人的溝通不外乎文字跟語言,文字是寫在紙張上,如果寫得不妥,還可以把它擦拭掉,但語言則不然,只要話一說出口,傳到人家的耳裡,都無法收回來了,這就是所謂的「講會出,收繪得入」。

補充 依教育部2008年5月公布之台灣閩南語推薦用字第二批將「繪be⁷」寫作「袂be⁷」。

對應華語 一言為定、一言九鼎、一諾千金、說一不二、一言既出,駟馬難追。

kong² ue⁷　　bo⁵ kuainn¹ au⁷ bue² mng⁵
講 話 , 無 關 後 尾 門

解釋 關:緊閉。後尾門:後門。

涵義 形容人說話沒有顧忌,以致引起禍端。

說明 講話如果事關機密或牽扯到別人的是非,最好特別小心,如果「後尾門」沒有緊閉就口無遮攔地談論起來,萬一有人路過聽到,並且把話傳出去,鐵定會惹出麻煩,所以人說話時要注意場合,以免口無遮攔,引起禍端或麻煩。

對應華語 口無遮攔。

kong² ue⁷ na² tshiunn³ kua¹
講 話 若 唱 歌

解釋 若:如同、好像。

涵義 此語有兩種意思:①比喻人話說得很好聽,但內容卻不實在。②形容某人講話的聲音很好聽。

說明 人在唱歌的時候有夾雜旋律,所以比「講話」動聽多了。「講話若唱歌」是說某人講話好像在唱歌一樣;比喻話說得很好聽,但內容卻不實在,有「說的比唱的好聽」之意。另外,也可用來形容某人講話的聲音很好聽。

對應華語 ①說的比唱的好聽。

kong² ue⁷ bo⁵ puan³ tsiat⁴
講 話 無 半 折

解釋 無半折:沒有一半的可信度。

涵義 指某人講出來的話不能盡信。

說明 「半折」是指百分之五十。「講話無半折」是說某人講的話沒有一半的可信度；比喻某人是個言而無信的人，所講的話不能盡信。

對應華語 行不顧言、自食其言、言而無信、食言而肥、出爾反爾、輕諾寡信。

kong² ue⁷ bo⁵ king² ue⁷
講 話 無 揀 話

解釋 無揀話：沒有挑話語。

涵義 形容人「口不擇言」。

說明 有些人說話從未經過大腦思考，也從不考慮說出來的後果，只要想說就說，沒有先經過篩選，這就是華語所謂的「口不擇言」。通常這種人容易得罪別人，所以人緣不會太好。

對應華語 口不擇言、信口開河、信口胡謅、胡說八道、胡言亂語。

kong² ue⁷ bo⁵ tui³ sim¹ kuann¹
講 話 無 對 心 肝

解釋 無對：沒有符合。心肝：指一個人的心。

涵義 形容人所講的話並非出自內心。

說明 某人嘴巴講出來的話與心裡想的不一樣，表示他講的不是出自內心的話，既然不是出自內心，就是「言不由衷」。

對應華語 口是心非、口不應心、心口不一、心口相違、言不由衷。

kong² huan⁷ kong² tso³ huan⁷ tso³
講 還 講 ， 做 還 做

解釋 還：界線分明，強調某事與其他事之間的差別。

涵義 形容人言行不一，嘴巴說一套，做的又是另一套。

說明 「講還講，做還做」是指說歸說，做歸做。有的人話是這麼說，但不一定會依所講的去做，有時候說一套，做的又是另一套，言行不一，這就是「講還講，做還做」。

對應華語 言行不一、言行相悖、說一套，做一套、說歸說，做歸做。

十五畫
十六畫
十七畫
十八畫
十九畫
二十畫
二十一畫
二十二畫
二十三畫
二十四畫
二十五畫
二十七畫
二十八畫
二十九畫

hing⁵ liau² tse³　　khi² liau² ke¹

還了債，起了家

解釋 還了債：償清債務。起：建立。家：指家業。

涵義 告誡人有債必須先償清，這個家才會有未來。

說明 一個家庭如果有負債，每天都要擔心債主上門討債，而且生活捉襟見肘，不能全心衝刺自己的事業。唯有將債務還清，沒有後顧之憂，這個家才會有未來，這就是所謂的「還了債，起了家」。

tshiu² sin¹ pu⁷ tsong² si⁷　ai³ kinn³ ta¹ ke¹ kuann¹

醜新婦總是愛見大家倌

解釋 醜新婦：醜媳婦。總是愛：總是要。大家倌：公婆。

涵義 勸人遇事要勇敢面對現實，不可逃避。

說明 不管是相親或是自由戀愛，醜媳婦終究要見公婆一面，這是一種禮貌。如果因為長得醜而不敢見未來的公婆，公婆一定會覺得有問題，搞不好會對她產生不好的印象，所以事情來了還是要勇敢面對，千萬不可以逃避。

補充 依教育部2009年10月公布之台灣閩南語推薦用字第三批將「倌kuann¹」寫作「官kuann¹」。

對應華語 醜媳婦總要見翁姑、醜媳婦總要見公婆。

khuah⁴tshui³ tsa¹ poo¹tsiah⁸ su³ hong¹　khuah⁴tshui³ tsa¹ boo²tsiah⁸ ke³ tsng¹

闊嗃查甫食四方，闊嗃查某食嫁粧

解釋 闊嗃：嘴巴大。查甫：男性。食四方：比喻很有口福。查某：女性。嫁粧：新娘的陪嫁物。食嫁粧：連嫁妝都吃光了。

涵義 說明以往男尊女卑的不平等觀念。

說明 依命相學的說法，男孩子如果嘴巴大，表示有吃福，走到哪吃到哪，一輩子都不愁吃穿；但如果女孩子嘴巴大，表示她會吃嫁妝，到時候值錢的東西都會被她帶到夫家，娘家就會損失慘重。雖然這是一種迷信的觀念，但也說明了以往「男尊女卑」的不平等觀念。

補充 依教育部2009年10月公布之台灣閩南語推薦用字第三批將「查甫tsa¹ poo¹」寫作「查埔tsa¹ poo¹」。

對應華語 重男輕女、男尊女卑。

un² ku¹ e⁰ pha¹ lin³ tau² tsiah⁸ lat⁸ kiam¹ phainn²khuann³

隱痀个拋輾斗，食力兼歹看

解釋 隱痀个：駝背者。拋輾斗：翻筋斗。食力：吃力。歹看：出醜。

涵義 某人做了不合身分或能力所不及的事，以致當眾出醜。

說明 這是一句歇後語。駝背者的背部凸起，外型上已不適合翻筋斗，如果勉強行之，恐怕會非常辛苦，而且翻起來的姿勢可能也很難看，因為這早已超越他們的能力範圍，做了只會更容易出醜。

補充 當「个e⁰」解釋為「的」時，依教育部2007年5月公布之台灣閩南語推薦用字第一批將「个e⁰」寫作「的e⁰」。

對應華語 吃力不討好。

un² ku¹ e⁰ pang³ phui³ uan¹ uan¹ khiau¹ khiau¹

隱痀个放屁，彎彎曲曲

解釋 隱痀个：駝背者。彎彎曲曲：彎曲不直貌。

涵義 形容人說話或做事不乾脆。

說明 這是一句歇後語。由於駝背的人身體不能直立，所以大家認為他們放的屁不能直著出來，而是彎曲的出來，亦即放「彎彎曲曲」的屁，所以整句話用來形容人說話或做事不直截了當，總是拐彎抹角地繞來繞去。

補充 當「个e⁰」解釋為「的」時，依教育部2007年5月公布之台灣閩南語推薦用字第一批將「个e⁰」寫作「的e⁰」。

對應華語 拐彎抹角、隱晦曲折。

un² ku¹ e⁰ tsiah⁸ siang¹ tiam² loo⁷

隱痀个食雙點露

解釋 隱痀个：駝背者。食雙點露：形容除了頭部之外，凸出的背部也會被露水沾溼。

涵義 說明身體殘缺的人會得到老天爺更多的庇蔭，比正常人享有更多的福分。

說明 這是一句安慰或鼓勵人的話。駝背的人因為背部凸出，不能直立，所以老天爺降甘露的時候，一般人只有頭部沾到，但駝背的人除了頭部沾到以外，背部也會沾到，相較之下似乎比一般人多

了些福分，這就是所謂的「隱疴个食雙點露」。

補充 當「个e⁰」解釋為「的」時，依教育部2007年5月公布之台灣閩南語推薦用字第一批將「个e⁰」寫作「的e⁰」。

tiam² iu⁵ tso³ ki³ ho⁷
點 油 做 記 號

解釋 點油：滴上油。做記號：當標記。

涵義 形容某人被列入黑名單，受到人家特別的注意。

說明 衣服如果被油滴到就會留下污點，怎麼洗也洗不掉。「點油做記號」是說某人被滴上油做記號，成為有污點的人；比喻人被列入黑名單中，已經被別人盯上了。

對應華語 名列黑名單。

tiam² thah⁴ tshit⁴ tsan³ put⁴ ju⁵ am³ tshu³ it⁴ ting¹
點 塔 七 層 ， 不 如 暗 處 一 燈

解釋 點：點燃燈火。全句說：與其將七層塔都點燃燈火，不如在暗處點燃一盞燈，或許更為實用。

涵義 說明錦上添花，不如寒中送衣實用。

說明 在七層塔都點上燈，使其燈火通明，只不過具有裝飾的效果罷了，並沒有實質的用處；而在黑暗的地方點上一盞燈，可以因此帶來光明，反而更實際有用。

對應華語 與其錦上添花，不如雪中送炭。

十八畫

tan³ to¹ a² hoo⁷ lang⁵ sio¹ thai⁵

擲 刀 仔 予 人 相 刣

解釋 擲：丟、扔。刀仔：刀子。予人相刣：讓人們互相砍殺。

涵義 責罵搬弄是非，製造衝突，唯恐天下不亂者。

說明 一般人看到糾紛事件，都會勸雙方「和氣生財」，無奈某人不但不勸和，還丟刀子讓他們互相砍殺，這根本是「火上加油」、「搬弄是非」。

對應華語 火上加油、挑撥是非、挑撥離間、搬弄是非。

tuan³ li² put⁴ tuan³ tshin¹

斷 理 不 斷 親

解釋 斷：裁定、判定。親：指親情。全句說：裁定事情依公理而行，不被親情所左右。

涵義 形容人行事公正，凡事依公理而行，不為親情所左右。

說明 有些人做事依公理而行，絕不容許有親情的成分夾雜在內，例如古代的包公，審案不論親疏，也不論貧富貴賤，只要是冤枉的，即使是乞丐都會還他一個清白，但若是證據確鑿，經查屬實，即使是皇親國戚也照辦不誤，這就是所謂的「斷理不斷親」。

對應華語 大公無私、公正無私、秉公行事、秉公處理、稟公無私。

tng⁷ tsiunn² tsa¹ poo¹ tso³ siong³ kong¹ tng⁷ tsiunn² tsa¹ boo² tsiu² khang¹ pang⁵

斷 掌 查 甫 做 相 公 ，斷 掌 查 某 守 空 房

解釋 斷掌：手掌有一紋橫過手心，中間無間斷，並將手掌分成上下兩半。查甫：男性。相公：原是古代妻子對丈夫的稱呼，此處指當官。查某：女人。守空房：獨守空閨。

涵義 形容斷掌的男人命好，有當官運；而斷掌的女子命差，會剋死丈夫。

說明 此為命相學的說法。命相學上認為男性斷掌是一種福分，因為該人會有官運，而女人斷掌會剋死丈夫，所以一輩子註定要獨守空房。同樣都是斷掌，為何男性被說成「有官運」，而女性就要被說成有「剋夫命」？說穿了，還不是以往「男尊女卑」的觀念作

祟，所以聽聽就好，不要太相信。

依教育部2009年10月公布之台灣閩南語推薦用字第三批將「查甫 tsa¹ poo¹」寫作「查埔tsa¹ poo¹」。

---

ang³　a²　tshui³　m⁷　pak⁸　　　am¹　kng¹　tshui³　pak⁸　bo⁵　loo⁷

甕 仔 喙 毋 縛 ， 醃 缸 喙 縛 無 路

甕仔喙：指甕仔的入口。縛：綁、封。醃缸：窄口的水缸。縛無路：無處可綁。

說明問題小的時候要馬上解決，否則等到問題變大就很難解決了。

甕是一種「嘴小肚大」的用品，而醃缸不但比甕大很多，入口也比甕大。「甕仔喙毋縛，醃缸喙縛無路」是說甕嘴那麼小不綁，卻要綁大的醃缸，當然沒有辦法綁住；比喻問題剛發生的時候不想辦法解決，等到問題變大才想要解決，困難性就會增加許多。

對應華語 杜漸防萌、防微杜漸、預防重於治療。

---

le²　soo³　　　tong¹　jian⁵

禮 數 ， 當 然

禮數：指人與人互動的禮節。當然：必要的、應該的。全句是說：盡禮數原本就是必要的。

說明為了維繫人與人之間的情感，禮數絕對不可偏廢。

禮數是為人處事的基本道理，人與人之間互動，如果能維持基本的禮節彼此都會有「受尊重」的感覺，所以一個人如果懂禮數也盡禮數，一定可以擁有好的人際關係。

對應華語 禮多人不怪。

---

siu³　kiu⁵　tshin¹　tshiu²　phau¹

繡 球 親 手 拋

繡球：用絲綢製成的球狀物體，古代女子偶爾用它來拋擲結親。拋：丟擲、投擲。

喻事情是自己選擇的，好壞都要自己承擔。

「拋繡球」是古代女子結姻緣的方法之一，由於事先不知道誰會接到繡球，所以對方的長相、品德好壞根本無從知道。然而繡球

是從自己手裡拋出去的，不管被誰接到，女孩子一概要接受，沒有說「不」的權利，因此，後果的好壞都要自行去承擔。

對應華語 自作自受、各人造業各人擔。

---

tsai⁵　ti³　ia²　bue⁷　lak⁴

臍 蒂 猶 未 落

解釋 臍蒂：即肚臍蒂，又稱肚臍眼。猶未落：指尚未掉落。

涵義 嘲諷年輕人幼稚、無知。

說明 嬰兒生出母體時，醫生會將連接嬰兒與母體的臍帶剪掉，然後在嬰兒的肚臍處打個結，並覆上一塊小紗布，這個「結」就稱為臍蒂，通常臍蒂在嬰兒出生四週前後就會自動脫落。「臍蒂猶未落」是說某人的臍蒂還留在身上；比喻人乳臭未乾，是個年幼無知的人。

對應華語 口尚乳臭、乳臭小兒、乳臭未乾。

---

ku⁷　siu⁵　tsiah⁸　sin¹　siu⁵

舊 囚 食 新 囚

解釋 囚：犯人。食：欺壓、欺侮。

涵義 喻老鳥欺侮菜鳥。

說明 這句諺語非常淺顯。監獄是一個很黑暗的地方，通常裡面的囚犯都會搞小團體，如此才不會受人欺負，而剛入監服刑的新囚，由於沒有勢力依靠，所以是舊囚欺負與佔便宜的對象，「舊囚食新囚」於是用來指老鳥欺負菜鳥或老手欺負新手。

對應華語 老手欺侮新手、老鳥欺侮菜鳥、資深的欺侮資淺的。

---

ku⁷　ni⁵　tsiah⁸　tshai³　thau⁵　　kin¹　ni⁵　tsiah⁴　tng²　sau³

舊 年 食 菜 頭 ， 今 年 才 轉 嗽

解釋 舊年：去年。菜頭：指蘿蔔。才轉嗽：才開始咳嗽。

涵義 譏諷人的反應太遲鈍。

說明 本諺語與「十二月食菜頭，六月才轉嗽」是同樣的意思。菜頭是一種「涼性」的蔬菜，身體虛弱的人吃了會咳嗽不停。「舊年食菜頭，今年才轉嗽」是說去年吃了菜頭，今年才開始咳嗽；比喻人的反應太遲鈍。

對應華語 反應遲緩、反應遲鈍。

ku⁷ tsha⁵ tshau³ khuai³ tiam² hue²　ku⁷ lang⁵ sng⁵ ho² tshue¹ kue²

舊柴草快點火，舊籠床好炊粿

解釋 舊柴草：沒有燃盡的乾柴、乾草。快點火：很快就可以點燃，並且再度焚燒起來。舊籠床：已經用過的舊蒸籠。炊粿：蒸年糕。

涵義 說明東西還是舊的順手、好用。

說明 沒有燃燒完的乾柴，本來就比從未燃燒過的乾柴更容易點燃；而舊的蒸籠，因為之前已經使用多次，所以用起來比較上手，整句話用來說明東西雖然舊，但使用起來還是比較順手、好用。

thang⁵ beh⁴ mia⁷　　niau² tshi² ia⁷ beh⁴ mia⁷

蟲欲命，鳥鼠也欲命

解釋 蟲欲命：蟲都想要活著。鳥鼠：老鼠。

涵義 說明生命很可貴，人要珍惜自己的生命。

說明 自然界除了人會輕生外，從沒有聽說過有任何生物會自我了斷生命。連小蟲與老鼠都想要活命，人更應該要懂得珍惜自己的生命，否則真的連小蟲與老鼠都不如。

對應華語 生命誠可貴、螻蟻尚且偷生。

tsim⁵ bo⁵ kha¹　　be⁷ kiann⁵ loo⁷

蟳無跤，獪行路

解釋 蟳：螃蟹。跤：腳。獪：不能。行路：在地上行走。

涵義 說明人做事要有夥伴從旁協助，光靠自己的力量是成不了大事的。

說明 一隻螃蟹有八隻腳，如果將牠的腳拔除一半以上或全部，牠就會成為一隻殘障的螃蟹，想動也動不了，所以說人要做大事也是需要他人從旁協助，單靠自己的力量是不行的。

補充 依教育部2008年5月公布之台灣閩南語推薦用字第二批將「獪be⁷」寫作「袂be⁷」。

對應華語 獨木難支、一人難補天、獨木不成林、單絲不成線。

tua³ hue⁵ siunn⁷ thau⁵ bong¹ sat⁴ bo²

蹛 和 尚 頭 摸 蝨 母

解釋 蹛：在。蝨母：蝨子。

涵義 形容人白費力氣。

說明 蝨子主要寄生在人或動物的濃密毛髮上，和尚出家的時候就把頭髮剃光了，當然不會長出蝨子來，所以要在和尚的頭上找蝨子，根本是白費力氣。

對應華語 水中撈月、白費力氣、竹籃打水、徒勞無功、無端生有、緣木求魚、鏡中拈花。

tng² khi³ tsiah⁸ ka¹ ki⁷

轉 去 食 家 己

解釋 轉去：回去、回家。家己：自己。

涵義 形容人失業了。

說明 員工受雇於老闆時，每月依靠老闆給的薪水過活，等哪一天老闆辭退員工，或員工自己辭職，主僕的關係結束了，員工就要回家吃自己了，所以「轉去食家己」是指失業了。

對應華語 一拍兩散、回家吃自己。

i¹ sing¹ ling⁵ i¹ penn⁷ tsu⁷ penn⁷ put⁴ ling⁵ i¹

醫 生 能 醫 病 ， 自 病 不 能 醫

解釋 醫病：幫人治病。自病：自己生病。

涵義 形容醫生善於醫人，卻拙於醫己。

說明 醫生診斷病人時，能夠平心靜氣，慢慢的找出病因，同時對症下藥，除非病人無藥可醫才會束手無策，否則都能醫治得好；但當醫生自己患病時，容易心浮氣躁，很難精確診斷出病因，而且用藥量也會有所顧忌，所以得病還是要請別的醫師幫忙才行。

對應華語 醫者善於醫人，拙於醫己。

ke¹ kang¹ thi⁵ ing³ kai¹ ke¹ bo² thi⁵ tioh⁸ thai⁵

雞 公 啼 應 該 ， 雞 母 啼 著 刣

解釋 雞公：指公雞。啼：禽鳥鳴叫。應該：理所當然。雞母：母雞。

著：就必須。刣：宰殺。

涵義 此語有兩種意思：①男人在外拈花惹草是可以被接受的，但女人就不行。②男人當家是理所當然之事，而女人當家則是混淆綱常，絕對被禁止。

說明 古人比較迷信，認為公雞啼叫是天經地義的事，也是正常的行為，如果母雞啼叫，是一種凶兆，必須殺掉牠才能避免厄運降臨，故云「雞公啼應該，雞母啼著刣」。此句諺語說明了以往社會「重男輕女」的觀念，這其中包含兩個涵義：一種是同樣搞外遇，男人可以被接受，女人則是絕對被禁止；另一種是說男人當家是理所當然之事，而女人當家則被比喻牝雞司晨，違反中國綱常，是絕對被禁止的。

ke¹ a² kiann² tue³ ah⁴ bo²

雞 仔 囝 綴 鴨 母

解釋 雞仔囝：小雞。綴：跟在某人的後面。鴨母：母鴨。

涵義 喻跟錯了對象。

說明 小雞本來就應該跟隨在母雞的後面，一來受其保護，一來學習覓食，如果小雞跟隨在母鴨後面，那就是跟錯了對象。這句諺語主要說明某人押錯寶，跟錯了長官，以致升遷受到了影響。

對應華語 跟錯對象。

ke¹ a² tng⁵ tsiau² a² too⁷

雞 仔 腸 ， 鳥 仔 肚

解釋 雞仔腸：指雞的腸子。鳥仔肚：小鳥的胃。

涵義 形容某人的肚量小，喜歡與人斤斤計較。

說明 雞腸與鳥肚都是指「肚量」的意思。由於雞的腸子與鳥的胃都很小，所以「雞仔腸，鳥仔肚」是比喻一個人肚量小、心胸狹窄。

對應華語 小肚雞腸、心胸狹窄、器量狹小、雞腸雀肚。

ke¹ bue⁷ thi⁵ kau² bue⁷ pui⁷

雞 未 啼 ， 狗 未 吠

解釋 未啼：尚未鳴叫。吠：叫。

涵義 此語有兩種意思：①表示天還沒亮。②比喻時機未到，還不是時

候。

說明 只有天亮之時雞才會啼、狗才會叫。「雞未啼，狗未吠」是說雞尚未啼叫，狗也尚未吠叫；表示天色尚暗，還沒天亮；也比喻做某事的時機未到，還不是時候。

對應華語 ②時機未至、時機未到、時機尚未成熟。

ke¹ bo² thiau³ tshiunn⁵ ke¹ a² kiann²khuann³ iunn⁷

雞 母 跳 牆 ， 雞 仔 囝 看 樣

解釋 雞母：母雞。跳牆：跳躍翻過牆。雞仔囝：小雞。看樣：照著樣本做。

涵義 說明大人的一舉一動都是小孩的學習對象，應該做好榜樣讓他們學習。

說明 小雞跟隨在母雞的後面，除了可以受到保護外，也可以學習各種謀生的本能，所以當牠們看到母雞翻過牆，也會依樣跟著做。其實不只小雞會有這樣的動作，小孩子也會學習大人的一舉一動，所以大人一定要做好榜樣，小孩子才不會學壞。

對應華語 有樣學樣。

ke¹ nng⁷ khah⁴ bat⁸ ma⁷ u⁷ phang⁷

雞 卵 較 密 嘛 有 縫

解釋 雞卵：雞蛋。較密嘛有縫：再怎麼密實也會有縫隙。

涵義 意謂事情計畫的再周詳，還是會有疏忽的地方，總有一天會被人知道。

說明 雞蛋的外表雖然看起來很緊密，但實際上是有縫隙的，否則蛋殼裡面的小生命就沒有空氣可以活下去了，因此前人才說「雞卵較密嘛有縫」；比喻百密總有一疏，事情再怎麼保密，還是會洩漏出去。

對應華語 紙包不住火、百密總有一疏、莫有不透風的牆、欲人勿知，莫若勿為、若要人不知，除非己莫為。

ke¹ si⁷ tho² tsiah⁸ ta¹ e⁰ ah⁴ si⁷ tho² tsiah⁸ tam⁵ e⁰

雞 是 討 食 焦 个 ， 鴨 是 討 食 澹 个

解釋 討食：尋找食物吃。焦个：乾的。澹个：溼的。全句說：雞在陸

地上尋找食物進食，而鴨則在有水的地方尋找食物進食。

涵義 說明「行行出狀元」，不要看別行好做就跟著轉業。

說明 依照自然習性，雞的活動範圍都在陸地上，所以牠的食物都來自於陸地，故云「雞是討食焦个」；鴨雖然也會在陸地上活動，但大部份的時間都待在水面上，覓食也以水中的魚、蝦為主，故云「鴨是討食澹个」。這一句話主要強調各行各業都有人做，只要肯努力「討食」，行行都可以出狀元，千萬不要看別人賺錢就想轉業，因為這樣有可能自尋死路，沒有賺到錢反而變得更糟。

補充 當「个e⁰」解釋為「的」時，依教育部2007年5月公布之台灣閩南語推薦用字第一批將「个e⁰」寫作「的e⁰」。

對應華語 人各有志、三百六十行，行行出狀元。

ke¹ khuann³ phah⁴ kok⁸ ke¹　kau² khuann³ tshue¹ kau² le⁵
雞 看 拍 咯 雞 ， 狗 看 吹 狗 螺

解釋 拍咯雞：指雞發出「咯～咯～雞」的叫聲。吹狗螺：指狗哭號的聲音，類似「嗚嗚～」。

涵義 說明人的形貌醜陋或妝扮怪異，讓人看了受到驚嚇。

說明 雞受到驚嚇的時候會四處逃竄，並且發出「咯～咯～雞」的聲音；相傳狗在夜間看到不乾淨的東西會發出「嗚嗚～」的聲音。「雞看拍咯雞，狗看吹狗螺」是說雞看到後會發出「咯～咯～雞」的叫聲，狗看了也會發出「嗚嗚～」的聲音；比喻人的相貌奇醜或妝扮怪異，讓人看了很震驚。

ke¹ kui¹ pun⁵ ku² tioh⁸ e⁷ phua³
雞 胿 歕 久 著 會 破

解釋 雞胿：氣球。歕：吹。著會：就會。

涵義 經常吹牛的人，總有被識破的時候。

說明 雞胿是指氣球，吹過氣球的人都知道，如果一直將氣體吹入氣球中，時間一久它就會破掉；歕雞胿（歕雞胿：指吹牛）也是一樣，如果牛越吹越大，時間一久便會露出破綻，讓別人識破。

對應華語 吹破牛皮。

921

ke¹ tok⁴ ham¹　　phah⁴ sng² tshui³

雞 啄 蚶 ， 拍 損 喙

解釋 啄：禽鳥用尖嘴吃東西。蚶：即文蛤，有堅硬的外殼。拍損喙：糟蹋、浪費。喙：嘴巴。

涵義 譏笑人有勇無謀，做徒勞無功之事，簡直是白費力氣。

說明 蚶遇到雞就會將堅硬的外殼閉起來，但雞仍不死心地啄食牠的外殼，希望能吃到「蚶」的肉，結果最後不但沒吃成，還損耗自己的雞嘴，根本是做了白費力氣的事。

對應華語 白費力氣、枉費心力、徒勞無功、愚公移山。

ke¹ tshui³ pinn³ ah⁴ tshui³

雞 喙 變 鴨 喙

解釋 雞喙：指雞的嘴巴。鴨喙：指鴨子的嘴巴。

涵義 表示一開始與人爭鋒相對，真相大白後，自覺理屈詞窮，頓時變得啞口無聲。

說明 雞嘴的外型尖利，常被比喻為「能說善道」之嘴；鴨嘴扁平，常被比喻為「無言以對」之嘴。「雞喙變鴨喙」是說雞嘴後來變成了鴨嘴；比喻人本來能言善辯，一直反駁別人的話，等到真相被揭穿了，頓時啞口無言，再也說不出話來。

對應華語 目瞪口呆、啞口無言、理屈詞窮、張口結舌、無言以對、無話可說、瞠目結舌。

siang¹ e⁵ tsng⁷　　ok⁴ kah⁴ bo⁵ lang⁵ mng⁷

雙 个 漩 ， 惡 徦 無 人 問

解釋 雙个：兩個。漩：頭頂上面的螺旋紋。惡：指性情凶惡。徦：到……程度。無人問：沒有人敢跟他說話。

涵義 說明頭頂上有兩個螺旋紋的人，性情比較凶惡，人緣也比較差。

說明 據老一輩的說法，凡頭髮中間有兩個螺旋紋的人，性情比較凶惡，沒有人敢靠近跟他們說話。其實這種說法並非絕對，因為也有這樣的人是很溫馴的，所以這句話只能供參考，不能完全採信。

補充 依教育部2008年5月公布之台灣閩南語推薦用字第二批將「徦kah⁴」寫作「甲kah⁴」。

十五畫 十六畫 十七畫 十八畫 十九畫 二十畫 二十一畫 二十二畫 二十三畫 二十四畫 二十五畫 二十七畫 二十八畫 二十九畫

siang¹ tshiu² pho⁷ hai⁵ ji⁵　tsiah⁴ tsai¹ pe⁷ bu² si⁵

雙手抱孩兒，才知爸母時

解釋 雙手抱孩兒：比喻自己養兒育女時。才知爸母時：才知道當時爸媽的辛勞。

涵義 說明自己為人父母後，才體會出父母養育自己的辛勞。

說明 小時候父母的養育與照顧，因為自己還小，所以沒什麼感覺；但等到自己也當了父母親，為孩子把屎把尿，各方面都要花時間、體力與金錢，才體會出當時父母養育自己的辛勞。

對應華語 養兒方知父母恩。

siang¹ tshiu² pho⁷ siang¹ sun¹　bo⁵ tshiu² thang¹ lang² kun⁵

雙手抱雙孫，無手通攏裙

解釋 通：可以。攏裙：將裙子往上拉。

涵義 描述老人家含飴弄孫，搞得手忙腳亂的模樣。

說明 這是一句嫁娶的好話。祖母雙手各抱著一個孫子，當她的裙子下墜時，當然就沒有辦法去拉高裙子，整句話是形容老人家撫育孫兒，手足無措、手忙腳亂的情形。

對應華語 手忙腳亂、手足無措、張皇失措。

siang¹ bin⁷ to¹ kui²

雙面刀鬼

解釋 刀：形容人口蜜腹劍。鬼：指奸險之人。

涵義 形容一個人玩兩面手法，在甲方說乙方的壞話，在乙方說甲方的壞話。

說明 甲和乙是敵對的仇人，丙為了兩方面都討好，在甲方說盡乙方的壞話，在乙方也責罵甲方的不是，耍兩面的手法，像丙這樣的人我們就稱為「雙面刀鬼」。

對應華語 兩面討好。

siang¹ kha¹ giap⁸ tsit⁸ liap⁸ lan⁷ pha¹

雙跤挾一粒羼脬

解釋 雙跤：兩隻腳。挾：從物體兩旁箝住。羼脬：男性的陰囊。全句

說：全身上下一無所有，僅剩下兩腳中間還夾著睪丸。

涵義 形容人兩手空空，身上一無所有。

說明 以前唐山人渡海來台（當時只有男性才能渡海來台），身上沒攜帶什麼家當，只有兩腳中間夾帶一粒「羼脬」就出發了，所以剛抵達台灣時，兩手空空，日子並不好過。

對應華語 一無所有、身無長物、身無分文、兩手空空、空空如也。

---

siang¹ kha¹ tah⁸ siang¹ tsun⁵　　sim¹ thau⁵ luan⁷ hun¹ hun¹
雙跤踏雙船，心頭亂紛紛

解釋 雙跤踏雙船：兩隻腳分別踩在兩艘小船上面。心頭：內心。亂紛紛：心情很亂。

涵義 形容某人同時喜歡上兩人或兩物，一時間不知如何取捨的心情。

說明 當某人同時喜歡上兩個異性朋友，或同時喜歡上兩種物品，在只能從中選擇一人或一物時，一時間不知如何抉擇，就會產生紛亂的心情，這就是「雙跤踏雙船，心頭亂紛紛」。

對應華語 一心兩屬、二三其德、三心二意、心猿意馬。

---

li⁷ hiong¹ put⁴ li⁷ khiunn¹
離鄉不離腔

解釋 鄉：指世居之處。不離腔：指保有原來的口音。

涵義 說明人的腔調（口音）是不容易改變的。

說明 有的人雖然離開家鄉到外地居住，但因為從小就講慣了家鄉的口音，儘管後來到了新環境而稍做調整，但原本的家鄉口音還是可以聽得出來，可見人的腔調是很難改變的。

---

tsap⁸ tshe¹ kiam¹ kuan² ke¹
雜差兼管家

解釋 雜差：做雜事的差役。管家：指總管。

涵義 指大小的事情都由一個人獨自承攬。

說明 「雜差兼管家」是說雜差兼做管家。在小團體或公司行號內，有的負責人為了節省人事開支，所有大大小小的事情都由自己來做，這就是「雜差兼管家」，也就是「一手包辦」的意思。

對應華語 一手包辦、一手包攬、身兼數職。

十五畫
十六畫
十七畫
十八畫
十九畫
二十畫
二十一畫
二十二畫
二十三畫
二十四畫
二十五畫
二十七畫
二十八畫
二十九畫

tsap⁸ liam⁷ ta¹ ke¹ tshut⁴ ban⁵ phue⁵ sin¹ pu⁷

雜唸大家出蠻皮新婦

解釋 雜唸：嘮叨。大家：婆婆。蠻皮：指對人家的訓斥或命令不當一回事。新婦：媳婦。

涵義 說明上司或長輩嘮叨久了，部屬或晚輩就不再當一回事。

說明 以前媳婦嫁到夫家來，最難適應的就是面對惡婆婆，因為這樣的婆婆，沒事就會找媳婦麻煩。剛開始，做媳婦的可能會戒慎恐懼，戰戰兢兢，但如果婆婆不管對錯都嘮叨，時間久了，媳婦就會將婆婆的嘮叨當成耳邊風，不再當一回事，這就是所謂「雜念大家出蠻皮新婦」。

對應華語 婆婆口絮，媳婦耳頑。

khia⁵ gu⁵ tshue⁷ m⁷ kinn³ gu⁵

騎牛揣毋見牛

解釋 揣：尋找。毋見牛：指丟掉或走失的牛。

涵義 形容人粗心大意，所要找的東西就在眼前，卻沒有發現。

說明 某人就騎在牛背上，卻還四處找牛，殊不知所要找的牛就在自己的屁股下面，因此「騎牛揣毋見牛」用來形容人粗心大意，都沒有注意到眼前的東西。

對應華語 呆子數牛。

khi⁵ hoo² tsi¹ se³ put⁴ tit⁴ ha⁷

騎虎之勢不得下

解釋 勢：指局面。不得下：不能跳下來。

涵義 意謂進退兩難，騎虎難下。

說明 人騎在虎背上雖然危險，但至少不會被老虎咬到，但人一旦從虎背上下來，老虎就會撲過來咬死他。「騎虎之勢不得下」是說某人騎在虎背上，要下來也不是，不下來也不是，簡直是進退兩難、騎虎難下。

對應華語 左右兩難、進退兩難、進退維谷、騎虎難下、跋前躓後。

十五畫 十六畫 十七畫 十八畫 十九畫 二十畫 二十一畫 二十二畫 二十三畫 二十四畫 二十五畫 二十七畫 二十八畫 二十九畫

khia⁵ be² giah⁸ kuainn² a²

騎馬揭杖仔

解釋 揭：拿著、持著。杖仔：手杖。

涵義 喻人做了不必要的舉動。

說明 人即使行動不方便，騎馬的時候也不需要持著杖杖，因為馬匹自然會幫你代步。「騎馬揭杖仔」是說某人騎馬還持著杖杖；比喻人做了不必要的舉動，亦即「多此一舉」。

補充 依教育部2008年5月公布之台灣閩南語推薦用字第二批將「揭giah⁸」寫作「攑giah⁸」。

對應華語 多此一舉、畫蛇添足。

gui⁷ ian⁵ tshia¹ to² tshit⁴ tshenn¹ ting¹ sit⁴ tsho³ tai⁷ su⁷

魏延捙倒七星燈，失錯大事

解釋 魏延：字文長，為三國蜀漢的一名武將。捙倒：打翻。七星燈：為七盞大燈，分別代表北斗七星，相傳道士擺此陣法，可助人延年益壽。失錯大事：指壞了大事。

涵義 形容事情被某個冒失鬼破壞，以致所有的努力全都白費了。

說明 三國蜀漢的諸葛亮自知不久於人世，於是在營帳中擺設七星燈作法，希望能為自己延年益壽，無奈被魏延闖入並打翻主燈，壞了整個大事，最後諸葛亮知道天命難違，於是囑後事而死。

對應華語 付諸東流、功敗垂成、功虧一簣、前功盡棄、毀於一旦。

li² hi⁵ thuat⁴ tshut⁴ kim¹ kau¹ tio³ io⁵ thau⁵ iat⁸ be² khi³ put⁴ lai⁵

鯉魚脫出金鉤釣，搖頭擛尾去不來

解釋 脫出金鉤釣：從釣鉤脫身。擛：擺動、搖動。去不來：不再回來。

涵義 喻人沒有把握住良機，以致快到手的東西又讓它失去。

說明 某人釣到名貴的鯉魚，本來就快得手了，卻因為某些原因而讓牠脫鉤逃離，再也不敢回來吃餌。這句話是將鯉魚比喻成機會，意思是說機會難得出現，如果出現又不懂得把握，一旦失去了，就不會再出現。

對應華語 付諸東流、功敗垂成、功虧一簣、前功盡棄、毀於一旦。

台灣俗語諺語辭典

十五畫
十六畫
十七畫
十八畫
十九畫
二十畫
二十一畫
二十二畫
二十三畫
二十四畫
二十五畫
三十七畫
三十八畫
三十九畫

tsit⁴ a² hi⁵ tio³ tua⁷ tai⁷

鯽仔魚釣大鰱

解釋 鯽仔魚：一種體型不大的淡水魚類。大鰱：俗稱「鯉魚」，成魚的體型比鯽魚大許多。

涵義 意謂用小的投資來得到較高的報酬。

說明 就體型與市場價格而言，「鯽仔魚」皆不如「鰱仔魚」，某人用便宜的鯽魚當餌，去釣既貴且大的鯉魚，這是「以小搏大」的行為。

對應華語 以小搏大、以小釣大、拋磚引玉。

十五畫　十六畫　十七畫　十八畫　十九畫　二十畫　二十一畫　二十二畫　二十三畫　二十四畫　二十五畫　二十七畫　二十八畫　三十九畫

十九畫

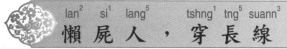

lan² si¹ lang⁵　tshng¹ tng⁵ suann³

懶屍人，穿長線

解釋 懶屍人：懶得動、不動如屍的人。穿：貫穿。全句說：懶惰的人連縫製衣服都要在針孔上穿長線，以免經常要換線。

涵義 說明懶惰者本欲取巧，結果卻適得其反。

說明 懶惰的人認為穿線縫衣，只要一次穿長一點的線，就可以減少穿線的次數，卻沒有想到線長了，每縫一針就要拉很長的線，這樣不但沒有偷到懶，反而要花費更多的時間去縫製衣服。

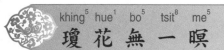

khing⁵ hue¹ bo⁵ tsit⁸ me⁵

瓊花無一暝

解釋 瓊花：即曇花，通常夜間開花，黎明前就凋謝了。一暝：一個晚上。

涵義 形容事物出現的時間很短暫，很快就消失於無形。

說明 曇花通常在夜間開花，但在天亮之前就會凋謝。「瓊花無一暝」是說曇花開花的時間不會超過一個晚上；比喻事物出現的時間很短暫，不久便消失了。

對應華語 浮雲朝露、空中浮雲、過眼雲煙、過耳之風、電光石火、曇花一現。

lo⁵ han³ tshiann² kuan¹ im¹

羅漢請觀音

解釋 羅漢：神佛名，相傳有十八個，故稱「十八羅漢」。請：邀請。觀音：為佛教菩薩之一，原稱觀世音，唐代因避太宗李世民諱，改稱為觀音。全句說：十八羅漢邀請觀音一個神明。

涵義 形容在宴會場合，主人的人數多過於賓客。

說明 相傳羅漢有十八位，而觀音菩薩只有一位。「羅漢請觀音」是說十八位羅漢作東請觀世音一個人；比喻主人多而賓客少。

對應華語 主多客少、賓少主多。

ioh⁸ e⁷ i¹ ke² penn⁷　tsiu² be⁷ kai² tsin¹ tshiu⁵

藥會醫假病，酒燴解真愁

解釋 會：能夠、可以。燴：不能。解：消除。

涵義 說明酒只能讓人忘記短暫的痛苦，只有面對現實才能真正解決問題。

說明 本諺語的重點在後面一句。既然人是裝病，就表示他沒有病，人沒病吃藥，只要吃的不是對身體有傷害的藥，感覺好像可以醫得好，故云「藥會醫假病」；人面對憂愁而藉酒解愁，雖然酒醉之後什麼事都不知道，能夠短暫忘記憂愁，但酒醒之後還是要面對，而且「愁」依然存在，沒有解開，所以喝酒是解決不了問題的。

補充 依教育部2008年5月公布之台灣閩南語推薦用字第二批將「燴be⁷」寫作「袂be⁷」。

對應華語 借酒澆愁愁更愁。

khiau¹ kha¹ lian² tshui³ tshiu¹

蹺跤撚喙鬚

解釋 蹺跤：指翹著二郎腿。撚：用手指搓揉東西。喙鬚：鬍鬚。

涵義 此語有兩種意思：①形容老人家退休後，每天含飴弄孫、拈花惹草的悠閒模樣。②表示人可以輕鬆、自在或逍遙了。

說明 男人只有年紀大了鬍鬚才夠長，才能「撚喙鬚」。當一個老年人坐在椅子上，翹著二郎腿，手拂著長長的鬍鬚，這是何等的悠閒，何等的怡然自得。這句話本是形容老年人退休後過著含飴弄孫、拈花惹草的悠閒生活，如今非老年人也可以使用，多被用來表示人可以輕鬆、自在一下。

對應華語 ①頤養天年。②安閒自得、自由自在、怡然自得、悠然自得、悠閒自在、逍遙自在。

kuan¹ kong¹ put⁴ li⁵ tsiu¹ tshong¹　han⁵ sin³ put⁴ li⁵ khuai³ thong¹

關公不離周倉，韓信不離蒯通

解釋 關公：即關羽。不離：片刻不能分離。周倉：為關羽忠貞不貳的追隨者，關羽兵敗被害後，他亦自盡而亡。韓信：漢初名將，先

後被封為齊王及楚王，後因自傲而被呂后所殺。蒯通：楚漢的策士，跟在韓信身邊當軍事參謀，韓信就是用其計而平定齊地。

涵義 形容兩人的關係非常親密，彼此分不開。

說明 根據歷史記載，周倉是關羽的馬夫，進出都跟隨在關羽的身邊，片刻不能分離；蒯通是韓信身邊的策士，是韓信最信任的部屬，兩人也是亦步亦趨，關係密切；「關公不離周倉，韓信不離蒯通」是說關公離不開周倉，韓信離不開蒯通；比喻兩個人的關係密切，經常跟隨在一起。

對應華語 焦不離孟，孟不離焦。

kuan¹ lo² ia⁵ bin⁷ tsing⁵ lang⁷ kuan¹ to¹

關 老 爺 面 前 弄 關 刀

解釋 關老爺：關羽，俗稱關公。弄：耍弄。關刀：指關老爺手上拿的「青龍偃月刀」。

涵義 喻在行家的面前賣弄本事，簡直是丟人現眼。

說明 關公手上持的大刀名為「青龍偃月刀」，只要拿著它舞弄，敵人沒有不嚇破膽的。「關老爺面前弄關刀」是說某人在關公的面前舞弄關刀，那豈不是在行家的面前獻醜，做了丟人現眼的事？

對應華語 不自量力、布鼓雷門、丟人現眼、班門弄斧、螳臂當車、無自知之明、關老爺面前要大刀。

kuan¹ lo² ia⁵ kann² thai⁵ lang⁵ m⁷ kann² hoo⁷ lang⁵ thai⁵

關 老 爺 敢 刣 人 ， 毋 敢 予 人 刣

解釋 關老爺：關羽，俗稱關公。刣人：殺人。毋敢：不敢。予人：讓人家、給人家。全句說：勇猛的關羽殺人無數，卻不敢被殺。

涵義 形容某人敢做某件事，卻不敢承擔責任。

說明 相傳關公過五關斬六將，殺敵無數，但最後被孫權所殺，結果陰魂不散，到處要人家還他的命。像這種「敢殺人卻不想被人殺」的人，就是「敢做不敢當」的懦夫。

對應華語 敢做不敢當。

kuainn¹ mng⁵ tshu³ lai⁷ tse⁷　　hoo⁷ phuah⁴ tui⁵ thinn¹ thang¹ loh⁸ lai⁰

關 門 厝 內 坐 ， 雨 潑 對 天 窗 落 來

解釋 厝內：家裡面。雨：原意是雨水，此與「禍」諧音，表示災禍。

涵義 形容人突然遭遇意外的災禍。

說明 「關門厝內坐，雨潑對天窗落來」是說某人閉門坐在家裡，雨水卻從天窗落下來。由於「雨」和「禍」字的台語諧音，所以這句話所要表達的真正涵義是「閉門家中坐，禍從天上來」，即某人無端遭受橫禍的意思。

對應華語 飛災橫禍、天外飛來橫禍、閉門家中坐，禍從天上來。

kuainn¹ mng⁵ tioh⁸ tshuann³　　kong² ue⁷ tioh⁸ khuann³

關 門 著 閂 ， 講 話 著 看

解釋 著：要。閂：關門用的橫木。

涵義 告誡人說話要看場合，而且要事先想清楚，才不會說出不得體的言論。

說明 本諺語的重點在後一句。以前的人關門都用閂的，如果只是拉上雙邊的木門，沒有插上門閂，人一推、風一吹就打開了，這就不叫「關門」了；講話的時候如果不看情況與場合，而且不經過大腦思考就脫口說出，很容易得罪別人，引來禍端，所以前人勸我們「講話著看」。

guan⁷ tso³ thai³ ping⁵ kau²　　m⁷ tso³ luan⁷ se³ bin⁵

願 做 太 平 狗 ， 毋 做 亂 世 民

解釋 願：寧願。太平：指國家長治久安。毋：不願意。亂世：動亂時代。

涵義 亂世會為人們帶來痛苦和不幸，大家皆討厭之。

說明 在太平盛世當一條狗，有得吃又有得喝，日子過得舒適自在；在亂世中當人，有一餐沒一餐，而且為了避免被戰火波及，還得四處逃難，當然不如太平狗過得好，因此前人才說：「願做太平狗，毋做亂世民」。

對應華語 寧為太平犬，莫做雜亂人。

十五畫 十六畫 十七畫 十八畫 十九畫 二十畫 二十一畫 二十二畫 二十三畫 二十四畫 二十五畫 二十七畫 二十八畫 二十九畫

hiam¹ tsio¹ na⁷ hiam¹　　m⁷ bian² tua⁷ liap⁸

薟 椒 若 薟 ， 毋 免 大 粒

解釋 薟椒：辣椒。若：如果。薟：辛辣的味道。毋免：不用、不必。

涵義 說明一個人是否具有實力，不能依外表判定，而是要由他內在的實質來決定。

說明 「薟椒若薟，毋免大粒」是說辣椒如果會辣，小小的一粒就夠辣了，如果不會辣，就算長得再大，也不會辣；比喻一個人是否具有實力，不能由外表判斷出來，應該看他實質的內在才準確。

補充 依教育部2009年10月公布之台灣閩南語推薦用字第三批將「薟hiam¹」寫作「薟hiam¹」。

對應華語 山不在高，有仙則名、水不在深，有龍則靈。

phian³ lang⁵ khi³ se² ik⁸　　sann¹ a² khoo³ tshiunn² teh⁴ tsau²

騙 人 去 洗 浴 ， 衫 仔 褲 搶 咧 走

解釋 洗浴：沐浴。衫仔褲：泛稱衣褲。搶咧走：搶走。全句說：騙人家去沐浴，結果趁人家脫下衣服後，順勢將衣服奪走。

涵義 喻設下圈套來陷害人，使人吃虧上當。

說明 某人拐騙別人去沐浴，等對方把身上的衣服都脫下後，卻把人家的衣物取走，讓人家出來也不是，不出來也不是，整句話用來比喻人挖陷阱讓人家跳，設計去害人，讓人家吃虧上當。

對應華語 設圈套、奸計搆陷、陷人於危、引人入甕。

phian³ lang⁵ peh⁴ tsiunn⁷ tshiu⁷　　lau⁵ thui¹ giah⁸ teh⁴ tsau²

騙 人 跖 上 樹 ， 樓 梯 揭 咧 走

解釋 跖上樹：爬上樹。揭咧走：舉著走。全句說：騙人家爬上高樹，然後將樓梯取走。

涵義 用奸險的計謀來害人。

說明 某人想辦法騙人爬木梯上高樹，等到他爬到了樹頂，就把木梯取走，讓他待在上面，下不來，所以整句話用來形容人要險惡的奸計，讓別人受困，不得脫身。

補充 依教育部2008年5月公布之台灣閩南語推薦用字第二批將「揭giah⁸」寫作「攑giah⁸」。

對應華語 設圈套、奸計搆陷、陷人於危、引人入甕。

phian³ khit⁴ tsiah⁸ kue³ au⁷ tshu³
騙 乞 食 過 後 厝

解釋 乞食：乞丐。過：往、到。後厝：後面的住家。全句說：自己不想施捨，於是騙乞丐到後面幾戶人家乞討，說那裡有好吃的東西。

涵義 同樣的謊話只能瞞過一時，經常使用就無效了。

說明 乞丐到某戶人家行乞，因為主人討厭他，就騙說：「後面幾戶人家可以討到東西吃」乞丐走過去，發現事實不是這樣，以後再到同一家行乞時，就不會再相信主人說的話，所以說謊言只能騙得了一時，經常說就沒有人相信了。

對應華語 騙得了一時，騙不了一世。

十五畫
十六畫
十七畫
十八畫
十九畫
二十畫
二十一畫
二十二畫
二十三畫
二十四畫
二十五畫
二十七畫
二十八畫
二十九畫

二十畫

khng³ lang⁵ tso³ ho² tai⁷　khah⁴ iann⁵ tsiah⁸ tsa² tsai¹
勸 人 做 好 事 ， 較 贏 食 早 齋

解釋 較贏：勝過於。食早齋：茹素、吃清齋。

涵義 形容多行善事，勝過於自己修行。

說明 有些人認為「吃齋」就是不殺生，一旦不殺生就可以積功德。其實不一定如此，因為有些吃齋的人，一邊吃齋，一邊造口業或幹壞事，這樣怎能積功德；當然也有心懷慈悲而吃齋者，但這樣的人也只是關門自修，即使修得「好果」也只能獨善其身，比起幫助別人，兼善天下，「吃齋」所積的功德當然比不上「勸人做好事」所積的功德大。

補充 依教育部2007年5月公布之台灣閩南語推薦用字第一批將「事tai⁷」寫作「代tai⁷」。

對應華語 兼善天下勝過獨善其身。

khng³ ho⁵ bo⁵ khng³ li⁵
勸 和 無 勸 離

解釋 和：指和睦相處。離：指分離、分開。

涵義 說明夫妻間起爭執，居中調解者應以勸和為要，不可挑撥離間，害人分離。

說明 夫妻或朋友間起口角，如果沒有第三者居間調解，可能會越吵越凶，所以為了平息紛爭，調解人最好不要火上加油，應以勸和為主要目的，否則要這個調解人何用？

對應華語 勸和不勸離。

giam⁵kuann¹ hu² tshut⁴kau⁷tshat⁸　giam⁵ pe² bu² tshut⁴ a¹ li² put⁴ tat⁸
嚴 官 府 出 厚 賊 ， 嚴 爸 母 出 阿 里 不 達

解釋 厚：多。出厚賊：竊賊反而更多。爸母：父母。阿里不達：指不三不四、不倫不類的意思。

涵義 說明管教與執法必須合理，過與不及都不好。

說明 任何事都必須「管理」才會有秩序，但若管理過當，執法過嚴，就會得到反效果，例如法律可以用來規範人民的行為，但如果立

法過嚴，處處侵犯人民的自由，造成人民的不便，人們就會群起反抗，再重的懲罰也沒用；父母管教子女也是一樣，如果家法過嚴，動輒打罵，子女感受不到家庭的溫暖，便會反其道而行，變得不三不四，以此做為對父母的報復，這樣反而得到負面效果。

對應華語 官逼民反、逼上梁山、揭竿而起。

kuan⁵ i² tse⁷　ke⁷ i² kue² kha¹　tsiah⁸ png⁷ phue³ ti¹ kha¹
懸椅坐，低椅跂跤，食飯配豬跤

解釋 懸：高。

涵義 形容人日子過得十分舒適、享受。

說明 人坐在高椅上面，腳無法著地，下面還要放矮凳來墊腳，同時每一餐都有豬腳可以吃，這是以前富有人家才有的生活；比起有錢人，一般人每餐吃的不是地瓜就是菜脯，家裡如果有椅子坐，也是一般的矮凳，生活水平實在差太多了。

nua⁷ phun³ tioh⁸ bin⁷　ka¹ ki⁷ tshit⁴ khi⁰ lai⁰
瀾噴著面，家己拭起來

解釋 瀾：口水。噴著面：噴到臉上。家己：自己。拭起來：擦掉。

涵義 指對於他人不禮貌的行為，逆來順受，不屑與他一般見識。

說明 甲因某些因素而對乙不滿，故意將口水吐到乙的臉上，乙自認倒楣或不跟他一般見識，於是自己把唾液擦掉，沒有找甲拚輸贏，這就是所謂的「瀾噴著臉，家己拭起來」。

對應華語 犯而不校、逆來順受、唾面自乾、打脫牙和血吞。

tsiunn⁷ e⁰ m⁷ pe⁵　thiann³ e⁰ khang³ kah⁴ hueh⁴ tih⁴
癢个毋扒，痛个控袼血滴

解釋 个：的。毋扒：不抓。控：用指甲去摳挖。袼：到……程度。

涵義 嘲諷人做事沒有抓到重點，一直在無關緊要的地方蠻幹。

說明 「癢个毋扒，痛个控袼血滴」是說癢的地方不抓，卻抓痛的地方，以致血水都流出來了。抓癢應該要抓覺得癢的部位，現在卻抓到痛的部位去，表示某人沒有抓到重點；比喻人做事沒有抓到重點，一直在無關緊要的地方蠻幹，浪費時間、精力與金錢。

補充 ①當「个e⁰」解釋為「的」時，依教育部2007年5月公布之台灣閩

南語推薦用字第一批將「个e⁰」寫作「的e⁰」。②依教育部2009年10月公布之台灣閩南語推薦用字第三批將「痛thiann³」寫作「疼thiann³」。③依教育部2008年5月公布之台灣閩南語推薦用字第二批將「佮kah⁴」寫作「甲kah⁴」。

對應華語 沒有搔到癢處。

---

soo¹ tsin⁵ pai³ tsoo²　　tsiu¹ si⁰ the⁵ koo²
蘇 秦 拜 祖 ， 周 氏 提 古

解釋 蘇秦：東周洛陽人，尚未飛黃騰達之前，曾被嫂嫂冷落，後來發憤苦讀，研究兵法，官拜六國宰相，統領六國的軍隊。拜祖：祭拜祖先。周氏：指蘇秦的嫂嫂。提古：提起以往窮困之事。

涵義 形容人有能力過好日子時，要記住從前過苦日子的情景，以做為警惕。

說明 蘇秦未當官之前，嫂嫂周氏對他不好，他曾經肚餓難忍，央求嫂嫂為自己作飯不得，於是發憤讀書，後來官拜六國宰相。蘇秦當官後回家鄉祭祖，嫂嫂周氏知道蘇秦有錢有勢，所以提起以往窮困之事，希望蘇秦能念及情分，施捨一些好處給她。

對應華語 嘗甘憶苦。

---

bang² a² ting³ gu⁵ kak⁴
蠓 仔 叮 牛 角

解釋 蠓仔：蚊子。叮：被蚊蟲咬到。全句說：蚊子叮牛角，結果吸不到牛血。

涵義 形容人白費力氣，明知達不到目的還執意去做一件事。

說明 牛角是硬的，而蚊子的嘴是軟的，蚊子叮牛角，牛不但不痛不癢，蚊子也吸不到一滴血，故「蠓仔叮牛角」根本是徒勞無功，白費力氣。

對應華語 白費力氣、枉費心血、徒勞無功、徒勞無益。

---

bang² a² ting³ lan⁷ pha¹ 　　phainn² phah⁴
蠓 仔 叮 羼 脬 ， 歹 拍

解釋 蠓仔：蚊子。叮：被蚊蟲咬到。羼脬：男性的陰囊。歹拍：不方便拍打。

| 涵義 | 形容人遇到了難題，要處理也不是，不處理也不是。 |

說明 這是一句歇後語。男性的陰囊十分脆弱，當蚊子停在上面叮咬時，打了會受傷，不打又很難受，因此進退兩難，不知道要如何處理才好？

對應華語 左右為難、左右兩難、進退兩難、騎虎難下。

蠓蟲也過一世人
bang² thang⁵ ia⁷ kue³ tsit⁸ si³ lang⁵

解釋 蠓蟲：蚊蟲。一世人：一輩子。

涵義 形容既然要過一輩子，就要過得有意義、有理想。

說明 蚊蟲不管生命長短，只要時間到了，自然就會死去；人也是一樣，不論貧、富、貴、賤，都要經歷生、老、病、死四個階段，大家同樣都只有一輩子，如果渾渾噩噩過一生，那就跟蚊蟲沒什麼兩樣了，因此，同樣過一輩子，就要讓自己的生活過得更有理想、更有意義些，才不枉到世間走這一遭。

觸著刺毛蟲
tak⁴ tioh⁸ tshi³ moo⁵ thang⁵

解釋 觸著：接觸到、碰觸到。刺毛蟲：毛毛蟲。全句說：人碰觸到毛毛蟲，全身會奇癢無比。

涵義 喻人招惹到麻煩。

說明 人被毛毛蟲爬過身體，這些部位都會起紅疹，而且奇癢無比，怎麼抓都無法止癢，因此「觸著刺毛蟲」是一件很麻煩的事情。

對應華語 捅馬窩蜂、戳馬窩蜂。

贏馬擱想欲贏馬奴
iann⁵ be² koh⁴ siunn⁷ beh⁴ iann⁵ be² loo⁵

解釋 贏馬：贏了人家的馬匹。擱想欲：又想要。馬奴：指馬夫。

涵義 罵人貪得無厭、得寸進尺。

說明 有的賭徒十分貪心，贏了人家的東西還不滿足，仍想要把對方剝個精光，贏回他所有的一切，就好比贏了人家的馬匹還不知足，連人家的馬夫都想一併贏過來一樣，這種人實在是太貪心了，根本是「貪得無厭」、「得寸進尺」的人。

補充 依教育部2007年5月公布之台灣閩南語推薦用字第一批將「攔koh⁴」寫作「閣koh⁴」。

對應華語 巴蛇吞象、得寸進尺、得蜀望隴、貪得無厭、人心不足蛇吞象。

 iann⁵ iann⁵ kiau² puah⁸ kah⁴ su¹ khi⁰

贏 贏 筊 跋 佮 輸 去

解釋 贏贏筊：贏面很大的賭局或競賽。跋：指賭博。佮：到……程度。

涵義 比喻該贏未贏，本來穩操勝算的事，竟然意外輸掉。

說明 「贏贏筊跋佮輸去」是說本來贏面很大的賭局，因為某些因素而輸掉。這句話也可用於「競賽」方面，例如兩支球隊的實力相差懸殊，甲隊較強，乙隊較弱，甲隊根本不用吹灰之力就可以打敗乙隊，但比賽結果卻是乙隊擊敗甲隊，我們便可說甲隊「贏贏筊跋佮輸去」。

補充 依教育部2008年5月公布之台灣閩南語推薦用字第二批將「佮kah⁴」寫作「甲kah⁴」。

對應華語 好好一局棋走到輸。

hoo⁵ liu¹ sun⁷ pian⁷ khang¹

鰗 鰡 順 便 空

解釋 鰗鰡：泥鰍。便：現成的。空：洞、穴。全句說：泥鰍只要看到現成的洞穴，就順勢鑽進去，省得自己還要挖洞。

涵義 人沒有付出勞力，卻享受他人勞動的成果。

說明 泥鰍喜歡待在洞穴，卻不喜歡挖洞，每次只要看到現成的洞穴，就會鑽進去，把它當成自己的家，「鰗鰡順便空」用來形容人坐享其成，沒有付出任何勞力，卻坐享他人勞動的成果。

對應華語 不勞而獲、不勞而食、坐享其成、坐收漁利。

kiam⁵ hi⁵ senn¹ kha¹ khi³ hoo⁷ tsau² khi⁰

鹹 魚 生 跤 去 予 走 去

解釋 鹹魚：鹽漬過的魚。生：長出。跤：腳。去予走去：讓牠跑掉。

涵義 快要到手的好處或東西就這麼不見了。

說明 鹹魚是醃漬過的魚，早就沒有生命現象，只等醃漬的主人選個時間去食用它；沒想到已經快吃進肚子的美食，還會自己長腳跑掉，這不是和華語「煮熟的鴨子飛了」是同樣的道理嗎？

對應華語 煮熟的鴨子飛了。

mi⁷ suann³ khi³ liu³ ah⁴

麵 線 去 絡 鴨

解釋 絡：用繩子套住。全句說：以麵線當繩子，套住鴨的脖子。

涵義 形容人做事的方向或方法錯誤，以致無法達到預期的目的。

說明 麵線是細小且容易折斷的東西，用它去套鴨的脖子，鴨子一受驚嚇就會亂竄，怎麼可能套得住呢？真正要套住鴨子應該用堅固的繩子才是，因此，用麵線去套鴨子，根本是用錯了方法。

對應華語 水中撈月、炊沙作飯、緣木求魚、鏡中拈花。

二十一畫

hiau¹ pai¹ bo⁵ lok⁸ phik⁴ e⁰ ku²

囂俳無落魄个久

解釋 囂俳：神氣、自傲。落魄：失意、倒楣。个：的。全句說：得意、神氣的時間沒有失意、倒楣的時間來得長久。

涵義 勸人得意時不要太囂張，否則失意時換人唾棄他。

說明 若是有人一得意便故作神氣，不但態度變得高傲，行為也囂張起來，有些人看不下去，就會對著他說：「囂俳無落魄个久」意思是說神氣的日子不會比落魄的日子長久，勸人不要太得意，因為很快就會嘗到落魄的滋味。

補充 當「个e⁰」解釋為「的」時，依教育部2007年5月公布之台灣閩南語推薦用字第一批將「个e⁰」寫作「的e⁰」。

對應華語 好花不常開、好景不常在、明月不常圓、人生幾見月當頭。

liap⁴ e⁰ tsiann⁵ ban⁷ tua⁷ khang¹ e⁰ tsiann⁵ lan⁷

攝个成萬，大空个成羼

解釋 攝个：節儉的人。成萬：指成為有錢人。大空个：指揮霍無度的人。羼：指男性的生殖器。成羼：指衣不蔽體，變成窮光蛋。

涵義 形容節儉的人可以致富，而一擲千金、揮霍無度的人會變成窮光蛋。

說明 生性節儉的人，一點一滴的累積錢財，最後會變成有錢人；一擲千金、揮霍無度的人，將錢庫的「洞」越挖越大，最後「兩跤挾一粒羼脬」，變得一無所有，自然就成了窮光蛋，這就是所謂的「攝个成萬，大空个成羼」。

補充 當「个e⁰」解釋為「的」時，依教育部2007年5月公布之台灣閩南語推薦用字第一批將「个e⁰」寫作「的e⁰」。

對應華語 儉存奢失。

nua⁷ thoo⁵ be⁷ koo⁵ tit⁴ piah⁴

爛塗𣍐糊得壁

解釋 爛塗：指爛泥巴。𣍐：不能。糊得壁：塗抹牆壁。

涵義 形容一個人無用，不堪造就。

說明 爛泥巴含有大量的水分，而且不具黏性，一塗上牆壁就會往下掉，根本無法黏貼在牆壁上面，因為它的質地實在太差了，所以「爛塗繪糊得壁」形容人不堪造就，是無用之材。

補充 依教育部2008年5月公布之台灣閩南語推薦用字第二批將「繪be⁷」寫作「袂be⁷」。

對應華語 不堪造就、朽木糞土、枯木朽枝、無用之材、朽木不可雕。

thai² ko¹ tau³ nua⁷ lo⁵
癩痔湊爛癆

解釋 癩痔：指痲瘋病。湊：指湊合在一塊。爛癆：一種全身腐爛的病症。

涵義 形容人臭氣相投。

說明 癩痔是一種痲瘋病，而爛癆是一種全身潰爛的病症，兩者都是人見人怕的傳染病。「癩痔湊爛癆」是說患「癩痔病」的人與患「爛癆病」的人湊在一塊，那豈不是「臭氣相投」了嗎？

補充 依教育部2007年5月公布之台灣閩南語推薦用字第一批將「湊tau³」寫作「鬥tau³」。

對應華語 氣味相投、臭氣相投。

tin⁵ tiau⁵ giah⁸ tsiunn⁷ tshiu² bo⁵ hun¹ tshin¹ tsiann⁵ kap⁴ ping⁵ iu²
籐條揭上手，無分親情佮朋友

解釋 籐條：藤鞭。揭上手：拿在手上。親情：親戚。佮：與、及。

涵義 說明不管犯錯者是誰，執法一定公正而不偏私。

說明 「籐條」是以前的人拿來鞭打小孩的利器，所以「籐條揭上手」有「執法」的意思。整句話解釋成：執法時不分親戚與朋友，只要犯了錯，都要接受懲罰；比喻不管犯錯者是誰，執法者都要公正處理，不可偏頗。

補充 依教育部2008年5月公布之台灣閩南語推薦用字第二批將「揭giah⁸」寫作「攑giah⁸」。

對應華語 一視同仁、大公無私、公正無私、至公無私、秉公處理。

hoo⁷ ling⁵ khah⁴ kuan⁵ tsiann³ sin¹

護龍較懸正身

解釋 護龍、正身：三合院或四合院中間包含大廳的建築稱為「正身」（通常比護龍高一些），而兩旁與正身垂直的廂房則稱為「護龍」。較懸：高過於。

涵義 喻主、客的關係顛倒，反客為主。

說明 福佬人的房屋，以「正身」為核心，依序往左右兩邊發展出「護龍」，中間圍出一個「埕」，形成三面合圍的院落空間。由於「正身」是供奉祖先牌位的地方，所以高度會比兩邊的「護龍」來得高。「護龍較懸正身」是說護龍比正身來得高；比喻反客為主或喧賓奪主，主、客的順序顛倒了。

對應華語 反客為主、本末倒置、喧賓奪主。

thih⁴ phah⁴ e⁰ ia⁷ bo⁵ siang¹ tiau⁵ mia⁷

鐵拍个也無雙條命

解釋 鐵拍个：由鐵器打造而成的身子，比喻健康的身體。也無：也沒有。

涵義 形容再強健的身體，也無法承受過度的勞累。有勸人要以身體為重的意思。

說明 有的人為了生活，白天工作，晚上又兼差，旁人看了不捨，便對著他說：「鐵拍个也無雙條命」意思是說再強健的身體也只有一條命，死了就沒了，不會因為你是「鐵拍个」就比人家多一條命，所以這句話是要勸人以身體為重，不可過度勞累，畢竟每個人只有一條命，不愛惜不行。

補充 當「个e⁰」解釋為「的」時，依教育部2007年5月公布之台灣閩南語推薦用字第一批將「个e⁰」寫作「的e⁰」。

對應華語 鐵打的也只有命一條。

thih⁴ phah⁴ e⁵ sim¹ kuann¹

鐵拍个心肝

解釋 鐵拍个：鐵打的。心肝：指心地。

涵義 喻人鐵石心腸，不會被情理所感動。

說明 人的心都是肉做的，沒有人是鐵做的，此處言「鐵拍个心肝」是說某人心如鐵石，不為私情所惑，亦即「鐵石心腸」也。

補充 當「个e⁵」解釋為「的」時，依教育部2007年5月公布之台灣閩南語推薦用字第一批將「个e⁵」寫作「的e⁵」。

對應華語 心如鐵石、鐵石心腸、鐵腸石心、冷血動物。

---

thih⁴ ting¹ a² sann¹ jit⁸ bo⁵ phah⁴ tioh⁸ e⁷ senn¹ sian¹
鐵 釘 仔 三 日 無 拍 著 會 生 銑

解釋 鐵釘仔：鐵製的釘子。無拍：沒有敲打。著會：就會。生銑：生鏽。

涵義 比喻小孩子要時時鞭策、調教，才不會學壞。

說明 鐵（釘）暴露在空氣中，特別是台灣這種海島型的潮溼氣候，只要三天不打鐵（釘），就會開始生鏽；這就好比頑皮的小孩，要經常在旁邊調教與鞭策，否則他會學壞或變得更頑皮。

對應華語 日久生頑。

---

thih⁴ kong² senn¹ sian¹ phainn² kong²
鐵 管 生 銑 ， 歹 講

解釋 生銑：生鏽。歹講：很難講。

涵義 形容事情很難預料。

說明 這是一句歇後語。鐵管既然生鏽了，當然就不是好的管子了，是「歹管」了。由於「歹管」與「歹講」的台語諧音，故云「鐵管生銑，歹講」形容事情很難說，不好預料。

對應華語 難以預料。

---

loo⁷ le⁵ peh⁴ kau³ tik⁴ ko¹ bue²
露 螺 跖 到 竹 篙 尾

解釋 露螺：指蝸牛。跖：爬。竹篙尾：竹桿尾端。

涵義 人遇到兩難之事，不知如何是好？

說明 蝸牛只會前進，不會倒退著走，當牠爬到竹桿的盡頭，此時就會遇上難題，前進會掉下去，但蝸牛又不會倒退走，簡直是進退兩難，不知如何是好？

對應華語 前狼後虎、進退失據、進退兩難、進退維谷、騎虎難下。

koo³ tsing⁵ bo⁵ koo³ au⁷

顧 前 無 顧 後

解釋 前：指眼前、當前。後：指日後、將來。

涵義 責罵人做事欠考慮，沒有事先做各方面的考量。

說明 「顧前無顧後」是說做事只顧眼前的利益，沒有考慮到未來可能產生的影響與後果；比喻人做事草率，沒有事先做各方面的考量。

對應華語 瞻前不顧後。

koo³ tit⁴ tshui³ khang¹　　be⁷ koo³ tit⁴ thau⁵ tsang¹

顧 得 喙 空 ， 獪 顧 得 頭 鬃

解釋 喙空：指口腔、嘴巴。獪顧得：顧不了。頭鬃：此處指修整頭髮。

涵義 形容資源有限，大小事情無法全部照顧到。

說明 當一個人身上帶的錢有限，就必須做選擇性的花用，顧得了吃，就顧不了頭髮的修整，所以前人用整句話來形容資源有限的時候，顧此就會失彼，無法全部兼顧。

補充 依教育部2008年5月公布之台灣閩南語推薦用字第二批將「獪be⁷」寫作「袂be⁷」。

對應華語 左支右絀、顧此失彼。

二十二畫

huann¹ hi² kah⁴ bue² e⁷ khiau³ khi² lai⁵
歡 喜 佮 尾 會 翹 起 來

解釋 佮：到……程度。尾：指尾巴。

涵義 形容人非常高興的模樣。

說明 狗心情好或高興的時候，尾巴會翹起來，並且不斷地搖動，因此，「歡喜佮尾會翹起來」原本是形容狗很高興的模樣，但後來也套用在人的身上，成了表達「快樂狀」的一句諺語。

補充 依教育部2008年5月公布之台灣閩南語推薦用字第二批將「佮kah⁴」寫作「甲kah⁴」。

對應華語 得意忘形、得意洋洋。

thiann¹ kah⁴ hinn⁷ khang¹ khia⁷ khi⁰ lai⁰
聽 佮 耳 空 徛 起 來

解釋 佮：到……程度。耳空：耳朵。徛起來：豎起來。

涵義 形容人專心傾聽他人說話的模樣。

說明 「聽佮耳空徛起來」是說豎起耳朵傾聽人家說話；比喻洗耳恭聽，專心地聽人家說話。

補充 依教育部2008年5月公布之台灣閩南語推薦用字第二批將「佮kah⁴」寫作「甲kah⁴」。

對應華語 洗耳恭聽、張耳拱聽、傾耳細聽、豎耳傾聽。

thiann¹ boo² tshui³ tua⁷ hu³ kui³
聽 某 喙 ， 大 富 貴

解釋 聽某喙：聽從太太講的話。

涵義 勸人要多聽從太太講的話。

說明 這是夫妻吵架勸和的用語。俗語說：「家和萬事興」做丈夫的如果聽從太太的話，家庭就會和諧，夫妻就可以齊心努力，衝刺事業，富貴的生活將指日可待；另外，女人對事情的觀察力比男人敏銳，如果做丈夫的能接受太太的意見，在事業上就能減少犯錯的機會，降低成本的損失，這就是所謂的「聽某喙，大富貴」。

對應華語 太太至上。

thiann¹ tioh⁰ to¹ kiann¹ phua³ tann²
聽著都驚破膽

解釋 都驚破膽：指嚇破了膽。

涵義 指光是聽到某個人的名號或某件慘事，就嚇得半死。

說明 「聽著都驚破膽」是指聽到很恐怖的事情，整個人嚇得半死，就好像嚇破膽子一樣。通常這種情況不外是聽人提起鬼故事、殺人慘案或惡人名號等，才會有這樣的反應。

對應華語 聞風喪膽、談虎色變。

thak⁸ tsheh⁴ thak⁸ ti⁷ kha¹ tsiah⁴ phiann¹
讀冊讀佇加脊骿

解釋 讀冊：讀書。佇：在。加脊骿：指整個背部。

涵義 嘲諷人的言行舉止好像沒有受過教育一樣。

說明 讀書應該要記在腦袋瓜裡面，這樣才算吸收知識，如果所學都讀到背脊上，根本沒有吸收知識，那書就是白讀了。當某個讀書人做出來的事或講出來的話不得體，一點也不像受過教育，旁人就會說他：「讀冊讀佇加脊骿」。

補充 依教育部2008年5月公布之台灣閩南語推薦用字第二批將「加kha¹脊骿」寫作「尻kha¹脊骿」。

對應華語 書讀到背上。

thak⁸ tsu¹ tsit⁸ tau⁴ lang² kho² kau³ ju⁵ tshang² tshang²
讀書一斗籠，考教挐氅氅

解釋 一斗籠：指一整籠。考教：指參加古代的各種考試。挐氅氅：紛亂的樣子。

涵義 形容書讀很多，但考運欠佳，以致名落孫山。

說明 古人生活水準不好，能有閒錢上學堂的人不多，所以能認得幾個大字就已經不錯了；某人書讀了一整籠，應該會是博學多聞的人，但參加考試的成績還是很糟糕，依然名落孫山，這可能是考運不好或其他原因所造成的。

對應華語 考運欠佳。

thok⁸ si¹ tshian¹ siu²　　bian² tso³ tsu⁷ iu²

讀 詩 千 首 ， 免 做 自 有

解釋　讀詩千首：比喻讀了很多別人的詩作。免做自有：不必自己作詩就有得用。

涵義　勸人多讀多記，學問就會有所得。

說明　「讀詩千首，免做自有」是說讀過數以千計的詩作，不必自己作詩就有得用。創作一首詩並不容易，有時想要作一首詩來應景，想了半天也想不出好的字句來，此時若曾經讀過很多詩人的作品，不必自己作詩，就可以信手挑出適情適景的詩句來應景。前人說這句話是要我們勤讀多記，這樣學問才會有所得。

對應華語　熟讀唐詩三百首，不會作詩也會吟。

tsu³ tshing³ phah⁴ ka¹ ki⁷

鑄 銃 拍 家 己

解釋　鑄銃：指鑄造槍枝。拍：打。家己：自己。

涵義　形容自己做的事，自己自食其果。

說明　鑄造槍械的人，一般都是拿來販售圖利，不然就是隨身攜帶以防身，沒有人會鑄造它來傷害自己；但如果自己製造的槍械被別人拿來對付自己，那豈不是「自作自受」、「作法自斃」了嗎？

對應華語　自作自受、自食其果、作法自斃、搬石頭砸自己的腳。

pih⁴ khak⁴ koo⁵ thoo⁵ m⁷ si⁷ ku¹

鱉 殼 糊 塗 毋 是 龜

解釋　鱉：俗稱「甲魚」，外形極像烏龜。糊：塗上。塗：指泥土。毋是龜：指不會變成烏龜。

涵義　比喻真的假不了，假的真不了。

說明　鱉與烏龜的外形極相似，儘管如此，在鱉殼塗上泥巴還是一隻鱉，不會因為喬裝就讓本質改變，變成一隻烏龜，所以說真的假不了，假的真不了。

對應華語　真的假不了，假的真不了。

二十三畫

kiann¹ liau² tsinn⁵ koh⁴ beh⁴ khai¹ tsa¹ boo²
驚 了 錢 擱 欲 開 查 某

解釋 驚：怕。了錢：花錢。擱欲：又想要。開查某：指嫖妓、玩女人。

涵義 說明兩項利益產生衝突時，不知如何抉擇的矛盾心理。

說明 某人想要嫖妓，但又捨不得花錢，因為「嫖妓」與「錢」都是他想要的，如果嫖了妓，就要花一筆錢，如果不嫖妓，他又會覺得渾身不對勁，於是產生了矛盾的心理。

補充 依教育部2007年5月公布之台灣閩南語推薦用字第一批將「擱koh⁴」寫作「閣koh⁴」。

對應華語 又愛又怕、既期待又怕受傷害。

kiann¹ si² koh⁴ beh⁴ khuann³ bok⁸ lian⁵
驚 死 擱 欲 看 目 蓮

解釋 驚死：怕死。擱欲：又想要。目蓮：神話中的人物，相傳是一位孝子，曾經為了救母而入地獄。

涵義 形容人對於某件事，既愛又怕。

說明 「目蓮救母」是描述目蓮的母親死後被打入阿鼻地獄，受盡各種酷刑，而目蓮下地獄去拯救她的故事。內容有許多上刀山、下油鍋等慘不忍睹的畫面，整體而言，是一齣恐怖的戲。「驚死擱欲看目蓮」是說怕死的人又特別喜歡看「目蓮救母」的戲；比喻人對某件事，又愛又怕。

補充 依教育部2007年5月公布之台灣閩南語推薦用字第一批將「擱koh⁴」寫作「閣koh⁴」。

對應華語 既愛又怕、既期待又怕受傷害。

kiann¹ ing¹ beh⁴ loh⁸ thoo⁵ lang⁵ king¹
驚 坱 ， 欲 落 塗 礱 間

解釋 坱：指塵土飛揚。欲落：還要進入。塗礱間：磨米去粗糠的工作房。

涵義	形容人猶豫不決，自相矛盾的樣子。
說明	塗礱間是農家磨米舂穀的工作房，當農家打開塗礱作業時，裡面塵土與稻殼飛揚，因此，在塗礱間操作的人非得戴上口罩不行，否則一定直打噴嚏。某人怕「塗」，卻又要進入塗礱間，那豈不是「自相矛盾」了嗎？
對應華語	自相矛盾、自相牴牾。

---

kiann¹ kah⁴ m⁷ kann² tshuan² khui³

驚 佮 毋 敢 喘 氣

解釋	驚：害怕。佮：到⋯⋯程度。毋敢：不敢。
涵義	形容人非常害怕的模樣。
說明	當人的生命受到威脅，產生極度的恐懼感，深怕喘一口氣會被人發現，因而受到傷害，於是嚇得連一口氣都不敢喘。通常這句話多用於生命遭到立即性威脅的場合。
補充	依教育部2008年5月公布之台灣閩南語推薦用字第二批將「佮kah⁴」寫作「甲kah⁴」。
對應華語	杜口吞聲、噤若寒蟬。

---

kiann¹ kah⁴ na² hoo³ he⁵ a²

驚 佮 若 戽 蝦 仔

解釋	佮：到⋯⋯程度。若：好像。戽蝦仔：指被抓起的蝦子，因害怕而將身體弓起來。
涵義	形容人恐懼、害怕，以致將身體縮在一起。
說明	人們從溪流中抓起蝦子時，蝦子多會弓起身子，好像很害怕的樣子。「驚佮若戽蝦仔」是說某人嚇得像「戽蝦仔」一樣，形容人非常恐懼、害怕，以致將身體緊縮在一起。
補充	依教育部2008年5月公布之台灣閩南語推薦用字第二批將「佮kah⁴」寫作「甲kah⁴」。

---

kiann¹ boo² tai⁷ tiong⁷ hu¹ phah⁴ boo² ti¹ kau² gu⁵

驚 某 大 丈 夫 ， 拍 某 豬 狗 牛

| 解釋 | 驚某：怕老婆。拍某：打老婆。豬狗牛：指禽獸不如。 |
| 涵義 | 勸人要疼惜老婆，否則比禽獸還不如。 |

說明 這句話並不是說怕太太就是大丈夫,而是基於家庭和諧,做先生的要忍讓太太,凡事多讓她一點,這樣夫妻就不會起爭執;若做先生的有這樣的情操,他當然就是真正的大丈夫;反之,如果只是為了展示男人的尊嚴而動手打太太,就真的比豬狗還不如了。

kiann¹ puah⁸ loh⁸ sai² hak⁸　　m⁷ kiann¹ hue² sio¹ tshu³
驚 跋 落 屎 礜 ， 毋 驚 火 燒 厝

解釋 跋落:跌落。屎礜:指茅坑、糞坑。毋驚:不怕。火燒厝:指家裡起火燃燒。

涵義 形容人生活窮困,卻注重穿著與打扮,所有值錢的東西都穿戴在身上。

說明 當一個人「家徒四壁」,卻將所有值錢的東西都穿在身上,他當然害怕不小心掉落糞坑,因為如此一來,他的衣冠就毀掉了;至於家裡,因為沒有值錢的物品,即使發生火災也不怕。

對應華語 只怕路上跌一跤,不怕家裡被火燒。

kiann¹ kiann¹　　be⁷ tioh⁸ ting²
驚 驚 ， 膾 著 等

解釋 驚驚:指猶豫不決,怕東怕西。膾:不會。著等:得到等第。

涵義 形容做事猶豫不決,怕東怕西,便不會成功。

說明 「驚驚,膾著等」是說做事情如果心生畏懼,猶豫不決,永遠也別想成功。做事如果沒有信心,凡事都怕做錯而不敢去做,也許別人都已經著手進行了,你還在那裡猶豫不決,怕東怕西,遲遲不敢動手,這樣是不會有成功機會的。

補充 依教育部2008年5月公布之台灣閩南語推薦用字第二批將「膾be⁷」寫作「袂be⁷」。

對應華語 猶豫不決,處事不成。

jiau⁵ a² hi⁵ tshng² tshi³
鰇 仔 魚 吮 刺

解釋 鰇仔魚:一種小魚,骨頭小又軟。吮:用舌頭把不要的東西自嘴巴內剔出的動作。

涵義 形容人多此一舉,做了不必要的動作。

鱙仔魚是一種小魚，身上的刺又小又細，吃牠的時候可以連刺吞進去，不用再吐出來。某人吃鱙仔魚，還在那裡剔刺，根本是多此一舉，做了不必要的舉動。

補充 依教育部2009年10月公布之台灣閩南語推薦用字第三批將「剔 tshng^2」寫作「吮tshng^2」。

對應華語 多此一舉、畫蛇添足、脫褲子放屁。

十五畫 十六畫 十七畫 十八畫 十九畫 二十畫 二十一畫 二十二畫 二十三畫 二十四畫 二十五畫 二十七畫 二十八畫 二十九畫

二十四畫

iam⁵　ang³　senn¹ thang⁵　　khi²　iu²　tshu²　li²
鹽　甕　生　蟲　，　豈　有　此　理

解釋　鹽甕：用來醃漬東西的甕。

涵義　意謂沒有這樣的道理。

說明　這是一句歇後語。鹽巴本身具有防腐的功能，而鹽甕裡面都是鹽巴，把蔬菜與新鮮的海產放入裡面醃漬，不管醃漬的時間有多久，都不可能長出蟲來。如果有人說鹽甕會長蟲，根本是豈有此理的話，所以「鹽甕生蟲，豈有此理」是用來嘲諷人說些不可能發生的事情。

對應華語　豈有此理。

二十五畫

thiann¹ thau⁵ kau¹ i² lun⁵ liu⁵ tse⁷
廳 頭 交 椅 輪 流 坐

解釋 廳頭：指廳堂。交椅：有扶手有靠背的椅子，此處指戶長的專用坐椅。

涵義 形容人不可能一輩子都有錢有勢，風水是會輪流轉的。

說明 「廳頭交椅輪流坐」是說廳堂的戶長專用椅輪流坐。在台灣，戶長是一家之主，舉凡家中大大小小的事情都要由他來決定，因此，他是家裡最具有實權的人；然而戶長也會年老，總有一天也會死去，當他過世後，戶長的大位就要換別人來坐了。

對應華語 三十年風水輪流轉、三十年河東，三十年河西、皇帝輪流做，明年到我家。

li⁵ png⁷ piah⁴ piah⁴ png⁷ li⁵
籬 傍 壁 ， 壁 傍 籬

解釋 籬：指籬笆。傍：依靠。

涵義 說明人與人之間相互依偎，互相依靠。

說明 這句諺語非常淺顯，從字面就可以猜出大略意思。「籬傍壁，壁傍籬」是說籬笆緊靠著牆壁，牆壁緊靠著籬笆；比喻人與人之間相互依偎，互相依靠。

對應華語 互助互補、相輔相成、魚幫水，水幫魚。

ban⁵ gu⁵ tsiah⁸ lo⁵ tsui²
蠻 牛 食 濁 水

解釋 蠻牛：指動作遲鈍的牛。濁水：混濁的水。

涵義 說明動作慢半拍的人，往往只能得到次級的東西。

說明 牛群喝水時習慣將身體浸在水中，一邊喝水，一邊翻動身體，如此便會激起水底的爛泥，使清澈的水質變濁，所以後到的牛只能喝濁水，沒有清澈的水可喝。

對應華語 晚起的鳥兒沒蟲吃。

kuan¹ bak⁸ sik⁴　　thiann¹ ue⁷　i³

觀 目 色 ， 聽 話 意

解釋 目色：指眼色、臉色。聽話意：聽人家說話的涵義。

涵義 說明聽其言語，觀其臉色，可以概略揣摩出一個人的心意。

說明 一個人的臉色在不同的心情下，會呈現各種不同的變化；說話的內容也是一樣，會隨著心情而說出好聽或不好聽的話來。一個人若懂得「觀目色，聽話意」，就可以概略知道對方在想什麼、心情好不好、是好人或壞人？如此一來，在為人處事上也比較不會吃虧。

對應華語 察言觀色、鑒貌辨色。

kuan¹ im¹ ma² bin⁷ tsing⁵ bo⁵ ho² gin² a²

觀 音 媽 面 前 無 好 囡 仔

解釋 觀音媽：指觀音菩薩。好囡仔：好孩子。

涵義 形容全都是一丘之貉。

說明 傳說觀音媽專收為非作歹的人，然後以慈悲的心腸去感化他們，讓他們因教化而學好，日後成為社會上有用的人，故云「觀音媽面前無好囡仔」。

對應華語 一丘之貉、狐群狗黨。

kuan¹ im¹ khah⁴ kuan⁵ tua⁷ tun¹ suann¹

觀 音 較 懸 大 屯 山

解釋 觀音：指台北近郊的觀音山。較懸：比……還要高。

涵義 諷刺人顛倒是非，還「強以為是」，自認為很行。

說明 這是台北地區流行的諺語。就實際情況而論，大屯山（海拔一千多公尺）的高度高過觀音山（海拔六百多公尺），而前人之所以說：「觀音較懸大屯山」主要在諷刺人顛倒是非，還強以為是，不肯認錯。

對應華語 強以為是。

二十七畫

lo⁵ bue⁷ tan⁵ phik⁴ sing¹ tan⁵

鑼 未 霆 ， 拍 先 霆

解釋 霆：響。拍：一種木製的打節拍樂器。

涵義 比喻人「強出頭」。

說明 以前野台戲開演時，都要先開鑼，然後演員才會出場表演，接著才會因表演內容而有節拍的出現。「鑼未霆，拍先霆」是說鑼都還沒響，就先打起拍來了，這個「拍」豈不是「強出頭」了嗎？

loo⁵ tsi⁵ m⁷ tsai¹ bue² au⁷ tshau³

鸕 鷀 毋 知 尾 後 臭

解釋 鸕鷀：水鳥名，形似鴉而黑，善於潛水捕魚。毋知：不知。

涵義 諷刺人不知道自己的缺點。

說明 鸕鷀是一種水鳥，牠的屎很臭，只要經過之處拉下屎，別的動物都可以聞到臭味，只有牠不知道自己拉的屎很臭，所以「鸕鷀毋知尾後臭」是形容人不知道自己的缺點所在。

對應華語 馬不知臉長。

二十八畫

gong⁷ lang⁵ u⁷ gong⁷ hok⁴
戇人有戇福

解釋 戇人：傻瓜、傻人。戇福：傻福。

涵義 說明傻人自然有他的好運、福氣。

說明 智力差的人也許先天比較吃虧，所有的好處都被聰明人搶光了，但他們不會與人計較，對於得失心也比較看得開，所以每天無憂無慮地生活，比一般人過得更自在、快樂，這未必不是一種福份。

對應華語 傻人有傻福。

gong⁷ lang⁵ pai³ kong¹ ma²   lu² khuann³ lu² bo⁵ thau¹ tsiah⁸
戇人拜公媽，愈看愈無偷食

解釋 戇人：傻瓜、傻子。拜公媽：祭拜祖先。

涵義 說明傻子對某些事情的錯誤見解。

說明 這是一句歇後語。傻子祭拜祖先的時候，以為祖先真的會跑出來吃祭品，所以眼睛直盯著食物看，結果食物都沒有被吃過的痕跡，看越久就越覺得不是人家說的那一回事。

gong⁷ jip⁸ bo⁵ gong⁷ tshut⁴
戇入無戇出

解釋 戇入：裝傻收進來。無戇出：不會傻傻地支出。

涵義 形容人表面裝傻，但其實是個精明的人。

說明 「戇入無戇出」是說裝傻地收進來，卻不會傻傻地支出。有的人表面裝笨，但錢多拿了，卻不會還給對方，只會裝作不知道，並大大方方地收起來，但等到要花錢時，就開始變得很精明，一分一毛都不會讓人家佔便宜。

gong⁷ e⁰   ia⁷ u⁷ tsit⁸ hang⁷ e⁷
戇个，也有一項會

解釋 戇个：笨的人。也有一項會：也有一項他會做的。

涵義 此語有兩種意思：①形容「天生我材必有用」。②用來責罵「不笨」的人不知上進，比笨人更沒有存在的價值。

說明 這句諺語有兩種解釋，第一種是再笨的人也有一項事情是他會做的，例如幫父母做家事、幫農家放牛等，總之，天生我材必有用；第二種解釋是笨人都會做一兩件事了，而不笨的人卻連一件事也做不出來。通常做第二種解釋時，雖然表面講的是「笨人」的事，但卻是藉此責罵「非笨人」，訓斥他們不知上進，比笨人更沒有存在價值。

補充 當「个e⁰」解釋為「的」時，依教育部2007年5月公布之台灣閩南語推薦用字第一批將「个e⁰」寫作「的e⁰」。

對應華語 ①天生我材必有用。

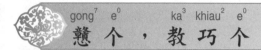

gong⁷ e⁰　　ka³ khiau² e⁰
戇个，教巧个

解釋 戇个：笨的人。巧个：指聰明的人。

涵義 說明智者反被愚者教導的情形。

說明 本句諺語所說的「戇」並不是真的笨，而是與「巧」者相比，不如他們聰明之意。在社會上，一般都是聰明的人教導不聰明的人；但學無止境，人不可能樣樣都懂，或許聰明的人在理論方面比較行，但在實際經驗方面比較缺乏，有些問題還是得向「戇个」請教，所以才有「戇个，教巧个」這句諺語的產生。

補充 當「个e⁰」解釋為「的」時，依教育部2007年5月公布之台灣閩南語推薦用字第一批將「个e⁰」寫作「的e⁰」。

gong⁷ a² sua¹　　tsiu² san¹ oo⁵
戇仔鯊，守珊瑚

解釋 戇仔鯊：一種大體型的鯊魚。珊瑚：一種腔腸動物，外表像樹枝，加工可製成飾品。

涵義 形容某人當守財奴，有錢卻不知要花用。

說明 珊瑚不能吃，也不能用，鯊魚守著它，一點用處也沒有；這種行徑就好似一個守財奴，每天守著成堆的錢，不能吃，也不能用，這樣的生活有何意義可言？

gong⁷ hut⁸ siunn⁷ tsiah⁸ ke¹

戇佛想食雞

解釋 戇佛：指笨佛。

涵義 說明人沒有自知之明，仍妄想分外之事。

說明 雞肉是一種「葷食」，佛是吃齋的神仙，依照天規是不能夠吃雞肉的。「戇佛想食雞」是說笨佛想要吃雞肉；比喻人無自知之明，不知道自己的身分與地位，還妄想著分外之事。

gong⁷ kau² siau³ siunn⁷ ti¹ kuann¹ kut⁴

戇狗數想豬肝骨

解釋 戇狗：笨狗。數想：貪圖、妄想。

涵義 形容人心裡老想著不可能實現的事。

說明 笨狗看見人家吃豬肝，以為等一下可以吃剩下的「豬肝骨」，殊不知豬肝根本沒有骨頭，因此，「戇狗數想豬肝骨」比喻人癡心妄想，心裡老想著不可能實現的事。

對應華語 異想天開、癡心妄想。

gong⁷ kau² koo³ suann¹ tshau²

戇狗顧山草

解釋 戇狗：笨狗。顧：看守。山草：一種不值錢的野草。

涵義 意謂傻人做傻事。

說明 山草是一種不值錢的野草，滿地都是，不會有人看上眼，所以根本不用看守。「戇狗顧山草」是說笨狗看守著整片的山草；比喻傻人一直在做傻事。

對應華語 傻人做傻事。

gong⁷ hoo² ka⁷ phau³ tsua²

戇虎咬炮紙

解釋 戇虎：笨虎。炮紙：指鞭炮紙。

涵義 形容人不知道事態的嚴重性，還一直胡搞瞎搞。

說明 鞭炮是一種危險的爆裂物，老虎不知道它的危險性，還緊咬著不放，所以「戇虎咬炮紙」是指人不知道事態的嚴重性，還胡搞瞎

搞，真是愚蠢到了極點。

gong⁷ kah⁴ be⁷ pe⁵ tsiunn⁷
戇 佮 繪 扒 癢

解釋 戇：笨。佮：到⋯⋯程度。繪：不會、不曉得。

涵義 嘲弄人愚不可及，笨得可以。

說明 一般人身體癢，都會用手去抓癢；一個人如果連身體癢都不知如何抓癢，那表示他實在笨得可以，簡直是愚不可及了。

補充 依教育部2008年5月公布之台灣閩南語推薦用字第二批將①「佮kah⁴」寫作「甲kah⁴」；②「繪be⁷」寫作「袂be⁷」。

對應華語 愚不可及、愚昧無比。

gong⁷ tshat⁸ u⁷ khuann³ kinn³ ke¹ bo⁵ khuann³ kinn³ lang⁵
戇 賊 ， 有 看 見 雞 ， 無 看 見 人

解釋 戇賊：笨賊。人：指主人、飼主。

涵義 形容人只貪圖眼前的利益，卻沒有注意後面可能產生的危險。

說明 笨賊潛入雞舍偷雞，眼中只注視著雞隻的一舉一動，卻沒有瞧見飼主正躲在暗處看著他，隨時要加以逮捕，所以整句話用來形容人只貪圖眼前的利益，卻沒有顧慮到背後可能產生的危險。

對應華語 見得忘形、螳螂捕蟬，黃雀在後。

gong⁷ bang² ting³ sin⁵ bing⁵
戇 蠓 叮 神 明

解釋 戇蠓：笨的蚊子。叮：咬。

涵義 比喻不痛不癢，一點感覺也沒有。

說明 神明多半是由木頭或泥土雕塑而成，蚊子飛去叮咬神明，神明不會痛，也不會癢，根本一點感覺也沒有，所以便用此句話來比喻不痛不癢，沒有任何感覺。

對應華語 不痛不癢、毫無知覺、無關痛癢。

ing¹ ko¹ phinn⁷ tai⁷ hi⁵ tshui³
鸚 哥 鼻 ， 鰱 魚 喙

解釋 鸚哥鼻：指又尖又挺的鼻子，是一種「美」的象徵。鰱魚喙：指

圓圓小小的嘴，也是一種「美」的象徵。

涵義 用來誇讚美麗女子的用語。

說明 這是一句形容五官的諺語。女孩子的鼻子如果長得像鸚哥，又尖又挺，嘴巴像鰱魚，圓圓小小的，五官一定勻稱、漂亮，所以現在多用這句諺語來形容女人的美麗。

對應華語 美人胚子。

二十九畫

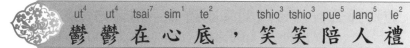

ut⁴ ut⁴ tsai⁷ sim¹ te² tshio³ tshio³ pue⁵ lang⁵ le²

鬱鬱在心底，笑笑陪人禮

解釋 鬱鬱：憂愁壓抑貌。笑笑：裝出笑容。陪人禮：陪人家談笑。

涵義 形容心中憂愁、不樂，卻要勉強裝出歡笑來迎人。

說明 明明心裡面是「鬱卒」、「不快樂」的，但迎人時還要陪著歡笑。現今生活中有很多類似的情形，例如某公司的總經理昨晚剛和太太吵架，今天心情很「鬱卒」，但面對到訪的外國客戶，依然要擠出笑容去迎接與款待，他雖然笑在口裡，卻是苦在心裡，這就是「鬱鬱在心底，笑笑陪人禮」。

對應華語 強裝笑臉、強顏歡笑、笑在口裡，苦在心裡。

附　錄

教育部公告《台灣閩南語羅馬字拼音方案》

（民國95年10月14日　台語字第0950151609號公告）

（一）聲母與韻母：

	IPA	台灣閩南語羅馬字拼音符號	注音符號[1]
聲母	[p]	p	ㄅ
	[pʰ]	ph	ㄆ
	[b]	b	
	[m]	m	ㄇ
	[t]	t	ㄉ
	[tʰ]	th	ㄊ
	[n]	n	ㄋ
	[l]	l	ㄌ
	[k]	k	ㄍ
	[kʰ]	kh	ㄎ
	[g]	g	
	[ŋ]	ng	
	[h]	h	ㄏ
	[ts]	ts	ㄗ
	[tsʰ]	tsh	ㄘ
	[s]	s	ㄙ
	[dz]	j	

[1]「注音符號」為教育部針對國語教學所制訂，以獨特的符號表獨特的語音，最不易產生混淆。但是國語與閩南語的語音畢竟不完全相同，因此本欄的用意，只在提供一種對照，方便揣摩學習而已。教學時仍應以IPA為準。

	IPA	台灣閩南語羅馬字拼音符號	注音符號[1]
韻母	[a]	a	ㄚ
	[i]	i	ㄧ
	[u]	u	ㄨ
	[e]	e	ㄝ
	[ɔ]	oo （o‧）	ㆦ
	[ə]	o	ㄜ
	[～]	-nn （-ⁿ）	
	[-m] [-n] [-ŋ]	-m -n -ng	
	[-p] [-t] [-k] [-ʔ]	-p -t -k -h	

備註：以oo為正式版，以o‧為傳統版；以-nn為正式版，以上標-ⁿ為傳統版。

（二）聲調排序與標記位置：以傳統白話字調號標示法為正式方案，使用不便時得以數字標示法替代。

調　　類	陰平	陰上	陰去	陰入	陽平	（陽上）	陽去	陽入
台灣閩南語羅馬字拼音符號	tong	tóng	tòng	tok	tông		tōng	to̍k
例　　字	東	黨	棟	督	同	（動）	洞	毒

「台灣閩南語推薦用字（第一批）」

資料來源：教育部國語推行委員會

編號	建議用字	音讀	又音	對應華語	用例	異用字
001	阿	a		阿	阿母、阿爸	
002	仔	á		仔、子	囡仔、心肝仔囝	
003	壓霸	ah-pà		霸道	真壓霸	惡霸
004	愛	ài		喜歡、想要、愛	愛耍、愛睏	
005	沃	ak		澆、淋	沃花、沃雨	渥
006	翁	ang		丈夫	翁某、翁婿	
007	尪仔	ang-á		玩偶、人像	布袋戲尪仔、尪仔標	翁仔
008	按呢	án-ne		這樣、如此	按呢做、按呢生	
009	拗	áu		折、扭曲	拗斷、硬拗	
010	後日	āu-jit	āu-lit、āu-git	日後、以後、他日	後日還你	
011	後日	āu--jit	āu--lit、āu--git	後天	後日過年、大後日	
012	後壁	āu-piah		背面、後面	园後壁、後壁鄉	
013	目	bȧk		眼	目鏡、目眉	
014	蠓	báng		蚊子	蠓仔、蠓罩	蚊
015	蠻皮	bân-phuê	bân-phê、bân-phêr	頑強不化	你真蠻皮	慢皮
016	捌	bat	pat	認識、曾經	捌字、捌去	
017	欲	beh	bueh、berh	要、如果、快要	欲食飯、欲知、強欲	要、卜

編號	建議用字	音讀	又音	對應華語	用例	異用字
018	微	bî		微、細小、輕微	風微微仔吹、微微仔笑	
019	面	bīn		臉、面	面色、面熟	
020	明仔載	bîn-á-tsài	miâ-á-tsài、bîn-nà-tsài	明天、明日	明仔載會好天	明仔再、明旦載
021	無	bô		無、沒有	無錢、無閒	
022	罔	bóng		姑且、將就	罔看、罔食	
023	某	bóo		妻子、太太、老婆	翁仔某、某囝	姥
024	無彩	bô-tshái		可惜、白費	無彩錢、無彩工	無采
025	舞	bú		舞、胡搞	跳舞、烏白舞	
026	母	bú	bó	母	阿母、老母	
027	尾	bué	bé、bér	尾巴、後面、尾	尾溜、尾後、一尾魚	
028	的	ê		的	我的、公家的	个
029	个	ê		個	一个、足濟个	
030	下	ē		下面、一下	下跤、一下	
031	會	ē	uē、erē	可以、會	會使、會曉	
032	夯	giâ		扛、發作	夯貨、舊症頭夯起來	
033	挾	giap		夾住	挾咧	
034	囡仔	gín-á		孩子	查某囡仔、囡仔兄	囝仔
035	戇	gōng		傻	戇人、戇呆	

編號	建議用字	音讀	又音	對應華語	用例	異用字
036	我	guá		我	是我	
037	外	guā		外、娘家的	外口、外家	
038	阮	guán	gún	我們、我的	阮的、阮兜	
039	外	guē		外	外甥、員外	
040	合	ha̍h		契合、適合	個性會合、合軀	
041	陷眠	hām-bîn		夢囈	伊咧陷眠	
042	吼	háu		哭、叫	愛吼、鳥仔咧吼	哮
043	後生	hāu-senn	hāu-sinn	兒子	阮後生、生後生	
044	彼	he		那	彼是我的	
045	下	hē		放	下鹽、下本錢	
046	遐	hia	hiâ	那、那裡	佇遐	
047	遐的	hia-ê		那裡的	遐的人	遐个
048	遐的	hia--ê	hua--ê	那些	遐的攏是我的	遐个
049	掀	hian		掀、翻	掀開、掀報紙	
050	現	hiān		當下、清楚明白	現煮現食、看現現	
051	燃	hiânn		燃燒	燃火、燃茶、燃滾水	焀
052	現世	hiān-sì		丟人現眼	足現世	
053	現出	hiàn-tshut		呈現、現出	現出原形	
054	欣羨	him-siān		羨慕	欣羨別人	歆羨
055	歇	hioh	hennh、heh	休息	歇晝、歇熱、歇寒	

台灣俗語諺語辭典

編號	建議用字	音讀	又音	對應華語	用例	異用字
056	雄雄	hiông-hiông		突然、猛然、一時間	雄雄想無、雄雄走出來	
057	翕	hip		悶、悶熱	翕油飯、天氣真翕	熻
058	翕	hip		攝影	翕相	
059	彼	hit		那	彼間厝、彼時	
060	好佳哉	hó-ka-tsài		幸虧、幸好	真好佳哉	好嘉哉、好佳在
061	好	hònn		喜好	好奇、好玄	
062	予	hōo		給、被	予你、予人請	互
063	胡蠅	hôo-sîn		蒼蠅	拍胡蠅、趕胡蠅	葫蠅
064	好勢	hó-sè		妥當	講好勢、誠好勢	
065	喝	huah		喊、叫	喝拳、大聲喝	
066	橫直	huâinn-tit	huînn-tit	橫豎、反正	橫直攏全款	
067	法度	huat-tōo		辦法	無法度	
068	瓷仔	huî-á		陶瓷器	瓷仔碗、瓷仔工場	磁仔
069	費氣	huì-khì		麻煩	有夠費氣、費氣費觸	
070	份	hūn		份	一份、認份	
071	伊	i		他、她	伊佮我、伊真婿	
072	也	iā	ā	也、亦	也是、也好	

編號	建議用字	音讀	又音	對應華語	用例	異用字
073	緣投	ian-tâu	iân-tâu	英俊	緣投囡仔、人緣投	嫣頭、嫣投
074	枵	iau		餓	枵鬼、枵飽吵	
075	猶	iáu	iah、ah、á、iá	還、尚	猶未、猶閣	
076	個	in		他們、他的	個三个、個某	怹
077	閒	îng		空閒	有閒、閒工	閑
078	臆	ioh		猜	臆著、臆謎猜	
079	遮	jia		遮	遮雨、遮日	
080	爪	jiáu	liáu、giáu	爪子	跤爪	
081	抓	jiàu	liàu、giàu	抓、搔	抓破皮、抓面	爪
082	入	jip	lip、gip	進入、裝入、參加	入去、入被、入教	
083	日	jit	lit、git	太陽、日子	日頭、日子	
084	熱	juảh	luảh	炎熱、夏天	燒熱、熱人、歇熱	
085	加	ka		加	加強、增加	
086	共	kā	kāng	把、對、給、向	共椅仔徙走、共你講、阿英共人洗衫、共伊買	給
087	蓋	kah		蓋	蓋被、蓋毯仔	
088	佮	kah	kap	與、附帶	我佮你、佮兩支蔥仔	及、甲

編號	建議用字	音讀	又音	對應華語	用例	異用字
089	佮意	kah-ì		中意	有佮意、無佮意	愜意、合意
090	改	kái		改、戒	改考卷、改薰	
091	工	kang		工夫、天	厚工、三工	
092	仝	kāng	kâng	同	仝款、相仝	同、共
093	家己	ka-tī	ka-kī	自己	家己人、靠家己	家治
094	鉸刀	ka-to		剪刀	鉸刀、鉸刀柄	
095	加	ke		加	加減、加話	
096	羹	kenn	kinn	羹、勾芡的食物	牽羹、肉羹	焿
097	跤	kha		腳、下面	跤手、下跤	腳、骹
098	較	khah		比較、更、再	較濟、閣較好、較講都毋聽	卡
099	較停（仔）	khah-thîng(-á)		等一下	較停咧、較停仔著知	卡停仔
100	空	khang		空、洞	空隙、破空	孔
101	囥	khǹg		放、保留	囥物件、囥步	
102	敧	khi		傾斜、歪斜	敧一爿、坦敧	
103	徛	khiā		站、住	徛予正、徛家	企
104	巧	khiáu		聰明	人真巧、奸巧	
105	炕	khòng		熬煮、燜熟	炕肉、炕窯	焢

編號	建議用字	音讀	又音	對應華語	用例	異用字
106	款	khuán		樣式、情況、整理	新款、看款、款行李	
107	看覓	khuànn-māi		看看	講看覓、瞨看覓	
108	睏	khùn		睡覺、休息、一陣子	愛睏、歇睏、一睏仔	
109	枝	ki		枝	樹枝、一枝筆	
110	行	kiânn		行走、航行、交往	行路、行船、佮伊咧行	
111	見若	kiàn-nā	kìnn-nā	凡是、每逢	見若歡喜著唱歌、見若烏陰著落雨	
112	緊	kín		快、急	緊來、真緊	
113	揀	kíng		揀、挑、選	揀食、揀菜	
114	閣	koh		再、還、更加	猶閣、閣再	擱、故
115	糊	kôo		漿糊、糊狀物、黏貼	糊仔、麵線糊、糊紙	
116	古意	kóo-ì		忠厚、老實	古意人	
117	姑不而將	koo-put-jî-tsiong	koo-put-jî-tsiang、koo-put-lî-tsiong	不得已、無可奈何	姑不而將接受	姑不二將、姑不二終
118	古錐	kóo-tsui		可愛	古錐囡仔	
119	掛	kuà		掛、戴、登記	掛目鏡、掛號	
120	蓋	kuà		蓋子	鼎蓋	
121	乾	kuann		乾	肉乾、豆乾	

編號	建議用字	音讀	又音	對應華語	用例	異用字
122	寒	kuânn		寒、冷	寒天、寒人、寒著	
123	慣勢	kuàn-sì	kuìnn-sì、kuàinn-sì	習慣	會慣勢、真慣勢	
124	粿	kué	ké、kér	粿	鹹粿、炊粿	
125	果子	kué-tsí	ké-tsí、kér-tsí	水果	食果子拜樹頭、果子園	
126	規	kui		規、整個	規家伙仔、規个	歸
127	幾若	kuí-nā	kún-nā	好幾	幾若百萬、幾若擺	
128	內	lāi		內、裡	厝內、內裡	裡
129	落	lak		落、掉	落漆、落毛	
130	咱	lán		我們、我們的	咱人、咱查某囝	
131	人	lâng		人	好人、讀冊人	儂
132	籠床	lâng-sôg		蒸籠	竹仔籠床、籠床蓋	
133	塌	lap		塌、凹	塌落來、塌底	
134	老歲仔	lāu-huè-á	lāu-hè-á、lāu-hèr-á	老人、老頭子	老歲仔人、老歲仔目	老伙仔
135	咧	leh		在、正在	有佇咧、佇咧睏	
136	你	lí	lír、lú	你、妳、汝	你緊去、你佮我	汝
137	掠	liàh		抓	掠魚仔、掠包	
138	連鞭	liâm-mi	liâm-pinn	馬上、立刻	連鞭來	臨邊

編號	建議用字	音讀	又音	對應華語	用例	異用字
139	撚	lián		撚、搓	撚耳仔、撚喙鬚	
140	粒仔	liáp-á		瘡	生粒仔	
141	啉	lim		喝	啉水、真好啉	飲
142	恁	lín		你們、你的、你們的	恁三个、恁兜、恁學校	
143	奶	ling	ni、lin	乳房、奶、內胎	奶仔、牛奶、內奶	乳
144	冗	līng		鬆、寬	褲頭傷冗、索仔冗去	
145	鈕	liú		鈕釦、扣上	鈕仔、鈕鈕仔	紐
146	攏	lóng		都、皆、全部	攏是、攏總	
147	惱	lóo		惱、令人生氣	惱死、氣惱、氣身惱命	
148	捋	luáh		梳子、梳、撫	捋仔、捋頭鬃、心肝頭捋捋咧	
149	毋	m̄		不	毋好、毋免	不、嘸、唔
150	嘛	mā		也	按呢嘛好、我嘛知	
151	暝	mê	mî	夜、晚	暝日、無暝無日	
152	若	nā		若、如果	早若知、若是	
153	嚨喉	nâ-âu		咽喉、喉嚨	嚨喉發炎、嚨喉空	

台灣俗語諺語辭典

編號	建議用字	音讀	又音	對應華語	用例	異用字
154	莢	ngeh	ngueh、gueh、kueh、kereh	豆莢、量詞	豆莢、一莢	
155	拈	ni		拈、取	偷拈、桌頂拈柑	
156	鳥鼠	niáu-tshí	niáu-tshír、niáu-tshú、nóo-tshí	老鼠	飼鳥鼠咬布袋、鳥鼠仔冤	
157	呵咾	o-ló		讚美	呵咾學生、予人呵咾	阿咾、謳咾
158	烏	oo		黑	烏枋、烏人	
159	挖	óo	ué	挖、掘	挖空、挖耳空	
160	爸	pa	pâ、pah	爸	阿爸、爸爸	
161	爸	pē		爸	爸母、老爸	
162	葩	pha		盞、串	一葩電火、兩葩葡萄	
163	拍	phah		打、製造、刮除	拍鼓、拍鎖匙、拍鱗	打、扑
164	歹	pháinn	phái	壞、惡、難	歹腹肚、歹聲嗽、歹講	
165	歹勢	pháinn-sè	phái-sì	不好意思、害羞	驚歹勢	
166	芳	phang		香	花真芳、米芳	香
167	鼻	phīnn	phī	鼻子、聞、鼻涕	鼻空、鼻看覓、流鼻	
168	粕	phoh		粕、殘渣	甘蔗粕、檳榔粕	

編號	建議用字	音讀	又音	對應華語	用例	異用字
169	膨	phòng		膨、鼓脹、蓬鬆	膨紗、膨皮、膨鼠	胖
170	蘋果	phōng-kó		蘋果	蘋果檨、蘋果汁	蓬果
171	鋪	phoo		鋪、床鋪	鋪地毯、鋪路、總鋪	
172	舖	phòo		舖、單位詞（十華里為一舖）	店舖、總舖師、一舖路	
173	扶	phôo		托著、巴結	扶起來、扶頂司	
174	呸	phuì		吐、翻臉、呸呸	呸痰、起呸面、呸呸呸	
175	摒	piànn		打掃、倒	摒房間、摒糞埽	
176	便所	piān-sóo		廁所	掃便所、便所邊	
177	反	píng		反轉	倒反、反爿	
178	爿	pîng		邊	正爿、倒爿	旁
179	貧惰	pîn-tuānn	pûn-tuānn、pân-tuānn	懶惰	貧惰人、貧惰骨	貧憚
180	磅	pōng		磅秤、秤重	磅仔、磅重	
181	磅空	pōng-khang		山洞	過磅空	
182	富	pù		富	大富、富死	
183	培墓	puē-bōng	pē-bōo、pēr-bō	掃墓	清明培墓	
184	歕	pûn		吹	歕風、歕鼓吹	噴

編號	建議用字	音讀	又音	對應華語	用例	異用字
185	糞埽	pùn-sò		垃圾	糞埽桶、清糞埽	
186	瘦	sán		瘦、貧瘠	瘦肉、瘦田	瘄
187	衫	sann		衣服	穿衫、衫仔褲	
188	散赤	sàn-tshiah		赤貧	家庭散赤、散赤人	
189	散食	sàn-tsia̍h		赤貧	散食囡仔、散食人	
190	細	sè	suè、serè	小、幼	細聲、細漢	
191	踅	se̍h	se̍rh	繞	踅街、踅圓箍仔、踅踅唸	
192	生成	senn-sîng	senn-tsiânn、sinn-sîng、sinn-tsiânn	天生	生成這款形、爸母生成	
193	啥	siánn	sánn	什麼、啥	啥貨、啥款、啥人	
194	數	siàu		數目、帳目	算數、數簿	賬
195	數念	siàu-liām		想念	數念伊	賬念
196	數想	siàu-siūnn	siàu-siōnn	妄想	免數想、枵狗數想豬肝骨	賬想
197	四界	sì-kè	sì-kuè、sì-kerè	到處、處處	四界踅、四界行、四界去	
198	熟似	si̍k-sāi		熟識	無熟似、熟似人	熟姒、熟視

編號	建議用字	音讀	又音	對應華語	用例	異用字
199	身軀	sin-khu	sing-khu、hun-su	身體	洗身軀、身軀勇壯	
200	新婦	sin-pū	sim-pū	媳婦	娶新婦、新婦仔	
201	小可(仔)	sió-khuá(-á)		稍微	小可生理、小可仔鹹鹹	
202	上	siōng	siāng	上、最	上好、上濟	尚
203	傷	siunn	sionn	太	傷鹹、傷大	
204	耍	sńg		玩、遊戲	愛耍、好耍	爽
205	趖	sô		蟲類爬行、動作緩慢	蟲咧趖、四界趖、鼎邊趖	
206	軀	su		身體、計算成套衣服的單位	合軀、一軀衫	
207	徙	suá		徙、移	搬徙、徙位	
208	煞	suah		結束、竟然	煞戲、煞尾、煞落雨	
209	散	suànn		散	散開、分散	
210	媠	suí		美麗、漂亮	媠氣、愛媠	美、水
211	隨	suî		馬上、跟隨	隨來、相隨	
212	隨在	suî-tsāi		任憑、任由	隨在你、隨在人	
213	呆	tai		愚昧、口齒不清	戇大呆、臭奶呆	獃
214	代誌	tāi-tsì		事、事情	無代誌、好代誌	事志
215	逐	ta̍k		每	逐个人、逐擺	

編號	建議用字	音讀	又音	對應華語	用例	異用字
216	淡薄(仔)	tām-póh(-á)		一點點	唅淡薄、淡薄仔意思	
217	擲	tàn		扔、擲	擲石頭、擲掉	揰
218	凍霜	tàng-sng		吝嗇	傷凍霜	
219	今	tann		現在、如今	到今猶毋捌看過、今害矣	旦
220	兜	tau		家、附近	阮兜、跤兜	
221	鬥	tàu		拼合、湊	鬥做伙、鬥陣、鬥跤手	湊
222	貯	té	tué、teré	裝、盛	貯水、貯飯	
223	頓	tìg	tuìnn	頓、蓋(章)、捶打、跌坐	顧三頓、頓印仔、頓椅頓桌、頓龜	
224	刣	thâi		宰殺、割、刪	刣豬、刣頭、刣掉	
225	趁	thàn		賺、趁	趁錢、趁早	
226	通	thang		通過、可以	通光、毋通	
227	窒	that		塞	窒仔、窒車	
228	頭	thâu		頭、首先	頭殼、頭先	
229	頭路	thâu-lōo		職業、工作	食頭路、無頭路	投路
230	退	thè	thèr	退	倒退、退火、退伍	
231	ㄉㄨ工	thiau-kang	tiau-kang	特地、故意	ㄉㄨ工來看你、ㄉㄨ工講的	
232	討債	thó-tsè		浪費	討債囡仔、有夠討債	

編號	建議用字	音讀	又音	對應華語	用例	異用字
233	屜	thuah		抽屜	屜仔、頂屜	
234	箸	tī	tīr、tū	筷子	碗箸、一雙箸	
235	佇	tī	tīr、tū	在	佇遮、有佇咧	
236	埕	tiânn		庭院、廣場	頭前埕、運動埕	庭
237	定定	tiānn-tiānn		常常、時常	定定去、愛定定運動	
238	定定	tiānn-tiānn		靜止不動	徛定定	
239	顛倒	tian-tò		顛倒、反而	顛倒反、顛倒好	
240	陣	tīn		群	一陣人、挨挨陣陣、陣頭	
241	頂	tíng		頂、先前	厝頂、一頂帽仔、頂擺	
242	鎮位	tìn-uī		佔地方	物件鎮位	
243	著	tioh		對、得、到、必須	毋著、著獎、看著、著愛	
244	中晝	tiong-tàu		中午、午飯	透中晝、食中晝	
245	智識	tì-sik	tì-sit	知識	智識份子、無智識	知識
246	張持	tiunn-tî	tionn-tî	小心、注意	無張持	
247	都	to		都	連一字都毋捌	
248	倒	tò		傾倒、左邊、反向	倒掉、倒手、倒頭栽	

編號	建議用字	音讀	又音	對應華語	用例	異用字
249	啄龜	tok-ku		打瞌睡	上課啄龜	
250	杜蚓	tōo-kún	tōo-ún、tōo-kín	蚯蚓	挖杜蚓	塗蚓
251	查某	tsa-bóo		女人、女性	查某囝、查某人	
252	紮	tsah		攜帶	紮錢、紮便當	
253	閘	tsảh		阻擋、閘	閘水、水閘仔	截
254	知	tsai		知道	知影、知苦	
255	才調	tsâi-tiāu		本事、能力	有才調、無才調	
256	站節	tsām-tsat		分寸	有站節、無站節	暫節
257	雜唸	tsảp-liām	tsảuh-liām	嘮叨	伊真雜唸	雜念
258	節	tsat		節、節制	關節、小節一下	
259	走	tsáu		跑、逃、賽跑	四界走、走路、走標	
260	灶	tsàu		灶	灶跤、灶頭	竈
261	這	tse		這	這是啥	今、即
262	濟	tsē	tsuē、tserē	多	濟話、濟少	
263	鑿目	tshảk-bảk		刺眼、礙眼	看了真鑿目	
264	摻	tsham		摻、混合	摻一寡糖、摻鹽	攙
265	參	tsham		加入、和	參加、我參你去	
266	冊	tsheh		書	冊包、冊店	

編號	建議用字	音讀	又音	對應華語	用例	異用字
267	生份	tshenn-hūn	sinn-hūn、senn-hūn、tshinn-hū	陌生、生疏	驚生份、生份路	生分、青份、青分
268	青盲	tshenn-mê	tshinn-mî	失明	青盲牛、青盲雞	青暝
269	車	tshia		車	計程車、車頭	
270	刺	tshiah		編織、繡、刺、縫製	刺膨紗、刺皮鞋、刺字	赤
271	倩	tshiànn		聘僱、僱用	倩工人、倩車	
272	穿	tshīng		穿	穿衫、食穿	
273	清氣	tshing-khì		乾淨、清潔	清氣相、愛清氣	
274	清彩	tshìn-tshái		隨便、馬虎	清彩講、毋通清彩	請裁
275	親像	tshin-tshiūnn	tshan-tshiūnn、tshin-tshiōnn	好像、好比	足親像、親像講……	
276	拭	tshit		擦、拭	拭喙、拭仔	
277	創	tshòng		創、做	創業、創啥	
278	創治	tshòng-tī		捉弄、欺負	創治人、毋通共人創治	
279	厝	tshù		房子、宅	起厝、厝邊	茨、戌
280	娶	tshuā		迎娶	娶某、嫁娶	
281	掣	tshuah		快速拔除	掣毛、掣斷	
282	喙	tshuì		嘴	好喙、喙舌	嘴
283	遮	tsia	tsiâ	這、這裡	佇遮	這

台灣俗語諺語辭典

編號	建議用字	音讀	又音	對應華語	用例	異用字
284	遮的	tsia-ê		這裡的	遮的人	遮个
285	遮的	tsia--ê	tsua--ê	這些	遮的予你	遮个
286	食	tsiah		吃、喝	食穿、食茶	噍、吃
287	誠	tsiânn		很、非常	誠貴、誠好	
288	成	tsiânn		成	成人、成百個	
289	照起工	tsiàu-khí-kang		按部就班	照起工做、照起工來	照紀綱
290	少	tsió		少	少數、至少	
291	這	tsit		這	這陣	今、即
292	一寡(仔)	tsit-kuá(-á)		少許、一些	一寡物件、一寡仔錢	
293	作穡	tsoh-sit		種田、工作	作穡人、認真作穡	做穡
294	做伙	tsò-hué	tsuè-hé、tserè-hér	一起	做伙耍、做伙來去	做夥、作夥
295	陣	tsūn		陣、時候	一陣風、時陣	
296	拄	tú		抵、遇到	拄著貴人、相拄	抵
297	盹龜	tuh-ku		打瞌睡	上課盹龜	拄龜、拄疴、盹眮
298	冤家	uan-ke		爭吵、仇人	冤家相拍、冤家變親家	怨家
299	晏	uànn		晚、遲	晏睏、晏起來	
300	斡	uat		轉彎	斡正爿、彎彎斡斡	

「台灣閩南語推薦用字（第二批）」

資料來源：教育部國語推行委員會

編號	建議用字	音讀	又音	對應華語	用例	異用字	屬性
001	抑是	áh-sī	iah-sī/ah-sī/á-sī/īah-sī	或是、或者	好抑是毋好	益是	本字
002	按怎	án-tsuánn	àn-tsuánn/án-nuá/án-ná	怎麼、怎樣	按怎樣、按怎講、按怎寫		借音字＋本字
003	穤	bái		不好、醜	心情穤、環境穤、真穤		本字
004	茉莉	bȧk-nī	bāng-lē	茉莉	六月茉莉真清芳		借音字（外來語）
005	目屎	bȧk-sái		眼淚	傷心流目屎		本字
006	挽	bán		摘、採、採摘	挽花、挽茶、挽果子		本字
007	茫	bâng	bông	神智不清、模糊不清	啉甲醉茫茫、白茫茫	濛	本字
008	袂	bē	buē	不、不能、不會	袂食袂睏、袂行、袂來	繪	借音字
009	袂當	bē-tàng	buē-tàng	不行、不能、不可以	袂當去、袂當繼續	袂凍	借音字＋本字
010	眠夢	bîn-bāng		做夢	閣咧眠夢		本字

編號	建議用字	音讀	又音	對應華語	用例	異用字	屬性
011	無較縒	bô-khah-tsuảh		情況不會變得更好、於事無補	閣較講嘛無較縒		本字＋本字＋借音字
012	會當	ē-tàng		可以、能夠	會當去	會凍	本字
013	攑	giảh	kiảh	拿、舉起、豎起	攑箸、攑頭、攑手	揭、舉	習用字。本字為「揭」。
014	外	guā		多、餘	十外歲、百外个		借音字。本字為「夥」。
015	月娘	guẻh-niû	gẻh-niû/gẻrh-niû	月亮	月娘笑阮戇大呆、日頭佮月娘		本字
016	海海	hái-hái		看開些、不計較、不過如此	人生海海		本字
017	海湧	hái-íng		海浪	海湧真大		本字
018	遐	hiah		那麼	遐濟、遐慢	許、赫	借音字
019	遐爾	hiah-nī		那麼	遐爾燒、遐爾遠	許呢、赫爾、遐呢	借音字＋本字
020	形影	hîng-iánn		身影	伊的形影		本字
021	薰	hun		香菸	食薰、薰草		習用字

編號	建議用字	音讀	又音	對應華語	用例	異用字	屬性
022	胭脂	ian-tsi		口紅	點胭脂		本字
023	厭氣	iàn-khì		丟臉、漏氣、悔恨	有夠厭氣、這件代誌予人真厭氣	嘸氣、燕氣	借音字＋本字
024	陰鴆	im-thim		陰沉	個性陰鴆	陰沉	本字
025	猶原	iu-guân	iû-uân/iû-guân/iu-uân	仍然	猶原毋知		習用字
026	有孝	iú-hàu	ū-hàu	孝順	有孝序大人、有孝爸母		本字
027	日時	jit--sî	lit--sî/git--sî	白天	日時作穡、日時上班		本字
028	愈	jú	lú	愈、越	愈來愈濟		本字
029	偌	juā	luā/guā	多少、多麼	無偌久、偌濟、偌仔（爾）	若、外	習用字
030	甲	kah		得	食甲足飽、講甲足投機	佮、假、到	借音字
031	甘	kam		甘甜、捨得、情願	糖甘蜜甜、毋甘、甘願		本字
032	敢	kám		難道、是否	敢講這是真的、你敢欲去	咁	本字
033	港都	káng-too		港口都市	港都夜雨		本字
034	到	kàu		抵達、到期	到位、到時		訓用字

編號	建議用字	音讀	又音	對應華語	用例	異用字	屬性
035	家後	ke-āu		妻子	好家後		本字
036	尻脊	kha-tsiah	ka-tsiah	後背	尻脊骿、毋通尻脊後講人閒仔話	加脊	借音字＋本字
037	空	khang		好處、賺頭、利益	誠好空、歹空、好空鬥相報		本字
038	可比	khó-pí		好比、比方	伊可比天頂的仙女		本字
039	屐	kiảh		屐	木屐、柴屐		本字
040	驚	kiann		害怕	免驚、伊真驚鳥鼠		本字
041	激	kik		假裝、釀造、（憋氣）使勁	激派頭、激酒、激力		本字
042	景緻	kíng-tì	kíng-tī	風景、景緻	景緻真媠、好景緻	景致	本字
043	講	kóng		說、講	講話、講耍笑、我想講伊會來、足好食的講……		本字
044	懸	kuân		高	山真懸、價數真懸	峘	本字
045	規氣	kui-khì		乾脆	規氣倩人較直、按呢較規氣	歸氣	本字

編號	建議用字	音讀	又音	對應華語	用例	異用字	屬性
046	忍	lún		忍耐	小忍咧就過去、袂忍得、吞忍		本字
047	媽	má		祖母、媽祖、女神	阿媽、北港媽、觀音媽		本字
048	莫	mài		甭、別、不要	莫去、莫講	勿、嫑	訓用字。本字為「嫑」。
049	娘囝	niû-kiánn	niô-kiánn	娘子、妻子	好娘囝	娘子	本字
050	蚵	ô		蠔、牡蠣	蚵仔麵線、蚵仔煎	蠔	習用字。本字為「蠔」。
051	烏暗	oo-àm		黑暗、不明亮	社會烏暗、天色烏暗		本字
052	瓶	pân		瓶	花瓶、酒瓶、水瓶		本字
053	批	phue	phe	信	一張批信、限時批		習用字
054	拚	piànn		拚	拍拚、拚命		本字
055	埔	poo		平地、沙洲、野地	草埔、海沙埔、墓仔埔		本字

編號	建議用字	音讀	又音	對應華語	用例	異用字	屬性
056	世	sì		一生	一世人、出世		本字
057	啥物	siánn-mih	sá/siá/sánn/sím/sám/siánn-mngh/mooh/mí	什麼	啥物代誌	啥麼、啥乜	本字
058	痟	siáu		瘋、神經錯亂、動物發情、失常、發狂、沉迷	起痟、痟股票	猲	借音字。本字為「猲」。
059	少年	siàu-liân		年少、年輕	伊猶真少年、少年家		本字
060	心酸	sim-sng		傷心、辛酸	心酸流目屎、講心酸的		本字
061	相借問	sio-tsioh-mng	sann-tsioh-mng/sio-tsioh-muī	打招呼、探望	見面著愛相借問		本字
062	失志	sit-tsì		喪志、失意、氣餒	毋通失志、伊真失志		本字
063	受氣	siū-khì	siūnn-khì	生氣、發怒	真受氣		本字
064	鎖匙	só-sî		鑰匙	拍鎖匙、用鎖匙開門		本字

編號	建議用字	音讀	又音	對應華語	用例	異用字	屬性
065	思慕	su-bōo		想念愛慕	心所思慕的人、共思慕囥佇心肝底		本字
066	紲	suà		連續、接連不斷	紲落去、相紲、接紲、順紲	續	本字
067	焦	ta		乾	喉焦、臭火焦	乾、凋、礁	本字
068	澹	tâm		濕	澹糊糊、澹漉漉、衫澹去		借音字
069	鬥相共	tàu-sann-kāng	tàu-sio-kāng	幫忙	做伙鬥相共、朋友有困難著鬥相共	湊相共、搭相共	本字
070	透早	thàu-tsá		一早、清晨	透早就出門		本字
071	替換	thè-uānn	thuè-uānn	更換	相替換		本字
072	提	thèh	thuėh/therėh/thėrh/khėh/ėh	拿	提錢、提物件	撏	訓用字。本字為「撏」。
073	斟	thîn		斟、倒（茶）	斟茶、斟酒	漖	訓用字
074	拖	thua		拖延、勞碌	代誌毋通拖、拖磨		本字
075	踮	tiàm	tàm	在、住	我踮遮等你、恁兜踮佗位		借音字。本字為「站」。

編號	建議用字	音讀	又音	對應華語	用例	異用字	屬性
076	牢	tiâu		欄圈、牢、附著、錄取	牛牢、掠予牢、黏牢、考牢大學	椆、稠	訓用字
077	滇	tīnn		滿、溢	傷滇、斟予滇	淀	本字
078	得	tit	tsit/lit/eh/lih	得	袂記得、袂比得		本字
079	佗位	tó-uī	toh-uī	哪裡	欲去佗位、學校佇佗位	叨位	借音字＋本字
080	就	tō	tiòh/tòh/tiō/tsiū	就……	按呢就著	著	訓用字
081	著	tòh	tiòh	著、點燃、點著、點亮	著火、電火點予著	爐	本字
082	當做	tòng-tsò	tòng-tsuè	當做、當作	食苦當做食補、共冊當做寶貝		本字
083	走味	tsáu-bī		失去原味	這杯咖啡走味矣		本字
084	青	tshenn	tshinn	綠、青	青色、青草		本字
085	親情	tshin-tsiânn		親戚	親情五十、親情朋友	親成	本字
086	清芳	tshing-phang		清香、芬芳	花真清芳、春天花正清芳		本字

編號	建議用字	音讀	又音	對應華語	用例	異用字	屬性
087	鮮	tshinn		新鮮	鮮魚仔、肉有鮮		本字
088	笑咍咍	tshiò-hai-hai		哈哈笑	聽一下笑咍咍	笑咳咳	本字
089	喙脣	tshuì-tûn		嘴脣	喙脣焦焦	嘴唇	本字
090	才	tsiah		才	到今你才知、拄才	則、即	訓用字
091	遮	tsiah		這麼	遮緊	即	借音字
092	遮爾	tsiah-nī		多麼、這麼	遮爾媠、遮爾大	遮呢、這呢、即爾	借音字＋本字
093	針黹	tsiam-tsí		女紅、針黹	教查某囝做針黹、針黹真幼路		本字
094	寂寞	tsik-bỏk	siok-bỏk/tsit-bỏk	寂寞	寂寞的心情		本字
095	就	tsiū		就、遷就	成就、就業、我就伊		本字
096	蹛	tuà		在、住	蹛飯店、蹛佇遮	帶、滯	借音字
097	倚	uá		靠近、依靠	倚晝、相倚、倚靠		本字
098	怨嘆	uàn-thàn		怨恨悲嘆	怨嘆月暝、毋免怨嘆		本字
099	搣	ui		用尖物旋轉鑽孔	親像針咧搣		本字
100	鬱卒	ut-tsut		抑鬱、苦悶	有夠鬱卒		本字＋借音字

「台灣閩南語推薦用字（第三批）」

資料來源：教育部國語推行委員會

編號	建議用字	音讀	又音	對應華語	用例	異用字
001	阿妗	a-kīm		舅媽	阮阿舅佮阿妗咧做生理	
002	阿姆	a-ḿ		伯母	阮阿伯佮阿姆真疼我	
003	曷	ah		何須、哪	曷使、曷著、曷敢	
004	偝	āinn	iāng	背（人）	偝囡仔、偝巾	
005	泔	ám		稀的、米湯	糜傷泔、泔糜仔、漿泔	
006	頷頸	ām-kún		脖子、頸項	頷頸筋、頷頸伸長長、頷頸生瘤──拄著	頷頎
007	絚	ân		緊、不寬裕	縛絚絚、手頭絚	掍
008	遏	at		折斷	遏斷、遏樹枝	
009	漚	au		浸泡、醃	漚衫、漚鹹菜	
010	甌	au		小杯子	茶甌、一甌茶	
011	漚	àu		爛、不好、卑劣	柴漚去、漚貨、漚步	
012	峇	bā		密合、契合	門關無峇、阮兩人個性真峇	密

編號	建議用字	音讀	又音	對應華語	用例	異用字
013	慢且	bān-tshiánn		等一下、稍待片刻	慢且是、慢且講、慢且咧	
014	密	ba̍t		密	草仔發甲真密、密密密	
015	眯	bî		小睡、瞄	小眯一下、予我眯著	瞇
016	沬	bī		潛水	沬水	
017	覕	bih		躲藏	覕雨、覕相揣	匿、宓
018	抿	bín		刷、刷子	齒抿仔、鞋抿仔	刡
019	敏豆(仔)	bín-tāu(-á)		四季豆	敏豆仔炒肉絲	
020	雺	bông		大霧	罩雺、起雺、雺霧	濛、茫
021	尾蝶(仔)/(尾)蝶仔	bué-ia̍h(-á)/(bué-)ia̍h-á	bér-ia̍h(-á)/bé-ia̍h(-á)	蝴蝶	掠尾蝶仔、花園有真濟尾蝶仔	尾蛾(仔)、(美)蝶仔
022	鮒仔魚	but-á-hî	but-á-hîr/but-á-hû	（鯷魚類和沙丁魚類的)魚苗	鮒仔魚麛	
023	下	ē	e	下（表時間或做詞頭)	下晡、下晝、下昏、下暗	
024	下頦	ē-hâi	ē-huâi	下巴	下頦尖尖、落下頦	
025	狹	e̍h		窄	巷仔真狹、狹裙	
026	礙虐	gāi-gio̍h	ngāi-gio̍h	彆扭、不舒服	愈想愈礙虐、聽著真礙虐	

編號	建議用字	音讀	又音	對應華語	用例	異用字
027	愣	gāng		失神、發呆	愣去、愣愣	
028	勢	gâu		很會、能幹、擅長、常常	勢早、假勢、勢煮食、勢破病	賢、爻
029	鋏	giap		夾	頭毛鋏仔、頭毛鋏予伊好	
030	拎	gīm		緊握	拎牢牢	
031	凝	gîng		鬱結	心肝足凝、凝心	
032	繑	hâ		繫、圍	繑褲帶、繑裙	
033	箬	ha̍h		外殼、外皮	竹箬、甘蔗箬	笟
034	蚶仔	ham-á		文蛤	蚶仔湯足清甜	
035	譀	hàm		荒誕不實、放大	譀古、譀鏡	泛、幻
036	薟	hiam		辣、嗆	薟椒仔、臭尿薟	馦
037	抌	hiat		丟擲	抌捔、烏白抌	
038	囂俳	hiau-pai	hia-pai	囂張	囂俳無落魄的久、做人毋通傷囂俳	
039	風颱	hong-thai		颱風	做風颱、風颱天	
040	撫	hu		撫摸	撫撫咧	
041	拊	hú		揉擦、（肉、魚）鬆	拊掉、拊仔、肉拊、拊魚拊	

編號	建議用字	音讀	又音	對應華語	用例	異用字
042	翻頭	huan-thâu		回頭、隨後	翻頭隨無看見人、翻頭隨轉來	
043	凡勢	huān-sè		也許、可能、說不定	凡勢伊毋知、凡勢會落雨	犯勢
044	花眉(仔)	hue-bî(-á)	hua-bî(-á)	畫眉鳥	飼花眉仔	
045	粉鳥	hún-tsiáu		鴿子	飼粉鳥、放粉鳥	
046	椅條	í-liâu	í-tiâu	無靠背的長板凳	坐椅條	
047	奕	ī		玩	奕牌仔、奕珠仔	
048	蛾仔	iàh-á		蛾	臭蛾仔、蛾仔四界飛	蝶仔
049	芫荽	iân-sui	iân-suinn	香菜	蚵仔麵線摻芫荽	
050	往	íng		以前、常常	往過、往擺、往往	
051	勇健	ióng-kiānn		硬朗	身體真勇健	
052	幼秀	iù-siù		秀氣	生做真幼秀、幼秀囡仔	
053	撏	jîm	lîm/gîm	掏	撏錢、撏出來	
054	搙	jiòk	liòk/giòk	揉捏	紙搙做一丸	
055	揉	jiû	liû	（用濕布）揉擦	揉塗跤、揉身軀	
056	鰇魚	jiû-hî	liû-hû/jiû-hîr/gîu-hî/liû-hîr	魷魚	鰇魚羹、鰇魚捲、烘鰇魚	魷魚、柔魚

編號	建議用字	音讀	又音	對應華語	用例	異用字
057	挼	juê	luê/lê/lêr/jêr	揉、搓	挼目睭、挼衫	揉
058	虼	ka		做為跳蚤、蟑螂等詞的詞頭	虼蚤、虼蠽	
059	交懍恂	ka-lún-sún	ka-líng-sún	打冷顫	寒甲起交懍恂、拍交懍恂	加懍恂
060	敢若	ká-ná	kánn-ná/kán-ná	好像	伊敢若猶毋知、敢若欲落雨矣	假若
061	抌	kàk		丟掉、（罵人）沒用	擲捔抌、抾抌	
062	簐仔店	kám-á-tiàm		雜貨店	去簐仔店買豆油	
063	艱苦	kan-khóo		難過、生病不舒服	心內艱苦、伊今仔日咧艱苦	
064	干焦	kan-na	kan-tann/kan-ta	僅只	干焦伊無來、干焦三个	干但、乾焦、干單、干乾
065	敆	kap		接合、調配	敆做伙、敆藥仔	
066	狡怪	káu-kuài		愛作怪、喜與人作對、固執不通	這个囡仔較狡怪	狡獪
067	家婆	ke-pô		愛管閒事、雞婆	真家婆	
068	家私	ke-si		工具、道具、槍械武器	家私頭仔	

編號	建議用字	音讀	又音	對應華語	用例	異用字
069	膎	kê	kuê/kerê	鹽漬物	鹹膎、蚵仔膎、珠螺膎	鮭
070	咳啾	kha-tshiùnn	ka-tshiùnn	噴嚏	拍咳啾	
071	尻川	kha-tshng	kha-tshuinn	屁股	拍尻川、尻川後、尻川斗	腳倉
072	跤頭趺	kha-thâu-u	kha-thâu-hu	膝蓋	跤頭趺鑢著	腳頭趺、骹頭趺
073	敲	khà		（敲）打、敲（竹槓）	敲電話、敲油	
074	卡	khah		卡住	卡牢咧	
075	坎	khám		階梯、階（量詞）、家（量詞）	坎仔、坎站、一坎店	
076	崁	khàm		遮蓋、暗藏	崁蓋、暗崁	
077	崁	khàm		山崖	山崁、崁跤、崁頂	
078	磕	khap		碰觸	磕袂著、袂磕得、磕頭、磕著	
079	薅	khau		拔除、揪住	薅草、薅頭鬃	
080	剾	khau		刨、刮、吹風、譏諷	剾皮、剾喙鬏、剾風、剾洗	
081	齧	khè	khuè/kherè/gè	啃、齧咬	齧肉骨、齧甘蔗	
082	齒戳（仔）	khí-thok(-á)		牙籤	用齒戳（仔）戳喙齒	齒拓（仔）

編號	建議用字	音讀	又音	對應華語	用例	異用字
083	徛鵝	khiā-gô		企鵝	來去動物園看徛鵝、徛鵝真古錐	
084	掔	khian		扔、投擲	掔石頭、烏白掔	
085	勥	khiàng		精明能幹	真勥、勥跤	
086	曲	khiau		彎曲	曲痀、曲跤、彎彎曲曲	
087	克虧	khik-khui		委屈、吃虧	伊予人騙去，真克虧。	喫虧
088	拑	khînn		抓緊、黏附	予囡仔拑牢牢	
089	抾	khioh		撿、拾、積聚、懷（恨）	抾起來、抾拾、抾字紙、抾恨	卻、拾、擷
090	扱	khip		抓緊、吸附	扱牢牢、無拑無扱	
091	杙	khit		樁	杙仔、大里杙（地名）	楬
092	搝	khiú	giú	拉、揪、扯	搝大索、搝後跤	扭
093	虯	khiû		蜷曲、吝嗇	虯毛、虯儉	虬
094	洘	khó		濃稠、退潮、擁擠	洘頭糜、洘流、洘秫秫	
095	觳	khok		小容器、小盒子	齒觳仔、水觳仔、鉛筆觳仔	
096	硞	khòk		碰撞、碰撞聲	相硞、硞硞馬	
097	悾	khong		笨、呆、頭腦不清楚	悾悾戇戇、激悾悾	

編號	建議用字	音讀	又音	對應華語	用例	異用字
098	箍	khoo		圓形的外緣、環狀物、元（量詞）、個（量詞）	圓箍仔、目箍、柴箍、一箍銀、一箍人	
099	跍	khû		蹲	跍佇遮、跍落去	跔
100	快活	khuìnn-uȧh	khuànn-uȧh/khuàinn-uȧh	舒服、快活、寬裕	過甲真快活、會食會睏真快活、生活較快活	
101	筊	kiáu		賭博	毋通跋筊	
102	今仔日	kin-á-jit	kin-á-lit/kin-á-git/kin-nà-jit	今天	今仔日天氣誠好	今旦日
103	弓蕉	kin-tsio	king-tsio/kim-tsio	香蕉	食弓蕉、弓蕉乾	芎蕉、金蕉
104	墘	kînn		邊緣	碗墘、溪仔墘	
105	勼	kiu		收縮、畏縮	伸勼、勼水、勼跤勼手	ㄐ
106	糾	kiù		緊縮、糾結	糾筋、糾帶、糾紛	
107	管	kóng		（長且中空的）管子、管狀物	竹管、軟管、蟳（仔）管、靴管	
108	姑情	koo-tsiânn		說情、懇求	共人姑情、姑情囡仔食飯	姑成
109	鈷	kóo		壺	茶鈷、一鈷茶	

編號	建議用字	音讀	又音	對應華語	用例	異用字
110	跔	ku		蹲	跔佇遐、罔跔	
111	瓜仔哖	kue-á-nî		小黃瓜	瓜仔哖炒豬肉	
112	橛	kueh		截（量詞）	一橛甘蔗	
113	胿	kui		嗉囊、囊狀物、食道	雞胿、頷胿	
114	骨力	kut-la̍t		勤勞、努力	真骨力、骨力做	搰力
115	蜊仔	lâ-á		蜆	鹹蜊仔	
116	蟧蜈	lâ-giâ		長腳大蜘蛛	囡仔會驚蟧蜈	
117	垃圾	lah-sap	lap-sap	骯髒	垃圾衫、塗跤垃圾	
118	橐	lak		口袋	橐袋仔	
119	荏懶	lám-nuā		散漫、邋遢、懶惰	貧惰閣荏懶	荏爛
120	人客	lâng-kheh		客人	人客的要求、人客廳、請人客	儂客
121	弄	lāng		舞弄、逗弄、耍	弄獅、戲弄、變猴弄	
122	扭	láu	náu	扭傷	跤骨扭著	
123	落	làu		洩出、丟失、脫落	落風、落屎、落氣、落褲	
124	輪	lián		輪子、鍊條	換輪、落輪	碾、輾、輇
125	輾	liàn	lìn	滾動、圈（量詞）	佇塗跤輾、踅三輾	

編號	建議用字	音讀	又音	對應華語	用例	異用字
126	冗	liōng		寬裕、留餘裕	錢愛紮較冗、冗十分鐘	
127	冗剩	liōng-siōng	liōng-sīng	寬裕、有餘裕	傷冗剩、時間猶真冗剩	
128	扭搦	liú-la̍k		處理、掌管	足歹扭搦、㤉扭搦	
129	扭掠	liú-lia̍h		敏捷	跤手誠扭掠、伊動作扭掠	
130	餾	liū		再蒸、重提	餾清飯、莫閣餾矣	
131	落	lo̍h		下、降、放入、入（睡）	落車、落雨、落肥、睏落眠	
132	橐	lok		裝、套、袋子	橐起來、手橐仔	簏
133	漉喙	lo̍k-tshuì	go̍k-tshuì	漱口	物件食了著愛漉喙	
134	挵	lòng		撞、擊、敲	車挵著人、挵門、挵大鼓	
135	勞力	lóo-la̍t		感謝（別人的幫忙或服務）	真勞力	擼力
136	露螺	lōo-lê	lòo-lê	蝸牛	抾露螺飼鴨	
137	攄	lu		推剪、推移	攄仔、攄頭毛、倒退攄、攄來攄去	
138	鑢	lù		出力刷洗、嚴重磨擦	鑢鼎、鑢破皮	

台灣俗語諺語辭典

編號	建議用字	音讀	又音	對應華語	用例	異用字
139	蕊	luí		朵（量詞）、隻（量詞）	一蕊花、花蕊、兩蕊目睭	
140	毋過	m̄-koh	m̄-kò/m̄-kù	不過、但是	想欲買，毋過無錢。	毋閣
141	毋但	m̄-nā	m̄-niā	不但、不只是、不止	毋但按呢	毋爾
142	糜	muê	bê/muâi/bêr/mâi	稀飯	番薯糜、鹹糜	
143	躡	neh	nih	踮	躡跤尾	
144	䘼	ńg	uínn	衣袖、袖子	手䘼、長䘼、短䘼	
145	黃梔仔花	n̂g-ki-á-hue	n̂g-kinn-á-hue	梔子花、黃梔花	黃梔仔花足芳	
146	夾	ngeh	ngueh/gueh/geh	鑷子、鉗子、夾	火夾、夾菜	
147	挾	ngeh	nguéh/guéh/géreh	夾	挾佇中央、挾牢咧	
148	擽	ngiau		搔（癢）、癢（的感覺）	驚人擽、心內擽擽	搔
149	軁	nǹg		穿過、鑽營	軁磅空、軁鑽	鑽
150	卵	nn̄g	nuī	蛋	雞卵、鴨卵、卵仁	
151	撋	nuá		（用力）推揉、搓洗	撋粿、撋鹹菜、撋衫	
152	瀾	nuā		口水	流喙瀾、收瀾	涎
153	僫	oh		困難、不容易、慢	真僫、僫講、行路較僫到	

編號	建議用字	音讀	又音	對應華語	用例	異用字
154	範勢	pān-sè		情況	看範勢伊袂來矣、看範勢才閣講	
155	枋	pang		木板、板狀物	枋仔、枋寮、紙枋、鐵枋	
156	擘	peh		剝開、睜開	擘柑仔、目睭擘金	
157	拍呃	phah-eh		呃逆、噯氣、打嗝	無食假拍呃	拍噎、扑呃
158	拍算	phah-sǹg		打算、也許	拍算欲去日本、拍算會落雨	扑算
159	揹	phāinn		背（物）	揹冊包、揹物件	
160	捀	phâng		端	捀茶、捀菜	
161	冇	phànn		不紮實、不實	冇冇、冇柴、冇粟、冇數	
162	抨	phiann	piann	丟、扔、摔	物件四界抨、抨椅仔	
163	篦仔	phín-á		笛子	歕篦仔	品仔
164	豐沛	phong-phài	phang-phài	豐盛	攢甲真豐沛	
165	捧	phóng		捧	捧水、捧米	
166	殕	phú		霉、灰色、灰暗不明的	臭殕、殕色、殕殕	
167	潘	phun		餿水、淘米水	用潘飼豬、米潘	
168	觱	pi		哨子	歕觱仔	
169	煏	piak		炸、爆、裂	煏豬油、煏豆仔、煏開	

編號	建議用字	音讀	又音	對應華語	用例	異用字
170	擎	pih		（將袖子或褲管）挽起	擎手裇、擎褲跤	彆
171	保庇	pó-pì		保護庇佑	求神保庇	
172	碰	pōng		碰撞	相碰	
173	磅米芳	pōng-bí-phang		爆米花	巷仔口咧磅米芳	
174	磅子	pōng-tsí		砝碼	這粒是偌重的磅子	
175	脯	póo		（魚、肉、菜）乾、乾瘤	魚脯、菜脯、脯脯	
176	盤	puânn		轉換、翻越	盤車、盤山過嶺、盤牆仔	蹣
177	盤撋	puânn-nuá		交際、交往	佮人盤撋	蹣撋
178	菠稜仔（菜）	pue-lîng-á(-tshài)	pe-lîng-á(-tshài)	菠菜	菠稜仔（菜）煮豬肝	
179	掰	pué		撥、拂	掰頭鬃、掰走	挐
180	捎	sa		抓取、拿	烏白捎、捎無總、捎錢	
181	煠	sa̍h		白煮	煠卵、煠肉、煠麵	
182	揀	sak		棄、推	放揀、揀車、揀做堆	搡
183	霎	sap		小（雨）	霎霎仔雨、雨霎仔	
184	梢聲	sau-siann		聲音沙啞	講話梢聲	菁聲

編號	建議用字	音讀	又音	對應華語	用例	異用字
185	嗽	sàu		咳嗽、口氣	嗽甲真厲害、聲嗽	
186	生	senn	sinn	生鐵	生仔、生鍋	
187	序大	sī-tuā		長輩	有孝序大、鄉親序大	視大
188	閃爍	siám-sih		閃爍	閃爍的天星	閃爍、閃熠
189	銑	sian	san	鏽、汗垢	生銑、身軀全銑	
190	仙	sián		一分錢	五仙錢、無半仙	銑
191	瘍	siān		疲倦、厭倦	人瘍瘍、厭瘍	僐、倦
192	蟮蟲仔	siān-thâng-á	siān-âng-á/siān-lâng-á/siān-tâng-á/sîn-âng-á	壁虎	蟮蟲仔食蠓蟲	
193	唌	siânn		引誘	共人唌、臭臊唌胡蠅	
194	爍爁	sih-nah	sih-nà/sinnh-nà	閃電	雷公爍爁	爍乍、熠爁、熾爁、熠乍
195	承	sîn		接、接續	承球、承水、承話尾	
196	液	sioh		（手、腳）汗	手液、臭跤液	臁
197	四秀（仔）	sì-siù(-á)		零食	食四秀（仔）	
198	岫	siū		巢穴	鳥仔岫、賊岫	

編號	建議用字	音讀	又音	對應華語	用例	異用字
199	挲	so		撫摸、搓、安撫、打圓場	挲草、挲圓仔	搓、掃
200	索	soh		繩子	跳索仔、扭大索	
201	倯	sông		粗俗、不文雅	草地倯、倯閣有力	傖
202	所費	sóo-huì		費用、開支、花費	偌濟所費、都市的所費較懸	
203	漩	suān		撒尿、灑水	漩尿、漩桶	
204	璇石	suān-tsio̍h		鑽石	璇石手指	
205	欶	suh	soh	吸	欶管、欶奶、欶水	嗍、嗾
206	巡	sûn		察看、線條、紋路	巡社區、畫一巡、目睭重巡	
207	大家	ta-ke	tuā-ke	婆婆	頭一擺做大家	乾家
208	大官	ta-kuann		公公、家翁	阮大官人真好	大倌
209	罩	tà		罩、蓋	罩霧、蠓罩、雞罩	
210	霆	tân		響	霆雷公、霆水螺	陳
211	冬	tang		年、收成季	過一冬、好年冬、早冬	
212	當時	tang-sî		何時	當時開會、佇當時	東時
213	沓	ta̍uh		慢慢的、反覆	沓沓仔講、沓沓講	

編號	建議用字	音讀	又音	對應華語	用例	異用字
214	硩	teh		壓、止	硩年、硩重、紙硩、硩茶盤、硩嗽	砧
215	癩瘑	thái-ko		癩瘡、骯髒	癩瘑鬼、這个所在足癩瘑的	癩哥
216	迵	thàng		穿過、穿透、貫串	迵過、規年迵天	
217	痛	thàng		憐惜	爸母對囝兒的疼痛	
218	敨	tháu		解開、抒發	敨索仔、敨放、敨開、敨氣	敨
219	褫	thí		張開、展開	目睭褫袂開	
220	忝	thiám		疲累、嚴重	活欲忝死、予伊害甲真忝	悿
221	疼	thiànn		痛、疼愛	喙齒疼、疼惜、疼囝	
222	佃	thīn		支持、使平均、婚配	相佃、佃頭、佃親	媵
223	褪	thǹg	thuìnn	蛻換、脫下	褪殼、褪衫	
224	捅	thóng		冒出、出頭、啄	捅頭、三十捅歲、雞仔捅米	
225	土	thóo		土地、土性、本地的	土地、土直、土產	
226	塗	thôo		泥土、地上、糟糕	塗沙、塗跤、塗塗塗	土
227	挩	thuah		來回拖拉、來回搓洗	挩門、挩窗、挩枋	

1006

編號	建議用字	音讀	又音	對應華語	用例	異用字
228	托	thuh		承舉	托懸、托下頦	
229	黜	thuh		鏟（除）、揭露	黜鼎疕、黜沙、黜臭	
230	坉	thūn		填入	坉井、坉塗、坉本	填
231	鼎	tiánn		鍋子	大鼎、鼎鍋仔	鐤
232	定著	tiānn-tio̍h		定、一定、安穩	已經講定著矣、明仔載定著會落雨、坐予伊定著	
233	扰	tìm		投、擲	扰石頭	
234	亭仔跤	tîng-á-kha		騎樓	行亭仔跤較涼、佇亭仔跤覕雨	亭仔腳、亭仔骹
235	有	tīng		硬	有柴、有米、有篤	橂
236	趒	tiô		彈跳、跳動	趒跤頓蹄、驚一趒	
237	轉	tńg	tuínn	轉變、返、旋轉、周轉	轉南風、見笑轉受氣、轉去、輪仔咧轉、支票小轉一下	返
238	搪	tñg		遇到	搪著同學、扰搪	
239	倒擋向	tò-siàng-hiànn	tò-siak-hiànn	向後摔倒	跋一下倒擋向、坐無扰好倒擋向	

編號	建議用字	音讀	又音	對應華語	用例	異用字
240	剢	tok		剢	剢肉、剢斷	斲
241	撞	tōng		碰擊、撞	撞球、撞著壁、撞一空	
242	(大)肚胿仔	(tuā)tōo-kuai-á	(tuā-)tōo-kui-á	蝌蚪	水池仔足濟肚胿仔	
243	昨昏	tsa-hng	tsáh-hng	昨天	伊昨昏無來	
244	查埔	tsa-poo	ta-poo	男子、男性	查埔人、查埔囝仔	查甫、查夫
245	蹔	tsàm		踹、踩、用力踏	蹔予伊斷、蹔跤步	
246	站	tsām		陣子	彼站、這站仔	
247	欉	tsâng		棵	大欉樹仔、一欉玫瑰	叢
248	汆	tsànn		汆燙、過油	汆白菜、汆油	
249	實	tsa̍t		密實、滿、堵塞	實欉、實捅捅、實鼻	
250	草蜢仔	tsháu-meh-á		蚱蜢	草蜢仔弄雞公	
251	刺毛蟲	tshì-môo-thâng/tshì-moo-thâng		毛毛蟲	囡仔驚刺毛蟲、刺毛蟲會變尾蝶仔	
252	攕	tshiám		叉、串	攕仔、李仔攕	
253	唱聲	tshiàng-siann		大聲表達反對或不滿的意見、出言挑釁	共人唱聲	倡聲

編號	建議用字	音讀	又音	對應華語	用例	異用字
254	搜	tshiau		翻動搜尋、攪拌	搜物件、搜皮箱、搜紅毛塗	抄
255	撨	tshiâu		調整、協商、推拿、挪移	撨時鐘、撨價數、撨骨、撨徙位、人咧做天咧撨	
256	揤	tshih	jih	按、壓	揤電鈴、揤予伊牢	
257	粟	tshik		穀粒、稻穀	粟仔、粟鳥仔	
258	擤	tshìng	sǹg	擤	擤鼻	
259	迌迌	tshit-thô	thit-thô	玩耍、遊玩、遊蕩	好迌迌、出國迌迌、迌迌人	彳亍、佚陶、得桃、敕桃
260	手電（仔）	tshiú-tiān(-á)		手電筒	用手電（仔）炤路	
261	吮	tshńg	tshuínn	（用舌頭）剔出、（用鳥喙）梳理	吮魚頭、吮魚骨、鳥仔吮毛	
262	趨	tshu		斜、滑	趨趨、趨雪	趄
263	跙	tshū		滑	跙一倒、跙冰	
264	𤆬	tshuā		帶領、引導、照顧	𤆬頭、𤆬囡仔	
265	疶	tshuah		洩出	疶屎、疶尿	
266	礤	tshuah		刨、礤床兒（刨具）	礤番薯簽、礤冰、菜礤	擦
267	攢	tshuân		準備	物件攢好勢、攢便便	撰

編號	建議用字	音讀	又音	對應華語	用例	異用字
268	扦	tshuann		刺	竹扦、扦著	籛
269	炊	tshue	tshe/tsher	蒸	炊粿、炊粽、炊飯	
270	箠	tshuê	tshê/tshêr	竹鞭、桿	箠仔、球箠	棰
271	揣	tshuē	tshē/tshēr	找	揣物件、相揣	
272	喙䫌	tshuì-phué	tshuì-phé	臉頰	摸喙䫌	喙䫖、嘴䫖
273	賰	tshun		剩、有餘	賰偌濟、時間賰偌久、有賰	偆、伸
274	糍	tsî		麻糍	麻糍	餈、粢
275	煎	tsian		油煎、油煎食品	煎魚仔、煎卵、蚵仔煎	
276	汫	tsiánn		（味道）淡、（個性）軟弱	鹹汫、汫水、軟汫	饗
277	唚	tsim		親嘴、吻	相唚、唚喙䫌	
278	斟酌	tsim-tsiok		仔細、留意	斟酌看、小斟酌一下	
279	舂	tsing		搋、撞、搗	相舂、舂著壁、舂米	
280	從	tsîng	tsnĝ	自……	從細漢、從到今	
281	櫼	tsinn		（硬塞）進去、擠進去、楔子	櫼入去、櫼仔	掙
282	茈	tsínn	tsí	幼、嫩	茈薑、幼茈	芛、嫩
283	糋	tsìnn		油炸、油炸食品	糋甜粿、豆乾糋	

編號	建議用字	音讀	又音	對應華語	用例	異用字
284	舐	tsīnn	tsñg/tsuīnn/tsī	舔	舐指頭仔、舐枝仔冰、舐盤仔	
285	這馬	tsit-má	tsit-mái/tsit-muá	現在	這馬隨來去、這馬幾點	即馬、這碼、職馬、這嘛
286	守	tsiú		守	守空房、守寡	
287	咒誓	tsiù-tsuā		發誓、詛咒	毋通清彩咒誓、咒誓予別人死	
288	蟾蜍	tsiunn-tsî	tsionn-tsî/tsiong-tsîr/tsiunn-tsû/tsiong-tsû	蟾蜍、癩蝦蟆	蟾蜍有毒性、蟾蜍展氣功	蟾蟵
289	昨日	tsȯh--jit	tsȯh--lit/tsȯh--git	前天	昨日我拄著伊	
290	苴	tsū		墊子、墊	椅苴仔、苴枋、尿苴仔、苴報紙	
291	逝	tsuā		趟、（路）程、行、列	行一逝、一逝路、寫一逝	
292	煎	tsuann		燒開、煎煮	煎茶、煎藥仔	
293	炸	tsuànn		炸油、吹牛	炸豬油、烏白炸	
294	水雞	tsuí-ke	suí-kue/suí-ke/suí-kere	青蛙	釣水雞、炒水雞、水雞跳真遠	

編號	建議用字	音讀	又音	對應華語	用例	異用字
295	注	tù		賭注、筆（量詞）	砭注、拚孤注、一注錢	
296	駐	tū		沉浸	駐水、駐死	
297	綴	tuè	tè/tèr	跟、隨	綴人講、綴人時行、綴袂著陣	
298	揬	túh		戳、刺	揬破、揬一空	
299	越	uàt		轉、回轉	越頭、越轉身	斡
300	搵	ùn		蘸、沾	搵豆油、搵料	

閩南語競賽、認證最實用工具書
涵蓋閩南語字音字形、拼音、朗讀、演說，詳盡解說，自學也能上手！

閩南語語言能力套書
（全套 4 冊）

書　號　YX0Q
定　價　1580元

閩南語字音字形好好學

書　號　YX20
定　價　500元

閩南語演說好撇步

書　號　YX02
定　價　450元

閩南語字音字形好撇步

書　號　YX0J
定　價　500元

學台語俗諺，參加閩南語競賽和認證更加分！

獎

- 榮獲「文化部推介，中小學生優良課外讀物工具書類」
- 榮獲「文化部輔導數位出版產業發展補助計畫」補助

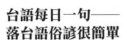

台語每日一句——落台語俗諺很簡單

書　號　YX0S
定　價　550 元

閩南語拼音、朗讀好撇步

書　號　YX0L
定　價　350 元

閩南語音字分清楚 1：語言用字暨詞彙分類

書　號　YX0M
定　價　400 元

閩南語音字分清楚 2：類似音字暨多音錯音

書　號　YX0N
定　價　450 元

國家圖書館出版品預行編目資料

台灣俗語諺語辭典／許晉彰、盧玉雯編
著. --三版. --臺北市：五南圖書出版股
份有限公司, 2022.07
　面；　公分
ISBN 978-626-317-848-9（精裝）

1.CST：俗語　2.CST：諺語　3.CST：臺語
4.CST：詞典

539.6041　　　　　　　111007321

台灣俗語諺語辭典

編 著 者 — 許晉彰　盧玉雯

發 行 人 — 楊榮川

總 經 理 — 楊士清

總 編 輯 — 楊秀麗

副總編輯 — 黃文瓊

責任編輯 — 吳雨潔

封面設計 — 王麗娟

出 版 者 — 五南圖書出版股份有限公司

地　　址：106台北市大安區和平東路二段339號4樓

電　　話：(02)2705-5066　傳　　真：(02)2706-6100

網　　址：https://www.wunan.com.tw

電子郵件：wunan@wunan.com.tw

劃撥帳號：01068953

戶　　名：五南圖書出版股份有限公司

法律顧問　林勝安律師事務所　林勝安律師

出版日期　2009年 9 月初版一刷
　　　　　2012年 8 月初版三刷
　　　　　2015年 7 月二版一刷
　　　　　2017年 4 月二版二刷
　　　　　2022年 7 月三版一刷

定　　價　新臺幣750元

※版權所有·欲利用本書內容，必須徵求本公司同意※